KB275989

1982년부터 더럼 대학교에서 라이트푸트 석좌 교수로 재직한 신약학자 제임스 던 교수는 세계적인 명성을 얻고 있는 금세기 최고의 신학자 중 하나다. 나는 이 책이 출간된 2003년에 세계성서문헌학회(SBL)에서 즉시 구입하여, 몇 년 동안 신학교 강의에 아주 유용하게 사용하여왔다. 이번에 이 방대한 책이 차정식 박사의 번역을 통해 우리말로 출간된 것을 계기로, 신학생뿐만 아니라 공관복음에 관심이 있는 목회자들과 평신도에 이르기까지 모든 사람들이 초기 기독교의 기원에 가장 기본적이며 중심적인 인물이신 역사적 예수에게 가까이 나아가기를 바란다. 이 책은 예수의 삶과 말씀 및 교훈을 우리에게 생생하게 보여주는 데 큰 도움이 되는 책이다.

소기천 | 장로회신학대학교

역사적 예수와 기독교의 기원 문제를 다루고 있는 이 책은 철저한 선행연구와 텍스트에 대한 세밀한 분석을 제공하여 거장의 학문적 철저성을 단박에 확인시켜준다. 또한 복음서와 예수의 정체성에 역사적 탐구라는 이름으로 덤터기 씌운 허망한 혐의가 말끔하게 처리되어, 역사적 예수의 진실을 찾아 헤매던 현대성서학계가 제임스 던에 의해 구명된 것 같아 안심이 된다. 이 책은 결국 복음서에 보도된 예수와 기독교의 기원이 결코 진리를 호도하는 연출이 아님을 역설하여, 기독교의 핵심가치들을 기꺼이 긍정하도록 이끈다. 우리 시대의 명저로 손꼽힐 만하며, 목회자와 신학도의 필독서임에 틀림없다.

윤철원 | 서울신학대학교

영국 더럼 대학교 신약학 교수인 던은 바울 및 복음서 연구로 전 세계에 널리 알려진 정상급 신약학자다. 정년을 앞두고 출판한 그의 책 『예수와 기독교의 기원』이 차정식 교수에 의해 우리말로 번역되었다. 이 책은 타이센(G. Theissen), 마이어(J. P. Meier), 라이트(N. T. Wright)의 예수 연구서와 함께 금세기에 출판된 가장 뛰어난 역사적 예수 연구서로 꼽힐 만하다. 이 책에서 던은 복음서가 목격자들의 기억을 통해 보존된 예수 전승에 기초하고 있다고 주장함으로써 역사적 예수와 복음서의 예수 그리고 초기 기독교 공동체 사이에 강력한 연결 고리가 있음을 보여주고 있다.

최갑종 | 백석대학교

이 책은 단지 예수에 관한 또 한 권의 책에 불과한 게 아니다. 이 책은 지적으로 성숙하고 학문적으로 철저한 평생의 숙고 끝에 도달하게 된 결론을 광범하게 제시할 뿐만 아니라 좋은 균형 감각과 깊이 있는 학식으로 가득 차 있다. 언제나 그렇듯이, 던의 이 작품은 예수가 거닐었던 1세기 유대적 세계에 대한 제대로 된 이해뿐만 아니라 폭넓은 2차 문헌에 대한 타의 추종을 불허하는 지식이 두드러지는 책이다. 특별히 구전 전승의 계승에 대해 일관되게 호소하는 점이 주목할 만한데, 이 점은 많은 부분 타당성을 지니고 있다.

데일 C. 앨리슨 | 피츠버그 신학대학원

역사적 예수에 대한 현대적인 초상은 주위에 넘쳐난다. 하지만 제임스 던은 여기서 예수가 자신의 최초 추종자들에게 남긴 수많은 영향들을 통해 고대에 예수가 어떻게 묘사되었는지 두루 살핀다. 이러한 묘사는 그저 바라는 바를 말하거나 자기를 투영하는 학문적 속임수가 결코 아니다. 던이 밝혀내는 이미지들은 놀랍고도 도전적인 동시에 심지어 모순되기도 하는데, 이 이미지들은 고대 진술의 신빙성에 확신을 더욱 보태주고 있다. 이러한 모험 자체가 흥미진진할 뿐만 아니라 그 성과도 의미심장하다.…『예수와 기독교의 기원』은 기독교의 역사와 현대 문명에 끼친 예수의 의의를 파악하려는 앞으로의 탐구에 있어서 빼놓을 수 없는 중요한 기여가 될 것이다.

마크 앨런 포웰 | 트리니티 루터란 신학대학원

가장 풍부한 연구 성과를 내는 현대 신약학자 중 한 명인 제임스 던은 이 연구에서 역사적 예수의 옛 탐구에 대한 새로운 접근을 인상적으로 제시한다. 해석학적인 지식을 가지고 고대 텍스트들과 대화하게 되면 예수가 끼친 영향에 대한 진술이 바로 예수의 최초 추종자들이 기억했던 것이라는 점을 정당화할 수 있다는 던의 중심 논지는 예수 전승의 구어적 성격을 관련된 논의의 한가운데에 확신을 가지고서 자리매김한다. 이 책은 널리 퍼져 있는 문서 중심적 사고로부터 학자들을 자유케 할 뿐 아니라, 소위 역사적 예수 탐구라 불리는 연구를 진행함에 있어 실증주의적 낙관론과 포스트모던 상대주의 사이에서 건전한 균형을 유지하는 데 도움을 준다.

새뮤얼 뷔르스콕 | 스웨덴 예테보리 대학교

수십 년 동안 제임스 던은 그리스도론과 예수의 역사(history-of-Jesus) 연구에 있어서 진지하고도 균형 잡힌 연구를 이끈 선두주자 중 하나였다. 나는 던의 많은 책과 논문들로부터 큰 유익을 얻었다. 이제 나는 역사적 예수에 대한 수년간의 숙고와 출판 끝에 나온 정수와도 같은 이 방대한 작품을 읽게 되어 기쁘다. 오늘날 역사적 예수 연구에 널리 퍼져 있으면서 또한 그 연구를 자극하는 주요 쟁점들에 대해 사려 깊으면서도 방법론적으로 치밀하게 접근하고자 하는 모든 이들에게 이 책 『예수와 기독교의 기원』을 적극 추천한다.

존 P. 마이어 | 노트르담 대학교

위대한 업적이다! 『예수와 기독교의 기원』은 방대하면서도 깊이 있고 광범위하게 다루고 있으며, 구전성을 강조한다는 점에서 혁신적이면서 때로는 도발적이지만, 한편으로는 매우 술술 읽힐 뿐만 아니라 명료하다. 제임스 던의 이 책이 다음 세대를 넘어 계속해서 예수 연구의 틀을 잡아줄 책이라는 점은 의심의 여지가 없다. 어떤 수준에서건, 예수를 연구하고자 하는 모든 이들에게 이 책은 '필독서'이다.

크리스토퍼 터킷 | 옥스퍼드 대학교 펨브로크 칼리지

'생성기 기독교' 연구 시리즈 중 첫 번째 책인 제임스 던의 이 책 『예수와 기독교의 기원』은 예수에 대한 비평적 연구의 역사와 경향에 대해 정말 읽을 가치가 충분하고 신뢰할 만한 정보들을 제공한다. 이 책의 제목(*Jesus Remembered*)은 일련의 프로그램이기도 하다. 공관복음서들은 수백 년 동안 대부분 문학비평과 자료비평적 접근을 통해 연구되었지만 예수 전통에 대한 분명한 그림을 그려주지는 못했다. 이제 던은 그러한 전통에 '새로운 관점'을 제공하고 있다.…던은 공관복음서 기자들이 예수에 대한 기억을 잘못 간직했던 것이 아니라, 오히려 그 전통을 보존하고 제시함으로써 오늘날에도 우리가 예수와 조우할 수 있게끔 이끈다고 강조한다.

페터 슈툴마허 | 튀빙겐 대학교

CHRISTIANITY IN THE MAKING

volume 1

JESUS REMEMBERED

James D. G. Dunn

예수와 기독교의 기원(하권)
― 역사적 예수, 복음서의 예수 그리고 하나님 나라

예수와 기독교의 기원

|하권|

일러두기

1. 제목에 사용된 '기독교'와 본문에 사용된 '그리스도교'는 동일한 의미를 지닌 말
   로, 사용에 제약을 두지 않았습니다.
2. 한서는 원서와 달리 언어 특성과 편집원칙상 개신교를 기준으로 번역하였습니다.
   로마 가톨릭 입장에서 보시는 분들은 용어를 바꾸어 읽으셔도 무방합니다.
3. 한글 성경 역본을 사용함에 있어서 개역개정판을 원칙으로 하였으나 필요에 따
   라 역자의 번역을 사용하는 데 제한을 두지 않았습니다.
4. 성경 책명 표기는 정경의 경우 개신교식 표기를 따랐고, 성경 구절 표기 방식
   (예, 마 1.1)은 원서를 그대로 따랐습니다.
5. 인용부호 표기는 원서 표기(예, 직접 인용은 '마태는', 간접 인용은 "마 1.1")를 그대로
   따랐습니다.
6. 히브리어와 그리스어 영어 음역의 원칙이 원서에 별도로 표기되지 않았으나 세
   계성서문헌학회 스타일(SBL Style)을 따라 표기되어 있어 성경 원어 영어 음역은
   원서 그대로 표기했습니다.
7. 참고 문헌 목록은 상·하권 모두에 수록했고, 인명 색인, 주제 색인, 성경 및 고대
   문헌 색인은 편집상의 이유로 하권에 수록했습니다. 색인은 상권 3쇄와 하권 1쇄
   를 기준으로 작업을 했으며, 상권 부분은 정자체로 표기하고 하권 부분은 서체를
   기울여 표기했습니다.

이 도서는 새물결교회 김원규 장로, 김옥영 권사의
번역비 지원으로 출판되었습니다.
출판 사역을 위한 기도와 지원에 깊이 감사드립니다.

AB	Anchor Bible
ABD	*Anchor Bible Dictionary*. Ed. D. N. Freedman (New York: Doubleday; 6 vols. 1992)
AGAJU	Arbeiten zur Geschichte des antiken Judentums und des Urchristentums
Aland[26]	*Novum Testamentum Graece*. Ed. K. Aland, et al. 26th edition (Stuttgart, 1979).
Aland[27]	*Novum Testamentum Graece*. Ed. K. Aland, et al. 27th edition (Stuttgart, 1993).
An.Bib.	Analecta Biblica
ANRW	*Aufstieg und Niedergang der römischen Welt*. Ed. H. Temporini and W. Haase (Berlin, 1972–)
AOT	*The Apocryphal Old Testament*. Ed. H. F. D. Sparks (Oxford, 1984)
BA	*Biblical Archaeologist*
BAGD	W. Bauer, *A Greek-English Lexicon of the New Testament and Other Early Christian Literature*. ET and ed. W. F. Arndt and F. W. Gingrich. 2nd edition revised by F. W. Gingrich and F. W. Danker (University of Chicago, 1979)
BAR	*Biblical Archaeology Review*
BBB	Bonner biblische Beiträge
BBR	*Bulletin for Biblical Research*
BCE	Before Christian era
BDAG	W. Bauer, *A Greek-English Lexicon of the New Testament and Other Early Christian Literature*. 3rd edition of BAGD revised by F. W. Danker (Chicago: University of Chicago, 2000)
BDB	F. Brown, S. R. Driver and C. A. Briggs, *Hebrew and English Lexicon of the Old Testament* (Oxford: Clarendon, 1907)
BDF	F. Blass, A. Debrunner and R. W. Funk, *A Greek Grammar of the New Testament* (University of Chicago/University of Cambridge, 1961)
BETL	Bibliotheca ephemeridum theologicarum lovaniensium
Bib	*Biblica*
BJRL	*Bulletin of the John Rylands University Library of Manchester*
BJS	Brown Judaic Studies
BNTC	Black's New Testament Commentaries
BS	Biblical Seminar (Sheffield Academic Press)
BTB	*Biblical Theology Bulletin*
BWANT	Beiträge zur Wissenschaft vom Alten und Neuen Testament

BZ	*Biblische Zeitschrift*
BZNW	Beihefte zur *ZNW*
CBQ	*Catholic Biblical Quarterly*
CE	Christian era
cf.	*confer*, compare
ch(s).	chapter(s)
CIJ	*Corpus Inscriptionum Judaicarum*
COD	*Concise Oxford Dictionary*
ConB	Coniectanea biblica
ConBNT	Coniectanea biblica, New Testament
ConNT	*Coniectanea neotestamentica*
CR:BS	Currents in Research: Biblical Studies
CRINT	Compendia Rerum Iudaicarum ad Novum Testamentum
DJD	Discoveries in the Judean Desert
DJG	*Dictionary of Jesus and the Gospels.* Ed. J. B. Green and S. McKnight (Downers Grove: InterVarsity, 1992)
DSD	*Dead Sea Discoveries*
DSS	Dead Sea Scrolls
DSSB	*The Dead Sea Scrolls Bible.* Ed. M. Abegg, P. Flint and E. Ulrich (New York: HarperCollins, 1999)
EB	Études bibliques
ed(s).	edition, edited by, editor(s)
EDNT	*Exegetical Dictionary of the New Testament.* Ed. H. Balz and G. Schneider (Grand Rapids: Eerdmans; 3 vols. 1990–99)
e.g.	exempli gratia, for example
EKK	Evangelisch-katholischer Kommentar zum NeuenTestament
EncBr	*The New Encyclopaedia Britannica.* 15th edition. 30 vols. (Chicago University, 1978)
EncJud	*Encyclopaedia Judaica.* 16 vols. (Jerusalem, 1972)
ER	*The Encyclopedia of Religion.* Ed. M. Eliade. 16 vols. (New York, 1987)
ERE	*Encyclopaedia of Religion and Ethics.* Ed. J. Hastings. 13 vols. (New York: Scribner, 1908–27)
ET	English translation
et al.	*et alii*, and others
ETL	*Ephemerides theologicae lovanienses*
EvT	*Evangelische Theologie*
ExpT	*Expository Times*
FB	Forschung zur Bibel
FBBS	Facet Books, Biblical Series
FRLANT	Forschungen zur Religion und Literatur des Alten und Neuen Testaments

FS	Festschrift, volume written in honour of
García Martínez	F. García Martínez, *The Dead Sea Scrolls Translated: The Qumran Texts in English* (Leiden: Brill/Grand Rapids: Eerdmans, 1994, ²1996)
GLAJJ	M. Stern, *Greek and Latin Authors on Jews and Judaism* (Jerusalem: Israel Academy of Sciences and Humanities; 3 vols. 1976, 1980, 1984)
GNB	Good News Bible
hap. leg.	*hapax legomenon*, sole occurrence
HBT	*Horizons in Biblical Theology*
HKNT	Handkommentar zum Neuen Testament
HNT	Handbuch zum Neuen Testament
HR	E. Hatch and H. A. Redpath, *Concordance to the Septuagint and Other Greek Versions of the Old Testament*. 2 vols. (Oxford, 1897)
HTKNT	Herders theologischer Kommentar zum Neuen Testament
HTR	*Harvard Theological Review*
ICC	International Critical Commentary
IDB	*Interpreter's Dictionary of the Bible*. Ed. G. A. Buttrick (Nashville: Abingdon; 4 vols. 1962)
IDBS	Supplementary volume to *IDB*
IEJ	*Israel Exploration Journal*
Int	*Interpretation*
JAAR	*Journal of the American Academy of Religion*
JANES	*Jorunal of the Ancient Near Eastern Society*
JBL	*Journal of Biblical Literature*
JBTh	*Jahrbuch für Biblische Theologie*
JJS	*Journal of Jewish Studies*
JR	*Journal of Religion*
JSJ	*Journal for the Study of Judaism*
JSNT	*Journal for the Study of the New Testament*
JSNTS	*JSNT* Supplement Series
JSOT	*Journal for the Study of the Old Testament*
JSOTS	*JSOT* Supplement Series
JSP	*Journal for the Study of the Pseudepigrapha*
JSPSupp	*JSP* Supplement Series
JSS	*Journal of Semitic Studies*
JTS	*Journal of Theological Studies*
KuD	*Kerygma und Dogma*
KEK	H. A. W. Meyer, Kritisch–exegetischer Kommentar über das Neue Testament
LD	Lectio divina
Loeb	Loeb Classical Library

LSJ	H. G. Liddell and R. Scott, *A Greek-English Lexicon.* Revised H. S. Jones (Oxford: Clarendon, ^{9}1940); with Supplement (1968)
LXX	Septuagint
Metzger	B. M. Metzger, *A Textual Commentary on the Greek New Testament* (London: United Bible Societies, 1975)
MM	J. H. Moulton and G. Milligan, *The Vocabulary of the Greek Testament* (London: Hodder, 1930)
Moule, *Idiom Book*	C. F. D. Moule, *An Idiom Book of New Testament Greek* (Cambridge: Cambridge University, 1953)
Moulton, *Grammar*	J. H. Moulton, *Grammar of New Testament Greek* (Edinburgh: Clark; 2 vols. 1906-29)
ms(s)	manuscript(s)
MT	Masoretic text (of the Old Testament)
NDIEC	G. H. R. Horsley, *New Documents Illustrating Early Christianity* (North Ryde, Australia, 1981–)
NEB	New English Bible (NT 1961; OT and Apocrypha 1970)
NF	Neue Folge = new series
NIGTC	New International Greek Testament Commentary
NIV	New International Version (1978)
NJB	New Jerusalem Bible (1985)
NovT	*Novum Testamentum*
NovTSup	Supplement to *NovT*
NRSV	New Revised Standard Version (1989)
NT	New Testament
NTAbh	Neutestamentliche Abhandlunger
NTOA	Novum Testamentum et Orbis Antiquus
NTG	New Testament Guides
NTS	*New Testament Studies*
NTTS	New Testament Tools and Studies
OBO	Orbis biblicus et orientalis
OCD	N. G. L. Hammond and H. H. Scullard, *Oxford Classical Dictionary* (Oxford: Clarendon, 1970)
ODCC	*The Oxford Dictionary of the Christian Church.* Ed. F. L. Cross and E. A. Livingstone. 2nd edition (Oxford: Oxford University, 1983)
OEANE	*The Oxford Encyclopedia of Archaeology in the Near East.* Ed. E. M. Meyers (New York: Oxford, 1997)
OT	Old Testament
OTP	*The Old Testament Pseudepigrapha.* Ed. J. H. Charlesworth (London: Darton; 2 vols. 1983, 1985).

pace	with due respect to, but differing from
par(s).	parallel(s)
passim	elsewhere
PG	*Patrologia graeca*, ed. J. P. Migne
PGM	*The Greek Magical Papyri in Translation.* Ed. H. D. Betz. 2nd edition (Chicago: University of Chicago, 1992)
QD	Quaestiones disputatae
RB	*Revue Biblique*
REB	Revised English Bible (1989)
RevQ	*Revue de Qumran*
RSV	Revised Standard Version (NT 1946, OT 1952, Apocrypha 1957)
SANT	Studien zum Alten und Neuen Testament
SBB	Stuttgarter biblische Beiträge
SBL	Society of Biblical Literature
SBS	Stuttgarter Bibelstudien
SBT	Studies in Biblical Theology
SBLDS	SBL Dissertation Series
SBLMS	SBL Monograph Series
SBM	Stuttgarter biblische Monographien
SCJ	Studies in Christianity and Judaism
SJT	*Scottish Journal of Theology*
SNTSMS	Society for New Testament Studies Monograph Series
SNTU	Studien zum Neuen Testament und seiner Umwelt
SR	*Studies in Religion/Sciences Religieuses*
ST	*Studia Theologica*
Str–B	H. Strack and P. Billerbeck, *Kommentar zum Neuen Testament* (München: Beck; 4 vols. 1926–28)
SUNT	Studien zur Umwelt des Neuen Testament
TDNT	*Theological Dictionary of the New Testament.* Ed. G. Kittel and G. Friedrich (ET Grand Rapids: Eerdmans; 10 vols. 1964–76)
TDOT	*Theological Dictionary of the Old Testament.* Ed. G. J. Botterweck and H. Ringgren (ET Grand Rapids: Eerdmans, 1974–)
TJT	*Toronto Journal of Theology*
TR	*Theologische Rundschau*
TRE	*Theologische Realenzyklopädie.* Ed. G. Krause and G. Müller (Berlin, 1977–)
TS	*Theological Studies*
t.t.	technical term
TynB	*Tyndale Bulletin*
TZ	*Theologische Zeitschrift*

UBS	The United Bible Societies, *The Greek New Testament.* 4th edition (New York, 1993)
v., vv.	verse, verses
VC	*Vigiliae christianae*
Vermes	G. Vermes, *The Dead Sea Scrolls in English* (London: Penguin, [4]1995)
v.l.	*varia lectio*, alternative reading
viz.	*videlicet*, namely
vol.	volume
WBC	Word Biblical Commentary
WMANT	Wissenschaftliche Monographien zum Alten und Neuen Testament
WUNT	Wissenschaftliche Untersuchungen zum Neuen Testament
ZNW	*Zeitschrift für die neutestamentliche Wissenschaft*
ZTK	*Zeitschrift für Theologie und Kirche*

상권 목차

제3부
예수의 선교

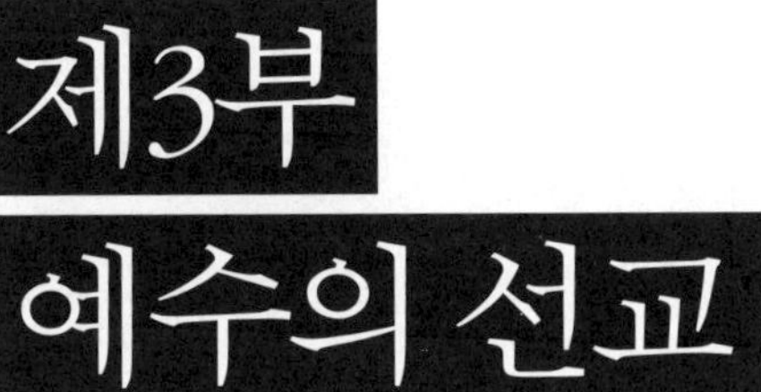

James D. G. Dunn

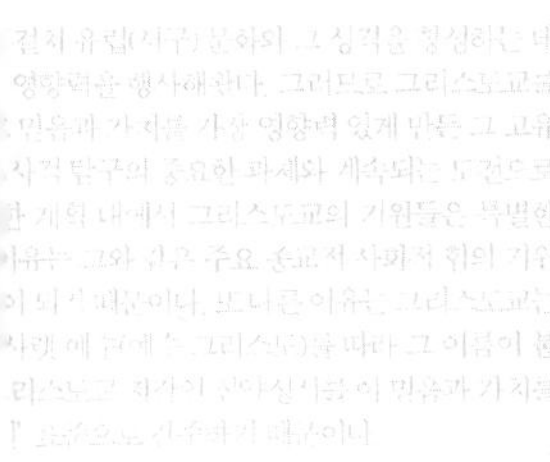

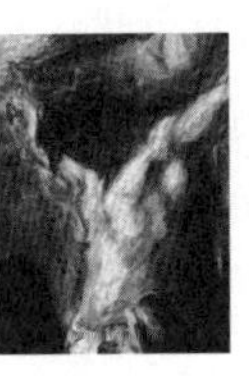

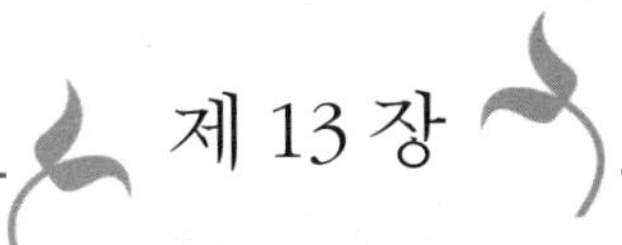

제 13 장

예수는 자신의 메시지를 누구에게 선포했는가?

우리는 예수의 설교에서 확실히 단 하나의 중추적인 요소였던 것, 즉 하나님 나라를 고찰하면서 논의를 시작하였다. 이로써 우리가 예수의 가르침 전통 가운데 상당한 분량을 (잠정적인 방식으로나마) 개관하고 분류할 수 있게 되었다. 앞으로 우리가 진도를 나가면서 그것에 대한 다른 질문들을 던지기 위해 그 자료의 많은 부분으로 되돌아가야 할 것이다. 제12장에서 다룬 한 가지 쟁점은 우리의 모든 관심을 쏟을 만한 충분히 흥미진진한 것으로 판명되었다. 그 쟁점은 바로 그 용어 자체의 의미와 사용이 예수의 청중들에게, 특히 그들의 미래 희망과 관련하여 무엇을 환기시켰는가 하는 점이었다. 다소 좌절감이 생길 정도로, '예수가 미래로서 하나님의 왕권을 말할 때 정확하게 무엇을 의미했는가?'라는 질문은 곧장 명확한 답변을 얻어낼 수 있는 게 아님이 분명했다. 보다 적절한 질문은 '예수가 그렇게 말할 때 (이를테면 우리가 오늘날 직설적인 명제로 바꿀 수 있는) 정확히 어떤 것을 의미했는가?'였을 것이다. 하나님과 하나님의 것으로서 미래에 대한 견고한 확신은 예언문학과 어느 정도는 묵시문학에 표현된 그대로 확실히 알 수 있다.

그러나 그 언어를 전적으로 1세기(또는 21세기)의 산문으로 번역한다는 것은 얻고자 하는 것보다 잃어버리는 것이 훨씬 더 많은 자멸적인 과제이다. 상상력과 영혼을 상대로 말하는 언어는 그 실질을 잃어버리지 않은 채 사실적인 묘사로 번안되기 어렵다.

하지만 다행히도 그 나라의 현재적 측면에 좀더 많은 조명을 가할 수 있다. 우리가 예수 선교의 또 다른 측면에 상이한 질문을 던지고 관심의 초점을 맞출 적에 전체 그림은 꾸준히 조금씩 더 선명해질 것인데, 특히 그 나라에 부합되는 삶의 성격에 대해서 그렇다. 그러므로 이어지는 다음의 다섯 장에 걸쳐 우리는 차례로 이렇게 물을 것이다. 예수는 누구에게 자신의 하나님 나라 메시지를 선포했는가? 그 메시지의 수용은 거기에 응답한 자들에게 무엇을 의미했는가? 다른 사람들은 그 나라의 도래와 관련하여 예수의 역할을 어떻게 보았는가? 예수는 자신의 고유한 역할을 어떻게 보았는가? 아울러, 예수는 자신의 죽음을 그 역할의 일부로 예상했는가? 이 모든 것들은 라이마루스가 처음으로 날카롭게 제기한 이래 '역사적 예수 탐구'에 번번이 따라붙은 총괄적 질문의 부분 집합들이다. 예수의 의도는 무엇이었는가? 그는 자신의 선교를 통해 무엇을 성취하길 바랐는가?[1] 그 질문에 대답을 얻기가 아무리 어려울지라도 그것이 그저 멀리 사라지지는 않을 것이다. 인간의 호기심은 대답을 요구할 것이다. 그 탐구에 어떤 대단한 기여를 하는가를 보여주는 결정적인 시금석은 그 질문을 얼마나 잘 다루고 제공된 답변이 현존하는 증거의 속내를 얼마나 잘 이해하는지 여부가 될 터이다.

---

1) 위의(상권) §4.2를 보라. 그것은 Meyer, *Aims of Jesus* 이래로 이른바 '제3의 탐구'에 대한 의제에 주요 항목을 제공하였으며, 그 인정 여부와 상관없이 '역사적 예수'를 재구성하려는 모든 시도에 일차적 동기를 제공한다.

13.1 예수 듣기

이 부분 집합의 질문들 가운데 첫 번째(예수는 자신의 메시지를 누구에게 선포했는가?)는 다른 것들처럼 즉각적인 도전을 제기한다. 우리의 접근방식은 지금까지 내내 우리가 예수 자신에게로 돌아가는 것이 불가능함을 역설해 왔기 때문이다. 예수 전통 가운데 우리가 가지고 있는 전부는 그의 메시지가 그것에 긍정적으로 응답한 자들에게 들린 방식(기억된 예수)의 퇴적물이다(기억된 예수). 따라서 우리가 개시하는 질문은 이렇게 불가피하게 바꾸어진다. 예수의 의도가 그를 따른 자들에게 어떻게 들렸는가? 이는 또한 이 장의 제목을 '제자직으로의 부름'으로 쉽사리 바꿀 수도 있음을 의미한다. 그것이 예수의 설교가 결국 예수 전통이 발원한 자들에게 들린 방식이었기 때문이다.[2]

그러나 그 질문에 그런 식으로 달려들면, 비록 그 전통 자체가 그렇게 하도록 유도할지라도, 너무 많은 다른 쟁점들을 건드리지 못한 채 방기하게 된다. 예수는 오로지 1세기 갈릴리 지방의 소그룹에게만 말했는가? 그는 이스라엘 내부의 남은 자만을 불러내고자 했는가?[3] 그의 메시지에 긍정적으로 반응하지 않은 자들에게는 그가 어떻게 들렸는가? 그의 선교는 목표하는 반응을 얻어내는 데 성공적이었는가? 아니면 예수는 불과 몇 명의 제자를 얻었다는 점에서 실패한 것인가? 이러한 것들은 신앙에 그리 편치 않은 쟁점들일 수 있지만 그렇다고 쉽게 무시할 수 있는 쟁점들도 아니다.

사실 그러한 쟁점들은 예수 전통 자체 내에서 제기된다. 초기 전통 담지자들과 예수 전통 편찬자들은 유사한 질문들로 단련되었는데, 예수 전통에 대한 그들의 개작은 유사한 관심들을 입증한다. 이러한 관심들은 너무 자주 무시되는 예수 전통의 중요한 모티프 안에서 가장 극명하게 나타

---

2) 이로부터 좀더 대중적인 이전의 논법으로 같은 제목을 사용하여 *Jesus' Call to Discipleship* (Cambridge: Cambridge University, 1992)라는 내 책이 나왔다.

3) Jeremias, *Proclamation* 170-72.

난다. 여기서 나는 예수가 말한 것을 듣기, 더 정확하게 말하면 적절하게 듣기, 올바르게 듣기에 대한 강조를 언급하고 있다.

공관복음서 저자들은, 듣는 것의 중요성을 강조하고 있는 예수의 비유들 중 하나를 각기 독립적으로 가지고 있다.[4] Q에서 예수는 보는 것을 보고 듣는 것을 듣는 청중들의 특권을 부각시킨다(마 13.16-17/눅 10.24).[5] 지상수훈/산상수훈의 마지막 비유는 예수의 말씀을 듣고 행하는 것을 역설한다(마 7.24, 26/눅 6.47, 49).[6] 이 마지막 강조점은 유대적인데, 우연히 구연과 구전이란 맥락 안에서 스승이 하는 권고를 반영한다. 그 강조점은 히브리어 *shama*'('듣다')에 '세심한 경청', '조심스런 듣기'란 함의와 함께 암시되어 있다.[7] 여기로부터 마가가 예수로 하여금 마가복음 12.29-30에서 온전히 인용하게 하는 쉐마(신 6.4-5: '들으라, 오 이스라엘이여…')가 유래한 것이다. 아울러, 그 강조점은 예수 시대의 경건한 자들 가운데 명백한 특징이었다.[8] 바울(롬 2.13)과 야고보(약 1.22-25)는 같은 논지를 펴는데(듣고 **행하라**), 한쪽이 다른 쪽에 영향을 끼쳤다거나 그들이 예수가 그것을 공유했다는 인식이나 실제로 그랬는지에 대한 관심 없이 전통적인 강조점을 나름대로 반복했다기보다, 각자가 예수 전통의 강조점을 반영하고 있는 것 같다.[9]

특히 두드러진 점은, '(들을) 귀 있는 자는 들을지어다'라는 그 경구투의

---

4) 막 4.3; 마 21.33; 눅 18.6.

5) 위의 §12.5b에서 인용.

6) 위의 제12장 각주 215를 보라. 누가는 예수가 그의 어머니와 형제들을 퇴짜 놓는 에피소드에 대한 제 나름의 (그의 전통의) 버전 가운데 같은 강조점을 나타낸다(막 3.31-35 평행구).

마 12.50	막 3.35	눅 8.21b
누구든지 하늘에 계신 내 아버지의 뜻대로 하는 자가 내 형제요 자매요 어머니이니라 하시더라.	누구든지 하나님의 뜻대로 행하는 자가 내 형제요 자매요 어머니이니라.	내 어머니와 내 동생들은 곧 하나님의 말씀을 듣고 행하는 이 사람들이라 하시니라.

유사하게 눅 11.28: '하나님의 말씀을 듣고 그것을 지키는 자들에게 복이 있도다.'

7) BDB, *šama*' 1.1-n. 공관복음의 변화산 이야기에서 그 장면의 가장 극적인 부분을 결론짓는 하늘의 목소리('이는 내 사랑하는 아들이라; 그를 청종하라', 막 9.7 평행구)는 모세와 같은 예언자의 기대에 대한 반향을 나타내기 위해 그 틀이 짜졌다(신 18.15－'그를 너희들이 들을/주의할 것이다[*tišma 'un*]').

8) 토라에서 특히 민 15.39; 신 4.1, 5-6, 13-14; 16.12; 30.8, 11-14을 보라. 쿰란의 언약 당사자들은 스스로 '율법을 행하는 자들'로 이해했다(1QpHab 7.11; 12.4-5; 4QpPs 37(4Q171) 2.15, 22-23). 또한 가령, Philo, *Cong.* 70; *Praem.* 79; Josephus, *Ant.* 20.44; *m. 'Abot* 1.17; 5.14; 추가로 Str-B 3.84-88을 보라.

9) 또한 위의 §8.1e를 보라. 요한복음 저자 또한 듣기와 따르기의 연결 고리를 강조한다(요 1.37, 40; 6.45; 10.3-5, 16, 27; 요일 1.1-5; 2.7, 24; 3.11; 4.6).

권고를 반복하는 방식이다.[10] 이것은 복음서 저자들이 (그리고 짐작건대 이후의 필사자들이) 임의로 예수 전통 안에 자유롭게 포함시킨 가르침의 방책임이 분명하다.[11] 하지만 요지인즉, 그것은 분명히 예수 전통의 전형적인 부분으로 생각되어 이에 따라 자유스럽게 그 전통의 개작 과정에 사용되었다는 것이다. 그러한 특징은 매우 이른 시점의 어떤 교사(가르치는 자)가 발휘한 지배적인 영향력으로 치부될 수 있다. 그러나 예수 전통을 통틀어 그것이 널리 퍼진 사실로 미루어 이를 예수 나름의 가르침 스타일에 깃든 특징으로 보는 것이 더 잘 납득된다. 그러한 예수의 가르침 스타일은 처음부터 그렇게 기억되었을 것이고, 그 전통 가운데 고착된 요소라기보다 거대한 영웅담의 민요 가수들이 사용한 공식문구의 방식대로 어느 정도 예수 전통을 개작하면서 정립된 특징이었을 것이다.[12]

더욱 요점에 부응하는 것은 예수가 말한 것이 제대로 들려지지 않았을지 모른다는 암시이다. 예수의 메시지가 받아들여지지 않거나 주의를 끌지 못했을 개연성은 명백히 인정된다(막 6.11/Q 10.10). 마태와 누가는 예수의 말씀을 듣지 못했거나 주의하지 못한 자를 가리키는 하나의 사례로 부자 청년 이야기를 다시 전해준다(마 19.22/눅 18.23). 나아가 복음서 저자들은 망설임 없이 예수의 적대자들이 예수가 말하는 것을 들음으로써 반목하게 되는 다른 이야기들을 포함시킨다.[13] 유난히 두드러진 것은 특히 마가와 마태가 씨 뿌리는 자의 비유를 예수의 비유 가르침에 대한 일종의 창문으로 사용하는 방식이다.[14] 그 의미인즉, 세 명의 복음서 저자들이 모두 이것

---

10) 막 4.9 평행구; 4.23; 7.16(일부 사본들); 마 11.15; 13.43; 눅 12.21(몇 개의 사본); 13.9(아주 적은 사본); 14.35; 21.4(몇 개의 사본); 도마 8.2; 21.5; 24.2; 63.2; 65.2; 96.2. 그 권면은 요한계시록의 선지자에 의해 채택되었다(계 2.7, 11, 17; 3.6, 13, 22; 13.9). 같은 관심사가 동일한 의미의 형식으로 다른 곳에서도 표현된다: '네가 듣는 것을 주의하라'(막 4.24/눅 8.18); '너희는 다 내 말을 듣고 깨달으라'(막 7.14/마 15.10); '내가 듣는 너희에게 말한다'(눅 6.27).
11) '그것은 거의 순전한 구연을 위한 변용이다'(Crossan, *Fragments* 73).
12) 위의 §8.3f를 보라.
13) 막 11.18; 마 15.12; 눅 4.28; 16.14; 요 6.60; 8.43.
14) 둘 다 그들의 주요 비유 수집물의 첫머리에 그것을 배치한다(막 4장; 마 13장); 누가의 수집물은 보다 간소하다(눅 8.4-18). 마태와 누가가 막 4.2-20을 아주 가깝게 따르고 있어 Q에 여기에 상응하는 어떤 자료가 있었는지 분별할 수 없다. 눅 8.16-18 또한 막 4.21-25을 따랐지만 Q/도마복음 평행구들은 흩어져 있다(위의 제8장 각주 295를 보라). 만일 Q가 비유 수집물을 알지 못했다면 이상한 일일 터이다. 어쩌면 이것은 q 자료가 없기 때문에 Q 자료가 우리에게서 숨겨진 경우일지 모른다!

을 듣기, 곧 상이한 종류의 듣기에 대한 비유로 다룬다는 것이다.[15] 기실 그들에게 이 비유는 비록 (많은) 열매를 맺는 듣기도 있으리라는 재확신을 주면서 끝나지만(막 4.8, 20 평행구), 열매를 맺지 못하는 여러 다른 종류의 듣기에 더 큰 강조점이 있다(막 4.4-7, 15-19 평행구). 이것이 명백하게 최초 교회 전통의 전형적인 구연 현장에서 비유가 들려진 방식이었고,[16] 그것은 처음부터 그러한 영향을 받았던 것 같다.[17]

또한 마태와 누가 모두는 그 비유와 설명 사이에 혼란스러운 것은 물론이려니와 다소 아리송한 논평을 삽입해놓는 데서도 마가를 따르는데, 이는 예수가 비유로 말한 이유를 제시하려는 취지에서 덧붙인 것이다.

마 13.10-15	막 4.10-12	눅 8.9-10
10 제자들이 예수께 나아와 이르되 어찌하여 그들에게 비유로 말씀하시나이까? 11 대답하여 이르시되 하늘나라의 비밀을 아는 것	10 예수께서 홀로 계실 때에 함께 한 사람들이 열두 제자와 더불어 그 비유들에 대하여 물으니 11 이르시되 하나님 나라의 비밀을 너희에게는 주	9 제자들이 이 비유의 뜻을 물으니 10 이르시되 하나님 나라의 비밀을 아는 것이 너희에게는 허락되었으나 다른 사람에게는

---

15) 특히 마가가 그렇다: 그는 그 비유를 '들으라'는 부름과 함께 시작한다(4.3); '듣다'(akouō)라는 동사는 4.9-20에서 8회 이상 나온다; '들을 귀 있는 자는 들을지어다'라는 상용문구는 그 연속물 가운데 2회 나오는데(4.9, 23), 즉각 '너희가 듣는 것을 주의하라'(4.24)는 경고가 이어진다. 그리고 그 비유 연속물은 예수가 '그들이 알아들을 수 있는 대로 말씀을 그들에게 전했다'(4.33)라고 써놓음으로써 끝난다. '전파하는 것이 씨 뿌리는 것'이라는 요지는 리벤버그(Liebenberg)가 '관례적인 개념적 은유'로 묘사한 것인데, 이는 그 비유를 이해하는 비결을 제공한다(*Language* 362, 370-76).

16) 그 설명(막 4.13-20)이 그 전승 과정에서 그 비유에 첨부되었다는 데는 의심의 여지가 별로 없다: 특히 주목할 만한 점은 '그 말씀'을 절대적인 의미에서 빈번하게 언급한 것이다(막 4.14-20에서 7회, 그 편집적 성격은 4.33으로 확인된다). 이는 특히 예수가 다른 곳에서 말하는 것으로 회고되는 어떤 것보다 특히 '그 말씀'을 퍼뜨리는 누가의 이야기 등과 같은 후대의 용례를 훨씬 더 많이 상기시켜주는 특징이다(행 4.4; 6.4; 8.4; 10.36; 11.19; 14.25; 15.7; 16.6; 17.11; 19.20; 20.7)(추가로 Hultgren, *Parables* 189-90을 보라). 하지만 리벤버그는 복음서 저자들이 그들의 첨부된 해석을 유일한 가능성으로 의도했는지 여부를 온당하게 묻는다(*Language* 351; 추가로 376-414, 특히 405-406). 도마복음 9는 거의 확실히 독립적인 구어 전통을 반영한다(참고 문헌은 Hultgren 185 각주 6): 그것은 공관복음 저자들의 설명을 결여하고 있으며, 구연의 특징이었을 그런 종류의 변용들을 나타내 보여준다.

17) 우리가 그리하여 그 영향에 초점을 맞출 때, 예수가 무엇을 의도했을지, 그리고 그 충격을 주는 이미지가 씨였는지, 뿌리기였는지, 다른 종류의 땅이었는지 등의 질문은 대수롭지 않다(가령, Hultgren, *Parables* 185-88에서 언급된 논의들을 보라). 그 비유가 십중팔구 예수에게서 기원했다는 것은 일반적으로 인정된다(가령, Perrin, *Rediscovering* 156; Funk, *Five Gospels* 54; Lüdemann, *Jesus* 28-29를 보라).

이 <u>너희에게는 허락되었으나</u> 그들에게는 아니되었나니	<u>었으나</u> 외인에게는 모든 것을	
12 무릇 있는 자는 받아 넉넉하게 되되 없는 자는 그 있는 것도 빼앗기리라.		
13 그러므로 내가 그들에게 비유로 말하는 것은 그들이 <u>보아도</u> 보지 못하며 들어도 듣지 못하며 <u>깨닫지 못함</u>이니라.	비유로 하나니 12 이는 그들로 보기는 <u>보아도</u> 알지 못하며 듣기는 <u>들어도</u> 깨닫지 못하게 하여 돌이켜 죄 사함을 얻지 못하게 하려 함이라 하시고	비유로 하나니 이는 그들로 <u>보아도</u> 보지 못하고 <u>들어도</u> 깨닫지 못하게 하려 함이라.
14 이사야의 예언이 그들에게 이루어졌으니 일렀으되 너희가 듣기는 들어도 깨닫지 못할 것이요 보기는 보아도 알지 못하리라.		
15 이 백성들의 마음이 완악하여져서 그 귀는 듣기에 둔하고 눈은 감았으니 이는 눈으로 보고 귀로 듣고 마음으로 깨달아 돌이켜 내게 고침을 받을까 두려워함이라 하였느니라(사 6.9-10).		

이사야 6.9-10을 분명히 사용한 점(막 4.12 평행구)은 부활 사건 이후 유대인 동족에 대한 제자들의 선교가 실패함으로 인한 이후의 당혹감을 반영한다.[18] 그러나 그 사실을 내세워 예수가 자신의 파송에 대해 말할 때 스스로 이사야의 음울한 위임 명령에 공명한 것으로 기억되었을 가능성을 배제해서는 안 된다.[19] 여기 인용문은 이사야 6.9-10에 대한 아람어 탈굼의 두드

---

18) 요 12.40; 행 28.26-27; 또한 롬 11.8. 추가로 J. Gnilka, *Die Verstockung Israels. Isaias 6,9-10 in der Theologie der Synoptiker* (SANT 3; Munich: Kösel, 1961); C. A. Evans, *To See and Not Perceive: Isaiah 6.9-10 in Early Jewish and Christian Interpretation* (JSOTS 64; Sheffield: Sheffield Academic, 1989).

19) Gnilka, *Verstockung* 198-205과 Evans, *To See* 103-106 둘 다 그 어록이 예수에게서 발원한 것으로

러진 특징을 반영하는데,[20] 이는 아람어를 사용하던 교회 내에 자리 잡게 된 개작된 구연 전통을 시사한다. 또한 우리는 이미 세례자와 예수의 설교가 이사야의 예언에 대한 심사숙고를 통해 많은 영향을 받은 것 같다고 보았는데, 그들 모두 이사야에 대한 나름의 지식에 의해 영향을 받았다는 점을 의심할 이유가 없다.[21] 따라서 세례자에게 발생한 것(그의 선교 실패?)을 모두 너무 잘 알았을 예수가 그 위대한 예언자의 위임과 관련된 엄숙한 세부 내용이 자신과 연계하여 갖는 그 함의를 성찰하지 못했다면 그것이 도리어 놀라운 일일 것이다.

여기서 우리는 비유의 역설이라 부를 수 있는 것에 직면한다. 예수는 자신이 가장 그럴 법하게 사용한 단어 *mašal*에 일련의 의미가 있다는 것을 말할 필요가 없었을 터이다. 전형적으로 그것은 벤 시라(집회서)의 경우처럼 잠언적 지혜를 암시했다.[22] 그러나 더 폭넓은 용례에서 그것은 종종 모호하거나 당혹스러운 어록을 가리켰다.[23] 따라서 *parabolē*가 그리스어 번역어로 정립되어 예수의 이야기/비유(그의 더 간결한 은유나 격언보다는)에서 연유한 그리스도교 전통 가운데 특징적인 의미를 획득한 사실을 내세워 그 원래 용어의 본질적인 양가성을 모호하게 만들어서는 안 될 것이다. 만일 예수가 자신의 가르침(전체든, 부분이든)을 *shalim*으로 지칭했다면 그때 **이중적 의미**는 바로 가까운 곳에 있었다. 그는 자신의 가르침이 어떤 이들을 깨우쳐주면서 다른 이들에게 모호하고 당혹스러운 인상을 주었다는 것을 모를 리 없었을 것이다.

이 경우 비유가 작동하는 방식에 대한 동시대의 성찰은 아주 근사하게 비유적 모호성이라는 이전의 바로 이런 인식과 꼭 들어맞는다. 은유

결론짓는다(추가 참고 문헌은 Evans 참조)
20) Manson, *Teaching* 77-78; Chilton, *Galilean Rabbi* 91-93.
21) 위의 제11장 각주 122, 136, 그리고 각주 115-17, 119, 129-31, 133-34, 147을 보라.
22) 집회서 1.25; 3.29; 13.26; 20.20, 27; 21.16; 38.33; 39.2; 47.17. 여기서 시사적인 것은 왕상 4.32을 연상시켜주는 Josephus, *Ant.* 8.44
23) 발람의 비유(*mašal/parabolē*)(민 22.7, 18; 24.3, 15, 20, 21, 23); 잠언은 '사울도 예언자들 가운데 있는가?'(삼상 10.12); 수수께끼 또는 모호한 어록'이란 의미로 *šammâ/ainigma* (신 28.37) 또는 *ḥidâ/ainigma* (잠 1.6; 집회서 39.3; 47.15) 또는 *ḥidâ/problēma* (시 78.2) 등과 유사함.

(§12.6e) 이상으로 비유는 그 효과에 관한 한 듣는 자의 듣기, 곧 그것이 듣는 자에게 어떤 영향을 주는지에 달려 있다. 마가복음 4.10-12과 평행구의 공관복음 전통은 제자들이 특별한 가르침을 받은 특권적인 부류였다는 (후대의) 확신을 반영한다. 하나님 나라에 대한 예수의 가르침은 '신비 또는 비밀'(mystērion)이었다.[24] 그것이 그들에게 나타났지만 다른 자들에게는 숨겨지거나 모호한 채 남아 있었다.[25] 마가는 '내부자/국외자' 언어를 사용함으로써 그 점을 강화했다.[26] 그 나라의 신비/비밀이 열두 제자들에게는 나타났지만, 국외자들에게 그 비유들은 수수께끼에 불과하다(막 4.11).[27] 그 언어는 분명히 예수의 비유들이 초기 공동체의 일부/많은 자들 가운데, 그러니까 예수에 의해 하나님의 왕권이라는 '비밀 세계에 들어온' 소수의 특권 의식을 강화하기 위해 재활용된 방식을 반영한다.[28] 하지만 사실상 그러한 형식적 구성은 실제로 일어난 것을 반영했을 뿐이다. 사실 많은/대부분의 사람들

---

24) *mystērion*이란 용어가 신적인 대리자에 의해 지금 계시된 신적인 비밀의 특징적인 묵시적 의미를 반영한다는 점에는 대체로 의견이 일치한다(이미 단 2.18-19, 27-30; 에녹1서 103.2; 104.10, 12; 106.19; 쿰란 문헌은 가령 1QS 3.23; 4.18; 9.18; 11.19; 1Q 9[=1].21; 10[=2].13; 12[=4].27-28; 15[=7].27; 1QpHab 7.5, 8, 14; 신약성서에서는 롬 11.25; 고전 15.51; 엡 1.9-10; 3.3-6; 골 1.26-27; 2.2; 4.3; 살후 2.7; 계 1.20; 10.7). 추가로 브라운(R. E. Brown)의 여전히 귀중한 연구 *The Semitic Background of the Term 'Mystery' in the New Testament* (FBBS 21; Philadelphia: Fortress, 1968)를 보라.

25) 도마복음 62도 짐작건대 같은 주장을 하고 있다. Q(마 11.25-26/눅 10.21)에 평행구가 있다는 사실은 통상적으로 생각하는 것보다 더 비중 있게 조명되어야 한다. 예수는, 1QH 시편의 화자(의의 스승?)와 같이 그가 받은바 그 통찰력에 기뻐하고 그의 최측근 제자들에게 나누어줄 수 있었는가? 초기 (Q) 공동체들은 그를 그렇게 크게 기뻐하는 것으로 기억하였다. 아울러 만일 마 11.27/눅 10.22이 해석적 첨가물로 보인다면(Kloppenborg, *Formation* 198) 선행하는 절(들)을 예수가 아니라 초기 그리스도인들의 기쁨으로 돌릴 만한 이유가 별로 없다(또한 Davies and Allison, *Matthew* 2.273-77을 보라).

26) 4.11에서 *hoi exō* ('바깥에 있는 자들')의 사용은 마가에서 한층 더 돋보인다. 그가 이전의 에피소드에서 같은 대조를 하였기 때문이다; 그의 어머니와 그의 형제들은 '바깥'에 있었다(3.31-32). 마태와 누가는 막 4.11에서 *hoi exō*를 생략하거나 바꾸어놓는다. 믿지 않는 자들을 '바깥에 있는 국외자들'로 특징짓는 것은 이미 바울 교회의 특징이다(고전 5.12-13; 골 4.5; 살전 4.12).

27) 쿰란 공동체에 대한 요세푸스의 서술은 두드러진 평행구를 담고 있다: '바깥에 있는 자들에게(*tois exōthen*), 안에 있는 자들의 침묵은 다소 두려운 비밀(*mystērion*)이다'(*War* 2.133).

28) 이로부터 막 4.33-34의 강조점(마가의 비유 수집물의 결론)이 나오는데, 이는 나름의 방식으로 마태도 답습한다(마 13.34-35). 여기서의 쟁점은 첫 그리스도인들이 예수의 부활을 예수의 그 나라 가르침에 관하여 그들에게 여전히 수수께끼였던 것을 푸는 열쇠로 보았다는 사실로 인해 외려 모호해진다. 마가는 8.32에서 그 대조를 표시한다: 예수는 평이하게/개방적으로(더 이상 *en parabolē*가 아니라 *parrēsia*) 자신이 앞으로 거부당하고 죽고 부활할 것을 말했다(8.31). 그 전통은 여기서 부활 신앙에 비추어 확장되어서 거기에 부활 사건 이전의 양식이 있었는지 분별하기 어렵다. 하지만 막 4.11의 단언이 4.33에 의해 수정될 때조차 제자들의 둔감함이라는 강한 마가적 주제를 가로지른다는 사실은 주목할 만하다(가령, 6.52; 8.17-21); 그 구절은 마가복음의 통상적인 '메시아적 비밀' 읽기란 틀 안에 거의 맞아떨어지지 않는다(Pesch, *Markusevangelium* 1.240; H. Räisänen, *The 'Messianic Secret' in Mark's Gospel* [Edinburgh: Clark, 1990] 143 참조). 예수 전통은 그렇게 충돌하는 흐름을 내포하고 있는데 그것이 예수의 첫 제자들이 그의 가르침을 들을 때 일렁였을 매료와 매혹이 뒤섞인 심상을 반영한다고 해서 그리 놀랄 일은 아니다.

은 예수가 가르친 것으로 인해 결국 어리둥절해하거나 반감을 갖게 되었다.

이사야(6.9-10)의 마음속에서 그 결과는 하나님의 의도와 일치하는 것으로, 심지어 하나님이 친히 의도한 것으로 이해되었다.[29] 그러나 폭넓게 거부당하리라는 기본적인 사실은 자신의 사역이 끝나기 전 예수에게 에누리 없이 명백하였다. 많은 자들이 들었지만 이해하지 못했고, 많은 자들이 보았지만 깨닫지 못했으며, 많은 자들이 돌이켜 예수의 선교를 통해 하나님이 제공한 치유를 받아들이지 못했다.[30] 자신의 메시지에 응답하지 못한 실패로 가버나움, 고라신, 벳새다를 질타한 예수는(§12.4e) 자신의 비유가 그렇게 많은 이들을 곤혹스럽게 한 것을 알고도 별로 놀라지 않았을 것이다. 신적인 의도라는 거의 예정론적 교리가 이 점에서 나타나고 있다는 사실은 반드시 후대 그리스도교적 성찰의 표지가 아니다. 여기서 우리는 다시 슈바이처와 함께 그러한 '도그마'가 처음으로 예수 자신에 의해 표현된 것인지 따져볼 필요가 있다.[31]

우리가 여기서 제대로 방향을 잡았을 가능성은 은폐성/개방성이라는 관련된 모티프에 의해 강화된다. 마가는 물론 용의주도하게 그 모티프를 자신의 비유 수집물 안에 포함시키는데(막 4.21-22), 이는 누가복음 8.16-17이 그대로 따르는 것 같다. 그러나 누가 또한 아마도 Q(마 5.15/눅 11.33; 마 10.26-27/눅 12.2-3)와 도마복음(6.4; 33.1-2)에 기원을 둔 같은 어록의 유사한 버전을 알고 있었을 것이다.[32]

---

29) 이 결론은 막 4.12의 주석에서 불가피하다. *mēpote*절에 이어지는 *hina*절은 목적 이외에 다른 것을 표현할 수 없다(Black, *Aramaic Approach* 212-14; Marcus, *Mark 1-8* 299-300; Manson, *Teaching* 78-79에 반대하여; Chilton, *Galilean Rabbi* 92-94). 마태와 누가가 마가의 가혹함을 누그러뜨린다는 사실(둘 다 *mēpote*절을 생략하는데 마태복음의 경우는 *hina* 대신 *hoti*라고 쓰여 있다)은 그들이 마가복음을 같은 방식으로 읽었음을 강하게 암시한다.

30) 또한 Beasley-Murray, *Jesus and the Kingdom* 105-107; Evans, *To See* 103-106을 보라.

31) 위의 제4장 각주 118-20을 보라. 막 4.10-12의 상세한 내용에 대한 추가 논의는 특히 Guelich, *Mark 1-8* 199-212을 보라.

32) 막 4.22/마 10.26/눅 8.17/12.2의 어록은 또한 *Oxy. Pap.* 654 5.2, 4과 도마복음 5.2에서도 탐지된다 —다소 인상적인 복합적인 탐지; 결과적으로 이 어록에 크로산(*Historical Jesus* 350, 436)은 높은 등급을 매긴다. 예수세미나 팀은 막 4.21 평행구가 모종의 형태로 예수에게로 족히 소급될 수 있고 예수가 도마복음 5.2, 막 4.22 평행구의 최초 형태 같은 것을 족히 말했으리라 데 동의한다(Funk, *Five Gospels* 56-57, 475-76); 아울러, 뤼데만은 막 4.21-22의 두 가지 요소들이 '예수에게로 매우 흡족히 소급될 수 있다'고 결론짓는다(*Jesus* 30, 169). 마 10.26-27/눅 12.2-3에 대해서는 S. McKnight, 'Public Declaration or Final Judgment? Matthew 10:26-27=Luke 12.2-3 as a Case of Creative

마 5.15	막 4.21	눅 8.16	눅 11.33	도마 33.2
사람이 등불을 켜서 말 아래에 두지 아니하고 등경 위에 두나니 이러므로 집 안 모든 사람에게 비치느니라.	또 그들에게 이르시되 사람이 등불을 가져오는 것은 말 아래에나 평상 아래에 두려 함이냐? 등경 위에 두려 함이 아니냐?	누구든지 등불을 켜서 그릇으로 덮거나 평상 아래에 두지 아니하고 등경 위에 두나니 이는 들어가는 자들로 그 빛을 보게 하려 함이라.	누구든지 등불을 켜서 움 속에나 말 아래에 두지 아니하고 등경 위에 두나니 이는 들어가는 자로 그 빛을 보게 하려 함이라.	누구든지 등불을 켜서 말 아래에나 숨겨진 곳에 두지 않고 등경 위에 두나니 이는 들어가고 나가는 모든 이들이 그 빛을 보게 하려 함이라.

마 10.26-27	막 4.22	눅 8.17	눅 12.2-3	도마 6.4; 33.1
26 그런즉 그들을 두려워하지 말라. 감추어진 것이 드러나지 않을 것이 없고 숨은 것이 알려지지 않을 것이 없느니라. 27 내가 너희에게 어두운 데서 이르는 것을 광명한 데서 말하며 너희가 귓속말로 듣는 것을 집 위에서 전파하라.	22 드러내려 하지 않고는 숨긴 것이 없고 나타내려 하지 않고는 감추어진 것이 없느니라.	17 숨은 것이 장차 드러나지 아니할 것이 없고 감추어진 것이 장차 알려지고 나타나지 않을 것이 없느니라.	2 감추어진 것이 드러나지 않을 것이 없고 숨긴 것이 알려지지 않을 것이 없나니 3 이러므로 너희가 어두운 데서 말한 모든 것이 광명한 데서 들리고 너희가 골방에서 귀에 대고 말한 것이 지붕 위에서 전파되리라.	6.4 감추어진 것이 드러나지 않을 것이 없고 숨겨진 것이 드러나지 않은 채 있을 것이 없다. 33.1 너희가 너희 귀로 듣게 될 것을 너희 지붕 위에서 다른 귀에 전파하라.

Redaction', in Chilton and Evans, eds., *Authenticating the Words of Jesus* 363-83, 특히 378-81. 또한 마 11.25/눅 10.21; 13.35; 눅 18.34; 19.42을 보라.

여기에 다시 경쟁선상의 진리 의식, 예수의 계시적 통찰을 특권으로 받았다는 제자들의 유다른 의식이 엿보이는데, 그들은 그것을 알려야 할 의무가 있었고 궁극적으로 그 정당함을 입증해야만 했을 것이다. 예수가 말한 것이 무엇이었는지 사실상 모호한(!) 상태이지만, 요지인즉 간명하다. 즉 그의 메시지가 빛을 발하고 있었고,[33] 그 진리가 마침내 모두에게 드러나기 전에 (추측건대) 제자들이 그것을 더욱 넓게 나누어야 할 책임을 지고 있었음을 암시하는 자로서 예수가 이러한 어록들 가운데 회고된다는 것이다. 그 어록들이 많이 발전되지 않았다는 사실 또는 하나님이 준 통찰이라는 더욱 확장된 그리스도교의 권리 주장에 토대를 제공했다는 사실은 주목할 만하다.[34] 이는 그것들이 제자들에게 다소 모호한 상태로 남아 있었지만 예수가 말한 것으로 기억되었기 때문에 보존되었음을 암시한다.

예수를 듣는 것은 간단한 일이 아니었다. 씨 뿌리는 자의 비유는 확실히 불가피하게 서로 다른 듣기와 함께 판이한 결과가 있었으리라는 점을 시사한다. 듣고 긍정적으로 응답한 자들은 결국 상대적으로 작은 그룹이었다.[35] 예수가 이러한 일을 얼마만큼이나 예견했을까? 그의 현실주의적 목표는 매우 소박하였을까? 그는 자신의 말씀 전파 선교를 성공으로 간주했을까? 그러한 질문들에 우리가 어떤 명확한 답변을 할 수 있을지 의심스럽다. 우리가 할 수 있는 것은, 또다시 말하거니와 예수의 설교에 응답하여 제자가 된 자들에게 예수가 과연 어떻게 들려졌는가에 초점을 맞추는 것이다.

---

33) 생명으로 인도하는 빛으로서의 가르침, 특히 토라의 이미지는 시편과 이스라엘의 지혜문학 가운데 견고하게 뿌리내리고 있다(가령, 시 43.3; 56.13; 119.105; 잠 6.23; 전 2.13; 집회서 32.16)(H. Conzelmann, 'phōs', TDNT 9.322).
34) 주목할 만한 점은 막 4.21-22, 24-25에 모인 그 자료가, 도마복음에서도 그렇지만, Q의 곳곳에 흩어져 있다는 것이다(위의 제8장 각주 295를 보라). 그러나 마 5.15/눅 11.33은 마 5.14-16의 유사한 '빛' 관련 수집물 속에 통합되었고, Q에서는 빛/어둠 관련 수집물 속에 다르게 결합되었다(눅 11.34-35/ 마 6.22-23).
35) 누가는 행 1.15에서 오직 120이란 숫자만을 헤아린다.

13.2 부름

우리는 마가가 출발한 곳에서 예수의 하나님 나라 설교에 대한 주요 검토를 시작했다. 마가복음 1.15(§§12.4a, 5a). 따라서 다음 단계를 같은 지점에서 시작하는 것이 적절하다. 마가가 자신의 요약을 권고와 함께 완결시키기 때문이다. '때가 찼고 하나님의 나라가 가까이 왔다. 회개하고 복음을 믿으라.' 마가에 의하면 예수는 그의 청중들을 회개와 신앙으로 불렀다.

a. '회개하라'

이것이 예수의 가르침 가운데 실질적인 주제였다는 것은 약간 토론할 여지가 있는 문제이다. 비록 마가복음 1.15 자체를 수정하였지만 마태가 이 지점에서 마가를 따르는 것은 사실이다(마 4.17). 마가는 열두 명의 선교를 유사한 견지에서 보도한다. '그들은 밖으로 나가 그들의 청중들이 회개하게 하기 위해(*hina metanoōsin*) 말씀을 전파하였다'(막 6.12). 이 점에서 예수는 (그리고 그의 제자들은) 세례자와 같은 목적을 가지고 설교한 것으로 기억된다(막 1.4 평행구; Q 3.8).[36] 그러나 마가복음 1.15과 6.12은 둘 다 마가적 요약이다. 마가는 그 주제에 대한 예수 자신의 실제 말씀을 회고하지 않는다. 하지만 Q는 이미 한 번 이상 언급된 예수의 두 어록들을 회고한다.[37] 회개하지 않은 갈릴리 성읍들을 향한 화(마 11.21/눅 10.13)와 요나의 설교에 회개한 니느웨 사람들에 대한 유사한 칭찬(마 12.41/눅 11.32). 아울러 누가는 회개가 요청되거나 언급된 추가 경우들을 포함시킨다.[38] 그러나 전체 단어의 비중은 대단하지 않다.

하지만 예레미아스가 지적했듯이, 이는 단어의 빈도만 계산하는 것으

---

36) 위의 §11.3b를 보라.
37) 위의 제9장 각주 304, 제12장 각주 177, 그리고 §12.4e를 보라.
38) 눅 13.3, 5; 15.7, 10; 16.30; 17.3-4. 5.32의 논평구는 확실히 편집적 결과이다. 그 주제는 누가에게 어느 정도 중요했다(눅 24.47; 행 5.31; 11.18; 20.21; 26.20). 마태복음에서는 또한 마 21.29, 32을 주목하라(*metamelomai*).

로는 사태를 잘못 파악할 수도 있는 대목이다.[39] 그는 예수의 사역 가운데 나온 수많은 비유와 사건을 주목하는데, 이는 결과적으로 회개에 수반되는 것을 명확히 이해시켜준다. 특히 탕자의 비유(눅 15.17)와 세리의 비유(눅 18.13), 그리고 Q에 나오는 빈 집의 비유(마 12.43-45/눅 11.24-26), 부자 청년/관원(막 10.17-31 평행구)과 삭개오(눅 19.8)의 사건 등이 그렇다.[40] 그렇다면 우리는, 약간의 애매함이 있긴 하지만, 회개를 권하고 요청하는 예수의 기억이 예수의 초기 제자 공동체 내에서 전통으로 반복됨에 따라 그 전통 가운데 매우 견고히 뿌리내린 것으로 결론지을 수 있다.

그리스어 *metanoeō/metanoia*('회개하다/회개')의 의미는 논란거리가 되지 않는다. '회개하는 것'은 자신의 마음을 바꾸는 것으로 종종 이전에 견지한 입장에 대한 후회의 함의를 담고 있는 것으로 쓰인다.[41] 이러한 함의의 어떤 점은 탕자와 세리가 보여준 참회 가운데 확실히 탐지될 수 있다.[42] 그러나 세례자와 예수의 용례 이면에 훨씬 더 급진적인 히브리어/아람어 용어인 *šub/ṯub*, 즉 '다시 돌아가다, 귀환하다'란 의미가 들어 있다는 데는 대체로 동의한다.[43] 이것은 칠십인역(LXX)에서 그리스어 *epistrephō*로 같은 의미이지만 보다 효율적으로 번역되었다. 이로써 우리는 세례자와 예수가 결과적으로 그들의 성서, 특히 예언서 가운데 있는 끊임없는 후렴의 메아리 속에서 '주께로 돌아오라'고 요청하고 있었음을 인식할 수 있게 된다.[44] 나아가 에세네파 사람들은 스스로 '회심의 언약'(*briṯ^ešubâ*)에 들어갔다고 이해했다(CD 19.16).[45] 그러므로 그리스어 용어 *metanoeō*에 표현된 부름은 애

---

39) Jeremias, *Proclamation* 152-53; 또한 Goppelt, *Theology* 1.77-86; McKnight, *New Vision* 172-73; 그 점은 그대로 Becker, *Jesus* 236에 전달될 필요가 있다.

40) 라이트(Wright)는 또한 (이스라엘의 회복이라는) '암묵적 서사'를 적시함으로써 이 점과 관련하여 예레미아스에 대한 샌더스의 비판에 응답한다(*Jesus* 247-48); 추가로 아래 §13.3a를 보라.

41) BAGD, *metanoeō, metanoia*; J. Behm, *metanoeō, TDNT* 4.978-79. 그러므로 *metanoeō*는 칠십인역(LXX)에서 보통은 히브리어 *niham*('[무엇으로 인해] 미안하다')에 대응하여 사용된다(Behm 989-90).

42) 눅 15.17-19; 18.13. 눅 17.4에서 우리는 아주 당연히 '만일 너희 형제가…"미안하다(*metanoeō*)라고 말한다면, 너희는 그를 용서해야 한다'라고 번역할 수 있다.

43) 가령, E. Würthwein, *metanoeō, TDNT* 4.984; H. Merklein, *EDNT* 2.416을 보라. 추가로 Jeremias, *Proclamation* 155. 벰(Behm)은 *metanoeō*가 후대 구약성서의 그리스어 번역에서 *šub*를 번역하기 위해 사용되는 것을 주목한다(*TDNT* 4.990).

44) 신 4.30; 30.2, 10; 시 7.12; 22.27; 51.13; 78.34; 85.8; 90.3; 사 6.10; 19.22; 31.6; 44.22; 55.7; 렘 3.10, 12, 14; 4.1; 5.3; 8.5; 24.7; 겔 18.30; 호 3.5; 6.1; 7.10; 14.2; 욜 2.12-13; 암 4.6, 8-11; 슥 1.3; 말 3.7.

당초 하나님께로 돌아오라는 예언자들의 부름을 되풀이하는 것으로 들렸을 터이다. 다시 말해, 그것은 하나님의 계명을 위반하는 삶에서, 즉 야웨의 백성들 가운데 용납될 수 없었을 사회적 무책임에서 돌아오라는 은근한 종용이었다. 그 급진적 속성은 *metanoeō*를 '회심'에의 부름으로 번역한 데서 적절히 시사된다. 즉 이는 개인들에게는 삶의 기본적 동기, 태도, 목적에 있어서 자신의 삶 전체의 방식과 방향을 급진적으로 변화시키는 것이고, 사회로서는 그 공동체의 목표와 가치를 급진적으로 개혁하는 것을 의미한다.[46] 문자 그대로 방향을 돌이켜 자신의 생활양식을 버리고 아버지에게 돌아온 탕자(눅 15.18-20a)는 누구나 바랄 만한 적절한 사례이다. 유사하게 세리의 비유도 그러한 돌아옴/회개가 (하나님이 자신을 받아들일 것이라는 바리새인의 확신과 대조적으로, 눅 18.10-13) 무조건적이어야 함을 예시한다.[47]

공관복음 전통에서 이러한 *strephō*('돌아섬')를 통한 회심의 의미를 표현하는 유일한 구절은 마태복음 18.3이다. '진실로 내가 너희에게 이르노니 너희가 돌이켜 어린아이들과 같이 되지 않으면 결단코 천국에 들어가지 못하리라'(마 18.3). 이것은 마가복음 10.15/누가복음 18.17에 보존된 덜 급진적인 어록을 마태가 번안한 것 같다.[48] 그러나 요한복음 3.3, 5은 이 점에서 예수의 가르침을 더욱 급진적 견지에서 다시 표현하는 경향이 예수 전통의 여러 흐름 가운데 보편적이었음을 시사하는 듯하다. 그 나라에 들어가기 위해 어린아이(*paidion*)처럼 되는 것뿐 아니라 갓 태어난 아기가 되는

---

45) 추가로 R. Schnackenburg, *Die sittliche Botschaft des Neuen Testaments* (HTKNT Supp. 1; Freiburg: Herder, 1986) 1.43-44.

46) 고펠트(Goppelt)는 회개의 부름을 특별히 강조한다(*Theology* chs. 3-4): '예수의 요구 사항은 사람이 바로 그 핵심으로부터 변화되는 것, 즉 전적인 회개 이후의 문제였다'(118).

47) 이 비유들을 누가만 가지고 있음에도 불구하고, 그것들이 예수에게 기원했다는 데 폭넓게 동의한다(가령, Fitzmyer, *Luke* 1083-85, 1183-85; Funk, *Five Gospels* 356-57, 369; Becker, *Jesus* 152, 76-77; E. Rau, 'Jesu Auseinandersetzung mit Pharisäern über seine Zuwendung zu Sünderinnen und Sündern. Lk 15,11-32 und Lk 18,10-14a als Worte des historischen Jesus', *ZNW* 89 [1998] 5-29; Hultgren, *Parables* 83-84, 125; Lüdemann, *Jesus* 365). 그렇지만 뤼데만은 예수가 후자의 비유를 말하지 않았다고 생각하는데, 왜냐하면 '그것이 예수가 공유하지 않은 바리새인들에 대한 근본적인 적대감에 기초해 있기 때문이다'(376; Becker 76과 대조해보라).

48) 데이비스와 앨리슨은 그 어록의 마태적 형태가 막 10.15보다 더 원시적이라고 제안하는데, '그 나라를 받다'라는 말이 '그 나라에 들어가다'라는 예수의 말과 대조적으로 부활 사건 이후의 표현 같기 때문이다(*Matthew* 2.757).

것이 필요했다! 나아가 도마복음에는 그것이 다르게 시도한 급진적인 주해의 기초가 된다(도마 22).[49]

b. '믿으라'

마가에 의하면 예수는 그의 청중들을 단순히 회개/회심시키기 위해서뿐 아니라 믿게 하려고 불렀다. *pisteuete*(1.15). 마가는 그 부름을 후대 선교사들의 언어로 표현하였다. '복음을 믿으라.'[50] 그러나 '믿음' 이야기는 예수의 말씀에 관한 공관복음 전통에 낯선 것이 아니었다.[51] 두드러진 특징은 믿음(또는 믿음의 부족)에 대한 대다수의 언급들이 기적과 관련하여 나온다는 것이다. 공관복음의 거의 3분의 2, 마가복음의 13분의 8이 그렇다.[52] 전형적으로 그 전통은 예수가 '두려워 말라, 믿기만 하라'(막 5.36), '믿는 자에게 모든 것이 가능하다'(막 9.23), 그리고 가장 빈번하게, '네 믿음이 너를 구원했다/낫게 했다' 같은 말들을 했던 것으로 회고한다.[53] 가버나움의 백부장/왕실의 관원과의 만남은 그의 믿음이 예수에게 대단한 인상을 남겼기 때문에 특히 주목할 만한 것으로 기억된다(마 8.10/눅 7.9; 요 4.48-50 참조). 나아가 마태는 같은 점을 예수와 다른 비유대인의 익히 알려진 만남에서 이끌어낸다(마 15.28). 그 점에서 예수가 믿음/신앙을 말한 것으로 보도되는 그 모든 에피소드가 정확한 기억을 반영한 것인지 여부는 별 문제가 되지 않는다. 전통에 따르면 이것이 특히 기억 이야기에서 꾸준한 주제로 회고되었

---

49) 도마복음 46.2를 또한 주목하라. 이 구절은 그 생각을 여기서 Q 전통, 곧 마 11.11/눅 7.28에 융합시킨 것 같다. 추가로 아래 §14.2를 보라.
50) 명사로서 '복음'이라는 말은 바울이나 초기 선교사들이 만들어낸 것 같다. 따라서 '복음 안에'라는 문구가 마가 나름대로 주해한 것임을 의심하기 어렵다(위의 제12장 각주 3-4를 보라).
51) *Pisteuō*는 막 5.36/눅 8.50; 9.23; 막 9.42/마 18.6; 막 11.23-24/마 21.22; 마 8.13; 9.28; *pistis*는 막 4.40/눅 8.25; 막 5.34/마 9.22/눅 8.48; 막 10.52/마 9.29/눅 18.42; 막 11.22/마 21.21; 마 8.10/눅 7.9; 마 17.20/눅 17.6; 마 15.28; 23.23; 눅 7.50; 17.19; 18.8; 22.32을 보라. 요한복음에서 그 용례는 상당히 증가한다.
52) Jeremias, *Proclamation* 162-3; 그러나 또한 아래의 제15장 각주 366을 보라.
53) 막 5.34 평행구; 10.52 평행구; 눅 7.50; 17.19. 또한 C. L. Blomberg, '"Your Faith Has Made You Whole": The Evangelical Liberation Theology of Jesus', in J. B. Green and M. Turner, *Jesus of Nazareth: Lord and Christ*, I. H. Marshall FS (Grand Rapids: Eerdmans, 1994) 75-93 (76-83)을 보라.

고 처음부터 전통의 반복적 구연 과정에서 바로 그렇게 견고한 자리를 차지하였던 까닭에 (다시 재현하는 공식문구로) 관심을 끌었음을 분명히 보여주기 때문이다.

또한 주목할 만한 것은 여기 그려진 믿음의 성격이 이어지는 복음 전도를 위한 선교 가운데 형성된 것처럼 독특하게 그리스도교적이지 않다는 사실이다. 즉 특히 그의 죽음과 부활과 관련된 예수에 대한 믿음 같은 부류의 믿음이 아니라는 것이다.[54] 공관복음 이야기에서 대부분 저자들은 그것을 예수에 대한 신앙으로 묘사하려는 시도조차 하지 않는다.[55] 여기서 부각되는 것은 오히려 치유해주거나[56] 기도에 응답해주는[57] 하나님의 권능에 대한 신뢰나 의존, 또는 일반적으로 하나님의 돌보심과 섭리에 대한 신뢰(마 6.30/눅 12.28)[58]이다. 비록 마가복음 11.22만이 명시적으로 '하나님에 대한 믿음'을 말하고 있긴 하지만 말이다.[59] 이는 예수가 격려하고 칭찬한 믿음에 대한 이야기와 가르침이 부활 사건 이전에 이미 일정한 형태를 갖추고 있었음을 암시한다. 마찬가지로 두드러진 점은 예수 나름의 믿음 또는 '믿는 자'로서의 예수에 대한 어떤 언급도 전적으로 부재하다는 것이다.[60] 예수는 하나님을 신뢰하는 자들에게 하나님의 치유하는 권능을 베푸

---

54) 가령, 내 책 *Theology of Paul* 174-77을 보라.
55) Roloff, *Kerygma* 173. 한 군데 예외가 막 9.42(A B L W 등등)/마 18.6이다: '누구든지 (나를) 믿는 이 소자들 가운데 하나를 넘어지게 하면….' 그러나 마가의 본문에 '나를'이 없는 것 또한 잘 입증되며, 마태가 그 문구를 보탠 것이 나중에 필사하면서 마가복음으로 베껴 들어왔을 가능성이 크다 (Metzger, *Textual Commentary* 101-102; Pesch, *Markusevangelium* 2.113). 그 입장은 막 15.32에서 군중들의 조롱과 함께 더 명료해진다: '그를 이제 십자가에서 내려오게 하여 우리가 그를 보고 믿게 하라'(막 15.32). 여기서 마태가 '그를'을 첨가하였고, 마가의 텍스트 전통은 같은 취지로 명백히 후대에 다양하게 수정했음을 시사한다.
56) 가령, 막 2.5 평행구와 선행하는 문단에서 인용된 구절들을 보라.
57) 막 11.22-24/마 21.21-22; 마 17.20/눅 17.6.
58) *oligopistos* ('작은 믿음')는 Q가 만들어낸 것 같다(다른 곳은 오직 그리스도교 문헌에서); 마태는 그것을 자기 나름의 모티프로 삼았다(마 6.30; 8.26; 14.31; 16.8; 17.20). *oligopistos*가 '셈어에서 어떤 실질적인 대응어를 갖고 있지 않기에' 피츠마이어는 그것이 예수 자신에게로 소급되기 어렵다고 결론짓는다(*Luke* 979); 그러나 직접적인 번역 대응어가 결여되어 있을지라도, 그 생각 자체는 분명 예수가 표현할 수 있었다(Str-B 1.438-39; Davies and Allison, *Matthew* 1.656 참조).
59) Bornkamm, *Jesus* 129-37 참조. 스테게만은 그 점을 역설한다: '예수는 단지 하늘의 신적인 권능의 중개자로 보인다'(*Library* 236).
60) Roloff, *Kerygma* 166-8, 172-3. 푹스(위의 제5장 각주 61을 보라)와 Richard Hays, *The Faith of Jesus Christ: An Investigation of the Narrative Substructure of Galatians iii.1-iv.11* (Chico: Scholars, 1983)의 결과로 바울 연구에서 이 점을 강조하게 된 것에도 불구하고; 추가 참고 문헌은 내 책 *Theology of Paul* 335. 한 가지 예외는 막 9.23이 될 터이다: 그에게 '모든 것이 가능한 것'은 예수가 믿음을 가지고 있기 때문이다; 그러나 그 언급의 일차적 기능은 그 아이의 아버지가 믿음을 갖도록 격려하기

는 매개자일 뿐, 그만큼 하나님을 믿는/신뢰하는 자로 묘사되지 않는다.[61] 간단히 말해 예수는 믿는 자의 예로서나 이후의 청중들이 믿어야 할 자로 제시되지 않는다.

그리스어 *pisteuō*라는 말 배후에는 히브리어 ’mn(*he’emin*, ‘신뢰하다, 믿다, 의지하다, 확신하다’)의 히필(*hiphil*)형이 있는데, 이는 히브리 성서 전반에 흩어져 있는 구절들 가운데 하나님에 대한 신뢰를 가리키는 뜻으로 사용되었다.[62] 그리스어 *pistis*에 상응하는 히브리어 명사 ’*emunâ* 또는 ’*emet*은 ‘견고함, 의존할 만함, 신실함’ 등의 의미를 더 많이 가지고 있었다.[63] 그러나 예수에게 속한 것으로 돌려진 용례가 얼핏 암시하듯이, 그것은 히필 동사의 의미를 포함할 수 있었다. 따라서 개인들이 하나님을 신뢰하도록 격려하는 그 동사의 잔상 가운데 예수가 정말로 그 명사에 상응하는 아람어 (*hemanuṭa*)를 사용했다면 그 개념은 ‘견고한 믿음’, 곧 하나님을 의지함에 있어 꾸준하고 헌신적인 믿음에 해당되는 것이었음이 주목되어야 한다.[64] 예수에게 감명을 준 것은 바로 백부장이 보인 믿음의 견고함(마 8.10/눅 7.9) 이었고, 중풍병자의 친구들과 혈루병 앓던 여자가 보인 믿음의 담대함이 었으며(막 2.5 평행구; 5.34 평행구), 바디매오가 지닌 믿음의 집요함이었다(막 10.52). 기도로 응답될 것을 예수가 보장한 것도 바로 하나님에 대한 불굴의 신뢰를 향해서였다.[65]

위한 것이다(9.24)(간략한 논의는 각주의 참고 문헌과 함께 Meier, *Marginal Jew* 2.655).

61) 마 9.28에서 예수는 눈먼 소경 두 사람을 격려하여 그가 그들을 도울 수 있다는 것을 믿게 한다; 막 11.31 평행구와 마 21.32 참조. 여기서 이야기는 세례자를 믿는 것에 대한 것이다. 추가로 아래 § 15.7g(3)을 보라.

62) 창 15.6; 출 14.31; 민 14.11; 20.12; 신 1.32; 왕하 17.14; 대하 20.20; 시 78.22; 욘 3.5(BDB ’*aman hiphil* 2c); 여기에 더하여 사 7.9; 28.16; 43.10(A. Jepsen, ’*aman*, *TDOT* 1.305-307); 보다 일관되게 외경에 나온다—유딧 14.10; 집회서 2.6, 8, 10; 11.21; 지혜서 1.2; 12.2; 16.26; 18.6; 마카베오상 2.59.

63) BDB ’*emunah*, ’*emeth*; Jepsen, *TDOT* 1.310-13, 316-19.

64) ‘믿음 없는(*apistos*) 세대’에 대한 정죄(막 9.19)는 신 32.20의 반향일지 모른다(‘패역한 세대, 신실함이 없는[*lo’-’emun*] 아들들’. 마 17.17/눅 9.41(‘믿음이 없고 패역한 세대’)은 대개 신 32장에 좀더 분명히 영향을 받은 마가에 반하는 작은 불일치의 사례로 간주된다. 하지만 슈툴마허는 예수가 ‘하나님의 선물로서’ 그리고 그 자체로 하나님에 대한 신앙과 다름없는 ‘전적으로 참신한 신앙관’을 제시했다고 주장한다(*Biblische Theologie* 1.91-92).

65) 마 7.7-11/눅 11.9-13과 함께 막 11.22-24 평행구 참조.

c. '나를 따르라'

세례자와 달리 예수는 개인들에게 자신을 따르라고 부른 것으로 기억된다. 시몬과 안드레(막 1.17/마 4.19), 레위/마태(막 2.14 평행구), 빌립(요 1.43), 기꺼이 자신을 부인하고 자기 십자가를 지고자 한 자들(막 8.34 평행구; 마 10.38/눅 14.27), 부자 청년(막 10.21 평행구), 제자 지망생(마 8.22/눅 9.59). 이것은 선택적인 초대였을까? 아니면 회개하고 믿으라는 부름과 같은 차원이었을까? 측근의 제자 무리뿐 아니라[66] 자발적인 개인들(막 10.52)과 그를 뒷받침한 여인들(막 15.41; 마 27.55), 심지어 큰 군중들까지[67] 예수를 '따르는 것'으로 묘사된다는 사실이 이 쟁점을 모호하게 한다. 이 질문에 대한 가장 분명한 답은 예수가 회개와 믿음에 대한 일반적인 요청을 했지만(마치 씨 뿌리는 자가 씨앗을 넓게 흩뿌리듯이?) 특정한 개인들에게 더 집중적인 가르침을 베풀 의향으로 그들을 자신의 제자로 삼을 목적을 가졌다는 것이다.[68] 우리는 아래에서(§§13.3b와 14.3) 다시 이 주제로 돌아가야 할 것이다.

d. 부름의 긴급성

예수의 하나님 통치 선포에 담긴 특징이었던 긴급성의 어조에 비추어(§12.4g-h), 예수의 제자직으로의 부름에 대한 몇몇 사례, 특히 누가복음 9.57-62/마태복음 8.19-22의 수집물에 확연히 나타난 대등한 긴급성의 어조는 살펴볼 만한 가치가 있다.

---

66) 막 1.18/마 4.20; 막 2.14 평행구; 6.1; 10.28 평행구; 마 8.10/눅 7.9; 마 4.22; 19.28; 20.29; 눅 5.11; 22.39; 요 1.37, 40; 10.4-5, 27. 새로운 편집비평에 가장 영향력 있는 기여를 한 논문에서 보른캄은 마태가 '예수 따르기'(마 8.18-22)를 폭풍을 잠잠케 하는 에피소드(8.23-27) 직전에 배치하여 '그가 배에 오르고 제자들이 그를 따랐다'는 연계적 도입 문구와 함께 진행 순서를 설정한 것은 제자직/예수 따르기가 무엇을 함축하는지 보여주는 그 나름의 방식이었다고 보았다(G. Bornkamm, et al., *Tradition and Interpretation in Matthew* [London: SCM, 1963] 52-57).

67) 막 2.15; 막 3.7/마 4.25/12.15; 마 8.1; 19.2; 요 6.2. 우리는 대안적으로 예수와 함께 머물길 원했지만 집에 보내져 거기서 그의 이야기를 전하도록 한 그 치유받은 귀신 들린 자(막 5.18-20)가 좀 비중이 떨어지는 예수의 추종자였는지 물을 수 있을 것이다.

68) Hengel, *Charismatic Leader* 59-60 참조; Schnackenburg, *Sittliche Botschaft* 59-66; 추가로 위의 §8.1b를 보라.

마 8.19-22	눅 9.57-62
19 한 서기관이 나아와 예수께 <u>아뢰되</u> 선생님이여 <u>어디로 가시든지 저는 따르리이다.</u>	57 길 가실 때에 어떤 사람이 <u>여짜오되</u> 어디로 가시든지 나는 따르리이다.
20 <u>예수께서</u> 이르시되 <u>여우도 굴이 있고 공중의 새도</u> 거처가 <u>있으되 인자는 머리 둘 곳이 없다</u> 하시더라.	58 예수께서 이르시되 여우도 굴이 있고 공중의 새도 집이 있으되 인자는 머리 둘 곳이 없도다 하시고
21 제자 중에 또 한 사람이 이르되 주여 <u>내가 먼저 가서 내 아버지를 장사하게 허락하옵소서.</u>	59 또 다른 사람에게 <u>나를 따르라</u> 하시니 그가 이르되 <u>나로 먼저 가서 내 아버지를 장사하게 허락하옵소서.</u>
22 예수께서 이르시되 <u>죽은 자들이 그들의 죽은 자들을 장사하게 하고 너는 나를 따르라</u> 하시니라.	60 이르시되 <u>죽은 자들로 자기의 죽은 자들을 장사하게 하고</u> 너는 가서 하나님의 나라를 전파하라 하시고
	61 또 다른 사람이 이르되 주여 내가 주를 따르겠나이다마는 나로 먼저 내 가족을 작별하게 허락하소서.
	62 예수께서 이르시되 손에 쟁기를 잡고 뒤를 돌아보는 자는 하나님의 나라에 합당하지 아니하니라 하시니라.

한 사람의 제자(또는 잠정적 제자)가 '가서 내 아버지를 장사하게 허락하소서'라고 요청한 것으로 회고된다. 그러나 예수는 그에게 '죽은 자들로 그들의 죽은 자를 장사지내게 하라'(마 8.21-22/눅 9.59-60)고 말했다.[69] 최근 몇 년간 예수의 대답에 나타난 무례함이 많이 강조되어왔다. 자신의 아버지를 장사지내는 것은 아들로 준행해야 할 가장 기본적인 의무였다. 유대인의 풍습에서(*m. Ber.* 3.1) 이는 쉐마를 낭송하는 것 같은 다른 근본적인 종교적 의무들보다 앞섰다.[70] 예레미아스는 그 암묵적인 긴급성을 주목한다.

---

69) 마태와 누가의 세세한 변용은 우리가 구어적 개작에서 예상할 수 있는 것이다; 구연/개작/편집을 작문과 구분하려 하지 않는 H. Fleddermann, 'The Demands of Discipleship Matt 8.19-22 par. Luke 9,57-60', in F. Van Segbroeck, et al., eds., *The Four Gospels* 1992: *Festschrift Frans Neirynck* (Leuven: Leuven University, 1992) 541-61과 대조해보라. 마 8.20/눅 9.58과 관련해서는 아래 § 16.4b(4)를 보라.

70) 특히 Hengel, *Charismatic Leader* 8-15; Sanders, *Jesus and Judaism* 252-55을 보라. 그 어록의 불쾌함은 예수세미나 팀(Funk, *Five Gospels* 161)과 뤼데만(*Jesus* 326) 모두에게 진정성의 표시이다.

'팔레스타인에서 매장은 사망 당일에 이루어졌지만 그로부터 엿새간의 애도가 이어져 그 기간에 유족들이 조문을 받았다. 예수는 그렇게 긴 지체를 허락할 수 없다.'[71] 하지만 베일리는 관용적 용법이 오해된 것이라고 제안한다. '자신의 아비를 장사지낸다'는 문구는 아들이 자신의 부모가 공경을 받으며 편히 눕기까지 집에 머물면서 그들을 돌보는 의무를 특정하여 가리키는 전통적 관용어라는 것이다. 하여 그 지체되는 시간이 상당할 수 있었다![72]

유사한 긴급성이 누가가 포함시킨 세 번째 어록(9.61-62)에도 분명하게 드러난다. 그 제자 지망생은 가족에게 작별하는 것조차 허용되지 않는다. 이는 엘리사의 경우(왕상 19.20-21)와 뚜렷한 대조를 보인다.[73] 베일리는 다시 근동 문화에서 예를 들어 증명한다. '작별을 고하기'를 요청한 것은 예수에게 응답하기 전 부모의 허락을 구하는 통상적인 예법을 가정한 것이었다. 그 요청을 거부함에 있어 결과적으로 예수는 아버지보다 더 높은 권위를 주장했던 셈이다. 충격적인 반응이다.[74] 청중들로 하여금 좁은 문으로 (생명으로 인도하는/그 나라로) 들어가라고(그렇게 하길 분투하라고) 권고하는 어록에서도 대등한 정도의 헌신이 요청된다(눅 13.24/마 7.13-14).[75]

예레미아스 또한 '길 위에서 인사를 나누지 말라'(눅 10.4)는 선교 강령에 주목한다. '이것은 극단적으로 무례했을 명령이다. 동방에서 인사하는 것은 종교적인 의미를 가지고 있기 때문에 서구의 우리의 경우보다 더 깊은 의의를 지니고 있다.' 예수의 시대에 그것은 의례적인 측면을 수반하여

---

71) Jeremias, *Proclamation* 132.
72) 추가로 K. E. Bailey, *Through Peasant Eyes* (Grand Rapids: Eerdmans, 1980) 26-27; Buchanan, *Jesus* 86 참조; 또한 아래 §14.h를 보라.
73) 예수세미나 팀이 눅 9.62을 예수의 말씀이 아니라고 거부하는 이유는 전형적이다: '돌아보는 것 (62절)은 집단 형성이 이미 진전된 단계에 도달한 사회적 맥락을 암시한다.…게다가 그 이미지는 히브리 성경의 주제들과 일치한다: 롯의 아내는 뒤돌아볼 때 죽는다(창 19.26)…(그것은) 상황을 표현하는 예수의 과장된 방식과 썩 맞아떨어지지 않는다'(Funk, *Five Gospels* 317). 첫 번째 이유는 본문의 안이 아니라 바깥에서 읽은 것이고, 두 번째는 예수가 아니라 예수의 추종자들이 롯의 아내와 같은 성서 이야기에 영향을 받을 수 있었을 것이라고 전형적으로 자의적인 가정을 한 것이며, 그 결론은 기묘하다고 말할 수밖에 없다(Lüdemann, *Jesus* 326-27과 대조해보라).
74) *Through Peasant Eyes* 27-31.
75) 위의 §8.5d에서 인용됨. 그 어록이 모종의 형태로 예수에게로 소급된다는 것은 Perrin, *Rediscovering* 144-45과 Funk, *Five Gospels* 347도 동의한다.

시간 깨나 소비했던 것 같다. 그 나라의 메시지는 그러한 지체를 견딜 수 없다(왕하 4.29 참조).[76] 이와 유사한 어조가 누가만이 전하는 또 다른 어록 가운데 발견된다. 예기치 않은 재앙의 위협이 회개에의 부름을 한층 더 긴급하게 만든다(눅 13.3, 5).[77] 후자의 어록들에 부여할 수 있는 비중이 크지는 않지만 그것들은 예수의 그 나라 관련 가르침들과 마태복음 8.21-22/누가복음 9.59-60에 함축된 긴급성과 동일선상에 있다. 다른 곳처럼 여기서도 예수의 긴박한 기대와 초기 교회 선교사의 열렬한 의욕을 양자택일의 관계로 설정할 이유가 없다.

그러므로 위의 네 가지 특징은 모두 예수의 선교적 부름의 특징이었던 것 같다. 회개하는 것, 믿는 것, 따르는 것, 그리고 긴급한 우선권의 문제로 그렇게 행하는 것.

13.3 이스라엘에게

그 부름은 누구를 향한 것이었는가? 그 백성 전체였는가? 집단들, 또는 개인들, 즉 이스라엘 백성 개인들이었는가? 아니면 누구였는가? 우리는 이미 회개에의 부름과 더욱 폭넓게 퍼진 신뢰, 그리고 특정한 개인들을 향한 제자직으로의 부름이 구분되는 면을 지적하였다. 물론 예수를 '따르는' 이야기가 그 구분을 얼마간 덜 명확하게 만든 측면이 있긴 하다.[78] 그러나 예수가 이스라엘의 회복을 위한 어떤 희망을 품었고 자신의 선교 방향을 최소한 어느 정도 그런 목적에 맞춰 이끌었다는 최근의 인식을 진지하게 고려할 때 관련 사항은 더욱더 명확해질 수 있다.[79]

---

76) Jeremias, *Proclamation* 133; 피츠마이어는 그 훈계가 '또한 성급함보다는 헌신의 의미로 해석되어왔다'고 지적한다(*Luke* 847). 물론 그 효과는 같은 것이었지만 말이다. 그것이 누가에만 유일하게 탐지됨에도 불구하고, 로빈슨/호프만/클로펜보그는 주저 없이 눅 10.4b을 Q에 포함시킨다 (*Critical Edition of Q* 164-65).

77) 위의 제12장 각주 221을 보라. 그러나 누가의 망대 비유와 전쟁에 나가는 비유가 분명하게 적시하듯이, 긴급함은 성급함과 다르다(눅 14.28-33); 이에 대해서는 Hultgren, *Parables* 137-45.

78) 같은 논제가 Hengel, *Charismatic Leader* 59-63과 Sanders, *Jesus* 222-27에 의해 조명된 바 있다.

a. 돌아오라는 부름

만일 그리스어 *metanoeō* 배후에 히브리어 *šub*가 있는 게 맞다면(§13.2b) 그때 '회개하라'는 부름은 곧 '돌아오라'는 부름이었음을 주목하지 않을 수 없다. 이것은 종종 예언서에 나오는 호소였다.[80] 그러나 이는 결코 이스라엘의 흩어진 자들이 본토로 복귀해야 하는 상황에 부응하는 그런 귀환만을 포함한 것이 아니었다.[81] 특히 신랄한 것은 예레미야 3장의 반복된 부름이었다. '돌아오라, 반역한 이스라엘아', '돌아오라, 반역한 아들들아'(3.12, 14, 22).[82] 모든 경우 그 호소는 이스라엘 전체, 그들의 하나님과의 언약을 지키는 데 전적으로 실패한 그 언약 백성을 향한 것이었다. 물론 우리는 시편 22.27 또한 주목해야 한다. '모든 땅의 끝들이 주를 기억하여 그에게 돌아오리라. 열방의 모든 족속들이 당신/그 앞에 경배하리라.' 유사하게 '신뢰'에의 부름(§13.2b)도 언약적 함의를 가지고 있었다. 야웨와 그의 백성에 대한 그의 헌신에 의지하는 것 등등.[83] 위에서 인용한 모든 성서 구절(각주 62)과 신명기 32.20 등에서 언약적 함의는 분명하게 확인된다. 물론 우리는 시편 22.27의 경우처럼 다른 열방들도 이스라엘의 하나님을 신뢰할 수 있었음을 이스라엘에게 상기시킨 점을 다시 주목해야 한다(욘 3.5). 이제 우리는 '회개하고 믿으라'는 예수의 어떤 부름도 이스라엘 백성들이 그들의 하나님에게 돌아와 그를 새롭게 신뢰하라는 예언자적 부름을 되풀이한 것으로 그의 청중들에게 들렸을 것이라고 결론지을 수 있다.

또한 이는 예수가 혹 요시야 시대의 민족 부흥 노선을 따라 민족이 하나님께 돌아오리라고 희망했음을 의미하는 것일까?(대하 34-35장) 예수는

---

79) 위의 제12장 각주 34, 35를 보라.
80) 사 44.22; 55.7; 겔 18.30; 호 3.5; 6.1; 14.2; 욜 2.12-13; 습 1.3; 말 3.7. 그러나 다시 수수께끼 같은 사 6.10을 주목하라: '…그들이 돌아와 치유받지…못하도록'(위의 §13.1을 보라).
81) 신 30.2-5, 10; 렘 24.5-7. 라이트는 다시 그 모티프의 초점을 너무 좁게 추방으로부터의 귀환에 맞춘다(*Jesus* 246-58).
82) 렘 3.12: *šubâ šubâ yisra'el* (문자적으로 '돌아오라, 멀리 돌아간 이스라엘아'); 3.14, 22: *šubu banim šubabim* (문자적으로 '돌아오라, 멀리 돌아간 아들들이여').
83) Wright, *Jesus* 258-64; McKnight, *New Vision* 164-66 참조.

만일 이스라엘이 회개하기만 하면 새 시대로의 종말론적 전환이 일어나
도래할 시대의 온전한 기대가 실현되리라는 후대의 믿음을 공유했을까?[84]
이러한 질문들에 대한 답변은 명확하지 않다.

b. 열둘의 선택

몇몇 반박 가설들(설득력 있기보다는 유별나게 특이한)에도 불구하고, 느슨
하게 규정된 보다 넓은 제자 집단보다 한층 더 친밀한 집단으로 예수가 자
기 주변에 열두 제자 동아리를 두었다는 것을 의심해온 학자는 거의 없다.
마이어(John Meier)가 최근 그 전체 질문을 아주 철저히 검토하였기에 거기
에 조금도 더 덧붙일 필요가 없다.[85] 그 핵심 주장은 이전에 늘 그랬던 것과
다름없다.

(1) 예수에게 가까운 제자 집단의 묘사로 '열둘'은 예수 전통 가운데 견
고하게 뿌리내린 채 널리 퍼져 있었다.[86] 그 변용의 정도는[87] 구어적 표현
에 전형적으로 나타난다. 주목할 만한 것은 바울이 자신의 회심 때(예수의
십자가 처형 이후 2-3년 내) 받은 복음의 요약 내용을 회고하는 중 '열둘'에게 나
타난 부활 현현에 대한 언급(고전 15.5)을 포함한 사실이다. 예수의 최측근
제자들에 대한 이와 같은 이미 전통적인 서술이 고작 부활 현현의 결과로
확립되었을 리 없으므로,[88] 좀더 개연성 있는 추론은 그것이 예수의 갈릴

---

84) Str-B 1.162-65; 그러나 이미 행 3.19-21에 암시됨.
85) J. P. Meier, 'The Circle of the Twelve: Did It Exist during Jesus' Public Ministry?', *JBL* 116 (1997)
   635-72, 충분한 참고 문헌의 상세 내용과 함께; 또한 *Marginal Jew* 3.128-47; 마이어는 또한 열둘 각
   각의 인물에 연관된 자료들을 조사한다(3.199-245). 이전의 논의들 가운데, 특히 R. P. Meye, *Jesus
   and the Twelve* (Grand Rapids: Eerdmans, 1968) 192-209을 보라.
86) 막 3.16/마 10.2/눅 6.13; 막 4.10; 막 6.7/마 10.1/눅 9.1; 막 9.35; 막 10.32/마 20.17/눅 18.31; 막
   11.11; 막 14.10/마 26.14/눅 22.3; 막 14.17/마 26.20; 막 14.20; 막 14.43/마 26.47/눅 22.47; 마
   19.28/눅 22.30; 막 10.5; 11.1; 눅 8.1; 9.12; 요 6.67, 70, 71; 20.24.
87) 가령, 마태는 때로 '열두 제자들'을 언급한다(마 10.1; 11.1; 20.17); 눅 9.12은 마태와 마가가 '제자들'
   이라 기록한 곳에서 '열둘'이라 쓰고 있다; 공관복음 셋 모두는 그들을 '사도들'이라 언급하는데(막
   6.30/눅 9.10; 마 10.2/눅 6.13; 눅 11.49; 17.5; 22.14; 24.10), 예수의 사자들로서 그들의 역할을 반영하는
   데서 부분적으로 그렇고(막 3.14; 마 10.2/눅 6.13) 또한 부분적으로는 그들의 이후 위상에 기인한다
   (이로부터 누가복음에는 그 용어가 두드러진다; 사도행전 여러 군데 참조).
88) 고전 15.3-8의 증인 목록에 담긴 함의는 '열둘'에게 나타난 것이 초기 전통이었다는 것이다. 그때까
   지 유다는 무대에서 사라졌던 것 같은데, 그렇지만 '열둘'은 이미 예수의 최측근 제자들의 명칭으

리 선교 시절 그 주변에 이미 확립된 핵심 집단이 있었음을 반영한다는 것이다.

(2) 그 '열둘'에 대한 몇 가지 목록이 있다.

마 10.2-4	막 3.16-19	눅 6.14-16	행 1.13
시몬 베드로	시몬 베드로	시몬 베드로	베드로
그의 형제 안드레	야고보(세베대의 아들)	그의 형제 안드레	요한
야고보(세베대의 아들)	야고보의 형제 요한	야고보	야고보
야고보의 형제 요한	안드레	요한	안드레
빌립	빌립	빌립	빌립
바돌로매	바돌로매	바돌로매	도마
도마	마태	마태	바돌로매
마태	도마	도마	마태
야고보(알패오의 아들)	야고보(알패오의 아들)	야고보(알패오의 아들)	야고보(알패오의 아들)
다대오	다대오	젤롯당 시몬	젤롯당 시몬
가나안 사람 시몬	가나안 사람 시몬	야고보(의 아들) 유다	야고보(의 아들) 유다
가룟 유다	가룟 유다	가룟 유다	

다시 말하거니와 앞의 변용 내용은 구어 전승에서 우리가 예상할 만한 수준이다. 가룟 유다가 끄트머리에 나오듯이, 시몬 베드로는 맨 위에 견고하게 뿌리내려 있다. 빌립과 야고보(알패오의 아들) 또한 네 그룹 중 다른 두 그룹의 앞에 통상적인 자리를 차지하고 있다. 다른 경우는 그 순서가 (누가의 두 목록에서조차) 명백한 이유 없이 바뀐다(안드레를 그 형과 함께 붙여두는 선을 넘어). 가장 재미있는 것은 넷 중의 세 번째 그룹 사이의 불일치이다. 다대오(마태복음/마가복음) 또는 야고보(의 아들) 유다(누가복음)가 그 경우인데,[89] 누

로 고정되어 있었다. 하지만 복음서 저자들은 숫자상의 예의를 지킨다(마 28.16; 눅 24.9, 33; 행 1.26). 그중에 얼마나 적은 부분이 바울의 영향으로 돌려질 수 있는지는 '사도 바울'(바울 자신이 가장 집착했던 명칭)이 열두 사도들 가운데 한 사람이 아니었다는 딜레마를 해소하거나 누그러뜨리는 어떤 시도도 전적으로 부재한다는 점으로 시사된다.

89) 잘 알려져 있듯이, 요 14.22은 두 번째 유다를 증명해 보인다. 페쉬는 유다가 유다서 저자의 사도

가 '알패오의 아들'인가에 대한 어느 정도의 혼란은 따로 말할 나위 없이 확연하다.[90] 이는 구어 전승에서 정착의 정도가 각각 네 명으로 이뤄진 세 그룹 가운데서 다양함을 말해주는데, 세 번째 그룹에 속한 사람들이 다른 두 그룹보다 덜 중요하게 여겨져 그렇게 덜한 관심으로 회고되었음을 암시한다.[91] 이는 나아가 그 그룹의 구성원들이 최초의 그룹과 교회들 가운데 그 역할의 중요성이 줄어듦에 따라 (예수의 내부 동아리에 속한 구성원들로서) 그들의 정체가 공동의 기억 가운데 다소 혼선을 겪게 되는 결과가 생겼음을 말해준다.[92] 만일 이것이 그 배후의 정황이라면, 열두 명의 핵심 제자들이란 사실이 전통 가운데 매우 견고하게 확립되었음이 더욱더 뚜렷해진다.

예수 전통이 기록하는 것이 핵심 제자들 중 오직 다섯 명, 즉 첫 번째 그룹의 네 명과[93] 레위/마태[94]의 부름뿐임을 기억할 때 이러한 성찰의 동선은 더욱 강해진다. 2세기부터의 증거가 보이듯, 예수의 열두 측근들을 영광스럽게 하려는 경향은[95] 이미 그들의 회심/부름이 1세기 내내 예수 전통의 반복적인 구연 가운데 소중한 항목으로 간주되는 결과를 낳았으리라 예상할 수 있다.[96] 그러나 우리는 도마, 바돌로매, 그리고 마지막 네 명

적 권위를 확보하기 위해 그 목록에 도입된 것은 아닌지 의심한다(*Markusevangelium*, 1.208). 마이어('Circle of Twelve' 648; *Marginal Jew* 3.13)와 케이시(*Aramaic Sources* 196)는 열둘 중 한 명의 초기 구성원이 예수의 사역중 그 그룹을 떠나 또 다른 사람으로 대치되었을 가능성을 제시하지만, 행 1.21에 앞서 대치의 낌새는 보이지 않는다.

90) 레위(막 2.14; 베드로복음 14.60)=마태(마 9.9) 또는 야고보(막 3.18 평행구; 행 1.13)?

91) 이와 관련하여 파피아스가 첫 번째 일곱 명만(바돌로매를 제외하고) 언급하는 것은 어쩌면 의미심장하다(Eusebius, *HE* 3.39.4).

92) '그들은 매우 신속하게 무대에서 사라졌으니 열둘의 목록에 든 이름들 대다수가 그냥 그렇게 이름에 불과한 것이었다'(Meier, *Marginal Jew* 3.147). Casey, *Aramaic Sources* 195-96 참조.

93) 베드로와 안드레, 야고보와 요한(막 1.16-20/마 4.18-22, 눅 5.1-11과 요 1.37-42와 함께). 또한 빌립(요 1.43)을 주목하라. 나다나엘(요 1.45-51)은 그리스 예전에서 가나안 사람 시몬과 동일시되고, 또 불충분한 이유로 바돌로매와 동일시되기도 한다(Brown, *John 1-12* 82); 위에서 보았듯이(§13.2c), 예수는 열둘 이상을 '불렀다.'

94) 레위/마태(막 2.14-15 평행구); 그러나 마가/누가(레위)와 마태(마태)의 수상한 불일치는 그 둘이 다른 사람들이었는지, 막 2.14-15이 '레위'라 칭한 세리의 부름만 기억하고 열둘 중 하나인 마태의 부름은 기억하지 못하는지에 대한 질문을 제기하는데, 이 질문은 그 세리를 '마태'라 다시 이름 붙인 마태에 의해 해소된다(Gnilka, *Matthäusevangelium* 1.330-31; Davies and Allison, *Matthew* 2.98-99).

95) 예컨대, W. A. Bienert in Schneelmelcher and Wilson, *New Testament Apocrypha* 2.18-25을 보라.

96) 아래 §18.4c를 보라. 두 쌍의 형제들을 부른 것(막 1.16-20)은 짐작건대 그들에게 모범적인 위상을 부여하기 위해 적어도 어느 정도는 분명히 이상화된 것이다; 공관복음 저자들이 예수와 안드레와 시몬 사이의 이전 접촉들과 관련하여 어떤 정보를 전했다는 사실(요 1.40-42)은 그 에피소드에 추가된 극적 효과를 부여한다. 그러나 왕성한 구연 활동이 있었다고 예수가 그 형제들을 부른 사실의 본질적 역사성을 훼손할 수는 없다(특히 Pesch, *Markusevangelium* 112-14; Davies and Allison, *Matthew* 1.393-95; 또한 아래 제14장 각주 60을 보라).

의 그룹이 어떻게 예수를 따르게 되었는지 전혀 듣는 바가 없다. 이는 아마도 초기 전통이 그들이나 그들의 개성에 많은 관심을 가지고 있지 않았음을 의미할 수 있다.[97] 나아가 이는 그들이 첫 그리스도인 집단과 교회의 공동 기억에 별 영향을 끼치지 못했음을 확인해주는 듯하다. 예수가 선택한 자들 중 몇 명은 문자 그대로 별 흔적을 남기지 못했다.[98] 그렇다면 다시 한 번 말하거니와, 고정된 것은 열둘이란 기억이었고 누가 그 열둘을 구성했는지 자세한 내용은 훨씬 덜 중요한 것이었다.

(3) 무엇보다 그 목록에 변절자 유다가 들어 있다. '그(예수)를 넘겨준' 자가[99] '열둘 가운데 한 사람'[100]이었다는 사실 또한 첫 그리스도인들의 전통 가운데 견고하게 뿌리내려 있다. 초기 전통의 담지자들이 자발적으로 그러한 선택을 예수의 생애 가운데 역으로 투사하여 예수의 최측근 제자 그룹의 성격에 대한 예수의 안목에 의문을 제기했으리라는 발상은 확실히 개연성이 떨어지는 것으로 판단된다.[101]

여기서 요지인즉, '열둘'의 상징 체계가 매우 분명하다는 점이다. 그 함의는 이 제자들이 이스라엘의 열두 족장과의 어느 정도 유비적인 역할을 위해 예수에 의해 선택되었다는 것이다.[102] 에스겔 37.15-22에서 보듯 그들은 아무래도 열둘이라는 숫자로 분열된 지파들의 통일을 가리키면서 회복된 백성을 나타내기 위함이었다.[103] 이 연역적 결론이 바른 방향이라는 것

---

97) 요한복음에서 안드레(요 1.40-42, 44; 6.8; 12.22), 도마(11.16; 14.5; 20.24-28; 21.2), 빌립(1.43-48; 6.5-7; 12.21-22; 14.8-9), 그리고 가룟인 아닌 유다(요 14.22) 모두는 더 큰 역할을 가지고 있다.
98) 심지어 야고보와 요한에게 '보아너게, 우레의 아들들'(막 3.17)이란 별명이 붙은 사실과 그 이유는 처음 교회들로부터 살아남은 그들에 관한 전통으로는 거의 설명될 수 없다(그 별명의 출처가 갈릴리일 가능성에 대해서는 Dalman, *Words* 49을 보라). 그러나 거기에는 항상 요한복음의 '사랑받는 제자'가 고려 대상으로 남아 있다.
99) 막 3.19/마 10.4/눅 6.16; 마 26.25; 27.3; 요 6.71; 18.2, 5. 또한 막 14.10, 43 평행구; 행 1.16을 보라. 추가로 아래 §17.1b를 보라.
100) 마이어는 특히 막 14.43과 요 6.71을 옛 전통의 증거로 언급한다('Circle of Twelve' 645).
101) 마이어는 이 점에서 당혹스러움의 기준을 자연스럽게 강조한다('Circle of Twelve' 663-70; *Marginal Jew* 3.143). '메시아적 위엄이 어린 열둘에 대한 그 약속이 어떻게 부활 사건 이후에나 생겨날 수 있었다는 것인지 그것을 상상하기가 더 어렵다'(Theissen and Merz, *Historical Jesus* 216-17). 찰스워스(Charlesworth)는 그 주제에 대해 자신이 어떻게 생각을 바꾸었는지 설명한다(*Jesus* 136-38). 그러한 배반자에 의해 수행된 역할을 상상할 수 없기 때문에 펑크는 '배반자 가룟 유다를 십중팔구 복음서의 허구'라고 판단한다(*Honest* 234). 유사하게 크로산은 명백한 증거의 추세에 반하여 유다는 열둘 중 한 사람이 아니었다고 주장한다. 이유인즉, 그 단체가 '예수의 죽음 이후까지 존재하지 않았기' 때문이라는 것이다(*Who Killed Jesus?* [San Francisco: Harper, 1996] 81).
102) 약 1.1; 계 7.4-8; 22.2 참조. '열둘은 하나님 나라의 선포가 모든 이스라엘을 향하고 있다는 가시적

은 열둘을 언급하는 유일한 Q 구절로 강하게 확증된다. 이렇게 특별히 예수에 의해 선택된 자들은 (열두) 보좌에 앉아 이스라엘의 열두 지파들을 심판할 것이다(마 19.28/눅 22.30).[104] 동시에 우리가 주목해야 할 것은 더욱 상징적으로 각 열두 지파로부터 각 열두 제자를 선택하려는 어떤 시도도 이루어지지 않는다는 점이다. 그 상징 체계는 족보에 의존하지 않았다. 아울러, 회복의 어조가 또한 양가적인데, 이는 열둘에 전가된 유일한 역할이 이스라엘을 심판하는 것이기 때문이다.[105] 그럼에도 불구하고 어쨌든 (회복된) 전체로서 이스라엘을 상징하는 것으로 열둘이 지닌 의의는 충분히 명확하다.[106]

c. 야웨의 양 떼

또한 주목할 만한 것은 예수 전통 내의 양과 목자 은유이다. 그것들은 야웨의 양 떼로서 이스라엘의 대중적인 이미지를 분명하게 환기시켜주기 때문에 주목할 만하다.[107] 그 암시들은 지금까지 검토된 대부분의 증거들보다 더 약하게 탐지되고 외려 다양하다. 그러나 예수는 몇몇 경우에서 이러한 이미지에 의존하는 것으로 기억된다. 마태와 누가가 다르게 사용한 잃어버린 양의 비유(마 18.12/눅 15.4),[108] '이스라엘 집의 잃어버린 양'에게

인 상징이다'(Becker, *Jesus* 233).

103) 제12장 각주 57에 열거된 본문들 중에 또한 렘 3.18과 집회서 36.11을 특히 주목하라. 또한 Horsley, *Jesus* 199-201; Gnilka, *Jesus* 183; Meier, *Marginal Jew* 3.148-54; S. McKnight, 'Jesus and the Twelve', *BBR* 11 (2001) 203-31을 보라. Rowland, *Christian Origins* 152에 반대하여, '열둘'은 남은 자 신학보다는 회복을 암시한다. 라이트는 그 세 명의 내부 그룹(베드로, 야고보, 요한; 아래 제13장 각주 250을 보라)이 다윗의 최측근 호위병이었던 그 세 명(삼하 23.8-23; 대상 11.10-25)에 반향하는 다윗적 상징이 아니었을까 생각한다(*Jesus* 300).

104) 또한 위의 제12장 각주 178, 205를 보라. W. Horbury, 'The Twelve and the Phylarchs', *NTS* 32 (1986)는 이 점에서 유보적이다.

105) 추가로 위의 제12장 각주 205를 보라. 다시 말하거니와, 몇몇의 학자들이 지적했듯이, 유다를 이스라엘의 재판관 중 한 사람으로 그 수에 포함시키는 어록이 이후 예수에게로 돌려졌다는 것은 뜻밖일 것이다(예를 들면, V. Hampel, *Menschensohn und historischer Jesus: Ein Rätselwort als Schlüsser zum messianischen Selbstverständnis Jesu* [Neukirchen-Vluyn: Neukirchener, 1990] 151; Meier, 'Circle of Twelve' 656).

106) 위더링턴(Witherington)은 '열둘'을 (모든) '제자들'과 단순히 동일시하는 것에 대해 온당하게 경고한다: '그 열둘은 명백히 이스라엘이 되기 위해서가 아니라 장차 다가올 일에 비추어 이스라엘을 자유롭게 하기 위해 형성되었다'(*Christology* 127-28, 131).

107) 창 49.24; 시 28.9; 74.1; 77.20; 78.52; 79.13; 80.1; 100.3; 사 40.11; 49.9-10; 렘 13.17, 20; 겔 34장; 미 2.12; 5.4; 7.14; 슥 10.2-3; 11.7, 15-17; 집회서 18.13; 솔로몬시편 17.40.

108) 그러나 또한 도마복음 107; *Gos. Truth* 31-32에서 탐지됨. 그 네 개 버전의 비교를 위해 Hultgren,

로 가라는 파송 명령(오직 마 10.6; 15.24),[109] 그리고 마가복음 14.27/마태복음 26.31에 나오는 스가랴 13.7의 인용문.[110] 누가복음 12.32에서는 또한 예수가 제자들을 격려하는 것으로 나온다. '적은 무리여, 무서워하지 말라. 너희 아버지께서 그 나라를 너희에게 주시기를 기뻐하시느니라.'[111] 여기서 다시 이스라엘을 신적인 목자가 보호하는 무리로 명백하게 암시한다.[112] 광야(민 27.17) 또는 무너진 리더십 가운데 방향 없이 유리하는 양 떼와 같은 이스라엘의 이미지는[113] 다른 곳에서(막 6.34) 예수로부터 더 많이 듣고자 호숫가로 몰려드는 사람들에 대한 묘사(기억?)에 의해 다시 생생하게 환기된다. 마태는 열둘의 파송에 대한 자신의 버전(마 9.36)을 소개하기 위해 그 암시적 언급을 옮겨버렸다. 둘 다 그 화자의 작품이지만 예수의 선교가 그러한 이미지를 환기시켰다는 사실은 그 이미지가 예수 자신이 말하고 행한 것에 의해 촉진되었을 가능성을 강화해주는 것으로 중요할 수 있다.

간단히 말해, 야웨의 양 떼로서 이스라엘의 이미지는 예수 전통 내에 일정치 않은 역할을 가지고 있었다. 그러나 그 이미지가 작용하는 범위는 다른 어떤 것보다 예수 나름의 용례에 대한 기억에 의해 더욱 촉진되었을 법하다.

Parables 49-52을 보라. 그 비유는 예수세미나 팀(Funk, *Five Gospels* 214-15)과 뤼데만(*Jesus* 363) 모두 예수에게로 소급되는 것처럼 간주된다. 왜냐하면 양쪽 모두의 경우에서 보면 그러한 '과장'(한 마리를 찾기 위해 아흔아홉 마리를 남겨두는)은 예수에게 전형적이기 때문이다; 또한 Becker, *Jesus* 139-40을 참조. 그 비유는 또한 그 주제를 요한복음 저자가 보다 확장하여 다룬 내용의 토대였을 것이다(요 10.1-18). 또한 눅 19.10을 주목하라.

109) 위의 제12장 각주 266을 보라.

110) 그 텍스트 형태에 대해서는 Davies and Allison, *Matthew* 3.485-86을 보라. 수난 서사의 대부분 구약성서 암시에서 그러하듯이, 여기서 슥 13.7에 대한 언급은 대개 이후 그리스도교적 성찰의 증거로 보인다. 물론 우리는 유대인 사상에 해당되는 양/목자 이미지를 성찰한 예수가 스가랴 13.7에서 자신의 운명에 대한 전조를 보았을 것이라고 말할 수도 있겠다.

111) 그것이 고립되어 탐지되는 까닭에 예수의 말씀으로서 눅 12.32의 위상은 대부분 의문시된다. 물론 우리는 그것이 최소한 나머지의 모티프와 일치한다고 말할 수는 있다(또한 Beasley-Murray, *Jesus and the Kingdom* 185-87; Hampel, *Menschensohn* 39-40을 보라).

112) 또한 단 7.27에 대한 암시가 있는가?(Jeremias, *Proclamation* 181)

113) 왕상 22.17; 대하 18.16; 렘 50.6; 겔 34.5-6; 슥 10.2; 유딧 11.19.

d. 땅을 상속받기

§12.4c에서 우리는 마태의 세 번째 복 선언('온유한 자는 복이 있나니 그들이 땅을 기업으로 받을 것임이요')이 분명히 시편 37.11('온유한 자는 땅을 소유하리라')을 암시하고 있음을 보았다. 여기서 그 요점에 좀더 보탠다면, 그 암시는 분명히 아브라함의 자손들이 땅을 기업으로 받으리라는 예로부터의 언약적 약속에 근거해왔다는 것이다.[114] 비록 마태가 그 복 선언의 약속을 영적인 의미에서 취했다고 할지라도(§13.4b), 우리는 최소한 그 배후에 깔려 있는 사상의 계통을 알아야 한다. 어떤 의미에서 '온유한 자'는 이스라엘의 족장들에 대한 예로부터의 언약적 약속의 성취를 누리리라는 것이다.

e. 새로운 언약

우리가 위에서 보았듯이, 마지막 만찬의 전통은 제자들과 함께 나눈 예수의 마지막 식사를 회상하는 것 같다(§8.5c). 여기서 우리는 예수가 그것을 언약적 식사로 말한 것으로 회고되고 있음을 살펴봐야 하는데, 기실 누가와 바울의 공통된 버전에 그것은 '나의(예수의) 피로 세운 새 언약'으로 나온다(눅 22.20/고전 11.25). 다시 한 번 말하거니와, 그 함의인즉 쿰란 공동체가 스스로를 '새 언약'의 참여자로 간주했듯이,[115] 예수도 자기 주변의 집단이 야웨가 그의 백성과 함께 맺을 새 언약(렘 31.31-34)을 실현할 것으로 예상했다.[116] 열둘이 어떤 식으로든 회복된 이스라엘을 대표했듯이, 그들은 새로운 언약 아래 있는 이스라엘을 대표했다. 이 점에 있어 더 이상 말할 필요가 없지만 우리는 나중에 그 구절로 다시 돌아올 것이다(§17.5d[3]).

---

114) 창 12.7; 13.15; 15.18; 17.8; 24.7; 26.3; 28.4, 13; 35.12; 48.4.
115) CD 6.19; 8.21; 19.33-34; 20.12; 1QpHab 2.3-6; 1QSb (1Q28b) 3.26; 5.21-23.
116) 추가로 위의 제12장 각주 65를 보라. 베커는 (새로운) 언약 사상이 부활 사건 이후 교회의 특징이고 예수의 설교 다른 곳에서는 어울리지 않기 때문에 그 언약의 모티프가 예수에게서 오지 않았다는 것이 불가피한 결론이라고 주장한다(*Jesus* 128-290). 그러나 그 모티프는 어떤 종류든 이스라엘의 회복이라는 보다 넓게 탐지되는 예수의 희망과 전적으로 일치한다.

f. 야웨의 회중

마태복음의 유명한 두 구절에서 예수는 자신의 교회(*ekklēsia*)를 말한 것으로 보도된다. 마태복음 16.18: '너는 베드로(*Petros*)이니 이 바위(*petra*) 위에 내가 내 교회(*ekklēsia*)를 세우리니 지옥의 문들이 그것을 넘보지 못하리라'; 마태복음 18.17: '···만일 그(너희 형제)가 그들(그를 설득시키고자 하는 자들)의 말을 듣기를 거절하면, 그것을 교회(*ekklēsia*)에 말할 것이요; 만일 그가 교회의 말조차 듣기를 거절한다면, 그를 이방인과 세리처럼 여길 것이라.' 두 구절 다 편집적 산물이고 후대에 전개된 내용을 암시한다. 전자는 마가복음 8.30에 나오는 베드로에 대한 예수의 보다 간결한 응답을 확장하거나 넘어서는 데 비해, 후자는 개별적 공동체들이 '교회'(*ekklēsia*)라고 불린 후대의 맥락을 반영하면서 공동체 권징으로 개발된 규칙으로 보이는 것의 일부이다.[117]

'에클레시아'(*ekklēsia*)가 '카할'(*qahal*, 회중)이라는 히브리어를 번역하기 위해 칠십인역(LXX)에 꾸준히 사용된다는 사실(대략 100회 정도)로 인해 잠시 멈추지 않을 수 없다. 가장 주목할 만한 것은 '야웨의 회중'(*qahal Yaweh*)과 '이스라엘의 회중'(*qahal Israel*)이라는 문구이다.[118] 이 단락(§13.3)에서 검토된 증거에 비추어 예수가 경우에 따라 야웨의 회중을 말했고 이로써 그가 재구성된 이스라엘의 핵심 세력을 자기 주변에 모으고자 한 자신의 희망을 넌지시 비추었을 개연성을 배제할 수 없다. 어쩌면 모세가 그들에게 하나님의 말씀을 전하는 것을 듣고자 모인 자들이 그의 '카할'/'에클레시아'(*qahal/ekklēsia*)였듯이, 예수가 하나님의 말씀을 전하는 것을 듣고자 모인 자들 역시 새로워진 '카할'/'에클레시아'(*qahal/ekklēsia*)였다는 생각까지 암시되었는

---

117) 추가로 이후의 제3권을 보라.
118) *Qahal Yahweh*—민 16.3; 20.4; 신 23.1-3, 8; 대상 28.8; 느 13.1; 미 2.5. *Qahal Israel*—출 12.6; 레 16.17; 민 14.5; 신 31.30; 수 8.35; 왕상 8.14, 22, 55; 12.3; 대상 13.2; 대하 6.3, 12-13. 추가로 Davies and Allison, *Matthew* 2.613, 629을 보라. 예레미아스는 4QpPs 37(4Q171) 3.16을 주목한다: '(하나님은) 그(의의 스승)를 세워···자신을 위해 한 회중을(*lbnot lo 'dt*) 일으키게 하였다···'(*Proclamation* 168). 여전히 숙고할 만한 것은 Cullmann, *Peter* 193-99이다.

지 모른다. 이 점에 있어서 예수에 대한 어떤 기억도 분명히 마태에 의해 확장되었다. 그러나 16.18에서 베드로에 대해 어떤 식으로 특별한 초점이 맞추어지든(아래 각주 251을 보라), 야웨의 회중이 악의 세력('지옥의 문들')에 의해 끝내 패하지 않으리라는 확신은 성격상 다분히 유대적이고[119] 하나님 나라와 관련된 예수의 종말론적 보장과 일치한다.[120]

g. 새로운 성전?

나중에 논증될 결론을 미리 끌어와도 된다면, 예수는 또한 파괴되고 다시 세워질 예루살렘 성전에 대해 무엇인가 말한 것으로 기억되었던 것 같다(막 14.58).[121] 여기서 다시 우리는 새로운 성전 건물이 유대적 대망의 일부였음을 떠올려본다.[122] 여기서 주목해야 할 요점은 새롭게 된 성전이 갱신된/성화된 공동체의 이미지로 작용했을 가능성이다.[123] 우리는 쿰란이 자신을 부패한 예루살렘 제의의 대안으로 기능하는 제사장 공동체로 이해했음을 알고 있다.[124] 아울러, 첫 그리스도인들이 스스로 어느 정도 유사한 방식으로 자신을 이해했을 가능성이 있다. 재건된 하나님의 집의 시작 또는 기초로서 말이다. (1) 바울이 야고보, 게바, 요한을 '기둥'으로 언급한 것(갈 2.9)은 성전의 모습을 환기시키며,[125] 이러한 세 명의 지도적인 사도들

---

119) Meyer, *Aims of Jesus* 192-95 참조. 데이비스와 앨리슨은 특히 사 28.15-19과 1QH 14 [=6].19-31을 비교한다(*Matthew* 2.630, 632-34). 또한 위의 제12장 각주 79를 보라.

120) K. Berger, *Formgeschichte des Neuen Testaments* (Heidelberg: Quelle und Meyer, 1984) 182-84은 '그 나라에 들어가는 것'에 대한 예수의 이야기가 그 회중에게 들어가기 위한 요건(특히 신 23.2-8)의 의도적인 반향이었는지 질문을 제기한다; 또한 Horn, 'synoptischen Einlasssprüche' 197-200. 마이어는 마 16.16-19이 부활 이후의 배경에서 등장했다고 결론짓는다(*Marginal Jew* 3.226-35).

121) 아래의 §15.3a를 보라.

122) 위의 제12장 각주 66을 보라.

123) Horsley, *Jesus* 292-96.

124) 특히 CD 3.12-4.12을 보라; 4QFlor. 1.1-7과 추가로 B. Gärtner, *The Temple and the Community in Qumran and the New Testament* (SNTSMS 1; Cambridge: Cambridge University, 1965) chs. 2-3; G. Klinzing, *Die Umdeutung des Kultus in der Qumrangemeinde und im NT* (Göttingen: Vandenhoeck und Ruprecht, 1971) II. Teil; Newton, *Concept of Purity* ch. 2, 특히 34-36.

125) '기둥'(stylos)이란 말은 칠십인역(LXX)에서 장막의 받침기둥과 성전의 기둥과 관련하여 가장 자주 사용된다. 특히 주목할 만한 것은 솔로몬의 성전 앞에 세워진 한 쌍의 기둥들이다(왕상 7.15-22; 대하 3.15-17). 이는 야긴과 보아스라 이름하여 분명히 언약적 중요성이 있었는데(왕하 23.3; 대하 34.31) 지금은 망실되어 현존하지 않는다.

이 '(종말론적) 성전의 기둥들'(계 3.12의 경우처럼)로 간주되었음을 암시한다.[126] (2) 신자 집단을 '하나님의 성전 또는 집'으로 보는 발상은 초기 그리스도교 안에서 분명 익숙했다.[127] 물론 쿰란을 제사장 공동체로 보는 것과 다소 유사한 의미에서 그렇다.[128] (3) 새로운/재건된 성전에 대한 예수의 이야기(막 14.58)는 요한복음에서 자신의 (부활한) 몸에 대한 언급으로 해석되는데(요 2.21), 짐작해보건대 이는 신자 공동체가 어떤 의미에서 '그리스도의 몸'(롬 12.4-5; 고전 12.12-27)이라는 바울의 준비된 가정을 설명하는 데 도움을 줄 수 있다. 해당 자료는 불충분하고 그 상호 관계는 꼬여 있지만, 그것은 적어도 예수가 제자 공동체를 새롭게 예배하는 하나님의 핵심 백성으로 보았다는 흥미로운 가설을 암시한다.

h. 디아스포라?

예수의 선교에 매우 현저하게 표현된 회복된 이스라엘의 희망을 근거로 흩어진 이스라엘 유배자들의 귀환에 대한 명시적인 언급을 어느 정도 기대할 법하다. 그러한 기대는 물론 회개/돌아옴에 대한 이야기와 (회복된) 열둘(지파들)의 상징 체계 안에 포함될 수 있을 것이다. 그러나 이 경우와 관련하여 예수가 그 주제에 대해 더 분명한 지적을 하지 않은 것은 놀랍다. 귀환에의 부름은 이스라엘의 역사를 통해 반복된 것이지 그 역사의 특정한 상황에 제한된 것이 아니다. 한 디아스포라 유대인을 그 열둘 중에 포함시키기 위한 어떤 시도도 이루어지지 않았다. 그러면 '이스라엘 집의 잃어버린 양'은 어떤가? 그러나 마태복음 10.6의 파송은 디아스포라를 거의 염두에 두고 있지 않은데, 이전의 문장에서 제자들은 '이방인들의 길로/그들을 향해' 가는 것이 금지되기 때문이다(10.5).[129] 우리는 이미 수로보니게 여

---

126) C. K. Barrett, 'Paul and the "Pillar" Apostles', in J. N. Sevenster, ed., *Studia Paulina*, J. de Zwaan FS (Haarem: Bohn, 1953) 15-19.

127) 고전 3.9, 16; 6.19; 고후 6.16; 엡 2.21; 벧전 2.5.

128) 롬 5.2; 12.1-2; 15.16; 빌 2.25; 벧전 2.5; 계 1.6; 5.10; 20.6.

129) Jeremias, *Promise* 19-21; 관련 논의는 Davies and Allison, *Matthew* 2.168-69.

인의 이야기에서의 유사한 우회적 언급(마 15.24)과 관련해서 그것이 기껏해야 예수가 자신의 선교를 더 큰 이스라엘로 확대시켰음을 암시할 수 있음을 주목하였다(§§9.9f). 따라서 '목자 없는 양'(막 6.34/마 9.36)의 이미지 역시 흩어진 추방자들을 모아들이는 것보다 유대인 리더십의 실패를 겨냥한 것 같다.[130] 누가가 잃어버린 양의 비유를 둘째 아들이 '먼 나라'(15.13)에 가 있는 시간을 언급하면서 탕자의 비유(눅 15.4-7, 11-32)와 나란히 배치하였지만 전자의 비유에도 어떤 대등한 추론이 도출되어야 옳다. 다시 한 번 종합하면, 우리는 예수의 선교가 신명기 30.2에서처럼 추방된 이스라엘을 회개로 인도함으로써 이스라엘을 회복시키는 것을 목표로 했다는 생각을 포함시키기 위한 어떠한 시도도 예수 전통에서 이루어지지 않았다는 결론에 이르게 된다.[131]

요컨대, 증거가 점점 더 빈약해질지라도, 애당초의 생각들은 예수가 이스라엘 전체를 대표하여, 그들을 향한 선교에 관여한 것으로 첫 제자들이 이해했다는 결론을 확정하기에 충분하다. 그의 목표는 백성들이 그들의 하나님께로 돌아오도록 상기시켜주는 예언적 목표였다. 그는 열둘을 선택하여 갱신되고(새 언약) 그 본래의 운명으로 소환된 이스라엘을 대표하도록 그의 제자들의 내부 그룹으로 삼았다. 그는 야웨의 양 떼에서 분리된 양들을 향해 특별한 관심을 가지고 있었다. 우리가 추론할 수 있는 가정은 예언자들의 경우이다. 즉 이스라엘은 한 백성으로 순전히 하나님께로 돌아와 그를 신뢰할 때에만 공동체로서 번영하리라는 것이다.

그러나 그것이 그 나라의 도래를 보장하거나 그 나라가 도래했다는 증거가 될 수 있을까? 우리는 나아가 그 그림을 더 풍성하게 채워야 한다.

---

130) 위의 각주 113을 보라.
131) 추가로 위의 §12.6c(2)를 보라.

13.4 가난한 자에게

예수에게 영향을 끼친 모든 예언들 가운데 이사야 61.1은 단연 특출하다. '주 하나님의 영이 내게 임하였으니 주께서 내게 기름을 부으사 가난한 자에게(*'anawim/ptōchois*) 복된 소식을 전하게 하기 위해 나를 보내셨도다….' 그 영향력은 세례자의 탐문에 대한 답변에 나오는 이사야의 예언에 대한 암시로 분명하게 현시된다(마 11.5/눅 7.22).[132] 그리고 팔복 선언의 첫 대목(마 5.3-6/눅 6.20b-21)은 이사야 61.1-3(7)을 염두에 두고 그 틀에 맞추어진 것 같다.[133] 따라서 예수가 그 구절을 읽고 그 실현을 명시적으로 주장하고 있는 누가의 묘사(눅 4.16-21)가 마가복음 6.1-6a의 더 간결한 전통을 확장한 것이라 할지라도, 우리는 누가의 확장이 하나의 경우 이상으로 그 구절에 대해 예수가 분명히 암시한 강한 기억을 토대로 한 것이라고 여전히 확신할 수 있다.[134]

여기서 요지인즉, 가난한 자에게 복된 소식을 선포하는 것이 명백하게 예수의 선교 개념 전면에 부상하였다는 것이다. 예수의 선교에 이미 나

---

132)　위의 §12.5c(1)을 보라.

133)

사 61.1-3,(7)	마 5.3-6	눅 6.20b, 21b, 21a
(1) 가난한 자에게 복음을 전하는 것 (2) 애통하는 자를 위로하는 것 (1) 가난한 자에게 복음을 전하는 것 (7) 그들은 땅을 기업으로 받을 것이라(LXX) (3) 그들은 의의 상수리나무라 불릴 것이라	(3) 가난한 자는 복이 있나니… (4) 애통하는 자는 복이 있나니 저들이 위로를 받을 것임이요 (5) 온유한 자는 복이 있나니, 저들이 땅을 기업으로 받을 것임이요. (6) 의에 주리고 목마른 자는 복이 있나니, 저들이 배부름을 얻을 것임이라	(20) 가난한 자는 복이 있나니… (21b) 이제 우는 너희는 복이 있나니, 너희가 웃을 것이요 (21a) 이제 굶주리는 자는 복이 있나니, 너희가 배부름을 얻을 것이라

같은 전통(Q?)이 마 5.4과 눅 6.21b에 들어 있는 것 같은데, 누가는 그것을 수정하여 눅 6.25b과의 평행적 유사성을 강화시킨다. 그 경우에 마태는 이전의 형태를 보존한 것 같은데 사 61.2을 더 가깝게 모방한다(Fitzmyer, *Luke* 1.634; Robinson/Hoffmann/Kloppenborg, *Critical Edition of Q* 48-49). 나아가 마태의 일련의 축복 선언에 탐지되는 사 61.1-2의 모방은 마태적 편집의 증거라기보다 마태에게 알려진 전통 가운데 주어진 것이라고 보는 것이 더 그럴 법하다(추가로 Davies and Allison, *Matthew* 1.436-39을 보라). '가난한'과 '온유한'의 의미 중첩성에 대해서는 위의 제12장 각주 159를 보라.

134)　또한 위의 제12장 각주 282를 보라.

타나 있는 종말론적 축복의 목록은 가장 놀라운 것(죽은 자의 부활)이 아니라 '가난한 자들이 그들에게 선포된 복된 소식을 가지고 있다'(마 11.5/눅 7.22)는 사실과 함께 정점에 다다른다. '가난한 자에게 복이 있나니…'(마 5.3/눅 6.20). 누구를 대상으로 예수는 이 메시지를 선포한 것일까? 예수 자신이 구상했을 법한 어떤 목록의 맨 윗자리, 또는 그 언저리에는 분명히 '가난한 자들'이 있었다.

a. 누가 '가난한 자'였는가?

그리스어 용어 '프토코이'(*ptōchoi*)[135) 배후에 여러 히브리어 용어들이 자리 잡고 있는데, 특히 '아니이임'(*'aniyyim*)이 대표적이다.[136) 그 히브리어 용어들은 다양한 측면과 그 결과들에서 물질적인 가난을 암시한다. 이러한 결과들 가운데 가장 중요한 것은 그로써 (가난을 완화해줄) 이스라엘 공동체에 부과된 사회적 책임과 오늘날 '가난한 자를 위한 하나님의 선택'이라 불리는 것이었다.[137)

(1) 고대 근동의 농업 경제에서 토지의 소유권은 경제적 안정의 기초였다. **물질적인 가난**은 여러 요인들 중의 하나 또는 그 이상의 결과일 수 있었다. 자연 재해로 말미암은 흉작, 적들의 침입과 착복, 나태와 서투른 경영, 권세 있는 이웃들의 배임 행위, 또는 착취적인 이자로 채무의 악순환이란 덫에 빠지는 일 등등. 그때 가난한 자들은 안전한 경제적 기초를 결여한 자들이었다. 과부들, 고아들, 이방인들, 이런 자들은 자기 보호의 수단

---

135) 이 용어는 통상적으로 복수로 사용된다; 복음서에서 '가난하다'고 묘사된 유일한 개인들은 한 과부(막 12.42-43/눅 21.3)와 눅 16.20, 22의 비유에 나오는 나사로이다. 신약성서는 상대적으로 소규모를 나타내는 용어인 *penēs*를 거의 사용하지 않는다(고후 9.9의 시 112.9 인용문에만 나옴); 그리스어의 용례에서 *penēs*는 일해야 하는 자를 암시하지만 칠십인역(LXX)에서 어떤 구분도 희미해진다(F. Hauck, '*penēs*', *TDNT* 6.37-39; E. Bammel, '*ptōchos*', *TDNT* 6.894-95).
136) 칠십인역(LXX, HR)에서 *ptōchos*는 '*ani*를 번역하기 위해 사용되지만(39) 또한 그렇게 번역되는 주목할 만한 또 다른 용어들로 *dal* (22), '*ebyon* (11), '*anaw* (4), 그리고 잠언의 *rosh* (9) 등이 있다. BDB는 그 각각의 경우에 의미의 범위를 다음과 같이 부여한다: '*ani* '가난한, 괴로운, 비천한'; *dal* '뭉개진, 억압된'; '*ebyon* '부족한, 곤궁한, 가난한'; '*anaw* '가난한, 괴로운, 비천한, 온유한'; *rosh* '부족한, 가난한'. 사 61.1은 '*anaw*를 사용한다. 추가로 Bammel, *TDNT* 6.888-902을 보라.
137) 이어지는 대목에서 특별히 Gerstenberger, *TDOT* 11.242-51을 보라.

이 미비된 채 특별히 취약한 처지에 놓여 있었다.

공동체에 부과된 결과적인 책임은 신명기 15.7-11과 24.10-15, 19-22에 가장 분명하게 문서화되어 있는데, 거기에는 가난의 거친 현실이 잘 예시되어 있다. 자기 땅을 소유하지 못하여 다른 이들을 위해 일해야 하는 일용직 노무자는 같은 날 임금을 받았는데, 그렇지 않으면 음식을 살 수단이 없어 굶주린 채 잠자리에 들어야 했다(24.15). 자신의 하나뿐인 겉옷을 저당잡혀야 하는 개인은 그날이 끝나기 전에 그것을 돌려받아야 했는데, 그렇지 않으면 밤의 추위를 물리칠 수단이 없을 터였다(24.12-13). 가난한 자들은 추수할 때 일정 몫을 얻기 위해 땅 주인의 관대함에 의지해야 했다(24.19-21).[138] 가난이라는 사회적 오명은 일련의 잠언 가운데 잘 반영되어 있는데, 이는 의심의 여지없이 당시의 보편적 지혜에 공명하는 내용들이다.[139]

(2) 물질적인 가난은 가난한 자들을 경제적 착취에 취약하게 방치했다. 가난은 결코 개인의 무기력함이나 게으름, 또는 자연 재난이나 적의 침입의 결과만은 아니었다. 그것은 또한 사회적 원인, 종종 다른 사람들 편에서 가해지는 탐욕과 속임수의 결과를 수반하는 사회적 상황이었다. 경제적·정치적 권세를 쥐고서 그 권세를 무자비하게 사용하려고 하는 사회의 구성원들 앞에 가난한 자들은 취약할 수밖에 없었다. 결과적으로 가난한 자들은 짓밟히고 억압당하였으며, 종종 환경에 밀려 사회의 변두리로 전전하였다. 왕조 시대의 두 일화는 권세 없는 자의 무기력함과 탐욕적인 권세의 무자비함을 대조적으로 잘 예시해준다. 바로 다윗의 권력 남용에 대해 예언자 나단이 들려준 이야기(삼하 12.1-6)와 나봇의 재산을 획득하기 위해 합법적 과정을 유린한 아합 왕의 부패(왕상 21장)이다. 우리야와 나봇처럼 꽤 잘 사는 사람들이 권세자 앞에 무기력하게 되었다면, 가난한 자들은 무슨 희망이 있었을까? 위대한 예언자들 가운데 특히 아모스와 이사야는

---

138)　또한 출 23.6, 11; 레 19.10; 23.22; 25.25; 욥 29.12; 잠 19.7; 22.0, 22; 28.8, 27; 29.7, 14; 31.20; 집회서 4.1, 4, 8; 7.32; 29.9.
139)　잠 13.8; 14.20; 18.23; 19.4; 23.21; 28.19; 30.8-9.

부유한 자들이 가난한 자들을 향해 보여준 탐욕스러움과 착취적인 행태에 대해 신랄한 고발의 논조로 가난한 자들의 대변자가 된다.[140]

(3) 가난한 자들은 인간의 억압에 직면하여 무기력하고 희망이 없었기에 그들은 한층 더 하나님께 의지해야 했다. 그래서 '가난한 자'라는 관념은 달리 어느 곳도 바라볼 수 없기에 자신들의 취약함을 인식하여 하나님께 도움을 바라는 자들을 포함하게 되었다.[141] 특히 시편 기자는 하나님이 가난한 자들의 투사라는 확신을 가지고 이 문제에 응답한다.[142] 주목할 만한 것은 시편 기자와 그의 공동체가 스스로를 가난한 자와 곤궁한 자로 동일시하는 정도이다.[143] 예수의 시대에 근접할수록 이러한 자기 명명은 솔로몬시편과 사해 사본들 가운데 공명된다.[144]

그러므로 가난에 대한 전통적인 유대 사회의 이해는 단순화되거나 관념화되지 않는다.[145] 가난의 거칠고 종종 잔인한 현실에서 출발하면서, 유대인들은 상이한 가난의 층위를 인식하였다. 물질적·사회적·영적인 가난 등등. 가난은 돌봄 사회를 위한 토라의 율법 제정으로부터 부유한 자들의 무자비함과 박정함에 대한 예언자들의 고발을 경유하여, 특출하게 가난한 자의 하나님으로 고백한 시편 기자의 하나님에 대한 확신에 이르기까지 유대교 성서 모든 구석에 두루 퍼진 관심사였다.

---

140) 암 2.6-7; 4.1; 5.11-12; 8.4-6; 사 3.14-15; 5.8; 10.1-2; 32.7; 58.3, 6-7; 또한 욥 24.3-4, 9, 14; 시 10.2, 9; 37.14; 94.5-6; 109.16; 잠 30.14; 겔 16.49; 18.12, 17; 22.29; 미 2.2; 슥 7.9-10; 집회서 13.19, 21, 23; CD 6.16.

141) 가령, 욥 5.16; 시 10.12-14; 25.16; 34.6; 69.29, 32.

142) 시 9.18; 10.14, 17; 12.5; 14.6; 22.24-26; 35.10; 40.17; 41.1; 68.5, 10; 69.33; 70.5; 72.12-13; 102.17; 113.7; 132.15; 또한 삼상 2.8; 삼하 22.28; 욥 34.28; 36.6; 잠 3.34; 사 11.4; 14.32; 29.19; 41.17; 49.13; 61.1; 렘 20.13; 집회서 21.5; 솔로몬시편 5.11; 15.1.

143) '나는 가난하고 궁핍하오니'(시 40.17; 70.5; 86.1; 109.22); 또한 시 18.27; 37.14; 68.10; 69.32; 72.2, 4; 74.19, 21; 140.12; 사 54.11. 추가로 Gerstenberger, *TDOT* 11.246-47, 250을 보라.

144) 솔로몬시편 5.2, 11; 10.6; 15.1; 18.2; 1QpHab 12.3, 6, 10; 1QM 11.9, 13; 13.13-14; CD 19.9; 4QpPs 37(4Q171) 2.9-10; 1QH 10[=2].32, 34; 13[=5].13-18, 21; 23[=18].14. 추가로 Bammel, *TDNT* 6.896-99; L. E. Keck, "The Poor among the Saints" in Jewish Christianity and Qumran', *ZNW* 57 (1966) 54-78 (여기서는 66-77); Gerstenberger, *TDOT* 11.236.

145) 크로산은 그냥 가난이 아니라 극빈을 염두에 둔 렌스키(Lensky)의 모델에 의거하여 상황을 너무 성급하게 일반화한다: '부정한 자, 타락한 소모품 계층들', '극빈자들, 거지들, 부랑자들'(*Historical Jesus* 273, 275). 유사하게 *Birth* 320-21, 344. 그러나 그는 여기서 '극빈자'(='토지 없는 소작농') 안에 임차농부들, 물납소작인들, 거지들'을 포함시킨다(321).

b. 예수와 가난한 자

§9.9의 여러 군데에서 우리는 사회정치적 환경이 갈릴리에서 예수의 청소년기와 청년기에 어떤 영향을 미쳤는지 숙고해보았다. 목수(*tektōn*)의 가족 성원으로 부유하지 않은 작은 동네에서 자라난 예수는 몸소 극빈을 경험하지는 않았을 테지만 그의 측근 제자 동아리가 그러했듯이 분명 가난에 익숙했을 것이다.[146] 이를테면, 인근의 마을 사람들이 지닌 세금 부담이라든지, 많은 사람들이 버거운 채무의 악순환에 어떻게 잡혀 있는지, 또 어떤 이들이 대대로 물려받아온 전답을 강제로 팔아치워 소작농이나 일용직 노동자로 전락한 경우를 예수는 거의 확실히 인식하고 있었을 것이다.[147] 그의 비유들은 세포리스와 디베랴(고향 마을 나사렛과 그의 근거지 가버나움을 포함하여)의 영향권 내에 있던 마을들 가운데 존재한 그런 긴장에 대한 인식을 반영해준다. 부유한 토지 소유자들, 부재지주들에 대한 분노, 토지 관리를 맡은 청지기의 착취, 상속으로 인한 가족의 반목 등의 비유를 보라. 마찬가지로 근심에 대한 예수의 가르침(마 6.25-33/눅 12.22-31)은 호구지책이 궁한 자들의 일상적 걱정을 반영해준다. '너희가 무엇을 마실까…너희가 무엇을 입을까', 다음 음식이 어디서 올까.[148] 주기도문이 얼마나 많이 그 본래의 맥락을 초월하든지 간에 그 속내는 가난한 자의 기도라는 사실을 잊지 말아야 한다.[149] 주기도문은 하나님의 나라가 도래하고, 하나님의 의가 편만해지며, 지금-오늘 필요한 빵을 바라며,[150] 빚이 탕감되고,[151] 책

---

146) E. W. Stegemann and W. Stegemann, *The Jesus Movement: A Social History of Its First Century* (Minneapolis: Fortress Press, 1999)는 그들을 '하위농경층'에 위치시킨다; 적어도 '그들의 유목민 생활' 동안 그들은 *ptōchoi*에 속했을 것이다(203).

147) 위의 §9.6b를 보라. 크로산은 '갈릴리 하부 지역에서 20년대 후반 진행된 로마 제국의 상업화와 헤롯 일가의 도시화로 인해 재산을 박탈당한 소작농들에 예수의 일차적 초점이 맞추어져 있었다'고 주장한다(*Birth* 325).

148) 또한 Schottroff and Stegemann, *Hope of the Poor* 16-17, 39-40을 보라. F. G. Downing, *Christ and the Cynics* (Sheffield: Sheffield Academic, 1988)는 견유학자들의 가르침 가운데 평행구들을 주목한다(19-20). 추가로 아래의 제14장 각주 45를 보라.

149) 특히 Oakman, 'The Lord's Prayer in Social Perspective' 155-82 참조.

150) 베커는 주기도문이 '예수 추종자들의 식탁 기도'였다고 제안한다(*Jesus* 159, 161).

151) 마태의 *opheilēma*('빚' '채무') 배후에 아람어 *hobha*가 놓여 있음이 오랫동안 인식되어왔다 (Jeremias, *Prayers* 92; Black, *Aramaic Approach* 140; 또한 Casey, *Aramaic Sources* 59-60). 요지인즉, 마태

임을 완전히 포기하려는 유혹에 직면하여 결연히 반응하고, 잠정적인 법정 기소에서 건짐받기를 구하는 기도였기 때문이다(마 6.9-13/눅 11.2-4).[152] 온유한 자들('anawim, praeis)이 땅을 기업으로 얻으리라는 그들에 대한 약속(마 5.5)의 배후에는 가난한 자들을 포함하는 모든 이스라엘의 구성원이 약속/기업의 땅에서 나름의 몫과 지분을 갖게 되리라는 먼 옛날의 이상이 놓여 있다.[153]

가난한 자에 대한 예수 자신의 태도는 마가가 기록한 세 개의 에피소드 가운데 가장 잘 반영되어 있는 듯하다. 그중에 가장 두드러진 것은 한 (젊은) 부자를[154] 권고하는 그 에피소드이다. '가서 네가 가진 것을 팔아 가난한 자에게 나누어주어라. 그러면 하늘에서 보화가 네게 있으리라'(막 10.21).[155] 이 권고는 분명 유대 사회의 복지적 관심을 반영한다. 그 요지에 좀더 부연하자면 그 이야기에 함축된 것은 부의 위험에 대한 경고이다. 즉 부가, 의존해야 하고 자기 방종을 부추기는 무엇이 되고, 앞서 살펴본 사회적 맥락에 비추어 다른 사람들에게 사회적 영향력과 경제적 권능의 수단이 될 수 있는 위험이다. 한마디로 그 위험은 사람의 부가 그 사람의 신이 될 수 있다는 것이다(마 6.24/눅 16.13).[156] 그 에피소드는 마태와 누가가 공유하는 예수의 다른 두 가르침을 생생하게 예증한다는 점을 주시하지 않을

가 *hobha*의 가능한 의미로 '죄'(누가의 *hamartia*에 더 잘 반영됨)라는 뜻이 있음을 알지 못했다는 것이 아니라, 그 이면의 이미지가 재정적인 채무, 즉 '빚진 돈'에 대한 것이라는 점이다(Jeremias 92). Horsley, *Jesus* 253-54; Chilton, *Rabbi Jesus* 79-80 ('되갚을 수 없는 채무의 부담은 하나님으로부터의 소외를 표상하는 주요 메타포가 되어, 그들은 거기서 놓임 받기를 위해 기도했다').

152) 예레미아스는 렝스토르프(K. H. Rengstorf)가 마 7.7/눅 11.9을 '거지들의 지혜'라고 묘사한 것을 인용한다(*Proclamation* 191).

153) 다시 4QpPs 37 (4Q171) 2.4-11 참조. '가난함'과 '온유함' 개념이 중첩되는 것에 대해서는 다시 Bammel, *TDNT* 6.904과 위의 제12장 각주 159를 보라.

154) 전형적인 구연적 변용 요소들을 주목하라: 마태만이 그를 '청년'(*neaniskos*)이라고 표기한다; 누가만이 그를 '관원'(*archōn*)이라고 부른다. 마가의 첫 대목을 마태가 수정한 것에 대해서는 위의 제7장 각주 20을 보라. 다른 변용 내용들은 여기서의 논의에 영향을 미치지 못하며, 공관복음 평행구의 유사성은 그 전체 구절의 인용을 불필요하게 한다.

155) 대부분은 예수의 생애에서 나온 에피소드가 여기서 회고되고 있다고 받아들인다(가령, Davies and Allison, *Matthew* 3.40; Lüdemann, *Jesus* 69-70의 간략한 개관을 보라). 예수세미나 팀은 그 마지막 절('하늘의 보물')을 '거의 확실히 후대의 수정'이라고 간주한다(Funk, *Five Gospels* 91); 그러나 '보물'(*thēsauros*)에 대한 마가복음의 유일한 언급으로 말하자면, 그것은 마태와 누가의 더 온전한 모티프가 자라난 뿌리로 보거나 예수 전통의 다른 곳에서 더 깊이 뿌리내린 모티프의 증거로 보는 것이 더 낫다(추가로 아래 각주 161을 보라).

156) 마 6.24/눅 16.13에 대해서는 아래를 보라.

수 없다. 마태복음 6.21/누가복음 12.34:[157] '네 보물이 있는 곳에 네 마음도 있을 것이다.'[158] 그리고 마태복음 6.24/누가복음 16.13(=Q): '아무도 두 주인을 섬길 수 없을 것이니 혹 이를 미워하고 저를 사랑하거나 혹 이를 중히 여기고 저를 여김이라. 너희가 하나님과 맘몬을 겸하여 섬기지 못하느니라.'[159] 부가 하나님께만 두어야 할 신뢰 대신 거짓된 안전 의식을 조장하기 때문에[160] 그것은 너무 신속하게 또 너무 자주 하나님에 대한 가장 심각한 대안물이 된다.

이러한 인식은 그 이야기에 첨부된 경고의 엄중함을 설명할 수 있을 것이다. '부자들이 하나님의 나라에 들어가는 것이 얼마나 어려운지'(막 10.23), '낙타가 바늘귀를 통과하는 것이 부자가 하나님의 나라에 들어가는 것보다 더 쉬우리라'(10.25/나사렛복음서 16).[161] 뒷부분 문장의 과장법이 어색하게 다루어져서는 안 된다. 그 어느 쪽의 공격성도 축소되어서는 안 된다.[162] 비록 그 마지막 말은 하나님의 권능과 관대함으로 분식되어 제시되

---

157) 위의 §8.5d에서 인용됨. Robinson/Hoffmann/Kloppenborg, *Critical Edition of Q* 328-31은 여기서 놀랍게도 그것들이 Q를 재구성한 것이라고 확신한다.

158) 마 6.19-21 연속물이 예수 탐구자들 사이에서 그렇게 확신을 불러일으키지 못한다는 것도 놀라운 일이다. 그 근거로는 그것이 이후에 예수에게 돌려진 대중적 지혜를 담고 있다거나(Funk, *Five Gospels* 150-51; Lüdemann, *Jesus* 148 참조) 예수의 가르침 가운데 보상 개념의 여지가 없다(Breech, *Silence of Jesus* 46-49)는 점이 추론된다. 그러나 도마복음과 야고보서 모두 6.19-20의 버전들을 알았던 것 같다(도마 76.3; 약 5.2-3). 나아가 부자 청년과의 그 에피소드는 예수가 하늘에 보물을 쌓아 두라고 언급한 것으로 회고됨을 증언한다(막 10.21 평행구; 또한 위의 각주 155를 보라). 6.21은 고대 잠언 수집물 가운데 평행구가 없다(Betz, *Sermon on the Mount* 435). 그러니 그것이 예수에게 나온 것이 아니라면 어디서 나왔겠는가? 아울러, 예수의 가르침 속에서 어떤 보상 개념도 인정하길 거부하는 것은 매우 자의적이다(위의 §12.4f와 대조해보라; 추가로 Davies and Allison, *Matthew* 1.633-34을 보라). 반대로 §8.5d에서 마 6.19-21/눅 12.33-34의 언급이 보여주듯이, 그것은 마태와 누가에게 알려진 버전들 가운데 다르게 구연되고 후대에 순교자 유스티누스(본문은 Aland, *Synopsis* 89) 및 다른 자들이 (플라톤주의화하는 방식으로) 다시 다르게 발전시킨 구어 전통의 적절한 예를 제공한다(세부 내용은 Betz, *Sermon* 435-37. 그런데 그는 6.21이 그 어록의 탈플라톤주의화된 버전이라는 납득할 수 없는 제안을 한다).

159) 선행하는 구절과 대조적으로 마 6.24/눅 16.13(도마 47.2; *2 Clem.* 6.1; *Ps.-Clem. Rec.* 5.9.4 참조)은 모든 방면에서 예수에게로 소급된다는 상당한 정도의 확신이 있다(Funk, *Five Gospels* 151; Lüdemann, *Jesus* 148); 추가로 세부 내용은 Davies and Allison, *Matthew* 1.643-45; Betz, *Sermon on the Mount* 454-59 참조.

160) '맘몬'은 보통 '*mn* ('신뢰하다'), 즉 (하나님과 대조하여) 의존한 어떤 것에서 유래한 것으로 설명된다; '그 단어는 "자원", "돈", "재산", "소유물" 등을 뜻한다'(Davies and Allison, *Matthew* 1.643; 또한 Meier, *Marginal Jew* 3.589 각주 92, 93을 보라).

161) 한쪽 또는 양쪽 모두를 한 가지 형태이든, 또 다른 형태로든, 예수가 처음으로 말했다는 점을 의심하는 학자는 거의 없다(Funk, *Five Gospels* 91-92; Lüdemann, *Jesus* 70). 또한 M. Hengel, *Property and Riches in the Early Church* (London: SCM, 1974) 23-30을 보라.

162) 다시 Davies and Allison, *Matthew* 3.51-52의 간략한 개관을 보라; 추가로 Bailey, *Through Peasant Eyes* 165-66; Meier, *Marginal Jew* 3.586 각주 80.

지만(10.27), 이러한 어록은 예수 전통을 구연한 자들에 의해 분명히 그 진가가 인정되어서 부의 위험에 대한 경고는 가장 엄중한 용어로 진술되어야 했다(막 8.36 평행구 참조). 설사 전승 과정에서 부대조건이 첨가되었다고 할시라도,[163] 그 나라가 하나님의 나라이고 누가 거기 들어갈 수 있는지 그만이 결정한다는 예수의 주장을 긴밀하게 반영해준다. 그런데 이는 그 과장스런 어구(10.25) 한 가지에만 기초하여 예수에게 돌려진 어떤 이상주의적 평등주의의 타락으로 간주된다.

뒤에 나오는 에피소드에서 한 가난한 과부는 생계를 위해 필요했던 것을 성전에 헌금한 것으로 칭찬받는다(막 12.41-44).[164] 여기서 우리는 가난한 자가 부자보다 하나님께 더 열려 있음직하고 그들이 하는 작은 일은 권세자들이 하는 대단한 일들보다 하나님께 더 높이 인정을 받는다는 시편 기자의 전형적인 신념이 반영되어 있음을 본다. 그렇게 그 전통 가운데 기억되는 예수는 그의 조상 대대로 내려온 경건의 정서와 가치에 호응하는 유대인이다.

얼마쯤 첫 두 에피소드들의 함의를 가로지르는 것은 베다니에서 한 여인이 기름을 부은 일에 대한 마가의 이야기이다(14.3-9). 전통사의 견지에서 그것은 복음서 내의 가장 복잡한 본보기 가운데 하나이며 따라서 제8장에서 제시한 구어 전통이란 모델의 시험 사례이다.

마 26.6-12	막 14.3-9	요 12.1-8
6 예수께서 <u>베다니</u> 나병환자 시몬의 집에 계실 때에	3 예수께서 <u>베다니</u> 나병환자 시몬의 집에서 식사하실 때에	1 유월절 엿새 전에 예수께서 <u>베다니</u>에 이르시니 이곳은 예수께서 죽은 자 가운데서 살리신 나사로가 있는 곳이라. 2 거기서 예수를 위하여 잔

---

163) Pesch, *Markusevangelium* 2.144; Schottroff and Stegemann, *Hope of the Poor* 22-23.
164) 위의 §8.4c(5)에서 인용된 본문.

7 한 여자가 매우 귀한 향유 한 옥합을 가지고 나아와서 식사하시는 예수의 머리에 부으니
8 제자들이 보고 분개하여 이르되

무슨 의도로 이것을 허비하느냐?
9 이것을 비싼 값에 팔아 가난한 자들에게 줄 수 있었겠도다 하거늘

10 예수께서 아시고 그들에게 이르시되 너희가 어찌하여 이 여자를 괴롭게 하느냐. 그가 내게 좋은 일을 하였느니라.
11 가난한 자들은 항상 너희와 함께 있거니와 나는 항상 함께 있지 아니하리라.
12 이 여자가 내 몸에 이 향유를 부은 것은 내 장례를 위하여 함이니라.

한 여자가 매우 값진 향유 곧 순전한 나드 한 옥합을 가지고 와서 그 옥합을 깨뜨려 예수의 머리에 부으니
4 어떤 사람들이 화를 내어 서로 말하되

어찌하여 이 향유를 허비하는가?
5 이 향유를 삼백 데나리온 이상에 팔아 가난한 자들에게 줄 수 있었겠도다 하며 그 여자를 책망하는지라.
6 예수께서 이르시되 가만 두라 너희가 어찌하여 그를 괴롭게 하느냐 그가 내게 좋은 일을 하였느니라.
7 가난한 자들은 항상 너희와 함께 있으니 아무 때라도 원하는 대로 도울 수 있거니와 나는 너희와 항상 함께 있지 아니하리라.
8 그는 힘을 다하여 내 몸에 향유를 부어 내 장례를 미리 준비하였느니라.
9 내가 진실로 너희에게 이르노니 온 천하에 어디서든지 복음이 전파되는 곳에는 이 여자가 행한 일도

치할새 마르다는 일을 하고 나사로는 예수와 함께 앉은 자 중에 있더라.
3 마리아는 지극히 비싼 향유 곧 순전한 나드 한 근을 가져다가 예수의 발에 붓고 자기 머리털로 그의 발을 닦으니 향유 냄새가 집에 가득하더라.
4 제자 중 하나로서 예수를 잡아 줄 가룟 유다가 말하되
5 이 향유를 어찌하여 삼백 데나리온에 팔아 가난한 자들에게 주지 아니하였느냐 하니
6 이렇게 말함은 가난한 자들을 생각함이 아니요 그는 도둑이라 돈궤를 맡고 거기 넣는 것을 훔쳐 감이러라.
7 예수께서 이르시되 그를 가만 두어 나의 장례할 날을 위하여 그것을 간직하게 하라.
8 가난한 자들은 항상 너희와 함께 있거니와 나는 항상 있지 아니하리라 하시니라

	말하여 그를 기억하리라 하시니라.	

이것은 확실히 많이 회자된 이야기로 그 고정된 (그리고 동일한 것으로 나타나는) 세부 내용은 명확하다.[165] 베다니에서 생긴 사건, 매우 비싼 향유를 사용하여 한 여인이 예수에게 당혹스럽게 기름을 부음, 그것을 팔아 그 돈으로 가난한 자에게 줄 수 있었을 터라 겉보기에 무언가 낭비한 것에 어떤 이들(제자들)이 항변함, 겉보기에 거친 듯한 예수의 반응에서 이야기의 정점에 도달함: 아마도 신명기 15.11을 반향하는,[166] '가난한 자들은 항상 너희와 함께 있거니와 나는 항상 있지 아니하리라.'[167] 이 대목에서 특별히 재미있는 것은 그 이야기가 이전에 나오는 두 개의 마가적 서사의 정서를 가로지르는 방식이다. 그 항변은 예수가 부자 청년에게 한 권고를 연상시켜 준다! 그런데 이제 이의를 제기하는 사람은 예수이다.[168] 이 이야기는 분명히 예수의 초기 추종자 그룹들 가운데 가난한 자에 대한 예수의 태도를 이상화하거나 절대화하지 말라는 경고로 유통되었다. 가난한 자에 대한 우선권이 높다 하더라도 훨씬 더 높은 우선권이 압도하는 특별한 상황이 있을 수 있다는 것이다.[169]

예수가 가난한 자를 향해 부르고 가난한 자에 대해 가르친 것이 어떤 계급투쟁의 도그마로 환원될 수 없다는 추론은 이 주제에 대한 예수 전통

---

165) 나는 눅 7.36-50을 포함하지 않았다: 동일시되는 그 세부 내용은 거의 전적으로 누락되어 있다(그것은 다른 이야기 같다); 그러나 전승사의 과정에서 여기에 기록된 그 버전의 세부 내용은 누가가 전한 이야기에 끌려 들어온 것 같다.

166) 신 15.11: '땅에는 언제든지 가난한 자(*'ebyon*)가 그치지 아니하겠으므로 내가 네게 명령하여 이르노니 너는 반드시 네 땅 안에 네 형제 중 곤란한 자(*'ani*)와 궁핍한 자(*'ebyon*)에게 네 손을 펼지니라.'

167) 예수의 반응에서 다른 요소가—보완적인 정점으로서(마가복음/마태복음) 또는 그 정점에 포함된 것으로(요한복음)—어떻게 기능했는지(막 14.8-9 평행구) 명확성이 떨어진다. Davies and Allison, *Matthew* 3.442-43과 아래 §17.4b의 논의를 보라.

168) 그 어록을 예수의 기억된 가르침에서 탈락시키는 것에 대하여 경계를 해야 할 점은 바로 그것이 10.21에 대한 이전의 강조점과 겹친다는 사실이다(Funk, *Five Gospels* 116에 반대하여).

169) '성 금요일…이후 여성들의 행동을 그리스도교의 품행 규범으로 만드는 것을 금하는' 그 상황의 독특성을 지적함에 있어 슈라게(Schrage)가 옳을지 모른다(R. Storch를 인용함). 그가 '그 이야기는 그 제의를 강조하는 것에 찬성하여 사회적 의무를 폄하하는 대목에서 인용되는 초시간적 원리를 떠받들지 않는다'라고 첨언할 때 그는 더 강한 토대에 근거하고 있다.

내의 또 다른 재미있는 특징으로 힘을 받는다. 나는 여기서 예수가 그의 가르침에 대한 두 명의 다른 해석자들—마태와 누가—에 의해 달리 들렸던 것 같다는 사실을 언급하고 있다. 아니면 가난한 자와 관련하여 예수의 가르침은 가난이란 의미 범주 전체를 가로지르는 것으로 들렸다고 말해야 할 것 같다.

누가는 분명 예수가 가난한 자, 즉 물질적으로 궁핍한 자들에 대해 말했다고 확신했다. 팔복 선언의 첫 번째 어록을 담은 누가의 버전은 돌연하고 핵심을 찌른다. '너희 가난한 자는 복이 있나니'(눅 6.20b). 그 말씀은 마찬가지로 엄중한 말씀, '지금 주린 자는 복이 있나니 너희가 배부름을 얻을 것임이요; 지금 우는 자는 복이 있나니 너희가 웃을 것임이요'(6.21)로 이어진다. 나아가 그 일련의 축복 선언은 다른 곳에서 탐지되지 않는 일련의 화에 대한 평행구로 이어진다. 곧 부자, 배부른 자, 웃는 자에 대한 화로, 그 좋은 여건에 상응하는 종말론적 역전의 경고이다(6.24-25).[170] 여기서 우리는 사무엘상 2.7-8에 나오는 한나의 노래를 모방하여 '그가(하나님이) 주리는 자(*peinōntas*)를 좋은 것으로 배불리셨으며 부자는 빈손으로 보내셨도다'(눅 1.53)라고 서로 어울리는 확신으로 마리아의 찬가(Magnificat)를 기록한 자가 누가임을 상기할 필요가 있다. 누가만이 위협적인 어리석은 부자(12.16-21)의 비유, 부자와 거지(*ptōchos*) 나사로의 비유(16.19-31)를 기록한다.[171] '너희 소유를 팔아 구제하라'(눅 12.33-34/마 6.20-21)는 훈계와 함께 하늘에 보물을 쌓아두라고 권하는 그 공유된 전통을 확장하는 자도 누가이다. 또한 예수가 자신 이야기 속의 주인에게 가난한 자를 잔치에 초대하게 하는 비유를 가지고 주인에게 자신의 요지를 강조하는 것도 누가복음 안에 나온다(14.13, 21).[172] '모든 종류의 탐심'(*pleonexia*)에 대해 예수로 경고하게 하고

---

170) 위의 §12.4c를 보라.
171) 위의 제12장 각주 213을 보라. Bammel, *TDNT* 6.906 참조: '그 이야기의 요지는…가난한 자와 관련하여 그 부자가 실패한 것이 아니라 그의 삶과 모든 부자들의 삶이 직면한 하나님의 영역으로부터 불가피하게 소외된 것이다. 가난한 자의 희망은…비록 온전한 것은 아니지만 도래할 그 세상에 있다.' 부자는 '언약 공동체의 삶에 수반되는 공동의 책임에서 완전히 소외된 삶을 생각한다'(Kaylor, *Jesus* 145).
172) 추가로 아래 §14.8을 보라.

(12.15) 바리새인들의 '탐욕스러움'(*philargyros*)을 고발하는(16.14) 것도 누가이다. 나아가 부자 청년이 거절한 것을 행한 한 사람(부유한 세리 삭개오)의 이야기를 전해주는 것도 누가이다(19.8). 이것이 누가의 강조점임을 누가 의심할 수 있을까?[173] 동시에 가난한 자에 관한 유대인 전통, 이사야 61.1-2이 예수 자신의 선교 이해에 주었을 법한 영향, 그리고 부자 청년의 에피소드를 염두에 둔다면, 누가가 이미 깊이 뿌리내린 예수 자신의 관심사로 회고된 것을 (아마 누가 자신이 그러한 목적으로 찾아낸 이야기들을 가지고) 확장했다는 것을 누가 의심할 수 있을까?

다른 한편으로 마태는 가난한 자에 관한 유대인 전통이라는 스펙트럼의 다른 쪽 끝에 초점을 맞추었던 것 같다. 즉 '가난한 자'를 그들 소유로 의지할 아무것도 없는 상태에서 오직 하나님만을 신뢰하는 자들로 보는 관점이다. 이로부터 마태의 첫 번째 축복 선언 버전은 그것을 '**심령이[=영 가운데] 가난한 자는 복이 있나니…**'(마 5.3)로,[174] 축복받은 주린 자는 '**의에 주리고 목마른**' 자들(5.6)로 번역한다. 누가와 달리 마태는 Q(마 11.5)와 마가복음에서 발견한 가난한 자에 대한 다른 언급들을 확장시키지 않고 단순히 재생하는 것에 만족하였다(마 19.21; 26.9, 11). 또한 돌을 떡으로 변하게 해보라는 유혹을 예수가 물리치는 이야기에서 신명기 8.3 전체를 인용하는 자는 마태이다. '사람이 떡으로만 살것이 아니요 하나님의 입에서 나오는 모든 말씀으로 사느니라'(마 4.4). 이에 비해 누가복음 4.4은 그 첫 번째 절만을 인용한다. 그렇다면 마태나 그에게 알려진 전통은 그의 청중들에게 물질적 가난이 개인들이 처할 수 있던 가장 심각한 상태가 아니었다고 상기시켜주는 예수의 기억을 기렸던 것 같다. 거기에는 상이한 가치 체계와 인간

---

173) 추가로 가령 Fitzmyer, *Luke* 247-51; Schottroff and Stegemann, *Hope of the Poor* ch. 3을 보라. L. T. Johnson, *The Literary Function of Possessions in Luke-Acts* (SBLDS 39; Missoula: Scholars, 1977) 132-40은 누가의 진술에 표현된 사회적 관심을 너무 많이 무시한다.

174) 그러나 쿰란의 언약 당사자들은 스스로 가난한 자들로(위의 각주 144), 그리고 또한 '영이 가난한 자들'(1QH 6[=14].3)로 생각했다는 점을 주목하라; 추가로 특별히 1QH 23[=18].15을 언급하는 D. Flusser, 'Blessed are the Poor in Spirit…', *Judaism and the Origins of Christianity* (Jerusalem: Magnes, 1988) 102-14; 그리고 특별히 1QH 13[=5].13-15에 나오는 의로운 스승의 자기 명칭을 언급하는 Charlesworth, *Jesus* 68-70을 보라.

의 손이 공급하는 어떤 빵도 제공하지 못하는 만족이 있었다. 나아가, 다시 또 말하거니와, 가난에 대한 유대인 전통과 '너희 보물 있는 곳에 너희 마음도 있다'(마 6.21/눅 12.34)는 마태와 누가의 공유된 경고, 그리고 하나님과 맘몬을 겸하여 섬기려는 것(마 6.24/눅 16.13)에 대한 마찬가지의 경고를 염두에 둔다면, 그러한 경고들이 예수의 가르침에 담긴 관심사와 강조점을 반영한다는 점을 의심하기란 어려울 듯하다.

간단히 말해, 기억된 예수의 가난한 자에 대한 태도는 그를 전적으로 전통적인 유대교 율법과 가난의 영성 내에 위치시킨다. 이전에 아모스서와 에녹1서 94.6-11이 그랬고, 그 이후 야고보서 5.1-6이 그랬듯이, 비록 누가의 화 선언은 예수의 가르침을 그런 방향으로 해석할지라도(눅 6.24-26), 기실 예수는 부자들을 매도하지 않았다. 그러나 예수는 그들의 위상이 지닌 위험과 하나님의 율법 아래 이행해야 할 의무에 대하여 분명히 하였다. 삭개오는 불의한 체계에 대한 함축된 질책을 들었고 이스라엘의 어설픈 율법이 깨우쳐준 정신으로 응답했다. 마치 후대의 안토니우스와 아시시의 프란체스코가 부자 청년에게 한 예수의 질책과 모든 것을 떠나라는 부름을 그들에게 준 하나님의 말씀으로 다시 들었던 것처럼 말이다. 예수는 가난이나 사유 재산 폐지의 부름을 이상화하지도, 절대적인 평등주의를 전파하지도 않았다. 그는 어떤 소유물도 신뢰하지 않을 수 있는 가난한 자가 하나님의 마음에 가깝다는 것을 적시하였을 뿐이다. 하지만 동시에 이 주제에 대한 예수의 가르침이 가난한 자 역시 언약 백성의 일원으로 그 민족의 번영에 정당한 나름의 몫이 있고 정당한 체제는 그 권리를 보호해주어야 한다는 신명기적 가정 위에 입각해 있었음을 잊지 말아야 한다.[175] 예수가 부각시킨 새로운 기조는 하나님 나라가 정확히 가난한 자를 위한 것이며 그것이 그저 미래 희망에 그치는 것이 아니라는 갱신된 확신

---

175) 케일러(Kaylor)는 '예수가 로마의 통치하에 다스리던 부유하고 권세 있는 엘리트층에 대적하여 가난하고 힘없는 자들의 명분을 옹호했다'고 주장할 때 자신의 논지를 과잉 진술한다. 그러나 '진짜 선택은 초시간적 윤리냐 예수의 동시대 상황에 연계된 윤리냐 사이에 있지 않고, 사회적 세계에 개입하는 윤리와 개입하지 않는 윤리 사이에 있다'(*Jesus* 92-93)라고 지적할 때 그는 더 건실한 토대에 근거한다.

이었다. 가난한 자는 현재에도 복된 소식을 경험할 수 있었고 이미 하나님 앞에 안전함을 경험할 수 있었으니, 그것은 재정적 안전에 의존하지 않는 위로와 만족이었다. 예수의 추종자들이 동행하는 가운데 그 안전, 위로, 만족은 이미 암암리에 실현되고 있었다.[176]

13.5 죄인들에게

공관복음 전통은 예수가 특정한 개인적 위임 의식을 또렷이 말하는 예수의 어록을 불과 몇 개만 내포하고 있다. 우리는 이것들 가운데 두 개를 이미 주목한 바 있다. 하나는 수로보니게 여인에 대한 예수의 반응을 마태가 확장시킨 곳에 나온다. '나는 이스라엘 집의 잃어버린 양 외에는 다른 데로 보냄을 받지(*apestalēn*) 아니하였노라'(§13.3).[177] 다른 하나는 누가가 예수의 나사렛 설교를 확장시킨 데서 나온다. '주의 성령이 내게 임하셨으니 이는 가난한 자에게 복음을 전하게 하시려고 내게 기름을 부으시고…'(§13.4). 그러나 가장 신빙성이 강한 어록, 즉 예수의 기억된 태도를 확장시키기보다 예수가 말한 대로 기억된 것은 마가복음 2.17 평행구이다. '나는 의인을 부르러 온 것이 아니요 죄인(*hamartōloi*)을 부르러 왔노라(*ēlthon*).'[178] 그 어록은 예수가 '세리와 죄인들'과 함께 먹었다는 바리새인들의 비판에 대한 반응으로 나온다(막 2.13-17 평행구). 이는 또한 예수가 세리 레위/마태를 부른 이야기의 정점으로 레위/마태가 '많은 세리와 죄인들'(마가복음/마태복음)이 참석한 자리에 '파티를 열어준' 것이라 말할 수 있는 정황에 이어 나온다.

---

176) Becker, *Jesus* 158 참조.
177) 같은 취지를 담고 있는 것이 삭개오 이야기에 대한 누가의 결론이다: '인자는 잃은 자를 찾아 구원하기 위해 왔노라'(눅 19.10). 그 어록은 마 18.11의 몇몇 사본에 첨부되었으며, 그와 유사한 어록이 눅 9.55의 일부 사본에 실려 있다.
178) 공관복음 전통에서 예수에게 돌려진 다른 *elthon* 관련 어록들(마 5.17; 10.34-35)과 관련해서는 아래의 제15장 각주 224, 237을 보라. 그 모티프는 요한복음에서 더 광범위하게 나온다(요 5.43; 7.28; 8.42; 10.10).

마 9.12-13	막 2.17	눅 5.31-32
12 건강한 자에게는 <u>의사가 쓸 데 없고 병든 자에게라야 쓸 데 있느니라.</u> 13 너희는 가서 내가 긍휼을 원하고 제사를 원하지 아니하노라 하신 뜻이 무엇인지 배우라 <u>나는 의인을 부르러 온 것이 아니요 죄인을 부르러 왔노라.</u>	17 건강한 자에게는 <u>의사가 쓸 데 없고 병든 자에게라야 쓸 데 있느니라.</u> 나는 <u>의인을 부르러 온 것이 아니요 죄인을 부르러 왔노라.</u>	31 건강한 자에게는 <u>의사가 쓸 데 없고 병든 자에게라야 쓸 데 있나니.</u> 32 내가 <u>의인을 부르러 온 것이 아니요 죄인을 불러</u> 회개시키러 왔노라.

이 어록은 구전 작업의 전형적인 변용과 확장을 가지고 '죄인들'과 함께 어울린다는 비판에 대한 예수의 반응을 효과적으로 마무리해준다.[179] 많은 학자들은 예수가 그러한 형태로 자신의 선교 의식을 표현했을 것이라는 점을 기꺼이 용인하려 들지 않는다.[180] 그러나 그 어록은 후대의 그리스도교 문헌에서 다시 되풀이되면서 긴 역사를 암시한다.[181] 우리는 아래에서 의인-죄인 반제가 예수 당시의 파벌주의와 긴밀히 연동되어 있음을 보게 될 것이다.[182] 게다가 여기에 시사된 맥락은 예수가 '먹보와 술꾼이요, 세리와 죄인의 친구'(마 11.19/눅 7.34)였다는 Q에 보도된 그를 겨냥한 조롱 가운데 현저하게 공명된다.[183] 예수에 대한 그러한 비판이 이후 제자들의 주도로 예수 전통 속에 끼워 맞추어졌다고 믿기 어려울 뿐더러, 예수의 선교 실천이 그러한 경멸적인 항간의 평판을 끌어냈을 개연성은 대체로 인정된

---

179) 그 마지막 절이 '의사에 대한 그 어록의 이차적 설명'으로 첨가된 것일까?(Bultmann, *History* 92) 그러나 그렇게 산뜻하게 마무리된 가르침의 연속물로 만들어진 전체 구절(2.14/15-17)이 늘 그렇게 결절된 형태로 구연되었는지 따져보는 것 역시 온당할 터이다. 페쉬(Pesch)는 인정받은 의인들(*dikaioi*)이라고 스스로 생각한 그리스도교 공동체가 의로운 자들(*dikaioi*)에 대한 예수의 관심을 부인한 그의 어록을 발전시킨다는 것이 얼마나 부적합한지 지적한다(*Markusevangelium* 167-68). 성서에 나오는 회복/치유와 용서의 상관성과 관련해서는 Ebner, *Jesus* 152-54, 169을 보라.

180) Funk, *Five Gospels* 46-47 (그러나 그 어록의 첫 번째 반절은 '예수의 말씀같이 들렸다'); Lüdemann, *Jesus* 17.

181) *Oxy. Pap.* 1224 (Elliott, *Apocryphal New Testament* 35-36)—그러나 그 조각은 처음 절의 끝 직전에 떨어져나가 버렸다; 딤전 1.15; *Barn.* 5.9.

182) 또한 Davies and Allison, *Matthew* 2.105-106을 보라.

183) 이미 위의 §12.5c에서 인용.

다.[184]

　누가복음에서 예수와 죄인들의 교제 모티프는 많이 확장된다. 베드로는 예수에게 강권하며 말한다. '나를 떠나소서 나는 죄인이로소이다'(눅 5.8). 예수가 식사할 때 그의 발에 기름을 부은 것으로 기억되는 여인은 '죄인'으로 규정된다(7.37, 39). 누가는 '이 사람이 죄인을 영접하고 음식을 같이 먹는다'(눅 15.1-2)고 바리새인과 서기관들의 불평을 유발시키면서 '세리와 죄인들이 모두 그에게 다가와 듣고자 하였다'고 보도함으로써 잃어버린 것/사람에 대한 세 가지의 비유를 소개한다. 나아가 누가는 첫 번째 두 비유를 '죄인 하나가 회개하면 하늘에서 기뻐한다'(15.7, 10)는 후렴구와 함께 결론지음으로써 그 점을 단단히 못 박아둔다. 누가는 또한 바리새인과 세리를 대조시키는 비유를 하나 포함하고 있는데, 여기서 세리는 '하나님 불쌍히 여기소서. 나는 죄인이로소이다'(18.13)라고 기도한다. 그뿐 아니라 예수가 '죄인'(19.7)인 부자 세리 삭개오의 손님으로 가는 것에 대한 불평을 기록해두는 것도 누가이다. 설령 누가가 그 모티프를 확장시켰다고 할지라도 예수 선교의 최초 기억 가운데는 확장시켜야 할 모티프가 있었다고 결론지을 수 있다.

　마가와 Q가 공유하고 또한 누가가 더 구비된 자료로 공유하는 이 목록에서 세 가지 특징이 두드러진다. (1) '죄인'(*hamartōlos*)이란 용어가 꾸준히 예수를 비판하는 데 사용되고, (2) '죄인'이란 용어가 꾸준히 '세리'와 연계되고 있으며,[185] (3) 그 비판이 가장 빈번히 예수가 그러한 사람들과 식사하는 데 가해진다. 대개 동의하듯, 이 모든 세 가지 특징이 예수 선교의 최초 기억들 가운데 잘 뿌리내려 있음을 의심할 이유가 없다. 그것의 의의를 선

---

184)　예수세미나 팀이 여기에 부정적인 투표를 한 것은 '인자'라는 문구의 사용에 관하여 의견이 갈린 결과였다(Funk, *Five Gospels* 180, 302-303). 그러나 예수세미나 팀은 예수가 '세리와 죄인들' 사회적 추방자들'과 더불어 어울렸다는 사실과 그가 그들과 함께 식사한 것으로 비판받았다는 점은 거의 의심하지 않았다(*Acts of Jesus* 66-67); '요한과 예수에 대한 바깥 쪽의 증언은 진정성이 있다' (Lüdemann, *Jesus* 173). 위의 제12장 각주 348과 Holmén, *Jesus* 205-19을 보라.

185)　또한 마 21.31-32을 주목하라: '내가 진실로 너희에게 말하노니 세리와 창기들이 너희보다 먼저 하나님 나라에 들어가리라.…세리들과 창기들이 그(세례자)를 믿었더라'; 위의 제12장 각주 165를 보라.

명히 부각시키기 위해 각 특징을 분명히 해명해둘 필요가 있다. (a) 누가 그 '죄인들'이었는가? (b) 왜 세리와 죄인이 연관되었는가? (c) 왜 죄인들과 함께 먹는 것이 어떤 이들에게 그렇게도 불쾌하였는가? 세 번째 질문은 제14장까지 유보되고 두 번째 질문은 간략히 다루어질 수 있다. 그러나 첫 번째 질문은 다소 주목을 요한다.

a. 누가 '죄인들'이었는가?

최근 역사적 예수 학계의 보다 매서운 논쟁은 그 질문에 대한 예레미아스의 답변을 겨냥하여 샌더스가 가한 맹렬한 비판으로 야기되었다. 예레미아스는 '죄인들'을 '멸시받은 업종에 종사한 사람들을 지칭한 특정한 용어'로 정의하고 그들을 '그 땅의 사람들(*amme-ha-aretz*), 교육받지 못한 자들, 무지한 자들, 그러니까 당대의 신념에 따라 그들의 종교적 무지와 도덕적 행태가 구원에 다다르는 데 방해가 되었던 자들'과 한데 묶음으로써 그 쟁점을 혼란스럽게 하였다.[186] 샌더스는 '죄인들'이 '사악한 자들', 또는 율법 위반자들, 범죄자들, '회개하지 않으면서 고의로 율법을 위반한 자들'[187]이라고 말할 수 있는 부류를 의미한다고 응답했다. 그것은 평범한 서민을 가리키는 말로 사용되지 않았다. '평범한 사람들은 비종교적이지 않았다.'[188] 예레미아스의 연구는 예수가, 무정하거나 단순히 형식주의적인 유대교에 은총과 용서의 메시지를 전했다는 수용 불가능한 견해에 너무 큰 비중을 두었다. 샌더스의 견해에 의하면 예수의 진짜 위법 행위는 그가 율법 위반자들, 그들의 언약 의무를 무시한 자들과 어울리고 그들에게 회개를 요구하지 않은 채 그 나라를 약속했다는 것이었다.[189]

---

186) Jeremias, *Proclamation* 109-12.
187) Sanders, *Jesus and Judaism* 385 각주 14는 여기서 예레미아스의 주장에 찬성하면서 인용한다.
188) Sanders, *Jesus and Judaism* 177-80, 182; 샌더스의 입장은 Meier, *Marginal Jew* 2.149, 211-12; 3.28-29; Crossan and Reed, *Excavating Jesus* 119 ('일부러 지속적으로 강퍅하게 사악한 자들… 돌이킬 수 없을 만큼 악한 자들')으로 이어진다.
189) Sanders, *Jesus and Judaism* 198-206; 또한 *Historical Figure* 226-37; W. D. Davies, 'Jesus: from the Jewish Point of View', in Horbury et al., eds., *Judaism* 3.618-77 (여기서는 636-43). 샌더스가 예레

하지만 샌더스 역시 마찬가지로 비판에 취약하게 노출되어 있었다. 예레미아스가 제2성전기의 '죄인들'에 대해 너무 획일적인 정의로 작업했다면, 샌더스는 어떻게 개인들이 그 시대의 유대교 안에서 '죄인들'로 묘사될 수 있었는지에 대해 마찬가지로 세심한 차별성 없는 견해로 작업하고 있었다. 물론 구약성서의 그 통상적인 용례가 분명히 하듯, '죄인들'(*raša*)이 율법을 어기거나 지키지 않은 자를 의미한다는 점은 옳다.[190] 그러나 율법이 무엇을 요구했는지에 대한 이해는 제2성전기 내에서 결코 단일하지도 않고 전적으로 일치하지도 않는다. 결과적으로 의문시되는 행동이 실제로 율법의 위반이었는지에 대해 논란이 생길 만한 많은 행동의 양상들이 있었다. 그 점은 최근 출간된 4QMMT에 이제 면밀하게 예시된다. 그것은 일련의 논제들을 항목화하는데, 그에 따르면 쿰란 종파는 그들의 규례(*halakoth*)가 율법이 요구한 대로라고 믿었던 게 분명하다(B1-82). 그 편지는 다른 사람들이 이러한 지배를 따르고 하나님 앞에 의롭게 여겨지도록(C26-32) 그들을 설득하고자 한다. 그 명백한 귀결인즉, 이러한 지배에 동조하지 않고 그것을 신봉하지도 않으면 그들이 율법의 위반자, 죄인으로 버려지리라는 것이다. 바로 그러한 점이 자신을 다른 자들과 분리시켜야 하고(C7) 다른 자들과 구분되는 정체성을 유지해야 하는 집단에서 교리나 관례의 요체들이 그렇게 중요해질 때 늘 작용하는 방식이다. 그러한 집단에 불가피한 결론인즉, 다른 자들은 그들이 그 집단에 그렇게 자기 규정적인 중요성을 지닌 그 교리나 관례를 지키지 못하기 때문에 '죄인들'이라는 것이다.

다시 말해 '죄인들'은 그 땅의 어떤 법정에서라도 항상 드러날 수 있는 절대적인 용어가 아니었다. '죄인들'은 또한 **파당적** 용어로 기능했는데, 그것은 외인을 매도하는 모욕의 용어이자 내부 집단의 성원들이 그 집단을

미아스에 건 논쟁은 그의 이전 맥매스터 대학 동료인 마이어(Ben Meyer)의 논문, 'A Caricature of Joachim Jeremias and His Work', *JBL* 110 (1991) 451-62에서 맹렬한 항변을 이끌어냈는데, 이는 다시 'Defending the Indefendable', *JBL* 110 (1991) 463-77에서 샌더스의 응답으로 이어졌다; 나아가 Hengel and Deines, 'Sanders' Judaism' 68-69의 반응을 낳기도 했는데 이는 독일 학계를 대표하여 말한 것이다.

190) 가령, 출 23.1; 신 25.2; 시 1.1, 5; 10.3; 28.3; 37.32; 50.16-18; 71.4; 82.4; 119.53, 155; 잠 17.23; 겔 33.8, 11, 19; 집회서 41.5-8.

규정한 경계 바깥의 행실을 멀리하도록 경고하는 경멸적인 야유의 말이었다.[191] 이것이 바로 제2성전기의 많은 문헌 가운데 우리가 발견하는 내용이다. 이미 다니엘 12.10에서 다니엘의 계시를 이해하지 못하는 '죄인들'(r⁽sa'im)은 그것을 이해하는 '지혜로운 자들'(maskilim)과 대조된다. 마카베오상에서 '죄인들과 불법자들'은 분명히 마카베오서가 반역자로, 곧 율법을 저버린 이스라엘 사람들로 간주한 자들을 포함했다(마카베오상 1.34; 2.44, 48).[192] 유사하게 다양한 초기의 에녹 문헌에서도 '죄인들'은 '의롭다'고 자칭하는 자들의 적대자들이다.[193] 그들은 에녹 문헌의 추종자들이 틀린 달력으로 간주한 것을 사용하여 절기를 올바르게 지키지 못하는 자들이라는 점에서 '죄인들처럼 죄를 짓는다'(에녹1서 82.4-7). 그와 같은 방식으로 사해 사본 두루마리에서 rš⁽m은 그 종파의 적대자를 가리키는데,[194] 거기서 그들의 해석을 받아들이지 않는 자들이 사악한 자들 가운데 계수되리라고 결정하는 것은 바로 그 종파의 율법 해석이다.[195] 어떤 면에서 가장 충격적인 것은 솔로몬시편으로 거기서 '의로운 자', '경건한 자'는[196] 반복적으로 '죄인들'을 통렬히 매도한다. 여기서 '죄인들'은 종종 의로운 자들의 대적들을 암시하는데, 곧 성전 제의를 지배한 하스몬 가문의 사두개인들이었을 것이다.[197] 이 모든 경우에서 '죄인들'이란 용어는 율법을 실천하지 않고 반항하는 유대인들, 곧 율법 위반자들로 간주된 사람을 의미하지 않는다. 외려 '죄인들'은 저자의 파당과 다르게 자신들의 유대교를 실천했던 유대인들이었다.[198] 그들은 '죄인들' 곧 율법 위반자들이었지만, 종파주의적 관점

---

191) 이어지는 대목에서 나는 다시 (§9.4에서처럼) 이전의 내 논문 'Pharisees, Sinners and Jesus' 73-76; 더 간략하게는 내 책 *Partings* 103-105에 의존한다. 제2성전기 유대교의 파당주의에 대해서는 추가로 각주 56을 포함하여 위의 §9.4를 보라. 크로산은 체계적인 악과 구조적인 죄를 무시하고 오직 개인적인 측면의 죄만을 다룬다는 이유로 샌더스를 비판하는데, 나름의 정당성이 있다; 그러나 크로산은 악담과 묘사를 구분함에도 불구하고 '죄인'이라는 용어가 당시에 실제로 사용된 방식은 주목하지 못한다(*Birth* 337-43).

192) J. A. Goldstein, *1 Maccabees* (AB 41; New York: Doulbleday, 1976) 123-24.

193) 에녹1서 1.7-9; 5.4, 6-7; 22.9-13; 그리고 94-104 여러 군데.

194) 1QpHab 5.1-12; 1QH 10[=2].10-12; 12[=4].34; CD 2.3; 11.18-21; 19.20-21; 4QFlor(4Q147) 1.14.

195) 가령 1QS 5.7-13; 1QH 15[=7]12; CD 4.6-8. 4QFlor(4Q174) 2.3-4a에 나오는 단 12.10의 인용문을 주목하라. 거기서 그 종파는 스스로를 다니엘의 마스킬림(maskkilim)과 동일시했던 것 같다.

196) 가령, 솔로몬시편 3.3-7; 4.1, 9; 9.5; 10.3, 6; 13.6-12; 15.6-7.

197) 솔로몬시편 1.8; 2.3; 7.2; 8.12-13; 17.5-8, 23. 다시 위의 §9.4 각주 131을 보라.

에서 그러했으니 오직 그 종파 구성원들의 율법 해석에 따라 그렇게 판단되었을 뿐이다.[199]

이 모든 것에서 한 가지 현저한 사실이 부각된다. 즉 예수를 비판하면서 사용된 그 언어가 예수의 동시대 사람들 가운데 다른 곳에서 탐지되는 바, 그 용어를 논쟁적이고 파당적으로 사용하는 경우를 강하게 반영한다는 것이다. 가장 주목할 만한 것은 '의인'과 '죄인'의 반제로(막 2.17 평행구), 이는 또한 잃은 양을 찾는 비유(눅 15.7)에 대한 누가의 결론과 바리새인과 세리의 비유(18.9, 14)에서 강하게 반영된다.[200] 그 결론은, 예수가 스스로 율법을 제대로 지킨다('의인')고 간주한 어떤 자들에 의해 비판받고, **'의인들'이 '죄인들'이라고 생각한 자들**, 즉 '의인들'(ṣadikkim)에게 익숙한 토라 해석을 무시하거나 논박한 그런 자들과 어울린다고 예수가 비판받은 대목의 언저리에 놓여 있다. 다시 말해 마가복음 2.17c의 정서는 에녹 문헌, 사해 두루마리 사본, 그리고 솔로몬시편이 전형화한 맥락과 놀랄 만큼 긴밀하게 합치된다. 앞서 지적한 대로(§9.4), 같은 문헌은 또한 바리새인들이 그러한 파당적 논란에 깊이 연루되었을 개연성을 시사한다. 그렇다면 예수의 비판자들이 기실 전형적으로 바리새인들이었고(그들의 입장을 대변한 솔로몬시편은 가장 긴밀하게 그 점을 반영하는 듯하다), 그러한 바리새인들에 의해 율법 위반자로 간주된 자들과 예수가 어울리는 것을 비판함에 있어 '죄인들'이라는 용어를 사용한 자들도 그들이었을 가능성은 매우 높은 것으로 판단된다.[201]

이 경우에서 우리는 또한 마가복음 2.17에서 예수가 바리새적 비평

<段>

198) '당시 널리 보급되어 있던 정결 체계의 틀을 통해 보건대, 이견을 지닌 자들은 분명히 거룩한 것의 영역 바깥에 있고 그 집단에서 배제된 자로 보인다'(Malina, *Social Gospel* 60); Buchanan, 'outcasts from a liturgical point of view'(*Jesus* 132).

199) 샌더스는 '죄인들' 이야기에서 이러한 측면을 인식한다(*Jesus and Judaism* 210; 그리고 그의 이전 저서 *Paul and Palestinian Judaism*의 색인 'The Wicked'). 그러나 샌더스는 예수를 다루면서 그것을 그 안에 통합하지 못한다. 그 비난의 심각성에 대해서는 다시 위의 §9.4를 보라.

200) 또한 마 11.19/눅 7.35; 눅 16.15; 참고로 마 21.32에 나오는 *dikaioō*의 용도를 주목하라.

201) 하마르톨로스(*hamartōlos*)란 말이 비파당적인 맥락에서 사용될 때조차(눅 5.8; 6.32-34; 7.37, 39; 13.2; 15.7, 10; 18.13) 경멸적인(심지어 자기 경멸적인) 함의는 명확하다. '죄인'은 때로 마 21.31(여기서 '창기들'은 세리들과의 관련 하에 보다 통상적인 '죄인들'을 대체한다)과 눅 7.37, 39에 암시된 대로 창기를 설명하기 위해 사용될 수 있었다. 율법을 위반하는 것에 대한 예수의 태도는 아래 §14.4를 보라.

가들의 의로움을 논박한 것으로 기억된다는 점을 주목해야 한다. 그 어록이 나타내듯, 2.17에서 '의로운 자들'은 2.17b에서 '건강한 자들'과 일치한다.[202] 이 점에서 '의롭다'는 말이 '죄인들'처럼 상당히 파당적이라 할지라도, 예수가 여기서 의문시하는 것은 자기 선언적 의로움이 아니라[203] 다만 폄하적인 '죄인'이라는 말의 사용이다. 또한 예수는 그 명칭이 종종 정당화된다는 점을 부인하지 않는다. '죄인들'은 '병든 자들'과 동의어이다. 예수 자신이 회개를 요청했다(§13.2a). 바리새인과 세리의 비유에서 세리는 자신이 '죄인'이라고 고백한다(눅 18.13). 마가복음 2.17의 요지는 오히려 스스로 '의롭다'고 생각하는 자들이 **경멸의 용어로** '죄인'이란 말을 사용하는 것을 암묵적으로 거부한 것이다.[204] 예수의 항변은 명백히 토라에 합당한 행태로 간주될 수 있는 것 주변의 경계를 너무 좁게 설정하여 이 경계 바깥의 사람들을 '죄인들', 율법 위반자들, 하나님과 단절된 자들이라고 심판한 파당주의를 겨냥한 것이었다.[205] 그는 자신의 용어와 규정에 일치하지 않으면 언약의 충실성을 인식할 수 없었던 그런 의에 반하여 항변했다.[206]

따라서 예레미아스는 샌더스가 용인한 것 이상으로 당시 역사적 환경에 보다 근접해 있었다.[207] 그것은 샌더스가 주장한 대로[208] 예수가 그 나라의 문을 회개 없이 범죄자들에게 열었다는 것이 아니고, 그렇다고 '죄인들'

---

202) 잃은 양의 비유에서 회개할 필요가 없는 아흔아홉 마리의 양(눅 15.7)과 탕자의 비유에서 형(눅 15.31)에게 주어진 긍정적 표현을 참조하라. 예수 전통의 다른 곳에서 '의로운'(*dikaios*)이라는 말은 긍정적으로 사용되는데, 마태만 그런 게 아니다(막 6.20; 마 1.19; 10.41; 13.17, 43, 49; 23.29, 35; 25.46; 눅 1.6, 17; 2.25; 14.14; 23.47, 50). 물론 그 사례들 가운데 하나도 마가복음에 평행구가 없다는 점은 주목할 만하다. 자료의 이러한 특징이 전제된다면, 맥나이트가 그것에 많은 비중을 두는 것은 현명하지 않다(*New Vision* 200-206).

203) 우리는 예수가 눅 18.11-12에서도 자기 의의 확신을 비판하는지 물을 수 있다. 1QH 15[=7].26-35는 자부심보다는 감사의 태도를 암시하기 때문이다(Borg, *Conflict* 107-108).

204) 연장자 형이 그의 잘못된 아우를 '내 아우'보다는 '너의 이 아들'이라고 언급한 것과 아버지의 부드러운 질책에서 '너의 이 아우'(눅 15.30, 32)라고 언급한 것을 참조.

205) 이로부터 내 책 *Jesus' Call to Discipleship* ch. 4에 'The Boundary Breaker'라는 제목을 붙였다.

206) '예수의 그 어록이 얼마나 자주 자기 의와 트집 잡기의 어리석음과 악이라는 이 주제로 되돌아오는지 놀랍다'(Dodd, *Founder* 76). 그의 전체적인 주제를 생각하면 홀멘(Holmén)은 샌더스를 따르면서 또한 놀랍게도 그 점을 빠트리고(*Jesus* 200-205) 예수가 '신실하고자 하지 않았고 의도적으로 불성실하였다'라는 의심스러운 결론을 이끌어낸다(220).

207) 라이트는 이 점에서 예레미아스의 입장에 가깝다(*Jesus* 264-68). 그러나 예수 메시지의 이스라엘 차원에 그렇게 많이 주목을 하는 자로서 이상하게도 그는 그 용어에서 파당적 함의를 무시한다. 아마도 그것이 그의 지배적인 논지인 '포로 귀환' 시나리오와 맞아떨어지지 않기 때문인 듯하다.

208) 그것은 확실히 눅 15.7, 10에서 그 점을 강조할 뿐 아니라 5.32에서 '회개에'를 누가가 첨가했다는 그러한 어떤 추론을 피하고자 함이었다.

이 존재한다는 사실을 부인했다는 것도 아니었다. 외려 예수는 어떤 이스라엘 사람들을 언약 바깥으로, 하나님의 은혜 너머로 내치듯 취급한 이스라엘 내부의 경계선 두르기에 반대했다. 이스라엘 안에 내적인 분열을 일으키면서 내적인 경계선을 세우는 그러한 시도들은 하나님의 뜻에 거스르는 짓이었다. 다시 말해, 예수는 '죄인들' 자체보다 경멸적으로 '죄인들'을 정죄한 자들에게 더욱 비판적이었다. 그 백성들 가운데 가난한 자들의 입지가 긍정되어야 했듯이(§13.4), 다른 자들의 편협한 규정과 도덕 관념으로 '죄인들'로 간주된 자들의 입지 또한 다시 긍정되어야 했다. 가난한 자들이 하나님의 특별한 관심 대상이었듯이, 배제되고 주변화된 자들도 예수의 선교에 특별한 관심사에 속했다.

b. 세리들

예수가 세리들(telōnai)과 함께 발견될 수 있었다는 것은 그에 반대하는 것으로 회고된 비판에서 일관되게 탐지되는 요소이다.[209] 마태와 누가는 모두 세리들을 호의적으로 말하는 예수의 가르침을 기록한다.[210] 그의 측근 제자 가운데 한 사람은 세리(telōnēs)로 알려진 마태/레위였다.[211] 이제 대체로 동의하듯, 팔레스타인에서 그 용어는 간접세를 징수하는 자들을 암시했는데, 특히 물품 수송에 징세하는 자들이었다.[212] 그 직책은 삭개오처럼 감독하는 관리들이나 마태/레위의 경우처럼(막 2.14 평행구) 통행세 막사나 세무서에서 세금을 거둔 그들의 고용인에 두루 사용될 수 있었다.[213]

세리들, 곧 통행세 수금원들은 예수 전통 가운데 '죄인들'과 연관되었

---

209) 막 2.15-16 평행구; 마 11.19/눅 7.34; 눅 15.1; 19.2(*architelōnēs*, '세리장').
210) 마 21.31-32; 눅 18.10-14.
211) 막 2.14 평행구; 마 10.3.
212) 이로부터 가버나움의 일부 중요성이 부각된다(위의 §9.9d를 보라).
213) 특히 J. R. Donahue, 'Tax Collectors and Sinners: An Attempt at Identification', *CBQ* 33 (1971) 39-61을 보라; 또한 'Tax Collector', *ABD* 6.337-38; Schottroff and Stegeman, *Hope of the Poor*; F. Herrenbruck, 'Wer waren die "Zöllner"?', *ZNW* 72 (1981) 178-94; 또한 *Jesus und die Zöllner* (WUNT 2.41; Tübingen: Mohr Siebeck, 1990) 22-37.

는데, 그들이 전형적인 '죄인들'로 간주되었기 때문이다. 이는 부분적으로 고대 세계에서 세금 징수 도급인에 대한 일반적인 불만을 반영한다.[214] 이 는 또한 그러한 국가 세금 수입이 헤롯 안티파스의 건축 야심에 자금을 조 달하거나 그가 총애하는 자들에게 포상하는 일, 또는 로마에 바쳐야 할 공 물을 제공하는 데 사용됐으리라는 사실을 상기시켜준다(막 12.14 평행구). 보 다 중요한 원인은 세금 징수 도급인들이 그 기회를 이용하여 납세자들을 희생시켜 부정직하게 치부했다는 널리 유포된 인식이었을 것이다. 그러한 양상에 민감했던 누가는 분명히 그 의혹들(눅 3.12-13; 18.11)과 현실(19.8)을 시사한다. 수용 불가능한 관례에 대한 보다 독특하게 유대적인 거부 반응 은 마태가 보도한 다소 놀라운 두 개의 어록에 반영된다. 결국 통행세 수금 원들은 스스로 이방인들과 나란히 같은 반열로, 그러니까 언약 백성의 바 깥에 있는 것으로 스스로 폄하했다(마 5.46-47; 18.17).[215]

그 문제에 관한 보다 온전한 사실이 어떠하든지 간에, 예수 전통 가운 데 회고된 상황은 상당히 명확하다. 예수는 세리들과 교제하면서 '세리와 죄인들의 친구'(마 11.19/눅 7.34)라는 조롱에 스스로를 방치하였다.[216] 더구나 그들은 '울타리 밖에' 있는 것으로 간주되어서는 안 된다. 그들의 생계 수단 이 아무리 수용 불가능한 것이었다 할지라도, 그들 자체는 다른 자들처럼 회개해야 할 이스라엘의 상당한 일부였으며 대부분의 다른 사람들보다 하 나님의 나라 복음을 더욱 필요로 했을 것이다.

간단히 말해, 회개하고 새롭게 믿으라는 이스라엘을 향한 더 넓은 부 름의 견지에서 예수는 가난한 자뿐 아니라 그 당시 여론 주도층에 의해 '죄

---

214) O. Michel, 'telōnēs', *TDNT* 8.99-101; Schottroff and Stegemann, *Hope of the Poor* 10-13; Herrenbruck, *Jesus und die Zöllner* 89-94.
215) 마 5.46-47이 '세리들'과 '이방인들'이라고 써놓은 곳에 눅 6.32-33은 두 번 다 '죄인들'이라고 쓴다. 마 18.17('[말을 잘 안 듣는 잘못된 형제를] 너희가 이방인과 세리처럼 취급하라')은 평행구가 없다. 아마 도 첫 번째 어록의 더 오래된 형태는 예수 당시 폭넓게 퍼진 '죄인들'을 향한 경멸적인 태도를 반 영했을 것이다. 반면 마태 공동체의 구연 전통은 계속하여 이방인에 대한 유대인의 경멸적인 태 도를 표출하였다.
216) 호슬리가 이 점에 대한 증거를 반박하려는 시도는 실망스럽게도 특정 경향에 집착한다(*Jesus* 212-23). 베커는 세리들과의 관계가 부활 사건 이후의 교회에 관심사도 아니었고 문제도 아니었다고 지적한다(*Jesus* 163). 따라서 그 전통이 후대에 기원한 것이라고 가정할 근거가 없다.

인들'로 낙인찍힌 자들에게 하나님의 나라가 그들에게도 열려 있다고 다시 확신시키기 위해 특별한 노력을 했던 것 같다. 그 메시지는 이스라엘의 땅에서 많은 가난한 자들과 죄인들에게 들려졌고 예수의 선교가 거둔 그러한 얼마간의 성공에 대한 기억은 그 전통 내에 명확하게 남기에 이른 것이다.

13.6 여성들

그 전통 전체를 보면 여성들과 함께한 예수의 선교가 성공했는지 어쨌는지 거기에 초점을 맞추기 위한 별 노력을 하지 않는다. 20세기 서구 국가들의 경우가 그러했듯이, 그 공동체는 남자와 여자 사이에 공동체로서 아무런 차이를 두지 않았다. 일단 그 질문이 제기되면, 그리스도인 여성들은 설교자가 그의 회중을 '형제들'이라고 말했을 적에도 스스로 배제된 느낌을 받지는 않았을 것이다. 하지만, 지난 세대의 좀더 새로운 감성을 갖추고 모든 고대 텍스트를 공부하는 학도들은 그들 모두 안에 거의 보편적으로 잠재된 암묵적 가부장주의에 경계심을 품게 되었다.[217] 아울러, 예수가 모두 남성으로 열두 제자를 뽑은 것이 그리스도교의 사역 이해에 지속적인 중요성을 간직하고 있다는 가톨릭 교회론의 계속되는 주장은 제자로서의 여성이란 쟁점을 불가피하게 만들었다.

예수 전통 내에 예수와 관련하여 여성들의 역할을 집중 조명하려는 실질적인 시도가 없다는 점을 감안한다면, 여성 제자들에 대한 특정한 언급은 한층 더 재미있다.[218] 가장 눈에 띄는 점은 그리스도교 전통 내에 가장 큰 명예를 얻은 여성인 예수의 어머니 마리아가 예수의 선교 기간중 그 주변의 제자직 동아리 내에 아무데서도 포함되지 않는다는 사실이다. 그녀

---

217) 특히 위의 제4장 각주 143에서 특히 쉬슬러 피오렌자(Schüssler Fiorenza)의 경우를 보라.

218) 이후의 자료에 대한 세부적인 개관을 위해서는 B. Witherington, *Women in the Ministry of Jesus* (SNTSMS 51; Cambridge: Cambridge University, 1984) ch. 4. 젠킨스(Jenkins)는 외경복음서에서 추가 자료를 이끌어내려는 시도를 단념한다(*Hidden Gospels* ch. 6): '숨겨진 복음서들에 대한 여성주의적 해석들은 심판에 대한 희망의 승리를 대표한다'(146).

는 오직 예수의 질책을 받는 자로서만 크게 부각된다(막 3.31-35 평행구).[219]

예수 전통 내에 훨씬 더 뚜렷이 부각되는 마리아는 막달라 마리아인데,[220] 누가복음 8.2에 의하면 그녀에게서 일곱 마귀가 쫓겨났다고 한다(짐작건대 예수에 의해). 그 전통은 그녀를 여성 그룹의 지도자로 회고한다.[221] 그 여인들은 도망친 남성 제자들과 대조적으로 '멀찌감치 떨어져' 예수의 십자가 처형을 목도했고(막 15.40 평행구), 죽은 예수의 몸에 기름을 바르기를 원했으며(막 15.47-16.1 평행구), 빈 무덤(막 16.2-8; 눅 24.22-23)과 죽은 자 가운데서 일어난 예수를 맨 처음으로 보고(마 28.8-10)[222] 다른 제자들에게 알려준 자들이었다(눅 24.10, 23).[223] 특별히 흥미로운 것은 '그가 갈릴리에 있을 때' 이 여인들이 '그를 따르곤 하였고(ēkolouthoun) 그를 섬겼다(diēkonoun)'는 마가복음 15.41의 보도이다.[224] 마가는 '그와 함께 예루살렘으로 올라간 많은 다른 여인들'이 있었다는 구절을 첨가한다. 또한 막달라 마리아는 또 다른 여성 그룹 가운데 제일 먼저 언급되는데, 그들은 요안나, 구사의 아내, 헤롯의 집사,[225] 그리고 (다른 곳에는 알려지지 않은) 수산나 등을 포함하는 많은 다른 사람들과 함께 예수와 (그의 제자들을) '그들의 소유물/재산으로(hyparchonta) 섬기곤 하였다(diēkonoun)'(8.3).[226] 일부러 꾸며내지 않은 그러한 세부 내용은 유효한 전통이란 증거이다. 누가는 여기서 남의 손을 거치지 않은 직접적인 회고물을 접했던 게 분명하다.[227] 예수가 선교 도상에 올라

---

219) 추가로 아래의 §14.7을 보라. 아울러 요 2.4 참조. 그녀가 이미 행 1.14에 나오지만 요한만이 그녀를 십자가 장면에서 언급한다(요 19.25-27).

220) 막 15.40, 47 평행구; 16.1 평행구; 눅 8.2; 요 20.11-18; 도마 114.1. 우리는 막달라/믹달이 가버나움과 디베랴 사이의 갈릴리 호수 연안에 위치하였다고 상기한다. 막달라 마리아에 대해서는 또한 Funk, *Acts of Jesus* 476-78을 보라.

221) 여기서 언급된 다른 여인들은 (작은) 야고보와 요세/요셉의 어머니 마리아, 살로메(마가복음), 그리고 야고보와 요한의 어머니(마태복음)이다.

222) 요한복음 저자는 막달라 마리아에게 첫 부활 현현의 유일한 수용자로서 한층 더 뛰어난 위상을 부여한다(요 20.11-18).

223) 추가로 아래의 §18.3(1)을 보라.

224) 예수세미나 팀은 이 기억들의 역사적 가치에 대해 거의 의심하지 않는다(Funk, *Acts of Jesus* 158, 292-93).

225) 위의 제9장 각주 339를 보라. 누가는 여기서 무덤에 간 여성들의 목록에 그녀를 포함시킨다(24.10).

226) 부유한 여인들의 후원을 받는 종교 교사들의 유형은 그리스도교 역사 가운데 반복되는 특징인데 이로써 예수의 선례가 확인된다.

227) 뷔르스콕(Byrskog)은 이 여인들이 예수 전통의 형성과 전승에서 목격자들이자 정보 제공자들이었다고 넌지시 비춘다(*Story as History* 73-82).

'많은 여인들'을 포함하는 상당수의 수행원을 동반하여 갈릴리 인근을 돌아 다녔다는 암시를 에누리해서 들을 필요가 없다. 그 추종자들의 수가 많을 수록 가족 관계의 연락망과 방문한 동네의 접촉 범위도 더 커졌을 것이다.

베다니의 또 다른 마리아는[228] 언니 마르다와 함께 누가(10.38-42)와 요한(11.1-12.11)이 모두 언급하는데, 이 이중적 전통은 다시 그 역사적 가치를 입증해준다. 예수의 가르침을 마리아가 경청한 이야기는 예수 자신은 물론이려니와(눅 10.39, 42) 누가에게 대단한 인상을 주었다. 반면 요한복음에서는 더 인상적인 역할이 부여되는 사람은 마르다이다(요 11.20-27). 요한복음 저자는 또한 마리아와 마르다가 (그들의 오라버니와 함께) 예수의 가장 절친한 측근에 속했음을 강조한다(11.5, 11, 35).

예수의 선교 전통에 상당한 흔적을 남기는 다른 여인들로는 혈루병에 걸린 여인(막 5.21-43 평행구),[229] 수로보니게 여인(막 7.24-30/마 15.21-28), 예수의 발에 향유를 부은 여인(막 14.3-9 평행구), 예수의 머리에 기름을 부은 아마 또 다른 사람인 듯한 (죄인?) 여인(눅 7.36-50),[230] 그리고 요한복음에 나오는 수가 성 우물가의 사마리아 여인(요 4.7-30, 39-42)과 음행 현장에서 붙잡힌 여인(요 7.53-8.11) 등이 포함된다. 마태 또한 다른 사람들보다 앞서 그 나라에 들어 갈 창기들을 언급한 예수를 회고한다(마 21.31-32). 예수의 추종자들 가운데 여인들에게 부여된 뛰어남은 없을지라도, 예수 전통이 예수의 대화 상대 자들 가운데 여성을 포함시킨 정도와 여성적 역할을 '가시적으로' 만든 것은 유별나며 주목되어야 한다.[231]

---

228) 복음서 전통에 나오는 마리아들과 관련하여 보다 온전한 세부 내용은 *ABD* 4.579-82을 보라.

229) 그 전통은 그 여인의 예기치 않은 접촉에 대한 예수의 반응을 회고한다(막 5.30). 그러나 그것은 그가 물들었을 피로 인한 부정에 대한 관심에서 비롯된 것이 아니었는데(레 15.19-23), 이는 당시 여성의 사회적 자리에 가장 큰 타격을 주는 일련의 규정 가운데 하나였다.

230) 누가의 버전이 상이한 에피소드를 언급했을 개연성에 대해서는 위의 각주 165를 보라. 요한복음에서 그 전통은 아주 복잡하게 엉켜 그 여인은 베다니의 마리아와 동일시된다(요 12.1-8).

231) 이미 언급된 구절들에 덧보태어, 또한 막 1.29-31 평행구; 3.35 평행구; 마 6.28/눅 12.27; 마 13.33/눅 13.20-21/도마 96; 눅 7.11-17; 13.10-17; 15.8-10; 17.34-35; 18.2-5; 23.27-31을 보라. 추 가로 Schüssler Fiorenza, *In Memory of Her* 147, 152; Witherington, *Women* 35-52; L. Schottroff, *Lydia's Impatient Sisters: A Feminist Social History of Early Christianity* (Louisville: Westminster John Knox, 1995) 79-118; Theissen and Merz, *Historical Jesus* 219-25; 배경과 관련해서는 T. Ilan, *Jewish Women in Greco-Roman Palestine: An Enquiry into Image and Status* (Tübingen: Mohr Siebeck, 1995)를 보라. '1세기 팔레스타인의 문화적 세계에서 한 예화 가운데 여성을 사용하는 것

다시 말하거니와, 그 정확한 세부 내용은 어떠하든지 그 전통 중에서 수용 불가능한 폭력을 가하지 않고서는 이러한 요소들을 제거하는 일은 불가능할 터이다. 예수의 제자들과 추종자들 사이에 여성들이 있었다는 것은 의심할 수 없으며 그 가운데 몇 명은 심지어 열두 제자 중 어떤 이들보다 더 예수와 가까웠던 것 같다.[232] 예수가 이러한 여인들과 어울린 것에 대한 모종의 스캔들이 있었을 것이라고 종종 운위된다. 그러나 누가복음 7장의 에피소드만은 마태복음 11.19/누가복음 7.34의 조롱처럼 한 반응을 유발한다(7.39). 더 큰 제자들과 추종자 그룹의 일원으로서 그들이 예수의 측근 가운데 있었다는 것은 반드시 선량한 격식에 거스르지 않았을 것이다. 베다니의 마리아에게 베푼 가르침은 마르다와 마리아 집의 사생활에 속하는 것이었다.

그렇다면 열두 제자가 모두 남성들이었다는 것은 무슨 의미를 띠었을까? 그 전통에 의하면, 지금 특징적으로 묘사된 상황과 열두 제자의 기능 사이에 유일한 차이점은 예수가 열둘에게 특별히 가르치도록 지시했을 뿐 아니라 그들을 파송하여 그들 나름의 선교에 임하도록 했다는 것이다(막 6.6b-13 평행구). 마가는 그들이 '둘씩 짝을 지어'(6.7) 파송되었다고 지적하는데, 이는 본래부터 어떤 식으로든 있을 법한, 그리고 열둘이란 목록의 구조(6×2 또는 3×4)에 반영된 듯한 관례였다.[233] 여성들이 이러한 역할을 떠맡아 가는 곳마다 말씀을 전파하고 환대를 기대한다고 생각하기란 불가능했을 것이다. 두 명의 여인들이 따로 다니든, 각각 한 명의 남성 동무와 함께 다니든 상관없이 말이다.[234] 예수가 열둘 안에 하나 또는 그 이상의 여인들이 직분을 다하기를 원했다고 할지라도, 열둘에게 주어진 그 역할은 명백한

자체만으로도 도덕적 결단을 요구했다'(Bailey, *Poet and Peasant* 158, 눅 15.8-10을 언급하면서). 마샬은 '예수의 추종자들 가운데 여성들이 많이 나오는 것은 견유학파에 그 선례가 없음'을 주목한다('Thomas and the Cynic Jesus' 60).

232) 마이어는 비록 '제자'란 용어가 아무 여성에게도 사용되지 않았을지라도 그 현실은 달랐다고 지적한다(*Marginal Jew* 3.74-80).

233) 예레미아스는 이 관례가 부분적으로 추가 보호를 위하여, 또 부분적으로는 소송을 걸기 위해 두 증인을 요구하는 합법적 조건(신 17.6; 19.15)의 모방으로 유대교 내에서 이미 통상적인 사례였다고 주장한다('Paarweise Sendung im Neuen Testament', *Abba: Studien zur neutestamentlichen Theologie und Zeitgeschichte* [Göttingen: Vandenhoeck und Ruprecht, 1966] 132-39).

사회적 이유로 인해 여성으로서는 단순히 생각할 수 없었다. 다시 말해, 우리의 증거가 미치는 한, 열두 제자에 여성들이 빠진 것은 당시의 사회적 관행과 문화적 습속에 따라 결정되었지 선교/사역을 위한 여성들의 적합성이나 다른 측면에 대한 어떤 신학적 기준에 의거한 것이 아니었다.

간단히 말해 예수 전통 안에 예수가 여성들을 '가난한 자'와 '죄인들'의 경우처럼 불우한 계층으로 생각한 흔적은 없다. 그들은 이스라엘의 일부로 새롭게 회개하고 신뢰하는 백성에게 약속된 축복을 공유하리라는 것이 당연시되었다. 그리하여 여성들에게 특정하게 할애된 '복음'이란 게 없다. 그렇다고 해도 예수의 추종자들 가운데 여성들이 뛰어나고 그가 몇 명의 여성들, 특히 막달라와 베다니의 두 마리아와 친근했다는 사실은 당시의 '예의 바른 사회'에서 몇 사람의 눈살을 찌푸리게 했음에 분명하다. 그것은 예수가 여성으로서 그들의 위상이나 섬김과 사역을 위한 그들의 천부적 능력에 있어 어떤 부족함을 보지 않았음을 시사한다.

13.7 이방인들

이스라엘에 대한 예수 선교의 초점과 이후 예수 운동이 이방인 선교로 확대된 것(사도행전)을 강조할진대, 우리는 그 선교에서 예수의 목표가 이방인을 포함하는 것이었는지 여부를 묻지 않을 수 없다. 예수의 선교와 초기 그리스도인들의 선교 사이에 연속성이 있음을 드러내고자 열망하는 자들에게 현존하는 증거들은 그리 고무적이지 않다. 마태가 선교사들이 이스라엘을 넘어가는 것을 금한 선교 강령을 보존했음을 우리는 이미 주목한 바 있다. '이방인의 길로/이방인을 향하여 가지 말고 사마리아 마을로

---

234) Crossan, *Historical Jesus* 335; *Birth* 337에 반대하여; 아울러, Q에서 예수를 따른 유랑 여예언자들의 흔적을 발견하는 쇼트로프(L. Schottroff)에 반대하여('Itinerant Prophetesses: A Feminist Analysis of the Sayings Source Q', in Piper, ed., *The Gospel behind the Gospels* 347-60).

도 들어가지 말라…'(마 10.5). 이는 아마도 예수 자신이 준 강령이었을 것이다.[235] 그것은 예수가 하나님의 나라에서 이방인의 자리를 보지 못했음을 암시하는가? 꼭 그렇지만은 않다. 예전의 예언자들과 선견자들이 지닌 종말론적 희망 가운데는 이방인 선교라는 생각이 거의 없었다. 이사야 66.19이 유일한 예외이다.[236] 하지만 동시에 우리는 이방인들이 순례객으로 시온을 찾아와 조공을 바치거나 거기서 하나님을 경배하리라고 전망한 유대인의 강한 기대를 보았다('종말론적 개종자들').[237] 예수가 이 희망을 공유했을 가능성은 숱한 에피소드와 구절들로 암시된다.[238]

한 가지를 보면, 예수가 이방인들을 만났을 때 그는 그들의 요청에 반응을 보이고 그들의 믿음에 감명을 받은 것으로 기억된다.[239] 마태는 그의 버전 속에 동과 서에서 찾아와 그 나라에서 조상들과 함께 식사할 자들이 많으리라는 전망을 Q 어록에 편입시킨다(마 8.11/눅 13.29).[240] 종말론적 역전에 대한 예수의 경고(§12.4c), 즉 아브라함의 혈통에만 기초한 그 확신(마 3.9/눅 3.8을 잊지 않으면서)에서 그 대상이 잘못되었다는 그 경고는, 그와 함께 이방인들(심지어 니느웨, 두로, 시돈까지 포함하여)이[241] 이스라엘의 실패로 인한 수혜자가 될 수 있다는 함의를 전했다.[242] 그리고 마가는 성전을 청결케 하는 이야기 속에 이사야 56.7의 전체 인용문을 포함시킨다. '내 집은 모든 열방

---

235) 다시 위의 §12.4h와 각주 266을 보라; 또한 §13.3c, h. 마태는 자신의 전통 가운데 다른 지점에서 '이방인들'에 대한 언급을 추가함으로써(10.18; 12.18-21[사 42.1-4]; 21.43; 24.9, 14; 25.32; 물론 28.19도 포함됨) 10.5-6, 23과 15.24의 균형을 맞추는데, 이는 예수가 편승한 제한들이 그것들이 나오는 맥락에 한정되었음을 시사한다.
236) Sanders, *Jesus and Judaism* 214.
237) 위의 §12.2c(7)을 보라.
238) Jeremias, *Jesus' Promise to the Nations* ch. 3; Lohfink, *Jesus and Community* 17-20; Rowland, *Christian Origins* 150-51.
239) 마 8.5-13/눅 7.1-10; 막 7.24-30/마 15.21-28. 막 7.27에 의하면 예수는 은근히 이방인들을 '개들'이라고 언급하는데, 이는 아마도 전통적인 폭언이었을 것이다(빌 3.2 참조). 그리스인들은 거리의 개(*kyōn*)가 아니라 '작은 개'(*kynarion*, 집에서 키우는 개 또는 애완견)라는 말을 사용하는 점을 주목할 만하다(BDAG *kynarion*); 그러한 구분이 아람어로 가능한지 여부는 논란거리이다(그 논의는 Davies and Allison, *Matthew* 2.554). 만일 예수가 이방인들을 '죄인들'이라 언급했다면(눅 6.34; 마 5.47 참조) 그는 단지 그 당시의 특징적인 용례를 나타냈을 것이다(세부 내용은 가령 내 책 *Partings* 103 참조). 또한 Keck, *Who Is Jesus?* 57-58을 보라.
240) 특히 위의 제12장 각주 173과 442를 보라.
241) 마 11.22/눅 10.14; 마 12.41/눅 11.32.
242) 맥나이트(McKnight)는 마 13.47의 '모든 종류의 물고기'에 대한 언급이 '예수가 보편적 왕국을 기대했다는 견해에 신뢰를 부여한다'고 제안한다(*New Vision* 105; 앞의 제12장 각주 218에서 인용된 비유).

이 기도하는 집이라 일컬어질 것이다'(막 11.17). 이는 이방인의 종말론적 순례에 대한 유대인의 기대와 관련하여 고전적인 본문에 해당된다.[243] 또한 선한 사마리아 사람의 비유를 이야기함에 있어 예수가 사마리아 사람들이 대개 혼혈과 변절자로 간주되던 시대에 사마리아인을 영웅으로 제시함으로써 그의 청중들에게 일부러 충격을 가하고자 했음을 잊지 말아야 한다(눅 10.30-37).[244] 이 비유는 적어도 이스라엘 안의 경계를 부숴버리려는 예수의 관심(§13.5)이 이스라엘의 울타리를 넘어 확산되었을 가능성을 암시한다.[245] 물론 우리는 이 점에서 예수의 자각적인 의도를 낭만화하는 것을 경계해야 한다.[246] 양과 염소의 비유에는 신중함이 더욱더 필요한데, 그것이 마태가 확대한 더 큰 비전의 추가 사례일 수 있기 때문이다(각주 235를 보라). 그러나 예수가 최후의 심판에서 그 핵심 변수가 종족적·종교적 정체성이 아니라 이웃을 사랑하는 보편적 책임이라는 그런 기대를 예수가 공유했을 가능성은 배제하기 어렵다.[247]

여기서 떠오르는 상황은 예수가 이방인 선교를 전망하지 않았지만,[248] 이방인들이 하나님의 나라에 포함되리라는 가능성을 당연시하였다는 것이다. 그는 이방인들을 찾아내지 않았지만 그것이 어디서 누구에 의해 표현되었든 그 믿음에 적극적으로 반응하였으며 기탄없이 이웃 사랑을 칭찬하였다.

---

243) 마태와 누가는 '모든 열방을 위해'라는 핵심 문구를 생략하지만(마 21.13/눅 19.46), 사 56.7에 대한 분명한 암시와 함께 종말론적 순례라는 더 큰 희망의 환기 작용은 남아 있다.

244) 앞의 §9.3c를 보라. 그러한 적대감의 흔적은 눅 9.52-54; 요 4.9; 8.48에 명백하다. 또한 M. Gourges, 'The Priest, the Levite, and the Samaritan Revisited: A Critical Note on Luke 10.31-35', *JBL* 117 (1998) 79-103을 보라. 선한 사마리아인은 예수세미나 팀이 기탄없이 확신의 표를 준, 예수에게 돌려진 상대적으로 적은 구절들 중의 하나이다(Funk, *Five Gospels* 323-24; 유사하게 Lüdemann, *Jesus* 332; 다른 참고 문헌은 Hultgren, *Parables* 100 각주 40; Meier, *Marginal Jew* 3.602 각주 172. 예수세미나 팀의 기준에 대한 각주 173의 비판과 함께).

245) 어쩌면 우리는 레 19.18을 레 19장이 암시한 방식으로(19.33-34을 포함하여) 제한하는 것에 반대하는 구체적인 항변을 기대할 수 있을지 모른다.

246) '그 이야기가 이스라엘의 언약적 경계를 극적으로 재정의한다'(*Jesus* 307)는 라이트의 주장은 그 함의를 과잉 진술한 것이다.

247) 데이비스와 앨리슨은 마태가 그 비유를 전통으로부터 가지고 왔다고 주장한다(*Matthew* 3.417-18); 추가로 위의 제12장 각주 219를 보라.

248) 나는 이미 막 13.10/마 24.14을 위의 §12.4h에서 논의한 바 있다. 그 대안적인 주장으로는 E. J. Schnabel, 'Jesus and the Beginning of the Mission to the Gentiles', in Green and Turner, eds., *Jesus of Nazareth* 37-58 참조.

13.8 제자직 동아리들

우리가 이 장의 초반에 주목한 모호함은 계속 다시 틈틈이 개입되는 논의 가운데 다시 나타났다. 예수는 이스라엘에서 그에게 귀를 기울일 최대한 많은 자들에게 다다를 목적으로 설교했던 것 같다. 물론 그는 이사야의 위임이 그의 선교 가운데도 작용하리라는 것을 충분히 잘 알고 있었거나 이내 그렇게 되었다. 특정한 개인들이 그를 따르되 이스라엘이 주께 돌아와 그를 새롭게 신뢰하는 더 큰 비전에 합치되도록 하고 도래할 그 나라에 대한 그의 기대에 합치되도록 부른 자신의 소명을 예수가 어떻게 보았는지 여전히 불분명한 상태이다. '제자들'과 '추종자들' 사이의 구분을 의미심장한 것으로 인식해야 하는지 여부도 마찬가지다. 확실히 예수는 대부분의 다른 자들, 또는 특히 여론 주도층이 언약적 은혜의 영역 바깥에 있다고 간주하고 취급한 자들을 포용하는 데 유다른 관심을 기울였던 것 같다. 토라와 예언서에 깊이 뿌리박힌 관심의 우선 대상인 가난한 자뿐 아니라 놀랍게도 신실한 자들이 반대한 '죄인들'까지도 예수는 그렇게 포용하고자 했다. '의로운' 자가 매우 엄중하게 율법을 해석하여 '통상적 유대교'의 많은 실행자들이 결국 의인의 관점에서 배제되었다는 것을 우리는 기억해야 한다. 이 모든 것에서 갱신된 이스라엘이라는 비전은 예수 이전에 선행한 예언자들의 그것과 별 차이가 없었다. 그러나 예수는 근접한 미래의 시점에 그것이 실현될 것을 바라보았고, 그가 주변에 끌어모은 제자직 동아리 안에서 그것을 예견하고자 했다.

그 모호함은 우리가 단일한 통일체의 제자직보다 복수의 제자직 동아리들을 언급해야 함을 암시한다.[249] 맨 안쪽 동아리는 베드로와 야고/요한 형제를 그 핵심에 배치하고[250] 베드로를 그 주요 대변인으로 내세운 열

---

249) Ladd, *Jesus and the Kingdom* 248-54; Lohfink, *Jesus and Community* 31-35; Sanders, *Historical Figure* 123-27; Meier, *Marginal Jew* 3.627-30 참조.

250) 새로운 운동이 맨 처음 시작된 시점에서(행 1.13; 3-4; 12.2) 그 세 명이 걸출했던 것은 부활 사건 이전 단계의 걸출한 위상을 반영할 뿐(막 1.29; 3.16-17; 5.37; 9.2; 13.3; 14.33), 그 반대의 경우가 아니라고 추론하는 것이 해당 증거에 더 잘 부합된다. 요한의 형제 야고보는 부활 사건 이후의 이야기에

두 제자들이었던 것 같다.[251] 그러나 그 열둘 주변에는 예수를 따른 여인들(막달라 마리아와 다른 여인들)과 집에 머물면서 조력한 여인들(베다니의 마리아)을 포함하여 더 넓은 동아리의 추종자들을 우리는 보아왔다. 그 두 마리아는 예수가 가장 친애하는 말동무들 가운데 속해 있었다. 우리는 추가로 다락방의 주인과 아리마대 요셉 등과 같이 예수를 은밀히 따랐던 자들의 관점에서 또 다른 동아리를 특징지어야 할까? 그러나 그때 우리는 또한 예수의 말을 기쁘게 듣고(막 3.35) 그의 가르침을 살아내고자 했던 자들(마 7.24-25), 그가 치유한 자들(막 10.52), 돌이켜 어린아이와 같이 된 자들(마 18.3), 신뢰를 지킨 가난한 자들(눅 6.20), 회개한 죄인들(눅 18.13-14; 19.1-10), 예수가 다른 곳에서 좀처럼 만나보지 못한 믿음을 나타내 보인 이방인들(마 8.10), 그리고 누가에 따르면 동조적인 바리새인들(눅 7.36; 11.37; 14.1) 등등, 이런 자들을 또한 언급해야 한다. 이러한 제자직 동아리들과 관련하여 두드러진 점은, 제자들과 추종자들 사이에 단단하고 변함없는 구분을 가하거나 제자직의 상이한 등급을 매기는 것을 금하면서 그것들이 서로 겹쳐지고 뒤엉키는 방식이다.[252] 마가는 그렇게 차별화하고자 한 자들이 예수에 의해 꾸지람을 들은 것을 회고한다(막 9.38-41/눅 9.49-50).[253]

이 모든 것에 비추어, 그리고 제자직 동아리의 반응이 그 나라 도래의 조건이거나 그 현존의 방식이었는지 여전히 해결할 수 없는 상태에서, 우리는 적어도 다음과 같이 물으면서 추가 해명을 시도할 수 있다. 예수가 부른 그 제자직은 어떤 특징을 띠었는가?

거의 부각되지 않고, 그의 이른 처형(행 12.2)으로 미루어 그가 전통화 과정에 상당히 깊은 인상을 남겨 그 인상이 전통 그 자체로 확대된 것 같지 않다. 다소 놀랍게도 마이어는 '그 세 명의 그룹이 마가의 편집적 활동 가운데 만들어진 것일 수 있다'고 결론짓는다(*Marginal Jew* 3.211-12).

251) 막 8.29, 32 평행구; 9.5 평행구; 10.28 평행구; 11.21; 14.29 평행구; 마 15.15; 17.24-27; 18.21; 눅 8.45; 12.41; 요 6.68; 13.6-9, 36-37; 21.3.
252) 특히 Schrage, *Ethics* 49-51을 보라.
253) 추가로 Stauffer, 'Jesus' 61-63을 보라.

제 14 장

제자직의 성격

제13장 초입에서 예수의 하나님 나라 가르침에 담긴 의의를 좀더 해명할 목적으로 많은 질문들을 제기했다. 지금까지 살펴본 예수 전통은 다음의 첫 번째 질문에 대해 꽤 방대한 답변을 제공해왔다. 예수는 자신의 하나님 나라 메시지를 누구를 향해 선포했는가? 하지만 예수가 민족적 부흥을 실제로 바랐는지 여부는 아직 불확실한 상태이다. 아니면 예수는 응답한 소수의 사람이 그 민족적 회복이라는 보다 큰 희망에 어떻게 연계되어야 하는지 분명히 알지 못하는 상태에서 그들을 찾아냈을 뿐인가? 예수는 자신의 소명으로 이루고자 기대한 비전이 불확실했던 첫째 인물도 마지막 인물도 분명 아니었다. 물론 그 불확실함은 예수 자신보다는 단지 뒤를 돌아보는 역사가의 몫일 수 있다. 그러나 맨 처음 제기된 질문이 관련되는 한, 예수 전통이 드러낸 해법의 핵심 요소들과 관련하여 불확실성은 여전히 남아 있다.

이스라엘 전체에 대한 불가피하게 막연한 희망보다는 예수의 설교에 응답한 자들에 우리가 좀더 밀접한 관심의 초점을 맞출 때, 우리의 다음과 같은 두 번째 질문에서 좀더 진전된 명료함을 얻어낼 수 있을 것 같다. 그리하여 우리는 다시 묻는다. 예수는 자신의 하나님 나라 이야기가 그것에 응답한 자들에게 무엇을 의미하리라고 예상했는가? 예수는 그 나라가 그들의 삶에 어떤 영향을 미치리라고 내다보았는가? 예수를 '따른다'는 것은 무엇을 필연적으로 수반하였는가? 이 대목에서는 불가피하게 제13장에서 검토한 자료와 약간 중첩될 수밖에 없다. 당연한 귀결이지만 그 첫 번째의 세 가지 특이점들은 예수의 부름에 담긴 첫 번째 세 특징들과 잘 부합된다(§13.2). 아울러 우리는 머지않아 동일한 불확실성에 직면하게 될 것이다. 그러나 예수가 부른 제자직의 성격에 대한 전반적 개관은 그 자체로 중요한데, 이어지는 여러 세기 동안 그 제자직 가운데서 자신의 선례와 어느 정도나마 자신의 모범을 본 자들에게 특히 그렇다.

14.1 왕의 신하들

예수가 한 설교의 주된 강조점이 '하나님의 나라'였다면, 그 강조점의 주된 추론 결과는 하나님이 왕으로 이해되고 있었다는 것이다.[1] 한데 예수 메시지의 이러한 측면은 거의 다루어지지 않는다.[2] 그 이유는 분명히 복음서 전통의 그 어떤 흐름 속에서도 예수가 하나님을 '왕'으로 언급한 것으로 거의 회고되지 않기 때문이다.[3] 반면 우리가 이미 본 대로, 예수 당시 예배

---

[1] 나는 '왕인 하나님'과 '아버지인 하나님'에 대한 예수의 가르침을 최우선으로 주목함에 있어 맨슨을 따른다(*Teaching* chs. 4-8): '예수의 신앙 생활 전반은 하늘의 아버지와 하늘의 왕이라는 한 쌍의 개념을 선회한다'(284).

[2] 비록 맨슨 같은 학자들이 '예수의 가르침 가운데 하나님에 대한 그의 이해가 모든 것을 결정한다'고 강조했음에도 불구하고, 학계에서 예수의 하나님에 대해 매우 드물게 연구되어온 것이 얼마나 이상한지 지적하는 맥나이트를 참조하라(*New Vision* 15, Manson, *Teaching* 211을 언급하면서).

[3] 마 5.35에서만 그렇다. 여기서 예수 전통은 예루살렘을 '위대한 왕의 도시'라고 부르는데, 이는 시 48.2의 직접적인 반향이다. 다른 곳에서 가장 근접한 예는 왕을 크게 부각시키는 마태복음의 비유 둘(마 18.23-35; 22.1-14)과 누가복음의 한 군데이다(눅 19.11-27). 반면 이 명칭을 예수에게 적용할 수 있는 가능성의 문제는 꽤 일정하게 부각되는데 특히 빌라도 앞의 심문에서 그렇다(막 15.2, 26 평행구; 막 15.9, 12; 막 15.18/마 27.29; 막 15.32/마 27.42; 눅 23.2, 37; 요 18.33, 37, 39; 19.3, 12, 14, 15, 19, 21; 또한 마 2.2; 21.5; 25.34, 40; 눅 1.33; 19.38; 요 1.49; 6.15; 12.13).

가운데 하나님은 일정하게 '왕'으로 호명되었을 것이다.[4] 사실상 예수가 왜 하나님을 왕으로 거의 말하지 않은 것으로 기억되는지는 §14.2에서 되돌아가야 할 또 다른 곤혹스런 문제이다. 그 답변의 일부는 아마도 '하나님의 나라/왕국'이라는 더 온전한 문구가 예수의 가르침 가운데 아주 압도적이어서 별도로 하나님을 '왕'으로 표현하는 말을 할 필요나 이유가 없었으리라는 것이다.[5] 그렇다면 '하나님의 나라/왕국' 속에 하나님은 '왕'이라는 함의가 있고, 예수의 청중들은 거기에 이목을 집중했을 것이다.

왕권의 고대적 원리는 분명하다. 무엇보다 왕은 외부의 군사적 위협에서 자신의 백성들을 확실히 보호해주고 내부적으로는 정의를 집행하는 일에 중추적이고 대표적인 인물이었다.[6] 왕정 체계의 어두운 면은 이미 사무엘상 8.10-18에서 왕을 구하는 이스라엘의 요청에 대하여 사무엘이 응답한 데서 이미 예표되었다. 즉 자신을 섬기게 하려고 개개인의 인력과 자원을 징발하는 왕의 자의적 권력을 경계한 것이었다. 그러나 명령하는 권위와 순응을 강제하는 권력은 분명 군사 지도자와 판관으로서 왕의 핵심 기능에 수반되는 필연적인 결과로 수용되었다. 야웨를 왕으로 칭송함에 있어 작동한 것도 같은 논리였으리라 짐작된다. 야웨의 권위와 권력 안에는 보호와 정의에 대한 이스라엘의 궁극적인 확신이 놓여 있었던 것이다.[7]

하나님의 왕권에 대한 예수의 이야기 가운데 반영된 것도 보호자와 판관으로서, 그러니까 평화와 정의를 보장해주는 궁극적인 권위와 권력으로서, 그리고 누구보다 복종하고 순종해야 할 분으로서 하나님에 대한 이러한 확신이다. 신하들은 왕에게 무조건적 복종의 의무가 있다. 이중적 충성은 불가능하다(마 6.24/눅 16.13/도마 47.1-2).[8] 다른 면에서 우리는 예수의 왕

---

4) 위의 §12.2b를 보라. 그 자료는 Seybold, *TDOT* 8.365-66에 요약되어 있다.

5) 우리는 예수가 또한 쉐마와 하나님의 선함을 주어진 조건으로 상정한 것으로 회고되고 있음을 주목할 수 있다(막 12.29; 10.18).

6) 특히 K. W. Whitelam, 'King and Kingship', *ABD* 4.40-48 (여기서는 42-43, 44-45); 또한 Seybold, *TDOT* 8.360-64을 보라.

7) 다시 Whitelam, *ABD* 4.43-44을 보라.

8) 두 주인을 섬기려 하는 것에 대한 경고가 예수에게서 기원했다는 데는 별 의심이 없다(위의 13장 각주 159를 보라). '노예, 종'(*doulos*)에 비견되는 제자들과 관련해서는 막 10.44 평행구; 13.34; 마 24.45-51/눅 12.42-46; 마 25.14-30/눅 19.11-27; 마 10.24-25; 18.23-35; 눅 12.35-48; 17.7-10; 요 13.16;

국 설교 가운데 있는 종말론적 역전, 심판, 보상 등에 대한 선명한 강조를 단순하게 상기할 필요가 있다.[9] 예수 전통을 소중히 여긴 자들은 왕으로서 하나님의 '상승국면'과 '하강국면'을 모두 주저 없이 강조하였다. 한편으로 하나님은 가난한 자를 위해 정의를 보장할 것이다. 다른 한편으로, 하나님은 신실한 종들을 보상하고 불성실한 종들을 벌주는 주인으로,[10] 그리고 무자비한 종을 형리/간수에게 넘겨줄 왕으로(마 18.23-35) 묘사될 수 있을 것이다. 하나님은 거지 나사로의 미래적 복락과 지옥에서 고통을 겪은 부자의 운명을 모두 결정하는 분이었다(눅 16.19-31).

특별히 두드러지는 것은 마태복음 10.28/누가복음 12.4-5의 Q(?) 어록이다.

마 10.28	눅 12.4-5
28 <u>몸은 죽여도 영혼은 능히 죽이지 못하는 자들을 두려워하지 말고</u> 오직 몸과 영혼을 능히 지옥에 멸하실 수 있는 <u>이를 두려워하라.</u>	4 내가 내 친구 너희에게 말하노니 <u>몸을 죽이고 그 후에는 능히 더 못하는 자들을 두려워하지 말라.</u> 5 마땅히 두려워할 자를 내가 너희에게 보이리니 곧 죽인 후에 또한 지옥에 던져 넣는 권세 있는 <u>그를 두려워하라.</u> 내가 참으로 너희에게 이르노니 그를 두려워하라.

누가의 버전은 전형적인 구어적 변용인 동시에 예수가 말한 것으로 기억된 무언가를 약간 확장한 것으로 보인다.[11] 그 어록은 마음이 편치 못한 것으로, 대체로 핍박 아래 있던 후대 교회의 상황으로 돌려진다.[12] 그러나 하나님을 두려워하는 것은 이스라엘의 신학과 예배, 특히 지혜문학 내에 깊이 뿌리내린 주제이며,[13] 그 강조점은 예수 전통의 다른 곳에서 하나님을

15.20을 보라.
9) 위의 §12.4c, e, f를 보라.
10) 특별히 §12.4g '위기의 비유들'을 주목하라.
11) 로빈슨/호프만/클로펜보그는 Q를 재구성함에 있어 마태를 따른다(*Critical Edition of Q* 296-99).
12) Funk, *Five Gospels* 173; Lüdemann, *Jesus* 169.
13) G. Wanke, 'phobeō', TDNT 9.201-203; H. F. Fuhs, 'yare'', TDOT 6.300-14.

최후의 심판관으로 묘사한 것과 전혀 대립되지 않는다. 그러한 묘사가 예수 전통의 상당한 부분인데도 그것을 예수의 '진정한' 전통에서 배제하는 것은 분명히 자의적이다. 그것은 시종 일관되고 편한 예수를 찾고자 하는 욕망에서 동기가 부여된 판단으로 보인다. 그러한 판단에서 일관성은 학문적인 방법의 일관성보다는 어떤 후대의 논리에 근거해 결정된다. 동시에 우리는 히브리 개념의 '두려움'이 '무서워하다, 경외하다, 숭배, 존경' 등의 의미를 포함한다는 점을 상기해야 한다.[14]

같은 맥락에서 주기도문의 첫 번째 간구에 담긴 의의를 주목하지 않을 수 없다. 그 기도에 의하면 예수 추종자들의 첫 번째 우선권은 하나님의 이름이 거룩히 여김을 받도록 하는 데 있다.[15] 그 간구에 수렴되는 것으로 오늘날 청중이 듣기에는 생경한 고대의 두 개념이 있다. 하나는 '이름'이 단순히 누구를 확인하는 호칭 이상으로 그 사람을 대표하고 그렇게 이름 붙여진 자의 권위를 구현했다는 것이다.[16] 히브리 성서에서 야웨의 이름(shem)은 '매우 명백하게 야웨의 인격적 통치와 업적을 암시하여 그것이 야웨 자신에 대한 대안적 명칭으로 사용될 수 있다.'[17] 그렇다면 그 기도는 우선 첫째로 하나님이 하나님으로서, 좀더 구체적으로 창조주와 이스라엘의 하나님으로서 그가 맡은 역할에 있어서 그렇게 인정되기를 바란다는 것이다.[18]

두 번째 낯선 개념은 '거룩함'의 개념이다. 거룩함의 기본적인 요소는 타자성, 곧 일상적 용도로부터의 분리됨이라는 관념이다.[19] 그 단어가 하나님에 대해 사용될 때는 하나님의 전적인 타자성을 암시하는데, 이는 하

---

14) BDB, *yare'*; Wanke, *TDNT* 9.198-99. 주목할 만한 것은 주를 두려워함이 자신의 전 존재로써 주를 사랑하는 것과 함께 작용하는 것으로 이해되고 있다는 사실이다(신 6.2, 4-5; 10.12)(Fuhs, *TDOT* 6.307-308). 시편에서 야웨를 경배하는 공동체는 '야웨 경외자들'로 묘사된다(308-309). 그러나 퍼스(Fuhs)는 신령한 것에 대한 경외로서의 하나님 경외는 구약성서 구절 몇 군데에서 여전히 명확하게 볼 수 있다고 지적한다(300-303).
15) 본문은 §8.5b에서 인용. 추가로 §12.4b를 보라.
16) H. Bietenhard, *'onoma'*, *TDNT* 5.242-83, 특히 243, 250, 253-54. 오늘날의 용례에서 가장 근접한 말은 '명성'(reputation)이란 의미에서 사용하는 '이름'이다.
17) H. Bietenhard, *TDNT* 5.255-58.
18) 베커는 이 두 특징들—창조 대 '구원사'—을 반제로 설정하는 것을 일관되게 고집한다(여기서는 *Jesus* 270).
19) O. Procksch, *'hagios'*, *TDNT* 1.89-94.

나님을 인간적 이상의 투사물로서 조형하려는 어떤 시도도 근본적으로 거부하는 것이라고 말할 수 있겠다.[20] 그 간구에서 하나님의 이름이 다른 이들에 의해 거룩하게 표현되고 나아가 그 타자성이 인간들에 의해 인정받는 것이 아님을 깨달을 때 그 점은 한층 더 강화된다. 그 동사의 수동태 형식('거룩하여지이다')은 '신적인 수동태'로 확실히 히브리어 qadash(니팔형)에 해당된다. 이는 곧 그의 거룩함을 드러내 보이고 그의 이름을 성스럽게 하는 것은 하나님 자신이라는 구약성서의 사상을 재현하고 있다.[21] 물론 거기에는 또한 하나님이 자신의 몫으로 올바른 경배를 받으리라는 생각도 담겨 있다.[22] 여기서 하나님의 거룩함이 하나님에 대한 두려움과 상관 관계에 있음을 살펴볼 만하다. 이는 하나님에 대한 두려움 밑바탕에 놓여 있는 것이 전적으로/거룩한 하나님의 타자성이기 때문이다. 그러나 그것이 하나님께 필연적인 주도권이 쥐어지기를 바라는 기도라는 점은 여전히 강조될 필요가 있다. 카디쉬 기도처럼 주기도문의 첫 번째 두 간구는 서로 연동된다. 하나님께서 자신의 거룩함을 밝히 나타내시어 그의 이름이 온전히 영광을 받으시리이다. 그의 왕국이 도래하여 그의 뜻이 이루어지이다.

또한 우리는 하나님의 이름, 곧 하나님의 명성이 상당한 정도로 그의 백성과 밀접하게 연관되어 있는 이스라엘 성서의 추가적 함의를 주목해야 한다. '그의 이름을 거룩하게 하는 것'이 전통적인 상용구라는 점은 일반적으로 인정된다.[23] 그러나 여기에 상정된 것이 특별히 그의 백성 가운데 드러난 하나님의 위업을 보는 데서 비롯될 하나님의 영광이라는 점 또한 주목할 필요가 있다. 반면 하나님의 거룩한 이름을 속되게 하는 것이 이스라엘의 범죄이듯이,[24] 그에 따라 수반되는 파국은 다른 이들로 하여금 이스

---

20) 이는 이스라엘이 하나님의 형상 만들기를 절대로 거부한 것과 우상숭배에 대한 단호한 반대의 근본적 원리이다(그 자체가 바로 그러한 투사물로 간주됨).
21) 레 10.3; 22.32; 민 20.13; 사 5.16; 겔 20.41; 28.22, 25; 36.23; 38.16; 39.27.
22) 이로부터 제자직에서 하나님에 대한 변덕스런 태도의 설 자리가 없다는 마태의 강조점이 나온다 (마 5.33-37; 23.16-22).
23) 레 22.32; 사 29.22-23; 겔 36.23; 에녹1서 9.4; 61.12; 카디쉬 기도(위의 §12.4b에서 인용됨).
24) 레 18.21; 19.12; 20.3; 21.6; 22.2, 32; 렘 34.16; 겔 20.39; 암 2.7; 말 1.12(W. Dommershausen, *hll*, *TDOT* 4.410-12).

라엘의 하나님 이름을 속되게 만드는 것이다.[25] 그 점은 이스라엘의 하나님이 거룩하기 때문에 이스라엘도 거룩해야 한다(레 19.2)는 성결법전의 요구 가운데 고전적으로 강조된다.[26]

따라서 예수가 가르친 첫 번째 간구는 사실상 어떤 의미로도 하나님 자신을 위한 것이 아니다. 이는 하나님이 응당 자신의 권위와 권세를 나타내 보이고 결국 온당하게 두려움의 대상이 되어야 함을 의미한다. 그것은 그의 백성의 보이는 행실로 인해 그 이름이 더 이상 모독당하지 않을 때 하나님이 장차 도래할 희망의 세대를 일으키시리라는 기도이다. 아울러, 그렇게 기도하는 자들이 (그의 뜻에 따라) 살고 이로써 그들이 기도하는 대상의 명성/이름을 증거로 보여주리라는 함의도 분명하다. 이것이 제자들의 기도 가운데 첫 번째 간구이듯이, 제자들을 위한 첫 번째 계명이 그들의 마음과 목숨과 뜻과 힘을 다하여 하나님을 사랑하라(막 12.30 평행구)인 것은 우연이 아니다. 하나님에 대한 두려움이 첫 번째 간구와 관련되듯이, 순종은 첫 번째 계명과 상관이 있다. 모든 언행에서 하나님을 최우선의 자리에 두지 않는 자는 그 누구도 이 기도를 순전하게 드릴 수 없다. 물론 영웅적 개인주의의 행사로서가 아니라 그들의 일상생활 가운데 하나님의 거룩한 타자성을 나타내도록 부름받은 백성의 일원으로서 이 기도를 드려야 할 터이다.[27]

14.2 아버지의 자녀들

예수의 회개 요청은 그의 하나님 나라 설교에 상응하였다. 회개한다는 것은 왕의 신하로서 해야 할 순종을 이전에 하지 못했다는 실패를 인정하

---

25) 사 48.11; 52.5(바울이 롬 2.24에서 인용); 겔 20.9, 14, 22; 36.20-23; 39.7.
26) 유사하게 신 7.6; 26.19의 함의.
27) 맥나이트는 다음과 같이 결론짓는다: '그렇다면 예수의 명령은 옛날식의 언약적 틀 가운데서 설명될 수 있을 것이다: 언약의 하나님, 이스라엘의 거룩한 분은 그의 백성을 마지막 시대에 급진적인 언약적 순종으로 부르신다.…예수의 윤리적 요구는 아무리 급진적인 형태로라도 이스라엘의 언약적 윤리, 즉 하나님의 거룩함이라는 토대 위에서 설명되어야 한다'(*New Vision* 33).

는 것이었다. 유사한 방식으로 아버지로서의 하나님에 대한 예수의 가르침은 믿음과 신뢰의 요청과도 상응하였다. 이 점은 예수의 가르침 중 가장 두드러진 특징 가운데 하나를 부각시킨다. 예수가 왕으로서의 하나님에 대해서는 거의 또는 전혀 말하지 않은 것으로 기억되는 반면, 아버지로서의 하나님에 대한 가르침의 기억은 예수 전통 속에 깊이 새겨져 있다는 것이다.

그 주제는 그 연구사 가운데 불필요하게 특정 경향으로 기울어왔다. 이는 주로 학자들이 연이어서, 예수가 속한 토착적 유대교의 특수성과 쉽게 구분되는 가장 독특하고 지속적인 (보편적) 요소를 그의 가르침 가운데 발견할 수 있다고 생각했기 때문이다. 19세기에 르낭과 하르낙 같은 학자의 자유주의적 연구가 예수의 가르침에 대한 성격 규정에서 그 주제를 중심 무대에 올려놓은 것은 옳았지만, 그들은 그것을 이상화하였고 감상주의적으로 취급하였다(§4.3). 그 강조점의 위상에 대한 불트만의 인식은 그가 당시 유대인의 사상을 특징지은 것으로 여긴 멀리 계신 하나님과 대조적으로 '가까이 계신' 하나님에 대한 예수의 가르침을 더 선명하게 강조함에 따라 가려졌다.[28] 나아가 예레미아스의 독특한 연구도 그가 예수의 기도 생활과 당시 유대교에서 하나님과의 전례 없는 친밀함을 예표한 가르침의 특징으로 '아바'(*abba*, 인격적 호칭으로서 '아버지')라는 용어를 이해한 것에 너무 압도되었다.[29]

우리는 아래에서(§16.2) 예수의 아들 됨이라는 특정한 쟁점으로 돌아갈 것이다. 여기서는 아버지로서의 하나님 이해가 예수 당시의 유대교에 전혀 새롭지 않은 것이었음을 강조할 필요가 있다. 이스라엘의 아버지, 또는 특히 왕으로서의 하나님에 대한 사상은 유대인의 사상 가운데 오랫동안 익숙한 것이었다.[30] 보다 근래에 나타난 것은 개개의 이스라엘 사람들, 특

---

28) Bultmann, *Jesus and the Word* ch. 4, 특히 137-41, 151.
29) Jeremias, *Prayers* ch. 1: *Proclamation* 178-84.
30) 이스라엘은 출 4.22; 신 14.1; 32.6; 시 73.15; 사 1.2-3; 43.6; 45.11; 63.16; 64.8; 렘 3.4, 19, 22; 31.9, 20; 호 1.10; 11.1; 말 2.10; 희년서 1.24-25; 19.29; 솔로몬시편 17.27. 왕은 삼하 7.14; 대상 17.13; 22.10; 28.6; 시 2.7; 89.26-27. 또한 R. Hamerton-Kelly, *God the Father: Theology and Patriarchy in the*

히 의인들이 하나님의 아들이라는 사상이었다.[31] 예레미아스의 주장은 이와 같은 '의인' 전통도 유사한 정도의 친밀감으로 하나님을 호칭하는 것에 낯설지 않았다는 인식에 의거하여 조율될 필요가 있다.[32] 아울러 하나님이 예수 당시의 유대교에서 멀리 계신 분으로 생각되었다는 제안은 그러한 증거와 상반될 뿐 아니라 이전 세대의 학자들이 '후기 유대교'를 폄하하려 한 경향을 증언할 뿐이다.[33] 그럼에도 불구하고 예수가 제자들로 하여금 하나님을 아버지로 신뢰하도록 격려했다는 사실은, 당시 유대교 내에서 유일하게 예외적이라고 하기는 어렵겠지만, 그 일관성에 있어서와 그가 제자들에게 기도할 때 표현하라고 격려한 지속적인 어린아이 같은 자세의 정도에 있어서 두드러진 특징이라고 말할 수 있다.

a. 어린아이 같은 신뢰

해당 자료는 단도직입적이다. 예수는 하나님을 일정하게 '너희의 아버지'(여기서 너희는 그의 측근 제자들이다)라고 말한 것으로 기억되고 있다.[34] 그 전승 과정에서 아버지로서의 하나님이란 모티프는 예수 전통 내에 확대되어갔다.[35] 그러나 그 증거는 그렇게 퍼진 모티프가 잘 기억된 예수 가르침

Teaching of Jesus (Philadelphia: Fortress, 1979) 20-51; Vermes, *Religion* 173-80; M. M. Thompson, *The Promise of the Father: Jesus and God in the New Testament* (Louisville: Westminster John Knox, 2000) 35-55을 보라.

31) 시 68.5('고아의 아버지와 과부의 보호자'); 시 103.13; 잠 3.12; 집회서 4.10; 23.1; 51.10; 지혜서 2.13, 16, 18; 5.5; 14.3; 솔로몬시편 13.9; 1QH 17[=9].35-36(추가로 G. Quell, '*patēr*', TDNT 5.970-74; Jeremias, *Prayers* 11-29을 보라).

32) 집회서 23.1, 4; 51.10(히브리어); 지혜서 14.3; 마카베오3서 6.3, 8(G. Schrenk, '*patēr*', TDNT 5.981). 특히 버메스(Vermes)는 원 그리는 사람 호니(주전 1세기)의 전통을 중시해왔다. 전통에 의하면 그는 '그 집의 아들처럼' 하나님께 기도했다고 한다(*m. Ta'an* 3.8)(*Jesus* ch. 3). 하지만 버메스는 또한 그러한 친밀함이 DSS의 기도문에 나오지 않는다고 지적한다(*Religion* 180).

33) 기본적인 오해는 신적인 '중개자들'(성령, 지혜, 말씀, 이름, 영광, 천사들)이 멀리 떨어져 계신 초월적 하나님 사상을 나타냈다는 것이었다(Bousset-Gressmann 319, 종종 인용되는 구절; Bultmann, *Jesus and the Word* 137-41에 되풀이됨; 또한 *Primitive Christianity* 61). 반면 그들은 하나님의 초월성을 타협하지 않고서도 그의 내재성을 주장하는 방식으로 더 잘 이해된다(내 책 *Christology* 130, 150-51, 176, 219-20, 229, 252-53을 보라).

34) '너의(단수) 아버지', 마 6.4, 6, 18. '너희의(복수) 아버지', 막 11.25/마 6.14-15; 마 5.48/눅 6.36; 마 6.32/눅 12.30; 마 7.11/(눅 11.13); 마 5.16, 45; 6.1, 8, 26; 10.20, 29; 18.14; 23.9; 눅 12.32; 요 20.17. 나는 '아버지'에 대한 언급들(막 13.32; 마 11.27/눅 10.22)을 아래 §16.2c에서 논의할 것이다.

35) 예레미아스는 예수의 말씀 가운데 하나님에 대한 '아버지' 호칭을 사용한 다음의 통계 수치를 제공했다; 마가복음 3회, 마태복음과 누가복음에 공통적으로 4회, 누가복음에만 해당되는 추가 4

의 특징을 확장한 것임을 암시하기에 충분하다. 주기도문에서 제자들은 그들 딴에 '아버지'로 하나님을 호칭하도록 격려받는데(눅 11.2/마 6.9), 이후 그리스도교의 용례는 분명히 이를 독특한 것으로 간주하였다.[36] 같은 양상의 다른 면은 예수가 제자들을 어린아이들로 특징짓고 또한 어린아이를 제자직의 모델로 취했다는 것이다.[37] 마가복음 10.14-15 평행구의 복합 구조가 보여주듯이, 이 전통은 여러 방면으로 상이하게 편성되면서 반복되었지만,[38] 그렇게 예수의 선교중에 회고된 하나 또는 그 이상의 사건들은 분명히 예수 전통에 지속적이고도 깊은 인상을 남겼다.[39]

이 모든 것으로 미루어 예수가 하나님의 아버지 됨을 창조주로서 그의 역할에 대한 일반적인 추론 결과와 무관하게 생각한 것으로 기억되었음이 분명하다.[40] 그렇다고 그가 단순히 이스라엘의 아버지로서의 하나님이라는 이미 고착된 유대적 모티프(각주 30)를 물려받았던 것도 아니다. 그는

회, 마태복음에만 해당되는 추가 31회, 요한복음에 100회(*Prayers* 30-32), 아울러 여기에 도마복음의 70회를 더할 수 있을 것이다(아래를 보라). 마태가 아버지로서의 하나님에 대한 언급들을 첨가하는 경향은 마 5.45/눅 6.35; 마 6.26/눅 12.24과 마 10.29/눅 12.6에 예시된다; 예레미아스는 또한 "'너희의 아버지'를 거의 소멸점 가까이 억누르는 후대 전통의 경향'을 적시한다. 이는 곧 도마복음에도 탐지되는 경향인데 거기에 단 2회만 '너희 아버지'가 나온다(도마 15, 50.3, 그 어느 것도 공관복음 전통과 평행구를 이루지 않는다). 이는 곧 12회 나오는 '아버지'(도마 27, 40.1, 44.1, 57.1, 69.1, 76.1, 79.2, 83.1, 96.1, 97.1, 98.1, 113.1; 여기 이 목록에서 이탤릭체 표기부분은 '아버지'가 첨가된 평행구들을 나타낸다).

36) 롬 8.15-17; 갈 4.6-7(§16.2b 각주 48). 여기서 나는 눅 11.2이 예수의 가르침 내용과 더 가깝고(위의 §8.5b), 그리스어 *pater* 배후에 현저한 정도의 친밀한 함의와 함께 아람어 *abba*가 있다고 추측한다 (Jeremias, *Prayers* 22-23; 추가로 아래§16.2b를 보라). 반면 마 6.9의 발전된 예전적 형태는 보다 형식적인 랍비식 용법에 더 가깝다(Schrenk, *TDNT* 5.981-82; Jeremias, *Prayers* 22-23). 동시에 아버지로서의 하나님과 매우 인격적이고 사적인 소통으로서 기도를 격려하는 예수를 바로 마태가 회고하고 있음을 상기해야 한다(일련의 가르침 가운데 마 6.5-6, 아마도 도마 6, 14에서 공명되는 듯).

37) *Paidion* (매우 어린 자녀, 유아)은 막 9.36-37/마 18.2, 5/눅 9.47-48; 막 10.14/마 19.14/눅 18.16; 막 10.15/마 18.3/눅 18.17; 요 21.5. *Nēpios* (매우 어린 자녀, 유아)는 마 11.25/눅 10.21.

38) 마 18.5/눅 9.48의 Q 버전이 마태와 누가가 마가에 더 의존함으로써 모호해졌는가? 우리는 또한 요 3.3, 5에서 발전된 내용과 나아가 도마복음 22과 46.2에 나타난 그 흔적들을 잊지 말아야 한다 (또한 위의 §13.2a를 보라).

39) 막 10.15은 '아마도 예수의 어록들 중에서 가장 기억할 만하고 함축성 있는 것 같다'(Perrin, *Rediscovering* 146). 예수세미나 팀은 예수가 막 10.14 평행구와 같은 무엇인가를 말했던 것 같다는 점에 동의한다. 그러나 그 어록이 세례의 맥락으로 끌려들어간 방식에서 막 10.15의 모든 양식들 속에 입회 의례가 담겨 있었을 법하며, 따라서 그것이 예수에게서 기원했을 개연성이 떨어진다고 생각한다(Funk, *Five Gospels* 89-90, 213, 486-87; 여기서 제시된 기묘한 근본 원리는 매우 분산된 투표를 반영한다). 반면, 뤼데만은 막 10.14을 '공동체의 구성물이며 따라서 진정성이 없다'고 간주하지만, 일관성의 기준에 의하면 10.15의 진정성을 지지하게 됨을 깨닫는다(*Jesus* 68); Becker, *Jesus* 311-12. 추가로 위의 제12장 각주 163과 제13장 각주 48과 49를 보라.

40) Manson, *Teaching* 89-91; Schrenk, *TDNT* 5.978, 990-91 ("'아버지'라는 단어는 "너희의 아버지"에 대한 예수의 가르침을 받아들이는 자들을 위한 것이다' 991); Jeremias, *Prayers* 38-43, 여기서도 예수가 그와 같이 자신의 제자들에게만 말했음을 강조하며(43과 각주 70), 예수가 그럼에도 불구하고 하나님의 '보편적 부성'을 가르쳤다고 증명하려는 몬테피오리(H. W. Montefiore)의 시도를 비판한다('God as Father in the Synoptic Gospels', *NTS* 3 [1956-57] 31-46).

자신의 제자들을 질적으로 또는 그 정도에 있어 새로운 관계로 초대하여 회심시키고 자녀가 '되도록' 한 것으로 기억되었다(마 18.3). 동시에 그 부름은 다시 이스라엘을 위해 예정된 하나님과의 관계를 주장하거나, 또는 좀 더 나은 가능성으로. 하나님이 그의 백성을 위해 예정한 그 관계로 돌아오거나 새로이 실감하기 위한(지혜문학의 의로운 개인들처럼) 부름으로 이해할 수 있다. 그 이상으로 보다 풍성한 어떤 함의를 들려주든지, 여하튼 그 전통은 분명히 예수의 가르침이 제자들에게 시달되었고 그들이 아버지로서의 하나님 앞에서 어린 자녀로 살도록 격려한 것으로 기억한다.

그 이미지의 중요성은 명백하다. '어린아이가 된다는 것은 작아지는 것, 도움을 필요로 하는 것, 그 도움에 수용적인 자세를 취하는 것이다.'[41] 제자가 된다는 것은 그렇다면 어린아이같이 되는 것, 곧 의존하는 자리로 돌아가는 것이다.[42] 그 핵심인즉, 자칭 제자라는 사람이 어린아이인 체 가식을 부리거나 유치한 방식으로 행동한다는 것이 아니다. 이는 오히려 제자들이 하나님 앞에서 사실상 어린아이에 불과하며 성숙하지 못하고 전적으로 독립적인 삶을 살거나 자신에 의한 자신을 위한 단독적인 책임을 떠맡을 수 없음을 인식해야 한다는 것이다. 예수가 요청한 신뢰('회심하고 신뢰하라')는 어린 자녀들이 그들의 존재와 그들의 삶의 지속적인 의의와 관련하여 끊임없이 그들의 부모에게 의지하고 의존하는 것이다. 여기서 다시 탕자의 비유는 그 아버지에 대한 반복적 언급과 더불어 마가복음 10.15 평행구가 확고하게 주장한 바를 예시해준다. 즉 회개/회심은 아버지의 비범한 관용에 대한 아들의 의존으로 돌아가는 것이다(눅 15.11-24).[43]

예수가 요청한 어린아이 같은 신뢰는 마태복음 6.25-33/누가복음

---

41) J. Behm, '*metanoeō*', TDNT 4.1003.
42) '어린아이의 신뢰, 곧 *emunah*는 그 나라에 접근하기 위한 필수불가결한 조건이다'(Vermes, *Religion* 144; 추가로 196-200).
43) Jeremias, *Proclamation* 155-56 참조. 베일리는 그 비유를 문화적 맥락 속에 배치함으로써 아버지 사랑의 비범한 성격을 부각시킨다(*Poet and Peasant* 161, 165, 181-82, 186-87, 196-200). 어린이들이 고대 세계에서 '아무것도 아닌 존재들'이었다고 주장함에 있어(*Historical Jesus* 269), 크로산은 유대인의 성서 전통 가운데 어린 시절의 긍정적인 이미지를 다시 한 번 무시한다(가령, 위의 각주 30-32). 이 비유에 대해서는 또한 위의 제13장 각주 147을 보라.

12.22-31과 같은 유명한 Q 구절에 가장 생생하게 기록되어 있다.[44]

마 6.25-33	눅 12.22-31
25 그러므로 내가 너희에게 이르노니 목숨을 위하여 무엇을 먹을까 무엇을 마실까 몸을 위하여 무엇을 입을까 염려하지 말라. 목숨이 음식보다 중하지 아니하며 몸이 의복보다 중하지 아니하냐?	22 또 제자들에게 이르시되 그러므로 내가 너희에게 이르노니 너희 목숨을 위하여 무엇을 먹을까 몸을 위하여 무엇을 입을까 염려하지 말라.
26 공중의 새를 보라. 심지도 않고 거두지도 않고 창고에 모아들이지도 아니하되 너희 하늘 아버지께서 기르시나니 너희는 이것들보다 귀하지 아니하냐?	23 목숨이 음식보다 중하고 몸이 의복보다 중하니라.
27 너희 중에 누가 염려함으로 그 키를 한 자라도 더할 수 있겠느냐?	24 까마귀를 생각하라. 심지도 아니하고 거두지도 아니하며 골방도 없고 창고도 없으되 하나님이 기르시나니 너희는 새보다 얼마나 더 귀하냐.
28 또 너희가 어찌 의복을 위하여 염려하느냐? 들의 백합화가 어떻게 자라는가 생각하여 보라. 수고도 아니하고 길쌈도 아니하느니라.	25 또 너희 중에 누가 염려함으로 그 키를 한 자라도 더할 수 있느냐?
29 그러나 내가 너희에게 말하노니 솔로몬의 모든 영광으로도 입은 것이 이 꽃 하나만 같지 못하였느니라.	26 그런즉 가장 작은 일도 하지 못하면서 어찌 다른 일들을 염려하느냐?
30 오늘 있다가 내일 아궁이에 던져지는 들풀도 하나님이 이렇게 입히시거든 하물며 너희일까보냐? 믿음이 작은 자들아.	27 백합화를 생각하여 보라 실도 만들지 않고 짜지도 아니하느니라. 그러나 내가 너희에게 말하노니 솔로몬의 모든 영광으로도 입은 것이 이 꽃 하나만큼 훌륭하지 못하였느니라.
31 그러므로 염려하여 이르기를 무엇을 먹을까 무엇을 마실까 무엇을 입을까 하지 말라.	28 오늘 있다가 내일 아궁이에 던져지는 들풀도 하나님이 이렇게 입히시거든 하물며 너희일까보냐? 믿음이 작은 자들아.
32 이는 다 이방인들이 구하는 것이라. 너희 하늘 아버지께서 이 모든 것이 너희에게 있어야 할 줄을 아시느니라.	29 너희는 무엇을 먹을까 무엇을 마실까 하여 구하지 말며 근심하지도 말라.
	30 이 모든 것은 세상 백성들이 구하는 것이라. 너희 아버지께서는 이런 것이 너희에게 있어야 할 것을 아시느니라.

---

44) 도마복음 36은 그 가르침의 단순한 파편을 보존하고 있지만 *P. Oxy.* 655은 더 가득 찬 내용을 담고 있다.

<table>
<tr><td>33 그런즉 너희는 먼저 그의 <u>나라</u>와 그의 의를 <u>구하라</u>. 그리하면 <u>이</u> 모든 <u>것을</u> 너희에게 더하시리라.</td><td>31 다만 너희는 그의 <u>나라를</u> <u>구하라</u>. <u>그리</u>하면 이런 것들을 너희에게 더하시리라.</td></tr>
</table>

예수가 이것을 단일한 낱개의 가르침으로 전해주었는지 분간하기란 불가능하다.[45] 산상설교 자체는 가르침의 목적에 맞게 자료를 모으는 교회의 구연 내에서 예수 전통이 지닌 경향과 관련하여 충분한 증거를 제공한다. 심지어 여기서 두 연속물의 마지막 어록(마 6.34/눅 12.32)은 그 문제에 대해 구연/편집적 자유와 관련하여 명확한 시사점을 제시한다.[46] 더 중요한 점은 예수가 아버지이신 창조주의 관대한 은혜에 높은 정도의 신뢰를 갖도록 격려한 것으로 기억되었다는 사실이다(또한 마 10.29-31/눅 12.6-7의 경우도 마찬가지).[47] 신앙은 생활 필수품에 대한 근심을[48] 배제한다. 하나님은 신뢰할 만하다. 인간

---

45) 예수세미나 팀은 마 6.31-34과 눅 12.26, 29-31이 예수에게 소급될 수 있는 배후 전통에 부차적으로 덧붙은 것이라는 결론을 내렸다(Funk, *Five Gospels* 151-53); 베커는 그것이 선교 강령의 '유랑자적 급진주의'와 구별되는 것으로 거리를 두지만 마찬가지로 그것이 예수의 진정한 자료라고 결론짓는다(*Jesus* 131-32); 뤼데만은 마 6.25-33을 진정한 것으로 간주하는데, '왜냐하면 그것들이 공동체에서 파생될 수 없고', 예수가 파송했거나 그와 동반하면서 이 마을에서 저 마을로 옮겨 다닌 제자들의 정황에 부합되기 때문이다(*Jesus* 149). Q 12.22-31과 *P.Oxy.* 655 중에서 어떤 것이 더 오래되었는지에 대해서는 논쟁이 지속되고 있다. 로빈슨(J. M. Robinson)과 하일(C. Heil)은 후자를 선호하여 주장하고(*P.Oxy.* 655이 더 간단한 구어 전통에 더 가깝다) 슈뢰터(Schröter)는 전자를 선호한다(*P.Oxy.* 655은 공관복음 이후의 작품 같다). 가장 최근의 연구들로는 Robinson and Heil, 'The Lilies of the Field: Saying 36 of the Gospel of Thomas and Secondary Accretions in Q 12.22b-31', *NTS* 47 (2001) 1-25; Schröter, 'Rezeptionsprozesse in der Jesusüberlieferung: Überlegungen zum historischen Charakter der neutestamentlichen Wissenschaft am Beispiel der Sorgensprüche', *NTS* 47 (2001) 442-68; Robinson and Heil, 'Noch einmal: Der Schreibfehler in Q 12,27', *ZNW* 92 (2001) 113-22; Schröter, 'Verschrieben? Klärende Bemerkungen zu einem vermeintlichen Schreibfehler in Q und tatsächlichen Irrtümern', *ZNW* 92 (2001) 283-89을 보라. 이전에 맨슨은 마 6.26-30/눅 12.24-28이 시적 평행 구조의 좋은 예를 제공한다고 보았다(*Teaching* 56).

46) 그 어록은 대중적 지혜를 반영하는데(특히 Davies and Allison, *Matthew 1-7* 662-63을 보라) 예수가 직접 끌어들였거나 후대의 구연 가운데 들어왔을 것이다.

47)

<table>
<tr><td>마 10.29-31</td><td>눅 12.6-7</td></tr>
<tr><td>29 참새 두 마리가 한 앗사리온에 팔리지 않느냐? 그러나 너희 아버지께서 허락하지 아니하시면 그 <u>하나도</u> 땅에 떨어지지 아니하리라.
30 너희에게는 머리털까지 다 세신 바 되었나니
31 <u>두려워하지</u> 말라. 너희는 많은 참새보다 귀하니라.</td><td>6 참새 다섯 마리가 두 앗사리온에 팔리는 것이 아니냐? 그러나 하나님 앞에는 그 하나도 잊어버리시는 바 되지 아니하는도다.
7 너희에게는 심지어 머리털까지도 다 세신 바 되었나니 <u>두려워하지</u> 말라. 너희는 많은 참새보다 더 귀하니라.</td></tr>
</table>

예수세미나 팀은 이 구절이 예수에게로 소급된다고 마찬가지로 확신했다(Funk, *Five Gospels* 172-73). 반면 뤼데만은 마 10.27-33 전체를 '핍박에 눌린 후대 공동체의 상황에서 파생되는 것으로 진정성이 없다'고 탈락시키면서 마 6.26/눅 12.24과 가까운 평행구를 무시한다(*Jesus* 169). 이는 이전의 마태복음 구절에 대한 그의 판단과 현저한 대조를 이룬다.

존재의 연약성에 직면하여 생기는 불확실성(사 40.6-7)이 근심을 야기할 필요
는 없다. 어린 자녀는 위기에 직면해서도 확신할 수 있다. 아버지는 그 위기
를 뚫고 자녀를 양육할 것이다. 왕은 또한 아버지이며 그의 왕적 통치는 그
가 그들의 필요를 위해 제공하는 신뢰할 만한 가능성 속에 이미 경험될 수
있다.[49]

그러한 가르침은 많은 예수의 청중들이 잘 기억하고 다시 부대끼리라
예상할 수 있었던 기근과 정치적 위기의 경험에도 불구하고 비현실적인
것으로 무시되어서는 안 된다. 예수 자신이 그러한 거친 현실을 알아채지
못했을 리 없으며, 그의 가르침을 소중히 간직한 자들 중 많은 이들이 기실
어려운 시절과 개인적 곤경의 경험을 너무 많이 치러내야 했을 것이다. 그
가르침은 그런데도 가치 있게 여겨졌다. 그것이 거친 현실에 대한 부주의
한 무시를 시사했기 때문이 아니라 돌보시는 창조주의 섭리를 신뢰하도록
격려했기 때문이었다.[50] 또한 개인적 우선권(생명 자체 [*nepeš, psychē*])을 음식
과 옷보다 더 중요한 것으로 확인시켜주고 변할 수 없는 것을 차분히 수락
하도록 격려해주었기 때문이다.[51] 애당초 도래하는 그 나라의 긴박성은 그
러한 우선권 다시 매기기에 있어 주요한 요인이었을 것이다. 그러나 그 가
르침을 소중히 간직한 공동체들은 그 가르침 안에서 매일의 삶을 위한 여
유 있는 신앙, 그러니까 압박과 위기의 와중에서도 유지하는 신뢰의 평온
함에 대한 지속적인 격려를 보았던 것 같다(아마도 마 6.34이 암시하듯이). 그 어
느 경우에도 '종말론적'(또는 묵시적) 함의가 '지혜적'인 함의와 반제인 것으

---

48) 핵심 단어는 *merimnaō*, '근심하다, (과도하게) 염려하다'란 뜻을 갖는다(다섯 번 사용됨: 마 6.25, 27,
   28, 31, 34). 이 경우에 불트만의 실존주의적 독법은 그 구절의 요체를 잘 포착한다: 삶이 삶의 수단
   에 대해 걱정함으로써 어떤 식으로든 안심될 수 있다는 환상에 대한 경고('*merimnaō*', *TDNT* 4.591-
   93).

49) Becker, *Jesus* 268.

50) 그 생각은 유대 전통에서 별로 새로운 것이 아니다: 가령, 욥 12.10; 38.41; 시 104장; 147.9; 솔로몬
   시편 5.9-10(Davies and Allison, *Matthew* 1.650). 예레미아스는 '새의 둥지로' 뻗는 하나님의 자비를
   언급하는 기도에 대한 *m. Ber.* 5.3에 표출된 반대 의견을 주목한다(*Proclamation* 182). 그러나 데이비
   스와 앨리슨은 또한 *m. Qidd.* 4.14 (649)을 또한 주목한다. 유사한 확신이 견유학자들 사이에 고취
   되었다(Downing, *Christ and the Cynics* 68-71).

51) '당신들은 하나님의 현존 가운데 서 있으며, 따라서 당신들을 공격하는 곤고한 필요 이상의 인간
   들로서 스스로를 봐야 한다'(Schottroff and Stegemann, *Hope of the Poor* 44).

로, 마치 하나가 다른 하나를 배제하는 것처럼 설정될 필요가 없다(또는 그렇게 설정되어서는 안 된다).

b. 기도

위의 구절에 함축된 어린아이 같은 신뢰의 또 다른 측면이 예수의 가르침 다른 곳에 부각되므로 별도의 논평을 할 만하다. 곧 기도의 경우가 그렇다. 아버지의 자녀들은 확신 가운데 하나님께 그들의 관심과 요청을 아뢸 수 있음을 안다. 이는 그들의 목소리로 표현되는 관심이 단순하고 기본적인 주기도문의 간구들 가운데 이미 명확하게 드러난다. 예수가 제자들로 하여금 빵, 용서, 유혹으로부터의 구원 등에 대한 요청을 하도록 격려하는 대상은 아버지로서의 하나님이다(마 6.9-13/눅 11.2-4).[52] 마찬가지로 기억할 만한 것은 하나님이 기도를 들으시고 응답한다는 확신이다(마 7.7-11/눅 11.9-13).

마 7.7-11	눅 11.9-13
7 구하라 그리하면 너희에게 주실 것이요 찾으라 그리하면 찾아낼 것이요 문을 두드리라 그리하면 너희에게 열릴 것이니	9 내가 또 너희에게 이르노니 구하라 그러면 너희에게 주실 것이요 찾으라 그러면 찾아낼 것이요 문을 두드리라 그러면 너희에게 열릴 것이니
8 구하는 이마다 받을 것이요 찾는 이는 찾아낼 것이요 두드리는 이에게는 열릴 것이니라.	10 구하는 이마다 받을 것이요 찾는 이는 찾아낼 것이요 두드리는 이에게는 열릴 것이니라.
9 너희 중에 누가 아들이 떡을 달라 하는데 돌을 주며	11 너희 중에 아버지 된 자로서 누가 아들이 생선을 달라 하는데 생선 대신에 뱀을 주며
10 생선을 달라 하는데 뱀을 줄 사람이 있겠느냐?	12 알을 달라 하는데 전갈을 주겠느냐?

---

52) 주기도문 직후에 '너희의 아버지가 너희가 구하기 전에 무엇이 필요한지 아신다'라는 확신을 첨가함으로써(마 6.8; 6.32과 같은 확신) 마태가 어떻게 그 기도를 이후에 나오는 6.25-34의 가르침과 정교하게 연계시키는지 주목하라.

11 <u>너희가 악한 자라도 좋은 것으로 자식에게 줄 줄 알거든</u> 하물며 하늘에 계신 너희 아버지께서 구하는 자에게 좋은 것으로 <u>주시지 않겠느냐.</u>	13 <u>너희가 악할지라도 좋은 것을 자식에게 줄 줄 알거든</u> 하물며 너희 하늘 아버지께서 구하는 자에게 성령을 주시지 <u>않겠느냐</u> 하시니라!

이 가르침이 예수에게 소급되는지 의심하는 학자는 거의 없다.[53] 그것은 단순히 끈질긴 기도에 대한 격려가 아니라[54] 아버지가 그의 자녀에게 베푸는 열심에 대한 확신이다.[55] 동시에 예수가 제자들에게 무엇이든 하나님께 구하기를 격려하였고 그들이 요청하는 것은 무엇이든 하나님이 베풀리라고 보증해주었다는 식의 제안은 그 자체로 너무 순진할 것이다. 여기서 상정되는 요청은 주기도문의 간구와 마찬가지로 기본적인 음식의 필요에 대한 것이다(빵, 물고기, 알). 나아가 그 보증은 하나님께 구하는 것은 무엇이든 주리라는 것이 아니라 아버지가 주는 것은 무엇이든 좋으리라는 것이다.

간단히 말해, 아버지로서의 하나님께 대한 어린아이 같은 신뢰와 의존이란 견지에서 제자직의 묘사는 예수 전통과 일치한다. 이 강조점은 당시 유대인의 경건을 강화한 것으로 간주할 수 있을망정 그것의 반제로 설정해서는 안 된다. 또한 그 강조점이 왕으로서의 하나님에 대한 이해와 대립된 관계로 설정되어서도 안 된다(§14.1). 비록 예수의 가르침이 아버지의 돌봄이란 측면에 가장 큰 강조점을 부여했을지라도 아버지의 절대적 권위는

---

53) Funk, *Five Gospels* 155; Lüdemann, *Jesus* 151. 구연의 전형적 변용 대목을 주목하라(마 7.9-10/눅 11.11-12). 약속된 '좋은 것들'(마태)을 '성령'으로 깔끔하게 정련한 것은 아마 누가의 작업일 터이다. 그의 복음서에 성령이 보다 현저하게 부각되기 때문이다(마가복음에 6회, 마태복음에 12회, 누가복음에는 17회 나옴). 그 부분적인 흔적들이 *P.Oxy.* 654=도마복음 2와 92, 94에 보존됨. 또한 요 16.23-24을 주목하라. 마 18.19은 마태의 '공동체 규칙' 가운데 일부로서 아마도 같은 모티프를 확장시킨 결과인 듯하다. 또한 아래 §15.7g(3)을 보라.
54) 현재 시제로 그리스어에서 강화된 것들: '계속 구하기', '계속 찾기', '계속 두드리기'(물론 Davies and Allison, *Matthew* 1.679-80도 보라). 누가는 한밤중에 찾아온 친구의 비유(눅 11.5-8)를 첨가함으로써 그 점을 추가로 강화한다. 이는 오직 누가복음에만 탐지되지만 별 어려움 없이 대체로 예수에게서 기원한 것으로 언급되는 또 다른 비유이다(Funk, *Five Gospels* 327-28; Hultgren, *Parables* 233 각주 29; Lüdemann, *Jesus* 335); 자세한 내용의 논의는 Bailey, *Poet and Peasant* 119-33; Catchpole, *Quest* 201-11; Hultgren 226-33을 보라. 불의한 재판관의 비유를 눅 18.2-8에 기록하여 같은 논지를 강조하는 것도 누가이다(제12장 각주 251을 보라).
55) 이로부터 그러한 아버지의 자녀가 익히 알려진 요청을 하는 데 담대할 수 있다는 그에 상응하는 암시가 비롯된다—막 5.27-28; 10.47-48; 마 8.8-9; 15.22-27에서 예시된 바와 같이.

항상 거기 함축된 용어와 관계에 얽혀 있기 때문이다.[56] 그렇다고 마치 예수가 모든 인간을 단순히 하나님의 자녀라고 선언한 것처럼 그것을 너무 가볍게 보편화해서도 안 된다. 물론 회개와 믿음으로 부르는 예수의 엄정한 요청은 원리상 모든 자들에게 개방되어 있었지만 말이다. 어쨌든 이러한 중요한 조율 사항들을 감안하더라도 하나님의 아버지 됨에 대한 예수의 가르침은 예수 전통 전체 가운데서도 가장 독특하고 매혹적인 특징으로 남아 있다.

14.3 예수의 제자들

제자직의 세 번째 특징은 예수의 부름—'나를 따르라'는 부름(§13.2c)—이라는 세 번째 요소에서 생겨난다. '제자들'은 그 부름에 응답한 자들이었다. 그들은 예수의 추종자가 되었다. 이는 회개하고 믿으라는 예수의 부름이 모든 이스라엘에게 언표되었을 개연성을 다시 무시하거나(§13.3), '제자들'(§13.2c)로 묘사되지 않았으면서도 그를 따른 많은 자들이 있었음을 망각하고자 함이 아니다. 또는 이스라엘 내부의 '가난한 자'와 '죄인들'을 융합하는 '제자직 동아리'(§13.8)의 경계를 정확하게 한정지을 수 없다는 점을 애써 잊으려는 것도 아니다. 그러나 우리는 예수가 개인적인 따름을 요청했다는 분명한 기억을 깔아뭉개서는 안 된다.[57] 예수는 제자직 동아리의 중심에 있었다. 어떤 다른 관계들이 그 첫 번째 제자직에 수반되었든지 간에, 그것은 예수와 제자의 관계에 의해 우선적으로 결정되었다. 예수가 부른 제자직은 예수의 제자직이었다.

---

56) Jeremias, *Prayers* 11; 슈렌크(Schrenk)는 '아버지/재판관, 아버지/주의 통합이 그의 거룩한 통치에 복종을 부과함으로써 어떤 존경의 결핍도 불가능하게 한다'고 한층 더 강조한다(*TDNT* 5.985과 추가로 995-96); 또한 주목할 만한 것은 주기도문의 간구들 속에 상정된 아버지의 권위와 권능이다.
57) 예수가 자기 주변에 헌신적인 제자 집단을 모았다는 것은 가장 확실한 역사적 사실 중 하나이다 (Meier, *Marginal Jew* 3.41-47; 참고 문헌 82-83 각주 1); 특히 마이어는 예수에 앞서 어떤 팔레스타인의 유대인 저자도 '제자들'을 언급하지 않으며(44) 그 용어가 수많은 교부들의 글 가운데도 전적으로 부재한다고 지적한다(84-85 각주 6).

풍부한 전거를 갖춘 중요한 토대적 연구로 남아 있는 『카리스마적 지
도자와 그의 추종자들』(*The Charismatic Leader and His Followers*)에서 마르틴 헹
엘(Martin Hengel)은 이것이 예수가 부른 제자직을 당시 다른 자발적 집단화
와 명확히 구별해준 특징이었다고 강조했다. 랍비 전통에는 이와 상응하
는 '부름'과 '추종'의 이야기들이 없다.[58] 아울러, 쿰란 공동체에 가담한 신
참자들이 어떤 부름에 응답하였다는 흔적도 없다. 양쪽 집단 모두 학도들
과 구성원들을 매료시켰지만 (나중에 드러나듯이) 특정 개인들을 겨냥한 인격
적인 부름의 요소는 예수 집단에 독특하였다. 이전에 우리는 예언자들의
제자들('예언자들의 아들들')이 있었다는 이야기를 듣지만,[59] 유일한 평행 사례
내지 선례는 엘리야가 엘리사를 불러 자신의 후계자로 삼는 경우이다.[60]

하지만 예수의 직접적 제자직에 담긴 독특성을 과장할 위험도 있는데
헹엘은 복음서에 있는 '모범'으로서의 예수 또는 예수에 대한 '모방'이란 발
상을 너무 성급하게 무시해버린다.[61] 다음의 특징들에도 주의를 기울여야
한다.

a. 배움

예수 주변의 제자 그룹은 배우는 공동체였다. 제자들(*mathētēs*)로서 그
들은 예수를 스승(*didaskalos*)으로 모시고 배우는 자들(*manthanō*, '배우는 것'에서
파생)이었다.[62] 마가는 예수가 '그들이 그와 함께 있도록'(막 3.14) 열둘을 택

---

58) Hengel, *Charismatic Leader* 50-51; 또한 이 점과 관련하여 H. D. Betz, *Nachfolge und Nachahmung Jesu Christi im Neuen Testament* (Tübingen: Mohr Siebeck, 1967) 27-43에 대한 그의 반응을 보라(84-86). 그러나 그는 또한 요세푸스가 보도한 1세기 '예언자들'의 추종자들이 '요단 강'(*Ant.* 20.97) 또는 광야로(20.167, 188) 그들을 '따라나섰음'을 주목한다(*Charismatic Leader* 21 각주 19). 또한 Meier, *Marginal Jew* 3.50-54을 보라.
59) 왕하 2.3, 5, 15; 4.1; 5.22; 6.1; 9.1; 사 8.16; 렘 36.4-10, 32; 암 7.14.
60) 추가로 Hengel, *Charismatic Leader* 16-18. Schrage, *Ethics* 46-49, Gnilka, *Jesus* 161-64, Theissen and Merz, *Historical Jesus* 214-15은 이 문단의 요지에 대하여 헹엘을 따른다. 또한 Meier, *Marginal Jew* 3.91-92 각주 25, 26을 보라.
61) Hengel, *Charismatic Leader* 1-2, 42-50, 53.
62) 자료는 이미 §8.1b에 나와 있다. 예수 전통에서 경우에 따라 예수는 '랍비'/'라보니'라고도 불린다 (막 9.5; 10.51; 11.21; 14.45 평행구; 마 26.25; 요 1.38, 49; 3.2; 4.31; 6.25; 9.2; 11.8); 실제로 세례자(요 3.26)와 예수는 그러한 호칭이 입증되는 최초의 유대인 선생들이다(또한 Theissen and Merz, *Historical*

하였다고 명시적으로 진술한다. 물론 이것은 마가가 '선생'으로서의 예수를 강조한 일부이다.[63] 그러나 예수가 많은 가르침을 베풀었다는 점에서는 의심의 여지가 별로 없다. 나아가 그 가르침의 많은 부분이 그 전통 가운데 간직되었다는 사실은 제자들이 그 가르침을 기억했고 소중히 보존했으며 아마도 그것을 그들의 제자직을 통해 살아내고자 했다는 충분한 증거이다. 그렇게 주장한다고 해서 게르하르트손(Gerhardsson)이 제자직을 원시 랍비 학파의 일종으로 묘사한 것으로 되돌아가는 것이 아니다.[64] 이제 반복적으로 예시된 대로 공관복음 전통의 현재 형태는 비공식적으로 통제된 공동체 전통의 유형에 근거하여 훨씬 더 온전히 설명된다. 그러나 그것은 회당과 식탁에서든, 호숫가나 언덕에서든, 또는 여행중이든 예수의 가르침에 대한 특징적인 묘사와 전적으로 일치한다. 예수가 가르친 것은 깊고 영속적인 인상을 주어 예수 전통 자체 가운데 여전히 확연히 탐지된다.[65] 그것은 예수가 자신의 가르침으로 소집한 제자직의 구조를 제공하고자 했다고 추론하기 위해 상상력을 펼치길 요구하지 않는다. 이 특정한 논점과 관련하여 예수와 바리새적 또는 지혜 교사 사이의 거리는 대단하지 않다. 물론 그 점을 분명히 하기 위해 아직도 훨씬 더 많은 설명이 필요하다(아래의 §14.4).

Jesus 354-55을 보라). 헹엘은 공관복음 전통에서 상대적으로 *manthanō*가 부재하는 것을 중시한다—막 13.28/마 24.32에서 단 한 번만 나온다; 그는 다른 두 군데 언급(마 9.13; 11.29)을 편집으로 돌린다(*Charismatic Leader* 51). 예수의 의도가 '새로운 전통을 창조하는 것이 아니라 다가오는 하나님의 통치 사역을 위해 준비하는 것'이었다는 그의 추가 주장에는 사실성이 있다(81). 그렇지만 예수 전통에서 그 표제 아래 깔끔하게 귀속되는 것 이상으로 상당히 더 많은 내용들이 있다. 크로산은 또한 '제자들'이 지배와 통제의 함의와 함께 스승과 학생의 관계를 상정하기 때문에 가장 좋은 용어가 아닌 것 같다고 항변한다; 그는 하나님의 나라를 쉬슬러 피오렌자의 '대등한 사람들의 제자직' 개념보다 '능력을 부여하는 동반자 관계'로 묘사하는 것을 선호한다(*Birth* 336-37). 그러나 이 점에서 예수 전통 가운데 사용된 언어가 이데올로기에 마구 짓밟히도록 용인하고 있는 셈이다.

63) 다시 위의 제8장 각주 22-23을 보라.

64) 위의 §8.3e를 보라. 이 점에서 게르하르트손에 대한 헹엘의 비판을 주목하라(*Charismatic Leader* 53, 80-81)

65) 우리는 여기서 산상수훈/지상수훈의 끝부분(마 7.24-27/눅 6.47-49)과 막 8.38/눅 9.26에 기억된 일군의 복합적 가르침을 언급할 필요가 있다(마 10.32-33/눅 12.8-9 참조); 아래의 §15.8c(6)을 보라.

마가는 또한 예수가 베드로와 안드레를 불러 '사람 낚는 어부들'로 만들고자 했으며(막 1.17),[66] 파송하여 말씀을 전파하고 마귀를 쫓아내는 데 권세를 행사하도록 열둘을 선택했다(막 3.14)고 단언한다. 그리하여 마가는 예수가 열둘을 선교 도상에 파송하는 전통 가운데 어떤 식으로든 암시적인 것을 명시적으로 만든다(막 6.6-12 평행구).[67] 즉 예수가 자신의 선교에서 그들의 도움과 나눔을 목적으로 측근 제자 그룹을 선택하였다는 것이다. 우리는 이미 Q 전통이 예수가 제자들을 파송하여 자신의 설교를 특징지은 다음과 같은 똑같은 메시지를 선포하게 한 것을 회고하고 있음을 주목하였다. '하나님의 나라가 가까이 왔다'(마 10.7/눅 10.9).[68] 가장 두드러진 것은 선교 파송에 연결된 가르침 가운데 나오는 어록으로 마태복음 10.40/누가복음 10.16에 보존되어 있다.

마 10.40	눅 10.16
40 너희를 영접하는 <u>자는</u> <u>나를</u> 영접하는 것이요 <u>나를</u> 영접하는 <u>자는</u> <u>나를</u> 보내신 <u>이</u>를 영접하는 것이니라.	16 너희 말을 듣는 <u>자는</u> 곧 <u>내</u> 말을 듣는 것이요 너희를 저버리는 자는 곧 나를 저버리는 것이요 <u>나를</u> 저버리는 <u>자는</u> <u>나</u> 보내<u>신 이</u>를 저버리는 것이라 하시니라.

이 어록은 대체로 후대의 공동체가 부여받은 권위와 관련하여 갖고 있던 관심사를 반영하는 것으로 받아들여지는데,[69] 이는 실제로 그런 기능을 한

---

66) 특히 아랍어 원문의 재구성을 제시하는 헹엘을 보라(*Charismatic Leader* 76-78); Meier, *Marginal Jew* 3.159-61; 또한 위의 제13장 각주 96을 보라.

67) 위의 제8장 각주 282를 보라. '그 열두 명은 예수의 보냄을 받은 자들(*shalihim*)이었다' (Witherington, *Christology* 134); 위더링턴은 또한 그들이 갈릴리 사역에서 늦게, 그러니까 5000명을 먹인 일 바로 전쯤에 보내심을 받았다고 생각한다(135).

68) 눅 10.1-12에서 70(72)명의 제자들을 두 번째로 파송하는 것이 예수에 의한 둘째 파송의 충분한 증거를 제공하는지 의심스럽다; 그것보다는 누가 자신이 상이한 마가와 Q 전통에서 두 개의 파송 이야기를 편집하였다고 보는 것이 더 그럴듯하다(가령, Fitzmyer, *Luke* 842-43). 이는 아마 14.21-23에서 보듯 (유대인들과 이방인들에게로 향한) 최초 그리스도교의 이중적 선교를 슬쩍 비추어주기 위함이었을 것이다.

69) Funk, *Five Gospels* 175-76; Lüdemann, *Jesus* 329.

다. 그러나 예수의 제자들이 그들의 스승을 대표한다는 발상은 지속적인 전통 가운데 다양한 지점에서 회고된다.[70] 나아가 '살리아'(šaliaḥ = '보낸 사람') 원리, 즉 보냄 받은 자가 곧 보내는 자라는 원리(*m. Ber.* 5.5)는 일반적으로 사도직 개념의 뿌리에 있는 것으로 사료된다.[71] 따라서 그 원리는 이미 예수 당시에 친숙했던 것으로 상정될 수 있다. 다시 말해, 그 어록은 상이한 버전들 가운데 여기서도 역시 단지 암시적인 것을 명시적으로 만들 뿐이다. 즉 예수는 제자들을 파송하여 자신이 하도록 부름을 받았다고 확실히 믿었던 그 선교를 수행하도록 한 것이다.

그렇다면 제자가 된다는 것은 예수의 선교에 참여하는 것이었다. 이것은 타이센이 예수의 따름을 '방랑하는 카리스마주의자들의 운동'으로 묘사한 것의 충분한 근거를 제공하는가?[72] 그렇지 않다. 자신의 모든 분석을 당시의 사회적 조건 가운데 뿌리내리게 하려는 타이센의 모든 관심사에 관한 한, 그 묘사는 르낭식의 오래된 낭만적 이상주의의 흔적이 여전히 가물거리는 풍경을 보여준다. 한 가지를 말하자면, 예수의 제자들이라 온당히 불릴 수 있는 몇 명만이 실제로 예수를 대신하여 선교 도상에 오른 것으로 보인다.[73] 또 한 가지를 언급하자면, 갈릴리를 통틀어 이루어진 선교는 가

---

70) 막 9.37 평행구; 요 13.20; 디다케 11.4; Ignatius, *Eph.* 6.1(후자의 본문은 Aland, *Synopsis* 149; 또한 Crossan, *Fragments* 104-19). 예수'의 이름으로', 즉 그의 권위나 위임과 함께 행동한다는 발상 또한 같은 함의를 수반한다(막 9.37 평행구; 13.6 평행구; 막 9.38-39/눅 9.49; 마 7.22; 18.20; 눅 10.17).

71) 가령, Davies and Allison, *Matthew* 2.153-54 (참고 자료는 각주 34-35). 그러나 또한 아래의 제15장 각주 226을 보라.

72) 위의 §4.6에 언급됨; 그것의 영향과 관련해서는 제7장 각주 96을 보라. 크로산은 이 어록의 복합물 (*Mission and Message*—도마 14; 막 6.7-13 평행구; Q 10.4-11을 중심으로)을 '역사적 예수를…이해하는 데 가장 중요한 단위'로 간주한다. 여기에서 염두에 두고 있는 유랑 선교자들은 '소유물이 없고 이제 땅도 없는 노동자들로 거지에 가깝지만 딱히 거지는 아닌 자들이었다.' 그는 단 한 번의 파송이 아니라 '예수를 변화하는 집단의 움직이는 중심으로 삼은 영원한 과정'을 떠올리면서 패터슨의 주장을 인용한다(*Thomas and Jesus* 132). 그 주장에 의하면 '본래 급진적 유랑 선교의 이상은 반드시 초기 그리스도교 "선교"와 연계되지 않았고 오히려 영속적인 삶의 방식, 예수 운동이 옹호한 삶의 양식이란 성향을 띠었다'(*Birth* 325-37, 325, 335, 337, 328을 인용하면서). 그는 나아가 유랑 선교자들과 정착 가구주들의 변증법적 상이점도 Q 자료를 거쳐 디다케로 들어가 역사적 예수로 소급될 수 있다고 주장한다(Part VIII): Q복음서 6.36-49 배후에서 여러분들은 정착 가족들이 유랑 선교자들을 비판한 것을 경청해야 한다. 설사 유랑 선교자들이 스스로 방어하여 정착 가족들을 역비판하는 것을 독자들이 읽을 때조차 그렇다'(357). 그러한 예수 전통이 초기 그리스도교 공동체의 많은 훈계 가운데 사용되었다는 것은 전적으로 개연성 있다(특히 눅 6.36을 주목하라). 그러나 크로산은 일군의 복합적인 모티프들을 조야하게 너무 도식화한다.

73) 그럼에도 또한 주목해야 할 것은 제자들이 '소금'과 '빛'이 되어야 한다는 함의인데(마 5.13-16), 이는 그 전통 속의 더 많은 일반적 어록들(막 9.49-50과 눅 14.34-35; 막 4.21과 눅 8.16)에서 그 함의를 끌어온 마태의 전통이다.

버나움 같은 중심에서 하루나 이틀 걸리는 일련의 여정을 수반해야 할 터이다.[74] 열두 명의 파송(막 6.7 평행구), 두로와 시돈 지역, 가이사랴 빌립보 동네들을 향한 여정(7.24 평행구; 8.27 평행구) 등에 대한 언급을 별개로 한다면, 복음서 이야기들은 주로 가버나움에 근거지를 두고 호수를 건너 고라신과 벳새다 같은 동네/성읍으로 뻗어가거나 나인과 가나 같은 곳으로 하루도 못 미치는 여정을 떠나는 구도를 그려 보이는 것 같다.[75]

그럼에도 불구하고 예수의 선교에 동참하는 것은 예수의 제자가 되는 것의 독특성 가운데 또 다른 요소라고 당연히 말할 수 있다. 가령, 바리새인들이 제자들을 찾지 않았다면, 또한 그들은 제자들을 선교 현장에 파송하지도 않았을 터이기 때문이다. 나아가 에세네파 사람들도, 가령 '의의 스승'의 이름으로 실제로 복음을 전하고 회심자를 구하려 했다는 증거가 없다. 종말론적 지평의 가까움은 예수의 파송이란 경우에 명백히 중요한 요인이었지만, 후대 공동체가 그 지평이 더 이상 가깝지 않음에도 불구하고 그 선교 강령을 보존하고 재활용했다는 것은 주목할 만하다. 또한 주목할 만한 것은 한편으로 복음과 제공된 치유, 다른 한편으로 선포된 심판 사이의 훈계에 스민 종말론적 긴장이[76] 예수의 그 나라 가르침에 드러난 것과 동일한 긴장(§§12.4-5)을 긴밀하게 투영한다는 사실이다.

c. 섬김

복음서 전통에서 예수는 또한 섬김의 모델로 제시된다. 마가복음 10.41-45 평행구.[77] 마태복음 20.20-28이 밀접히 따르고 있는 마가복음에서 그 가르침은 야고보와 요한이 '당신의 나라/영광 가운데' 예수의 오른편

---

74) 갈릴리 일대의 선교에 대한 언급들(가령, 막 1.39의 경우; 위의 §9.9f를 보라)은 그가 정착한 근거지인 가버나움에 대한 언급들에 대비하여 균형을 맞추어야 한다(위의 §9.9d를 보라).
75) 다시 위의 §9.9ff를 보라. 나아가 예수가 자신의 선교를 유대와 예루살렘으로 확대했을 개연성에 대해서는 §9.9g를 보라.
76) 막 6.7 평행구(마 10.8은 11.5의 복선을 포함함으로써 그 평행구를 강화한다); 막 6.11 평행구; 마 10.12-13, 15/눅 10.5-6, 12.
77) 케이시(Casey)는 그 전체 에피소드의 아람어 번역을 제공한다(막 10.35-45)(*Aramaic Sources* ch. 5).

과 왼편에 앉게 해달라고 청한 것, 또는 그들을 대신하여 그 어머니가 청한 것(마 20.21/막 10.37)에 대한 예수의 반응이다. 우리는 여기서 마지막 단락만을 숙고하면 되는데 여기서 마태복음(20.24-28)은 마가복음을 거의 문자 그대로 따르고 있다.

막 10.41-45	눅 22.24-27
41 열 제자가 듣고 야고보와 요한에 대하여 화를 내거늘 42 예수께서 불러다가 이르시되 <u>이방인</u>의 <u>집권자들</u>이 그들을 임의로 <u>주관</u>하고 그 고관들이 <u>그들에게 권세를 부리는</u> 줄을 너희가 알거니와 43 <u>너희</u> 중에는 <u>그렇지 않을지니</u> 너희 중에 누구든지 <u>크고자</u> 하는 자는 너희를 <u>섬기는</u> 자가 되고 44 너희 중에 누구든지 으뜸이 되고자 하는 자는 모든 사람의 종이 되어야 하리라. 45 인자가 온 것은 섬김을 받으려 함이 아니라 도리어 <u>섬기려</u> 하고 자기 목숨을 많은 사람의 대속물로 주려 함이니라.	24 또 그들 사이에 그 중 누가 크냐 하는 다툼이 난지라. 25 예수께서 이르시되 <u>이방인</u>의 임금들은 <u>그들을 주관하며</u> 그 집권자들은 은인이라 칭함을 받으나 26 <u>너희는 그렇지 않을지니</u> 너희 중에 큰 자는 젊은 자와 같고 다스리는 자는 <u>섬기는</u> 자와 같을지니라. 27 앉아서 먹는 자가 크냐? 섬기는 자가 크냐 앉아서 먹는 자가 아니냐? 그러나 나는 <u>섬기는</u> 자로 너희 중에 있노라.

우리는 예수 전통 가운데 '큰(가장 큰)/가장 작은'의 모티프가 얼마나 깊이 뿌리내려 있는지,[78] 아울러 마가와 누가 사이의 변용은 단순히 특정한 가르침의 전통이 어떻게 상이한 개작을 통해 다변화될 수 있었는지 보여주는 또 다른 증거임을 이미 주목한 바 있다.[79] 예수의 그 나라 이야기가 그의 측근들 사이에 그러한 야망을 불러일으켰으리라는 점은 충분히 신빙성이 있다. 물론 공동체들이 어디에 그들의 우선권이 놓여야 하는지 상기시켜주는 엄중한 기제로서 예수의 질책에 대한 기억을 소중히 간직했으리라

---

78) 위의 §12.4c를 보라.
79) 누가는 마지막 만찬에 대한 자신의 이야기 일부로서 그 자료를 소개하기 위해 선택했다(*Luke* 22.14-38).

는 점 또한 마찬가지다. 여기서 부각되는 것은 예수가 그 제자들을 위한 모델로서 자신의 소명감과 우선권을 제시한 것으로 기억된다는 점이다. 마가복음 10.45이 예수의 말을 훨씬 더 정교하게 확장한 형태인지 여부는 추후 우리가 숙고해야 할 문제이다.[80] 여기서 요지인즉, 핵심 기억은 자신의 역할을 종의 견지에서 묘사하고 이를 그의 측근 동아리에 모범으로 추천하는 예수에게 속한 것이라는 점이다.[81] 예수가 외관상 야망('크게' 되는 것)을 단념시키지 않았음을 지적해야 한다. 그러나 그가 권한 위대함은 **종**의 위대함이었다.

d. 기도

철저함을 기하기 위해 우리는 예수 전통의 두 가지 다른 특징들을 상기해야 한다. 하나는 예수가 제자들에게 기도하는 사람으로서 한 모델을 제공한 수준이다. 누가가 그 모티프를 확대시킨 것은 확실히 맞다.[82] 그가 자기 복음서에서 그렇게 자주 예수가 기도한 사실을 기록한 그 명백한 이유는 그가 예수의 기도 실천을 그의 그리스도교 독자를 위해 한 모범 유형으로 제시하고 싶었기 때문이다.[83] 그러나 그 유형은 이미 예수가 하나님을 '아바'로 호칭하는 나름의 스타일을 확실히 빼닮은 기도(마 6.9/눅 11.2)를 제자들에게 가르쳤다는 기억 가운데 이미 뿌리내려 있다.[84] 우리는 예수가 제자들에게 그들의 기도 가운데 베푼 훈계와 격려(§14.2)가 자신의 기도 실천을 유사하게 투영했다고 가정할 수 있다. 예수의 제자가 된다는 것은 예수가 기도한 대로 기도하는 것이었다.

---

80) 아래의 §17.5d(2)를 보라.
81) 같은 기억이 분명히 예수가 제자들의 발을 씻기는 요한의 이야기 뒤에 놓여 있다(요 13.4-5, 12-17). 보다 온전한 논의는 Fitzmyer, *Luke* 1411-15; O. Wischmeyer, 'Herrschen als Dienen—Mark 10.41-45', *ZNW* 90 (1999) 28-44.
82) 눅 3.21; 5.16; 6.12; 9.18, 28-29; 11.1
83) 가령 Fitzmyer, *Luke* 244-47을 보라.
84) 추가로 Bockmuehl, *This Jesus* ch. 6; 아래 §16.2b를 보라.

e. 고난

마지막으로 우리는 그 전통이 얼마나 자주 예수가 제자들에게 고난을 준비하도록 경고하는 모습을 상기하는지 다시 주목해야 한다. 그 모티프에 관해서 이미 앞에서(§12.4d) 그 전거를 충분히 챙겨 기록해두었고 여기서는 조금만 더 말하는 것으로 족할 터이다. 박해는 예언자들의 전통을 공유하는 축복의 일부였다(마 5.11-12/눅 6.22-23). 보다 강력한 것은 마가가 베드로의 고백과 첫 번째 수난 예고(마 8.27-33)에 첨부한 일군의 어록들이다(마 8.34-37).[85]

> [34] 무리와 제자들을 불러 이르시되 누구든지 나를 따라오려거든 자기를 부인하고 자기 십자가를 지고 나를 따를 것이니라. [35] 누구든지 자기 목숨을 구원하고자 하면 잃을 것이요 누구든지 나와 복음을 위하여 자기 목숨을 잃으면 구원하리라. [36] 사람이 만일 온 천하를 얻고도 자기 목숨을 잃으면 무엇이 유익하리요? [37] 사람이 무엇을 주고 자기 목숨과 바꾸겠느냐?

예수를 따른다는 것은 반드시 수치와 십자가의 고난을 통해, 또 바로 그 자리로 그를 따르는 것을 수반한다.[86] 제자들은 그들에게 대체할 수 없는 가치, 그것이 설령 바로 그들의 목숨이라 해도 이를 잃을 준비를 해야 한다.[87] 고난은 이리 가운데 있는 양으로 존재하는(마 10.16/눅 10.3) 식으로 파

---

85) 마 16.24-26과 눅 9.23-25은 마가복음의 축약본으로 보이는데 여기서 인용할 필요는 없다. 또한 위의 제12장 각주 193을 보라.

86) 이 어록은 확실히 예수의 십자가 처형에 대한 부활 사건 이후의 성찰을 포함한다(가령, Pesch, *Markusevangelium* 2.61). 그러나 로마 권력이 경멸과 굴욕을 주기 위해 고안한 가장 극단적인 형태로서 십자가 처형은 예수와 그의 청중들에게 충분히 익숙했을 것이다(위의 제12장 각주 193). 따라서 요청된 온전한 헌신의 예시로서 십자가 처형을 사용한 어록은 분명히 생각할 수 있는 것이다(도마 55.2 참조). 마이어는 Epictetus 1.229-30 ('만일 너희들이 십자가에 달리기 원한다면, 기다리라. 그러면 십자가가 오리라')과 Plato, *Republic* 1.124-25을 언급한다(*Marginal Jew* 3.64-67, 108 각주 86).

87) Meier, *Marginal Jew* 3.56-64은 테일러의 소견을 지지한다: '예수의 어록들 중에서 이것만큼 그렇게 진실성이 잘 보이는 것도 거의 없다'(*Mark* 382). 마가는 (최소한 '복음과' 또는 '복음을 위해'를 첨가함으로써) 그가 받은 전통을 확장시켰다. 그러나 예수는 그 기억할 만한 연속적 어록(8.35-37)을, 아마도 시 49.7-8에 대한 성찰 가운데 진술한 것으로 분명하게 기억되었다(Pesch, *Markusevangelium* 2.62-64). 또한 E. Schweizer, *Erniedrigung und Erhöhung bei Jesus und seinen Nachfolgern* (Zürlich:

송받은 사자들의 운명이 될 수밖에 없다. 한데 여기서 주목받을 만한 것은
그 선교 강령에 마태가 부연한 내용이다.

> [24] 제자가 그 선생보다, 또는 종이 그 상전보다 높지 못하나니 [25] 제자가 그
> 선생 같고 종이 그 상전 같으면 족하도다. 집 주인을 바알세불이라 하였
> 거든 하물며 그 집 사람들이랴(마 10.24-25).

이 어록은 확실히 예수의 제자들에게 떨어진 운명적 몫에 대한 후대의 성
찰을 반영한 것이다. 그러나 이는 다른 곳에서도 탐지되는 예수의 예언들
가운데 충분히 기초를 두고 있으며[88] 제자직의 이 추가적 양상에 대한 적
절한 개요를 제시하기 위한 것이다. 제자들은 제자직의 길이 예수 자신이
걸은 길과 다른 것이라고 추정할 수 없었다.

배우기, 선교하기, 섬기기, 기도하기, 고난당하기 등은 제자직을 완벽
하게 묘사하는 것도 아니고 또 이것들이 모든 자들을 위한 청사진으로 간
주될 수도 없다(비록 예수는 모두가 배우고 기도하길 기대했을지라도). 그러나 그것
들은 확실히 예수가 부른 제자직의 특징들로, 예수의 발자취를 따르는 결
과였다. 각각의 경우에 공통된 특징은 그것들이 예수의 제자들이 지닌 증
표라는 점이다. 우리가 '제자직 동아리'(§13.8)의 이미지로 되돌아간다면, 그
것은 예수가 중심이었기 때문에 '동아리'(circle) 형태였다는 점을 분명히 해
야 한다.

Zwingli, 1962²) 15-17 (첫 영문 번역 편집본, *Lordship and Discipleship* [London: SCM, 1969] 17-18). 물론
그는 8.36-37의 기원에 대해 미심쩍어한다; Crossan, *Fragments* 89-94. 맥나이트는 본회퍼를 효
과적으로 인용한다: '그리스도가 인간을 부를 때 그는 그에게로 와서 죽으라고 명한다'(*New Vision*
195; D. Bonhoeffer, *The Cost of Discipleship* [London: SCM, 1959] 99). 그런데 사적인 편지에서 그는 이것
이 본회퍼가 쓴 글의 극적인 과잉 해석임을 지적한다.

88) 아래의 §17.4를 보라.

14.4 의로움에 대한 굶주림

유대인 전통에서 토라에 부여한 높은 평가는 언제나 유대교의 특징적
인 지표 가운데 하나였으며(§9.5d) 그리스도교와 구분되는 근본적인 차이
점이었다. 그러므로 이스라엘의 율법에 대한 예수의 태도는 탐구자들에게
핵심 쟁점이 되어왔다. 그 가운데 빼놓을 수 없는 질문이 이후 그리스도교
가 율법을 거부한 것이 예수 자신에게로 소급될 수 있는지, 또는 최소한 그
가 선교 기간에 가르친 것과 행동 방식에서 확인될 수 있는지 여부이다. 주
어진 답변은 학자들이 예수를 유대교 내에 어느 정도 위치시키고자 하는
지에 따라 다양하게 나타났다.

우리는 이미 이 문제에 대해 르낭과 리츨이 예리하게 타격을 준 진술
들을 상고한 바 있다(§5.5). 실패한 자유주의 탐구의 말미에 불트만은 예수
를 유대교 내에서 조명해야 한다고 주장함으로써 중요한 선도적 새 방향
을 제시하였다. '예수는 율법의 권위를 확신하였다.'[89] 예수의 가르침 중에
서 차별화된 주요 특징은, 그가 모든 구절들을 똑같이 구속력이 있다거나
외관상 모순되는 것들을 조화시킬 수 있다고 추정하기보다 한 구절을 다
른 구절과 대립적으로 설정한 것이었다. 예수는 본질적인 것과 비본질적
인 것을 구분했다.[90] '유대교와 예수의 분기점은 급진적으로 끝까지 가는
순종이란 개념을 외면하지 않고 생각해낸 데 있다.'[91] 이는 기실 '구약성서
를 향해 예수가 취한 주권적 태도'[92]를 불트만이 이후 그 특징으로 묘사한
내용이었는데, 이것은 불트만의 제자들과 계승자들을 위한 도약판이 되었
다. 이미 지적한 대로 케제만은 '예수의 선교 가운데 독특한 요소'가 예수가
모세와 토라에 반하여 주장한 놀라운 권위였다고 인정함으로써 새로운 탐

---

89) *Jesus and the Word* 64. '예수는 실제로 유대인 랍비로 살았다'(58); '예수는 항상 (구약성서) 율법의
권위를 의문 없이 수용함에 있어 당시 서기관들과 동의했다'(61). '예수가 율법의 권위를 공격했다
는 생각은 그리스도교 공동체에 전적으로 알려져 있지 않았다'(63). 헹엘이 *Charismatic Leader* 42
에서 항변한 바는 불트만이 예수를 랍비로 규정한 것이었다.
90) *Jesus and the Word* 74-75.
91) *Jesus and the Word* 84. 그 점은 보다 특징적인 실존주의적 관점에서 발전해나간다.
92) *Theology* 16.

구를 위한 논거를 제공할 수 있었다.[93] 나아가 헹엘은 '성서의 문자, 모세의 토라 전체에 거스르는 예수의 주권적 자유'를 단언함으로써 같은 입장을 취한다.[94] 이 유형과 다를 바 없는 것이 예수에 대한 예레미아스의 진술로, 이에 따르면 예수는 토라를 '비판하였고' 그 일부 교훈을 폐지했으며, '과격한 방식으로' 그 규례(Halakah)를 '거부하였다.'[95]

불행하게도 바로 이 지점에서 예수를 유대교와 차별화하고자 하는 시도는 유대교에 더욱 어두운 채색을 입혀 묘사함으로써 그것에 반하여 예수의 독특성이 더욱 선명하게 부각될 수 있게 하려는 유혹에 너무 자주 굴복해왔다. 반유대교의 그늘은 그 결과로 비롯되는 모든 부분의 서술을 왜곡해왔다. 불트만은 예수 당시의 유대교를 '율법주의'(legalism)라는 관점에서 특징짓는 것을 피할 수 없었다. 이는 예수가 저항한 것, 곧 하나님과 인간의 관계를 율법적인 것으로 보는 이해였다. '예수는 율법주의와 순종을 전적으로 분리시켰다.'[96] 우리는 바리새인을 그러한 율법주의의 주요 옹호자로 보는 그리스도교의 전형적인 비방을 이미 언급한 바 있다.[97] 나아가 20세기의 책임 있는 주석가들 중에 예수의 율법 부정 내지 철폐, 심지어 '유대인의 율법'과 함께 종교로서 유대교 자체를 제거한 것으로 말함에 있어 아무런 문제점도 느끼지 못한 자들을 발견하기란 어렵지 않다.[98] 바로

---

93) Käsemann, 'Problem' 37-45, 특히 40; 유사하게 Bornkamm, *Jesus* 58-60. 케제만의 영향을 받아 나 역시 이전의 책 *Jesus and the Spirit* 43에서 '안식일과 제의법과 관련하여…예수의 주권적 자유'를 말했다. 위더링턴은 '선택적 해석학과 함께 작업할 뿐 아니라 성서에서 더하고 빼는' 예수의 자유를 언급했다(*Christology* 65, 69).

94) Hengel, *Charismatic Leader* 47; '예수는 유대교 내에서 발견할 수 있는 어떤 일목요연한 가르침의 전통 바깥에 있었다'; '바리새주의와 대립되는 근본적인 차별점은…'(49, 69-70). 유사하게 H. Merkel, 'The Opposition between Jesus and Judaism', in E. Bammel and C. F. D. Moule, *Jesus and the Politics of His Day* (Cambridge: Cambridge University, 1984) 129-44 (여기서는 138-42).

95) Jeremias, *Proclamation* 204-11 (비록 그가 '예수가 구약성서 속에 살았다'라고 강하게 단언하면서 자신의 논의를 시작하고 있긴 하지만, 205); 유사하게 Goppelt, *Theology* 1.87-105, 예수가 '토라와 할라카를 예리하게 구분했다'고 주장하면서(89-90); Schrage, *Ethics* 56-68 ('예수의 주권적 자유', 62). 이 견해의 더 오래된 설명 버전, 즉 예수가 도덕법과 의례법 또는 제의법을 구분했다는 식의 입장에 대해 샌더스는 대뜸 '우리는 예수 당시의 유대교에서 율법 안에 [이런] 종류의 구분을 한 어떤 선례도 찾아볼 수 없다'고 진술한다(*Jesus and Judaism* 248). D. J. Moo, 'Jesus and the Authority of the Mosaic Law', *JSNT* 20 (1984) 3-49은 예수가 결코 율법(성서)을 폐지하지 않았다고 주장하기 위해 보다 보수적인 관심사를 피력한다.

96) *Jesus and the Word* 65-98, 126 (여기서는 92); *Theology* 1.13-14.

97) 위의 제9장 각주 49를 보라.

98) 가령, W. Gutbrod, 'nomos', *TDNT* 1060-61, 내 책 *Partings* 98에서 인용. 300 각주 2의 추가 참고 문헌과 함께; 그 인용문은 Pannenberg, *Jesus* 255에서 온 것. 스타우퍼(E. Stauffer)에게 예수는 '율법

그러한 경향과 풍설에 반하여 샌더스가 자신의 주요 항변을 담아 이의를
제기한 것이었다. 즉 예수는 반율법파도, 반바리새파도 아니었다는 것이
다. 오히려 예수는 특히 바리새인들이 이미 표현한 다양한 해석과 논쟁의
영역 내에서 자신의 입지를 모색했다.[99]

복음 대 율법의 대립[100]에서 유대교 내부적 논쟁으로 논의의 관점이 옮
아간 것은 환영하지만, 그 쟁점들은 특히 두 가지 점에서 추가 설명을 요한
다. 첫째, 우리는 율법 준수와 언약 정체성 사이의 중요한 연계점을 상기해
야 할 필요가 있다. 안식일과 음식 법규 등을 포함하여 어떤 의무 조항들은
하나님의 언약 백성으로서 이스라엘의 정체성에 근본적인 요소로 인식되
었다. 그것들은 결국 언약적 충성도를 판별하는 시범 케이스로 작용하였
다. 이러한 내용을 준수하는 것이 곧 언약을 지키는 것이었다.[101] 우리는 곧
잘 등장하는 추론 가운데, 분열을 초래하는 그러한 관심사의 부정적 측면
에 대한 예수의 인식을 이미 주목해왔다. 즉 그러한 시험에 실패한 자들은
언약에 불충한 자들로 '죄인들'이었다.[102] 이 두 가지의 시험 관문(안식일과
식사)에 대한 예수의 (또는 그 제자들의) 행동 방식으로 그 스스로 분명히 비판
을 받았기 때문에 이 논쟁 사안들에 문제로 걸려 있던 이러한 차원의 연관

주의 없는 도덕성, 그러니까 원리상 모세의 토라에 대한 어떤 속박과 토라에 대한 유대인의 순종
에서 자유로운 그런 도덕성을 선언하는 자'였다(Theissen and Merz, *Historical Jesus* 347에서 인용; 또
한 348-49, 359을 보라). 크랜필드(C. E. B. Cranfield)는 망설임 없이 마가복음에서 7.15로부터 '예수가
스스로 "율법의 마침"(*telos nomou*, 롬 10.4)인 자로서, 그리고 그 사실을 아는 자로서 말한다'라는 결
론을 도출해낸다(*St. Mark* [Cambridge: Cambridge University, 1959] 244). 베커는 '율법과 선지자는 요
한 때까지 지속되었고 그들은 과거 속에 놓인⋯시대에 속한다'라고 말하면서 눅 16.16을 진정성
있는 어록으로 취한다(*Jesus* 227); '토라는 하나님의 나라에 대한 그 구원론적 기능을 포기해야 했
다'(284; 유사하게 Gnilka, *Jesus* 209-10); 또한 위의 제12장 각주 342를 보라.

99)   '나는 예수와 바리새인들 사이에 어떤 실질적인 대립점들이 있었는지 의심하는, 점점 더 늘어나는
학자들 가운데 하나이다'(Sanders, *Jesus* 264); 유사하게 Rowland, *Christian Origins* 156-59. 이 점은
Vermes, *Religion* 11-45가 더 강하게 밀어붙인다; 플루서(Flusser)도 마찬가지로 '예수는 당시 율법
의 관례와 갈등하는 것으로 보이지 않는다'고 주장한다(*Jesus* 58-66). 몇몇 유대인 학자들은 예수를
바리새인이라고 기술하였다; Hagner, *Jewish Reclamation* 231-32; 또한 H. Falk, *Jesus the Pharisee:
A New Look at the Jewishness of Jesus* (New York: Paulist, 1979)를 보라. 힐렐과 예수 사이의 가능한
유사점이나 심지어 예수에 대한 힐렐의 영향에 대한 논쟁과 관련해서는 Charlesworth and Johns,
eds., *Hillel and Jesus* Part One을 보라.

100)   또는 슈트레커가 '바울-루터식 모델'로 언급한 것(*Theology* 246-47).

101)   위의 §9.5d를 보라. 이 논점을 언약적 충실성이란 견지에 놓는 것이 Holmén, *Jesus*이다(위의 제9장
각주 56에서 언급됨); 그는 언약을 조명 대상으로 설정함으로써 예수가 토라 준수를 급진화했는지
느슨하게 했는지에 대한 논쟁을 다시 활성화한다(Torahverschärfung vs. Torahentschärfung)(*Jesus*
338-39).

102)   위의 §13.5를 보라.

성은 명백하다.

둘째, 우리는 또한 율법이 옳고 그름의 표준이자 공의와 정의의 척도였음을 상기할 필요가 있다. 율법과 관련된 예수의 논쟁 가운데 문제시되었던 것은 학문적 정의와 논쟁의 문제가 아니라 하나님과 그의 백성 사이의, 또 그 백성들 사이의 올바른 관계였다. 우리는 예수의 하나님 나라 설교에서, 특히 종말론적 역전이란 주제 가운데 이러한 차원의 중요성을 이미 지적하였다(§12.4c). 그것은 예수가 가난한 자에게 복음을 전파하는 그의 선교에서 부여한 우선권과 무관심한 부자들에게 준 경고 가운데 더욱더 분명하다(§13.4). 이러한 까닭에 나는 이 단락의 제목을 '예수와 율법'이 아니라 '의로움에 대한 굶주림'으로 잡았다. 그 명칭은 분명히 마태의 네 번째 축복 선언(마 5.6)에서 끌어온 것이다. 이는 물론 내가 마태의 형태가 예수 자신에게로 소급될 수 있다고 특별히 확신해서가 아니라,[103] 마태의 버전이 이 문제에 대한 예수 자신의 우선순위를 잘 포착하는 것같기 때문이다.

예수와 율법의 논의에 대한 전통적인 관점의 이러한 추가적 층위들의 중요성이 우리가 진도를 나가면서 더 명확해지길 바란다. 편의를 감안하여 나는 마가가 제공한 진행 순서를 따르면서 시작할 것이다.[104]

a. 안식일

예수 전통은 안식일에 곡식 이삭을 잘라먹고(막 2.23-28 평행구) 또 안식일에 손 마른 사람을 고쳐줌으로써(막 3.1-5 평행구) 안식일을 지키지 못한 것으로 예수나 그 제자들이 비판을 받은 최소한 두 개의 생생한 에피소드를 보유하고 있다.[105]

---

103) 이 구절은 위의 §12.4c에서 인용된다.
104) 나는 성전(물론 그 의례들은 전적으로 토라에 기초해 있었다)에 대한 예수의 태도와 관련된 논의를 뒤로 미루고자 한다(§§ 15.3a, d와 17.3).
105) 누가는 두 개의 다른 또는 변이된 에피소드(눅 13.10-17과 14.1-6)를 다시 불러내고, 안식일을 지키지 못했다는 예수에 대한 비판의 기억은 요 5장과 9장에 보존되어 있다.

마 12.1-8	막 2.23-28	눅 6.1-5
1 그 때에 예수께서 안식일에 밀밭 사이로 가실새 제자들이 시장하여 이삭을 잘라 먹으니	23 안식일에 예수께서 밀밭 사이로 지나가실새 그의 제자들이 길을 열며 이삭을 자르니	1 안식일에 예수께서 밀밭 사이로 지나가실새 제자들이 이삭을 잘라 손으로 비비어 먹으니
2 바리새인들이 보고 예수께 말하되 보시오 당신의 제자들이 안식일에 하지 못할 일을 하나이다.	24 바리새인들이 예수께 말하되 보시오 저들이 어찌하여 안식일에 하지 못할 일을 하나이까?	2 어떤 바리새인들이 말하되 어찌하여 안식일에 하지 못할 일을 하느냐?
3 예수께서 이르시되 다윗이 자기와 그 함께 한 자들이 시장할 때에 한 일을 읽지 못하였느냐?	25 예수께서 이르시되 다윗이 자기와 및 함께 한 자들이 먹을 것이 없어 시장할 때에 한 일을 읽지 못하였느냐?	3 예수께서 대답하여 이르시되 다윗이 자기 및 자기와 함께 한 자들이 시장할 때에 한 일을 읽지 못하였느냐?
4 그가 하나님의 전에 들어가서 제사장 외에는 자기나 그 함께 한 자들이 먹어서는 안 되는 진설병을 먹지 아니하였느냐?	26 그가 아비아달 대제사장 때에 하나님의 전에 들어가서 제사장 외에는 먹어서는 안 되는 진설병을 먹고 함께 한 자들에게도 주지 아니하였느냐?	4 그가 하나님의 전에 들어가서 다만 제사장 외에는 먹어서는 안 되는 진설병을 먹고 함께 한 자들에게도 주지 아니하였느냐?
5 또 안식일에 제사장들이 성전 안에서 안식을 범하여도 죄가 없음을 너희가 율법에서 읽지 못하였느냐?		
6 내가 너희에게 이르노니 성전보다 더 큰 이가 여기 있느니라.		
7 나는 자비를 원하고 제사를 원하지 아니하노라 하신 뜻을 너희가 알았더라면 무죄한 자를 정죄하지 아니하였으리라.	27 또 이르시되 안식일이 사람을 위하여 있는 것이요 사람이 안식일을 위하여 있는 것이 아니니	
8 인자는 안식일의 주인이니라 하시니라.	28 이러므로 인자는 안식일에도 주인이니라.	5 또 이르시되 인자는 안식일의 주인이니라 하시더라.

마 12.9-14	막 3.1-6	눅 6.6-11
9 거기에서 떠나 그들의 회당에 들어가시니 10 한쪽 손 마른 사람이 있는지라 사람들이 예수를 고발하려 하여 물어 이르되 안식일에 병 고치는 것이 옳으니이까? 11 예수께서 이르시되 너희 중에 어떤 사람이 양 한 마리가 있어 안식일에 구덩이에 빠졌으면 끌어내지 않겠느냐? 12 사람이 양보다 얼마나 더 귀하냐? 그러므로 안식일에 선을 행하는 것이 옳으니라 하시고	1 예수께서 다시 회당에 들어가시니 한쪽 손 마른 사람이 거기 있는지라. 2 사람들이 예수를 고발하려 하여 안식일에 그 사람을 고치시는가 주시하고 있거늘 3 예수께서 손 마른 사람에게 이르시되 한 가운데에 일어서라 하시고 4 그들에게 이르시되 안식일에 선을 행하는 것과 악을 행하는 것, 생명을 구하는 것과 죽이는 것, 어느 것이 옳으냐 하시니 그들이 잠잠하거늘	6 또 다른 안식일에 예수께서 회당에 들어가사 가르치실새 거기 오른손 마른 사람이 있는지라. 7 서기관과 바리새인들이 예수를 고발할 증거를 찾으려 하여 안식일에 병을 고치시는가 엿보니 8 예수께서 그들의 생각을 아시고 손 마른 사람에게 이르시되 일어나 한가운데 서라 하시니 그가 일어나 서거늘 9 예수께서 그들에게 이르시되 내가 너희에게 묻노니 안식일에 선을 행하는 것과 악을 행하는 것, 생명을 구하는 것과 죽이는 것, 어느 것이 옳으냐 하시며
13 이에 그 사람에게 이르시되 손을 내밀라 하시니 그가 내밀매 다른 손과 같이 회복되어 성하더라. 14 바리새인들이 나가서 어떻게 하여 예수를 죽일까 의논하거늘	5 그들의 마음이 완악함을 탄식하사 노하심으로 그들을 둘러 보시고 그 사람에게 이르시되 네 손을 내밀라 하시니 내밀매 그 손이 회복되었더라. 6 바리새인들이 나가서 곧 헤롯당과 함께 어떻게 하여 예수를 죽일까 의논하니라.	10 무리를 둘러보시고 그 사람에게 이르시되 네 손을 내밀라 하시니 그가 그리하매 그 손이 회복된지라. 11 그들은 노기가 가득하여 예수를 어떻게 할까 하고 서로 의논하니라.

  이야기를 향상시키기 위해 다시 개작된 표지들은 매우 확연하다. 특히 일반적인 의미의 '인자'에서 공식 명칭으로 '인자'를 사용한 점(막 2.28 평행구),[106] 그 주장을 강화하기 위해 적절한 선례들을 마태가 첨부한 경우(마

---

106) 추가로 아래의 §16.4b(2)를 보라.

12.5-7, 11-12), 마태와 누가가 아비아달에 대한 마가의 어긋난 언급을 생략한 것(막 2.26) 등이 그렇다. 그러나 동시에 분명한 점은 마가가 의존할 수 있던 논쟁담(막 2.1-3.6)에 속하는 일련의 가르침들의 초기 단계에서 연결된 듯한 두 개의 동일한 에피소드가 각각의 구연적 개작 가운데 보인다는 것이다.[107] 물론 초기 예수 제자 집단과 공동체들은 안식일에 대한 그들 나름의 태도를 설명하고 옹호하기 위해 그 이야기들을 사용했던 것 같다. 그러나 그 이야기들의 주장인즉, 다른 자들이 불법이라 간주한 안식일에 대한 행동들을 예수 자신이 옹호하고 정당화했다는 것이다. 나아가 예수가 적어도 두 개의 작은 사건들 속에서 당시 용인된 보다 강고한 율법 규례보다 더 자유롭게 안식일을 다루었을 가능성이 큰 것으로 간주해야 한다. 이것은 제자들의 기억에 깊은 인상을 남겼을 것이다.[108] 샌더스는 이렇게 이야기된 장면들을 풍자적으로 묘사하지만,[109] 그 전통은 분명히 마가 이전의 것이고 따라서 주후 70년 이전의 시점에 해당된다. 따라서 이는 70년 이전의 바리새인들이 이미 꼼꼼한 안식일 준수로 명성을 떨쳤음을 입증한다. 또한 예수 당시에 그러한 수준의 꼼꼼함이 널리 실행되고 있었다는 점도 입증할 수 있다.[110] 아울러 나사렛 출신 선생이 어떤 사람인지 파악하고자 예

---

107) 추가로 내 논문 'Mark 2.1-3.6: A Bridge between Jesus and Paul on the Question of the Law', NTS 30 (1984) 395-415을 보라, 내 책 *Jesus, Paul and the Law* 10-31에 재출간됨; 또한 위의 제8장 각주 300을 보라.

108) 특히 Pesch, *Markusevangelium* 1.183을 보라. 예수가 막 2.27과 같은 어떤 것을 말했으며 그가 '때로 안식일 계명을 교묘하게 위반했다'고 수용하면서도 안식일과 관련하여 그가 그렇게 행동한 오로지 명시적인 사례들만이 예수의 선교 기간에 발생했음을 부인하는 주장에는 이상한 점이 있다(Funk, *Five Gospels* 49-50, 350; *Acts of Jesus* 68; Lüdemann, *Jesus* 19-21). 케이시(Casey)는 2.23-3.6이 아람어 자료의 문자적 번역이라고 주장한다(*Aramaic Sources* 138-92).

109) '바리새인들은 안식일을 위반하는 누군가를 붙잡기를 바라면서 갈릴리 밀밭에서 그들의 안식일을 보내기 위해 스스로 그룹을 조직하지 않았다'(*Jesus* 265-66; *Historical Figure* 214에서도 그리 많이 누그러지지 않았다; Fredriksen, *From Jesus to Christ* 106이 그 입장을 따르고 있다).

110) 희년서 2.17-33; 50.8-12; CD 10.14-11.18. 가령, 희년서 2장은 다음의 훈계를 포함한다: '그들은 그들이 엿새째 날에 준비하지 않은 먹거나 마실 어떤 것을 따로 준비해서는 안 될뿐더러, 그들의 거주 범위 안에서 물을 긷거나 일감을 가져오거나 가지고 나가서는 안 된다….' CD 11.12-17은 이런 규정들을 포함한다: '아무도 동물이 안식일에 출산하는 것을 도와서는 안 된다.…그리고 [그것이] 구덩이나 수조에 [빠진다면] 안식일에 그것을 끌어내주어서는 안 된다.…그리고 물을 가둔 곳이나 [저수지?]에 빠진 산 사람이 있다면 아무도 그를 사다리나 줄, 또는 어떤 도구로 그를 끌어내주어서는 안 된다'(유사하게 4Q265 frag. 7 1.5-9). 만일 눅 14.1-6이 막 3.1-5 평행구의 변이본이라면 (NB 마 12.11), 눅 14.5/마 12.11은 바리새적 안식일 규례가 이 점에서 에세네파나 쿰란의 규례만큼 엄격하지 않았음을 보여주는 증거로 취할 수 있다(*m. Yoma* 8.6 참조); 또한 S. Westerholm, *Jesus and Scribal Authority* (CBNTS 10; Lund: Gleerup, 1978) 95-96. 유대인의 전통 다른 곳에서도 안식일의 중요성은 분명하게 나타난다; 특히 창 2.2-3; 출 20.8-11; 31.16-17; 신 5.12-15; 느 9.13-

루살렘에서 내려온 일부 바리새인들이 그와 제자들이 안식일에 대한 존중이 부족한 점을 비판했으리라는 것은 아주 설득력이 있다.[111]

이러한 기억된 에피소드들이 소중히 간직하는 요점은 두 가지이다. (1) 첫째, 예수가 하나님의 선물로서 안식일에 대한 높은 존중감을 가지고 있었다는 것. 주목해야 할 점은 그 어느 에피소드도 안식일의 철폐나 폐기를 암시조차 하지 않는다는 것이다. 논쟁중인 문제는 안식일이 지켜져야 하는지 **여부**가 아니라,[112] 그것이 **어떻게** 지켜져야 하는가 하는 점이다.[113] 이는 그 자체로 예의 이야기들이 견고한 유대적인 맥락 속에서 현재의 형태로 조성되었다는 결정적인 증거이다.[114] (2) 동시에 그 두 에피소드에서 예수는 하나님 백성의 독특한 증표인 안식일을 하나님에 대한 순종의 시험 범주로 만들기를 거절한다. 그는 안식일을 언약에 대한 충성의 지표로 다루는 데 관심이 없다.[115] 오히려 그는 그러한 관심사를 넘어 근본적인 권리와 책임에 대한 보다 근본적인 논점들을 강조한다. 즉 안식일이 인간을 위해 만들어졌지 인간이 안식일을 위해 만들어지지 않았다는 것,[116] 그리고 제아무리 신성한 것이 있더라도 선을 행하거나 생명을 구하는 것이 어

14; 사 56.6; 겔 20.16; 마카베오상 1.43; Josephus, *Ant.* 11.346; 14.241-6, 258, 263-64; Philo, *Abr.* 28-30; *Decal.* 102; *Spec. Leg.* 2.59, 70; *Legat.* 155-58; Eusebius, *Praep. Evang.* 13.12.9-16; 추가로 E. Lohse, 'sabbaton', *TDNT* 7.2-14을 보라.

111) 추가로 위의 §9.3a(1)를 보라. 타이센은 자연스럽게 이 에피소드가 오늘 여기 머물다 내일 가버리는 유랑적 카리스마주의자들의 상황에 얼마나 잘 부합되는지 지적한다(Theissen and Merz, *Historical Jesus* 369). 또한 W. R. G. Loader, *Jesus' Attitude to the Law* (WUNT 2.97; Tübingen: Mohr Siebeck, 1997) 51-53을 보라.

112) 고펠트(Goppelt)와는 반대로: '그는 안식일 계명 그 자체를 일시 정지시켰고 그렇게 함으로써 유대교의 바로 그 토대가 되는 율법을 정지시켰다'(*Theology* 1.93-94, 그렇지만 또한 각주 105를 주목하라)—이는 결코 정당화되지 못한 당혹스러운 과잉 해석의 하나이다.

113) 랍비 유대교 이전과 랍비 유대교 모두 안식일과 관련된 특정한 계명들을 일단 유보해야 할 상황이 있었다는 점을 숙지하였다(마카베오상 2.41; CD 50.11; 추가로 Lohse, *TDNT* 7.14-15). 그러나 가장 근접한 유사 어록들—R. Simeon ben Menasya (대략 주후 180), '안식일이 너희에게 주어진 것이지 너희가 안식일에 주어진 것이 아니다'; R. Mattithiah ben Heresh, '목숨이 위험에 처했는지 의심이 들 때는 언제든지 이로써 안식일을 무시할 수 있다'(*m. Yoma* 8.6)—에 근거하여, 버메스가 주장하듯이(Vermes, *Religion* 24), 그러한 규례들이 예수 당시 있었다고 추론할 수 있을까?

114) 예수가 안식일의 합법성을 인정하지 않았다면, 갈라디아에서 바울을 반대한 유대인 그리스도교 선교사들이 그것을 그렇게 강하게 고집할 수 있었을 것 같지 않다; M. J. Cook, 'Jewish Reflections on Jesus', in LeBeau et al., eds., *Historical Jesus* 95-111 (여기서는 101-102) 참조.

115) Holmén, *Jesus* 100-106.

116) 거기에 또한 종말론적 어조, 그리고(또는) (하나님뿐 아니라) 창조세계를 위한, 태초에 아담을 위하여 그랬듯이 이 세대의 종말에 인류를 위한 창세기 안식일 조항의 흔적이 있는가? 설사 그렇더라도 그것은 명확하지 않다.

느 경우에도 잘못일 수 없다는 것이다. 안식일 율법을 확장함으로써 옹호하려는 제반 규례(halakhoth)와 대조적으로 예수가 덜 까다로운 안식일 준수를 지지했다고 기억되는 것은 바로 이러한 '첫째 원리들'의 토대 위에서이다.[117] 이와 같이 '토라 주변의 담장'에 너무 많은 관심의 초점을 기울이는 것은 그 자체로 그 담장이 보호하려 의도한 것을 위험하게 하는 짓이었다.[118] 옳은 것에 대한 이러한 보다 심층적인 의식을 실현해내는 일이란 단지 예외적인 것이 아니었다(제자들도 손 마른 사람도 즉각적인 위험에 처해 있지 않았다). 그것은 오히려 안식일을 어떻게 지켜야 하는가를 시사했다.

b. 고르반

마가는 추가로 7.9-13(마 15.6에 축약된 형태로 보유되어 있는)에서 '전통'(*paradosis*)과의 쟁점을 기록해둔다.

[9] (예수께서) 또 이르시되 너희가 너희 전통을 지키려고 하나님의 계명을 잘 저버리는도다. [10] 모세는 "네 부모를 공경하라"(출 20.12; 신 5.16) 하고 "또 아버지나 어머니를 모욕하는 자는 죽임을 당하리라"(출 21.17; 레 20.9) 하였거늘 [11] 너희는 이르되 "사람이 아버지에게나 어머니에게나 말하기를 내가 드려 유익하게 할 것이 고르반 곧 하나님께 드림이 되었다고 하기만 하면 그만이라" 하고 [12] 자기 아버지나 어머니에게 다시 아무 것도 하여 드리기를 허락하지 아니하여 [13] 너희가 전한 전통으로 하나님의 말씀을 폐하며 또 이 같은 일을 많이 행하느니라 하시고.

이 구절은 아들이 부모에게 드려야 할 부양비를 성전에 거짓되게 헌납함

---

117)   R. Banks, *Jesus and the Law in the Synoptic Tradition* (SNTSMS 28; Cambridge: Cambridge University, 1975) 122-23 참조; 또한 Westerholm, *Jesus* 92, 96-103을 보라.
118)   유사하게 예수의 말들을 '안식일 법규가 허용하는 바를 정의하고자 하는 것으로'(Moo, 'Jesus' 9, 16) 읽는 것은 안식일을 선물로보다는 율법으로 계속 간주하는 것이다.

으로써, 비록 그것이 원한이나 분노에서 비롯된 서원이었다 할지라도, 부모에 대한 모든 의무를 회피하는 것이 가능했음을 암시하는 것 같다.[119] 그러한 규정은 아마도 서원에 관한 법규에 기초한 것이었을 것이다(민 30.2).[120] 민수기 30.3-15은 30.2의 명령이 무시될 수 있던 환경의 다양한 선례를 제시한다. 나아가 미쉬나의 해제논문 '서원'(*Nedarim*)은 30.2에 발표된 엄격한 원리를 누그러뜨리려는 유사한 관심을 보여준다(*m. Ned.* 9은 이 경우와 직접적으로 관련이 있다). 그러나 마가복음 7.9-13으로 미루어보면 예수 전통이 이 점에 관하여 형태를 갖추었던 때에는 가혹한 규정이[121] 적어도 일부(샴마이 학파?)에게 효력을 발휘하여 앞서 적시한 환경 가운데 맹세한 서원은 철회될 수 없게 되었던 것으로 보인다.[122]

그렇다면 여기서 다시 예수는 서원의 율법에 대한 논쟁의 세부 사항 이면에 있는 자신이 보다 근본적인 관심사로 분명히 간주한 것, 특히 어린 자녀들이 부모를 공경해야 한다는 십계명의 토대 위에서 그 문제에 관련된 자기 나름의 규정을 강조하여 정립한 것으로 기억된다.

c. 손 씻기

마가(또는 이미 그 이전의 전통)는 고르반 문제를 정결 규례에 대한 보다 폭넓은 논의 가운데 삽입해놓았다. 마가복음 7.1-8, 14-23. 마태는 그 첫 부분을 축약된 버전으로 따르고 있는데(마 15.1-3), 일단 마가복음 7.1-8을 먼저

---

119) Jeremias, *Proclamation* 210. 'qorban'이란 용어에 대해서는 Meier, *Marginal Jew* 3.582-83 각주 69를 보라.
120) '사람이 주께 서원을 하거나 증거물로써 자신을 얽어매는 맹세를 할 때, 그는 자신의 말을 어기지 말아야 할 것이다; 그는 자신의 입에서 나오는 모든 것에 따라 행해야 할 것이다.'
121) 전통과 공식적인 전승의 언어를 주목하라. *paradosis* (7.8, 13), *paradidōmi* (7.8).
122) 다시 *m. Ned.* 9.1에 함축된 논쟁을 보라. A. I. Baumgarten, 'Korban and the Pharisaic Paradosis', *JANES* 16 (1984) 5-17 (Davies and Allison, *Matthew* 2.524에 인용)을 보라; M. Bockmuehl, *Jewish Law in Gentile Churches: Halakhah and the Beginning of Christian Public Ethics* (Edinburgh: Clark, 2000) 5-6; Meier, *Marginal Jew* 3.583-84 각주 70. '옛적의 많은 규례들은 서원이 취소될 수 없다는 이해에 기초한다'(Westerholm, *Jesus* 77-78). Sanders, *Jewish Law* 56-57은 그러한 규례가 당시 바리새인들 사이에 있었는지 미심쩍어하지만(그 점에 대해서는 덜 확신할지라도) Philo, *Hypothetica*에 나오는 유사한 규례를 주목한다.

인용할 필요가 있다.

> [1] 바리새인들과 또 서기관 중 몇이 예루살렘에서 와서 예수께 모여들었
> 다가 [2] 그의 제자 중 몇 사람이 부정한(*koinais*) 손 곧 씻지 아니한 손으로
> 떡 먹는 것을 보았더라. [3] (바리새인들과 모든 유대인들은 장로들의 전통을 지
> 키어 손을 잘 씻지 않고서는 음식을 먹지 아니하며 [4] 또 시장에서 돌아와서도 물
> 을 뿌리지 않고서는 먹지 아니하며 그 외에도 여러 가지를 지키어 오는 것이 있으
> 니 잔과 주발과 놋그릇을 씻음이러라.) [5] 이에 바리새인들과 서기관들이 예수
> 께 묻되 어찌하여 당신의 제자들은 장로들의 전통을 준행하지 아니하고
> 부정한 손으로 떡을 먹나이까? [6] 이르시되 이사야가 너희 외식하는 자에
> 대하여 잘 예언하였도다 기록하였으되 이 백성이 입술로는 나를 공경하
> 되 마음은 내게서 멀도다(사 29.13 LXX). [7] 사람의 계명으로 교훈을 삼아 가
> 르치니 나를 헛되이 경배하는도다 하였느니라. [8] 너희가 하나님의 계명
> 은 버리고 사람의 전통을 지키느니라.

마가는 분명히 그 당시의 상세한 실상을 많이 포착하는 이야기를 물려받
았다. 여기서 손이 '부정하다'라고 말하는데, 그 해당 그리스어 단어(*koinos*=
'속된')는 독특하게 유대적인 의미의 '비속한, 더러운, 부정한' 상태를 나타
낸다.[123] 나아가 이 이야기는 바리새파 진영에서 후세대가 지켜야할 것으
로 신실하게 대물림된(*paralambanō*) 장로들의 전통(*paradosis*)의 중요성을 반
영한다. 마가 또는 이미 그에게 입수된 자료 버전은 관련 그리스어에 유
대적 의미(즉 '씻지 아니한')를 부여하여 번역함으로서, 그리고 3-4절의 과장
된 설명('모든 유대인'?)을 첨가함으로써 *koinos*의 잠정적 혼란을 해명하기 위
해 나름대로 노력했다.[124] 여기서 다시 샌더스는 손의 정결에 대한 바리새

---

123) *koinos*가 구약성서의 *tame'* (예컨대, 레 11.4-8; 신 14.7-10; 삿 13.4; 호 9.3) 또는 *ḥol* (레 10.10; 겔 22.26;
44.23)의 등가어로 사용되었기 때문에 그 특별한 의미가 주어진다. 그 단계는 히브리 성서를 칠
십인역(LXX)으로 번역한 결과로 나타났지만 마카베오 시대의 위기 속에서 확립되었고(마카베오
상 1.47, 62; 또한 Josephus, *Ant.* 11.346을 주목하라) 주후 1세기 중반까지 음식 먹는 것과 관련하여 막
7.2, 5뿐 아니라 롬 14.14과 행 10.14; 11.8 등에서 적절히 입증되고 있다.

적 관심사가 주후 70년 이전에 발전해왔는지 의심하면서 이 보도의 역사적 진실성을 묻는다.[125] 그러나 다시 말하거니와 마가 이전의 전통은 분명히 70년 이전 이 문제에 대한 바리새적 관심을 증언한다. 70년 이전이라면 왜 예수 당시는 해당되지 않는단 말인가? **만지는 것**으로 축약되는 부정에 대한 민감성은 예로부터 분명한 사실이다.[126] 미쉬나 논문 하나 전체가 '손'(*Yadaim*)이라는 주제에 할애된다는 사실은 오래된 율법적 관심의 전통 전승사를 나타낸다. 따라서 그 관심사가 이미 예수 당시 바리새적 율법 규례 가운데 작동하고 있었다는 마가복음 7장의 증언을 (그것이 있는 그대로 사실이므로) 논박할 실질적인 이유가 없다.[127]

여기서 흥미로운 것은 실제로 바리새인들, 그리고(또는) 스스로를 바리새적 전통과 동일하다고 간주한 서기관들과 더불어 예수가 논쟁하고 있는 모습이다. 다시 지적하거니와, 그들은 이 경우에 예루살렘에서 내려온 것으로 회고되고 있다(1절). 5절의 정죄는 이후 전개된 율법 규례에 의해 의문시된 관례를 설명하고 또한 토론하기 위한 초대로 읽을 수 있다. 이 경우에 예수는 전통적인 규례에 반대하여 더 근본적인 원리를 설정하는 것으로

---

124) 마가복음이 사 29.13의 칠십인역(LXX)을 인용한다는 사실은 그 에피소드가 처음에 꼭 그리스어로 만들어졌음을 뜻하지 않는다. 다만 그 에피소드가 그리스어로 표현되었을 때 이야기꾼은 (부자연스럽지 않게) 칠십인역본의 인용문을 사용했을 뿐이다. 히브리어 본문의 마지막 행('그들이 나를 경외함은 기계적으로 암기해서 배운 사람들의 계명이다')도 마찬가지로 예수의 핵심 주장을 적절하게 나타냈을 것이다(또한 Pesch, *Markusevangelium* 1.372-73). 골 2.22은 막 7.7/마 15.9의 반향처럼 보인다(내 책 *Colossians and Philemon* 193을 보라).

125) *Jesus and Judaism* 185-86, 264-65. 이 주장은 샌더스가 다시 빈정거리는 어투로 호소하면서 다시 약화된다: '서기관과 바리새인들이 예수 제자들의 손을 검사하기 위해 예루살렘에서 갈릴리로 특별한 출장을 떠났다는 것 역시 신빙성이 없다'(265). 누가는 다른 맥락에서 유사한 전통과 비판을 알고 있다(눅 11.38).

126) 가령, 레 5.2-3; 7.19, 21; 11.8, 24-28; 사 52.11; 65.5; 모세 유언서 7.9-10; 골 2.21 참조. 에브너(Ebner)는 학 2.11-14에 특별히 관심을 기울인다(*Jesus* 237-38).

127) *Jewish Law* 31, 39-40, 90-91, 228-31에서 샌더스는 바리새인들이 손 씻기 관행을 그들의 안식일과 축제 식사 때 실천했다고 보지만, 랍비 문헌에는 바리새인들이 평상시 식사 때 그들의 손을 씻었다는 증거가 없다고 지적한다. 그러나 바리새적 정결의 관심사에 '안식일과 축제 식사'와 '평상시의 식사' 사이의 그러한 명확한 구분을 설정하는 것이 얼마나 제대로 근거지어질 수 있는가? 우리는 최소한, 공동 식사에 앞서 손을 씻는 것이 그 기간에 해당되는 전통 가운데 이미 탐지되는 대로 손이 불결함에 감염되기 쉽다는 관련 관심사와 일관되게 지속되었으리라고 말할 수 있다(특히 *m. Ber.* 8.2, 4; *m. Mik.* 1.5-6; 추가 전거 자료는 Sanders 228-31; 추가로 특히 Kazen, *Jesus* 62-72, 81-85을 보라; 또한 Westerholm, *Jesus* 73; R. P. Booth, *Jesus and the Laws of Purity: Tradition History and Legal History in Mark 7* (JSNTS 13; Sheffield: JSOT, 1986) 194-202; J. C. Poirier, 'Why Did the Pharisees Wash Their Hands?' *JJS* 47 (1996) 217-33; Funk, *Acts of Jesus* 94-95. 성전 파괴 이전 단계에 식사에 앞서 손을 씻는 것은 권장할 만했지만 의무적인 것이 아니었으며 모든 현자들에 의해 수용되지도 않았다고 결론지음에 있어 플루서는 알론(G. Alon)을 따른다(*Jesus* 59-60).

기억되지 않는다. 오히려 그는 이사야 29.13의 경고를 취하는데, 이는 예배의 피상적 성향이 갖는 위험과[128] 인간이 조성한 공식문구를 너무 의심 없이 다루는 위험에 대한 경고이다. 이는 나아가 '장로들의 전통'이 지적한 사례의 바로 그런 위험에 굴복하고 있다는 예수의 견해를 나타낸다.[129]

d. 정결

같은 연속물의 후반부에서 그 주제는 정결의 문제로 되돌아온다. 마가복음 7.14-23/마태복음 15.10-20.[130]

마 15.10-20	막 7.14-23
10 무리를 불러 이르시되 듣고 깨달으라. 11 입으로 들어가는 것이 사람을 더럽게 하는 것이 아니라 입에서 나오는 그것이 사람을 더럽게 하는 것이니라. 12 이에 제자들이 나아와 이르되 바리새인들이 이 말씀을 듣고 걸림이 된 줄 아시나이까? 13 예수께서 대답하여 이르시되 심은 것마다 내 하늘 아버지께서 심으시지 않은 것은 뽑힐 것이니	14 무리를 다시 불러 이르시되 너희는 다 내 말을 듣고 깨달으라. 15 **무엇이든지 밖에서** 사람에게로 들어가는 것은 **능히** 사람을 더럽게 하지 **못하되** 16 사람 안에서 나오는 것이 사람을 더럽게 하는 것이니라 하시고 17 무리를 떠나 집으로 들어가시니

---

128) 마가(7.6)와 Q(마 7.5/눅 6.42) 모두 예수의 것으로 여긴 보다 논쟁적인 용어들 중 하나가 *hypocritēs* ('연극배우, 가식을 부리는 자, 위선자')인데, 그 배후에 히브리어 *ḥanep*이 놓여 있을 수 있다(K. Seybold, '*hanep*', *TDOT* 5.38-39). 그러나 이 그리스어를 세포리스의 극장에서 젊은 예수가 영향 받았을 법한 증거로 취하는 것은 무리다(R. A. Batey, 'Jesus and the Theatre', *NTS* 30 [1984] 563-74과 반대로). 그 극장이 1세기 중반기까지 세워지지 않았을 개연성이 높기 때문이다(제9장 각주 198). 마커스(Marcus)는 Josephus, *Ant.* 17.41과 쿰란(1QH 12[=4].13)에 나오는 바리새인들에 대한 유사한 정죄를 주목한다(*Mark* 1.444).

129) 여기서 다시 쿰란에서 제기된 바리새인들에 대한 유사한 비판을 주목해야 한다: 그들은 그들이 가르치는 '부드러운 것들'(*bhlqot*)을 위해 율법을 바꾸어버린다(1QH 12[=4].10-11)(Westerholm, *Jesus* 18-19).

130) 마태는 '씻지 않은 손으로 먹는 것은 사람을 더럽히지 않는다'(15.20)라는 문구를 끝에 첨가함으로써 전체 연속물을 한 흐름 속에 포착하는 것을 강조한다. 이어지는 대목에서 나는 내 이전 연구 'Jesus and Ritual Purity: A Study of the Tradition-History of Mark 7.15', *A cause de l'évangile*, J. Dupont FS (LD 123; Saint-André: Cerf, 1985) 251-76, 내 책 *Jesus, Paul and the Law* (London: SPCK, 1990) 37-60에 재출간됨.

14 그냥 두라. 그들은 맹인이 되어 맹인을 인도하는 자로다 만일 맹인이 맹인을 인도하면 둘이 다 구덩이에 빠지리라 하시니 15 베드로가 대답하여 이르되 이 비유를 우리에게 설명하여 주옵소서. 16 예수께서 이르시되 너희도 아직까지 깨달음이 없느냐? 17 입으로 들어가는 모든 것은 배로 들어가서 뒤로 내버려지는 줄 알지 못하느냐? 18 입에서 나오는 것들은 마음에서 나오나니 이것이야말로 사람을 더럽게 하느니라. 19 마음에서 나오는 것은 악한 생각과 살인과 간음과 음란과 도둑질과 거짓 증언과 비방이니 20 이런 것들이 사람을 더럽게 하는 것이요 씻지 않은 손으로 먹는 것은 사람을 더럽게 하지 못하느니라.	제자들이 그 비유를 묻자온대 18 예수께서 이르시되 너희도 이렇게 깨달음이 없느냐? 무엇이든지 **밖에서** 들어가는 것이 **능히** 사람을 더럽게 **하지 못함을** 알지 못하느냐? 19 이는 마음으로 들어가지 아니하고 배로 들어가 뒤로 나감이라. **이러므로 모든 음식물을 깨끗하다 하시니라.** 20 또 이르시되 사람에게서 나오는 그것이 사람을 더럽게 하느니라. 21 **속에서** 곧 사람의 마음에서 나오는 것은 악한 생각 곧 음란과 도둑질과 살인과 22 간음과 탐욕과 악독과 속임과 음탕과 질투와 비방과 교만과 우매함이니 23 이 모든 악한 것이 다 **속에서** 나와서 사람을 더럽게 하느니라.

전통을 다룸에 있어 자유로움은 마태가 일부 Q와 다른 자료(마 15.13-14/눅 6.39)를 삽입하고, 마가복음 7.21-22/마태복음 15.19에서 악의 목록을 자유롭게 사용하는 점에서 충분히 확인된다.[131] 그러나 여기서 우리에게 가장 큰 관심은 마태가 그 단락의 핵심 요지를 편집한 미묘한 방식이다. 그가 마가 이야기(7.15, 18-19, 21, 23―위의 강조체)의 핵심 단어와 문구를 생략함으로써 그 가르침을 재진술하기 때문이다. 이러한 것들은 마가의 버전이 철저한 반제의 관점에서 음식 정결의 쟁점(그리고 암묵적으로 제의적 정결 일반)을 제기함을 분명히 확인해주는 바로 그 논점들이다[132]('바깥에서 오는 어떤 것이 더

---

131)　악덕 목록에 대한 전거 자료와 참고 문헌은 내 책 *Theology of Paul* 662-63을 보라.

132)　그 반제의 함의는 *exōthen*, '밖에서'(7.15, 18)와 *esōthen*, '안에서'(7.21, 23)란 말의 이중적 사용으로 강화되는데, 이는 마가복음에서 오직 여기에만 나오는 용어들이다; 그러나 우리는 이미 막 3.31-32과 4.11에서 *exō* ('바깥')라는 말을 마가가 주의 깊게 사용한 경우를 살펴보았다.

럽게 하는 것은 가능하지 않다'; '그리하여 그는 더러운 것을 깨끗한 음식에서 구분하는 율법의 종결을 선언했다').[133] 하지만 마태의 버전에서 그 공공연한 반제는 덜 중요한 것으로 생각되는 것에 대한 타당성을 부인하지 않으면서도 중요한 것의 우선권을 나타내는 예리하게 작성된 비교 문구같이 되어버렸다.[134]

이 분기점을 어떻게 설명할 수 있을까? 근현대 해석의 역사 가운데서, 7.15-16에 있는 예수의 고유한 가르침을 간직한 것은 마가복음, 곧 더 오래된 복음서라는 놀랄 만큼 강한 확신이 있었다.[135] 반면 마태는 유대 율법이 여전히 높이 존중을 받았던 맥락에서 복음서를 쓰면서 그에 따라 예수의 가르침을 부드럽게 완화했으리라고 쉽게 주장할 수 있다.[136] 하지만 이러한 기왕의 주장은 유지하기 어려운 입장이다. 만일 예수가 그 문제에 대하여 그렇게 분명하고도 결정적으로 말했다면, 베드로가 어떻게 '나는 속되거나 더러운 그 어떤 것도 결단코 먹지 않았나이다'(행 10.14; 11.8)라고 말한 것으로 기록될 수 있었으며, 또는 왜 음식 법규의 쟁점이 최초 그리스도교 내에서 그렇게 불화의 단초가 될 수 있었는지 이해하기 어려워지기 때문이다.[137] 또한 우리는 어떤 예수 전통 속에 보존된 자료 가운데 그가 돼지고기나 정결하지 않은 음식을 먹은 기억이 없음을 살펴야 한다.

---

133) 정한 음식과 부정한 음식에 대한 율법이 여기서 특별히 고려 대상인 것 같다: 레 11.1-23; 신 14.3-21. 정결법에 대한 보다 넓은 분류법에 대해서는 위의 제9장 가운데 가령 §9.5c를 보라.

134) 샌더스는 *Ep. Airst.* 234을 그 평행구로 적절하게 인용한다; 유대인들은 '예물이나 희생제물이 아니라 마음과 경건한 성품의 정결로' 하나님을 존경한다(*Historical Figure* 219)

135) Bultmann, *History* 105; Taylor, *Mark* 342-43; Bornkamm, *Jesus* 98; Perrin, *Rediscovering* 150; Goppelt, *Theology* 1.91; Pesch, *Markusevangelium* 383; Riches, *Jesus* 136-44 ('예수는 그것[부정의 관념]을 쓸모없는 것으로 버렸을 뿐이다'[144]); Stauffer, 'Jesus' 49; Schrage, *Ethics* 66-67; Gnilka, *Jesus* 215-16; J. L. Houlden, *JSNT* 18 (1983) 58-67 (여기서는 63); Becker, *Jesus* 304-308; Theissen and Merz, *Historical Jesus* 365-67; Dunn, 'Jesus and Ritual Purity' 54 각주 12. Schnackenburg, *sittliche Botschaft* 74-75는 좀더 조심스럽다. Funk, *Five Gospels* 69과 Lüdemann, *Jesus* 49은 마태나 마가의 우선권을 논의하지 않은 채 그 어록의 개연적인 진정성을 받아들인다.

136) 가령, B. Lindars, 'All Foods Clean: Thoughts on Jesus and the Law', in B. Lindars, ed., *Law and Religion: Essays on the Place of the Law in Israel and Early Christianity* (Cambridge: Clarke, 1988) 61-71을 보라. 휘브너(H. Hübner)의 논의(*Das Gesetz in der synoptischen Tradition* [Witten: Luther, 1973])는 마태에 의한 복음서 전통의 '(재)쿰란화'와 '유대교화' 이야기로 틀이 잡혀 있다(9-10, 237-39).

137) 갈 2.11-14; 롬 14.1-15.6; 고전 8장과 10.20-30 참조. 그 점은 샌더스가 가장 강력하게 제기하였다; '그 어록[막 7.15]의 요지는 매우 명료하여 "거짓형제들"인 베드로와 야고보[갈 2.11-14를 언급하면서]가 그 어록이 진정한 것으로 생각되는지 깨닫는 것이 불가능해진다'(*Jesus* 266-68). 유사하게 H. Räisänen, 'Zur Herkunft von Markus 7.15', in J. Delobel, ed., *Logia: les paroles de Jésus* (Leuven: Leuven University, 1982) 477-84f (여기서는 479-82); Vermes, *Religion* 25-26; Fredriksen, *Jesus* 108; Harvey, *Jesus* 39-41 참조; 추가로 내 논문 'Jesus and Ritual Purity', 55 각주 16-17을 보라.

마태와 마가의 논법들이 결국 같은 가르침의 변용된 이야기일 가능성을 고려하는 것이 더 폭넓은 정황과 이미 문서화되었음직한 구어 전통화 과정을 더 잘 이해하는 게 아닐까? 이 점에서 우리는 마가의 것이 예수의 가르침에 관해 마태에게 알려진 유일한 버전이었다고 추정할 필요가 있을까?[138] 마가가 이방인이나 혼합 회중의 교회 가운데 나타난[139] 구연의 추세를 대표한다고 보는 것이 외려 더 그럴듯한데, 바로 거기서 내적인 정결과 제의적 정결 사이의 대립을 인정하는 것으로 이 전통이 청종되었던 셈이다. 마가나 그의 자료는 이미 7.19에 해석적 주를 첨부함으로써 그 추세를 강조한다. 다른 한편으로 마태는 그 전통이 유대인 전통과의 연속성이 더 중요했던 교회 내에서 다시 이야기되던 방식을 대표한다.[140] 다시 말해 마태의 형태를 설명함에 있어 양자택일의 결정—초기 전통인지 또는 마가를 마태가 편집한 것인지—을 하는 것은 불필요하다. 둘 다 나름의 입장을 지닌 사실일 수 있었을 것이다. 마태는 다른 버전을 알았고,[141] 그것에 직접 의존하였거나 마가가 쓴 것의 편집본을 만들기 위해 그것을 사용했다.[142]

이어지는 결론은 세 가지이다. (1) 예수는 정결 문제에 대해 말한 것으로 그리고 마음의 정결이 제의적 정결보다 더 중요한 것으로 주장한 것으

---

138) Banks, *Jesus and the Law* 139-41 참조. 데이비스와 앨리슨은 마태의 형태가 '단지 막 7.15의 편집 버전이라는 이유로' 그것에 의존하지 않은 채 막 7.15의 초기 이해를 해명하려 하는데, 그 시도들은 그 어록의 마태적 형태가 제공할 수 있는 도움을 무시한다(*Matthew* 2.527-31). 유사하게 Westerholm, *Jesus* 80-84; Booth, *Jesus and the Laws of Purity* 221-23 (결론 부분); Merklein, *Jesu Botschaft* 96-100과 각주 16; Bockmuehl, *Jewish Law* 11; Holmén, *Jesus* 239-49. 모두가 예수의 가르침의 요점과 관련하여 내 입장과 유사한 결론에 도달한다. 나는 'Jesus and Ritual Purity' 58-59에서 부스(Booth)와 일치하지 않는 점을 지적한다. 또한 Loader, *Jesus' Attitude* 74-76을 보라.

139) 롬 14.14은 그 어록이 이방인 교회들 사이에 이해되고 있던 방식에 대한 어떤 시사점을 제공함에 틀림없다. 그것은 대체로 바울이 알았던 가장 확실한 예수의 흔적으로 간주된다(내 논문 'Jesus and Ritual Purity' 50 참조, 58 각주 73의 참고 문헌과 함께; 또한 위의 제8장 각주 48을 보라).

140) 도마가 그 어록의 독립적인 버전을 보여주는가, 아니면 마래에 의존한 것인가?: '너희 입으로 들어가는 것이 너희를 더럽게 하지 않고 너희 입에서 나오는 것, 그것이 너희를 더럽게 할 것이다'(도마 14.5). 추가로 내 논문 'Jesus and Ritual Purity' 43-44.

141) 내 논문 'Jesus and Ritual Purity'에서 나는 그 어록, 특히 마태의 형태가 아주 흔쾌히 아람어 *mašal*로 소급됨을 지적한다(41-42). W. Paschen, *Rein und Unrein* (München: Kösel, 1970) 173-77과 Hübner, *Gesetz* 165-68 둘 다 막 7.18b과 20b이 7.15보다 배후의 아람어 형태에 더 가까운 요소들을 담고 있다고 주장하는 점 또한 연관된 것으로 눈여겨볼 만하다. 카젠은 내 해결책을 선호한다(*Jesus* 66-67).

142) 나는 다른 곳에서 마태가 마가적 특징을 생략한 것이 이러한 특징들을 마가가 더했다는 그의 인식으로(또는 마가에게 알려진 전통의 흐름으로) 종종 최상의 설명이 가능하다고 제안하였다— 'Matthew's Awareness of Markan Redaction', in F. van Segbroeck, et al., eds., *The Four Gospel 1992*, F. Neyrynck FS (Leuven: Leuven University, 1992) 1349-59.

로 회고되었다.[143] 여기서 다시 율법의 쟁점과 부대낄 때, 예수는 (단지 육체만이 아니라) 마음의 할례를 받으라는 더 오래된 요청의 기풍 가운데 더 깊고 더 중요한 쟁점에 초점을 맞춘 것으로 기억된다.[144] 사람을 가장 통탄할 만하게 더럽히는 것이 마음에서 나온다.[145] (2) 예수의 가르침은 상이하게 들렸다. 어떤 이들은 예수가 오로지 제의의 차원에서만 제의적 정결의 쟁점들을 논의하는 데 만족하지 않고 그러한 율법과 규례 배후의 관심사를 그 동기와 의도와 관련된 더욱 근본적인 정결의 차원으로까지 밀어붙인 것으로 들었다.[146] 다른 이들은 예수의 가르침이 제자직의 더 넓은 동아리들 내에서 반복 재현되어 보다 더 급진적인 결론을 추인하거나 권함으로써 결국 이스라엘의 정결법이 더 이상 예수의 추종자들에게 적용되지 않게 된 것으로 그의 말을 들었다. (3) 그 어느 쪽이든, 예수가 제의적 정결을 언약에 대한 충성을 보는 시험 관문으로 삼는 데 아무런 관심이 없었음이 다

---

143) 또한 여섯 번째 축복 선언 '마음이 청결한 자는 복이 있나니'(마 5.8)와 마 23.25/눅 11.39/도마 89의 Q 어록을 주목하라.

마 23.25	눅 11.39	도마 89
25 화 있을진저, 외식하는 서기관들과 바리새인들이여! 잔과 대접의 겉은 깨끗이 하되 그 안에는 탐욕과 방탕으로 가득하게 하는도다.	39 주께서 이르시되 너희 바리새인은 지금 잔과 대접의 겉은 깨끗이 하나 너희 속에는 탐욕과 악독이 가득하도다.	예수께서 말씀하셨다: 너희는 왜 잔의 겉을 닦느냐? 안쪽을 만든 그 분이 또한 바깥을 만든 분임을 너희가 깨닫지 못하느냐?

변용된 부분들에도 불구하고 공통점은 보존된다: 안과 밖, 안의 부정(정결)과 밖의 정결 사이의 대립이 그것인데, 이는 후자가 덜 중요한 것임을 시사한다. 예수세미나 팀은 도마복음 버전이 예수가 말한 것을 가장 가깝게 반영한다고 생각한다(Funk, *Five Gospels* 89). 또한 Westerholm, *Jesus* 89-90을 보라. 여기 반영된 역사적 맥락에 대한 질문은 J. Neusner, "'First Cleanse the Inside'", *NTS* 22 (1976) 486-95과 H. Maccoby, 'The Washing of Cups', *JSNT* 14 (1982) 3-15 사이에 진행된 논쟁을 보라; 이는 Davies and Allison, *Matthew* 3.296-98에 의해 조율됨. 또한 *P.Oxy.* 840 (본문은 Aland, *Synopsis* 393-94; Elliott, *Apocryphal New Testament* 33-34)을 주목하라; 카젠(Kazen)은 그 안에서 '바깥의 정화보다 내적인 정결에 더 비중을 둠으로써 동기를 부여받은 예수, 이에 따라 정결에 대한 논쟁적 태도를 표출한 그와 관련된 기억'을 발견한다(*Jesus* 256-60).

144) 신 10.16; 렘 4.4; 9.25-26; 겔 44.9; 1QpHab 11.13; 1QS 5.5.

145) 칠튼은 '정결이야말로 예수의 근본적인 방침이었고, 그가 세상을 본 통로였다'고 주장한다(*Rabbi Jesus* 90). 그러나 놀랍게도 그는 예수에게 정결(부정이 아니라)은 내면에서 비롯되었다고 주장한다('이스라엘 사람들의 타고난 정결'—92; '이스라엘 사람들은 이미 정결하였고 확장된 제의적 준수에 의해 깨끗해질 필요가 없었다'—140). 이 입장을 뒷받침하기 위해 그는 막 7.15을 인용하기까지 한다(87). 나아가 그는 정결이 활성화되었다는 것은 하나님 나라의 동인이 되었다고 본다(136); 유사하게 'A Generative Exegesis of Mark 7.1-23', in Chilton and Evans, *Jesus in Context* 297-319 (여기서는 123-25, 142). 이로부터 그 정결을 올바른 희생제의 가운데 거행함으로써 성전을 '깨끗하게' 하려는 시도들이 생겨났다는 것이다(아래 §17.3c).

146) Klawans, *Impurity* 146-50 참조: '예수는 아무데서도 도덕적 정결의 상징으로서 제의적 정결을 옹호하지 않는다'(149).

시금 확연해진다.[147) 당시 파당 경쟁에 매우 특징적이었던 정결 문제에 대한 그러한 강조(§§9.3-4)는 예수에게 지나친 강조였다. 이스라엘의 구별됨을 공언하는 방식으로 자신을 부정한 것에서 분리시키려는 그러한 관심(레 20.24-26)은 예수의 행실과 동족 유대인들, 특히 '죄인들'이나 그가 종종 만난 이방인들과의 교제에 있어서 아무런 반향도 낳지 못했다.

e. 이혼

이 대목에서 우리에게 직접적인 상관이 있는 마가의 다른 에피소드는 이혼에 대한 예수의 가르침이다. 마가복음 10.2-12/마태복음 19.3-9.

마 19.3-9	막 10.2-12
3 바리새인들이 예수께 나아와 그를 시험하여 이르되 사람이 어떤 이유가 있으면 그 아내를 버리는 것이 옳으니이까? 4 예수께서 대답하여 이르시되	2 바리새인들이 예수께 나아와 그를 시험하여 묻되 사람이 아내를 버리는 것이 옳으니이까? 3 대답하여 이르시되 모세가 어떻게 너희에게 명하였느냐? 4 이르되 모세는 이혼 증서를 써주어 버리기를 허락하였나이다. 5 예수께서 그들에게 이르시되 너희 마음이 완악함으로 말미암아 이 명령을 기록하였거니와
사람을 지으신 이가 본래 그들을 남자와 여자로 지으시고 5 말씀하시기를 그러므로 사람이 그 부모를 떠나서 아내에게 합하여 그 둘이 한 몸이 될지니라 하신 것을 읽지 못하였느냐? 6 그런즉 이제 둘이 아니요 한 몸이니 그러므로 하나님이 짝지어 주신 것을 사람이	6 창조 때로부터 사람을 남자와 여자로 지으셨으니 7 이러므로 사람이 그 부모를 떠나서 8 그 둘이 한 몸이 될지니라. 이러한즉 이제 둘이 아니요 한 몸이니 9 그러므로 하나님이 짝지어 주신 것을 사람이 나누지 못할지니라 하시더라.

---

147) Holmén, *Jesus* 236-37; '그는 하나님의 백성으로서 유대인들의 견해 가운데 정결 패러다임의 중요성에 분명히 의문을 제기하였다'(251).

나누지 못할지니라 하시니7 여짜오되 그러면 어찌하여 모세는 이혼 증서를 주어서 버리라 명하였나이까?8 예수께서 이르시되 모세가 너희 마음의 완악함 때문에 아내 버림을 허락하였거니와 본래는 그렇지 아니하니라. 9 내가 너희에게 말하노니 <u>누구든지</u> 음행한 이유 외에 <u>아내를 버리고 다른 데 장가드는 자는 간음함이니라.</u>	10 집에서 제자들이 다시 이 일을 물으니 11 이르시되 <u>누구든지 그 아내를 버리고 다른 데에 장가드는 자는</u> 본처에게 <u>간음을 행함이요</u> 12 또 아내가 남편을 버리고 다른 데로 시집가면 간음을 행함이니라.

예수 전통이 어떻게 들렸고 전승되었는지의 관점에서 이 단락의 주제는 가장 흥미로운 것 중 하나이다. 예수가 이혼이란 주제로 가르쳤다는 기억은 여기뿐 아니라 Q(마 5.32/눅 16.18)와 바울(고전 7.10-11)에서도 잘 입증된다. 여기와 다른 곳에서 그 전통의 다양성이 나타난다고 해서 이 이야기의 기원이 예수의 가르침과 상관없는 것으로 생각되어서는 안 된다.[148] 다만 그 다양성은 이 가르침이 다양한 초기 공동체의 상이한 상황에서 재차 가르쳐짐에 따라 어떻게 다루어지고 발전되어나갔는지를 증언할 뿐이다.[149]

그 기억은 논란이 된 신명기 24.1의 규례와 관련하여 바리새인들과 논쟁중인 예수의 모습에 관한 것이다.[150] 그 질문에 대한 예수의 입장을 구분해주는 것은 다시 한 번 말하거니와 그가 신명기적 규정의 배후를 파고들어 창세기 2.24에 나오는 보다 근본적인 결혼의 특징 묘사로 돌아가는 방

---

148) Funk, *Five Gospels* 88-89, 142-43의 경우처럼.

149) '이혼과 재혼에 대한 예수의 거부반응은 우리에게 알려진 가장 오래된 그리스도교 자료인 Q, 바울서신, 마가복음에서 공히 입증된다'(Holmén, *Jesus* 167); '만장일치로 인정됨'(162과 각주 433).

150) 마태는 '어떤 사유로든'을 첨가함으로써 이 점을 한층 더 명확하게 하는데, 이로써 그 논쟁이 신 24.1의 두 번째 절―'사람이 아내를 맞이하여 데려온 후에 그에게 수치 되는 일('erwâ)이 있음을 발견하고 그를 기뻐하지 아니하면'―의 해석에 대한 것이었음을 암시한다. 사실상 그는 그 에피소드를 신 24.1이 얼마나 엄밀하게 해석되어야 하는지에 대하여 힐렐과 샤마이 학파 사이의 논쟁에 기여한 것으로 다시 설명한다. '간음(*porneia*)의 이유 외에는'이라는 문구를 첨가하면서 마태는 보다 엄격한 샤마이의 해석으로 기억된 것을 예수가 지지하고 있음을 보여준다는 것이다(나의 책 *Unity and Diversity* 247과 각주 31에 인용된 자료들을 보라; 추가로 Loader, *Jesus' Attitude* 175 각주 93의 참고 문헌; 추가로 Bockmuehl, *Jewish Law* 17.21을 보라). 그러나 그렇게 함에 있어 그는 이상적 원리의 한 요체를 실천적 율법의 일종으로 바꾸어버린다.

식이다. 남자와 여자로 인류를 창조한 것(1.27; 2.21-23)은 그 결론으로 직통한다. '이러므로 남자가 부모를 떠나 그의 아내와 합하여 둘이 한 몸을 이룰지로다'(2.24).[151] 이혼은 그리하여 그 이상에 미달되는 것으로 이해되는바,[152] 예수는 이혼과 재혼에 원칙적으로 반대함으로써 그 이상의 논리를 강조했던 것 같다.[153] 여기서 언약적 순결을 유지하는 방편으로 이혼을 허락한 사례(스 9-10장)를 고려하지 않은 점이 주목된다. 이것은 또한 Q(Q 16.18)와 바울(고전 7.10-11)이 알았던 버전이었지만, 마태와 바울 모두 그 전통을 다시 가르침에 있어 결혼 붕괴라는 상황에 직면한 결과 그것을 조율하여 결국 모세의 개선 규정을 본래대로 되돌리는 점은 주목할 만하다.[154] '성적인 부도덕(*porneia*) 외에는'(마 5.32/19.9). 믿는 배우자는 매이지 않는다(고전 7.15). 그 각각의 경우에서, 인간의 지속적인 '강퍅함'이 다시 한 번 그 이상적인 관례를 수정하도록 방해할 때조차 예수의 원론적인 주장은 보존되고 있다.

마가 전통 이외에 다른 세 구절들에 대해서도 특별한 언급이 필요하다.[155]

---

151) CD 4.14-5.11을 참조하라. 여기서 재혼은 배제된다. '창조의 원리에 따르면 "그가 그들을 남자와 여자로 창조하였기"(창 1.27) 때문이다; 샌더스는 이 평행구에서 예수의 독창적인 규칙 또한 성서를 인용하였고 예수의 가르침이 마지막 날들에 임하는 그의 종말론적 생활 감각에서 직접적으로 유래하였을 압도적인 개연성을 이끌어낸다.

152) '예수는 예외적인 상황에 대한 어떤 호소도 하나님의 절대적인 뜻을 행하기 위해 완전히 명백한 결단을 피하려는 시도로 가정하는 것 같다'(Keck, *Who Is Jesus?* 155). 라이트는 예수가 상상한 그 갱신이 '완고한 마음'(모세가 이혼장을 허락한 이유가 되었던)을 위한 '치유'를 내포하였으리라 추론한다(*Jesus* 117-18).

153) 막 10.12은 그 전통을 확장한 것으로 보이는데, 이는 예수 당시의 유대교에서는 허락되지 않은 여성 주도의 이혼 가능성을 예견한다(Josephus, *Ant.* 15.259); 이와 관련된 논의로는 Taylor, *Mark* 419-21; Westerholm, *Jesus* 117-18; 추가로 Schrage, *Ethics* 94-97 참조. 또한 남편만이 이혼을 주도할 수 있고 신 24.1의 '수치 되는 일'(*erwâ*)이 문자적으로 해석될 수 있는('설사 그녀가 그를 위한 접시를 더럽혔다고 할지라도'—*m. Git.* 9.10) 사회에서도 이혼에 대한 절대적인 금지는 아내를 보호하는 방식이었다. 추가로 J. L. Nolland, 'The Gospel Prohibition of Divorce: Tradition History and Meaning', *JSNT* 58 (1995) 19-35; A. -J. Levine, 'Jesus, Divorce, and Sexuality: A Jewish Critique', in LeBeau et al., eds., *Historical Jesus* 113-29 (여기서는 116-21).

154) 여기서 *porneia*의 의미에 대해서는 Davies and Allison, *Matthew* 1.529-31을 보라.

155) 토라와 관련이 있는 Q 어록이 별로 없다는 점이 종종 논평의 대상이 되므로(예를 들어 Kloppenborg, 'Sayings Gospel Q' 332-34) 우리는 이어지는 예문들 중에서 셋 모두가 Q 자료를 포함하고 있음을 적시해야 한다: 마 5.32/눅 16.18; 마 5.39-41/눅 6.29-30; 마 5.44-47/눅 6.27, 32-34; 마 23.23/눅 11.42; 마 8.21-22/눅 9.59-60; 또한 위의 각주 143에서 인용된 마 23.25/눅 11.39.

f. 반제들

우리는 마태의 연속되는 여섯 반제들(마 5.21-48)의 자료에 대한 토론을 개시할 필요가 있다. 도입 문구('너희는…라고 말해졌다고 들었다')는 이 가르침을 수집한 교사(마태 자신?)의 표지일 개연성이 높다. 예수 전통의 다른 어느 곳에도 그것이 등장하지 않기 때문이다. 예수가 다양한 주제들에 대한 자신의 가르침을 이전의 규례들에 대하여 어느 정도 대립하도록 설정하거나, 그렇게 공식문구의 방식이 아니라 할지라도 특정한 성서 구절을 급진적으로 해석한 것으로 기억되었을 개연성도 마찬가지로 높다.[156] 요지인즉, 그 반제들이 특정한 일부 율법을 강조하거나 그 배후에 율법 이면이나 배후의 보다 근본적인 쟁점을 강조한 것으로 볼 때 가장 잘 이해된다는 것이다.[157] 종합하면 그들은 율법 제정으로 이룰 수 있거나 유지할 수 있는 것 이상으로 인간적·사회적 관계에 있어 보다 근본적인 방향 정립을 요청한다는 것이다.[158] 단지 살인뿐 아니라 정당화되지 않는 분노, 모욕, 타자를 조롱하며 무시하는 것도 정죄된다(마 5.21-22). 간음만이 아니라 호색도 그렇다(5.27-28). 거짓 맹세뿐 아니라 무심결의 맹세와 타산적인 모호한 표현(5.33-37)도 마찬가지다.[159] 올바른 것을 행하는 것은 외양적인 행위와 설정된 공식으로 수렴될 수 없다. 율법을 '폐하는' 듯한 한 가지 반제,[160] 즉 보복

---

156) 5.21-22, 27-28, 33-37 등이 마태 이전의 전통에서 비롯되었고 '그와 유사한 공식문구를 낳았으며, 그 가운데 맥락과 이탈된 주의 어록들이 안착하였다'는 불트만의 주장(*History* 134-36)은 영향력 있는 진술로 증명되었다. 예컨대, 귈리히(Guelich)의 간략한 의견 조사(*Sermon on the Mount* 178; 또한 265-71); Schrage, *Ethics* 59-60; Merklein, *Jesu Botschaft* 105-10; Luz, *Matthäus* 1.245-46; Stuhlmacher, *Biblische Theologie* 1.103; Becker, *Jesus* 288-91; Allison, *Jesus* 185-86을 보라.
157) '예수는 율법을 폐기하기보다는 급진화하였다.…율법이 요구하는 것 이상으로 더 엄격해지는 것은 율법을 위반하는 것이 아니다'(Sanders, *Jesus* 260). 반면 '예수가 율법주의적인 유형의 행태와 싸운다'(Gnilka, *Jesus* 213)고 결론짓는 것은 본문에 의해 정말 정당화되는가? 버메스는 이와 연관된 다른 과잉 진술들을 언급한다(*Religion* 30-32).
158) 추가로 Guelich, *Sermon on the Mount* 237-55. 이혼에 대한 반제(마 5.31-32/눅 16.18)에 대해서는 위의 §14.4e를 보라; 원수 사랑의 반제(마 5.43-48/눅 6.27-28, 32-36)에 대해서는 아래 §14.5를 보라.
159) 예수 전통이 초기 공동체 내에 어떻게 기능했고 어떻게 들려졌는지에 대한 또 다른 사례로서 약 5.12의 이 마지막 반제에 담긴 강한 울림을 주목하라(추가로 위의 §8.1e를 보라). 요세푸스는 에세네파 사람들 가운데 맹세에 관한 유사한 태도를 보도한다(*War* 2.135; CD 9.9-12; 16.7-12 참조; 추가로 B. Kollman, 'Erwägungen zur Reichweite des Schwurverbots Jesu (Mt 5,34)', *ZNW* 92 [2001] 20-32). 베커는 다음과 같이 본다: '물론 그들은 이 관례를 토라에 상반되는 것으로 이해하지 못했다. 토라가 허용하는 어떤 것을 하지 않겠다고 거부하는 것은 토라의 위반이 아니다'(*Jesus* 296). 또한 Westerholm, *Jesus* 104-13; Holmén, *Jesus* 176-86을 보라.

에 대한 반제(5.38-42)[161]는, 개인적으로 위협을 당할 때 보복하지 않고 적극적으로 응수하는 관행 가운데 표현되었듯이, 보복을 제한하고 피의 복수를 저지하기 위해 특별히 의도된 율법의 배후에 있는 권리와 책임이라는 보다 근본적인 의미를 강조한 것으로 들을 때 더 잘 이해된다.[162]

g. 십일조

십일조 역시 유대교에서 중요했으며[163] 후대 랍비들에게 의미심장한 관심사가 되었다(특히 *m. Demai*를 보라). 이 주제에 대하여 마태/누가가 공유하는 전통(마 23.23/눅 11.42)은 어떤 약초에 관하여 70년 이전에 이미 널리 알려진 논쟁이 있었음을 시사한다.[164] 그 어록은 예수가 그러한 관심사를 지나치게 사소하거나 틀린 것으로 비난하기보다 아마도 미가 6.8의 전체적인 정신으로 또는 그것의 의도된 반향과 함께 관심을 가져야 할 더 중요한 것들—특히 '정의와 자비'—이 있음을 청중에게 상기시키는 것으로 기억된다는 점에서 주목할 만하다. 그 어록은 바리새인과 세리의 비유(눅 18.9-14)에 함축된 예수의 태도와 일치한다. 십일조는 기도 이상으로 비판받지 않지만 그것이 하나님께 용납되는 기본 원칙이나 원인을 구성하지는 않는다.[165] 또한 그것이 언약 율법에 신실함을 검증하는 기준으로 작용하지도 않는다.[166]

---

160) Jeremias, *Proclamation* 207; Schrage, *Ethics* 64-65. 해당 율법, 곧 보복법(*lex talionis*)은 출 21.24; 레 24.20; 신 19.21이다.

161) 누가의 평행구(눅 6.29-30)와 디다케 1.4-5, 도마복음 95 등과 함께 위의 §8.5d에서 인용된 본문. 또한 위의 제12장 각주 194와 Davies and Allison, *Matthew* 1.539-48의 보다 온전한 논의를 보라.

162) Betz, *Sermon on the Mount* 277-84의 넉넉하고 탁월한 논의를 보라.

163) 레 27.30-33; 민 18.24-32; 신 14.22-29; 26.12-15; 추가로 Sanders, *Judaism* 146-57; 언약적 순종의 주요한 표지(Holmén, *Jesus* 106-11).

164) 상세한 추가 내용은 Davies and Allison, *Matthew* 3.293-94을 보라.

165) 추가로 Westerholm, *Jesus* 55-61을 보라.

166) Holmén, *Jesus* 127-28.

h. 자녀의 의무

예수가 '경건과 토라의 요구 조항을 대체했다'고 샌더스가 기꺼이 인정하는 한 구절은 자칭 제자에 대한 예수의 명령이다. '죽은 자로 그들의 죽은 자를 장사지내게 하라'(마 8.21-22/눅 9.59-60).[167] '자신의 죽은 부모를 돌보라는 요구 조항을 불순종하는 것은 실제로 하나님에 대한 불순종이다.'[168] 그러나 관용적 용례가 연루된다면 여기서 샌더스는 그가 다른 사례에서 비판하는 자들만큼이나 과잉반응을 보이고 있다.[169] 설사 그렇더라도, 우리는 여기서 예수가 어떤 상황이 부여한 기회를 포착하는 모습을 말할 수 있다. 그와 관련된 특별한 세목들은 하나님의 일의 절대적 우선권을 강조하기 위해 그 전통 가운데 보존할 만큼 충분히 중요하게 간주되지 않았다. 우리는 이제 그 비타협적인 헌신을 의심의 눈초리로 바라볼 수 있지만 그것은 있었던 그대로 인정하고 존중해야 한다.

이 모든 것은 예수의 토라 경건이라 부를 만한 것과 관련하여 §9.9c에서 이미 선보인 통찰과 전적으로 일치한다. 그는 또한 나병환자에 대한 율법을 지키고[170] 영생에 대해 물은 부자 청년에게 십계명의 두 번째 조항을 지시한 것으로 회고된다(막 10.19 평행구).[171] 위에서, 그리고 그 밖에 다른 곳

---

167) Sanders, *Jesus* 252-55: '율법에 대한 예수의 견해를 꿰뚫는 공관복음의 가장 뜻 깊은 구절'로 여기서 그는 헹엘의 논법에 경의를 표하며 그것을 따른다(252).

168) *Jesus* 253; '토라와 할라카에 대한 주제 넘는 위반'(Becker, *Jesus* 285); '고대 고전기의 지배적인 창조 질서에 대해…직접적인 모욕.…장례는 기대되고 칭찬받는 자식으로서의 충성스런 도리를 보일 수 있는 최고의 순간이었다. 예수가 제안한 대로 그것을 무시하는 것은 비할 바 없이 대단한 무례를 드러내는 것일 수 있었다. 예수는 그저 수치를 모르고 있었던 셈이다'(Vaage, *Galilean Upstarts* 90, 93). 또한 §13.2d를 보라.

169) 그 아버지가 이미 죽어 있었는가? 베일리는 중세의 주석가 이븐 알-살리비(Ibn al-Salibi)의 논평 (대략 1050년경 수리아에서 씌어짐)을 인용한다: '"나로 가서 장사지내게 하소서"는 나로 가서 내 아버지가 살아 있는 동안 그를 섬기게 하소서. 그러면 그가 죽은 뒤에 내가 그를 장사하고 오겠습니다라는 뜻이다'(*Through Peasant Eyes* 26); 다시 위의 §13.2d를 보라. 보크뮐(Bockmuehl)은 헹엘과 샌더스에 반대하여 '기본적 가족의 의무조차 초월하는 특별한 종교적 의무는 문화적으로 예수의 청중에 친숙한 것이었을 것'이라고 항변한다. 그리고 그 어록이 나실인의 배경을 깔고 있을 가능성을 제시하는데 이는 설득력이 떨어진다(*Jewish Law* 23-48); 그러나 만일 베일리가 옳다면, 그 결심은 '할라카'보다는 관용적 표현의 견지에서 더 많이 발견될 수 있을 것이다.

170) 막 1.44 평행구; 눅 17.14; 레 13.4-9.

171) 그럼에도 불구하고 또한 기억해야 할 점은, 이 이야기의 핵심 요지 한 가지가 '내가 어렸을 때부터' 이 모든 계명들을 모두 지킨 것이 불충한 것으로 판명되었다는 사실이다; 그 청년은 좀더 요구하는 원리와 관련해서는 미달되었던 것이다(Goppelt, *Theology* 1.98). 또한 롬 13.8-10 참조.

에서 검토한 그 전통은 예수가 자신의 가르침을 반듯하게 토라에 정초한 것으로 기술한다.[172] 마태는 예수가 성전 희생제의에 계속해서 참여한 것으로 상정하는 어록을 보도한다(마 5.23-34).[173] 또 다른 구절은 그가 상속법의 쟁점에 대해 자문을 요청받는 장면을 보여준다(눅 12.13). 전반적으로 예수 전통이 성서, 특히 이사야와 시편에 많이 공명한 것은 '예수가 구약성서 속에 살았던' 정도를 입증해준다.[174] 마태는 예수를 심지어 율법을 폐하지 않고 이루기 위해 왔다고 주장하였으며 그 계명들을 엄격하게 준수하라고 요청한 것으로 묘사할 정도다(마 5.17-20). 여기서 마태가 자신의 우선적 관심사를 그 전통에 각인시키고 있다는 점에는 의심의 여지가 거의 없다. 그렇지만 그의 표현이 전적으로 근거 없고 다른 곳에서 기억된 예수의 가르침에 어긋났다면,[175] 이 점에 대해 그렇게 과격하게 예수 전통을 다시 끌어들이는 그의 시도가 그렇게 성공적이었을 것 같지 않다.[176] 여기서 우리는 예수 전통이 예수가 가르친 대로 들려졌던 것으로 구성된다는 점을 기억할 뿐 아니라, 들려지고 기억된 것이 말하는 자만큼 듣는 자에게 달려 있음을 상기할 필요가 있다.

그렇다 하더라도 율법의 취지와 규례 중에서 논란이 된 쟁점들과 관련하여 서기관과 바리새인들과의 논쟁 가운데 보다 풍성해진 예수 전통은 세밀히 살핀 뒤에도 충분히 통한다고 결론지을 수 있다. 율법과 전통과 관련하여 '주권적 자유'가 율법에 대한 예수의 태도를 적절히 기술한 것인지

---

172) 막 7.10; 10.6-7; 12.26; 12.29-31(아래 §14.5를 보라).

173) 고펠트의 다음 지적과 다르게: 그 어록은 '예수의 제자들이 계속 성전에서 예물을 드렸다는 것을 전제하지 않았다; 그것은 순전히 은유적인 특성을 가지고 있었을 뿐이다'(*Theology* 1.96). 또한 막 12.41-44 평행구를 주목하라(위의 §8.4c에 인용). '예수는 분명히 예루살렘 성전을 **현재 세상 질서의 일부**로 받아들였다'는 마이어의 결론과 대조해보라(*Marginal Jew* 3.500, 강조는 그가 한 것).

174) Jeremias, *Proclamation* 205-206, 충분한 전거 제시와 함께; 또한 R. T. France, *Jesus and the Old Testament* (London: Tyndale, 1972); Vermes, *Religion* 50-70; Theissen and Merz, *Historical Jesus* 357-58을 보라; 베커의 다른 주장과 대조해보라: '예수는 자신이 말할 때 토라의 권위를 활용하지 않는다'(*Jesus* 254-55; 또한 278-79, 281).

175) 마 5.18은 결국 눅 16.17(Q?)과 공통된 전통에서 끌어온 것이다.

176) 마 5.17-20의 얼마나 많은 부분이 예수의 것으로 간주될 수 있는지의 문제에 대해서는 특히 Banks, *Jesus and the Law* 204-26; Davies and Allison, *Matthew* 1.482-503을 보라; '이룬다'(fulfil)는 말로써 마태는 '완성한다'(complete), 즉 이어지는 대목에 기록된 대로 '율법의 참된 의미를 드러내서 그것을 행동으로 보여준다'라는 의미를 염두에 두었을 것이다(추가로 Guelich, *Sermon on the Mount* 139-41을 보라).

여부는 그리 명확하지 않다. 그 서술은 예수의 가르침과 논쟁 기술에 더 잘 적용될 수 있을지 모른다. 예수의 선교에 동기를 부여한 근본적인 관심사의 중요성을 확신할 때 특히 그렇다. 여하튼 그렇게 가르치고 논쟁한 것으로 기억되는 그 예수는 분명히 율법을 정반대로 거스르는 방향으로 나서지 않았다. 오히려 이 분야에서 예수의 가르침은 직접적인 쟁점을 가로질러 동기와 의로움에 대한 보다 심층적인 질문을 강조하는 견지에서 특징 지어질 수 있다. 이를테면 예수는 시범적 사례에서 가장 즉각적으로 명백한 규정을 적용하는 쉬운 길 택하기를 거절하고 율법 속으로 깊이 파고들어가 그 특정한 *miṣwot* 속에 나타난 신적인 근본 원리(정의)를 헤아리고자 했던 것이다.[177] 하나님의 뜻을 행하는 것이 여전히 일차적인 목표였다.[178] 설령 그 뜻이 단순히 토라를 참조해서 분별될 수 없다고 할지라도 말이다.[179]

게다가 언약에 대한 순종과 충성의 시범 사례가 된 율법과 규례의 쟁점들에 대해 예수는 그 길을 따라 내려가길 거절했던 것으로 보인다. 하나님 앞에서 그의 입지는 토라에 대한 특정한 해석과 적용에 의존하지 않았다. 그의 유대인 됨은 다른 이견을 지닌 자 또는 불순종하는 자와 별도의 존재로 자신을 구별짓는 종류의 어떠한 율법 준수도 요구하지 않았다. 그렇다면 예수가 설명하고 옹호한 근본적인 관심사들이 그의 후대 추종자들을 자극하여 다양한 지점에서 율법으로 명확히 표시된 경계 내에 더 이상 머물지 않는 행실의 근본 원리로 더욱더 들어가 강조할 만한 여지를 준 것은 놀랄 일이 아니다.

---

177) Banks, *Jesus and the Law* (물론 그의 그리스도론적 초점은 복음서 저자들이 발전시킨 관심의 강조점을 반영한다); Westerholm, *Jesus* 130; Becker, *Jesus* 229-30; Theissen and Merz, *Historical Jesus* 381, 394-95 ('그 중심에서 그것[예수의 윤리적 설교]은 토라로 방향지어진다; 하지만 그것은 예언자적 정신으로 읽은 토라로 방향지어진다'); Bockmuehl, *Jewish Law* 6, 14 참조.
178) 막 3.35/마 12.50; 막 14.36 평행구; 마 6.10; 7.21; 21.31; 눅 12.47. Schnackenburg, *Sittliche Botschaft* 77-79을 보라.
179) 내 저서 *Jesus' Call to Discipleship*에서 나는 주변 환경에 비추어 적용되는 원리들과 그 환경이 어떻든 간에 순종해야 할 규칙들을 구분하여 제안하였다(84). 그러나 마 11.11-12/눅 16.16에 함축된 하나님 나라 관점의 그 변화는, 물론 두 번째 본문의 수사적 성격을 감안할 필요가 있겠지만, 산뜻한 경구들로 환원될 수 없다.

마지막으로 예수의 강조점들이 대체로 그의 종말론적 관점에 의해 결정된 것 같다면,[180] 우리는 또한 이 요소가 이 대목에서 그 전통에 두드러진 흔적을 남기지 않았다는 점을 주목해야 한다. 이 모든 점에서 마음을 끄는 것은 그 나라에 들어가는 필수적인 행동 패턴이 아니고 그 나라가 오기 전 막간에만 요구되는 '임시 윤리'(슈바이처)도 아니다. 그것은 (암묵적으로) 그 나라에 정초한 삶의 특질인 바, 곧 그 나라의 도래를 바라보고 이제 곧 그 빛 가운데 살고자 하는 자들에게 어울리는 생활의 성격이다.

14.5 동기 부여로서의 사랑

방금 근거가 제시된 강조점들과 밀접한 관계가 있는 것은 그 중요성이 별도로 언급될 만한 별개의 특징이다. 그것은 예수가 '네 이웃을 너 자신과 같이 사랑하라'는 토라의 명령에 각별한 주안점을 두고 그 온전한 함의를 힘주어 역설한 것으로 기억되었다는 사실이다. 이 점에 있어 그 전통은 분명하다.

a. 마가복음 12.28-31 평행구

마 22.35-40	막 12.28-31	눅 10.25-28
35 그 중의 한 율법사가 예수를 시험하여 묻되 36 선생님 율법 중에서 어느계명이 크니이까? 37 예수께서 이르시되	28 서기관 중 한 사람이 그들이 변론하는 것을 듣고 예수께서 잘 대답하신 줄을 알고 나아와 묻되 모든 계명 중에 첫째가 무엇이니이까?	25 어떤 율법교사가 일어나 예수를 시험하여 이르되 선생님 내가 무엇을 하여야 영생을 얻으리이까? 26 예수께서 이르시되 율법에 무엇이라 기록되었으

---

180) 가령, 메르클라인(Merklein)은 예수의 도덕적 가르침을 '강화된' 또는 '급진화된' 토라의 가르침보다는 '종말론적으로 한정된 교훈'(Weisung)으로 요약한다(*Jesu Botschaft* 101-102).

| | 29 예수께서 대답하시되 첫째는 이것이니 이스라엘아 들으라. 주 곧 우리 하나님은 유일한 주시라. | 며 네가 어떻게 읽느냐?
27 대답하여 이르되 |
| 네 마음을 다하고 목숨을 다하고 뜻을 다하여 주 너의 하나님을 사랑하라 하셨으니
38 이것이 크고 첫째 되는 계명이요
39 둘째도 그와 같으니 네 이웃을 네 자신 같이 사랑하라 하셨으니
40 이 두 계명이 온 율법과 선지자의 강령이니라. | 30 네 마음을 다하고 목숨을 다하고 뜻을 다하고 힘을 다하여 주 너의 하나님을 사랑하라 하신 것이요
31 둘째는 이것이니 네 이웃을 네 자신과 같이 사랑하라 하신 것이라. 이보다 더 큰 계명이 없느니라. | 네 마음을 다하며 목숨을 다하며 힘을 다하며 뜻을 다하여 주 너의 하나님을 사랑하고 또한 네 이웃을 네 자신 같이 사랑하라 하였나이다.
28 예수께서 이르시되 네 대답이 옳도다. 이를 행하라 그러면 살리라 하시니 |

'네 이웃을 네 자신을 사랑하듯 사랑하라'는 명령이 최초 그리스도교의 교훈 가운데 중추적 원리이자 핵심 동기였음은 의심의 여지가 없다. 증거는 이를 확실히 보여준다.[181] 그렇게 일관되게 이 계명(레 19.18)을 뽑아낸 것은 우연의 일치라 보기 어렵다. 그 강조점이 어떤 미지의 선생에게 기인하였거나 그것이 몇몇 그리스도교 진영에서 동시에 자발적으로 생겨난 것 같지 않다.[182] 예수 전통이 레위기 19.18을 예수가 그렇게 뚜렷하게 부각시켰다는 그처럼 확실한 기억을 담아낸 경우라면, 예수를 주로 부른 자들 가운데 그 지속적인 중요성을 보장한 것이 바로 그 가르침의 영향이었다는 설명이 가장 확실해 보인다.[183] 예수 전통 자체는 상이한 구연의 변용물들 속

---

181) 롬 13.8-10; 갈 5.14; 약 2.8; 디다케 1.2; 2.7; 바나바서신 19.5; 도마 25; 요 15.12 참조. 같은 정신으로 다른 사람을 위해 배려하라는 바울의 일관된 권고가 있다(롬 12.9-10; 15.1-2; 빌 2.1-5).

182) 레 19.18에 대한 명시적인 언급은 예수 이전 유대 문헌에 결여되어 있다. 비록 후대에 레 19.18이 '토라에서 가장 큰 일반 원리'(*Spira on Lev.* 19.18)라는 의견이 랍비 아키바(Akiba, 2세기 초의 인물)의 것으로 간주되고 있지만 거기 있는 그러한 암시들은 이 구절을 특별히 부각시키지 않는다; 내 책 *Romans* 778-80을 보라. 여기서 나는 특별히 A. Nissen, *Gott und der Nächste im antiken Judentum. Untersuchungen zum Doppelgebot der Liebe* (WUNT 15; Tübingen: Mohr Siebeck, 1974)와 K. Berger, *Die Gesetzauslegung Jesu I* (WMANT 40; Neukirchen-Vluyn: Neukirchener, 1972) 50-55, 80-136을 언급하고 있다; 또한 자료는 Davies and Allison, *Matthew* 3.237-38; Theissen and Merz, *Historical Jesus* 384-90; M. Reiser, 'Love of Enemies in the Context of Antiquity', *NTS* 47 (2001) 411-27 참조.

에 우리에게 다가온다. 마태와 마가는 다르지만 상호 보완적인 단어들로 율법과 관련된 가르침의 의의를 요약한다(마 22.40; 막 12.31b). 다소 놀랍게도 기회를 포착하여 쉐마의 시작 부분을 포함하는 쪽은 (마태라기보다) 마가이다(막 12.29).[184] 누가는 그 핵심 명령을 서기관(*nomikos*)이 언급하고 예수가 승인하는 식으로(눅 10.27-28) 그 가르침을 흥미롭게 비틀었다. 또한 우리가 누가에게 의존하는 대목은 예수가 전한 가장 활기찬 불후의 비유 하나, 즉 사랑 계명을 예증하기 위해 '가서 그렇게 하라'(눅 10.37)는 급소를 찌르는 마지막 문구와 함께 언급된 선한 사마리아 사람의 비유이다(10.29-37).[185] 그러나 다시 말하거니와 어떻게 제시되든 그 핵심 가르침은 내내 안정된 상태임을 발견하게 된다.

그러므로 우리는 예수 전통과 최초 그리스도교 가운데 '이웃 사랑'에 부여된 중요성을 낳은 것이 진정 예수의 가르침이었다고 확신할 수 있다.[186] 두 가지 특징을 특별히 주목할 가치가 있다. 첫째, 자신의 이웃을 사랑하라는 명령은 자신의 전 존재로써 하나님을 사랑하라는 우선적 명령 다음에 놓인다는 것이다(막 12.30 평행구; 위의 §14.1).[187] 그 함의인즉, 두 계명이 공존한다는 것이다.[188] 두 번째 계명은 어쩌면 첫 번째 계명에 대한 추론적 결과로서만 장기적 현실 속에 가능하다.[189] 아마도 각각은 둘 다 깊이 뿌

---

183) '그의 윤리성의 중심과 그의 도덕적 교훈의 정점'(Schnackenburg, *Sittliche Botschaft* 89). 베커의 '이 주제'(사랑 계명)가 예수의 메시지 일부였음을 의심하지 않지만, '예수는 물론 직접 토라를 인용하지 않는다'(*Jesus* 249, 254)라는 고집스런 주장은 놀랍게도 교조적이다.

184) 그러나 그 세 개의 모든 버전들(막 12.30 평행구) 가운데 신 6.5의 인용은 마가의 확장 내용이 이미 암시적인 것을 단순히 명시적으로 만드는 것임을 보여준다.

185) 위의 제13장 각주 244를 보라.

186) 예수세미나 팀은 예수 자신이 레 19.18을 창의적으로 활용할 수 있었으리라는 점을 용인하길 꺼려하는 희한한 입장을 보인다; 일부 학자들이 기꺼이 용인하는 대부분의 내용은 힐렐의 부정적 형태의 황금률을 언급하면서 '예수가 힐렐이 부여한 율법의 해석에 수긍했을지 모른다'는 것이다(*b. Sabb.* 31a)(Funk, *Five Gospels* 104-105). 뤼데만은 이 점에서 '전통의 역사적 산출물'을 '영점'으로 판단하는데, 이는 '그것이 공동체 안에 견고하게 뿌리내리려 그 필요로부터 파생되어야 할 것이기 때문이다'(*Jesus* 86). 이와 같이 그는 전통 자체와 그것의 혼란스러운 사용, 그리고 그 전통의 기원과 함께 어떤 전통에 부여된 중요성을 조금도 고려하지 않고 알려지지 않은 어떤 창의적인 천재를 불러내고 있다.

187) '신명기 6.4-5과 레위기 19.18의 전적으로 독창적인 접속'(Stuhlmacher, *Biblische Theologie* 1.100-101). 또한 십일조에 대한 어록의 누가 버전(마 23.23/눅 11.42)이 '하나님 사랑'을 더 높은 의무로 포함시키고 있는 점도 주목하라.

188) 특별히 V. P. Furnish, *The Love Command in the New Testament* (Nashville: Abingdon, 1972) 27-28, 33, 37.

189) 추가로 Schrage, *Ethics* 81-85. 무(Moo)의 다음 지적을 참조하라: '예수에게 그것은 "율법 위에 군

리내린 감정이면서 또한 굳건한 의지의 행위이다('네 마음을 다하여…네 힘을 다하여'). 둘째, 또한 주목할 만한 것은 그 명령이 조형되는 방식에 있어서의 현실주의이다. 그것은 제자들이 모든 사람을 사랑하도록, 마치 그것이 가능하기라도 한 양 요청하지 않는다.[190] 오직 이웃만을 사랑하라는 것이다. 즉 선한 사마리아 사람이 예시하듯, 하나님이 일상적 삶의 길 위에서 이웃으로 누구를 허락하든지 상관없이 말이다.[191] 나아가 그것은 인간의 역량을 넘어서는 사랑을 요청하지 않는다. 또는 당연한 결과로서 자기혐오를 명하는 사랑을 요청하지도 않고 사람이 자신을 자연스럽게 돌보는 행위가 이웃에게 보이는 사랑의 척도가 되는 오로지(!) 그런 사랑만을 요청한다.[192]

b. 마태복음 5.43-48/누가복음 6.27-28, 32-36

한층 더 인상적인 것은 산상설교/지상설교에 보존된 다음 구절이다.

막 5.43-48	눅 6.27-28, 32-36
43 또 네 이웃을 사랑하고 네 원수를 미워하라 하였다는 것을 너희가 들었으나 44 나는 너희에게 이르노니 너희 원수를 사랑하며 너희를 박해하는 자를 위하여 기도하라. 45 이같이 한즉 하늘에 계신 너희 아버지의 아들이 되리니 이는 하나님이 그 해를	27 그러나 너희 듣는 자에게 내가 이르노니 너희 원수를 사랑하며 너희를 미워하는 자를 선대하며 28 너희를 저주하는 자를 위하여 축복하며 너희를 모욕하는 자를 위하여 기도하라.

림하는 사랑의 우선권" 문제가 아니라 율법 내에 존재하는 사랑의 우선권 문제였다'('Jesus' 11).

190) '예수의 관심사는 그렇게 쉽사리 감상적인 허상이 될 수 있는 세계 전체를 위한 모호한 사랑이 아니다'(Schrage, *Ethics* 79).

191) 보른캄은 예수가 그 질문을 '누가 내 이웃입니까?'(눅 10.29)에서 또 다른 질문 '누구에게 내가 이웃인가?'(10.36)(*Jesus of Nazareth* 113)로 바꾼 것을 주목한다; Furnish, *Love Command* 40. '누구도 자신의 이웃을 정의할 수 없다; 자기가 이웃이 될 수 있을 뿐이다'(H. Greeven, '*plēsion*', *TDNT* 6.317).

192) 또한 불트만의 통찰을 주목하라: '이웃은 내가 그를 수단으로 하나님의 사랑을 실천하는 도구 같은 것이 아니다'; '만일 사랑이 감정으로 생각될 뿐이라면, 사랑을 명하는 것은 무의미하다; 사랑의 계명은 사랑이 의지의 태도로 이해된다는 점을 보여준다'(*Jesus and the Word* 115, 118); '자비로운 사마리아인의 예는 사람이 그의 도움을 필요로 하는 이웃을 볼 때 그가 해야 할 일을 알 수 있고 알아야 함을 보여준다'(*Theology* 1.19; 유사하게 24).

악인과 선인에게 비추시며 비를 의로운 자와 불의한 자에게 내려주심이라.	·····················.
46 너희가 너희를 사랑하는 자를 사랑하면 무슨 상이 있으리요? 세리도 이같이 아니하느냐?	32 너희가 만일 너희를 사랑하는 자만을 사랑하면 칭찬 받을 것이 무엇이냐 죄인들도 사랑하는 자는 사랑하느니라.
47 또 너희가 너희 형제에게만 문안하면 남보다 더하는 것이 무엇이냐? 이방인들도 이같이 아니하느냐?	33 너희가 만일 선대하는 자만을 선대하면 칭찬 받을 것이 무엇이냐 죄인들도 이렇게 하느니라.
	34 너희가 받기를 바라고 사람들에게 꾸어 주면 칭찬 받을 것이 무엇이냐? 죄인들도 그만큼 받고자 하여 죄인에게 꾸어 주느니라.
	35 오직 너희는 원수를 사랑하고 선대하며 아무 것도 바라지 말고 꾸어 주라. 그리하면 너희 상이 클 것이요 또 지극히 높으신 이의 아들이 되리니 그는 은혜를 모르는 자와 악한 자에게도 인자하시니라.
48 그러므로 하늘에 계신 너희 아버지의 온전하심과 같이 너희도 온전하라.	36 너희 아버지의 자비로우심 같이 너희도 자비로운 자가 되라.

여기에서 다시 그 가르침이 청종되고 후대의 교훈 가운데 재활용되었다는 상당한 증거가 있다. 로마서 12.14과 디다케 1.3은 둘 다 분명히 누가의 어록 형태를 모방하며, 같은 가르침이 고린도전서 4.12과 베드로전서 3.9의 형성에 영향을 끼친 것 같다.[193] 그렇다면 그 사랑 계명을 그때까지 아직 알려지지 않은 분야로 확대 적용시키면서 마태와 누가가 끌어들이고 확장시킨 그 전통(Q?) 가운데 회고되는 것은 예수이다.[194] 이전과 마찬가지로 여기

---

193) 자세한 내용은 내 책 *Romans* 745. 또한 *P.Oxy.* 1224 (Aland, *Synopsis* 84). 구약성서의 선례들과 함께 추가적 흔적과 암시들은 Davies and Allison, *Matthew* 1.551-53에 제시된다. 그렇지만 그들은 '원수를 사랑하라'는 가르침이 '의심의 여지없이 예수 자신의 생각에서 생겨난 것'이었음을 확신한다(552). 또한 J. Piper, '*Love Your Enemies*'; *Jesus' Love Command in the Synoptic Gospels and the Early Christian Paraenesis* (SNTSMS 38; Cambridge: Cambridge University, 1979) 19-65; Fitzmyer, *Luke* 637-38; Guelich, *Sermon on the Mount* 224-29, 252-55; McKnight, *New Vision* 206-10, 218-24을 보라.

194) 쿰란의 언약 가담자들이 '모든 어둠의 아들들을 미워하도록' 허용되었다는 점이 종종 주목된다 (1QS 1.10-11)(가령, Furnish, *Love Command* 46-47; Charlesworth, *Jesus* 74; 추가로 자세한 내용은 Davies and Allison, *Matthew* 1.549-50). 그러나 클라센(W. Klassen)은 '네 친구들을 선대(또는 사랑)하고 네

서도 그러한 가르침을 막대한 영향력을 행사한 어떤 미지의 제자가 만들어낸 것으로 여겨야 할 까닭이 없다.[195] 왜냐하면 그렇게 가르친 것으로 기억된 자가 예수였기 때문이고, 아마도 오로지 그가 예수였기 때문에 그 가르침이 보존되었을 것이다.[196] 무엇보다도 이 경우에서 우리는 억압 아래 있던 공동체와 제자직을 위해 색다른 동기와 이상을 강조하고자 예수가 얼마나 철저하게 준비되어 있었는지 얼핏 짐작하게 된다. 단지 개인주의적인 윤리로서가 아니라,[197] 일차적으로 언약의 신실함에 따라 확정된 이웃 사랑의 개념을 관철시킴으로써 예수는 그 이상에 부응했다.[198] 사랑은 행실과 모든 사회 관계에서 처음이자 마지막의 기준이 되어야 한다는 것이다. 마태가 이에 앞서 즉각적으로 이전의 반제 아래 배치한 가르침은 그러한 태도와 우선권의 실현을 예시한다(마 5.38-42/눅 6.29-30).[199] 그것은 단지

원수들을 미워하라'는 이중적 조언이 고대 세계에 광범위하게 퍼져 있었기에 특정한 참고 자료를 찾을 필요는 없다고 제안한다('"Love Your Enemies": Some Reflections on the Current Status of Research', in W. M. Swartley, ed., *The Love of Enemy and Nonretaliation in the New Testament* [Louisville: Westminster, 1992] 1-3 [여기서는 12]). 추가로 Betz, *Sermon on the Mount* 301-13을 보라.

195) 예수세미나 팀은 의심 없이 '네 원수들을 사랑하라'는 교훈을 예수의 핵심 가르침과 가깝다고 보았다(Bultmann, *History* 105도 마찬가지). 나아가 마 5.45b-46/눅 6.32과 관련하여 긍정적인 판단을 보였는데, 하지만 마 5.44b/눅 6.28에 대해서는 로마서와 디다케의 평행구에도 불구하고 부정적인 평가 결과로 돌아섰다(Funk, *Five Gospels* 145-47, 291-97). 뤼데만은 마 5.44a의 진정성을 긍정함에 있어 한층 더 강력한 입장인데, '그것이 원시 그리스도교에서 회피되었기' 때문이다(*Jesus* 144). 또한 Holmén, *Jesus* 258-72. 유대 전통 밖에서 가장 근접한 평행구는 Epictetus 3.22.53-54이다: 견유학파의 입장은 '광포한 상태에 처한 자는 나귀처럼 채찍질을 가할 필요가 있다. 그가 채찍을 맞는 동안 그는 그를 채찍질하는 자들을 사랑해야 한다…'; 긴밀성이 비교적 떨어지는 평행구들은 Downing, *Christ and the Cynics* 23-25; Vaage, *Galilean Upstarts* 47-50.

196) '대부분의 사람들이 예수의 사랑 윤리를 고대의 다른 "사랑 윤리"와 구별하는 것은 그의 원수 사랑 계명이다'(Furnish, *Love Command* 66).

197) '원수 사랑은 인간의 보편적 사랑의 정점이 아니라 자아 극복의 정점, 곧 자기주장의 굴복이다'(Bultmann, *Jesus and the Word* 112).

198) 예수는 '자신이 사랑해야 할 자들의 진영을 확대시키기 위해서가 아니라 그런 종류의 사고에서 벗어나 전혀 새로운 사랑의 방향으로 전환하기 위하여 사랑과 원수라는 용어들을 결합시킨다'—Becker, *Jesus* 255이 그렇다. 그러나 그는 이것을 지나치게 변증법적으로 (그리고 설교적으로) 이웃 사랑과의 대립 관계로 몰아간다(255-57). 메르클라인(Merklein)은 원수 사랑을 하나님의 왕권의 실현으로 보는 종말론적 맥락을 강조한다(*Jesu Botschaft* 116-28).

199) 위의 §8.5d에서 인용됨. '"네 원수를 사랑하라"는 말은 "로마인들을 사랑하라"는 뜻이었을 것이다'(Borg, *Conflict* 130); 로마인들이 아니라 지역의 대적이었을 것이라는 입장도 있다(Horsley, *Jesus* 150, 261-73); 마 5.39-41 '필요한 것을 약탈한 군사들과 필요하다면 폭력으로라도 맞서는 전략'(Chilton, *Rabbi Jesus* 46). 페린은 '겉옷/외투' 관련 어록이 문자 그대로 취하면 우스꽝스럽다고 지적하면서('그런 식으로 행동하는 사람은 곧 품위 없는 노출의 죄과로 곧장 법정으로 소환될 것이다') 그것은 결코 문자적으로 풀어서는 안 된다고 결론짓는다: '우리가 여기 가지고 있는 것은 한 원리의 예시들이다. 그 예시들은 극단적이지만…계획적인 것이다. 그것들은 급진적 요구의 생생한 사례들이 되길 목적하고 있는 바, 우리는 그것들을 그렇게 간주해야 한다'(*Rediscovering* 147-48). '그렇게 격렬하고 거의 용납할 수 없는 요구는 거의 확실히 역사적 예수에게서 발원한 것이다'(Catchpole, *Quest* 111). 견유학파 평행문들은 Downing, *Christ and Cynics* 25-26.

보복하지 않는 것뿐 아니라 적극적인 외향적 관대함을 권고한다('그에게 너의 겉옷도 주어라; 그와 함께 한 번 더 십리까지 가라').[200] 이것이 바로 사랑으로 도발적 자극에 응수하는 방식이다.[201]

c. 마태복음 7.12/누가복음 6.31

마 7.12	눅 6.31
12 그러므로 무엇이든지 남에게 대접을 받고자 하는 대로 너희도 남을 대접하라 이것이 율법이요 선지자나라.	31 남에게 대접을 받고자 하는 대로 너희도 남을 대접하라.

'황금률'이라고 적절히 이름 붙여진 이 구절은 제2성전기 유대교와 그 바깥에서도 다양한 형태로 그 본질적 원리가 잘 알려져 있었다.[202] 이는 그 원리가 예수 전통 속에 들어왔고 그 전통과 관련하여 예수의 특정 발언 가운데서 발원하지 않았을 개연성을 지적하기 위해 꾸준히 거론된다.[203] 그러한 주장의 부적절함은 명백하다. 만일 그 원리가 그렇게 보편적이었다면, 예

---

200) G. Theissen, 'Nonviolence and Love of Our Enemies (Matthew 5:38-44; Luke 6:27-38)', *Social Reality* 115-56 참조. 그는 '유대 전쟁과 전후 시대의 경험들이 우리의 원수 사랑에 대한 전통이 마태에 형성된 방식 속에 반영되어 있으며'(132-37 [여기서는 136]), 다시 또 말하지만 여기서 염두에 두고 있는 자들이 '카리스마적 유랑 설교자들'(144-46)이라는 것이다; 그러나 타이센은 또한 예수의 그러한 가르침이 실제적이고 현실적인 정치적 선택을 제공했으리라는 점을 논증하기 위해 20년대와 30년대 팔레스타인에서 발생한 유대인들의 효과적인 비폭력 저항 운동의 두 가지 고전적 사례에도 주목한다(Josephus, *War* 2.174; *Ant.* 18.271-72). Becker, *Jesus* 252-53과 대조해보라.

201) '이러한 급진적 요구들의 신빙성은 예수에게서만 발견될 수 있다. 그는 스스로 이러한 훈계에 따라 충분히 살았다.…이러한 말들은 자신이 한 것으로만 생각할 수 있다'(Gnilka, *Jesus* 230). 또한 Schrage, *Ethics* 76-79을 보라.

202) Davies and Allison, *Matthew* 1.686-88은 다시 토빗 4.15; *Ep. Arist.* 207; Philo, *Hypothetica* in Eusebius, *Praep. evang.* 8.7.6; 납달리 유언서 1.6; 그리고 Hillel, *b. Sabb.* 31a의 유명한 응답 등을 포함하여 대개 부정적 형태의 그 자료들을 편리하게 요약해준다('너희가 다른 자들이 너희에게 행하기를 원하지 않는 것은 너희도 다른 자들에게 행하지 말라'). 보다 긍정적인 형식이 그리스도교 전통에 유일한 것이 아니다(집회서 31.15; 에녹2서 61.1-2; *Sextus, Sent.* 89 참조); 특히 A. Dihle, *Die goldene Regel. Eine Einführung in die Geschichte der antiken und frühchristlichen Vulgärethik* (Göttingen: Vandenhoeck und Ruprecht, 1962) 80-108; 또한 P. S. Alexander, 'Jesus and the Golden Rule', in Charlesworth and Johns, eds., *Hillel and Jesus* 363-88.

203) Bultmann, *History* 102-103; Funk, *Five Gospels* 156, 296; Lüdemann, *Jesus* 152; 그러나 또한 Davies and Allison, *Matthew* 1.688. 다른 한편으로 버메스의 다음 논점이 비중 있게 다루어져야 한다: '통상적인 부정적 공식보다 명확하게 긍정적인 어법이 사용된다는 바로 그 사실로 미루어…예수가 실제로 그것의 틀을 제시했음을 뒷받침하는 결정적인 논거로 간주해야 한다'(*Religion* 41).

수 자신은 기꺼이 그것에 동의한다는 신호를 보냈을 것이다. 그러나 이 경우에 그 전통의 한 가지 의아스런 점은 *P.Oxy.* 654 6.2과 도마복음 6.2이 토빗 4.15의 형태에 더 가깝다는 것이다.[204] 이는 이 모든 사례들 가운데 그 전통이 기실 예수와 다른 자료들로부터 비롯되었음을 암시한다. 따라서 황금률이 제자들과 다른 사람들의 관계에 동기를 부여하는 힘으로서 예수의 사랑 관련 가르침을 요약하는 방식으로 예수 전통 속으로 들어왔을 가능성을 완전히 배제할 수 없다. 그것이 이웃 사랑의 소명으로 요약된 율법으로서 같은 논점을 형성하므로(§14.5a) 어느 쪽으로든 아무것도 잃어버릴 게 없다.

14.6 용서받기 위해 용서하기

사랑의 추가적 증표로서 예수가 요청한 것은 기꺼이 용서하는 것이다. 예수가 부른 제자직의 특징은 용서하기로서의 용서받기, 용서받았으므로 용서하기라는 양면적 주제였다. 이 용서의 양면성이 중요한 것은 이미 주기도문에서 명확하게 드러난다. '우리 빚을 사면해주옵소서(*aphes*). 우리가 또한 우리에게 빚진 자들을 사면하였듯이'(마 6.12). '우리의 죄를 사면해주옵소서(*aphes*). 우리 자신 또한 역시 우리에게 빚진 모든 자들을 사면하였으므로'(눅 11.4).[205] 아울러 마태는 마가복음에서 또한 발견되는 강조점을 덧붙여 확장함으로써 그 점을 강조한다.[206]

---

204) 토빗 4.15: '너희가 싫어하는 것을, 누구에게도 행하지 말라'; *P.Oxy.* 654 6.2=도마 6.2: '너희가 싫어하는 것을 하지 말라'. 또한 그리스도교 전통 가운데(디다케 1.2; 행 15.20, 29a D) 인용된 것이 그 규칙의 부정적 형태라는 점을 주시하라.

205) 그러한 어법과 시제상의 차이점들은 예수 전통을 재차 가르치는 것에 대한 관심이 그 이상의 현학적인 문자 그대로의 암기가 아니라 실제적이고 현재적 상관성을 지닌 것이었음을 추가로 상기시켜준다. 잇따라 나오는 자료 가운데 '용서하다'와 관련하여 사용된 단어들도 같은 논점을 제시한다.

206) 또한 마 5.23-24을 참조하라—용서하고 용서받는 것으로서의 화해; 그리고 '서로 화평하라'는 권면(오로지 막 9.50에만 나오지만 아마 바울도 알았을 것이다: 롬 12.18; 마 5.9 참조; 마 10.13/눅 10.6).

마 6.14-15	막 11.25
14 너희가 사람의 잘못을 용서하면 너희 하늘 아버지께서도 너희 잘못을 용서하시려니와 15 너희가 사람의 잘못을 용서하지 아니하면 너희 아버지께서도 너희 잘못을 용서하지 아니하시리라.	25 서서 기도할 때에 아무에게나 혐의가 있거든 용서하라 그리하여야 하늘에 계신 너희 아버지께서도 너희 허물을 사하여 주시리라 하시니라.

누가는 또 다른 어록에서 유사한 논점을 드러낸다. '용서하라(apoluete). 그리하면 너희가 용서를 받으리라(apolythēsesthe).'[207] 같은 요지가 관대하고 반복적인 용서를 권하는 어록 가운데 함축되어 있는데, 이는 마태가 누가와 공유하고 있는 내용으로(마 18.15, 21-22/눅 17.3-4)[208] 그는 그 논점을 관철하기 위해 용서하지 않는 종의 비유를 덧붙여놓았다(마 18.23-35).[209] 짐작건대 이 모델이 바로 '용서받기로서의 용서하기'일 듯싶은데, 이는 '누가 누구에게 불만이 있거든 서로 용납하여 피차 용서하되(charizomenoi) 주께서 너희를 용서하신(echarisato) 것 같이 너희도 그리하라'(골 3.13)는 후대 그리스도교의 교훈으로 계승된다.[210] 마태는 또한 18.15, 21-22을 '교회'(ekklēsia) 내에서 죄를 다루는 것(18.15-20)과 관련하여 그의 '공동체 규칙'을 위한 틀로 삼았다. 여기서 잘못을 저지른 형제를 교화하는 절차는 질서 있게 규범화되고 그 가

---

207) *1 Clem.* 13.2과 *Pol. Phil.* 2.3과 6.2의 명백한 흔적을 주목하라. 페린은 특히 마 6.14-15에 대해 열광적이다: '그 전통 가운데 어떤 어록도 이 간구문보다 더 높은 진정성을 주장하지 못하며, 예수의 가르침을 이해하는 데 이보다 더 중요한 그 어떤 어록도 없다'(*Rediscovering* 150-52). 예수세미나 팀은 비록 막 11.25에 관해서는 확신이 덜하지만 예수가 눅 6.37과 같은 무엇인가를 말했다고 결론짓는다(Funk, *Five Gospels* 99-100, 297). 본문 전통에서는 뒷받침할 만한 근거가 절대로 부족하지만, 뤼데만은 마가의 본문이 마태에 의존하며(오직 마가복음의 여기에서만 '너희 하늘 아버지'에 대한 언급이 발견된다) 이로 미루어 그것이 여백의 해설 문구일 것이라고 주장한다.
208) 위의 §8.5e에서 인용; '예수의 답변은 그 질문의 양적인 논법에 대한 하나의 간접 증명법(*reducio ad absurdum*)이다. 거기에 한계는 없다'(Dodd, *Founder* 67-68). 베커가 지적하듯이, '심판받지 않으려거든 심판하지 말라'(마 7.1/눅 6.37)의 경고와 정당화되지 않는 분노에 대한 경고(마 5.21-22)는 같은 동전의 다른 면과 같다(*Jesus* 249-52). 우리는 나아가 티끌과 들보와 관련된 Q 어록(마 7.3-5/눅 6.41-42/도마 26)을 추가할 수 있다. 이 어록의 '진정성'은 Funk, *Five Gospels* 153-54, 298, 488 (모든 버전들은 '분홍색 등급을 부여받았다')과 Lüdemann, *Jesus* 150 ('이러한 절들은 공동체에 그 맥락을 가지고 있으며 따라서 예수에게로 소급되지 않는다')에 의해 다르게 평가된다.
209) 이 비유는 대개 예수의 것으로 간주된다(위의 제12장 각주 211을 보라).
210) '용서'를 암시하기 위해 *charizomai*를 사용하는 것은 눅 7.42-43의 작은 비유 가운데 사용된 그 단어를 연상시켜준다.

운데 예수가 함께한다는 효력으로 용서의 문제에 대한 공동체의 권위(요 20.23 참조)가 강조된다. 이 전통은 분명 마태가 알고 있던 교회들의 삶 가운데 발생한 상황을 반영한다. 여기서 요지는 용서가 계속적으로 교회 내의 관계에서 주요한 관심사였으며, 그 중요성이 그 주제에 대한 예수의 가르침에 뿌리를 두고 있었음을 직시하는 것이다.[211] 또한 여기서 누가가 예수의 원수 사랑 가르침(§14.5)을 마무리 짓는 자기 버전의 어록에 곧바로 뒤이어 나오게 한 그의 용서 어록(눅 6.37)을 상기해야 한다. '너희 아버지의 자비로우심 같이 너희도 자비로운 자가 되라.' 마태의 버전이 아버지의 **온전함**으로 들은 데서[212] 누가의 버전은 아버지의 자비로 들었는데, 이는 그 배경에 상당 부분 출애굽기 34.6-7의 전형적인 신학적 견해를 깔고 있다.[213]

이 시점에서 예수가 신적인 용서를 인간적 용서에 대한 조건으로 구상했거나 인간적인 용서를 신적인 용서의 결과로 보았는지 여부를 검토하는 것은 무익하다.[214] 그 가르침은 확실히 그 양쪽 모두의 강조점과 함께 경청되었다. 용서하지 않는 제자들에게는 그들이 주기도문으로 기도하는 것이 실제로 무엇인지 경고가 필요하다. 용서를 거부하는 것은 심판을 자초하는 짓이다.[215] 그러나 용서의 동기 부여가 스스로 용서가 필요하고 그렇

---

211) Wright, *Jesus* 294-95과 McKnight, *New Vision* 224-27은 특히 희년 전통을 언급하는데(채무의 면제, 레 25.10; 사 61.1; 눅 4.16-30 참조) 이는 포로 귀환과 용서와 연계되어 있다(사 40.1-2; 렘 33.7-8; 겔 36.24): '예수는 자신의 추종자들이 희년 원리에 따라 그들 사이에 살고…하여 그들이 서로 "죄들"뿐 아니라 채무도 서로 용서하기를 기대했다'(Wright 295). 더 풍성한 내용은 S. H. Ringe, *Jesus, Liberation, and Biblical Jubilee* (Philadelphia: Fortress, 1985) 65-80; M. Barker, 'The Time Is Fulfilled: Jesus and Jubilee', *SJT* 53 (200) 22-32을 보라.

212) 그러나 마태는 이미 자비를 베푸는 제자의 중요성을 강조한 바 있다(마 5.7); 출 34.6이 보여주듯, *oiktirmones* (눅 6.36)는 *eleēmones* (마 5.7)와 두 단어로 한 의미를 이루는 이사일의(hendiady)의 형태이다(가령, 추가로 R. Bultmann, '*oiktirō*', *TDNT* 5.160을 보라). 아울러, 하나님의 '완전함'으로써 마태는 하나님의 관용을 분명하게 이해했다(5.45-47); NEB/REB의 번역은 '너희 하늘 아버지의 선하심이 한계를 알지 못하듯, 너희 선함에도 한계가 없어야 한다'; 추가로 특히 Betz, *Sermon on the Mount* 321-25을 보라. '하나님 닮기'에 대해서는 또한 Schnackenburg, *Sittliche Botschaft* 85-86을 보라.

213) 디다케 1.4-5의 경우 같은 순서의 가르침으로 '온전함'(*teleios*)의 개념을 예수 전통의 담지자들이 관용이란 견지에서 이해하고 있었음을 보여준다. 쿰란에서 요구된 철저한 순종의 '완전함'과 대조해보라(1QS 1.7-15).

214) 동일한 불명확성이 눅 7.36-50의 결론에도 나타난다: 예수는 '그녀가 많이 사랑했기 때문에 그녀의 많은 죄가 용서를 받았다; 그러나 적게 용서받은 자는 적게 사랑한다'라고 그 여인에 대해 말한다(7.47). NEB/REB 번역본을 참조하라: '내가 말한다. 그녀의 큰 사랑은 그녀의 많은 죄가 용서받았음을 증명한다; 적게 용서받은 곳에는 적은 사랑이 나타난다'; Schrage, *Ethics* 39; 추가로 C. D. F. Moule, '"…As we forgive…": a note on the distinction between desserts and capacity in the understanding of forgiveness', *Essays in New Testament Interpretation* 278-86을 보라.

게 관대하게 용서받았다는 인식에 의존한다는 점을 깨닫는 것이 (더 중요하지는 않더라도) 대등하게 중요하다. 용서에의 의지는 용서받은 경험, 이미 받은 용서에 대한 감사가 베푸는 용서의 관대함에서 생겨난다.[216] 그 반대편의 길은 불신의 암세포와 치유받지 못한 상처의 독소에 의해 내부로부터 침식되는 일련의 관계이다. 예수는 분명히 그 구성원들 사이에 용서가 꾸준히 베풀어지고 받아들여질 때만이 그 공동체가 건강하고 잘 나갈 수 있다고 보았다. 따라서 용서는 하나님 나라의 공동체 가운데 존립해야 한다.

14.7 새로운 가족?

예수 전통 가운데 예수가 제자들에게 가족과 관계를 끊을 것을 권하고 제자직 자체를 하나님이 아버지이고 동료 제자들이 우선 충실해야 할 형제요 자매인 유사 가족 구조로 제시하는 구절들에 최근 몇 년간 많은 관심을 보여왔다. 이와 관련된 두 개의 가장 중요한 본문은 (a) 마태복음 10.37/누가복음 14.26/도마복음 55, 101과 (b) 마가복음 3.20-21, 31-35 평행구/도마복음 99이다.

a. 누가복음 14.26

마 10.37	눅 14.26	도마 55	도마 101
37 아버지나 어머니를 나보다 더 사랑하는 자는 내게	26 무릇 내게 오는 자가 자기 부모와 처자와 형제와 자	자기 부모를 미워하지 않는 자는 내 제자가 될 수 없을	자기 [부]모를 (내가 하는) 대로 미워하지 않는 자는 내 [제

---

215) 곧바로 집회서 28.2을 주목하라: '네 이웃이 범한 잘못을 용서하라. 그러면 네가 기도할 때 네 죄가 사면을 받을 것이다.'

216) '용서는 그 심중에 용서를 할 때만이 진정으로 받아들여졌다'(Bultmann, *Theology* 1.24); '자신이 용서의 대리자가 아니면, 그렇게 될 때까지 용서의 수용자가 될 수 없다. 그것은 그처럼 단순하고 그처럼 난해하다'(Funk, *Honest to Jesus* 213).

합당하지 아니하고 아들이나 딸을 나보다 더 사랑하는 자도 내게 <u>합당하지 아니하며</u>	매와 더욱이 자기 목숨까지 <u>미워하지 아니하면</u> 능히 내 제자가 되지 못하고	<u>것이고</u> 자기 형제와 자매를 미워하지 (않고) 내가 한 대로 자기 십자가를 지지 않는 자도 <u>내게 합당치 않을 것이다.</u>	<u>자가]</u> 될 수 없을 것이다. 그리고 내가 하는 대로 자기 [부]모를 사랑하지 [않는] 자도 내 [제자가] 될 수 없을 것이다. [내 어머니는]…그러나 사실상 그녀는 내게 생명을 주었기 때문이다.

예수가 누가복음 14.26과 같은 무엇인가 말했다는 데 의심이 있을 리 없다. 여기 사용된 어투('미워하다'—*miseō*)의 충격적인 성격은 도마복음 평행구로 확인된다.[217] 마태는 보다 거칠게 들리는 어록(Q)을 부드럽게 한 것 같다.[218] 또한 주목해야 할 것은 예수가 부른 자들이 자신의 직업과 아버지를 '떠났다'는 보고들이다. 어부 형제들(막 1.18, 20 평행구)과 레위/마태(막 2.14 평행구). 마찬가지로 따르라는 부름의 충격적인 특징은 누가복음 9.57-62/마태복음 8.19-22에서도 탐지된다.[219] 그런데 이것들은 환대에 의존하며 최소한의 개인적 비품을 지닌 선교사들을 보내는 일련의 선교 훈령과 병치될 수 있다(막 6.8-10 평행구).[220] 이 모든 혼합된 성분들로부터 강력한 재질이 잽싸게 섞여들어 카리스마적이거나 견유학파적 방랑을 위해 통상적인 삶을 포기하는 제자직의 모습을 그려낼 수 있다.[221]

217) Perrin, *Rediscovering* 141; Funk, *Five Gospels* 174-75, 353; Becker, *Jesus* 309-10; Lüdemann, *Jesus* 362; '거의 보편적으로 예수에게로 돌려진'(Davies and Allison, *Matthew* 2.221). 추가적 세부 내용은 Fitzmyer, *Luke* 1060-64; Charlesworth, *Jesus* 84-89.
218) 마태가 마 10.38과의 유사점을 높이기 위해 그 문구 '내게 합당치 않다'를 10.37에 첨가한 것처럼 보인다(*axios*는 이 장에서 마태의 주제 용어이다—또한 10.10-13을 주목하라)(도마 55.2는 이 점에서 눅 14.27보다는 마 10.38과 일치한다); 그는 또한 10.38을 10.39/눅 17.33과 조화를 이루는 방식으로 평행절로 제시했다. 누가만이 다음의 어록을 담고 있다: '그러므로 너희 가운데 누구든지 가진 모든 것을 포기하지 않으면 내 제자가 될 수 없다'(14.33). 이는 다른 곳에서 보여준 그의 강조점과 일치한다(위의 §13.4b를 보라).
219) 그러나 그것들이 얼마나 충격적이었을까? 위의 §§13.2c-d와 14.4h를 보라.
220) 이러한 훈령들이 상이한 지역과 사회적 자리에서 초기 교회의 많은 선교사 파송 가운데 활용되고 재활용되었을 때 얼마나 '재가공되었는지' 판별하기란 어렵다(위의 제7장 각주 96을 보라). 그러나 그것들은 분명히 갈릴리 선교의 맥락에 부합되며 그들의 맨 처음 형태를 바로 그 맥락에서 취했다는 점은 의심할 필요가 없다.

그러나 그 양조주의 제조법에서 생략된 요소들이 너무 많아서 적어도 그러한 엄격한 용어들 가운데는 수용할 수 없는 것들이 있다. (1) 우리는 예수가 자신의 '집'을 가버나움에 두었고(§9.9d)[222] 그것을 분명히 고라신과 벳새다 같은 장소들을 향해 선교를 확대시켜나가기 위한 근거지로 사용했음을 이미 주목한 바 있다. (2) 우리는 또한 실천적인 견지에서 '갈릴리를 통틀어' 수행된 선교가 가버나움 같은 중심에서 하루나 이틀간 연속하여 여행하는 것 이상의 의미를 부여할 필요가 없음을 주시하였다. 선교 훈령에서 최소한의 장비를 갖추는 것은, 가령 바울이 소아시아를 지나고 에게해 주변 지역을 순회하는 여러 주 걸리는 여행보다 갈릴리에서 통상 걸리는 여행 시간에 훨씬 더 적합하다.[223] 확실히 예수와 그의 제자들이 끊임없이 움직이고 있었고 일정 기간 어디에도 정착하지 않았다는 그 어떤 제안도 대단히 과장된 것이다.[224] (3) 아울러 여기서 다시 말하거니와, 마태복음 8.21-22/누가복음 9.59-62(§14.4h)의 경우에서처럼 우리는 예수의 수사학에 대해 물어볼 필요가 있다.[225] 예수는 확실히, 가령 종말론적 위기에 직면하

---

221) '전적인 안전의 결여'(Hengel, *Charismatic Leader* 5); '정상 생활의 가장자리에 처한 존재…집 없는 카리스마주의자들'(Theissen, 'Wandering Radicals' 40; 유사하게 'We Have Left Everything' 62, 83-85); '유랑 설교자의 급진주의'(Crossan, *Historical Jesus* 346); '집이 없는 길 위의 유랑 설교자'(Gnilka, *Jesus* 169). S. C. Barton, *Discipleship and Family Ties in Mark and Matthew* (SNTSMS 80; Cambridge: Cambridge University, 1994) 63-64; C. Osiek and D. L. Balch, *Families in the New Testament World: Households and House Churches* (Louisville: Westminster John Knox, 1997) 126. A. D. Jacobson, 'Jesus against the Family: The Dissolution of Family Ties in the Gospel Tradition', in J. M. Asgerisson, et al., eds., *From Quest to Q*, J. M. Robinson FS (BETL 146; Leuven: Leuven University, 2000) 189-218 은 보다 절제된 견지에서 '급진적이므로 진정성이 있다'는 식의 편만한 가정에 반발하면서 그 핵심 어록들(Q 14.26; 12.51-53; 16.18과 아마도 9.57b-60a)이 진정성이 없는, 아마도 초기 예수 운동의 창작물일 것이라고 주장한다(191-99). 그는 나아가 유랑 설교자들이 '마을을 무대로 가공상의 가족들을 구성하기 시작했을 것'이며, 그것들이 '많은 부분 다른 가족들과 마찬가지 방식으로' 기능했으리라고 가정한다(208, 막 10.29-30을 언급하면서); 이는 극단으로 적용한 '거울 독법'이다.

222) '막 10.28, "우리가 모든 것을 버렸습니다"…는 일차적으로 "우리가 모든 것을 예수 운동에 봉사하는 데 바쳤습니다"라는 뜻이지, "우리가 모든 것을 내버렸습니다"라는 의미가 아니다'(Schrage, *Ethics* 104-107; 여기서는 104-105).

223) 파송 받은 자들이 '배낭'(*pēra*)을 가지고 다니는 것을 금한 것에서 선교 훈령이 일치하는 것(막 6.8 평행구)은 주목할 만하다. 그 *pēra*가 견유학자들에게 매우 전형적이었기 때문이다(가령, Crossan, *Historical Jesus* 338-39; *Birth* 333-35).

224) 적어도 요세푸스의 기록에 준하여 에세네파 사람들이 그들의 다양한 공동체 중심지들을 가운데 돌아다니던 때 보여준 여행 준비를 참조하라.

225) 크로산은 언어의 '독성', 곧 '가족에 대한 다소 야만적인 공격'을 언급하지만, 더 나아가서는 예수가 전통적 소작농 사회를 공격하지 않았으리라고 주장한다; 예수는 '특히 가족이 무너진 자들에게 말하고' 있었다(*Birth* 323-25). 바톤(Barton)은 '하나님에 대한 충성과 하나님의 뜻에 대한 헌신이 가족의 의리를 초월하고 그들의 복종을 정당화하는' 성서적 유대교적 자료의 선례들을 주목한다(*Discipleship* ch. 2). 아날(Arnal)은 그 언어를 과장, 즉 요청된 헌신이 무조건적이어야 함을 강

여 그러한 결의가 무조건적 헌신을 요구했음을 자칭 제자들에게 관철시키기 위해 충격 전술을 쓰지 않을 사람은 아니었다. 마태의 해석은 설사 그것이 '미움' 언어가 지니는 충격의 가치를 잃더라도 주요 논점을 적절히 전달할 수 있을 것이다.[226]

b. 마가복음 3.20-21, 31-35[227]

[20] 집에 들어가시니 무리가 다시 모이므로 식사할 겨를도 없는지라. [21] 예수의 친족들이 듣고 그를 붙들러 나오니 이는 그가 미쳤다 함일러라…. [31] 그 때에 예수의 어머니와 동생들이 와서 밖에 서서 사람을 보내어 예수를 부르니 [32] 무리가 예수를 둘러앉았다가 여짜오되 보소서 당신의 어머니와 동생들과 누이들이 밖에서 찾나이다. [33] 대답하시되 누가 내 어머니이며 동생들이냐 하시고 [34] 둘러 앉은 자들을 보시며 이르시되 내 어머니와 내 동생들을 보라. [35] 누구든지 하나님의 뜻대로 행하는 자가 내 형제요 자매요 어머니이니라.

분명 마가가 일부러 예수 주변에 앉아 있는 자들과 가족 사이의 대조를 강화했을 것이다. 그는 예수의 정신적 상태에 관심을 지닌 '그와 연계된 자들'(*hoi par' autou*)[228]에 대한 설명과 함께 이야기를 시작한다(3.20-21).[229] 그

조하기 위해 기획된 수사적 진술이라고 본다(*Jesus* 174-77).

226) 맨슨은 눅 14.26이 예수의 본래 말들과 더 가깝다고 동의하지만('문자적 번역') '미워하다'라는 말의 관용적 사용이 '덜 사랑하다'라는 효과를 띨 수 있었다고 지적한다(*Sayings* 131); 유사하게 Hamerton-Kelly, *God the Father* 66; Flusser, *Jesus* 35 (창 29.30-33을 언급하면서).

227) 마태와 누가는 그들의 이야기들(마 12.46-50; 눅 8.19-21)을 마가에서 끌어오는 것처럼 보인다. 그러나 마태와 누가 모두 막 3.20-21을 생략하는 사실과 별도로 거기에 도입된 변용들은 그 세 버전들 모두를 포함시키는 것을 정당화할 만큼 충분히 중요하지 않다. 도마 99는 누가만큼 그 가르침을 압축한다: '제자들이 그에게 말했다, "당신의 형제들과 어머니가 밖에 서 있습니다." 그는 그들에게 말했다. "내 아버지의 뜻을 행하는 여기 있는 자들이 내 형제들이요 내 어머니이다; 이들이 내 아버지의 나라에 들어갈 자들이다.'"

228) *Hoi para tinos*는 한 사람과 밀접하게 연계된 자들을 암시하므로 '가족, 친척들'을 의미할 수 있다(BAGD/BDAG *para* A3b; Taylor, *Mark* 236; Marcus, *Mark* 1.270); 문제는 '가족'에 딱 들어맞는 단 하나의 단어가 마가복음에 없었다는 것이다. 마가가 예수의 가족을 언급하고자 한 것은 3.31-35에 들어 있는 그 속편에 합리적으로 비추어 보아도 의심의 여지가 없다.

229) 해머튼-켈리(Hamerton-Kelly)는 '그와 함께 한 자들이 이를 들었을 때[즉, 군중이 너무 쇄도하여 그가

점에서 마가는 예수의 축귀와 관련된 논쟁 가운데 그의 동선을 삽입하여 (3.22-30),[230] 예수 가족의 관심사와 예루살렘에서 내려온 서기관들의 철저한 반대를 연계시킨다(3.22). 그 함의인즉, 예수의 정신적 상태와 관련된 가족의 두려움은 예수가 바알세불의 대리자라는 정죄와 유사하며 이로써 그들로 하여금 예수가 공식석상에서 물러나게 하도록 한다는 것이다.[231] 앞서 살펴본 대로, 마가 또한 가족을 '국외자'(exō)로 거듭 묘사함으로써 그 대립을 강화한다(3.31-32). 마태와 누가는 모두 3.20-21을 생략함으로써, 그러니까 마가의 샌드위치 구조를 폐기하고 exōs의 하나를 생략함으로써 그 대립을 누그러뜨린다.[232] 하지만 그 에피소드에 대한 마가의 색채를 고려하지 않더라도 당혹스런 장면은 남아 있다. 그러나 그것은 예수가 자신의 가족과 관계를 끊게 된다는 것일까? 마가가 옳다면 그들에게 동기를 부여한 관심사는 예수가 정신적으로 혼미해져서 발광한 거짓 예언자처럼 행동하지 않도록 하는 것이었다.[233] 그 상황에서 예수가 암시한 그들에 대한 질책은 그의 가족 관계의 전적인 절연을 가리키는 것일 필요는 없다.[234] 마가복

먹을 기회도 없었다는 소식], 그들은 이를[군중을] 제어하기 위해 나갔다. 그들이 통제 불능이라고 말했기 때문이다'라는 번역을 위해 논증한다(*God the Father* 64-65); 그러나 그 해석이 *krateō* ('제지하다')와 함께 작동하는 반면, *exestē*가 군중을 가리킨다고 보기 어렵다('그들이 정신이 나갔다'); '통제 불능'(out of control)은 너무 특정 성향에 치우친 번역이다.

230) 이는 마가식 샌드위치 기법으로 잘 알려진 특징의 사례인데, 여기서 다른 자료가 한 이야기의 두 반쪽들 사이에 삽입된다(막 5.21-43과 11.12-25의 경우처럼)

231) Barton, *Discipleship* 75.

232) 오식(Osiek)과 발취(Balch)는 누가가 결혼에 대해 가장 과격한 비판을 취한다고 생각한다. 그럼에도 불구하고 레위의 잔치 자리에서 함께한 세리들이 '잠재적으로 새로운 가공상의 가족'이라는 제안은 너무 과도하다(*Families* 136-37). 누가는 바리새인들을 포함하여 예수가 다양한 사람들과 식사하는 것을 묘사하기 위해 각별히 노력하기 때문이다(아래의 각주 256). 그러나 눅 11.27-28/도마 79의 축복 선언은 막 3.33-35과 긴밀하게 평행된다.

233) *Existēmi*는 대개 극단적인 정신적 불안을 암시한다(예컨대, 창 27.33; 42.28; 출 19.18; 삼상 13.7; 사 7.2; 13.8; 33.3; 겔 26.16 등에서 다양한 히브리어 용어들을 번역한 칠십인역 참조; HR을 보라). 그러나 사 28.7은 독한 음료를 마시고 이야기를 술술 풀어내는 제사장과 예언자를 묘사하기 위해 이 단어를 사용한다; 필론도 그와 유사하게 신들림의 술 취한 듯한 효과를 묘사하기 위해 그것을 사용한다(*Ebr.* 146; 행 2.4, 13; 엡 5.18 참조); 욥 유언서 35.4; 36.6; 그리고 39.13은 의심받는 정신병 증상과 관련하여 이 단어를 사용한다(아마도 욥 36.28의 토대 위에서). 또한 요 10.20의 평행구를 주목하라: '그는 마귀에 들려 미쳤다(*mainetai*).'

234) 특정 성향을 띠는 마가의 진술이 인정받을 때조차(Barton, *Discipleship* 69-81)―그럼에도 나는 마가(7.17; 9.28, 33; 10.10)의 '집'을 가족의 거주처 대신 (사적인 가르침의 장소와 구별되는) 새로운 공동체를 암시하는 것으로 보는 해석이 의심스럽다―바톤은 보다 극단적인 결론을 도출하기 위해 그 에피소드를 사용하는 것에 대해 온당하게 경고한다(82-85). 마가적 편집을 용인하는 것은 예수의 삶의 자리가 거의 확실히 덜 대결적이었음을 인식하는 것에 다름 아니다. 뤼데만은 3.21의 역사성은 수긍하지만 3.35는 그들의 가족들에 의해 쫓겨난 후대 회심자들의 상황을 반영한다고 생각하며 역사적인 것이 아니라고 판단한다(*Jesus* 24-25).

음 6.3-4은 또한 예수가 자신의 고향 마을에서 겪은 지방의 환멸을 시사하는데,[235] 자기 가족에 대한 마지막 언급에서 믿지 않는 반응 내부에 그들을 포함한다. 예수는 '그들의 불신으로 인해 놀랐다'(6.6).[236] 그러나 그의 어머니 마리아와 형제들이 제자들과 함께 사도행전 1.14에 계수되고 있다는 사실은 통렬한 결별을 암시한다고 보기 어렵다.[237] 마찬가지로 마가복음 3.34-35도 분명히 예수와 그의 가족의 관계가 그의 제자들과의 관계로 대체되고 있는 이야기를 끌어내는 것 같다.[238] 그러나 거기에는 특정한 사안에 대한 발랄한 재치 있는 답변의 흙더미로 신학적 태산(즉 태생적 가족에 대한 모든 충실함을 대체하는 허구적 가족으로서 제자들의 공동체)을 쌓는 위험이 있지 않는가?[239] 또한 다른 곳에서 예수가 그를 따르기 위해 가족과 소유물을 버린 자들에게 약속하는 것으로 보도되고, 제자 공동체의 일부가 되는 것에 대한 보상이 손실을 압도하리라는 것도 사실이다(막 10.29-30 평행구).[240] 그러나

---

235) 아래에 인용됨(§15.6c).
236) 마태와 누가는 그 예리함을 다시 완화시키는데, 마태는 거기서 '그의 친척들 사이에'를 생략함으로써, 누가는 또한 '그리고 그의 집에서'를 생략함으로써 그렇게 한다(마 13.57; 눅 4.24; 또한 요 4.44). 바톤은 그 두 문구가 마가에 의해 첨가되었다고 결론짓는다(*Discipleship* 90); Pesch, *Markusevangelium* 1.320-21에 실례지만. 이것이 예수의 가족에 대한 마가의 태도와 관련하여 우리에게 들려주는 바(마가는 '예수의 가족을 궁지로 몰기 위해' 이 문구를 사용한다, Jacobson, 'Jesus against the Family' 206)는 앞으로 제2권과 제3권에서 다시 다루게 될 주제이다.
237) 또한 요 7.3-10; 19.26-27을 주목하라.
238) 예수는 '사람들을 생래적 가족 관계의 속박에서 거저 준 하나님 신앙으로 결속된 새로운 가족으로 불러냈다'; '해방은 출생의 끈에서 풀려나는 데서 시작되어야 한다'(Hamerton-Kelly, *God the Father* 101-102, 해당 전통을 오이디푸스 콤플렉스를 통해 읽으면서); Osiek and Balch, *Families* 127-28; Funk, *Five Gospels* 53 (마 12.48-50은 마가의 버전보다 더 큰 신빙성이 부여된다―190); '혈연 관계는 예수의 가족 관념 속에 가치가 떨어진다'(Funk, *Honest* 197-99); '예수는 거의 악의적으로 가족에 반하여 말한다'(Crossan, *Historical Jesus* 299); '그(예수)가 자신의 추종자들에게 부과한 가족 배신 행위라는 충격적인 요구 사항'(Wright, *Jesus* 149; 또한 401-403, 430-32); Jacobson, 'Jesus against the Family' 203-204.
239) 우리가 막 10.15 평행구 같은 어록들을 같은 방식으로 다루었다면, 그 나라는 어린아이들로만 구성되어 있다고 결론지을 수 있었을 것이다.
240)

마 19.29	막 10.29-30	눅 18.29-30
29 또 내 이름을 위하여 집이나 형제나 자매나 부모나 자식이나 전토를 버린 자마다 여러 배를 받고	29 예수께서 이르시되 내가 진실로 너희에게 이르노니 나와 복음을 위하여 집이나 형제나 자매나 어머니나 아버지나 자식이나 전토를 버린 자는 30 현세에 있어 집과 형제와 자매와 어머니와 자식과 전토를 백배나 받되 박해를 겸하여 받고	29 이르시되 내가 진실로 너희에게 이르노니 하나님의 나라를 위하여 집이나 아내나 형제나 부모나 자녀를 버린 자는 30 현세에 여러 배를 받고
또 영생을 상속하리라.	내세에 영생을 받지 못할 자가	내세에 영생을 받지 못할 자가

우리는 이것이 가족과 소유물을 포기하지 않고서는 제자직도 있을 수 없다는 그 어록에 상응하는지 물어볼 필요가 있다.[241] 그렇지 않으면 그것은 제자직으로 단순히 '새로운 종말론적 가족'의 교제 가운데 풍성한 보상이 있으리라는 그러한 파격에[242] 말려들게 된 자들에게 제공된 격려일까?[243]

결국 베드로와 그의 아우 안드레가 예수를 따르기 위해 '그들의 그물을 버린' 후 베드로가 장모와 함께 집에 머무는 이야기(막 1.29-31)를 강조하는 것은 마가이다.[244] 나아가 우리는 이후에 베드로가 자신의 아내와 동반하여 선교에 나서는 것을 뚜렷하게 상기해야 할 것이다!(고전 9.4) 야고보

	없느니라.	없느니라 하시니라.

전형적인 구연적 변용 형태를 주목하라. 이 어록은 후대 공동체가 품은 열망의 반영으로 꾸준히 간주된다(Funk, *Five Gospels* 93; Lüdemann, *Jesus* 70). 그렇지만 예수 자신이 그러한 열망의 실현을 위해 명백한 틀거리를 제공한 점을 주목해야 한다. 또한 Jacobson, 'Jesus against the Family', 208 (위의 각주 221)을 보라.

241) 헹엘은 마 8.21-22/눅 9.59-60을 이러한 방향으로 일관되게 강조한다: [그것은] 심지어 가장 강력한 인간적 연결 고리인 가족과의 단절을 요구한다'; '제자를 위해 모든 가족적 의리로부터의 온전한 자유를 요구한다'; '자신의 가족과 인연 끊기'(*Charismatic Leader* 5, 13, 29-30, 33-35). 그러나 그는 또한 두 개의 예언자적 선례로 겔 24.15-24과 렘 16.1-4(11-12; 또한 16-17)을 주목한다. 추가로 McKnight, *New Vision* 179-87, 193. 다시금 베일리의 경계 어린 통찰을 주목하라(제13장 각주 72와 제14장 각주 169).

242) Q(?) 어록 마 10.34-36/눅 12.51-53/도마 16도 그와 유사한 경우이다.

마 10.34-36	눅 12.51-53
34 내가 세상에 화평을 주러 온 줄로 생각하지 말라. 화평이 아니요 검을 주러 왔노라.	51 내가 세상에 화평을 주려고 온 줄로 아느냐? 내가 너희에게 이르노니 아니라 도리어 분쟁하게 하려 함이로라. 52 이 후부터 한 집에 다섯 사람이 있어 분쟁하되 셋이 둘과, 둘이 셋과 하리니
35 내가 온 것은 사람이 그 아버지와, 딸이 어머니와, 며느리가 시어머니와 불화하게 하려 함이니 36 사람의 원수가 자기 집안 식구리라.	53 아버지가 아들과, 아들이 아버지와, 어머니가 딸과, 딸이 어머니와, 시어머니가 며느리와, 며느리가 시어머니와 분쟁하리라 하시니라.

전형적인 구연의 변용 형태들을 다시 주목하라. 이 전통이 예수로 소급된다면(Funk, *Five Gospels* 173-74은 이를 예수의 무조건적인 사랑 권고에 모순되는 것으로, Lüdemann, *Jesus* 350은 후대의 경험을 반영하는 것으로 완전히 무시해버린다; 그러나 추가로 아래 §17.4d를 보라), 이는 이스라엘이 잦은 위기의 역사에서 겪은 숱한 가족의 배반, 특히 미 7.6 등에 대한 집단적 기억을 모델로 삼은(C. Heil, 'Die Rezeption von Micha 7,6 LXX in Q und Lukas', *ZNW* 88 [1997] 211-22; 다른 참고 자료는 Davies and Allison, *Matthew* 2.219-20) 가혹하고 분열적인 고난의 종말론적 기대에 의존하고 있을 뿐이다(참고 자료는 Meier, *Marginal Jew* 3.111 각주 96). 그러한 가족 분열은 제자직의 필연적 부산물이 아니라 도래하는 종말론적 위기의 불가피한 결과로 생각된다(막 13.12-13 평행구)(Allison, *End of the Ages* 118-20).

243) 특히 바톤의 경고 섞인 소견을 주목하라(*Discipleship* 106-107). 또한 주목해야 할 것은 종말론적 과장의 요소이다: '집과 어미를…백배나…'.

244) 바톤은 '가족적 직업적 의리 자체에 대한 반감의 표시도 없고… 떠나는 것이 영구적인 형세가 되어야 한다는 증거도 없다'고 본다(*Discipleship* 66). '가버나움의 백부장은 자신의 재산이나 직업을 포기하지 않는다'(마 8.5-13)(Osiek and Balch, *Families* 133). J. Painter, 'When Is a House Not Home? Disciples and Family in Mark 3.13-35', *NTS* 45 (1999) 498-513은 예수의 선교가 그의 추종자 집안에서 제공한 환대에 의존했다고 지적한다. 또한 Lohfink, *Jesus and Community* 39-44를 보라.

와 요한의 어머니는 (다른) 야고보의 어머니 또한 그렇듯이, 십자가 앞에 있던 여인들 가운데 포함된다(막 15.40/마 27.56).[245] 마가와 마태는 예수를 자기 부모를 공경하는 계명에 높은 우선권을 부여하는 것으로 회고한다(막 7.9-13/마 15.3-6).[246] 혼인에 의한 결합을 해소할 수 없다고 가르치는 것은 예수의 이혼 가르침에 대한 마가의 버전이다(막 10.7-9).[247] 공관복음 저자 세 명 모두는 부자 청년에 대한 예수의 답변 가운데 같은 계명을 포함시킨다(막 10.19 평행구).[248] 그들은 또한 자녀들을 위해 마음 산란한 부모들의 호소에 대한 예수의 응답이 나오는 이야기들을 포함시키는 것을 강조한다.[249] 아울러 우리는 또한 예수 전통 가운데 가장 생생한 회심의 극적인 표현인 탕자의 비유가 아들을 그의 아버지와 그의 한 울타리 가족에게 돌아오는 것으로 묘사한다(눅 15.17-24)는 점을 상기해야 한다.[250] 그러므로 새로운 가족을 제자직의 이미지로 보는 것이 아무리 강력할지라도 태생적 가족에 대한 책임과 너무 날카롭게 대조하는 쪽으로 압박하지 말아야 한다.[251] 제자

---

245) '살로메'(막 15.40)가 '세베대의 아들들'의 어머니였던가?(마 27.56)

246) 위의 §14.4b를 보라.

247) 결혼이 불필요한(또는 가능한?) 부활 이후의 판이한 존재에 관한 예수의 비전(막 12.25 평행구)은 여기의 가르침과 상반된 것으로 설정되거나 현재 반가족적 태도의 증거로 간주되어서는 안 된다.

248) 그 청년과의 마지막 대화에서 한 가지 부족한 것(자신의 재산을 팔아 가난한 자에게 나누어주고 예수를 따르는 것, 10.21 평행구)이 십계명의 두 번째 서판에 기록된 계명들(10.19 평행구)을 대치하지 않고 거기에 덧보태어('네가 부족한 한 가지') 요청된다는 점을 주목하라.

249) 막 5.21-24, 35-43 평행구; 7.25-30 평행구; 9.14-29 평행구; 추가로 J. Francis, 'Children and Childhood in the New Testament', in S. C. Barton, ed., *The Family in Theological Perspective* (Edinburgh: Clark, 1996) 65-85, 특히 72-75을 보라.

250) '탕자는 예수의 여정을 비추어주는 거울과 같고 거기에는 자전적 함의가 있다'(*Honest* 189)고 제안하는 펑크와는 다르게.

251) 마 19.12('…천국을 위하여 스스로 고자 된 자들도 있으니…')이 그 논의에 어떤 기여를 하는지 불분명하다. 이 어록은 확실히 예수의 것으로 간주할 수 있으며(특히 Davies and Allison, *Matthew* 3.22-25; Allison, *Jesus* 182-85) 왜 예수가 결혼하지 않았는지 부분적으로 설명해주는 자전적 진술(문자적인 자기 거세의 함의가 없이)로 받아들일 수 있다(가령, Schrage, *Ethics* 93; Gnilka, *Jesus* 172-73). 아마도 그의 비판자들이 예수에게 조롱 삼아 던진 말일 가능성이 높다(J. Blinzler, 'Eisein eunouchoi. Zur Auslegung von Mt 19,12', *ZNW* 48 [1957] 254-70; F. J. Moloney, 'Matthew 19.3-12 and Celibacy', *JSNT* 2 [1979] 42-60 [여기서는 50-52]; Meier, *Marginal Jew* 3.504-505, 507-508). 그러나 만일 그렇다면 그것은 자신의 선교에 대한 온전한 헌신의 생생한 표현 이상이었을까?(바울: 고전 7.32-35; 9.5, 12 참조) 그렇다면 예수가 그의 모든 제자들에게 그러한 극단적인 헌신의 표현을 기대했다는 어떤 사실적인 증거가 있는가?(고전 9.5과 대조해보라) 앨리슨은 예수가 그 일부 가르침이 '현재 세상과의 깊은 격리를 드러내는' '천년왕국 운동의 금욕주의자'로 이해할 수 있다고 주장하는데(마 19.10-12; 5.27-28; 막 9.42-48[제12장 각주 192]; 12.18-27) 그 증거를 너무 과도하게 해석한다(*Jesus* 172-216, 인용문은 205). 또한 마 23.9('땅에 있는 자를 아무도 아버지라 하지 말라')을 여기서 인용해서도 안 된다(Gnilka, *Jesus* 201-202에 반하여); Barton, *Discipleship* 130 참조). 바톤이 지적하듯(215, 각주 294), 여기서 염두에 두고 있는 것은 집안의 권위가 아니라 가르침의 권위이다(또한 Davies and Allison, *Matthew* 3.276-77).

직 전통은 확실히 그 이미지에 매우 긍정적으로 반향하지만, 복음서에 반영된(마가만이 아니라) 예수 전통의 그 어떤 단계도 그것을 필연적이라거나 불가피한 반제로 밀어붙이는 것을 정당화하지는 못할 터이다.

14.8 열린 교제

나는 제자직의 이 특징을 맨 끝으로 미루어두었다. 이는 그것이 다른 것들에 비해 덜 중요하기 때문이 아니라 그것이 예수가 그의 제자들 가운데 장려했던 사회적 자기 이해의 특징이자 독특한 상당 부분을 요약해주기 때문이다. 무엇보다 두 가지 특징이 두드러진다. 식탁 교제와 경계의 부재. 그것들은 서로 중첩되지만 별도로 다루어볼 만하다.

a. 식탁 교제

예수가 사람들과 어울리며 식사한 관행은 분명 일정하고 중요한 그의 선교적 특징이다. 우리는 이미 예수가 너무 지나치게 먹고 마시는 것으로 유명세를 탔음을 주목하였다. '탐식하는 자와 술꾼'(마 11.19/눅 7.34).[252] 물론 그러한 정죄를 문자적으로 취해서는 안 될 것이다.[253] 그러나 예수는 대화를 나누고 가르치면서 아마 꽤 많은 시간을 식탁에서 보냈을 것이다.[254]

---

252) 위의 §12.5c에서 인용; 또한 §13.5를 보라.
253) '파티에 자주 가는 도시 사람', '소문난 파티광'(Funk, *Honest* 192, 208). 예레미아스는 예수의 명예 훼손이 신 21.20에서 연원을 두고 있다고 주장하면서 '이 강력한 연결 고리에 기대어 그를 돌로 쳐 죽여 마땅한 "고집 세고 반골적인 아들"로 낙인찍어버린다'(*Parables* 160). 피츠마이어는 여기 사용된 그리스어(*phagos kai oinopotēs*)가 칠십인역(*symbolokopōn oinophlygei*)을 거의 반영하지 못한다고 지적한다(*Luke* 681). 그렇지만 H. C. Kee, 'Jesus: A Glutton and a Drunkard', *NTS* 42 (1996) 374-93은 이 통찰의 중요성에 의문을 제기한다. 그 문구는 보다 그럴싸하게 잠 23.20-21에 공명하는데('술꾼[*methusos*]과 먹보[*pornokopos*]는 가난하게 될 것이다'), 거기서 신 21.20(*zolel wesobe*')에서와 같은 히브리어가 사용됨에 따라 '예수가 바보라고 생각된다는 점'을 드러낸다(BDAG, *oinopotēs*).
254) 어떤 가르침은 구체적으로 식탁의 맥락에 연관되어 있다(막 2.15-17 평행구; 6.30-44 평행구; 14.3-9 평행구; 14.17-25 평행구; 눅 7.36-50; 10.38-41; 11.37-52; 14.1-24; 24.36-49). 그러나 맨 처음에 전달된 특정한 맥락이 그 전통과 접맥되지 않은 훨씬 더 많은 가르침의 경우 바로 그 맥락에서 전달되었을

특히 그에게 가해진 비판은 '그가 세리와 죄인들과 함께 먹었다'는 것이었
다.[255] 바리새인들이 가한 몇 가지 비판들 중 네 가지가 식탁 교제 또는 식
사 관례와 관련이 있었음을 주목할 만하다. 종교적으로 수용할 수 없는 자
들과 먹는 것(각주 255), 금식하기보다 잔치하는 것(막 2.18 평행구), 곡식을 잘
라 먹는 것(막 2.23-24 평행구), 그리고 더러운(=씻지 않은) 손으로 먹는 것(막 7.5/
마 15.2). 반면 누가는 특히 예수가 얼마나 자주 '식사하자'는 초대를 수락했
는지 비중 있게 회고한다.[256]

또한 누가는 빵을 축복하고 그것을 떼면서 축연의 주인으로서 보인 예
수의 행동이 이로써 사람들이 그를 알아볼 수 있었던 친밀한 행위였음을
암시한다.[257] 예수 전통 가운데 오천 명을 먹인 것으로 회고된 사건의 중
심에서도 같은 특징을 탐지할 수 있다(막 6.32-44 평행구). 예수는 '빵 다섯 덩
어리를 취하여…그것들에 축사한 뒤 쪼개어 그의 제자들에게 나누어주었
다…'(막 6.41 평행구).[258] 그 기억이 반복 구연되면서 얼마나 많이 정교하게
확장되었든 우리에게 전승된 그 이야기는 광야 지역에서 나눈 식사 기억
에 기초한 것으로 처음부터 상징적인 중요성을 지니고 있었으리라 보인
다.[259] 같은 이유로 모든 복음서 저자들이 예수가 자신의 마지막 시간을 제
자들과 함께한 식탁 교제로 보냈다는 데 일치하는 것도 의미심장하다. 마
지막 만찬(막 14.22-25 평행구). 함께 나눈 식사가 (누가에 의하면) 처음부터 예루
살렘 최초 공동체의 특징이었다는 점은 이러한 관행이 예수와 그들이 함
께하던 때로부터 이어져 내려온 것이었음을 암시하는 듯하다.[260]

여기서 우리는 또한 예수가 이미 친근한 잔치나 혼인식 이미지를 도래

개연성이 매우 높다. 트로크메(Trocmé)는 '대부분의 비유들이 예수가 초대받은 집안의 식사에서
나온 대화의 일부였다'고 믿는다(*Jesus* 91).

255) 막 2.15-16 평행구; 마 11.19/눅 7.34; 눅 15.1-2; 19.10. 다시 위의 §13.5f를 보라.

256) 막 2.15-16; 14.3; 눅 5.29; 7.36; 10.38; 11.37; 13.26; 14.1, 12; 19.5-7.

257) 눅 9.16; 24.30-31, 35. 이것은 누가가 자신의 목격자한테서 수집한 세부 내용이었을까?(눅 1.2)

258) 물론 그 행동들은 유대인 식사의 맨 처음에 나오는 전형적인 일부이지만 선행하는 문안에 암시
된 누가의 언급들은 소중히 간직된 기억을 암시한다.

259) 추가로 아래 §15.7f를 보라.

260) 행 1.4; 2.46; 또한 20.7, 11; 고전 10.14-22; 11.17-34을 주목하라; 유 12절. 페린도 비슷하게 주장한
다(*Rediscovering* 104-105).

하는 그 나라의 삶에 대한 이미지로 어떻게 사용했는지 상기할 필요가 있다.[261] 다시 말하거니와, 그 모티프가 (거듭) 이야기하는 중 확장되었다 할지라도 예수의 가르침이 제자들에게 그 모티프를 우선적으로 제공했다는 데는 별로 의심의 여지가 없다. 마찬가지로 예수 나름의 그런 관행이 그 가르침과 마찬가지로 일치했음도 거의 의심할 필요가 없다.[262]

많은 서구 사회가 가족과 공동 식사의 중요한 의미를 잃어버린 것 같은 시대에 고대 사회의 환대 원리와 그 실천의 중요성, 특히 고대 근동에서 식탁이 지닌 종교·사회적 의의를 상기하는 것이 중요하다. 그 이상은 그 이후로 오랫동안 필레몬(Philemon)과 바우키스(Baucis)의 그리스 전설 가운데 형상화되어왔다.[263] 유대 사상에서는 아브라함과 욥이 환대의 모범으로 칭송받았는데 거기서도 환대의 표현은 바로 음식을 나누는 것이었다.[264] 그와 같은 사회적 교양은 예수의 선교 훈령 속에도 상정된다(특히 눅 10.7/도마 14.2).[265] 예레미아스는 식탁의 이러한 중요성을 잘 표현하였다.[266]

…사람을 식사에 초대하는 것은 명예로운 일이었다. 그것은 평화, 신뢰, 형제애와 용서를 제공하는 행위였다. 간단히 말해 식탁을 나누는 것은 삶을 나누는 것을 의미했다.…특히 유대교에서 식탁 교제는 하나님 앞에서의 교제를 의미한다. 그 식사에 참여하는 모든 사람이 쪼갠 빵 조각을 나눠먹는 것은 그들 모두가 그 집의 주인이 쪼개지 않은 빵을 축복한 기도를 공유한다는 사실을 떠올려주기 때문이다.[267]

---

261) 위의 §12.4f를 보라; 또한 M. Trautmann, *Zeichenhafte Handlungen Jesu* (FB 37; Würzburg: Echter, 1980) 161-62 (참고 문헌과 함께).
262) 베커는 예수의 식탁 교제가 단순히 아직 일어나지 않은 것을 기대하는 것으로 간주되어서는 안 된다고 주장한다; 그것은 '임하는 하나님 나라의 실현'이었다(*Jesus* 160-61).
263) Ovid, *Metamorphoses* 8.613-70.
264) 창 18장의 아브라함; *Philo, Abr.* 107-14; Josephus, *Ant.* 1.196; *1 Clem.* 10.7; 개연적으로 히 13.2. 욥유언서 10.1-3; 25.5; 53.3. 추가로 내 책 *Romans* 744에 인용된 것들을 보라.
265) '본래 예수 운동의 핵심이 영적인 물질적인 자원들을 나누는 평등주의' '개방된 식사 친교 모임' (이었다)는 크로산의 매우 강한 주장은 일차적으로 이러한 본문들(막 6.10을 보태서)에 기반을 둔 것이다(*Historical Jesus* 341-44, 261-64).
266) Jeremias, *Proclamation* 115. 그는 적절하게 왕하 25.27-30(평행구 렘 52.31-34)과 Josephus, *Ant.* 19.321을 인용한다.
267) Barrett, *Jesus* 50은 W. R. Smith, *The Religion of the Semites* (1901)를 적절히 인용한다: '사막에서

바로 이러한 식탁의 중요성이 식탁 교제가 왜 예수 당시와 그 이후에 그토록 민감한 문제였는지 설명해준다. 다른 사람과 함께 음식을 먹는 것은 그 타자를 수용한다는 표시였다. 다른 자와 정기적으로 함께 먹는 것은 특별한 친교의 유대를 만들어내고 표현하는 행위였다. 마찬가지로 식탁 교제를 거부하는 것은 타자의 수용 가능성을 부인하는 것이었다. 식탁 교제는 그렇게 사회적 경계로 기능하면서 그 경계 안에 있는 자들과 밖에 있는 자들을 적시해주었던 것이다.[268] 이러한 의의는 특히 예수 당시 다음 두 부류의 주요 종파/형제 관계의 경우에 분명히 나타난다. 바리새인들과 에세네파 사람들.

바리새인들에게 식탁 교제의 중요성은 위의 §9.3a에서 언급된 뉴스너와 샌더스 사이의 쟁점들 가운데 하나이다. 뉴스너는 일찍이 힐렐과 샴마이 가문의 유산으로 돌려진 70년 이전의 얼마나 많은 랍비 전통이 직간접으로 음식의 정결, 그 준비와 보존 문제를 다루는지 살펴보았다.[269] 샌더스는 자신이 완전한 과잉 진술로 간주하는 점과 관련하여 이의를 제기했다.[270] 그러나 뉴스너의 주장이 전적으로 무시되기에는 해당 논지를 뒷받침하는 증거가 너무 강력하다. 우리는 바리새인들이 정결 종파였으며(§9.3a), 식탁과 관련한 정결의 관심사가 가장 민감한 초점이 되었음을 이미 주목하였다.[271] 아울러 우리는 또한 위에서 예수 전통 가운데 바리새인들이 가한 예수에 대한 비판의 얼마나 많은 부분이 공동 식사와 관련되는

만나는 모든 낯선 자는 통상적으로 부대끼는 대적인데, 그때 폭력에 맞서 보호할 자구책이란 자신의 강한 손이나 자기 피를 흘릴 경우 그의 부족이 복수하리라는 공포심의 조장 외에 없다. 그러나 내가 만일 그 사람과 한 입의 음식이라도 함께 먹은 적이 있다면, 더 이상 그로부터 두려움을 느낄 게 없다; "우리들 사이에는 소금이 있다", 그리고 그는 내게 해코지를 할 수 없을 뿐더러 내가 마치 그의 형제인 것처럼 나를 돕고 지켜주어야 한다…'(267-70). 또한 Bailey, *Through Peasant Eyes* 14-15; 추가로 J. Bolyki, *Jesu Tischgemeinshaften* (WUNT 2.96; Tübingen: Mohr Siebeck, 1998) 177-204.

268) 특히 Saldarini, *Pharisees* 212-16 참조. 현재의 상이한 유대교 형태가 가장 명확하게 표현되는 것이 바로 식탁이라는 것을 처음으로 통찰한 자들이 오늘날 유대인들일 것이다.

269) Neusner, *Politics* 86, 그의 보다 상세한 연구인 *Rabbinic Tradition*을 언급하면서.

270) Sanders, *Jewish Law* 166-236; 여기서 행엘과 다이네스는 뉴스너의 과잉 진술에 대한 샌더스의 비판에 동의하면서도 다음으로 과잉 반응에 대해서 경고한다('Sanders' Judaism' 43).

271) 별로 놀라울 것 없는 이야기이지만, 그 기간의 대중적 문헌은 식탁 문제에 있어 영웅의 신실함을 강조했다(단 1.13-16; 10.3; 토빗 1.10-12; 유딧 12.2, 19; *Add. Esth.* 14.17; *Jos. Asen.* 7.1; 8.5).

지 주목하였다. 그러한 관심사가 더 큰 바리새파 기관 내의 하부 집단—
haberim('측근 세력')—만이 공유하였는지 여부에 대해서는 완전하게 풀 수
없는 문제가 있다. 그러나 바리새인들과 '하베림'(haberim)을 구분하는 것은
매우 어려운데,[272] 후자의 용어는 단지 바리새인들의 특징적인 관례를 가
리키는 것일 수도 있다.[273]

그 정확한 세부 내용이 어떠하든지, 예수의 식탁 교제 관행은 예수와
그의 주요 비판자들 사이에 논쟁의 골자였다. 그 쟁점은 그 점에 대한 태도
에 있어 명백히 두드러진 차이였던 것을 조명한다. 많은 바리새인들은 그
들의 식탁 교제가 야웨에게 성별된 이스라엘을 특징짓는다고 보았다.[274]
이에 따라 그 거룩함을 위협하는 어떤 것과도 분리할 것을 요구하였고, 이
에 따라 부정한 것, 관례를 준수하지 않는 자, 죄인과 식탁에서 식탁을 매
개로 분리할 것을 요구하였다.[275] 반면 예수는 개방된 식탁 교제를 제정하
였다.[276] 예수는 스스로 넓은 부류의 사람들에게서 온 초대에 열려 있었다.
그는 세리들과 죄인들과 함께 먹는 것으로 악명이 높았다. 예수에게 성결
은 부정적이고 배제하는 힘이 아니라 긍정적이고 포용하는 힘이었다고 말
할 수 있을 듯하다.[277] 마가복음 2.17의 맥락에 의하면 예수는 자신이 죄인
들과 함께 먹는 관행을 의사가 병든 자를 고치는 활동에 비유하였다. 그리
고 그렇게 행동함에 있어 그는 이러한 신념을 자신의 제자들에게 주입하

---

272) Sanders, *Jesus and Judaism* 187; *Jewish Law* 154-55, 250. 또한 Schürer, *History* 2.398-400;
Westerholm 13-15; Saldarini, *Pharisees* 216-20의 주의 깊은 논의를 보라; 그리고 헹엘과 다이네
스의 샌더스 비판('Sander's Judaism' 38-39 각주 96) 참조.
273) 추가로 내 책 *Partings* 109-11을 보라; 또한 'Jesus, Table-Fellowship, and Qumran', in J. H.
Charlesworth, ed., *Jesus and the Dead Sea Scrolls* (New York: Doubleday, 1992) 254-72 (여기서는
257-60).
274) 앞의 §9.3a를 보라.
275) 시 1.1이 그러한 정책의 충분한 근거가 된다.
276) '식탁 교제는 비유들이 말하는 개방성을 실천하고 있다'(Becker, *Jesus* 150).
277) Borg, *Conflict* 134-36. 그러나 그의 논지 안에 보다 넓게 적용될 수 있다(특히 82-99); 이와 독립적
으로 K. Berger, 'Jesus als Pharisäer und frühe Christen als Pharisäer', *NovT* 30 (1988) 231-62은
'불쾌한 성결/정결의 개념은 예수와 바리새인들 사이의 갈등을 이해하는 본질적인 기초 요소'라
고 제안했다(246-47); 다음으로 칠튼은 예수의 '전염성의 정결/성결'을 언급한다(*Jesus' Baptism* 58-
71); 유사하게 S. McKnight, 'A Parting within the Way: Jesus and James on Israel and Purity', in
B. Chilton and C. A. Evans, *James the Just and Christian Origins* (Leiden: Brill, 1999) 83-129 (여기서
는 94-98).

여 그들의 제자직 일부로 실천하도록 하였다.

우리의 증거에 의하면 쿰란 에세네파는 식탁의 정결 유지에 있어 훨씬 더 엄격하였음이 드러난다. 매일의 식사는 사전의 정결 의식을 요구하였다. 그것은 기도로 시작하고 기도로 끝났으며 경건한 침묵 속에서 식사가 진행되었다. 식사 때에 입었던 겉옷은 '거룩한 예복' 같았다. 혹독한 수습 기간의 초심자가 언약 가담자가 되고 나서야 '공동 음식'에 손을 대는 것이 허락되었다.[278] 위에서 검토된 예수 전통과 놀랍도록 유사하게 쿰란의 언약자들은 분명히 그들의 하루 식사가 왕적 메시아가 있는 자리에서 종말론적 잔치를 미리 맛보는 것이라고 보았다.[279]

하지만 예수와는 현저하게 달리, 바리새파의 '하베림'(haberim)보다 훨씬 더 엄격한 쿰란 공동체는 깨끗하지 못한 모든 자들이 그들의 회중으로부터 배제되어야 한다고 보았다. 그 문제는 현존하는 사해 두루마리 가운데 몇 차례 언급되고 있으며 그들에게 분명히 결정적인 기준이었다.[280] 특별히 지목된 것은 '자신의 발과 손이 마비되거나 다리 저는 자(psh), 또는 눈먼 자('wr), 귀먹은 자나 벙어리, 또는 눈에 보이는 흠집(mwm)으로 육체가 망가진 자'이다. 그러한 자들은 성결의 천사들이 회중 가운데 임하기 때문에 배제되어야 한다(1Q28a[1QSa] 2.3-10). 그 목록은 분명히 레위기 21.17-24에 나오는 제사장에서 배제된 범주의 목록에 공감하는 것으로[281] 쿰란이 스스로를 제사장적 또는 제의적 공동체로 보았음을 상기시켜준다.[282] 여기서 흥미로운 점은 주인이 자신의 식사 자리에 '가난한 자, 불구자(anapeirous), 다리 저는 자(chōlous), 눈먼 자(typhlous)'를 초대하는 것의 중요성을 예수가

---

278) Josephus, *War* 2.129-33, 138-39; 지금은 쿰란의 공동체 규례(1QS 6)로 확인된다. 요세푸스는 또한 심지어 쫓겨난 공동체의 성원조차 그가 한 맹세에 매여 있었다는 점을 지적한다; 그는 '다른 사람의 음식을 함께 나눌 자유가 없'었고 종종 굶어죽었다(*War* 2.143).

279) 이는 매일의 식사 규칙(1QS6)과 이스라엘의 메시아가 참여하리라 기대된 종말론적 식사의 묘사 (1Q28a [1QSa] 2) 사이의 평행문구들이 드러내 보여준다.

280) 1Q28a [1QSa] 2.3-10; 1QM 7.4-6; 4QCD^b(J. T. Milik, *Ten Years of Discovery in the Wilderness of Judea* [SBT 26; London: SCM, 1959] 114에서 인용); 11QT 45.12-14.

281) 아론에게 말하여 이르라. '누구든지 너의 자손 중 대대로 육체에 흠(mwm)이 있는 자는 그 하나님의 음식을 드리려고 가까이 오지 못할 것이니라. 누구든지 흠이 있는 자는 가까이 하지 못할지니 곧 맹인('wr)이나 다리 저는 자(psh)나…발 부러진 자나 손 부러진 자나…'(레 21.17-21).

282) 추가로 위의 제13장 각주 124를 보라.

강조하는 전통이 누가복음에 보존되었다는 사실이다(눅 14.13, 21). 맥락상 그 함의인즉, 그러한 행태가 당시 교양에 비추어 놀라웠을 뿐 아니라 어떤 종교적인 감수성에는 모욕적일 수 있었으리라는 것이다. 사실 누가의 용어가 쿰란에서 사용된 용어와 유사한 점은[283] 예수가 쿰란을 염두에 두고 훈계를 전했을 가능성을 매우 강하게 암시한다.[284] 어쨌든 누가가 전수받은 전통은 그 대립을 염두에 두고 형성되었던 것으로 보인다. 그 어느 쪽의 경우든, 예수는 쿰란에서 행해진 이상과 직접 대립되는 관점에서 의도적으로 개방된 식탁 교제의 비전을 제기한 것으로 기억되었다.[285]

그렇다면 여기에 예수가 요청한 제자직을 이스라엘의 회복 신학이라는 다른 유형과 추가로 구분하는 명확한 변별점이 있다. 비록 엄격함의 정도는 상이했지만 바리새인들과 에세네파 사람들은 이스라엘의 거룩과 회복과 관련되는 것들이 스스로 높은 수준의 정결을 유지해야 할 뿐 아니라 그 필연적인 결과로 또한 그들이 부정한 것으로 간주한 다른 자들과 스스로 구별해야 할 것을 요구한 이상을 양쪽 다 공히 추구했다. 그들이 이 이상을 실천하면서 보여준 가혹할 만한 엄정함은 그 헌신과 자기 훈련에 있어 경탄할 만하다. 하지만 예수는 일관되게 상황을 달리 본 것으로 기억된다. 그가 촉구한 그 나라의 이상은 타인들의 다양한 무능력 가운데 그들을 위한 관심에서 더욱 동기가 부여된 것이었고 엄격하게 해석되고 가혹하게 강요된 율법보다는 그러한 상호 관심으로 구분된 공동체였다. 많은 바리

---

283) 그리스어 *chōlos*는 'wr와 마찬가지로 히브리어 *psh*와 *typhlos*에 해당되는 변함없는 칠십인역 (LXX) 번역어이다. *aanapeiros*는 *anapēros*의 변이된 형태로 특정하지 않은 종류의 신체적 불구를 암시한다. 그러므로 누가 눅 14장의 현재 형태로 만들어놓았든 간에 그는 *anapeiros*가 *hgr*, 곧 '절름발이의' '불구의'(1QM 7.4; 4QCDᵇ) 또는 *mwm*, '흠집'(레 21.17-18; 1Q28a/1QSa 2.5; 1QM 7.4)에 적절히 상응하는 번역어로 작용하리라 의도했을 법하다. 신체적 손상은 적어도 DSS 본문에서 분명히 고려하고 있기 때문이다. 추가로 내 논문 'Jesus, Table-Fellowship, and Qumran' 265-67.
284) 에세네파의 자기 이해와 관례에 대한 다른 가능한 암시들은 눅 16.8에 나오는 '빛의 아들들'에 대한 언급(Flusser, *Jesus* 94)과 위의 각주 110에 언급된 안식일 논쟁이다(Charlesworth, *Jesus* 65-67); 또한 위의 각주 194, 예수와 사해 사본의 가능한 접촉점에 대하여 다음 자료에 개관된 논의를 보라: Charlesworth, 'The Dead Sea Scrolls and the Historical Jesus', in Charlesworth, ed., *Jesus and the Dead Sea Scrolls* 1-74; W. O. McCready, 'The Historical Jesus and the Dead Sea Scrolls', in Arnal and Desjardins, eds., *Whose Historical Jesus?* 190-211; H. Lichtenberger, 'Jesus and the Dead Sea Scrolls', in Charlesworth and Johns, eds., *Hillel and Jesus* 389-96.
285) '당시의 유대교에서는 예수의 식탁 교제와의 대립보다 더 명징한 것을 상상하기 어렵다'(Becker, *Jesus* 161).

새인들과 에세네파 사람들에게 언약적 이상에 비추어 죄악으로 무시된 것이 예수에게는 그 나라의 복된 소식의 표현이었다.

b. 경계의 부재

위에 나타나는 논점은 예수가 부른 제자직의 현저한 특징을 조명한다. 예수가 맨 처음 '가난한 자'(§13.4)와 '죄인들'(§13.5)을 부른 것과 마찬가지로 제자직의 성격과 관련해서도 그의 실천은 모범적 틀을 제공했다. 다른 자들이 약속의 백성들 주변에 더 단단한 경계를 두름으로써 야웨 앞에서 이스라엘의 특수한 위상을 보호하고자 한 반면, 예수는 이러한 경계를 허물고자 했을 뿐 아니라 폐쇄적이지 않은, 본질적으로 개방된 교제를 창출해내고자 하였다. 그의 개방된 식탁 교제는 그것을 실천한 공동체를 그렇게 많은 부분에서 조직하고 특징지으면서 그의 선교의 어떤 다른 측면보다 그 점을 더 명확하게 부각시켰다. 그 점을 얼마나 더 강조할 수 있는지는 분명하지 않다. 짐작건대 예수는 자기 제자들과 함께 사적인 성격을 지닌, 명백히 개방되지 않은 식사를 나누었을 것이다.[286] 또한 마지막 만찬(막 14.22-25 평행구)도 고립된 경우가 아니었을 것이다.[287] 그렇지 않다면 공관복음 저자들이 예수가 제자들에게 사적인 교훈을 전하는 기회로 공동 식사를 활용한 것으로 묘사하려는 시도가 거의 없었다는 사실은,[288] 예수 전통 속의 두드러진 기억이 예수의 식탁 교제가 보인 개방성과 관련되어 있었음을 보여주는 동시에 심지어 공관복음 저자들의 시대까지 그러한 인상과 대립되는 대단한 요청 사항이 없었음을 암시한다. 바리새인들과 쿰란 사람들과 달리, 식탁 교제는 국외자들에게서 내부자들을 구별해내기 위해

---

286) 예수와 제자들에 대한 마가의 언급들 가운데 암시된 그러한 식사는 먹을 시간이 없는 형편인가?(3.20; 6.31)

287) 하지만 예수가 매번 그렇게 자주 스며들 수 있었던 그 '집들'이 사적인 가르침을 위한 것이었음을 다시 주목하라(각주 위의 234); 그 집들 안에서 함께 식사하는 것에 대해서는 언급된 것이 없다.

288) 막 14.3-9의 전통은 바로 이 대목에서 혼동된다. 위에 열거한 경우들 외에는 마지막 만찬(요한복음에서 많이 확장된 형태)과 눅 24.36-49만이 그렇게 분류될 수 있다.

담장을 치는 행위가 아니었다. 사람들이 예수의 교제를 즐기고 그의 말을 들을 수 있게 되기 전에 극복해야 할 정결의 장벽은 없었다.

이런 추론과 그 함의들은 우리가 예수에 의한 **세례**의 실행과 관련하여 복음서의 훨씬 더 '우레 같은 침묵'을 상기할 때 더욱더 강렬해진다. 우리가 이전에 보았듯이(§11.3a), 세례는 세례자 요한이 시작한 실천이었다. 그의 손으로 그것은 예비적 통로를 형성했으니 그것을 통과함으로써 사람들은 오실 그 분의 세례에 대해 준비하였던 셈이다. 비록 일회적으로 집행되었음에도 불구하고 그것은 쿰란 공동체의 성원들에게 필수적이고 그 구성원들이 공동 식사에 참여하기에 앞서 행한 정결 목욕과 기능상 비견되는 통과의례를 만들어냈다. 예수 선교의 또 다른 끝에, 부활 사건 이후 공동체의 바로 그 출발 시점에 세례가 다시 등장한다. 다시 그 새로운 공동체에 스스로 헌신하는 자들을 위해 필수불가결한 통과의례로 등장하는 것이다.[289] 그러나 그 사이에 우리는 예수가 집전한 어떤 세례식에 대하여 아무것도 전혀 듣지 못한다. 설사 예수가, 또는 적어도 제자들이 세례자의 선교 활동과 중첩되는 기간에 요한의 세례 관행을 존속했다고 할지라도(§11.2b), 그 명확한 함의는 예수 또는 제자들이 예수가 자신의 독특한 갈릴리 선교를 시작했을 때(공관복음이 그 이야기를 끄집어내는 것은 바로 이 지점이다) 그 관행을 중단했다는 것이다.

최근에 일부 학자들은 예수가 세례를 주었고 사실상 그의 선교를 통틀어 계속 세례 사역을 지속했다고 주장했다.[290] 그러나 이 가설에 대해 예수의 계속된 세례 활동과 관련한 공관복음 전통의 철저한 침묵은 매우 당혹스럽다. 예수가 부자 청년에게 한 답변처럼(막 10.21 평행구) 어떤 언급이 삽입되었을 가능성이 있는 에피소드들은 많다. 게다가 세례 받은 자가 함께한 가운데 그 전통을 실행하는 자들이 그들의 관행과 예수의 경우 사이에

---

289) 행 2.38, 41; 8.12-13, 16, 36 등등; 고전 12.13; 히 6.2; 벧전 3.21.
290) R. T. France, 'Jesus the Baptist?' in Green and Turner, eds., *Jesus of Nazareth* 94-111 (여기서는 105-107); Meier, *Marginal Jew* 2.126-29, 166-67; Taylor, *Immerser* 294-99.

연속성을 강조하기 위해 그러한 몇몇 언급을 혼쾌히 삽입했을 가능성을 상정할 수도 있다. 사실 부활 사건 이후 집단의 연속적인 세례 활동과 관련하여 부여되는 유일한 이유는 그것이 부활한 주의 명령으로 받아들여졌고 그것이 그리스도교 세례의 공식적 인증을 기억하는 방식이라는 것이다.[291] 첫 그리스도인들은 그들의 관행을 부활 사건 이후의 계시로 소급시키고, 예수가 요한의 활동을 한동안 계속하였을지 모른다(요 4.2)고 보는 유일한 징표는 즉각 반박된다. 바로 이런 까닭에 우리는 예수가 공관복음 저자들이 기록한 그의 선교 기간 내내 세례를 베풀지 않았다고 결론짓는 것 외에 별다른 선택의 여지가 없다.

그러나 설사 그렇다고 하더라도, 왜 예수가 세례를 주지 **않았는가**라는 질문은 절박한 상관성을 갖는다. 예수의 선교는 그 영향의 동선과 셋 모두를 연계시키는 연속성을 가지고 세례의 실천으로 구별되는 두 가지의 선교(세례자의 경우와 부활 사건 이후 그 추종자들이 구성한 예루살렘 공동체) 사이에 절묘하게 꼭 들어맞는다. 그러나 이 점에서 예수의 선교는 별개의 것이다. 왜 그런가? 예수의 식탁 교제와 관련하여 우리가 발견한 점에 비추어보건대 한 가지 답변은 분명히 우리의 마음을 끄는 면이 있다. 요컨대, 예수는 정결 제한 규정을 가지고 자신의 식탁 교제에 담장을 치지 않은 것과 같은 이유로 세례를 주지 않았다는 것이다. 심지어 세례까지도 어떤 이유에서든 아직 그것을 감당할 준비가 되지 않은 자들을 배제하면서 지나치게 많은 제의적 장벽을 조성할 수 있었다. 세례 못지않은 차원에서 예수는 회개를 요청했다(§13.2a). 그러나 예수가 기대한 회개는 세례의 견지가 아니라 사랑이 깃든 관심의 행위(막 10.21 평행구)와 잘못된 행위에 대한 회복에서 나타났다(눅 19.8).

그 점은 가령 예수가 반제의주의자였다고 주장하기 위해 너무 강조될 필요도 없거니와, 또 그렇게 너무 밀어붙여서도 안 된다. 마지막 만찬의 전

---

291) 마 28.19; 다른 곳에서는 마가에게 첨부된 더 긴 결말부(16.16). 추가로 제2권을 보라.

통(막 14.12-25 평행구)은 그 문제에 대한 반대 논거로 충분하다. 만일 예수가 진정으로 제자들에게 최고의 충성을 요구했다면(무엇보다 눅 14.26이 암시하듯이), 그러한 충성에 배타적인 측면이 있음을 부인하기 어려울 것이다. 그럼에도 불구하고 그 중심을, 예수로 인정한 제자직 동아리는 **안쪽**보다는 **바깥쪽**을 바라보았다고 특징적으로 말할 수 있을 것이다. 위상과 위계의 질문과 연관된 어떤 논란도 예수는 단호하게 질책했다. 제자직의 모델은 바로 전형적인 사회 조직과 민족적 구조의 계층화된 서열 체계가 **아니다**.[292] 역으로 예수에게 접근하는 것을 통제하거나[293] '그가 우리 중 하나가 아니었기 때문에'(막 9.38-39/눅 9.49-50) 다른 이의 인정을 보류하는 어떤 시도도 마찬가지로 예수의 강한 질책을 받았던 것 같다. 개방적인 특징과 함께 단순히 자신의 업무에 매몰되지 않는 그와 같은 지속적인 교제의 분위기가 주목을 받지 못할 리 없다. 바로 여기에 그리스도교의 예수 탐구에서 흔히 해온 것 이상으로 좀더 높은 비중을 두어야 할 것이다.

14.9 임하는 그 나라의 관점에서 살아가기

앞의 두 장에서 검토한 전통은 여러 방식으로 쪼개고 비틀고 확대할 수 있을 것이다. 그러나 예수가 제자들에게 기대한 것과 관련하여 그들에게 남긴 강한 인상이 어떠했는지 우리가 꽤 많이 알 만큼 지금까지 충분히 언급해왔다.

a. 예수의 하나님 나라 메시지는 왕과 아버지로 하나님을 언급함으로써 제자직의 방향을 견고하게 설정했다. 하나님을 경배하며, 그 앞에서 경

---

292) 막 9.33-37 평행구; 10.35-45 평행구. '다른 사람들의 "평신도" 됨에 비해 열두 제자들이 "제사장들"로 기능하였다는 암시는 없다'(Dunn, *Jesus' Call to Discipleship* 106). 마태에 의하면 마 16.19에서 베드로에게 부여된 '매고 푸는' 권한은 '제자들'/'교회'에도 부여된다(18.18). 마태는 또한 하나님과 그리스도에 만 해당되는 권위를 침해하여 권위적인 지위를 주장하려는 공동체 내의 어떤 시도에도 명시적인 경고를 담고 있다(23.8-12).
293) 막 10.13-14 평행구; 눅 7.39-50.

외함으로, 또 그를 신뢰하고 전심으로 사랑하는 가운데 제자의 삶을 살아야 하는 것이었다. 풍성하게 양식을 공급하는 창조주로서, 갚을 수 없는 빚을 사면하는 주인으로서, 그리고 자녀들에게 반드시 응답하는 아버지로서 하나님의 관대함은 예수의 제자들에게 또한 하나의 본보기가 되어야 했다. 하나님에게 첫 번째 우선권을 주는 것은 사회적 진출과 부의 축적을 향한 일체의 야망으로부터의 방향 전환, 거부 반응과 고난을 기꺼이 견뎌내는 자세, 그리고 적어도 일부에게는 가족적 삶의 분열과 포기 등을 요구하였을 것이다. 이 모든 것에서 종말론적 어조(위의 제12장)는 항상 명확하게 나타나는 것은 아니지만 대체로 그 가르침이 처음 들려진 이래 그것을 울려 퍼지게 하는 반향 공간으로 추정될 수 있다. 예수의 윤리적 가르침과 관련된 기조들로서 '지혜적' 요소를 '종말론적' 요소와 대립시키는 식의 구도에는 사실적 토대가 없다.[294] 창조주는 또한 왕이며 임하는 그 나라는 항상 거기에 통합적 전제로 존재한다. 마태복음 6.33의 그 '첫째'('먼저 하나님의 나라를 구하라')를 마가복음 12.28-31의 사랑 계명에 나오는 그 '첫째'(와 '둘째')에 대립시키는 것은 단순히 일종의 게임을 하는 것일 터이다.

b. 예수의 메시지는 이스라엘을 겨냥했다. 그는 옛적의 예언자들이 그랬듯이 그의 백성들이 그들의 주께로, 바로 지금, 도래할 그 나라를 고대하면서 돌아오기를 요구했다. 그가 전파한 사회적 가치는 오래전 토라에 제시되고 예언자들이 권고한 것들로, 특히 가난한 자를 위한 하나님의 우선적 관심사였다.[295] 그러나 그는 또한 자기 의에 대한 주장으로 다른 견지에서 토라의 의를 해석한 자들과 불화하고 그들을 거부하는 자들에게 저항했다. 예수의 교제에 나타난 특징은 통상적으로 식탁에 부적합한 상대로 간주된 자들을 향한 개방성이었다. 예수의 메시지가 폭넓은 청중을 얻음으로 상당히 현실주의적 희망을 담아냈다는 말이 아니다. 그러나 그는 반

---

294) Schrage, *Ethics* 30-37 참조.
295) 일부 유사한 견유학파의 평행구가 있는데(제13장 각주 148; 다른 곳에서는 제14장 각주 50, 195, 199), 그것들은 영향 관계가 있다기보다 그리스-로마 세계에서 그와 상응하는 상황에 대한 반응으로 보는 것이 더 낫다. 예수의 유대인 성향은 여기서도 다른 곳만큼 선명하다.

복된 좌절에도 불구하고 패잔병처럼 자기 집단을 에두르는 경직된 경계를 정하고 이스라엘에 등을 돌리는 식의 관점에서 말하지 않았다. 그의 부름은 오히려 그의 추종자들이 이스라엘이 **되고** 이스라엘이 하나님 앞에서 살아야 하는 것처럼 사는 것이었다.

c. 관련 증거에 의하면 예수가 지역 공동체의 갱신이나[296] 소작농 공동체의 재건을 착수했다는[297] 제안을 뒷받침하기 어렵다. 예수의 가르침은 사해 두루마리 사본에서 유추할 만한 것과 같은 그러한 완전한 사회 질서의 청사진에 미치지 못한다. 당시의 사회적 분열과 경제적 곤경은 예수 전통 가운데 일정하게 반영되어 있다. 부유한 자들은 그들의 부가 가져오는 위험을 경계하여 가난한 자에게 기꺼이 나누어주라고 강력한 충고를 듣는다. 그러나 예수는 사회를 재구성하고 더 올바르게 만들기 위해 경제 정책을 제안하는 자로서 회고되지 않는다. 하지만 역으로 예수는 스스로 '사회'에서 물러나지 않았고 그의 제자들에게 그렇게 하라고 권하지도 않았다. 우리는 여러 차례 예수의 가르침과 행동이 사회에 상당히 연루된 징후를 주목하였다.[298] 예수의 가르침에는 사적인 도덕과 공적인 도덕을 명확하게 구분하는 근거가 있는 것도 아니다. 반대로 기본 원리들은 '전면적으로' 분명히 선포된다. 가난한 자를 부양하는 것의 중요성, 안식일, 정결 문제, 이혼 등과 같은 사회적 의제에 대해서, 내면적 성실함과 이웃 사랑에서 나오는 동기의 우선적 중요성에 대해서, 그러한 사랑을 억압하도록 용인하는 규정의 위험에 대해서, 진정한 위대함의 척도로서 다른 자들을 섬기는 것에 대해서. 이러한 원리들은 확실히 이상주의적 특질을 가지고 있지만 그럼에도 불구하고 사회 정책과 사적인 도덕성을 잴 수 있는 척도로 기능할 수 있다.[299] 거꾸로 탐욕스런 사회의 가치를 제자직 공동체를 위한 일

---

296) Horsley, *Jesus* chs. 8-9 (위의 §4.6b). 그럼에도 그는 타이센의 방랑하는 카리스마주의자들보다 지역공동체의 견지에서 예수의 전략을 특징지었다는 점에서 옳다고 본다(228-40); 비슷하게 Herzog, *Jesus* 208-16.
297) Crossan, *Historical Jesus* 344; *Birth* 330-31; Crossan and Reed, *Excavating Jesus* 126.
298) Vermes, *Religion*의 주요 약점은 예수의 가르침을 그 사회정치적 맥락 가운데 설정하지 못한 것이다.
299) Theissen and Merz, *Historical Jesus* 370-72 참조.

종의 본보기나 규범으로 취하는 행태에 대한 경고는 선명하다. 이 모든 것은 그에게 '전복적 현자', '변혁적 현자'라는 별칭에 걸맞은 자격을 부여하는가?[300] 왜 아니겠는가? 예언자적 저항이 지나치게 안락하고 이기적인 사회를 아주 오래 동요시키는 경우는 거의 없었다. 그런데 예수의 저항은 그 윤리적 기풍이 어느 정도는 예수 전통으로 형성된 것을 기꺼이 수긍하는 어떤 사회에 대해서도 '검토되도록 남아 있다.' 이 점에서 예수의 가르침에 담긴 정치적 예봉이 무디어져서는 안 된다.

d. 또한 우리는 예수의 가르침 가운데 완벽한 윤리 체계를 발견하지 못할 것이다. 그가 율법을 무시했다거나 철폐했다는 주장은 잘 봐주어도 과장된 것이고 극단적인 경우는 반유대적인 것이다. 예수가 옹호한 원리들은 그가 반대한 규정들 못지않게 토라에서 나온 것들이다. 그러나 그의 윤리적 반응들은 체계적이라기보다 천성적인 것으로 특정한 상황에 처한 인간적 요소를 고려하였다.[301] 임할 그 나라에 대한 그의 비전처럼(위의 제12장) 그가 말과 행동으로 증명해보인 윤리성은 삽화적이고 예시적이다. 다시 강조하거니와 그의 가르침은 사회 윤리보다 개인 윤리라는 표제 아래 산뜻하게 배치될 수 없다. 그는 진정 사람들에게 개별적으로 말했고 그들을 개인으로 상대했지만 이는 고립된 개인도 아니고 사회 내의 타자들, 즉 가난한 자와 이웃, 사회적으로 종교적으로 주변화된 자들과 개별적 죄인 등에 대한 책임이 부재한 개인도 아니었다. 마지막으로 우리는 '제자 윤리'와 '일반 윤리'를 구분하려 해서도 안 된다.[302] '제자들'과 '추종자들'을 구분하고(§§ 13.2-3) 상이한 제자직 동아리들 사이에 선명한 경계를 긋는 것(§13.8)이 비현실적이라는 것이 판명되었듯이, 예수가 제자직 실현의 상이한 수준을 기대했다고 주장하는 것에도 근거가 없기는 마찬가지다. 모두가 가

---

300) Borg, *Jesus* 116 (또한 위의 §4.7을 보라). 보그 또한 예수를 '사회적 예언자'로 기술한 호슬리의 입장을 수용한지만 위의 각주 296처럼 호슬리가 확대해석한 부분과는 거리를 둔다(*Jesus in Contemporary Scholarship* 105과 각주 24).
301) 켁(Keck)을 참조하라: '예수는 어떤 목적을 가지고 있었지만 프로그램을 가지고 있지는 않았다' (*Who Is Jesus?* 156; 또한 157-59을 보라).
302) Merklein, *Jesus Botschaft* 128-31.

족을 떠나고 재산을 포기해야 한 것이 아니었을 터이다. 다만 원리에 준한 생활, 이웃 사랑, 그리고 동료 제자를 용서하는 것 등은 그러한 구분들과 전혀 상관이 없었다.

　　e. 예수는 교회를 설립하고자 했는가? 이 질문은 제기할 만한 값어치가 없을 정도로 시대착오적인 울림을 준다. 그러나 '교회'라는 말로 우리가 주 하나님 앞에 모인 '회중'을 의미한다면, 예수가 그의 제자들이 그러한 기능을 수행하는 것을 전망했다고 말할 수 있다. 차라리 우리는 새로운 가족, 즉 아버지인 하나님과 큰형 되는 예수를 모신 가공상의 가족으로서 제자직을 말해야 하지 않을까? 그로써 태생적 가족이나 다른 평범한 사회적 군집들과 자명하게 대립되고 적대되는 새로운 사회적 군집을 의미한다면 이와 무관할 것이다. 그러나 우리가 그것으로 '형제애'로 유대하고 소외된 자들에 대한 개방성으로 구별되며, 서열 구조나 사제 조합, 또는 권력 놀음이 아닌 사랑하는 형제자매를 위해 하듯 서로를 위해 분발하는 구성원들로 특징지어지는 공동체를 뜻한다면, 그 개념은 예수가 암시했을 법한 지점에서 그리 멀리 표류하지 않을 것이다.

　　간단히 말해, 현재와 관련한 예수의 비전을 우리는 '임하는 그 나라의 관점에서 살아가기'로 요약할 수 있다. 그것은 슈바이처의 용어대로 '임시 윤리',[303] 곧 그 나라가 도래하기 전 사이 시간의 비범한 조건을 위한 과격하게 이상주의적인 윤리도 아니고, 그 나라를 일으키기 위한 수단도 아니다.[304] 또한 그 나라가 이미 정점에 도달하여 더 이상 아무런 전망이 없다는 것도 아니다. 예수의 제자들은 '당신의 나라가 임하게 하옵소서'라고 여전히 기도해야 하고, 마가복음 12.18-27에 전망해둔 부활도 아직 이루어져야 한다! 오히려 그의 뜻이 하늘에서처럼 땅에서도 이루어지는 때에 하나님이 사회를 정리하리라는 기대 속에 지금 여기서 이미 살아낸 그 나라의 삶의 성격으로서 그 비전을 가늠해볼 수 있다.[305] '시공을 초월하든' '세상

---

303)　Schweitzer, *Mystery* 97; *Quest*[1] 352; *Quest*[2] 323, 454-56.
304)　Schrage, *Ethics* 26-30.

의' 범위를 넘어서든, 그것은 영적인 세계에 사는 것이 아니라 하나님의 섭
리적 돌봄의 표징들이 모든 곳에서 인식되고 감사함으로 배우고 받아들여
질 수 있는 성례전적 우주 가운데 살아가는 삶이다. 그것은 규칙과 배타적
인 경계로서 결정되는 닫힌 사회가 아니라 용서가 경험되고 종종 은총으
로 놀라며 열린 식탁 교제와 이웃 사랑 가운데 하나님의 선함을 어떻게 기
려야 할지 잘 아는, 무엇보다 하나님의 우선권을 추구하는 공동체이다.

---

305) A. E. Harvey, *Strenuous Commands: The Ethic of Jesus* (London: SCM, 1990) ch. 6, 'Living "As If"'(그
나라는 이미 현실이었다).

제4부

예수의 자기 이해에 대한 물음들

James D. G. Dunn

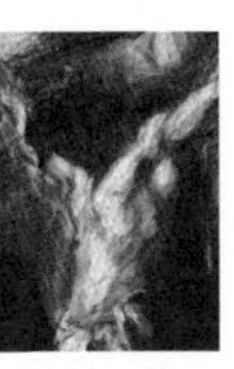

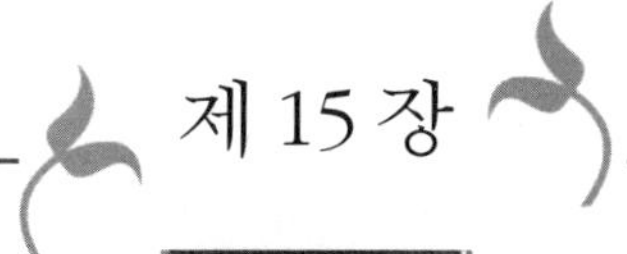

그들은 예수를 누구라고 생각했는가?

예수 선교의 많은 부분, 그러니까 예수의 가르침과 행동 모두에서 부인할 수 없이 논쟁적이며 심지어 난폭하기까지 한 요소가 있다. 우리는 그 요소의 성격과 관련하여 어떤 점을 적시하고 앞의 두 장을 통해 몇 가지 점에서 그 공격성의 흔적들을 포착할 수 있었다. 그러한 경우에 그 가르침과 행동 자체에만 배타적으로 집중하는 것은 불가능한 일이며, 그렇게 가르치고 또 살았던 그 사람에 대해 또한 묻지 않을 수 없다.

15.1 예수는 누구였는가?

아주 간단한 질문이다. 그러나 다른 무엇보다 탐구자를 잘못 인도할 잠재성이 더 많은 질문이기도 하다. 한 경우를 말하자면 그 물음은 '역사적 예수'에 관한 수많은 이야기를 매혹시킨 가정 위에 작동한다. 이를테면, 제자들이 예수에게 보인 반응과 어떻게든지 독립적인 별도의 실재가 '거기 뒤에' 있으며 그것은 그렇게 가려 있음에도 불구하고 역사적 탐구로 복구할 수 있다는 것이다.[1] 또 다른 경우는 그 질문이 곧장 정체성의 정의들 속에, 그리고 존재와 행위, 역할과 관계 사이의 혼동 속에 뒤엉켜버린다는 것이다. 한 인간은 그가 **행하는 것**, 그가 생각하고 느끼고 희망하며 또는 성취하는 것 그 자체로 **존재하는가?** 한 여성은 누구에게는 딸이고, 또 다른 누구에게는 자매이고, 누구에게는 아내이며, 다른 누구에게는 어머니이기도 하다. 어떤 역할이 **그녀를** 가장 정확하게 정의하는가? **그녀는** 단순히 그녀가 하는 역할들, 그녀가 일부를 이루는 그 관계들의 총체일 뿐인가?[2] 나는 단순한 질문이 단순한 해답을 낳을 수 없을지도 모른다는 사실을 강조하기 위해 그러한 논점들을 언급할 뿐이다. 단순한 질문은 사안을 지나치게 단순화함으로써 그 어떤 진리 탐구을 수월하게 하기보다 도리어 방해할 수 있다.

예수의 자기 이해란 견지에서 그 논점을 다시 제기함으로써 이러한 혼란의 일부를 헤쳐나갈 수 있을 것 같기도 하다. 확실히 중요한 것은 예수가 자신을 누구라고 생각했는가 하는 점이다. 비록 개인적인 정체성이 자기 정체성에 대한 개인적인 인식에 반드시 의존하는 것은 아니라는 주장이 종종 제기됨에도 불구하고, 이는 그리스도교 역사의 대부분을 지배해온 가정이다. 거지는 자신이 왕자임을 모르고도 왕자일 수 있었다. 예수가 누구였는지는 자신이 누구였는지 아는 예수에 의존하지 않는다. 설사 그렇다고 해도, 오늘날까지 예수가 자신의 신적인 정체성과 개인적 선재를 의식했는지 등과 같은 물음은 계속적으로 많은 그리스도교 진영 가운데 활발한 토론의 주제가 되고 있다.[3]

그 탐구 내의 그러한 논제들은 슐라이어마허가 말한 예수의 '하나님 의식'과 '메시아 의식'의 선취 등으로 특징지어지는 19세기 자유주의자들

---

1) 위의 §6.5를 보라.
2) 물론 나는 여기서 개성과 정체성에 관련되는 사회과학 내의 장기간에 걸친 토론을 암시하고 있다.
3) 가령, G. O'Collins, *Christology: A Biblical, Historical and Systematic Study of Jesus* (Oxford: Oxford University, 1995) ch. 10, 특히 234-49을 보라.

의 관심사에 더 가까웠다.[4] 그에 대해 20세기 내내 지속되어온 반응은, 한 역사적 인물의 자의식에 접근할 가능성을 부인하는 것이었다. 그리고 우리에게 접근 가능한 유일한 역사적 예수는 기억된 예수라는 내 나름의 강조점이 그 관점을 강화해주는 것 같다. 그러나 동시에 예수의 자기 인식에 얽힌 쟁점이 아예 사라져버린 것은 아니다. 예컨대, 그 논점은 역사와 자아의 개념을 새롭게 정의하려는 로빈슨의 시도와[5] 마이어(Meyer)가 점화한 '예수의 목표들'에 대한 갱신된 관심으로 교묘하게 처리되었다. 그러한 관점에서 예수를 '카리스마적 방랑자'(타이쎈), '지중해의 유대인 소작농'(크로산), 또는 '랍비 예수'(칠튼) 등의 인물로 특징지은 모든 시도들은 자신이 무엇이었는지에 대한 예수 나름의 생각과 관련한 함의를 전하는데, 그 함의가 추구되지 못할 때조차 그렇다. 나아가 예수가 '자신의 예루살렘으로의 여정을 야웨가 시온으로 돌아오는 사건의 상징과 구현으로 보았다'는 라이트의 대담한 논지는 그 쟁점을 언제나 예리하게 제기한다.[6] 내가 예수의 영향에 대해 강조한 점 역시 반드시 예수의 자기 이해에 이르는 길목을 차단하지 않는다. 보다 분명한 인상을 줄수록 그 인상을 주는 대상은 보다 분명해지기 때문이다. 나아가 설사 맨 처음 들려진 대로 전승된 예수의 어록이 불과 몇 개 안 되는 게 사실이라 할지라도 특정한 어록들은 전승된 그 어록들 가운데 여전히 공명하는 자기 주장 내지 자기 이해를 표현하기 위해 거론될 수 있을 것이다.[7] 우리가 그것을 얼마나 밀어붙일 수 있을지는 앞으로 논의가 진전되면서 더 명확해질 것이다.

하지만 선행하는 질문을 먼저 하는 것이 최선의 이해를 돕는다. '다른 자들은 예수를 누구라고 생각했는가?' 이는 예수의 제자들 외에 다른 사람이 그 점을 우리에게 분명히 증언하기 때문이 아니다. 우리는 현재 확보한 유일한 증언이 예수의 선교에 적극 응답한 자들로부터, 또 그들을 통해 왔

---

4) 위의 제4장 각주 49를 보라.
5) '자신의 존재, 자아 그리고 더 고차원적 의미의 자기 생명에 대한 예수의 이해는 역사 연구의 가능한 주제이다'(*New Quest* 72).
6) Wright, *Jesus* 639.
7) 추가로 내 책 *Christology* 25-26을 보라.

음을 여러 차례 살펴본 바 있다. 그러나 지금까지 서술된 예수의 선교는 그의 설교를 듣고 그가 행한 것을 목격한 자들로 하여금 '이 사람이 누구인가?'를 물을 수밖에 없게 하였다. 하나님의 왕권이 곧 온전히 실현될 것이라고 선포하고 헌신해야 하는 제자직으로 부르며 또 예루살렘에서 온 바리새인들과 매우 효과적으로 토론한 그 갈릴리의 유대인은 누구였던가? 이 질문은 예수 전통 내에 곧잘 상기되는데, 이로써 그것이 예수의 선교 기간 내내 다양한 시점에서 한 가지 또는 다른 형태로 제기되었음을 우리는 확신하게 된다.[8] 논점을 더 깊이 짚어 말하면, 청중이 듣고 보았던 것을 이해하기 위해 사용할 수 있었던 몇 가지의 역할 모델 또는 범주가 있었으며, 이는 그들이 그 범주를 어떻게 이해했는지, 예수를 어떻게 '들었는지'에 따라 규정된다는 것이다. 다시 말해, 앞으로 보겠지만, 예수 전통은 다양한 지점에서 이러한 범주들의 일부와 공명한다. 따라서 여기서도 우리는 예수가 끼친 영향의 테두리 안에서 추적하고 채우고 있다고 주장할 수 있다. 이에 예수 자신이 이러한 가능한 역할 모델이나 그를 그것과 일치시키려는 시도에 어떻게 반응했는지 묻는 작업은 적잖이 중요할 것이다.

15.2 왕적 메시아

우리는 적어도 바울의 시대부터 예수와 가장 긴밀하게 일치되는 메시아라는 용어와 함께 시작한다. Messiah = *Messias* = *Christos*. 예수가 죽은 지 약 20년 내에 그리스도가 예수라는 이름에 결부되었고 '예수 그리스도'로 붙여 사용되면서 어느 정도 개인적인 이름으로 기능했음은 어느 신약성서학도에게도 친숙한 사실이다.[9] 또한 이 용례의 배후에 예수가 바로 그

---

8) 막 1.27/눅 4.36; 막 6.2-3 평행구; 6.14-16 평행구; 8.27-28 평행구; 14.61 평행구; 요 7.40-52; 9.16-17, 29-30; 10.19-21.
9) 내 책 *Theology of Paul* 197-99을 보라. 또한 M. Hengel, 'Jesus, the Messiah of Israel', *Studies in Early Christology* (Edinburgh: Clark, 1995) 1-72 (여기서는 1-15).

'그리스도', 곧 그 메시아였다는 그리스도교의 주장이 있음을 의심할 수 없다. 그 주장은 이미 매우 친숙하고, 처음 그리스도인들 가운데 당연시되어 그리스도의 직함적 의미는 급속히 사라져가고 있었다. 메시아로서 예수는 더 이상 주장되어야 할 권리가 아니라 단순히 상정되어야 할 사실로 기능했다. 이는 초창기 그리스도인들에게 예수가 정말로 메시아였다는 주장이 처음부터 확립되어 있었음을 의미할 뿐이다. 그들은 그 주장, 곧 그들이 '그리스도의 사람들'(Christ-ians), 메시아주의자들이었다는 바로 그 주장으로써 구분되었다. 그러나 언제 그 주장이 확립되었을까? 그것은 예수의 선교 기간에 형성되었던가? 나아가 예수는 스스로 그런 주장을 했으며, '메시아적'이라고 인식되었을 그 역할을 포용하였던가? 이러한 것들은 나중에 해결되어야 할 쟁점들이다.[10]

어쨌든, 우리는 먼저 잠시 멈추고 '그 메시아'의 도래에 대한 유일하고도 일관된, 널리 퍼져 있던 유대인의 희망을 가정했던 이전 세대의 확신이 폐기된 지 오래되었음을 상기할 필요가 있다.[11] '메시아적 자의식'처럼 '메시아 시대'에 대한 이야기도 그 가정에 편승하였다. 그러나 사해 사본의 발견과 그 시대 문헌에 대한 보다 주의 깊은 분석은 몇 가지 중요한 특징을 조명해주었다. (1) 기름 부음은 전통적으로 세 종류의 주요 역할과 연관되어 있었다. 왕, 제사장, 예언자.[12] 나중에 보겠지만, 이 모든 인물은 이스라엘의 종말론적 기대의 특징을 이루고 있었다. (2) 하지만 '기름 부음 받은 자',

---

10) 이어지는 대목에서 나는 내 논문 'Messianic Ideas and Their Influence on the Jesus of History', in J. H. Charlesworth, ed., *The Messiah: Developments in Earliest Judaism and Christianity* (Minneapolis: Fortress, 1992) 365-81에 의존하게 될 것이다.

11) 가령, O. Cullmann, *The Christology of the New Testament* (London: SCM, 1959) 111-12; Neusner, et al., eds., *Judaism and Their Messiah*; J. H. Charlesworth, 'From Messianology to Christology: Problems and Prospects', in Charlesworth, ed., *The Messiah* 3-35 (여기서는 14). '이 전통을 단 하나의 인간으로 맨 처음 환원시킨 것은 그리스도에 대한 원시 그리스도교의 배타적인 집중이었다'(Becker, *Jesus of Nazareth* 191-92). 또한 최근 문헌에 대한 슈라이버(Schreiber)의 개관을 보라 (*Gesalbter und König* 5-19).

12) (1) 압도적인 것은 왕(가령, 삼상 16.13; 삼하 2.4, 7; 5.3, 17; 시 89.20); '주의 기름 부음 받은 자'(삼상 24.6, 10; 26.9, 11, 16, 23; 삼하 19.21; 시 2.2; 89.38, 51; 132.10); (2) (대)제사장(출 28.41; 30.30; 레 4.3, 5, 16; 6.22; 단 9.25-26; 또한 마카베오하 1.10과 레위 유언서 17.2-3을 주목하라); (3) 경우에 따라 (그) 예언자(왕상 19.16; 대상 16.22; 시 105.15; 사 61.1-3); 자세한 것은 F. Hesse, *TDNT* 9.497-509; 성령에 의해 기름 부음 받은 예언자들이라는 개념은 쿰란에서 보다 더 두드러지게 나타났을 것이다(CD. 2.12; 6.1; 1QM 11.7; 4Q270 2.14).

곧 '메시아'(*mašiaḥ*)라는 용어 자체는 구약성서에서, 특히 압도적으로 지속적인 다윗의 계보의 견지에서 다양하게 사용되고 있지만,[13] 그 어디에서도 종말론적 인물의 호칭으로 등장하지는 않는다.[14] (3) 우리는 이미 메시아적 인물이 이스라엘의 종말론적 기대에 필수적이지 않았음을 주목한 바 있다(§12.2c). 이는 종종 그러한 인물에 대한 언급이나 암시 없이 표현되었다. (4) 메시아적 희망이 표현되는 곳에서 고려하는 대상은 항상 같은 인물/역할이 아니다.[15] 나중에 보겠지만, 왕적 메시아의 희망은 보다 다양한 희망의 한 종류로, 달리 보면 제사장적이고 예언자적인 인물의 특징이기도 하였다. 그럼에도 불구하고, 예수의 청중이 그를 꿰어 맞추리라고 기대된 범주를 분명히 하고자 할 때, 첫 번째 관심을 끄는 것은 왕적 메시아의 역할이다.

a. 왕적 메시아에 대한 유대인의 기대

그 기대의 뿌리는 분명하다. 다윗은 자신의 왕국과 보좌를 영원히 안전하게 지켜줄 아들을 약속받았다(삼하 7.12-13, 16). 이 약속은 되살아나 하나님이 이새의 줄기에서 한 싹(사 11.1-2), 왕족의 한 '가지'(렘 23.5; 33.15), 다윗계의 '왕자'(겔 34.24; 37.25)를 일으키리라는 확신 가운데 반향을 일으켰다. 그렇게 표현된 희망이 얼마나 종말론적이었는지 또는 다윗 계보의 지속을 얼마나 확신했는지 그리 분명치 않다.[16] 그 희망은 포로기 이후의 난세에

---

13) S. Talmon, 'The Concepts of *Mašiaḥ* and Messianism in Early Judaism', in Charlesworth, ed., *The Messiah* 79-115: '실제적으로 그것이 나타나는 모든 지문에서 명사 *mašiaḥ*는 왕적 칭호로 적절하다는 점이 강조되어야 한다'(87-93); 유사하게 A. S. van der Woude, *TDNT* 9.509: 구약성서뿐 아니라 성서 이후의 유대교에서 "'주의 기름 부음 받은 자'나 '그의 기름 부음 받는 내 사람'은 왕족의 인물에게만 사용된다.'

14) J. J. M. Roberts, 'The Old Testament's Contribution to Messianic Expectations', in Charlesworth, ed., *The Messiah* 39-51 (여기서는 51).

15) G. S. Oegema, *The Anointed and His People: Messianic Expectations from the Maccabees to Bar Kochba* (JSPSupp 27; Sheffield: Sheffield Academic, 1998)는 유대교 내에서 메시아적 '사상'이나 메시아적 기대의 발전 가운데 사상의 역사를 언급하는 것이 가능하지 않다고 결론짓는다. '우리는 오로지 그 사상 자체가 아니라 그것의 역사적 실현을 자리매김할 수 있을 뿐이다'(306).

16) 또한 삼상 2.10; 시 2.2, 6-9; 89.49-51; 132.10-18도 그렇다.

여전히 목청을 높여 제기되는데(학 2.23; 슥 3.8; 6.12) 그 이후 아마도 다윗 계보가 사라짐에 따라 시들어간다. 콜린스(John Collins)는 관련 증거를 평가한 최근의 연구에서 주전 500-200년 기간의 유대교에 메시아주의의 증거가 매우 희박하다고 결론짓는다.[17]

하지만 하스몬 시대의 왕권과 옛 희망 실현의 실패라는 현실의 재출현과 연계되어 왕족 메시아의 희망이 다시 살아난 것 또한 분명하다.[18] 그 희망의 가장 두드러진 표현은 솔로몬시편 17.21-24에 나온다.

> 주여 보시옵소서. 그들을 위해 그들의 왕, 다윗의 자손을 일으키시어, 오 하나님, 당신이 아시는 그때에 당신의 종 이스라엘을 다스리게 하소서. 그의 허리를 힘으로 묶어 불의한 지배자들을 멸망시키게 하시고, 예루살렘을 짓밟아 파멸시키는 이방인들에게서 그 도성을 정화하게 하소서. 지혜와 의로우심 가운데 죄인들을 그 기업으로부터 내치고, 옹기장이의 옹기처럼 죄인들의 오만을 깨뜨리게 하소서. 철장으로 그들의 재산을 산산이 부수어버리게 하소서. 불법의 족속들을 그의 입에서 나오는 말씀으로 파멸시키게 하소서…(OTP).

매우 재미있는 것은 이 인물을 '그들의 왕…주 메시아'라고 추가적으로 언급한다는 사실이다(17.32; 유사하게 18.5-7).[19] 한층 더 두드러진 것은 더 오래 전의 희망이 사해 두루마리에 되살아난 방식이다. 사무엘하 7.14의 약속이

---

17) Collins, *Scepter and Star* 22-48. 여기서 많은 주석적 쟁점들은 인용된 본문들과 관련하여 적시된다. W. Hortbury, *Jewish Messianism and the Cult of Christ* (London: SCM, 1998) 13-31, 36-63은 '메시아주의가 제2성전기의 초기(25)와 제2성전기를 통틀어(63) 공동체 안에 깊이 뿌리내렸고 장기간에 걸쳐 영향을 주었다'고 주장함으로써 그 결론을 크게 누그러뜨린다.

18) '기름 부음 받은 지도자'(*mašiah nagid*)에 대한 단 9.25의 언급이 스룹바벨이나 대제사장 여호수아를 가리키는지는 불분명하다; '잘려져 나가는' '기름 부음 받은 자'에 대한 9.26의 언급은 대제사장 오니아스 3세의 살해를 가리키는 듯하다(마카베오하 4.33-38); 유사하게 단 11.22; 추가로 J. J. Collins, *Daniel* (Hermeneia; Minneapolis: Fortress, 1993) 355-56; Horbury, *Messianism* 7-12.

19) 그 번역('주 메시아')과 관련해서는 *OTP* 2.667-68에 나오는 라이트(R. B. Wright)의 각주를 보라; 다른 곳으로는 M. de Jonge, *TDNT* 9.513-14 각주 107. 브록(Brock)은 17.32을 비록 *christou kyrios/ christou kyriou*라는 문구의 일관성을 수용함에도 불구하고 17.32을 '기름 부음 받은 주'로 번역하지만 18.7은 '주의 기름 부음 받은 자'로 다르게 읽는다(in Sparks, *AOT* 679, 681).

아마도 시편 2.7과 연관되어 4Q174(4QFlor) 1.10-12에 거론된다.[20] 이사야, 예레미야, 에스겔에 나오는 '다윗의 가지'와 다윗계의 '왕자'가 수많은 두루마리 가운데 다시 등장한다.[21] 마찬가지로 두드러진 점은 쿰란이 두 메시아적 인물들, 요컨대 아론과 이스라엘의 메시아들, 즉 제사장적 메시아와 왕적 메시아를 기대하면서,[22] '이스라엘의 메시아'를[23] 거의 확실히 왕적 메시아와 동일하게 간주하였다는 것이다.[24]

게다가 시편이 대략 이 시점까지 정경의 형태를 부여받았다면, 왕적 메시아 시편들(시 2, 72, 89편)이 중요한 구조적 위상을 부여받았을 것이다. 이는 그것들이 어느 정도 시편과 그 중요성('메시아적 시편')을 이해하는 해답이 되었음을 시사한다.[25] 나아가 적잖이 흥미로운 것은 '쉐모네 에스레'(Shemoneh 'Esreh, 18 축도문) 14에 나오는 '다윗 가문의 왕권, 당신의 의로운 메시아'를 위한 기도이다.[26]

여기서 주목해야 할 것은 그 왕적 메시아가 모든 자를 위해 정의를 집행하는 강력한 통치자가 되리라는 공통된 가정이다.[27] 빈번하게 등장하는 모티프는 악을 뿌리 뽑고 이스라엘의 대적들을 멸망시키는 데서 엿보이는

---

20) 그 두루마리는 시 2편의 해석적 읽기가 시작되던 지점에서 멈춘다. 추가로 W. M. Schniedewind, *Society and the Promise to David: The Reception History of 2 Samuel 7:1-17* (New York: Oxford, 1999), 여기서는 157-65을 보라.

21) 1QSb (1Q28b) 5.20; 1QM 5.1; 4Q161 (4QpIsaᵃ) 3.18; 4Q174 (4QFlor) 1.11; 4Q252 5.3-4; CD 7.19-20; 4Q285; 상세한 추가 내용은 Collins, *Scepter and Star* 57-73을 보라. 다른 곳에서는 집회서 47.22 (사 11.1을 참조하여)와 마카베오상 2.57 (삼하 7.13, 16을 참조하여)을 주목하라.

22) 1QS 9.11; CD 12.23-13.1; 14.19; 19.10-11; 20.1 참조. CD의 문구('아론과 이스라엘의 메시아')가 두 메시아를 가리킬 개연성에 대해서는 다시 Collins, *Scepter and Star* 74-83을 보라.

23) 1QSa (1Q28a) 2.12, 14, 20.

24) 추가로 C. A. Evans, 'Jesus and the Messianic Texts from Qumran', *Jesus and His Contemporaries* 83-154; Schreiber, *Gesalbter und König* 199-245 (결론은 240, 245). L. Schiffmann, 'Messianic Figures and Ideas in the Qumran Scrolls', in Charlesworth, ed., *The Messiah* 116-29에 대해서는 내가 'Messianic Ideas' 367 각주 2에서 응답하였다. 또한 탈몬(Talmon)이 고찰하는 메시아주의의 지형 가운데 "'도래할 세대'의 개념이 미래로 투사된 과거의 기억으로 생각된다'는 그의 통찰을 주목하라(87; 쿰란과 관련해서는 104); M. O. Wise, *The First Messiah* (San Francisco: Harper, 1999)는 1QH에서 메시아적 지위를 주장한 자로서의 의의 교사라는 모습을 도출해내기 위해 너무 무리하게 나간다.

25) B. Janowski, 'Zur Bedeutung der Psalmen für eine Theologie des Alten Testaments', in E. Zenger, ed., *Der Psalter in Judentum und Christentum* (Freiburg: Herder, 1998) 381-420 (여기서는 404).

26) Schürer, *History* 2.461; 이것은 예수 당시 기도의 일부였을지 모른다; 보다 확장된 바빌론 전승에서 그 기도의 목적은 다윗의 보좌가 속히 높임을 받고 다윗의 자손이 속히 뻗어나가는 것이었다 (14-15; Schürer 458, 461-62).

27) 특히 F. Hahn, *Christologische Hoheitstitel* 133-58 (*Titles of Jesus* 136-48, 242-43) 참조.

그의 호전적인 성격이다. '네가 철장으로 저희를 깨트림이여, 그들을 옹기장이의 질그릇처럼 부수리라'(시 2.9). '그의 입의 막대기로 세상을 치며 그의 입술의 기운으로 악인을 죽일 것이며'(사 11.4). 솔로몬시편 17장은 이미 인용되었다.[28] '당신의 홀로 땅을 황폐케 하소서. 당신 입술의 숨결로 사악한 자들을 진멸하소서'(1QSb[1Q28b] 5.24-25). 모여든 모든 백성들의 왕자가 전쟁으로 인도할 것이다(1QM 5.1). '그가 일어날 때 그는 모든 셋의 자손들을 멸망시킬 것이다'(CD 20-21). 콜린스는 이 정황의 주요 특징들이 사해 종파와 독립적인 에스라4서와 바룩2서의 묵시문학에 지속되고 있음을 주목한다.[29] 요세푸스는 62년의 군사적 반란이 그들에게 속한 지방 출신의 한 사람이 '세상의 통치자가 되리라'는 취지로 성서 가운데 나오는 '모호한 신탁'에 의해 선동된 결과라고 보도한다(War 6.312). 또한 군사 지도자 바르 코크바(bar Kochba)가 2세기의 반란(주후 132-35년)에서 메시아로 환호받았음을 상기할 만하다.

따라서 예수 이전과 이후 다양한 유대교의 흐름들 가운데 다윗계의 회복에 대한 활기찬 희망이 있었으며, 다윗계 메시아가 이스라엘의 대적들을 멸망시킬 전사로서의 왕으로 두루 생각되었다는 두 가지의 결론은 근거 있어 보인다.[30] 여기에 우리는 헤롯 대왕의 죽음과 첫 번째 유대인 반란(66-74년)에 즈음하여 왕권을 열망하는 몇 사람이 있었다고 호슬리가 정리한 증거를 보태야 할 것이다.[31] '메시아'라는 용어는 등장하지 않지만 그 에

---

28) 찰스워스는 여기서 그 모습이 '비군사적'이라고 주장한다: 그는 '자기 입의 말'로 정복한다('Messianology to Christology' 20-21; 유사하게 Sanders, *Historical Figure* 240-41). 그러나 그 강조점은 메시아가 이루어낸 그 파멸에 있다; 군사적이냐 비군사적이냐의 구분은 다소 미세하여 요령부득이다(사 11.4와 1QSb [1Q28b] 5.24-25 [여기에 인용됨]; 마 3.12/눅 3.17을[§11.4]; 살후 2.8; 계 1.16; 19.15, 21). 추가로 Schreiber, *Gesalbter und König* 171-72, 541-42을 보라.

29) Collins, *Scepter and Star* 67-68.

30) 같은 취지로 Collins, *Scepter and Star* 68, 95; Schreiber, *Gesalbter und König* 245, 541-42.

31) 맨 처음으로, 가장 풍성하게 Horsley and Hanson, *Bandits* ch. 3에 발표됨; 또한 Horsley, *Jesus* 52-54. 헤롯의 죽음에 즈음하여 나온 언급들은 갈릴리 사람 유다(Josephus, *War* 2.56; *Ant.* 17.271-72), 시몬(*War* 2.57-59; *Ant.* 17.271-76), 그리고 아쓰롱게스(*War* 2.60-65; *Ant.* 17.278-85) 등에 대한 것이다. 호슬리와 핸슨은 요세푸스가 이러한 다양한 운동들을 '왕위'(*War* 2.55)와 '왕'이 되고자 하는 욕심(*Ant.* 17.285)이라는 표제 아래 요약한다는 점을 주목한다. 첫 번째 반란에서 가장 명확한 언급은 갈릴리 사람 유다의 아들 메나헴(Menahem)에 대한 것인데(*War* 2.434), 호슬리와 핸슨은 그 핵심 지도자 시몬 바 기오라(Simon bar Giora)가 왕처럼 행동하였고 또 왕으로 대접받았다고 주장한다(*War* 7.29-31, 36, 153-54을 인용하면서). 또한 C. A. Evans, 'Messianic Claimants of the First and Second

피소드들은 왕권의 발상이 유대인 대중들 가운데 강한 호소력을 가지고
지속되었으며, 다윗계 왕권/메시아직이라는 보다 구체적인 발상과 긴밀
한 상호 관계를 가정할 수 있음을 시사한다. 다시 말하거니와 이는 바르 코
크바의 사례가 확인해준다. 따라서 우리는 왕적 메시아에 대한 희망이 문
맹의 대중들 가운데도 널리 퍼져 있었다는 확신과 더불어 콜린스의 결론
을 확대해볼 수 있다. 종말론적 희망의 다양성에 대한 새로운 인식의 결과
생겨나는 이러한 발견은 앞서 주목한 동향을 역전시킨다. 20세기 후반기
대부분에 걸쳐 왕적 메시아가 그 희망의 몇 군데 표현에 포착된 메시아적
인물들 중 유일한 경우였으며, 따라서 왕적 메시아주의는 그 시대의 종말
론적 기대 가운데 특별히 부각되지 않았다는 가정이 대세였다. 이제 재구
성된 보다 건전한 결론인즉 이렇다. 왕적 메시아의 기대가 보다 다양하게
표현된 희망 중 한 가지 표현이었던 점은 맞지만, 그러나 동시에 그 희망의
다양한 표현들 가운데 가장 두드러지고 폭넓은 것이었던 것 같다.[32]

위의 논의에 비추어 우리는 더 나아가 예수가 그러한 역할에 맞는 신
빙성 있는 주창자로 볼 수 있었는지 물어볼 수 있다. 예수는 자신의 살아생
전 왕적 메시아로 간주되었던가? 오늘날 학계의 입장은 이 질문과 관련하
여 전보다 더 분열된 상태다. 그 분산 범위는 확실한 긍정과 동시에 확실한
부정으로 뻗어 있다.

b. 혁명가 예수

그 범위의 한 극단은 예수가 로마의 지배권에 반역하여 혁명을 인도하
고자 작정했다는 확신이다. 라이마루스와 함께 시작한 이 논지는 지난 200
년 동안 다양한 시대에 걸쳐 제시되어왔다.[33] 특히 1960년대에 예수를 근

Centuries', *Jesus and his Contemporaries* 53-81을 보라.
32) '제2성전기 후기의 다양한 팔레스타인 유대교 문헌에서 표준적인 메시아 기대는 말할 것도 없고,
　　다윗계이든 다른 계통이든, 아예 메시아에 대한 관심이 거의 없었다'는 호슬리의 결론은 너무 심
　　하다('"Messianic" Figures and Movements in First-Century Palestine', in Charlesworth, ed., *The Messiah*
　　276-95 [여기서는 295]).

대의 자유 투사와 동등한 인물로 묘사한 것은 해방신학에 상당한 영향을 끼친 것으로 드러났다.[34] 그러나 그 논지를 가장 학문적으로 진술한 사례는 브랜던(S. G. F. Brandon)의 경우였다.[35]

브랜던의 주장은 기본적으로 예수에 대한 복음서의 표현이 정치적인 위장이라는 것이다. 복음서의 기술들은 혁명을 도발하려는 예수의 시도와 관련된 모든 특징들을 제거하기 위해 어조를 순화시켰지만, 그 정치적 위장이 전적으로 성공한 것은 아니었다. 그 전통 가운데 충분히 많은 요소들이 견고하게 뿌리내려 있었기에 그것들은 완전하게 삭제될 수 없었다. 그 핵심 자료는 다음과 같다.[36] 예수의 측근 제자 한 사람이 젤롯당 시몬으로 그는 로마 통치에 대한 폭력적 저항에 헌신적인 자들 중 하나였다. 예수의 예루살렘 입성(막 11.1-10 평행구)은 '사실적으로 반역의 선포'였다.[37] '성전 정화'(막 11.15-17 평행구)는 성전을 무력으로 장악하려는 시도, 곧 메시아적 쿠데타로 바라바가 참여한 더 광범위한 봉기(막 15.7)의 일부였을 것이다. 세금 납부 문제에 대한 예수의 반응(막 12.13-17 평행구)은 그것에 결정적으로 불리한 처결을 내리고자 한 것이었다. 성지와 그 자원들은 명확하게 가이사가 아닌 하나님에게 속한 것이라는 주장이다(여기서 눅 23.2이 나옴). 누가복음 22.36-38은 예수가 무기의 습득을 권했음을 시사하며 예수가 체포되었을 때는 무력 항거가 있었다(막 15.26 평행구). 예수는 왕적 메시아 참칭자로(막 15.26 평행구), 그리고 전복과 반란의 죄과로(눅 23.2) 십자가에 처형되었다.

---

33) 철저한 개관을 위해 E. Bammel, 'The Revolution Theory from Reimarus to Brandon', E. Bammel and C. F. D. Moule, eds., *Jesus and the Politics of His Day* (Cambridge: Cambridge University, 1984) 11-68을 보라.

34) 그 실제 사례들은 J. P. M. Sweet, 'The Zealots and Jesus', in Bammel and Moule, *Jesus and Politics* 1-9 (여기서는 1-2).

35) S. G. F. Brandon, *The Fall of Jerusalem and the Christian Church* (London: SPCK, 19572); 또한 *Jesus and the Zealots* (Manchester: Manchester University, 1967); 또한 *The Trial of Jesus of Nazareth* (London: Batsford, 1968; Paladin, 1971). 또한 일관되게 하나님 나라의 정치적인 의미를 주장하는 Buchanan, *Jesus*를 보라: '예수는 하나님이 자기는 새 메시아로 예루살렘에서 다윗의 보좌에 앉히고 그 당시 유대인들에게 천국을 나눠줄 준비가 되어 있었다고 확신했다.…그는 바로 그때 로마인들을 권력에서 쫓아낼 운동을 착수하기 위해 추종자들을 모집하고 기금을 모으고 있었다'(200; 또한 가령 84, 123, 127, 154과 특히 200-22, 240-52을 보라).

36) 이미 *Fall of Jerusalem* 101-107; *Zealots* ch. 7; *Trial* (Paladin) 78-81, 99-11, 122-23, 174-76에 언급.

37) Brandon, *Trial* (Paladin) 175.

이러한 브랜던의 논지는 학자들의 지지를 거의 얻어내지 못했다.[38] 아래에서 우리는 예수 선교의 범주 내에서 가장 명백하게 '메시아적인' 에피소드들을 일부 자세하게 살펴볼 것이다. 그러나 적어도 두 가지 점에서 앞서 발견해낸 것들을 활용할 수 있다. 첫째 '젤롯당'이라는 시몬의 별칭(눅 6.15)이 예수 당시에 '자유 투사'라는 어떤 함의를 가졌다는 것은 개연성이 매우 떨어진다.[39] 첫 번째 유대인 반란의 시점에 근접하여 복음서를 쓴 마가는 '젤롯당' 또는 '열광주의자'(qan'an)와 어울리는 아람어 단어에 착안하여 시몬을 '가나안 사람'이라고 부름으로써 그 사실을 감추기로 하였을지 모른다. 즉 그는 그 아람어를 번역하기보다 음역했다는 것이다. 하지만 설사 그렇더라도 예수 당시에 그 말의 함의는 혁명적 폭력의 옹호자가 아니라 열정적인 사람에 해당되었다.[40] 둘째, 대부분이 동의하듯이 예수가 이웃 사랑 속에 원수 사랑도 포함된 것으로 정말 가르쳤다면(§14.5b), 그것 하나만으로도 예수가 군사적 해결책을 모색했다는 식의 그 어떤 논지도 큰 헛점이 생기고 만다.[41] 나아가 로마가 유대 땅에 억압적인 군대의 주둔보다 경찰 의무에 한정된 초연한 분리 상태로 머물던 터라 우리는 이 기간 팔레스타인이 얼마나 조용했는지 보다 일반적인 견지에서 주목한 바 있다.[42] 헤롯의 죽음(주전 4년)과 이어서 발생한 첫 번째 반란(주후 66-74년)에 즈음한 심각한 소동과 별도로 우리가 그 사이의 시기에 듣는 바는 상대적으로 작

---

38) Bammel and Moule, *Jesus and Politics*는 일차적으로 브랜던에 대한 응답으로 의도되었다. 또한 M. Hengel, *Was Jesus a Revolutionist?* (Philadelphia: Fortress, 1971).

39) 위의 §9.3a(4)를 보라.

40) 훨씬 개연성이 떨어지는 것은 베드로의 별명 바요나가 '테러리스트'를 의미했고 이스가롯이라는 별명은 시카리(Sicarii) 단원의 한 명을 암시했다는 제안인데(O. Cullmann, *Jesus and the Revolutionaries* [New York: Harper and Row, 1970] 8-9, 63 각주 13; Buchanan, *Jesus* 247 등에 의해 여전히 고수되듯이), 둘 다 예수의 시대와 맞지 않는다; 젤롯당원들처럼 시카리는 또 다른 20년간이나 그 정도쯤 출현하지 않았다(다시 위의 §9.3a[4]를 보라; 또한 Davies and Allison, *Matthew* 2.156-57). '두 개의 검' 관련 구절에 대해서는 Hahn, *Hoheitstitel* 167-70 (*Titles* 153-55); Cullmann, *Revolutionaries* 47-49 ('이는 거룩한 전쟁으로의 소환이 아니다'); Hengel, *Was Jesus a Revolutionist?* 21-23; G. W. H. Lampe, 'The Two Swords (Luke 22:35-38)', in Bammel and Moule, *Politics* 335-51; '누가는 눅 22.38에서 두 개의 검을 취득하는 것을 반란을 위한 준비가 아니라 선교 규칙의 폐지와 그들이 요구한 여행에서 어떤 자기방어의 가능성도 포기하는 것으로 이해했다'(Theissen and Merz, *Historical Jesus* 460).

41) 맥나이트 또한 예수의 가르침 가운데 (가볍게 탐지되는) 화평케 하기라는 주제에 관심을 기울인다(마 5.9; 마 10.12-13/눅 10.6; 눅 19.42)(*New Vision* 229-32); 그럼에도 마 10.34/눅 12.51을 또한 주목하라(위의 제14장 각주 242를 보라).

42) 위의 §9.8을 보라.

은(전 시기에 걸쳐) 민간 소요와 군중 통제에 불과한 것으로 드러난다.[43]

설사 그렇다 해도 위에 열거된 다른 자료들은 보다 충분한 논의를 요하는 진지한 질문들을 제기하는데, 우리는 예수의 갈릴리 운동이 정치적인 고려에 따라 결정되었을 가능성을 상기해야 한다.[44] 따라서 브랜던이 그의 논지를 대단히 과잉 진술한 것이 맞더라도 예수가 정치적 선동의 초점이 되었는지 또는 그의 행동에 담긴 정치적 함의를 인지하지 못했는지 여부는 아직 미해결의 문제로 남아 있다. 왕적 메시아로서 예수에 대한 논점을 마치 그 역할이 정치적 함의만을 전달했다는 듯이 너무 좁게 다루는 것은 잘못이다.

c. 부활 이후 긍정된 예수의 메시아직

다른 학자들은 왕적 메시아직의 쟁점이 예수의 선교 기간 내에 생겨나지 않았다고 확신한다. 사도행전 2.36과 13.33이 암시하듯이 예수는 먼저 부활절 이후 부활의 결과로 메시아로 지명되었다는 것이다. 이때 메시아직은 예수의 생애로 투사되어 읽어낸 격인데, 그렇다면 그것이 복음서 어디에 나타나든, 메시아직 모티프는 편집적인 산물이 된다.

이 견해는 20세기 초반 브레데의 '메시아 비밀' 논제와 함께 부각되었다(위의 §4.5b). 이에 앞서 다소 보편적인 가정은 예수의 메시아직이 그 나름의 의식 속에서, 그리고 그의 죽음에 대한 원인으로서 그의 선교에 드러난 핵심적인 특징이라는 것이었다. 헹엘은 브레데 자신이 그 이전의 합의 사항을 철저히 부인할 만큼 그리 확신하지 못했다고 지적한다.[45] 그러나 브레데의 주장은 메시아 비밀이 역사적 모티프가 아니라 마가적 모티프였다는 것이었다. 그것은 편집의 사실에 대해 후속 세대의 눈을 뜨게 해주었고

---

43) 빌라도의 총독 재위 기간에 생긴 에피소드들을 포함하여(위의 제9장 각주 254를 보라).
44) 다시 §9.9a-f를 보라.
45) Hengel, 'Jesus, the Messiah of Israel', 16.

마가를 가장 오래된 자료로, 따라서 예수의 생애에 관한 가장 역사적인 자료로 보는 이전의 관점에서 비평적 견해의 추를 반대편으로 흔들었다.[46]

브레데 주장의 골자는[47] 귀신 들린 자들과 예수가 치유한 자들에게 침묵을 지키라고 한 그의 반복된 명령이[48] 역사적으로 불가해하다는 것이다(예수의 명성은 이미 널리 퍼져 있었다). 오로지 통합된 신학적 개념으로서만이 그것들은 마가복음 안에서 이해할 수 있게 된다.[49] 거기서 염두에 두고 있는 그 비밀은 예수가 초자연적 존재, 곧 하나님의 아들이라는 것이다.[50] 그런 까닭에 그 비밀은 오직 영적인 존재들(마귀들)과 천상의 계시(세례와 변화 사건)를 통해서만 드러나는데,[51] 이러한 에피소드들의 역사적 가치는 일반적으로 역사학계에 의해 외면당했다. 그러나 예수가 그러한 존재였다는 것은 그리스도교와 부활 사건 이후의 믿음이었다.[52] 이를테면 애당초 예수는 오직 그의 부활로, 그 결과로 메시아가 되었다고 믿어진 것이다.[53] 그렇다면 브레데의 설명은 예수의 메시아직 발상이 예수 자신과 함께 생겨난 게 아니라 초기 공동체에서 처음 나타난 것이었다는 말이다. 예수가 자신을 메시아로 선포했더라면, 메시아의 비밀은 결코 생겨날 수 없었을 것이다.[54] 그 실마리는 마가복음 9.9이 제공한다. 예수의 메시아적 아들 신분은 그의 부활 이후까지는 더 널리 알려질 수 없었고, 알려져서도 안 되었다. "'그가 죽은 자들 가운데 다시 살아나야 하기까지'라는 문구는 우리가 여기

---

46) 찰스워스('Messianology to Christology' 34-35)와 라이트(*Jesus* 28) 모두 Norman Perrin, 'The Wredestrasse Becomes the Hauptstrasse: Reflections on the Reprinting of the Dodd Festschrift', *JR* 46 (1966) 296-300을 인용한다.

47) 브레데의 주장을 가장 잘 요약한 것은 H. Räisänen, *The 'Messianic Secret' in Mark's Gospel* (Edinburgh: Clark, 1990) 38-48. 이 책은 그의 독일어 책 *Das 'Messiasgeheimnis' im Markusevangelium. Ein redaktionskritischer Versuch* (Helsinki, 1973)의 수정본이다. 또한 Christopher Tuckett, *The Messianic Secret* (London: SPCK, 1983) 1-28 (브레데에 대해서는 3-7)의 '서론'을 보라.

48) 막 1.23-25, 34, 43-45; 3.11-12; 5.43; 7.36; 8.26.

49) Wrede, *Messianic Secret* 48-53, 67-68. 브레데는 그 명령의 일부가 전혀 수용될 수 없다는 것을 충분히 인지하고 있었다(49-52, 125-28); 레이제넨은 이 대목에서 내 이전의 연구를 온당하게 비판한다(*Messianic Secret* 44 각주 22; 내 논문 'The Messianic Secret in Mark', *TynB* 21 [1970] 92-117을 Tuckett, ed., *Messianic Secret* 116-31에 축약된 대로 언급하면서).

50) Wrede, *Messianic Secret* 72-80.

51) 막 1.11; 9.7.

52) Wrede, *Messianic Secret* 218-20.

53) 여기서 염두에 두고 있는 본문은 행 2.36; 롬 1.4; 빌 2.6-11 등이다(*Messianic Secret* 215-16).

54) Wrede, *Messianic Secret* 220, 227-28.

서 다루고 있는 것이 "관점"이지 역사가 아님을 매우 명백하게 전해준다.'[55]

메시아 비밀이 신학적인, 그래서 비역사적인 구성물이라는 이 결론은 특히 20세기 독일의 비평적 학계에서 곧 확정된 결과가 되었다. 그 결과 20세기 말에 그 합의 사항은 19세기 말의 합의 사항이 정확하게 거의 역전된 형국이다. 헹엘이 지적하듯, '오늘날 비메시아적 예수는 많은 신약성서 학자들 사이에 거의 도그마가 되어버렸다.'[56]

브레데가 마가복음의 독특한 특징을 제대로 밝혔다고 일단 말해두기로 하자. '비밀' 모티프로 특징지을 만한 것 말이다. 명백하게 마가적인 요약문(1.34과 3.11-12)에 그 모티프가 나오는 것은 그 논점에 대한 의심을 제거한다. 그러나 세 가지 질문만 던져도 브레데의 문제는 그 진가가 인정받기 어려울 정도로 해명되기 시작한다.

(1) 그 '비밀'이 단 하나의 일관된 모티프인가? 브레데는 그렇다고 주장했다. 그러나 후대의 분석에 의하면 브레데가 개관한 마가 자료는 복잡성과 다양한 계통이란 인상을 주었다. 그것들은 '메시아' 비밀이라는 단 한 개의 표제 아래 즉각 응집되지 않는다. 감탄할 정도로 명확한 레이제넨(Heikki Räisänen)의 설명으로 그 쟁점 역시 논란의 여지를 넘어선다.[57]

(2) 이러한 계통들 내에, 또 그 틈새마다 발생하는 긴장은 단순히 상이한 전통의 층위를 반영하는가? 이는 편집 과정으로 해소되지 않는 긴장인가?[58] 편집적 자유와 창의성에 대한 정상적 이해에 기초할 때 사람들은 비일관성이 보다 충분히 제거되리라 기대했을 것이다. 해결되지 않은 긴장이 있다는 것은 오히려 그 전통이 활용되고 있음을 암시한다. 이는 차례로 그 전통 속의 견고한 요소들이 주요 전통이기 때문에, 다시 말해 그것들이 예수의 매우 이른 기억들을 구체화했기 때문에 견고한 것이 아닌가 하는

---

55) Wrede, *Messianic Secret* 68-69.
56) Hengel, 'Jesus, the Messiah of Israel' 16.
57) Räisänen, *Messianic Secret*, 예컨대 16-21, 71-75, ch. 4 232, 242-43.
58) 공통된 견해에 반하여 브레데는 전통적인 자료를 인정하였다; 그는 그 비밀을 마가의 작품으로 간주하지 않았다(가령, *Messianic Secret* 145); 학계를 그쪽 방향으로 끌어내린 것은 불트만이었다 (*History* 348-50); 그러나 가령 G. Strecker, 'The Theory of the Messianic Secret in Mark's Gospel' (1964), in Tuckett, ed., *Messianic Secret* 49-64 (여기서는 51-54)을 보라.

질문을 제기한다. 다시 말해, 우리는 편집의 구성적 '흠결'보다 실제적 삶의 정황 속의 긴장과 비일관성을 목격하는 것은 아닌가?[59] 나는 이미 마가복음 4.11-12의 '비유 이론'까지도 적어도 몇몇 마을에서 예수가 성공하지 못한 것에 대한 나름의 반응에 대한 기억들에 뿌리를 둔 것일 수 있다는 가능성을 제시하였다. 나아가 귀신 들린 자들의 '고백'과 예수의 축귀에서 침묵이 명령된 것 관련하여 유사한 질문이 제기되어야 할 것이다(§15.7d[5]).

(3) 무엇보다 예수의 메시아직에 결정적인 기초가 부활 사건이었다는 브레데의 주장에 도전이 있는데, 첫째는 슈바이처가 처음 제기하였고 그 후에 꾸준히 반복되었다.[60] 예수가 다시 살아났다는 믿음은 예수가 메시아였다거나 메시아가 되었다는 믿음을 불러일으키기에 그 자체로 충분하지 않았다. 메시아직은 부활과 연결된 명백한 추론적 결과가 아니었거니와, 필연성도 훨씬 떨어졌다(막 6.14).[61] 세례자가 다시 살아났다는 생각은 그 당연한 추론을 수반하지 않았다(막 6.16). 다른 자들은 하늘로 높임을 받았다고 생각되었지만(모세, 엘리야, 이사야) 응당 따라붙는 그들의 메시아직에 대한 어떤 생각을 내세워 결코 억지를 쓰지 않는다. '높임을 받는 것은 메시아직을 의미하지 않는다.'[62] 십자가형을 당한 예수의 메시아직은 첫 그리스도인들이 편승한 성서 변증의 전제이지 그 성취물이 아니다. '"메시아"라는 호칭은 예수라는 이름과 불가분리적으로 연계되어 있는데 예수가 메시아 참칭자로 정죄 받고 십자가형에 처해졌기 때문이다.'[63] 간단히 말해, 왜 부활한 예수가 메시아로 환호받았는지 단 하나의 명백한 이유는 부활이 예수의 십자가형과 부활 이전에 영향을 끼치고 있었던 권리 주장의 옹호로

---

59) Räisänen, *Messianic Secret*이 예시하듯이, 브레데를 재구성한 불트만의 작업에 대한 지배적인 대안은 후자 쪽으로 결론을 내리는 것이었다: 여전히 '신학적이고 따라서 비역사적인.' 마가가 활용한 전통적 자료에 관해서는 Räisänen 244-48의 요약과 함께 101-102, 144-49, 168-70, 195-96, 222-23, 232을 보라.
60) 가령, Tuckett, *Messianic Secret* 7-9을 보라.
61) Schweitzer, Quest[1] 343 = Quest[2] 309.
62) Weiss, *Earliest Christianity* 1.31.
63) N. A. Dahl, 'The Crucified Messiah'(1960), 가장 수월하게 접근할 수 있는 자료는 그의 책 *Jesus the Christ: The Historical Origins of Christological Doctrine* (ed. D. H. Juel; Minneapolis: Fortress, 1991) 27-47 (여기서는 39-40).

보였기 때문이다. 그러나 메시아로서의 예수 관련 질문이 그의 생애 전 기간의 쟁점이었다면, 브레데의 중심 논지를 뒷받침하는 전체 논리는 역전되기 시작한다.

이 주제에 대한 논의에서 한 가지 주된 문제는, 메시아로서의 예수 관련 쟁점이 너무 많이 메시아 비밀 이론에 의존하게 되었고 근래의 논의로 너무 심하게 경도된 반면, '메시아 비밀'은 주로 마가 신학의 논점이라는 것이다(브레데의 주된 요점). 그렇다면 우리가 여기서 해야 할 것은 메시아 비밀이라고 하는 관심을 빗나간 좁은 주제에서 물러나 다시 역사적 질문을 제기하는 것이다. 메시아직의 쟁점은 예수의 선교 기간 내에 어느 정도 제기되며, 우리는 그 전통에 근거하여 예수가 얼마나 그것에 감응했는다고 말할 수 있는가?

15.3 예수의 선교 기간 내의 쟁점

하나님 나라를 기억할 만하게 말하였고 주변에 제자들을 모았으며 모종의 감동을 창출해낸 어떤 개인이 많은 사람들의 마음 가운데 '그는 자신을 누구라고 생각하는가?'라는 현대적 질문과 다를 바 없는 것을 제기했으리라는 것은 선험적으로 있을 법하다. '왕적 메시아직의 주창자'가 고려해야 할 한 가지 가능한 답변이었음은 이제 분명하다. 만일 헤롯의 한 노예인 시몬(Simon)과 목자 아쓰롱게스(Athronges)가 왕권을 열망할 수 있었다면(Josephus, *Ant.* 17.273-74, 278), 우리는 예수가 자신의 비천한 태생으로 인해 그 잠정적 후보에서 배제되었다고 가정할 수 없을 것이다. 예수는 우리의 자료가 시사하듯이 다윗의 후손이 되는 자로 잘 알려졌을 것이다. 적어도 그런 주장이 논란이 되었다는 암시는 없다.[64] 아울러 세례자가 메시아직의 가능한 후보로 상정되었다는 보도들을[65] 전적으로 무시할 필요는 없다. 사실 예수와 연루된 몇몇 사건들은 그 역사성 전체를 외면하기 매우 어렵고 메시아직의 논점(또는 그에 상응하는 종교 정치적 주장)이 핵심적이다.[66] 우리는 예수 '생애'의 정점인 그의 재판과 정죄가 거의 논박의 여지가 없기 때문에 거기서 먼저 시작하여[67] 앞으로 되짚어가는 식으로 나아갈 것이다.

a. 예수의 재판과 정죄(막 15.1–39 평행구)[68]

예수와 관련된 가장 분명하고 두드러진 사실은 그가 메시아 참칭자로 처형되었다는 것이다. (1) 예수가 '유대인의 왕'으로 주장한 것으로 인해 정죄받았다고 네 개의 모든 정경 복음서가 동의한다(막 15.26 평행구). '유대인의 왕'은 결코 그리스도교교적인 호칭이 아니었다. 따라서 그 호칭이 오직 예수의 처형 이야기에 나타나는 유일한 이유는 그것이 예수가 처형된 죄과를 요약해주었기 때문이다.[69] 즉 그는 신빙성 있게 (또는 조롱하듯이) 헤롯의 왕좌를 열망하는 자로서, 그러므로 로마의 지배에 도전이 되는 인물로 취급받았다.[70] (2) 예수는 십자가형으로 죽었다. 그는 처형되었다(15.15, 20, 24, 37 평행구). 그 점은 그리스도교의 최초 전통 속에 깊이 뿌리내려 있으며,[71] 결코 심각하게 의문시된 적이 없다. 십자가형은 로마의 형벌이었다. 그것은 빌라도 총독만이 명령할 수 있었을 터였다.[72] 이 기억 역시 그리스도교

---

64) 위의 §11.1을 보라.

65) 눅 3.15; 요 1.19-20.

66) 그 쟁점은 이어지는 (마가의) 본문에 가장 명확하게 드러난다; 그러나 E. P. Meadors, 'The "Messianic" Implications of the Q Material', *JBL* 118 (1999) 253-77은 Q 4.1-13; 6.20; 7.22; 10.22, 31b; 13.34-35; 22.29-30을 언급하면서 Q 자료에 메시아적 함의가 있다고 주장한다.

67) 나는 Harvey, *Jesus* ch. 2과 같은 논리를 따른다.

68) 그 전체 이야기를 공관적으로 분석하는 것은 너무 많은 공간을 차지할 것이다; 우리는 여기서 그 핵심 요소들에 초점을 맞추고 다른 질문들은 아래 §17.1에서 거론할 것이다.

69) '그 공식문구가 정말 어떤 교리적인 모티프의 역사화를 대표할 수 있을까? 이는 매우 받아들이기 어렵다'(Dahl, 'Crucified Messiah' 37). '초기의 그리스도인들이 가장 애써 부인해야 했던 것은 바로 예수가 로마 당국에 모종의 정치적 위협을 대표했다는 암시였다'(Harvey, *Jesus* 13). Hengel, 'Jesus the Messiah of Israel' 45-47, 58; Wright, *Jesus* 486-89; Theissen and Merz, *Historical Jesus* 458-59; Becker, *Jesus* 353-54도 유사한 입장이다. 놀랍게도 D. R. Catchpole('The "Triumphal" Entry', in Bammel and Moule, *Jesus and Politics* 319-34)은 Bultmann, *History* 284에 동의하여 이치에 맞지 않는 일련의 주장으로 '그 칭호(titulus)의 역사성이 의심되어야 한다'고 결론짓는다(329-30). Hengel 47-50과 Lüdemann, *Jesus* 108과 대조해보라. 다른 참고 문헌은 Evans, 'Authenticating the Activities of Jesus' 24 각주 52.

70) R. A. Horsley, 'The Death of Jesus', in Chilton and Evans, eds., *Studying the Historical Jesus* 395-422 (여기서는 특히 413-14).

71) 고전 1.17-18, 23; 2.2, 8; 고후 13.4; 갈 3.1; 6.12, 14; 빌 2.8; 3.18; 골 1.20; 2.14; 히 12.2; 계 11.8.

전통 속에 새겨졌다.[73] 이는 로마가 그 통치에 거스르는 반역자들을 처단한 방식이었다.[74] (3) 이에 따라 빌라도 앞에서 심문과 재판이 있었음에 틀림없다(15.2-5 평행구).[75] 이 점에서 더 보완된 이야기들에 대한 다양한 문제적인 특징들이 있지만[76] 확실히 빌라도 앞에서의 핵심 쟁점은 예수가 '유대인의 왕'이라고 주장했는지 여부였다(15.2 평행구).[77] 빌라도가 예수를 로마 권력에 대한 심각한 위협으로 간주했는지 여부는 결정할 필요가 별로 없다. 그 죄과는 적어도 장점적인 골칫덩이를 신속히 처치할(또는 사면할) 충분한 사유를 제공했다.[78] 로마의 무자비한 제국적 통치 권력(*imperium*)의 대표는 추가 이유를 요구하지 않았다.[79]

다시 되돌아서 우리는 마가복음 14.55-64이 '산헤드린'으로 적절히 묘사된, 정당하게 소집된 기구 앞에서 치러진 정당한 재판 이야기인지 여부

---

72) Theissen and Merz, *Historical Jesus* 455-58은 거기에 연루된 합법적인 권력과 소송 절차를 잘 요약해준다. 추가로 상세한 내용은 Gnilka, *Jesus* 298-302.

73) 막 15.1-15 평행구; 행 3.13; 4.27; 13.28; 딤전 6.13; Ignatius, *Magn.* 11; *Trall.* 9.1; *Smyrn.* 1.2; 그러나 또한 Josephus, *Ant.* 18.64; Tacitus, *Annals* 15.44. 고전기의 신조들 가운데 예수 이외에 거명된 자로 본디오 빌라도가 유일한 인물이라는 점이 종종 강조된다: *passus sub Pontio Pilato*; 추가로 아래 §17.1의 서론과 §17.1e를 보라.

74) M. Hengel, *Crucifixion* (London: SCM, 1977) 46-50; H. -W. Kuhn, 'Die Kreuzesstrafe während der frühen Kaiserzeit. Ihre Wirklichkeit und Wertung in der Umwelt des Urchristentums', *ANRW* II.25.1 (1982) 648-793 (여기서는 706-18)을 보라. 예컨대, 요세푸스는 로마 총독 바루스(Varus)가 헤롯 대왕의 죽음에 이어 발생한 반란을 진압한 뒤 2,000명의 반란자들을 십자가형에 처한 사실을 보고한다(*Ant.* 17.295). '로마 총독이 국가의 평화와 안위에 위협이 된다고 간주한 자들에게 예비해 둔 죽음을 예수가 맞았다는 점에는 그 어떤 온당한 의심도 있을 수 없다'(Harvey, *Jesus* 12-13); 또한 Becker, *Jesus* 350-51을 보라.

75) 그 심문은 아마도 안토니아(Antonia) 요새보다는 헤롯이 평소 거주하던 궁궐에서 있었을 것이다 (가령, Charlesworth, *Jesus* 120-22; Gnilka, *Jesus* 299-300; S. Légasse, *The Trial of Jesus* [London: SCM, 1997] 60-62; Murphy-O'Connor, *Holy Land* 22, 34을 보라).

76) 특히 유월절에 죄수를 풀어주는 관행(막 15.6-14 평행구; 아래 제17장 각주 67)과 헤롯 안티파스가 거기 연루되었는지(눅 23.6-12) 여부—회복된 우정 관계에 대한 기록(23.12)으로 보아 이는 매우 가능한 듯하다—는 소설적인 수법 이상으로 볼 수 있다(관련 논의는 Fitzmyer, *Luke* 2.1478-79). 빌라도 나름의 역할과 성격은 Bond, *Pontius Pilate*와 아래 §17.1e를 보라.

77) 에반스의 지적에 의하면 예수세미나 팀이 심문 장면의 역사성을 거부한 것(Funk, *Acts of Jesus* 152)은 예수의 죽음에 이르게 한 것이 무엇이었는지 설득력 있는 설명을 할 수 없도록 만든다 ('Authenticating the Activities of Jesus' 26-28).

78) Kuhn, 'Kreuzesstrafe' 732-33. 요세푸스에 의하면, 헤롯 안티파스는 하나의 예방책으로 세례자 요한을 제거하기로 결심했다(*Ant.* 18.118). 그러나 빌라도가 (유사) 사법 절차를 따르도록 그에게 부여한 기회를 취했다는 전통을 의심할 만한 상당한 이유는 없다(Crossan, *Who Killed Jesus?* 117과는 다르게).

79) '통치자들의 관점에서 보면 예수의 십자가형은 실수가 아니었다'(Horsley, *Jesus* 320; 추가로 Horsely, 'The Death of Jesus' 395-422을 보라). 프레드릭센(Fredriksen)의 예수 연구는 왜 예수의 추종자들이 아니라 예수가 반란의 주모자로 로마인들에게 처형되었는가라는 질문으로 비롯된다(*Jesus* 8-11). 그녀의 답변인즉, 다른 자들이 그를 메시아로 생각했기 때문에 십자가에 처형당했다는 것이다. 빌라도는 예수가 해롭지 않다는 것을 알았지만 잠재적인 골칫거리는 그 메시아적 열광의 초점을 제거함으로써 쉽사리 처리할 수 있었다(234-35, 240-41; 추가로 아래의 각주 163을 보라).

와 관련하여 해묵은 질문에 휘말릴 필요는 없다.[80] 그 이야기가 시사하는
모든 것은 예수에게 충고하기 위해 가야바가 소집한 특별 공의회 앞에서
의 심문이다.[81] 그러므로 (산헤드린의 후대 규약과 소송 절차와 관련하여) 합법성의
질문을 쫓아가는 것은[82] 대부분 그 질문 자체를 거의 무의미하게 만들 정
도로 비록 그럴싸하지만 매우 시대착오적인 시간 낭비일 뿐이다. 이는 모
종의 합법적 절차가 있었음을 부인하고자 하는 것은 아니다. 예수가 '넘겨
졌다'는 사실은 제대로 뿌리내린 전통이다. 그 용어가 유다를 '배반자'(넘겨
준 자)로 보는 견지에서 특징적으로 확장되었고,[83] 우리를/우리 죄를 위해
'넘겨진' 이로 예수를 보는 견지에서 신학화되어온 것이 사실이다.[84] 그럼
에도 '(누구의) 감호 가운데 넘겨지다'라는 말의 보다 기본적인 전문적 의미
는 명백한데,[85] 셈어 구조로는 '(누구의) 손에 넘겨지다'라는 의미를 아우른
다.[86] 따라서 마가복음 14.55-64 배후에 예수가 대제사장 가야바가 소집한
특별 공의회 앞에서 심문받은 결과 로마 권력으로 넘겨졌다는 역사적 사
실이 놓여 있을 개연성은 농후하다.[87]

가야바 앞에서의 심문 이야기에 대해서는 마가복음 14.55-59이 발생
한 사건을 전하는 당파적 이야기임을 의심할 여지가 별로 없다(예수에 대한
반대 증언은 '거짓'으로 간주된다). 그러나 그 이야기는 당파적이지 않은 보도에

---

80) 여기서 다시 그 전체 이야기를 공관적으로 분석하는 것은 너무 많은 지면을 차지할 것이다; 따라
서 우리는 그 핵심 요소들에 초점을 맞출 것이다(아래와 §16.4c[2]).
81) 특히 Sanders, *Jesus* 296-301을 보라; 또한 *Judaism* 475-90; '예수의 심문은 무슨 일이 어떻게 일어
났는지에 대한 그의[요세푸스의] 이야기와 아주 잘 일치한다'(487).
82) 특히 P. Winter, *On the Trial of Jesus* (Berlin: de Gruyter, 1961)를 참조하라. 법적인 쟁점들에 대해서
는 특히 J. Blinzler, *Der Prozess Jesu* (Rosensburg: Pustet, 1969⁴); Brown, *Death* 357-72. 타이센과 메
르츠는 마가/마태의 '심문'과 미쉬나에 나오는 심문 관련 규정들 사이의 현저한 차이점을 요약
한다(*Historical Jesus* 460-62). 추가로 P. Egger, "*Crucifixus sub Pontio Pilato*". *Das "Crimen" Jesu von
Nazareth im Spannungsfeld römischer und jüdischer Verwaltungs- und Rechtsstrukturen* (Münster:
Aschendorff, 1997)을 보라.
83) 막 3.19/마 10.4/눅 6.16; 막 14.10-11, 18, 21, 42, 44/마 26.15-16, 21, 23, 24-25, 46, 48/눅 22.4, 6,
21-22; 마 27.3-4; 눅 22.48; 24.20.
84) 롬 4.25; 8.32; 갈 2.20; 엡 5.2, 25.
85) 막 10.33/마 20.19/눅 18.32; 막 15.1, 10/마 27.2, 18; 막 15.15/마 27.26/눅 23.25; 마 26.2; 눅 20.20;
요 18.30, 35; 행 3.13; 고전 11.23 참조.
86) 막 9.31/마 17.22/눅 9.44; 막 14.41/마 26.45; 눅 24.7; 추가로 상세한 내용은 BDAG, *paradidōmi* 1b;
Davies and Allison, *Matthew* 2.734과 각주 16.
87) Josephus, *Ant.* 18.64 참조: '우리 가운데 지도적인 인물들(*tōn prōtōn andrōn par' hēmin*)이 제출한
고발로 인해 빌라도가 그를 십자가형으로 정죄했을 때…' 오늘날 논의들 중에서는 특히 Harvey,
Jesus 23-31.

기초했을 가능성이 농후하다. 우리는 예수의 첫 추종자들이 가야바 공의
회 앞에서 밝혀진 것에 호기심이 있었으리라는 것을 확신할 수 있다. 아울
러 적어도 일부 정보는 거기 있었던 자들 한두 명한테서 수집했을 가능성
이 있다. 그 사람이 수행원이었는지, 경호원이었는지, 또는 그 공의회의 구
성원이었는지, 그리고 그것이 직접적인 정보였는지, 시장과 성전 법정에
서 떠도는 대중적인 이야기를 통해서였는지는 덜 중요하다.[88]

그 전통에 의하면 예수에게 씌워진 핵심 죄과는 그가 성전을 파괴하겠
다고 위협을 가했다는 것이었다(막 14.58 평행구).

마 26.61	막 14.58	요 2.19	도마 71	행 6.14
61 내가 하나님의 <u>성전을 헐고</u> 사흘 동안에 지을 수 있다.	58 …손으로 지은 이 <u>성전을</u> 내가 <u>헐고</u> 손으로 짓지 아니한 다른 성전을 사흘 동안에 지으리라.	19 너희가 이 <u>성전을</u> 헐라. 내가 사흘 동안에 일으키리라.	내가 [이] 집을 <u>허물</u> 것이며 아무도 그것을 [다시] 지을 수 없을 것이다…	14 그의 말에 이 나사렛 예수가 이곳을 <u>헐고</u> 또 모세가 우리에게 전하여 준 규례를 고치겠다 함을 우리가 들었노라 하거늘

상이한 버전들 가운데 다양하게 확장된 그 전통의 핵심 내용은 분명하다.
성전을 허물겠다(*katalysai*)고 예수가 말한 것이다.[89] 여기 담긴 역사적 기억

---

88) 거기 함께한 후대의 그리스도교 증인들이 없었다는 종종 반복되는 논평(Becker, *Jesus of Nazareth* 197의 경우처럼)은 상당히 안이한 것이다: 거기 함께한 모든 자들이 비밀 유지 맹세라도 했다는 말인가? 호기심 많은 외인들이 거기 함께한 자들 중 일부에게 어떤 질문도 하지 않았다는 말인가?
89) '손으로 만든/손으로 만들지 않은'(*cheiropoiētos/acheiropoiētos*)은 그 전통이 헬레니즘 유대교의 범주로 전이되었음을 반영하는 듯하다(행 7.48); 유사하게 Pesch, *Markusevangelium* 2.434; R. E. Brown, *The Death of the Messiah: From Gethsemane to the Grave. A Commentary on the Passion Narrative in the Four Gospels* (2 vols.; New York: Doubleday, 1994) 439; 그럼에도 O. Betz, 'Probleme des Prozesses Jesu', *ANRW* II.25.1 (1982)은 *acheiropoiētos* ('손으로 만들지 않은')가 아람어에서 파생된 것이라고 지적하면서(631 각주 184) 특히 4Q174 (4QFlor) 1.2-3, 6 (631-32)을 주목한다; 나아가 애드나(Âdna)는 그 차이가 성전 말씀의 본래 요소였다고 결론짓기 위해 출 15.17의 중요성을 주장한

을 인식하기 위한 정당한 논거는 놀라울 정도로 강력하다. 예수는 다른 곳에서도 성전 파괴를 예언하는 자로 회고되는데,[90] 정치적으로 민감한 사람이라면 아무도 쉽게 무시할 수 없었던 가능성이다.[91] 마태와 마가는 또한 그 고발 내용이 후대에 군중들에 의해 되풀이되었다고 보도한다(막 15.29/마 27.39-40). 아울러, 누가는 복음서의 관련 대목에서 그 비난을 생략하고 있지만, 그것은 사도행전 6.14에서 스데반을 고발하는 증언 가운데 다시 나타난다.[92] 가장 인상적인 점은 요한과 도마가 그것을 예수의 어록으로 기록한다는 사실이다.[93]

이 증거에 기초하여, 예수가 실제로 성전 파괴(그리고 재건)에 대하여 무엇인가 말했다는 것과 이 어록의 보도가 가야바 앞의 심문에서 그에게 던져진 일차적이고 가장 효과적인 증언이 되었다는 것은 있음직한 사실로 판단해야 한다.[94] 마가와 마태는 다른 증언도 제공되었다는 점을 시사한다(막 14.55-56/마 26.59-60). 그러나 그래서 어떻게 되었는지 아무런 암시도 주어지지 않는다.[95] 그의 성전 어록에 대한 증언을 포함하여 예수에게 불리한

다(*Jesu Stellung* 90-153).

90) 그 예언은 마가복음(막 13.2/마 24.2/눅 21.6)과 Q 자료(마 23.38/눅 13.35) 모두에 나온다. 홀멘 (Holmén)은 학 2.15에 대한 암시 가능성을 주목한다(*Jesus* 295-96, 302-303).

91) C. E. Evans, 'Jesus and Predictions of the Destruction of the Herodian Temple', in *Jesus and His Contemporaries: Comparative Studies* (Leiden: Brill, 1995) 367-80은 성전 파괴에 대한 다양한 전조와 예언들을 요약한다.

92) 이는 중요한 어록들과 전개 사항들을 그 두 번째 책(사도행전)으로 유예시키는 누가의 성향과 일치한다(특히 막 7장과 행 10장; 또한 막 6.17-29과 행 24.24-26, 그리고 막 4.12과 행 28.25-27 참조).

93) 크로산은 도마복음 72을 우리가 가진 가장 원형적 버전으로 간주한다(*Historical Jesus* 356; 그의 이전 저서 *Fragments* 302-12 참조); 반면 베커는 요 2.19을 원래의 것으로 간주한다(*Jesus* 329).

94) 또한 G. Theissen, 'Jesus' Temple Prophecy', *Social Reality and the Early Christians* (Minneapolis: Augsburg Fortress, 1992) 94-114 (특히 94-97)을 보라; '실증할 수 있을 만큼 그토록 많은 당혹감과 곤란함을 야기한 예언은 보다 후대의 단계에 예수의 것으로만 여겨지지 않았다'(Theissen and Merz, *Historical Jesus* 433); Holmén, *Jesus* 296-301. 전반적인 논의는 K. Paesler, *Das Tempelwort Jesu. Die Traditionen von Tempelzerstörung und Tempelerneuerung im Neuen Testament* (FRLANT 184; Göttingen: Vandenhoeck und Ruprecht, 1999).

95) 몇몇 학자들은 예수가 사람들을 그릇되게 인도한다는 것과 거짓 예언으로 고발당했다고 주장했다(A. Strobel, *Die Stunde der Wahrheit* [WUNT 21; Tübingen: Mohr Siebeck, 1980] 81-92; Betz, 'Probleme' 570-96; Stuhlmacher, *Biblische Theologie* 1.147-48; Wright, *Jesus* 439-42, 548-51; Becker, *Jesus* 336). 그러나 비록 이것이 후대의 고발이 되었다고 할지라도(아래 §17.5g를 보라), 복음서는 그것을 그 심문의 고발 일부로 언급하지 않는다. 예수는 신 13.1-5을 연상시키면서 한 차례 *planos* ('사기꾼')로 불리지만(마 27.63; 또한 요 7.12, 47) 마가는 이에 대해 아무것도 모르고 누가는 정치적인 선동이란 견지에서 이야기할 뿐이다(눅 23.2). 또한 G. N. Stanton, 'Jesus of Nazareth: A Magician and a False Prophet Who Deceived God's People? in Green and Turner, eds., *Jesus of Nazareth* 164-80 (여기서는 175-80)을 보라.

모든 증언은 마가와 마태가 '거짓'으로 낙인찍어버린다.[96] 하지만 요한이 (그리고 도마가) 주저 없이 거의 같은 어록을 예수의 것으로 간주한다는 사실은 예수가 정말로 성전에 대하여 정치적으로 민감한 무엇인가를 말했다는 마가복음 13.2의 덜 명시적인 증언이 옳음을 확인해준다. 그렇다면 예수가 실제로 무엇을 말했는지에 대한 보도가 얼마나 정확하든 우리는 예수가 성전 파괴(와 회복)에 대해서 말한 무엇인가가[97] 예수를 가야바 공의회로 데려오게 한 주요 근거 내지 사유를 제공했음을 확신할 수 있다. 그 죄과는 실체가 없는 것이 아니었다![98]

여기서 보다 직접적으로 연관된 점은 (성전의 파괴와 재건에 관한) 그 고발 내용과 예수가 그에 대해 응답하지 못한 것이 '네가 찬송받을 이의 아들, 곧 메시아냐?'(막 14.60-61)라는 대제사장의 질문을 유발한 것으로 보도된다는 사실이다.[99] 그 고발과 질문 사이에 어떤 연계점이 있었는지 여부는 거의 논의되지 않았다. 그러나 성전 고발과 메시아 질문 사이의 연결 고리는 사실 대부분이 실감한 것 이상으로 그 질문에 더 큰 신뢰성을 부여한다. 그 연결 고리는 거의 40년 전 오토 베츠(Otto Betz)가 인식하였지만, 그의 통찰은 거의 인정받지 못했다.[100]

---

96) 예수의 첫 추종자들이 왜 그 심문에서 나온 증언을 '거짓'으로 간주했는지 몇 가지 이유가 있을 수 있다. 특히 예수는 스스로 성전을 파괴하리라고 주장했는가?(막 14.58, 그러나 마 26.61; 행 6.14를 참조하라. 아울러 요 2.19 참조) 그 어록의 두 번째 절반('내가 사흘 만에 또 다른 것을 지을 것이다')은 예수의 일부 추종자들에게 당혹스럽게 여겨졌을 가능성이 있다(행 6.14과 요 2.21 참조); 그러나 위의 § 13.3g를 보라. 추가로 충분한 논의는 J. Schlosser, 'La parole de Jésus sur la fin du Temple', *NTS* 36(1990) 398-414; Brown, *Death of the Messiah* 444-60; 그리고 내 논문 '"Are You the Messiah?": Is the Crux of Mark 14.61-62 Resolvable?, in D. G. Horrel and C. M. Tuckett, eds., *Christology, Controversy and Community*, D. R. Catchpole FS (NovTSupp 99; Leiden: Brill, 2000) 1-22 (여기서는 5-6)을 보라.

97) 이어지는 고려 사항들은 예수에 대한 고발 내용의 일부가 되는 성전을 짓는 것에 대한 이야기에 의존한다. 그러나 예수가 이러한 취지로 무엇인가 말했을 가능성은 상당히 높다(각주 96을 보라); Fredriksen, *Jesus* 226-28 참조; Lüdemann, *Jesus* 438; 그 이야기에서 그 핵심 요소들을 마가의 편집으로 제거하는 베커와 대조해보라(*Jesus* 330, 347-48).

98) Horsley, *Jesus* 160-64.

99) 대제사장이 '송축 받으실 이의 아들'이라는 문구를 사용했거나 사용할 수 있었는지 여부의 쟁점에 대해서는 Brown, *Death* 469-70을 보라. 아울러, 내 논문 'Are You the Messiah?' 9-10을 참조. 여기서 나는 그 문구가 등장한 시기를 30년만큼 1세기 중반(마가가 그것을 사용했을 때)으로 설명하기도 어렵다고 지적하고 있다.

100) O. Betz, 'Die Frage nach dem missianischen Bewusstsein Jesu', *NovT* (1963) 24-37; 또한 'Probleme' 625-28, 633-34. 그 예외들로는 Meyer, *Aims of Jesus* 179-80; Hampel, *Menschensohn* 174-75; 그리고 Witherington, *Christology* 258이 있다. 브라운조차도 그의 책 *Death*에서 그 구절을 철저하게 다루면서도 그것을 언급하지 않는다(비록 그가 그의 참고 문헌 목록에서 베츠의

그 연결 고리는 사무엘하 7.12-14의 옛 약속이 제공하는데, 이는 다윗계 왕권에 관한 이스라엘 이데올로기의 근원적 기초였다. 거기서 나단이 다윗에게 한 약속은 세 가지였다. 그는 아들(다윗의 아들)을 볼 것인데, 그 아들이 '내 이름을 위해 집'(성전)을 지을 것이며, 하나님은 그를 자신의 아들(하나님의 아들)로 간주하리라는 것이다. 4Q174(4QFlor) 1.10-13이 사무엘하 7.12-14을 왕적 메시아, 곧 '다윗의 가지(싹)'로 해석했으며 그 본문이 예수의 재판 장면과 상관된다는 것을 처음으로 알아챈 사람이 바로 베츠였다. 만일 나단의 예언을 메시아적으로 읽는 것이 예수 당시에 '풍문으로 떠돌고' 있었다면 그것은 가야바의 질문에 필요한 모든 설명을 제공할 것이다. 사실상 가야바는 다음과 같이 묻고 있는 셈이다. '너는 성전을 짓겠다고 약속한 것으로 고발된 상태이다. 그러면 너는 나단의 예언을 성취한다고 주장하는 것이냐? 네가 왕적 메시아, 곧 하나님의 아들이냐?' 나단의 예언과 이에 대한 쿰란의 해석은 그 고발과 질문 사이에 실종된 연결 고리를 제공한다.[101]

그러므로 메시아직의 쟁점이 가야바 앞의 심문 가운데 제기되었고 그러자 심문의 과정이 그 쟁점으로 치달았을 개연성이 그럴듯한 반박을 압도할 만큼 아주 강하다.[102] 더구나 왕적 메시아가 즉시 '유대인의 왕'으로 번역될 소지가 충분한 까닭에, 명백한 추론 결과 예수가 다윗의 왕족 후계자라고 주장한 죄과로 재판에 '넘겨졌다'는 것이다. 물론 스스로 왕이라고 주장한 자를 총독이 가차없이 다룰 것이라는 사실은 충분히 숙지된 상태

'Probleme'를 언급하긴 하지만 말이다). 이는 짐작건대 그가 14.58과 14.61 사이의 연계된 생각을 추적하여 질문을 제기하지 않기 때문인 듯하다. 막 14.53-65과 관련하여 회의적 역사주의를 대표하는 우리의 통상적 실례는 Funk, *Five Gospels* 121-22 ('대체로 그리스도교의 상상력에 의한 조작')와 Lüdemann, *Jesus* 101-102 ('58절은 별도로 치더라도 그 문단의 역사적 가치는 아무것도 없다')은 베츠가 적시한 그 연결 고리를 전적으로 무시한다; 유사한 입장으로 Légasse, *Trial of Jesus* 40-41; Fredriksen, *Jesus* 222, 255 참조.

101) 또한 슥 6.12-13을 참조하라—'싹이라 이름하는 사람이 자기 곳에서 돋아나서 여호와의 전을 건축하리라. 그가 여호와의 전을 건축하고 영광도 얻고 그 자리에 앉아서 다스릴 것이요'. '싹'('가지')에 대한 다른 기대는 위의 §15.2a를 보라.

102) 라이트는 더 직접적으로 주장한다: '만일 예수가 성전에 반하는 것들을 말하고 행하였다면, 그 자연스런 함의인즉, 그가 스스로 기름 부음 받은 자, 곧 메시아라고 생각한다는 것이다'(*Jesus* 523). 또한 Stuhlmacher, *Biblische Theologie* 1.115-17을 보라.

였다. 이 건은 그렇게 판명되었다. 우리가 예수의 재판과 처형과 관련하여 되돌아와야 할 다른 질문들이 있다. 그러나 당장은 예수의 메시아직에 얽힌 쟁점이 예수의 처형에(또는 그 처형의 사유라고 말해야 할까) 결정적인 (합법적) 요인이었을 역사적 개연성이 높음을 논증한 것으로 충분하다.

b. 다윗의 자손에 대한 물음

마가복음 12.35-37 평행구는 역사적 견지에서 평가하기가 가장 어려운 공관복음 구절 가운데 하나이다. 그러나 해당 논제와의 상관성은 확고하여 무시할 수 없다.

마 22.41-45	막 12.35-37a	눅 20.41-44
41 바리새인들이 모였을 때에 예수께서 그들에게 물으시되 42 너희는 <u>그리스도</u>에 대하여 어떻게 생각하느냐? 누구의 자손이냐? 대답하되 <u>다윗의</u> 자손이니이다. 43 이르시되 그러면 <u>다윗</u>이 성령에 감동되어 어찌 그리스도를 주라 칭하여 말하되 44 <u>주께서 내 주께 이르시되 내가 네 원수를 네 발 아래에 둘 때까지 내 우편에 앉아 있으라</u> 하셨도다 하였느냐? 45 <u>다윗이 그리스도를 주라 칭하였은즉 어찌 그의 자손이 되겠느냐</u> 하시니	35 예수께서 성전에서 가르치실새 대답하여 이르시되 어찌하여 서기관들이 <u>그리스도를 다윗의 자손이라 하느냐?</u> 36 다윗이 성령에 감동되어 친히 말하되 <u>주께서 내 주께 이르시되 내가 네 원수를 네 발 아래에 둘 때까지 내 우편에 앉았으라</u> 하셨도다 하였느니라. 37 다윗이 <u>그리스도를 주</u>라 하였은즉 어찌 <u>그의 자손이 되겠느냐</u> 하시니	41 예수께서 그들에게 이르시되 사람들이 어찌하여 <u>그리스도를 다윗의 자손</u>이라 하느냐? 42 시편에 <u>다윗</u>이 친히 말하였으되 <u>주께서 내 주께 이르시되</u> 43 <u>내가 네 원수를 네 발등상으로 삼을 때까지 내 우편에 앉았으라</u> 하셨도다 하였느니라. 44 그런즉 다윗이 <u>그리스도를 주</u>라 칭하였으니 어찌 <u>그의 자손이 되겠느냐</u> 하시니라.

여기서 핵심적인 특징은 예수의 시편 110.1 인용과 그 본문이 일반적으로 메시아적인 것으로 받아들여졌다는 가정이다. 그러나 시편 110.1이 최초의 그리스도론적 이해의 발전에 핵심 역할을 했다는 증거는 논란의 여지가 없는 반면,[103] 시편 110.1이 그리스도교 이전 단계의 유대교 안에서 메시아적으로 해석되었다는 명확한 증거는 없다.[104] 그러므로 이 구절은 대체로 시편 110.1에 대한 그리스도론적 사용이 예수의 선교 상황으로 투사된 결과로 받아들여진다.[105]

다른 한편으로 시편 110.1은 (시 2, 72, 89편처럼) 제왕 시편으로 기원했으며 따라서 메시아적 해석이 가까이 잠복되어 있었다.[106] 아울러 예수 자신이 그 메시아적 해석을 제안한 첫 번째 인물이었을 가능성을 배제할 수 없다.[107] 게다가 그 전체 구성상 예수가 다윗의 자손 됨 또는 주 됨을 담대히 단언하는 것으로 강하게 읽히지 않는다.[108] 그것은 수수께끼의 성격에 좀 더 근접하는데, 한때 구전 사회의 즐거움이었던 모종의 수수께끼가 그것이다. 이 경우에 수수께끼는 분명히 아들이 응당 아버지를 추종하는 가부장 사회라는 전제 위에서 작동한다. 그래서 어떻게 기름 부음 받은 왕이 다윗의 자손이 되고 또 다윗의 주가 될 수 있었을까? 아마도 그 전통은 시편 110.1의 메시아적 중요성의 가능성이 논의되기 시작하던 어느 날 수수께끼 재치 문답을 제기한 예수에 대한 기억에서 기원했을 것이다.[109] 예수가

---

103) 특히 M. Hengel, '"Sit at My Right Hand!" The Enthronement of Christ at the Right Hand of God and Psalm 110.1', *Studies* 119-225을 보라.

104) Davies and Allison, *Matthew* 3.254 각주 23이 인용한 본문들.

105) Funk, *Five Gospels* 105과 Lüdemann, *Jesus* 87의 결론들은 그 전형적인 사례이다.

106) D. M. Hay, *Glory at the Right Hand: Psalm 110 in Early Christianity* (SBLMS 18; Nashville: Abingdon, 1973) 19-33을 보라.

107) Fitzmyer, *Luke* 2.1311; Stuhlmacher, *Biblische Theologie* 1.124; Wright, *Jesus* 507-10. 여기서 인용되는 것이 시 110.1의 칠십인역(LXX)이라는 사실은 다른 방향으로 결정적인 변수가 되기 어렵다(Becker, *Jesus* 196에 반하여); 그리스어를 말하는 교회들은 물론 그 전통의 버전에서 칠십인역을 사용하였지만 그 말놀이는 아람어에서도 마찬가지로 작용한다(Fitzmyer, *Luke* 2.1322).

108) '그 어록의 암시적인 성격은 그것이 원래의 발언이라는 견해를 선호한다;⋯한 공동체의 교리적 신념이 이러한 암시적인 방식으로 표현될 수 있었다고 생각하기 어렵다'(Taylor, *Mark* 493). 예수가 다윗의 자손이라는 발상이 마가 이전의 문단에서 거부되었다고 주장하는 C. Burger, *Jesus als Davidssohn* (FRLANT 98; Göttingen: Vandenhoeck, 1970) 52-59과 대조해보라; 그러나 다윗의 자손으로서 예수의 위상이 초기 그리스도교 내에서 의문시되었다는 점을 뒷받침하는 증거는 결여되어 있다(위의 제11장 각주 34를 보라).

109) D. Daube, *The New Testament and Rabbinic Judaism* (London: Athlone, 1956) 160-63 참조(서로 상충하는 것 같은 두 본문에 대한 하가다식 질문). 또한 Hengel, 'Sit at My Right Hand' 201-203과 Collins,

(이 사건 뒤에 바로) 빌라도에게 고발되고 메시아라 주장한 자로 십자가에 달린 사건 가운데 있었다는 사실은 메시아직의 쟁점이 예수의 체포 이전에 이미 풍문으로 떠돌고 있었음을 오히려 좀더 신빙성 있게 해준다.[110]

c. 가이사에게 공세를 납부하기(막 12.13-17 평행구)

마태와 누가가 마가의 변용 결과로 보이는 터라 우리는 마가를 공관복음 전통의 대표로만 주목해야 할 것 같지만 도마복음 100의 버전과 파피루스 이거튼 2(단편 2의 오른쪽 면)도 주목할 만하다.

막 12.13-17	도마 100	파피루스 이거튼 2
13 그들이 예수의 말씀을 책잡으려 하여 바리새인과 헤롯당 중에서 사람을 보내매 14 와서 이르되 선생님이여 우리가 아노니 당신은 참되시고 아무도 꺼리는 일이 없으시니 이는 사람을 외모로 보지 않고 오직 진리로써 하나님의 도를 가르치심이니이다. 가이사에게 세금을 바치는 것이 옳으니이까? 옳지 아니하니이까? 15 우리가 바치리이까 말리이까 한대 예수께서 그 외식함을 아시고 이르시되 어찌하여 나를 시험하느	그들은 예수에게 금으로 된 (동전) 하나를 보여주고 그에게 말했다, '가이사의 관리들이 우리에게 세금을 요구합니다.'	…그를 시험하러 와서 말하였다. 예수 선생이여, 우리는 당신이 증언하는 것이 모든 선지자들보다 더 월등하므로 당신이 하나님께로부터 온 것을 아나이다. 그러니 우리에게 말해주십시오: 왕들의 지배권에 속하는 것을 그들에게 납부하는 것이 합당합니까? 우리가 그것을 그들에게 바치리이까? 말리이까? 그러나 예수께서는 그들의 마음을 아시고 격노하여 말씀하셨다. 왜 너희들은 내가 말하는 것을 행하지 않으면서 너희 입술로 나를 선생이라 부르느냐? 이

Scepter and Star 147-49에 의해 논의된 4Q491의 불가해한 특성을 참조하라.

110) '그 메시아 질문은 운명의 붉은 실처럼 모든 복음서의 수난 서사를 관류한다'(Hengel, 'Jesus, Messiah of Israel' 45, 58).

냐? 데나리온 하나를 가져다가 내게 보이라 하시니 16 가져왔거늘 예수께서 이르시되 이 형상과 이 글이 누구의 것이냐? 이르되 가이사의 것이니이다. 17 이에 예수께서 이르시되 가이사의 것은 가이사에게, 하나님의 것은 하나님께 바치라 하시니 그들이 예수께 대하여 매우 놀랍게 여기더라.	그가 그들에게 말했다, '가이사에게 속한 것은 가이사에게 바치고, 하나님께 속한 것은 하나님께 바쳐라. 그리고 내 것은 내게 바쳐라.'	사야가 너희에 대해 예언하여 잘 말하였도다: 이 백성들은 그 입술로는 나를 공경하지만 그들의 마음은 내게 멀도다; 그들은 나를 헛되이 경배하도다. 단지 인간의 계명들을 교훈으로 가르치면서…

이 에피소드의 진정성에 대한 의문은 희박하다.[111] 도마복음 100은 가볍게 확장된 핵심 어록에서 절정을 이루는 데 축약된 구어적 변용물로 보인다. 파피루스 이거튼 2는 추가로 독립적인 구어적 변용물이거나 혹은 마가복음(7.6-8과 12.13-17)에 대한 구전적 지식을 엮어놓은 듯하다. 어떤 바리새인들과 헤롯 가문의 사람들이 던진 질문으로 야기된 상호 대화는 명확하게 메시아적인 것은 아니지만, 분명히 불가피한 정치적 의의를 가지고 있다.[112] 예수의 의견이 중요한 것으로 간주될 수 있다고 생각하지 않았더라면, 또 최소한 그의 답변이 정치적 위협으로 비쳐 그를 비난할 기회를 제공할 수 있다고 생각하지 않았더라면, 왜 그러한 질문이 예수에게 던져졌을까? 잠정적인 메시아적 주장과 긴장은 표면적 상황 바로 밑에 잠복해 있다.

d. '성전 정화하기'(막 11.15-17 평행구)

성전의 미래에 관한 예수의 언명이 그의 체포에 근거를 제공했을 개연

---

111) Funk, *Five Gospels* 102; *Acts of Jesus* 125-26; Lüdemann, *Jesus* 83.
112) 또한 W. Horbury, 'The Temple Tax', in Bammel and Moule, *Jesus and Politics* 265-86을 보라. 헤롯 일파 사람들에 대한 특정한 언급(마태복음에서는 여기에서만 언급됨. 막 3.6에서도 또한 언급되지만 누가복음에서는 결코 언급되지 않음)은 정치적인 함의를 강화시켜준다(위의 §9.3c[4]).

성은 자연스레 공관복음 저자들이 며칠 전 발생한 것으로 보도하는 한 사건을 주목하게 한다. 전통적으로 '성전 정화'로 알려진 그 사건 말이다(막 11.15-17).[113]

마 21.12-13	막 11.15-17	눅 19.45-46	요 2.13-16
12 예수께서 성전에 들어가사 성전 안에서 매매하는 모든 사람들을 내쫓으시며 돈 바꾸는 사람들의 상과 비둘기 파는 사람들의 의자를 둘러엎으시고 13 그들에게 이르시되 기록된 바 내 집은 기도하는 집이라 일컬음을 받으리라 하였거늘 너희는 강도의 소굴을 만드는도다 하시니라.	15 그들이 예루살렘에 들어가니라. 예수께서 성전에 들어가사 성전 안에서 매매하는 자들을 내쫓으시며 돈 바꾸는 자들의 상과 비둘기 파는 자들의 의자를 둘러엎으시며 16 아무나 물건을 가지고 성전 안으로 지나다님을 허락하지 아니하시고 17 이에 가르쳐 이르시되 기록된 바 내 집은 만민이 기도하는 집이라 칭함을 받으리라고 하지 아니하였느냐? 너희는 강도의 소굴을 만들었도다 하시매	45 성전에 들어가사 장사하는 자들을 내쫓으시며 46 그들에게 이르시되 기록된 바 내 집은 기도하는 집이 되리라 하였거늘 너희는 강도의 소굴을 만들었도다 하시니라사	13 유대인의 유월절이 가까운지라. 예수께서 예루살렘으로 올라가셨더니 14 성전 안에서 소와 양과 비둘기 파는 사람들과 돈 바꾸는 사람들이 앉아 있는 것을 보시고 15 노끈으로 채찍을 만드사 양이나 소를 다 성전에서 내쫓으시고 돈 바꾸는 사람들의 돈을 쏟으시며 상을 엎으시고 16 비둘기 파는 사람들에게 이르시되 이것을 여기서 가져가라 내 아버지의 집으로 장사하는 집을 만들지 말라 하시니

---

113) 요한은 자신의 복음서 초입에 그 이야기를 배치하여 그것을 창문으로 삼아 그 복음서의 나머지를 읽게 하였다는 학계의 폭넓은 일치가 있다. J. Murphy-O'Connor, 'Jesus and the Money Changers (Mark 11.15-17; John 2.13-17)', *RB* 107 (2000) 42-55이 예수의 성전 행동이 그의 생애 가운데 아주 초기에, 그러니까 그가 아직 세례자 요한의 영향 아래 있을 당시 발생한 것이 틀림없다고 주장할 때 그는 소수 의견을 대표한다.

예수가 성전에서 보인 상징적인 행위에 연루되었다는 점에는 폭넓은 합의가 이뤄져 있다.[114] 그 행동이 환전상들과[115] 비둘기 파는 자들[116]의 일부 상을 뒤집어엎고 관련 상행위를 저지한 것을 포함했다는 전통은 분명하다.[117] 예수가 무엇을 의도하였든(그가 분명하게 숙고한 전략을 따르고 있었다는 평이한 가정도 주목해야 한다),[118] 그 행동은 사제 권력층에게 성전의 현재 형태나 운영에 대한 비판 이외의 것으로 이해되었을 리 없다.[119] 여기서 우리는 당

---

114) 가장 최근에 나온 것으로 M. D. Hooker, *The Signs of a Prophet: The Prophetic Actions of Jesus* (London: SCM, 1997) 44-48; 그리고 아래의 각주 231. 베커는 '예수가 그 성전 행동에 관여하지 않았으며 그것이 그의 마지막 최후를 결정짓는 원인이었을 리 없다'고 결론짓는데 이는 매우 외로운 목소리이다(*Jesus* 333, 345).

115) 성전세는 (이교도의 구호들이 담긴) 그리스 또는 로마의 동전이 아닌 두로의 반 세겔과 한 세겔로 납부되었다. 따라서 순례객들이 성전에 실제로 도착할 때까지 그것의 납부는 자연스레 지연되었을 것이다.

116) *Peristera*는 '집비둘기' 또는 '비둘기'로 번역될 수 있다(BDAG). 비둘기는 가난한 자의 예물이었다 (레 5.7; 12.8; 14.22; 눅 2.24).

117) 샌더스는 그 기본 시나리오를 수용한다: 매매하는 일은 솔로몬의 주랑(柱廊) 현관에서 행해졌다. 그러나 그는 불가피하게 연관되는 사료와 거름의 양, 소음의 정도를 가정하여 거기에 동물(소와 양, 요 2.14-15)의 매매가 있었을 가능성은 배제한다(줄지어 대기중이었을 유월절 양은 예외였을 것이다); 그 매매는 아마도 성전 경내 바깥에서 행해졌을 것이다(*Judaism* 68, 86-90; Gnilka, *Jesus* 276 참조). 찰스워스는 성전 단상의 남쪽 끝 바로 밑에 위치하여 보다 큰 동물들을 가두어놓은 이른바 솔로몬의 축사에서 성전의 남쪽 성벽 안 훌다의 이중 대문 내의 영역으로 접근이 가능했다고 지적한다(*Jesus* 117-18). 그러나 J. Ådna, *Jerusalemer Tempel und Tempelmarkt im 1. Jahrhundert n. Chr.* (Wiesbaden: Harrassowitz, 1999)는 그 제안을 기각한다: 거기에는 희생제물로 사용되는 재료를 위한 창고가 있었는데 이는 제물로 삼을 산 짐승들을 위한 공간이 아니었다는 것이다(126-28). V. Eppstein, 'The Historicity of the Gospel Account of the Cleansing of the Temple', *ZNW* 55 (1964) 42-57은 유월절 바로 전에 가야바가 이방인의 뜰에 보다 거대한 시장이 열리도록 허용했을 가능성을 제기했다(55); 그러나 그가 그 근거로 호소한 자료들은 후대의 것이다(추가 비판으로 Ådna, *Jesu Stellung* 328-30을 보라).

118) 특히 칠튼(*Temple of Jesus* 100-11)은 예수가 왜 성전을 '장악'했는지 설명하기 위해 정교한 이론을 발전시켰다: 그 '장악'은 그 자리에서 구한 동물의 희생제사를 방해하기 위해 꾸민 것이었다; 환전은 쟁점이 아니었다(110-11)—그러한 특징은 허구적인 것 같다(130); 예수는 이스라엘 백성들과 비유대인들 모두 (중간 상인의 개입 없이) 성전에 예물을 직접 드렸을 때 임하는 스가랴 탈굼 (Targum)의 그 나라 예언을 실현하기 위해 애쓰고 있었다(*Rabbi Jesus* 197-200). 칠튼은 동물이 그 주인의 안수 없이 직접 예물로 건네질 수 있다는 샤마이 학파 사람들의 주장에 반하여 예물은 희생제를 위해 주인이 직접 성전에 가져와야 한다는 힐렐의 것으로 간주된 할라카를 주목하면서 (*Temple* 101-102), 예수가 유사하게 봉헌된 예물에 대한 봉헌자의 실제 소유권을 유사하게 희생 제사의 절대적인 측면으로 간주했다고 추론한다(109, 128). 엡슈타인(Eppstein)을 따라(위의 각주 117) 칠튼은 예수가 최근에 가야바가 성전 경내에 그러한 매매를 허용한 쇄신책에 반항하고 있었다고 제안한다(107-109). 이와 유사한 입장은 그의 책 *Pure Kingdom* 115-23.

119) Sanders, *Jesus* 61-71이 야기하고 Frederiksen, *Jesus* 207-12가 계승한 예수의 행위가 지닌 중요성에 대한 토론 가운데 R. Bauckham, 'Jesus' Demonstration in the Temple', in *Law and Religion: Essays on the Place of the Law in Israel and Early Christianity*, ed. B. Lindars (Cambridge: Clarke, 1988) 72-89; C. A. Evans, 'Jesus' Action in the Temple: Cleansing or Portent of Destruction?' *CBQ* 51 (1989) 237-70, revised in Chilton and Evans, *Jesus in Context* 395-439; 또한 'Jesus' Action in the Temple and Evidence of Corruption in the First-Century Temple', *Jesus and His Contemporaries* 319-44; Bockmuehl, *This Jesus* ch. 3, 특히 197-99 각주 27; H. D. Betz, 'Jesus and the Purity of the Temple (Mark 11:15-18): A Comparative Religion Approach', *JBL* 116 (1997) 455-72; P. M. Casey, 'Culture and Historicity: The Cleansing of the Temple', *CBQ* 59 (1997) 306-32; K. H. Tan, *The Zion Traditions and the Aims of Jesus* (SNTSMS 91; Cambridge: Cambridge University, 1997) 166-81; Ådna, *Jesu Stellung* 335-76 (그 에피소드의 역사성에 대해서는 300-33)을 보

시 성전이 종교적 권력뿐 아니라 경제력과 정치 권력의 주요 중심이었음을 명심할 필요가 있다.[120] 로마 통치하의 이스라엘이 그 안정을 위해 의존한 것으로 생각된 제사장 권력에 대해 비판적으로든 또는 예언적으로든, 전복적으로 보인 그 행위는 예수를 그 현장에서 제거하라고 지시할 만한 '현실 정치'(realpolitik)의 방침에 충분한 이유를 제공했을 것이다.[121] 그 사건에서 성전에 대한 예수의 어록을 예수가 말했든(요 2.19처럼) 그렇지 않든, 그것은 필요한 구실을 제공했던 것 같다.

예수의 성전 시위가 어느 정도 '메시아적'인 것으로 기술될 수 있는지는 분명치 않다. 그 장면의 본질적 모호함은 그 중요성이 예수의 의도보다는 보는 자의 눈에 따라 결정되었고, 대부분의 선택이 적어도 어떤 메시아적 함의를 내포했음을 의미한다.[122] 브랜던의 주장에도 불구하고, 우리는 그것이 성전 단상을 점령하기 위한 군사적 행동이나 심각한 시도가 아니었음을 확신할 수 있다. 그러한 시도는 어떤 것이든 확실히 성전 언덕을 감찰하는 안토니아 요새의 신속한 대응에 부딪혔을 터이다.[123] 그러나 전략적으로나 종교적으로 두루 민감한 한 지역 내의 어떤 소요도 많은 사람들의 마음속에 메시아적 질문을 제기할 수 있었을 터이다. 예수의 행동에 스민 상징성이 성전 파괴를 말했으리라는 점은[124] 분명히 가능하다. 비록 샌

라. 반면 D. Seeley, 'Jesus' Temple Act', *CBQ* 55 (1993) 263-83은 역사적 층위에서 충분한 설명의 근거를 발견할 수 없으며 마가가 그것을 자기의 복음서 속에 통합한 방식으로 미루어 그 에피소드를 마가의 작품으로 보는 편이 더 낫다고 추론한다. 예수세미나 팀은 '성전제의의 상업주의화에 대한 예수의 공격적인 비판으로 말미암아 그가 성전에서 일종의 우발적 사건을 초래했을' 개연성에 동의한다(Funk, *Acts of Jesus* 122). 홀멘은 막 11.17에 나오는 렘 7.11에 대한 암시('강도의 소굴') 가운데 결정적인 실마리를 보지만, 막 11.15에 의거하여 단지 판매상들뿐 아니라 구매자들도 쫓겨났다고 본다(*Jesus* 310, 317, 323-26).

120) 위의 §9.5a를 보라.

121) 가령, Crossan and Reed, *Excavating Jesus* 220-22과 추가로 아래 §17.1e를 보라.

122) 또한 내 책 *Partings* 47-49을 보라.

123) 그 점은 행 21.30-35의 에피소드로 생생하게 예시된다(추가로 Schürer, *History* 1.366을 보라). Horsley, *Jesus* 297-98에 반하여, 주전 4년과 주후 66년의 사건들에 연관된 숫자들은 아주 다르고 훨씬 더 심각한 상황을 조장하였다(Josephus, *War* 2.10-13, 409-32); 추가로 Catchpole, '"Triumphal" Entry' 332-33을 보라. 칠튼은 (군사적 공격보다는) '젤롯당의 군대'(150-200명의 남자)를 포함하여 종교적 저항을 상상해본다. 그들은 성전 정화에 전념하면서도 성전 경찰을 능가하고 로마 수비대가 행동할 수 없을 만큼 신속하게 임무를 완수하고 군중 속으로 사라져버렸다(*Rabbi Jesus* 228-29).

124) Sander, *Jesus* 61-71; 또한 *Historical Figure* 253-62; Horsley, *Jesus* 299-300; Crossan, *Historical Jesus* 357-59; Lüdemann, *Jesus* 77-78.

더스가 추정한 대로 그 취지가 뚜렷하게 드러나는 것은 아니지만 말이다. 다른 쪽으로 그 상징성이 만일 당시 진행중이던 희생제의(성전의 주된 목적)를 정죄하는 쪽으로 전달되었다면,[125] 성전의 미래에 대한 예수의 언명에 담긴 상징적 의미의 일관성은 분명히 예수의 메시아적 주장에 대한 같은 질문을 제기했을 것이다. 또 다른 대안은 그 행동이 상징적 성전 정화(청결)의 일종으로 다른 사람들에게 비쳤을 가능성이다.[126] 만일 시온이 종말론적 기능을 수행해야 했다면 어쨌든 그러한 정화를 필요한 것으로 보는 생각은 유대인의 일부 기대 속에 분명히 현존한다.[127] 아울러 예수 전통이 종말론적 기대의 중요한 두 개 또는 그 이상의 표현을 되풀이하는 것은[128] 그 상징적 행위에 대한 그리스도교의 최초 해석이 같은 방향으로 진행되었음을 시사한다. 비록 그러한 기대가 왕적 메시아를 반드시 부각시키지는 않았지만(그러나 솔로몬시편 17.30을 주목하라), 그것들을 상징적 양식으로 제정한 사람은 그의 종말론적이고 메시아적인 (기름 부음 받은) 위상에 관한 심사숙고를 촉구했을 법하다.

그러므로 여기서도 예수의 성전 행동이 유발한 반향 가운데 '이 사람이 기대된 다윗계의 메시아일 수 있을까?'라는 질문이 있었으리라는 점을 의심하기 어렵다.

---

125) 환전상들과 비둘기를 파는 자들에 대한 그 행동은 매일의 희생제사를 유지하고 제의 그 자체를 위해 필요한 성전세에 대한 공격으로 해석할 수 있지만 동시에 그 체계의 부패와 남용에 대한 저항으로도 읽을 수 있다—어쩌면 심지어 거대한 해당 제도와 관료 체제에 격분한 시골 소년의 난폭한 표현일 수도! 추가로 아래의 §17.3을 보라.

126) M. D. Hooker, 'Traditions about the Temple in the Sayings of Jesus', *BJRL* 70 (1988) 7-19 (여기서는 17-18); Stuhlmacher, *Biblische Theologie* 1.150-51; 느헤미야(느 13.4-9)와 유다(마카베오상 4.36-58)가 이전에 행한 '정화'(*katharizein*)를 참조하라.

127) 사 4.4; 말 3.1-4; 희년서 4.26; 11QT 29.8-10; 솔로몬시편 17.30. 탄(Tan)은 솔로몬시편 17.30이 예루살렘 정화를 염두에 두고 있다고 지적한다; 성전은 언급되지 않는다(*Zion Traditions* 172-73). 그러나 그는 성전 모독에 대한 이전의 엄중한 정죄를 무시한다(솔로몬시편 1.8; 2.3; 7.2; 8.11-13, 22). 라이트의 다음 진술을 참조하라: '예수는 마카베오적 행동들을 실행하고 있었다'(Jesus 493).

128) 막 11.17 평행구는 사 56.7과 렘 7.11을 인용 또는 모방한다; 캐치폴(Catchpole)이 특별한 비중을 두는 슥 14.21 또한 가능하다('"Triumphal" Entry' 333-34); 그보다 이전의 C. Roth, 'The Cleansing of the Temple and Zechariah xiv. 21', *NovT* 4 (1960) 174-81. 이방인들이 성전 예식에 참여하기 위한 종말론적 순례의 기대에 대해서는 위의 제12장 각주 71을 보라. 캐어드(Caird)는 그 생각이 시장으로 채워지는(그 모든 곳이?!) 이방인들의 뜰에 해당되는 것으로 그리하여 이방인들이 희생제물을 드리고 예배할 장소를 박탈하게 되는 격이라고 제안한다(*Theology* 397). 반면 크로산과 리드는 거대한 이방인들의 뜰과 함께 성전이 이미 '만민의 기도하는 집'이었다고 본다(*Excavating Jesus* 198, 200); 그러나 이 가장 바깥쪽의 뜰을 향한 이방인의 접근이 이사야의 종말론적 비전을 성취하는 것으로 보일 수 있었을까?(사 56.3-8)

e. 예루살렘 입성(막 11.1-11 평행구)

예수가 나귀(*pōlos*)를 타고 예루살렘 입성을 준비하는 유명한 이야기는[129] 그가 받은 칭송의 정점에 해당된다.

마 21.9-11	막 11.9-11	눅 19.37-40	요 12.13-19
9 앞에서 가고 뒤에서 따르는 무리가 소리 높여 이르되 호산나 다윗의 자손이여 찬송하리로다 주의 이름으로 오시는 이여 가장 높은 곳에서 호산나 하더라. 10 예수께서 예루살렘에 들어가시니 온 성이 소동하여 이르되 이는 누구냐하거늘 11 무리가 이르되 갈릴리 나사렛에서 나온 선지자 예수라 하니라.	9 앞에서 가고 뒤에서 따르는 자들이 소리 지르되 호산나 찬송하리로다 주의 이름으로 오시는 이여 10 찬송하리로다. 오는 우리 조상 다윗의 나라여 가장 높은 곳에서 호산나 하더라. 11 예수께서 예루살렘에 이르러 성전에 들어가사 모든 것을 둘러 보시고 때가 이미 저물매 열두 제자를 데리시고 베다니에 나가시니라.	37 이미 감람 산 내리막길에 가까이 오시매 제자의 온 무리가 자기들이 본 바 모든 능한 일로 인하여 기뻐하며 큰 소리로 하나님을 찬양하여 38 이르되 찬송하리로다 주의 이름으로 오시는 왕이여 하늘에는 평화요 가장 높은 곳에는 영광이로다 하니 39 무리 중 어떤 바리새인들이 말하되 선생이여 당신의 제자들을 책망하소서 하거늘 40 대답하여 이르시되 내가 너희에게 말하노니 만일 이 사람들이 침묵하면 돌들이 소리 지르리라 하시니라.	13 종려나무 가지를 가지고 맞으러 나가 외치되 호산나 찬송하리로다 주의 이름으로 오시는 이 곧 이스라엘의 왕이시여 하더라. …… 19 바리새인들이 서로 말하되 볼지어다. 너희 하는 일이 쓸 데 없다. 보라 온 세상이 그를 따르는도다 하니라.

---

129)   Davies and Allison, *Matthew* 3.116을 보라.

반대쪽의 다양한 의심에도 불구하고, 이 에피소드는 예수의 예루살렘 입
성에 대한 제자들의 기억 속에 뿌리내려 있는 것 같다. (1) 주목할 만한 것
은 도입부의 지역에 대한 상세한 내용들이다(막 11.1의 벳바게, 베다니, 감람
산).[130] (2) 환호하는 소리는 구어 전승의 특징들을 증거한다. 그 핵심은 네
개의 복음서에 두루 변함없다('찬송하리로다. 주의 이름으로 오시는 이여'). 그러
나 각 전승의 개별적 구연 속에 그 핵심은 다르게 확장된다. (3) '호산나'
(hosa'-na)는 여기에 견고하게 새겨져 있지만(요한복음에도) 신약성서의 다른
어느 곳에도 나오지 않는다.[131] (4) 마가의 이야기는 놀랍게도 낮은 음조이
다. 측근 제자들 외에 얼마나 많은 자들이 가담했는지 불분명하다.[132] 환호
는 제한되어 있다(다른 세 복음서 저자들은 '다윗의 자손', '왕' 등으로 부르며 환호한다).
그 제목들은 스가랴 9.9과 일치하지만 거기서 파생된 것 같지는 않다.[133] 그
리고 그 이야기는 중대한 사건(마태의 경우처럼)이나 적대적인 반응(누가와 요
한의 경우처럼)에 연동된 함의 없이 다소 맥없이 끝나버린다.[134]

따라서 이 이야기에서 메시아적 함의 대부분은 후대 복음서 저자들의
확장된 개작에 속한다. 그러나 설사 그렇다 해도 전통의 변함없는 요소는
예수가 나귀를 타고 예루살렘에 접근하거나 그 속으로 들어가는 모습이
다. 순례객들이 보통 걸어서 들어가기 때문에 예수가 나귀를 타기로 한 선
택(표면상 나타나는 대로)은 의미심장한 진술로 의도되었음에 틀림없다. 이는

---

130) 테일러는 특징적으로 이러한 점들과 다른 특징들을 '예술가보다는 목격자'의 전형적인 경우로
    적시한다(*Mark* 452); 또한 Pesch, *Markusevangelium* 2.187-88.
131) *Hosa'-na*는 아마도 히브리어 *hosi'a-na*='지금 구원하소서'(시 118.25)에서 파생된 예전적 외침이
    었다; 그러나 마태의 용례가 암시하고 디다케 10.6에서 또한 되풀이되듯이('다윗의 자손에게 호
    산나') 그 아람어는 '찬양'의 의미를 발전시켰던 것 같다. 누가는 '호산나'를 생략하는 반면 제자
    들의 '찬양'을 이야기한다(추가로 E. Lohse, 'Hosianna', *Die Einheit des Neuen Testaments* [Göttingen:
    Vandenhoeck und Ruprecht, 1973] 104-10; Davies and Allison, *Matthew* 3.124-25).
132) 마태복음의 '그 군중들'과 요 12.12의 '그 축제를 위해 온 큰 군중'을 대조해보라.
133) 마 21.5-7과 요 12.14-15을 대조해보라.
134) 캐치폴이 인용한 평행하는 이야기들('"Triumphal" Entry' 319-21; 캐치폴의 논급은 Räisänen, *Messianic
    Secret* 232-34에서 따스한 갈채를 받는다)과 현저히 달리 공식적인 환영이 없다는 것은 그 이야기가
    처음부터 그러한 '개선식 입장' 이야기들의 형태로 설정된 후대의 그리스도론에 의해 결정되었
    다는 그의 결론에 이의를 제기한다. 추가로 B. Kinman, *Jesus' Entry into Jerusalem in the Context
    of Lukan Theology and the Politics of His Day* (Leiden: Brill, 1995), 결론은 173-75을 보라. 위더링턴
    의 다음 진술을 참조하라: '예수는 단순히 시편 118.26ff.에 기초한 찬양을 비롯하여 순례자 노래
    들을 부르는 다양한 순례객들과 단순히 동행했다고 주장할 수 있다'(*Christology* 104-105).

추측건대 들을 귀 있는 자들에게 전해진 또 다른 비유일 것이다.[135] 적어도 제자들 중 몇 사람이 스가랴 9.9의 메아리를 포착했다는 것은 별로 놀라울 바 없다.[136] 나아가 우리는 그 입성이 성전에서의 더 극적인 상징적 행위로 즉각 이어졌음을 상기해야 한다. 그러나 핵심 전통은 이 대목에서 예수의 보다 온전한 의도가 무엇이었는지, 또 그가 베푼 비유의 취지가 교훈적이었는지 단순히 자극적이었는지 불분명한 채로 남겨두고 있다.

f. 눈먼 사람의 치유

다윗의 자손에 대한 질문과 마찬가지로(§15.3b) 마가복음 10.46-52 평행구에 이야기된 에피소드를 무시할 수 없다. 우리에게 핵심 요소는 눈먼 거지(마가에 의하면 바디매오)가 반복해서 예수를 '다윗의 자손'(막 10.47-48 평행구)으로 불렀다는 것이다.

마 20.29-34	막 10.46-52	눅 18.35-43
29 그들이 여리고에서 떠나갈 때에 큰 무리가 예수를 따르더라. 30 맹인 두 사람이 길 가에 앉았다가	46 그들이 여리고에 이르렀더니 예수께서 제자들과 허다한 무리와 함께 여리고에서 나가실 때에 디매오의 아들인 맹인 거지 바디매오가 길 가에 앉았다가	35 여리고에 가까이 가셨을 때에 한 맹인이 길 가에 앉아 구걸하다가 36 무리가 지나감을 듣고 이 무슨 일이냐고 물은대
예수께서 지나가신다 함을 듣고 소리 질러 이르되 주여 우리를 불쌍히 여기소	47 나사렛 예수시란 말을 듣고 소리 질러 이르되 다윗의 자손 예수여 나를 불	37 그들이 나사렛 예수께서 지나가신다 하니 38 맹인이 외쳐 이르되 다

---

135) 그 점은 Harvey, *Jesus* 121-29이 강조한다.
136) 또한 Tan, *Zion Traditions* 138-48을 보라. C. A. Evans, 'Jesus and Zechariah's Messianic Hope', in Chilton and Evans, *Authenticating the Activities of Jesus* 373-88은 예수가 예루살렘에서 보낸 마지막 주에 스가랴에 대하여 암시한 횟수에 주목하고(특히 슥 9.9; 13.7; 14.20-21; 또한 아래 제17장 각주 73을 보라) 선지자 스가랴의 신학이 예루살렘 선교에 대한 예수의 이해에 정보를 제공했을 것이라고 제안한다(386).

서 다윗의 자손이여 하니 31 무리가 꾸짖어 잠잠하라 하되 더욱 소리 질러 이르되 주여 우리를 불쌍히 여기소서 다윗의 자손이여 하는지라.	쌍히 여기소서 하거늘 48 많은 사람이 꾸짖어 잠잠하라 하되 그가 더욱 크게 소리 질러 이르되 다윗의 자손이여 나를 불쌍히 여기소서 하는지라.	윗의 자손 예수여 나를 불쌍히 여기소서 하거늘 39 앞서 가는 자들이 그를 꾸짖어 잠잠하라 하되 그가 더욱 크게 소리 질러 다윗의 자손이여 나를 불쌍히 여기소서 하는지라.
	49 예수께서 머물러 서서 그를 부르라 하시니 그들이 그 맹인을 부르며 이르되 안심하고 일어나라 그가 너를 부르신다 하매 50 맹인이 겉옷을 내버리고 뛰어 일어나 예수께 나아오거늘	
32 예수께서 머물러 서서 그들을 불러 이르시되 너희에게 무엇을 하여 주기를 원하느냐? 33 이르되 주여 우리의 눈 뜨기를 원하나이다. 34 예수께서 불쌍히 여기사 그들의 눈을 만지시니 곧 보게 되어 그들이 예수를 따르니라.	51 예수께서 말씀하여 이르시되 네게 무엇을 하여 주기를 원하느냐? 맹인이 이르되 선생님이여 보기를 원하나이다. 52 예수께서 이르시되 가라 네 믿음이 너를 구원하였느니라 하시니 그가 곧 보게 되어 예수를 길에서 따르니라.	40 예수께서 머물러 서서 명하여 데려오라 하셨더니 그가 가까이 오매 물어 이르시되 41 네게 무엇을 하여 주기를 원하느냐? 이르되 주여 보기를 원하나이다. 42 예수께서 그에게 이르시되 보라 네 믿음이 너를 구원하였느니라 하시매 43 곧 보게 되어 하나님께 영광을 돌리며 예수를 따르니 백성이 다 이를 보고 하나님을 찬양하니라.

그 상세한 내용의 역사적 가치로 말하자면, 우리는 다음을 주목해야 한다. (1) 여기서 이 에피소드는 여리고의 외곽에 그 위치가 설정된다.[137] (2) '바디매오'(아람어 *bar timai*)라는 이름은[138] 마가가 쓸모없이 첨가한 것이라기보다 이야기의 개작 과정에서 생략되었다고 보는 게 더 개연성이 있다. (3) '다윗의 자손'이란 용어는 (비록 마태가 수효로 얼마 더하긴 하지만) 예수 전통 가

---

137) Meier, *Marginal Jew* 2.688. 또한 H. -J. Eckstein, 'Markus 10,46-52 als Schüsseltext des Markusevangeliums', ZNW 87 (1996) 33-50을 보라.
138) Str-B 2.25; Meier, *Marginal Jew* 2.687-88; Kollmann, *Jesus* 238-39.

운데 기적 이야기의 특징이라고 보기 어렵다.[139] (4) 아람어 '라보니'(*rabboni* 또는 *rabbuni*)는[140] 신약성서에서 여기와 요한복음 20.16에만 나오는데(10.51) 이는 확실히 원시적 형식화의 흔적이다. (5) 침묵 모티프의 변용물(10.48)은 마가에만 유일하게 나오는데 마지막 침묵 명령의 부재는 마가의 '비밀' 모 티프와 다소 어긋나는 형국이다.[141] (6) 결론 부분의 기록('그는 예수를 따랐다') 은 바디매오가 제자가 되었음을 시사하며, 그 전통의 맨 처음과 지속적인 형태를 제공한 것은 그 제자 동아리 내에서 유통된 바디매오의 증언이었 을 가능성도 있음을 암시한다.[142]

그렇다면 요점인즉, 매우 이른 초기의 예수 전통이 예수가 '다윗의 자 손'으로 거명된 경우를 회고했다는 것이다. 이는 분명히 예수의 명성이 그 의 메시아직에 대한 대중적 추측을 불러일으켰음을 암시한다. 한 거지의 담대함으로 그 추측을 표명하게 되고 또 그것을 이용하고자 했으리라는 것은 그리 놀라운 일이 아닐 테다.

g. 베드로의 고백

예수가 그의 선교 기간에 왕적 메시아로 생각되었는가라는 질문은 마 가복음 8.27-30 평행구를 피해갈 수 없다.

마 16.13-20	막 8.27-30	눅 9.18-21	요 6.66-69
13 예수께서 빌립 보 가이사랴 지방	27 예수와 제자들 이 빌립보 가이사	18 예수께서 따로 기도하실 때에 제	66 그 때부터 그의 제자 중에서 많은

---

139) Meier, *Marginal Jew* 2.688-89과 738 각주 50. 역사적인 상황에서 그것의 사용은 (a) 예수의 다윗 계 혈통이 충분히 잘 알려져 있었고 (b) 치유자로서 그의 명성이 치유의 권능을 지닌 다윗계 자손 에 대한 대중적인(?) 기대를 환기시키기에 충분했음을 전제한다(아래 15.7a를 보라)(유사하게 Funk, *Acts of Jesus* 118).
140) Str-B 2.25.
141) 그 모티프 안에 들어맞지 않는 마가의 다른 몇몇 이야기들이 있기 때문에(1.29-31; 2.1-12; 3.1-6; 5.25-34; 7.24-30; 9.14-27), '약간'만 그렇다.
142) P. J. Achtemeier, "'And He Followed Him": Miracles and Discipleship in Mark 10.46-52', in R. W. Funk, ed., *Early Christian Miracle Stories, Semeia* 11 (Missoula: Scholars, 1978) 115-45.

에 이르러 제자들에게 물어 이르시되 사람들이 인자를 누구라 하느냐?	랴 여러 마을로 나가실새 길에서 제자들에게 물어 이르시되 사람들이 나를 누구라고 하느냐?	자들이 주와 함께 있더니 물어 이르시되 무리가 나를 누구라고 하느냐?	사람이 떠나가고 다시 그와 함께 다니지 아니하더라. 67 예수께서 열두 제자에게 이르시되 너희도 가려느냐?
14 이르되 더러는 <u>세례 요한</u>, 더러는 <u>엘리야</u>, 어떤 이는 예레미야나 <u>선지자 중의 하나</u>라 하나이다.	28 제자들이 여짜와 이르되 <u>세례 요한</u>이라 하고 더러는 엘리야, 더러는 <u>선지자 중의 하나</u>라 하나이다.	19 대답하여 이르되 <u>세례 요한</u>이라 하고 더러는 엘리야라, 더러는 옛 <u>선지자 중의 한 사람</u>이 살아났다 하나이다.	68 시몬 베드로가 대답하되 주여 영생의 말씀이 주께 있사오니 우리가 누구에게로 가오리이까?
15 이르시되 <u>너희는 나를 누구라 하느냐?</u> 16 시몬 베드로가 대답하여 이르되 주는 <u>그리스도</u>시요 살아 계신 하나님의 아들이시니이다.	29 또 물으시되 <u>너희는 나를 누구라 하느냐?</u> 베드로가 대답하여 이르되 주는 <u>그리스도</u>시니이다 하매	20 예수께서 이르시되 <u>너희는 나를 누구라 하느냐?</u> 베드로가 대답하여 이르되 하나님의 <u>그리스도</u>시니이다 하니	69 우리가 주는 하나님의 거룩하신 자이신 줄 믿고 알았사옵나이다.
…… 20 이에 제자들에게 <u>경고하사</u> 자기가 그리스도인 것을 <u>아무에게도 이르지 말라</u> 하시니라.	30 이에 자기의 일을 <u>아무에게도 말하지 말라 경고하시고</u>	21 <u>경고하사</u> 이 말을 <u>아무에게도 이르지 말라</u> 명하시고…	

이 구절은 명백히 마가복음에서 중추적 역할을 한다. 마가의 플롯에는 가이사랴 빌립보를 분기점으로 하는 명백한 구조가 존재한다.[143] 결과적으로 이 에피소드는 종종 초기 그리스도인 또는 브레데식의 마가적 비밀(막

---

143) 추가로 앞으로 나올 제3권을 보라.

8.30)을 그 방향의 결정적인 지시자로 보는 특정한 마가 신학의 산물로 간주된다.[144] 마태(16.16b-19—유명한 베드로의 위임 장면)[145]와 누가(9.18—기도하는 예수)[146]가 특징적으로 윤색한 내용은 이 결론에 하등의 영향을 주지 못한다.

그럼에도 불구하고 마가가 구술적 유연성을 특징으로 하는 공관복음 저자들 사이의 변용과 함께 제대로 뿌리내린 기억을 끌어낼 수 있었다는 몇몇의 증거가 있다. (1) 다시 우리는 마가의 버전이 그 가르침이 생겨난 현장을 기억해냈다는 이례적인 특징과,[147] 나아가 그것이 '길 위에서' 발생했다는 한층 더 이례적인 특징을 주목한다.[148] (2) 요한의 이야기는 또한 베드로의 고백을 이끌어낸 (갈릴리에서의) 전환점을 떠올리게 한다(요 6.69). 그 두 버전들 사이에는 문헌적 상호 의존이 없으므로, 양쪽 다 그러한 어떤 사건의 기억과 그것이 구연의 상이한 흐름들 가운데 처리된 방식의 다양성을 입증할 가능성이 있다. (3) 예수가 메시아였는가라는 물음이 예수의 선교 기간 내에 생겨났다면(그 말미에는 거의 확실히 그랬다고 보지만), 그 질문을 던진 첫 번째 부류 가운데는 거의 확실히 그의 측근 제자들이 있었을 것이다. 결국 그들은 예수를 따르기 위해 가족들과 생계를 희생했다. 예수가 그들에게 끼친 영향과 그들의 선교가 거둔 상대적 성공이 그들로 바로 이 질문을 던지도록 촉구했다면 그것은 매우 놀라운 일일 터이다. 나아가 베드로가 그들의 공통된 희망과 기대를 불쑥 말해버린 자였다는 사실(다시 막 9.34; 10.37 평행구 참조)은 그의 성격에 대한 다른 증거들과 전적으로 일치한다. (4) 마지막으로 우리는 결국 공관복음 안의 고백에 굳게 합류한 베드로를 예수가 '사탄'으로 부른 점을 주목해야 한다.[149] 이어지는 수십 년 동

---

144) 특별히 Räisänen, *Messianic Secret* 176; Funk, *Acts of Jesus* 103-104.
145) 위의 §13.3f를 보라.
146) 위의 제14장 각주 82를 보라.
147) 불트만은 그 전체 서사가 예수의 사역으로 되돌려진 부활 이야기였다고 생각했다(*History* 259). 그러나 열두 제자들 중 누구에게든 나타난 어떤 다른 부활 현현이 유대 땅 또는 갈릴리 북쪽이나 그 바깥쪽에서 발생한 것으로 보고되지는 않는다. 너무 미미하게 던져진 질문들인즉 다음과 같다: 왜 제자들이 예수의 십자가 처형 이후 그 지역에 있었을까? 다르게 묻자면, 왜 부활 현현은 그 지역에 귀속되는 것일까?
148) 예수가 '길 위에서' 가르치는 것으로 그려지는 복음서에서 유일하게 다른 경우는 밀접한 평행구인 마 20.17과 부활 이후 시점의 구절인 눅 24.32이다.
149) 막 8.33/마 16.23; 요 6.70 참조. 다른 학자들은 침묵 명령과 수난 예고가 편집적인 것으로 제거

안 사도들 사이의 긴장이 어떠했든지 간에,[150] 모든 측면에서 예수의 첫 번째 제자로 간주된 자에 대한 그러한 질책이 그 기간에 생겼다는 것은 신뢰하기 어렵다. 그 질책이 예수 전통 가운데 한 자리를 얻어 그 일부로 수용되었으리라는 점은 더욱더 믿기 어렵다.[151]

전반적으로 마가복음 8.27-30 평행구에서 예수의 메시아직이라는 쟁점이 제기된 예수의 선교 기간 내에 한 에피소드가 회고되었음직한 개연성은 매우 높은 것이 틀림없다.

h. 5,000명을 먹임(막 6.32-44 평행구)

아래서 이 에피소드로 돌아갈 때 우리는 그 배후에 아마도 갈릴리 바다 (북)동쪽 연안에서 있었던 대규모 공동 식사의 공유된 기억이 놓여 있을 개연성이 크다고 결론지을 충분한 근거를 찾게 될 것이다(§15.7f). 그러나 황무한 장소(*erēmos*, 6.32)에서 나눠진 그런 종류의 어떤 식사를 포함하여 그러한 사건이 정말로 발생했다면 그것은 심지어 반쪽 귀를 가진 사람들에게조차 강한 메시아적 함의를 전해주었을 것 같다. 그러한 사건은 이스라엘의 광야 유랑기에 있었던 만나 기적을 상기시켜주거나, 다가올 세대의 비옥한 사막에 대한 예언자적 희망(사 32.15; 35.1-2)과 이스라엘의 양 무리를 먹일 또 다른 다윗의 기대(겔 34.23), 또는 그들이 바로 그 당시에 누리던 공동체 식사와 미래에 준비된 메시아의 식사 사이에 자리한 쿰란의 광야 공동체에서 발견하는 대로(1QSa)의 그와 같은 교제 등을 환기시켰을 것이다.[152]

가장 두드러진 것은 요한복음 6.15의 어조이다. 이 에피소드는 '예수

된다면 그때 예수는 베드로를 자기를 메시아로 고백한 이유로 꾸짖는 셈이 된다고 암시한 바 있다(가령, Hahn, *Hoheitstitel* 174-75, 226-30 [*Titles* 157-58, 223-28]; Fuller, *Foundations* 109; Theissen and Merz, *Historical Jesus* 539). 그러나 Stuhlmacher, *Biblische Theologie* 1.114-15을 보라.

150) 갈 1-2장; 고후 10-13장 참조.
151) 유사하게 당혹스러움의 기준을 언급하는 Meier, *Marginal Jew* 3.236-38.
152) J. C. O'Neill, 'The Silence of Jesus', *NTS* 15 (1968-69) 153-67 (여기서는 163-64).

를 임금 삼고자 억지로 붙잡으려는' 군중의 위협과 함께 종결되고 있는데, 결국 예수는 그 현장에서 물러나고야 만다. 요한의 기록이 독립적이었다면, 그것이 특별히 요한의 줄거리 흐름을 특징짓지 않는다 할지라도 쉽사리 무시될 수 있었을 것이다. 그러나 그것은 마가 버전의 같은 점에서 기묘한 특징으로 조화를 이루는 것 같다. 식후에 예수는 '제자들에게 배에 올라 다른 쪽으로 미리 가자고 종용하였다(ēnakasen)'(6.45). 마가는 그 말을 설명 없이 남겨둔다. 예수는 왜 제자들에게 떠나라고 강요하되, '그가 군중을 해산하기' 전에 그렇게 하라고 하는 선택을 했어야 할까?(6.45) 사전 공모의 증거가 없는 요한복음 6.15과의 연결 고리는 명백한 답을 제시한다. 군중의 일부는 그 사건에서 메시아적 중요성을 실제로 보았다. 제자들은 달아오르는 열광의 파도에 사로잡혀 있었다. 예수는 먼저 제자들에게 호수로 나아가라고 강요함으로써 그 상황에 반응하였다. 그때, 아마도 오직 그때에야 예수는 성공적으로 군중을 해산시킬 수 있었다.[153] 마가는 또한 예수가 그때 기도하러 산으로 물러갔다고 보도한다(6.46). 그런데 예수의 선교 기간에 그러한 경우를 딱 세 번 마가가 보도하기 때문에, 아마도 그는 예수의 선교에서 운명적인 갈림길에 이르렀음을 암시하고자 했을 것이다(1.35, 38; 14.35-36 참조).

요약해보자. 우리는 예수의 선교 기간 내에 해당하는 수많은 사건들을 찾아낼 수 있었다. 전통 형성의 견지에서 그것들은 모두 어느 정도 최초의 기억 가운데 깊이 뿌리박힌 것으로 보이며, 그 모든 것들은 어떤 식으로든 예수를 기대된 왕적 메시아로 간주해야 하는가라는 질문을 제기했다.[154] 이 모든 전통들을 부활 사건 이후 시점에 형성된 제자들의 신앙으로 돌리는 것은 비현실적이고 (역사적으로 말해) 무책임한 짓일 뿐이다. 예수의 처형에 법적 정당성을 제공한 빌라도가 던진 질문은 예수의 선교 기간의 이전

---

153) Dodd, *Historical Tradition* 212-17.
154) 마가가 2.19-20에서 예수의 신랑 이야기 가운데 암시된 그리스도론적 중요성과 2.25-26에서 다윗에 대한 언급을 분명히 보았을지라도 예수가 이러한 언급들로써 무엇을 의도했는지에 대한 질문은 전혀 다른 차원이다(가령 Roloff, *Kerygma* 58; Davies and Allison, *Matthew* 2.110; Guelich, *Mark* 1.123을 보라). 또한 위의 제12장 각주 289를 보라.

단계에서 다른 자들이 제기한 게 분명하다.[155] 그러므로 우리는 브레데의 논지를 뒷받침한 핵심 버팀목이 견실하지 않다고 어지간히 확신할 수 있다. 만일 '메시아 비밀'이 정말로 마가의 비밀 모티프의 일부라면, 그것은 그 비밀이 예수가 메시아라는 발상이 고안되고 부활절의 결과로서만 이루어졌다는 사실을 은폐하기 위한 의도였기 때문이 아니다. 이 사람이 다윗의 자손, 메시아일 수 있었을까? 위에서 검토된 전통이 어떤 역사적 가치를 가지고 있다면, 그 질문은 그것이 예수의 처형에 대한 공식적 근거가 되기 이전 그의 선교가 정점으로 치닫고 있었을 때 그를 목격했거나 들었던 많은 자들에게 생겨났던 게 분명하다.

15.4 거부된 역할

방금 도출된 결론은 분명히 추가 질문을 제기한다. 예수는 그러한 생각에 어떻게 반응했는가? 메시아 예수의 쟁점이 가장 그럴 법하게 최소한 그의 선교 후반부에 제기되었다면, 예수 자신의 주의를 끌지 못하기란 어려웠을 것이다. 예수는 틀림없이 그 쟁점에 직면했을 것이다. 그 경우에 그의 제자들이 그것에 대한 예수의 반응을 회고하지 않고 반영하지 않았다는 것은 상상할 수 없는 일이다. 예수는 그러한 생각을 공유했는가? 그는 자신을 다윗의 자손, 메시아라고 간주했는가? 같은 에피소드들은 이러한 질문에도 재미있는 답변을 제공한다. 이 경우에는 가장 그럴 법한 연대기적 순서를 따라 그 일련의 흐름을 따라가보는 것이 더 나은 이해에 도움이 될 것이다.

---

155) '예수의 메시지에 담긴 종말론적 성격에 비추어 메시아의 쟁점이 예수나 그의 동시대 사람들에게 떠오르지 않았으리라는 것은 상상할 수 없다'(Rowland, *Christian Origins* 182).

a. 5,000명을 먹임

이 에피소드는 두 가지 결과를 집중 조명한다. (1) 적어도 갈릴리 호수 주변 지역에는 먼저 이스라엘을 가나안에서 해방시킨 위대한 사건을 모방하여[156] 새로운 다윗계 임금 아래 새로운 번영의 시대에 대한 예언자적 희망을 이루어낼 대중적인 왕적 메시아라는 개념이 널리 퍼져 있었다. 빌라도는 바로 그러한 왕을 명백한 정치적 군사적 이유로 십자가형에 처하길 분명 원했을 것이라고 말할 수 있을 듯하다. 예수는 갈릴리의 많은 자들에게 최소한 잠정적으로 그러한 메시아로 보였을 것 같다. (2) 하지만 더 재미있는 것은 예수가 이 역할에 거부 반응을 보였다는 명백한 암시이다. 그 반응은 짐작건대 예수가 그 역할이 자신의 선교를 오도하거나 거짓되게 그 성격을 규정하는 것으로 보았음을 암시한다.[157] 설사 그 역할이 그에게 어떤 매력을 주었다 할지라도,[158] 현명한 사람이라면 갈릴리 군중의 인화성 흥분과 거기 잠재된 변덕을 알아챘을 것이다. 여기서 배우거나 확인하는 교훈은 다른 상황에서 예수가 침묵한 것을 설명하는 데 효과가 있을 것이다.

b. 베드로의 고백

여기서 초점은 침묵하라는 수수께끼 명령으로 방향을 돌린다. 마가복음에 의하면 이는 예수를 메시아로 인정한 베드로의 고백에 대한 예수의 반응이었다(막 8.30). 전통 가운데는 예수가 그 고백을 부인했다는 암시가 없다. 그러나 그렇다고 예수가 그것을 수용했거나 환영했다는 어떤 암시적 증거가 있는 것도 아니다(마 16.17은 그 공백을 채워놓는다). 마가의 버전에

---

156) 우리는 약속의 땅을 처음 정복한 그 기적을 반복하려고 한 두 인물을 떠올린다—요단 강 건너기와 여리고 성벽의 붕괴(Josephus, *Ant.* 20.97, 169-70).

157) Witherington, *Christology* 98-101 참조. 그는 또한 5,000명을 먹인 것이 예수의 갈릴리 사역의 마지막 행위였다고 제안한다(117). 이 제안은 메시아 주장이 안티파스의 억압을 자극하지 않고서는 갈릴리에서 목소리조차 발할 수 없었을 것이라는 프레드릭센의 주장과 일치할 터이다(그녀는 그 오병이어 사건의 장소를 그 호수의 서편 연안에 배치시킨다)(*Jesus* 215-18).

158) 예수의 첫 번째 시험 이야기(마 4.3/눅 4.3)는 이 에피소드의 여운을 담고 있는가?

서 8.30은 질책의 말도 아니고 축하의 말도 아니다. 그것은 자신의 선교가 거부와 고난으로 끝나리라는 예수의 확신(8.31)을 표현하는 명시적이고 적절한 가르침에 잇따라 곧바로 나온 (메시아직의 쟁점에 대한) 침묵의 명령이다. 이제 그 명령은 마가복음 내에서 확실히 비밀 모티프의 일부로 기능한다. 그러나 역사적 독법이 전적으로 가능하다. 베드로의 고백은 강력한 전사로서 다윗계 메시아를 기대한 대중적 이해에 부합하여 왕적 메시아로서의 예수에 대한 것이었다(15.2a). 나아가 베드로의 왕적 메시아 개념은 군중을 먹이는 기적 이야기에서 그들의 개념과 유사했으며, 세베대의 형제들이 그 나라에서 예수의 오른편과 왼편 자리를 요청했을 때(막 10.35-37 평행구) 그들의 개념과도 같은 방향에 있었다.[159] 만일 예수가 그러한 견지에서 자신의 역할을 보지 않았다면 그는 어떻게 반응할 수 있었을까? 한 가지 대안적 견해는 그러한 기대를 약화시키고 예수가 자신에게서 본 것과 더 유사한 역할 모델을 가리키는 (또는 구축하는) 시도였다. 그것이 예수가 행한 것이라고 마가는 암시하는데,[160] 우리는 이미 고난의 기대가 예수의 가르침 가운데 강하게 부각되었음을 보았다.[161] 그 경우에 침묵 명령은 메시아 비밀보다는 메시아 오해를 드러내는 기능을 더 많이 수행한다.

---

159) Cullmann, *Christology* 122-26; Taylor, *Mark* 377; Pesch, *Markusevangelium* 2.34; Leivestad, *Jesus* 93-95 참조. 레이제넨의 견고한 판단에도 불구하고—'아무것도 추정된 유대인 민족주의를 가리키지 않는다'(*Messianic Secret* 179)—그 가능성은 남아 있다: 만일 왕적 메시아로서의 예수에 대한 질문이 제자들에게 일어나지 않았다면(본래 그럴 것 같이 보이듯이), 그들이 그들의 희망을 맞춘 '메시아'라는 유일하게 명백한 범주는 제왕적이고 군사적인 지도자의 그것이었다(§15.2a).
160) Catchpole, '"Triumphal" Entry' 326과 Räisänen, *Messianic Secret* 179-81은 침묵 명령이 그 서사에서 교정으로 기능하지 않는다고 바르게 지적한다; 마가는 확실히 예수가 메시아였다는 사실을 논쟁하길 원하지 않았다. Charlesworth, 'Messianology to Christology' 12이 요약한 대로(예수는 '명백하게 그[예수]가 그리스도라는 베드로의 고백을 사탄적인 것으로 거부했다') 예수의 베드로 질책(막 8.33)을 직접 베드로의 고백(8.29)과 연계시키려는 경향 또한 거부해야 할 것이다. 동시에 헹엘은 그 질문을 공정하게 되돌린다: '그 "공동체"가 결코 예수가 공중 앞에서 "내가 그리스도다"라고 분명하게 자신의 주장을 선포하는 명백한 장면을 만들어내지 않았다는 것은 복음서 전통의 상대적 신뢰 가치를 증명하지 않는가?'('Jesus, Messiah of Israel' 59).
161) 위의 §12.4d와 추가로 아래 §17.4c를 보라.

c. 눈먼 사람의 치유

이 경우에 가장 두드러진 것은 그 호칭('다윗의 자손')의 메시아적 중요성을 철저히 무시한다는 사실이다. 이 이야기는 그 호칭에 대한 질책이나 수긍도 않은 채 거지의 집요한 간청에 예수가 응답하는 것을 보여준다. 이는 다시 그 이야기가 그 사건에서 혜택을 본 자의 관점에서 틀이 지어졌음을 암시한다. 가장 중요한 것은 그의 치유였다. 그것은 그리스도론적 취지로 이야기되지 않기에 그 호칭에 대한 예수의 태도와 관련하여 우리에게 거의 아무것도(또는 전혀) 말해주지 않는다.

d. 예루살렘 입성

세 가지 특징들이 여기서 주목되어야 한다. (1) 마가는 이 에피소드를 명시적인 메시아적 주장으로 묘사하는 것을 조심스레 피한다. 스가랴의 예언은 언급되지 않는다. 그 열렬한 환영은 군중보다는 제자들에게서 나온 것 같다. 그리고 그 환영의 외침은 완전한 메시아적 인정과 존경을 결여하고 있다. (2) 예루살렘 왕의 이미지가 의도적으로 환기된 것이라면(슥 9.9), 탈것으로 나귀를 선택한 것은 시온의 의기양양한 임금에 대한 보다 풍부한 묘사 내에서 겸손의 이미지를 골라낸다.[162] (3) 권력자들이 그 입성의 결과로 예수를 체포하려는 어떤 움직임도 보이지 않은 것은 분명 의미심장하다. 또한 그것에 대한 언급이 예수의 심판 장면에서 반대 증언의 일부였다는 암시조차 엿보이지 않는다(비록 가야바 앞의 심문에 대한 기록은 극히 짧기는 하지만 말이다). 짐작건대 그 사건에는 어떤 명확한 정치적인 의의를 읽어낼 만한 여지가 없었다. 그렇다면 이것은 예수의 선교에 암묵적으로 깔린

---

162) '시온의 딸아! 크게 기뻐할지어다. 예루살렘의 딸아! 즐거이 부를지어다. 보라! 네 왕이 네게 임하시나니 그는 공의로우시며 구원을 베푸시며 겸손하여서 나귀를 타시나니 나귀의 작은 것 곧 나귀 새끼니라. 내가 에브라임의 병거와 예루살렘의 말을 끊겠고 전쟁하는 활도 끊으리니 그가 이방 사람에게 화평을 전할 것이요…'(슥 9.9-10). 우리가 §13.4에서 살펴본 대로 'Ani'는 물론 같은 범위의 의미를 환기시킨다(가난, 고통, 겸손).

주장과 관련된 일종의 비유였을까? 정치적인 함의를 포착하려고 거기에 맞춰 귀를 들이댄 자들에게는 수많은 순례자들의 떠들썩한 행진 외에 보도할 만한 아무것도 없었다. 그러나 하나님의 통치가 도래하기를 기다린 자들에게 그 사건은 분명한 종말론적 취지의 함의를 전했다.[163]

e. 성전 정화하기

성전 정화도 유사한 방향을 가리킨다. 우리는 예수가 혹 헤롯 대왕의 빈 보좌를 차지하려는 의도로 군사적 쿠데타를 시도했다는 제안을 배제할 수 있다. 이는 우리에게 예언자적 저항의 가능성을 남겨두는데, 그것은 곧 하나님과 이스라엘의 관계에서 성전의 중심적 위상을 인정하면서도 그 종말론적 역할을 이루기 위한 성전(또는 새 성전)을 향한 모종의 열망을 규정한 것이었다. 이 에피소드 역시 예수의 재판에서 언급되지 않는데(그것이 예수의 성전 말씀에 대한 증언 가운데 암시되지 않는다면), 이는 그것이 특별히 정치적으로나 예언적으로 심각하게 고려되지 않았음을 드러내는 듯하다. 그것이 우리가 자신 있게 말할 수 있는 최대치이다. 예수가 과연 메시아적 견지에서 자신의 역할을 보았는지 여부를 가리는 질문에 그 에피소드가 어떻게 기여하는지 말하기 어렵다.[164] 그러나 그는 추측건대 성전(갱신된 성전)과 관련된 종말론적 기대에 비추어 행동하였고, 이미 펼쳐지기 시작한 종말론적 드라마 가운데 자의식이 생동하는 연기자로 활약했을 법하다.

---

163) 다른 학자들은 더 강력한 결론을 도출한다: '그 입성은 예수가 도래하는 왕국과 그 안에서 자신의 역할을 상징화하기 위해 의도적으로 실행했던 것 같다'(Sanders, *Jesus* 308); '의식적이고 의도적인 시위와 자극'(Leivestad, *Jesus* 140); '예수가 자신을 슥 9.9과 연관시킨 것은 의심의 여지가 거의 없다'(Witherington, *Christology* 106); '분명히 메시아적'(Wright, *Jesus* 491); 예수는 슥 9.9에 암시된 왕의 역할을 의도적으로 환기시켰고 실제로 수행하였다—'종말론적 회복을 개시하도록 그의 도성에 권리 주장을 해야 할 신이 임명한 [이스라엘의] 왕'(Tan, *Zion Traditions* 149-56). 이와 약간 대조적으로, 복음서 이야기 대부분의 내용을 의심함에도 불구하고 프레드릭센(Fredriksen)은 예수를 맨 처음 메시아로 동일시하고 그렇게 선포한 자는 제자들과 예수 자신이 아니라 군중이었다고 주장한다(*Jesus* 241-58).

164) 위더링턴은 다시 더욱 담대하게 말한다: '오로지 왕권만이 예수가 한 것처럼 감히 그렇게 간섭할 것이다'; '…그는 자신을 스가랴의 메시아적 인물로 보았다'(슥 14.21)(*Christology* 113-15). 추가로 아래 §17.3을 보라.

f. 가이사에게 바치는 세금

우리의 질문은 가이사에게 바치는 세금 관련 질문에 대한 예수의 반응으로 인해 더 이상 해명되지 않는다. 그것은 외교적 모호함의 고전적 사례로 늘 인식되어왔기 때문이다. 땅과 그 모든 소산이 하나님의 것이기 때문에 그것이 공세를 금하는 말로 들렸을 것이라는 브랜던의 주장은 누가복음 23.2에만 탐지되는 고발의 흔적을 내포하고 있다('우리가 이 사람을 보매 우리 백성을 미혹하고 가이사에게 세금 바치는 것을 금하며').[165] 그러나 그 어록이 티베리우스의 두상을 담은 데나리온과 관련하여 발설되었다는 점을 전제한다면(막 12.16 평행구),[166] 보다 더 명확한 추론은 예수가 복속된 백성들로부터 공세를 징수할 황제의 권리를 인정했다는 것이다.[167] 여기서 다시 그 죄과가 이 예수의 재판에 매우 미미하게 부각된다는 사실(눅 23.2과는 별도로)은 그 위에 어떤 비중 있는 정당한 논거도 성립될 수 없다는 점을 암시한다.[168] 그러므로 그 어록이 우리 질문에 대한 답변에 어떤 기여를 한다는 주장은 잘 봐주어도 불확실하다. 그러나 그것은 예수 나름의 정치적 민첩성을 확실히 증언한다.

---

165) 비록 막 12.14/마 22.17이 *phoros*가 아니라 차용한 라틴어 *kēnsos* (census)를 사용하고 있지만, 그 문구는 눅 20.22(*Kaisari phoron dounai*)과 23.2(*phorous Kaisari didonai*)의 용례와 같다(추가로 BDAG ad loc.을 보라).

166) 그 동전의 정체에 대해서는 H. St. John Hart, 'The Coin of "Render unto Caesar...",' in Bammel and Moule, *Jesus and Politics* 241-48을 보라.

167) 만일 롬 13.7이 그 흔적을 내포하고 있는 게 정말 맞다면 이는 아마 그 어록을 바울이 채택한 방식이었을 것이다(Rowland, *Christian Origins* 144-45). 또한 Cullmann, *Revolutionaries* 45-47; F. F. Bruce, 'Render to Caesar', in Bammel and Moule, *Jesus and Politics* 249-63을 보라. 그 가운데서도 그는 여기서 만일 그 쟁점이 이후 젤롯당원들에게 더욱 예리하게 대결적인 것으로 작용하여 66년의 첫 번째 반란에 이르게 되었다면 그리스도인들이 이후 가이사를 반대한다고 말하는 것이 필연적이었다는 결론 또한 옳다는 점을 특히 지적한다; Witherington, *Christology* 101-104, 117; 크로산과 리드는 예수가 동전을 요청하면서, 자신이 가이사의 동전을 전혀 지니지 않았음을 보여주고 있다는 점을 관찰한다(*Excavating Jesus* 181).

168) 이는 그 어록을 '가이사의 것들'을 어떻게든지 합법화하는 것으로 듣는 것이 거의 불가능했으리라고 보는 가령 Horsley, *Jesus* 306-17의 주장에 거스르는 이야기다. 일부 학자들이 그것을 가이사의 권위에 대한 도전으로 경청하는 쪽을 택한 것은 눅 23.2로 분명히 암시된다; 그러나 그 어록 자체는 그 죄과에 충분한 실체를 부여하지 않을 것이다. 라이트의 논급(*Jesus* 502-507)은 예수의 답변에 탐지될 수 있는 모든 '의미의 층위들'이 진정 예수가 의도한 바인가 하는 질문을 또한 제기한다.

g. 다윗의 자손에 대한 질문

논란이 되는 역사성과 관련해서뿐 아니라 그 구절의 수수께끼 같은 성향은 듣는 이에게 그 중요성을 이끌어내기에 부담을 준다. 그것은 예수의 자기 이해와 관련해 무엇인가를 드러내는가?[169] 예수는 대담자들과 '고양이와 생쥐' 게임을 하거나 자극적인 지적인 언쟁에 끼어들고 있었을 뿐인가?

h. 예수의 재판

하지만 예수의 재판은 보다 많은 답변을 제공해준다. 그 관심은 다시 가야바와 빌라도가 그에게 던진 질문에 대한 예수의 답변에 집중된다. 특별히 재미있는 것은 한 곳만 빼고 모든 곳에서 나타나는 답변의 양가성이다.

마 26.63-64	막 14.61-62	눅 22.67-68
63 예수께서 침묵하시거늘 대제사장이 이르되 내가 너로 살아 계신 하나님께 맹세하게 하노니 네가 하나님의 아들 <u>그리스도인지</u> 우리에게 말하라. 64 예수께서 이르시되 네가 말하였느니라.	61 침묵하고 아무 대답도 아니하시거늘 대제사장이 다시 물어 이르되 <u>네가</u> 찬송 받을 이의 아들 <u>그리스도냐?</u> 62 예수께서 이르시되 **내가 그니라.** 인자가 권능자의 우편에 앉은 것과 하늘 구름을 타고 오는 것을 너희가 보리라 하시니	67 이르되 <u>네가 그리스도이거든</u> 우리에게 말하라. 대답하시되 내가 말할지라도 너희가 믿지 아니할 것이요 68 내가 물어도 너희가 대답하지 아니할 것이니라.

---

169) '이 본문은 다른 것들과 짝지어놓고 보면 예수가 자신을 평범한 인간의 범주 이상으로 보았다고 강하게 암시한다'(Witherington, *Christology* 191).

마 27.11	막 15.2	눅 23.3
11 예수께서 총독 앞에 섰으매 총독이 물어 이르되 네가 유대인의 왕이냐? 예수께서 대답하시되 네 말이 옳도다 하시고	2 빌라도가 묻되 네가 유대인의 왕이냐? 예수께서 대답하여 이르시되 네 말이 옳도다 하시매	3 빌라도가 예수께 물어 이르되 네가 유대인의 왕이냐? 대답하여 이르시되 네 말이 옳도다.

마가복음 14.62과 별도로 모든 답변들은 기껏해야 양가적이다. '네가 말한다'(='네 말이 옳도다', *su eipas, su legeis*). 마가의 예외적 경우에 대해서는 약간의 의문이 있다.[170] 그러나 마가의 본래 텍스트가 양가적이지 않은 '나로다'(*egō eimi*)였다고 결론짓더라도, 마가가 예수의 반응을 철저한 긍정으로 만듦으로써 모호한 '네가 말한다'(또는 그 등가적 표현)를 수정했다고 보는 것이 마태가 그러한 명료한 '긍정'을 불만족스러운 '네가 그렇게 말한다' = '그게 바로 네가 그것을 표현하는 방식이다'라고 변형시켰다고 보는 것보다 더 개연성이 높다.[171]

그렇다면 예수가 가야바와 빌라도에게 한 것으로 회고되는 그 답변은 아마 동일한 것이었던 것 같다. '네가 그렇게 말한다.' 그래서 무엇을 의미했던 것일까? 그것은 최소한 메시아/왕이란 직함을 받아들이려는 의지의 결여, 또는 더 정확하게 말해 그 직함이 질문한 자에게 적시한 역할을 수용하려는 의지의 결여였다. 그렇다면 그 함의인즉 예수가 다른 의미로 그 직함을 수용했다는 것인가? 마가와 별도로 모두가 가야바에 대한 답변에서만 '메시아'가 예수가 자신의 역할과 관련하여 차라리 사용하지 않고 싶어한 용어였음을 시사한다.[172] 이러한 언쟁들은 중요하다. 그것들이 종종 예

---

170) 나는 이전에 약하게 증언되는 바로 그 긴 변이본('내가 그렇다고 너는 말한다')이 원본의 내용이라고 제안한 Taylor, *Mark* 568을 따랐다('Messianic Ideas', 375-76).

171) '이것이 그리스어나 히브리어 또는 아람어로 수용된 긍정의 형식이었는지 충분한 증거는 없다'(Dodd, *Founder* 101); 비록 도드 역시 '그가 자신의 목숨을 구할 목적으로 부인하고 싶지 않았을 칭호가 있었다면 그것이 그에게 중요하지 않을 리 없었을 것이다'라고 지적하고 있긴 하지만 말이다(103). 또한 내 글 'Are You the Messiah?' 11-12을 보라.

172) 유사하게 Cullmann, *Christology* 118-21; Vermes, *Jesus the Jew* 148-49.

수가 부대낀 딜레마를 예시하기 때문이다. 예수가 포용하길 기꺼워하지 않은 역할이 암시된 직함을 수용하거나 사용할 수 있었을까?

　예수에게 적용된 가장 민감한 직함의 주장 한 가지, 곧 유대인과 그리스도인에게 두루 민감한 그 메시아란 직함에 대한 이 탐구를 요약해보기로 하자. 예수는 예언자적 종말론의 기대 속에서 왕적 메시아가 되는 것으로 기억되었는가? 나아가 우리는 검토해온 증거에서 예수가 스스로를 왕적 메시아로 간주했는지 추론할 수 있는가? 마가와 다른 공관복음서 저자들이 다시 제시한 전통의 단계에 좀더 초점을 맞추는 자들의 의심에도 불구하고, 앞의 질문에 대한 역사적으로 책임 있는 답변을 제공하는 것이 확실히 가능하다. 예수의 메시아직에 얽힌 쟁점이 그의 선교 후반 단계에 제기되었고 예수가 자기 자신을 위해 그 쟁점에 반응한 것으로 기억되었다는 결론을 비껴가기란 거의 불가능하다. 그래서 어떻게 예수가 반응했는가? 그는 오랫동안 희망의 대상이 되어온 다윗 왕실의 자손이라고 주장했는가? 위에서 우리가 발견한 결과에 비추어볼 때 그 대답은 조건부의 '아니요'가 되어야 한다.[173]

　그 대답은 '아니요'다. 왜냐하면 예수는 결코 한 번도 자신에 대해 '메시아'라는 직함을 사용하거나 다른 자들이 그에게 적용한 것을 솔직하게 환영한 것으로 회고되지 않기 때문이다(막 14.62은 유일한 예외이다).[174] 예수가 왕적 메시아를 헤롯 대왕같이 왕적이고 군사적인 권력으로 보는 당시의 지배적인 이해를 무시했거나 거절했거나 거부했다는 것은 또한 위에서 검토한 에피소드들 중 모두는 아니더라도 몇 개에서 충분히 확인된다. 이 답변은 또한 왕적 권력과 특권을 함께 누리려는 제자들의 야망에 대한 그의 기억된 반응과 일치한다. 그것은 제자직을 위한 모델이 되어서는 안 된다(막 10.35-45 평행구).[175]

---

173) 보른캄의 다음 결론 참조: '우리는 예수의 죽음에 앞서 그의 비메시아적 역사에 대해 말해서는 안 된다. 오히려 흩어져버린 메시아적 희망들에 속한 운동을 말해야 한다…'(*Jesus* 172).
174) '그리스도'라는 용어는 Q 자료에 나타나지도 않는다.
175) 다음의 진술들을 참조하라: '나는 비판적으로 평가된 복음서 자료에서 예수가 "나는 메시아다"라는 주장을 공개적으로 했다거나 또는 심지어 그가 사사로이 이러한 견지에서 생각했다는 결론을

하지만 그 자격 요건은 필요하다. 그때 당시 왕적 메시아의 역할이 이스라엘의 예언 텍스트에서 가능한 유일한 것이었는지에 대한 정당한 의문이 들기 때문이다. 첫 그리스도인들이 '메시아'라는 직함을 그렇게 신속하고도 완벽하게 인수받았다는 사실(§15.2)은 '메시아적 잠재력'이라 부를 만한 것을 지닌 다양한 계통의 기대가 이스라엘에 있었음을 암시한다.[176] 왕적 권력의 한몫을 얻고자 한 첫 제자들의 희망 중 어떤 부분도 예수가 실현하지 못했는데도 그에 비해 그들이 그 직함을 포기하지 못한 것은 분명히 놀랍다. 아울러 제자들이 그들의 부활절 경험에 앞서 예수의 메시아직에 대한 생각을 결코 의심하지 않았다는 대안적 제안을 우리는 초기 단계에서 배제하였다. 유일하게 남은 가능한 선택은 예수의 선교 기간 내에 예수가 다윗의 아들 메시아였다는 것을 그들이 사실상 확신했으며, 그의 메시아직에 대한 그들의 생각이 수난 사건으로 과격하게 변형되었다는 것이다. 이 점에 비추어 그들은 실제로 그 직함에서 전통적인 내용을 비워버리고 그것을 율법과 예언서와 시편이 제공하는 새로운 내용으로 채웠다. 누가복음 24.25-27, 44-46은 그 과정의 한 버전으로 그 변형이 발생한 돌연함을 강하게 암시한다. 그렇게 함에 있어 그들은 예수가 종말론적 역전과 고난에 대한 자신의 이야기 가운데 제공한 지침들을 취하고 있었다고 할 수 있다(§12.4c-d). 그러나 이는 예수가 자신이 고난받는 왕적 메시아의 역할을 수행하리라고 믿고 가르쳤다는 추론을 아주 정당한 것으로 확인해주지 않는다.

그러므로 예수의 왕적 메시아직에 대한 토론이 매력적일지라도 왕적 메시아라는 그 용어 자체는 너무 의문시되어 만족스런 결론을 용인하지 않는다. 예수가 그것을 거부한 듯 보이는 경우에서는 그것에 대한 언급이

어떻게 이끌어낼 수 있는지 알지 못한다'(Barrett, *Jesus* 23); '예수는 메시아적 의식을 가지고 있었지만 메시아라는 칭호를 사용하지는 않았다'; 그는 메시아적 기대를 '집단 메시아주의' 속에서 다시 조형했다—마 19.28/눅 22.28-30을 언급하면서(Theissen and Merz, *Historical Jesus* 538-40).

176) 이는 'Messianic Ideas'(특히 366, 369-70)에서 내 주요 논점들 가운데 하나였다. 예수 전통을 그의 지배적인 이야기의 공명실 속에서 읽으면서 라이트(Wright)는 예수가 스스로 '이스라엘의 실제 모습, 이스라엘의 대표…메시아'라고 생각했다고 자신 있게 결론짓는다(*Jesus* 538).

너무 명확했다. 또 다른 선택은 그것에 대한 언급이 불명확한 경우인데 여기서 예수가 그것을 주장했는지에 대한 논쟁은 그 토론을 멀리 진척시키지 못한다. 설사 첫 그리스도인들이 그것을 분명히 사용했다고 할지라도 그들은 오로지 예수의 가르침과 죽음에 비추어서 그것에 대한 언급을 변형시킴으로써 그렇게 했다. 그러나 예수의 전통이 증언한 대로 그의 영향과 관련된 가장 적절한 설명으로서 그 문제에 대한 예의 생각을 아는 것이 우리의 관심사라면, 그것은 다른 곳에서도 마찬가지로 우리의 주의를 집중시킨다.

15.5 제사장적 메시아

완벽을 기하기 위해 예수 당시 유대인이 기대한 이 추가적 계통을 최소한 언급이라도 할 필요가 있다. 다양한 자료로 미루어 예수의 일부 동시대 사람들은 고대 이스라엘의 삶 가운데 기름 부음 받은 최고의 주목할 만한 다른 인물, 곧 기름 부음 받은 제사장에 상당한 희망을 부여했기 때문이다. 그 발전은 스가랴 4장으로 소급되는데, 거기에는 기름 부음 받은 두 사람으로 왕족의 인물 스룹바벨뿐 아니라 대제사장 여호수아도 그려진다.[177] 스가랴 비전의 영향력은 이미 집회서 45-50장에서 뚜렷하게 나타나지만,[178] 레위(제사장)가 유다(왕)보다 우월하게 나오는 12족장 유언서[179]와 제사장 메시아(아론의 메시아)가 이스라엘의 메시아보다 우선시되는 쿰란 두루마리에서 온전히 개화하기에 이른다.[180]

---

177) Hesse, *TDNT* 9.500-501, 507-508.
178) 49.11-12; 아론(45.6-22)이 다윗(47.2-11)보다 더 많은 분량으로 칭송받는다.
179) 가장 명확한 곳은 유다 유언서 21.2-4: 주께서 '그의 왕위를 제사장직 아래 두었으니…하늘이 땅보다 높음같이 하나님의 제사장직이 이 땅의 왕위보다 더 높도다'; 충분한 세부 내용은 Hollander and de Jonge, *Testaments* 56-61, 222. 레위 유언서의 작은 단편 조각은 '제사장직의 왕국이 그 왕국보다 더 크도다…'라고 씌어져 있다(1Q21 [1QTLevi ar] Fragment 1).
180) '아론의 메시아'; 1QS 9.11. In 1QSa (1Q28a) 2.17-21에서 아론의 메시아는 이스라엘의 메시아 앞에 놓은 빵에 자신의 손을 뻗는다; 1QSb (1Q28b)에서 대제사장의 축복은 회중의 왕이 하는 축복보다 앞선다(추가로 Collins, *Scepter and Star* 74-77, 83-95을 보라).

현재 연구의 관점에서 이 메시아적 기대의 가장 두드러진 특징은 그것이 외견상 예수에 해당되는 선택 사항으로 결코 보이지 않았다는 것이다. 아마도 이는 예수가 그 적절한 지파에 속하지 않았다는 점이 충분히 잘 알려져 있었기 때문이었을 것이다. 예수는 레위 가문 출신이 아니었다. 마찬가지로 주목할 만한 것은 예수를 (대)제사장으로 제시하는 가능성이 추가될 적에, 히브리서 저자는 독특한 주장을 전개해야 했다는 점이다. 예수가 아론의 제사장 반열에 속하지 않고 신비스러운 멜기세덱의 반열에 속한다는 것이다(히 4.14-5.10; 7장). 다음의 두 가지 이유에서라면 이와 같은 자세한 내용들은 주목할 만한 가치가 있다. (1) 예수의 출신과 관련하여 관심을 지닌 모든 자들에게는 그가 제사장 혈통을 가지지 않았다는 분명히 충분한 지식이 있었다. (2) 예수를 평가한 자들은 제자들이든 다른 사람들이든, 그의 혈통과 관련한 사실을 마음대로 만들어내도 좋다고 보거나 어떤 기대된 역할에 그를 더 근사하게 끼워 맞추지 않았다. 이는 나아가 예수가 다른 역할에 어울린다고 생각할 만한 그 적합성에 관한 지식이 또한 제대로 근거 있는 것임을 대조적인 방식으로 암시한다.

15.6 예언자

훨씬 더 흥미로운 가능성은 예수가 예언자로 생각되었을지 모른다는 것이다. 종말론적 기대의 견지에서 예언자의 역할은 거의 왕적 메시아의 그것만큼 현저하였고 기름 부음 받은 제사장의 희망보다 더 넓게 확산되어 있었기 때문이다.

a. 유대인의 기대

유대인의 종말론적 기대에 세 명의 예언자적 인물이 부각된다.

(1) 말라기 4.5-6은 엘리야의 귀환과 관련하여 상당한 추측을 불러일으킨다. '보라 내가 너에게 크고 놀라운 주의 날이 이르기 전에 선지자 엘리야를 보내리니 그는 내가 가서 그 땅을 저주로 진멸하지 않도록 아비의 마음을 그 자녀들에게 돌이키고 자녀들의 마음을 그 아비들에게로 돌이키리라.' 이 기대는 집회서 48.9-10에 공명된다. '기록된 바 지정된 때에 하나님의 진노가 맹렬하게 발하기 전 진정시키고[181] 아버지의 마음을 아들에게 돌리며 야곱의 지파들을 회복시킬 준비가 된 너희.' 그 기대는 위경 문헌에 많은 흔적을 남긴 것 같지 않지만,[182] 사해 두루마리에서는 암시되어 있다.[183] 그러나 그 기대는 예수가 누구였는지에 관하여 마가복음 6.15 평행구와 8.28 평행구 등에서 목소리를 낸 의견으로[184] 복음서의 다양한 공식문구들 이면에 분명히 자리하고 있다.[185] 유대인의 기대에서 가장 재미있는 특징 중 하나는 엘리야와 에녹의 연계인데,[186] 둘 다 죽음을 보지 않고 하늘로 승천했기 때문이다.[187]

(2) 신명기 18.15, 18은 모세와 같은 예언자에 관련된 추론을 위한 분명한 토대였다. 모세는 약속한다, '주 너희 하나님은 너희 가운데 나와 같은 선지자를 일으키리라….' 또 그에 대하여 주가 약속한다, '나는 내 말을 그의 입에 두고 그는 내가 그에게 명령하는 모든 것을 그들에게 말하리라.' 하지만 놀랍게도 예수 당시까지 유대인의 기대에서 이 예언은 거의 중시되지 않은 것 같다.[188] 물론 그것은 쿰란의 증언 수집물 중 하나에서 크게 다

---

181) 시리아어 버전은 '주의 날 이전에'인데, 히브리어 버전은 빠져 있다.
182) 그러나 *Sib. Or.* 2.187-90을 보라.
183) 4Q521 단편 2 3.2: '그 아비들은 아들들에게 돌아오리라'(말 4.5; 집회서 48.10에 공명하면서); 4Q558: '너희들에게 내가…에 앞서 엘리야를 보내리니….'
184) 더 자세한 내용은 J. Jeremias, 'El(e)ias', *TDNT* 2.931-34. 또한 Justin, *Dial.* 8.4; 49.1.
185) 눅 1.17: 세례자 요한이 '아비들의 마음을 자녀들에게 돌이키기 위해 엘리야의 영과 권능으로 그에 앞서 오리라…'; 막 9.11-12/마 17.10-11; '엘리야가 (먼저) 와서 모든 것들을 회복시키리라'; 마 11.14: '오리라 한 엘리야'; 요 1.21: '당신이 엘리야인가?'
186) 에녹1서 90.31(89.52 참조); 엘리야묵시록 5.32; 이러한 기대는 계 11.3의 두 증인 환상 뒤에 깔려 있는 듯하다.
187) 창 5.24; 왕하 2.11-12; 집회서 48.9.
188) 사마리아인들과 후대의 랍비들은 어느 정도 그 희망을 붙들었다; 가령 내 책 *Christology* 277 각주 63과 304를 보라. 라이베스타드(Leivestad)는 신 18장이 유대교 텍스트에서 더 많이 활용되지 않았던 이유가 사마리아적인 모든 것에 대한 적대감 때문이었다고 암시한다(*Jesus* 64).

루어지고[189] 초기 그리스도교에서 예수와 관련하여 채택되어 언급되었다(행 3.22-23; 7.37). 우리는 아래의 변화산 이야기에서 있음직한 반향의 깊은 의미를 추적할 것이다(막 9.3-5 평행구).

(3) 또한 무명의 예언자나 종말론적 예언자라고 언급할 수 있는 사람에 관하여 정의를 내리기 수월치 않은, 아마도 중첩된 기대가 있었던 것 같다. 이는 대개 이사야 61.1-3에 초점을 맞춘다. '주의 영이 내게 임하였으니 주께서 내게 기름을 부으사 곤궁에 처한 자에게 복음을 전하게 하시었도다….' 쿰란 두루마리 중에서 가장 흥미로운 두 지문인 이 구절과 이사야 52.7에 대한 암시적 언급은 예언서들 가운데 종말론적 실마리를 찾는 자들에게 '복된 소식을 전파하는' 자에 대한 이야기가 발휘한 매력을 보여준다.[190] 또한 잘 알려진 것은 1QS 9.11이 아론과 이스라엘의 메시아뿐 아니라 '그 예언자'의 도래를 기다린다는 다소 놀라운 사실이다. 특별히 우리에게 흥미로운 것은 마가복음 6.15 평행구와 8.28 평행구에 제출된 선택의 범위이다. 세례자 요한이나 엘리야만이 아니라 '그 예언자들 중의 한 사람 같은 예언자'(막 6.15; 8.28), '옛 예언자들 중 한 사람이 나타났다'(눅 9.8, 19), 그리고 '예레미야'(마 16.14). 한편 요한복음은 '그 예언자'에 관한 추론적 생각을 언급한다.[191]

물론 앞의 계열들을 분리하는 것은 단순히 분석적 목적을 위함이다. 이러한 다양한 예언자적 희망이 예수 당시의 기대와 생각들 속에서 구분되었다는 암시는 없다. 반대로 상이한 계열들의 기대는 다양한 예언들이 참신한 통찰이나 확신을 제공함에 따라 종종 결합되었다는 암시들이 있다.[192] 동시에 그 자료의 범위는 기름 부음 받은 자(들)에 대한 종말론적 희

---

189) 4Q175 (4QTest) 참조. 이는 신 5.28-29; 18.18-19; 민 24.15-17; 그리고 신 33.8-11을 차례로 인용한다.

190) 4Q521 (이미 위의 §12.5c에서 인용); 11QMelch 2.15-16: '이 날은[…]선지자 이사야를 통해…[그가 말한 평화]의 날이로다. 그는 말하기를 "평화를 전하[는 사]자[의] 발이 산 쉬에 [얼마나] 아름다운가. 너의 하나님이 [다스리신다]라고 시온에 [말]하면서 구[원을 전하는 선한 사]자로다"(사 52.7)라고 하였다; '그 사자'는 '성령의 기름 부음을 받은 자(*mašiah haruaḥ*)'로 해석되며 단 9.25에 나오는 '기름 부음 받은 자, *nagid*'와 상관된다(*nagid*에 대한 참고 문헌은 위의 각주 18을 보라).

191) 요 6.14; 7.40, 52; 7.52에서 '그 예언자'는 𝔓66과 𝔓75의 이문으로 나온다.

192) 그 이전의 논평에 대해서는 Cullmann, *Christology* 14-23을 보라; 보다 최근에는 Collins, *Scepter and Star* 74-75, 112-22.

망이 실제로는 얼마나 무정형의 상태였는지 상기시켜주는 유용한 기준이
된다.

b. 예수와 관련하여 제출된 선택

예수가 선교 기간 내에 예언자의 역할을 하는 것으로 주목되었다는 것
은 거의 의심을 품을 필요가 없다. 예수 전통의 해당 증언은 매우 폭넓고
그 범위를 통틀어 일관되게 나타난다.

(1) 우리는 예수가 세례자 요한, 엘리야, 또는 한 예언자라는 소문/추
측을 보도하는 마가복음 6.15 평행구와 8.28 평행구를 이미 주목한 바 있
다. 그러한 보고들은 분명히 이러한 이야기들이 담겨 발전된 형태의 일부
이다. 한 경우에서 그것들은 헤롯 안티파스가 그 출처로 여겨진다. 다른 경
우에서는 그러한 부적절한 소문들이 예수를 '메시아'로 본 베드로의 고백
(8.29)의 장식적 틀로 작용한다. 그러나 앞서 주목한 변용 사항들(예언자, 옛
예언자들 중 한 사람, 예레미야)은 그 목적이 우리에게 지금 상실된 어떤 미묘한
그리스도론적 활용이라기보다는 당시 예수에 관하여 팔레스타인 내에 퍼
진(그리고 계속 퍼지고 있던) 소문들의 범위를 입증해주는 것 같다.[193]

(2) 예수가 한 예언자 또는 바로 그 예언자였는지에 대한 질문이 제기
되었다는 것은 보다 넓게 입증된다.[194] 요한복음 내의 언급들은 비록 요한
의 극적인 표현들 속에 충분히 흡수되었지만 예언자로서의 예수는 그의
선교에 대한 보고로 곤혹스러워진 자들 가운데 토론되었을 가능성이 있었
다(위의 각주 191을 보라). 예수에 관련하여 보고된 다양한 기적들이 옛 엘리야
와 엘리사의 경우와 유사해 보였다는 점은[195] 외면되기 어려웠을 것이다.
거짓 예언자로 조롱당하는 예수의 이야기(막 14.65 평행구) 또한 다소 비중 있

---

193)   또한 Cullmann, *Christology* 31-35을 보라.
194)   마 21.11: '이 사람이 누구인가?' 군중들이 말했다, '이는 갈릴리 나사렛 출신 예수로 예언자로다';
       21.46; 눅 7.16, 39; 24.19.
195)   아래의 각주 244, 288, 그리고 315를 보라.

게 다루어져야 한다.[196]

(3) 여기서 무관하지 않은 점은 세례자가 또한 예언자로 보였다는 사실이다. 요한복음 1.21에 의하면 세례자는 자신이 '예언자'였는지 질문을 받았다. 엘리야 유형의 인물로서 요한에 대한 함의들은 그리스도교 변증이상으로 보다 깊은 뿌리를 가진 것이었을 가능성이 크다(§11.2c). Q(마 11.7-9/눅 7.24-26)에 나오는 요한의 대중적 인기에 대한 보고와[197] 예수의 권위에 대한 주장(막 11.27-33 평행구)은[198] 둘 다 요한이 예언자로 널리 알려졌음을 상정한다.[199] 만일 요한이 예언자로 생각되었다면 예수와 관련해서도 같은 추론이 목소리를 내며 제기되었으리라는 것도 자연스러울 터였다.

(4) 또한 무관하지 않은 것은 요세푸스가 유대인 반란과 예루살렘 멸망에 이르는 수십 년 동안 활동한 예언자들을 언급한다는 사실이다. 그가 '예언자'라는 용어를 사용하는 두 사람은 모두 약속의 땅에 들어가는 기적을 재현하고자 하였다. 드다는 요단 강을 갈라서 그의 추종자들이[200] 쉽게 지날 수 있는(아마도 그 땅으로 다시 들어가는) 길을 제공한다(*Ant.* 20.97); '스스로 예언자의 명성을 얻은' '그 이집트인'(*War* 2.261)은 자기 명령으로 예루살렘 성벽이 무너져 그의 추종자들에게[201] 그 도시로 들어갈 수 있게 하리라고 예언했다(*Ant.* 20.169-70). 요세푸스는 또한 '구원의 표적들'을 약속한 다른 자들을 언급한다.[202] 비록 그가 그들 모두를 '표적 예언자'라고 기술하지 않지만, 최근에 그들 모두를 '표적 예언자'로 분류하는 관행이 상당히 정당화되는 추세다.[203] 세례자와의 연관성과 함께 이는 '예언자'의 개념 범주가 예수

---

196)　상세한 논의는 Brown, *Death of the Messiah* 568-86; 또한 위의 각주 95를 보라.
197)　마 14.5을 포함하여 위의 §11.2a를 보라.
198)　그러나 이 구절에 대한 역사적 가치는 의견이 갈린다; 가령, Bultmann, *History* 189; Perrin, *Rediscovering* 75; Fitzmyer, *Luke* 2.1272-73; Funk, *Five Gospels* 100; Davies and Allison, *Matthew* 3.157-58; Lüdemann, *Jesus* 80을 보라.
199)　요세푸스는 세례자 요한을 '예언자'라고 부르지 않는데, 이는 아마 그가 그 개념 범주를 의심스러운 것('표적 예언자들')으로 간주한 반면 요한은 존경했기 때문일 것이다(§11.2a).
200)　요세푸스는 '아주 거대한 군중' 또는 '군중 가운데 가장 큰 무리'를 언급한다(마 21.8의 경우처럼; 막 4.1 참조); 그러나 행 5.36은 드다의 추종자를 불과 400명가량으로 추산한다.
201)　*War* 2.261은 그 숫자를 3만 명으로 기록한다; 행 21.38은 4,000명.
202)　*War* 2.258-60=*Ant.* 20.168; *Ant.* 20.188; *War* 6.285-87 ('많은 예언자들'); 7.437-41.
203)　특히 P. W. Barnett, 'The Jewish Sign Prophets—AD 40-70—Their Intentions and Origins', *NTS* 27 (1981) 679-97; Gray, *Prophetic Figures* 112-44.

당시에도 여전히 발전할 수 있는 것이었다는 충분한 증거를 제공한다.[204] 예수를 그 범주에 '끼워 넣으려는' 아무런 시도도 없었다면 그것이 차라리 놀라운 일이었을 터이다.

(5) 혼란스럽긴 해도 예수에게 '표적'을 구했다는 견고한 전통이 있다.

마 12.38-42	마 16.1-2, 4	막 8.11-12	눅 11.16, 29-32
38 그 때에 서기관과 바리새인 중 몇 사람이 말하되 선생님이여 우리에게 표적 보여주시기를 원하나이다. 39 예수께서 대답하여 이르시되 악하고 음란한 세대가 표적을 구하나 선지자 요나의 표적밖에는 보일 표적이 없느니라. 40 요나가 밤낮 사흘 동안 큰 물고기 뱃속에 있었던 것 같이 인자도 밤낮 사흘 동안 땅 속에 있으리라.	1 바리새인과 사두개인들이 와서 예수를 시험하여 하늘로부터 오는 표적 보이기를 청하니 2 예수께서 대답하여 이르시되 … 4 악하고 음란한 세대가 표적을 구하나 요나의 표적밖에는 보여 줄 표적이 없느니라 하시고 그들을 떠나 가시니라.	11 바리새인들이 나와서 예수를 힐난하며 그를 시험하여 하늘로부터 오는 표적을 구하거늘 12 예수께서 마음 속으로 깊이 탄식하시며 이르시되 어찌하여 이 세대가 표적을 구하느냐? 내가 진실로 너희에게 이르노니 이 세대에 표적을 주지 아니하리라 하시고	16 또 더러는 예수를 시험하여 하늘로부터 오는 표적을 구하니 ………… 29 무리가 모였을 때에 예수께서 말씀하시되 이 세대는 악한 세대라 표적을 구하되 요나의 표적밖에는 보일 표적이 없나니 30 요나가 니느웨 사람들에게 표적이 됨과 같이 인자도 이 세대에 그러하리라. ………….

예수는 이 점에서 그의 선교 기간 내에 한 차례 이상 도전을 받았던 것 같다. 요한복음 6.30은 동일한 또는 유사한 회고를 되풀이한다. 그 도전은 위의 '표적 예언자들'에 대한 요세푸스의 보도 내용과 일치한다. 그들의 표적

---

204) 예언자의 영이 중단되었다는 발상(시 74.9; 슥 13.2-3; 마카베오상 4.45-46; 9.27; 바룩2서 85.1-13 등의 매우 다채로운 증거와 관련하여)이 많이 과장되었다는 사실은 이제 일반적으로 인정받고 있는 추세이다; 특히 J. Levison, 'Did the Spirit Withdraw from Israel? An Evaluation of the Earliest Jewish Data', *NTS* 43 (1997) 35-57을 보라.

은 그들의 권리 주장을 정당하게 추인해주는 기제였을 것이다.[205] 따라서 그러한 어떤 요청도 예수가 그의 설교 가운데 주장한 내용들을 증명해 보이라는 권유였으리라고 우리는 그 증거를 곡해함 없이 추론할 수 있다(유사하게 막 11.27-33 평행구). 그 전통의 전승 가운데 그 경향은 그 요청을 유혹(*peirazein*)으로 분류하되 다른 곳에서 예수의 주요 탐문자들로 기억된 자들(바리새인들과 누구?)이 던진 것으로 회고하려는 목적이었다. 다양한 형태로 제시된 그 전통의 핵심은 '표적을 구하는' 그 '세대'에 대한 예수의 고발과 '아무런 표적도 주어지지 않으리라'는[206] 강한 단언이다.[207]

이러한 점에서 보면 상황은 훨씬 덜 명확해진다. 마가는 그 갑작스런 거절만을 떠올린다. 그 요청 자체는 이미 실행된 기적들의 중대한 의미를 노골적으로 부인하는 격이었다(막 6.30-44; 8.1-10). 이로부터 가이사랴 빌립보에서 한 베드로의 고백(8.22-33)으로 연계되는 8.14-21의 확장이 발생한다. 그러나 예수는 그 요청이 제기되었을 때 그 경우에 맞는 표적으로 요나를 제안했는가? 이는 매우 가능한 발상이다.[208] Q가 니느웨 사람들을 회개시킨 요나의 성공에 대한 예수의 언급으로 그 이야기의 흐름을 계속 진행시켜나가기 때문이다(마 12.4/눅 11.32).[209] 비록 마태의 한 버전이 사흘간 인자의 묻힘이란 견지에서 요나의 표적을 확장시키지만(마 12.40), 그것은 확실히 뒤늦은 각성의 결과 확장된 것으로 간주되어야 한다.[210] 요나의 성공

---

205) 추가로 D. Flusser, 'Jesus and the Sign of the Son of Man', *Judaism* 526-34을 보라.

206) 표적의 거부는 일반적으로 막 8.12의 형태에서든(가령, R. A. Edwards, *The Sign of Jonah* [London: SCM, 1971] 75-77; Pesch, *Markusevangelium* 1.409; Lüdemann, *Jesus* 54), Q의 형태에서든(아래의 각주 208), 본래 내용의 일부라고 간주된다. 예수세미나 팀의 부정적 판단에서 결정적인 고려 사항은 '이 세대' 문구는 후대의 관점을 드러내는 표시라는 현재의 공통된 견해이다(*Five Gospels* 73); 그러나 위의 §§7.4c와 12.4e를 보라.

207) 막 8.12c에서 *ei* (히브리어 *'im*)는 강력한 히브리적 저주의 압축 버전을 시사한다: '만일…라면 (내가 저주를 받을지어다)'(예컨대, 왕하 6.31; 시 7.3-5).

208) 마가가 요나에 대한 언급을 생략했을 가능성은 꾸준히 제기된다(가령, Bultmann, *History* 117-18; Perrin, *Rediscovering* 192-93; Davies and Allison, *Matthew* 2.352; Hooker, *Signs* 18-23; J. L. Reed, 'The Sign of Jonah: Q 11:29-32 in Its Galilean Setting', *Archaeology* 197-211 [여기서는 203, 각주 21의 추가 참고 문헌과 함께]).

209) 위의 §12.5b에서 인용. 또한 Q 11.30에 나타난 '종말론적 또는 예언자적 상관성'을 주목하라('…이 듯이…도 역시'). 이는 아마도 히브리어적 구문인 듯하다(D. Schmidt, 'The LXX Gattung "Prophetic Correlative"', *JBL* 96 [1977] 517-22); 클로펜보그는 또한 1Q27 1.6과 4Q246 2.1-2을 언급한다(*Formation* 130 각주 127). 그러나 11.30은 일반적으로 이전의 두 전통 11.29과 11.31-32을 잇는 '편집적 연결 고리'로 간주된다(Reed, 'Sign of Jonah' 202, 각주 17의 참고 문헌).

210) 이 점에 대해서는 논평자들 사이에 이견이 거의 없다(또한 아래의 제16장 각주 163과 제17장 각주

적인 설교의 관점에서 확장된 대로, 그 '표적'은 아마 다른 사람들에게 단순히 심판의 설교에 반응하는 회개를 하나님이 존중하리라는 점을 암시했을 것이다. 니느웨 사람들을 향해 요나가 한 설교의 경우에서 그랬듯이, 또한 (세례자와) 예수의 설교에서도 그랬을 것이다.[211]

이 혼란스런 전통에서 우리는 무엇을 배우는가? 첫째, 우리는 전통이 사용되고 또다시 사용된 방식과 그 핵심 요소의 안정성에 대한 추가적 사례를 확보하게 된다. 비록 모든 복음서 저자들의 편에서 확장과 편집적 구조화의 분명한 암시들이 있지만, 그 버전들의 어떤 부분이 더 '본래적'이었는지 묻는 것은 구어 전통화 과정의 오해를 드러낼 뿐이다. 분명히 처음부터 변이적인 버전들이 있었던 것 같다. 둘째, 예수에게 표적을 구한 분명한 기억은 보존되었다. 예수의 선교는 분명히 회의적인 사람이 그러한 요청을 하도록 끌어들이는 그러한 성격을 가지고 있었다. 예수는 '표적 예언자'의 역할에 어울리는 그럴듯한 후보자였다. 셋째, 그의 반응에 대해서도 비록 덜 명확하거나 확장된 기억이지만 그 또한 보존되었다. 예수는 자신이 어떤 종류의 예언자가 아닌지와, 요나라는 인물과 (아마도) 사악하다고 널리 소문난 니느웨라는 도시를 향한 설교에서 요나가 거둔 성공을 수수께끼같이 언급했을 것이다.

c. 예수 자신은 어떻게 보았는가?

예수가 '예언자'라는 범주에 적합하게 보였다면, 그 자신은 그 문제를 어떻게 보았는가? 그는 예언자, 또는 바로 그 예언자와 관련된 기대의 성

185를 보라).

211) 유사하게 Manson, *Sayings* 89 ('요나의 설교는 표적이다'); Edwards, *Sign of Jonah* 95; Fitzmyer, *Luke* 2.933-34; Reed, 'Sign of Jonah' 208-11 ('예루살렘을 겨냥한 가시 돋친 말'과 함께). 후커는 세례자의 심판 설교를 여기서 염두에 두고 있다고 제안한다(Hooker, *Signs* 24-31, 추가 참고 문헌과 함께). 그러나 그 어록의 최초 형태가 '인자'에 대한 언급을 포함하고 있었다면, 그 개연성은 떨어진다. 다른 학자들은 그 표적이 그 사자의 신적인 신원을 언급한 것이라고 주장했다. 요한은 기적적으로 죽음에서 구조되었다(Beasley-Murray, *Jesus and the Kingdom* 254-57; Bayer, Jesus' Predictions 141-42과 그가 각주 210에 인용한 자료들).

취를 주장한 것으로 기억되었는가? 아니면 예언자처럼 행동한 것으로 기억되었는가? 여기 남은 증거는 자투리를 모은 것에 불과하지만 왕적 메시아의 경우보다는 좀더 긍정적인 답변에 기여한다.[212]

당장에 주목할 만한 것은 나사렛에서 받은 부정적인 반발에 대한 예수의 반응으로 회고된 잠언이다. '선지자가 자기 고향 외에서는 존경을 받지 못함이 없다'(막 6.4/마 13.57). '어떤 선지자도 그의 고향에서 환영받을 수 없다'(눅 4.24/도마 31). '예언자는 그의 고향에서 존경받지 못한다'(요 4.44). '예언자는 그의 고향에서 환영받을 수 없다'(P.Oxy. 1, 30-35행). 분명히 이러한 방향으로 무엇인가를 말하는 예수의 기억이 그리스도교 전통 가운데 제대로 뿌리내렸다.[213] 공관복음 이외의 버전들이 시사하듯, 그 어록의 잠언적 성격은 공관복음서의 나사렛 관련 맥락과 별도로 다시 이야기될 수 있음을 의미했다. 그 증거는 확실히 예수가 자신을 향한 부정적인 반응을 거부된 예언자들의 전통과 한가지로 보았음을 강하게 암시한다.[214] 동시에 그 이야기는 '예언자'에 대한 것이다. 예수가 자신을 '예언자'로 보았다는 암시는 없다. 부활절 이후의 신자들이 확실히 예수를 예언자 이상으로 간주했기 때문에 그들이 전통 가운데 이 좀더 낮은 자기 평가를 간직했다는 점은 의의가 없지 않다.

동일한 고려들이 누가복음 13.31-33에 있는 유일한 증언에 호의적으로 무게를 싣는다.

[31] 곧 그 때에 어떤 바리새인들이 나아와서 이르되 나가서 여기를 떠나소서. 헤롯이 당신을 죽이고자 하나이다. [32] 이르시되 너희는 가서 저 여우

---

212) 이와 관련하여 아래에서 나는 다시 내 책 *Jesus and the Spirit* 82-84의 보다 충분한 논의를 다시 끌어들여 수정해두었다.

213) 거기에는 일반적으로 예수의 한 어록을 인정하려는 자발적 의지가 있다(가령, Funk, *Five Gospels* 63; J. R. Michaels, 'The Itinerant Jesus and His Home Town', in Chilton and Evans, *Authenticating the Activities of Jesus* 177-93). 다른 곳과 마찬가지로 여기서도 잠언식 어록이 나온다고 해서 그것이 반드시 유대교 지혜에서 나온 것임을 암시할 필요는 없다; 예수처럼 영감이 풍성한 선생은 유사한 어록들의 자기 버전뿐 아니라 자신의 경구들을 만들어냈을 것이다(Bultmann, *History* 31 각주 2는 아랍의 잠언을 하나 인용한다: '피리 부는 자는 자기 동네에 친구가 없다').

214) 위의 제12장 각주 184를 보라.

에게 이르되 오늘과 내일은 내가 귀신을 쫓아내며 병을 고치다가 제삼일
에는 완전하여지리라 하라. [33] 그러나 오늘과 내일과 모레는 내가 갈 길을
가야 하리니(*dei me*) 선지자가 예루살렘 밖에서는 죽는 법이 없느니라.

그 어록이 확실히 누가의 그리스도론에 기여할지라도,[215] 그 도입부는 약
간의 독특한 특색을 담고 있다. 우호적인 바리새인들로부터의 경고, 헤롯
이 예수의 스승 요한에게 했던 대로 예수에게도 적대적으로 행하기로 작
정했다는 소식, 그리고 헤롯에 대한 몹시 정치적인 경멸('그 여우').[216] 자신이
그것을 전통 가운데 물려받은 게 아니라면, 누가는 왜 그렇게 정치적으로
민감한 어록을 예수의 것으로 간주했을까?(어떤 목격자로부터?―눅 1.2) 예수
의 임박한 죽음에 대한 언급은 자연스레 그 어록이 뒤늦은 각성과 함께 형
성되었으리라는 의혹을 제기한다('셋째 날', 예루살렘에서 죽는다).[217] 그러나 여
기서도 그것은 매우 독특하다. 그 언급은 예수의 특징적인 치유 사역에 대
한 것이지,[218] 복음서 내에서 예수에게 돌려진 가장 두드러진 기적들에 대
한 것이 아니다. 나아가 거기 사용된 언어가 누가적이지만,[219] 교의적인 어
조(*dei*)가 예수의 진로를 결정하는 신적인 필연에 대한 예수 나름의 의식
을 반영한다는 슈바이처의 옛 주장을 무시하는 것은 현명하지 못할 터이
다.[220] 어쨌든, 여기서 다시 그 생각은 거부된 예언자들의 계열에서 예수를
'예언자'로(만) 보는 것에 해당된다.[221]

하지만 더욱 두드러진 점은 예수가 자신의 선교를 제시하기 위해 이사
야 61.1-3의 기회적 예언에 의존한 것을 드러내는 부분들이다. 우리는 이미
몇몇 암시들의 세부 내용을 이미 제공하였으니 여기서는 그것들을 떠올

---

215) 가령, Fitzmyer, *Luke* 1.213-15을 보라.
216) '여우'(*alōpēx*)라는 용어는 아마도 교활함을 뜻하는 은유일 것이다(BDAG, *alōpēx*; Fitzmyer, *Luke* 2.1031).
217) 추가로 아래 §17.4c(2)를 보라.
218) 아래 §15.7b-e를 보라.
219) 다시 Fitzmyer, *Luke* 1.168-69, 179-80을 보라.
220) 위의 §4.5b를 보라.
221) 마 23.29-36/눅 11.47-51에 대해서는 아래 §15.8 각주 427을 참조하고, 마 23.37-39/눅 13.34-35에 대해서는 아래 §17.3a를 보라.

리기만 하면 된다. 예수는 아마도 마태복음 11.5/누가복음 7.22에서 세례자의 제자들에게 이 구절과 관련된 언급을 하였을 것이며(§12.5c[1]), 이사야 61.1-3을 염두에 두고 두세 개의 축복 선언문을 고안해냈을 것이다(§13.4). 그러한 기억된 어록들로부터 예수가 그에 따라 제자들이 자신을 '(종말론적) 예언자'로 생각하기를 의도했다고 추론하는 게 정당한지 여부는 또 다른 질문일 것이다.[222] 그러나 쿰란의 경우처럼 예수가 이사야 예언을 자신의 선교를 위해 교훈적이고 영감적이라고 보았으리라는 것은 매우 개연성이 높다.[223]

여기서 더 넘어가면 증거는 덜 명시적이지만 그것이 그 상황을 제법 감지할 수 있을 만큼 그림을 채운다는 점에서 간략하게 개관할 만하다. 예컨대, 우리는 예수가 경우에 따라 '내가 왔노라', 또는 자신이 '(그러니까 하나님께로부터) 보냄을 받았다'(막 2.17 평행구)라고 말한 것으로 상기된다는 이유로 예수의 입장에서 예언자적 위임 의식을 언급할 수 있을까? 전자의 가장 중요한 예들은 다음과 같다. '내가 죄인을 부르러 왔노라'(막 2.17 평행구). '내가…을 던지러 왔노라'(마 10.34/눅 12.49). '인자는 섬기러 왔노라'(막 10.45 평행구).[224] 후자의 경우 가장 중요한 것은 마가복음 9.37/누가복음 9.48이다(마 10.40). '나를 영접하는 자는 나를 보내신 이를 영접하는 것이요….' 누가복음 10.16: '나를 거부하는 자는 나 보내신 이를 거부하는 것이라.'[225] 그 생각

---

222) '암시적인 메시아 주장'; '그것을 메시아적으로 부르든 말든 모종의 초월적 주장'(Witherington, *Christology* 165-66); '예수는 스스로 메시아적 전도자와 "가난한 자"의 조력자(Nothelfer)로서 "오실 그 이"로 부름받았다고 보았다'(Stuhlmacher, *Biblische Theologie* 1.66).
223) 이전의 논의와 관련해서는 내 책 *Jesus and the Spirit* 53-62을 보라.
224) 또한 막 1.38/(눅 4.43: '내가 보냄을 받았다'); 마 11.18-19/눅 7.33-34; 마 5.17; 눅 19.10을 보라. '예수가 자기 자신과 자신의 옴에 대해 일인칭으로 말할 수 있었으리라는 발상을 반대할 그럴듯한 근거가 없다; 이는 그의 예언자적 자의식에 어울리는 것에 불과한 정도이다'(Bultman, *History* 153); O. Michel, '"Ich komme"(Jos. Bell.III. 400)', *TZ* 24 (1968) 123-24은 이미 Josephus, *War* 3.400의 평행구를 적시하였는데, 거기서 요세푸스는 베스파시아누스에게 말하기를 '나는 당신을 고대하는 위대함의 사자로 당신에게 왔습니다'라고 하였다; 타이센과 메르츠도 유사하게 '"내가 왔다"는 부활절 이후 관점의 그리스도론에서 나온 표현이 아니다'라고 지적하면서 '예수가 이런 식으로 자신에 대해 말했을 것'이라고 결론짓는다(*Historical Jesus* 525). 이에 대한 풍성한 논의는 E. Arens, *The ELTHON-Sayings in the Synoptic Tradition: A Historico-Critical Investigation* (OBO 10; Freiburg: Universitätsverlag, 1976)에 나오는데, 그는 마 10.34b이 예수의 육성(*ipsissima vox Iesu*)을 담고 있을 가능성이 있지만 눅 12.49만이 확실하게 예수에게로 소급될 수 있는 말씀(*ipsissima verba Iesu*)이며, 그 증거는 예수의 자의식(Selbstbewusstsein)보다 소명 의식(Sendungsbewusstsein)을 더 나타낸다고 결론짓는다.
225) 또한 Meier, *Marginal Jew* 3.157, 190 각주 105를 보라.

은 하나님을 대변하는 예언자, 곧 하나님의 *šaliaḥ*와 관련하여 친숙한 사항이다.[226] 마태가 수로보니게 여인의 딸 치유 이야기의 자기 버전에서 그 생각을 옹호했을까? '나는 이스라엘 집의 잃어버린 양에게로만 보내심을 받았노라'(마 15.24).[227] 보다 비중 있는 고려 대상은 요한복음 저자 또한 그 전통을 알았고(특히 요 13.20), 바로 이 점이 저자가 아들을 '아버지가 보낸' 자로 제시하는 기초를 제공했으리라는 것인데,[228] 그 자체가 바로 예언자적 위임이란 발상에서 전개된 것이다.[229] 어떻게 그 모티프가 처음으로 예수 전통으로 들어왔는가? 거의 확실히 그것은 예수의 말에 대한 기억으로 들어왔을 것이다. 그 기원을 초기 교회 집회 내의 예언자적 발언으로 전제하는 대안은 설득력이 훨씬 떨어진다. 전형적인 예언자적 '나'-어록은 (부활한) 예수의 현존과 행동(마 18.20처럼)에 대한 확신을 잘 표현했을 것이다. 그러나 신적인 위임과 관련한 다른 누군가(예수)의 자기주장을 표현하는('내가 왔노라/보냄을 받았노라') 예언자는 선례가 없을 것이다.

마지막으로 우리는, 특히 확립된 기성 체제의 우선권과 무관심에 아랑곳하지 않은 채 가난한 자와 죄인의 명분을 옹호함에 있어 예수가 자신의 선교를 고전적 예언자의 우선권에 따라 자의식적으로 구상했을 가능성을 주목해야 한다(§§13.4-5).[230] 몇몇 최근의 연구들은 예수의 것으로 간주된 다양한 '예언자적 행동들'을 참신하게 주목해왔다.[231] 특히 열두 제자들의 선

---

226) 렘 1.7; 7.25; 겔 2.3; 3.5-6 참조; 옵 1장; 학 1.12. 그 점은 Witherington, *Christology* 136, 142-43이 표나게 강조한다; 또한 위의 제14장 각주 71을 보라. 그러나 마이어는 *šaliaḥ* 제도가 예수의 시대 이전에는 기록되지 않았다고 지적함으로써 적절한 경고를 건넨다(*Marginal Jew* 3.166 각주 9와 189 각주 102).

227) 우리는 눅 4.43에서 같은 방식으로 확장된 사례를 발견한다; 하나님의 나라를 선포하는 것은 예수의 선교를 추동하는 신적인 필연이다(*dei*).

228) 요 3.17, 34; 5.36, 38; 6.29, 57; 7.29; 8.42; 11.42; 17.3, 8, 21, 23, 25; 20.21.

229) 특히 J. A. Bühner, *Der Gesandte und sein Weg im 4. Evangelium* (Tübingen: Mohr Siebeck, 1977).

230) 앨리슨(D. C. Allison)은 예수가 스스로 모세와 같은 예언자로 이해했을 가능성을 제시하면서 예수에게로 소급될 수 있는 전통들 가운데 몇 가지 대목에서 출애굽기와 모세에 대한 몇몇 암시들을 찾아낸다(가령, Q 11.3—만나; 11.20—'하나님의 손가락'—출 8.19 참조; 'Q's New Exodus and the Historical Jesus', in Linnemann, ed., *Saying Source Q* 395-428 [여기서는 423-28]). 라이트(*Jesus*, 여기저기)와 맥나이트(*New Vision* 229-32)는 예수가 포로기의 끝으로서 이스라엘의 회복에 대한 예언자적 희망을 지니고 있었다고 주장한다.

231) Trautmann, *Zeichenhafte Handlungen*; Sanders, *Historical Figure* 253-54; Schürmann, *Jesus* 136-56; Theissen and Merz, *Historical Jesus* 431-36; Hooker, *Signs* 38-54; S. McKnight, 'Jesus and Prophetic Actions', *BBR* 10 (2000) 197-232.

택, 세리와 죄인들과 함께 식사한 것, 치유와 축귀 활동, 예루살렘 입성, 성
전에서의 상징적 행동, 그리고 마지막 만찬 등등. 예수가 매번 요세푸스가
말하는 표적 예언자들과 다르게, 위대한 예언자들의 방식으로 자주 그렇게
행동했다는 것은[232] 매우 있음직한 사실로 판단해야 한다. 예수가 예언자적
통찰력(주목할 만하게 눅 7.39)[233]과 예언자적 선견지명을 발휘한 것으로[234] 기
억되었다는 점과 관련해서는 예수 전통 가운데 다양한 암시들이 있다. 이
모든 것의 상당 부분은 분명히 그러한 에피소드들의 많은 개작들 가운데
확장되었고, 기억된 많은 부분은 현장을 목격한 증인들의 눈에서 시작되었
다. 그러나 거기에 그러한 기억들이 있었다는 것은 여전히 개연적이며 그
자체로 의미심장하다.

d. 예언자 이상의 인물?

예수가 자신의 선교를 예언자 범주를 초월하는 견지에서 본 듯한 암시
가 몇 개 있다. 누가복음 24.19-27과 요한복음 6.30-33, 49-51이 가장 명확하
게 보여주듯, 복음서 저자들 스스로 예언자 범주를 예수에게 적합한 것으
로 확실히 간주하지 않았기 때문에 그 점을 확고하게 다루기 어렵다. 그러
나 그것들은 전통 자체 내의 암시적 흔적들 위에 세워지고 있었던 것 같다.

이것들 중에 가장 명백한 것은 다음과 같다. (1) 이사야 61.1-3을 사용
한 것은 그저 또 다른 예언자가 아니라 (종말론적) 예언자라는 주장을 암시
하는 듯하다.[235] (2) 포도원 소작인들의 비유(막 12.1-9 평행구)는 분명히 거부

---

232) 가령, 후커(Hooker)는 발가벗은 채 걷는 이사야(사 20장), 공개적으로 오지병을 박살내는 예레미
   야(렘 19장), 그리고 두루마리를 먹거나 여러 날 옆으로 누워 있는 에스겔(겔 2.9-3.3; 4.4-6)을 예로
   든다.
233) 또한 막 2.5 평행구; 2.8 평행구; 3.4 평행구; 3.16 평행구; 9.33-35; 10.21 평행구; 12.15 평행구;
   12.43-44 평행구; 14.18, 20 평행구; 마 12.15/눅 11.17; 눅 19.5; 요 1.47-48; 2.24-25; 4.17-19을 보라.
234) 막 10.39 평행구; 13.2 평행구; 14.8 평행구; 14.25 평행구; 14.30 평행구; 막 5.36, 39 평행구. '수난
   예고들'에 대해서는 아래 §17.4c를 보라.
235) M. Hengel, 'Jesus as Messianic Teacher of Wisdom and the Beginnings of Christology', in
   Studies 73-117(여기서는 109-12): '메시아적 교사와 예언자로서 그는 뛰어난 성령의 담지자였다'
   (114); Witherington, *Christology* 45-46. 또한 위의 제7장 각주 60에 인용된 쾨스터를 보라. '예수
   가 자신을 이런 식으로(즉, '그 예언자'로) 규정하지 않았다'는 쿨만의 확신 어린 결론과 대조해보라

당한 예언자들의 전통을 활용한다(12.2-5). 그러나 그 정점은 소유주의 청지기가 아니라 그의 아들을 크게 부각시키는데(12.6-7), 이는 그 범주의 단계적 변화를 암시한다.[236] (3) 한 유명한 논문에서 도드(Dodd) 또한 '나는 보냄을 받았다'뿐 아니라 '나는 왔다'라고 말한 것으로 회고된다는 점을 주시하면서[237] '내가 너희에게 말한다'가 '주께서 이렇게 말씀하신다'라는 전형적으로 예언자적인 문구를 초월하는 것과 같은 방식으로 후자의 사례가 예언자적 위임 이상의 무엇인가를 나타냈다고 제안한 바 있다.[238] (4) 이는 예수의 몇몇 어록들 가운데 틈입하는 종말론적 새로움의 의식에 잘 반향된다. 예언자적 희망의 반복보다 더 큰 무엇인가 발생하고 있었던 것이다. 예수가 표적으로 제시했을 가능성이 있는 선지자 요나(위의 §15.6b)보다 더 큰 무엇 말이다.[239] 이는 차례로 예수가 자신을 적어도 그가 선포한 종말론적 새로움과 그 공격성의 일부가 되는 그 왕국의 선포자로 본 마태복음 11.6/누가복음 7.23(§12.5c[1])의 함의를 강화한다.[240]

(5) 이제는 우리가 예수의 변모 전통을 언급해야 할 대목인 듯하다(막 9.2-10 평행구). 거기서 예수는 변형되어(*metamorphousthai*) 모세와 엘리야와 함께 의논한다. 특별히 주목할 만한 것은 예수와 동반하여 함께 나타난 두 사람이 모두 예언자라는 사실이다(왕적인 인물은 포함되지 않는다). 그 점은 '그의 말을 들으라'는 하늘 목소리의 명령 가운데 일반적으로 탐지되는 신명기 18.15의 흔적에 의해 강화된다. 예수는 '모세와 같은 선지자'이다. 그뿐 아

(*Christology* 37); 유사하게 Flusser, *Jesus* 125.

236) 추가로 아래의 §16.2c를 보라.

237) 막 2.17 평행구(§13.5); 마 11.19/눅 7.34(§12.5c); 눅 12.49(§17.4d); 또한 막 1.38 평행구; 10.45 평행구(§17.5d[2]); 마 10.34-36/(눅 12.51-53); 마 5.17; 햄펠(Hampel)은 눅 19.10의 '인자가 왔다'는 구절에서 예수 나름의 자기 칭호를 찾아낸다(*Menschensohn* 205-208).

238) C. H. Dodd, 'Jesus as Teacher and Prophet', in G. K. A. Bell and A. Deissmann, eds., *Mysterium Christi* (London: Longmans, 1930) 53-66 (여기서는 63).

239) 마 13.16-17/눅 10.23-24과 마 12.41-42/눅 11.31-32(둘 다 §12.5b에서 인용). 요나가 세포리스 인근으로 추정될 수 있고 일반적으로 그의 무덤이 위치하고 있다고 보는(특별히 Reed, 'Sign of Jonah' 204-208을 보라) 가드헤벨(Gath-Hepher, 왕하 14.25) 출신이었다는 점은 중요할 수 있다: 예수는 북왕국 소속의 가장 위대한 두 예언자들(엘리야와 요나)과 유리하게 비교된다.

240) '상징'이란 말을 '굵은' 의미로 취하면서 마이어는 다음과 같이 결론짓는다: '예수는 자신의 이 모든 예언자적 상징 행동들을 그것들이 예시한 그 나라의 권세를 풀어놓는 것으로 이해하였다' (*Marginal Jew* 3.624).

니라 예수는 산꼭대기 계시 경험으로 가장 유명한 이스라엘의 가장 위대한 두 명의 영웅들이 했던 것보다 더 큰 변모를 그 산 위에서 경험한다.[241] 그의 전체 모습이 풍기는 광채는 모세의 그것과 견주기 어려울 만큼 월등하고(출 34.29-30), 엘리야는 '미세한 침묵의 소리'만을 들었을 뿐이다(왕상 19.12 NRSV).

우리의 현재 관심사와 관련하여 무엇을 더 말할 수 있을까? 슈트라우스가 오래전 관찰한 대로, 이는 이야기되고 있는 내용의 신학적 중요성이 그 문단을 압도하는 경우이다.[242] 어떤 역사적 회상이 그 배후에 자리하고 있는지 여부는 제기할 수 있는 질문이지만 어떤 확신을 가지고 답변하기는 어렵다.[243] 다만 해당 전통은 '예언자 이상', 심지어 가장 위대한 예언자들보다 더 크다는 주제를 추가로 확실히 단언할 뿐이다. 아울러 우리가 살펴본 대로, 그 주제 자체는 예수 자신의 것으로 회고된 논평들을 포함하여, 예수 선교의 매우 이른 단계에 인지된 가운데 생겨났다고 강하게 주장할 수 있다. 그러나 이러한 인식들이 이야기에서 나왔다기보다 그 인식 내용이 그 이야기를 유발했다고 보는 것이 더 그럴 법했다.

간단히 말해, 예수가 많은 자들에 의해 예언자로 간주되었다는 점과 그 스스로 예언자의 전통에서 자신을 보았다는 점, 그리고 자신의 선교가 옛날 예언자의 범주를 초월하는 (종말론적) 의의를 지닌다고 주장하였으리

---

241) 출 33-34장; 왕상 19장.
242) Strauss, *Life* 540-46. 예수세미나 팀은 '그 변모 사건이 마가가 재배치한 부활 이야기였을 것' 이라고 제안함에 있어 잘 다져진 대세를 따르고 있다(Funk, *Acts of Jesus* 464). 또한 J. P. Heil, *The Transfiguration of Jesus: Narrative Meaning and Function of Mark 9:2-8, Matt 17:1-8 and Luke 9:28-36* (AB 144; Rome: Pontifical Biblical Institute, 2000).
243) B. E. Reid, *The Transfiguration: A Source- and Redaction-Critical Study of Luke 9:28-36* (Paris: Gabalda, 1993)은 '그 변화 사건의 역사성에 대해서 확실하게[!] 말할 수 있는 최대치는…제자들이 예수의 정체성과 선교에 관한 계시를 받았으며, 그 가운데 예수의 수난, 죽음, 부활이 구원의 신적인 계획에 따라 하나님이 명령하신 것으로 이해되었다는 것이다'(147). 예수를 숙련된 신비주의의 활동 요원으로 보는 칠튼의 논지에 따르면 예수의 변모는 '랍비 예수의 카발라(*kabbalah*)가 성숙하게 발전한 것을 보여준다'(*Rabbi Jesus* 192-93); E. Fossum, 'Ascension, Metamorphosis', *The Image of the Invisible God* (NTOA 30; Göttingen: Vandenhoeck und Ruprecht, 1995) 71-94과 D. Zeller, 'Bedeutung und religionsgeschichtlicher Hintergrund der Verwandlung Jesu (Markus 9:2-8)', in Chilton and Evans, eds., *Authenticating the Activities of Jesus* 303-21 (303 각주 1의 참고 문헌 과 함께). J. J. Pilch, 'The Transfiguration of Jesus: An Experience of Alternative Reality', in P. F. Esler, ed., *Modelling Early Christianity: Social Scientific Studies of the New Testament in Its Context* (London: Routledge, 1995) 47-64은 그 에피소드가 심리학적 인류학에 기반을 둔 '변화된 의식 상태'의 모델에 비추어 이해될 수 있다고 제안한다.

라는 점은 그리 의심할 필요가 없다.[244]

15.7 '비범한 행위의 실천자'

예수의 기적에 관한 전통들은 이 모든 것 가운데 어디에 들어맞는가? 그것들은 예수 전통의 주요 부분을 형성했으며, 계몽주의가 '기적'이라는 바로 그 범주를 문제 삼기 이전까지 예수가 하나님에게서 오셨다(또는 하나님에게 속했다)는 비중 있는 증거가 되었다(§4.2). 그 이후 이러한 전통들의 시험적 가치(그러므로 시장 가치)는 바닥으로 떨어졌고 최근까지도 회복되지 못한 상태이다. 그러나 예수의 '대단한 일들'에 대한 기록들은 우리가 무시할 수 없는 예수 전통의 너무 중요한 특징이다. 하지만 앞으로 나가면서 여전히 문제적인 범주인 '기적'이라는 말은 회피하는 게 더 나을 듯하다. 이 말은 아직 대체로 자연의 정상적인 작동에 역사하는 신적인 개입이란 견지에서 이해된다. 당분간 덜 부담스런 정의로 '주목할 만한 사건'(COD), 통상적인 신약성서 용어인 '권능의 행위'(dynameis), 또는 요세푸스가 예수를 묘사한 '비범한 행위의 실천자(paradoxōn ergōn poiētēs)'(Ant. 18.65) 등을 사용하는 것이 더 선호될 터이다.[245] 하지만, 마찬가지로 문제적인 '마법'이란 용어에

---

244) 샌더스는 다음과 같이 적시하면서 공정한 합의 내용을 요약한다: '많은 학자들은 우리가 확인할 수 있는 다양한 역할들 중에 예수의 경우 "예언자"의 역할에 가장 잘 들어맞는다고 동의했다'(*Jesus* 239); '카리스마적이고 자율적인 예언자'(*Historical Figure* 238); 가령, 몬테피오리(C. G. Montefiore)가 해그너(Hagner)에 의해 '예언자 예수의 챔피언'으로 묘사된 점을 참조할 것(*Jewish Reclamation* 238); Becker, *Jesus* 212-16, 227; Allison, *Jesus of Nazareth: Millenarian Prophet* 과 Ehrman, *Jesus: Apocalyptic Prophet*의 부제들; B. Witherington, *Jesus the Seer* (Peabody: Hendrickson, 1999) 277-90 참조. Schillebeeckx, *Jesus*의 기본 명제는 '예수가 지상에 사는 동안 하나님으로부터 온 종말론적 예언자로…행동한다'는 것이었다(245; 또한 특히 185-88, 441-49, 475-80, 486-99을 보라). 유사하게 마이어는 예수 전통을 탐구하는 자신의 세 권짜리 저서가 '엘리야 같은, 기적을 행하는, 종말론적 예언자'로서 스스로 택한 예수의 초상을 뒷받침하고 있음을 깨닫는다('From Elijah-Like Prophet to the Royal Davidic Messiah', in D. Donnelly, ed., *Jesus: A Colloquium in the Holy Land* [New York: Continuum, 2001] 45-83).

245) *Paradoxos*는 '기대와 상반된, 믿을 수 없는'(LSJ), '의견에 상반된, 기대를 넘어서는'(BDAG)이라는 기본 의미를 가지고 있다. 또한 마이어의 'What Is Miracle?'(*Marginal Jew* 2.512-515와 524-25 각주 5)에 담긴 논의와 잘 갖추어진 참고 문헌(522-24 각주 4)을 보라. 크로산은 기적을 '누군가 초월적 행동이나 현시로 해석하는 놀라운 일[즉, 속임수나 사기가 아니라 놀랍거나 경이로운 일―현재의 설명을 혼들리게 하는 어떤 것]'로 정의한다; '기적을 주장하는 것은 믿음을 해석하는 것일 뿐 단지 사실의 진술은 아니다'(*Birth* 303-304); 그러나 왜 그는 두 번째 인용문에서 '단지'(just)라는 말을

대한 약간의 논의를 피할 수는 없을 것이다. 나는 이 두 장들의 다른 단락에서 취한 것과 같은 절차를 따를 것이다.

a. 유대인의 기대

왕적 메시아나 제사장적 메시아가 권능의 행위를 하리라고 기대된 증거는 놀랍게도 거의 없다.[246) 하지만 다윗과 솔로몬이 모두 축귀사로서 명성을 가지고 있었다는 점을 주목해야 한다. 초기 이스라엘 역사에서 다윗은 그의 음악으로 사울이 '하나님이 부린 악령'에 의해 고통을 겪을 때 그를 건강하게 하고 악령을 떠나게 할 수 있었다고 기술된다(삼상 16.14-16, 23). 요세푸스가 다윗의 수금 연주 효과를 '주문으로 매혹시키고 노래 부르는' (*exadō, Ant.* 6.166-8) 차원에서 설명하고,[247) 필론 위경문서(Pseudo-Philo) 60이 실제로 다윗이 '악한 영을 그에게서 떠나게 하기 위해' 연주한 노래를 기록한 것은 그리 놀랄 일이 아니다. 11Q5(11QPsᵃ) 27은 '곤경을 당한 자(*hpgo'im*) 에게 불러주는 노래들'(27.9-10)을 포함하여 다윗이 지은 다양한 시편들을 기술한다.[248)

솔로몬 역시 짐작건대 열왕기상 4.33에 기술된 식물들에 대한 지식으로부터 유래했을 주문을 만드는 자로서의 명성을 가지고 있었다. 솔로몬의 지혜서는 그 생각을 발전시킨다. 솔로몬은 '영들의 권세'(*pnuematōn bias*) 와 '가지각색의 식물들과 뿌리들의 장점'을 알았다(지혜서 7.20). 요세푸스도 같은 전통을 취한다. '하나님은 그에게 인간의 유익과 치유를 위해 악마를 대적할 때 사용하는 기술에 대한 지식을 주었다. 그는 또한 병을 완화시키

삽입했는가?

246) 이는 '기적적인 치유가 유대교에서 다윗계 메시아와 연관되지 않았다'는 총괄적인 주장을 정당화하기 위해 수용되었다(Fuller, *Foundation* 111); 이와 유사한 한의 진술을 보라: '기적을 행하고 기쁜 소식을 선포하는 것은 왕적 메시아의 과업이 아니다'(Hahn, *Hoheitstitel* 393 [*Titles* 380]).

247) LSJ, *exadō*는 Lucian, *Philops.* 16; *Trag.* 173을 인용한다.

248) *Pg'oim*은 '사로잡힌'(García Martinez)보다는 (가령, 악한 영들로 인해) '괴로워하는, 다친'으로 번역하는 것이 낫다. 내 동료 스터켄브럭(Loren Stuckenbruck)은 제2성전기 문헌 가운데 '사로잡힘'의 몇 가지 사례가 보다 정확하게 '괴로움'으로 정의되는 경우를 지적한다(희년서 10.7-14; *ps-Philo* 60.1; 1QapGen 20.16-17을 언급하면서; 에녹1서 15.12 참조).

는 주문(epōdas)을 만들었고 마귀에 사로잡힌 자들이 그를 쫓아내어 다시는 돌아오지 못하도록 하는 축귀의 형식(tropous exorkōseōn)을 남겼다'(Ant. 8.45). 데니스 덜링(Dennis Duling)은 1열에 나오는 '마귀들'이라는 용어 바로 앞에 솔로몬의 이름을 포함하는 시편 91의 한 전승(11QPsª)을 주목한다.[249] 그러한 전설들은 후대의 솔로몬 유언서에서 대폭 확장되는데,[250] 솔로몬의 명성이 예수 당시에 이러한 방면으로 이미 커졌다는 증거는 상당히 명료하다.[251]

물론 핵심 요지는 그러한 발전이 왕적 메시아에 관한 기대에 영향을 주었으리라는 것이다. 종말론적 '다윗의 자손'이 다윗의 첫 번째 아들처럼[252] 악령을 다스리는 권세를 가지고 있었으리라는 점은 예수의 많은 동시대 사람들에게 그리 대단한 놀라움을 야기하지는 않았을 것이다.

20세기 후반에 학자들은 그 기대된 **예언자**의 기적 수행 능력에 더 많은 강조점을 두었다. 이스라엘의 역사는 경이로운 사건과 관련한 두 가지의 주요 시대를 기념했다. 광야와 정복 기간, 그리고 엘리야와 엘리사의 기간(왕상 17-19장; 왕하 4-8장). 따라서 모세와 같은 예언자나 엘리야의 재림에 대한 어떤 희망도 대단한 자연의 기적이나 놀라운 치유에 대한 기대를 포함할 수 있었을 것이다. 전자는 다양한 '표적 예언자들'에 대한 요세푸스의 이야기 가운데 명백히 뒷받침되는데, 거기에 인용된 두 사례는 분명히 요

---

249) *OTP* 1.945.
250) 추가로 D. C. Duling, 'Solomon, Exorcism, and the Son of David', *HTR* 68 (1975) 235-52을 보라; 또한 'Testament of Solomon', *OTP* 1.944-51에 붙인 서론; 또한 'The Eleazar Miracle and Solomon's Magical Wisdom in Flavius Josephus's Antiquitates Judaicae 8.42-49', *HTR* 78 (1985) 1-25 참조. 그 유언서는 '이스라엘의 자손들이 그들을 망쳐놓은 천사들의 이름뿐 아니라 마귀들의 권세와 그 형태를 알도록'(15.14) 솔로몬이 그들에게 쓴 것으로 주장된다. 그 유언서의 연대는 대개 3세기 이전으로 소급되지 않지만 그 이전의 자료도 포함하고 있는 것 같다(Duling, *ABD* 6.118).
251) 또한 K. Berger, 'Die königlichen Messiastraditionen des Neuen Testaments', *NTS* 20 (1973-74) 1-44 (여기서는 3-9)을 보라. Meier, *Marginal Jew* 2.737 각주 46은 C. Burger, *Jesus als Davidssohn* (Göttingen: Vandenhoeck und Ruprecht, 1970)가 솔로몬과 축귀사와 치유자로서의 그에 대한 유대교 전통의 질문을 '다윗의 자손' 호칭의 유대적 배경에 대한 그의 고찰에서 다루지 않는 점을 온당하게 비판한다.
252) 솔로몬이 예수 당시 '다윗의 자손'으로 알려졌는지에 대해서는 논란의 여지가 있다(잠 1.1; 전 1.1; 솔로몬 유언서 표제; 1.7; 5.10; 20.1). 예수 전통의 어디에서도 '다윗의 자손'이란 이름이 축귀와 연관되지 않기 때문에(막 10.47-48/마 20.31-32; 마 9.27; 12.23; 15.22과 대조해보라) 이는 타당할 수 있다.

단 강을 건너는 기적과 여리고 성벽의 놀라운 붕괴가 되풀이되리라고 기대하였다(§15.6b).

이 모든 것 가운데 우리는 특히 눈먼 자를 다시 보게 하고 굽은 것을 바르게 펴며 상처받은 자를 낫게 하고 죽은 자를 되살리리라는 '기름 부음 받은 자'의 기대를 담고 있는 4Q521을 다시 주목해야 한다(2.1, 8, 12). 그러나 우리는 또한 치유와 악의 패배로 특징지어지는 초자연적인 새로운 시대의 기대가 어떤 메시아적 인물에 대한 언급과 무관하게 표현될 수도 있었다는 점을 상기해야 한다.

고대 세계에서 치유 행위가 종종 신들에게 돌려졌으며(특히 아스클레피오스)[253] 부적과 주문의 강력한 효능에 대한 믿음이 두루 퍼져 있었다는 점을 잊어서는 안 된다. 유대교 내에서 우리는 특히 축귀를 생각할 수 있는데 그 가운데 가장 잘 알려진 것으로 토비아스의 신부에게서 마귀를 축출한 일(토빗 6-8장), 아브라함이 바로에게 행한 축귀(1QapGen 20.16-29), 베스파시아누스 황제 앞에서 엘리아잘이 행한 축귀에 대한 요세푸스의 보고(*Ant.* 8.46-48) 등이 있다.[254] 우리는 후대에 수집된 많은 마법적 주문과 진언들이 1세기로 소급된다고 추정할 수 있는데,[255] 이는 그 핵심 공식인 '나는…로써 너에게 엄명한다'[256]라는 문구가 그 기간에 매우 잘 탐지되기 때문이다.[257] 신약성서 자체 내에도 우리는 수많은 축귀사들의 활동에 대한 언급을 주목할 수 있다.[258]

그러한 맥락에서 갈릴리와 유대 땅의 많은 사람들이 예수의 선교를 평

---

253) 가령, H. C. Kee, *Miracle in the Early Christian World* (New Haven: Yale University, 1983) ch. 3; W. Cotter, *Miracles in Greco-Roman Antiquity* (London: Routledge, 1999) 11-34; H. -J. Klauck, *The Religious Contexts of Early Christianity* (Edinburgh: Clark, 2000) 154-68을 보라.
254) 유대교 자료에 출처를 둔 이것들과 다른 기적 이야기들의 본문은 C. A. Evans, 'Jesus and Jewish Miracle Stories', *Jesus and His Contemporaries* 213-43 (여기서는 227-43)에서 제공된다. 쿰란 공동체는 토빗 이야기를 잘 알았다(4Q196-200).
255) H. D. Betz, *The Greek Magical Papyri in Translation* (Chicago: University of Chicago, ²1992).
256) *PGM*, 가령 3.10, 119; 4.1239, 3080.
257) 4Q560 2.5-6의 단편 본문을 포함하여('오, 영이여, 나는 명령한다.…오, 영이여, 나는 너에게 마법을 건다…'); 행 19.13; Josephus, *Ant.* 8.47; *PGM* 3.36-37; 4.289, 3019-20, 3046; 7.242; 나아가 솔로몬 유언서 5.9; 6.8; 11.6(14.8); 15.7; 18.20, 31, 33; 25.8(BDAG horkizō; G. H. Twelftree, *Jesus the Exorcist* [WUNT 2.54; Tübingen: Mohr Siebeck, 1993] 82-83)을 주목하라. 또한 §15.6a의 자료를 주목하라.
258) 마 12.27/눅 11.19; 막 9.38-39; 행 19.13-19.

가하는 기준으로 그 '점검 목록' 가운데 축귀와 놀라운 기적들이 포함되었다고 해도 이는 그리 놀랄 만한 일이 아니었을 것이다.

b. 예수의 명성

예수에 관한 고대의 전반적 견해 가운데 가장 압도적인 특징 한 가지는 축귀사와 치유자로서 그가 지닌 명성이다. 이 점이 우리가 다루어야 할 가장 폭넓게 탐지되고 견고하게 확립된 역사적 사실 중 하나라고 주장하는 것은 과장이 아니다.[259] 그 대강의 윤곽은 아주 간략하게 진술될 수 있다.

(1) 복음서에서 치유 이야기들은 빈번하게 예수와 관련하여 전해진다. 예컨대, 마가복음에는 그러한 이야기들이 13개가 나오는데,[260] 축귀가 가장 큰 개별 범주이다.[261] 축귀의 경우는 또한 요약 진술문들 가운데 현저하다.[262] 사도행전의 설교들 가운데 예수는 이례적으로 '하나님께서 그를 통해 큰 권능과 기사와 표적을 너희 가운데서 베푸사 너희 앞에서 증언한 자'로 선포된다(행 2.22). '그가 두루 다니시며 선한 일(euergetōn)을 행하시고 마귀에게 눌린 모든 사람을 고치셨으니 이는 하나님이 함께하셨음이라'(10.38).[263]

(2) 권세 있는 축귀사로서 예수의 명성은 그의 당대에도 입증된다. 그의 이름은 의지할 만한 이름으로 분명히 높이 평가되었는데, 이는 확실히 예수가 마귀를 쫓아내는 데 매우 성공적이었기 때문이었다. 누가에 의하면 예수의 제자들은 그의 이름에 호소하여 성공을 거두었다.[264] 다른 자들

---

259) 가령, B. L. Blackburn, 'The Miracles of Jesus', in Chilton and Evans, *Studying the Historical Jesus* 353-94, 특히 354-62; Evans, 'Authenticating the Activities of Jesus' 12-13 각주 19와 22에서 인용된 자료들; Kollmann, *Jesus* 306-307의 확고한 결론을 보라.

260) 막 1.29-31, 40-45; 2.1-12; 3.1-5; 5.21-24a와 35-43, 24b-34; 7.31-37; 8.22-26; 10.46-52; 또한 마 8.5-13/눅 7.1-10; 눅 13.10-17; 14.1-6; 17.11-19; 22.49-51; 요 5.1-9; 9.1-41. *P. Eg.* 2 단편 1 겉면은 막 1.40-45의 버전을 담고 있다(본문은 Aland, *Synopsis* 60).

261) 막 1.21-28; 5.1-20; 7.24-30; 9.14-29; 또한 마 12.22-23/눅 11.14; 마 9.32-33; 눅 8.2. 요한복음에 축귀가 나오지 않는 것은 주목할 만하다.

262) 막 1.32-34, 39; 3.10-11; 6.5, 7, 13, 56; 눅 7.21; 13.32.

263) 사도행전 설교에서 누가가 사용한 전통적 자료에 대해서는 제2권을 보라.

264) 눅 10.17; 행 16.18.

도 외관상 마찬가지의 노력을 기울였다.[265] 오리게네스는 당당히 자랑한다. '우리 주 예수의 이름은 이미 영혼과 육체로부터 수많은 마귀들을 쫓아 내었다. 여기에는 눈에 띄는 증인들이 있다'(*contra Celsum* 1.25). 예수의 지속적인 명망은 마법 파피루스 가운데 보존된 일부 주문[266]과 솔로몬 유언서의 몇몇 언급 가운데 예수의 이름이 등장하는 것으로 미루어 암시적으로 드러난다.[267]

(3) 치유자와 축귀사로서 예수의 명망에 대한 증언은 그리스도교 전통 바깥에 더 분명하게 보존되어 있다. 이미 지적한 대로, 요세푸스는 예수를 '비범한 행위의 실천자'로 묘사한다(*Ant.* 18.63). 후대에 오리게네스가 몹시 싫어한 켈수스는 '어떤 마법적 권능'을 예수에게 돌렸다(Origen, *contra Celsum* 1.28, 68). 랍비 전통 가운데 주술 행위로 고발되는 것(*b. Sanh.* 43a)[268]은 그가 '마귀의 우두머리(가 지닌 권세)로 마귀를 쫓아냈다'는 마가복음 3.22 평행구에서 예수를 겨냥한 비난의 반향인 듯하다.[269] 그리스도교의 권리 주장을 옹호하는 당파성이 거의 없는 이 증언에서 흥미로운 점은 예수의 치유와 축귀사로 거둔 성공에 대해서는 논박하지 않고 다만 그 성공의 이유만을 논란거리로 삼는다는 것이다.

(4) 간과할 수 없는 또 다른 중요한 점은 치유자와 축귀사로서 예수의 성공이 어록 전통에서도 탐지된다는 것이다. 즉 예수는 그러한 성공을 언급하고 거기서 어떤 추론을 끌어내는 것으로 회상된다. 우리는 이미 그 핵심 자료를 제시한 바 있다.[270] 장차 임할 시대에 이사야가 예견한 치유를 수행함에 있어 세례자의 제자들은 예수의 성공과 관련하여 언급되며(마 11.5/눅 7.22),[271] 마가와 Q 모두 예수가 축귀사로서 거둔 자신의 성공에서 이끌어

---

265) 막 9.38; 행 19.13.
266) *PGM* 4.1233, 3020; 12.190, 390.
267) 솔로몬 유언서 6.8(*OTP* 1.968 각주들); 11.6; 17.4; 22.20.
268) Van Voorst, *Jesus* 114, 117-19과 위의 §7.1을 보라.
269) 이와 관련한 풍성한 논의는 Stanton, 'Jesus of Nazareth: Magician and False Prophet?' 164-80. 스탠턴은 특히 Justin, *Dial.* 69.7, 108; *Apol.* 1.30; Origen, *contra Celsum* 1.6, 28, 68, 71; 2.32, 48-49; *b. Sanh.* 43a; 107b; 도마행전 96, 102, 106-107을 언급한다; 나아가 요 8.48과 10.20을 주목하라.
270) 위의 §12.5c-d를 보라.
271) 이미 주목한 대로, 여섯 개의 목록 가운데 이사야의 예언에 의해 촉발되지 않은 유일한 항목은

낸 교훈들을 수집하였다(막 3.22-29 평행구). 우리는 자신이 성공적인 치유자요 축귀사라는 예수의 믿음을 바울이 자신의 '표적과 기사'와 관련하여 같은 확신을 지녔다(롬 15.19)는 점보다 더 의심할 필요가 없다. 예수는 짐작건대 사람들이 정말로 치유받고 귀신 들린 자들이 놓임을 받으며 나병환자들이 '깨끗해지고' 심지어 죽은 자가 다시 일어나고 회복되는 자신의 선교 기간에 생겨난 다양한 에피소드들을 언급하고 있었다. 그러한 종류의 에피소드들은 서사적 예수 전통 가운데 기록되어 보다 폭넓게 탐지되는 그의 명성에 기반이 되고 있었다.

c. 예수 명성의 뿌리

예수의 '비범한 행위'와 관련된 전통을 자세히 검토하는 것은 불필요할 터이다. 존 마이어(John Meier)는 최근에 철저하고 빈틈없이 꼼꼼한 역사적 분석을 제시하였는데,[272] 나는 거기에 더할 것이 별로 없다. 구어 전통화 과정의 관점에서 우리는 예수의 가르침 전통과 비교하여 불리한 조건에 처하게 된다. 그것은 q/Q(와 다른 복음서) 자료가 기적 전통을 아주 적게 담고 있기 때문이고, 동시에 대부분의 경우 마태와 누가가 직접 마가에 의존한 것으로 보이기 때문이기도 하다.[273] 말하자면 특정한 전통의 핵심과 주제의 안정성을 탐지할 수 있을 만한 버전들의 비교가 예수의 권능 행위라는 전통 가운데서는 눈에 잘 띄지 않기 때문이다.

하지만 우리는 단지 한 이야기가 기적을 말한다고 해서 그것이 반드시

'깨끗함을 얻은 나병환자들'이다. 그 항목을 포함시키는 것은 예수가 '나병환자들'을 단순히 치유하기보다 그가 이사야의 치유들을 간주한 것과 동일한 관점에서 이러한 치유들을 간주한 것으로 기억되었을 경우에만 말이 된다.

272) Meier, *Marginal Jew* 2, part three (509-1038). 이전에 덜 비평적이긴 하지만 H. van der Loos, *The Miracles of Jesus* (NovTSup 9; Leiden: Brill, 1965)가 제공하는 개관이 있다.

273) 마가복음과 요한복음 배후에서 '기적 자료들'을 탐지할 가능성(§7.8f)은 제2권에 남겨두는 것이 최선이다; 공관복음과 요한복음의 기적 전통이 중첩되는 부분은 백부장/왕실 관원의 종을 치유한 것(요 4.46-54; §15.7f에서 논의)과 군중을 먹이고 물 위를 걷는 연계된 기적들(요 6장; 아래 §15.7f를 보라)에 국한되어 있다; 그렇지 않다면 중첩된 부분이 결여된 점은 우리가 이 책에서 시도하는 전통사적 분석의 방법에 지장을 준다.

훗날 그 전통에 첨가된 것이라는 식의 어떤 암시로부터도 깨어나야 한다. 기적을 잘 설명하여 난점을 해소하려는 합리주의적 설명에 대한 슈트라우스의 반대는 여전히 타당하다. 그 이야기들은 **기적**의 보고서로 **의도된** 것이다.[274] 그러나 이는 반드시 그 이야기들이 전적으로 후대의 성찰적 산물임을 의미하지 않는다. 우리가 예수 전통에 대한 지금까지의 분석에서 무엇인가 배웠다면, 전통들이 특징적으로 그 주제와 핵심 내용의 안정성에 악영향을 끼치지 않은 채 개작 과정에서 확장되었다는 것이다. 그렇다면 여기서 요지인즉, 기적의 요소가 적어도 몇몇 사례에서 반드시 그 핵심에 속한다는 것이다. **그 이야기들은 처음부터 기적으로 이야기되고 있었다는 것이다.**[275] 그렇게 해서만이 축귀사와 치유자로서 예수의 명성은 그렇게 견고하고 그렇게 신속하게 퍼져 나갈 수 있었을 것이다.[276] 동시에 우리는 마치 모든 이후의 이야기들이 비롯된 단 하나의 '원형'이 있었던 것처럼[277] 기적의 '원래 보도'에 대한 대화로 빠져들지 말아야 한다. 심지어 제자 동아리들 가운데서조차 안정된 기적의 핵심 주변으로 다양한 이야기의 반복적 변주가 있었으리라는 것이다.

여기서도 우리는 앞서 §6.3에서 배운 교훈들을 상기할 필요가 있다. 역사의 이야기에는 객관적인 사실은 없고 다만 해석된 자료만이 있을 뿐이다. 객관적인 예수는 없다. 문학적인 이야기 밑바닥에는 전통의 모든 층위들을 깔끔하게 해명함으로써 폭로할 수 있는 아무런 구조물('역사적 예수')도 없다. 우리가 가진 전부는 기억된 예수이다. 곧 그를 따랐던 자들의 눈을

---

274) 위의 §4.2를 보라.
275) 이는 개인들을 (외관상으로) 소생시키는 이야기들을 포함할 것이다(마가복음 5.35-43 평행구와 누가복음 7.11-17의 경우처럼; 또한 사도행전 9.36-43과 20.9-10의 경우처럼). 야이로의 딸, 나이성 과부의 아들, 그리고 나사로를 예수가 일으키는 이야기들과 마태복음 11.5/누가복음 7.22의 언급에 대한 마이어의 아주 철저한 논의를 보라(*Marginal Jew* 2.773-873).
276) 고펠트(Goppelt)도 기적적인 모티프들이 예수에게 전가되었을 것이라는 관례적 추정은 제대로 근거를 확보하지 못한다고 본다: '아무도 기적적인 치유를 그의 주변에 필적할 만한 인물들, 가령 세례자 요한이나 쿰란의 의의 스승이 행한 것으로 여기지 않았다'(*Theology* 1.144). '예수의 기적 전통은 너무 많은 이례적인 특징들을 내포하고 있어서 이를 편리하게 인습에 따른 전설상 행위의 결과로 돌릴 수 없다'(Harvey, *Jesus* 99-110 [여기서는 100]).
277) G. H. Twelftree, *Jesus the Miracle Worker* (Downers Grove: InterVarsity, 1999)는 이러한 함정에 빠지는 경향이 있다(예컨대 285). 이 점에서 마이어의 경고도 적절하다(*Marginal Jew* 2.735 각주 38).

통해 투시된 예수, 그들이 공유한 기억과 그들 사이에 반복적으로 구연한 이야기들 가운데 간직된 바로 그 예수 말이다. 따라서 사람들이 치유되는 객관적인 사건들 역시 없으며, 그 해석의 층위들을 해명함으로써 폭로할 기적의 부재도 없다. 많은 경우 우리가 가진 전부는 대체로 처음부터 그렇게 자세히 이야기된 기적에 대한 공유된 기억이다. 그 증인들이 본 것은 그들이 이후에 기적으로 해석한 '범상한' 사건이 아니라 그냥 기적이었다. 자신에 대한 예수의 직무 수행을 기적으로 경험한 많은 사람들, 그러니까 순전히 치유되고 해방을 얻은 개인들이 많았음에 틀림없다. 이러한 성공은 그때 당시 거기서 예수를 통해 흐르는 하나님의 권능으로 간주되었다. 오로지 그렇게 해서만이 축귀사와 치유자로서 예수의 명성은 그렇게 견고하고 그렇게 신속하게 널리 퍼질 수 있었다. 그러한 경우들 가운데서 첫 번째 '역사적 사실'은 기적이었다고 말할 수 있을 것이다. 왜냐하면 '역사적 사실'이야말로 그 사건을 증언한 예수의 추종자들이 그것을 기적으로 경험한 방식이었기 때문이다.

d. 축귀사 예수

두 개의 축귀 이야기가 특별히 흥미를 끈다. 가버나움 회당의 귀신 들린 자(막 1.23/눅 4.33-37)와 거라사의 귀신 들린 자(막 5.1-20 평행구). 두 경우 모두 마가복음 본문의 인용만으로도 충분할 것이다. 우선 누가가 마가를 유사하게 따르고 있고, 다음으로 다르게 도입된 개량된 부분들에도 불구하고 그 핵심에 별 차이가 없기 때문이다.[278]

---

278) 귀신 들린 소년의 이야기(막 9.14-27 평행구)는 이미 위에서 언급되었다(§8.4c). 막 9.14-29/마 17.14-21/눅 9.37-43에서 마태는 그 소년을 '(달의 영향으로) 발광한'(*selēniazomai*, 마 17.15)으로 묘사하는데, 이는 그가 오늘날 간질 발작으로 볼 만한 것으로 고통을 겪었음을 암시한다. 이는 고대 세계에서 달의 영향으로 생겨나는 것으로 생각되었다(BDAG, *selēniazomai*; E. Yamauchi, 'Magic or Miracle? Diseases, Demons and Exorcisms', in D. Wenham and C. Blomberg, eds., *Gospel Perspectives. Vol. 6: The Miracles of Jesus* [Sheffield: JSOT, 1986] 89-183 [여기서는 129-30]; 또한 Kollmann, *Jesus* 211-12). 페쉬는 그것을 전형적인 축귀 이야기로 보기 어렵다고 지적한다(*Markusevangelium* 2.95).

1.23 마침 그들의 회당에 더러운 귀신 들린 사람이 있어 소리 질러 이르되 24 나사렛 예수여 우리가 당신과 무슨 상관이 있나이까 우리를 멸하러 왔나이까? 나는 당신이 누구인 줄 아노니 하나님의 거룩한 자니이다. 25 예수께서 꾸짖어 이르시되 잠잠하고 그 사람에게서 나오라 하시니 26 더러운 귀신이 그 사람에게 경련을 일으키고 큰 소리를 지르며 나오는지라. 27 다 놀라 서로 물어 이르되 이는 어찜이냐? 권위 있는 새 교훈이로다. 더러운 귀신들에게 명한즉 순종하는도다 하더라. 28 예수의 소문이 곧 온 갈릴리 사방에 퍼지더라.

5.1 예수께서 바다 건너편 거라사인의 지방에 이르러 2 배에서 나오시매 곧 더러운 귀신 들린 사람이 무덤 사이에서 나와 예수를 만나니라. 3 그 사람은 무덤 사이에 거처하는데 이제는 아무도 그를 쇠사슬로도 맬 수 없게 되었으니 4 이는 여러 번 고랑과 쇠사슬에 매였어도 쇠사슬을 끊고 고랑을 깨뜨렸음이러라. 그리하여 아무도 그를 제어할 힘이 없는지라. 5 밤낮 무덤 사이에서나 산에서나 늘 소리 지르며 돌로 자기의 몸을 해치고 있었더라. 6 그가 멀리서 예수를 보고 달려와 절하며 7 큰 소리로 부르짖어 이르되 지극히 높으신 하나님의 아들 예수여 나와 당신이 무슨 상관이 있나이까? 원하건대 하나님 앞에 맹세하고 나를 괴롭히지 마옵소서 하니 8 이는 예수께서 이미 그에게 이르시기를 더러운 귀신아 그 사람에게서 나오라 하셨음이라. 9 이에 물으시되 네 이름이 무엇이냐? 이르되 내 이름은 군대니 우리가 많음이니이다 하고 10 자기를 그 지방에서 내보내지 마시기를 간구하더니 11 마침 거기 돼지의 큰 떼가 산 곁에서 먹고 있는지라. 12 이에 간구하여 이르되 우리를 돼지에게로 보내어 들어가게 하소서 하니. 13 허락하신대 더러운 귀신들이 나와서 돼지에게로 들어가매 거의 이천 마리 되는 떼가 바다를 향하여 비탈로 내리달아 바다에서 몰사하거늘 14 치던 자들이 도망하여 읍내와 여러 마을에 말하니 사람들이 어떻게 되었는지를 보러 와서 15 예수께 이르러 그 귀신 들렸던 자 곧 군대 귀신 지폈던 자

가 옷을 입고 정신이 온전하여 앉은 것을 보고 두려워하더라. [16] 이에 귀신 들렸던 자가 당한 것과 돼지의 일을 본 자들이 그들에게 알리매 [17] 그들이 예수께 그 지방에서 떠나시기를 간구하더라. [18] 예수께서 배에 오르실 때에 귀신 들렸던 사람이 함께 있기를 간구하였으나 [19] 허락하지 아니하시고 그에게 이르시되 집으로 돌아가 주께서 네게 어떻게 큰 일을 행하사 너를 불쌍히 여기신 것을 네 가족에게 알리라 하시니 [20] 그가 가서 예수께서 자기에게 어떻게 큰 일 행하셨는지를 데가볼리에 전파하니 모든 사람이 놀랍게 여기더라.

두 경우 모두 개작의 증거들은 상당히 뚜렷하다.[279] 그러나 대부분의 핵심 특징들은 별 어려움 없이 사실상 목격자의 이야기로 간주될 수 있다.

1. 현장에 대한 언급은 사건에 연루된 자들 중 일부에 의한 회고와 최초의 구연으로 간주될 수 있을 것 같다. 1.23에서 '회당'은 신성시된 성소를 암시하는 것으로 받아들여서는 안 된다. *synagōgē*는 그저 통상적인 마을 회합을 가리키는 듯하다.[280] 나아가 처음부터 그러한 취지의 기억이 그 전통의 일부가 아니었더라면 왜 두 번째 축귀의 위치가 거라사 영토 내로 설정되어야 했는지 상당한 이유가 없다.[281]

---

279) 가령, 마가의 전형적인 어휘인 '즉시'(1.23); '그들의 회당'(1.23); 그리고 '합창조의' 결말(1.27). '거라사 광인'에 대한 누가의 구연 버전은 훨씬 더 세련된 상태이며(눅 8.26-39) 마태의 경우는 마가의 장황한 버전을 3분의 2 분량으로 축약한다(마 8.28-34). 그러나 귀신 들린 자의 외침(막 5.7)과 축귀의 절정 부분(5.11-14, 17)은 세 개의 모든 구연 버전 가운데 변함없이 남아 있다. 사 65.4이 그 이야기의 초기 형성 과정의 어느 단계에 반영되었을 가능성은 확실하다. 하지만 거라사 광인의 이름('레기온')을 너무 과잉 해석하는 것은 경계해야 한다: 로마 군대 조직의 이미지가 환기되고 있다는 것은 거의 의심의 여지가 없다; 그러나 로마가 갈릴리에 대해 비교적 가벼운 통치로 임했고(§ 9.8) 그리스 도시로서 거라사가 로마를 향해 우호적이었으리라는 점(Schürer, *History* 2.150)을 감안하면 해당 평행구에서 너무 지나치게 근대 식민주의와 연계하는 것은 현명하지 않다(Crossan, *Historical Jesus* 313-18의 경우처럼; Theissen, *Miracle Stories* 255; Horsley, *Jesus* 154-57, 184-90; Cotter, *Miracles* 121-22 참조); 마이어의 경계 어린 논평은 시의적절하다(*Marginal Jew* 2.666-67 각주 25).

280) 위의 §9.7a를 보라.

281) 그러한 조짐들에 기민한 자들을 위해 마가는 은근히 정결치 못한 것을 표나게 내세운다(무덤들, 부정한 영[들], 돼지들); 그러나 이러한 것들도 여전히 왜 거라사(?)의 영토가 그 위치로 선택되었는지 설명하지 못할 터이다. 페쉬는 마가에 앞서 그 이야기가 발전해온 세 가지 뚜렷한 단계를 탐지하는데, 그 첫 단계가 거라사 영토 내의 축귀 이야기였다(1.21-28의 경우처럼)(*Markusevangelium* 1.282, 292-93). 그러나 그의 이전 책 *Der Besessene von Gerasa: Entstehung und Überlieferung einer Wundergeschichte* (SBS 56; Stuttgart: KBW, 1972)의 경우와 마찬가지로 페쉬의 논의는 여전히 원래

2. 귀신 들린 자가 자칭 축귀사와 말로 결투하며 겨루는 것은 분명히 보기 드문 일이 아니었다.[282] '당신이 우리/나와 무슨 상관이 있나이까?'(1.24; 5.7)는 셈어 계통의 관용어구로 '당신이 왜 우리/나를 괴롭힙니까?'라는 뜻일 것이다.[283]

3. 특히 성공 여부는 축귀사가 의지하여 부르거나 명령할 만한 유력한 이름에 따르는 권위에 달린 것으로 생각되었다('내가 너에게…로써 명령한다').[284] 따라서 귀신 들린 자 또는 스스로 그렇게 사로잡혔다고 믿은 자는 그 축귀사의 이름을 안다고 주장함으로써 그의 보호를 받기를 희망하거나 그를 월등하게 능가하길 족히 바랐을 법하다.[285] 두 번째 경우의—축귀 싸움에 익숙한 자들에게—두드러진 특징은, **귀신 들린 자**가 하나님의 권능에 호소함으로써 예수에게 주문을 걸려는 명백한 시도이다(5.7). 축귀의 기술에 익숙한 자들에게는 예수가 그 귀신의 이름을 물어봄으로써 응수한 대목(5.9)은 별 놀라움을 야기하지 않을 것이다.[286]

4. '하나님의 거룩한 자'(1.24)가 그리스도의 통상적인 호칭이라 보기 어

의 순전한 양식(reine Form)과 전승 과정에서의 분별 가능한 단계들을 추정하는 옛적의 양식비평이란 함정에 너무 자주 빠진다. 또한 Meier, *Marginal Jew* 2.653; J. Ådna, 'The Encounter of Jesus with the Gerasene Demoniac', in Chilton and Evans, ed., *Authenticating the Activities of Jesus* 279-301, 특히 F. Annen, *Heil für die Heiden. Zur Bedeutung und Geschichte der Tradition vom besessenen Gerasener (Mk 5,1-20 parr.)* (Frankfurt am Main: Knecht, 1976). 대부분의 주석가들은 어떤 위치가 의도되었는지 논의한다—거라사는 갈릴리 호수의 남동쪽으로 대략 50킬로미터 떨어져 있다; 마태는 가다라에 대한 언급으로 변개하였는데 이 지방은 호수의 남동쪽 모서리에 항구를 두고 있었다; 마가의 본문은 누군가 게르게사(Gergesa)=오늘날 쿠르시(Kursi)?로 읽도록 변개한 것 같다(예컨대, Metzger, *Textual Commentary* 23-24, 84를 보라).

282) 막 5.7; 행 19.15; 루키아노스에 의하면, '환자 자신은 침묵하지만 그 영이 그리스어나 그의 출신 지역 언어로 대답한다'(*Philops.* 16); Philostratus, *Life* 3.38; 4.20.

283) Twelftree, *Jesus the Exorcist* 63-64. 양쪽 에피소드의 흥미로운 특징은 단수에게 복수로 변개한 것이다(1.24-26, '당신이 우리와 무슨 상관이 있나이까?…그 영이 그에게서 나왔다'; 5.9, '나의 이름은 군대니 우리가 많기 때문입니다'). 이는 귀신 들림을 야기한 세력(들)의 개념화가 불분명했음을 암시한다; 추가로 내 책 *Pneumatology* 170-86 (여기서는 176-81)에서 G. H. Twelftree, 'Demon-Possession and Exorcism in the New Testament'와 서로 대화한 내용을 보라.

284) 위의 각주 256과 257을 보라.

285) 여전히 중요한 것은 O. Bauernfeind, *Die Worte der Dämonen im Markusevangelium* (Stuttgart: Kohlhammer, 1927) 13-18. 그 증거는 그 모티프가 '메시아 비밀'로만 돌려질 수 없다고 불트만을 설득하였다(*History* 209 각주 1). 추가로 Twelftree, *Jesus the Exorcist* 61-68을 보라.

286) *PGM* 1.160-62; 4.3037-39. 전형적으로 솔로몬 유언서에서 솔로몬은 마귀의 이름을 묻고(마귀를 다루기 위해—2.1, 4; 4.3; 6.3, 5-7; 8장; 9.2; 11.3-4 등등) 또한 더 강한 자의 이름을 알아낸다(표제: '인간에게 대적하는 그들의 권위는 무엇이고 어떤 천사들에 의해 이 마귀들이 꺾이는가'; 2.4; 4.10, 12; 5.9, 13; 6.8; 8.5-10; 11.6; 13.3-7; 14.7; 15.3, 6; 16.6 등등).

렵기에[287] 이를 후대 그리스도교 신앙의 소산으로 치부하는 것은 명확하지 않다. 그리고 거룩한 사람으로 평판이 난 자의 축귀 능력이라면 그러한 말을 내뱉게 할 만했으리라 상상할 수 있다.[288] 그것과 그리 다르지 않은 경우가 '지극히 높은 하나님의 아들'(5.7)이란 문구이다.[289] *Theos hypsistos*는 문화적인 계통들을 두루 아울러 퍼진 호칭이었는데,[290] 이 점에서 예수 전통 가운데 유일하게 등장하는 그것을 데가볼리 지역의 혼합 문화에 설정된 그 배경의 적절성을 인식하는 예수 전통의 개작자들이 만들어낸 것으로 간주할 수 있는지 의아해할 만하다.[291] 동시에 4Q246에 그 문구가 등장한다는 것은 유대인 팔레스타인의 환경에서 그것이 꽤 '토착적'이었음을 시사한다.[292]

5. 침묵 명령(1.25)은 또한 '메시아 비밀'을 표현한 것이라기보다는 말로 하는 결투의 일부로 더 기능한다.[293] 귀신 들린 자/귀신을 침묵시키는 것은[294] 성공적인 축귀의 필수적인 예비 단계이다.

6. 실질적인 축귀 '그에게서 나오라'(1.25; 5.8)는 다른 축귀 공식들 가운데서도 사용된다.[295] 유사하게 9.25에서 '내가 네게 명한다'라는 문구는 마귀와 잡신들을 제어하기 위한 마법적 주문들 속에서도 익숙한 것이다.[296] 그리고 '그에게 다시 들어가지 말라'(9.25)는 문구는 축귀와

---

287) 막 1.24/눅 4.34을 제외하면 요 6.69과 행 3.14만이 해당된다.

288) 비록 우리가 엘리야가 유사하게 도전받은 것을 상기해야 하겠지만('오 하나님의 사람이여! 당신이 나와 더불어 무슨 상관이 있나이까?' 왕상 17.18) 그 점은 종교사의 관점에 더 의존하고 있다. 엘리사는 '하나님의 거룩한 사람'으로 묘사되고(왕하 4.9)(또한 Kollmann, *Jesus* 203-204을 보라) 버메스가 특별히 주목한 두 카리스마적 랍비 중 한 사람인 하니나 벤 도사는 마귀에 대해 권위를 행사한 것으로 어느 정도 명성을 가지고 있었다(Vermes, *Jesus the Jew* 65-80, 208-209). 아마도 '스게와의 일곱 아들들'은 스게와의 대제사장직을 이용하여 유랑 축귀사로서 그들의 역할 가운데 신령한 것에 대한 동일한 의미를 유도했을 것이다(행 19.13-14). 마 12.27/눅 11.19과 막 9.38에서 언급된 축귀사들에 대해서 우리는 아무것도 모른다.

289) Vermes, *Jesus the Jew* 202-203, 206-10 참조. 솔로몬은 삼하 7.14의 약속이 최초로 적용된 인물이었기 때문에 마귀를 쫓아낸 다윗의 자손이 '하나님의 아들'로 언표되는 것은 상상할 만한 일이다; 그러나 이를 뒷받침하는 증거는 부족하다.

290) BDAG, *hypsistos* 2.

291) 그것이 나오는 다른 두 신약성서 구절은 행 16.17(즉각 쫓겨날 마귀의 입술을 빌어)과 히 7.1이다.

292) 아래 제16장 각주 15를 보라.

293) *PGM* 3.204; 5.321-29 (Theissen, *Miracle Stories* 140-41).

294) 문자적으로 '재갈이 물려지다'. 마법 파피루스 가운데 나오는 그것의 용례는 Twelftree, *Jesus the Exorcist* 69-70.

295) Philostratus, *Life* 4.20; Lucian, *Philops.* 11, 16; *PGM* 4.3013; 또한 D. E. Aune, 'Magic in Early Christianity', *ANRW* 2.23.2 (1980) 1507-57 (여기서는 1531-32); Kollmann, *Jesus* 202-203을 보라.

관련된 문헌에서 평행구를 찾아볼 수 있다.[297]

그러한 평행구들에 직면할 때 우리는 다음의 수수께끼를 벗어날 수 없다. 여기서 우리는 그러한 이야기들의 표준 패턴에 일치한 이야기들을 접하고 있는가? 아니면 외려 여기서 그러한 패턴을 생기게 한 그런 종류의 에피소드들을 보아야 하는가? 만일 그러한 것이 정말 축귀 관행/이야기들의 두드러진 특징이었다면 한층 더 간절한 의문도 있다. 거기 암시된 그 조건 설정의 정도가 실제로 축귀사(그리고 귀신 들린 자!)가 행동한 방식 또는 축귀 사건이 구경꾼들에게 '투시된'(그리고 다음으로 회자된) 방식을 형상화하였을까? 어느 쪽이든, 우리는 그러한 사건들이 목격되었고, 구전 형태로 틀을 갖추었으며, 나아가 예수의 추종자들 가운데(그리고 더 폭넓게) 유통되었으리라고 추정해야 한다. 그렇지 않다면 축귀사로서 예수의 명성이 지닌 힘과 그 정도를 설명하기 어려워진다.[298]

e. 치유자 예수

마가는 시장 바닥의 풍문과 제자들의 모임에서 예수의 선교 기간에 그가 행한 것으로 간주된 일련의 치유 사례들을 상당한 범위로 제공한다. 그것들로부터 이러한 사례와 **같은** 이야기들이 예수의 선교 기간에 틀림없이 유통되었으리라는 결론을 이끌어내는 것은 우리가 공관복음의 예수와 유사하면서도 다소간 다른 역사적 예수를 밝혀내야 한다는 발상을 다시 희롱하는 것이다. **이것들은** 예수의 선교 기간 내에 유통되던 이야기이다. 또

---

296) 가령, *PGM* 1.253, 324; 2.43-55; 4.3080; 7.331; 12.171.

297) Josephus, *Ant.* 8.47; Philostratus, *Life* 4.20. 추가로 Twelftree, *Jesus the Exorcist* 95-96.

298) 마이어는 막 1.23-28이 '예수가 가버나움에서 그의 사역 기간에 행한 "종류의 것"을 전체적으로 대표하는' 구실을 하며, '예수가 거라사 근처에서 행한 축귀는 막 5.1-20에서 복음서 서사의 기반을 이룬다'고 결론짓는다(유사하게 Ådna, 'Encounter' 298-99). 나아가 그는 막 9.14-29 배후의 '어떤 역사적인 기억'을 식별해냄에 있어(*Marginal Jew* 2.650, 653, 656) 페쉬(*Markusevangelium* 2.95)를 따르고 있다. 예수세미나 팀은 '예수가 사람들을 치유하였고 마귀로 생각된 것들을 쫓아냈다는 점에 동의하였다'(Funk, *Acts of Jesus* 60). 뤼데만은 심지어 '마귀를 쫓아내는 예수의 활동이 그의 생애에 대한 가장 확실한 역사적 사실들 가운데 하나'라고 결론짓는다(*Jesus* 13).

한, 다시 말하거니와, 기억이 부활 경험으로 가득 차서 변형되었을 때 그것들이 약간 이후 단계에서 기적 이야기로 양식화되었다는 간편한 가설 속에 빠져들지 않도록 유의해야 한다.[299] 적어도 복음서의 치유 이야기 일부는 그 사건을 목격한 제자들이 그것을 서로 이야기하고 그 이야기에 기본 형태를 부여하여 그 중심 요지에 동의함에 따라 서술된 그 사건들의 즉각적인 여파로 거의 확실히 언어적 표현을 갖추게 되었다.

마태와 누가가 그들이 같은 이야기를 가지고 대체로 마가에 의존한 것 같기 때문에 여기서 다시 우리는 마가 버전을 인용하는 것만으로 충분하다.[300] 나는 그 (마가의) 이야기들 중 적어도 한 가지 구연 개작만이라도 그 운치를 제공하기 위해 몇 개를 한꺼번에 인용한다.[301]

[1.29] 회당에서 나와 곧 야고보와 요한과 함께 시몬과 안드레의 집에 들어가시니 [30] 시몬의 장모가 열병으로 누워 있는지라. 사람들이 곧 그 여자에 대하여 예수께 여짜온대 [31] 나아가사 그 손을 잡아 일으키시니 열병이 떠나고 여자가 그들에게 수종드니라.

[40] 한 나병환자가 예수께 와서 꿇어 엎드려 간구하여 이르되 원하시면 저를 깨끗하게 하실 수 있나이다. [41] 예수께서 불쌍히 여기사 손을 내밀어 그에게 대시며 이르시되 내가 원하노니 깨끗함을 받으라 하시니 [42] 곧 나

---

299) 기적 이야기가 '헬레니즘의 기원'을 갖고 있었다는 불트만의 판단(*History* 240-41)에 대한 폭넓은 반대 입장을 주목하라. 가령, C. H. Holladay, *Theios Aner in Hellenistic Judaism: A Critique of the Use of This Category in New Testament Christology* (SBLDS 40; Missoula: Scholars, 1977): '이전의 일부 양식비평가들이 그랬듯이 기적과 기적 전통이 복음서 내에 들어 있는 것을 헬레니즘의 삶의 자리, 특히 선교적 설교에 기초하여 설명하는 것은 매우 의심스러운 작업으로 보인다'(239); H. C. Kee, Medicine, *Miracle and Magic in New Testament Times* (SNTSMS 55; Cambridge: Cambridge University, 1986): '복음서에 나오는 치유의 현상은…원시 그리스도교의 중추적인 요인으로 그 운동의 처음부터 그렇게 있었다. 그것은 예수를 헬레니즘 세계에 더 매력적으로 보여주기 위해 이후에 도입한 전통의 추가 항목이 아니라 처음부터 예수 전통의 주요한 특징이었다'(124).
300) 하지만 크로산은 *P.Eg.* 2 단편 1 오른쪽 면이 막 1.40-45의 독립적인 변이본이고 요 5.1-7, 14이 막 2.1-12의 변이적 전통이며, 막 8.22-26과 요 9.1-7이 동일한 자료로 소급된다고 주장한다(Crossan, *Historical Jesus* 321-26).
301) 예수 전통 내의 다른 기적 이야기에 대한 논의와 관련하여 Meier, *Marginal Jew* 2 chs. 21-22과 Twelftree, *Jesus* chs. 12-15을 보라. Q에 속하는 유일한 기적 이야기로 여겨지는 본문(마 8.5-13/눅 7.1-10)에 대해서는 위의 §8.4b를 보라.

병이 그 사람에게서 떠나가고 깨끗하여진지라. [43] 곧 보내시며 엄히 경고하사 [44] 이르시되 삼가 아무에게 아무 말도 하지 말고 가서 네 몸을 제사장에게 보이고 네가 깨끗하게 되었으니 모세가 명한 것을 드려 그들에게 입증하라 하셨더라. [45] 그러나 그 사람이 나가서 이 일을 많이 전파하여 널리 퍼지게 하니 그러므로 예수께서 다시는 드러나게 동네에 들어가지 못하시고 오직 바깥 한적한 곳에 계셨으나 사방에서 사람들이 그에게로 나아오더라.

[2.1] 수 일 후에 예수께서 다시 가버나움에 들어가시니 집에 계시다는 소문이 들린지라. [2] 많은 사람이 모여서 문 앞까지도 들어설 자리가 없게 되었는데 예수께서 그들에게 도를 말씀하시더니. [3] 사람들이 한 중풍병자를 네 사람에게 메워 가지고 예수께로 올새 [4] 무리들 때문에 예수께 데려갈 수 없으므로 그 계신 곳의 지붕을 뜯어 구멍을 내고 중풍병자가 누운 상을 달아 내리니. [5] 예수께서 그들의 믿음을 보시고 중풍병자에게 이르시되 작은 자야 네 죄 사함을 받았느니라 하시니. [6] 어떤 서기관들이 거기 앉아서 마음에 생각하기를 [7] 이 사람이 어찌 이렇게 말하는가 신성모독이로다. 오직 하나님 한 분 외에는 누가 능히 죄를 사하겠느냐? [8] 그들이 속으로 이렇게 생각하는 줄을 예수께서 곧 중심에 아시고 이르시되 어찌하여 이것을 마음에 생각하느냐? [9] 중풍병자에게 네 죄 사함을 받았느니라 하는 말과 일어나 네 상을 가지고 걸어가라 하는 말 중에서 어느 것이 쉽겠느냐? [10] 그러나 인자가 땅에서 죄를 사하는 권세가 있는 줄을 너희로 알게 하려 하노라 하시고 중풍병자에게 말씀하시되 [11] 내가 네게 이르노니 일어나 네 상을 가지고 집으로 가라 하시니 [12] 그가 일어나 곧 상을 가지고 모든 사람 앞에서 나가거늘 그들이 다 놀라 하나님께 영광을 돌리며 이르되 우리가 이런 일을 도무지 보지 못하였다 하더라.

[5.21] 예수께서 배를 타시고 다시 맞은편으로 건너가시니 큰 무리가 그에게

로 모이거늘 이에 바닷가에 계시더니. [22] 회당장 중의 하나인 야이로라 하는 이가 와서 예수를 보고 발아래 엎드리어 [23] 간곡히 구하여 이르되 내 어린 딸이 죽게 되었사오니 오셔서 그 위에 손을 얹으사 그로 구원을 받아 살게 하소서 하거늘 [24] 이에 그와 함께 가실새 큰 무리가 따라가며 에워싸 밀더라. [25] 열두 해를 혈루증으로 앓아 온 한 여자가 있어 [26] 많은 의사에게 많은 괴로움을 받았고 가진 것도 다 허비하였으되 아무 효험이 없고 도리어 더 중하여졌던 차에 [27] 예수의 소문을 듣고 무리 가운데 끼어 뒤로 와서 그의 옷에 손을 대니 [28] 이는 내가 그의 옷에만 손을 대어도 구원을 받으리라 생각함일러라. [29] 이에 그의 혈루 근원이 곧 마르매 병이 나은 줄을 몸에 깨달으니라. [30] 예수께서 그 능력이 자기에게서 나간 줄을 곧 스스로 아시고 무리 가운데서 돌이켜 말씀하시되 누가 내 옷에 손을 대었느냐 하시니. [31] 제자들이 여짜오되 무리가 에워싸 미는 것을 보시며 누가 내게 손을 대었느냐 물으시나이까 하되. [32] 예수께서 이 일 행한 여자를 보려고 둘러 보시니 [33] 여자가 자기에게 이루어진 일을 알고 두려워하여 떨며 와서 그 앞에 엎드려 모든 사실을 여쭈니. [34] 예수께서 이르시되 딸아 네 믿음이 너를 구원하였으니 평안히 가라 네 병에서 놓여 건강할지어다. [35] 아직 예수께서 말씀하실 때에 회당장의 집에서 사람들이 와서 회당장에게 이르되 당신의 딸이 죽었나이다. 어찌하여 선생을 더 괴롭게 하나이까? [36] 예수께서 그 하는 말을 곁에서 들으시고 회당장에게 이르시되 두려워하지 말고 믿기만 하라 하시고 [37] 베드로와 야고보와 야고보의 형제 요한 외에 아무도 따라옴을 허락하지 아니하시고 [38] 회당장의 집에 함께 가사 떠드는 것과 사람들이 울며 심히 통곡함을 보시고 [39] 들어가서 그들에게 이르시되 너희가 어찌하여 떠들며 우느냐 이 아이가 죽은 것이 아니라 잔다 하시니 [40] 그들이 비웃더라. 예수께서 그들을 다 내보내신 후에 아이의 부모와 또 자기와 함께 한 자들을 데리시고 아이 있는 곳에 들어가사 [41] 그 아이의 손을 잡고 이르시되 달리다쿰 하시니 번역하면 곧 내가 네게 말하노니 소녀야 일어나라 하심이라. [42] 소녀가 곧 일어나서

걸으니 나이가 열두 살이라 사람들이 곧 크게 놀라고 놀라거늘 [43] 예수께
서 이 일을 아무도 알지 못하게 하라고 그들을 많이 경계하시고 이에 소
녀에게 먹을 것을 주라 하시니라.

[7.31] 예수께서 다시 두로 지방에서 나와 시돈을 지나고 데가볼리 지방을
통과하여 갈릴리 호수에 이르시매 [32] 사람들이 귀 먹고 말 더듬는 자를 데
리고 예수께 나아와 안수하여 주시기를 간구하거늘 [33] 예수께서 그 사람
을 따로 데리고 무리를 떠나사 손가락을 그의 양 귀에 넣고 침을 뱉어 그
의 혀에 손을 대시며 [34] 하늘을 우러러 탄식하시며 그에게 이르시되 에바
다 하시니 이는 열리라는 뜻이라. [35] 그의 귀가 열리고 혀가 맺힌 것이 곧
풀려 말이 분명하여졌더라. [36] 예수께서 그들에게 경고하사 아무에게도
이르지 말라 하시되 경고하실수록 그들이 더욱 널리 전파하니 [37] 사람들
이 심히 놀라 이르되 그가 모든 것을 잘하였도다 못 듣는 사람도 듣게 하
고 말 못하는 사람도 말하게 한다 하니라.

[8.22] 벳새다에 이르매 사람들이 맹인 한 사람을 데리고 예수께 나아와 손
대시기를 구하거늘 [23] 예수께서 맹인의 손을 붙잡으시고 마을 밖으로 데
리고 나가사 눈에 침을 뱉으시며 그에게 안수하시고 무엇이 보이느냐 물
으시니 [24] 쳐다보며 이르되 사람들이 보이나이다. 나무 같은 것들이 걸어
가는 것을 보나이다 하거늘 [25] 이에 그 눈에 다시 안수하시매 그가 주목하
여 보더니 나아서 모든 것을 밝히 보는지라. [26] 예수께서 그 사람을 집으
로 보내시며 이르시되 마을에는 들어가지 말라 하시니라.

마가가 개작한 증거는 분명하게 보인다. 특히 전형적인 '즉시'라는 단
어[302]와 그 끝부분의 합창 효과(2.12; 7.37)나 침묵과 공개의 상호 작용(1.44-45;

---

302) 막 1.29, 30, 42; 2.8, 12; 5.29, 30, 42.

5.42-43; 7.36) 등등. 이야기꾼이 의사에 대해 풍자적인 논평(5.26)을 덧보태는 부분에 담긴 목소리를 듣기도 어렵지 않다. 이는 친숙한 모티프지만[303] 대부분의 청중들 가운데 몇 사람이 겪은 힘든 경험으로 뒷받침된 것이 분명하다.[304] 개인적으로 나는 마가가 예수의 제자들이 보여준 애처롭도록 느린 변화, 곧 그들의 눈먼 상태(8.18)에서 베드로의 신앙 고백이라는 부분적 개안(8.29)으로, 또 그 너머로(9.9) 변화된 국면을 암시하기 위해 두 단계의 치유 이야기(8.22-26)를 활용했다고 믿어 의심치 않는다.[305]

동시에 대부분의 이야기들이 단단한 지역성을 가지고 있다는 사실은 이후의 장식으로 간주되기 어려운 면이 있다.[306] 마가의 이야기에서 두 번째 치유(1.29-31)에만 있는 내용의 단순한 친밀함과 비장식적 특성은 마가의 표준으로 재더라도 두드러진다. 여기엔 특별히 주목할 만한 것이 아무것도 없다![307] 마찬가지로 두드러진 것은 나병과 직면했을 때 예수의 감정 상태에 대한 묘사이다.[308] 그는 '깊은 마음의 파문'이 일었을 뿐 아니라 (1.41—*splanchnistheis*),[309] 마가는 그가 나병환자에게 '콧김을 뿜으며 씩씩거린'(1.43—*embrimēsamenos*)[310] 것으로 묘사한다.[311] 다른 곳에서 정결과 부정

---

303) 대하 16.12; 집회서 10.10; 38.15; 토빗 2.10; 1QapGen. 20.20; Philo, *Sac.* 70; m. *Qidd.* 4.14.
304) 5.21-43에서 '마가식 샌드위치 구조'를 만들어낸 자는 마가였는가(3.20-35; 11.12-25; 14.53-72 참조), 아니면 이미 전통(과 기억) 가운데 그렇게 뒤섞여진 한 쌍의 에피소드가 그에게 다른 곳에서도 같은 수법을 사용하려는 생각을 주었는가? 여기에 마가의 편집을 식별하는 어려움에 대한 좋은 사례가 있다(위의 §7.4c 각주 75 참조). 그 점에 대한 논의로는 특히 Guelich, *Mark* 292-93을 보라.
305) 가령, 유사하게 Guelich, *Mark* 430; Meier, *Marginal Jew* 2.691-92.
306) 시몬과 안드레의 집(1.29); 가버나움의 '집에'(2.1); 벳새다(8.22); 가버나움과 벳새다에 대해서는 위의 §9.9d와 각주 305와 329를 차례로 보라; 여기서는 또한 Meier, *Marginal Jew* 2.692-93과 '벳새다'가 편집 결과라는 쿨리히의 결론에 대한 그의 반응(각주 71)을 주목하라.
307) 베드로의 장모는 다시 언급되지 않는다. '이 간략한 삽화는 실제 발생한 일의 보도로서 자격을 갖춘 어떤 것 못지않게 긴밀하게 다가온다'(Funk, *Acts of Jesus* 59); 유사하게 Lüdemann, *Jesus* 13. 또한 Pesch, *Markusevangelium* 1.131-32을 보라. 하지만 마이어는 이 이야기와 관련하여 너무 많이 주장하지 않고자 하는 바람 가운데 거의 뒤로 나자빠지는 형국이다(*Marginal Jew* 2.707-708). 누가는 그 치유를 유사 축귀로 다룬다: 예수는 '열병을 향해 명령했다'(눅 4.39; 4.35 참조).
308) *lepros/lepra* (1.40, 42)라는 묘사가 무엇을 암시했는지에 대해서는 D. P. Wright and R. N. Jones, 'Leprosy' *ABD* 4.277-82을 보라.
309) 보다 약하게 증언되는 *orgistheis* ('분노하였다')를 더 오래된 판본으로 간주해야 할지에 대한 논쟁과 관련해서는 Meier, *Marginal Jew* 2.748 각주 106을 보라.
310) LSJ, *embrimaomai*; Taylor, *Mark* 188-89을 보라; '으르렁거림'(Marcus, *Mark* 1.206). 또한 S. Eitrem, *Some Notes on the Demonology in the New Testament* (Uppsala: Almquist and Wiksells, 1966²) 51-55을 보라.
311) 이 에피소드에 대해서는 의견이 갈린다. 뤼데만은 그 전통이 역사적 가치가 없다고 생각한다 (*Jesus* 14). 그러나 예수세미나 팀은 '아슬아슬한 차이로 모종의 피부병인 "나병"을 치유했다는 데 동의하였다'(*Acts of Jesus* 62). 하지만 대체로 좀더 보수적인 페쉬는 훨씬 미약한 인상을 받는다

의 율법에 대한 마가의 태도를 전제한다면(7.19) 다소 놀랍게도, 예수는 그 사람에게 '가서 너를 제사장에게 보이고 네가 깨끗하게 됨을 인하여 모세가 명한 것을 예물로 드리라'(1.44)고 명한다.[312] 중풍병 들린 자의 네 친구들이 '예수가 있는 곳의 지붕을 제거하여 구멍을 내고(exoryxantes)[313] 그 침상을 내렸을' 때[314] 그들에 대한 묘사 배후에 깃든 생생한 기억을 의심하기란 역시 어렵다(2.4). 관련된 자들 중 한 사람이 그 이름('야이로')으로 기억된다는 사실은 놀라울 게 없다. 그가 그 마을 모임의 지도자였기 때문이다(5.22). 그러한 걸출한 지역 인물과 연관된 에피소드는 불가피하게 소동을 일으켰을 터이다.[315] 그 연속된 에피소드 가운데 피와 여자의 하혈이 매우 불결한 것이었던 사회 내에서 여자가 처한 조건의 심각성은[316] 진술되기보다 단순히 추정되었다. 그 이야기는 설명이 불필요한 팔레스타인의 맥락에서 그 꼴을 갖추게 되었다.[317] 놓치지 말아야 할 것은 5.41('thalitha koum')과

(Markusevangelium 1.147); 마이어는 비록 '예수의 사역 기간 내에 그가 나병환자들을 치유했다고 주장하였으며 다른 사람들도 그가 그렇게 한 것으로 생각했다'는 점을 페쉬보다 더 확신하긴 하지만 그 이야기의 세부 사항들에 대해서는 어떤 주장도 하지 않는다(Marginal Jew 2.706); 그리고 콜만은 '왕하 5장(!)에 대한 명백한 그리스도론적 각색과 과잉 투사'가 예수의 나병 치유에 어떤 실마리도 제공하지 않는다고 생각한다(Jesus 225).

312) 귈리히(Guelich)는 eis martyrion autois라는 문구가 '그들에게 반하는 증거로' 번역되어야 한다는 제안을 너무 심하게 밀어붙이는데(Mark 76-77), 이는 보다 분명히 고려하고 있는 점이 레 13-14장에 규정된 대로 율법을 준수하는 것이기 때문이다(그럼에도 6.11 참조). 마태와 누가는 그 문구를 바꾸지 않은 채 취하였다.

313) '아마 지붕의 재료였을 흙을 파냄으로써 구멍을 뚫고…그 부스러기들을 한쪽으로 치워두어서 그 것이 집에 있는 사람들의 머리에 떨어지지 않게 한 것과 관련하여'(BDAG, exoryssō b). 누가의 개작된 이야기는 그리스어를 말하는 독자들에게 익숙한 보다 튼튼한 집의 타일로 만든 지붕을 상정한다(눅 5.19).

314) 또한 Pesch, Markusevangelium 1.157-58과 추가로 아래의 §17.2b를 보라. '그 이야기는 예수의 공생애 가운데 일어난 한 사건을 반영한다'(Funk, Acts of Jesus 64); Lüdemann, Jesus 15과 대조해보라.

315) 또한 Meier, Marginal Jew 2.784-88; Twelftree, Jesus 305-307을 보라. 마이어(782-84)는 야이로란 이름의 상징적 중요성('그는 계몽 또는 각성시킬 것이다'?)을 너무 심하게 강조한다며 Pesch, Markusevangelium 1.312-13을 정당하게 비판한다. 엘리야(왕상 17.17-24), 엘리사(왕하 4.18-37)와의 평행구들이 자연스레 주의를 끌지라도 야이로의 딸 이야기를 그것들이 제공하는 틀에 맞추려는 어떤 시도도 제기되지 않았음은 분명하다; 그것들이 어떤 '모델'을 제공한다고 보기 어렵다(Lüdemann, Jesus 37; 아래 §15.7f에 나오는 폭풍을 잠잠케 한 것, 5,000명을 먹인 것과 대조해보라).

316) 피가 유출되는 여인에 대한 제한 규정은 가혹했다(레 15.19-27; 또한 m. Zabim을 보라); 계속적으로 피가 흐르면 그녀는 사회적 불구 상태로 격리되었을 것이다(Marcus, Mark 1.357-58). 이 경우에 중대한 금기를 위반하면서 그녀가 보인 담대함은 한층 더 두드러진 것이었다.

317) 또한 Pesch, Markusevangelium 1.305-306; Twelftree, Jesus 317-18을 보라. 예수세미나 팀은 그 이야기의 요체가 '그 최초 양식에 있어서 다음과 같은 것이었음에 틀림없다'고 제안한다: '자궁 혈루증으로 고생한 여인이 있었다. 그녀가 예수의 옷을 만지자 즉각 출혈이 멈추었다'(Funk, Acts of Jesus 80). 콜만은 오로지 헬레니즘 계통의 유대인 그리스도교 선교사의 선전 문구만 볼 수 있을 뿐이다(Jesus 229-31).

7.34('*ephphatha*')에 보존된 예수의 말씀들이다.[318] 후대의 전승 담지자들은 그들이 그리스 언어권의 맥락에서 마법과 밀교에 적절한 의미를 부여했기 때문에 아람어로 그 단어들을 보존할 수 있었을지 모른다.[319] 그러나 이 것들은 우리가 마법 파피루스에서 발견하는 것과 같은 무의미한 단어들이 아니다.[320] 반대로 그것들은 아람어로 말하던 첫 번째 전승 담지자들이 예수가 말한 대로 회고한 단어들로서 처음부터 그 전통에 속했던 것 같다.[321] 끝으로 우리는, 비록 마가가 2단계 치유 이야기를 잘 활용했지만, 그 이야기 자체가 치유자로서 예수에게 큰 명예가 되지 않는다는 점을 주목해야 한다.[322] 예수의 상대적인 실패와 그의 생경한 기술이 야기하는 당혹스러움은 그러한 이야기가 그 문제적 성격에도 불구하고(또는 그렇기 때문에) 예수의 선교 전통으로 소급된다는 충분한 증거가 되는 듯하다.[323]

이러한 이야기들을 야기했을 법한 사건들을 우리가 지금 어떻게 생각하든지 간에, 여기서 이끌어낼 가장 명백한 결론인즉 예수의 선교 기간 내에 그를 통해 흘러나온 신적인 권능에 의해 유발된 일들, 그러니까 치유로 이해되고 기적으로 경험된/증언된 다양한 사건들이 있었다는 것이다. 그와 같은 첫 번째 인상들은 예수의 추종자들 사이에 처음 유통되었을 때 거

---

318) 관련 아람어에 대해서는 M. Wilcox, 'Semitisms in the New Testament', *ANRW* 2.25.2 (1984) 998-99, 1000-1002 ('달리다'[*Talitha*]는 사람 이름일지 모른다 = 그리스 사람 *Thaleththi*); Marcus, *Mark* 1.474-75.

319) '마법의 단어'(Bultmann, *History* 213-14). 루키아노스에 의하면 치유자들은 '외국어'(*rhēsis barbarikē*)를 사용하는 경향이 있었다(*Philops.* 9); 또한 Theissen, *Miracle Stories* 64-65을 보라.

320) F. L. Horton, 'Nochmals ephphatha in Mk 7:34', *ZNW* 77 (1986) 101-108에 대한 마이어의 확고한 반응을 보라(*Marginal Jew* 2.759 각주 159); Kollmann, *Jesus* 233-34과 대조해보라.

321) '이러한 [아람어의 치유] 공식문구들은 축귀와 치유 활동에서 그리스도교 마술사들을 선도할 목적으로 보존되었던 것 같다'(Aune, 'Magic in Early Christianity' 1534-35).

322) 이것이 마태와 누가가 공히 그것을 생략하는 이유의 일부인가?

323) 마이어는 당혹성의 기준을 강조한다: '사람의 얼굴에 침을 뱉게 하는 것은 초기 교회에서 어떤 그리스도론의 흐름에도 맞아떨어지는 것 같지 않다'(*Marginal Jew* 2.693); 그는 또한 8.23-25에 단 한 번 나오는 숫자를 주목한다(741-42 각주 76). 유사하게 막 7.31-37과 관련하여: 당혹스러움(713-14)과 일회성 어휘(758 각주 154). 마이어의 입장은 Twelftree, *Jesus* 300-301, 322-23에 의해 계승된다. 뤼데만도 동의한다: '그 특정한 세목들로 인하여 [막 7.31-37]은 진정성에 관한 한 높은 요구를 할 수 있을 것이다'(*Jesus* 52; Pesch, *Markusevangelium* 1.399와 대조해보라). 유사하게 막 8.22-26에 대해서도: '이와 같이 난해한 이야기는 공동체에서 파생되었을 리 없다'(*Jesus* 55)―가장자리에 연필로 '오!'라는 감탄사를 자아내게 하는 지나친 확신하는 종류의 논평. 예수세미나 팀(Funk, *Acts of Jesus*)은 막 8.22-23에 관해서 보다 확신하고 있었다: '가까스로 대다수의 동료들은 예수가 적어도 한 사람의 맹인을 치유하였다고 결론지었다'(103); 그러나 7.32-35에 대해서는 보다 양가적이다 (98-99).

의 확실히 이러한 에피소드들의 기억 가운데 구체화되었을 것이다. 슈트라우스가 옳았다. 기적의 요소를 제거하라. 그러면 당신은 그 이야기가 맨 처음 왜 전해졌는지 바로 그 이유를 없애버리는 셈이다.

f. 자연 기적

예수가 한 것으로 여겨지는 가장 '비범한 행위'는 대개 '자연 기적'으로 명명되는데, 가장 주목할 만한 것으로는 폭풍을 잠잠케 한 일(막 4.35-41 평행구), 5,000명을 먹인 일(6.32-44 평행구), 물 위로 걸은 일(6.45-52 평행구) 등이 있다.[324] 나는 이미 이것들 중 하나를 위에서 언급한 적이 있기에(§8.4c), 여기서는 다른 두 개만 더 언급하면 되겠다. 우선 마태와 누가가 마가의 본문과 유사한 또 다른 버전을 알았을 가능성은 희박하지만(마 14.13-21/눅 9.10-17), 현재 목적을 위해서는 마가복음을 인용하는 것만으로 족할 것이다. 보다 큰 관심은 양쪽의 경우 모두 공관복음 버전과 유사한 요한의 본문이 평행을 이룬다는 사실에 있다.

막 6.32-44	요 6.1-14
32 이에 배를 타고 따로 한적한 곳에 갈새 33 그들이 가는 것을 보고 많은 사람이 그들인 줄 안지라 모든 고을로부터 도보로 그 곳에 달려와 그들보다 먼저 갔더라.	1 그 후에 예수께서 디베랴의 갈릴리 바다 건너편으로 가시매 2 큰 무리가 따르니 이는 병자들에게 행하시는 표적을 보았음이러라. 3 예수께서 산에 오르사 제자들과 함께 거기 앉으시니 4 마침 유대인의 명절인 유월절이 가까운지라.

---

324) 이 범주에 대개 포함되는 다른 것들에 대하여—물고기 입 속의 동전(마 17.27), 무화과나무의 저주(막 11.12-14, 20-21 평행구), 기적으로 물고기를 잡은 것(눅 5.1-11/요 21.1-14?), 물을 포도주로 변하게 한 것(요 2.1-11)—Meier, *Marginal Jew* 2.880-904, 934-50을 보라. 그의 결론은 뛰어나게 명석해 보인다. 첫 번째 것에 대해서는 또한 R. Bauckham, 'The Coin in the Fish's Mouth', in Wenham and Blomberg, eds., *Miracles of Jesus* 219-52을 보라.

34 예수께서 나오사 큰 무리를 보시고 그 목자 없는 양 같음으로 인하여 불쌍히 여기사 이에 여러 가지로 가르치시더라.

35 때가 저물어가매 제자들이 예수께 나아와 여짜오되 이곳은 빈들이요 날도 저물어가니

36 무리를 보내어 두루 촌과 마을로 가서 무엇을 사 먹게 하옵소서.

37 대답하여 이르시되 너희가 먹을 것을 주라 하시니 여짜오되 우리가 가서 이백 데나리온의 떡을 사다 먹이리이까?

38 이르시되 너희에게 떡 몇 개나 있는지 가서 보라 하시니 알아보고 이르되 떡 다섯 개와 물고기 두 마리가 있더이다 하거늘

39 제자들에게 명하사 그 모든 사람으로 떼를 지어 푸른 잔디 위에 앉게 하시니

40 떼로 백 명씩 또는 오십 명씩 앉은지라.

41 예수께서 떡 다섯 개와 물고기 두 마리를 가지사 하늘을 우러러 축사하시고 떡을 떼어 제자들에게 주어 사람들에게 나누어 주게 하시고 또 물고기 두 마리도 모든 사람에게 나누시매

42 다 배불리 먹고

43 남은 떡 조각과 물고기를 열두 바구니에 차게 거두었으며

44 떡을 먹은 남자는 오천 명이었더라.

5 예수께서 눈을 들어 큰 무리가 자기에게로 오는 것을 보시고 빌립에게 이르시되

우리가 어디서 떡을 사서 이 사람들을 먹이겠느냐 하시니

6 이렇게 말씀하심은 친히 어떻게 하실지를 아시고 빌립을 시험하고자 하심이라.

7 빌립이 대답하되 각 사람으로 조금씩 받게 할지라도 이백 데나리온의 떡이 부족하리이다.

8 제자 중 하나 곧 시몬 베드로의 형제 안드레가 예수께 여짜오되

9 여기 한 아이가 있어 보리떡 다섯 개와 물고기 두 마리를 가지고 있나이다. 그러나 그것이 이 많은 사람에게 얼마나 되겠사옵나이까?

10 예수께서 이르시되 이 사람들로 앉게 하라 하시니 그 곳에 잔디가 많은지라 사람들이 앉으니 수가 오천 명쯤 되더라.

11 예수께서 떡을 가져 축사하신 후에 앉아 있는 자들에게 나눠 주시고 물고기도 그렇게 그들의 원대로 주시니라.

12 그들이 배부른 후에 예수께서 제자들에게 이르시되 남은 조각을 거두고 버리는 것이 없게 하라 하시므로

13 이에 거두니 보리떡 다섯 개로 먹고 남은 조각이 열두 바구니에 찼더라.

14 그 사람들이 예수께서 행하신 이 표적을 보고 말하되 이는 참으로 세상에 오실 그 선지자라 하더라.

막 6.45-52	요 6.15-21
45 예수께서 즉시 제자들을 재촉하사 자기가 무리를 보내는 동안에 배 타고 앞서 건너편 벳새다로 가게 하시고 46 무리를 작별하신 후에 기도하러 산으로 가시니라. 47 저물매 배는 바다 가운데 있고 예수께서는 홀로 뭍에 계시다가 48 바람이 거스르므로 제자들이 힘겹게 노 젓는 것을 보시고 밤 사경쯤에 바다 위로 걸어서 그들에게 오사 지나가려고 하시매 49 제자들이 그가 바다 위로 걸어오심을 보고 유령인가 하여 소리 지르니 50 그들이 다 예수를 보고 놀람이라. 이에 예수께서 곧 그들에게 말씀하여 이르시되 안심하라 내니 두려워하지 말라 하시고 51 배에 올라 그들에게 가시니 바람이 그치는지라 제자들이 마음에 심히 놀라니 52 이는 그들이 그 떡 떼시던 일을 깨닫지 못하고 도리어 그 마음이 둔하여졌음이러라.	15 그러므로 예수께서 그들이 와서 자기를 억지로 붙들어 임금으로 삼으려는 줄아시고 다시 혼자 산으로 떠나가시니라. 16 저물매 제자들이 바다에 내려가서 17 배를 타고 바다를 건너 가버나움으로 가는데 이미 어두웠고 예수는 아직 그들에게 오시지 아니하셨더니 18 큰 바람이 불어 파도가 일어나더라. 19 제자들이 노를 저어 십여 리쯤 가다가 예수께서 바다 위로 걸어 배에 가까이 오심을 보고 두려워하거늘 20 이르시되 내니 두려워하지 말라 하신대 21 이에 기뻐서 배로 영접하니 배는 곧 그들이 가려던 땅에 이르렀더라.

    이는 가장 초기의 그리스도교 집단 내의 전통화 과정을 보여주는 한층 더 흥미로운 사례 가운데 하나이다. 우리는 분명히 같은 전통의 두 버전을 가지고 있다. 마찬가지로 분명한 것은 그 하나가 문헌적 차원에서 다른 것에서 유래되지 않았다는 것이다. 여기서 유일하게 명쾌한 설명은 마가와 요한에게 독립적으로 전수된 같은 에피소드들이 두 개의 구전 버전이 되었다는 것이다.[325] 구어 전통으로서 그 핵심적인 세부 내용은 각각의 경우 꽤 소박하다. 흥미롭게도 첫 번째의 경우 거의 유일한 문자적 일치를 보이

---

325) 5,000명을 먹인 것이 네 복음서에 모두 기록된 유일한 기적임을 또한 주목해야 한다(마 14.13-21/막 6.32-44/눅 9.10b-17/요 6.1-15). 물론 분명하지 않은 어떤 이유로 누가는 물 위로 걷는 이야기의 연속물을 생략한다(단지 이것이 누가가 마가 자료[막 6.45-8.26]를 대대적으로 생략하는 출발점을 나타낸다는 점을 지적하는 것만으로는 아무런 설명이 되지 못한다).

는 부분은 숫자에 한정되어 있다(이백 데나리온, 다섯 개의 떡, 두 개의 물고기, 열두 바구니). 짐작건대, 여기서 주된 요인은 예수의 핵심 어록이 결여된 탓이었을 것이다.[326] 후자의 경우, 가장 중요한 불변 요소는 예수의 말씀이다. '내니(*egō eimi*) 두려워 말라.'

하지만 더욱 두드러진 점은 분명 예의 두 이야기들이 매우 단단하게 결합되었다는 사실이다. 그것들의 결합은 아주 견고하여 요한복음 저자는 두 번째 기적 이야기를 원래의 자리에 그냥 두었다. 사실 두 번째 기적 이야기가, '표적의 책'(요 2-12장) 전반에 걸쳐 나오는 '기적에 뒤따르는 강론'이라는 유형을 깨트림에도 불구하고 말이다. 이 경우 그 연속물의 첨가 부분은 음식 기적(6.26-59)의 결과로 이어진 강론으로 되돌아가는 다소 어색한 연결 구절(6.22-25)을 필요로 하였다. 이로부터 추출되는 가장 명백한 결론은 그 두 이야기들이 처음부터 어느 정도 구어 전통으로 통합되어 있어서 구연 가운데 그 두 가지를 함께 이야기하는 것이 그 자체로 전통이 되었다는 점이다.[327] 이러한 점은 상세한 다양성의 증거들과 위의 평행 이야기들이 암시하는 구연상의 유연성을 전제해보면 한층 더 두드러진다. 그렇다면 그 두 개의 닮은 전통이 쌍생의 기억을 구체화하였으므로 쌍생아로서 그 생명을 시작하였다고 설명할 수 있지 않을까?

지금 상태의 전통이란 견지에서 보면 그 가능성은 다만 제한된 열심을 자극할 수 있다. 세 개의 모든 '자연 기적'(폭풍을 잠잠케 하는 것을 포함하여)이 보여주는 한 가지 특징은 그것들이 성서적 공명과 평행구들을 낳기 위해 형태를 갖추게 된 정도이다. 폭풍을 잠잠케 하는 이야기(막 4.35-41) 속에는 분명히 요나 이야기[328]와 어쩌면 시편 107.23-30의 유명한 바다 폭풍 이야

---

326) 마가복음에 나오는 그 두 번째의 음식 기적—4,000명을 먹인 기적(막 8.1-10/마 15.32-39)—을 어떻게 봐야 할지 확실치 않다. 나는 마가가 변이본이었던 것을 골라내지 않았나 의심한다. 거기서 불변하는 요소로 간직된 것은 숫자들이 아니라 성만찬 모티프였다—'떡을 취하여 감사드렸다; 쪼개어 나누어주었다'(특히 눅 22.19 참조); 또한 Meier, *Marginal Jew* 2.961-64, 1030-31 각주 301을 보라.
327) 또한 Meier, *Marginal Jew* 2.905-906, 908-12, 951-56, 993-94 각주 110을 보라.
328) 욘 1.4: 요나는 배(*ploion*)에 오른다. 그 배는 큰(*megas*) 폭풍에 휩싸이고 그 배는 중대한 위험에 처한다. 1.5: 선원들은 두려워하지만 요나는 배의 밑창으로 내려가 잠잔다(*katheudōn*). 1.6: 선장은 '우리가 멸망하지'(*apolōmetha*) 않도록 어떤 관심도 보이지 않는 요나를 질책한다. 1.9-10: 요나가 자신의

기[329]에 대한 모방이 있는 것 같다. 5,000명을 먹인 이야기(막 6.32-44)에서는 열왕기하 4.42-44의 모방이 그 기적 이야기 자체에 틀을 잡아준 것 같다.[330] 나아가 물 위를 걷는 이야기(막 6.45-52)에서는 하나님(또는 신적인 지혜)이 바다 위를 걷는 성서의 이야기가 그 이야기 형성에 있어 어떤 역할을 수행했음을 의심하기 어렵다.[331] 이 전통들 가운데 어떤 기억들이 간직되었든지 간에 신학적 의제가 그것들에 지속적인 형태를 부여한 것으로 보인다. 요나보다 더 크고, 엘리사보다 더 크며, 피조세계의 요소들에 대한 창조주의 지배를 연출하고 구체화하는 예수의 신학적 위상을 부각시켜보려는 의도 말이다.

동시에 각각의 경우에는 어떤 역사적 회고들이 이 이야기들 가운데 통합되었음을 암시하는 부차적인 세목들이 있다. 폭풍을 잠잠케 하는 이야기에서 '다른 배들이 그들과 함께 있었다'(막 4.36)는 진술은 그 이야기의 필수적 부분이 아니다. 그것은 완결되지 않은 채로 연결되어 거기 남아 있는

믿음을 고백할 때 그의 동반자들은 '지극히 두려워한다'(*ephobēthēsan phobon megan*). 1.15: 요나가 바닷속으로 던져질 때, 바다는 격동하는 기세를 멈춘다. 1.16: 선원들은 다시 '지극히 두려워한다'. 또한 Pesch, *Markusevangelium* 1.270-73; Meier, *Marginal Jew* 2.931, 1008 각주 184를 보라.

329) 특히 107.28-29: '그들이 곤경 중에 주께 외치자 그가 그들의 고난 가운데서 그들을 구해주었다; 그가 폭풍을 잠잠케 하자 바다의 파도는 조용해졌다.' 또한 Marcus, *Mark* 1.336-39을 보라.

330)

	왕하 4.42-44		막 6.37-44
42-43	20개의 보리떡; 100명의 남자	38, 44	5개의 떡; 5,000명의 남자
42	엘리사가 말했다, '그것을 사람들에게 줘서 먹게 하라.'	37	그가 그들에게 대답하였다, '너희가 그들에게 먹을 것을 주어라.'
43	그러나 그의 종들이 말했다. '내가 이것을 어떻게 100명의 남자들 앞에 배설할까?'	37	그들이 그에게 말했다. '우리가 가서 200 데나리온의 빵을 사서 그것을 그들에게 먹으라고 줄까요?'
44	그래서 그가 그것을 그들 앞에 배설하였다.	41	그들 앞에 배설하여…
44	그러자 그들이 먹고 얼마를 남겼다.	42-43	그들 모두 먹고 배부름을 얻었다; 그들이 남은 조각을 거둬 12광주리를 가득 채웠다…

가령, Pesch, *Markusevangelium* 1.355-56; Meier, *Marginal Jew* 2.960-61; 보다 풍성한 논의는 Davies and Allison, *Matthew* 2.480-85.

331) 그는 산에서 온다(신 33.2; 합 3.3 참조); 그는 물 위로 걷는다(욥 9.8b; 합 3.15; 시 77.19; 사 43.16; 또한 지혜서 14.3; 집회서 24.5-6); 그는 지나간다(출 33.19, 22; 34.5-6; 왕상 19.11 참조); *egō eimi* (출 3.14; 사 43.1-3, 10-11 참조); 보다 풍성한 자료는 Meier, *Marginal Jew* 2.914-9를 보라. 또한 물위를 걷는 베드로의 이야기(마 14.28-31)는 베드로의 지도적인 역할을 부각시키는 마태의 확장으로 보이는데(16.16-19의 경우처럼), '적은 믿음'의 사례와 훗날 그의 위임에 대한 포장의 역할을 한다(16.17-19). P. J. Madden, *Jesus' Walking on the Sea: An Investigation of the Origin of the Narrative Account* (BZNW 81; Berlin: de Gruyter, 1997)는 이 에피소드를 위치가 바꾸어진 부활 현현 서사로 볼 때 최선으로 이해된다고 결론짓는다(138-39).

것이다.[332] 분명히 어느 정도 생생했을 것임이 분명한 것에 대한 목격자 회상이 그 이야기의 개작 가운데 들어갔기 때문에 이것이 현재 전통의 일부인가? 제자들이 주도권을 잡았다('그들이 예수를 배에 계신 그대로 모셨다', 4.36)는 이례적인 기록과 4.38의 '베개'는 같은 질문을 제기한다.[333]

유사하게 음식 기적에서도 목격자의 회상이 섬광같이 보이는 것을 주목해야 한다. 목자 없는 양과 같은 이스라엘이라는 오래된 모습을 환기시키면서 해변에 흩어져 있는 군중(6.34; §13.3c)과 명백한 상징적 의미(막 6.38)를 담고 있는 것 같지 않은 숫자(5와 2), '푸른' 풀밭(6.39),[334] 그리고 '부추밭의 모판'(*prasiai prasiai*, 6.40)같이 정렬한 다양한 여러 떼의 사람들. 게다가 우리는 이미 그 두 이야기 사이에 마가와 요한이 보여준 전환에서 만들어내지 않은 흥미로운 연결고리를 주목한 바 있다(§15.3h). 이러한 요인들을 고려한다면, 마이어의 결론은 대단히 공정한 것 같다. '예수가 많은 무리를 먹였다는 우리의 복음서 이야기 배후에는 빵과 물고기를 함께 나눈 특별히 기억할 만한 어떤 공동체 식사, 그러니까 예수와 제자들이 갈릴리 바다 곁에서 큰 군중과 함께 종말론적 의미를 가지고 기념한 식사가 자리한다고 보는 것이 그 반대의 경우보다 더 개연성이 크다.'[335]

물 위를 걷는 경우에서는 전반적인 현현 효과와 잘 맞아떨어지지 않는 수상한 특징들이 많다. '그는 그들을 지나가길 원했다'(6.48). 그 의도의 진술들은 적어도 그때 예수가 그들을 지나가지 않았기 때문에 어색한 순간을 조장한다.[336] '그들이 유령(*phantasma*)을 보았다고 생각했다'는 진술[337] 또한 구약성서 배경에서 거의 설명될 수 없고 어색하게 조응한다. 물론 그들의

---

332) '전통의 한 조각'(Pesch, *Markusevangelium* 1.270).
333) 머피-오코너(Murphy-O'Connor)는 어부들이 '주변의 건천에서 생기는 갑작스런 돌풍이 평소대로 고요한 지표를 휩쓸어 순식간에 대혼란을 일으킬 수 있음을 늘 주의해야 한다'는 점을 지적한다 (*Holy Land* 410).
334) 시 23.2의 메아리는 잘 봐주어도 희미하다; 그 영향을 인정하더라도 트웰프트리는 거기에 어떤 비중을 부여하는 것은 경계한다(*Jesus* 319).
335) Meier, *Marginal Jew* 2.965-66.
336) 마태는 그 문구를 생략한다; 그 의도 진술은 그 현현이란 주제에 너무 반하는 작용을 한 것 같은데 그렇지 않았다면 우리는 그가 기분 좋게 발견되기를 기대했을 것이다.
337) BDAG, *phantasma*를 보라.

두려움에 대한 반복된 서술('소리 지르니', '놀람이라', 6.49-50)은 극적인 효과를 높이고 이후 해결에 이르는 길을 극적으로 예비한다(눅 24.37; 행 12.9 참조). 그러나 진실을 말한다면, 이 점에서 그 이야기는 어떤 다른 것보다 에누리 없는 유령 이야기로 읽힌다. 여기서 주목할 만한 것은 *pantes*로―'그들 모두 그를 보았다'(6.50)―이는 유령 이야기의 두드러진 특징이다. 끝으로 두 개의 결말 사이에 수상한 부조화가 있다. 요한의 버전에 의하면, '그들은 그를 배 안으로 모시길 원했다.' 그래서 요한은 그 바람이 실현되었는지 불분명한 상태로 방치한다(막 6.51과 대조해보라). 대신 배 안에 있는 자들은 그들이 '갑자기 해변에 있었음'을 알게 된다(6.21). 이 모든 경우 꿈과 같은 상태, 즉 명확하게 회고되기보다는 인상주의풍의 막연한 움직임과 만남으로 인한 감흥이 생겨난다.[338]

결과적으로 나는 그 두 개의 바다 기적들 이면에 절반쯤 기억된 어떤 경험이 있어 그 전통이 완결된 성격을 갖추어지게끔 그것이 신학적 확장의 기반과 자극을 제공했다는 점을 탐지할 수 있는지 궁금하다.[339] 큰 군중을 먹인 것에도 해당되듯이, 한 번이나 그 이상 호수를 건너간 위험한 여행을 구원 내지 계시의 기적으로 경험한 제자들이 있었을까? 다시 여기서 우리는 원래는 기적이 아닌 이야기들이 나중에서야 기적으로 재가공된 경우를 상정하기 말아야 한다. 슈트라우스의 요지는 여기서도 비중 있게 고려된다. 나아가 대부분의 논점에서 덧씌워진 불가해한 신학적 단층에도 불구하고 어떤 회고들은 여전히 끝까지 뚫고 가는 것 같다.[340] 그렇다면 여기

---

338) 내 책 *Jesus and the Spirit* 73과 380의 각주 27에서 나는 루돌프 오토(Rudolf Otto)가 제안한 *operatio in distans*라는 유사문구를 주목한다. B. J. Malina, 'Assessing the Historical Jesus' Walking on the Sea: Insights from Cross-Cultural Social Psychology', in Chilton and Evans, eds., *Authenticating the Activities of Jesus* 351-71은 논의를 문헌상의 평행구들에 한정시키는 것을 경고하고 그 에피소드를 변개된 의식 상태의 일례로 평가하면서 다음과 같이 결론짓는다: '복음서에 보도된 대로 그 사건은 역사적인 사실성의 모든 특징들을 다 갖추고 있기에 역사적으로 진정한 에피소드로 자리매김되어야 한다'(369).
339) 나는 이 두 개의 바다 기적들이 서로의 변용물로 이해되는 근거를 보지 못하겠다(Meier, *Marginal Jew* 2.996-97 각주 110을 보라).
340) 그러나 마이어는 다음과 같이 확고한 결론을 내린다: '물 위로 걷는 행위는 처음부터 초기 교회의 탄생을 마무리하는 것일 개연성이 가장 큰데, 곧 서사적 형식의 그리스도론적 고백이다'; '폭풍을 잠잠케 하는 것은 초기 그리스도교 신학의 소산이다'(*Marginal Jew* 2.921, 933). 유사하게 Pesch, *Markusevangelium* 1.276, 362-63. Twelftree, *Jesus*는 폭풍을 잠잠케 하는 이야기의 기원에 대한

서도 우리는 처음부터 한 이야기에서, 나아가 그것을 이야기하는 방식과 과정 가운데 그들이 해석한 경험을 반추하면서 어느 정도 그것들이 결정되는 형태를 부여받은 전통들을 상상해봐야 할 것이다. 그러나 그 가능성이 용인된다 할지라도 거기에 큰 비중을 부여할 수 있을지 의심스럽다.

g. 예수는 마법사였는가?

모턴 스미스(Morton Smith)가 직설적인 긍정의 답변을 제출한 이래 이 질문은 뜨겁게 논의되어왔다.[341] 그러나 그 논쟁은 아직 혼란스런 상태이며 실제로 만족스런 답변을 내놓을 수 없다. 핵심 문제는 '마법'의 정의, 그리고 그 용어로 포괄되는 실천의 범위이다.[342] 특히 영적인 권세자들을 조종하고 다스리는 시도가 마법의 명시적인 특징인가? 연관된 문제는 종교, 제의, 마법이 중첩된다는 것이[343] 영적인 영역과 상호 작용하려는 어떤 시도도 불가피하게 마법이나 주술이란 비난에 손상되기 쉬움을 의미한다는 점이다. '마법'은 사회적 분류인데, 흔히 그렇듯[344] 그 용어가 부정적으로 간주되는 데서 이를 사용한다는 것은 사실적 기술보다 적대자의 논쟁적인 태도를 드러낸다.[345]

질문을 기꺼이 '미해결' 상태로 남겨놓는다(317). 반면 그는 물 위로 걷는 것과 관련해서는 보다 긍정적인 결론을 좀더 강조한다(321-22).

341) M. Smith, *Jesus the Magician* (San Francisco: Harper and Row, 1978); 유사하게 Crossan, *Historical Jesus* 305 (그러나 수정 사항들과 함께); 잘 갖추어진 참고 문헌 목록은 Meier, *Marginal Jew* 2.553-56; Klauck, *Religious Context* 209-31.

342) 마이어(Meier)는 한 극단으로 기적의 '이상형'에서 또 다른 극단으로 마법의 '이상형'을 섭렵하면서 이동하는 저울추, 곧 분광체 내지 연속체의 특징들을 제안한다(*Marginal Jew* 2.537-52). 그의 논의는 다른 연구들에 대한 유용한 검토를 포함하고 있다(560-61 각주 26).

343) 가령, M. Meyer and R. Smith, *Ancient Christian Magic: Coptic Texts of Ritual Power* (San Francisco: HarperSanFrancisco, 1994) 1-6의 서론 참조: '사회학자들이 쓴 책들은 그 제목으로 "종교"를 잡는 경향이 있는데 반면 인류학자들이 쓴 책들은 종종 "마법"에 대한 것들이다'(3). 마이어(Meier)와 유사하게 클라우크(Klauck)는 마법과 종교를 '연속체 내에서의 반제적인 양극, 즉 공통된 선으로 결합된 두 개의 극점'으로 제안한다; 단순화된 구호의 견지에서 보면 '강압은 마법의 전형적인 요소이고 간청은 종교의 전형적인 일부이다'(*Religious Context* 217-18).

344) 가령, Theissen, *Miracle Stories* 233, 238-43; Aune, 'Magic in Early Christianity' 1518-19; H. D. Betz, 'Magic in Greco-Roman Antiquity', *ER* 9 (1995) 93; Crossan, *Historical Jesus* 304-10 ('magic as religious banditry'); 다른 참고 자료는 Meier, *Marginal Jew* 2.558-59 각주 19.

345) 그 점은 예수가 마귀들을 쫓아내기 위해 마법을 썼다고 예수에게 가해진 고발로써 예증된다(막 3.22 평행구). 그 고발들이 '중립적인 성격 묘사가 아니라 논쟁적인 꼬리표 달기'라는 점을 인식하면서도 크로산은 그럼에도 불구하고 그 고발에서 '예수가 어쩌면 황홀경의 상태에서 치유를 행

　　두 가지 요점이 합리적인 명확성을 가지고 제기될 수 있다. 첫째, 마법이 신들과 영계의 권세자들을 제어하기 위해 사용되는 제의와 관행이란 견지에서 정의된다면, 그것이 '고전기 고대에 만연했다'고 확실히 말할 수 있다.[346] 이는 디아스포라 유대교뿐 아니라 팔레스타인에도 적용될 터이다.[347] 둘째, 이미 주목된 대로 그리스도교의 초기 적대자들이 예수를 겨냥하여 던진 가장 일관된 공격 한 가지가 마법이란 비난이었다는 점이다.[348] 그러한 비난의 토대가 무엇이었는가? 예수의 기술과 관련한 네 가지 특징들이 논평을 요한다.

　　(1) 예수 당시 치유자들과 축귀사들이 특히 축귀에서 **물질적인 보조 도구를** 사용하는 것이 확실히 전형적인 경우였다. 토빗의 축귀에서 성공은 물고기의 간과 심장을 태움으로써 이루어진다(토빗 8.3). 요세푸스의 보고에는 어떤 뿌리의 냄새가 귀신 들린 자의 콧구멍을 통해 마귀를 내쫓았다고 한다(*Ant.* 8.45-49). 유스티누스(Justin)에 의하면, 훈증과 마법용 끈이 사용되었다(*Dial.* 85.3). 솔로몬 유언서에서 솔로몬은 대천사 미가엘을 통해 지극히 높으신 주께서 그에게 하사한 반지를 가지고 마귀를 봉인한다.[349] 간혹 발견되는 추가 모티프는 마귀가 길 위에 무엇인가 뒤집어엎어 놓음으로써 자신의 떠남을 나타낸다는 것이다.[350] 이 맨 나중의 요소는 마가복음 5.13 평행구에서 돼지가 놀라서 우르르 도망친 것이 원래 부정한 영들/귀신들의 '군대'가 그 사람을 정말로 떠났음을 나타내 보이는 것과 다름없는

　　했을 것'이라는 정당화될 수 없는 제안을 이끌어낸다(*Birth* 341).

346) F. Graf, *Magic in the Ancient World* (Cambridge: Harvard University, 1997) 1.

347) P. S. Alexander, 'Incantations and Books of Magic', in Schürer, *History* 3.342-79; C. E. Arnold, *Ephesians: Power and Magic: The Concept of Power in Ephesians in Light of Its Historical Settings* (SNTSMS 63; Cambridge: Cambridge University, 1989) 29-34을 보라; 그리고 위에서 적시된 자료들(§ 15.7a); 구약성서의 참고 자료는 Betz, 'Magic' 96의 요약을 보라.

348) Stanton, 'Jesus of Nazareth: Magician and False Prophet?'(위의 각주 95)을 다시 보라. 이전의 검토는 Smith, *Jesus the Magician* ch. 4을 보라. 스미스는 '악을 행하는 자'(요 18.30)라는 예수에 대한 고발을 인용하면서 후대 로마 법령에 기초하여 이를 '마법사'와 대등한 의미로 취한다(41, 174). 그는 심지어 '마법사 예수'의 삶을 그의 제자들이 되지 않은 사람들이 묘사한 대로 대략 제시한다(67)—이는 마치 현재 남아 있는 20조각을 가지고 1,000조각 잘라놓은 퍼즐 그림을 맞추려고 하는 것과 같다.

349) 솔로몬 유언서 1.6; 2.5; 5.11; 7.3, 8 등등; 흥미로운 변용구들은 18.15-16, 28, 32-35, 38 등등.

350) Josephus, *Ant.* 8.48(쏟아진 물그릇); Philostratus, *Life* 4.20(뒤집어엎어진 조각상). 또한 Theissen, *Miracle Stories* 66-67.

기능을 했으리라는 흥미로운 가능성을 제기한다.[351] 그 에피소드를 별도로 치면, 예수의 축귀 이야기들은 물질적인 보조 도구에 대한 언급과 매우 자유롭다. 예수는 확실히 그의 축귀에서 그러한 어떤 보조물을 사용하지 않았다. 예수는 전형적인 축귀사의 관행에 통상적인 특징으로 보였던 것을 의도적으로 피했을까?

(2) 하지만 마가의 치유 보고 가운데 우리는 예수가 대개 손을 붙잡거나[352] 그의 손을 뻗어 나병환자를 **만진** 것을 읽는다(막 1.41 평행구). 마가의 이야기에서 '안수'는 예수의 병든 자를 돌보는 정상적인 방식으로 간주된다.[353] 이것은 독특했던가? 그 관행이 성서 시대와 성서 이후 시대의 유대교에 알려져 있지 않다는 점이 빈번히 주목된다. 물론 지금은 축귀가 기도와 안수에 의해 이루어지는 것으로 나오는 1QapGen 20.28-29에서 그런 요소가 입증되고 있지만 말이다.[354] 그렇다면 질병을 대면할 때 나타나는 예수의 자발적인 몸동작(동정과 인격적인 신뢰가 담긴?)을 여기서 떠올려볼 수 있을 듯하다. 더욱 핵심적인 관건은 치유에서 보인 예수의 성공이 그 덕분으로 여겨진다는 점이다(각주 353). 우리는 추가로 이러한 특징적인 몸동작에 대한 기억이 최초 그리스도교의 관행에 영향을 끼쳤음을 추론해볼 수 있다.[355]

보다 두드러진 점은 예수가 타액을 사용하여 치유를 한다는 보도들이다. 귀머거리 벙어리의 경우 예수는 '자신의 손가락을 그의 귀에 대었고 침

---

351) 그 대신으로 그 생각은 다른 대상 속으로 보내져 곧 처분될 수 있는 귀신에 해당되는 것일 수 있다(Twelftree, *Jesus the Exorcist* 75).

352) 막 1.31/마 8.15('그녀의 손을 만졌다'); 막 5.41 평행구. 하지만 예수가 귀신 들린 자들을 만지는 것으로 기록되지 않는 점을 주목해야 한다(Aune, 'Magic in Early Christianity' 1529); 유일하게 비근한 예외는 막 9.27인데, 여기서는 축귀가 이미 성공했을 때이다.

353) 막 5.23(손들)/마 9.18(손); 막 6.2('그의 손들을 통해'); 6.5; 7.32; 8.23; 눅 4.40; 13.13. 아마 축복에서도(마 19.13, 그러나 막 10.13/눅 18.15은 '만진다'로 읽는다; 막 10.16/마 19.15). 또한 *epilabomenos*, '붙잡았다'(막 8.23; 눅 9.47; 14.4)를 보라.

354) 가령 E. Lohse, *cheir*, TDNT 9.428을 보라. 그는 또한 칠십인역(LXX)이 왕하 5.11을 *epithēsei tēn cheira*로 번역하는 점을 주목한다(각주 23). 오니는 헬레니즘 전통에서 치유 의례로서 만지는 것이 인간 기적술사에 의해 아주 드물게 사용되었을 뿐이라는 점을 주목한다('Magic in Early Christianity' 1533). 하지만 아폴로니우스는 겉으로 죽은 것처럼 보인 한 소녀를 '만진' 것으로 묘사된다(Philostratus, *Life* 4.45). 또한 Eitrem, *Notes* 41-46; Theissen, *Miracle Stories* 62, 92-93; Yamauchi, 'Magic or Miracle?' 135-36을 보라.

355) 행 3.7; (5.12); 9.12, 17, 41; (14.3; 19.11); 28.8; 막 16.18.

을 뱉었으며 그의 혀를 만졌다'(막 7.33). 벳새다 맹인의 경우에 '그는 그의 눈에다 침을 뱉고, 그에게 안수했으며' 그 다음에 '다시 그의 눈에다 안수했다'(8.23, 25). 요한복음 저자는 또한 예수가 땅에 침을 뱉어 그 침으로 진흙을 만들어 맹인의 눈에 그것을 발라주는 장면을 기록한다(요 9.6). 이러한 보고들은 '마법'의 범주로 쉽게 분류된다.[356] 그러나 조엘 마커스(Joel Marcus)가 상기시켜주듯이, 침은 고대에 대중적인 민간요법이었고 갈렌 같은 전문적인 의사들도 매우 중시했다.[357] 유명한 인물의 타액은 높이 평가되었다.[358] 또한 그것은 유대인 진영에서 효과적인 것으로 생각되었다.[359] 그때 그 자신이 (또는 그가 다룬 자들이) 보편적 믿음을 공유했기 때문에 예수가 그러한 수단을 사용했다면 그것은 별로 놀랄 일이 아니었을 터이다. 그 '마법'은 보는 자의 눈에서만 그러했을 수 있다.[360]

신체적인 접촉이란 견지에서 다른 두드러진 사례는 예수의 겉옷에서 흘러나온 힘에 의해 치유받은 여인의 에피소드이다(막 5.27-30). 여기서 다시 기적의 마법적 함의 내지 마법적 개념을 탐지하기란 쉽다.[361] 하지만 동시에 우리는 누가가 치유를 아무런 어려움 없이 베드로 그림자의 권세와 바울이 만진 손수건의 권능에 기인하는 것으로 간주했다는 점을 상기해야 한다(행 5.15; 19.12). 반면 동시에 베드로와 바울은 스스로 마법적 관행과 거리가 멀고 그것을 압도한 자들로 묘사된다.[362] 정경화와 유물의 역사도 그

---

356) Smith, *Jesus the Magician* 92, 118; Aune, 'Magic in Early Christianity' 1537-38; Meier, *Marginal Jew* 2.567-68 각주 54의 일부 논의.

357) Marcus, *Mark* 1.473은 Galen, *Natural Faculties* 3.7을 인용한다. 대 플리니우스(Pliny the Elder) 또한 타액의 효능을 '혀의 영매'로 추천한다(*Natural History* 28.7.35-39; 해당 본문은 Cotter, *Miracles* 187-89). 또한 Eitrem, *Notes* 56-60을 보라. 그는 예수가 질병을 불어버리는 대중적인 방법을 결코 사용하지 않았음을 주시한다(47-49); Theissen, *Miracle Stories* 63; Yamauchi, 'Magic or Miracle?' 137-41.

358) 타키투스(*Histories* 4.81)와 수에토니우스(*Vespasian* 7)는 모두 한 맹인이 베스파시아누스에게 그의 침으로 자신을 치유해달라고 간청하는 기록을 담고 있다.

359) 마커스는 *b. B. Bat.* 126b를 인용하는데, 여기서 랍비 하니나(R. Hanina)는 곤경에 처한 백성들을 그의 아들에게 보낸다. '그가 장자인데 그의 타액이 치유하는 능력이 있기 때문이다'(*Mark* 1.473).

360) 이러한 종류의 관심사는 마태와 누가가 두 개의 마가 에피소드를 생략시키기 위한 결정에 변수가 되었을 가능성이 있다.

361) Meier, *Marginal Jew* 2.709.

362) 행 8.18-24(시몬이 마술을 행했다[*mageuō*], 8.9); 13.4-12(엘루마는 마법사[*magos*]였다, 13.6, 8); 16.16-18(그 소녀는 '점술의 영'[*pneuma pythōna*]을 지녔다, 16.16); 19.13-20(마술을 행한 자들[*ta perierga prassein*], 19.19).

러한 치유에 대한 보고로 아주 가득 차 있기에, 이 또한 마찬가지로 반대 방향의 비판적 해석을 면할 수 없고[363] 마가의 이야기를 치유 자체의 묘사 가운데서 가볍게 외면할 수 없다.

(3) 이전에 살펴본 적이 있지만 여기서 별도로 언급할 만한 것은, 공관복음 내에서 신앙(또는 신앙의 결핍)에 대한 대부분의 언급이 기적과 관련하여 나온다는 점이다.[364] 예수의 치유 권능과 치유받은 자의 (하나님) 신뢰 사이에는 모종의 상승 효과가 포착된다. 과연 마가복음 6.5에 의하면, 기적을 일으키는 예수의 권능은 그가 도우려 했던 자들의 신앙에 의존하거나 그것으로 제한을 받았다.[365] 이 역시 예수 전통의 두드러진 특징이며,[366] 거의 확실히 치유자로서의 예수 사역에 대한 기억들 가운데 뿌리를 내리고 있다.[367] 예수가 기대 어린 신뢰를 독려했다는 것은 일반적으로 제자들의 기도와 관련해서뿐 아니라(§14.2b) (산을 옮길 만한) 불가능한 믿음을 구하는 과장적 언급에서도 충분히 입증된다.[368]

(4) 예수의 축귀 논의에서 암시된 대로(§15.7d), 축귀사의 **권위나 권능의 출처**는, 특히 '내가 X로써 네게 명한다'라는 공식문구로 예표되듯이, 핵심 요인이었다. 이 공식문구로써 축귀사는 마귀를 축출하기 위해 그 마귀의

---

363) 스미스는 「뉴욕타임스」에서 발췌한 그러한 보고와 함께 시작한다(*Jesus the Magician* 10); 또한 Crossan, *Birth* 297-98과 내 책 *Jesus and the Spirit* 379 각주 19, 21의 예증들을 보라.

364) 막 2.5 평행구; 5.34, 36 평행구; 9.23-24; 10.52 평행구; 마 8.10/눅 7.9; 마 8.13; 9.28; 15.28; 눅 17.19; 추가로 위의 §13.2b를 보라. 짐작건대 예수가 '표적'(§15.6b)의 요청을 거부한 한 가지 이유는 그 요청이 믿음의 부재를 보여주었기 때문이었다; 그가 주는 표적은 회개의 요청(그리고 믿음)이다!

365) 마 13.58은 마가가 품위를 떨어뜨리는 것을 승인한다고 생각했을 법한 것을 부드럽게 약화시킨다; 누가는 마가의 구절을 전적으로 무시한다.

366) 페린은 그렇게 '믿음'을 사용하는 예가 헬레니즘 치유 이야기에는 전적으로 부재하며 '헬레니즘 문헌 어느 곳에서도 유사한 사례가 없다'고 주장한다(*Rediscovering* 134-36; 또한 Jeremias, *Proclamation* 162-63; Goppelt, *Theology* 1.149-51을 보라); 그러나 오니(Aune)는 *TDNT* 3.210에 나오는 외프케(A. Oepke)의 간략한 지적을 언급하고 신용과 신뢰야말로 불가피하게 그 어떤 마법사의 성공에서도 특징이었다고 보면서 이 점을 문제시한다('Magic in Early Christianity' 1535-36). 추가로 Theissen, *Miracle Stories* 130-33을 보라. 그는 '신약성서 기적들과 연관된 믿음은 전통적인 모티프에 기초하고 있다고 결론짓지만 그것들을 새로운 방식으로 표현한다.'

367) "'네 믿음이 너를 구원하였느니라'는 아마 예수의 말로 소급될 텐데 이는 마법적 조작에 대한 신뢰와 반대되는 인식을 보여준다'(Theissen and Merz, *Historical Jesus* 306-307).

368) 마가(막 11.22-24/마 21.21-22)와 구연적 변용과 함께 q/Q(마 17.20/눅 17.6), 또한 도마 48에 두루 알려져 있고 고전 13.2에 반향되어 나타남. 그러한 범위로 입증될진대 예수가 이러한 취지로 무엇인가 말했다는 것을 의심하기 어렵다(가령, Jeremias, *Proclamation* 161; Davies and Allison, *Matthew* 2.727-28; Theissen and Merz, *Historical Jesus* 293; Becker, *Jesus of Nazareth* 182; Lüdemann, *Jesus* 79, 202).

권세보다 더 큰 또 다른 권세(X)를 불러내 호소하거나 심지어 명령까지 했다. 첫 그리스도인들이 '예수의 이름으로' 다른 자들을 치유하고자 한 것은 바로 이런 논리에 의거하였다.[369] 그렇다면 예수 자신이 그러한 공식문구를 사용하지 않고 다만 (한 차례) '내가 너에게 명한다'(막 9.25)라고 담백한 명령만 했다고 회고되는 것은 중요해 보인다.[370] 예수가 다른 권위를 불러낼 필요가 없었다는 암시는 그의 치유와 축귀 사역이 자신의 힘을 통해서 효력을 발휘했다는 것일까?[371]

여기서 더 추적해야 할 추가적 추론이 있다. 그러나 마법사로서 예수에 대한 쟁점을 먼저 요약한다면, 그 결과는 꽤 선명하다. 예수는 전형적인 마법사로 '다가오지' 않았다. 요세푸스는 예수를 '비범한 행위의 실천자'로 특징지을 수 있었지만 그 시대의 표적 예언자들과 다른 자들에 대해 기탄 없이 사용한 *magos*('마법사')와 *goēs*('주술사, 사기꾼') 같은 용어는 피했다.[372] 위에서 검토된 증거에 대해서 요세푸스는 예수가 마법사와 사기꾼으로 간단히 무시될 수 없었다는 가장 보편적 견해를 반영한 것 같다. 예수의 기적에 대한 보고들 가운데 물질적인 보조 수단을 피한 것과 주문이 없는 것은 그 점을 강화해줄 따름이다. 동시에 예수가 경우에 따라 침을 사용한 것과 한두 개의 낯선 에피소드(그의 겉옷을 만짐으로써 치유받은 여인, 돼지들?)는 예수를 모욕하고 싶어한 자들에게 여지를 제공했으니, '마법사'나 '주술사'는 그가 시작한 운동의 반대자들의 눈에 띄었던 편리한 비방거리였다.[373] 이 점에

---

369) 행 3.6, 16; 4.7, 10, 12, 30; 16.18; 약 5.14.
370) 또한 Eitrem, *Notes* 30-34을 보라.
371) 칠튼은 막 3.20-21과 3.22-29의 결합에서 예수가 신성한 마차를 명상하는 황홀경에 들어감으로써 축귀와 치유를 실천했다고 추론한다(*Rabbi Jesus* 93-95, 245).
372) Josephus, *War* 2.261(이집트인); 2.264; 4.85; *Ant.* 20.97(드다); 20.142, 160, 167, 188.
373) 스미스 나름의 재구성도 같은 성격에 속한다. 예컨대, 그는 막 6.14에서 예수가 강신술로 고발되었다고 추론한다(그는 세례자를 죽은 자 가운데서 일으켰다); 요단에서 예수가 기름 부음 받은 이야기는 '주술적 신격화 의례 이야기보다 더 유사하게 닮은 것이 없다'; 자신이 가족의 분쟁을 일으키러 왔다는 예수의 선언(마 10.35-36)은 미움을 일으키기 위해 마법을 걸고 가족의 다툼에서 주문을 사용하는 관행을 연상시켜준다; '예수가 마법을 알고 사용했다는 가장 선명한 증거는 친숙한 종류의 주술적 의식인 성만찬이다'(*Jesus the Magician* 34, 104, 111, 152); 트웰프트리(Twelftree)는 스미스를 더욱 세밀하게 검토한다(*Jesus the Exorcist* 190-207). 마이어(*Marginal Jew* 2.558 각주 16)는 A. F. Segal, 'Hellenistic Magic: Some Questions of Definition', in R. van den Broek and M. J. Vermaseren, eds., *Studies in Gnosticism and Hellenistic Religions*, G. Quispel FS (Leiden: Brill, 1981) 349-75을 인용한다: '예수에 대하여 마법이라는 초기의 비난은 예수가 마법사였다는 분명

서 그 주장은 예수를 견유학자로 보려는 주장과 그리 다르지 않다. 양쪽 모든 경우에서 예수를 마법사로, 또 견유학자로 단언하기 위해 강조할 만한 평행구가 있다.[374] 그러나 둘 중에 그 어느 쪽이라도 견실한 역사적 평가의 좋은 사례인가? 나는 그렇지 않다고 생각한다.

h. 종말론적 의의

예수의 축귀와 치유의 가장 두드러진 특징을 찾는다면, 예수가 그것들에 부여한 것으로 회고되는 종말론적 의의에서 가장 확실하게 찾을 수 있다. 여기서 우리는 앞서 이미 언급되고 §12.5c-d에서 논의된 같은 두 구절, 즉 마태복음 11.5/누가복음 7.22과 마가복음 3.22-29 평행구를 참조할 필요가 있다. 가장 현저한 것은 예수가 그의 성공적인 축귀를 사탄의 패배(또는 그 패배의 증거)로, 사탄의 소유를 약탈하는 것으로 간주한 것 같다는 사실이다(§12.5d[3]). 이는 악의 파멸과 사탄의 패배를 하나님의 목적의 절정과 회복된 낙원의 새 시대를 위한 전제로 기대한 자들에게 비범한 주장으로 비쳤음에 틀림없다(제12장 각주 79). 그러나 예수의 제자들은 그가 그 질서에 대한 주장을 한 것으로 회고하였다.

핵심 어록인 마태복음 12.27-28/누가복음 11.19-20의 의의는 이미 지적된 바 있다(§12.5d[2]). **하나님의 나라**가 그들에게 임했다고 시위하거나 증명한 **하나님의 성령/손가락**으로 예수가 자신의 성공을 이루었다는 것은 사실이었다.[375] 예수의 축귀 성공을 동시대 유대인들의 성공과 구분해준 것은 바로 이 점이었다(마 12.27/눅 11.19).[376] 예수는 암묵적으로 이러한 다른 축귀사들이 경험하지 못한 풍성한 권세를 주장했다.[377]

한 증거라기보다 마법이라는 비난을 사회적으로 조작한 분명한 예일 뿐이다'(369).
374) 크로산은 주저 없이 예수에게 두 용어를 모두 사용한다(*Historical Jesus* 305, 421).
375) '하나님의 손가락'에 대한 이야기에서 이집트 마법사들에 대한 모세의 승리를 반영한 것과 관련해서는 위의 제12장 각주 366을 보라.
376) 트웰프트리는 '성령'이 축귀를 위한 권세–권위의 출처로 호소되었다고 제안할 만한 그 어떤 증거도 찾을 수 없었다(*Jesus the Exorcist* 109 각주 50).
377) 추가로 내 책 *Jesus and the Spirit* 46-49, 60-62을 보라.

그리하여 예수가 성령의 특별한 기름 부음을 주장하고 있었다(사 61.1)는 그 전통의 증언을 인식하면 마가가 자신의 축귀 어록 수집물의 절정으로 삼고(막 3.29) Q가 아마도 다른 곳에 보존한 듯한(눅 12.10) 의아한 한 어록을 설명하는 데 도움이 된다. 성령을 모독하여 말하는 위험에 관한 그 어록 말이다.[378] 그것은 때로 초기 열성적인 제자 집단이나 그리스도인들에게로 그들이 성령에 영감을 받았다는 확신의 표현으로서 그 출처가 소급된다. 나아가 그들을 반대하는 것이 성령에 반대하는 것으로 간주되어야 할 만큼 (그들의 눈에는) 그렇게 명시적인 정도로 영감을 받았다.[379] 하지만 여기서의 요지는 마태복음 12.28/누가복음 11.20이 예수 자신의 입장에서 바로 그 확신을 입증해준다는 것이다.[380] 비평가들에게는 그로부터 수십 년 이후 어느 미지의 열성적인 그리스도인들이 그러한 (자신만만한?) 자기 단언을 한 것으로 간주하는 것이 한결 편할 수 있다. 그러나 기왕의 단언을 한 것으로 명시적으로 회고되는 자는 다름 아닌 예수였다. 하여 자신의 축귀 사역이 분명히 하나님께로부터 온 것이라는 예수 자신의 확신 어린 표현은 놀랍거나 격에 맞지 않은 것이 아닐 터였다.[381] 바로 그 동일한 확신이 갈릴리 마을과 '이 세대'에 대한 예수의 정죄에서 명확하게 표현되기에 이른다.[382] 예수의 선교는 그렇게 분명히 하나님께 속한 것이어서 그들의 거부 행위는 훨씬 더 죄가 무거웠던 셈이다.

마태복음 11.5-6이 '나로 말미암아 실족하지 않는 자는 복이 있다'(마 11.6/눅 7.23)라는 축원과 함께 예수의 선교 가운데 확연한 종말론적 축복에 대한 언급으로 결론을 내린다는 사실은 이런 계통의 생각을 강화시켜준다.[383] 예수 자신은 단순히 자신이 종말론적 축복의 통로라고 보았을 뿐인

---

378) 아래의 §16.4b(3)에 인용.
379) 가령, Tödt, *Son of Man* 119; 그러나 위의 제8장 각주 104를 보라.
380) 그 점은 그 이전의 버전인 '성령'에 의존하지 않는다(위의 §12.5d[2]).
381) 데이비스는 그 점을 강조하여 성령에 사로잡힌 치유자로서 예수가 자신을 '하나님의 성령의 화신'으로 이해했다고 주장한다(*Jesus the Healer*, 여기서는 21).
382) 마 11.21-23/눅 10.13-15. 마태는 이를 세례자에 관한 증언으로, 누가는 70인의 선교로 연계시킨다; 마 12.41-42/눅 11.31-32은 마태와 누가가 공히 일련의 축귀 어록과 아주 밀접히 연계시킨다. 또한 위의 §12.4e를 보라.
383) 위의 §12.5c(1)을 보라.

가? 이는 그런 쪽보다 예수가 자신의 선교를 이러한 축복을 구체화하는 것
으로, 자신은 종말론적 희망의 실현에서 결정적인 동인으로 본 것 같다는
울림을 준다.[384] 불트만이 유발한 논쟁의 견지에서 그것은 단지 선포자가
(즉 부활 이후) 선포 대상이 된 것이 아니었다. 오히려 선포자는 그 선포의 필
수적인 구성 요소였던 것이다. 여기서도 우리는 '솔로몬보다 더 큰 무엇',
'요나보다 더 큰 무엇'의 모티프를 포함시킬 수 있다. 지금 우리는 그것의
존재를 어록 전통(마 12.41-42/눅 11.31-32)에서만 살펴본 것이 아니라, 축귀사
로서 예수의 성공과 표적으로서 요나(의 성공) 이야기에서도 그 처음의 구
연 시점부터 폭풍을 잠잠케 한 이야기의 필수적인 일부로 암시해왔기 때
문이다. 우리는 예수의 선교에 대한 묘사로서 '치유자, 축귀사'라는 범주에
대한 그의 평가와 관련하여 이로부터 무엇을 취해야 할까?

이 모든 것에서 우리는 불트만이 그러한 자료에 표현된 것으로 서술한
'[예수의] 종말론적 의식의 직접성'이란 것에 간단히 언급하고 있는데,[385] 이
는 다소 놀랍게도 예수의 자의식을 꿰뚫어보려 한 자유주의적 시도에 대
한 불트만의 총체적 반응을 전제로 한다. 오늘날 종말론이 보다 사회적이
고 정치적인 견지에서 재해석되고 있는 때에 불트만의 서술은 대체로 뒤
처진 상태이다. 그러나 자기 인식이 어떤 단언(그리고 행동 방식들)의 이면에
서 합당하게 탐지될 수 있다면,[386] 불트만의 통찰은 여전히 타당하다. 우리
는 예수가 특히 그의 치유와 축귀 가운데 명시된 대로 자신의 선교를 위해
능력을 북돋우면서 독특하고 특이하게 종말론적인 것을 주장했다는(주장

---

384) 나는 마 12.28/눅 11.20에서 그 점이 그렇게 강하게 강조될 수 있다고 생각하지 않는다: *egō*가 원
래의 Q 본문의 일부였는지는 불분명하다(눅 11.20에 관하여 사본의 증거는 매우 복잡하게 얽혀 있
다); 하지만 더 핵심적인 것은 그 본문(적어도 그리스어 형태로)이 강조하는 자리에 '나'가 아니라
'하나님의 성령/손가락'을 배치하기 위해 구성되어 있다는 점이다. Twelftree, *Jesus the Exorcist*
108-109과 H. K. Nielsen, *Heilung und Verkündigung. Das Verständnis der Heilung und ihres
Verhältnisses zur Verkündigung bei Jesus und in der ältesten Kirch* (Leiden: Brill, 1987) 45에서 그 점
은 생략되어 있고 그리스도론적 추론은 너무 심하게 강조되어 있다; 또한 위의 제12장 각주 362
를 보라.
385) Bultmann, *History* 126.
386) 찰스워스(J. H. Charlesworth)는 1QH 16(=8).4-11이 의의 스승의 자기 이해를 반영한다고 지적한
다('The Righteous Teacher and the Historical Jesus', in W. P. Weaver and J. H. Charlesworth, *Earthing
Christologies: From Jesus' Parables to Jesus the Parable* [Valley Forge: Trinity, 1995] 46-61 [여기서는 48-50];
또한 Wise, *First Messiah* 참조).

한 것으로 기억되었다는) 점을 기꺼이 인식하지 못한다면, 예수의 하나님 나라 가르침과 선교 전체를 제대로 평가할 수 없을 것 같다.

15.8 교사

여러 방면으로 이 주제는 청중과 구경꾼들에게 예수를 '끼워 넣기'에 가장 명징한 범주였다.[387] 동시에 그것은 지금까지 검토된 범주들 가운데 가장 적은 정도로 공공연히 메시아적이며 종말론적이었다. 그 점을 밝히기 위해 우리는 전과 같은 절차를 밟는 편이 좋을 것이다.

a. 유대인의 기대

우리가 종말론적 교사의 기대까지 말할 수 있을까? 확실히 쿰란에서 소중히 생각한 이러한 관점에서 명시적인 기대가 있었던 것 같은데—곧 '율법의 해석자'[388]—이는 모세와 같은 예언자에 대한 희망으로 자극받았을 것이다. 쿰란 공동체의 창설자(?)가 '의의 스승'(*morh hṣdq*)[389]으로 알려졌다는 추가 사실도 중요하다. 그가 어떤 기대를 성취하였거나 단지 그가 그러한 영향력 있는 교사와 성서의 해석자로 판명되었다는 이유로 그 이름이 그에게 부여되었는지 우리는 알지 못한다. 그러나 그러한 종말론적 주장을 한 인물이 단지 그 칭호(교사)로 알려졌다는 사실은 그 칭호 자체의 비중이 유대인 진영에서 부족하지 않았다는 명확한 증거가 된다.[390]

---

387) '최초의 자료들은 예수를 지혜의 스승, 곧 현자로 묘사한다'(Funk, *Honest* 143). 예수의 치유와 그의 선교 사이의 관계에 대해서 켁은 다음과 같이 논평한다: '그는 자신이 무엇인가 말할 것을 지녔다고 깨우친 치유자가 아니라 치유가 필요하다고 깨우친 교사였다'(*Who Is Jesus?* 83).
388) 4Q174 (4QFlor) 1.11('다윗의 가지'와 다름); CD 6.7; 7.18(별과 동일시됨).
389) 특히 1QpHab 1.13; 2.2; 5.10; 7.4; 11.5; CD 1.11; 20.1, 28, 32을 보라. 그러나 거기에 토라가 대체된다는 생각은 없었다(가령, Schürer, *History* 2.535-36을 보라).
390) 이 두 인물들이 쿰란 사상에서 어떻게 상관되는지는 여전히 불분명하다(Collins, *Scepter and Star* 102-104, 111-12을 보라).

여기서도 솔로몬이 특히 현자로 기억되었다는 점이 연관된다(왕상 3.12). 그 생각은 솔로몬이 축귀사라는 발상으로 진척되었지만(§15.7a), 다윗의 자손을 지혜의 스승으로 환원시키는 대안(잠언, 전도서)은 가까이 놓여 있었다.[391]

우리는 또한 어떤 종말론적 기대로 하나님에 의한 가르침의 직접성이 예견되었으리라는 점을 주목해야 한다. '네 모든 자손들은 주께서 가르치시리라'(사 54.13). '그들이 다시는 각기 이웃과 형제를 가르쳐 이르기를 너는 여호와를 알라 하지 아니하리니 이는 작은 자로부터 큰 자까지 다 나를 알기 때문이라. 여호와의 말씀이니라'(렘 31.34). 하나님이 직접 개인의 마음을 가르치리라. 기대된 데에 중개자로서 교사를 위한 여지는 거의 없는 것 같다. 종말론적 기대의 다양성이 전제된다면 그 점은 거의 강조되기 어렵다. 그러나 현재의 증거에 기댈 때 '교사'가 예수 당시 최고의 메시아적 또는 종말론적 호칭이었다는 암시는 거의 없다.

b. 예수의 명성

한층 더 두드러진 것은 '교사'가 예수 전통 가운데 예수에게 사용된 가장 보편적인 호칭이라는 사실이다.[392] 한편으로 예수와 그의 제자들 사이와 다른 한편으로 랍비들과 그 생도들 사이의 유사점은 불충분하지만 그 모든 중요성을 무화시킬 수는 없다.[393] 또한 우리는 요세푸스가 예수를 '백성들의 교사'로 특징지었던 점도 잊어서는 안 된다(*Ant.* 18.63).[394]

하지만 가장 두드러진 증거는 예수 전통의 내용 자체이다. 예수의 가르침이 그 양식과 내용에 있어 매우 기억할 만했기 때문에 예수는 교사로서 기억되었다. 우리는 여기서 위의 제12장과 제14장에서 검토한 예수의

---

391) 마 12.42/눅 11.31이 여기에 관련된다.
392) 위의 제8장 각주 22-23과 제14장 각주 62의 자료들.
393) 위의 §14.3a를 보라.
394) 위의 §7.1을 보라. 루키아노스는 자신을 '십자가에 달린 궤변론자'로 언급했다(*Peregrinus* 13).

가르침을 떠올리는 것만으로 족하다. 특히, Q 자료의 특징이며 산상설교
(마 5-7장)에 잘 예시된 지혜 어록, 금언, 경구가 나오는 높은 빈도를 인정함
에 있어 주저할 필요가 없다.[395] 예수가 많은 비유를 설파했다는 것도 논
란의 여지가 없다. 비록 그가 그 비유 양식을 발명했다고 보기는 어렵지
만, 그 비유를 확대하여 사용한 것이나 또 확대된 은유로서 그 성격상 비
유가 그의 가르침의 독특한 특징이었다는 점은 충분한 확신을 가지고 수
긍할 수 있다.[396] 실상이 그러하므로 '교사'보다 더 정확한 예수의 호칭은
mošel('비유꾼')이었을 텐데, 이는 예수가 과연 그답게 비유와 간결한 어록
(*mᵉṣalim*)으로 말했음을 의미한다.[397] 축귀사 예수의 경우처럼 여기서도 '특
징적이고 상대적으로 독특한'(§10.2) 것의 기준은 그 유효성을 증명하며, 우
리가 예수의 지속적인 영향과 직접 연계되어 있다는 점에서는 의심의 여
지가 없다.

또한 예수가 적어도 어느 정도는 자신이 교사의 역할을 수행한다고 본
점이 틀림없이 드러난다. 그는 언제나 '교사/선생'이라는 인사말에 긍정적
으로 반응한 것으로 기억된다.[398] 나아가 그는 자신에 대해 일부러 그러한
견지에서 말했을 것이다(마 10.24-25/눅 6.40). 여기에서 논쟁의 여지가 있는
점은 지금까지 아무것도 없다.

---

395) D. E. Aune, 'Oral Tradition and the Aphorisms of Jesus', in Wansbrough, ed., *Jesus* 211-65은 공
    관복음 전통에서 147개와 여기에 덧보태어 요한복음에서 8개, 도마복음에서 4개, 그리고 다른
    복음서들에서 8개의 경구들을 목록으로 제시한 바 있다(242-58). 추가로 Ebner, *Jesus* 393-412을
    보라. 그는 예수가 율법과 반목하지 않았다고 지적함으로써 '견유적 예수'와 '전복적 지혜'의 가설
    에 이의를 제기한다(위의 §14.4 참조).
396) 가령, Hultgren, *Parables* 5-11과 추가로 위의 §§12.6e와 13.1을 보라.
397) Gerhardsson, *Origins* 70; 또한 Vermes, *Religion* ch. 4을 보라. 비유에 대한 최근 문헌의 유용한 검
    토와 현재 비유 해석의 현저한 쟁점들에 대한 지적과 관련해서는 C. L. Blomberg, 'The Parables
    of Jesus: Current Trends and Needs in Research', in B. Chilton and C. A. Evans, eds., *Studying
    the Historical Jesus* (Leiden; Brill, 1994) 231-54을 보라.
398) 외관상의 유일한 예외는 막 10.17-18/눅 18.18-19이다; 그러나 거기서의 반응은 '선한 선생'이라
    는 명칭에 대한 것이다.

c. 예수의 가르침을 뒷받침한 놀라운 권위

이 특징은 예수 전통 가운데 보다 더 명시적으로 식별된다. 예수는 그의 가르침이 지닌 권위에 대한 놀라움과 질문을 유발시킨 것으로 기억된다.[399] 예컨대, 마가는 특징적으로 예수의 가르침을 그의 축귀와 큰 기적에 연계시킨다. '이는 어찜이냐? 권위 있는(*kat' exousia*) 새 교훈이로다. 더러운 귀신들에게 명한즉 순종하는도다!'(막 1.27) '이 사람이 어디서 이런 것을 얻었느냐? 이 사람이 받은 지혜와 그 손으로 이루어지는 이런 권능이 어찌됨이냐?'(6.2) 가버나움의 백부장은 예수의 권위를 자신의 권위에 빗댄 것으로 상기된다. '나도 남의 수하에 있는 사람이요 내 아래에도 군사가 있으니 이더러 가라 하면 가고 저더러 오라 하면 오고 내 종더러 이것을 하라 하면 하나이다'(마 8.9/눅 7.8). 마지막 예로 우리는 높은 권세를 지닌 대표단이[400] '무슨 권위로 이런 일을 하느냐? 누가 이런 일 할 권위를 주었느냐?'(막 11.28 평행구)라고 예수에게 물었음을 주목해야 한다. 테일러(Taylor)와 페쉬(Pesch)가 그 만남의 역사성을 지지하여 제기한 고찰은[401] 아주 많은 지지를 받지 못하였다.[402] 그러나 그러한 만남은 기억할 만한 것이었을 터인즉, 불트만이 제안한 대로[403] 초기 예루살렘 공동체의 후대 역사 속에서 그 교제를 설명하는 것은 설득력이 떨어진다(행 3-5장과 대조해보라).

간단히 말해, 예수가 은근히 주장한 권위에 대한 놀람의 모티프는 예수 전통의 반복적 개작 가운데 분명히 중시되었으며 이는 이해할 만한 점

---

399) 막 1.22/마 7.28-29/눅 4.32; 막 1.27/눅 4.36; 막 11.27-33/마 21.23-37/눅 20.1-8; 마 8.9/눅 7.8; 또는 막 2.10 평행구; 3.15 평행구; 6.7 평행구; 눅 10.19.

400) 이는 '대제사장들과 장로들'이 예수를 대화에 가담시킨 것으로 기억되는 유일한 사례이다.

401) Taylor, *Mark* 468-69; Pesch, *Markusevangelium* 2.212; 또한 Dunn, *Jesus and the Spirit* 77; Fitzmyer, *Luke* 2.1272-74; Davies and Allison, *Matthew* 3.157-58.

402) Funk, *Five Gospels* 100; Lüdemann, *Jesus* 80.

403) *History* 19-20: 예수세미나 팀은 이 에피소드의 역사적 가치를 강하게 부정하는 표를 던졌다. 왜냐하면 예수의 말들이 '비유나 경구의 형태를 취하지 않았기 때문인데, 이는 그것들이 구전 기간 내내 어떻게 전승되었는지 상상하기가 어려움을 의미한다'(*Five Gospels* 100); 이 구어 전통의 개념은 급성 식욕부진으로 고생한다. 도드의 지적에 의하면 예수의 답변에 담긴 함의는 '스스로에게 진정성을 부여하는 종류의 권위가 있다; 너는 그것을 인정하거나 인정하지 않는다. 인정하지 않는다면 더 이상 아무것도 말할 게 없다'는 것이다(*Founder* 148).

이다. 그러나 그 모티프가 예수의 가르침이 환기시킨 그 반응들의 기억 속에 제대로 뿌리를 내리지 못했다면 한층 더 놀라운 일이었을 것이다. 그 가르침의 상당 부분은 성격상 오늘날도 여전히 사람들을 놀라게 한다. 하물며 그때 당시는 얼마나 더 그랬겠는가! 그 선교가 열광적인 반응을 낳지 않았다면 그러한 논쟁의 여지가 없는 예수 탐구는 모든 탐구들 중에 가장 쓸데없는 짓임에 틀림없다.

놀람과 공격을 야기한 예수의 가르침 가운데 암시된 권위와 관련하여 무엇이 문제였는가? 몇 가지 답변이 상당한 정도로 합의된 견해와 함께 확실히 확정되었는데 다음과 같이 간단히 열거해볼 수 있다.

(1) 예수는 공식적인 훈련이 없었다. 그는 매우 소박한 출신 배경을 지녔다. 그의 읽고 쓰는 능력의 수준은 그리 높지 않았을 듯하다(§9.9b). 그가 더불어 교제한 것으로 알려진 유일한 교사는 역시 공식적인 훈련이 분명히 없었던 세례자 요한이었다.

(2) 예수의 가르침은 과거 전통이나 이전의 권위에 호소하지 않았다. 그러한 호소는 확실히 이후 랍비식 가르침의 표준형이 되었으며, 이미 예수 전통 가운데 우리는 '장로들의 전통'에 대한 언급을 발견한다.[404] 할라카(halakah)의 다양한 문제들에 관해 예수가 다른 교사들과 토론한 내용의 함의인즉, 현재 행실이 대대로 전해져 발전해나가는 할라카에 기반을 두었다는 것이다. 예수는 정도의 차이는 있지만 그 추세에 저항한 것으로 회고된다.[405]

(3) 예수의 가르침 가운데 주요 골자는 토라의 설명을 겨냥하지 않았다. 이미 지적한 대로, 그가 토라를 거스르는 것으로 설정된 주장들은 심각하게 과잉 진술된 것이다. 반대로 우리는 그의 가르침이 철저히 성서에 뿌리내려 있었다고 말할 수 있다.[406] 하지만 동시에 그의 가르침 가운데 주요

---

404) 막 7.5, 8-9, 13/마 15.2-3, 6을 보라.
405) 특히 위의 §14.4를 보라.
406) 위의 §14.4의 결론을 보라.

범주(하나님의 나라)와 그의 가르침의 일차적 방식(비유)은 그 성격상 전통적이라기보다 혁신적인 것이었다.

(4) 예수의 가르침 스타일 중 두 가지 특징은 상당한 주목을 받아왔다. 첫째, 특정한 발언을 시작하면서 '아멘'을 사용한 것이다. 그 용어는 공식적인 예전의 맥락에서 이미 말한 것을 강하고 엄숙하게 긍정하는 가장 전형적인 표현으로 히브리어와 아람어('amen)에 두루 잘 알려져 있다.[407] 예수 전통은 예수가 자신의 가르침 가운데 그 용어를 일관되게 사용한 것으로 명확하게 증언한다.[408] 나아가 그가 매우 독특한 방식으로 그 용어를 사용했다는 점도 분명하다. 통상적인 용례에서 '아멘'이 어떤 다른 사람의 말을 긍정하거나 승인한 데 비해, 예수 전통에서 그 용어는 예외 없이 예수 **자신의** 말을 도입하거나 승인하기 위해 사용되기 때문이다.[409] 매우 독특한 이 용법은 초기 그리스도인들의 것으로 간주되기 어렵다. 그들이 '아멘'을 사용한 경우는 전통적인 패턴과 일치한다.[410] 물론 그 전통을 구연함에 있어 그 담지자들/교사들이 그 모티프를 그 전통 내에서 확대했을 개연성은 배제할 수 없다. 그러나 그 용례가 예수와 함께 시작되었으며 그의 가르침 스타일에 있어 독특한 특징이었음은 그 어느 쪽도 심각하게 의심받을 만한 여지가 없다. 그 어떤 다른 사유가 있기에 예수 전통을 통틀어, 더구나 음역된 형태로 그것이 보존되었겠는가?[411] 그 정도가 예수 가르침의 전통사

---

407) 민 5.22; 신 27.15-26; 왕상 1.36; 대상 16.36; 느 5.13; 8.6; 시 41.13; 72.19; 89.52; 106.48; 렘 11.5; 28.6; 사 65.16에서 야웨는 두 번 '진리의 하나님('elohe-'amen)'으로 묘사된다. DSS에서 그 공식문구는 대개 이중으로 된 '아멘, 아멘'이다(1QS 1.20; 2.10, 18; 4Q286 단편 5번 8행; 단편 7번 4.1, 5, 10; 4Q287 단편 1번 4행; 단편 4번 3행; 단편 5번 11행; 4Q289 단편 2번 4행; 4Q504 단편 4번 15행; 단편 17번 2.5; 단편 3번 2.3; 단편 1-2번 1.7; 7[겉면].2, 9; 4Q507 단편 3번 2행; 4Q511 단편 63-64번 4.3).

408) 아래 각주 418을 보라. 거기 그 목록에서 괄호는 공관복음 평행구가 '아멘'을 결여하고 있음을 나타낸다. 그 목록은 이 공식문구('아멘 내가 너희에게 말한다')를 누가가 아닌 마태가 선호했음을 보여준다; 마태가 그 모티프를 확대시켰다면 누가는 그것을 대등하게 축소하였다.

409) Jeremias, *Prayers* 112-15: '아멘이란 말의 새로운 용법이 네 복음서에 등장했거니와, **그것이 전체 유대 문헌과 다른 신약성서에 유사한 경우가 없다**는 점은 거의 지겨울 만큼 지적되어왔다 [Dalmann, et al을 참조하여](112). 또한 Fitzmyer, *Luke* 536-37; Keck, *Who Is Jesus?* 101-102.

410) 신약성서에 약 30개의 다른 예들 중에서 고전 14.16이 가장 흥미롭다; 그것은 다른 곳에서 특징적으로 송영의 끝에 첨부된다.

411) 누가가 대안적 양식을 사용하는 점을 주목하라: '내가 참으로(*ep' alētheias*) 너희에게 이르노니' (눅 4.25; 4.24의 *egō de legō hymin*에 대한 평행구); '진실로(*alēthēs*) 내가 너에게 말한다'(9.27/[막 9.1]; 12.44/[마 24.47]; 21.3/[막 12.43]). 누가가 아람어를 알았거나 번역했을 리 없으므로 독특한 누가의 공식문구는 그의 (구전) 자료가 'amen이 동사 'aman('확인하다, 지지하다'; niphal 5: '의지할 만한, 신실한'; hiphil 2: '신뢰하다, 믿다', BDB)에서 나온 것임을 알고 이에 따라 그 'amen을 음역하기보다 번

에 진지하게 참여하는 가운데 도출할 만한 가장 안전한 결론임에 분명하다. 가까운 곳에 명백한 추론이 자리한다. 예수는 자신이 말하고자 한 것, 거기에 추가로 힘주어 말하고자 한 것에 주의를 끌기 위해 이 공식문구를 사용하였다.[412]

(5) 예수의 가르침 스타일의 두 번째 두드러진 특징은 '내가 너에게 말한다(*legō hymin/soi*)' 공식이다. 이는 케제만을 매료시켰던 특징이었는데, 결국 그는 그것에 대한 새로운 탐구를 개시했다. 그러나 그는 그 역접의 형태—'그러나 나는 너에게 말한다(*egō de legō*)'—와 그것이 마태의 산상설교에 반제로 사용된 용법에 너무 좁게 초점을 맞추었다. 케제만은 거기서 모세에 뒤지지 않는 권위 주장을 보았고 심지어 예수를 모세보다 우월하게 설정하였다.[413] 그것은 불운한 것이었다. 왜냐하면 그것이 그 모티프를 예수 대 율법이라는 구태의연한 논쟁에 이바지하도록 하였고 마태복음 5.21-48의 반제들에 너무 많은 비중을 두었기 때문이다. 우리는 이미 그러한 방향의 주장이 너무 지나치게 나갔으며(§14.4) 그 모티프의 반복이 그 설교의 반제를 배치한 교사(마태?)의 작품일 것(§14.4f)이라는 강한 개연성을 지적한 바 있다. 나아가 대부분의 경우 *egō*가 나오지 않는 점은[414] 도리어 그 특징을 '강조적 *egō*'로 서술한 대목을 김빠지게 한다.[415] 하지만 그 모티프 자체는 예수 전통 내에 너무 견고히 뿌리내려 있어 긍정적인 형태[416]와 역접적인 형태[417] 모두(그 사이의 차이점은 종종 대단치 않다) 전적으로 도외시될

역한 자에 의해 그리스어로 표기되었음에 틀림없다.

412) 또한 Theissen and Merz, *Historical Jesus* 523-24을 보라.

413) 케제만: '*egō de legō*라는 말은 모세의 권위에 맞서고 도전하는 권위에 대한 주장을 구체화한다'('Problem' 37). 유사하게 예레미아스: '반제에서 *egō de legō hymin*이라고 말하는 자는 토라의 합법적인 해석자임을 주장할 뿐 아니라…토라에 반대하여 자신의 위상을 세우는 유례없는 혁명적인 대담함을 가지고 있다'(*Proclamation* 253).

414) *Egō*는 반제의 공식 가운데서만 등장한다(마 5.22, 28, 32, 34, 39, 44); 유일하게 잘 증명되는 예외가 눅 16.9이다(막 11.33/마 21.27 참조).

415) Jeremias, *Proclamation* 250: '그의 어록들 가운데 현저하게 축적된 강조적 *egō*'(251)!

416) 막 2.11/눅 5.24; 막 11.24; 마 6.25/눅 12.22; 마 11.9/눅 7.26; 마 23.39/눅 13.35; 마 5.20; 12.31; 16.18; 18.10; 19.24; 21.43; 눅 7.9, 28, 47; 10.12, 24; 11.8, 9, 51; 12.5, 51, 59; 13.24; 14.24; 15.7, 10; 16.9; 17.34; 18.8, 14; 19.26, 40; 22.16, 34, 37(각주 419에서 누가의 항목과 중첩되는 부분은 누가 또는 그의 전통이 얼마나 빈번히 '아멘'을 생략했는지 시사한다).

417) 막 9.13/마 17.12; 막 13.37; 마 5.44/눅 6.27; 마 6.29/눅 12.27; 마 5.22, 28, 32, 34, 39; 8.11; 11.22, 24; 12.6, 36; 19.9; 26.29, 64; 눅 12.4, 8; 13.3, 5.

수 없다.

이전의 관찰 (4)에 비추어 한층 더 두드러진 점은, 요한 전통에서 '아멘, 아멘 내가 너희에게 말한다'[418]라고 이중적으로 확장된 '아멘, 내가 너희에게 말한다'[419]식의 형태가 꾸준히 등장하는 것이다. 여기서 다시 추론은 가까운 곳에 있다. 예수는 개인적 권위의 확신을 가지고 일정하게 말한 것으로 기억되었다. 즉 그는 다른 권위에 호소하지 않고 스스로 말하는 것의 중요성과 관련하여 확신의 어조로 어떤 점에 대한 자신의 견해를 제시했다는 것이다.[420]

(6) 이 마지막 발언은 좀더 확대시켜볼 수 있다. 이미 지적된 예수의 가르침의 다른 특징들은 그가 자신의 가르침에 놀라우리만치 비중 있는 의미를 부여하였고 그 제자들 역시 그렇게 하도록 기대했음을 암시하는 것 같기 때문이다. 나는 여기서 특히 그가 자신의 추종자들에게 그의 제자직 소명에 부여하길 기대한 높은 우선권과,[421] 그의 말에 대한 반응이 성공과 큰 실패, 유리한 심판과 불리한 심판 사이의 결정적인 차이를 초래할 수 있다고 하는 (보다 논란의 대상이 된) 전통의 함의를 생각한다.[422] 예수 전통 가운데 이 강조점을 어떻게 특별한 사례로 만들든지, 그 모티프는 우리가 위에서 이와 관련하여 지적한 것과 매우 긴밀히 공명되기에 전적으로 도외시할 수 없다.

---

418) 요 1.51; 3.3, 5, 11; 5.19, 24, 25; 6.26, 32, 47, 53; 8.34, 51, 58; 10.1, 7; 12.24; 13.16, 20, 21, 38; 14.12; 16.20, 23; 21.18.
419) 막 3.28/(마 12.31); 막 8.12; 막 9.1/마 16.28/눅 9.27; 막 9.41/마 10.42; 막 10.15/마 18.3/눅 18.17; 막 10.29/마 19.28/눅 18.29; 막 11.23; 막 12.43/눅 21.3; 막 13.30/마 24.34/눅 21.32; 막 14.9/마 26.13; 막 14.18/마 26.21; 막 14.25/(마 26.29); 막 14.30/마 26.34/(눅 22.34); 마 5.26/(눅 12.59); 마 8.10/(눅 7.9); 마 11.11/(눅 7.28); 마 13.17/(눅 10.24); 마 23.36/(눅 11.51); 마 24.47/눅 12.44; 마 5.18; 6.2, 5, 16; 10.15, 23; 17.20; 18.13, 18, 19; 19.23; 21.21, 31; 24.2; 25.12, 40, 45; 눅 4.24, 25; 12.37; 23.43. 괄호를 친 것은 '아멘'이 없는 '내가 너에게 말한다' 양식을 나타낸다.
420) 나는 여기서 H. K. McArthur, *Understanding the Sermon on the Mount* (London: Epworth, 1961) 56을 담아내고 있다.
421) 막 3.31-35 평행구; 마 10.37/눅 14.26; 위의 §14.7을 보라.
422) 마 7.24-27/눅 6.47-49; 마 10.32-33/눅 12.8-9; 추가로 위의 §12.4e-f를 보라.

d. 교사보다 더 큰 무엇?

여기서 우리는 한 단계 더 나아갈 필요가 있을 것이다. 언뜻 보아 예수가 직접적이고 즉각적인 권위, 즉 하나님으로부터의 권위를 주장한 데는 독특하게 종말론적인 흔적이 없다. 그러나 이제 조금 간파한 다음의 계통을 숙고해보라. (1) 짐작건대 직접적인 권위를 암묵적으로 주장하는 것은 예수의 하나님 통치에 대한 선포와 통하는 일부이다. 그는 그 긴박함을 선포한 자의 권위, 나아가 그의 선교가 이미 하나님의 통치를 현재 이미 실행한 자로서의 권위를 가지고 말했다. (2) '나는 왔다'가 '나는 보냄을 받았다'라는 예언자적 어법을 넘어서듯이, '내가 너에게 말한다'가 '이와 같이 주께서 말씀하신다'라는 예언자의 전형적인 어법을 넘어서는 것 같다는 도드의 통찰도 우리는 상기해야 한다.[423] '아멘, 내가 너에게 말한다'도 같은 방향을 시사한다.[424] (3) 예수의 축귀 사역이 권위의 직접성과 유사한 주장을 구체화한 것 같다는 사실에서도 동일한 추론을 이끌어낼 수 있을지 모른다. '나는…로써 너에게 명한다'보다는 오히려 '나는 명령한다.'[425] (4) 우리는 또한 예수가 하나님의 *šaliaḥ*, 즉 하나님의 종말론적 사자와 대표자가 된다고 명시적으로 주장했다는 점을 그 전통이 소중히 간직했을 가능성에 주목하였다.[426] (5) 예수가 자신을 신적인 지혜의 사자,[427] 즉 단지 지혜의

---

423) 위의 §15.6d를 보라. 데이비스의 주장에 의하면 예수가 하나님의 성령에 사로잡힌 채 말했을 때(귀신 들림의 경우처럼) 그것이 무엇인지 설명하면서 그렇게 말한 당사자는 그의 대리적 인격체(alternate persona)이었다. 그는 이로부터 일부 예수의 것으로 돌려지는 '요한 스타일'의 어록들이 그러므로 '역사적으로 진정한' 것으로 간주될 수 있다고 추론한다(*Jesus the Healer* ch.11).

424) 예레미아스 참조: '여기에 신적인 권위를 주장하는 위계 의식이 있다'(*Prayers* 115); '*egō*는 *amēn*과 연관되며 그리하여 신적인 권위를 가지고 말한다고 주장한다'; '강조적 *egō*는 그것을 사용하는 사람이 하나님의 대표자임을 나타낸다'(*Proclamation* 253-54). '여기서는 예언자, 아니 어쩌면 예언자 이상을 말한다!'(Theissen and Merz, *Historical Jesus* 524).

425) 위의 §15.7g-h를 보라.

426) 막 9.37/눅 9.48; 마 10.40; 눅 10.16(위의 §15.6c를 보라); Witherington, *Christology* 142-43.

427) 눅 7.35(마 11.19): 지혜의 자녀로서 예수와 요한(마태의 '행위들'은 아마 11.2와 수미상관 구조를 형성하기 위해 편집한 결과인 듯하다); 마 11.25-27/눅 10.21-22: 지식의 독특성과 권위(아래 §16.2c[1]를 보라); 눅 11.49-51/(마 23.34-36): 예수는 지혜에 의해 파송 받은 자들 중 하나로 보아야 하는가? 각각의 경우에서 마태는 예수를 신적인 지혜와 동일시하는 모티프를 발전시켰다(내 책 *Christology* 197-204을 보라). 그러나 그 행보는 q/Q 전통의 양식 가운데 취해지지 않았던 것 같다(Witherington, *Christology* 49-53에 실례지만 그는 너무 성급하게 예수가 자신을 성육한 신적인 지혜로 보았으리라는 가능성으로 비약한다; 유사하게 *Jesus the Sage: the Pilgrimage of Wisdom* [Minneapolis: Augusburg Fortress, 1994] 201-208). 추가로 J. Schlosser, 'Q et la christologie implicite', in

교사가 아니라 하나님을 대신하여 행동하는 지혜의 종말론적 대변인으로 보았다는 점에도 유사한 함의가 있는가?[428]

그러한 방향의 설명은 해당 자료를 너무 심하게 밀어붙이는 것일 수 있다. 변화산과 '자연 기적' 이야기들의 경우와 마찬가지로, 부활 사건 이후 반영된 목소리들이 부활 사건 이전의 기억들과 여기서 탐구중인 바로 그 논점들에 관련된 예수 자신의 목소리를 압도하기 시작했을 가능성이 있다.[429] 그럼에도 불구하고, 다른 자들이 아닌 예수가 자신의 선교를 말하면서 사용한 나머지 범주들로 나아갈 때, 우리는 두 개의 강력한 인상에 사로잡힌다. 한 가지는 예수의 선교가 평가받을 수 있는 가장 명백한 모든 범주들을 돌파한 것으로 보인다는 점이다. 그는 분명히 관찰자들이 그에게 꼬리표를 붙여 규정하길 바랐을 그 어떤 틀과도 느긋할 만큼 들어맞지 않았다. 다른 한 가지는 예수가 자신의 선교, 나아가 그 모든 것의 철저한 유대적 성격의 독특성을 어느 정도 주장했을 미세한 가능성이다. 이로 인해 청중과 제자들은 그들이 보고 듣고 나아가 기억했던 것의 중요성을 표현할 말을 찾아 씨름해야 했다.

그러나 우리가 예수의 자기 이해에 대한 탐색 가능성을 철저히 규명하고자 한다면 검토해야 할 보다 직접적으로 연관된 자료들이 있다.

Lindemann, ed., *Sayings Source Q* 289-316. 또한 Schüssler Fiorenza, *In Memory of Her* 132-35을 보라; 또한 *Jesus: Miriam's Child, Sophia's Prophet* (New York: Continuum, 1995) 141-43.

428) 추가로 Hengel, 'Jesus as Messianic Teacher' 75-87을 보라. 그는 여기서 특히 지혜와 영 사이의 긴밀한 유대를 주목한다—초자연적 지혜의 은사와 예언자적 영감은 호환적인 관계이다(93-104).

429) 설사 그렇더라도 샌더스는 주저하지 않고 '예수가 하나님의 대변인임을 자처했다'고 단언한다 (*Jesus* 271, 281); '그는 스스로 하나님을 대신하여 말하고 행동할 온전한 권위를 지닌 것으로 여겼다'; '단지 하나님의 대변인만이 아니라 그의 부왕(副王)'(*Historical Figure* 238, 242, 248). I. H. Marshall, *The Origins of New Testament Christology* (Leicester: IVP, 1976)는 그 점을 한층 더 강하게 밀어붙인다(45-51).

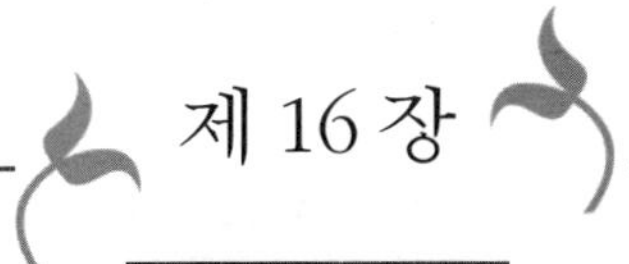

예수는 자신의 역할을 어떻게 보았는가?

우리는 이미 예수의 동시대 사람들이 예수에게 가장 적합한 것 같다고 여긴 범주들에 예수가 어떻게 반응한 것으로 기억되었는지 물으면서 이 문제를 탐구하기 시작하였다. 제15장과 제16장의 분할은 실제 내용상으로뿐 아니라 편의상 그리한 것이다. 두 개의 추가 범주가 예수 전통 가운데 제시되는데, 곧 하나님의 아들과 인자이다. 이것들은 이번 장의 일차적 초점이 될 것이다. 그러나 제15장의 실마리들이 제16장에서 제기되는 질문들에 대한 답변을 제공하는 선에서 그것들을 끌어모으면서 시작하는 것도 괜찮을 것이다.

이 모든 것에서 예수가 남긴 충격적 영향에 내 일차적 초점이 있음을 염두에 두는 것이 여전히 중요하다. 그러나 이 경우 예수가 남긴 그 영향의 '외양'(§15.1)을 참조하여 다음 단계, 즉 그것을 충격적으로 만든 '외양'을 끝까지 찾아내려는 어려운 과제에 운을 걸어볼 필요가 있다. 이는 다시 말해 예수가 예수 전통의 그러한 특징을 결과한 자신의 역할과 관련하여 자기 나름대로 인지한 것에 대해 말했거나 암시했을 법한 것이다.

16.1 종말론적 대리인

다소 모호한 용어('종말론적 대리인')로 자신의 역할에 대한 예수 나름의 평가를 우리가 식별할 수 있는 차원에서 서술하는 것이 필요한 듯하다. 왜냐하면 지금껏 검토된 그 어떤 범주도 그에게 전적으로 수용될 만한 것 같지 않기 때문이다. 간결하고 직설적으로나마 재생해보자.

왕적 메시아/다윗의 자손(§§15.2-4)은 종말론적 의의로 가득 찬 범주였다. 그러나 그것이 예수가 자신의 선교를 위해 포용할 수 있었던 의의였는가? 분명히 그렇지 않다. 예수 전통이 시사하는 바에 따르면 역할 묘사로서 그것은 가치 있기보다 성가셨고, 문제를 해명해주기보다 오해를 야기하기 쉬웠다. 메시아적 호칭으로서 그것은 무시될 수 없었다. 그것은 유대인의 희망과 기대에 매우 근본적인 요소였다. 그러나 역할 묘사로서 그것은 잘못된 방향을 가리켰다. 따라서 첫 그리스도인들이 그것을 필요에 따라 예수에게 사용했을 때 그것의 현재 의미를 완전히 변용하여 사용한 것은 이상한 일이 아니다. 그러나 예수 자신, 곧 수난의 성 금요일 이전의 예수에게 그 타이틀은 분명 도움보다는 방해가 되었다.

제사장적 메시아(§15.5)는 예수 자신을 포함하여 예수의 선교에 연루되었거나 그 구경꾼 누구도 적절하다고 생각한 적이 결코 없었던 호칭 또는 역할이었다.

다른 세 개의 범주, 즉 **예언자, 치유자, 교사**(§§15.6-8)는 좀더 수용 가능성이 크다. 왜냐하면 그것들은 성격상 종말론적이면서도 묘사하는 역할이 그리 명확하게 또는 충분히 정의되어 있지 않았기 때문이다. 그렇다면 예수는 자신의 선교가 오해받게 하지 않고서도 그것들을 인정해줄 수 있었을 것이다. 그 범주들은 그의 사역 일부를 설명해주었고 중요한 측면들을 조명해주었다. 그러나 달리 보면 그 함의는 명확하다. 즉 그것들의 기능은 하나님 나라와 관련한 예수의 주요 목적에 대해 보조하는 수준에 머물렀다. 나아가 그것들 중 그 어느 하나도 그의 선교에 대해 온전하거나 충분한

설명을 제공하지 못했다.[1]

　동시에 예수와—하나님의 왕권에 대한—예수의 선포가 서로 밀접하게 연관되어 있다는 것, 그 나라가 바로 예수의 선교를 통해 또 그 가운데 현존했다는 사실, 나아가 그것이 예수의 가르침에 대한 기억 가운데 아주 분명하게 입증된다는 사실은 예수가 자신을 어떻게 낮추어 말하든 스스로 모를 리 없던 그와 관련한 종말론적 의미를 나타낸다.[2] 방금 언급한 세 가지 역할들 중 각각에 담겨진 예수 전통 속에 우리는 '종말론적 여분' 또는 '종말론적 잉여'라 부를 만한 것을 발견했다. 예수가 단순히 예언자로서가 아니라 이사야 61.1-3에서 적시한 역할이 부여된 종말론적 예언자로서 자신을 이해했다. 그가 행한 일은 단지 치유자나 축귀사로서가 아니라 자신의 축귀와 치유 가운데 입증된 풍성한 종말론적 권능을 인지할 만한 분별력을 수반한 가운데 시행된 것이었다. 제자들은 하나님의 영의 종말론적 기름 부음에 대한 예수의 주장 가운데 어떤 배타적 성격을 떠올렸다. 이는 예수 자신의 말로 바꾸면 자신을 여느 축귀사와 치유자, 심지어 그의 스승이었던 세례자를 포함하여 그에 앞선 예언자들과 그를 구별지은 점이었다. 마찬가지로 예수는 가르쳤지만 분명 자신을 단순히 교사로 보지 않았다. 그 이상이었다. 예수는 하나님의 뜻에 대한 이해의 직접성을 주장한 것으로 기억되며, 바로 자신의 말과 가르침의 방식으로써 동시대의 가장 명백한 유사 사례들의 수준을 넘어서는 가르침의 권위를 주장한 것으로 기억된다.

　물론 그 당시의 세계 다른 곳에서도 황홀경 속에 자신이 사로잡힌 것으로 생각하여 신적인 인격체로 말한 개인들의 사례는 있었다. 신성의 현현이라고 주장한 왕들도 있었다. 그러나 출신 배경이 극히 소박한 이 목수의 아들처럼 침착하면서도 전적으로 합리적인 언변을 가지고 하나님의 대

---

1)　같은 내용이 예수에 대한 묘사로서 '카리스마적'이라는 용어에 적용된다(Vermes, *Jesus* ch. 3 [79]; Dunn, *Jesus* ch. 4; Borg, *Jesus: A New Vision* ch. 3; Theissen and Merz, *Historical Jesus* ch. 8)—적절하지만 불충분하다.
2)　Merklein, *Jesu Botschaft* 149-52.

리자로 현 세대의 종점에서 하나님을 위해 말한다고 주장한 자는 없었다.
'아멘(진실로) 내가 너희들에게 말한다'라는 그의 통상적 도입문구에 엿보이
는 꾸밈없는 도도함으로 그와 같이 말한 자는 없었다.

이러한 방향의 해명적 논리를 얼마나 밀어붙일 수 있는지는 전혀 명확
하지 않다. 예수 전통이 강하게 암시하는 바에 따르면 예수는 적어도 자신
의 선교와 관련하여 현재의 종말론적 완성과 그의 청중들에게 마지막 중요
성을 띤 비범한 의의를 주장했다. 기억된 예수의 말들 속에서 우리는 적어
도 그의 선교와 관련하여 단지 하나님의 일개 종말론적 사자의 메시지가
아니라 거기 담긴 신성한 의의에 대한 주장을 엿들을 수 있다. 이 점에 대해
얼마나 더 언급할 수 있는지는 분명하지 않다. 특히 예수의 **선교**와 관련된
의의를 주장하는 것이 얼마나 **그 자신**의 의의에 대한 주장과 직결되는지
는 미해결의 문제이다. 우리는 하나님 나라를 구현한 선교와 그 선교의 구
현체로서 예수 자신 사이에 뚜렷한 경계선을 그을 수 있을까?[3] 예수 전통
자체가 후대의 윤색 결과로서가 아니라 그 논점(함축적 그리스도론의 논점)을
제기한다는 바로 그 사실은 무시되거나 평가절하될 수 없는 요인이다.

그 문제는 이와 같이 제기될 수 있다. 예수가 접근 가능한 모든 역할 범
주들을 그 스스로도 어느 정도 무효로 만드는 것 같기 때문에 그의 역할을
기술하거나 그의 중요성을 정의할 적절한 용어들을 찾기란 거의 불가능해
진다.[4] 접근 가능한 말의 풍경과 은유들이 부적합한 것으로 판명되었다면
무엇을 해야 할까? 그러한 경우에서 명백한 해답은 새로운 말의 풍경과 은
유를 고안해내거나 다른 것을 취해 그것을 새로운 의미로 채우는 것이다.
예수는 이와 같은 추론의 방향을 따랐던가?

---

3) 슈툴마허는 그 경우를 강조한다: '예수의 인격, 그의 행실, 그리고 그의 말은 하나님의 체현으로 이
해되어야 한다(*Verleiblichung Gottes*). 예수는 하나님이 보낸 종말론적 예언자였을 뿐 아니라 하나님
의 통치를 몸소 하나님의 비유로 증언하였다(E. Jüngel and E. Schweizer)'(*Biblische Theologie* 1.74, 110).
맥나이트의 다음 표제 참조: '예수를 통해서만 작동하는 그 나라'(*New Vision* 89).
4) M. de Jonge, *Jesus, The Servant-Messiah* (New Haven: Yale University, 1991) 66-67, 80 참조. 그는 E.
Schweizer, *Jesus* (London: SCM, 1971) 21-22을 언급하면서 에두아르트 슈바이처가 예수를 '어떤 공
식문구도 딱 들어맞지 않는 사람'('der Mann, der alle Schemen sprengt')으로 기술한 대목을 적절히 인
용한다. '간과되어서 안 되는 것은 예수를 학자들이 정확히 분류하지 못한 것이 예수 자신에게 책임
이 있을 개연성이다'(Keck, *Who Is Jesus?* 52).

계속 진행하기 전에 마지막 주의 사항이 있다. 이 모든 것에서 나는 예수가 자신의 역할이 무엇이었는지 또는 무엇이 되어야 하는지에 대한 분명한 구상이 있었던 것처럼 말해왔다. 그러나 그것은 당연시해서는 안 되거나 그렇게 할 수 없는 가정이다. 다른 여타의 사항과 별도로 나는 이미 예수의 하나님 나라 개념이 그의 설교 가운데 일차적 요소로 명확한 것과 거리가 멀다고 결론지은 바 있다(§12.6). 왜 이것이 예수의 자기주장이나 자기 평가와 같이 덜 실체적인 논제와 달라야 하는가? '내가 누구인가?'라는 질문과 관련하여 우리는 예수가 어떤 특정한 답변을 하는 것이 중요하다고 생각했는지는 고사하고 그가 그와 같은 질문을 던졌는지조차 확신할 수 없다. 따라서 아래에서 우리는 이제 고찰해야 할 예수 전통의 구성 요소로부터 듣는 메아리가 이후의 그리스도교 신앙이라는 공명 공간에서 나오는 여운으로만 들려오지 않도록 한층 더 주의해야 한다.

16.2 하나님의 아들

방금 언급한 주의는 이 주제와 특별히 상관된다. 그리스도교 전통에서 예수는 '하나님의 아들'과 다름없는 존재로 '아버지에게서 난 독생자, 곧 아버지의 본체로부터…났지만 피조된 것이 아니다'라고 되어 있기 때문이다.[5] 하나님과의 관계에서 그리스도의 신성과 위상이 분명해지고 보편적 정통 교리가 영지주의자와 아리우스파의 좀더 열등한 그리스도론과 거리를 둔 것은 바로 그의 신적인 아들 됨('태어남')을 그렇게 긍정하고 정의함으로써 가능해졌다.[6] 다시 말해 니케아 공의회와 함께 '하나님의 아들'은 그리스도의 핵심 타이틀이 되었다.[7] 그 이후 그리스도교에서 '하나님의 아

---

5)　J. N. D. Kelly, *Early Christian Creeds* (London: Longmans, 1960²) 215-16에 따른 니케아 신조(주후 325년).
6)　추가로 Kelly, *Early Christian Creeds* 231-42을 보라.
7)　이어지는 대목에서 나는 내 책 *Jesus and the Spirit* ch. 2과 *Christology* ch. 2에 의존하게 될 것이다. 이 점에서 후자의 2판 서언에 나오는 모리스 와일즈(Maurice Wiles)와의 의견 교환을 주목하라 (xxviii-xxxi).

들'의 지시 대상은 유일하게 예수 그리스도라는 한 사람에만 국한되었다.

그러나 니케아 신조는 거의 3세기에 걸쳐 뻗어간 과정의 결정체를 표상한다. 여기서 우리의 관심사는 그 과정의 시작에 있다. 이미 신약성서 자체 내에서 우리는 아버지인 하나님에 대해 예수의 아들 신분이 더욱 현저해지는 그 과정이 진행되는 것을 본다. 마가와 Q에서 예수가 하나님을 아버지로 불과 서너 번 언급하는 데 반해, 마태에서 우리는 30번 이상 그런 언급을 발견하고 요한복음에서는 약 100번 정도 그러한 사례를 볼 수 있다.[8] 그렇다면 확실히 그러한 언급들이 점점 예수 전통으로 도입되는 증가 추세가 있었다는 말인데, 이는 하나님의 아들로서 예수의 개념이 이미 1세기에 중요해지고 있었음을 암시한다. 왜 그렇게 되었으며 언제 그 과정이 시작되었는가?

상당 부분의 그리스도론이 그렇듯이, 결정적인 자극은 종종 부활 사건으로 소급된다. 예수의 신적인 아들 됨의 기원, 곧 시간상 꾸준히 뒤로 밀리는 그의 태어남의 순간을 추적해보면 과연 산뜻한 발전의 방향을 쉽사리 탐지할 수 있다. 부활에서부터(행 13.33; 히 5.5), 세례/요단 강으로(막 1.11 평행구), 잉태/탄생으로(마 1.20/눅 1.35), 선재 단계로(요 1.14, 18).[9] 이는 자연스럽다기보다 분석적으로 만족스럽게 보인다. 그러나 이는 부활 사건 이전의 예수 전통 가운데 확실히 하나 또는 다른 양식의 실질적인 발전으로 보이는 것에 발판이나 자극을 제공했을 법한 어떤 요소가 있는지 여부와 관련하여 분명히 쟁점을 제기한다.

전과 같이 여기서도 예수가 사용했거나 예수에 대해 사용된 그와 같은 어떤 언어가 들릴 만한 맥락을 설정하는 것이 현명하다.

---

8) Jeremias, *Prayers* 29-30; 자세한 내용은 위의 제14장 각주 35.
9) 내가 *Christology* 61에 제안한 바와 같다.

a. 1세기 '의미의 맥락'

후대 그리스도교의 용례와 대조적으로 '하나님의 아들'이 그 당시의 사고 가운데 그리 배타적인 타이틀이거나 독특한 명칭이 아니었다는 점을 즉시 파악하는 것이 중요하다. 그 용례는 20세기의 지난 30년간 종종 검토되어온 바 있기에 간단한 요약만으로 여기서 충분할 것이다.[10)

헬레니즘 문화의 보다 폭넓은 진영 내에서 '하나님의 아들'은 디오니수스와 헤라클레스 등과 같은 전설적인 영웅들, 동양 특히 이집트의 통치자들, 그리고 피타고라스와 플라톤 같은 유명한 철학자들에게 사용되었다. 스토아 철학에서 제우스는 대중적으로 모든 사람들의 아버지로 생각되었다.[11) 유대교 전통에서 그 용어는 집합적으로 이스라엘에 대해,[12) 또는 복수로는 천사들/천상의 공의회에 대해[13) 또는 왕에게[14) 사용되었다. 쿰란 두루마리는 기대된 왕적 메시아가 또한 하나님의 아들로 생각되었음을 확인해주었다.[15) 마찬가지로 재미있는 것은 특히 지혜문헌에서 의로운 자들은 스스로를 '하나님의 아들들'로 생각하였고[16) '아버지'로서의 하나님에

---

10) 가령 P. W. von Martitz, G. Fohrer, E. Schweizer, and E. Lohse, 'huios', *TDNT* 8.335-62; Vermes, *Jesus the Jew* 194-200; M. Hengel, *The Son of God: The Origin of Christology and the History of Jewish-Hellenistic Religion* (London: SCM, 1976) 21-56; J. Fossum, 'Son of God', *ABD* 6.128-33. 보다 풍성한 상술은 또한 내 책 *Christology* 14-16.

11) 상세한 내용은 von Martitz, *TDNT* 8.336-40; Hengel, *Son of God* 24; Fossum, *ABD* 6.132-33.

12) 출 4.22; 렘 31.9, 20; 호 11.1; 또한 가령 신 14.1; 32.6, 18; 사 43.6; 렘 3.4, 19; 호 1.10; 지혜서 9.7; 18.13; 희년서 1.24-15; 솔로몬시편 17.27.

13) 창 6.2, 4; 신 32.8; 욥 1.6-12; 2.1-6; 38.7; 시 29.1; 89.6; 단 3.25; 그 밖에 에녹1서 13.8; 106.5 참조.

14) 삼하 7.14; 대상 17.13; 22.10; 시 2.7; 89.26-27. 추가로 Fohrer, *TDNT* 8.347-53; Fossum, *ABD* 6.128-29를 보라.

15) 1QSa (1Q28b) 2.11-12('[하나님이] 메시아를 낳을 때'); 4Q174 (4QFlor) 1.10-12(삼하 7.12-14은 율법의 해석자와 함께 일어날 "다윗의 가지"를 언급한다). C. A. Evans, 'A Note on the "First-Born Son" of 4Q369', *DSD* 2 (1995) 185-201은 4Q369 1 2.6의 '장자'가 다윗계이고 메시아적 인물이라고 생각한다. 4Q246 ('그는 하나님의 아들이라 부름을 받을 것이요 그들은 그를 지극히 높으신 분의 아들이라 부를 것이라')에 대해서는 Collins, *Scepter and Star* 154-64의 논의를 보라; J. D. G. Dunn, '"Son of God" as "Son of Man" in the Dead Sea Scrolls? A Response to John Collins on 4Q246', in S. E. Porter and C. A. Evans, eds., *The Scrolls and the Scripture: Qumran Fifty Years After* (Sheffield: Sheffield Academic, 1997) 198-210 (추가 참고 문헌과 함께). 또한 에녹1서 105.2; 에스라4서 7.28-29; 13.32, 37, 52; 14.9을 보라. 쿰란 증거는 '하나님의 아들'이 제2성전기 유대교에서 메시아적 타이틀이 아니었다는 옛적의 견해를 완전히 없애버렸어야 했다(가령, W. Bousset, *Kyrios Christou* [1913; ET Nashville: Abingdon, 1970] 93; Kümmel, *Promise* 83); 그렇다고 해도 풀러는 '하나님의 아들이 그리스도교 이전의 유대교 안에서 메시아적 타이틀로 막 사용되고 있었다'고 결론짓고자 하는 의욕만은 살아 있다 (*Foundations* 32); 나아가 샌더스는 그리스도교 운동 밖에서 '메시아'와 '하나님의 아들'이 결합된 어떤 증거도 찾아낼 수 없다(*Jesus* 298).

게 기도했다는 사실이다.[17] 한편 버메스는 두 명의 '카리스마적 랍비'를 특별히 주목하였다. 한 사람은 원 그리는 자 호니(Honi, 주전 1세기)로 전통에 의하면 그는 하나님에게 '그 집안의 아들처럼' 기도했다고 한다(*m. Ta'an.* 3.8).[18] 또 다른 한 사람은 하니나 벤 도사(Hanina ben Dosa)로 예수 다음 세대에 속하였으며 하늘의 목소리가 '나의 아들'이라고 언급했다고 한다.[19] 또한 상관되는 점은 셈어 계통의 관용적 표현인데, 이에 따르면 가족이나 아버지 대 아들의 친연관계('~의 아들')는 전문 직업 집단들이나[20] 특정한 성향을 공유하는 자들까지[21] 다양하게 포함하는 확대된 관계를 암시한다는 것이다.

그렇다면 '하나님의 아들'이 예수가 어울릴 만한 또 다른 범주를 제공했다고 볼 수 있다. 이는 예수를 왕적 메시아, 곧 다윗의 자손과 동일시하는 시도에 상응하는 적절한 추론으로 보였을 것이다. 우리는 이미 사무엘하 7.12-14의 그러한 종말론적 독법이 마가복음 14.61에서 대제사장이 제기한 질문에 관한 타당하고 합리적인 설명을 제공한다고 지적하였다.[22] 대신 예수가 고난당하는 의인을 다룬 지혜 전통과 연계되어 있었다면, 그 용

---

16) 지혜서 2.13, 16, 18; 5.5; 집회서 4.10; 51.10; 유대인 사상의 되풀이되는 특징은 하나님의 훈련이 자기 아들을 훈련하는 아버지의 경우 같다는 것이다(신 8.5; 삼하 7.14; 잠 3.11-12; 지혜서 11.10; 솔로몬시편 13.9; 18.4; 히 12.5-6). 추가로 Charlesworth, *Jesus* 149-52을 보라.

17) 지혜서 14.3(*pater*); 집회서 23.1, 4(*pater*); 51.10; 마카베오3서 6.3, 8(*pater*); 4Q372 단편 1 16행('*abi*); 4Q460 단편 5 1.5('*abi*).

18) 위더링턴은 S. Safrai, 'The Teaching of the Pietists in Mishnaic Literature', *JJS* 16 (1965) 15-33을 주목한다. 이에 따르면 그 문구가 '왕실의 노예를 가리키는 데 비해, "집에서 태어난 자"나 "집의 아들"이라는 용어는 집안의 노예를 언급한 것임을 보여준다'(*Christology* 183).

19) *b. Ta'an.* 24b; *Ber.* 17b; *Hul.* 86a. 추가로 Vermes, *Jesus the Jew* 206-207; Flusser, *Jesus* 113-18; Fossum, *ABD* 6.130-31을 보라.

20) 다음의 주들에 나오는 전거는 H. Haag, '*ben*' *TDOT* 2.149-53, 160-61(여기서는 152)에서 가져온 것이다: '향수 판매상의 아들'=향수 판매상(느 3.8), '가수들의 아들들'=가수들(느 12.28), '고라의 아들들'(시편 42.1; 44.1; 46.1; 47.1; 49.1; 84.1; 87.1; 88.1에 붙인 표제), '아삽의 아들들'(대하 35.15), 제사장들='제사장의 아들들'(스 2.61; 10.18; 느 12.35; 대상 9.30), '아론의 아들들'(레 1.5, 11; 2.2-3, 10; 13.2; 21.1; 민 10.8; 대하 35.14), '레위의 아들들'(신 21.5; 스 8.15), '사독의 아들들'(겔 40.46; 44.15; 48.11; 1QS 5.2; 9.14; 1QSa [1Q28a] 1.24; 2.3; 1QSb [1Q28b] 3.22), 예언자='예언자들의 아들들'(왕상 20.35; 왕하 2.3, 5, 7, 15; 4.1, 38; 5.22; 6.1; 9.1; 단수 암 7.14), 지혜로운 사람='지혜로운 사람들의 아들'(사 19.11); 또한 BDB, '*ben*' 7a.

21) 용감한 자='힘의 아들들'(신 3.18; 삿 18.2; 21.10; 삼상 14.52; 18.17; 삼하 2.7; 왕상 1.52; 왕하 2.16; 대하 17.7), '아름다움의 아들들'(미 1.16), '자부심의 아들들'(욥 28.8; 41.26[34]), '반역의 아들들'(민 17.25[10]), '벨리알의 아들들'(신 13.14[13]; 삿 19.22; 삼상 2.12; 10.27; 25.17; 왕상 21.10, 13; 대하 13.7) 등등. (Haag 153, 161; BDB, '*ben*' 8); '빛의 아들들'(1QS 1.9; 2.16; 3.13, 24-25; 1QM 1.1, 3, 9, 11, 13 등등), '언약의 아들들'(1QM 17.8; 4Q501 2행; 4Q503 단편 7-9 3행), '정의의 아들들'(1QS 3.20, 22; 4Q503 단편 48-50 8행). 신약성서에서도 유사한 예들로, '그 나라의 아들들'(마 8.12; 13.38), '빛의 아들들'(눅 16.8; 요 12.36; 살전 5.5), '평화의 아들'(눅 10.6), '혼인방의 아들들'(막 2.19 평행구), '이 세대의 아들들'(눅 16.8; 20.34), '악한 자의 아들들'(마 13.38); 추가로 F. Hahn, '*huios*', *EDNT* 3.383을 보라.

22) 위의 §15.3a를 보라.

어는 동시에 적절한 것으로 간주되었을지 모른다. 하지만 다소간 의미심장한 사항은 지혜 전통에서 그 용어가 다른 사람들이 적용한 묘사 언어가 아니라 의인 자신이 하나님에 대한 확신을 표현하는 차원에서 스스로 선택한 것으로 보인다는 점이다. 이것이 우리가 예상할 만한 것을 가리키는 지침인가?

이 모든 경우에서 공통분모는 '하나님의 아들'이 하나님이 총애하거나 하나님과 특별히 연관된 자를 가리켰다는 점이다. 왕에게 그 위상은 보다 형식적이었다. 왕은 백성들에게 하나님을 대표했다. 그러나 보다 광범위한 지시 대상에서 그 문구는 하나님과 친밀한 자, 하나님의 성품을 긴밀히 반영한 자, 하나님의 뜻을 온전히 행한 자를 나타낸 것으로 보인다. 그 신학적인 논리는 집회서 4.10과 마태복음 5.45/누가복음 6.35에서 분명하게 확인된다.[23] 고아와 과부를 불쌍히 여기는 것은 하나님의 아들과 같이 되는 것이다. 심지어 원수에게까지 비타산적인 관대함과 사랑으로 행하는 것은 스스로 하나님을 닮는 것이고, 하나님의 아들이 되는 것이다. 바로 이것이 예수와 관련하여 그 문구에 어떤 최초의 용례를 알려주었던 의미의 맥락일까? 그렇다면 맨 처음 예수를 하나님의 아들이라 부른 것은 이후 그리스도교의 용례—'독생자'로서의 그리스도—와 거리가 먼 것이었음을 주목해야 한다. 부활 사건 이후 최초로 사용된 그 문구에서 그리스도인들은 그리스도의 아들 됨을 공유한다고 생각한 것이 사실이다.[24] 그러나 그때조차 예수의 신적인 아들 신분은 그리스도인의 아들 됨이 그리스도의 그것에 의존하거나 거기서 파생되었던 것과 다르게 매우 독특하고 유일한 것으로 이해되었다. 따라서 예수의 아들 신분을 매우 독특한 것으로 보는 분별력이 언제 처음 생겨났고 거기에 부활 사건 이전의 뿌리가 있는지 여부는 여전히 미해결의 문제로 남아 있다.

---

23) 집회서 4.10: '고아들에게 아버지가 되고, 그들의 어머니에게 남편같이 되어라; 그때 너희는 지극히 높으신 이의 아들과 같이 되고 그는 너희를 너희 어머니보다 더 사랑하리라'; 마 5.45/눅 6.35은 §14.5b에서 이미 언급된 바 있다.
24) 롬 8.14-17, 29; 갈 4.6-7.

통상적인 경우대로 우리는 예수 전통을 살펴 곧 다가올 수도 있는 어떤 답변을 찾아내야 한다. '메시아'의 경우처럼 그 과제는 난해한데, 그 용어가 ('교사'처럼) 논의의 대상이 되지 않을 뿐더러 ('예언자'처럼) 반복적으로 환기되지도 않기 때문이다. 그러나 그 전통의 한 가지 특징은 대번에 탐구자들의 마음을 사로잡았고 놀랍도록 긍정적인 결과를 산출했다.

b. 예수의 '아바' 기도

예수 전통은 예수가 그의 기도 가운데 하나님을 '아버지'로 호칭했다는 점에 있어 분명하다. 예레미아스는 복음서 자료의 다섯 개 층위 모두 이 점에 대해 만장일치를 보인다고 지적했다.[25] 그러나 이 경우는 주로 두 가지 사례에 집중되어 있다. 마태복음 11.25-26/누가복음 10.21과 마가복음 14.36 평행구.

마 11.25-26	눅 10.21
25 그 때에 예수께서 대답하여 이르시되 천지의 주재이신 아버지여 이것을 지혜롭고 슬기 있는 자들에게는 숨기시고 어린 아이들에게는 나타내심을 감사하나이다. 26 옳소이다. 이렇게 된 것이 아버지의 뜻이니이다.	21 그 때에 예수께서 성령으로 기뻐하시며 이르시되 천지의 주재이신 아버지여 이것을 지혜롭고 슬기 있는 자들에게는 숨기시고 어린 아이들에게는 나타내심을 감사하나이다. 옳소이다. 이렇게 된 것이 아버지의 뜻이니이다.

일단 위 어록의 상반절(기도 부분)에만 논평을 국한해보더라도[26] 여기서조차 의견이 몹시 갈린다.[27] 그럼에도 불구하고 Q 전통이 아버지로서의 하

---

25) 막 14.36/마 26.39/눅 22.42; 마 11.25-26/눅 10.21; 마 26.42; 눅 23.34, 46; 요 11.41; 12.27-28; 17.1, 5, 11, 21, 24-25(Jeremias, *Proclamation* 62).
26) 마 11.27/눅 10.22에 대해서는 아래 §16.2c(1)을 보라.
27) 데이비스와 앨리슨은 대부분의 학자들이 그 진정성을 지지하여 공언하는 점을 주목한다(*Matthew* 2.278). 그러나 예수세미나 팀은 투표 결과 그것에 반대하였다(Funk, *Five Gospels* 182). 그리고 뤼데만은 그것을 '"부활한 이"가 말하기 때문에' 그것의 진정성이 없다고 판단한다(*Jesus* 331).

나님에게 기도하는 예수에 대한 생생한 기억을 간직하고 있는 것만은 분명하다. 그 기도 자체는 철저히 유대적인데 아마 처음에는 아람어로 발화되었을 것이다.[28] 받은 계시에 대한 환희의 기록은 실현된 종말론적 희망에 대한 강렬한 의식과 일치하는데, 이는 예수 전통 가운데 매우 깊이 뿌리내린 요소이다.[29] 그러한 안목과 은총을 받을 자격이 없거나 역량이 없는 것으로 대개 간주된 자들에게 부여된 특권으로 인한 기쁨도 마찬가지다.[30] 하나님이 어린아이에게 지혜와 총명을 주고 지혜로운 자가 분별력이 결여되어 있다는 생각 또한 유대교의 지혜와 묵시문헌에 익숙한 모티프인데,[31] 이는 이 특정한 공식문구를 촉발시킨 것이 무엇인지 암시한다.[32] 그렇지만 왜 그러한 환희가 초기 공동체에서 예수의 것으로 간주되어야 했을까? 만일 그것이 예수 자신을 언급하기 위해 취해졌다면 누가 그를 '어린아이'(nēpios)라고 불렀을까? 그것이 만일 계시를 받았다는 그들 나름의 의식 가운데 생긴 환희였다면, 그것이 예수의 기도로 구성되었어야 할 이유가 없다(고전 1.18-2.13과 대조해보라). 나아가 새롭게 만들어진 기도를 마태복음 11.27/누가복음 10.22을 첨가하여 수정할 필요가 있었다면 그것이 처음부터 전통의 일부가 아니었을 경우 왜 기존의 것을 보존했겠는가?[33] 반면 제자들을 주변에 모아놓은 채 표출한[34] 그러한 환희는 그들에게 대단한 인상을 주었을 뿐 아니라 처음부터 제자 그룹들이 공유하고 성찰한 기억된 전통의 일부였을 개연성이 농후하다.

---

28) Davies and Allison, *Matthew* 2.273-78.
29) 위의 §12.5를 보라. 성서적 용례에서 칠십인역(LXX)의 경우가 종종 그렇듯이, '인정하다, 고백하다'라는 의미의 *exomologeō*는 '찬양하다'라는 추가적 의미를 낳는다(BDAG, *exomologeō* 4; O. Hofius, '*exomologeō*', EDNT 2.8-9). 이와 다르지 않은 것은 1QH 10[2].20, 31; 11[3].19, 37; 12[4].5; 13[5].5, 20; 15[7].6, 26, 34; 16[8].4; 19[11].3, 15의 특징을 이루는 종말론적 환희이다.
30) 위의 §§13.4-5를 보라.
31) 시 19.7; 119.130; 단 1.17(젊은이들); 지혜서 10.21; 집회서 3.19(변이본). 펑크는 시 8.2('어린 아이와 젖먹이들의 입으로')을 언급한다(*Five Gospels* 182). 이를 마태는 성전 정화 단락 속에 삽입한다(마 21.16); 데이비스와 앨리슨은 특히 사 29.14을 언급하는데, 이는 바울이 고전 1.19에서 화제로 삼는 것이다(*Matthew* 2.275-77).
32) 쿰란의 교사도 마찬가지로 '단순한 것에 세심'(*petayyim=nēpioi*)했음을 기뻐한다(1QH 10[2].9).
33) 가령, Boring, *Sayings* 150-52이 그렇다.
34) 읽는 것과 마찬가지로 기도도 고대 세계에서 대개 조용한 활동이 아니었다(pseudo-Philo 50.5; P. S. van der Horst, 'Silent Prayer in Antiquity', *Numen* 41 [1994] 1-25).

마 26.39	막 14.35-36	눅 22.41-42	요 12.27	히 5.7-8
39 조금 나아가사 얼굴을 땅에 대시고 엎드려 기도하여 이르시되 내 아버지여 만일 할 만하시거든 이 잔을 내게서 지나가게 하옵소서. 그러나 나의 원대로 마시옵고 아버지의 원대로 하옵소서 하시고	35 조금 나아가사 땅에 엎드리어 될 수 있는 대로 이 때가 자기에게서 지나가기를 구하여 36 이르시되 아바 아버지여 아버지께는 모든 것이 가능하오니 이 잔을 내게서 옮기시옵소서. 그러나 나의 원대로 마시옵고 아버지의 원대로 하옵소서 하시고	41 그들을 떠나 돌 던질 만큼 가서 무릎을 꿇고 기도하여 42 이르시되 아버지여 만일 아버지의 뜻이거든 이 잔을 내게서 옮기시옵소서. 그러나 내 원대로 마시옵고 아버지의 원대로 되기를 원하나이다 하시니	27 지금 내 마음이 괴로우니 무슨 말을 하리요? 아버지여 나를 구원하여 이때를 면하게 하여 주옵소서 그러나 내가 이를 위하여 이때에 왔나이다.	7 그는 육체에 계실 때에 자기를 죽음에서 능히 구원하실 이에게 심한 통곡과 눈물로 간구와 소원을 올렸고 그의 경건하심으로 말미암아 들으심을 얻었느니라. 8 그가 아들이시면서도 받으신 고난으로 순종함을 배워서

    여기서 전통은 특별히 흥미롭다. 그 전통 자체가 시사하는 바에 의하면 예수가 (잠든!) 제자들과 너무 멀리 떨어져 있었기에 그 목소리가 들리지 않았을 것이라는 점이 꾸준히 지적된다.[35] 마태의 두 번째 '아버지' 언급(마 26.42)은 마가의 덜 명시적인 기록(막 14.39)을 정교하게 확장한 결과이다. 이 것이 모든 언급들에 두루 다 적용되는가? 히브리서 구절은 분명히 아버지에게 연단을 받는 아들과 관련한 지혜 모티프의 영향을 받고 있다(위의 각주 16). 다른 한편으로 그 전통의 폭넓은 증언은 인상적인데,[36] 그 동산의 예수

---

35) '어떤 증인도 없었기 때문에 마가(또는 그 이전의 전통)는 예수가 말한 것을 상상했음에 틀림없다' (Funk, *Five Gospels* 120). 펑크는 다음과 같이 첨언할 때 다시 구어 전통의 성격에 대한 그의 무지를 드러낸다. '변용물과 첨가물은 복음서 저자들이 받았을 구어 전통은 말할 것도 없고 심지어 쓰여진 이야기조차 얼마나 헐겁게 다루었는지 예증한다'(120).

36) Dodd, *Historical Tradition* 67-72.

에 대한 순교자 같지 않은 묘사(막 14.33: '몹시 두려워하고[*ekthambeisthai*] 괴로워하면서')는 그리스도교의 구성물로 보기 어려운 것 같다.[37]

마가복음에 있는 주의 기도의 흔적에 의해 암시되는 어떤 가능한 전통사가 있을 수 있을 텐데,[38] 마가가 주기도문을 포함하지 않고 있기에 이는 의외이다. 그 평행구는 겟세마네 이야기가 주기도문을 알고 있는 누군가에 의해 이 형태로 구성되었음을 암시한다. 이는 짐작건대 그 기도에 투사된 상황의 심각성을 강조하고[39] 예수의 기도를 모범적인 본보기로 제시하기 위한 목적이었을 것이다. 나아가 이는 겟세마네에서 예수의 괴로운 상태에 대한 회상이 그에게 가장 가까웠던 자들의 기억 속으로 깊이 타들어갔음을 암시한다.[40] 다른 한편으로 주기도문이 그 이야기가 형성된 틀을 제공할 수 있었던 고로[41] 우리는 그들이 그 기도를 들었다고 더 이상의 추론을 자신 있게 이끌어낼 수 없다. 하지만 동시에 우리는 예수가 그렇게 기도했다는 정보/기억과 별도로 무엇이 첫 전통 담지자들로 하여금 그가 그들에게 가르친 방식으로 기도했다고 진술하도록 촉구했는지 질문해야 한다.[42]

---

37) '큰 울부짖음과 눈물'(히 5.7). 추가로 이전의 참고 문헌과 함께 내 책 *Jesus and the Spirit* 17-20을 보라. 여기서 나는 특히 *ekthambeisthai*가 오싹하는 공포를 암시하는 것 같다고 지적한다―'대단한 놀람과 당혹감을 야기하는 어떤 일로 인해 비교적 강렬한 감정적 상태로 동요되는 것'(BDAG)―이로부터 마 26.37(*lypeisthai*)의 완화된 선택이 나옴. 이 강렬한 묘사가 시편에서 유래하지 않음을 주목하는 것(Lüdemann, *Jesus* 98-99)이 중요하다. '그 동산에서 예수의 시험은 순교의 고대적 이상과 완전히 역행한 것이었다'(M. Hengel, *The Atonement: The Origins of the Doctrine in the New Testament* [London: SCM, 1981] 71). 베커는 순교자 바울에 대한 누가의 초상과 대조한다(*Jesus* 345).

38)

주기도문	막 14.36, 38	마 26.39, 41	눅 22.42, 46
pater *genētheto to thelēma sou* *mē eisenenkēs hēmas eis peirasmon*	*abba, ho patēr* *ou ti egō thelō alla ti su* *hina mē elthēte eis peirasmon*	*pater mou* *ouch hōs egō thelō all' hōs su* *hina mē eiselthēte eis peirasmon*	*pater* *mē to thelēma mou alla to son ginesthō* *hina mē eiselthēte eis peirasmon*

비록 마태와 누가가 그 암시를 강화했지만 그들은 그것을 만들어내지는 않았다. 주목할 만한 것은 그 암시가 세 번째 간구, 즉 마태만이 포함하는(그 암시는 누가에서 가장 강하다!) 두 번째 간구의 확장 내용을 포함한다는 사실이다. 또한 기묘한(우연의 일치?) 것은, 요한의 평행구가 '아버지, 당신의 이름을 영화롭게 하소서'(요 12.28)에서 보듯, 맨 처음의 *pater* 발언을 따른다는 사실이다. 이는 아마도 주기도문(첫 번째 간구)의 추가적 흔적이 아닐까?

39) 위의 §12.4b 논의를 보라. 그 본문은 위의 §8.5b에 인용된다.

40) 비록 수면 모티프가 기도보다는 편집적(권고적) 관심이 개입된 좀더 그럴듯한 증거일지라도 그들이 잠에 떨어지기 전 그러한 곤경을 알아챌 수는 있었을 것이다(Dunn, *Jesus and the Spirit* 19-20; Davies and Allison, *Matthew* 3.493 각주 13).

41) 잔의 모티프는 분명히 막 10.39/마 20.23과 어떤 식으로든 연계되어야 할 것이다(아래 §17.4d를 보라).

42) 전통사에 대한 추가 논의와 참고 문헌은 Bayer, *Jesus' Predictions* 63-70.

그렇다면 예수가 하나님을 정말 '아버지'로 언급했다는 충분히 비중 있는 증거가 있는가? 검토해보건대 예레미아스의 다섯 층위(위의 각주 25)는 애당초 나타난 것보다는 확실성이 떨어지는 것으로 드러난다. 우리는 이미 '특별한 마태'의 언급(마 26.42)을 마태의 자료보다는 그의 편집 결과로 돌리는 것이 더 개연성 있다고 지적하였다. 요한의 경우는 호격의 '아버지'를 훨씬 발전한 요한의 아버지/아들 모티프와 구별하는 것이 어렵다. 나아가 우리는 유사한 질문들이 유일한 누가의 언급들에도 해당되는 점을 보게 될 것이다(§17.1f). 그러나 다시 한 번 우리는 그 모티프가 어디서 발원했는지 물어야 한다. 나아가 또다시 반복하거니와, 미지의 영적 지도자가 있어 전적으로 새로운 기도의 방식이 그에게 돌려지고 이로부터 그것이 거꾸로 예수 전통 속에 투사되었다기보다는 예수의 기도들에 대한 최초의 기억들 가운데 그 모티프가 시작되었을 개연성이 훨씬 더 크다. 이 개연성은 세 가지 요인에 의해 강화된다. (1) 기록된 예수의 기도들 중에 오로지 한 군데에서만 예수는 하나님을 '아버지'로 부르지 못하는데, 그것은 십자가상의 외침이다. '나의 하나님, 나의 하나님, 어찌하여 당신은 나를 버리셨나이까?'(막 15.34 평행구)[43] 결국 그 전통은 여기서 하나의 예외를 인정한다. 심지어 모두 일치하는 전통의 편집사조차 새로 발명되기보다는 정교하게 다듬어진 모티프의 증거가 된다. (2) 예수가 제자들에게 가르친 기도는 그들 또한 하나님을 '아버지'로 말하도록 권한다. 분명한 함의인즉, 이 언급의 방식이 시작부터 예수 나름의 기도 방식을 반영하는 것으로 보였다는 것이다. 겟세마네 기도가 관련되는 한, 그것이 주기도문에서 파생되었다고 단순히 결론짓는 것으로는 충분하다고 보기 어려울 터이다. 양쪽 요소 모두 예수의 기도와 기도 관련 가르침에 대한 공통된 기억에 근거를 두고 있다는 게 더 개연성이 있다. (3) 우리는 다음에 초기 그리스도교 기도의 증언(롬 8.15;

---

43) '예수가 하나님을 여전히 "아바, 아버지"라고 부를 수 있었을 때 처음 순간(겟세마네)의 그 고뇌를 문자 그대로 수용한다면, 마찬가지로 매우 고립되고 소원해져서 더 이상 "아버지"란 언어를 사용하지 않고 다만 가장 비천한 종으로서 말하는 예수, 이와 같이 전적으로 버림받은 예수로부터 왜곡된 자포자기와 싸우며 외친 이 저항도 문자 그대로 수용해야 한다'(Brown, *Death of the Messiah* 1051).

갈 4.6)으로 돌아갈 것이다.

또한 예수가 아람어 호칭 '아바'(*Abba*)를 사용했다는 추가 결론에는 상당한 근거가 있다.[44] 이 용어의 사용은 예수 전통 가운데 오직 마가복음 14.36에서만 탐지된다. 그러나 마태와 누가가 이 대목에서 그리스어 호격 *pater*로 쓰고 있기 때문에 (주기도문을 포함하여) 다른 예수의 기도들 가운데 호격 *pater* 이면에 아람어 *abba*가 자리 잡고 있었을 개연성이 있다.[45] 여기서 가장 두드러진 증거는 바울이 그의 교회 내에서 공통 기도 형식으로 하나님을 부르면서 사용한 사례에서 엿보인다.

> 롬 8.15-17: 너희는 다시 무서워하는 종의 영을 받지 아니하고 양자의 영을 받았으므로 우리가 아바 아버지라고 부르짖느니라. 성령이 친히 우리의 영과 더불어 우리가 하나님의 자녀인 것을 증언하시나니 자녀이면 또한 상속자 곧 하나님의 상속자요 그리스도와 함께 한 상속자니 우리가 그와 함께 영광을 받기 위하여 고난도 함께 받아야 할 것이니라.

> 갈 4.6-7: 너희가 아들이므로 하나님이 그 아들의 영을 우리 마음 가운데 보내사 아바 아버지라 부르게 하셨느니라. 그러므로 네가 이 후로는 종이 아니요 아들이니 아들이면 하나님으로 말미암아 유업을 받을 자니라.

여기서 주목할 만한 특징은 세 가지이다. 첫째, 바울은 그의 독자들에게 그가 알았고(갈라디아서) 가정할 수 있었던(로마서) 것을 상기시켜주는데 이는 이방인 그리스도인들이 공유한 경험이었다('**우리**가 부르짖는다', '**우리**의 마음'). 둘째, 이 이방인 (그리스어를 말하는) 교회들은 계속 아람어 기도 형식을 사용

---

44) 증거의 부족에도 불구하고 이 결론에 대한 지지는 놀랍게도 강하다; Hahn, *Hoheitstitel* 320 (*Titles* 307); Perrin, *Rediscovering* 40-41; Funk, *Honest* 208.

45) 마 11.25-26/눅 10.21의 평행 양식들에서 분명한 것은 하나가 호격 *pater*이고 다른 것은 *ho patēr*로 표기되어 *ho patēr* 역시 발화의 양식으로 기능했으며, 이로부터 '*Abba* (즉) *ho patēr*' = '아바, 아버지'의 해석이 나왔다는 점이다. 막 14.36이 또한 시사하듯이, 후자의 경우는 곧바로 예수 전통과 그리스도교의 기도 가운데 곧바로 자리 잡게 되었다.

하였다. 그것이 최초 (아람어를 말하는) 교회들 가운데 그토록 견고하게 확립된 형식이었기 때문에 처음 그리스어를 말하는 자들은 새로운 회심자로서 단순히 그것을 전수받았고 그리하여 그것이 그리스도교 기도의 통상적 표현이자 징표가 되었음에 틀림없다. 셋째, 양쪽 구절 모두에서 기도는 그리스도인들 나름의 아들 됨을 표현한 것으로 보이는데, 이는 분명히 그리스도의 아들 신분을 반영한 것으로 이해된다. '아바'라고 부르짖는 영은 아들의 영이다. 그 부르짖음은 그렇게 기도하는 자들이 그의 아들 됨과 유업을 공유한다는 증거이다.

이 모든 것에서 도출되는 가장 명백한 결론은 아바 기도가 바로 그것이 예수 자신의 기도 형식이었기 때문에 첫 신자들 사이에 그렇게 소중히 간직되었다는 것이다. 이는 바로 그것이 그의 기도 방식이었기에 이를 사용함으로써 그들이 그의 아들 신분을 공유했다는 확신으로 작용했기 때문이었다. 나는 이 주장을 몇 차례 해왔지만 그 경우에 관련한 중요성(즉 '아바' 기도가 예수 나름의 독특한 기도 방식을 모방하여 그것으로부터 그리스도교 진영 내에 계승되었다는 것)은 아직 적절히 인정받지 못한 것 같다. 내 판단으로 예수가 일관되게 하나님을 자신의 기도 가운데 '아바'로 언급했다고 주장하는 경우, 곧 예수 전통 자체 내에서 근거가 약한 그 경우, 그 설득력은 결국 바울의 저 두 본문의 증언에 의존한다.[46]

'아바' 기도가 예수의 기도에서 독특한 특징이었는가? 긍정적인 답을 제시하는 경우에 있어 이는 예레미아스가 그 자료를 너무 앞서나간 곳 중의 한 군데였다.[47] 우리는 이미 하나님을 마찬가지로 언급한 경우(pater, 'abi)가 예수 당시 다른 곳에서도 탐지되고 있음을 이미 지적하였다(위의 각주 17). 그럼에도 불구하고 로마서 8.15과 갈라디아서 4.6에 증언된 그리스도

---

46) J. A. Fitzmyer, 'Abba and Jesus' Relation to God', in *À Cause de L'Évangile*, J. Dupont FS (LD 123; Paris: Cerf, 1985) 15-38 (여기서는 31-32) 참조. 그 요점은 Thompson, *Promise* 67-68 (특히 Meier, *Marginal Jew* 1.266을 인용하고 있음)에 의해 독립적으로 제시된다.

47) Jeremias, *Proclamation* 63-68; 그러나 우리는 예레미아스의 연구 결과와 주장이 대체로 피츠마이어에 의해 뒷받침되고 있음을 주목해야 한다('Abba and Jesus' Relation to God'). 예레미아스의 주장에 대한 동조적인 재진술을 위해서는 Witherington, *Christology* 216-21과 Thompson, *Promise* 21-34을 보라.

교의 전통적 용례는 '아바' 기도가 **그리스도교 예배의 징표**였고 따라서 그리스도인들의 **독특한** 점이었음을 명확하게 상정한다. 나아가 위와 같은 논리로 따지면 그들은 예수의 '아바' 언급을 **예수의** 기도를 구분하는 특징으로 간주했음에 틀림없다는 말이 된다. 또한 아람어로 기도하면서 아바 기도를 그리스도교적인 것으로 확립한 첫 제자들이 아바를 동료 유대인들의 기도 가운데 통상적인 언급으로 알고 있었을 리 없다는 말도 된다.[48] 그리하여 예레미아스의 주장에 요청된 명백한 수정 사항이 있다면, 독특했던 것이 예수가 자신의 기도에서 '아바'를 **사용**한 것이 아니라 그 '아바'가 하나님을 언급하는 그의 **일관되고** 거의 **변함없는** 형식이었다는 사실이다.

하나님을 언급하면서 예수가 '아바'를 사용한 것의 중요성은 비록 과장되어왔지만 그리 의심받지 않는다. 만장일치로 '아바'는 어떤 친밀한 가족 관계를 표현하는 가족용 단어였다. 이는 아마도 동시대 유대인 기도에서 그것이 그렇게 적게 사용된 이유일 것이다. 그것은 너무 친숙하여 거의 건방지다고 할 정도로 간주되었다.[49] 반면 예수가 적절하다고 간주한 까닭에 이 기도 형식을 사용했다는 반대의 추론도 피하기 어렵다. 즉 예수의 기도는 하나님을 향한 그 나름의 관계에 대한 자신의 감각적 이해를 표현하였다는 것이다. 하니나(Hanina)처럼 그는 하나님에게 '그 집안의 아들처럼' 기도하였다. 심지어 우리는 예수가 친밀한 가족 관계처럼 하나님과 자신의 관계를 경험하기만 하였다면 그렇게 일관되게 기도할 수 있었으리라고 추론할 수 있다.[50] 나아가 그만큼 우리는 보다 광범위한 이 범주(하나님의

---

48) 단지 '아바'가 제2성전기 유대교의 여러 부문에서 보다 꾸준히 사용되었으리라고 답변하는 것만으로는 충분하지 않다. 물론 추가 증거로부터 정정될 여지는 늘 남아 있지만 현재 사용 가능한 증거로부터 추론을 이끌어내야 한다. M. R. D'angelo, 'Abba and "Father": Implied Theology and the Jesus Traditions', *JBL* 111 (1992) 611-30 (특히 614-16)과는 다르게. 또한 이 점에 대해서 스미스(Morton Smith)에게 내가 이전에 응답한 내용을 *Christology* 27-28에서 보라.

49) *m. Ta'an* 3.8에서 시므온 벤 쉐타(Simeon ben Shetah)는 호니(Honi)를 그러한 주제넘음을 들어 비판하는 것 같다. 그러나 그 점은 과장되지 말아야 한다: J. Barr, 'Abba Isn't Daddy!', *JTS* 39 (1988) 28-47; Vermes, *Religion* 180-82.

50) '예수는 특유의 강렬하고 친숙한 방식으로 하나님이 그의 아버지임을 인지하고 있었다'(Barrett, *Jesus* 29); '하나님과의 관계에서 예수의 유일성은 의심의 여지없이 꾸밈없는 단순함에 있다'(Schillebeeckx, *Jesus* 260, 또한 268); '비범한 직접성'(Stuhlmacher, *Biblische Theologie* 1.85-87); '그는 하나님과 자신의 관계를 특별히 친밀한 것으로 간주했다'(Sanders, *Historical Figure* 239); Caird, *Theology* 403; Goshen-Gottstein, 'Hillel and Jesus' 50-53; 또한 추가로 McKnight, *New Vision*

아들)가 어떻게 훗날 그리스도인들이 추가로 수용한 새로운 의미로 채워질 수 있었는지 이해하기 시작했다.

또 한 가지 논점이 있다. 주기도문의 누가 버전에 담긴 함의인즉 예수가 제자들과 또한 그들의 제자직을 구별해주는 표식으로 하나님을 아바로 말하도록 가르쳤다는 것이다(눅 11.1-2). 하지만 이것은 예수의 '아바' 기도의 독특성에 관한 결론을 약화시키지 못한다. 로마서 8.15과 갈라디아서 4.6의 경우와 마찬가지로 그렇게 기도하도록 격려받는 자들은 예수의 제자들이고 그 기도는 제자직을 나타내는 징표로 작용한다. 그렇다면 '아바' 기도 가운데 표현된 제자의 아들 신분이 예수의 아들 신분과 독립된 것 같지 않고 바로 예수의 아들 신분에서 **파생된** 것이라는 각각의 경우에는 분명한 일리가 있다. 그 점은 예수가 (이스라엘을 대표하기 위해) 열두 제자들을 택했다는 통찰과 동궤에 있다. 예수는 제자들과 함께 자신이 이스라엘을 대표하기 위해, 그러니까 자신이 열둘 중 하나가 되기 위해 또 다른 열한 명을 택하지 않았다. 예수는 어느 정도 열두 제자와 대립적인 위치에서 그들을 부른 자로서 자신을 그들과 별개의 존재로 설정했다. 이러한 통찰은 예수가 종종 '나의 아버지'와 '너희의 아버지'로 말하면서, 제자들과 한 묶음으로 '우리의 아버지'라고 말하지 않은 것으로 기억된다는 더 오래된 논점에 잘 부합된다.[51] 또한 우리는 세례자에 대한 예수의 답변의 결론을 상기한다. '나로 인해 실족하지 않는 자는 복이 있도다'(마 11.6/눅 7.23). 이 모든 것은 예수가 스스로를 하나님의 아들로 생각했고 자신의 아들 신분이 그 친밀성과 직접성에서 독특한 무엇으로 의식했을 가능성을 강화시켜준다.[52] 그것이야말로 확실히 이 지점에서 예수가 예수 전통을 통해 그 전통 가운데 남긴 영향에서 도출할 만한 가장 명백한 결론인 듯싶다.

49-65을 보라; 특유의 주저함을 보이는 Thompson, *Promise* 30-32, 69-70, 78-82. 위더링턴의 지적에 의하면 바(Barr)는 아바가 친근감을 나타내는 언어임을 문제 삼지 않는다(*Christology* 218).

51) Dalman, *Words* 190; Bornkamm, *Jesus of Nazareth* 128-29; Goppelt, *Theology* 1.203; Theissen and Merz, *Historical Jesus* 526.

52) 다시 *Jesus and the Spirit* 23-26 (여기서 논의는 예수 나름의 경험에 관한 질문에 초점을 맞춘다)과 *Christology* 28-33 (여기서 논의는 예수가 선재 의식을 가졌었는지 여부에 대해 좀더 초점을 맞춘다)에서의 내 이전 논의를 보라.

c. 예수는 자신이 하나님의 아들이라고 가르쳤는가?

훨씬 발전한 요한 전통은 제쳐두더라도[53] 무시할 수 없는 세 구절이 있다. 마태복음 11.27/누가복음 10.22; 마가복음 12.6; 13.32. 나는 『예수와 성령』(*Jesus and the Spirit*)에서 결정적인 결과를 얻은 것은 아니지만 세부적으로 그것들을 다룬 적이 있다.[54] 보다 명시적인 전통사적 접근방식은 무언가 새로운 것을 부연하는가?

(1) 유일하게 아들만(마 11.27/눅 10.22).

마 11.27	눅 10.22
내 아버지께서 모든 것을 내게 주셨으니 아버지 외에는 아들을 아는 자가 없고 아들과 또 아들의 소원대로 계시를 받는 자 외에는 아버지를 아는 자가 없느니라.	내 아버지께서 모든 것을 내게 주셨으니 아버지 외에는 아들이 누구인지 아는 자가 없고 아들과 또 아들의 소원대로 계시를 받는 자 외에는 아버지가 누구인지 아는 자가 없나이다.

마태복음 11.27/누가복음 10.22은 그 언어, 문체, 구조가 명백히 아람어 기원을 나타내는 본격적인 Q 구절인 마태복음 11.25-27/누가복음 10.21-22의 연속이다(§16.2b).[55] 마태복음 11.27과 누가복음 10.22 사이의 변용은 구연적 변용물 수준에 불과하다.[56] 탐구자들에게 문제점은 양쪽 형태 모두 발전된 전통처럼 보인다는 것이다. 두 가지의 고려 사항이 가장 큰 비중을 차지한다. 첫째, 그 어록은 공관복음 전통의 전형이 아니며 독특하게 요한식의 울림을 준다.[57] 이 Q 구절은 이렇듯 요한적인 색깔로 만발하여 자라난

---

53) 다시 내 책 *Christology* 29-32을 보라.
54) *Jesus and the Spirit* 26-36. 나는 여기서 눅 22.29-30 ('내 아버지의 나라')에 대한 고려는 생략한다. 그것이 오로지 누가에 의해서만 증언되고 Q로 간주될 수 없기 때문이다; 그러나 *Jesus and the Spirit* 36을 보라.
55) Burney, *Poetry* 133, 171-72; Manson, *Sayings* 79; Jeremias, *Prayers* 46-47; 또한 *Proclamation* 57-58. 그 두 어록들이 본래 함께 붙어 있었는지 여부에 대해서는 일치하지 않는다; 대조적인 견해를 위해서는 Fitzmyer, *Luke* 2.866; Davies and Allison, *Matthew* 2.279.
56) 또한 Davies and Allison, *Matthew* 2.280-81과 각주 206을 보라.
57) 요 1.18; 3.35; 5.20; 7.29; 10.15; 13.3; 14.7, 9; 17.25 참조. 이것이 Funk, *Five Gospels* 182과

한 가지를 나타낸다. 그러나 이는 또한 그 발전이 이미 Q 가운데 진행중이었음을 암시하는 듯하다. 예컨대, 요한복음 10.15('아버지가 나를 알고 내가 내 아버지를 안다')이 이 동선을 따라 어느 정도 초기 전통을 인지한 점을 증언한다면,[58] 마태복음 11.27/누가복음 10.22은 이미 Q의 그리스도론적 주장에서 강화된 배타성을 증언하는 셈이다.

둘째, '아버지'와 '아들' 사이에 요구된 관계의 절대성과 배타성, 그리고 무제한적 권위에 대한 주장은 부활 사건 이전의 공관복음 전통에서 전례 없는 경우이다.[59] 다시 더 이전의 덜 배타적인 양식의 전통을 주장하는 것이 가능하다. 예레미아스는 두 행의 교차대구적 평행 구조가 '단순히 양쪽의 상호 관계를 나타내는 동양적 완곡법이며 오로지 아버지와 아들만이 서로를 진정으로 안다'는 뜻이라고 제안했다.[60] 지혜문헌은 하나님을 아는 것에 대해 그리 다르지 않은 몇 개의 평행구를 제시하는데,[61] 특히 지혜서 2.10-20은 의인에 대해 언급한다. '그는 하나님을 안다고 주장하며 스스로 주의 자녀(paida)라고 부른다.…그리고 하나님이 자신의 아버지라고 자랑한다'(13, 16절).[62] 하지만 마태복음 11.27/누가복음 10.22 배후의 아버지-아들 관련 어록을 논란의 여지가 덜한 것으로 생각할수록, 현재 형태의 Q 구절을 둘러싼 논란은 더욱더 커지는 것 같다.[63]

여기서 그러한 논의가 불가피하게 불완전한 역사적 방법에 얽매여 있

Lüdemann, *Jesus* 330-31에서 그 어록의 비진정성을 판정하는 데 결정적인 고려 사항이다. 또한 *Dial. Sav.* 134.14-15을 주목하라: '[아들]을 알지 [못하는] 이가 어찌 [아버지]를 알겠는가?'
58) Dodd, *Historical Tradition* 359-61.
59) 공관복음 전통에서 마 11.27a과 가장 근접한 평행구는 (부활 이후의 어록인) 마 28.18이다: '하늘과 땅의 모든 권세가 내게 주어졌다.'
60) Jeremias, *Prayers* 47-48; Dalman, *Words* 193-94의 제안을 옹호하면서.
61) F. Christ, *Jesus Sophia. Die Sophia-Christologie bei den Synoptikern* (Zürich: Zwingli, 1970) 89은 욥 28.1-28; 집회서 1.6, 8; 바룩 3.15-4.4을 언급한다; 고전 2.11 참조. M. J. Suggs, *Wisdom, Christology and Law in Matthew's Gospel* (Cambridge: Harvard University, 1970) 89-9은 특히 지혜서 2.17-18과 4.10, 13-15을 언급한다. DSS와 관련해서는 W. D. Davies, '"Knowledge" in the Dead Sea Scrolls and Matt. 11.25-30', *HTR* 46 (1953), reprinted in *Christian Origins and Judaism* (London: DLT, 1962) 119-44. 슈바이처(E. Schweizer)는 특히 1QS 4.22; 9.17-18; 11.3, 15-18; 1QSb (1Q28b) 4.25-28; 1QH10[2].13; 18[10].27-28(*TDNT* 8.373 각주 281).
62) Schillebeeckx, *Jesus* 265 참조.
63) I. H. Marshall, 'The Divine Sonship of Jesus', *Interpretation* 21 (1967) 87-103, reprinted in *Jesus the Saviour: Studies in New Testament Theology* (London: SPCK, 1990) 134-49 (여기서는 137-39); Witherington, *Christology* 221-28.

다는 점을 인정하는 것이 현명하다.[64] 그것이 자연스럽게 요구하는 바는 특정하고 독특한 자료에 대한 설명을 돕는 선례와 평행구를 찾아내는 것이기 때문이다. 나아가 그러한 경향이나 유혹은 자료를 선례에 일치시키고 딱히 명백하지 않지만 설명 가능한 요소들을 잘 해명함으로써 문제를 털어버리는 것이다.

따라서 여기서 우리는 자신을 그렇게 환희에 찬 모습으로 표현한 것이 예수 자신일 수 있겠는지, 지혜서의 의인이나 쿰란의 의의 스승이 사용한 것들을 넘어선 차원에서 단 한 번이라도 물어봐야 한다.[65] 다시 말해 여기 이 지점에서 우리는 예수의 첫 제자들과 함께 그리고 그들을 통해 또 다른 종말론적 여분의 사례(§16.1)를 듣는 것인가? 이를테면, 예수에게 하사된 풍성한 권위에 대한 자랑, 아버지로서의 하나님과 그가 맺은 긴밀한 관계로 인한 환희, 그리고 종말론적 계시의 정점이 그가 그것을 다른 자들에게 나누어주는 것에 달렸다는 의식 말이다. 이 모든 요소들은 이미 전거로 제시된 암묵적인 주장과 연계된다. 그렇다면 적어도 일찍이 어느 시점에 여기 보존된 양식 가운데 그것들을 결정체로 만들어낸 자가 예수 자신이었는가 하는 질문 정도는 생길 터이다. 아니면 그 어록이 도리어 예수 전통을 초기에 형성한 책임이 있는 자들, 그러니까 추측건대 그러한 암시적인 종말론적 주장을 인지하고 그것을 가르침과 예전의 목적으로 보다 명확하게 기억할 만하게 구성하는 데 관심을 기울인 자들의 몫으로 돌려야 하는가?[66] 나는 어느 한쪽의 대안이 다른 쪽보다 유리하다고 뒷받침할 만한 아무런

---

64) 위의 §6.3c를 보라.

65) 위의 각주 29를 보라. 특히 주목할 만한 것은 1QH 12[4].27이다: '나를 통해 너희는 많은 자들의 얼굴을 빛나게 하였다.'

66) Hahn, *Hoheitstitel* 327 (*Titles* 312)을 비판하면서 제시한 풀러(Fuller)의 다음 논평을 참조하라: '마 11.27은 "그리스도론적 위축"이 아니라 예수의 고유한 '아바' 사용에 담긴 암시적인 그리스도론의 명시적인 표현이다'(*Foundation* 133 각주 20); 피츠마이어: '비록 내가 이 어록들(눅 10.21-22)의 대부분을 진정성 있는 것으로 간주하는 쪽으로 마음이 기울지만 그럼에도 불구하고 그 대부분은 예수의 초기 사역에서 그의 말과 행동 가운데 표현된 함축적인 그리스도론으로 소급되어야 할 것 같다'(*Luke* 2.870). 하지만 데이비스와 앨리슨은 그것이 '예수에게 기원을 둔다는 진정으로 변별력 있는 징표를 탐지하지 못하고' 모세와 같은 예언자(신 18.15)가 하나님에 대해 얼굴과 얼굴로 대면하는 동일한 예외적인 지식을 갖게 되리라(신 34.10)는 암시와 함께 출 33.12-13의 영향을 주장한다(*Matthew* 2.283-86). 이전의 논의에 대해서는 내 책 *Jesus and the Spirit* 27-34을 보라.

결정적인 본문도 찾아볼 수 없다.

(2) 악한 농부들의 비유(막 12.1-9 평행구).

마 21.33-41	막 12.1-9	눅 20.9-16	도마 65
33 다른 한 비유를 들으라. 한 집 주인이 포도원을 만들어 산울타리로 두르고 거기에 즙 짜는 틀을 만들고 망대를 짓고 농부들에게 세로 주고 타국에 갔더니 34 열매 거둘 때가 가까우매 그 열매를 받으려고 자기 종들을 농부들에게 보내니 35 농부들이 종들을 잡아 하나는 심히 때리고 하나는 죽이고 하나는 돌로 쳤거늘 36 다시 다른 종들을 처음보다 많이 보내니 그들에게도 그렇게 하였는지라.	1 예수께서 비유로 그들에게 말씀하시되 한 사람이 포도원을 만들어 산울타리로 두르고 즙 짜는 틀을 만들고 망대를 지어서 농부들에게 세로 주고 타국에 갔더니 2 때가 이르매 농부들에게 포도원 소출 얼마를 받으려고 한 종을 보내니 3 그들이 종을 잡아 심히 때리고 거저 보내었거늘 4 다시 다른 종을 보내니 그의 머리에 상처를 내고 능욕하였거늘 5 또 다른 종을 보내니 그들이 그를 죽이고 또 그 외 많은 종들도 더러는 때리고 더러는 죽인지라.	9 그가 또 이 비유로 백성에게 말씀하시기 시작하시니라. 한 사람이 포도원을 만들어 농부들에게 세로 주고 타국에 가서 오래 있다가 10 때가 이르매 포도원 소출 얼마를 바치게 하려고 한 종을 농부들에게 보내니 농부들이 종을 몹시 때리고 거저 보내었거늘 11 다시 다른 종을 보내니 그도 몹시 때리고 능욕하고 거저 보내었거늘 12 다시 세 번째 종을 보내니 이 종도 상하게 하고 내쫓은지라.	그가 말했다: 한 착한 사람이 포도원을 가지고 있었다. 그가 그것을 농부들에게 주어 그들이 경작하여 그들에게서 소출을 받도록 하였다. 그는 자신의 종을 보내어 농부들이 그에게 포도원의 소출을 주도록 하였다. 그들은 그의 종을 붙잡아 그를 때렸다. 좀더 있었다면 그들이 그를 죽였을 것이다. 그 종은 그의 주인에게 돌아와 그 사실을 말했다. 그의 주인은 아마 그 종이 그들을 알지 못했나 보다고 말했다. 그는 또 다른 종을 보냈다; 농부들은 그를 마찬가지로 때렸다.
37 후에 자기 아들을 보내며 이르되 그들이 내 아들은	6 이제 한 사람이 남았으니 곧 그가 사랑하는 아들이라	13 포도원 주인이 이르되 어찌할까? 내 사랑하는 아들	그러자 주인은 그의 아들을 보내며 그들이 내 아들은

존대하리라 하였더니 38 농부들이 그 아들을 보고 서로 말하되 이는 상속자니 자 죽이고 그의 유산을 차지하자 하고 39 이에 잡아 포도원 밖에 내쫓아 죽였느니라. 40 그러면 포도원 주인이 올 때에 그 농부들을 어떻게 하겠느냐? 41 그들이 말하되 그 악한 자들을 진멸하고 포도원은 제 때에 열매를 바칠 만한 다른 농부들에게 세로 줄지니이다.	최후로 이를 보내며 이르되 내 아들은 존대하리라 하였더니 7 그 농부들이 서로 말하되 이는 상속자니 자 죽이자 그러면 그 유산이 우리 것이 되리라 하고 8 이에 잡아 죽여 포도원 밖에 내던졌느니라. 9 포도원 주인이 어떻게 하겠느냐 와서 그 농부들을 진멸하고 포도원을 다른 사람들에게 주리라.	을 보내리니 그들이 혹 그는 존대하리라 하였더니 14 농부들이 그를 보고 서로 의논하여 이르되 이는 상속자니 죽이고 그 유산을 우리의 것으로 만들자 하고 15 포도원 밖에 내쫓아 죽였느니라. 그런즉 포도원 주인이 이 사람들을 어떻게 하겠느냐? 16 와서 그 농부들을 진멸하고 포도원을 다른 사람들에게 주리라 하시니 사람들이 듣고 이르되 그렇게 되지 말아지이다 하거늘	존대하리라고 말했다. 그 농부들이 그가 포도원의 상속자임을 알고 그들은 그를 붙잡아 죽였다. 귀 있는 자는 들을지어다.

비록 우리의 관심은 마가복음 12.6 평행구에 보다 좁게 초점이 맞추어져 있지만 전체 비유를 기록할 만한 값어치가 있다. 왜냐하면 그것이 반복적인 구연의 전형적인 변용을 아주 잘 예시해주기 때문이다. 주목해야 할 것은 이야기의 틀과 구조가 안정되어 있지만 자세한 내용, 특히 포도원의 건설에 관한 것들, 보냄 받은 종들의 순서, 그리고 그들에 대한 취급 등은 구연자(또는 복음서 저자)의 변덕에 따라 달라진다는 사실이다. 보다 단순한 도마의 버전은 확실히 공관복음 버전들이 이사야 5.1-7에서 이스라엘의 포도원, (예루살렘) '바깥에서' 발생한 예수의 죽음, 나아가 차후 이스라엘로부터의 방향 전환과 이방인 선교 등에 대한 암시를 부각시키기 위해 확장되

었다는 견해에 실질적인 내용을 제공한다.[67] 그러나 또한 공관복음 버전은 기본 구조와 순서를 유지하고 있다. 만일 유대인 청중이 하나님의 포도원으로서 이스라엘[68]과 거절당한 하나님의 사자들이 예언자들이라는 암시를 짧은 버전에서라도 듣지 못했다면[69] 놀랄 만한 정황이었을 것이다. 게다가 비유의 기본 내용은 다른 곳에 나오는 예수의 설교 속 핵심 골자와 잘 부합한다. 특히 예언자의 거부와 이스라엘에 대한 심판의 기대(§12.4c-e)라는 잘 정립된 주제를 환기시키는 경우가 그렇다.

즉각적인 관심의 요체는 주인의 아들을 보내는 것이 비유의 정점이라는 것이다. 과연 비유의 핵심을 구성하는 게 있다면 그것은 농부들이 그를 '존대하리라'는 희망 가운데 아버지가 자기 아들을 '보내는' 행위이다(막 12.6 평행구). 종들과 아들의 대조가 비유의 극적인 절정에 필수적인 구성 요소이기 때문에[70] 이 특징은 단순히 그리스도론적 착색으로 간주하여 무시할 수 없다.[71] 하지만 같은 증거로 예수가 그 모티프를 사용할 수 있었다는 점에서 너무 많은 그리스도론적 비중을 읽어내서는 안 된다. 설사 그렇더

---

67) 가령 Fitzmyer, *Luke* 2.1278-81; Scott, *Hear Then the Parable* 245-51; Witherington, *Christology* 213; Funk, *Five Gospels* 101, 510-11. 추가적 참고 문헌은 K. Snodgrass, *The Parable of the Wicked Tenants* (WUNT 27; Tübingen: Mohr-Siebeck, 1983) 3-11; Hultgren, *Parables* 361 각주 30, 365 각주 44. 상이한 버전들의 관계에 대한 헐트그렌 나름의 논의는 문헌적 의존만이 쟁점이라고 추정한다 (365-66). Lüdemann, *Jesus* 81-82은 도마의 버전과 그 비유의 구연사/전통사를 평가함에 있어 그것의 상관성을 거의 주목하지 않는다. 훨씬 더 그럴 법한 점은 시 118.22-23에 기초한 그 비유의 귀착점인 '돌'의 증언(막 12.10-12 및 도마 66을 포함하는 평행구)이 잠재된 그리스도론적 가능성으로서 그 비유에 첨가되었음이 예수의 십자가 처형에 비추어 확연해졌다는 것이다(가령, 각주 34의 추가적 참고 자료와 함께 Hultgren 363-64을 보라; 그렇지 않으면 해석적 실마리를 거의 극한점까지 확대시키는 Wright, *Jesus* 497-501 [특히 501]을 보라).
68) '유대인은 알레고리를 관여시키지 않고는 포도원에 대한 이야기를 전할 수 없었다(사 5.7 참조)' (Barrett, *Jesus* 27). 추가로 G. J. Brooke, '4Q500 1 and the Use of Scripture in the Parable of the Vineyard', *DSD* 2 (1995) 268-94; J. C. de Moor, 'The Targumic Background of Mark 12.1-12: The Parable of the Wicked Tenants', *JSJ* 29 (1998) 63-80; W. J. C. Weren, 'The Use of Isaiah 5,1-7 in the Parable of the Tenants (Mark 12,1-12; Matthew 21,33-46)', *Biblica* 79 (1998) 1-26.
69) 많은 이들이 살펴보았듯이, 그 비유는 또한 예수 당시의 부재지주들과 불만족한 소작농들이 처한 거친 현실을 반영하는 것일 수도 있다(가령 Dodd, *Parables* 125-26; Charlesworth, *Jesus* 145-47; Funk, *Five Gospels* 101); 또한 Martin Hengel, 'Das Gleichnis von den Weingartnern: Mc 12:1-12 im Licht der Zenonpapyri und der rabbinischen Gleichnisse', *ZNW* 59 (1968) 1-39; C. A. Evans, 'Jesus' Parable of the Tenant Farmers in Light of Lease Agreements in Antiquity', *JSP* 14 (1996) 65-83을 보라.
70) '이 인물을 도입한 것은 어떤 신학적 동기가 아니라 그 이야기의 논리이다'(Dodd, *Parables* 130); 또한 Bayer, *Jesus' Predictions* 94 각주 24에서 인용된 자료들을 보라.
71) 그러나 '사랑하는'이라는 아들에 대한 묘사는 그리스도론적 언급을 제고시키기 위해 마가(누가가 뒤따름)가 첨가한 것일 공산이 크다(막 1.11; 9.7 참조).

라도 예수가 자신의 선교를 종으로서 수행한 이전 예언자들의 선교와 구분되는 동시에 그 연속선상에서 아들의 선교로 견주어본 것으로 기억되었다는 점은 의미심장하지 않을 수 없다. 같은 의미의 종말론적 정점은 여기서 분명히 확인되며, 아들 이미지에서 그것을 표현한 것은 지금껏 우리가 검토한 결과와 일치한다.[72] 이 비유를 통해 예수가 이전 세대에 의해 거부당한 예언자들, 이제는 세례자 요한 등과 다르게 취급받지 않으리라는 자기 나름의 신념을 표현한 것일 수 있다는 중요한 추론은 우리가 향후 돌아가야 할 사안이다(§ 17.4a).

(3) 아들도 모르는(막 13.32).

마 24.36	막 13.32
그러나 그 날과 그 때는 아무도 모르나니 하늘의 천사들도, 아들도 모르고 오직 아버지만 아시느니라.	그러나 그 날과 그 때는 아무도 모르나니 하늘에 있는 천사들도, 아들도 모르고 아버지만 아시느니라.

이는 그 나라의 도래에 대한 예수의 기대와 일치한다. 이는 전통화 과정의 어느 단계에서 묵시적 강론에 첨부된 고립된 어록이었거나 처음부터 그 강론의 기초를 구성한 더 큰 단위의 예수 가르침 중 일부였을 가능성이 있다. 어느 쪽이든 초기 전통의 이른 그리스도론적 확장에서 전적으로 파생되었을 개연성은 떨어진다. 그 밖에 다른 어떤 것들과 별개로 놓고 보더라도 그것은 이미 마태복음 11.25-27/누가복음 10.21-22에 증언된 종류의 그리스도론적 단언에 너무 강하게 충돌한다.[73] 그것은 후대의 그리스도론적 관점을 나타내는 일차적 시사점으로 보이는 것은 바로 '그 아들'에 대한 언급이다.[74] 그러나 바레트(C. K. Barrett)가 지적했듯이, '사용 가능한 가장 영

---

72) 이전의 논의는 *Jesus and the Spirit* 35-36; 또한 Charlesworth, *Jesus* 147-53을 보라.
73) '유대적 전통은 아브라함과 모세와 다른 자들이 모든 역사와 세상의 종말을 미리 예견했었다고 주장했다. 예수의 추종자들이 예수를 그들보다 부족하다고 이해했겠는가?'(Davies and Allison, *Matthew* 3.378).
74) Funk, *Five Gospels* 114; Lüdemann, *Jesus* 93.

예로운 타이틀로 예수를 묘사하는 것은 전통 가운데 도입된 일종의 보상일 것이다.'[75] 이러한 통찰에 기대면 결과적으로 예수가 자신의 가르침 가운데 스스로를 하나님의 아들('그 아들')이라고 말했다는 확고한 증거 목록에서 마가복음 13.32은 제거된다.[76]

그렇다면 결국 예수가 제자들을 가르치는 동안에 자신을 하나님의 아들로 언급하는 가능한 사례들은 그가 그렇게 했다는 결론에 아주 강한 근거를 제공하지 못한다. 이로써 어느 정도 확신을 가지고 우리가 말할 수 있는 최대치는 이렇다. 기억된 예수의 '아바' 기도 속에 표출된 예수의 아들 됨 의식은 아버지-아들 이미지로 하나님과 예수의 관계를 언급하는 자료 한두 군데 반영된 예수의 가르침 전통에서도 분명히 확인된다.

d. 결론

간단히 말해 기억된 예수에 관해 이러한 결론들을 뒷받침할 만한, 풍성하지는 않지만 충분한 근거들이 있다. (1) 예수의 '아바' 기도는 독자적이고 그 자체로 그의 기도의 독특한 특징이었다는 점, (2) 이 기도는 아버지로서 하나님과 자신의 관계에 대한 확신과 심오한 의식을 표현하는 것으로 적절하게 들려졌다는 점, 그리고 (3) 예수는 선교 도중 몇 가지 경우에서 이 관계를 암시한 것으로 또한 회고되었다는 점이다. 나아가 우리는 무리하지 않고 이러한 아들 됨 의식이 (4) 예수의 자기 이해에 결정적이었을뿐더러 심지어 핵심적이었다고 추론할 수 있다. (5) 아울러 그러한 아들 됨 의식은 종말론적 내재성과 긴박성 가운데 예수가 하나님 나라를 선포한 직접적 권위의 원천이었음에 틀림없다.[77] 이것이 사실이라면 요한복음이 아버

---

75) Barrett, *Jesus* 25-26; Schweizer, *TDNT* 8.372 참조; Kümmel, *Theology* 75; Leivestad, *Jesus* 112. 위더링턴은 다시 '예수가 스스로 땅에서 지혜의 역할을 다한다고 보았다'는 주장을 강조한다 (*Christology* 228-33). 그러나 예수가 자신을 그 '아무도' 범주에서 배제하는 일이 전통 담지자들에게는 있었지만 예수 자신에게도 실제로 있었는지 물어볼 수 있을 것이다.
76) 유사하게, 그리고 이전의 참고 자료와 함께 *Jesus and the Spirit* 35과 각주 124-25.
77) 켁(Keck)은 그 점을 더 강하게 강조한다: '예수는 아마 아버지의 길을 모사하는 하나님의 순종적인 아들로 자신을 보았을 것이다'(*Who Is Jesus?* 97-100; 또한 140-44을 보라).

지-아들 주제를 방대하게 확대하고 확장한 것은 전통사적 견지에서 정당화될 만했을 것이다. 그렇게 해서만이 다른 아들 그리스도론의 확장과 발전도 그들이 검증한 사건 속에서 수용될 수 있었을 것이다.

예수의 아들 신분이 제자들에게 무엇을 의미했는지에 관하여 말하자면 그 전통은 예수가 하나님과 아버지 대 아들의 관계를 맺었다고 추리하도록 조장하지 않는다. 이는 명시적인 교훈을 담은 주제로 하물며 예수가 제자들에게 자신에 대한 그러한 믿음을 따르도록 요구했을 법하지 않다. 그렇다고 이러한 관계에 대한 의식이 예수가 오로지 내부 집단에게만 가르친 은밀한 신비, 이를테면 제자직의 길을 따라 성취해야 할 목표로서 보다 높은 단계의 입문식이었던 것도 아니다. 예수 전통이 시사하는 것은 예수가 제자들에게 자신의 방식대로 기도하도록 가르침으로써 제자들을 같은 아들 됨 의식으로 유도하고자 했다는 것이다. 아울러 예수는 자신이 그랬던 것처럼 제자들도 아버지인 하나님과의 관계에 터하여 살도록 격려했다는 것이다. 또한 예수는 제자들이 아버지로서의 하나님과 맺은 관계를 어떤 의미에서 아버지에 대해 자신이 갖는 아들 신분을 공유하는 것으로 보았던 것 같다.

이 주제에 대해 우리가 확보한 적은 증거로부터 판단해보건대, 이러한 점들은 놀라울 정도로 그 범위가 넓고 또한 놀라울 만큼 강한 결론에 해당한다.

16.3 인자: 쟁점들

'하나님의 나라/천국' 다음으로 예수 전통에서 '인자'(=사람의 아들)만큼 자주 나오는 문구는 없다. 그러므로 예수 전통 내에서, 그리고 아마도 그 전통의 핵심으로서 그 중요성은 과장될 수 없다. 좀더 직접 논점을 짚어 말하자면 그것은 예수 전통 내에서 스스로 선택한 자기 명칭에 가장 근접하는 것 같다. 가령, 중풍병자의 치유에서 예수는 '인자가 땅에서 죄를 사하는 권세가 있는 줄을 너희로 알게 하려 하노라' 선언하고 그 중풍병자에게 말하되 '내가 네게 이르노니 일어나 네 상을 가지고 집으로 가라'(막 2.10-11)고 했다. 이후 예수는 '인자가 많은 고난을 겪고…죽임을 당하고 사흘 만에 살아나야 할 것'(8.31)을 가르친다. 대제사장 가야바 앞의 심문에서 그는 '인자가 권능자의 우편에 앉은 것과 하늘 구름을 타고 오는 것을 너희가 보리라'(14:62)고 말한다. 마가복음이 의도한 그 누구도 예수 자신에 대한 언급으로 '인자'를 모르지 않았을 것이다. 그렇다면 이것이 우리가 찾아온 열쇠인가? 예수는 자신을 인자/특정한 인자라고 말했는가?

그것이 그렇게 직설적이었다면 좋을 것이다. 이 간단한 처음의 통찰은 1세기 넘게 소용돌이쳐왔으며(이 용어는 부적절한 것이 아니다) 아직 줄어들 기미가 보이지 않는 논쟁을 덮어버리고 있다. 실제로 지속되는 '인자' 논쟁은 그것이 아무런 주요 합의를 도출할 수 없었기 때문에 근대 역사비평학계에 커다란 당혹감의 진원지이다.[78] 그렇다면 이 주제에 대한 학문적 판단이 제각각 갈리는 것이 그저 역사적 방법에 대한 포스트모던 비평의 진정성을 예시하는가? 예수 전통 안에서 그 모티프의 정도가 전제된다면, 그것은 상당한 파생 효과와 함께 중요한 결론이 될 터이다.

폭넓게 말하면 지난 150년간 그 논쟁은 두 개의 주요 해석들 간에 진행되었다. 이는 **인간** 인자와 **하늘** 인자로 특징지어질 수 있다. 전통적으로 '인자'는 예수의 인성에 대한 표현으로, 따라서 예수의 신성을 강조하는 '하나님의 아들'로서 예수의 위상에 대한 평형추로 이해되었다. 그러나 하늘의 구름에 싸여 도래할 '인자와 같은 자'에 대한 다니엘 7.13의 언급은 그러한 견해에 항상 문제였다. 더구나 19세기 전반 에녹1서의 출간은 하늘 인자의 해석에 지속적인 활력을 불어넣었다.[79] 언어학적 원천 자료와 분석적 기술

---

78) 가령 D. Burkett, *The Son of Man Debate: A History and Evaluation* (SNTSMS 107; Cambridge: Cambridge University, 1999)은 히긴스(A. J. B. Higgins), 풀러(R. H. Fuller), 보르쉬(F. H. Borsch)의 비관적인 정서를 언급한다(2, 121).
79) Burkett, *Son of Man Debate* 특히 13-31.

이 20세기를 통과하면서 향상됨에 따라 이 두 견해는 각각 몇 가지 변용을 거치면서 계속해서 주요 선택의 범위를 제공해왔다.[80]

그 쟁점의 핵심은 그 용례의 뿌리, 곧 예수 전통에서 사용된 그 문구의 원천 자료에 대한 불일치이다. 현재 두 개의 주요 가능성이 있다. 어려운 점은 예수 전통 내에서 그 둘이 어떻게 서로 연계되는지 보는 것이었다.

a. 언어학적 뿌리

'인자=사람의 아들'(*ho huios tou anthrōpou*)이 당시 그리스어로 다른 곳에 평행 사례가 없는 세련되지 않은 그리스어라는 데 아무도 이견을 표하지 않는다. 지금은 극소수만이 그 문구가 히브리어 *ben 'adam* 또는 아람어 *bar "naša*[81]의 문자적 번역으로 그리스어에 들어온 게 틀림없다거나 그 히브리어/아람어 문구가 단순히 '사람'을 뜻한다는 데 이견을 제시한다. 히브리어로 '사람들의 아들들'은 인간 공동체를 뜻하는 익숙한 문구인데,[82] 단수로 '인자'를 사용하는 많은 경우는 그 공동체 내의 개인이나 전형적인 개인을 나타낸다.[83] 후자의 함의는 시편 8.4('사람이 무엇이기에 주께서 그를 생각하시며 인자가 무엇이기에 주께서 그를 돌보시나이까?')에서와 에스겔을 통상 '인자'로 언급하는 데서 그 고전적인 사례를 찾아볼 수 있다.[84] 의미심장한 것은 '사람들의 아들들/사람의 아들'이 종종 하나님과 대조하여 연약함의 함의를

---

80) W. Horbury, 'The Messianic Association of "The Son of Man"', *JTS* 36 (1985) 34-55은 20세기 논의의 잘 정리된 간결한 개관을 제시한다(34-36).

81) '복음서의 저자들은 거의 딱딱한 직역으로 그것을 해석하는 어떤 특별한 이유가 있었음에 틀림없다'(Dodd, *Founder* 111). D. R. A. Hare, *The Son of Man Tradition* (Minneapolis: Fortress, 1990) 231-35의 논의.

82) *b*e*ne 'adam*은 신 32.8; 시 11.4; 12.2, 9[1, 8]; 14.2; 31.20[19]; 36.8[7]; 45.3[2]; 49.3[2]; 53.3[2]; 57.5[4]; 58.2[1]; 62.10[9]; 66.5; 89.48[47]; 107.8, 15, 21, 31; 115.16; 잠 15.11; 전 1.13; 렘 32.19; 겔 31.14; 단 10.16; 욜 1.12; 1QS 11.6, 15; 1QH 10[2].24-25; 12[4].32; 14[6].11; 19[11].6; 4Q181 1.1; CD 12.4 등등; *b*e*ne 'iš*는 시 4.3[2]; 49.3[2]; 62.10[9]; 애 3.33; 1QS 3.13; 4.15, 20, 26; 1QM 11.14; 4Q184 1.17; *b*e*ne 'anaša*는 단 2.38; 5.21(Haag, *TDOT* 2.15, 161).

83) 민 23.19; 욥 25.6; 35.8; 시 80.18[17]; 146.3; 사 51.12; 56.2; 렘 49.18, 33; 50.40, 51.43; 1QS 11.20; 1QH 12[4].30.

84) 겔 2.1에서 시작하여 도합 93회 나옴; 또한 단 8.17; 에녹1서 60.10. 우리는 이런 용례를 현재에도 여전히 통용되는 말 거는 방식으로 'Hey man'이나 더 보편적인 'Hey you!'와 같은 것으로 예시하고 싶어진다.

수반한다는 점이다.[85] 이러한 범위의 용례는 필시 대부분의 경건한 유대인들에게 성서만큼 친숙하였던 터라, 예수 전통 가운데 그 아람어 문구가 처음 들려졌을 의미의 맥락에서 중요한 몫을 차지할 수밖에 없다. 그렇다면 *bar ⁿnaša*라는 문구가 예수 당시에는 어떻게 들려졌을까?

버메스(Geza Vermes)가 1960년대에 빈사 상태의 논의를 다시 활성화하였을 때 *bar naša*(처음의 알렙이 결여된)는 '인간 존재'와 부정 대명사였을 뿐 아니라—버메스에게 가장 중요하게는—'나'를 지칭하는 완곡어법이었다는 주장은 후대 랍비 문헌의 용례에 의거한 것이었다.[86] 예수 전통 배후의 아람어에 대한 현세대 신약성서 전문가들 중에 가장 권위 있는 목소리로 자리 잡은 케이시(Maurice Casey)는 버메스를 인용했지만 이 결정적인 세 번째 범주에 관해서는 그와 의견이 다르다. 그 아람어 관용어는 모든 사람들보다는 일군의 사람들에 대한 진술로 사용되었고, 그 가운데 화자가 포함되었지만 결코 화자 자신한테만 국한하여 사용되지는 않았다.[87] 어쨌든 두 견해 모두, 우리가 아는 예수 당시의 아람어는 그러한 용례를 입증하지 않는다는 근거 위에 맹렬한 도전을 받아왔다.[88]

---

85) 가령, 욥 25.6; 시 8.4; 36.7; 53.2; 62.9; 89.47; 잠 15.11; 전 1.13; 사 51.12; 애 3.33; 겔 31.14; 단 5.21; 욜 1.12; 1QS 11.20을 보라; 에스겔서에서 그 용례는 '하나님과 사람을 분리하는 거리에 대한 증대된 강조점'을 부여한다(Haag, *TDOT* 2.163); 또한 C. C. Caragounis, *The Son of Man* (WUNT 38: Tübingen: Mohr Siebeck, 1986) 55-57을 보라.

86) G. Vermes, 'The Use of bar nash/bar nasha in Jewish Aramaic', in Black, *Aramaic Approach* 310-28; 또한 그 축약본은 *Jesus the Jew* 163-68, 188-91.

87) M. Casey, *Son of Man: The Interpretation and Influence of Daniel 7* (London: SPCK, 1979) 224-227; 또한 특히 'General, Generic and Indefinite: The Use of the Term "Son of Man" in Aramaic Sources and in the Teaching of Jesus', *JSNT* 29 (1987) 21-56. 케이시의 주장은 린다스(B. Lindars)에 의해 차례로 계승되었는데 그는 유사하게 포괄적인 언급(human being)과 개인적인 언급 사이의 중간적 의미—관용구적인 중간 의미('본인')—를 주장했다(*Jesus Son of Man: A Fresh Examination of the Son of Man Sayings in the Gospels* [London: SPCK, 1983]).

88) 달만은 이미 '인자'라는 용어가 '아람어에 존재하지 않는다'는 리츠만(H. Lietzmann)의 주장에 응답했다(*Words* 239); 본격적인 검토는 Caragounis, *Son of Man* 16-19을 보라. J. A. Fitzmyer, 'The New Testament Title "Son of Man" Philologically Considered'(1974), *A Wandering Aramean: Collected Aramaic Essays* (Missoula: Scholars, 1979) 143-60은 버메스에 응답했다(특히 152-53); 또 한 차례 G. Vermes, '"The Son of Man" Debate', *JSNT* 1 (1978) 19-32에 응답하여 'Another View of the "Son of Man" Debate', *JSNT* 4 (1979) 58-68. 지금은 A. Vögtle, *Die 'Gretchenfrage' des Menschensohnproblems* (QD 152; Freiburg: Herder, 1994) 31-64을 인용하는 Becker, *Jesus of Nazareth* 201을 보라. 가장 최근에 오웬(P. Owen)과 쉐퍼드(D. Shepherd)는 그 자료를 재조사하여 '관용어구적 자기 언급으로서의 "인자"는 배타적이든(Vermes), 포괄적인 진술의 일부로서 포용적이든 (Lindars, Casey), 예수 시대보다 앞선 연대의 아람어 문구 어디에도…입증되지 않는다'는 결론을 내린다—보다 풍부해진 케이시와 린다스의 참고 문헌(82 각주 7)과 이 점에 관련한 추가 언급(84-88)을 갖춘 'Speaking Up for Qumran, Dalman and the Son of Man: Was Bar Enasha a Common

이 대목에서는 네 가지 의견이 적절하게 제시된다. 첫째, 비공식적 발언과 관련되는 한 그 범주들—포괄적(모든 사람), 불특정한(어떤 사람), 개인적(모든 사람/나를 포함한 어떤 집단, 나와 같은 어떤 자, [나와 같은] 사람)—을 너무 경직되게 구분되는 것으로 고집하는 데 위험이 있다는 것이다.[89] 둘째, 비록 쿰란의 발굴이 제2성전기 우리의 아람어 지식에 변화를 가져왔지만, 이 기간의 아람어 관련어계 범위는 매우 작아서 주후 1세기 어떤 아람어 발언이 가능했는지에 대한 모든 판단은 그 제한 조건으로 인해 제약될 수밖에 없다.

셋째, 짐작건대 히브리어에서 초기 아람어와 이후 아람어에 이르기까지 지속적으로 다소간 용례의 연속성이 있었던 것 같다.[90] 위에서 주목한 *ben 'adam*의 사례들(각주 83) 가운데 몇 개의 흥미로운 경우가 있다. 욥기 35.8은 '너 자신과 같은 사람'과 '사람의 아들'을 평행 구조로 배치한다. 유사하게 시편 80.17은 '당신의 오른쪽에 있는 자'를 '당신이 자신을 위해 강하게 한 인자'로 설명한다. 그리고 1QH 12[4].27-37에서 화자는 자신의 연약함과 불완전함을 분명하게 생각하면서 '인자'와 '인자들'이라는 말을 사용한다. 아람어 용례와 관련해서는 주전 8세기의 한 고대 비문이 *bar 'nš*를 사용하여 화자와 자기 자손들을 언급한다(*Sefire* 3.14-17).[91] 나아가 1QapGen 21.13은 *br 'nš*가 다니엘 7.13의 '*br 'nš* 같은 자'와 매우 유사하게 개인에게 사용되는 경우를 예시한다.[92] 이러한 증거들은 *bar ᵉnaš*가 예수 당시 개인에 관련하여 실제로 사용될 수 있었으리라는 점을 암시한다.

넷째, 복음서 자체가 1세기 용례의 증거로 확실히 비중 있게 다루어져야 한다는 점이 중요하다. 공관복음은 분명 1세기에 쓰였고 그 이전의 전

Term for "Man" in the Time of Jesus?' *JSNT* 81 (2001) 81-121 (여기서는 결론의 121) 참조.

89) R. Bauckham, 'The Son of Man: "A Man in My Position" or "Someone"?', *JSNT* 23 (1985) 23-33, 특히 29 ('의도적으로 완곡하거나 모호한 자기 언급'으로 사용된 막연한 의미의 가능성); Davies and Allison, *Matthew* 2.46-47 참조. 린다스의 연구는 카라구니스(Caragounis)의 비판에 취약한 상태가 되었다(*Son of Man* 28-33). 또한 케이시와 린다스에 대한 Hare, *Son of Man*의 논의는 너무 다른 범주를 가지고 작업하는 위험을 예시한다(246-50).

90) 특히 M. Casey, 'The Use of the Term *br(')nsh(')* in the Aramaic Translations of the Hebrew Bible', *JSNT* 54 (1994) 87-118 참조.

91) Casey, 'General, Generic and Indefinite' 22-23.

92) 추가로 Casey, *Aramaic Sources* 36-38을 보라: 오웬과 쉐퍼드는 이 아람어 예들의 의미와 의의를 최소화하려 한다('Son of Man' 114-20).

통에 의거한 것이다. 이미 지적했듯이, 그 그리스어 문구는 확실히 아람어 관용어의 번역이다. 따라서 그 질문은 예수 전통 자체에 대한 주석의 문제로 수렴된다. 가장 명백하게 모종의 자기 언급을 함축했거나 자기 언급으로 이해되었던 그 문구를 사용하는 어록이 거기 있다면, 이는 그 자체만으로도 그 문구가 예수에 의해 그렇게 사용되었고 그에 맞게 이해될 수 있었다는 충분한 증거가 된다. 물론 그와 같이 진술해버리면 그 주장은 순환성의 위험에 처한다. 모든 것은 어떤 경우든 예증된 사례들의 신뢰성에 달려 있을 터이다.

한 가지 다른 특징을 무시할 수 없다. 그것은 이중적 관사 형식(문자적으로 '그 사람의 그 아들')의 경우, 우리가 관사 형식의 *ben ha'dam*과 정관사가 붙은 *bar 'ᵉnaša*의 사례들을 결여하고 있는데 반해 예수 전통에서는 그 형식이 전적으로 일치한다는 사실이다. 전자는 오직 1QS 10.20에서만 탐지되는데 거기서 정관사는 (단선적인 차원을 넘어) 첨가된 것으로 보인다. 후자는 그 기간의 아람어에 전적으로 부재하는 것으로 드러난다.[93] 하지만 여기에 아무런 문제도 없을 수 있다. 케이시는 관사 그리스어가 정관사의 *bar 'ᵉnaša*뿐 아니라 부정관사의 *bar 'ᵉnaš*의 적절한 번역일 수 있었다고 주장한다.[94] 달리 보면 정관사의 용례 *bar 'ᵉnaša*도 대등하게 예수의 독자적인 스타일, 곧 보다 포괄적/일반적이거나 부정형의 의미를 특정화하는 방식(요컨대, '저 사람의 아들'[that son of man])이었을 가능성도 있다.[95]

---

93) Dalman, *Words* 238; Owen and Shepherd, 'Son of Man' 121.

94) Casey, 'General, Generic and Indefinite' 27-36; 또한 'Idiom and Translation: Some Aspects of the Son of Man Problem', *NTS* 41 (1995) 164-82 (여기서는 170-78); 또한 *Aramaic Sources* 118-21 (D. Burkett, 'The Nontitular Son of Man: A History and Critique', *NTS* 40 [1994] 504-21에 응답하여, 그의 *Son of Man Debate* ch. 8에서 약간 수정됨).

95) C. F. D. Moule, 'Neglected Features in the Problem of "the Son of Man"', in J. Gnilka, ed., *Neues Testament und Kirche*, R. Schnackenburg FS (Freiburg: Herder, 1974) 413-28; 또한 *The Origin of Christology* (Cambridge: Cambridge University, 1977) 11-22; 또한 '"The Son of Man": Some of the Facts', *NTS* 41 (1995) 277-79 ('[잘 알려진] 다니엘의 인자'). Lindars, *Jesus Son of Man* 24-27 참조.

b. 묵시문학적 뿌리

예수 시대 이전 아람어 단수 *bar ᵉnaš*(정관사에 해당하는 마지막의 *-a*가 빠진)의 몇 개 안 되는 사례들 가운데 하나가 다니엘 7.13이다. 그것은 다니엘의 큰 환상들 중 하나(또는 둘)의 일부이다(7.9-14).

> ⁹ 내가 보니 왕좌가 놓이고 옛적부터 항상 계신 이가 좌정하셨는데 그의 옷은 희기가 눈 같고 그의 머리털은 깨끗한 양의 털 같고 그의 보좌는 불꽃이요 그의 바퀴는 타오르는 불이며 ¹⁰ 불이 강처럼 흘러 그의 앞에서 나오며 그를 섬기는 자는 천천이요 그 앞에서 모셔 선 자는 만만이며 심판을 베푸는데 책들이 펴 놓였더라.…¹³ 내가 또 밤 환상 중에 보니 인자 같은 이가 하늘 구름을 타고 와서 옛적부터 항상 계신 이에게 나아가 그 앞으로 인도되매 ¹⁴ 그에게 권세와 영광과 나라를 주고 모든 백성과 나라들과 다른 언어를 말하는 모든 자들이 그를 섬기게 하였으니 그의 권세는 소멸되지 아니하는 영원한 권세요 그의 나라는 멸망하지 아니할 것이니라.

두 번째 (부분의) 환상은 개작된 창조 신화의 연속물인 듯하다. 본래 그 신화에서는 바다의 짐승들, 궁창, 땅이 창조되고 그 다음에 창조의 정점으로 사람(인간)이 피조된다(창 1.20-27). 사람의 우월함은 짐승들을 다스리는 지배권(1.28)과 그들에게 이름을 지어주는 권세가 부여됨으로써 나타난다(2.19-20). 다니엘 7장에서 그 순서는 같다. 네 마리의 짐승 같은 피조물이 바다에서 출현하고(7.2-8) 마지막으로 사람 같은 형상이 등장한다(7.13).⁹⁶⁾ 지배권은 동물들에게서 취하여 그에게 주어진다(7.12, 14). 그 환상(들)에 대한 해석에서 짐승들은 네 명의 왕들 또는 왕국들과 동일시되고 그 사람 같은 형상은 '지

---

96) 전치사 *k*-('같은')는 그 환상들의 다양한 요소와 관련하여 사용되는데 이로써 나타내고자 하는 것은 그 실재(그 짐승들은 모두 기괴하다)가 아니라, 사자, 인간의 자세, 표범, 인간의 눈, 사람 등의 실재와 같은 어떤 것이다(Hampel, *Menschensohn* 29). T. B. Slater, 'One like a Son of Man in First-Century CE Judaism', *NTS* 41 (1995) 183-98은 그 *k*-의 기능을 잘못 알고 있다; 그것은 '또 다른 유형의 존재'를 표시하지 않는다; 그것은 단순히 환상 가운데 보이는 것의 불명확성/모호성을 나타낸다.

극히 높은 곳의 성도들'과 동일시된다(7.17-18, 23-27). 그 함의는 분명하다. 즉 '사람'=인간이 창조의 정점으로 나머지 창조물에 대한 지배권이 부여되었듯이, 이스라엘도 하나님의 우주적 목적의 정점으로 모든 다른 족속들에 대한 지배권이 부여되리라는 것이다.[97]

'인자 같은 이'가 본래 텍스트에서 누구를 가리키려 의도되었는가에 관한 장기간 지속된 논쟁은 아직도 시끄럽게 진행중이다. 현재 중요 대안은 이스라엘을 표상하는 천상의 (천사적) 존재('지극히 높은 곳의 성도들') 또는 단순히 이스라엘의 상징적 표현이다.[98] 어느 쪽이든 총괄적 요점은 매우 분명한 것 같다. 다니엘 7장은 유대가 수리아의 군주들에 의해 억압받던 정황에서 이스라엘을 대변하는 한 편의 선전 문구이다.[99]

주지하듯, 이 환상은 유대교의 묵시문학 사상 가운데 상당한 영향력을 얻게 되었다. 그것의 영향은 에녹1서로 알려진 일부인 '에녹의 비유들'(에녹 1서 37-71장)[100]과 에스라4서 13장[101] 가운데 가장 명확하게 탐지된다. 이러한 자료들 속에서 다니엘서의 사람 같은 형상은 분명히 특정한 개인, 곧 에녹서의 그 비유군에서는 '택함받은 자'로,[102] 에스라4서에서는 특별한 '사람'으로[103] 확인된다. 이 경우에 쟁점은 다니엘의 환상이 이미 예수 당시에

---

97) 그 구절의 이러한 측면은 이상하게도 단 7장 이미지의 종교사적 배경을 다루는 논의에서 소홀히 취급된다. 물론 그것이 이러한 논의들을 선점하지는 않는다. 다른 점에서는 J. J. Collins, *Daniel* (Hermeneia; Minneapolis: Fortress, 1993) 280-94에 의해 잘 검토된다; 그러나 A. Lacocque, 'Allusions to Creation in Daniel 7', in J. J. Collins and P. W. Flint, eds., *The Book of Daniel: Composition and Reception* (2vols.; Leiden: Brill, 2001) 1.114-31을 참조하라.

98) 다시 Collins, *Daniel* 304-10 (특히 309-10)의 검토를 보라. 그러나 '인자와 같은 이'가 또한 하나님의 아들이었다는 다니엘의 비전이 정말로 함축되어 있는가?(특히 Moule, *Origin* 25-26; S. Kim, *"The 'Son of Man'" as the Son of God* [WUNT 30; Tübingen: Mohr-Siebeck, 1983]) 김세윤은 전례 없는 근거 아래 지극히 높은 분의 성도들의 대표/우두머리(=하나님의 아들들)가 하나님의 그 아들일 것이라고 주장하면서(그러나 위의 각주 12-13을 보라) 이를 뒷받침하는 근거로 다소 모호한 4Q246을 언급할 뿐이다(위의 각주 15). 물론 이제는 콜린스의 지지를 받고 있다(추가로 아래의 각주 109를 보라).

99) 다니엘이 마카베오 시대의 산물이고 단 7장이 주전 175-167년 안티오코스 에피파네스의 박해로 야기된 위기를 반영한다는 대체적인 합의가 있다.

100) 에녹1서 46.1-3: '거기서 나는 시대의 머리를 지닌 자를 보았는데 그의 머리는 양털같이 희었다; 그와 함께 그 얼굴이 사람의 외양을 지닌 또 다른 자가 있었는데 그의 얼굴은 거룩한 천사들 중 하나처럼 은혜로 충만하였다. 나는 그 거룩한 천사들 중 한 분에게 인자에 대해 그가 누구인지, 어디서 왔으며 왜 시대의 머리와 함께 있는지 물었다. 그는 내게 대답하여 말하기를 이는 의로움을 간직한 인자이다…'(Knibb).

101) 에스라4서 13.1-3: '이레 후에 나는 밤중에 꿈을 꾸었다. 보라, 바다에서 바람이 일어 그 모든 파도를 휘저었다. 또 내가 바라보니, 보라, 이 바람은 바다의 중심에서 올라오는 사람의 형상 같은 어떤 것을 만들어냈다. 또 내가 바라보니, 보라, 그 사람이 하늘의 구름을 타고 날았다…'(OTP).

102) 자세한 것은 Caragounis, *Son of Man* 101-10을 보라.

해석되었던 방식과 관련하여 그 비유군과 에스라4서가 증거를 제공하는가 여부이다. 달리 표현하면 해당 쟁점은 주후 1세기가 시작되는 시점까지 이스라엘의 편에 서서 그 대적들에 대한 최후 심판을 내릴 것이라 기대된 천상의 인물로서 인자에 관한 분명한 개념과 믿음이 있었는가 하는 것이다. 특히 논란이 되는 것은 에녹의 그 비유군이 나온 연대이다. 그 주제에 대한 독일 학계의 다수에 깔린 추정은 그것이 예수 이전 수십 년 전에 쓰였으리라는 것이었다.[104] 그러나 에녹 문헌 전부가 쿰란에서 인기가 있었음에도 불구하고 사해 두루마리에 그 비유군이 나오지 않는 것은[105] 주후 68년 쿰란이 멸망당하기 훨씬 전 그 비유군이 존재했으리라는 가정에 의문부호를 남긴다.[106] 따라서 에녹1서의 비유군과 에스라4서 모두 예수의 선교보다 수십 년 이후로 그 연대가 뒤처질 가능성이 상당하다.[107]

물론 예의 두 문서들에 담긴 생각들은 이 문서들의 출간을 수십 년 앞선 것일 수 있다.[108] 기록된 복음서와 그 기록된 문서 자료에 앞서 그 정도로 구어 전통에 초점을 맞춘 연구에서 그 가능성은 배제하기 어렵다. 하지만 두 문서 모두 이미 친숙한 어떤 것을 언급하는 것이 아니라 마치 새로운 해석을 제공하는 것처럼 다니엘 7장에 대한 그들의 해석을 소개한다.[109] 나

---

103) 추가로 J. J. Collins, 'The Son of Man in First-Century Judaism', *NTS* 38 (1992) 448-66을 보라; 또한 Daniel 79-84; K. Koch, 'Messias und Menschensohn. Die zweistufige Messianologie der jüngeren Apokalyptik', *JBTh* 8, *Der Messias* (1993) 73-102.

104) 아래의 §16.3c(2)를 보라. 56.5의 파티아와 메데 사람들에 대한 언급으로 미루어 주전 40-38년 이후의 연대를 암시하는데, 공관복음의 용례 자체는 그 비유들에서 그와 같은 인자에 관한 믿음을 암시하는 것으로 받아들여졌고 그리하여 논의의 범위를 닫아버렸다; 카라구니스는 계속 같은 범위를 전전한다(*Son of Man* 89-93).

105) 그 점을 콜린스는 그의 'Son of Man' 451-52에서 무시한다.

106) 그 자료의 논의와 관련하여 내 책 *Christology* 76-77을 주와 함께 보라. 그 비유들의 연대에 대한 논쟁은 J. H. Charlesworth, *The Old Testament Pseudepigrapha and the New Testament* (SNTSMS 54; Cambridge: Cambridge University, 1985) 108-10에 의해 요약되었다; 또한 Burkett, *Son of Man Debate* 70-73을 보라. 보다 최근의 논의는 그 논쟁에 아무런 진보도 가져오지 못했다. Hengel, *Studies*와 Hampel, *Menschensohn* 41 각주 2 모두 그 자료의 비결정성을 반영한다.

107) 에스라4서가 예루살렘 파괴(주후 70년) 이후 쓰였다는 것에는 논란의 여지가 없다.

108) 이것은 최근 Horbury, 'Messianic Association'이 가장 풍성하게 발전시킨 주장이다; 또한 그의 *Messianism* 64-108을 보라.

109) 위의 각주 100과 101에서 인용한 것을 보라. 따라서 또한 Perrin, *Rediscovering* 165-66, 172-73. Horbury, 'Messianic Association' 41과는 다르게, 이 자료들 가운데 '메시아적 해석이 논증 없이 추정된다'고 주장하는 것은 편향된 해석이다. Slater, 'One like a Son of Man' 197-98은 동시에 확신에 찬 결론을 이끌어낸다(Burkett, *Son of Man Debate* 111-14에 의해 비판받음). 콜린스는 자신을 보다 주의 깊게 표현한다: '그가 [그 에녹서의 비유들에] 소개되는 방식은 인자가 잘 알려진 칭호임을 전제하지 않는다'; '그것들은 이 인물이 다니엘과 독립적으로 알려졌다고 생각할 어떤 이유도 제

아가 그것들이 다니엘의 환상을 활용하는 방식은 이미 확정된 칭호를 물려받거나 언급한다는 암시를 거의 주지 않는다.[110] 따라서 우리는 에녹서의 비유 부분과 에스라4서 자체에서 다니엘서의 사람 같은 형상에 대한 그들의 해석이 이미 확립된 것이었다거나 심지어 다니엘의 환상을 해석하는 확립된 전통에 의존했다고 추론할 수 없다.[111] 사실 다니엘 7.13을 해석하되 마치 처음인 것처럼 다루는 세 번째 묵시문학이 있는데, 바로 요한의 묵시록(요한계시록)이다.[112] 이는 또 다른 대안적 시나리오를 제시한다. 그중

시하지 않는다'; '[에스라4서의] 그 환상은 "인자" 개념이 단 7장과 독립적이라는 증거로 취할 수 없다'; 그러나 콜린스는 에스라4서와 에녹서의 그 비유들 사이에 일치하는 부분들이 '1세기 유대교에서 단 7장 해석에 대한 공통된 가정을 나타낸다고 최종적으로 결론짓는다'('Son of Man' 452, 459, 462, 465-66; 유사하게 *Scepter and Star* 177과 185은 182, 188에 대한 결론과 대조된다). 따라서 양쪽의 본문은 다니엘의 환상에 대한 암시가 쉽사리 인식되었으리라는 점을 보여준다; 다니엘의 환상이 염두에 두고 있는 세 본문들과 독립적인 모종의 '인자' 신학을 산출했다는 증거는 없다; 하지만 우리는 에녹서의 비유들과 에스라4서보다 앞서고 이들과 독립적인 '단 7장의 해석에 대한 공통의 가정들'을 추론할 수 있다. 잠시 신중히 숙고해보자. *Daniel* 77-79과 *Scepter and Star* 154-72에서 콜린스는 4Q246을 끌어들여(위의 각주 15를 보라) '"하나님의 아들" 형상이 단 7장의 수수께끼 같은 "인자와 같은 이"에 대한 최초의 해석 내지 재해석을 대표할 만하다고 제안한다'(*Daniel* 78; 유사하게 *Scepter and Star* 167; Kim, 위의 각주 98 참조); 그러나 4Q246의 '하나님 아들'이 메시아적 인물이라는 것은 분명하지 않다(다시 콜린스에 대한 내 응답을 위의 각주 15에서 보라).

110) 에녹서의 그 비유들에서 '사람의 외양을 지닌' 자의 최초 신원 확인을 따르면 그 언급은 특징적으로 '저 사람의 아들'에 대한 것이다—즉 어떤 확정된 칭호의 표시가 아니라 46.1-3에서 확인된 인물을 되짚어 언급한 것이다(Casey, *Son of Man* 99-102). 게다가 그 비유군 가운데 '인자'와 관련하여 세 개의 상이한 에티오피아 버전의 표현들이 사용된다는 사실은 확립된 칭호를 환기시킨다기보다 (번역본을 사용함으로써) 다니엘의 환상에 대한 혁신적인 암시의 시도가 있었음을 넌지시 비친다(Casey 101-102). 헤어는 뮐러(U. B. Müller)의 관찰을 주목한다(*Messias und Menschensohn in jüdischen Apokalypsen und in der Offenbarung des Johannes* [Gütersloh: Mohn, 1972] 41, 즉 '"인자"가 단 7.13에 대한 암시의 방식을 경유하여 소개될 때, 그것은 이전에 묘사된 택함 받은 자와 결합된 알려진 인물이 아니다; "인자"는 해석을 요하는 암호이다'(*Son of Man* 13). '그 비유군의 저자는 그저 빌린 것이 아니었다; 그는 변형시켰다'(J. Vanderkam, 'Righteous One, Messiah, Chosen One, and the Son of Man in 1 Enoch 37-71', in Charlesworth, ed., *Messiah* 169-91, 여기서는 188). 마찬가지로 에스라4서가 단순히 '사람'을('인자'가 아니라) 말한다는 사실은 그 아람어 관용구가 집필 당시 여전히 잘 알려져 있었고 단 7.13이 적절한 예로 인식되었음을 강하게 암시한다(Casey 124-26 참조). 또한 Stone, *Fourth Ezra* 참조: '꿈속의 "그 사람"이 설령 전통적인 "인자"였다고 할지라도 그 인물이 저자나 독자에게 해석될 필요가 있었을 것이라는 점을 살피는 일이 중요하다. 게다가 에스라4서의 저자는 그 해석에서 모든 특정한 특징들 중에 이 인물을 도려내어 그것을 상징으로 다루었다. 이는 만일 "인자" 개념이 그와 그의 독자들에게 쉽사리 인식 가능했다면 상상할 수 없을 터이다'(211).

111) 단 7.9의 두 번째 보좌에 관해 아키바가 보도한 의견의 경우도 마찬가지다(아래의 각주 190을 보라): 이 견해는 이전에 탄탄히 확립된 견해를 나타낸다기보다 랍비 유대교 내에서 처음 피력된 것으로 기억되는 것 같다. 또한 *Ezkiel the Tragedian* 68-89의 경우처럼 다른 본문들이 단 7장에 의존하지 않고 과거 위대한 영웅들—가령, 아담과 아벨(아브라함 유언서 11), 욥(욥 유언서 33.3), 의인(*Apoc. El.* 1.8)—의 즉위식을 상기시켜줄 때 모세의 천상 즉위식에 대한 환상이 단 7장(그 사람 같은 형상의 즉위식이 기껏 암시되었을 뿐인)을 환기시켰거나 암시했다고 추정해서는 안 된다(Horbury, 'Messianic Association' 38, 42-43, 45-47과는 다르게); 콜린스는 *Ezekiel the Tragedian*과 단 7장 사이의 어떤 연계점도 제안하지 않는다(*Scepter and Star* 144-45). '사람'이 이미 인정된 메시아적 칭호였다고 주장하는 호베리의 추가 본문에서 '사람'은 지시 대상이지(48-52) 칭호가 아니다.

112) 계 1.7, 13; 14.14. 이 암시들('한 인자')은 일관된 복음서 용례('그 인자')와 현저하게 다르며 후자의 직접적인 영향에 기인하는 것으로 설명하기 어렵다.

에서도 특히 첫 유대인 반란으로 치닫는 그 위기(단 7장을 낳은 정황과 흡사한)와 파국적 실패의 정신적 외상은 묵시적 열기를 새롭게 활성화했다. 그 가운데 다니엘의 환상은 참신한 심사숙고를 위한 초점과 자극이 되었고, 나아가 다니엘의 환상에 대한 독특하면서도 유사한 해석을 낳기에 이른 것이다. 그 각각의 경우에서 다니엘 7.13의 사람 같은 형상이 구현한 희망은 특별한 개인으로 결정화된 것이니 바로 인자요, 사람이요, 높임 받은 예수인 셈이다. 여기에서도 역시 명확한 합의가 도출된 것은 아니었다. 그러나 선택 가능한 범위를 따져볼 때 확실히 에녹서의 비유군과 그것이 다니엘 7.13을 사용한 연대를 예수 이전으로 앞당기는 전제에 의존하여 논지를 세우는 데 신중함을 기하게 된다.[113]

세 번째 쟁점은 다니엘의 환상이 언제 처음 예수 전통 속에 들어왔는가 하는 것이다. 거기에 그러한 영향이 있었다는 것은 논란거리가 아니다. 우리는 이미 그 환상의 첫째 부분이 세례자 요한에 끼쳤을 만한 영향을 주목한 바 있다.[114] 여기서 좀더 핵심을 찔러 말하면 구름 위에 등장하는 인자 같은 이의 환상은 예수의 말씀 전통에 영향을 끼친 게 분명하다. 가장 확실한 사례가 마가복음 13.26 평행구와 14.62 평행구이다.[115]

막 13.26: 그 때에 인자가 구름을 타고 큰 권능과 영광으로 오는 것을 사람들이 보리라.

막 14.62: 예수께서 이르시되 내가 그니라 인자가 권능자의 우편에 앉은 것과 하늘 구름을 타고 오는 것을 너희가 보리라.

---

113) 라이베스타드는 '그 에녹서의 비유들을 예수 당시 유대적 개념의 원천 자료로 사용하는 것이 방법론적으로 변증할 수 없다'고 믿는다(*Jesus* 19-20; 추가로 153-55).
114) 위의 제11장 각주 135를 보라.
115) 다른 참고 문구들은 '임하는 인자'(마 10.23; 마 24.44/눅 12.40; 눅 18.8), 영광 중에 임하는 것(막 8.38 평행구; 마 16.28), 또는 영광 중에 심판하러 임하는 것(마 19.28; 25.31; 유사하게 요 5.22, 27)을 말한다. 추가로 내 논문 'The Danielic Son of Man in the New Testament', in Collins and Flint, eds., *The Book of Daniel* 2.528-49을 보라.

이러한 예들은 분명히 그 전통 담지자들 쪽에서 다니엘의 환상을 알았음을 시사한다. 그렇지만 그 예들은 우리가 에녹서의 비유 자료에서 발견하는 것과 같은 유대인의 인자 기대를 알았음을 시사하는가? 여기서 나오는 의견들은 다른 쟁점들과 마찬가지로 가지각색이다. 물론 그것들이 쟁점의 범위를 종횡으로 넘나들기에 그 전반적 정황은 매우 복잡하고 혼란스러워진다.

제기된 쟁점의 견지에서 꽤나 골치 아픈 문제는 그 가능한 두 개의 뿌리, 곧 언어학적이고 묵시문학적인 뿌리가 어떻게 서로 연결되는가 하는 점이다. 그것들은 인간과 하늘이 다른 만큼 아주 다른 층위이다! 그 둘 모두가 예수 전통에서 인자 용례의 뿌리들로 동등하게 중요했다고 할 수 있을까? 만일 하나뿐이라면 어느 것이 먼저 생겼는가? 만일 둘 모두 예수에게 소급된다면 그것들이 그 나름의 생각 속에 어떻게 접합되었는지 이렇다 할 증거가 있는가? 그러한 질문들은 그저 몇 편의 논문이 아니라 단행본 저서 전체를 채울 만한 분량으로 지속된다.

c. 주요 선택 사항들

예수 전통의 인자 용례와 관련하여 제기된 상이한 뿌리들의 가능성과 뒤죽박죽된 다양한 쟁점들은 불가피하게 그 혼란스런 자료에 대한 다양한 해석을 야기하였다.[116]

(1) 해석의 한 흐름은 이와 같이 진행된다. 언어학적 뿌리는 예수의 고유한 용례에 주요한 원천이다. 예수는 '나와 같은 사람', '본인'과 대등한 의미로 자신을 '인자'로 언급했다. 다니엘 7.13은 부차적이다. 그것은 부활 사건 이후 예수 전통에 들어갔다. 이에 대한 가장 명료한 증거는 마가복음 14.62이다. 여기서 다니엘 7.13은 시편 110.1과 융합되었는데, 후자가 초기

---

116) 유사한 분석과 훨씬 더 풍성한 전거들은 Burkett, *Son of Man Debate* 43-56.

그리스도교 변증에서 주요한 증거 텍스트였기 때문이다.[117] 초기 그리스 도인들은 (그들의 신성한 문서에 비추어) 예수에게 생긴 일을 납득하기 위해 성서를 샅샅이 뒤질 때 시편 110.1에 불을 밝혔다. 이후 다니엘 7.13이 들어왔다. 그렇게 하면서 그들은 *bar °naša*에 직함으로서의 호칭적 의미('the Son of Man')를 부여했다. 그 순차적인 과정에서 이는 비호칭적 용례('the son of man')가 똑같이 호칭이 되는 결과를 낳았다.

이 견해는 20세기의 첫 3분기 내내 바이스와 슈바이처의 영향에 의해 압도되었다. 다만 버메스의 재진술 덕분에 영어권 학자들 가운데 실질적인 지지를 받으면서[118] 그것이 다시 우월한 위상을 점하게 되었다.[119] 또한 그것은 보그와 크로산을 포함하는 예수세미나 팀 내에서 강력하게 권장된 의견이기도 하다.[120]

(2) 두 번째 해석의 노선은 이렇게 진행된다. 종말론적 뿌리가 주조를 이룬다. 예수는 이미 유통되던 다니엘 7.13에 대한 묵시적 성찰에 의존하였는데, 그 가운데 '인자와 같은 이'는 이미 천상적 인물로 이해되었다. 예수는 하나님이 자신의 선교와 말이 정당함을 입증하리라는 확신을 표현하면서 이 인물을 언급했다. 즉 미확정된 천상적 존재로서의 인자. 여기서 핵심 본문은 누가복음 12.8로 예수와 인자 사이의 구분이 분명 암시되어 있는 것 같다. 그러한 구분은 부활 사건 이후에 도입되지 않았을 것이다. 반대로 첫 그리스도인들에게 예수가 바라본 인자가 바로 예수 자신이었다는 확신을 준 것은 부활 사건이었다.[121] 따라서 이 종말론적 언급은 본래 거

---

117) 영향력 있는 것은 N. Perrin, 'Mark 14.62: The End Product of a Christian Pesher Tradition?', *NTS* 12 (1965-66) 150-55, 후기와 함께 *A Modern Pilgrimage in New Testament Christology* (Philadelphia: Fortress, 1974) 1-22에서 증쇄됨; 또한 *Rediscovering* 175-81.

118) 이미 전거로 제시된 케이시와 린다스와는 별도로 특히 R. Leivestad, 'Exit the Apocalyptic Son of Man', *NTS* 18 (1971-72) 243-67; D. Juel, *Messianic Exegesis: Christological Interpretation of the Old Testament in Early Christianity* (Philadelphia: Fortress, 1988) 151-70; Hare, *Son of Man* (그림에도 불구하고 위의 각주 89를 보라). 독일 학계에서는 특히 H. Bietenhard, '"Der Menschensohn"—ho huios tou anthrōpou. Sprachliche und religionsgeschichtliche Untersuchungen zu einem Begriff der synoptischen Evangelien', *ANRW* II.25.1 (1982) 265-350 (여기서는 266-313).

119) Vermes, *Jesus the Jew* ch. 7.

120) Borg, *Conflict* 221-27; 또한 *Jesus* 51-53, 84-86; Crossan, *Historical Jesus* 238-59; Funk, *Five Gospels* 4; 그러나 펑크는 혼란스럽다: '자신에 대한 완곡한 언급'; '의심의 여지없이 어떤 인간을 언급함' (Funk, *Honest* 91, 210).

기 있던 것임에 틀림없다. 다른 인자 어록들은 첫 그리스도인들이 예수의 선교와 죽음을 묵상하면서 이 기초적인 신앙 주장을 성찰한 결과물이었을 것이다.

이는 독일 학계가 여전히 신약성서학계 전체의 의제를 설정하던 시절인 20세기 처음 3분의 2 기간에 지배적인 견해였다.[122] 이 입장은 지금도 여전히 독일어권 학계의 강한 지지를 확보하고 있다.[123]

(3) 앞의 두 선택들 사이에 약간 조정을 해보려는 세 번째 선택이 자연스레 주목을 끌었다. 특히 좀더 첫 번째 선택 쪽에서 나온 이 입장에 의하면 '인자'가 무상함과 연약함의 함의를 가진 것으로 관찰되었다. 그래서 예수는 자신의 연약함을 의식적으로 간파하면서 스스로를 그렇게 언급할 수 있었을 것이다. 즉 앞으로 닥칠 고난과 불명예를 암시하면서 '사람으로서의 나'를 뜻하는 '인자'로서 말이다. 여기에 지혜서에 나오는 고난당하는 의인의 전통을 첨가해보라. 그는 그 역경에도 불구하고 자신의 정당성이 입증되리라는 희망을 견지했는데, 이는 사실 다니엘 7.13-14을 포함하는 전통이다![124] 아울러, 우리는 즉각 인자 예수 전통의 모든 구성 요소들이 다 들어 있음을 확인할 수 있다. 예수는 자신의 고난에 대한 기대와 신원의 확신을 나타내려 그 문구를 사용하였다. 여기에 수난 예고는 즉각 전면으로 부상한다.[125] 이 방향의 해석은 지배적인 독일 학계의 견해에 대한 주요 대

---

121) Tödt, *Son of Man* 42, 55-56과 Hahn, *Hoheitstitel* 24-26, 32-42, 457-58 (*Titles* 22-23, 28-34)의 주석은 특별히 영향력이 있었지만 불트만이 이미 그 논점을 제기한 바 있었다(*History* 112).

122) 또한 Bornkamm, *Jesus of Nazareth* 176-77, 229-31; Fuller, *Foundations* 34-43, 122-25; Riches, *Jesus* 176-78을 보라; 수정된 형태로 A. Yarbro Collins, 'The Influence of Daniel on the New Testament', in Collins, *Daniel* 90-112.

123) Merklein, *Jesu Botschaft* 155-65; Gnilka, *Jesus* 249-50, 258-62; Becker, *Jesus* 200-201, 210-11; Vögtle, *Gretchenfrage*는 눅 12.8-9을 인자 문제를 해명하는 열쇠로 간주한다; Strecker, *Theology* 257-58; 또한 Schillebeeckx, *Jesus* 459-72. 그러나 비텐하르트(Bietenhard)의 확고한 반응('Der Menschensohn' 313-46)을 주목하라; 호피우스(O. Hofius) 또한 '인자'가 이미 메시아적 타이틀이었다는 입장을 강렬하게 반박한다('Ist Jesus der Messias? Thesen', *JBTh* 8. *Der Messias* [1993] 103-29 [여기서는 110-11, 113, 118-19]; 또한 이점에서 행엘의 비판을 참조하라('Jesus as Messianic Teacher' 105). '눅 12.8-9의 요점은…예수와 임하는 인자 사이의 구분이 아니라 바로 그것들의 합체(Zusammengehörigkeit)에 있다'(Stuhlmacher, *Biblische Theologie* 1.122).

124) 이 해석의 방향은 특히 E. Schweizer, 'Der Menschensohn (Zur eschatologischen Erwartung Jesu)', *ZNW* 50 (1959) 185-209, reprinted in *Neotestamentica* (Zürich: Zwingli, 1963) 56-84; 또한 *Erniedrigung* 33-52 (=*Lordship* 44-45).

125) 막 8.31 평행구; 9.31 평행구; 10.33-34 평행구; 나는 그것들에 대한 논의를 §17.4c로 미루고자 한다.

안으로 영어권 학계에서 꽤 관심을 끄는 것으로 드러났다.[126]

비교적 두 번째 선택 쪽에서 나와 양쪽을 조정하려는 중도적 해석은 '인자'가 예수 이외의 그 누구도 아니었지만 예수가 자신의 미래 역할이 되기를 기대한 바를 나타낸 그 나름의 방식이었다는 제안을 내놓았다. 지나친 단순화를 무릅쓰고 그런 견지에서 그 요점을 표현하자면, '인자'는 예수가 되고자 기대한 것과 다를 바 없었다.[127]

(4) 전혀 예상 못한 바는 아니었지만 네 번째 선택이 강하게 제출되었다. 세 번째 선택이 결국 양쪽의 용례(언어학적 묵시문학적) 모두가 예수로 소급된다고 주장한다면, 네 번째 주장은 그 어느 쪽도 예수로 소급되지 않는다는 것이다. 인자/특별한 인자 어록들 그 어느 것도 진정성이 없다는 것이다. 여기서 맨 처음 필하우어(Philipp Vielhauer)가 제시한 통찰이 특히 영향력이 있었다.[128] 필하우어는 예수 전통의 최초 층위 가운데 '하나님의 나라'와 '인자'는 각각 **분리된** 계통에 속한다고 지적했다. 그렇다면 그 나라 모티프가 논박의 여지없이 진정성 있는 예수의 용례이기 때문에 인자 모티프는 후대에 들어왔음에 틀림없다는 것이다. 뒷부분의 해석이 가정한 전통의 기본적인 발전은 수용되지만(그 전체 모티프는 단 7.13의 영향과 함께 시작되었다) 그 입장 가운데는 그 발전이 부활 사건 이후에야 시작된 것으로 생각된다는 차이도 있다. 이는 이전에 시도된 묵시문학으로부터의 탈주였

---

126) I. H. Marshall, 'The Synoptic Son of Man Sayings in Recent Discussion', *NTS* 12 (1965-66) 327-51, reprinted in *Jesus the Saviour* 73-99; M. D. Hooker, *The Son of Man in Mark* (London: SPCK, 1967) 182-95; Moule, *Origin* 11-22; J. Bowker, 'The Son of Man', *JTS* 28 (1977) 19-48; Witherington, *Christology* 233-61 (특히 243). 또한 Cullmann, *Christology* 특히 158-64; de Jonge, *Jesus* 51-54; Stuhlmacher, *Biblische Theologie* 1.122-23. 카라구니스는 공관복음 전통 전체를 'The Influence of Daniel's "SM" upon the SM in the Teaching of Jesus'라는 표제 아래 개관한다(*Son of Man* 168-243).

127) Weiss, *Proclamation* 115 각주 83, 119-21이 이미 그렇다; Schweizer, *Quest*² 230-32. 이후 R. H. Fuller, *The Mission and Achievement of Jesus* (London: SCM, 1954) 102-103, 107-108 (그러나 풀러는 자신의 견해를 수정하였다—위의 각주 122를 보라); A. J. B. Higgins, *Jesus and the Son of Man* (London: Lutterworth, 1964) 185-95; 또한 *The Son of Man in the Teaching of Jesus* (SNTSMS 39; Cambridge: Cambridge University, 1980) 특히 80-84; Jeremias, *Proclamation* 272-76; Rowland, *Christian Origins* 185-86; 추가 변이는 Hampel, *Menschensohn* (*bar* ʿ*naša*를 '메시아 명칭으로서 자기 기능을 위한 암호'로 이해, 164); Flusser, *Jesus* 131; Theissen and Merz, *Historical Jesus* 551-52; C. M. Tuckett, 'The Son of Man and Daniel 7: Q and Jesus', in Lindemann, ed., *Sayings Source Q* 371-94 (여기서는 389-94).

128) P. Vielhauer, 'Gottesreich und Menschensohn in der Verkündigung Jesu' (1957), *Aufsätze zum Neuen Testament* (München: Kaiser, 1965) 51-79.

는데,[129] 지금 신자유주의 탐구자들을 특징짓는 것과 다를 바 없는 내용이다.[130] 그 주장은 상당 부분 같다. 하나님 통치의 현재성을 선포한 그 예수가 동시에 그 미래적 도래를 선포할 수 없었으리라는 것이다. 모든 미래 지향적인 긴박한 종말론은 최초 그리스도인들의 종말론적 열광의 산물이고 그것은 다니엘 7.13의 영향을 내포한다고 본다.[131]

이와 같이 복잡하고 뒤엉킨 쟁점들을 끌어안고도 어떤 규모 있는 합의를 끌어낼 만한 큰 희망이 생길 수 있을까?

16.4 인자: 증거

전통사의 분석이란 견지에서 보면 다양한 수준의 확신을 가지고 두루 풍성한 내용을 담은 수많은 통찰을 제기할 수 있다.

a. 예수가 사용한 문구

인자란 문구는 신약성서에서 86회 나온다. 69번은 공관복음에, 13번은 요한복음에, 그 밖에 다른 곳에는 4번만 나온다. 이 4번 중에서 3번은 구약성서의 인용이거나 암시에 해당되는데, 그것들 각각은 '어떤 인자'를 가리킬 뿐[132] 복음서의 일관된 관사적 용례('그 인자')를 알고 있었다는 표시는 보여주지 않는다. 복음서 바깥에서 호칭적 용례로 사용된 '그 인자'는 사도

---

129) K. Koch, *Ratlos vor der Apokalyptik*이 지적함. 그런데 영어번역본 *The Rediscovery of Apocalyptic* (London: SCM, 1972)에서는 당황(ratlos)의 어조가 보이지 않는다.

130) 위의 §4.7을 보라.

131) 여기서 또한 영향을 끼친 것은 E. Käsemann, 'The Beginnings of Christian Theology'(1960), *New Testament Questions of Today* (London: SCM, 1969) 82-107 (여기서는 101-105)의 주장이었다; 또한 Conzelmann, *Outline* 131-37; Perrin, *Rediscovering* 173-99; *Modern Pilgrimage* 45; Becker, *Jesus* 201 각주 122는 P. Hoffmann, 'Jesus versus Menschensohn', in L. Oberlinner and P. Fiedler, eds., *Salz der Erde—Licht der Welt*, A. Vögtle FS (Stuttgart: KBW, 1991) 165-202와 그 견해에 인상적인 옹호 입장을 제공한 Vögtle, *Gretchenfrage* 참조.

132) 히 2.6=시 8.4; 단 7.13을 암시하는 계 1.13과 14.14.

행전 7.56의 스데반의 환상 가운데 단 1회 등장한다. 이는 현저한 사실이다. 그 문구는 거의 배타적으로 복음서에만 한정된다.

한층 더 현저한 것은 네 복음서 모두에서 그 문구가 결국 예수의 입에서만 나온다는 사실이다.[133] 예수는 그 서사에서 결코 '인자'로 언급되거나 '그 인자'로 고백되지 않는다. 또한 예수는 이후에 교회의 예배에서 '그 인자'로 경배되지도 않는다.[134] 이 점에서 예수의 다른 호칭들과의 대조는 괄목할 만하다.[135]

간단히 말해, 우리는 두 가지의 분명한 특징에 직면해 있다. 첫째, '그 인자'는 초기 그리스도론 가운데 복음서 용례와 독립된 별도의 특징으로 거의 등장하지 않는다. 둘째, 그 문구는 철저히 예수 전통 속에 통합되어 있다. 그러므로 그 문구가 예수 전통 바깥에서 기원하여 부활 사건 이후에야 예수 전통에 도입되었으리라는 점은 매우 믿기 어렵다. 예수에 대한 어떤 생각의 방식이 **아주 중요하여** 그것이 예수 전통 속에 철저히 끼어들 수 있지만 그것이 실제로 어떤 다른 흔적도 남기지 않을 만큼 **아주 하찮다**는 가설을 세우는 것은 증거의 확연한 비중에 역행하여 밀어붙이는 셈이다.[136] 훨씬 더 명백한 추론은 예수 전통 내의 그 용례가 거기서 기원했다는 것이다. 더구나 그 전통은 그 용례를 예수에게 독특한 경우로, '그 인자'를 특징적인 예수의 용례로 기억하고 있다. 여기서 다시 그 추론은 명백하다. **그것은 정확하게 실존했던 것이기 때문에 예수에게 독특한 발언의 용**

---

133) 요 12.34만이 뚜렷한 예외이다.
134) 우리가 바울의 어디에서 인자 그리스도론을 확인할 수 있을지 의문이다(내 책 *Christology* 90-91을 보라): 바울이 '그 타이틀을 분명히 숙지하고 있었지만 그 사용을 삼갔다'는 주장(Caragounis, *Son of Man* 164)은 아담 그리스도론과 인자 그리스도론을 혼동하고 있다. 베커는 예수가 하늘에서 임한다는 그 어떤 이야기(고전 16.22; 살전 1.9-10; 4.13-18)도 '부활 사건 이후 최초 그리스도론의 발전 가운데 폭넓은' 것으로 '그 전거가 분명히 확보될 수 있는' 인자 그리스도론이라고 단순히 추정할 뿐이다(*Jesus of Nazareth* 200).
135) '우리는 예수와 다른 종말론적 인물들을 동일시하는 것이 토론되고 논의되었음을 알고 있으며(막 6.15 평행구; 8.28 평행구; 마 11.3 평행구) 예수를 메시아, 모세와 같은 예언자, 하나님의 아들과 일치시키는 명백한 신조 또는 복음적 단언을 확보하고 있다(가령, 막 8.29; 행 3.22-23; 9.20)—우리가 그리스도교 전통 가운데 발견하지 못하지만 에녹1서 71.14에서 인정받은 인자 개념을 전제하는 바로 그런 종류의 동일시("너는 인자이니…")를 확인하듯이'(Dunn, *Christology* 85).
136) 가령 헤어(Hare)는 그토록 철저하게 인자 전통을 발전시켰지만 '예전을 위한 것이든, 신앙 고백을 위한 것이든, 그 타이틀을 무가치한 것으로 본' 그리스어 회중 교회를 가정하는 비논리성을 주목한다.

례로 기억되었다.[137] 굳이 표현하자면 '그 인자' 문구를 예수 전통 속에 도입한 사람은 예수였다. 그 증거는 그 결론을 그보다 더 뚜렷하게 적시할 수 없을 것이다.

그렇다면 예수 전통의 두 가지 주요 모티프들(하나님의 나라, 인자)이 서로 뒤얽혀 있지 않다는 점은 그 하나(인자)가 추후 삽입되었음을 암시한다(위의 각주 128)는 필하우어의 유명한 주장은 어떻게 되는가? 그 주장은 처음 제기될 때만큼 설득력을 갖지 못한다. '그 인자' 문구가 유통된 뒤 어느 정도 시간이 지나서야 예수 전통에 도입되었다는 가설과 관련하여 그 특별한 주장은 어리둥절케 할 뿐이다. '그 인자' 문구를 그렇게 철저하게 소개하면서 아무것도 구애받지 않은 구연자들/전통 담지자들이 그 새 모티프를 그 전통의 핵심 모티프(하나님의 나라)와 뒤얽히지 않게 하도록 거의 제약을 받지 않았을 것이다. 좀더 단순하게 설명하면 그 두 개의 모티프들은 자연스레 함께 배열되지 않았다고 할 수 있다. '인자'가 연약함과 고난만을 암시한 대목에서 그 나라가 명백한 동반자였을 리 없다. 아울러 '인자'가 다니엘 7.13에 대한 어떤 암시를 내포한 대목에서 그것은 또한 하나님의 나라에 대한 추가 언급을 불필요한 것으로 만들면서 같은 기준으로 지배와 왕권에 대한 암시를 포함하였다.[138] 인자가 예수 전통에 들어간 진입로가 어떠하든지 간에 그와 같은 어떤 설명이 제출되어야 한다.

이는 모든 인자 어록이 예수에게 소급될 수 있다고 말하려는 것이 아니다. 전통이 개작되고 해석적으로 확장되며 구연적 변용을 거치고 편집적 삽입이 이루어진 명백한 증거도 있기 때문에 그 대목에서는 엄격히 말해 인자 언급을 예수보다는 전통 담지자의 몫으로 간주해야 할 것이다.[139] 그러나 이러한 경우에서 한층 더 의미심장한 것은 이 개작이 예수 전통 내에 **한정되었고** 예수의 말로서만 발견되는 문구의 패턴에 **순치되었다**는 사

---

137) 유사하게 가령, Jeremias, *Proclamation* 266.
138) Marshall, *Jesus* 81-83 참조.
139) 마 16.28; 또한 마 26.2/막 14.1; 막 13.26에 첨가된 마 24.30a.

실이다. 이는 그 패턴 자체가 이미 꽤 확고하게 처음부터 전통 내에 고착되어 애당초 그렇게 광범위하게 일치하였고 전통 담지자들과 복음서 저자들이 그들 나름의 구연과 편집 가운데 자연스레 그 양식을 유지하였음을 확연히 암시한다.

b. 나와 같은 사람

이 첫 번째 결론에 비추어보면 핵심 질문은 이제 더 이상 예수가 '인자'를 언급했다는 것이 언어학적으로 가능했는지 여부가 아니다. 외려 그가 그렇게 말했다는 점을 전제한다면 핵심 질문은 그가 어떻게 이해되었을까이다. 이미 검토된 증거로 미루어 그러한 용례가 한 개인이나 암시된 자기 언급의 가능성을 포함하여 전통적인 셈어 관용구란 견지에서 의미심장했으리라는 점이 드러난다.[140] 여기서 우리는 그 관용구가 얼마나 보편적이었는지, 또 거기 함축된 '사람'이 인간 종족의 전형적인 연약함을 공유했다는 암시와 함께 어떻게 단수로 사용될 수 있었는지 상고해야 한다. 공손한 영어 관용어 'one'은 *ben 'adam*의 사용에서 이전에 우리가 살펴본 함의를 전할 만큼 충분히 유사하다.[141] 이는 또한 그 문구 자체가 불가피하게 다니엘 7.13에 대한 암시를 수반했다는 가정의 오류를 깨우쳐줄 필요가 있음을 뜻한다. 다니엘의 언급은 그 자체로 그 관용구의 특수한 용법이었지 그 전체 관용어를 '물려받은' 것이 아니었다. 다니엘 7.13에도 불구하고, 관용적인 '인자' 문구는 여전히 인류 전체나 그 개인적 전형성을 표상하였다.

예수 전통 내의 핵심 자료는 마가복음에 나오는 '인자'에 대한 초기의 두 언급(막 2.10, 28), 용서받을 수 없는 죄에 대한 흥미로운 마가/Q의 어록(막 3.28-29/마 12.31-32/눅 12.10/도마 44), '아무 데도 머리 둘 곳 없다'는 Q의 어록(마

---

140) 바울이 고후 12.2을 아람어로 썼다면—'나는 그리스도 안에서 한 사람(*anthrōpos = bar 'ᵉnaša?*)을 알았다'—그가 자신을 어떻게 표현했을지 물어볼 만하다. 대체적인 합의점은 바울이 자신에 대해 말하고 있다는 것이기 때문이다.
141) 위의 각주 83-85를 보라.

8.20/눅 9.58/도마 86), '죄인들의 친구' 어록(마 11.18-19/눅 7.33-34),[142] 그리고 '인자'가 그 평행구 전통에서 '나'와 대등한 의미를 갖는 몇몇 경우들을 아우른다. 편의상 나는 이전의 보다 본격적인 인용의 원리를 되풀이한다.

(1) 마가복음 2.10 평행구.[143]

마 9.6-8	막 2.10-12	눅 5.24-26
6 그러나 인자가 세상에서 죄를 사하는 권능이 있는 줄을 너희로 알게 하려 하노라 하시고 중풍병자에게 말씀하시되 일어나 네 침상을 가지고 집으로 가라 하시니 7 그가 일어나 집으로 돌아가거늘 8 무리가 보고 두려워하며 이런 권능을 사람에게 주신 하나님께 영광을 돌리니라.	10 그러나 인자가 땅에서 죄를 사하는 권세가 있는 줄을 너희로 알게 하려 하노라 하시고 중풍병자에게 말씀하시되 11 내가 네게 이르노니 일어나 네 상을 가지고 집으로 가라 하시니 12 그가 일어나 곧 상을 가지고 모든 사람 앞에서 나가거늘 그들이 다 놀라 하나님께 영광을 돌리며 이르되 우리가 이런 일을 도무지 보지 못하였다 하더라.	24 그러나 인자가 땅에서 죄를 사하는 권세가 있는 줄을 너희로 알게 하리라 하시고 중풍병자에게 말씀하시되 내가 네게 이르노니 일어나 네 침상을 가지고 집으로 가라 하시매 25 그 사람이 그들 앞에서 곧 일어나 그 누웠던 것을 가지고 하나님께 영광을 돌리며 자기 집으로 돌아가니 26 모든 사람이 놀라 하나님께 영광을 돌리며 심히 두려워하여 이르되 오늘 우리가 놀라운 일을 보았다 하니라.

여기서 흥미로운 것은 인자 어록이 이어지는 중풍병자에게 한 명령과 함께 이야기의 핵심에 해당된다는 사실이다. 이 이야기의 반복적 구연 가운데 그 어색한 요소의 존속을 보장해준 것은 중풍병자에게로 향하는 그 어색함을 감싸주는 안정된 핵심 내용이었다고 할 수 있다.[144] 이렇게 '고착'되

---

142) 이 구절들은 이미 불트만에 의해 아람어 관용구에 대한 오해의 결과로 그 정체가 밝혀졌다.
143) 막 2.1-12은 §15.7e에서 본격적으로 언급된다.
144) 그 이야기가 본래대로 보전된 것과 관련한 논의로는 Guelich, *Mark* 81-83과 Hampel, *Menschensohn* 189-97을 보라. 카라구니스는 그리스어의 어색함에 대한 제안을 강하게 반박한다 (*Son of Man* 180-87).

고 유지된 형태 속에 '그 인자'는 적어도 부분적으로 그 맥락상 예수 자신
에 대한 자기 언급이 아주 분명하기 때문에 직함으로서의 호칭적 효과를
가지고 있다. 동시에 그 이야기 속에서 청취자들은 그러한 용례에 놀라움
을 표하지 않고 반감을 보이지도 않는다는 점을 주목해야 한다. 이는 짐작
건대 '(하늘의) 인자'가 1세기 유대인의 기대 가운데 잘 알려진 인물이었다는
논제에 적어도 다소간 역행하는 것 같다.[145] 그 점을 반복자면 그 문구 자체
가 다니엘식의 사람 같은 형상에 대한 암시를 수반했다고 추정할 수도 없
다.[146] 마태의 결론(마가의 전형적인 합창식 끝내기를 무시하는)은 그가 '사람들에
게(*tois anthrōpois*) 그러한 권위를 준'(마 9.8) 것에 대해 하나님께 영광을 돌리
는 군중을 말하고 있다는 점(마가/누가도 그렇다) 또한 의미심장할 수 있다. 이
것은 그 생경한 그리스어 *ho huios tou anthōpou*(9.6)가 (공관복음 저자들 중 가
장 유대적인 자에 의해) 본래 인간(인류)을 지칭했다는 인식을 반영하는가? 그
경우 마태의 전통은 (아마도 아람어가 그리스어로 변역되었을 때) 그 어록 자체가
마가 버전에서 누락되었을지라도 과거의 '인자' 의식에 대한 깨달음을 보
존하는 셈이다.[147] 유사한 점이 두 번째 예에서 보다 분명하게 드러난다. 간
단히 말해 예수는 애당초 '저 인자', '나와 같은 어떤 사람'이 죄의 용서를 선
언할 권위(*exousia*)를 가지고 있다는 놀라운 사실을 주목한 것으로 기억되었
다고 잠정적으로 결론지을 수 있다.[148]

---

145) 아람어의 재구성을 제공하는 Casey, *Son of Man* 159-61을 참조하라(160).
146) Hooker, *Son of Man* 89-93, 추가로 178-82, 190-95 (Tödt, *Son of Man*에서 논제를 택하여)은 권세를
부여받는 인자 같은 이라는 다니엘식의 함의에 초점을 맞춘다(또한 Caragounis, *Son of Man* 188-
190; Witherington, *Christology* 246-47); 그러나 그 문단에서 그 놀라움은 인자로 위임받았다는 어떤
주장이 아니라 오로지 그 주장된 권세에 있다(추가로 Hare, *Son of Man* 185-90). 다른 곳처럼 여기서
도 햄펠은 단순히 그의 논지를 적용할 뿐이다—'배타적이고 유일한 선교 의식과 이에 따른 예수
의 메시아적 자기 이해'를 조명하는 암호로서의 *bar ᵉnaša* (*Menschensohn* 199).
147) 또한 Lindars, *Jesus Son of Man* 44-47을 참조하라. 그렇지만 그는 자신이 인자를 예수의 입장에서
배타적인 자기 언급으로 제대로 이해하기 때문에 그 관용구를 마태가 알았다는 점을 의심한다
(46).
148) Colpe, *TDNT* 8.430-31은 이 점에서 벨하우젠이 종종 비판받은 견해를 옹호한다(각주 236). 추가로
아래 §17.2b를 보라.

(2) 마가복음 2.28 평행구.

마 12.8	막 2.27-28	눅 6.5
8 인자는 안식일의 주인이니라 하시니라.	27 또 이르시되 안식일이 사람을 위하여 있는 것이요 사람이 안식일을 위하여 있는 것이 아니니 28 이러므로 인자는 안식일에도 주인이니라.	5 또 이르시되 인자는 안식일의 주인이니라 하시더라.

여기서 관심의 초점은 곡식을 잘라먹은 것과 관련된 마가의 안식일 논쟁 기사의 정점이다(막 2.23-28).[149] '인자'(2.28) 이면에 아람어 '인자' *bar ᵉnaša* 가 놓여 있다고 일단 가정한다면, 우리는 '사람'과 '인자' 사이의 통상적인 평행 구조에 대한 유대교 문헌 내의 변용과 직면한다(2.27-28).[150] 이는 그 어록이 처음에 이러한 용어들로 들렸으리라는 암시를 전한다. 안식일은 사람을 위해 만들어졌다. 그러므로 인자는 안식일의 주인이다. 다시 말해, 그의 제자들에 대한 비판에 반응하여 예수는 하나님이 그의 창조세계에 대해 인간(또는 이스라엘)에게 부여한 주권에 부합된다고 자신의 행동을 옹호한 것으로 기억되었다.[151] 그 전통이 마가에 당도할 때까지 보다 포괄적인 '인자' 개념은 보다 배타적인 개인적 언급으로 수용되어 직함으로서의 호칭적 의미('그 인자')를 부여받았던 것으로 보인다.[152] 그리 일관되지 않은 마가의 당시 순서(막 2.27-28)에 직면하여 마태와 누가는 차례로 (독립적으로?) 당시의 중복된 2.27을 생략하기로 하고 막판의 경구를 오로지 그리스도론

---

149) 위의 §14.4a에서 인용.
150) 위의 각주 83에서 인용된 시 8.4의 경우처럼.
151) 특히 Casey, *Aramaic Sources* 158-66을 보라. 여기서 그 사례는 막 2.10보다 훨씬 더 강한 것으로 일정하게 나타난다; 가령 Pesch, *Markusevangelium* 1.185-86을 보라; Guelich, *Mark* 125-27 (이전의 참고 문헌, 토론과 함께); Hampel, *Menschensohn* 202-203; Crossan, *Historical Jesus* 257. 그러나 배타적으로 포괄적인 의미를 너무 강하게 밀어붙이다 보면(햄펠과 크로산이 그러듯이) 그 관사적 형태―'저 인자'―의 중요성을 무시하게 된다.
152) 후커는 '인자가 어떤 평범한 개인이 행사하는 수준을 넘어…권위를 소유하는 자로 다시 묘사되는' 점을 인식함에 있어 정당하다(*Son of Man* 99)―마가가 그 전통을 구연하는 단계/차원에서.

적 조명 가운데 배치해두었다.[153] 그러나 이는 사실상, 일반적인 (종말론적?) 인간에 해당된 것은 특히 예수(그리고 그의 제자들)에게도 해당된다는 식의 원래의 것에 대한 확장에 불과하다.[154] 그 전통이 그리스어로 변역된 터라 거기서 우리는 다시 아람어 관용어가 시야에서 벗어나게 된 것이 주요 변인이었음을 미루어 짐작할 수 있다.

(3) 마가복음 3.28-29 평행구.

마 12.31-32	막 3.28-29	눅 12.10	도마 44
31 그러므로 내가 너희에게 이르노니 사람에 대한 모든 죄와 모독은 사하심을 얻되 성령을 모독하는 것은 사하심을 얻지 못하겠고 32 또 누구든지 말로 인자를 거역하면 사하심을 얻되 누구든지 말로 성령을 거역하면 이 세상과 오는 세상에서도 사하심을 얻지 못하리라.	28 내가 진실로 너희에게 이르노니 사람들의 [아들들이 범한] 모든 죄와 모든 모독하는 일은 사하심을 얻되 29 누구든지 성령을 모독하는 자는 영원히 사하심을 얻지 못하고 영원한 죄가 되느니라 하시니 30 이는 그들이 말하기를 더러운 귀신이 들렸다 함이러라.	 10 누구든지 말로 인자를 거역하면 사하심을 받으려니와 성령을 모독하는 자는 사하심을 받지 못하리라.	예수께서 말씀하셨다. 아버지를 모독하는 사람은 사함을 얻을 것이고 아들을 모독하는 사람도 사함을 얻을 것이다. 그러나 성령을 모독하는 자는 사람은 땅에서나 하늘에서나 사함을 받지 못할 것이다.

---

153) Becker, *Jesus* 299; Ebner, *Jesus* 176-79; Funk, *Five Gospels* 49 참조; 반면 Lüdemann, *Jesus* 19-20은 그 아람어 관용구의 모호함을 거의 인지하지 못한다.

154) 이 경우에 린다스는 마가 버전의 이면에 있음직한 전통사에 충분히 민감한 반응을 보여주지 못한다(*Jesus Son of Man* 102-106).

전통사의 견지에서 이것은 복음서에서 가장 흥미로운 예들 가운데 하나이다. 네 개의 모든 경우에서 한 어록이 회고되며 두 종류의 죄/모독과 대조를 이룬다. 사함을 받을 수 있는 자들과 사함을 받을 수 없는 성령을 거역하여 모독하는/말하는 것. 그 어록의 상반부가 적어도 두 개의 다른 버전들 속에 보존된 것 같다는 사실과 함께 관심이 유발된다. 마가는 특정화되지 않은 죄/모독을 말하고, 마태/누가(=Q)는 반면 인자를 거역하여 말하는 장면을 떠올리며, 도마는 추가적 변용으로 (아버지와) 아들을 거역하여 모독하는 내용을 담고 있다. 우리가 마가에서 그 상반부가 '사람들의 아들들'(복음서에 평행구가 없는 용례)에게 용서되는 죄들/모독들을 언급한다는 점을 주목할 때 그 관심은 활기를 띤다.

물론 예수가 두 개의 다른 경우에 각기 다른 것을 말한 것으로 기억되었고, 그 전통 속에서 그 두 개의 버전들이 동화되었다고 볼 수 있다. 그러나 피차 어긋난 형태를 좀더 단도직입적으로 설명하면, 각각의 어록 이면에 잠재된 것은 *bar ᵉnaša*를 사용한 동일한 아람어 어록이다. 이는 아마 그리스어로 번역되기 전 상이한 방식으로 참조되었지만 그리스어로 전이되면서 그 차이를 안고 융합된 것 같다. '*bar ᵉnaša*에게 모독하는 모든 것은 사함을 받을 것이다'와 같은 다소 기형적 형태 속에서 그러한 어록을 어렵지 않게 연상할 수 있다.[155] '모든'이란 말, *bar ᵉnaša*, 그리고 그 구문론이 두루 모호하다. 그 어록은 *bar ᵉnaša*(사람/사람들/사람들의 아들들/인간 전체)에게 용서되는 '모든 것'을 가리킨다고 해석할 수 있다. 아니면 그것은 사함을 받는 *bar ᵉnaša*를 거역하여 모독하는 '모든 사람'을 가리킨다고 해석할 수도 있다. 그 경우에 그것은 오히려 다음과 같이 보인다.

---

155) 보다 주의 깊게 배열된 아람어 재구성은 R. Schippers, 'The Son of Man in Matt. 12.32=Luke 12.10 Compared with Mark 3.28', *Studia Evangelica IV* (1968) 231-35; Colpe, *TDNT* 8.442-43 (Higgins, *Son of Man* 116-17이 계승함); Lindars, *Jesus Son of Man* 35-37; Marcus, *Mark* 1.275 (린다스의 견해를 약간 수정하면서); Davies and Allison, *Matthew* 2.345-4 또한 린다스가 진실에 가깝다고 생각한다; Hare, *Son of Man* 264-67 참조.

- 마가가 기존의 가능성을 담은 버전을 물려받았다(막 3.28).[156]
- Q는 이미 숙고한 두 경우에서처럼 *bar ᵉnaša*가 호칭적 자기 언급으로 수용된 형태를 물려받았다.
- 마태는 양쪽 버전과 아람어 관용어를 숙지한 상태에서 단순히 양쪽을 융합하여 이중적 어록을 만들었다.
- 도마는 인자 언급을 모두 잃어버렸지만 Q 버전의 기본 반제를 존속시켰다.

예수가 이러한 형태의 *bar ᵉnaša* 어록을 말했다면 이로써 그는 무엇을 의미했을까? 아무런 확고한 답변도 가능하지 않지만 좋은 질문이다. 만일 내가 옳다면, 그 본래 양식의 전통은 어떻게 그것이 언급되었는지 못지않게 그 의미가 어떻게 들려졌는지에 의존하는 고전적인 비유(*mašal*), 곧 수수께끼였다. 또 내가 옳다면, 그것은 직접적이든, 그 초기 재현과 전승의 과정에서든, 독특하게 상이한 두 가지의 방식으로 들려졌다. 나는 이미 그 어록이 성령의 영감에 대한 예수의 자의식적 주장을 이해하는 좋은 실마리를 제공한다고 제안한 바 있다(§15.7h). 여기서 핵심 요지는 외려 예수가 (막 2.28의 경우처럼) 보다 일반적인 방식으로 그 *bar ᵉnaša* 문구를 사용했거나 아니면 일부러 모호한 방식으로 (막 2.10의 경우처럼) 자기 지시를 포함하는 점을 보여주는 추가 증거이다. 물론 마가와 Q의 축귀 어록 수집물에서[157] 그 맥락은 개인적 공격에 예수가 보인 반응의 일환이다. 나아가 내가 옳다면 그 어록의 하반부(성령을 거역하는 모독)는 성령의 권능을 드러내는 것으로서 예수의 축귀를 염두에 두고 있었기 때문에 또한 개인적인 언급을 담고 있었다(§ 15.7h). 따라서 보다 모호한 언급 내의 개인적인 언급은 꽤 있음직하지만 그 이상으로 단정할 수는 없다.

---

156) 같은 방식으로 시 145.3(LXX)은 시 146.3의 *ben 'adam*을 *huiou anthrōpoi*로 번역한다.
157) 위의 §12.5d를 보라.

(4) 마태복음 8.20/누가복음 9.58/도마복음 86.[158]

마 8.20	눅 9.58	도마 86
20 예수께서 이르시되 여우도 굴이 있고 공중의 새도 거처가 있으되 인자는 머리 둘 곳이 없다 하시더라.	58 예수께서 이르시되 여우도 굴이 있고 공중의 새도 집이 있으되 인자는 머리 둘 곳이 없도다 하시고	예수께서 이르시되 [여우도 굴이 있고] 새들도 [그들의] 거처가 있으되 인자는 그 머리 두고 쉴 곳이 없도다 하시더라.

도마복음은 분명 이 전통을 알고 있다. 이는 도마복음에 있는 유일한 인자 어록이다. 드러난 대조 부분은 일반적인 인자=인간 비유(*mašal*)로 족히 상정할 만하다. 자연은 여우와 새 같은 피조물을 위해 적절한 거처를 제공하지만 인간(*bar 'ᵉnaša*)은 편하게 잠들 수 있으려면 좀더 요구한다.[159] 그러나 그 어록이 기억되고 유통된 맥락 안에서(마 8.19-22/눅 9.57-62), *bar 'ᵉnaša*는 분명 자기 언급으로, 즉 전적으로 헌신적이지 못한 자칭 제자에 대한 경고로서 받아들여졌다.[160] 어느 쪽이든 그 어록은 모종의 효과를 노리고 예수가 사용한 과장의 전형적인 사례이다. 사실 인간은 동굴에서 살 수 있고 예수는 그의 선교 내내 평소에 환대를 기대할 수 있었다. 그러나 마태복음 6.25-34/누가복음 12.22-32의 경우처럼 예수는 분명히 하나님에 대한 보다 크고 보다 급진적인 신뢰의 필요를 차근차근 타이르길 원했다.[161]

(5) 이미 인용된 한 가지 다른 사례에서 가장 명백한 설명은 한 근간을

---

158) Q의 맥락과 관련하여 위의 §13.2d를 보라.

159) Bultmann, *History* 28. M. Casey, 'The Jackals and the Son of Man (Matt. 8.20/Luke 9.58)', *JSNT* 23 (1985) 3-22은 그 이면의 아람어 형태는 '둥지'보다 '숙박할 곳'을 언급하였을 것이라고 보는데 이 점은 그 대조를 보다 명확하게 해줄 것이다—또한 이는 인간이 자신의 집을 짓는 만큼 새들도 그들의 둥지를 지어야 한다는 통상적 반응에도 부합한다(Burkett, *Son of Man Debate* 94의 경우).

160) 또한 Colpe, *TDNT* 8.432-33; Lindars, *Jesus Son of Man* 29-31; Hare, *Son of Man* 272-73을 보라. 예수세미나 팀은 그 어록의 함의를 예수가 집 없는 유랑자였다고 풀면서 동질적인 것으로 파악했다('예수 유형의 인간 유랑자들')(Funk, *Five Gospels* 160-61); Lüdemann, *Jesus* 326 참조.

161) Hahn, *Hoheitstitel* 44-45 (*Titles* 36)과는 달리, 그 어록은 부활 사건 이후의 그리스도론적 강화를 전제하지 않아도 완전히 납득 가능하다; 유사하게 Schürmann, *Gottes Reich* 163. 카라구니스는 억지로 다니엘에 대한 암시를 찾아낸다(*Son of Man* 175-79). 헹엘은 그 어록의 이면에 지혜에 대한 언급이 놓여 있는지 궁금해한다—'땅에서 집 없는 지혜의 모티프'(에녹1서 42.2)—('Jesus as Messianic Teacher', 92-93).

이루는 *bar ʿnaša* 문구가 보다 직접적으로 개인적 언급과 함께 사용되었다는 것이다. 마태복음 11.18-19/누가복음 7.33-34.

마 11.18-19	눅 7.33-34
18 요한이 와서 먹지도 않고 마시지도 아니하매 그들이 말하기를 귀신이 들렸다 하더니 19 인자는 와서 먹고 마시매 말하기를 보라 먹기를 탐하고 포도주를 즐기는 사람이요 세리와 죄인의 친구로다 하니	33 세례 요한이 와서 떡도 먹지 아니하며 포도주도 마시지 아니하매 너희 말이 귀신이 들렸다 하더니 34 인자는 와서 먹고 마시매 너희 말이 보라 먹기를 탐하고 포도주를 즐기는 사람이요 세리와 죄인의 친구로다 하니

여기에 '인자'가 나온다고 해서 예수의 가르침 가운데 그 어록의 기원에 반하는 주장을 내세우지 못한다.[162] 반대로 그것은 예수가 자신을 이러한 암시적인 방식으로 언급한 것으로 기억되었을 가능성을 강화시킬 뿐이다.[163]

(6) '인자'='나'. 마지막으로 우리는 공관복음 평행구의 한쪽이 '인자'로 읽히고 다른 쪽이 '나'로 읽히는 많은 경우를 주목해야 한다. 가장 두드러진 예들은 마태복음 5.11/누가복음 6.22;[164] 마태복음 10.32-33/누가복음 12.8-9; 마가복음 8.27/마태복음 16.13; 그리고 마가복음 10.45/누가복음 22.27이다.

마 5.11	눅 6.22
11 **나**로 말미암아 너희를 욕하고 박해하고 거짓으로 너희를 거슬러 모든 악한 말을 할 때에는 너희에게 복이 있나니.	22 **인자**로 말미암아 사람들이 너희를 미워하며 멀리하고 욕하고 너희 이름을 악하다 하여 버릴 때에는 너희에게 복이 있도다.

---

162) 위의 §§12.5c와 13.5와 제15장 각주 224를 보라.
163) '인자', '사람'에 대한 말놀이를 다시 주목하라; 블랙은 명사어구('사람, 폭식가')로 이어지는 *anthrōpos*가 셈어 계통의 관용어라고 본다(*Aramaic Approach* 106-107). 추가로 Colpe, *TDNT* 8.431-32을 보라; Lindars, *Jesus Son of Man* 31-34; Casey, 'General, Generic and Indefinite' 39-40; Hare, *Son of Man* 259-64. 마 12.40/눅 11.30은 또 다른 예로 볼 수 있다. 그러나 '인자'가 본래 회고된 그 어록의 일부였는지는 불분명하다(위의 §15.6b[5]를 보라).
164) 보다 본격적인 언급은 위의 §12.4c.

마 10.32-33	눅 12.8-9	계 3.5
32 누구든지 사람 앞에서 나를 시인하면 **나도** 하늘에 계신 내 아버지 앞에서 그를 시인할 것이요. 33 누구든지 사람 앞에서 나를 부인하면 나도 하늘에 계신 내 아버지 앞에서 그를 부인하리라.	8 내가 또한 너희에게 말하노니 누구든지 사람 앞에서 나를 시인하면 **인자도** 하나님의 사자들 앞에서 그를 시인할 것이요. 9 사람 앞에서 나를 부인하는 자는 하나님의 사자들 앞에서 부인을 당하리라.	5 **내가**…그 이름을 내 아버지 앞과 그의 천사들 앞에서 시인하리라.

마 16.13	막 8.27
13 예수께서 빌립보 가이사랴 지방에 이르러 제자들에게 물어 이르시되 사람들이 **인자를** 누구라 하느냐?	27 예수와 제자들이 빌립보 가이사랴 여러 마을로 나가실새 길에서 제자들에게 물어 이르시되 사람들이 **나를** 누구라고 하느냐?

마 20.28	막 10.45	눅 22.27
28 **인자가** 온 것은 섬김을 받으려 함이 아니라 도리어 섬기려 하고	45 **인자가** 온 것은 섬김을 받으려 함이 아니라 도리어 섬기려 하고	그러나 **나는** 섬기는 자로 너희 중에 있노라

각각의 경우에서 가장 명백한 설명은 본래의 *bar "naša* 어록이 다변화된 그리스어 버전을 낳았다는 것이다.[165] 각각의 어록은 서로 다른 개인들에 의해 그리스어로 번역되었거나—혹자는 문자적으로 번역하는 것에 만족했고(*ho huios tou anthrōpou*) 다른 이는 아람어 관용어를 숙지하여 그 문구를 개인적 언급(*emou, egō, me*)으로 번역했다[166]—아니면 처음 두 사례에서 *ho*

---

165) Schürmann, *Gottes Reich* 160-61과 대조해보라. 그는 부활 사건 이후의 색조로 오로지 직함으로서의 형식만을 볼 뿐이다; Hampel, *Menschensohn* 152-58, 212-13. 그가 파악하는 관용어 *bar "naša*의 범위는 너무 제한적이고 편향되어 있다(159-64).

166) 계 3.5c과 마 10.32/눅 12.8의 평행 구조에 대해서는 A. Yarbro Collins, 'The "Son of Man" Tradition and the Book of Revelation', in Charlesworth, ed., *Messiah* 536-68 (여기서는 559-62)을 보라.

huios tou anthrōpou 언급과 마주하여 그 아람어 관용구를 인지한 마태가 그 아람어 문구에 함축된 개인적 언급을 나름의 맥락 가운데 드러내는 쪽을 택했을 것이다. 그렇지만 세 번째 사례에서는 *bar 'naša*의 변용된 형태를 알고 있었거나 또는 그런 의미가 있다는 것을 거기 함축된 '사람들'/'사람의 아들'에서 추정하여 그리스어 *ho huios tou anthrōpou*를 사용하는 쪽을 택했을 것이다.[167] 그 어느 쪽의 경우든, 이 '인자'/'나' 평행구들은 이 어록들의 전승 과정 어딘가에 그 두 문구들이 동의어일 수 있다는 인식과, 그런 까닭에 또한 자신을 지칭하는 방식으로 *bar 'naša*를 사용한 예수의 기억과 관련하여 강한 시사점을 제공한다.

특히 마태복음 10.32-33/누가복음 12.8-9의 복합 자료에 대해 좀더 언급할 필요가 있다.[168] 그러나 일단 우리는 예수가 *bar 'naša*라는 문구를 모호한 방식이나 비유(*mašal*) 같은 방식으로 사용한 것으로 기억된 상당한 증거가 있다는 정도의 결론은 내릴 수 있다. 아람어에서 그리스어로의 전환은 이중적 발전을 야기한 것 같다. 한편으로, 어떤 자들은 문자적으로 번역하여(*ho huios tou anthrōpou*) 그 관용구를 잃어버렸고, 다른 자들은 관용어법상으로 번역하여 보다 명시적인 자기 언급의 함의를 산출함에 따라 그 모호성을 상실하였다. 다른 한편으로, 비록 지배적인 경향은 예수('그 인자')와 관련하여 그 문구에 보다 비중 있는 호칭으로서의 효과를 부여하는 것이었음에도 불구하고, 어떤 자들은 사람/사람들(인간 전체)에 대한 보다 일반적인 언급의 의미를 유지했다. 예수 자신에 관해 말하자면, 그 함의인즉 예수가 실제로 다소 겸손한 자기 언급을 포함하여 모호한 방식 또는 비유(*mašal*) 같은 방식으로 *bar 'naša*를 사용했을망정 호칭으로 사용하지는 않았다는 것이다. 전통사적 분석이 드러내는 바에 의하면 그 전통이 아람어 권역 내에 존속된 한에서는 이러한 용례가 인정을 받았다는 것이다.

---

167)   Davies and Allison, *Matthew* 1.462; 2.216, 617 참조.
168)   아래 §16.4c(3)을 보라.

c. 다니엘 7.13의 영향

예수가 그 문구를 사용함으로 다니엘 7.13의 용례에서 이미 발전한 그 (메시아적) 인자에 관한 당대의 믿음을 환기시켰으리라는 견해는 초장부터 거대한 장애물을 극복해야 한다. 예수 전통 내에서 그 문구는 '인자'에 관한 동시대적 믿음에 대한 도전 또는 암시적 환기로 인한 놀람이나 격렬한 흥분을 유발하지 않은 채 거듭 사용되고 있기 때문이다. 복음서 전통에서 그 문구가 예수의 구술 이외의 다른 곳에 등장하는 한 번의 경우는, 예수의 가르침이 군중을 자극하여 그들로 '이 "인자"가 누구인가?'라고 묻게 하는 요한복음 12.34이다. 그 문구는 분명 모호한 것으로 생각된다. 그것은 당시 유통되던 믿음과 '연계되지' 않았다.[169]

그렇다면 다니엘 7.13의 영향이 가장 확연한 본문들(막 13.26 평행구와 14.62 평행구)과 당시 인자 기대에 대한 암시가 종종 들려오는 마가복음 8.38 평행구/마태복음 10.32-33/누가복음 12.8-9의 본문들은 어떻게 봐야 하는가?

(1) 마가복음 13.26 평행구.

마 24.29-31	막 13.24-27	눅 21.25-28
29 그 날 환난 후에 즉시 해가 어두워지며 달이 빛을 내지 아니하며 별들이 하늘에서 떨어지며 하늘의 권능들이 흔들리리라. 30 그 때에 인자의 징조가 하늘에서 보이겠고 그 때에 땅의 모든 족속들이 통곡하며	24 그 때에 그 환난 후 해가 어두워지며 달이 빛을 내지 아니하며 25 별들이 하늘에서 떨어지며 하늘에 있는 권능들이 흔들리리라.	25 일월성신에는 징조가 있겠고 땅에서는 민족들이 바다와 파도의 성난 소리로 인하여 혼란한 중에 곤고하리라. 26 사람들이 세상에 임할 일을 생각하고 무서워하므로 기절하리니 이는 하늘의 권능들이 흔들리겠음이라.

---

169) 그 질문은 단지 '인자가 고난을 받아야 한다고 네가 어떻게 말할 수 있는가?'가 아니라 '누가 이 인자인가?'이다(Horbury, 'Messianic Association' 37과는 다르게).

그들이 <u>인자가 구름을 타고 능력과 큰 영광으로</u> 오는 것을 보리라. 31 <u>그가</u> 큰 나팔소리와 함께 천사들을 보내리니 그들이 <u>그의 택하신 자들을 하늘 이 끝에서</u> 저 끝까지 <u>사방에서 모으리라</u>.	26 그 때에 <u>인자가 구름을 타고 큰 권능과 영광으로 오는 것을</u> 사람들이 보리라. 27 또 그 때에 그가 <u>천사들을 보내어</u> 자기가 택하신 자들을 땅 끝으로부터 하늘 끝까지 <u>사방에서 모으</u>리라.	27 그 때에 사람들이 <u>인자가 구름을 타고 능력과 큰 영광으로 오는 것을 보리</u>라. 28 이런 일이 되기를 시작하거든 일어나 머리를 들라 너희 속량이 가까웠느니라 하시더라.

여기서 흥미로운 것은 그 인자 언급이 다니엘 7.13에 대한 분명한 암시와 함께 다시 한 번 핵심 전통의 일부를 이루는 것 같다는 사실이다. 물론 그 핵심은 이미 발전된 인자 그리스도론을 표현했을 수 있다.[170] 그러나 **예수가** 그렇게 말할 수 있었는지 여부의 쟁점은 대개 예수가 묵시적인 이미지를 사용했는지, 예수가 언급할 만한 인자 기대가 있었는지 여부에 대한 선행적 판단에 좀더 의존한다. 그러나 그 어록이 다니엘의 환상 이미지에 이끌려 예수 나름대로 피력한 미래적 희망을 반영한 것일 가능성을 배제하기란 어렵다.[171]

두 가지의 다른 특징은 논평을 요한다. 하나는 본문에 묘사된 행동이 하늘을 배경으로 삼은 것 같은데 거기서 우주적 사건이 발생하고(세 개의 공관복음서 모두) 인자의 표적이 등장하며(마태복음), 거기로부터 인자가 천사들을 보낸다(마태복음/마가복음)는 것이다. 그 함의인즉, '오리라'는 것은, 물론 하늘로부터 오는 것이라 이해할 수도 있지만,[172] 다니엘 7.13의 경우처럼

---

170) Lindars, *Jesus Son of Man* 108-10; Hampel, *Menschensohn* 165-67; Funk, *Five Gospels* 112-13; Lüdemann, *Jesus* 91 참조.

171) 야브로 콜린스(A. Yarbro Collins)는 명백히 정의된 선재하는 인자 개념이든, 부활 사건 이후 그 리스도교의 구성물이든, 그 선택의 여지를 좁혔다며 페린을 비판한다; '그는 예수가 단 7.13을 혁신적인 방식으로 자신의 가르침 가운데 해석했을 가능성을 생각하지 못했다'('Influence of Daniel' 92). M. Stowasser, 'Mk 13.26f und die urchristliche Rezeption des Menschensohns. Eine Anfrage an Anton Vögtle', *BZ* 39 (1995) 246-52은 막 13.26-27을 신약성서에서 최초의 인자 어록으로 간주한다. 케이시는 결정적이지 않은 자료에 대한 선택을 막아버리지 않는 점이 꼼꼼하리만치 공정하다(*Son of Man* 165-77; 아람어 재구성은 165).

172) Hooker, *Son of Man* 158-59; Beasley-Murray, *Jesus and the Last Days* 429-30의 논의를 보라. 페린은 재림 언급만을 상정한다(*Rediscovering* 173-76). 샌더스는 살전 4.15-17에도 반영된 (천사와 함께

하늘로 온다는 것이다.[173]

다른 하나는 마태복음 버전이 또 다른 인자 언급을 첨가하고(마 24.30) 그렇게 하면서 스가랴 12.10-14의 흔적을[174] 다니엘 7.13의 암시 가운데[175] 섞어놓은 것 같다는 것이다. 이는 인자에 대한 마태의 특별한 관심과 일치하는 것 같다. 마태복음의 9개 언급들 중에서[176] 둘은 마가복음에서 가져온 듯한데,[177] 이는 다니엘 7.13에 대한 가장 명시적인 언급에 해당한다. 두 개는 '인자' 언급을 첨가함으로써 의도적으로 다니엘의 암시를 강화한 것 같다.[178] 나아가 세 개는 다른 공관복음이나 요한복음의 평행구 없이 마태만의 고유한 내용이다.[179] 여기서 분명하게 추론할 수 있는 것은, 인자에 대한 마태의 묘사야말로 그 자체로 공관복음 전통 내에 발전이 있었다는 증거이며, 마태의 저술 당시 다니엘 7장의 지속적인 영향을 반영하는 그 발전에는 거의 확실히 마태 나름의 손길이 개입되었다는 점이다.

(2) 마가복음 14.62 평행구.

마 26.63-66	막 14.61-64	눅 22.67-71
63 예수께서 침묵하시거늘 대제사장이 이르되 내가 너로 살아 계신 하나님께 맹세하게 하노니 네가 하나님의 아들 그리스도인지	61 침묵하고 아무 대답도 아니하시거늘 대제사장이 다시 물어 이르되 네가 찬송 받을 이의 아들 그리스도냐?	67 이르되 네가 그리스도이거든 우리에게 말하라 대답하시되 내가 말할지라

오는 하늘의 인물에 대한) 예수의 기대를 본다(*Jesus* 144-45; *Historical Figure* 246-47).

173) 라이트(Wright)는 그 점을 강조한다: "'인자' 형상은 옛적부터 계신 이에게 "온다." 그는 땅에서 와서 고난 이후 신원을 받아 하늘로 간다'(*Jesus* 361).

174) 슥 12.10, 12, 14: '…그들이 찌른 그를 바라볼 때 그들은 애통하리라…각 지파가…그리고 남겨진 모든 지파들이….'

175) 계 1.7에서 슥 12.10이 단 7.13과 또한 융합되는데 여기서 분명히 마 24.30에 의존하지 않고 있다는 사실은 마태의 전통이 이러한 방향을 쫓아 그리스도교의 변증을 발전시킨 유일한 사례가 아니었음을 암시한다(Crossan, *Historical Jesus* 244-46). 추가로 Davies and Allison, *Matthew* 3.360-61을 보라.

176) 마 10.23; 16.27-28; 19.28; 24.30(두 번), 44; 25.31; 26.64. 마 28.18은 또한 단 7장의 사람 같은 형상/지극히 높으신 이의 성도들에게 부여된 주권에 대한 암시를 내포하고 있는 듯하다. 상세한 내용은 내 논문 'Danielic Son of Man' 529-32을 보라.

177) 막 13.26/마 24.30b; 막 14.62/마 26.64; 추가로 아래의 §16.4c(2)를 보라.

178) 막 9.1/마 16.28(위의 §12.4h에 인용); 마 19.28/눅 22.30은 아래 §16.4e에 인용.

179) 마 10.23(위의 §12.4h에 인용); 24.30a; 25.31(아래의 §16.4e에 인용); 또한 28.18.

우리에게 말하라.		도 너희가 믿지 아니할 것이요
		68 내가 물어도 너희가 대답하지 아니할 것이니라.
64 예수께서 이르시되 네가 말하였느니라. 그러나 내가 너희에게 이르노니 이 후에 <u>인자가 권능의 우편에 앉아 있는 것</u>과 <u>하늘 구름을 타고 오는 것</u>을 너희가 보리라 하시니.	62 예수께서 이르시되 내가 그니라.	
	<u>인자가 권능자의 우편에 앉은 것</u>과 <u>하늘 구름</u>을 타고 오는 것을 너희가 보리라 하시니	69 그러나 이제부터는 <u>인자</u>가 하나님의 <u>권능의 우편에 앉아</u> 있으리라 하시니
65 이에 대제사장이 자기 옷을 찢으며 이르되 그가 신성모독 하는 말을 하였으니 어찌 더 증인을 요구하리요? 보라 너희가 지금 이 신성모독 하는 말을 들었도다.	63 대제사장이 자기 옷을 <u>찢으며 이르되 우리가 어찌 더 증인을 요구하리요?</u> 64 그 <u>신성모독 하는 말을 너희가 들었도다.</u> 너희는 <u>어떻게</u> 생각하느냐 하니 그들이 다 예수를 <u>사형에 해당한</u> 자로 정죄하고	70 다 이르되 그러면 네가 하나님의 아들이냐? 대답하시되 너희들이 내가 그라고 말하고 있느니라.
66 <u>너희</u> 생각은 어떠하냐? 대답하여 이르되 그는 <u>사형에 해당하니라</u> 하고		71 그들이 이르되 어찌 더 증거를 요구하리요? 우리가 친히 그 입에서 들었노라 하더라.

우리는 이미 대제사장 가야바 앞에서 예수가 받은 심문 가운데 이 정점에 다다른 대화의 줄거리를 고찰하였다(§15.3a). 지금 인상적인 것은, 권능의 우편에 앉아 있는 인자를 언급하는 예수의 답변이 누가의 개작된 버전에서도 입증되듯이 서사의 핵심에 해당된다는 점이다. 이것이 예수가 가야바의 질문에 대한 자신의 모호한(?) 대답을 보충한 것으로 기억된 방식이었다.

그 첫째는 마가복음/마태복음 버전에 이중으로 나오는 다니엘 7.13('하늘의 구름을 타고 오는 인자')과 시편 110.1(하나님의 '우편에 앉은')에 대한 간텍스트적 암시이다.[180] 잠정적으로 의미심장한 통찰은 다니엘 7.13의 언급이 주요

---

180) 왜 마가/마태의 전통이 하나님을 '권능'(the Power)이라고 말하는지 불분명하다. 브라운은 당대의 평행구가 결여된 점을 주목한다(*Death* 496). 그렇지만 C. A. Evans, 'In What Sense "Blasphemy"?

기조를 이루고 시편 110.1의 언급이 그 속에 삽입된 것 같다는 점이다.[181] 한 가지 근거는 시편의 언급이 '구름을 타고 오는 인자'라는 구절의 구문론에 맞춰 각색되었다는 것이다.[182] 또 다른 한 가지는 그 삽입의 효과가 '구름을 타고'라는 문구를 그 즉위식의 시점 이후로 미루는 것이다. 즉 그 삽입된 암시는 그 오심을 옛적부터 계신 분**에게로의** 오심에서 하늘 보좌가 자리한 방**으로부터의** 오심으로 방향을 돌리는 것 같다.[183] 누가의 버전은 이러한 이유로, 즉 그 결과 생기는 어색함을 제거하기 위해 '구름을 타고 오시는'이란 문구가 빠져 있는(생략한?) 것 같다. 누가는 시편 110.1의 암시에 일차적 비중을 둠으로써 인자를 하늘에 앉아 있게 한다(행 7.56).[184] 이는 그 어록이 처음으로 여기서 합성물로 언급/구성된 것이 아니라[185] 다만 전승 과정에서 가장 유력하기로는 다니엘 7.13의 일차적 암시와 함께, 그 다음으

Jesus before Caiaphas in Mark 14.61-64', *Jesus and His Contemporaries* 407-34은 후대 랍비의 용례에서 평행구를 제공한다(422). 그러나 또한 D. Flusser, 'At the Right Hand of Power', *Judaism* 301-305을 주목하라; '찬양받으실 이'(위의 제15장 각주 99)의 경우처럼, 그것의 등장은 30년의 예수에게만큼 60년대의 마가에게도 설명하기 어렵다(Dunn, 'Are You the Messiah?' 15).

181) 이는 시 2.7에 대한 미드라쉬가 제공하는, 종종 관찰되는 평행구를 약화시킨다. 거기 일련의 증언들 가운데 단 7.13-14은 시 110.1을 순서대로 따라간다(가령, Beasley-Murray, *Jesus and the Kingdom* 299-300을 보라). 어쨌든, 이는 그 두 본문이 예수 이전 유대인의 사고 가운데 이미 연동되어 있었다는 적절한 증거가 되기 어렵다.

182)

단 7.13	막 14.62	시 110.1
보라 인자 같은 이가 하늘 구름을 타고 와서(ērcheto)	인자가 권능자의 우편에 앉은 것과 하늘 구름을 타고 오는 (erchomenon) 것을 너희가 보리라	여호와께서 내 주에게 말씀하시기를…너는 내 오른쪽에 앉아 있으라

183) 재림보다는 높임 받음이 상상되었다는 것은 T. F. Glasson, 'The Reply to Caiaphas (Mark xiv.62)', *NTS* 7 (1960-61) 88-93이 강하게 주장했다; 또한 *The Second Advent: The Origin of the New Testament Doctrine* (London: Epworth, 1945, 19633) 64-65; 유사하게 J. A. T. Robinson, *Jesus and His Coming* (London: SCM, 1957) ch. 2; Barrett, *Jesus* 81-82. 그 주장은 영향력이 있었다. 후커는 글래슨에 의거하여 앉음과 임함을 연대기적 순서로 보아서는 안 되고 신원의 희망에 대한 동시적인 표현이라고 제안한다(*Son of Man* 166-71). 모울(Moule)은 '인자의 **도래**가 **신원**을 위해 하나님께 그가 오는 것이기 때문에 또한 **"방문"**을 위해…심판하기 위해 땅으로 그가 오는 것'이라고 제안함으로써 그 쟁점을 교묘하게 처리하려고 한다(*Origin* 18). 라이트는 가야바가 볼 신원 가운데 성전 파괴(주후 70년)를 포함하고 싶어하는 것 같다(*Jesus* 525-26); 그리고 혼란스럽게도 '"인자"는—로마의 군대들 사용하여—패역한 예루살렘을 짓밟기 위해 올 것이다'(638). 또한 de Jonge, *Early Christology* 92-93을 보라.

184) 에반스는 만일 그 보좌가 병거 보좌로 상상되었다면(겔 1장) 병거 보좌가 움직이고 있었기 때문에 그때 '오는' 행위는 '앉는' 행위에 연이어질 수 있었을 것이라고 주장하면서 대안적 해석을 제공한다('In What Sense?' 419-20; Davies and Allison, *Matthew* 3.530 또한 *LAE* 22.3을 언급한다). 그 경우에 누가의 버전은 아마 그 암시를 빠트렸을 것이다. 하지만 에반스는 '구름을 타고 오는' 그 병거 보좌의 의견에 아무런 평행구도 내놓지 못한다.

185) Tödt, *Son of Man* 37-40과는 다르게; Lindars, *Jesus the Son of Man* 110-12; Stuhlmacher, 'Messianic Gottesknecht' 147-50; Casey, *Son of Man* 178-83은 이 가능성을 상정하지 않는다(그렇지만 겔 1.4을 참조하라).

로 시편 110.1의 암시로 보충된 상태로 합성되었음을 암시한다.[186] 그 결과 생긴 어색함으로 인해 누가의 버전이 그 이미지를 다시 단순화하게 된 것이다.

두 번째 주목할 만한 특징은 예수의 답변이 대제사장에 의해 '신성모독'으로 간주되었다는 보도이다. 이는 하나님을 '찬송 받을 이'와 '권능'(각주 180)으로 이야기함에 따라 야기되는 것과 유사한 당혹감을 유발했다. '신성모독'의 엄격한 정의에 관한 한 심지어 마가복음 14.62의 전반적 답변조차 어떤 신성모독적 내용이 있는지 매우 의심스럽다. 엄격하게 말해 '신성모독'은 야웨의 이름을 부르는 것만을 가리켰는데,[187] '찬송 받을 이의 아들'은 그 정의에 해당되지 않는다.[188] 그렇다면 대제사장은 어떻게 예수를 신성모독으로 정죄할 수 있었을까? 한 가지 가능한 답변은 '신성모독'이란 용어가 (이스라엘의 하나님에 관한 이스라엘의 신념에 어떤 심각한 위협을 가하는) 보다 헐렁한 의미로 사용되었을 가능성인데, 논쟁적 수사가 지금처럼 그때도 아마 과장된 주장을 양산할 수 있었을 것이다.[189]

흥미를 돋게 하는 한 가지 대안은 다니엘의 환상에 대한 자기 지시적인 암시로 이해된 어록이 하늘에 옛적부터 계신 이의 곁에서 두 번째 보좌를 취함에 있어 사람 같은 형상의 역할을 완수한 자라는 주장으로 해석될 수 있었으리라는 것이다. 우리는 한 세기 이후 심지어 위대한 랍비 아키바 (Akiba)도 (단 7.9의) 두 번째 보좌가 메시아를 위한 것이었다는 유사한 추론적 결론으로 쉐키나(Shekinah: 보좌에 나타난 야웨 하나님의 모습—역주)를 모독했

---

186) 추가로 내 논문 'Are You the Messiah?' 14-18. 다른 학자들은 시 110.1이 단 7.13으로 보충된 주요 참고 자료였다고 주장한다(Perrin, *Rediscovering* 179; J. R. Donahue, *Are You the Christ? The Trial Narrative in the Gospel of Mark* [SBLDS 10; Missoula: SBL, 1973] 172-75; Hampel, *Menschensohn* 179-85; B. F. Meyer, 'Appointed Deed, Appointed Doer: Jesus and the Scriptures', in Chilton and Evans, *Authenticating the Activities of Jesus* 155-76 [여기서는 172-73]).

187) 레 24.16 칠십인역(LXX); *m. Sanh.* 7.5.

188) Brown, *Death* 521-22을 보라; J. Marcus, 'Mark 14.61: "Are You the Messiah-Son-of-God?", *NovT* 31 (1989) 125-41에는 실례지만.

189) 다시 Brown, *Death* 522-26을 보라; 또한 Evans, 'In What Sense?' 409-11을 보라. *blasphēmeō*와 *blasphēmia*가 사용된 범위와 관련해서는 BDAG 해당 지면을 보라; D. L. Bock, *Blasphemy and Exaltation in Judaism and the Final Examination of Jesus* (WUNT 2.106; Tübingen: Mohr, 1998) 30-112; 위의 막 3.28-29 평행구를 주목하라(§16.4b[3]).

다고 고발당한 것을 알고 있다.[190] 또한 그 아키바는 네 명이 낙원에 들어간 신비로운 경험(*t. Hag.* 2.3-4)을 공유한 매혹적인 전통과 연계되기도 하였다. 그 넷 중에 또 다른 자는 두 번째 보좌에 앉은 인물을 하늘의 두 번째 권능으로 환호하며 칭송한 것으로 보도되는데, 이로 인해 그는 랍비 전통에서 이단의 수괴로 정죄된다. 왜냐하면 그가 하나님의 단일성/하나 됨이라는 유대교의 중추적 원리를 부인했기 때문이다.[191] 어떤 학자들은 이와 같이 연계된 발상들이 마가복음 14.64에 나오는 신성모독의 비난을 설명해준다고 제안했다.[192] 나아가 이러한 다른 전통들이 시기적으로 후대의 것이라는 점이 조심스럽긴 하지만, 우리는 제2성전기 유대교의 후대에 하나님의 병거 보좌에 특히 초점을 맞춘 모종의 신비주의(겔 1장)가 행해졌는지 알지 못한다.[193]

종합하면 이러한 두 가지 특징은, 거의 확실히 매우 이른 시점부터 예수 전통 속에 결정화된 상태로 예수와 대제사장 사이에 보도된 그 대화 이면이 있을 법한 근본 원리를 제시한다. 그 전통은 자기 나름대로 신원의 희망을 피력하기 위해 지극히 높으신 이의 성도들을 사람같이 표상한 다니엘의 환상을 예수가 활용한 경우였다.[194] 이는 예수 자신이 하늘 보좌에 앉

---

190) *b. Hag.* 14a; *b. Sanh.* 38b.
191) *b. Hag.* 15a; 에녹3서 16. 단 7장의 '인자 같은 이', 에녹과 인자의 동일화(에녹1서 71.14), 그리고 에녹3서 3-16의 메타트론(Metatron)(특히 4.2과 16을 주목하라) 사이에는 사상의 직접적인 교류가 있다.
192) Rowland, *Christian Origin* 170-71; J. Schaberg, 'Mark 14.62: Early Christian Merkabah Imagery?', in J. Marcus and M. L. Soards, eds., *Apocalyptic and the New Testament*, J. L. Martyn FS (JSNTS 24; Sheffield: JSOT, 1989) 69-94; Evans, 'In What Sense?' 419-21; Wright, *Jesus* 642-44; Davies and Allison, *Matthew* 3.534; Bock, *Blasphemy* 113-237. D. R. Catchpole, *The Trial of Jesus* (Leiden: Brill, 1971)가 보여주듯이, 그 제안은 새롭지 않다(140-41). C. F. D. Moule, 'The Gravamen against Jesus', in E. P. Sanders, ed., *Jesus, the Gospels and the Church*, W. R. Farmer FS (Macon: Mercer University, 1987) 177-95; 여기서 **본질적으로** 하나님과의 통일성 속에서만 근거를 지닐 수 있는 위상과 기능에 대한 주장'을 보면서 그 점을 한층 더 강조하는 호피우스(Hofius) 참조.
193) 집회서 49.8과 에녹1서 14.18-20에는 그러한 취지의 암시가 이미 나와 있다. 쿰란의 안식일 희생 노래들은 쿰란의 예배에서 실천되던 같은 취지의 무엇인가를 암시한다. 바울 자신은 그러한 신비주의의 수련자였을 가능성이 있다(고후 12.2-4)(J. W. Bowker, '"Merkabah" Visions and the Visions of Paul', *JSS* 16 [1971] 157-73; 또한 Segal, *Paul the Convert*). 70년의 대재난 이후 야브네에 랍비 학교를 설립한 위대한 랍비 요하난 벤 자카이 또한 그런 계통의 수련자였던 것으로 증언된다(*t. Hag.* 2.1).
194) 이는 예수 자신이 인자가 **되리라** 생각했다고 말하는 것과 같지 않다(가령, Hooker, *Son of Man* 188에 의해 부인됨). 이는 예수 당시 그러려니 보았던 것보다 더 견고하게 묘사된 개념과 범주를 전제한다. 하지만 칠튼은 다니엘의 환상 가운데 나오는 천사 같은 인물('사람 같은 이')이 예수의 환상 경험에서 핵심 요소로 동일하다는 증명과 진배없는 친밀한 부분이었다고 가정한다(*Rabbi Jesus* 157-61). 그의 이전 논문 '(The) Son of (the) Man, and Jesus', in Chilton and Evans, eds., *Authenticating the Words of Jesus* 259-87, 특히 274-86 참조.

으리라는 주장으로 들렸다.[195] 예수를 제거하기로 결정한 리더십의 현실 정치적 상황에서는 다니엘의 인자에 대한 어떤 자기 지시적 암시도 예수를 제2성전 종교(한 분 하나님의 전적인 타자성)의 핵심 원리를 위협하는 것으로 나타내 보이기 위한 미끼로 냉소적으로 활용될 수 있었다. 지배 계층의 선전용 주장이란 견지에서 보면 그러한 비난은, 메시아직의 비난이 빌라도의 지지를 확보하기 위해 가이사의 왕권에 대한 위협으로 전이될 수 있듯이, 백성들의 지지 확보를 부추겼을 터였다.

(3) 마가복음 8.38 평행구/마태복음 10.32-33/누가복음 12.8-9.

마 16.27	막 8.38	눅 9.26
27 인자가 아버지의 영광으로 그 천사들과 함께 오리니 그 때에 각 사람이 행한 대로 갚으리라.	38 누구든지 이 음란하고 죄 많은 세대에서 나와 내 말을 부끄러워하면 인자도 아버지의 영광으로 거룩한 천사들과 함께 올 때에 그 사람을 부끄러워하리라.	26 누구든지 나와 내 말을 부끄러워하면 인자도 자기와 아버지와 거룩한 천사들의 영광으로 올 때에 그 사람을 부끄러워하리라.

마 10.32-33	눅 12.8-9
32 누구든지 사람 앞에서 나를 시인하면 나도 하늘에 계신 내 아버지 앞에서 그를 시인할 것이요 33 누구든지 사람 앞에서 나를 부인하면 나도 하늘에 계신 내 아버지 앞에서 그를 부인하리라.	8 내가 또한 너희에게 말하노니 누구든지 사람 앞에서 나를 시인하면 인자도 하나님의 사자들 앞에서 그를 시인할 것이요 9 사람 앞에서 나를 부인하는 자는 하나님의 사자들 앞에서 부인을 당하리라.

여기서 다니엘 7.13의 영향력은 덜 명확하지만 그래도 여전히 있었을 법하다. 이 구절들 가운데 예수의 상이한 가르침들이 회고되는지 여부를 분별

---

195) 만일 이것이 공관복음 저자들 당시 그 전통을 해석하는 가능한 방식이라면 그것은 40-50년 이전 예수의 상황에도 그것 못지않게 가능하다. 신비한 관습에 관한 자료와 그러한 관습에 대한 염려(위의 각주 193)에 있어 후자보다 전가가 더 강한 것이 아니기 때문이다.

하기란 이제 불가능하다. 인용된 다섯 개의 구절들 중에 처음 세 개는 분명 '심판하러 오실 인자'라는 공통 주제로 연계되는데, 이는 마태복음 16.27의 전통에서 심판이란 주제를 더욱 두드러지게 부각시키기 위해 확장된 것 같다(마 25.31 참조). 마지막 네 구절들은 (땅에서의) 부인/수치라는 공통 주제로 연계되는데, 이는 (하늘에서의) 최후 심판에서 부인/수치로 보응받게 된다. 이 주제는 기억된 예수 가르침의 저장 자료에서 온 것이든, 보다 위협적인 버전이 확장된 것이든, Q에서 상호 인정이란 주제로 보완된다. 거기에는 분명히 유통되고 있던 몇 개의 어록 버전들이 있었다. Q, 마가복음, 그리고 어쩌면 마태복음 16.17.[196]

여기서 두 가지의 고찰이 타당성을 띤다. 첫째 누가복음 12.8-9은 예수가 인자를 오로지 최후의 심판에서 그 자신과 그의 가르침에 대한 신원을 해주리라 기대한 천상의 인물로 보았다는 독일 학계의 지배적인 견해의 요체였다. 그러나 그 견해는 예수가 (에녹서의 비유 자료에서 입증된) 잘 알려진 천상의 인물을 가리킨다고 가정하는데, 우리는 그러한 가정에 이의를 제시할 상당한 이유를 보았다.[197] 우리는 또한 '인자' 버전이 마태복음 10.32에서 '나'라는 평행구를 가지고 있음을 이미 살펴보았는데, 이는 ('사람들', '인자'에 대한 말놀이와 함께) 원래의 *bar ᵉnaša* 어록을 염두에 두고 있었을 가능성이 크다.[198] 많은 학자들에게 문제(결정적인 요인?)는 예수가 최후의 심판에서 자신과 같은 누군가에 대해 그러한 역할을 언급했다고 생각하기 어렵다는 것이었다.[199] 그러나 그것이 그렇게 생각조차 못할 일일까?[200] 다른 각도에

---

196) 추가 논의는 Beasley-Murray, *Jesus and the Kingdom* 291-96.
197) 위의 §16.3b; 또한 가령 Hare, *Son of Man* 221-24을 보라.
198) 라이베스타드(Leivestad)가 지적하듯, '평행되는 행에서 같은 뜻의 용어들을 호환하는 것은 셈어 계통의 시가에서 기본적인 시적 장치이다'(*Jesus* 117). 케이시는 막 8.38을 아람어로 재구성한 내용을 제공한다(*Son of Man* 161-62). 추가로 Lindars, *Jesus Son of Man* 48-58을 보라. 그는 본래의 어록이 이와 같은 어떤 것이었다고 제안한다: '사람들 앞에서 나를 인정하는 모든 자들에게는 하나님의 심판석 앞에서 그들을 위해 말해줄 한 사람(즉 변호자)이 있을 것이다; 그렇지만 사람들 앞에서 나를 부인하는 모든 자들은 하나님의 심판석 앞에 고발자가 있음을 알게 될 것이다'(54). 여기서 쟁점은 본래의 '나' 어록이 어떻게 '인자' 타이틀로 교체되었는지 또 그 반대 방향으로 교체되었는지가 아니라는 것을 거듭 강조할 필요가 있다(Schürmann, *Gottes Reich* 166-67; Crossan, *Historical Jesus* 248-49; P. Hoffmann, 'Der Menschensohn in Lukas 12.8', *NTS* 44 [1988] 357-79과는 다르게).
199) Funk, *Five Gospels* 80; Lüdemann, *Jesus* 343-44.
200) 예레미아스는 그 어느 곳에서도 예수가 자신 이외에 구원하는 인물을 찾은 것으로 회고되지

서 볼 때 예수와 인자의 동일성이 전적으로 명확한 것이 아니라면 그것이 그 동일성의 주장 위에서 그 어록의 기원을 보려는 입장의 설득력을 떨어뜨리지 않는가?[201]

둘째, 최후 심판의 장소와 관련하여 다소간 모호함이 있다. Q 버전은 분명히 그것이 하늘 안에서, 천사들이나 하나님 앞에서 발생한다고 본다. 그러나 마가복음 8.38의 버전은 인자의 도래가 그 나라의 도래와 나란히 하늘로부터 있으리라는 가능성을 용인한다(막 9.1 평행구). 그렇다면 우리는 다니엘서에 묘사된 대로 구름에 둘러싸여 보좌에 앉아 하나님의 심판을 함께 하기 위해 '오실' 인자와 같은 이(단 7.13)에 대한 천상의 장면에서(7.9-10, 14) 하나의 전환점을 보아야 하는 것일까? 다시 말해, 만일 예수가 다니엘 식의 사람 같은 형상을 언급했다면, 그가 말한 관점은 하늘로 오리라는 것일까? 하늘로부터 오리라는 것일까? 아니면 하늘로부터 오리라는 것이 일반적 '인자'에서 특별한 '그 인자'로 발전한 것과 한 통속으로 이후 인자 전통 안에서 발전한 결과는 혹 아닐까?

d. 인자의 날(들)

가장 흥미를 돋게 하는 인자 어록들 중 하나는 누가복음 17.22-30/마태복음 24.23, 27, 37-39에 나온다.

마 24.23, 27, 37-39	눅 17.22-30
	22 또 제자들에게 이르시되 때가 이르리니 너희가 **인자의 날 하루**를 보고자 하되 보지 못하리라.

않는다고 지적했다(*Proclamation* 276; 유사하게 Lohse, 'Frage' 42-44; Marshall, *Jesus* 83-85; Hampel, *Menschensohn* 159-60); 우리는 고백하고 부인하는 언어가 재판관보다는 증인에게 더 적절하다는 점을 또한 상기해야 한다(Hare, *Son of Man* 222; 또한 269-71; Becker, *Jesus* 208-209에 의해 논박됨).
201) 특히 Beasley-Murray, *Jesus and the Kingdom* 225-27을 보라.

23 그 때에 사람이 너희에게 말하되 보라 그리스도가 여기 있다 혹은 저기 있다 하여도 믿지 말라. .... 27 번개가 동편에서 나서 서편까지 번쩍임 같이 인자의 **임함**도 그러하리라. .... 37 노아의 때와 같이 인자의 **임함**도 그러하리라. 38 홍수 전에 노아가 방주에 들어가던 날까지 사람들이 먹고 마시고 장가들고 시집가고 있으면서 39 홍수가 나서 그들을 다 멸하기까지 깨닫지 못하였으니 인자의 **임함**도 이와 같으리라.	23 사람이 너희에게 말하되 보라 저기 있다 보라 여기 있다 하리라. 그러나 너희는 가지도 말고 따르지도 말라. 24 번개가 하늘 아래 이쪽에서 번쩍이어 하늘 아래 저쪽까지 비침같이 **인자도** 자기 날에 그러하리라. 25 그러나 그가 먼저 많은 고난을 받으며 이 세대에게 버린바 되어야 할지니라. 26 노아의 때에 된 것과 같이 **인자의 때 (날)**에도 그러하리라. 27 노아가 방주에 들어가던 날까지 사람들이 먹고 마시고 장가들고 시집가더니 홍수가 나서 그들을 다 멸망시켰으며 28 또 롯의 *때(날)*와 같으리니 사람들이 먹고 마시고 사고팔고 심고 집을 짓더니 29 롯이 소돔에서 나가던 날에 하늘로부터 불과 유황이 비오듯 하여 그들을 멸망시켰느니라. 30 **인자**가 나타나는 **날**에도 이러하리라.

마태와 누가는 분명 공통된 자료에 의존하고 있다. 그러나 각자 그 자료를 제 나름의 도식 속에 통합시킨 터라 거기 연루된 전통사의 명확한 흔적을 포착하기는 어렵다.[202] 특히 누가가 이 단락에만 유일하게 나오는 문구인 인자의 날(들)에 대한 이야기를 도입했는지 불분명하고, 나아가 그 문구로 무엇을 염두에 두었는지 매우 불분명하다.[203] 그것은 생명이 그 정상적인 순환궤도 속에 일정 기간(나날들) 지속되다가 갑작스런 파국적 심판(날)으로 붕괴되는 사태를 연상시켜준다. 그것은 다른 곳에서 예수가 경고한 임박한 심판의 정황과 아주 잘 맞아떨어진다.[204] 그러나 인자가 임박한 심판을

---

202) 추가로 아래의 §16.4f를 보라.
203) 추가로 Fitzmyer, *Luke* 2.1168-69을 보라.
204) 위의 §12.4e를 보라. 솔로몬시편 18.5 참조: '그의 메시아가 일어나기로(*anaxei?*) 정해진 날'.

경고하는 노아와 롯과 같은 인물이요, 인자가 그 임박한 심판 가운데 주요 인물이 되리라는 것이 그 함의일까? 전자의 경우에서 우리는 요나의 표적에 대한 평행 사례를 확보하였고(§15.6b) 불특정/자기 지시적 *bar ᵉnaša*가 그 배후에 놓여 있다고 추론할 수 있었다.[205] 하지만 후자의 경우는 다니엘 7.13이 암시되고 있다거나 그 문구를 예수의 청중이 '심판의 종말론적 대리자를 지칭하는 잘 알려진 용어로서' 듣게 되리라는 제안을 미미하게 뒷받침할 뿐이다.[206] 유감스럽게도 예수의 고유한 용례에 대하여 확신 어린 결론이 도출될 가능성은 크지 않다.[207]

e. 에녹서 비유들의 영향

예수가 그 비유에 영향을 받았을 가능성이 매우 결정적이므로 그 비유들이 예수 전통에 미친 영향의 어떤 견고한 증거가 있다면 의미심장할 수밖에 없다. 과연 거기에 그런 증거가 있다. 다시 현저하게 마태복음에 나온다(마 19.28과 25.31).

마 19.28	눅 22.28-30
28 예수께서 이르시되 내가 진실로 너희에게 이르노니 세상이 새롭게 되어 **인자가 자기 영광의 보좌에 앉을** 때에 나를 따르는 너희도 열두 <u>보좌에 앉아</u> 이	28 너희는 나의 모든 시험 중에 항상 나와 함께 한 자들인즉 29 내 아버지께서 나라를 내게 맡기신 것 같이 나도 너희에게 맡겨 30 너희로 내 나라에 있어 내 상에서 먹고 마시며 또는 <u>보좌에 앉아</u> 이스라엘 열두

---

205) Hampel, *Menschensohn* 59-70, 79-98 참조.

206) Becker, *Jesus* 206과는 다르게; 진정성을 선호하는 불트만(*History* 122)과 퇴트(*Son of Man* 48-52)의 판단은 그 언급이 잘 알려진 인물에 대한 것이었다는 가정에 의존한다(Perrin, *Rediscovering* 195-97에 의해 도전을 받음).

207) 히긴스(Higgins)는 부분적으로 그들이 그의 '도래'(높임의 상태에서든, 땅에서든)를 언급하지 않았고 다만 그 (심판) 날의 긴박성을 경고했을 뿐이라는 근거로 눅 17.24, 26, 30만이 순전한 예수의 발언이라고(눅 11.29-32과 12.8-9과 별도로) 보다 복잡한 경우를 주장했다(*Son of Man* 56-72, 79, 124). 또한 Lindars, *Jesus Son of Man* 94-97을 보라.

마 25.31 ─ **인자가** 자기 영광으로 모든 천사와 함께 올 때에 **자기 영광의 보좌에 앉으리니**(양과 염소의 최후 심판 비유의 시작).

여기서 다니엘의 비전이 메아리로 들리는 논거는 다니엘 7.9-10과 13-14의 이중적 환상 가운데 나오는 세 겹의 주제이다. 복수로 쓰인 '보좌들'(7.9)의 함의는 '인자와 같은 이'(7.13)가 옛적부터 계신 이가 주관하는(7.9) 그 심판에 함께 하기 위해(7.10) 두 번째 보좌(또는 다른 보좌들 중 하나)에 자리를 정했다는 것이다. 하지만 마찬가지로 설득력 있는 것은 에녹서의 비유들 가운데 다니엘의 환상이 확장되면서 이러한 구절들 속으로 휘말려 들어간 약간의 영향을 옹호하는 논거이다. 왜냐하면 다니엘의 환상에 대한 함의가 명시적으로 드러나는 대목은 거기 한 군데뿐이기 때문이다. 그 비유들에서 선택된 이는 심판하기 위해 '그의 영광의 보좌에' 앉은 것으로 거듭 언급되며,[208] 선택된 이는 그 비유에서 분명히 '인자'와 동일시된다(에녹1서 69.27).[209] 그때 두 개의 마태복음 구절은 적어도 그 마지막 형태에 있어 분명 그 에녹서 비유 자료의 이면에 자리한 다니엘 7장의 이중적 환상뿐 아니라 에녹서의 비유에 나오는 반복적인 이미지에도 영향을 받았을 개연성이 있다.[210]

더구나 마태복음의 그 두 언급은 어쩌면 요한복음 5.27과 더불어 에녹1서의 발전된 인자 전통을 복음서가 알았다는 유일한 증거이다. 마태와 요

---

208) 특히 에녹1서 55.4; 61.8; 62.3; 69.27.
209) 추가로 위의 제16장 각주 102를 보라.
210) 유사하게 요한복음 5.27:
     에녹1서 69.27: 심판 전체가 인자에게 주어졌다.
     요한복음 5.27: 그가 인자이기 때문에 아버지가 아들에게 심판을 집행할 권세를 주었다.
    추가로 J. Theisohn, *Der auserwählte Richter. Untersuchungen zum traditionsgeschichtlichen Ort der Menschensohngestalt der Bilderreden des äthiopischen Henoch* (Göttingen: Vandenhoeck, 1969) ch. 6을 보라. 헤어(Hare)는 에녹서의 비유들이 끼친 영향의 중요성에 이의를 제기한다(*Son of Man* 162-65, 175-78); 그러나 또한 Burkett, *Son of Man Debate* 78 각주 20을 보라.

한은 대개 1세기 후반 80년쯤으로 그 연대가 추정된다. 마가나 Q에는 예수 전통 안에서 에녹서 비유군의 인자 묘사로부터 유사한 영향을 받았다는 증 거가 없다.[211] 이는 그 비유의 영향이 1세기 후반 80년대에서야 예수 전통을 강타하기 시작했음을 강하게 암시한다. 나아가 그것은 또한 그 비유가 가 령 1세기의 삼사분기 이전에는 알려지지(기록되지) 않았다는 암시를 강화한 다.[212]

f. 여행의 방향

해당 자료에서 추가로 드러나는 흥미로운 특징은 인자의 도래에서 연 상되는 것으로 '여행의 방향'이라 부를 만한 것과 관련된 모호함이다.

다니엘 7.13에서 인자는 분명히 옛적부터 계신 이에게 온다. '인자 같 은 이가 하늘 구름을 타고 와서 옛적부터 항상 계신 이에게 나아가 그 앞으 로 인도되었다.' 그 행동은 모두 **하늘에서** 이루어진다. 여기 암시된 것은 사 람 같은 형상의 즉위식인데 이어지는 구절들에서 그것은 지극히 높으신 이의 성도들이 거둘 승리로 해석된다.[213] 그러므로 다니엘 7.13에 대한 암 시가 강하게 드러나는 곳이면 어디서든 '(구름 타고) 오는 것'은 하늘로 오는 것으로 이해되었다.[214] 동시에 우리는 두 개의 가장 명백한 암시들도 (또한?) **지금** 있는 그대로 하늘**로부터**의 도래를 암시한다는 점을 살펴보았다.[215]

Q 자료에도 유사한 모호성이 있다. 마가복음 8.38 복합물의 Q 버전은 분명히 하늘에서 행동하는 인자를 암시한다(마 10.32-33/눅 12.8-9). 물론 마 가복음 8.38 평행구는 하늘로부터 오는 것으로 다시 이해할 수 있을 것이 다(§ 16.4c[3]). 인자를 번갯불이 번적이는 것에 빗댄 것(마 24.27/눅 17.24)은

---

211) 이는 가령 Tödt, *Son of Man* 33-67; Witherington, *Christology* 235, 260-61에서 반복적으로 가정 된다.
212) 추가로 *Christology* 75-78의 내 논의와 위의 각주 106을 보라.
213) Casey, *Son of Man* 22, 24-29과는 다르게. 그는 다니엘이 땅위에서 발생하는 심판을 떠올렸을 것 이라고 생각한다; 그러나 유대 묵시문학에서 보좌가 있는 방은 일관되게 하늘에 있다.
214) Robinson, *Jesus and His Coming* 45과 각주 2.
215) 막 13.26 평행구; 14.62 평행구(위의 §16.4c).

하늘로부터의/하늘에서의 신적인 현현과 (하늘로부터 오는) 심판이란 함의를 담고 있다.[216] 다른 한편으로 마태복음 24.23-44/누가복음 12.39-40[217] 연쇄물은 예수의 비유를 반복 구연하던 초기 단계에 인자 이미지가 예기치 않게 돌아오는 집안 주인의 이미지를 대체했을 가능성을 제기한다.[218] 나아가 누가가 과부와 불의한 재판관의 비유에 첨가한 내용(눅 18.8)도 땅 위에 임하는 것을 암시한다. '인자가 올 때(elthōn), 그가 땅에서 믿음을 보겠느냐?'

마태가 예수 전통을 확장한 것은 혼란을 덧보탠다. 예의 두 구절에서 영광 중에 (하늘에서) 보좌에 앉기 위해 오는 것은 무엇보다 에녹서 비유들의 영향을 받았음직한 것으로 파악된다(마 19.28; 25.31). 그러나 마태는 또한 인자의 오심에 대한 생각을 예수의 *parousia*[219](신약성서 서신들에서 예수의 재림을 나타내는 통상적인 용어)[220]에 대한 언급을 통해 확장시킨다. 땅에 임하는 것은 또한 마태복음 10.23과 24.44(*erchesthai*)에서도 암시되는 것 같다.[221] 이 모든 것들은 다니엘 7.13에 대한 명시적인 인용 중 하나인 마태복음 24.30(=막 13.26)의 그 오심(*erchomenon*)에서 발생되어 나온 것 같다.[222] 거기서 (하늘로 오심에서 땅으로 오심으로) 그 생각이 전환된 것이 짐짓 뚜렷해 보이는 듯하다.[223]

이 모든 사례들에서 드러나는 명백한 가능성은 예수 전통의 전승 과정에서 그 여행의 방향을 뒤집는 경향이 있어왔다는 것이다. 다니엘의 환상,

---

216) Davies and Allison, *Matthew* 3.354 참조.
217) 위의 §12.4g에 인용.
218) 유사하게 Lindars, *Jesus Son of Man* 97-98.
219) 마 24.27, 37, 39(24.3의 질문에 답하면서); *parousia*는 예수 전통의 그 밖에 다른 어느 곳에도 등장하지 않는다. 마태는 그 용어를 사용하는 유일한 복음서 저자다. 이것이 인자의 '날(들)'에 대한 원래의 언급(눅 17.24, 26, 30)을 마태가 편집한 것일까? 아니면 둘 다 편집의 결과이고 편집 이전의 형태는 회복할 수 없는 것일까?(위의 §16.4d)
220) 고전 15.23; 살전 2.19; 3.13; 4.15; 5.23; 살후 2.1, 8; 약 5.7-8; 벧후 1.16; 3.4; 요일 2.28.
221) 위의 §§12.4h와 12.4g에 차례로 인용.
222) 위의 §16.4c(1)에서 인용.
223) 마태복음 24.30-31: '그 때에 인자의 징조가 하늘에서 보이겠고 그 때에 땅의 모든 족속들이 통곡하며 그들이 인자가 구름을 타고 능력과 큰 영광으로 오는 것을 보리라. 그가 큰 나팔소리와 함께 (살전 4.16) 천사들을 보내리니 그들이 그의 택하신 자들을 하늘 이 끝에서 저 끝까지 사방에서 모으리라.'

곧 높임과 이로써 암시된 하늘에서의 즉위식을 단도직입적으로 환기시킴으로 시작된 장면이 땅으로 재림하는 것으로 이어져 즉위식에 대한 보다 복합적인 사상으로 꾸준히 발전해나갔다.[224] 그러한 발전의 징후들은 다음 네 경우에 가장 선명히 드러난다. 마가복음 13.26-27 평행구와 마가복음 8.38 복합물에서 한층 더 명백한 사고의 전환. 시편 110.1을 다니엘 7.13의 암시에 삽입한 듯한 마가복음 14.62 평행구의 경우. 다양한 비유에서, 인자의 오심이라는 발상을 주인/가장/신랑의 귀환과 융합시킨 것.

16.5 인자: 하나의 가설

예수 전통 속의 인자 자료가 그 탐구의 결과 의미심장한 정도의 합의를 찾고자 하는 자들에게 아주 낭패스런 것으로 드러난 것은 그리 이상하지 않다. 그 자료에 내포된 복잡성의 정도는 예수 전통에서도 유례가 없다. 역사 연구가 그렇게 많이 의존하는 언어학적 묵시문학적 용례에서의 평행구들은 그 연대와 적실성에 있어 매우 논란이 분분하여 어떤 역사적 가설도 여러 견지의 공격에 취약할 수밖에 없도록 만든다. 더구나 그 자료들은 명백히 진화된 형태로 존재한다. 다시 말해 그 전통은 단순히 구연되고 전승된 것이 아니다. 그 전승의 과정에서 그 자료에 대한 이해가 발전되었다. 그 핵심 요소들은 같은 단어로 존속되었더라도 그 의미가 변했던 것 같다 (일반적 의미의 '인자'가 특별한 의미의 '그 인자'가 되었던 셈이다). (환상 가운데 또는 마지막 절정의 계시 가운데 나타난) 하늘의 사건은 하늘로부터 재림할 예수에 대한 소망을 표현하기 위해 발전해나갔던 것 같다.

그렇다면 예수는 자신의 역할을 어떻게 보았을까? 예수의 목소리를 듣고 '인자'와 관련한 그의 자기 이해에 대한 인지 정보를 얻기 어려운 정도

---

224) Robinson, *Jesus and His Coming* chs. 3-4 참조.

는 공관복음 전통 내의 어떤 다른 경우보다 더 가혹하다. '인자' 모티프가 전적으로 그 전통화 과정의 이후 단계에 예수 전통 속으로 다시 투사되었기 때문이 아니다. 또한 그 모티프가 대대적으로 수정되었기 때문은 더욱 더 아니다. 다만 그것은 예수가 '인자'라는 문구를 사용함에 있어 첫 제자들이 처음으로 들었던 것이 초기 전통화 기간을 통해 의미심장하게 부풀려졌기 때문이었다. 바로 여기서 실물과 가장 흡사한 예수는 자기 지시적 역할 묘사의 대상이 되었다. 이후 성 금요일과 부활절의 여파로 제자들은 잽싸게 그 전통 속에서 더 대단한 의미를 인지(인정?)하게 되었고, 실제 사용된 단어를 (있었다고 해도) 많이 변개하지 않은 채 그 전통의 초기 구연 가운데 예의 더 대단한 의미를 피력하기에 이른 것이다.

만일 이 모든 것이 옳다면, 어떤 견고한 가설(결론은 제쳐두더라도)을 도출할 수 있을까? 나는 할 수 있다고 믿는다.

a. 적어도 우리는 **예수 자신이 '인자'라는 문구를 사용했다**는 그 출발점에 관해서는 확신할 수 있다(§16.4a). 전통사적 분석의 관점에서 그 경우는 보다 선명하게 또는 더 강하게 밀어붙일 수 없다.[225] 예수 전통 안의 많은 쟁점들이 그 증거의 극심한 혼란으로 인해 해결하기 어려운 것이 사실이지만, 증거의 비중이 한쪽 방향으로 그토록 심하게 균형을 무너트리는 최소한 한 군데의 사례라도 발견한 것으로 연구자들은 안도해야 할 터이다. 우리에게 유효한 범위 내에서 가장 견고한 연구 결과를 허물기 위해 아주 많은 사람들이 선명도가 떨어지는 자료나 비중이 약한 고려 사항을 용인해온 점은 실망스럽다. 만일 예수가 '인자'라는 문구를 자신의 발언 가운데 아주 일상적으로 사용했음을 확신할 수 없다면 예수가 이런 식으로 말했음을 예수 전통 중에서 자신 있게 주장할 수 있는 특징은 거의 아무것도 없다.

b. 그 점을 넘어서면 확신은 급격히 감퇴된다. 복음서의 그리스어 배후에 놓인 아람어 문구를 확인할 가능성과 관련하여, 아람어 평행구 탐색의

---

225) '예수가 "인자"라는 표현을 사용한 것은 확실하다'(Theissen and Merz, *Historical Jesus* 548).

부정적인 결과는 부인할 수 없는 주요 문제점이다. 그럼에도 불구하고 **나는 예수가 아람어** *bar* *ᵉnaša***를 일반적이고 자기 지시적인 방식으로 사용했다**는 결론을 뒷받침할 증거는 매우 탄탄하다고 생각한다. 이러한 용례는 영어의 'one'과 대등한 의미로 예컨대 '나와 같은 사람' 같은 번역에 의해 최선으로 드러난다. 짐작건대 비유꾼(*mošel*)으로서의 예수는 그 문구에 내포된 일반적인 언급과 자기 지시 사이의 모호함, 나아가 그로써 가능해진 '사람들', '사람', '나와 같은 사람' 사이의 말놀이에 매료되었을 것이다. 어쨌든 그러한 모호한 말놀이는 예수 전통의 다양한 지점에서 확연히 드러난다. 일단 그 전통이 그리스어로 번역된 다음에야 그 모호함과 말놀이가 도입되었다는 것은 믿기 어렵다. 그것은 그 아람어 문구에서 그 전통의 특징이었음에 틀림없다. 그러므로 이 용례는 70년 이전 팔레스타인에서 그런 아람어 용례가 있었다는 증거로 간주되어야지 우리가 확보한 1세기 아람어 자료군 어디에도 그 분명한 평행구가 없다는 이유로 도외시해서는 안 된다. 그 경우에 예수 전통이 입증하듯이 예수 자신에게 그것의 용도를 부인할 이유는 거의 없는 것 같다.

c. *bar* *ᵉnaša*에 대한 예수의 말놀이가 적어도 다니엘 7.13에 나오는 '*bar* *ᵉnaša*와 같은 이'에 대한 약간의 참조를 포함했다는 것도 있음직한 사실로 판단할 수 있다. 누가복음 12.8을 예외로 돌릴 수 있다면, 인자가 이미 확립된 직함이거나 고대해온 천상적 구원자의 초상을 지칭하는 방식이었다는 견해를 뒷받침하여 말할 만한 증거는 없다. 또한 (단 7.13의 암시가 분명한 막 14.62-64 평행구를 별도로 볼 때) *bar* *ᵉnaša*가 예수의 청중에게 모욕감을 야기했으리라는 증거도 없다. 그렇다면 그럴듯한 논지는 다니엘식의 *bar* *ᵉnaša* 문구에서 아람어 관용어에 대한 추가 말놀이를 알아본 사람은 예수 자신이었고, 그는 자신에게 무슨 일이 생겼든 그 문구에서 자기 신원의 희망을 제공하는 표징을 보았다는 것이다.[226] 아람어 문구 자체의 모호함으로 인

---

226) 특히 Bietenhard, 'Der Menschensohn' 345-46 참조.

하여, 또한 다니엘 7.13이 그 관용어('사람과 같은 이')의 본보기였기 때문에, 그러한 암시는 사람 같은 형상이라는 주장으로 들리지 않아도 되었다. 그렇지만 그 인물은 단순히 이스라엘의 신실한 자들을 대표하여 겪은 고난에 잇따르는 신원의 역할에 대한 암시로 받아들여질 수 있었다는 것이다. 우리는 아래의 §17.4에서 이 가능성으로 돌아가야 할 것이다.

d. 이 마지막 결론은 에녹서의 비유들과 관련하여 배울 수 있는 것과 알맞게 상관된다. 그 비유들이 다니엘의 환상에 대한 참신한 해석을 소개하고 있었을 가능성을 내세우면, 그것들이 이스라엘을 대신하여 행동할 수 있는 천상의 천사 같은 재판관을 언급한 것으로 보는 다니엘 7.13에 대한 선행 해석을 전제한다는 반론이 허물어진다. 나아가 그 비유들의 영향에 대한 명백한 증거가 예수 전통의 발전에서 후반 단계(마태, 요한)에서나 등장한다는 사실은 그 비유들이 예수의 선교가 끝난 뒤 일정 기간이 지나기까지 구연 무대에 어떤 식으로든 등장하지 않았으리라는 의혹을 강화시켜준다.

e. 이 점에서 예수 전통 내에 선명히 드러나는 발전과 관련하여, 그것은 예수의 아람어 관용구(bar ʾnaša) 사용과 함께 시작되었던 것 같다. 그 문구 속에서 예수는 스스로 다니엘 7.13에 대해 특별히 *bar ʾnaša*를 주목하여 암시했을 것이다. 그 전승의 과정에서 '인자'로 자신을 언급하는 일은 점점 더 현저해졌고, 그리스어로의 전환은 그 문구를 공식적인 칭호('그 인자')로 자리 잡게 해주었다. 같은 과정에서 다니엘 7.13에 대한 맨 처음의 언급은 일련의 확장을 통해 더욱 복잡해졌다. 시편 110.1에 대한 암시를 포함시킴으로써(막 14.62), 예수의 재림이 하늘로부터 이루어지리라는 생각을 포함하여 여행의 방향을 뒤집어놓음으로써(특히 마태), 그리고 에녹서의 비유들에서 또한 발전한 다니엘의 환상에 대한 암시를 발전시킴으로써(마태와 요한).

비록 예수 전통 밖에서 지지하는 증거가 혼란스럽고 결정적이지 않음에도 불구하고 이 가설은 전통사적 관점에서 매우 강하게 자리매김된다. 그 강점은 예수 전통을 예수가 말한 것을 기억하려는 시도로, 그리고 발전하는 신앙이란 통찰(그리스도론)과 변화하는 환경에 비추어 그 전통을 해석하려는 시도로 진지하게 받아들인다는 것이다. 그것의 가장 큰 값어치는 전통적 뿌리에서 영향을 받았을 개연성을 논증하는 데 있다(보다 빈번하게 동시대 탐구자들이 반제로 설정하는 바로 그 뿌리 말이다). 이를테면, 예수 자신이 스스로를 인간의 연약함에 매우 깊이 매여 있다고 생각했으며, 그의 선교 완수와 관련하여 지극히 높으신 이가 환영하리라는 희망 속에 다니엘식의 환상이 스스로를 독려할 수 있으리라고 봤다는 것이다. 전통적 그리스도교 신앙과 관련하여 그것의 가장 큰 결손 부분은 (다시 땅에) **오신다**는 예수의 재림 전통이 인자 도래의 모티프와 위기 비유들의 귀환 모티프를 융합시키면서 부활 사건 이후에 유래되었다고 보는 추론이다.

16.6 결론

관련 자료에 대한 우리의 고찰은 아직 완벽하지 않다. 그 문제에 대해 여전히 논의해야 할 다른 측면들이 있지만 다음 장에서 더 잘 다루게 될 것이다. 하지만 설사 그렇더라도 이제 몇 가지 적절한 결론을 추출해볼 수 있다.

한 가지 의미에서 지금까지 우리의 연구 결과는 실망스럽다. 우리는 예수가 그와 같은 칭호에 아무런 권리 주장을 시도하지 않았을 법하다고 결론지을 수 있다. 또한 그는 적어도 다른 자들이 그에게 엮어 맞추려고 한 것을 거부하였다. 우리는 그 점을 조금 더 예리하게 표현할 수 있다. 예수는 자신의 위상과 관련하여 특정한 권리 주장을 하는 것을 자기 선교의 일부로 보지 않았던 것 같다. 그러한 권리 주장에 가장 흡사한 예로 볼 수 있는 것은 그가 직함이 아닌 비호칭적 *bar ᵉnaša*를 사용했다는 것이다. 그런데 이는 너무 모호하여 그 자신에 대한 명시적인 신앙을 요구할 정도는 아니었고 외려 자기 신원에 대한 나름의 희망을 피력한 것이었다. 자기 나름의 역할에 대한 암시는 이보다는 그가 선포한 하나님 나라의 부산물로 생겨난다. 그의 역할은 자기 위상을 그 자체로 주장한 것이 아니라 바로 그와 관련된 역할이었다. 분명히 중요한 것은 그의 하나님 나라 선포였다. 그 선포자의 정체는 부차적인 문제였다.[227] 그 노선을 좀더 밀어붙이다 보면 예수가 하나님의 제왕적인 통치를 자신에 대한 신앙에 의존하는 것으로 보았는지, 예수가 요청한 제자직이 자신에 대한 특별한 믿음을 요구했는지 여부에 대한 흥미로운 질문이 제기될 것이다. 아니면 그것은 단순히 하나님을 아버지로 보는 예수의 '아바' 신앙과 그 도래하는 나라에 비추어 살고자 하는 그의 선교를 공유하는 것과 연관되지 않았을까?

　　다른 한편으로 그 자료에 대한 우리의 검토는 선명한 호칭들(메시아, 인자 등등)의 차원에 논의를 붙잡아두는 우둔함을 표나게 보여주었다. 보다 많은 무정형의 개념들, 숙성되지 않은 통찰들, 주장된 타이틀보다는 취해진 역할들이란 견지에서 그 논의는 아예 개진되지 말아야 하는 것일까? 그 징후적 증거들은 종말론적 배경음을 깔고 성서를 읽은/들은 사람, 거기서 보다 견고하게 확립되고 전통적인 범주를 관통한 유형과 가능성을 본 사람을 가리키는 것이 아닐까? 이 경우에 우리는 무엇보다 하나님의 종말론적 대변인 역할을 수락한 자로 기억된 사람을 보다 확고하게 처음부터 다시 말할 수 있다. 나아가 우리가 추론할 수 있는 것을 근거로 무리하지 않고 그 역할과 관련한 예수의 자기 이해에 대하여 무엇인가를 말할 수 있다. 이스라엘을 위한 하나님의 목적의 정점에서 하나님의 종말론적 대리자가 되었다는 확신, 하나님 앞에서 친밀한 아들 신분에 대한 인식과 그의 제자들이 자신에게 의존하고 있다는 각성, 나아가 하나님 나라를 이룩하고 완성함에 있어 결정적인 역할을 수행하는 사람으로서 마지막에 인정받으리라는 아마도 강렬했을 희망 같은 것 말이다.

　　역사적 차원에서 책임 있게 우리는 그 이상으로 더 말할 수 있을까?

---

227)　Harvey, *Jesus* 145 참조.

제5부
예수 선교의 절정

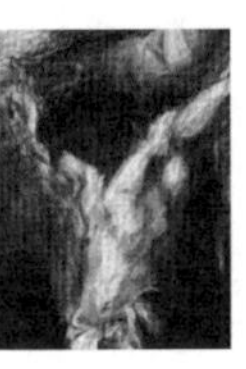

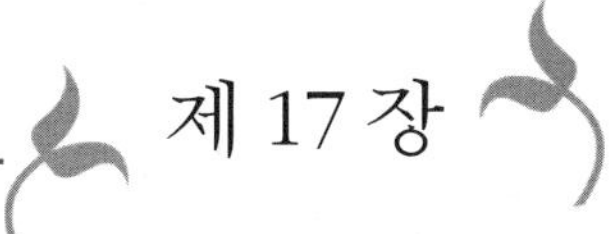

제 17 장

본디오 빌라도에게 십자가에 못 박히시고

매우 이른 시점부터 사도신경은 예수의 출생에서 즉각 그의 고난과 죽음으로 건너뛰었다. *natus ex Maria virgine, passus sub Pointio Pilato, crucifixus, mortuus et sepultus*('동정녀 마리아에게 태어나 본디오 빌라도에게 고난을 받으시고 십자가에 못 박혀 죽으사 묻히시며'). 예수의 출생과 죽음 사이의 거대한 틈새 이면에 도사린 보다 풍부한 신학적 사유가 무엇이든, 그 틈새 자체는 그 틈새 내에서 역사적 자료를 시간과 공간에 맞춰 파악하기 어려운 사정이 반영된 것이었다. 그와 같은 어려움은 또한 지난 다섯 개의 장들이 예수의 행위와 가르침을 자리매김하고 차례로 나열하는 데 거의 관심이 없었다는 것과 일맥상통한다. 같은 이유로 나는 예수가 갈릴리 선교 기간에 예루살렘을 방문했는지, 했다면 얼마나 자주 했는지의 문제(§9.9g)를 미해결의 상태로 남겨두어야 했다.

그러나 예수 선교의 마지막 며칠과 관련하여 우리는 발 디디고 선 곳이 좀더 단단한 토대임을 비로소 느끼게 된다. 그 주제를 다루는 원천 자료들은 완벽한 일치를 보인다. 예수 선교의 절정은 (최후의) 예루살렘 방문이

었고 그는 아마도 주후 30년 유월절에 거기서 처형되었다.[1]

17.1 예수의 마지막 주에 대한 전통

공관복음의 개요를 슬쩍 살펴보기만 해도 모든 복음서가 예수의 예루살렘 입성을 시작으로(막 11.1-10 평행구) 다양한 가르침을 베풀고 마지막 식사를 함께 하는 것에 이어 예수의 체포, 심문, 처형이 이어지는 형태(막 14-15장)로 된 그 마지막 기간에 대한 공통된 틀로 짜여 있음을 보여주기에 충분하다. 이러한 특징의 가장 명백한 설명은 그 틀이 전통화 과정 내에 일찌감치 고정되었고 복음서로 기록되는 전환기를 통틀어 그 상태로 남아 있었다는 것이다. 나아가 이는 그 참여자들의 기억에 뿌리내려 그들에 의해 그 틀 속에 자리 잡은 전통이 있었음을 암시한다.

진상이 바로 그와 같았으리라는 입장은 '수난 서사'(막 14-15장)의 경우에 오래전부터 인식되어왔다.[2] 주요한 두 개의 특징('마지막 만찬'과 예수의 체포, 정죄, 처형, 매장 이야기)이 그것이 수립된 날로부터 각각의 새로운 집단 혹은 교회의 정체성에 매우 중요했을 것이다.[3] 그 선험적 개연성은 이미 바울이 인용하였거나 암시한 전통적인 공식문구들에 의해 입증된다. 주의 만찬은 분명히 바울의 교회를 단합시키고 결속하는 중추적인 특징이었으

---

1) 예수의 선교 연대기에 대해서는 위의 §19.9a를 보라.
2) 이 주제에 대해 학계는 Raymond Brown, *The Death of the Messiah*의 방대하고 권위 있는 연구에 크게 빚지고 있다. 여기서는 복음서 이야기들의 상호 관계에 대해 36-93, 94-106의 풍성한 참고 문헌과 함께. 또한 특히 J. B. Green, *The Death of Jesus: Traditions and Interpretation in the Passion Narrative* (WUNT 2.23; Tübingen: Mohr Siebeck, 1988); W. Reinbold, *Der älteste Bericht über den Tod Jesu. Literarische Analyse und historische Kritik der Passionsdarstellungen der Evangelien* (BZNW 69; Berlin: de Gruyter, 1994). Pesch, *Markusevangelium* 2.1-27은 막 8.27까지 훨씬 더 확대된 마가 이전의 수난서사를 주장했다. 그가 가설로 제시한 이 문서는 주후 37년 이전에 아람어를 사용하는 예루살렘 공동체에서 출현했다(21); 그러나 복음서들을 통틀어서 보다 견고한 '출발점'은 예루살렘 입성이다. 또한 A. Yarbro Collins, *The Beginning of the Gospel: Problems of Mark in Context* (Minneapolis: Fortress, 1992).
3) 그와 같이 말하면, Q 자체가 이야기가 아니라 예수 가르침의 수집물로 짜여 있기 때문에 왜 Q가 수난 서사를 담고 있지 않은지, 또한 왜 Q가 대부분의 교회들이 소유한 유일한 가르침이거나 예전적인 자료였을 것 같지 않은지 즉각 명백해진다.

며(고전 10.14-22; 11.17-22), 최후의 만찬과 거기서 신성한 전통으로 이미 생겨
난 것(11.23-26)에 대한 기억에 전적으로 기반을 두고 있었다.[4]

다양한 공식문구들이 신속하게 확정되었고 종종 되풀이되었다. 그가
'넘겨졌으며'(*paradidōmi*)[5] '죽었다'는 것.[6] '십자가'와 십자가형에 의한 예수
의 수치스런 죽음의 기억은 이미 초기 설교 가운데 자리 잡은 특징이다.[7]
그의 고난에 대한 기억은 곧바로 그리스도교 영성에 강력한 요인이 되었
다.[8] 나아가 본디오 빌라도에 대한 사도신경의 기억은 이미 디모데전서
6.13에서 슬쩍 비추어진다. 다시 말해 여기서 우리는 구조와 주제의 안정성
과 핵심 요소의 부각 가운데 구어 전통 패턴의 확대된 사례를 보게 된다.[9]

보다 넓은 틀 안에서 보면(막 11-15장 평행구) 함축성 있는 구연의 변용물
들을 위한 풍부한 여지가 있었다. 마가복음 13장의 종말론적 강론이 의미
심장한 확장의 산물일 개연성은 이미 지적한 바 있다.[10] 마태는 몇 개의 비
유를 포함하는데 그중 일부는 누가가 자신의 훨씬 더 긴 예루살렘 여정 가
운데 담아내고 있다.[11] 나아가 요한은 과감하게 상당한 변용을 무릅쓰는
데, 그 순서에 다량의 가르침을 첨가한 것이 대표적인 사례이다(요 14-17장).

대개 보다 세부적인 변용물을 설명하려는 시도는 (기록된) 자료를 탐지
해낼 수 있는지 그 가능성에 초점을 맞추어왔다. 그 논쟁은 특히 마가 이
전의 수난 서사와 누가의 특수 자료에 대한 질문을 중심으로 진행되어왔
다.[12] 그러나 아무런 합의도 도출되지 못했거나 도출될 수 없는 형편에 있

---

4) 위의 §8.5c를 보라.
5) 롬 4.25; 8.32; 고전 11.23; 갈 1.4; 2.20; 엡 5.2, 25; 딤전 2.6; 딛 2.14; 클레멘스1서 16.7.
6) 롬 5.6, 8; 14.15; 고전 8.11; 15.3; 고후 5.14-15; 살전 5.10; Ign. *Trall.* 2.1; 추가로 내 책 *Theology of Paul*
   175을 보라.
7) 특히 고전 1.17-18, 23; 2.2, 8; 고후 13.4; 갈 3.1; 5.11; 6.12, 14; 히 12.2.
8) 롬 8.17; 고후 1.5; 빌 3.10; 히 5.7-8; 벧전 2.19-23.
9) 전형적인 것은 그 구조 내에서 베드로의 부인 에피소드의 변화 가능성이다(Brown, *Death* 418-19이 표
   로 만들어놓음).
10) 위의 §12.4d를 보라.
11) 특히 마 22.1-14/눅 14.15-24; 마 24.45-51/눅 12.41-46; 마 25.14-30/눅 19.11-27; 또한 마 23.37-39/
    눅 13.34-35; 마 24.37-42/눅 17.26-35. 거기에 보다 광범위한 마가 이전의 수난 서사가 있었다면
    (위의 각주 2), 누가의 확장된 예루살렘 여정(눅 9.51-18.14)은 그것과 바로 엇갈렸을 것이다.
12) Brown, *Death* 53-57, 64-75의 논의. 다른 참고 문헌은 J. T. Carroll and J. B. Green, 'The Gospels
    and the Death of Jesus in Recent Study', *The Death of Jesus in Early Christianity* (Peabody:
    Hendrickson, 1995) 5-9, 17-19. 그들은 또한 각 복음서 내에서 수난 서사의 기능에 보다 집중하는

다. 마가와 누가의 편집을 추정상의 문헌 자료와 분별해내는 기준이 최선의 상태에서도 결정적이지 못한 수준이기 때문이다.[13] 복구 가능한 문서 자료와 전적으로 마가가 만들어낸 서사에 관한 가설은[14] 실질적으로 논증할 수 없다.[15] 여기서 다시 우리는 구전 양식 속에 문서 자료가 사용된 점을 포함하여 구어 전통의 현실에 좀더 개방적인 입장이 필요하다.[16] 다시 말해, 마가복음 11-15장 평행구의 현실은 전반적인 구조에서 안정된 이야기에 해당된다는 것인데, 이는 그 전통 담지자들에게 핵심 요소를 예표하는 특정한 지점에서 보다 긴밀하게 일치한다.[17] 복음서 저자들을 포함하여 그 전통의 각 구연자가 덜 중요한 세부 내용에 자유로웠을 것이라거나 보다 중대한 문제들을 공들여 확장했으리라는 것은 전혀 놀라운 점이 아니다.[18] 그 전통에 대한 존중 또한 명백한데 이는 맹목적인 '복제'로 일목요연하게 표현되지는 않았다. 심지어 가장 신성한 전통과 관련해서도, 최후 만찬의

최근의 추세를 반영한다(7-16과 chs. 2-5).

13) 소어즈(M. L. Soards)는 마가 이전의 수난사화를 재구성하려는 시도들에 대한 철저한 분석을 제공한 바 있다(Brown, *Death* 1492-1524, 도표는 1502-17); 브라운은 개관한 34명 학자들의 견해와 관련하여 '모두가 같은 종류의 자료 내지 전통으로 배정하는 한 구절도 없다'고 지적한다(55). 누가의 특수 자료에 대한 질문과 관련하여 학자들은 어느 정도 대등하게 나눠진다(*Death* 66-67 각주 70, 72); 브라운은 호킨스(Hawkins)와 슈나이더(G. Scheider)처럼 누가의 특수한 수난 서사라는 가설과 함께 시작했지만 이후에 그 가설을 포기했다(67).

14) 마가가 개별적 전통들을 편집하고 통합하여 새로운 자료를 구성하고 그렇게 하여 한 서사로 수난 서사의 연속 장면을 만들어낸 사례는 특히 W. H. Kelber, ed., *The Passion in Mark* (Philadelphia: Fortress, 1976)의 기고자들이 주장한 바 있다; 또한 Funk, *Acts of Jesus* 23을 보라.

15) 브라운은 마가 이야기의 일부 에피소드들이 '그 수난과 연계되지 않은 채 독립적으로 유통될 수 없었을 것'이라고 보며(*Death* 54) 나아가 마가의 수난 서사 같은 사례에서 편집을 식별해내는 기준의 부적합성을 요약적으로 제시한다(55-57).

16) 크로산(*Birth* 562-63)은 쾨스터가 수난 서사와 관련한 단일 문서 자료의 가정에서 '상이한 버전들의 수난 서사'를 인정하는 쪽으로 방향을 틀었다고 지적하는데…이는 '이스라엘 성서에 대한 새로운 언급들로 늘 풍성해지고 제의적 기념 가운데 진척된 그 이야기의 구연 때문이었다'는 것이다('The Historical Jesus and the Cult of the Kyrios Christos', *Harvard Theological Bulletin* 24 [1995] 13-18 [여기서는 18]). 펑크는 동의하지 않는다: 수난 서사는 '느슨하게 연계된 별개 장면들의 구어 전승에 기초한 것일 리 없다.…그것은 처음부터 쓰여진 서사 형태였을 텐데, 그 '본격적인 발전은…예루살렘 멸망 이후까지 시작되지 않았을 것이다'(*Honest* 238). 그러나 자신의 '가설적 [구어] 서사가 어떻게 그 구어 기간 내에 전승되었는지'(239) 쾨스터가 보여줄 수 없다는 것은 그의 구어적 예수 전통의 개념이 얼마나 제한적인 것인지 입증해줄 뿐이다.

17) 브라운의 결론은 복음서 이전 단계에 '적어도 예수의 죽음과 관련하여 거기 연루된 에피소드나 인물들에 대한 몇몇 이야기들을 따라 일련의 주요 단계들이 존재했다는 것이다. 이 자료에 작성된 복음서 이전 단계의 한 개 이상 수난 서사가 있었을 가능성이 있지만 그 사실이나 그러한 서사 내용의 어법 그 어느 것도 설득력 있게 확증될 수는 없다'(*Death* 92). 그 결론은 여전히 문학적 서사의 모델을 너무 많이 연구 대상으로 삼고 있다.

18) 확장된 마가 이전의 수난 서사(*Sprache* 323-31)에 대한 페쉬의 주장에 대한 드슐니그(Dschulnigg)의 논의, 그리고 마태와 요한의 수난 서사가 지닌 유별난 특징들에 대한 브라운의 논의(*Death* 59-63, 75-92)를 추가로 보라.

전통이 분명히 시사하듯이 그 불변의 정도는 여전히 상대적일 뿐이었고 개별적으로 쉽게 확장되는 경향이 있었다.[19]

특히 이 전통의 몸통 부분과 관련하여 물론 그것이 성 금요일과 부활절 사건 이후 처음 조성되었다는 데 의심의 여지가 없다. 예수의 이전 행동과 가르침에 대한 대부분의 전통보다 더 선명하게 우리는 그 최초의 구연이 부활 사건 이후의 관점에서 생겨났다고 확신할 수 있다. 앞으로 보겠지만 그 관점은 다양한 지점에서 뚜렷하게 드러난다. 그러나 설사 그렇다고 해도 그 서사의 광범위한 구조와 배열 순서라든가 목격자로 참여한 자들이 맨 처음 조성한 그 주된 요소들의 역사적 성격에 대해서는 의심할 이유가 거의 없다. 그러한 연속성이 없다면 서술된 사건의 의의에 초점을 맞춘 '복음'이 어떻게 바울이 알았던 모든 교회의 토대로 그렇게 곧바로 자리 잡게 되었는지 설명하기 어려울 것이다.

그 세목들로 방향을 돌리면서 우리는 대부분의 핵심 요소들을 망라하여 이미 다루었기에 이제 이전의 그 논의를 간단히 언급할 수 있다.[20] 특히 예루살렘 입성(막 11.1-10 평행구), 성전에서의 상징적 저항(막 11.15-17 평행구), 그 이후의 다양한 논쟁들(막 11.27-12.37),[21] 종말론적인 강론과 비유(막 13장 평행구),[22] 겟세마네 기도(막 14.36),[23] 대제사장 앞에서의 청문과 빌라도 앞에서의 심문(막 14.53-65; 15.1-5), 십자가 처형의 명패(막 15.26 평행구). 그러나 그 외에도 얼마간의 중요성을 지니고 있어 적어도 간략한 논의를 요하는 다른 숱한 쟁점들이 있다. 요한이 예수 체포의 일차적인 계기를 예수가 나사로를 일으킨 사건으로 돌린 경우(요 11.45-53), 유다가 예수를 '넘겨주는' 데 부여한 동기(막 14.10-11 평행구), '마지막 만찬'의 성격(14.22-25 평행구), 예수의 체포와 제자들의 도주(14.43-52 평행구), 빌라도의 역할(15.1-15 평행구), 예수의 죽음 묘사에 대한 구약성서의 영향(15.22-38 평행구), 예수의 매장(15.42-47 평행구).

---

19) 다시 위의 §8.5c를 보라.
20) 여기 드러난 것들과 별개로 참고 자료는 모두 §15.3a에 있다.
21) 위의 §15.3b-e를 보라.
22) 위의 §12.4d를 보라.
23) 위의 §16.2b를 보라.

a. 무엇이 예수의 체포를 유발했는가?

요한복음의 나사로 이야기가 지닌 역사적 가치는 늘 문젯거리였다. 단순히 그것이 죽은 자를 일으키는 아주 놀라운 이야기를 하기 때문이 아니다. 예수는 (너무 서둘러 판단된?) 죽은 자를 일으킨 자로서 명성을 지니고 있었고(마 11.5/눅 7.22),[24] 이 명성을 불러일으킨 사건에 대한 기억은 요한 이야기의 이면에서 식별될 수 있다.[25] 그렇다고 요한이 단지 그 이야기를 그의 특징적인 그리스도론적 확장의 기초로 삼았기 때문도 아니다(요 11.25: '나는 부활이요 생명이니'). 그러한 묵상들을 예수가 행한 전형적인 '표적들'과 그의 가르침을 압축한 전통적인 경구들 주변에 엮어두는 것이 요한의 스타일이다.[26] 역사적 의문은 오히려 예수의 체포에 이르게 된 사건들에 대한 공관복음과 요한복음 사이의 바로 그 충돌에서 생겨난다.

공관복음의 암시는 꽤 명확하다. 예수를 체포하려는 움직임을 촉발시킨 어떤 단일 사건이 있다면 그것은 성전에서 행한 그의 '예언자적 표적'이었다. 이는 고작해야 암시에 불과하지만 그 추론은 거의 사실로 드러나 있다. 마가는 예수가 성전과 관련하여 말한 것이 대제사장들과 서기관들로 하여금 예수를 파멸시키도록 자극했음을 시사한다(막 11.17-18). 그렇지만 누가의 경우 그 연관성은 보다 헐거운 편이고(눅 19.46-47) 마태의 경우는 결여되어 있다. 그러나 세 복음서 모두 예수가 주장한 권위에 대한 직접적인 도전이 곧 이어졌다는 점에서 일치하고(막 11.27-33 평행구), 유다가 예수를 대제사장들에게 넘기기로 결정하기에 앞서(12.1-40 평행구) 예수와 서기관들 사이의 반감이 꾸준히 심화되었음을 시사한다(12.1-40 평행구). 비극적인 절정을 향해 상황이 미끄러져가는 낌새가 워낙 분명하여 그 이야기 가운데 많이 확장될 필요가 없었을 것이다. 성전 사건은 그 미끄러지는 사태의 시

---

24) 위의 12.5c와 제15장 각주 275를 보라.
25) 마이어는 그런 결론을 내렸다: '나는 요 11.1-45이 궁극적으로 예수의 제자인 나사로를 포함하는 어떤 사건으로 소급되고 예수의 살아생전에도 그 제자들은 이 사건을 죽은 자를 일으킨 기적으로 믿었을 가능성이 있다고 생각한다'(*Marginal Jew* 2.831).
26) 위의 §7.7을 보라.

작을 명시했다.

하지만 요한복음 저자는 그 성전 사건을 옮겨 예수의 예루살렘 사역 이야기의 권두화로 삼기로 했던 게 틀림없다(요 2.13-22).[27] 그럼에도 혹여 그 에피소드의 실질적인 역사적 역할에 신경이 쓰였는지 요한은 유일하게 성전 파괴에 대한 예수의 말을 포함시켰다(요 2.19). 그 말은 물론 예수에 대한 일차적 고발 원인을 제공했던 것으로 보이는 말이다(막 14.58).[28] 예수 선교의 마지막 주에서 그 '계기적' 사건을 제거함으로써 요한은 또 다른 있음 직한 '계기'를 제공해야 했다. 요한의 도식과 관련하여, 나사로를 일으키는 선택은 죽음을 극복하고 생명을 주는 그 권세에 대한 메시지와 함께 그것을 예수의 마지막 나날에 대한 요한의 이야기에 적절한 권두화 재료로 삼기에 유사하게 알맞은 것이 되었다.[29] 중요한 에피소드들을 다시 설정하고 이전의 전통을 확장시키는 데 행사한 요한의 자유가 전제된다면, '계기적' 사건에 대한 요한의 버전은 공관복음보다 '역사적 예수 탐구'에 연관된 자들의 주목을 받기에 훨씬 미약한 주장을 담고 있다.

b. 유다가 부여받은 동기

이미 주목하였듯이(§13.3b), 예수를 '배신한' 자로서 유다의 역할은 전통 가운데 너무 깊이 뿌리박혀 있어 그 역사성을 의심할 수 없다. 그 선행 요 건이 무엇이었든,[30] 어떤 전통 담지자가 극적인 육감을 가지고 유다를 '무로부터'(*ex nihilo*) 창조하기 위해 자신의 상상력의 재료를 재간할 충분한 모형을 그것들이 제공했다고 보기 어렵다.[31] 예수가 개인적으로 유다를 택하

---

27) 위의 제15장 각주 113을 보라.
28) 위의 §15.3a를 보라.
29) *John* 1.428-30에 나오는 브라운의 이전 논의를 보라.
30) 다윗이 신뢰한 모사였으나 그를 나중에 저버린 아히도벨의 이야기가 가장 명백한 사례이다. 그 이야기는 다윗이 기드론을 건너고 감람 산을 올라가는 것(삼하 15.23, 30), 그리고 아히도벨이 이후에 목매어 자살하는 것(17.23)을 포함한다; 추가로 자세한 내용은 Brown, *Death* 125-26, 643; Davies and Allison, *Matthew* 3.565-66.
31) 브라운은 아히도벨 이야기가 유다가 목매어 자살하는 마태의 기사를 형성했을 것이라고 결론짓는다(*Death* 656-57).

여 그에게 열두 지파를 심판할 보좌 하나를 약속했다는 당혹감(마 19.28/눅 22.30)은 유다 전통이 확실히 훗날에 꾸며낸 것이라는 증거보다 예수 전통 내에 더 큰 긴장을 유발했을 것이다.

그러나 만일 유다가 예수를 '배신'했다면 왜 그랬는지의 질문은 쉽게 묵살하거나 답변할 수 없다. 그 질문은 끝없는 매력의 대상이 되어왔다. 그리스도인의 훗날의 통찰 속에서 그 행위는 아주 사악한 것으로, 바로 악의 정점이요 모든 죄 가운데 가장 용서받을 수 없는 종류로 간주되었기 때문이다.[32] 그러나 이와 마찬가지로 다른 사람들은 유다에 대한 보다 동정적인 묘사에 끌리기도 했다. 이를테면 유다가 그리스도교 신앙에 비추어 세상의 죄를 속량하는 그리스도의 죽음이란 목적을 이룬 신성한 드라마 가운데 (필수적이기도 하고 또한 없어도 되었을) 가장 핵심적인 인질이었다는 것이다. 그렇게 멸시당하고 거부되기 위해 택함받은 사람, 이후 그리스도교의 여러 세기들을 통틀어 언제나 미움의 대상이 된 인물을 향해 누군들 동정을 느끼지 않을 수 있었겠는가?[33] 고민스러운 점은 우리가 거기서 더 나아갈 명분이 별로 없다는 것이다. 복음서 저자들은 유다가 탐욕으로 인해 배신을 저질렀다고 암시한다(막 14.11 평행구).[34] 그리고 요한은 유다를 도적이라 부름으로써 그 암시를 강화한다(요 12.6). 그러나 달리 보면 그들은 유다가 '예수를 넘겨주었다'는 사실 외에는 그에 대한 관심을 거의 보이지 않는다. 나아가 유다에게 적어도 어느 정도는 결백을 입증할 기회를 준[35] 그의

---

32) '그 사람은 태어나지 않았다면 더 나았을 것이다'(막 14.21c/마 26.24c). 그의 죽음은 행 1.18에 악한 자의 죽음이란 고전적 관점에서 묘사되는데(삼하 20.10; 지혜서 4.19; 마카베오하 9.9), 곧 그는 '제 곳으로 가버렸다'(행 1.25)는 것이다—아마도 지옥으로! 단테의 『신곡』(*Divine Comedy*)에서 주요 변절자 유다는 지옥의 가장 깊은 심연에서 (브루투스와 카시우스와 함께!) 영원히 루시퍼에 삼켜지고 있다(*Hell*, Canto 34.55-69). 또한 H. Maccoby, *Judas Iscariot and the Myth of Jewish Evil* (London: Halban, 1992)을 보라.

33) 가령, 1960년대와 1970년대 히트한 뮤지컬 'Jesus Christ Superstar'와 'Godspell', 스콜세지 (Scorcese) 감독의 영화 *The Last Temptation of Christ*에 나오는 유다의 초상을 주목하라. 유다를 복권시키려는 가장 최근의 시도는 W. Klassen, *Judas: Betrayer or Friend of Jesus?* (Minneapolis: Augsburg, 1996)에 의한 것으로 그는 *paradidōmi*가 '배반하다'보다는 '넘겨주다'를 뜻한다는 사실을 중시한다(47-58); 또한 'The Authenticity of Judas' Participation in the Arrest of Jesus', in Chilton and Evans, eds., *Authenticating the Activities of Jesus* 389-410.

34) 그러나 오직 마태만은 그 총계를 '은 삼십'으로 계산한다(마 26.15). 아울러 그가 그 인물을 27.9에서 인용하는 슥 11.12-13에서 추론해냈다는 의혹이 있다.

35) 마태의 기사는 유대의 참회에 대한 보고를 포함한다: '내가 무죄한 피를 팔고 죄를 범하였도다'

죽음에 대한 보고들(마 27.3-10/행 1.16-20)은 핵심 전통으로 간주되기 어려웠다. 그것들은 우리에게 조정하기 어려운 버전들로 남아 있고, 그의 자살이든, 그 이전의 행동이든, 그가 품었던 동기에 관하여 심사숙고를 위한 충분한 기반을 제공하지 않는다.[36) 유다는 여전히 수수께끼로 남아 있다.

c. 마지막 만찬

'예수가 잡혀 넘겨진 그날 밤'(고전 11.23) 예수가 제자들과 함께 그들의 마지막 공동 식사로 알려진 자리에서 만났다는 점을 의심할 필요가 없다.[37) 바울은 그 시점이 바로 개인적으로 그리스도인이 된 사건의 일부로 받은 핵심적이고 토대적인 전통의 한 부분이었다고 확인해주는데, 그는 나아가 고린도에 교회를 세웠을 때 이를 곧바로 전했다고 한다. 그와 같은 식사는 성격상 어떤 식으로든 그러한 식탁 교제가 두드러진 특징이었던 선교를 위한 것이었을 것이다(§14.8a). 비록 자신의 최측근 제자들만 데리고 함께 나눈 식사였지만 그것은 실제로 복음서 전통 내에서 유일한 것이다. 그렇지만 이전 이야기의 함의를 보자면, 내부 진영 제자들에게 전달된 예수의 가르침 상당 부분이 식사의 상황에서 발생했을 것이다.[38)

하지만 거기에는 중대하고도 해결하기 어려워 감질나는 질문이 있다. 그 마지막 식사가 유월절 식사였는가? 공관복음 저자들은 분명히 그렇게 이해되기를 원했다(막 14.1-2, 12-17 평행구). 자신의 고전적 연구에서 예레미아스는 그 식사가 예루살렘에서(베다니가 아니라) 밤중에 이루어졌으며, 또 포도주를 마셨고 해석의 말씀이 곁들여졌다(막 14.22-24 평행구)는 사실 가운데 긍정적인 답변의 근거를 발견한다.[39) 다른 한편으로 보면 유월

(27.4).
36) 추가 논의는 Brown, *Death* 637-60 (참고 문헌은 566-67); Davies and Allison, *Matthew* 3.559-60 (참고 문헌 572-73); 또한 Klassen, *Judas* 160-76.
37) 위의 §8.5c를 보라.
38) 요한복음 저자의 예수의 '표적' 다루기에 관한 한 나는 특히 마지막 만찬과 관련하여 'Did Jesus Wash His Disciples' Feet?'(in Chilton and Evans, *Authenticating the Activities of Jesus* 411-29)라는 질문에 긍정적인 대답을 한 보캄(R. A. Bauckham)보다 확신이 덜하다.

절 식사 가운데 정규적인 요소들에 대한 암시가 없고,[40] 마지막 식사 전통 자체는 그것을 유월절이라고 말하지 않으며, 예수의 처형이 유월절의 당일에 있었던 것 같지도 않다. 요한복음 저자는 예수가 유월절을 위한 예비일(*paraskeuē*), 즉 유월절 식사에 앞서(18.28) 십자가에 달렸다고 보도함으로써(요 19.14) 그 마지막 통찰을 강화해준다.[41] 우리는 요한이 여기서 신학적 논점을 제기하고 있다는 의혹을 피하기 어렵다고 본다. 하나님의 어린 양(1.29, 36) 예수가 유월절 어린 양이 도살당하던 때에 맞춰,[42] 즉 다른 유월절 어린 양들과 함께[43] 십자가에 달렸다는 것이다. 설사 그렇더라도 증거가 있는 한, 이 경우에 요한이 실제의 역사적 장면에서 자신의 신학적 논점을 끌어들일 수 있었을 법하다. 또한 해당 공관복음 버전이 그 핵심적인 마지막 만찬 전통을 유월절 식사로 달리 해석한 점을 반영한다는 점에도 마찬가지의 가능성이 있다.[44]

여러 주장들을 그렇게 세밀하게 조율해볼 때, 한쪽의 대안을 다른 쪽에 반대하여 너무 밀어붙이지 않는 것이 현명하다. 양쪽의 해석은 예수와 유월절의 연결 고리가 처음부터 계속 중요하고 교훈적인 것으로 보였음을 드러낸다(고전 5.7 참조). 각각의 해석은 그 연결 고리를 제 나름의 방식으로 확장해나간 것이다. 그러나 그 식사 자체로 말하자면 우리는 그 자료로 예

---

39) Jeremias, *Eucharistic Words* ch. 1, 특히 41-62; 유사하게 Pesch, *Markusevangelium* 2.362; I. H. Marshall, *Last Supper and Lord's Supper* (Exeter: Paternoster, 1980) 57-75; Stuhlmacher, *Biblische Theologie* 1.133-35 (또한 열둘의 상징성을 역설하면서); Gnilka, *Jesus* 280-81; Wright, *Jesus* 555-59; Casey, *Aramaic Sources* 236-38.

40) 논쟁의 여지는 있지만 며칠 전 그가 야기한 소동을 전제하자면 예수 자신은 성전에 도살할 양을 가져가지 않았을 것이다. 그러나 어떤 이들은 유월절 제의의 그와 같이 필수적인 일부에 주의를 기울였음에 틀림없다: '아마도 "그들[제자들]이 예비했다"는 말은 "그들이 어린 양을 가져와 성전에서 도살했고 그것을 굽기 위해 구덩이에 놓았음"을 뜻할 것이다'(*Historical Figure* 251). 하지만 케이지는 예수 자신이 그 책임을 떠맡는 것을 마음속에 그리면서 아무런 고민이 없다(*Aramaic Sources* 222-23). 그 제의 자체와 관련해서는 Sanders, *Judaism* 132-38을 보라.

41) 또한 베드로복음서 2.5. Brown, *Death* 845-46을 보라. 유대인의 날은 해질녘에 끝났고 따라서 저녁 식사(땅거미가 진 뒤)가 다음 날에 있었을 것이다; 유대인의 시간 준수 원칙에 비추어 예수는 같은 날 십자가에 달렸기에 그의 제자들과 마지막 식사를 나누게 되었다.

42) 그 도살이 언제 시작되었는지 그 날의 시간이 분명하지 않다; 가장 유용한 것은 브라운의 지적이다(*Death* 847 각주 47).

43) 예수의 죽음이 유월절 어린 양의 죽음으로 이해되도록 한 요한의 의도는 19.29에 암시되어 있으며 (우슬초의 언급—출 12.22 참조) 19.36에서 분명하게 드러난다(출 12.46의 유월절 규례를 언급하면서).

44) 추가로 Brown, *Death* 특히 1364-73을 보라: '여기에 우리는 하나의 신학적 교의(theologoumenon) 를 가지고 있다. 즉 마지막 만찬을 유월절 식사로 제시한 것은 예수가 유월절 어린 양이라는 복음 서 이전의 선포를 극적으로 표현한 셈이다'(1370).

수가 그들의 마지막 공동 식사였으리라 이미 감지한 것에 강화된 의의를 부여했다는 것 이상의 결론을 내릴 만큼 마음이 동하지 않는다.[45] 그 강화된 의의가 무엇이었는지는 우리가 아래에서 돌아가야 할 주제이다(§§17.3c, 4e, 5d).

d. 예수의 체포와 제자들의 도주

예수가 체포되었다는 것은 의심의 여지가 없으며 그 전통이 예수의 마지막 시간에 대한 보다 본격적인 이야기와 독립적으로 회고되었다고 보기 어렵다. 그 전통은 여러 특징들과 관련하여 확고하다.[46] 그 사건이 기드론 건너편/감람 산에서 발생했다는 것(막 14.26 평행구),[47] 유다가 체포조를 데리고 그들과 함께 왔다는 것(14.43 평행구), 예수와 함께 있던 자들 중 하나가 그 체포조에 속한 한 사람의 귀를 잘라버릴 정도로 저항했다는 것(14.47 평행구),[48] 예수가 이에 대해 간단하게 질책했다는 것(14.48-49 평행구) 등등. 그 핵심을 둘러싸고 몇 차례의 구연적 확장이 있었던 게 분명하다. 입맞춤과 함께 배신한 것(막 14.44-45), 저항한 자를 예수가 꾸짖고(마 26.52-54) 그 상처를 치유한 것(눅 22.51),[49] 마가복음 14.51-52에 나오는 기묘한 청년.[50]

체포조의 성격은 다양한 개작들 가운데 혼란스럽게 나타난다. 대제사장들(그리고 서기관들), 장로들이 보낸 '무리'(막 14.43/마 26.47); 대제사장들과 '성전 경비대들'(*stratēgoi*)과 장로들(눅 22.52); '보병대'(*speira*)와 '수하들'(*hypēretai*)(요 18.3). 그러나 스토리텔링의 일부 화려한 장식을 넘어[51] 다양한

---

45) 훌륭하게 짜인 간결한 논의는 E. Schweizer, *The Lord's Supper according to the New Testament* (1956; ET Philadelphia: Fortress, 1967) 29-32; O'Toole, 'Last Supper', *ABD* 4.235-37; Theissen and Merz, *Historical Jesus* 423-27.
46) Pesch, *Markusevangelium* 2.403 참조; 추가로 Légasse, *Trial of Jesus* 14-22을 보라.
47) 사프라이(S. Safrai)의 주장에 의하면 예수 당시 다윗이 기도하곤 했던 곳으로 기도의 중심지가 된 감람 산 위의 특정 위치에 대하여 유포되어 있던 전통이 있었다(Flusser, *Jesus* 144 각주 26).
48) 저항한 자의 익명성이 공관복음 전통에 보존되어 있다는 사실(다른 곳에서는 요 18.10)은 관여된 개인을 가능한 보복에서 보호할 필요('보호적 익명성')가 여전히 있을 때부터 일찌감치 그 이야기의 틀이 짜였음을 암시한다(Theissen and Merz, *Historical Jesus* 447).
49) 마이어는 그 이야기가 누가의 창작물이라고 꽤 확신한다(*Marginal Jew* 2.714-18).
50) 종종 마가 자신이라고 이해됨; 가령 Taylor, *Mark* 561-62의 논의를 보라.

기사들은 충분히 잘 융합된다. 굳이 거기에 로마의 권부가 연루되어 있었다고 결론지을 이유는 없다.[52] 그 체포조가 그 목적으로 성전 경찰(stratēgoi?)을 사용할 수 있었던 대제사장들에게서 왔다고 모두 동의하기 때문이다.[53]

제자들의 도주는 마가와 마태에 의해서만 회고된다(막 14.50/마 26.56). 그러나 네 복음서에서 극적으로 다시 이야기된 차후 베드로의 부인(막 14.66-72 평행구)과[54] 십자가 처형 장면에서 남성 제자의 (거의) 전적인 부재와 함께[55] 이는 너무 수치스러운 것이어서 만들어낸 것일 수 없을 것이다. 여기서 그러한 이야기가 베드로와 다른 이들을 반대하는 악의적이고 파당적인 소문으로 부상되었다는 제안은[56] 공상적인 것으로 제쳐놓을 수 있다. 그러한 자료가 수용되고 이 핵심 전통 내에 자리 잡아갔을 가능성은 실로 아주 작다. 훨씬 더 그럴듯한 것은 자신의 실패에 대해 참회한 자들이 그 기본 형태를 잡는 데 확실히 일차적 책임을 담당한 핵심 전통 내에 그 회고담을 포함시킴으로써 약간의 수정을 가하고자 했을 가능성이다.[57]

e. 빌라도의 역할

빌라도는 유다만큼 거의 불가사의한 인물이다. 이는 분명히 복음서 이야기와 요세푸스와 필론의 기록에서 얻은 빌라도에 대한 정보 사이에 드러나는 현저한 긴장의 결과이다.[58] 후자의 경우 빌라도는 자신의 뜻을 결

---

51) 보병대는 통상 600명의 병사들로 구성된다!
52) *Speira*는 로마의 보병대를 일컫는 통상적인 그리스어 용어이지만 로마의 군사적 용어가 비로마 군대에 사용되기도 하였다(Brown, *Death* 248 각주 11; 또한 위의 제8장 각주 200, 201을 보라).
53) Brown, *Death* 1430-31을 보라; 보다 본격적인 논의는 246-52.
54) 장소(안뜰), 동참자(여종과 다른 이들), 그 밖의 세목들(불, 고발, 갈릴리 방언)에 대한 묘사는 분명 목격자의 회고를 연상시켜준다(Taylor, *Mark* 572; Pesch, *Markusevangelium* 2.451-52; Meier, *Marginal Jew* 3.242-45). 더 큰 이야기 내의 세목과 배경에 대하여 다르게 이야기하기(Brown, *Death* 418-19, 590-91에 도표로 작성됨)는 구연적 변용의 전형적인 특징이다.
55) 한 가지 예외는 신비로운 '사랑받는 제자'일 터이다(요 19.26-27). 아마 우리는 마가의 진영에 분명히 '알렉산더와 루포의 아버지'로 알려진 구레네 시몬을 첨가해야 할 것이다(막 15.21; 추가로 Brown, *Death* 913-17; Légasse, *Trial of Jesus* 80-81; Davies and Allison, *Matthew* 3.610-11을 보라); 결과적으로 그는 제자가 되었고 또한 마가가 상설한 일부 내용의 자료가 되었을까?(그리하여 '누가 그것에 대한 정확한 기억을 확보했겠는가?'라는 뤼데만의 무시하는 듯한 질문에 답변을 제공하면서—*Jesus* 107)
56) 가령, K. E. Dewey in Kelber, ed., *Passion in Mark* 106.
57) 추가로 Schillebeeckx, *Jesus* 320-27; Brown, *Death* 614-26을 보라.
58) Philo, *Legat.* 299-305 (예루살렘의 헤롯 궁전에 방패를 세움); Josephus, *War* 2.169-77; *Ant.* 18.55-89

단력 있게 강요한—비우호적인 보고서가 티베리우스 황제에게 전달된 가능성이 있는 경우에만 달리 처신한 것으로 나타나는—잔인한 총독으로 다가온다.[59] 다시 말해, 성가시지만 민감한 제국의 동부 영토에서 그 제국의 위엄 어린 권력을 대표한 꽤 전형적인 중간 등급의 관원이었던 셈이다.[60] 그가 재직 기간(26-37년) 동안 그 직위를 계속 유지했다는 사실은[61] 그의 기민함과 더불어 (마지막 건만 빼면) 그가 초래한 대부분의 위기들에도 살아남는 생존 능력을 보여준다.[62] 그가 소동을 일으키거나 더 나쁜 사례로 그럴듯하게 고발당했을 누군가를 임의로 처형한 것에 대해 양심의 가책이 없었다는 것은 확실하다.[63] 십자가형은 반항하는 노예와 정치적인 반역자들을 위한 로마의 처형 방식이었다.[64] 예수가 빌라도 자신의 직접적인 권세 아래 십자가형을 당했다는 것은 조금도 의심할 필요가 없다.[65]

그와 같이 직설적으로 확고한 결론을 끌어내기 전 망설이는 유일한 이유는 복음서의 반대 증거라 부를 만한 것 때문이다. 그것은 분명히 예수 처형의 책임을 로마 권부에서 유대인 권력자들에게로 옮기려는 강한 경향을 증언하기 때문이다.[66] 빌라도는 '대제사장들이 그를 넘겨준 것이 시기심의 발로였음을 감지하였다'(막 15.10). 그는 군중에게 예수든 바라바든 한 사람을 구할 선택권을 부여했다(막 15.6-15).[67] 누가는 빌라도가 예수를 헤롯에게

<hr>

(가이사의 표준 초상을 밤중에 예루살렘으로 끌어들임, 성전 재정을 수로를 짓는 데 사용함, 사마리아인의 '봉기'를 무자비하게 진압함).

59) 특히 Bond, *Pontius Pilate* chs. 2-3을 보라.
60) 유대 지역도 해당된 로마 제국의 몇몇 3등급 속주 총독들은 기마병 신분 출신이었고 보조 병력에 한정된 지휘권만을 행사했다(Bond, *Pontius Pilate* 5, 9-11).
61) 슈바르츠(D. R. Schwartz)가 그 시작하는 시점을 19년으로 주장하긴 하지만 대개 빌라도의 봉직 연대를 그렇게 추산한다('Pontius Pilate', *ABD* 5.396-97).
62) 사마리아인들의 불필요한 살육에 대한 고발은 36/37년 빌라도의 해직에 대해 요세푸스가 부여한 이유이다(*Ant.* 18.85-89); 추가로 아래의 각주 70을 보라.
63) 빌라도에 대한 필론의 적의에 찬 고발 한 가지는 그가 '죄수들을 재판하지도 않은 채 빈번하게 처형한 것'에 대해 책임이 있었다는 것이다(*Legat.* 302); 그럼에도 Bond, *Pontius Pilate* 31-33을 보라.
64) 특별히 Hengel, *Crucifixion* 33-64; Kuhn, 'Kreuzesstrafe' 706-32을 보라.
65) 우리는 요세푸스(*Ant.* 18.63-64)와 타키투스(*Annals* 15.44) 모두 예수의 처형을 빌라도의 책임으로 돌리는 점을 상기해야 한다(위의 §7.1). 죽음의 형벌은 로마 당국에 맡겨진 권력(*ius gladii*)이었다는 사실은 이제 일반적으로 받아들여진다; 가령, Légasse, *Trial of Jesus* 51-56을 보라.
66) 또한 Carroll and Green, *Death of Jesus* 182-204을 보라.
67) 바라바 에피소드의 역사적 가치를 가늠하기란 좌절감이 들 만큼 어렵다. 적잖은 이유는 그 이름이 괴이쩍게도 예수의 이름과 유사하고(예수 바라바; '너희들은 내가 예수 바라바를 풀어주길 원하느냐? 아니면 메시아라 불리는 예수냐?'—마 27.17) 유월절에 죄수를 풀어주는 관습(막 15.6/마 27.15; 눅 23.17에서는 1번의 변이본으로서만)이 다른 곳에는 알려져 있지 않기 때문이다(이로부터 Lüdemann,

보냈음을 강조한다(눅 23.6-12).[68] 그는 예수가 무죄라고 선언하였고 그를 풀어주길 원했다(눅 23.14-15, 20, 22). 마태는 빌라도의 아내가 그에게 '그 옳은 사람에게 아무 상관도 하지 말 것'(마 27.19)을 경고하는 이야기를 담아내고 있는데, 이는 이후 많은 소설가들의 상상력에 영양분을 제공해왔다. 또한 빌라도가 자신의 손을 씻고 자신이 '이 사람의 피에 무죄하다'(27.20)고 선언하는 이야기도 마찬가지다.[69] 예수를 '죽이길' 원한 자들은 대제사장들과 장로들(27.20), 그 피에 죄책을 받아들인 '모든 사람들'(27.25)이었다. 요한은 예수와 빌라도 사이의 논쟁을 상상하는데 거기서 빌라도는 예수의 답변에 감명을 받아 되풀이하여 '나는 그에게서 아무 죄도 찾지 못하겠다'(요 18.38; 19.4, 6)고 주장한다. 빌라도는 자신을 황제에게 고발하겠다는 불평 어린 위협에 직면해서야 비로소 예수를 풀어주려던 것을 단념한다(19.12).

로마 역사는 많은 사례들로부터 속주의 총독들이 불의한 정부라는 불평에 취약했음을 보여준다. 따라서 그 기본 시나리오에는 확실히 그럴듯한 요소들이 있다.[70] 설사 그렇더라도 대제사장들과 자신의 자문관들에게 자신이 무죄하다고 확신한 사람을 처형하라고 사실상 들볶이는 빌라도의 묘사는 거의 확실히 역사적 회고라기보다는 정치적 동기 탓이다.[71] 물론 로마의 불의를 변명하는 정책은 로마 제국의 동부 영토를 가로질러 회심자들을 얻고자 한 운동과 관련하여 이해할 만하다. 나아가 이후 그리스도

Jesus 105-106의 무시하는 듯한 논법이 가능해짐; '역사가 아니라 비유'—Crossan and Reed, Excavating Jesus 225). 그러나 본격적인 논의는 Brown, Death 793-803, 811-20을 보라; 간략하게 Pesch, Markusevangelium 2.467; Légasse, Trial of Jesus 67-69; Davies and Allison, Matthew 3.583, 585; Theissen and Merz, Historical Jesus 465-66을 보라.

68) 누가만이 이 에피소드를 담고 있다는 사실은 그 역사적 가치에 대한 질문을 더욱 날카롭게 제기한다. 그러나 그 기본적인 기사에 본질적으로 받아들이기 어려운 것은 전혀 없다; 가령, Fitzmyer, Luke 2.1478-79; Brown, Death 783-86; Flusser, Jesus 163-64을 보라.

69) 이것들은 확실히 소설적 윤색처럼 읽힌다—어쩐지 신 21.6-8과 시 26.5-6에 기초한 듯한(Koester, Ancient Christian Gospels 221). 브라운(Death 803-807, 831-36)이나 데이비스와 앨리슨(Matthew 3.587-88, 590-91) 어느 쪽도 그것들의 역사성을 증명하는 것이 필요하다고 생각하지 않는다.

70) 몇 년 후 그의 몰락을 초래한 것은 사마리아의 '소요'(thorybos)에 대한 빌라도의 과잉 반응을 사마리아인들이 그에게 적대적으로 불평한 사건이었다(Josephus, Ant. 18.88-89); 추가로 위의 각주 62를 보라.

71) 하지만 빌라도가 '우리 가운데 가장 높은 지위에 있는 사람들'의 고발로 예수를 십자가에 못 박도록 정죄했다는 요세푸스의 고발을 주목하라(Ant. 18.64). 본드는 복음서가 빌라도의 묘사에 결코 한결같지 않음을 지적한다. 마가가 그를 능숙한 정치인으로, 요한은 그를 교묘하게 조종하고 조롱하며 자신의 권위를 확신하는 자로 제시하는 반면, 그를 연약한 자로 제시하는 쪽은 오로지 누가이다(Pontius Pilate 117-18, 159-60, 192-93, 205-206).

교 소설에서 빌라도에 대한 묘사는 우스꽝스러울 정도로 훨씬 더 심화되었다.[72] 그러나 여기서 유다를 다룬 것과 비교하여 놀랄 만한 대조는 초기 그리스도교 내에서 매우 불미스러운 어떤 저의를 떠올리게 만든다.

이러한 긴장들의 결과는 예수의 처형에서 빌라도의 역할을 다양한 점에서 감질날 정도로 모호하게 방치해두는 것이다. 그의 혐의를 벗겨주는 복음서의 보다 관대한 초상이 그에게 호의적으로 치우쳤듯이, 결국 요세푸스와 특히 필론에 의한 빌라도의 보다 부정적인 초상은 그에게 적대적으로 치우쳤던 것 같다. 하지만 최소한 예수 처형의 일차적 책임은 빌라도의 전과로 단단히 못박아두어야 할 것이다. 나아가 이 점과 관련하여 복음서에서 반유대적 경향의 첫 기미들은 분명히 인지되고 그 책임이 면제되어야 한다.

f. 예수의 죽음 이야기

구약성서의 흔적, 그중에서도 시편, 특히 22편의 흔적이 예수의 십자가 처형 전통을 형성하는 데 영향을 끼쳤음은 오랫동안 인식되었다. 가장 현저한 것은 다음과 같다.[73]

복음서		시편 22, 31, 69
1. 마 27.35; 막 15.24; 요 19.24	그들이 제비뽑기함으로써 그의 옷을 나누었다.	22.18 그들은 내 옷을 그들 사이에 나누었고, 내 옷을 위해 제비뽑기를 하였다.

---

72) Elliott, *Apocryphal New Testament* 164-225에 수집된 일군의 빌라도 자료를 보라; 콥트 교회에서 빌라도는 심지어 정경화되었다.

73) 보다 본격적인 문헌상 전거와 논의는 D. J. Moo, *The Old Testament in the Gospel Passion Narrative* (Sheffield: Almond, 1983) 4장(285-86에 도표화됨); Brown, *Death* 1445-67; J. Marcus, 'The Old Testament and the Death of Jesus: The Role of Scripture in the Gospel Passion Narratives', in Carroll and Green, *Death of Jesus* 205-33 (도표는 207-209); David and Allison, *Matthew* 3.608-609. 무(Moo) 역시 종의 노래들과 슥 9-14장을 수난 서사에서 사용된 참고 자료로 제시한다(chs. 2-3; 도표는 163-64, 222); 유사하게 Marcus 214-15, 219.

2. 마 27.39; 막 15.29	지나던 자들이 그들이 머리를 흔들면서 그를 조롱하였다…	22.7 나를 보는 모두가 나를 조롱한다. 그들은 입술을 비쭉거리고 그들의 머리를 흔든다.
3. 마 27.43	그는 하나님을 신뢰한다; 그가 원하시면…하나님으로 이제 그를 구원하게 하라.	22.8 그는 주를 소망했다. 그로 그를 구하게 하라. 그가 원하므로 그가 그를 구원하게 하라(LXX).
4. 마 27.46; 막 15.34	나의 하나님, 나의 하나님, 왜 나를 버리셨나이까?	22.1 나의 하나님, 나의 하나님, 왜 나를 버리셨나이까?
5. 마 27.48; 막 15.36; 요 19.29(마 27.34; 막 15.23)	어떤 사람이 달려와 해면에 신포도주를 적셔 나무에 걸어주니 그가 그것을 마셨다.	69.21 내 목마름으로 인해 그들이 내게 마실 신포도주를 주었나이다.
6. 눅 23.46	아버지여, 당신의 손에 내 영혼을 맡기나이다.	31.6 당신의 손에 내 영혼을 맡기리이다.

　　이러한 증거에 직면하여 관련 흔적들을 부각시키기 위해 그 이야기가 만들어졌다는 결론은 피하기 어렵다.[74] 그 요지는 마태와 누가의 특별한 확장(마 27.43; 눅 23.46)에서 가장 명백하게 드러나는데, 여기서 시편의 특정한 인용문은 보다 성글게 이야기된 전통에 첨가된 것들이 분명하다.[75] 그러나 설사 그렇더라도 그 전통 자체가 시작부터 양쪽 구절 모두 시편에 비추어 조성되었다는 결론을 피하기는 어렵다.[76] 이는 의문시되는 세목들이 성서적 암시에 비추어 만들어졌음을 의미하지 않는다.[77] 다른 두 사람들과

---

74) Bultmann, *History* 280-81; Bornkamm, *Jesus* 156-57; B. Lindars, *New Testament Apologetic* (London: SCM, 1961) ch. 3: '수난 변증'(특히 88-110); Juel, *Messianic Exegesis* 89-117; Koester, *Ancient Christian Gospels* 220-30.

75) Brown, *Death* 994-96, 1066-69의 논의.

76) '별도로 구별할 만한 마가 이전의 수난 전통이 있다면 시편이 그 전통의 기초를 형성한 게 분명하다. 예수의 이야기가 사실들을 낭독하는 것으로 이제까지 전해졌을 개연성은 없다'(Juel, *Messianic Exegesis* 113). 베드로복음서는 그 진행 과정의 변이적 사례(반드시 더 독창적이지 않음)를 증언한다 (Koester, *Ancient Christian Gospels* 220-30); 그렇지만 쾨스터의 결론─'의문의 여지없이 베드로복음서는 성서적 해석 전통에 대한 가장 독창적인 서사 버전을 보존했다'(230)─은 정당화되기 어렵다. 추가로 위의 제7장 각주 154를 보라.

77) Dibelius, *Tradition* 188-89이 이미 지적한 바와 같다. Moo, *Old Testament*는 성서적 본문 자체가 기

함께 십자가형을 받은 것(막 15.27 평행구)은 이사야 53.12에서 파생된 것이라고 보기 어렵다.[78] 조롱하기(막 15.29-32)는 그 이전의 대응 요소처럼[79] 성서적 공명('그들의 머리를 흔들며')에 의해서보다 그 전통 내부로부터(이전의 고발과 심문 판결에 반향하면서) 결정된다. 거기 수행하던 병사들이 지참하고 있던 식초 섞은 포도주(oxos)를,[80] 악의에서든(베드로복음서 5.16-17) 동정심에서든 예수에게 마시라고 제공했을 것이라는 점도 수용할 수 없는 게 아니다. 시편 22.1의 말들(후속 그리스도론을 위해 구술된 것으로 보기에는 문제적인)로 부르짖는 예수에 대한 어떤 기억이 시편의 다른 흔적들을 찾도록 촉구했을지 모른다(아래를 보라).[81] 그러나 그것은 처음부터 그 전통의 형태가 그 사건의 다양한 세목들을 증대시켰을 뿐 아니라 모호하게 했음을 의미한다.[82] 그렇지 않다면 그것은 늘 편파적인 이야기들과 함께해온 것일까?[83]

내가 옳다면 전통화 과정의 관점에서 그 증거는 두 개의 중요한 추론 결과를 시사한다. 그 한 가지는, 예수 처형의 충격에 대한 제자들의 최초

억된 그대로의 사건에 보다 긴밀하게 적용되도록 수정되었다는 징후들을 주목한다. 좋은 예가 마태복음 27.9-10에서 사용된 슥 11.13이다(Lindars, *New Testament Apologetic* 116-22; Dunn, *Unity and Diversity* 92-93, 95-96). 쥬엘(Juel)은 그 전통 가운데 시 89편을 사용한 것에 대해 (위의 제15장 각주 63에 인용된 다알[Dahl]에 화답하면서) 다음과 같이 결론짓는다: '시편은 예수가 그리스도였다는 것을 증명하기 위해서가 아니라 그 고백을 이해하기 위해서 인용되었다'(*Messianic Exegesis* 117).

78) '그가 범죄자 중 하나로 헤아림을 받았음이니라'(사 53.12).

79) 자주색 옷, 가시면류관, 경멸조로 표한 경의(막 15.16-20 평행구); 사 50.6 참조: '나를 때리는 자들에게 내 등을 맡기며 나의 수염을 뽑는 자들에게 나의 뺨을 맡기며 모욕과 침 뱉음을 당하여도 내 얼굴을 가리지 아니하였느니라'. 플루서는 또한 Philo, *Flacc.* 36-39 (*Jesus* 169-70, 210-12)가 묘사한 카라바스(Karabas)의 조롱을 주목하여 '이 사람을 보라'(요 19.5)는 빌라도의 말이 병사들의 조롱에 화답한 조롱 어린 외침이었다고 제안한다(207-20); 마 26.68/눅 22.64와 관련하여 플루서는 또한 예수가 '너를 친 자가 누구냐?'라는 고대 게임의 표적이 되었다고 제안한다(187-94).

80) MM, *oxos*, BDAG, *oxos*를 보라.

81) 막 14.27/마 26.31의 슥 13.7 인용문과 관련하여 예수의 가르침에 강하게 나오는 목자/양 모티프에 비추어 하나의 주장을 제시할 수 있다(Wright, *Jesus* 533-34; 위의 §13.3c 각주 110을 보라); 또한 Marcus, 'Old Testament' 220을 보라.

82) 그 점은 과장되지 말아야 한다; 그 전통의 제약 또한 지적되어야 한다. 켁(Keck)이 관찰하듯, '어떤 복음서도 그것이 가장 예상될 법한 곳에서—십자가 처형 대목에서—그 목소리가 말했다고 보도하지 않는다.…골고다에서 하나님의 침묵이 귀를 먹먹하게 만들고 있었다'(*Who Is Jesus?* 128; 또한 이어지는 예수의 십자가 처형과 관련하여 하나님의 거룩함에 대한 감동적인 묵상을 보라[134-40]).

83) 콜로라도 주 덴버에서 개최된 SBL 연례 모임(2001년 11월)의 발표 논문에서 굿에이커(Mark Goodacre)는 그 기사의 얼마나 많은 세목들이 성서에서 파생될 수 없는지 지적했다—'멀리 떨어져' 살펴보고 있는 여인들, 구레네 시몬, '골고다'라는 이름, 시간(제삼시), '유대인의 왕'이라는 호칭. 그는 '기억된 역사'와 '역사화된 예언'의 양극화된 대안 사이에(Crossan, *Who Killed Jesus?* x-xi, 1-13이 Brown, *Death*에 반대하여 제기한 대로) '성서화된 역사'라는 제3의 대안이 보다 설득력이 있다고 제안한다. 크로산은 이 특정한 쟁점을 예수의 죽음 기사에 나오는 반셈족주의 쟁점과 긴밀히 결부시킴으로써 그것을 해명하기보다 더 혼란스럽게 만든다.

반응은 그것을 어떤 의미로 이해할 수 있을지 보기 위해 성경으로 돌아가는 것이었다는 함의이다. 성서가 생명이요 빛이었던 사람들에게 그 반응은 전적으로 이해할 만한 것이었다. 마찬가지로 시편 22편과 69편을 포함하는 위대한 '고난 시편'이 당시에 빛을 발했으리라는 점도 이해할 만하다. 그렇다면 그 사건에 대해 전통 형성의 방식으로 말하고자 하는 첫 시도는 당연히 바로 이러한 시편에 의존하여 발생한 사건에 대한 제자들의 전망을 통합하는 것이었다.[84]

만일 그 이야기가 설사 편파적으로 목격자에 기초한 것이었다고 해도 모든 복음서 저자들이 일치하는 유일한 목격자가 여성 제자들이었다는 점 (막 15.40 평행구)을 상기하는 것은 중요하다.[85] 그러므로 이 여성들이 예수의 죽음에 관한 전통 형성에 의미심장한 역할을 수행했을 가능성이 크다.

적어도 한 가지 다른 논점이 제기되어야 한다. 이를테면, 수세대간 그리스도교 묵상의 기초를 제공해온 예수의 십자가상의 마지막 언사에 관해서 말이다. 이에 비추어볼 때, 그리고 방금 추론된 전통의 성격이 전제된다면, 이 마지막 언사들이 얼마나 약하게 전통 가운데 뿌리내리고 있는지 인정해야 하는 것이 다소 망설여진다.

	마태	마가	누가	요한
1. 아버지 저들을 용서하옵소서. 저들은 저들이 무엇을 하는지 알지 못하나이다.			23.34(1절)	
2. 여자여, 여기 당신 아들입니다. 여기 네 어머니이다.				19.26 19.27
3. 진실로 네게 이르노니, 오늘 네가 나와 함께 낙원에 있으리라.			23.43	
4. 엘로이, 엘로이 라마 사박다니.	27.46	15.34		

---

84) 또한 A. Yarbro Collins, 'From Noble Death to Crucified Messiah', *NTS* 40 (1994) 481-503을 보라. '복음서 문헌에 나오는 수난 서사의 상이한 버전들'이 '이스라엘의 성서를 새롭게 언급함으로써 엄청나게 풍요해진 제의적 기념을 통한 그 이야기의 구연'에서 유래된 것이라는 쾨스터의 주장을 다시 보라(위의 각주 16).
85) 그러나 또한 위의 각주 55를 보라.

5. 내가 목마르다.				19.28
6. 다 이루었다.				19.30
7. 아버지여, 당신의 손에 내 영혼을 의탁하나이다.				

깜짝 놀랄 만한 특징이 즉각 확연히 드러난다. 그 '마지막 언사들' 중 하나만이 하나 이상의 저자에 의해 증언된다. 나아가 마태의 수난 서사는 마가에 심하게 의존하는 고로 사실상 이는 '마지막 언사들'이 단 하나의 증언에 의존한다는 뜻이다. 게다가 오직 하나만이 마가에 의해 증언된다. 누가의 첫 번째 말은 본문 전통에서 지지 기반이 취약하고(23.34),[86] 그의 두 번째 말은 십자가형에 처해진 세 사람 사이의 대화라는 지지받지 못하는 이야기의 일부이며,[87] 그의 세 번째 말은 이미 주목한 시편 확장의 일종처럼 보인다(거기서 막 15.37은 '예수께서 큰 소리를 지르셨다'라는 내용만을 담고 있다). 요한의 첫 번째 말은 다른 곳에서는 탐지되지 않는 '사랑하는 제자' 전통과 결부되어 있고(19.26), 그의 두 번째 말은 어느 정도 시편 69.21에 대한 암시를 도입하는 인위적인 방식으로 보이며(그는 '성서를 이루기 위해' 그것을 말했다—19.28), 그의 세 번째 말은 그 어떤 다른 복음서들보다 의기양양한 어조같이 들린다(19.30).

불편한 결론인즉, 아마도 십자가상의 대부분 언사들이 예수의 마지막 시간에 대한 다양한 반복적 이야기 가운데 확장된 일부라는 것이다. 거기에 보다 명확하게 상기된 말이 있었다면, 그것은 보다 풍성한 예수의 죽음 이야기 안에서 핵심이 되었을 것이며, 따라서 그 이야기의 다양한 반복적 구연 가운데서도 불변 상태로 남았을 것이라고 여타 예수 전통의 경험은 암시한다. 그러한 증언이 없다면 우리는 그 증거에 밀려 대안적인 결론에

---

86) 그것은 $\mathfrak{P}^{75}$ B D* W θ와 초기 라틴어, 수리아어, 그리고 콥틱어 버전들에서 생략되어 있다. 하지만 행 7.60의 공명은 누가가 눅 23.34 전통을 알고 있었음을 암시한다. 따라서 그 본문의 전통은 당혹스럽다.

87) 브라운은 누가가 그 '아멘' 어록을 또 다른 맥락에서 취하여 여기서 사용하였다고 제안한다(*Death* 1001-2).

도달한다. 즉 불변하는 요소는 그 장면 자체와 광범위한 구조였으며(마가/마태가 입증하였고, 누가는 이를 변개하고 요한은 한층 더 변개하여 그렇게 했다), 그 만큼의 세목을 넘어서는 구연적 변용의 범주에 속한다.

일곱 단락의 '마지막 말들' 중에서 가장 강력한 역사적 주장을 담은 것은 확실히 마가/마태가 증언하는 단 한 가지이다. '나의 하나님, 나의 하나님, 어찌하여 나를 버리시나이까?'(막 15.34/마 27.46). 시편 22.1의 인용은 확실히 의혹을 제기한다.[88] 다른 한편으로 여기 사용된 그리스어는 분명히 아람어를 음역한 시도이다.[89] 그리스도교의 변증론에 비추어 그 잠정적인 당혹감('그 황량한 울부짖음')은 분명 처음부터 뚜렷했을 것이고 어떻게든 시편의 그 확신 어린 절정으로 확대시킴으로써 쉽게 반박할 수도 있었을 것이다.[90] 나아가 예수가 극한 상황에서 친숙한 예배의 언어에 의지했을 개연성(끝까지 그 곁에 대기한 신실한 소수만 들었을 것이다)도 즉각 외면하기 어렵다. 또한 그 말들이 바로 그들의 잠정적 당혹감으로 인하여 다른 구연 전통들 속에서 제외되게 되었을 개연성도 마찬가지다.[91]

종합해보면 그 결과는 우리가 기대할 만한 수준보다 훨씬 빈약하다.[92] 예수의 십자가형과 죽음에 대한 전통은 그것을 목격한 자들의 증언에 따르면 그 개요에 있어 충분히 튼실하다.[93] 그러나 그 전통은 처음부터 성서적 암시를 부각시키고 전반적으로 영적인 교화의 성격을 부여하고자 형성된 흔적이 역력하다. 그것이 시작부터 예수의 죽음이 기억된 방식이었다. 성서의 유형을 성취하는 것으로서와 순교자 같은 좋은 경건의 모델과 다

---

88) 가령, Bultmann, *History* 313; Funk, *Five Gospels* 125-26; Lüdemann, *Jesus* 108 (공동체의 산물이므로 진정성이 없다; '이는 결론적으로[원문 그대로] 십자가상의 상이한 울부짖음과 적절한 목격자 또는 전통 담지자의 결여 사이의 모순에서 생겨난다').

89) Pesch, *Markusevangelium* 2.495, 501을 보라; Davies and Allison, *Matthew* 3.624; 추가로 Brown, *Death* 1051-58을 보라.

90) '그는 곤고한 자의 곤고를 멸시하거나 싫어하지 아니하시며, 그의 얼굴을 그(MT)/나(LXX)에게서 숨기지 않으시고 그(MT)/내(LXX)가 울부짖을 때에 들으셨도다'(시 22.24).

91) Brown, *Death* 1086-88 참조. J. B. Green, 'Death of Jesus', *DJG* 146-63은 누가가 시 31.6의 인용(눅 23.46)에 책임이 없음을 주장하기 위한 좋은 논거를 제시한다(151-52).

92) 3시간의 어둠에 대한 기록(막 15.33 평행구), 찢어진 성소의 휘장(막 15.38 평행구), 백부장의 '고백'(막 15.39; 그러나 눅 23.47을 주목하라), 지진(마 27.51; 베드로복음서 6.21), 그리고 일어난 죽은 성도들(마 27.52-53)은 극적인 상설과 신학적 확장으로 간주하는 것이 최선이다(Brown, *Death* 1034-43, 1098-1140, 1143-52, 1160-67, 1192-93의 논의).

른 자들에 대한 관심을 제공하는 것으로서 말이다.

g. 예수의 매장

일부 학자들은 예수의 몸이 권력자들에 의해 통상적으로 처리되었으리라고 추정한다.[94] 그러나 예수가 격식을 갖춰 매장되었다는 전통이 확고하며(막 15.42-47 평행구) 왜 이에 대한 증언이 존중되어야 하는지 상당한 이유가 있다.[95] (1) 예수의 매장 전통은 우리가 지닌 가장 오래된 전통의 일부이며(고전 15.4—*hoti etaphē*),[96] 앞의 이야기와 달리 어떤 세목도 성서에서 따오지 않은 것이다.[97] (2) 유대인의 율법은 처형된 범죄자의 시신을 해질 녘 이전 내려야 한다고 요구했다(신 21.22-23). 요세푸스는 이것이 당대 유통되던 관행이었음을 확인해준다(*War* 4.317). 비록 로마인들이 다른 자들에게 경고하기 위해 그 시체를 십자가상에 내버려두는 것을 선호할 수 있었겠지만,[98] 그들이 그 민감한 시점(유월절)에 유대인의 종교적 율법과 관습을 무시했을 것 같지 않다. (3) 십자가의 희생자를 표준적인 관행에 앞서 내리도록 허락했다는 보고들이 있다.[99] 그리고 기브아트 하 미브타(Giv'at ha-

---

93) 그 기사들은 십자가형에 의한 죽음의 공포와 고뇌에 대한 적절한 시사점을 주지 않는다. 그렇지만 우리는 다른 곳에서 십자가형에 대해 우리가 아는 것으로부터 적어도 그 일부 세목을 채울 수 있다—'형벌 중에 가장 잔인하고 가장 끔찍한 것'(키케로)(가령, Hengel, *Crucifixion* 24-32를 보라; G. S. Sloyan, *The Crucifixion of Jesus* [Minneapolis: Fortress, 1995] 14-18; Légasse, *Trial of Jesus* 88-91). 그 마지막 국면에 대한 요한의 기사(요 19.31-37)는 비록 목격자의 것으로 간주되었지만(19.35) 신학적 프리즘을 통해 굴절되어 있다(19.36-37). 그러나 십자가형을 당한 사람의 다리를 부러뜨리고(그의 죽음을 재촉하기 위해) 죽음을 확인하기 위해 창으로 찌르는 관행은 모두 그 시기에 사실로 입증되는 것들이다(가령, Légasse 161 각주 112, 113을 보라).

94) 크로산은 '아무도 예수의 몸에 무슨 일이 생겼는지 몰랐다'고 확신한다(*Historical Jesus* 394). 복음서 서사의 배후에는 '최악의 경우 십자가 위에 썩은 고기로 몸이 버려지는 공포와 기껏해야 "회칠한 구덩이"에 다른 자들처럼 건네지는 몸의 경우가 놓여 있다'(*Birth* 555).

95) Davies and Allison, *Matthew* 3.647-48에 훌륭하게 요약됨.

96) M. Hengel, 'Das Begräbnis Jesu bei Paulus', in F. Avemarie and H. Lichtenberger, eds., *Auferstehung—Resurrection* (WUNT 135; Tübingen: Mohr Siebeck, 2001) 119-83 (여기서는 121, 129-38, 175-76)이 특별히 강조하는 점.

97) 고전 15.3-4에서 예수의 죽음과 부활을 묘사하는 그 세 절 가운데 오직 예수의 매장에 대한 언급 (*hoti etaphē*)만이 '성경대로'라는 동반 문구를 빠트리고 있다.

98) Hengel, *Crucifixion* 87-88.

99) Philo, *Flacc.* 83: '내가 알고 있던 사례들 가운데 이런 종류의 휴일 저녁 십자가형을 당한 사람들이 내려져서 그들의 몸이 그들의 친척에게 전달된 경우가 있었다. 왜냐하면 그들을 매장하고 그들에게 통상적인 제례를 베푸는 것이 좋게 생각되었기 때문이다'; Josephus, *Life* 420: '…내가 돌아왔을 때 십자가형을 당한 많은 죄수들을 보았는데 그들 가운데 나와 친분 있는 사람 셋을 알아봤

Mivtar)에서 발견된 십자가형을 당한 사람의 유골은 가족 무덤에 매장되어 있었다.[100] 마가복음 6.29에 의하면 세례자 요한의 처형 후 그 제자들이 그의 몸을 취하도록 허락을 받아 무덤에 매장했다는 회고도 이와 무관치 않다. (4) 아리마대 요셉은 매우 그럴듯한 역사적 인물이다. 그는 모든 네 복음서(막 15.43 평행구)와 베드로복음서(2.3-5)에서 증언된다. 수난 전통이 유대인 공의회에 비난의 화살을 돌리려는 경향으로 흘렀을 때 그 동료들 사이에서 한 사람의 동조자를 '무로부터 창조'해내는 것은 놀라운 일이다.[101] '아리마대'는 '그 정체를 확인하기 매우 어렵고 성서의 상징적 의미에 관한 자취도 없는 성읍으로, 그것을 만들어냈다는 논지는 한층 더 믿기 어려워진다.'[102] 만일 예수가 유대인 사회의 보다 높은 계층 내에서 그러한 지지를 얻지 못했다면 그것이 도리어 의외였을 터이다.[103] (5) 유사하게 십자가 앞에 여인들이 있었고 그들이 예수의 매장에 관여한 것은 창조적인 스토리텔링보다는 초기 구전 기억의 산물로 더 그럴듯하게 간주될 수 있다.[104] 그러므로 브라운의 다음과 같은 종합적인 결론에 이의를 제기할 이유가 없어 보인다. '요셉이 예수를 매장했다는 복음서 이전의 기본적인 이야기에

다.…티투스는 그들을 내려 지극히 조심스럽게 다루어야 한다는 명령을 즉각 내렸다. 그들 중 둘은 의사의 손에서 죽었다; 셋째 사람은 살아남았다.' 브라운은 이 점에 대해 확신하지 못한다(*Death* 1207-9).

100) 특히, J. Zias and E. Sekeles, 'The Crucified Man from Giv'at ha-Mivtar: A Reappraisal', *IEJ* 35 (1985) 22-27을 보라.

101) 펑크와 다르게: '아마도 마가의 창작물인 듯'(*Honest* 234). M. Myllykoski, 'What Happened to the Body of Jesus?' in I. Dunderberg, et al., eds., *Fair Play: Diversity and Conflicts in Early Christianity*, H. Räisänen FS (Leiden: Brill, 2002) 43-82과 대조해보라. '예수가 산헤드린의 존경받는 회원에 의해 매장되었고 그의 장례는 간소하지만 명예를 지켜줄 만한 수준이었음을 구어 전통이 강조했다'는 게 그의 결론이다(82; Crossan 76-81에 대한 비판; 추가 참고 문헌은 44 각주 3). 요 19.39도 니고데모를 거명한다. 플루서는 니고데모에 관한 랍비 기록들이 요한의 묘사를 보완해준다는 점을 발견한다(*Jesus* 148-49). 그러나 거기 적시된 향료의 양(약 75파운드)은 터무니없다(요 2.6 참조).

102) Brown, *Death* 1240.

103) 크로산(*Birth* 554-55)은 예수를 정죄한 그 위원회의 회원으로서 요셉의 지위에 관한 소소한 차이(구전이든, 문헌상이든, 다채로운 작업의 전형적인 요소인데도)를 너무 중시한다(추가로 위의 §15.3a와 각주 81을 보라). 뤼데만(*Jesus* 111)도 비슷하게 회의적이지만 (예수의 매장 장소가 알려졌을 것이라는) 그 추론을 따르지 않고 요셉이 장례를 담당한 자였으리라는 개연성은 수용한다. 행 13.29은 예수가 익명의 유대인들에 의해 무덤에 안치되었다는 대안적 시나리오와 관련된 적절한 근거를 제공하지 않는다(G. Lüdemann, *The Resurrection of Jesus: History, Experience, Theology* [London: SCM, 1994] 43-44); 더욱 실감이 나는 것은 '실제로 누가는 그 기사를 최대한 짧게 단축했을 뿐'이라는 헨첸(E. Haenchen)의 논평이다(*Acts of the Apostles* [Oxford: Blackwell, 1971] 470).

104) K. E. Corley, 'Women and the Crucifixion and Burial of Jesus. "He Was Buried: On the Third Day He Was Raised"', *Forum* 1 (1998) 181-225 참조; 추가로 아래의 §18.2a를 보라.

역사적인 것으로 그럴듯하게 생각할 수 없는 것은 아무것도 없다.'[105]

간단히 말해, 예수의 마지막 날들에 관한 전통이 주후 30년 부활 사건 이후 예수의 추종자들이 공동으로 모임을 가진 바로 가장 이른 날들부터 이미 회고되며 계속 성찰되고 있었음을 우리는 상당히 확신할 수 있다. 그 전통은 광범위한 구조 내에 유지되었던 것 같지만, 그 구조 내에 포함될 만 한 것에는 분명 융통성이 있었다. 그 구연들은 통상적인 변용이 허락되었 으며 개별적 에피소드들은 기회가 허락될 때 다양하게 확장되었다. 복음 서 저자들의 이야기는 요컨대 그러한 구연이 동결된 사례이다. 특히 예수 의 심문, 처형, 매장의 전통(수난 서사)은 아마도 초기 추종자들의 예배(유월 절에?)에서의 거룩한 낭독을 위해 어느 정도 처음부터 보다 철저히 통합되 었던 것 같다. 그것은 종종 그 사건들에 대한 최초의 회고를 조명하기 위해 도입된 성서 구절을 반영하며 또 그 반복적 구연이 환기시키고 구체화하 게 된 경건한 묵상의 증거가 되기도 한다. 그러나 그렇지 않으면 성격상 그 것은 복음서 전통을 통틀어 파악할 수 있는 구어 전통과 유사하며 이와 동 일한 전통화 과정을 반영한다. 만일 전통의 변용 가운데 우리가 개별 교회 나 복음서 저자들의 특정한 관심을 탐지할 수 있다면, 우리는 또한 그 구조 의 불변성과 구조적 요소들 가운데 처음부터 다시 이야기되던 전통의 성 격을 자신 있게 간파할 수 있다.

그렇다면 여전히 해명해야 할 것은 보다 구체적인 일련의 질문들이다. 왜 예수가 처형당했는지 우리는 보다 명확하게 간파할 수 있는가? 나아가 우리는 밝혀진 사건들 속에서 예수가 나름대로 인식한 사항과 부여받은 동기에 관하여 좀더 말할 수 있는가?

---

105) *Death* 1241. 전통적인 예수의 무덤 터를 가리키는 고고학적 증거는 놀랍게도 강하다— 예루살렘 의 현재 성묘(the Holy Sepulchre) 교회 내에 위치하며 주후 41-43년에 그 도시의 성벽이 확대되기 까지 그 안으로 들어가지 않은 부지이다(추가로 Charlesworth, *Jesus* 123-25; Légasse, *Trial of Jesus* 82-87, 102; Murphy-O'Connor, *Holy Land* 45-48; M. Broshi in Flusser, *Jesus* 251-57; J. E. Taylor, 'Golgotha: A Reconsideration of the Evidence for the Sites of Jesus' Crucifixion and Burial', *NTS* 44 [1998] 180-203을 보라).

17.2 예수는 왜 처형당했는가?

예수에 대한 자유주의의 가장 특징적인 묘사 중 한 가지 결함은 어떤 사람도 그렇게 매력적인 도덕 교사를 십자가에 처형하길 원했으리라고 보기 어렵다는 것이었다.[106] 최근의 탐구 작업에서 어떤 가설의 존립 가능성에 대한 시험의 관건은 '왜 예수가 십자가형을 당했는가?'라는 질문에 만족스러운 답변을 제공하는지 여부라는 점이 더욱 폭넓게 인식되어왔다. '역사적'이기 위해 역사적 예수는 십자가에 달릴 만했던 것이 분명하다.[107] 예수의 처형에 대한 일차적인 책임을 로마의 권력자들 앞에, 특히 빌라도 앞에 두어야 한다는 데는 의심의 여지가 없다(§17.1e) 예수가 로마의 이스라엘 지배에 대한 (메시아 참칭자라는) 위협으로 처형되었다는 사실도 마찬가지다(§15.3a). 그러나 예수 전통은 또한 예수를 처형하도록 한 움직임이 유대인 권세자들과 로마 총독 사이의 껄끄러운 동맹 가운데 유대인 쪽에서 개시되었음을 기록한다. 비록 유대인의 책임이 전승 과정에서 과장되었다고 할지라도(§17.13e), 예수가 유대인 성전 경찰에 의해 체포되었고(§17.1d) 이후 대제사장 가야바가 심문을 목적으로 소집한 공의회 앞에 청문회가 있었다는 기본적인 사실을 의심할 상당한 이유는 없다.[108] 따라서 우리의 질문은 여전히 남아 있다. 예수는 왜 체포되었으며 빌라도에게 '넘겨졌는가'?

이 질문에 답변하려는 옛적의 시도에서 전형적인 것은 **율법**에 대한 예수의 도전이 예수와 유대인 권세자들 사이에 결정적인 분기점이었다는 추정이다.[109] 그 추론 결과 문제시된 권세자들은 주로 바리새인이었다. 이는 마가복음 3.6에서 자연스레 유추되고,[110] 바리새인과의 다른 적대적인 부

---

106) 우리는 여기서 저 유명한 윌리엄 템플의 인용문을 상기할 수 있다(위의 제4장 각주 110).
107) 샌더스, 호슬리, 라이트 등이 다양하게 강조하는 점(가령, 위의 제8장 각주 7을 보라).
108) '가야바의 아들 요셉'이라는 이름과 함께 새겨진 유골함의 발견을 포함하여 가야바에 대해서는 Flusser, *Jesus* 195-206; Crossan and Reed, *Excavating Jesus* 240-42을 보라.
109) 타이센과 메르츠는 전통적인 개신교 주석의 전형적인 예로 롤로프(J. Roloff)를 인용한다: '예수는 그의 유대인 대적들의 신념 때문에, 그러니까 그의 모든 행태로 그들이 옹호한 율법에 들어 있는 하나님의 뜻을 거역하였기 때문에 죽었…'(*Historical Jesus* 464). 베커는 여전히 이러한 쪽으로 지지하고 싶어하는 것 같다(*Jesus* 335).
110) 위의 §14.4a에 인용.

대낌에 대한 보고로(특히 마 23장의 통렬한 비난) 쉽게 보강될 수 있던 추론이다. 그 전체 가설은 샌더스의 맹렬한 공격 결과 크게 무너져버렸다. 비록 샌더스가 자신의 주장을 일부 과잉 진술하고 있지만 그는 그 가설의 주요한 두 개의 버팀목을 훼손하여 이전에 그것에 부과했던 상당 부분의 무게를 견디기 어렵게 되었다. 바리새인들은 예수의 운명을 결정할 만한 권력의 자리에 있지 않았다.[111] 그리고 토라와 당시 유통되던 할라카에 관련된 예수의 논박들은 후대 그리스도교의 입장에서 추정하는 만큼 그렇게 과격하거나 공격적이었던 것 같지 않다.[112]

더욱 중요한 것은 바리새인들이 복음서의 수난 서사 모든 곳에서 거의 부각되지 않는다는 사실이다. 마가복음에서 12.13(마지막 주의 초기) 이후 바리새인들은 언급되지 않는다. 마태복음에서 바리새인들은 23장의 쟁론에 이어지는 27.62에만 등장한다. 누가복음에서는 19.39(예루살렘 입성) 이후 바리새인이 전혀 언급되지 않는다. 그리고 요한복음에서 12장 이후 바리새인들을 유일하게 언급하는 곳은 18.3이다. '서기관들'[113]과 '장로들'[114]은 그 핵심 사건을 일으키는 유대인 권세자들 가운데 포함되지만, 전자의 정체를 '바리새인들의 서기관들'(막 2.16/눅 5.30)이라고 밝히려는 아무런 시도도 없다.[115] 예수 전통 다른 곳에서 바리새인들이 빈번하게 언급된 점을 전제한다면, 예수에 반하는 법적인 움직임과 관련하여 그들에게 책임을 전가하려는 아무런 실질적 시도도 없었던 게 분명하다. 반대로 예수 전통은 사실상 예수의 처형에 바리새인이 연루된 어떤 기억도 보존하고 있지 않다.[116]

---

111) 칠튼과는 다르게: '성가신 바리새인들이 지배한 산헤드린'(*Rabbi Jesus* 220); 그러나 다시 Sanders, *Jesus* 312-17을 보라; 또한 *Judaism* 458-90.

112) 위의 §§9.3a(1)와 14.4를 보라.

113) 막 14.1/눅 22.2; 막 14.43; 막 14.53/마 26.57; 막 15.1/눅 22.66; 눅 23.10; 막 15.31/마 27.41; 또한 수난 예고들(막 8.31; 10.33)과 막 11.18을 주목하라.

114) 마 26.3; 막 14.43, 53/마 26.47, 57; 눅 22.52; 막 15.1/마 27.1; 마 27.3, 12, 20, 41.

115) '서기관들'은 바리새인들과 함께, 그러나 별도 집단으로 꾸준히 언급된다(막 7.1/마 15.1; 마 5.20; 12.38; 23.2, 13, 15, 23, 25, 27, 29; 눅 5.21; 6.7; 11.53; 15.2; 요 8.3). 위의 §9.3c(2)를 보라.

116) *Légasse, Trial of Jesus* 35-38 참조. 나는 예수에게 부과된 죄책이 거짓 예언자나 마법사와 같은 종류였을 것 같지 않다고 이미 지적한 바 있다(위의 제15장 각주 95).

반면 대제사장들(*archiereis*)은 꾸준히 부각된다.[117] 수난 서사와 관련되는 한, 유대인 쪽에서 예수의 체포와 정죄라는 드라마를 펼치는 주연 배우들은 대제사장들이었다. 이는 나아가 예수의 체포와 정죄 배후에 작용한 결정적인 요인들이 토라가 아니라 성전과 대제사장의 권위에 대한 쟁점들이었음을 분명히 암시한다. 좀더 자세하게 말할 수 있을까?

a. 성전 저항과 성전 어록

이 점에 대해 좀더 말할 필요가 있다. 예수를 잠잠케 하는 조처에서 대제사장들의 우월한 위상은 이전의 고찰들과 잘 부합된다. 성전은 이스라엘 종교의 중심이었을 뿐 아니라, 바로 대제사장 집안들의 정치 권력을 위한 실질적인 경제 기반이었고, 성전에서 보인 예수의 상징 행위와 성전 멸망 이야기는 예수의 체포와 그를 겨냥한 주요 정죄에 관련된 최종적 이유(변명?)를 제공했다(§15.3a). 예수가 기성 체제에 위협으로 보였기 때문이었다는 것이 가장 그럴 법한 선택이다. 곧 그가 이스라엘의 사회적 종교적 정치적 체제 내의 권력 중개인들에 대한 위협으로 비쳤기에 그들이 그를 대적하기로 결정적으로 마음먹었다는 것이다.[118] 결과적으로 그들은 즉결 처형을 위해 예수를 빌라도에게 넘겨주기로 한 결정을 순수하게 종교적인 것으로 묘사할 수 있었을 테다('신성 모독'의 죄를 범한 예수—막 14.63-64 평행구). 역시 결과적으로 빌라도는 로마 권력에 대한 정치적 도전으로 예수를 정죄하는 것에 그리 많이 설득된 것도 아니었다(§17.1e).[119] 그렇지만 빌라도가

---

117) 막 14-15장에 16회, 마 26-28장에 19회, 눅 19-24장에 13회, 그리고 요 18-19장에 14회 나옴. 샌더스는 그 자료를 공관적으로 제시한다(*Jesus* 310-11); 예수를 반대하는 일에 연루된 다양한 파당들에 대한 보다 본격적인 분석은 Brown, *Death* 1424-34을 보라.

118) Sanders, *Jesus* 287-90, 301-305; 또한 *Historical Figure* 265-69, 272-73. 특히 E. Rivkin, *What Crucified Jesus?* (Nashville: Abingdon, 1984); Horsley, *Jesus* 323-26 참조. 성전 비판이 예루살렘 지도자들이 받아들이기에 얼마나 민감했을지에 대해서는 추가로 Theissen, 'Jesus' Temple Prophecy'를 보라. 베커는 신중함을 권고한다: '예수의 성전 행동을 그의 죽음으로 연결시키는 것은 오늘날 인기 있을지 모르지만 그 연계점은 자료의 그 어디에도 드러나지 않는다'(*Jesus* 332; 그는 막 11.18을 인지하고 있다). 그러나 성전 어록과 예수에 대한 적대적인 행동 사이의 연결 고리(막 14.58)는 확고하며(위의 §15.3a를 보라) 성전 행동과 성전 어록의 결합도 안전하게 추정할 수 있다.

119) '왕국을 말했고 성전을 거슬러 말했으며 열렬한 지지자를 가졌던 사람은 처형당하도록 낙인찍힌

그러한 설득 없이 예수를 제거할 조치를 취했을 것 같지도 않다. 요컨대 예수는 종교와 정치의 기성 체제 쪽에 너무 가시 같은 존재가 되었기 때문에 처형되었다.

그러나 얼마나 대단한 가시였을까? 예수가 그렇게 인지된 것은 그가 예루살렘에 갔을 때뿐이었을까? 아니면 예수의 (마지막) 예루살렘 여행에 즈음해서야 비로소 화염으로 번진 이전에 들끓던 분개심이 있었던 것일까? 복음서(심지어 요한복음까지도) 가운데 대제사장들이 예수의 예루살렘 입성 이전에는 거의 부각되지 않는다는 점에서 비유컨대 그 장화는 여기서 다른 쪽 발에 잘못 신겨진 셈이다.[120] 이전에 최고 주역들은 일관되게 서기관들과 바리새인들로 서술된다. 동시에 예수의 말과 행동이 특권 사제층에 성가신 것(또는 더 나쁜 것)으로 보였으리라는 낌새가 엿보인다.

b. 용서―제의 무시하기?

우리는 이미 세례자와 예수가 공히 회개에 내놓은 용서의 기대가 얼마나 대단한지 그 상대적인 특출함을 살펴본 바 있다.[121] 그러나 마치 그들 중 하나가 제2성전기 유대교 그 어디에서도 찾아볼 수 없는 용서를 제공한 것인 양 그 점을 과장하지 말아야 한다.[122] 이스라엘은 그들의 하나님을 용서의 하나님으로, '악과 과실과 죄를 용서하는'(출 34.6-7) 자비롭고 은혜로운 하나님으로 기뻐하였기 때문이다.[123] 용서를 위한 기도는 이스라엘 예전의 일부였다.[124] 나아가 희생제의 체계, 특히 속죄제물과 속죄일의 경우는 용

자였다'(Sanders, *Jesus* 295).

120) 수난 예고들(막 8.31 평행구; 막 10.33/마 20.18)과 별도로 요 7.32, 45만이 숙고를 요한다; 다른 요한복음의 언급들은 모두 나사로를 일으킨 요한의 그 계기적 사건을 계속 따르고 있다(요 11.47, 49, 51, 57; 12.10).

121) 위의 §§11.3b, 13.2a를 보라.

122) Perrin, *Rediscovering* 97, 107의 경우가 그렇다; Sanders, *Jesus* 200-204의 질책을 받음(둘 다 내 책 *Partings* 44-45에서 언급됨).

123) 출 34.6-7은 유대교 성서에서 꾸준히 되풀이된다(민 14.18; 느 9.17; 시 86.15; 130.4; 145.8; 단 9.9; 욜 2.13; 욘 4.2; 미 7.18; 나 1.3).

124) 가령 왕상 8.30-50; 왕하 5.18; 대하 6.21-39; 시 25.11; 32편; 51편; 79.9; 므낫세의 기도. 시 51.16-19이 우리에게 상기시켜주듯, 그러한 기도 없는 희생제물이 헛된 것으로 인식된 반면 희생제물 없

서를 제공하기 위해 설계된 것이었다.[125] 그래서 지금의 용서 이야기와 지금 경험된 용서의 현실은 예수 당시의 경건한 유대인에게 낯선 것이었다고 보기 어려울 터이다.

하지만 예수는 '네 죄가 용서받았다'고 중풍병자(막 2.5, 9 평행구)와[126] 누가복음 7.48-49에서 그의 발에 기름을 부은 '죄인'에게[127] 말함으로써 놀라움 또는 모욕을 야기한 것으로 회고된다. 전자의 경우 그 이야기는 이제 죄를 사하는 인자의 권위를 증언하는데(2.10), 그 단언은 '하나님 한 분 이외에 누가 죄를 사할 수 있는가'(2.7)라는 서기관들의 불평 어린 반응에 대답을 준다. 그러나 '네 죄가 사함을 받았다'는 진술은 단지 용서의 선언이며, 그 동사의 수동태 형식은[128] 용서하는 분이 하나님임을 시사한다(오늘날 그리스도교 사제가 그리스도교 회중 가운데 사면을 선포할 때처럼).[129] 짐작건대 이는 세례자가 용서받은 죄를 선포했을 때나(막 1.4/눅 3.3이 암시하듯),[130] 또는 쿰란 나보니두스(Nabonidus)의 기도에서 나보니두스가 '한 축귀사가 내 죄를 사해주었다'(4QNab 4)고 말할 때도 역시 마찬가지 함의였다.[131] 그 어느 경우든 하나님의 특권을 침범하는 의문시된 개인과 관련한 어떤 사상도 없으며 다만 하나님의 용서를 위한 인간의 **중개**에 대한 것일 뿐이다.[132]

그 사건에서 보다 그럴듯한 원인은 예수가 죄의 용서를 제의 **바깥에서**, 그리고 (암시적으로나마) 그 제의에 대한 **언급 없이** 죄 용서를 선포했다는

이 이루어질 수 있는 효과적인 기도는 깊이 숙고되지 않았다. 물론 마 6.12/눅 11.4; 막 11.25/마 6.14-15도 주목하라.

125) 속죄제와 속건제에 적용되는 법규 제정(레 4-5장)에서 우리는 '제사장이 그 범한 죄에 대하여 그를 위하여 속죄한즉 그가 사함을 얻으리라'는 반복되는 문구를 발견한다(4.26, 31, 35; 5.10, 16, 18). 또한 그러한 조항으로 망라되는 하나님과 이웃을 거슬러 범한 죄의 범위를 주목하라(레 6.1-7). 종말론적 용서(렘 31.34)는 첫 번째 용서가 아니라 완전한 또는 최종적인(?) 용서로 생각되었다.

126) 위의 §15.7e에서 인용.

127) 그러나 다른 곳에서 예수 전통은 요 20.23을 제외하고 그 주제에 대해 침묵한다.

128) '신적인 수동태'(Jeremias, *Proclamation* 11).

129) 이미 요 20.23에서 그것은 '죄를 사하는 권세'로 간주된다(막 2.10 평행구를 그대로 되풀이하여).

130) 유사한 방식으로 쿰란 종파는 성전 제의와 독립적으로 속죄를 경험할 수 있다고 주장함으로써 성전을 무시하였다(위의 제11장 각주 94, 99를 보라).

131) 가르시아 마르티네즈(García Martínez)는 선행하는 (빠진) 문구를 '내가 지극히 높으신 하나님께 기도하였더니 한 마법사가 내 죄를 용서해주었다'(3-4)라고 재구성한다—이는 설득력 있는 제안으로 보이는데, 나보니두스가 그가 이전에 은과 금의 신들에게 한 아마도 쓸모없던 기도를 계속 증언해주기 때문이다…(7).

132) Sanders, *Jesus* 273; Leivestad, *Jesus* 137-38.

것이었다. 죄는 (외관상) 그때 거기서 용서받았다. 그 전통 속에는 희생제물이 필요할 것이라는 암시가 없다. 다시 말해, 그들을 성나게 한 것은 예수가 하나님이 죄를 사하는 배타적인 특권을 침범한 것이라기보다 그가 사람들의 기성 종교 가운데 하나님이 사제들과 제의에 할당한 그 역할을 침범한 것이었다.[133] 요한이 베푼 죄의 용서를 위한 회개의 세례도 같은 문제를 일으켰다(§11.3b).

단 하나의 사건에서 너무 많은 것을 끌어내는 위험이 있다. 그리고 예수 전통 내에 그 주제가 희박한 점은 그 주제(예수와 용서)에서 많은 것을 이끌어내려는 어떤 시도도 허용하지 않는다. 요점은 단순하다. 만일 예수가 (경우에 따라) 죄 사함을 선포하는 것이 어떤 소동을 야기했다면, 그 소동은 성전 체제에서 구현되고 보장된 종교적인 예법을 존중한 자들에게야말로 가장 어울렸을 법하다. 그 체제의 최고 경영자들(후견인들과 수혜자들)은 대제사장 집안들이었다. 그때 그 제의를 무시하는 듯 보이는 세례자 같은 또 다른 자의 소식은 예수가 (마침내) 예루살렘에 들어가기 전에도 족히 성전 권세자들에게 이미 걸끄러움을 야기하는 요인이었을 것이다.

c. 정결—제의 배제하기?

종교적 권세자들에게 걸끄러움의 보다 그럴듯한 원인은 예수가 정결 의식을 무시한다는 보고들이었다. 우리는 이미 정결의 관심이 제2성전기 유대교에 얼마나 중추적이었으며 이러한 관심들이 얼마나 그 기간의 분파주의에 의해 증대되었는지 주목한 바 있다(§§9.4, 5c-d). 특히 보그는 일관되게 '성결/정결의 정치'를 집중 조명하였다. '정결 체제는 지배 엘리트층의 이데올로기였다.'[134] 성전은 이러한 관심들의 중심에 놓여 있었다. 요구된

---

133) 그들이 그렇게 선택했다면, 절박한 심령으로 그러한 선언을 들은 자들은 그것을 '신성 모독'으로 (막 2.7 평행구), 죄를 용서받는 방식과 관련한 하나님의 명령에 도전하는 것으로 간주할 수 있었다. Sanders, *Jewish Law* 61-63 참조; 나아가 위의 §16.4c(2) 논의를 보라.

134) Borg, *Conflict* 여기저기; *Jesus: A New Vision* 'politics of holiness' 색인; *Jesus in Contemporary Scholarship* ch. 5 (여기서는 110-12).

정결은 성전 제의에 참여를 가능하게 하는 것이었다.[135] 성전은 결국 일련의 집중적인 성결의 범위(거룩한 땅, 거룩한 도시, 거룩한 성전, 지성소) 한가운데 자리했다.[136] 물론 이는 또한 성결/정결이 특별히 제사장적 관심사였음을 의미한다(레 21-22장). 바리새인들과 쿰란 사람들의 정결에 대한 관심(§9.3a)은 반박 증거가 되지 못한다. 그것은 단지 토라에 의해 성전 제의의 정결에 부여된 중요성을 그들 나름대로 인식했음을 확인해준다.[137]

그러한 관심사에 반하여 우리는 마가가 설정한 두드러진 에피소드의 순서를 가지고 있다. 예수는 피부병(나병─막 1.40-45)을 앓는 한 사람을 만져주면서 그 사람의 부정결한 상태가 심각함을 명백히 무시하고 제사장에 의한 검사나 희생제물의 봉헌(레 13-14장)에 앞서 그가 깨끗하다고 선언한다. 예수는 '더러운 영들'을 내쫓고(막 1.23, 26-27; 3.11) '부정한 영'을 가졌다고 고발당한다(3.30). 그는 율법과 예법을 상관치 않고 '죄인들'과 먹는다(2.16). 그는 장막 성전의 신성함과 진설병과 관련하여 다윗과 그 추종자들이 보여준 무시를 선례로 인용한다(2.25-26). 예수는 더러운 영들의 군대에 사로잡힌 채 거룩한 땅 밖의 무덤 가운데 사는(이는 시체의 부정을 타기 쉬워 가장 전염성이 강한 더러움이었다) 사람에게서 악령을 쫓아내서 돼지들(부정한 동물) 속으로 보낸다(5.1-17).[138] 혈루병 앓던 여인이 그를 만지고 치유를 받기도 하는데(5.24-34), 이로써 그는 영구적인 부정함의 상태에 놓이게 되는가 하면(레 15.25-27) 이미 죽은 것으로 선고된 작은 소녀의 손을 붙잡는다(막 5.41). 그의 선교 강령들은 이미 물들었을지도 모르는 부정함에 대해서는 생각하지 말고, 그저 제공된 환대를 수용할 것을 권한다(6.10). 그는 정결의 관심(손 씻기)을 무시하고 정결 논리의 타당성을 논박한다(막 7.1-8, 14-23). 간단히 말해 설사 마가가 그 서사를 스스로 구축하고 그 쟁점을 첨예하게 제시함으로

---

135) Sanders, *Jesus* 182-83; *Judaism* 70.72 ('가장 정결한 것만이 근접하도록 허용한 성결과 분리의 발상은 성전과 그 제의 전반의 배열에 가득 차 있었다').

136) Jeremias, *Jerusalem* 79. *M. Kel.* 1.6-9 (내 책 *Partings* 39에 인용)은 레 15.31과 민 35.34에 이미 암시되었고 Josephus, *Ap.* 102-109에 의해 설명된 논리를 단순히 확장할 뿐이다.

137) 여기서 우리는 희생제물과 정결에 관한 율법 문제로 쿰란과 바리새인들이 벌인 논쟁의 증거로서 4QMMT의 중요성을 다시 한 번 주목할 수 있다.

138) 추가로 위의 §15.7d를 보라.

써 그 주제를 집중 조명하였을지라도,[139] 그 주제 자체는 그 전통 가운데 분명히 견고하게 뿌리내려 있었다. 예수가 정결 의식에 관하여 무심한 것으로 기억되었다는 점은 크게 의심할 문제가 아니다.[140] 이는 그 자체로 그의 선교가 성전 권력자들에게 껄끄러움의 원인이 되었을 것이고 예수 자체가 그들의 적대감을 표출할 과녁이 되었을 터이다.

간단히 말해 예수가 가르침에서 강조한 점과 자신의 선교를 수행한 방식은 대제사장 집안들과 성전 권력자들로부터 그를 향해 점증하는 분노와 적의를 일으켰을 법하다. 성전에서의 상징적 행동과 그 파괴에 대한 진술은 다만 오래 품어온 의혹을 확인해주고 예수를 가능한 한 곧장 잠잠케 해야 한다고 정책 입안자들을 설득했을 법하다.

다음으로 우리가 예수의 처형에 이르게 한 그 사건들에 대한 합리적인 설명을 이끌어낼 수 있다면, 이 모든 것 가운데 예수 자신의 의도는 어떻게 봐야 할까? 그 질문은 복잡하고 많이 논란된 쟁점을 제기하는데 일련의 연쇄적인 질문들로 나누어볼 수 있다. 이제 막 완료된 우리의 논의는 즉각 그 가운데 첫 번째 질문을 제기한다. 예수가 이미 제사장의 반발을 불러일으켰고 예루살렘에 올라간 것이 그의 가장 강력한 적대자들의 손아귀에 자신을 내어놓는 것과 다름없던 상황이라면 우리는 그가 왜 갔는지 묻지 않을 수 없다.

---

139) 특히 막 7.1-23에 대한 것을 보라(위의 §14.4c-d). 그러나 또한 Q 구절 마 23.25/눅 11.39에 나오는 정결의 관심사(위의 제14장 각주 143)와 그 어떤 유대인도 빠트리지 못할 선한 사마리아인의 비유 —그 사람은 죽어 마땅했을 것이다— 에 나오는 정결의 암시를 주목하라(가령, J. D. M. Derrett, *Law in the New Testament* [London: DLT, 1970] 211-17; Rowland, *Christian Origins* 142; Kazen, *Jesus* 189-96을 보라).

140) 특히 피부병, 월경의 출혈, 시체 등 세 종류의 주요 부정과 예수가 몇 차례 부대낀 점을 언급하면서 예수가 다양한 정결의 관심사에 '냉담'했다는 카젠(Kazen)의 중심 논지를 참조하라(*Jesus* ch. 4). 이는 예수가 정결에 대해 무심했다고 말하는 것과 다르다; 여기에 걸려 있는 문제는 정결이 어떻게 유지되었으며 부정이 어떻게 회피되었는지 등에 걸친 정결의 상이한 개념이었다(다시 위의 §14.4c-d를 보라). 다른 한편으로 예수와 그의 제자들이 유월절을 예비하는 그 주의 기간 동안 통상적인 정결 의식을 수행했다고 추정해야 할 것이다(Sanders, *Historical Figure* 250-52; Fredriksen, *Jesus* 205-206; Kazen, *Jesus* 248-50, 255). 추가로 나의 'Jesus and Purity'를 보라. 또한 W. Loader, 'Challenged at the Boundaries: A Conservative Jesus in Mark's Tradition', *JSNT* 63 (1996) 45-61.

17.3 예수는 왜 예루살렘에 올라갔는가?

복음서의 틀 내에서 보면 답은 분명하다. 복음서 저자들은 부활 사건이 가져온 본격적인 안목에 비추어 그 이야기를 들려주면서 전체의 순서가 예정되어 있었다는 확신을 가졌다. 누가는 특히 하나님이 미리 정한 '계획',[141] 곧 발생한 것의 신적인 필연[142]을 강조하며 불길한 말로 예루살렘 여정의 이야기를 시작한다. '예수께서 승천하실(*analēmpseōs*) 기약이 차가매 예루살렘을 향하여 올라가기로 굳게 결심하시고…'(눅 9.51).[143] 전과 같이,[144] 그 전체 모티프가 부활 사건 이후의 관점이 만들어낸 것이라고 추론할 필요는 없다. 우리는 예수 자신이 어떤 운명 의식에 추동되었을 개연성을 도저히 배제할 수 없다.[145] 그러나 그 해답이 이러한 방향을 따라 얼마나 예수 전통 내에 제대로 뿌리내려 있는가? 예수 전통 내에서 답을 찾아온 자들은 대체로 다른(또는 부가적) 이유를 찾아왔다.

예수 나름의 의도에 대해 이의 없는 증거가 부재한 상태에서 예수 선교의 주요 강조점과 관련하여 해답을 찾아보는 것이 가장 자연스럽다. 간략히 말해 예루살렘 여정이 어떻게 예수의 하나님 나라 설교와 연관되었는가?(제12장) 그가 만일 이스라엘 회복의 희망을 마음에 품었다면―나아가 그러한 어떤 희망이 정말로 뚜렷한 것 같다면[146]―불가피하게 이스라엘의 영적인 중심으로서 예루살렘은 그 희망의 실현에 있어 핵심적인 역할을 수행한 것이 틀림없다는 말이 된다.[147] 탄(K. H. Tan)은 최근에 이전 탐

---

141) *Boulē* ('계획')는 눅 7.30; 행 2.23; 13.36; 20.27; *horizō* ('결정하다')는 눅 22.22; 행 2.23; 10.42; 17.31.
142) *Dei* ('…하는 것이 필요하다')는 누가복음에 11회(특히 9.22; 13.33; 17.25; 22.37; 24.7, 26, 44), 사도행전에 17회 나오고 마가복음과 마태복음에는 훨씬 덜 빈번하게 나오지만 가장 중요한 사례로 막 8.31/마 16.21(수난 예고에 대해서는 아래의 §17.4c를 보라). 추가로 Fitzmyer, *Luke* 1.179-80; J. T. Squires, *The Plan of God in Luke-Acts* (SNTSMS 76; Cambridge: Cambridge University, 1993)를 보라.
143) 다시 Fitzmyer, *Luke* 1.827-28을 보라.
144) 위의 제13장 각주 31을 보라.
145) '그 세목들을 괄호로 묶을 때 남는 것은 초보적인 운명 의식이다'(Keck, *Who Is Jesus?* 117-18). 베커의 다음 진술과 대조해보라: '예수와 그의 추종자들은 단순히 그 축제에 참여하기 위해 시온의 성읍으로 갔다'(*Jesus* 345).
146) 위의 §§12.4c와 13.3을 보라.
147) 나는 분석적 목적으로 다음의 선택 항목들을 열거한다: 실제로 제공된 답변은 대개 중첩된다.

구자들이 제공한 주요 해답들을 검토했는데,[148] 분석적으로 말하자면 이는 해답들이 대개 셋 중 한 개 이상의 선택을 포용함을 시사한다. (1) 그것은 단순히 자신의 메시지가 지닌 중요성과 긴급성을 확신한 예수가 이를 수도에서 전달하고 싶었다는 것일까? 어쩌면 그는 임하는 그 나라의 견지에서 돌이키라는 자신의 부름이 이스라엘 지도자들의 가슴에 전달되어 그들에게서 긍정적인 반응을 얻을지 모른다는 자신의 소망을—아무리 고독했을지언정—소중히 여겼을 것이다.[149] (2) 아니면 그는 오히려 고집불통의 그 종교적 리더십에 정면으로 부대껴 대담하게 저항하기로 마음먹었던 것은 아니었을까? 나는 이미 이런 계통의 한 버전을 살펴본 적이 있는데(군사적 반란의 지도자 예수) 그것의 부족한 점들을 깨닫게 되었다(§§15.2b, 4). 그러나 그렇다면 그 의도는 정치적인 체제보다 외려 대안적인 종교 체제를 요구하는(또는 심지어 구축하는) 것이었을 가능성이 있지 않을까?[150] (3) 그 나라가 임할 것이었다면 가장 급진적으로 볼 때 예루살렘이야말로 '그것'('그것'이 무엇이든지 간에)이 일어나기에 가장 적합한 장소였다. 그렇다면 혹 예수는 예루살렘에서 자신의 설교나 활동으로써 그 나라의 도래를 촉발하리라는 생각을 품었던 것일까?[151] 슈바이처의 묘사(§4.5a)는 이러한 방향을 쫓아 나온 가장 유명하고 혼란스러운 해답이었다. 그러나 그의 대답이 유일하게 가능한 해답은 결코 아니다.[152]

a. 예루살렘을 야웨의 왕권으로 회복시키기 위해?

예루살렘으로 올라간 예수의 동기를 조명하려 함에 있어 탄(Tan)은 이스라엘의 성서와 성서 이후 시대 초기 문헌 내의 풍부한 시온 전통에 관심

---

148) Tan, *Zion Traditions* 11-21.
149) 가령, Bornkamm, *Jesus* 155; Schillebeeckx, *Jesus* 296-98 참조.
150) Merklein, *Jesu Botschaft* 135-37, 140-42 참조; 추가로 아래의 §17.3c를 보라.
151) '예수가 예루살렘의 종교적 체제를 교체할 메시아적 집행부를 세우는 것을 기대하였다'고 제안하는 에반스의 주장 참조(*Jesus and His Contemporaries* 454).
152) 탄(Tan)은 여기서 자연스레 마이어(Meyer)를 인용한다(*Aims* 202-22); 그는 Wright, *Jesus*를 고려대상에 포함할 수 없었다(아래를 보라).

의 초점을 맞추었다. 그는 유대인 성서 가운데 시온을 하나님의 거주처소와 보좌로 간주하는 근본적인 신념이 있음을 주목한다. 이 한 쌍의 개념에서 시온 신학이 등장한다. 도피와 안전과 축복의 장소로서의 시온,[153] 특히 열방의 종말론적 순례 목적지로서의 시온, 야웨의 보편적 주권의 중심지로서의 시온.[154]

예수가 이 시온 신학을 공유했다는 것은 탄에게 세 구절로 암시된다.[155] (1) 마태복음 5.34-35에서 예수는 예루살렘을 '큰 왕의 도성'이라고 부른다(시 48.1). 마태복음에만 유일하게 증언됨에도 불구하고 이는 예수의 가르침에 대한 회고를 잘 담아내는 듯하다.[156] (2) 누가복음 13.32-33. 예수는 암묵적으로나마 예루살렘에서 자신의 목표를 달성하는 것(*teleioō*)에 대해 말한다. 이것이 보다 문제적인 까닭은 *teleioō*가 공관복음 가운데 오직 누가복음에만 나오고(2.43; 13.32) 13.33이 누가의 *dei* 구절 중 하나이기 때문이다. 다시 말해 신적으로 의도된 결과라는 어조가 이전의 전통보다 누가의 개작에 좀더 기인하는 듯 보이는 점에는 단순한 의혹 이상의 흔적이 있다.[157]

(3) 누가는 13.31-33을 예루살렘에 대한 Q의 탄식에 첨부한다.

마 23.37-39	눅 13.34-35
37 예루살렘아 예루살렘아 선지자들을 죽이고 네게 파송된 자들을 돌로 치는 자여 암탉이 그 새끼를 날개 아래에 모음 같이 내가 네 자녀를 모으려 한 일이 몇 번이더냐! 그러나 너희가 원하지 아니하였도다. 38 보라 너희 집이 황폐하여 버려진 바 되리라.	34 예루살렘아 예루살렘아 선지자들을 죽이고 네게 파송된 자들을 돌로 치는 자여 암탉이 제 새끼를 날개 아래에 (모음) 같이 내가 너희의 자녀를 모으려 한 일이 몇 번이냐! 그러나 너희가 원하지 아니하였도다. 35 보라 너희 집이 황폐하여 버린 바 되리라.

---

153) 가령, 시편 9.12-13; 20.2-3; 46.6; 사 7.1-17; 30.1-5; 31.1-3. 또한 J. D. Levenson, 'Zion Traditions', *ABD* 6.1098-1102을 보라.
154) 위의 제12장 각주 70, 71을 보라; Tan, *Zion Traditions* 29 각주 33, 31-42.
155) Tan, *Zion Tradition* Part II.
156) 위의 제14장 각주 159를 보라.
157) 위의 §15.6c를 보라. 그러나 베커는 예수의 미래관에 대한 질문의 답변을 눅 13.32에 근거하여 내세운다(*Jesus* 338-39).

<table>
<tr><td>39 내가 너희에게 이르노니 이제부터 너희는 찬송하리로다 주의 이름으로 오시는 이여 할 때까지 나를 다시 <u>보지 못하리라</u> 하시니라.</td><td>내가 너희에게 이르노니 너희가 주의 이름으로 오시는 이를 찬송하리로다 할 때까지는 나를 다시 <u>못하리라</u> 하시니라.</td></tr>
</table>

이 어록은 예수가 주장한 자기 선언적 역할의 바로 그 강점과 그 사건 이후 나오는 예언의 암시로 인해 예수의 말씀으로서 그 가치가 꾸준히 떨어지고 있다.[158] 그러나 이전에 예수의 예루살렘 방문 기사를 제공하지 않은 전통 속으로 그러한 어록을 후대에 삽입했다는 것은 다소 믿기 어렵다. 돌에 맞아 죽는 일이 예수에게 있음직한 결과였다는 암시가 실제 사건 이후에 만들어진 것이라고 하기 어렵다. Q에 속하는 한 어록은 거의 확실히 예루살렘 파괴보다 연대가 앞서며(주후 70년 이전), 따라서 어느 쪽에서 따져보아도 침울한 전조이다.[159] 아울러 예수가 예루살렘을 상대하는 자신의 역할과 관련하여 어떤 운명 의식으로 동기를 부여받았는가 하는 문제는 긍정적인 답변을 선호하여 가장 명백한 증거를 무시하면서까지 간단히 답변할 수 없다.[160]

탄은 예수의 어투에 의거하여 그의 목표가 예루살렘을 야웨의 왕권이 머무는 도시가 되도록 '회복하는 것'이었다고 결론짓는다. 나아가 그는 예수의 예루살렘 입성, 성전 사건, 마지막 만찬을 검토함으로써 이 결론을 뒷받침한다.[161] 이러한 에피소드들에 근거하여 그는 예수가 약속된 메시아 왕의 입성을 실행했다고 결론짓는다. 그뿐 아니라 예수는 성전에서, 성전

---

158) Steck, *Israel* 53-55; Funk, *Five Gospels* 245; Lüdemann, *Jesus* 357.

159) 심지어 *erēmos* ('황량한') 없이도 *aphietai* ('떠났다')라는 동사는 '저버렸다'의 의미를 담고 있다 (BDAG, *aphiēmi* 3a).

160) 대체로 그 쟁점은 보호하는 피난처의 이미지가 부득불 이스라엘을 야웨가 보호한다는 생각을 불러내는지 여부로 향한다. 의심의 여지없이 그것은 그렇다. 그러나 그때 우리는 (유대 문헌 어디에도 탐지되지 않는) 암탉의 날개를 선택한 것이 강력한 독수리의 날개라는 보다 전형적인 이미지에 대한 유희적인 패러디였는지 숙고해보아야 한다(출 19.4; 신 32.11; 시 36.7; 57.1; 사 31.5 참조)—그러한 헛된 영광의 이미지가 전혀 아니라는 투로! 다른 한편으로 시 118.26에서 결론짓는 인용을 한 것은 예루살렘 입성 기사에 인용된 것과 같은 구절을 되풀이하여 확장한 것일 수 있다(막 11.10 평행구). 또한 Tan, *Zion Tradition* 104-13을 보라; 여기서 예수의 어록을 인정하는 다른 이들에 관해서는 Davies and Allison, *Matthew* 3.314 각주 20을 보라.

161) Tan, *Zion Traditions* chs. 6-8.

의 예견된 종말론적 역할이—이방인들의 종말론적 순례의 목표로서—성
취되길 기대하면서 시온의 회복을 활성화시키고자 하였다는 결론을 내린
다. 또한 마지막 만찬의 경우 예수는 언약을 비준하여 제자들을 회복된 하
나님의 백성의 중심으로 구성할 작정이었다는 결론도 있다.[162] 탄이 설사
자신의 논지를 특히 예루살렘 입성과 관련하여 다소 강하게 밀어붙이고
있다 할지라도,[163] 전반적인 주장은 잘 논증되고 대부분의 경쟁 대상들보
다 더 실질적 내용을 갖추고 있다.[164]

b. 야웨의 시온 귀환을 실행하기 위해?

탄 이전에 이미 라이트는 한층 더 담대한 시온 관련 논지를 발전시켰
다. 제2성전기 유대인의 희망 가운데 중추적인 특징은 야웨가 시온으로 돌
아온다는 것이었고[165] 예수는 '바로 그 절정의 사건을 실행하고 상징화하
며 인격화할 작정이었다는 주장이다.[166] 라이트는 자신의 주장을 두 계통
의 해석을 통하여 발전시킨다.

(1) 예수는 자신에 대해 야웨와 함께 다른 보좌를 취하기 위해 옛적부
터 계신 이에게 '임할' 인자로 언급했다(단 7.9-14). 나는 이미 그러한 계통의
가능성을 따라 내 기술 속에서 심사숙고한 바 있지만(막 14.62; §16.4c) 그러한
미래의 신원/하늘로 오는 것(라이트가 주장하듯)이 라이트의 논지대로 예수
가 그 이전에 예루살렘으로 오는 것과 어떻게 연관되는지 불분명한 상태
이다.

(2) 예수의 달란트/므나 비유는 두 가지 형태로 우리에게 전승된다(마
25.14-30/눅 19.12-27).[167] 마태의 버전은 '여행을 떠나면서'(*apodēmōn*) 자신의 재

---

162) 여기서 내가 사용한 언어는 탄의 결론에서 끌어온 것이다(*Zion Traditions* 230-33). 도드도 벌써부
터 그랬다: '그는 그들을 공식적으로 하나님의 새 백성의 창립 멤버로 임명하고 있었다'(*Founder*
96).
163) Tan, *Zion Traditions* 140-41, 149-53.
164) 각 구절에 대한 다른 곳에서의 논의를 보라—§§15.3d-e, 15.4d-e와 아래의 17.3c, 4e, 5d(3).
165) 그는 그 주제의 전거를 *Jesus* 616-23에서 본격적으로 제시한다; 위의 제12장 각주 67을 보라.
166) *Jesus* 615, 631, 639.

산을 종들에게 맡긴 연후에(막 13.34의 경우처럼) '오랜 시간이 흐른 뒤' 결산하기 위해 돌아온(마 25.19) 사람을 그려 보인다. 누가의 버전은 '자신을 위해 왕국을 받기 위해 먼 나라로 갔다 돌아오면서' 마찬가지로 그의 종들에게 맡긴 돈을 가지고 그들이 장사를 하여 이익을 남기길 기대하는 한 귀인을 내세운다. 누가만이 왕의 용어로 말하고 있지만,[168] 라이트는 예수의 그러한 가르침 속에서 그 왕/주인이 (다른 유대인의 비유에서처럼) 대개 이스라엘의 하나님을 가리키는 것으로 해석된다고 추리한다.[169] 그는 마찬가지로 주인/왕의 귀환을 '재림'이란 견지에서 해석하는 것을 무시하면서 이를 야웨의 시온 귀환과 '이로써 생겨날 파괴적인 결과'를 가리키는 쪽으로 읽는 것이 더 낫다고 주장한다.[170]

이 점에 대해서도 나는 앞서 '재림' 이야기가 첫 번째 발언의 관점보다는 '귀환' 비유들과 다른 '오심' 어록들의 후속적 개작이란 관점에 속한다는 견해에 공감한 적이 있다.[171] 그리고 임박한 위기와 심판의 상징으로서 돌아오는 주인/소유자/신랑 이야기는 예수 전통 가운데 충분히 견고하게 뿌리내려 있다(§12.4g). 그러나 예수가 자신을 이러한 역할 가운데 이해했거나 그의 예루살렘 여정을 야웨의 시온 귀환을 실행하거나 구현한 것으로 보았는지는 이러한 자료들의 증거만으로는 전혀 명확하지 않다.

전과 같이 여기서도 우리는 특징적으로 비유적/은유적인 자료를 근거로 우리가 만들어낸 질서나 명확성을 뒤집어씌우지 않도록 주의해야 한다. '야웨의 시온 귀환'은 다양한 계통의 유대적 기대 가운데 확실히 하나의 중요한 계통이었다. 그것은 이스라엘과 그 지도자들이 직면한 점증하는

---

167) 위의 제12장 각주 210을 보라.
168) 주전 4년에 자기 아버지(헤롯 대왕)의 왕국이 남긴 유산을 굳게 지키려고 한 아켈라우스의 흔적이 대체로 인정된다(Josephus, *War* 2.1-38, 80-100; *Ant.* 17.219-49, 299-320); 예수가 그 이야기를 이러한 형식으로 전했는지 여부와 거의 노골적인 정치적 논평이 초기 그리스도교 집단 가운데 유포되었다는 사실은 그 자체로 주목할 가치가 있다.
169) *Jesus* 634은 가령, 눅 16.1-13; 막 12.1-12 평행구; *m. Abot* 1.3; 2.14-16; 3.1, 17; 4.22을 언급하고 아울러 Dodd, *Parables* 151을 인용하고 있음; 라이트는 나아가 위에서 §12.4e, g 아래 개관한 위기의 비유들과 다른 자료를 언급한다(*Jesus* 640-2).
170) *Jesus* 636.
171) 위의 §§12.4g와 16.4f를 보라.

위기를 예수가 말했을 때 그 나름의 공식화에 영향을 미친 것 같다. 그러나 라이트의 '지배적인 이야기'(추방으로부터의 귀환)에서 다른 주요 부분과 마찬가지로 야웨의 시온 귀환이 예수가 예루살렘에 올라가도록 설득한 주된 요인이었다는 논지는 그 여파가 좀더 강하고 명확하며 좀더 지속적이라면 보다 설득력이 있을 것이다. 예수가 자신의 예루살렘 여정을 그 자체로 야웨의 시온 귀환을 실행하는 것으로 보았다는 추가 제안은 예수 전통 내에서 확고하게 지지받을 만한 단 한 개의 논거도 확보하지 못한다. 라이트의 가설은 그 전통의 매력적인 개작, 곧 성격상 이후의 다변화된 개작과 맞물려 있지만 처음에 조성된 것인 양 핵심 전통으로 간주되기 어렵다.

c. 예루살렘 제의를 대체하기 위해?

예수가 예루살렘 리더십에 대한 근본적인 도전을 의도하였다는 가설은 예수가 성전과 관련하여 한 말과 행동을 우리가 최후의 만찬이라 부르는 것에서 한 말과 행동과 연동시킴으로써 훨씬 더 확대되었다. 타이센과 메르츠는 예수가 후자(최후의 만찬)로써 전자(성전)를 대체할 의도가 있었다고 주장한다. 그는 단순히 이스라엘의 지도자들뿐 아니라 성전 전체와 제의 자체와의 최종 대결을 의도했다는 것이다.[172] 다락방에서 한 예수의 말과 행동은 성전 제의가 대체되는 시발점을 선언한 셈인데, 곧 희생 동물을 빵으로 대체하고 희생제물 없는 새로운 언약을 내세운 것이다.[173]

---

172) 크로산의 경우도 유사하다: 예수의 행동은 '성전의 재정상 운용, 희생제물과 예전상의 가동을 "중단시킴으로써" 성전을 "파괴한다"'(*Historical Jesus* 357-58); Légasse, *Trial of Jesus* 27-35; 아울러, F. Hahn, *The Worship of the Early Church* (1970; ET Philadelphia: Fortress, 1973) 23-30의 이전 주장.

173) Theissen and Merz, *Historical Jesus* 432-36; 유사하게 애드나(Ådna)도 예수의 죽음이 '성전의 희생제의를 한꺼번에 폐지하고 많은 자를 위한 대속적 죽음으로 대체한다'고 결론짓는다(*Jesu Stellung* 419-30 [여기서는 429]; 또한 그의 논문 'Jesus' Symbolic Act in the Temple (Mark 11.15-17): The Replacement of the Sacrificial Cult by His Atoning Death', in Ego et al., eds., *Gemeinde ohne Tempel* 461-75); Tan, *Zion Traditions* 218-19 참조. 홀멘(Holmén)은 선례를 따른다: 비록 예수가 부실하게 바친 희생제물에 대한 예언자적 비판과 예식 자체의 비판을 혼동하고 있지만(321-23) '그의 행동은 예식 자체를 적대적으로 겨냥한 것이었다'(*Jesus* 319-23, 328-29); 그러나 이스라엘의 근본적인 정체성의 지표 한 가지가 어느 정도 의문시되고 있었기에 스데반을 향한 비난(행 6.14)에서 (예수가 '이 장소를 파괴하리라'는) 정죄가 다시 나타난 것은 그만큼 훨씬 더 이해할 만하다는 그의 지적은 옳다. 하지만 예수의 삶과 가르침이 유대교를 종교로서 구체화했다는 케이시의 주

이와 꽤 유사한 사례는 칠튼이 예수와 관련된 정결의 근본적인 중요성에 대하여 자신의 논지를 확대한 것이다. 칠튼은 예수가 자신의 제자들과 나눈 식사에 초점을 맞추지만 그들이 성전의 '점유' 이후 식사 이데올로기상의 뚜렷한 변화를 겪었다고 주장한다. 예수의 식사가 그에게 적대적인 행동을 정당한 것으로 보장할 만큼 그렇게 공격적이 된 것은 바로 그때였다. '몸'과 '피'는 희생적인 용어로 그 식사 자체가 희생제물로, 사실상 가야바의 부패한 성전에서 드려지는 것들보다 더 나은 희생제물로 이해되고 있었음을 암시한다. 다시 말해, 예수는 대안적 제의를 구축하고 있었던 것이다. 포도주와 빵은 성전의 희생제물을 대체해버렸다.[174]

그러한 논지는 성전을 대체할 새로운 제의(성찬)를 예수의 고유한 의도로 소급시키는 그리스도교 학계에 유용성을 가지고 있다. 그러나 이는 분명히 계속 성전을 출입하며 그 희생제의 체제에 동참한 첫 그리스도인들이[175] 그때 그 문제에서 예수의 의도를 철저히 오해한 게 틀림없다는 주된 결점을 감수해야 한다.[176] 특히 칠튼의 버전은 '나의 몸'과 '나의 피' 이야기에서 빵을 예수의 희생제사의 육체(의 대체물)로 보고 포도주를 예수의 희생제사의 피(의 대체물)로 보는 발상으로 바꾸어놓아야 한다. 그러나 그런 까닭에 최후 만찬과 예수의 성전 저항(점유) 사이의 보다 견고한 연결 고리는 그 만찬과 예수의 죽음 사이의 연결 고리를 대가로 치르고서야 얻게 된다. 후자가 이미 전통의 최초 양식들 가운데 대단히 분명하기 때문에, 다시 말하거니와 그 결과는 그 전통에서 자라난 결과라기보다 그 전통에 강제된 가설이다. 우리는 예수가 자신의 죽음을 어떻게 이해했는지를 해명하지 않은 채 그가 왜 예루살렘으로 올라갔는지에 대해 적절한 답변을 얻을 수

장은 너무 과장된 것 같다; '예수는 사람들에게 유대교의 영적인 중심을 제공했다'(*From Jewish Prophet to Gentile God* [Cambridge: Clarke, 1991] 72-74).

174) 칠튼이 많이 되풀이한 논지(가령, *Temple* 150-54; *Pure Kingdom* 124-26; *Rabbi Jesus* 253-55).

175) 행 3.1(제구시는 저녁 희생제물이 바쳐지던 때였다. Josephus, *Ant.* 14.65); 21.26; 마 5.23-24.

176) Bockmuehl, *This Jesus* 75과 201-202 각주 50; Klawans, 'Interpreting the Last Supper' 9-10. 베커 참조: '만일 예수가 성전 파괴를 예고했거나 예루살렘에 대한 하나님의 심판을 선언했다면, 부활절 이후 생겨난 최초 교회는 아마 예루살렘보다는 갈릴리에 자리를 잡게 되었을 것이다'(*Jesus* 334).

있을 것 같지 않다.

17.4 예수는 자신의 죽음을 예견했는가?

예수가 나름대로 부여받은 동기와 관련하여 두 번째 질문은 단순히 첫 번째 질문의 확대판이다. 예수의 갈릴리 선교가 예루살렘 권세자들 사이에 점증하는 껄끄러움을 야기하고 있었다면 예수가 이 사실을 알지 못했을 것 같지 않다. 그는 체포나 그 이상의 가능성을 충분히 알고 있었을 법하다. 그렇다면 예수는 자신의 목숨으로 그 행동에 대한 대가를 지불할 수 있다는 것을 알고서 예루살렘에 올라갔을까?[177] 대부분의 관련 자료들은 이전의 연구들 가운데 충분히 잘 검토되었기에[178] 더 이상의 새로운 논의를 필요로 하지 않는다.

a. 예언자들의 운명

예수가 자신을 적어도 이스라엘의 예언자 전통에 선 자로, 어쩌면 그 전통의 절정으로까지 보았을 개연성은 이미 적시된 바 있다(§§15.6, 16.2c[2]). 또한 고난과 관련한 예수의 예상은 이스라엘 예언자들의 널리 알려진 운명을 충분히 인식한 데서 비롯되었을 것 같다(§12.4d). 그렇다면 예수가 예언자로서 거부당함, 곧 '그 예언자직의 일부로서 예루살렘에서 당할 순교'를 감수하리라 예상했으리라는 것은 매우 있음직한 사실이다.[179] 또한 의

---

177) J. Gnilka, 'Wie urteilte Jesus über seinen Tod?' in K. Kertelge, ed., *Der Tod Jesu. Deutungen im Neuen Testament* (QD 74; Freiburg: Herder, 1976) 13-50은 '죽음의 준비성'(Todesbereitschaft) 과 '죽음의 확실성'(Todesgewissheit)을 구별함으로써 오해를 피하고자 한다(58). L. Oberlinner, *Todeserwartung und Todesgewissheit Jesu. Zum Problem einer historischen Begründung* (SBB 10; Stuttgart: KBW, 1980)은 그 점을 발전시킨다(결론은 165-67).
178) 특히 Jeremias, *Proclamation* 277-86; V. Howard, 'Did Jesus Speak about His Own Death?' *CBQ* 39 (1977) 515-27; Ådna, *Jesu Stellung* 412-19; P. Balla, 'What Did Jesus Think about His Approaching Death?' in Labahn and Schmidt, eds., *Jesus, Mark and Q* 239-58; S. McKnight, 'Jesus and His Death: Some Recent Scholarship', *CR:BS* 9 (2001) 185-228.

인이 고난당할 것을 예상할 수 있었던 전통을 전제한다면 어떤 다른 것에 앞서 하나님의 뜻을 행하는 것을 중시하는 자는 그 누구라도 이로 인해 고난받을 것, 심지어 죽을 것까지 예상했음에 틀림없다.[180] 무엇보다 예수는 그의 스승 세례자 요한에게 무슨 일이 있었는지 모르지 않았을 터였다. 비록 요한은 안티파스의 손에 고난을 겪었지만, 예수는 유대에서 상황이 다를 것이라고 추측하지는 않았을 것이다.

b. 고조되는 적대감

§17.3이 방향을 제대로 잘 잡은 것이라면 예수는 자신의 계속적인 선교와 자유가 점증하는 위협 아래 처하기 십상이라는 점을 알아채고 있었음에 틀림없다. 이전부터 계속해서 나는 예수의 갈릴리 운동이 적어도 부분적으로 안티파스의 마수에서 벗어날 필요(눅 13.31)에 따라 동기가 부여되었을 가능성을 띄워왔다.[181] 안티파스의 정치적 촉각은 그 전방부에서 충분히 민감했던 것 같다.

게다가 심각한 비난이 이미 예수를 겨냥하여 쏟아지고 있었던 것 같다. 마법, 안식일 위반, 또한 어쩌면 반역적인 아들이란 혐의까지[182] 뒤집어썼는데 후대에 옮겨 쓴 *m. Sanh.* 7.4의 규례에 의하면 이 모든 것들은 돌로 치는 벌을 받을 수 있었다. 마태복음 23.37/누가복음 13.34(§17.3a)에 의하

---

179) Jeremias, *Proclamation* 280; Stuhlmacher, *Biblische Theologie* 1.127-8; Theissen and Merz, *Historical Jesus* 429-30; 위의 제12장 각주 184; 막 12.1-9에 대해서는 §16.2c(2)를 보라.
180) 시 22편과 69편을 포함하여 시편은 종종 그 주제에 대해 불평의 목소리를 높인다; 특히 시 34.19를 주목하라(가령, Davies and Allison, *Matthew* 2.656-57); 페쉬는 마가 이전의 수난 서사에 구약성서 하부 구조를 형성하는 시편의 광범위한 암시들을 열거한다(*Markusevangelium* 2.13-14). 그 모티프는 지혜문헌에서 채택되는데 주목할 만한 곳으로는 욥기와 지혜서 3.1-10과 5.1-5(아래의 §17.6a에 인용). 나아가 그것은 마지막 대환란의 묵시적 대망에서도 명백히 드러난다(§11.4c). 추가로 특히 L. Ruppert, *Jesus als der leidende Gerechte* (SBS 59; Stuttgart: KBW, 1972); G. W. E. Nickelsburg, *Resurrection, Immortality and Eternal Life in Intertestamental Judaism* (Cambridge: Harvard University, 1972) chs. 2-4; K. T. Kleinknecht, *Der leidende Gerechtfertigte. Die Alttestamentlich-jüdische Tradition vom "leidenden Gerechten" und ihre Rezeption bei Paulus* (WUNT 2.13; Tübingen: Mohr Siebeck, 1984) I. Hauptteil.
181) 위의 §9.9e-f를 보라.
182) 위의 §§12.5d, 15.7b, 14.4a, 그리고 제14장 각주 253을 보라.

면 예수는 돌에 맞을 가능성도 염두에 두었을지 모른다. 더구나 마가복음 14.8 평행구에 의하면(§13.4b 각주 166), 예수는 기름 부음조차 없이, 즉 범죄자의 방식대로 매장될 가능성을 예견했을지도 모른다. 논쟁의 여지는 있지만 그러한 예감들이 실현되지 않았다는 사실(그는 돌에 맞지 않았고, 아마도 정상적인 방식으로 매장된 것 같다)은, 상이한 결과가 발생했다는 사실에도 불구하고, 예수가 그렇게 짐작한 것으로 기억되었음을 암시한다.[183]

이전에 무슨 일이 있었든, 특히 성전의 파괴와 대체에 대해서 예수가 또한 자극적으로 말했다면, 예수는 성전 권력자들에게 대결의 도전장을 던지고 있다는 점을 충분히 알아채지 못한 채 성전에서 그 상징 행동(그것이 무엇이었든)을 취할 수 없었을 것이다(§15.3d).[184] 또한 그는 이후에 발생한 체포나 자신을 적대하여 고발한 건으로 인해 전혀 놀라지 않았을 것 같다. 그러한 자신의 행동과 이에 대한 반발이 어디서 끝장을 볼지 알지 못했더라면 예수는 이례적으로 천진난만한 사람이었을 것이다.

c. 수난 예고들

고려해야 할 가장 논란이 분분한 증거는 예수에게 돌려진 세 진술이다. 이는 여러 방면으로 가장 흥미로운 인자 어록인데 이 점에서 가장 적절하게 고려해야 할 것으로 이전에 별도로 다루어진 바 있다.

마 16.21	막 8.31	눅 9.22
21 이때로부터 예수 그리스도께서 자기가 예루살렘	31 인자가 <u>많은 고난을 받</u>고 장로들과 대제사장들과	22 이르시되 인자가 <u>많은 고난을 받고</u> 장로들과 대

---

183) Jeremias, *Proclamation* 284. 막 2.20(또는 2.19b-20)은 다른 한편으로 결국 변화된 환경에서 다시 금식이 적합하게 된 초기 제자 집단 내에서 그 의미를 표현하고자 2.19a을 예수의 죽음에 비추어 확장한 것처럼 보인다(가령 Pesch, *Markusevangelium* 1.175-76; Guelich, *Mark* 1.111을 보라).

184) 에반스(C. A. Evans)는 예수가 예루살렘에 들어가기까지 자신의 죽음을 특별히 말하지 않았다는 의견을 가지고 있으며 수난 예고의 시점이 수난을 당한 바로 그 주로 추산된다고 결론짓는다('Did Jesus Predict His Death and Resurrection?' in S. E. Porter, et al., eds., *Resurrection* [JSNT 186; Sheffield: Sheffield Academic, 1999] 82-97 [여기서는 86-91]).

에 올라가 장로들과 대제사장들과 서기관들에게 많은 고난을 받고 죽임을 당하고 제삼일에 살아나야 할 것을 제자들에게 비로소 나타내시니	서기관들에게 버린 바 되어 죽임을 당하고 사흘 만에 살아나야 할 것을 비로소 그들에게 가르치시되	제사장들과 서기관들에게 버린 바 되어 죽임을 당하고 제삼일에 살아나야 하리라 하시고

마 17.22-23	막 9.31	눅 9.43b-44
22 갈릴리에 모일 때에 예수께서 제자들에게 이르시되 인자가 장차 사람들의 손에 넘겨져 23 죽임을 당하고 제삼일에 살아나리라 하시니 제자들이 매우 근심하더라.	31 이는 제자들을 가르치시며 또 인자가 사람들의 손에 넘겨져 죽임을 당하고 죽은 지 삼 일 만에 살아나리라는 것을 말씀하셨기 때문이더라.	예수께서 제자들에게 이르시되 44 이 말을 너희 귀에 담아 두라 인자가 장차 사람들의 손에 넘겨지리라 하시되

마 20.18-19	막 10.33-34	눅 18.31-33
18 보라 우리가 예루살렘으로 올라가노니 인자가 대제사장들과 서기관들에게 넘겨지매 그들이 죽이기로 결의하고 19 이방인들에게 넘겨주어 그를 조롱하며 채찍질하며 십자가에 못 박게 할 것이나 제 삼일에 살아나리라.	33 보라 우리가 예루살렘에 올라가노니 인자가 대제사장들과 서기관들에게 넘겨지매 그들이 죽이기로 결의하고 이방인들에게 넘겨주겠고 34 그들은 능욕하며 침 뱉으며 채찍질하고 죽일 것이나 그는 삼 일 만에 살아나리라 하시니라.	31 보라 우리가 예루살렘으로 올라가노니 선지자들을 통하여 기록된 모든 것이 인자에게 응하리라. 32 인자가 이방인들에게 넘겨져 희롱을 당하고 능욕을 당하고 침 뱉음을 당하겠으며 33 그들은 채찍질하고 그를 죽일 것이나 그는 삼일 만에 살아나리라 하시되

이 전통은 확실히 예수가 '넘겨줌'과 이에 수반하는 고난을 포함하여 자신의 죽음을 예고하였음을 상기시켜주고자 한다. 마찬가지로 확실한 것은 많이 반복된 어록(들)과 전형적인 구연적 변용을 명시하는 증거들이다.

(1) 여기에 한 가지 사례가 있는데(§16.4b) 거기서 마태의 버전은 자기 지시적인 *bar "naša*를 알고 있었음을 보여준다(마 16.21).

(2) 보다 현저한 것은 마지막 절의 변용이다. 마가는 일관되게 '사흘 뒤에'를 말하는데, 이에 비해 마태와 누가는 '사흘째 되는 날에'라고 말한다. 마가는 일관되게 그 동사를 능동태로 표기하는데('그는 다시 살아나리라'—*anastēnai, anastēsetai*), 반면 마태는 일관되게 수동태 형식을 선호하고('그는 살아나게 되리라'—*egerthēnai, egerthēsetai*) 누가는 양쪽 형식을 다 사용한다. 마태/누가의 버전에서 정확성이 떨어지는 '사흘 뒤에'가 부활 전통에 비추어 더 정확하게('사흘째 되는 날에') 수정되었다는 명백한 연역적 추론을 피하기는 어렵다.[185] 아울러 마태가 쓴 '그는 살아나게 되리라'는 또한 '예수가 하나님에 의해 일으킴을 받았다'는 신학적으로 보다 주의 깊은 주장을 반영하는 듯하다. 이는 그 전통이 확대되던 초기의 통상적인 고백 문구를 반영한 것이기도 하다.[186]

(3) 그 변용의 영역은 누가의 버전 둘째 예고의 간결한 내용으로부터 세 버전 모두의 풍성한 셋째 예고에 이르기까지 광범위하게 미친다(이방인에게 넘겨져 조롱당함, 침 뱉음을 당함, 채찍질을 당함, 죽임을 당함). 여기서 다시 셋째 예고가 실제 사건에 비추어 확장된 것같이 보이므로 이를 더욱더 꼼꼼하게 이야기하는 것은 실제로 발생했다고 회고된 내용을 더욱 정확하게 반영(예고)하는 듯하다.[187] 마태는 그 처형의 방법을 십자가형으로 구체화함으로써 그 과정을 한 단계 더 심화한다(마 20.19).[188]

---

185) 가령, Evans, 'Did Jesus Predict?' 85-86, 95를 보라, 추가 참고 문헌은 86 각주 9; 또한 아래의 §18.4b(5)를 보라. 마 12.40이 욘 2.1의 '삼일 밤낮'을 수정 없이 인용한다는 사실은 '요나의 표적'을 고래 뱃속에 들어간 요나의 시간과 땅 속에 들어간 예수의 시간 사이의 평행 구조로 확대시킨 것이 요나의 표적 관련 어록의 발전 초기 단계에 있었음을 암시할 수 있다(§15.6b[5]).

186) 다시 내 책 *Theology of Paul* 175 각주 69와 72를 보라.

187) 이방인들에게 넘겨짐—막 15.1 평행구; 조롱과 침 뱉음을 당함—15.19-20, 31 평행구; 채찍에 맞음(*mastigoō*)—요 19.1(막 15.15/마 27.26은 라틴어를 차용한 외래어 *flagello* = 그리스어 *phragelloō*를 사용한다; Davies and Allison, *Matthew* 3.593은 Josephus, *War* 6.304을 언급하면서 그 채찍질이 얼마나 야만적일 수 있었는지 지적한다; BDAG, *phragelloō*—'사형 선고가 내려진 뒤 노예와 지방민들에게 가해진 징벌'). 수난 서사가 세 번째 수난 예고를 근간으로 삼았다는 대안적 제안(Bayer, *Jesus' Predictions* 172-74)은 설득력이 떨어진다.

188) 유사한 고찰로 가령 Davies and Allison, *Matthew* 2.659을 보라.

단단히 응집되었지만 상이한 도입구, 세목의 변용, 그리고 특정한 요지를 부각시키기 위한 해명과 확장 부분을 갖춘 실체적인 전통사에 대한 이러한 증거는 이전 장들에서 거듭 증명된 전승 과정과 전적으로 일치한다. 이러한 것들은 많이 상기되고 반영된 예수 전통의 요소이다.

그러나 그것들은 예수 자신이 말한 것으로 기억된 종류의 구연 버전들인가?[189] 다시 이전의 경험을 되살리면 그렇게 확실히 회고된 전통은 본래 예수가 기억할 만한 어떤 내용을 말하는 것을 들었던 자들로부터 유래되었을 개연성을 보여줄 것이다. 이제 그 전통으로부터 예수가 그 주제에 대해 한 차례 또는 그 이상 말했는지 여부를 식별해내기란 더 이상 가능하지 않다. 그 세 겹의 순서는 십자가의 그늘이 그 이야기꾼에게 한층 더 크게 드리워지기 시작할 때 개진되는 훨씬 더 풍부한 예수 이야기의 일부처럼 보인다.[190] 아울러 그 사건에 비추어 그 확장은 이전 장들에서 검토된 대부분의 예수 전통보다 더욱 방대한 것 같다. 그러나 그 전통의 변용 내에서 이런 식으로 확장된 핵심 어록을 탐지하는 일은 제법 가능하다.[191]

두 번째 예고(막 9.31 평행구)는 모든 버전들 중에 가장 적게 발전된 것으로 보인다. '인자는 사람들의 손에 넘겨질 것이다.'[192] 특별히 주목해야 할

---

189) 그 가능성은 깊이 생각해보지 않은 채 변함없이 즉각 무시된다: '교회의 이차적 구성물' (Bultmann, *History* 152); Perrin, *Modern Pilgrimage* 75, 90; Funk, *Five Gospels* 75-78; Theissen and Merz, *Historical Jesus* 550, 552; Lüdemann, *Jesus* 56, 63, 71. 이러한 전통이 Q에 부재하는 것은 부정적인 답변이 제시되는 주요 원인으로 일정하게 언급된다. 그러나 이러한 점은 Q가 예수 가르침의 완전한 목록을 제공하려 의도했거나 Q가 그것을 사용한 자들에게 알려진 유일한 예수 전통이었을 때만이 결정적인 변수가 될 터이다. Q 자료는 예수의 죽음에 대한 인식을 보여주지만(위의 제7장 각주 52) 그러한 암시는 그리스도교의 호기심과 예전을 만족시킬 만큼 자체적으로 충분하지 않을 것이다. 더 그럴듯한 가능성은, 페쉬가 제안한 대로, 수난 예고 같은 전통이 어쩌면 확대된 수난 서사에서 예수의 죽음 이야기와 연계되었으리라는 것이다.

190) 요한복음에서 인자가 '들림을 받는' 것을 이야기하는 세 겹의 연쇄물(요 3.14; 8.28; 12.32-34)은 같은 배열을 반영하는 듯하며 보다 긴 이야기의 구조가 매우 이른 시점에 확립되었음을 시사한다 (Brown, *Death* 1483-87 참조).

191) 베이어(Bayer)는 상이한 어록들을 '한 개의 원시적 형태'로 소급시키려는 시도를 강하게 거부한다(*Jesus' Predictions* ch. 7, 200에 결론지어진 대로); 그러나 구어 전통의 분석 가운데 '한 개의 원시적 양식'이란 개념은 부적절하다.

192) Goppelt, *Theology* 1.189: '이 틀림없는 수수께끼는 십중팔구 예수 자신에게로 소급되었다.' 이 버전은 또한 수난 서사의 다른 곳에서도 상기되었다(막 14.4/마 26.45). 한(Hahn)은 막 14.21이 성서적 성취를 논증할 필요로 동기가 부여된 상이한 유형의 수난 어록을 가리킨다고 제안하며('인자는 그에 관해 기록된 대로 간다') 9.31/14.41과 14.21을 모두 팔레스타인 공동체 전통으로 소급시킨다(*Hoheitstitel* 46-53; *Titles* 37-42; Tödt, *Son of Man* 201 참조). 린다스(*Jesus* 74-76)와 케이시('General, Generic and Indefinite' 40-49)도 막 14.21을 특별히 주목한다. 그러나 케이지는 8.31 또는 9.31이 '원래의' 내용이라고 주장한다. Beasley-Murray, *Jesus and the Kingdom* 392-93 각주 84를 보라. 그는

사항은 특징적인 말의 유희인데('사람의 아들', '사람들') 이는 원래의 히브리어/아람어 공식문구,[193] 곧 '신적인 수동태'를 전제한다. 게다가 누구의 '손에 넘겨진다'는 사실은 셈어 계통의 구조이다.[194] 그 동사의 형식은 임박한 최후 또는 운명의 전조를 표현한다(*mellei*, '…할 예정이다'를 취하든 말든).[195] 다시 말해, 우리에게는 적나라한 잠언적 용어로 예수의 체포 전망을 표현하는 아람어 *mašal*이 있다. '그 사람은 사람들에게 넘겨져야 할 것이다.'[196] 그 기본 구조는 후속적 변용 작업 가운데 견고하게 응집되었지만 전통 담지자들과 이야기꾼들은 실제로 발생한 사건에 비추어 '넘겨줌'과 그 '사람들'을 확장하는 것을 막을 수 없었다. 거꾸로 말하면 그러한 확장에도 손상되지 않은 바로 그 적나라하고 경구적인 핵심 *mašal*의 성격은 그 *mašal*을 조성한 것이 예수 자신이었을 개연성을 보여준다. 그 배후 상황으로 가장 적절한 것은 왜 자신이 예루살렘에 올라가야 하는지 그가 자신의 제자들에게 설명하는 자리였을 것이다.

즉각 몇 개의 결론이 나온다. (1) 우리는 예수가 *bar ᵉnaša* 형식을 바로 말놀이 차원에서 사용한 것으로 기억된 한 가지 (또는 그 이상의) 사례를 가지고 있다. 이는 예수가 그 문구를 '사람'(인간)과 또한 명백한 자기 지시어('어떤 이, 한 사람')로 사용한 유연성을 보여준다. (2) 좀더 직접적인 논점을 말하자면 예수는 분명히 자신의 선교가 예루살렘에서 수용되리라고 진정으로 예

각 구절이 '한 가지 경우 이상에서 주어진 독립적인 교훈의 전통'을 내포하고 있다는 견해를 선호한다(238-40과 각주 85).

193) 위의 §16.4b를 보라.

194) 위의 제15장 각주 86을 보라.

195) 예레미아스는 근접한 미래를 표시하기 위해 그 이면에 아람어 분사가 놓여 있다고 제안한다 (*Proclamation* 281과 각주 2). 몇몇의 학자들은 단 2.28의 단순한 미래 시제('후일에 될 일')가 칠십인 역(LXX)에서 *dei* 문형('종말의 날에 발생해야 할 일')으로 번역되었다고 지적했다(가령, Tödt, *Son of Man* 188)—첫 번째 수난 예고의 경우처럼(막 8.31 평행구). 비슬리-머레이는 레 5.17과 사 30.29을 첨가한다(*Jesus and the Kingdom* 238-39).

196) Jeremias, *Proclamation* 281-82 (아람어 문구 *mitmᵉsar bar ᵉnasa lide bᵉne ᵉnasa*를 제안한다); 아브라함 유언서 A 13.3의 평행구 형식을 주목하는 Hampel, *Menschensohn* 296-302 ('모든 사람이 사람에 의해 심판을 받는다', *pas anthrōpos ex anthrōpou krinetai*). 린다스는 '한 사람이 넘겨질 수 있다…' 는 양식을 주장한다(*Jesus* 63, 68-69); Casey, 'General, Generic and Indefinite' 40의 비판을 받지만 케이지도 또한 불필요하게 '인자'에 일반적인 의미를 부여하려 애쓴다(43-46). 또한 Bayer, *Jesus' Predictions* 169-71, 178-81을 보라. 자신의 주요 논지에 따라 카라구니스(Caragounis)는 보다 온전한 어록의 구성 요소들이 다니엘서에서 직접 파생된 것일 수 있다고 주장한다(*Son of Man* 197-200).

상하지 않았다. 그는 체포될 것이고 인간 권세자들의 권력에 넘겨질 것이다(그로써 수반될 모든 것들과 함께). (3) 그럼에도 불구하고 그는 그 결과를 숙명으로든 독단적 신조로든 하나님이 의도한 것으로 포용했던 것 같다. 이에 대해 우리가 좀더 언급할 수 있을지 여부는 §17.5, 6에서 분명해질 것이다.

d. 다른 은유들

예수는 자신이 감내하리라 예상한 고난을 말하면서 다른 은유들을 사용한 것으로 회고된다. 잔, 세례, 불의 은유들.

마 20.22-23	막 10.38-39	눅 12.49-50
20 그 때에 세베대의 아들의 어머니가 그 아들들을 데리고 예수께 와서 절하며 무엇을 구하니	35 세베대의 아들 야고보와 요한이 주께 나아와 여짜오되 선생님이여 무엇이든지 우리가 구하는 바를 우리에게 하여 주시기를 원하옵나이다.	
21 예수께서 이르시되 무엇을 원하느냐? 이르되 나의 이 두 아들을 주의 나라에서 하나는 주의 우편에, 하나는 주의 좌편에 앉게 명하소서.	36 이르시되 너희에게 무엇을 하여 주기를 원하느냐?	
22 예수께서 대답하여 이르시되 너희는 너희가 구하는 것을 알지 못하는도다. 내가 마시려는 잔을 너희가 마실 수 있느냐? 그들이 말하되 할 수 있나이다.	37 여짜오되 주의 영광중에서 우리를 하나는 주의 우편에, 하나는 좌편에 앉게 하여 주옵소서.	
23 이르시되 너희가 과연 내 잔을 마시려니와 내 좌우편에 앉는 것은 내가 주	38 예수께서 이르시되 너희는 너희가 구하는 것을 알지 못하는도다. 내가 마시는 잔을 너희가 마실 수 있으며 내가 받는 세례를 너희가 받을 수 있느냐?	49 내가 불을 땅에 던지러 왔노니 이 불이 이미 붙었으면 내가 무엇을 원하리요!
	39 그들이 말하되 할 수 있나이다. 예수께서 이르시	50 나는 받을 세례가 있으니 그것이 이루어지기까지 나의 답답함이 어떠하겠느냐?

는 것이 아니라 내 아버지께서 <u>누구를 위하여 예비하셨든지 그들이 얻을 것</u>이니라.	되 <u>너희는</u> 내가 마시는 잔을 마시며 내가 받는 세례를 받으려니와 40 내 좌우편에 앉는 것은 내가 줄 것이 아니라 누구를 위하여 준비되었든지 <u>그들이 얻을 것이니라.</u>	

마태는 자신의 버전을 마가로부터 직접 끌어온 듯한데, 그 경우에 왜 그가 '세례'의 어록(막 10.38b, 39b)을 누락시켜야 했는지는 불분명하다. 누가복음 12.50은 같은 어록을 상이한 형태로 담고 있는데 이는 그 어록이 본래 마가에 의해 보존된 맥락과 독립적으로 반복 구연되었음을 시사한다. 그렇다면 마태는 그 세례 어록을 별도의 용도로 발췌한 그 이야기의 형태를 알았을까? 어느 쪽이든, 마가와 누가의 이중적 증언은 예수가 자신이 견뎌내야 할 것으로 예상한 고난을 묘사하기 위해 세례의 이미지를 사용한 것으로 기억되었음을 시사한다.[197]

마가/마태의 맥락에서 그 잔의 어록(막 10.38a/마 20.22) 또한 예상되는 고난을 암시한다.[198] 인상적인 것은 야고보와 요한이 같은 잔을 마셔야 하리라는 예고이다(막 10.39a/마 20.23─그리고 같은 세례를 견뎌야 하리라는 예고: 막 10.39b). 그러한 예고는 그리스도교의 초기에 처음으로 조리 있게 표현되었을 리 없다.[199] 그것은 틀림없이 예수에게로 소급되며, 당시까지 아직 성취되지 않았다 할지라도 예수 전통 내에 보존되었다. 왜냐하면 그것이 예수의 예고로 기억되었고 있는 그대로 소중히 여겨졌기 때문이다.[200]

---

197) 고난의 은유로서 세례에 대해서는 아래를 보라(각주 206과 §17.5c).
198) 마셔야 할 '잔'은 하나님의 심판을 받는 것과 관련된 익숙한 은유였다(가령, 시 11.6; 75.7-8; 사 51.17, 22; 렘 25.15-17, 27-29; 겔 23.31-34; 합 2.16; 슥 12.2; 1QpHab 11.14-15; 솔로몬시편 8.14). 케이시는 또한 이사야순교담 5.13과 *Targ. Neof.* on Deut. 32.1을 주목한다: '죽어 죽음의 잔을 맛보는 사람들(사람들의 아들들)'. 추가로 Bayer, *Jesus' Predictions* 70-77을 보라.
199) 야고보는 대략 주후 44년에 순교했다(행 12.2). 그러나 이레나이우스는 요한이 트라야누스 황제(주후 98-117) 때까지 살았다고 보도한다(*Adv. haer.* 2.22.5; 3.3.4); 그 자료는 요한이 야고보와 동시에 살해당했다는 훨씬 신빙성이 떨어지는 전통에 대한 각주 39를 포함하는 Davies and Allison, *Matthew* 3.90-92에서 간략히 검토된다.
200) 또한 Bayer, *Jesus' Predictions* 59-61을 보라.

여기서 우리는 또한 그 잔의 이미지가 겟세마네 전통의 모든 양식 가운데 재등장하는 점을 상기해야 한다(막 14.36 평행구).[201] 예수는 자신의 비판과 고뇌 가운데 그 이미지에 함축된 고난을 면하게 해달라고 구한다. '이 잔이 내게서 지나가게 하소서.' 이미 지적한 대로,[202] 그 동산의 예수에 대한 전혀 허풍스럽지 않은 초상은 그의 심경을 공정하게 재현해놓은 것 같다. 그때까지 예수는 어떤 상황이 앞에 닥쳤는지 너무도 잘 알고 있었으며, 그 전망으로 인해 창백해진 것으로 회고되었다.

보다 흥미를 자아내는 것은 누가복음 12.49-50에 나오는 불/세례의 이중 어록이다. (1) 이것은 매우 불가사의한 어록이다. 초기 교회들은 그것으로 무엇을 가리켰을까? 그들은 어떤 예언의 성취에서 그것을 파생시켰을까? (2) 그 어록들은 형식상 평행구가 분명한데('불, 내가 던지러 온…; 세례, 내가 받아야 할…'), 셈어 계통의 구조와 기원을 암시한다.[203] (3) 도마복음에는 누가복음 12.49의 흥미로운 평행구가 나온다. '예수께서 이르시되, 내가 세상에 불을 던졌으니, 보라! 내가 그것이 활활 타오르기까지 그것을 지키고 있다고 하였다'(도마 10). 누가와 도마 둘 다 예수가 이 땅/세상에 불을 던지는 것에 대해 이야기한 것으로 회고한다.

(4) 더욱 인상적인 것은 예수 전통 내에서 예수가 이와 유사하면서도 다른 것을 말한 것으로 기억되었다는 암시들이다.

마 10.34	눅 12.51	도마 16
내가 세상에 화평을 주러 (던지러) 온 줄로 생각하지 말라. 화평이 아니요 검을	51 내가 세상에 화평을 주려고 온 줄로 아느냐? 내가 너희에게 이르노니 아니라	예수께서 이르시되, 사람들이 혹 내가 세상에 화평을 주러(던지러) 온 줄로 생

---

201) 비록 요한이 예수의 겟세마네 기도 전통을 전적으로 변형시켰음에도 불구하고 그는 고난의 잔에 대한 언급을 포함시키려고 관심을 보였다: '내 아버지께서 내게 주신 잔을 내가 마시지 않겠느냐?'(요 18.11)
202) §16.2b.
203) Burney, *Poetry* 63, 90; 또한 Black, *Aramaic Approach* 123을 보라. 특징적인 누가의 스타일(*echō, synechomai*)은 구연적 변용 이상을 보여주지 않는다(Beasley-Murray, *Jesus and the Kingdom* 248-49).

주러(던지러) 왔노라.	도리어 <u>분쟁</u>하게 하려 함이로라.	각하지만 그들은 내가 이 땅에 <u>분쟁</u>을, 불, <u>칼</u>, 전쟁을 주러(던지러) 온 줄 알지 못한다.

이 암울한 어록은 예수 전통 내의 종말론적 시련에 대한 다른 예상들과 한 통속을 이루는데, 그것이 단지 예수가 받아들인 임무로 명료히 표현되고 있다는 이유로 무시되기 어렵다.[204] 여기서 주목할 만한 것은 도마복음 16이 누가복음 12.49처럼 예수가 이 땅에 불을 던지는 이야기를 포함한다는 점이다.[205]

(5) 무엇보다 가장 두드러진 것은 세례자가 만들어낸 독특한 은유의 흔적이다. '그는 너희에게 성령과 불로 세례를 줄 것이다'(마 3.11/눅 3.16). 회고컨대, 세례의 은유를 청중들이 빠져들게 될 다가올 대환란의 이미지로 이용한 것은 세례자 요한이었다.[206] 세례자의 예고 가운데 세 개의 핵심 이미지 중 두 가지(세례, 불)가 여기서 유사한 효과와 결합을 동반하며(둘 다 가혹한 시련을 예고함) 다시 등장한다는 것은 단순히 우연의 일치로 도외시하기 어렵다.[207] 더욱 그럴 법하게 예수는 세례자의 그 은유를 화제로 삼고 (의도적으로) 되풀이한 것으로 기억되었다. 예수가 또한 그 은유를 변형시킨 점은 아래서 계속 살펴보게 될 것이다(§17.5). 하지만 지금 당장은 예수가 세례자의 은유를 자신의 선교에 적용했으며 그가 그 가운데 자신이 가혹한 고난의 경험(세례)을 견뎌내야 한다는 추가적 징후를 보았을 개연성을 주목하는 것만으로 충분하다.

---

204) 위의 제14장 각주 242 외에 다른 환란 예고들, §11.4c, 12.4d를 보라; 추가로 U. B. Müller, *Die Entstehung des Glaubens an die Auferstehung Jesu* (SBS 172; Stuttgart: KBW, 1998) 39-42.

205) 로빈슨/호프만/클로펜보그는 그들이 재구성한 Q의 비평적 편집본 속에 눅 12.49, 51을 포함시킨다: [내가 불을 땅에 던지러 왔노니 이 불이 이미 붙었으면 내가 무엇을 원하리요!][너희는] 내가 세상에 화평을 주려고 온 줄로 아느냐? 내가 화평을 주러 온 것이 아니라 검을 주러 왔노라!(*Critical Edition of Q* 376-81)

206) 위의 §11.4c를 보라; Allison, *End of the Ages* 124-28.

207) 막 10.38의 아람어 형태를 그려 보임에 있어 케이시의 난점은 그가 세례자의 말에 연결된 점을 알아차린다면 완화될 것이다(*Aramaic Sources* 203-205).

e. 마지막 만찬

타이센과 메르츠, 그리고 칠튼의 제안(§17.3c)은 비록 증거의 범위를 넘어서는 것이지만, 예수가 임박한 제 죽음을 의식하여 이를 예시하는 말을 했다는 전통은 확고하다.[208] 우리는 이미 그 전통의 각 버전마다 있었던 예전적 발전(§8.5c)과 또한 예수가 말한 것의 핵심 기억에 대한 증거를 주목한 바 있다. 실제로 예수에게 돌려진 그 말을 간단히 상기하면 그 의견을 제시하기에 충분할 것이다.

마 26.26-29	막 14.22-25	눅 22.17-20	고전 11.23-26
26 받아서 먹으라. 이것은 내 몸이니라. 27 너희가 다 이것을 마시라. 28 이것은 죄 사함을 얻게 하려고 많은 사람을 위하여 흘리는 바 나의 피 곧 언약의 피니라.	22 받으라. 이것은 내 몸이니라. 24 이것은 많은 사람을 위하여 흘리는 나의 피 곧 언약의 피니라.	19 이것은 너희를 위하여 주는 내 몸이라. 너희가 이를 행하여 나를 기념하라. 20 이 잔은 내 피로 세우는 새 언약이니 곧 너희를 위하여 붓는 것이라.	24 이것은 너희를 위하는 내 몸이니 이것을 행하여 나를 기념하라. 25 이 잔은 내 피로 세운 새 언약이니 이것을 행하여 마실 때마다 나를 기념하라.

두 개의 특징적인 예언자적 상징 행위가 나오는데 하나는 시작 지점에 다른 하나는 '식후에'(누가/바울 전통에 의하면) 배치되어 예수를 만난 자들에게 지속적인 인상을 확실하게 남겼다. 예수는 떼어져 그들 사이에 나눠진 그 빵 가운데 자신의 상징을 보도록 그들을 식탁으로 초대했다. 부활 사건 이후 예수의 죽음에 대한 성스러운 기억 가운데 그의 말씀을 처음 회고한 데서 시작된 것이 분명한 그 핵심 전통에 대한 다채로운 해석이 설사 없더라

---

208) 이른바 '금욕의 서원'(막 14.25)과 함께 마지막 만찬의 말들은 예수의 입장에서는 '임박한 죽음의 의식'을 암시한다고 볼 수 있을 것이다(Theissen and Merz, *Historical Jesus* 430-31); '그 어록은 예수가 자신이 저명한 사람임을 알고 있었을 개연성을 매우 높여준다'(Sanders, *Historical Figure* 264).

도 그 죽음의 상징은 확연하다.

그렇다면 예수가 예루살렘에서 자신의 메시지가 거부되고 예언자들의 운명을 공유하여 사람들의 손에서 사람으로 고난을 겪게 되며 그 고난의 잔을 마시고 마지막 시련 가운데 완전히 휘말려들 것을 예상했다는 점에는 의심의 여지가 거의 없다. 아직 좀더 말할 수 있을까? 마지막 성찰의 진로는 자기 자신과 관련된 예수 나름의 기대 가운데 보다 심층적인 반향을 암시한다.

17.5 예수는 자신의 예상된 죽음에 의미를 부여했는가?

이미 살펴본 전통적인 자료는 이 추가적 질문에 몇 가지 있음직한 긍정적인 답변을 제공한다.

a. 의로운 순교자?

의로운 사람의 부당한 고난과 죽음이 사람들의 고난을 종식시키는 예표가 되고 심지어 어떤 식으로든 그 종식에 기여할 수 있다는 생각은 마카베오 시대의 순교자들과 관련하여 이미 표출된 바 있었다.[209] 만일 예수가 고난당하는 의인과 관련된 유대교 지혜와 묵시 사상 내의 강한 전통에 전

---

209) 마카베오하 7.33-38과 또한 마카베오상 2.50과 6.44에서도 예상됨(Casey, *Aramaic Sources* 214-16). 초기 마카베오 문헌(마카베오상하)은 주전 1세기 전반기에 등장한 것 같다(J. A. Goldstein, *2 Maccabees* [AB; New York: Doubleday, 1983] 71-84). 골드스타인은 마카베오하 7장에서 '그 어머니와 그녀의 아들들이 고난당하는 이스라엘의 나머지 사람들을 대리하지 않는다'고 지적한다. '그들은 고난당하는 이스라엘의 일부로 그들의 죽음이 모세가 예언한 전환점, 즉 어쨌든 반드시 오고야 말 그 전환점을 예표하리라고 소망한다'(315-16). 케이시는 또한 단 11.35를 언급한다(그러나 Collins, *Daniel* 386을 보라). 나아가 Witherington, *Christology* 252은 1QS 5.6, 8.3-10, 9.4과 베냐민 유언서 3.8을 언급한다; 그러나 후자는 분명 그리스도교의 영향을 반영하며 1QS 본문은 의인을 죽음을 대속적 가치를 갖는 것으로 언급하지 않는다(R. A. Kugler, 'Rewriting Rubrics: Sacrifice and the Religion of Qumran', in J. J. Collins and R. A. Kugler, eds., *Religion in the Dead Sea Scrolls* [Grand Rapids: Eerdmans, 2000] 90-112 [여기서는 90-92])의 간략한 논의를 주목하라. 또한 E. Lohse, *Märtyrer und Gottesknecht. Untersuchungen zur urchristlichen Verkündigung vom Sühntod Jesu Christi* (Göttingen: Vandenhoeck, 1955, 1963²); Hengel, *Atonement* 1-32, 65-75을 보라.

면적인 영향을 받았다면—이는 그럴듯한 사실 같다(§17.4a-b)—그가 같은 견지에서 자신의 예상된 고난과 죽음을 언급했으리라는 것은 전적으로 가능하다.[210]

b. 고난당하는 인자

나는 이미 예수가 자신의 기대를 알려주기 위해 '인자 같은 이'에 대한 다니엘의 환상을 활용했을 개연성을 강조한 바 있다(§16.5). 우리는 이제 그 핵심 어록(막 9.31)이 또한 다니엘서의 영향을 받은 증거를 보여준다는 제인 샤버그(Jane Schaberg)의 통찰을 보탤 수 있다. '인자'(단 7.13), '넘겨짐'(7.25), 두말할 나위 없이 '일으키심'(12.2).[211] 다니엘의 *kᵉbar "naš*('인자와 같은 이')가 정상적인 히브리어/아람어 관용구('인자')와 다른 *bar "naš*의 사용으로 벌써 인지되었는지 또한 결코 명확하지 않다. 다시 말해 그 환상 속의 인물을 묘사하는 이러한 방식(상징이든, 천사의 대표자든)이 바로 '인자'가 모든 연약함 가운데 처한 인간의 조건을 전형적으로 나타냈기 때문에 선택되었을 법하다는 것이다(§16.3a 각주 85). 부연된 해석에 의하면 사람 같은 형상은 네 번째 왕국이 그들에게 가한 끔찍한 고난에 이어지는 그들의 신원 가운데 '지극히 높으신 이의 성도들'을 표상함으로(단 7.19-23, 25), '인자 같은 이'는 안티오코스 에피파네스의 공격 앞에서 유다의 연약함을 보여주는 적합한 상징인 셈이다.[212]

다시 말해 특정한 천상적 존재가 상상되는 다니엘의 환상에 대한 이후의 해석(그러나 '인자'는 아직 고정된 타이틀이 아니다)이 우리를 편향하게 하여 관용적인 '인자'의 용도가 아주 자연스럽게 다니엘 7.13을 같은 관용구의 사

---

210) 또한 Schürmann, *Gottes Reich* 225-45을 보라. 비록 독특한 순교 신학이 헬레니즘 계열의 유대교 내에 등장했을지라도 그 신학의 뿌리는 제2성전기 유대교 내에 깊이 박혀 있고 친구를 위해 자신의 생명을 희생하는 이상은, 가령 아셀 유언서 2.3과 바울(롬 5.7)도 채택할 정도로 훨씬 더 광범위하게 탐지된다; 추가로 G. Stählin, 'philos', *TDNT* 9.153-54을 보라.
211) J. Schaberg, 'Daniel 7.12 and the New Testament Passion-Resurrection Predictions', *NTS* 31 (1985) 208-22 (여기서는 209-13).
212) 특히 Hooker, *Son of Man* 108-109 참조.

레로 보게 할 가능성을 인식하지 못하도록 해서는 안 된다는 것이다. 이를 테면 고난당하는 연약함의 암시가 다니엘의 '인자 같은 이'에 함축된 의미의 일부였다고 인식하자마자 우리는 즉각 두 번째 수난 예고에 새겨진 것과 같은 *mašal*이 마찬가지로 다니엘의 환상도 환기시킬 수 있다는 점을 보기 쉽게 된다.

또한 우리는 복음서의 인자 어록을 세 가지 범주로 나누는 전통적인 분류(현재 활동, 고난, 미래 임재)로 인해[213] 이런 것들이 상이한 설명을 필요로 하는 상이한 용례라고 추정하는 혼란에 빠지지 말아야 한다. 만일 예수가 적어도 몇 가지 경우에서 다니엘의 환상에 의존했다면(§16.4c), 그것은 단순히 자신의 신원 희망을 알리기 위해서가 아니라 그 신원에 앞선 고난이 불가피하다는 자신의 깨달음을 교훈하려는 것이었다. 여기서 *bar ʿnaš*의 연약함과 관련된 사상은 고난당하는 의인의 사상과 맞물려 있다. 다니엘의 환상은 그 자체로 유대인 사상의 실질적인 전통을 이루는 일부이다. 이스라엘의 의인들('지극히 높으신 이의 성도들')은 야웨에 대한 그들의 헌신을 위해 고난받을 것을 예상해야 한다.

다니엘이 *kʿbar ʿnaš*를 (고난당하는) 이스라엘의 의인을 언급하는 방식으로 사용한 것은 한 가지 추가적 가능성을 제기한다. 즉 예수가 다니엘의 환상 가운데 자신(예수)이 이스라엘의 대표자로 겪어야 하는 고난의 예고를 보았다는 것이다. 그 사상은 마카베오하 7장의 순교자 신학이 대리적인 고난이란 사상을 표현한 것 이상으로 다니엘의 환상 가운데 표현되지 않는다. 그렇지만 초보적인 수준으로나마 그 사상은 예수가 *bar ʿnaša*를 사용한 표면적 의도와 거리가 멀지 않으며 그 용례가 다니엘 7.13에 대한 암시를 내포했을 때만 적용되는 것이 아니다. 예수가 정말 자신을 '인자'(또는 '사람')로 언급했다면, 그는 어느 정도 자기 나름대로 처한 형편 속에서 인간 전체에게 일반적으로 해당된 것에 초점을 두고 있었을 터이기 때문이다.

---

213) 불트만은 지속적으로 폭넓게 추종된다(*Theology* 1.30); 가령, Merklein, *Jesu Botschaft* 153; Flusser, *Jesus* 126; Theissen and Merz, *Historical Jesus* 546-48; Strecker, *Theology* 257; Becker, *Jesus* 204.

아울러 그가 다니엘 7.13에서 자신의 선교에 영감을 불어넣을 이미지를 발견하였다면, 그 영감은 '인자 같은 이'가 이스라엘을 대표한다는 어떤 의향을 족히 포함했을 것이다.

많은 학자들에게 이러한 방향의 성찰은 너무 막연한 것으로 비쳤을 것이다. 그러나 이는 예수가 사용한 다른 은유들에서 생겨난 계통과 함께 뒤섞이고 또한 그것에 의해 강화된다(§17.4d).

c. 다른 은유들

세례와 불이라는 위의 은유 분석에서(§17.4d) 내가 추적하지 않은 한 가지 점은 예수가 이러한 은유들을 예상된 자기 나름의 고난에 적용했다는 것이었다. 이는 사실상 예수의 용례 중 가장 현저한 특징이다. 그는 분명히 세례자의 그 은유(세례와 불)를 옹호하였고 자신에게 적용하였다. 세례자는 다른 자들을 불로(또는 불같은 성령으로) 세례 줄 이가 오리라고 예고했다(§ 11.4c). 예수는 세례자의 그 기대를 수긍했지만—그 밖에 어디서 이 은유가 생겨날 수 있었겠는가?—그 자신은 심판을 베풀기보다 외려 그것을 견뎌내야 하리라고 암시했다.[214]

여기서 우리는 예수가 세례자의 심판 기대를 전적으로 부인한 것이 아니었을 가능성을 볼 수 있다. 그것이 예수의 하나님 나라 설교의 주요 강조점은 아니었지만(§12.5c) 그는 그것을 송두리째 거부하지 않았다. 오히려 우리가 듣는 바는 예수가 세례자의 그 독특한 은유를 옹호하며 자기 자신의 운명에 대한 처방으로 다룸으로써 그것을 변형시켰다는 것이다.[215] 누가

---

214) Meyer, *Aims* 213; Allison, *End of the Ages* 128; Beasley-Murray, *Jesus and the Kingdom* 250-52; Leivestad, *Jesus* 103 ('예수의 죽음은 사실상 세상의 큰 화재를 일으키는 불꽃이 되었다'); Witherington, *Christology* 123-24 참조.

215) 나는 여기서 'The Birth of a Metaphor—Baptized in Spirit', *ExpT* 89 (1977-78) 134-38, 173-75, reprinted in *The Christ and the Spirit. Vol. 2: Pneumatology* (Grand Rapids: Eerdmans, 1998) 103-17 (여기서는 107-12)에서 논증된 내 이전의 제안을 다시 거론하고 있다. 특히 A. Vögtle, 'Todesankündigungen und Todesverständnis Jesu,', in K. Kertelge, ed., *Der Tod Jesu. Deutungen im Neuen Testament* (QD 74; Freiburg: Herder, 1976) 80-88 참조.

버전의 그 평행 구조는 한 쌍으로 된 어록의 각 부분을 확장하여 다른 쪽의
생각을 포용하도록 하는 것 같다.

나는 내가 (베풀어야 하지만 먼저) 받아야 할 세례가 있다.

나는 이 땅에 불을 던지러 왔고 내가 소원하는 방식이 이미 (내 자신에게)
불붙었다.

다시 말해 우리는 실제로 슈바이처의 악명 높은 시나리오에서 그리 멀
리 떨어져 있지 않다. 즉 예수는 마지막 시련이 즉각 일어나기를 기대했을
뿐 아니라 그가 예루살렘에 당도하기까지(거기로 떠나기까지?) 그 자신이 같
은 시련을 견뎌야 하리라고 또한 결론지었다는 것이다.[216] 자기 자신만을
위하여? 혹은 다른 자들과의 연대하여? 아니면 어떤 식으로든 그들을 대
신하여? 불행하게도 이전의 명료한 성찰의 방향은 희미해지고 우리에게
는 그 이미지와 그것의 변형된 용도 사이의 밀접한 관계가 남아 있을 뿐이
다. 의로운 순교자(§17.5a)와 고난당하는 다니엘식의 인자(§17.5b)가 보여주
는 불명확한 관계의 경우도 마찬가지다.

한 가지 가능성은 로마서 6.3-4에서 세례의 은유를 추가로 발전시킨
바울의 사례('예수의 죽음 속으로 세례 받음')가 그 은유를 예수가 나름대로 각색
한 경우를 반영한다는 것이다. 예수가 세례자의 그 은유를 자기 나름대로
예상한 죽음의 이미지로 사용했다면, 이는 바울이 그 동일한 은유를 전례
없이 사용함에 있어 쉽게 영감을 제공할 수 있었을 것이다. 다만 예수가 **세
례로서의 죽음**을 언급했다는 전통을 알고 있었기 때문에 바울은 **그리스도
의 죽음**과 연합하는(문자적으로는 죽음 '속으로') **세례**를 말할 수 있었다.[217] 이
경우에도 같은 질문이 생겨난다: 이 은유 속에 표현된 대로 바울이 예수의

---

216) *Quest²* 347-49. 라이트도 비슷하게 주장한다(*Jesus* 577-84, 609-10).
217) 추가로 내 논문 'Birth of a Metaphor' 114-16을 보라; 또한 *Theology of Paul* 451-52.

죽음 가운데 본 대표적인 의의가 적어도 어느 정도 자신의 임박한 죽음에 대한 예수 나름의 언급 가운데 이미 예상되었는가 하는 질문 말이다.

가장 논란이 큰 마지막 자료로 방향을 틀기 전에, 우리는 또한 마가복음 14.27/마태복음 26.31에 인용된 스가랴 13.7을 언급해야 한다('내가 목자를 칠 것이며 양들은 흩어지리라'). 요지인즉, CD 19.7-10에서 동일한 예언자적 본문을 사용한 것은[218] 종말론적 시련(마지막 '고난')에 대한 같은 기대를 염두에 두고 있는 것으로 보이며, 목자를 치는 것이 대리적인 함의를 가졌는지에 대하여 유사한 질문을 제기한다는 것이다.

d. 고난받는 종

예수의 것으로 간주될 수 있다면 다른 어떤 것을 상회하는 이 한 가지 모티프는 우리에게 이 단락의 질문에 대한 긍정적인 답을 줄 수 있을 것이다(§17.5). 예수는 (제2)이사야서에 나오는 야웨의 종이란 견지에서 자신의 선교가 다다를 운명지어진 결과를 또한 말했을까? 특히 우리는 다니엘의 환상에 영향을 받은 예수의 초상을 이사야 53장의 **고난받는** 종으로 영향 받은 그의 초상을 가지고 보충할 수 있을까? 우리는 예수가 자신의 죽음을 **대리적인** 고난, 곧 다른 자들을 대신하는 고난으로 보았다고 공정히 추론할 수 있는가? 이에 대해 강한 긍정적 답변들이 이전 세대 학계의 특징이었지만,[219] 20세기 후반에 들어서는 보다 부정적인 답변이 학계의 광범위한 영역에 걸쳐 신속히 대세를 이루었다.[220] 긍정적인 답변으로 돌아가기

---

218)　본문상의 문제에 대해서는 Collins, *Scepter* 80-82을 보라.

219)　20세기 들어 그 입장은 특히 H. W. Wolff, *Jesaja 53 im Urchristentum* (Berlin: Evangelische, 1950²)에 의해 새로이 논증되었다; J. Jeremias, 'pais theou', *TDNT* 5.712-17 = with W. Zimmerli, *The Servant of God* (London: SCM, 1957, revised 1965) 99-106; Cullmann, *Christology* 60-69; Caird, *Theology* 404-408. M. D. Hooker, *Jesus and the Servant* (London: SPCK, 1959)는 이를 '전통적인 견해'로 서술한다; 예수가 다니엘의 인자를 이사야의 고난받는 종과 융합시켰다는 가정은 폭넓게 퍼져 있었다. 그 입장은 Stuhlmacher, 'Messianische Gottesknecht' 144-50에서 강하게 다시 진술되었다; 또한 *Biblische Theologie* 1.124, 127-30. 추가 참고 문헌은 Burkett, *Son of Man* 47-48 각주 9-12를 보라.

220)　영어권 학계에서는 Hooker, *Jesus and the Servant*가 형세의 전환에 이정표를 남겼다(그녀의 연구는 1956년 완료되었다); 이후 잽싸게 C. K. Barrett, 'The Background of Mark 10:45', in A. J. B.

어려운 점은 그 증거의 성격에 있다.

먼저 현재의 학계가 제2이사야의 네 번째 종의 노래로 알고 있는 본문 (사 52.13-53.12)을 보라.

[52.13] 보라 내 종이 형통하리니 받들어 높이 들려서 지극히 존귀하게 되리라. [14] 전에는 그의 모양이 타인보다 상하였고 그의 모습이 사람들보다 상하였으므로 많은 사람이 그에 대하여 놀랐거니와 [15] 그가 나라들을 놀라게 할 것이며 왕들은 그로 말미암아 그들의 입을 봉하리니 이는 그들이 아직 그들에게 전파되지 아니한 것을 볼 것이요 아직 듣지 못한 것을 깨달을 것임이라. [53.1] 우리가 전한 것을 누가 믿었느냐? 여호와의 팔이 누구에게 나타났느냐? [2] 그는 주 앞에서 자라나기를 연한 순 같고 마른 땅에서 나온 뿌리 같아서 고운 모양도 없고 풍채도 없은즉 우리가 보기에 흠모할 만한 아름다운 것이 없도다. [3] 그는 멸시를 받아 사람들에게 버림 받았으며 간고를 많이 겪었으며 질고를 아는 자라. 마치 사람들이 그에게서 얼굴을 가리는 것 같이 멸시를 당하였고 우리도 그를 귀히 여기지 아니하였도다. [4] 그는 실로 우리의 질고를 지고 우리의 슬픔을 당하였거늘 우리는 생각하기를 그는 징벌을 받아 하나님께 맞으며 고난을 당한다 하였노라. [5] 그가 찔림은 우리의 허물 때문이요 그가 상함은 우리의 죄악 때문이라. 그가 징계를 받으므로 우리는 평화를 누리고 그가 채찍에 맞으므로 우리는 나음을 받았도다. [6] 우리는 다 양 같아서 그릇 행하여 각기 제 길로 갔거늘 여호와께서는 우리 모두의 죄악을 그에게 담당시키셨도다. [7] 그가 곤욕을 당하여 괴로울 때에도 그의 입을 열지 아니하였음이여 마치 도

Higgins, ed., *New Testament Essays: Studies in Memory of T. W. Manson* (Manchester: Manchester University, 1959) 1-18 (바레트는 후커의 논문을 심사하였었다); 또한 *Jesus* 39-45의 지지를 받음; 그러나 C. F. D. Moule, 'From Defendant to Judge—and Deliverer'(1952), *The Phenomenon of the New Testament* (London: SCM, 1967) 82-99에서 그 징후가 예시됨. 독일 학계에서는 Tödt, *Son of Man* 158-61, 167-69, 202-11과 Hahn, *Hoheitstitel* 54-66 (*Titles* 54-66)의 영향력이 이후 세대에 결정적인 것으로 판명되었다. 풀러는 그의 이전 저서인 *Mission* 86-95에서 *Foundations* 115-19으로 지론이 흔들린 경우였다; 나아가 드 종(de Jonge)은 맨슨(T. W. Manson)의 호칭에 의도적으로 공명했음에도 불구하고 자신이 여전히 바레트와 후커의 지론을 확신하고 있음을 스스로 선언한다(*Jesus, The Servant-Messiah* 48-50).

수장으로 끌려가는 어린 양과 털 깎는 자 앞에서 잠잠한 양 같이 그의 입을 열지 아니하였도다. ⁸ 그는 곤욕과 심문을 당하고 끌려갔으나 그 세대 중에 누가 생각하기를 그가 살아 있는 자들의 땅에서 끊어짐은 마땅히 형벌 받을 내 백성의 허물 때문이라 하였으리요? ⁹ 그는 강포를 행하지 아니하였고 그의 입에 거짓이 없었으나 그의 무덤이 악인들과 함께 있었으며 그가 죽은 후에 부자와 함께 있었도다. ¹⁰ 여호와께서 그에게 상함을 받게 하시기를 원하사 질고를 당하게 하셨은즉 그의 영혼을 속건제물로 드리기에 이르면 그가 씨를 보게 되며 그의 날은 길 것이요 또 그의 손으로 여호와께서 기뻐하시는 뜻을 성취하리로다. ¹¹ 그가 자기 영혼의 수고한 것을 보고 만족하게 여길 것이라 나의 의로운 종이 자기 지식으로 많은 사람을 의롭게 하며 또 그들의 죄악을 친히 담당하리로다. ¹² 그러므로 내가 그에게 존귀한 자와 함께 몫을 받게 하며 강한 자와 함께 탈취한 것을 나누게 하리니 이는 그가 자기 영혼을 버려 사망에 이르게 하며 범죄자 중 하나로 헤아림을 받았음이니라. 그러나 그가 많은 사람의 죄를 담당하며 범죄자를 위하여 기도하였느니라.

이 대목에서 그 관련성은 명백하다. 이 본문은 한 사람(야웨의 종)을 그려 보여준다. 그는 고난을 당하되 하찮게 경시되고 있으며(53.2-3), 그의 고난은 다른 자들을 위해 대리하는 것이 될 터이다(4-6절). 그는 마침내 죽을 것이며(7-9절) 그의 대리적인 고난은 하나님이 뜻하신 것으로 용납될 것이다(10-12절).[221]

이 구절이 예수의 죽음에 대한 최초 그리스도인들의 성찰 가운데 매우 영향력이 있었다는 데는 별 논란이 없다. 그러나 예수 자신이 이 구절에 영향을 받았다는 어떤 증거가 있는가?[222]

---

221) 그 종을 어떻게 이해하도록 의도되었는지, 이스라엘 또는 어떤 특정한 개인이라는 두 가지의 주요 입장이 제출되어 있지만 논란은 여전하다. 가령 W. Zimmerli, *'pais theou'*, *TDNT* 5.666-73; H. G. Reventlow, 'Basic Issues in the Interpretation of Isaiah 53', in W. H. Bellinger and W. R. Farmer, eds., *Jesus and the Suffering Servant: Isaiah 53 and Christian Origins* (Harrisburg: Trinity, 1998) 23-28의 논의를 보라. '사 53장을 고난받는 메시아라는 견지에서 유대인이 해석한 증거는

(1) 누가복음 22.37. 예수의 가르침 전통은 이사야 53장에 출처를 둔 단 하나의 인용문을 담고 있다.[223] 이는 누가복음 22.37로 누가만이 증언하는 전통이다.

[37] 내가 너희에게 말하노니 기록된 바 그는 불법자의 동류로 여김을 받았다[사 53.12]라 한 말이 내게 이루어져야(telesthēnai) 하리니 내게 관한 일이 이루어져(telos echei) 감이니라. [38] 그들이 여짜오되 주여 보소서 여기 검 둘이 있나이다. 대답하시되 족하다 하시니라.

여기서 인용문은[224] 분명히 고대적 맥락에 해당된다. 불가사의한 '두 개의 검' 어록은 많은 진영에서 당혹스러웠을 것이다(그래서 마가와 마태에는 나오지 않는 것일까?). 여기서 우리는 당혹스러움의 기준이 결정적인 또 다른 사례를 가지고 있는 것 같다.[225] 그러나 그 인용문 자체는 특징적인 누가의 언어로 틀지어져 있다.[226] 그 동사는 38절이 직접 36절에 연이어 나오는 그 맥락을 교란시키는 것 같다.[227] 나아가 그것은 다른 곳에서 누가가 그 종의 모티프

___

아직 없다'(Collins, *Scepter* 123-26 [여기서는 124]). M. Hengel, 'Zur wirkungsgeschichte von Jes 53 in vorchristlicher Zeit', in B. Janowski and P. Stuhlmacher, eds., *Der leidende Gottesknecht. Jesaja 53 and seine Wirkungsgeschichte* (Tübingen: Mohr Siebeck, 1996) 49-91은 4Q491과 4Q540-41이 죄를 위한 대표적인 죽음의 모티프를 결여하고 있음을 주목한다(69-75, 88-90). 그러나 그럼에도 불구하고 '팔레스타인 유대교 내에 고난당하고 대속하는 종말론적인 메시아적 인물들의 전통이 이미 그리스도교 이전 단계에 있었'으며 예수가 그것을 알고 영향을 받았을 가능성이 있다는 가정은 전적으로 근거 없는 것이 아니다(91).

222) 특별히 주목할 만한 것은 그 인용문들이다: 마 8.17(사 53.4); 행 8.32-33(사 53.7-8); 벧전 2.22-25의 복합적 암시(사 53.4, 6, 9, 12); 후커는 이제 롬 4.25이 사 53장에 대한 분명한 흔적을 담고 있다고 받아들이지만 'Did the Use of Isaiah 53 to Interpret His Mission Begin with Jesus?', in Bellinger and Farmer, *Jesus and the Suffering Servant* 88-103의 질문에는 부정적인 대답이 주어져야 한다고 확신한 상태이다.

223) 요 12.38(사 53.1)과 마 8.17(사 53.4)에서는 예수가 한 말로 제시되지 않는다.

224) 그 본문 자체가 관련되는 한(*kai meta anomōn elogisthē*), 직접 히브리어에서 유래되었다고 확실히 주장할 수 있다(*we 'et-pošeʿim nimnā*)(Jeremias, *Proclamation* 294 각주 4). 물론 그 전승은 칠십인역(LXX)을 아는 데서 영향을 받았을 테지만(*kai en tois anomois elogisthē*), 여기서 *logizō*는 *manā*의 통상적 번역어가 아니다.

225) 또한 위의 제15장 각주 40을 보라.

226) 놀랜드는 특히 '씌어진 것'과 '내 안에서 이루어져야 한다'는 대목을 언급한다(*Luke* 3.1076-77).

227) Lindars, *New Testament Apologetic* 85. 예레미아스의 다음 진술에 반대하여: '이 선언을 위한 37절에서 주어진 이유—즉, 예수가 불법한 자(*anomos*)로서 이스라엘 공동체에서 쫓겨날 것이기 때문에 그의 제자들 역시 불법자들(*anomoi*)로 취급받을 것이고 음식을 거절당하며 그들의 생명이 위협에 처할 것이다—는 전체 맥락에서 필수불가결하다'(*Servant* 105; Marshall, *Luke* 826에서 계승됨). 그러나 22.37의 근본적 원리는 성취/완성(*telesthēnai, telos*)이다; 그것은 그 안에 읽어내야 할

를 (대리적인 고난의 견지에서보다는) '모욕–칭송' 모티프의 일부로 사용하는 것
과 잘 부합된다.[228] 따라서 이사야 53.12의 인용이 왜 여기에 삽입되었어야
했는지 불분명한 상태임에도 불구하고, 그것이 수난 서사의 다른 곳에서
현저한 예언에 의한 증명이라는 초기 변증의 일부인가 하는 질문이 생긴
다(§17.1f). 전통사적 분석을 통해 우리는 그것을 자신 있게 예수에게로 소급
시킬 수 없다.

(2) 마가복음 10.45. 이 구절은 §14.3c에서 보다 충분하게 이미 언급된
바 있다. 여기서는 마지막 절을 상기하는 것만으로 족하다.

마 20.28	막 10.45	눅 22.27
28 인자가 온 것은 섬김을 받으려 함이 아니라 도리어 섬기려 하고 자기 목숨을 많은 사람의 대속물로 주려 함이니라.	45 인자가 온 것은 섬김을 받으려 함이 아니라 도리어 섬기려 하고 자기 목숨을 많은 사람의 대속물로 주려 함이니라.	27 앉아서 먹는 자가 크냐? 섬기는 자가 크냐? 앉아서 먹는 자가 아니냐? 그러나 나는 섬기는 자로 너희 중에 있노라.

예레미아스는 마가의 본문이 이사야 53.10-11의 강한 영향을 보여준다고
주장한다.[229]

막 10.45	사 53.10-11
자신의 생명을 주기 위해(*dounai tēn psychēn autou*) 대속물(lytron) 많은 자들을 위해(*anti pollōn*)	10 너는 그의 생명(*tasim napšo*)을 속죄제물(*'ašam*)로 만들어 11 많은 자들(*larabbim*)을 의롭게 할 것이다

것이 매우 많고 22.36의 취지를 여전히 불분명하게 방치한 상태에서 22.36, 38에 대한 설명으로서 고안된 것이다.
228) Fitzmyer, *Luke* 1432; 행 2.23-24; 3.14-15; 4.10; 5.30; 8.32-33; 10.39-40; 13.28-30; 또한 아래 눅 22.27에 대해.
229) Jeremias, *Servant* 99-100; *Proclamation* 292-93 각주 3.

그 연결 고리는 약간 산만하지만 확실히 두드러진다. 그 암시는 명확하지 않고 분명해지기까지 좀더 연구가 필요하다.[230] 전통사적 관점에서 보다 의미심장한 것은 누가가 그 어록에서 절정에 달한 상이한 교훈의 버전을 알고 있는 것 같다는 사실이다. 그중에 이사야 53장에 대한 언급이 의존하는 요소들 가운데 어떤 일부가 결여된 결론 버전이 포함된다.[231] 요한복음 13.3-17은 유사한 예수의 가르침과 함께 섬김에서 절정에 달하는 그 가르침의 또 다른 버전에서 발전해 나왔을 것이다.[232] 이 점에서 핵심 전통이란 견지에서 말하는 것이 적절하다면,[233] 그 핵심은 섬기는/섬기기 위해 온 자로서 부여된 예수의 이미지이다.[234] 그렇다면 마가/마태 버전의 마지막 절은 (이사야의 종에 대한 암시를 상정하면서) 짐작건대 예수의 죽음에 담긴 의의를 조명하기 위해 이사야 53장을 발전적으로 사용한다는 취지로 그 핵심 전통을 확장시킨 결과일 개연성이 크다.[235]

보완적인 해결책이 마가복음 10.45와 이사야 43.3-4 사이의 현저한 언어학적 평행구 위에 구축되어왔다: '…내가 애굽을 네 **대속물**로 준

---

230) 특히, Hooker, *Servant* 74-79과 Barrett, 'Mark 10:35'의 도전은 막 10.45과 사 53장의 언어학적 연결점들이 논증될 수 있다는 주장에 반대한 것이었다; 이제는 또한 Hampel, *Menschensohn* 317-25과 Casey, *Aramaic Sources* 211-13 (특히 *lytron*에 대해)을 보라. 사 53장에 대한 의존의 사례는 Davies and Allison, *Matthew* 3.95-96에 의해 다음의 결론에서 재진술된 바 있다: '우리는 마 20.28 평행구가 사 53장(LXX, MT, 또는 탈굼이든)의 일부를 번역한 것이라고 주장하지 않는다. 오히려 그것은 자신의 생명을 많은 사람을 위해 속죄물로 드리는 그 종('*ebed*)을 묘사하는 요약문이다'(96). 또한 R. E. Watts, 'Jesus' Death, Isaiah 53, and Mark 10:45', in Bellinger and Farmer, *Jesus and the Suffering Servant* 125-51 (특히 136-47)의 주장 참조.
231) 누가가 막 10.45b을 구원론적 이유로 누락시켰을 개연성은 떨어진다; 그는 다른 곳에서 '속량'이라는 말을 피하지 않는다─눅 1.68; 2.38; 24.21; 행 7.35(Fitzmyer, *Luke* 1212). 더 그럴 법한 선택은 그가 그 변이된 전통을 알았으며 막 10.35-45을 제쳐놓고 그것을 사용/재구성했다는 것이다. Gnilka, 'Wie urteilte Jesus?' 41-49; '(누군가를) 위해 죽는 것'은 '예수의 죽음에 대한 가장 오래된 해석'이다(50).
232) Lindars, *Jesus* 77.
233) 페쉬는 눅 22.27이 마가의 편집에서 파생된 것으로 주장한다(*Markusevangelium* 2.164-65; 이 입장은 Hampel, *Menschensohn* 310-12에서 계승됨). 나아가 마샬은 각 복음서 저자가 축약한 두 부분(눅 22.27+막 10.45)으로 구성된 원래의 어록을 제안한다(*Luke* 813-14, Kim, *Son of Man* 43-45에 의해 계승됨). 그렇지만 변이된 구어 전통으로 보면 문헌적 편집의 견지에서 상정한 과정보다 그 자료를 더 잘 이해하게 된다; 대안적인 버전을 따르는 선택이 통합된 전통을 자의적으로 축약하는 것보다 훨씬 더 쉽사리 상정 가능하다.
234) 이 어록 자체는 Schürmann, *Gottes Reich*의 핵심적인 골자에 충분한 기초였을 것이다: '삶에서도 그렇듯이 또한 죽음에서도'(205-208), 예수의 '존재 지향적' 죽음(가령 243-45).
235) Bultmann, *History* 144; Lohse, *Märtyrer* 117-22; Tödt, *Son of Man* 203-207; Hahn, *Hoheitstitel* 57-59 (*Titles* 56-57); Lindars, *Jesus* 78-80 참조; 페쉬는 막 10.45이 통합되어 있지만 그리스어를 말하는 유대인 그리스도인 공동체의 이차적 합성물이라고 결론짓는다(*Markusevangelium* 2.162-64).

다(*kopreka*), 에티오피아와 애굽을 너와 **교환하여**(*tahteka*)····. 내가 사람들
(*'adam*[*ot*] LXX *antrhōpous pollous*)을 너에 대한 **보답으로**, 열방을 네 생명을 위
해 준다.'[236] 그러나 그 언어 배후의 사상은 아주 동떨어져 있다.[237] 그 대
속물 이미지를 위한 보다 그럴듯한 자료는 시편 49.7-8에서 찾아볼 수 있
다.[238] '아무도 자기의 형제를 구원하지 못하며 그를 위한 속전을 하나님께
바치지도 못할 것은 그들의 생명을 속량하는 값이 너무 엄청나서 영원히
마련하지 못할 것임이니라.' 이 내용은 예수가 다른 곳에서(막 8.37/마 16.26)
동일한 구절을 암시했을 가능성을 마음에 새겨준다.[239] 그러나 그 평행구
는 동시에 한 교사가 그 암시적 언급을 첨가하여 그 종의 모티프를 확장했
을 만한 이유를 설명해준다.

추가적 또는 대안적 가능성은 그 핵심 어록이 본래 *bar 'ᵉnaša*와 함께
조성되었을 가능성이다. 마가복음/마태복음의 *bar 'ᵉnaša*=누가복음의 '나.'
그리고 누가복음에서 '섬기는 자'와 '나' 사이의 평행 구조를 주목하라.[240]
일부 학자들은 '섬기다'라는 핵심 용어(그리스어로 달리 번역됨)가 다니엘의
'인자와 같은 이'에 대한 환상 가운데 등장한다는 점을 살펴보았는데, 그 주
인공은 '주권과 영광과 왕국을 부여받았고, 모든 백성들, 열방들, 그리고
방언들이 그를 섬겨야 하리라'고 되어 있다(단 7.14). 그렇다면 예수가 섬기
는 *bar 'ᵉnaša*로서의 제 역할을 다니엘 7장에 나오는 '인자와 같은 이'='지극
히 높으신 이의 성도들'에게 부여된 주권과 권세에 의도적으로 대비시켰
을 가능성이 있다.[241] 이 경우 예수는 *bar 'ᵉnaša*로서의 제 역할을 확인하기

---

236) 그 평행구는 W. Grimm, *Die Verkündigung Jesu und Deuterojesaja* (Frankfurt, 1981²) 239-68이 처
음 주목하였고 영향력 있는 것으로 입증되었다(Hampel, *Menschensohn* 326-33과 그가 각주 453에서
인용한 자료들; 또한 Stuhlmacher, *Biblische Theologie* 1.121).
237) 추가로 D. Vieweger and A. Böckler, "'Ich gebe Ägypten als Lösegeld für dich". Mk 10,45 und die
jüdische Tradition zu Jes 43,3b, 4', *ZAW* 108 (1996) 594-607을 보라.
238) Hampel, *Menschensohn* 328-31.
239) 위의 §14.3e를 보라.
240) 딤전 2.5-6이 막 10.45의 흔적이라는 점이 폭넓게 인정된다. 이는 '자신을 많은 사람을 위해 대속
물(*antilytron*)로 내어준 인간(*anthrōpos*) 그리스도 예수'를 고백한다. 페린은 본래 '나'-어록이었던
것이 인자 어록으로 '변형되었다'고 제안한다(*Modern Pilgrimage* 102). 그러나 그것은 어느 쪽으로
도 취할 수 있었던 *bar 'ᵉnaša*를 전제하는 것보다 훨씬 더 자의적이다.
241) Barrett, 'Mark 10:45' 8-9; 특히 P. Stuhlmacher, 'Vicariously Giving His Life for Many, Mark
10:45 (Matt. 20.28)', *Reconciliation, Law and Righteousness: Essays in Biblical Theology* (Philadelphia:

위해서뿐 아니라 그것을 대조해보기 위해 다니엘의 환상에 의존했을 것이다. 다니엘은 신원이란 주제에 초점을 맞추었다. 예수는 *bar ᵉnaša*의 선교를 무엇보다 섬김의 선교로 특징지었다.[242]

제안된 양쪽의 암시 모두(사 53장; 단 7장) 보는 자의 눈에 맨 처음의 전통 담지자들이 고안했거나 의도한 것 이상이라고 볼 위험이 분명히 있다. 그러나 적어도 후자는 다른 분명한 암시들을 포함하여 보다 광범위한 모티프의 뒷받침을 받는다. 반면 여기서 예수 자신이 이사야 53장의 영향을 받았다는 증거를 찾아보려는 주장은 그리 강화되지 않는다.

(3) 마가복음 14.25. 예레미아스는 마지막 만찬을 제정하는 말에서 고난받는 종에 대한 추가 암시를 찾아낸다.[243]

마 26.28/막 14.24	눅 22.20	고전 11.25
이것은 죄 사함을 얻게 하려고 많은 사람을 위하여 흘리는 바 나의 피 곧 언약의 피니라.	이 잔은 내 피로 세우는 새 언약이니 곧 너희를 위하여 붓는 것이라.	이 잔은 내 피로 세운 새 언약이니

이 경우에 시사된 암시는 이사야 53.12에 대한 것이다. '그는 자신의 생명을 쏟아버려 죽음에 이르렀다'(*heᵉrā lammawet napšo*).[244] 그러나 그 이미지는 희생제의적인 것이 아니다.[245] 예레미아스의 주장에 의하면 마찬가지로 중요한 것은 또다시 '많은 사람'에 대한 언급으로(마가/마태), '많은 사람, *(ha) rabbim*'에 대한 다섯 차례의 중복 언급이 이사야 52.13-53.12의 두드러진

Fortress, 1986) 16-29 (여기서는 21); Kim, *Son of Man* 39-40에 의해 계승됨.

242) Schillebeeckx, *Jesus* 303-306 참조.

243) 위의 §8.5c에 인용.

244) 'Ara는 시 141.8에서 *nepeš*를 그 목적어로 취하면서 '쏟아붓다'라는 의미로 사용된다('한 사람의 생명을 쏟아붓다'); 여기서는 같은 의미의 히필(hiphil) 동사로 쓰인다. *nepeš*가 피와 긴밀히 연관되기 때문에 '쏟아붓다'는 적절한 이미지다(창 9.4-5; 레 17.11; 신 12.23)(H. Niehr, *TDOT* 11.345).

245) 이와 관련된 통상적인 용어는 *šapak*일 것이다(레 4.7, 18, 25, 30, 34). 칠십인역(LXX)이 *ekcheō*를 사용하는 것은 사실이지만(여기 공관복음의 경우처럼: *ekchynnomenon*), 이 점에서 예레미아스는 그 이면의 히브리어를 무시한다(*Proclamation* 290). '그 종말론적 용례 *haima ekchein*은 사 53.12에 어떤 직접적인 암시도 담고 있지 않다'(Pesch, *Markusevangelium* 2.359).

특징이기 때문이다.[246] 여기서도 성서에 친숙한 대부분의 청중들이 신속하게 알아채는 암시보다는, 암시를 찾고자 애쓰는 주석가들의 감각을 피하기 어렵다.[247]

좀더 핵심을 말하자면, 어떤 암시라 하더라도 잔과 관련된 말의 마가/마태 버전에서만은 논의의 여지가 있다. 쏟아붓는 피의 이미지는 바울의 버전에 나오지 않는다. 그 핵심 버전이 바울의 것으로 되어 있는 현상태의 누가의 공식문구는 바울의 공식문구를 마가/마태의 평행구에 맞춰 부차적으로 각색한 흔적을 잘 반영하는 듯하다. 설사 그렇더라도 '많은 사람'에 대한 언급은 결여되어 있다. 나는 이미 평행을 이루는 몸/피의 공식문구(마가/마태) 가운데 두 가지의 요소(빵과 포도주)가 연달아 취해진 대목에서 발전된 기념 의식이 충분히 반영된다고 지적하였다. 나아가 바울/누가의 버전(몸과 잔)이 본래의 구성에 더 근접할 개연성 또한 지적하였다.[248] 그렇다면 모든 것을 검토해볼 때 예수가 본래 말한 것에서 이사야의 종에 대한 암시를 볼 만한 논거는 그리 강하지 않다.

양쪽의 버전에서 강하게 암시된 그 대안(그것이 이를 표현하는 가장 좋은 방식이라면)은 예수가 속죄제물보다는 **언약적 희생제사**의 견지에서 자신의 예상된 죽음을 언급했다는 것이다.[249] 여기서 그 선례는 출애굽기 24.8일 것이다. '모세가 그 피를 가지고 백성에게 뿌리며 이르되 이는 여호와께서 이 모든 말씀에 대하여 너희와 세우신 언약의 피니라.'[250] 이는 위의 §13.3e에서 시사한 이전의 가능성, 곧 예수가 (일부 쿰란의 언약 당사자들처럼) 자기 주변의 그룹을 이스라엘과 맺은 하나님의 언약을 갱신하는 구성원으로 보았

---

246) J. Jeremias, *'polloi'*, *TDNT* 6.537-38: 53.11c, 12a(관사와 함께), 52.14, 53.12e(관사 없이), 하나는 형용사로(52.15). 예레미아스는 그 점을 너무 심하게 강조한다: 예수에게 '많은 자'는 여기서 '세상의 사람들'이다(*Eucharistic Words* 226-31).

247) 유사하게 Hooker, *Jesus and the Servant* 82-83; Schürmann, *Gottes Reich* 220-21.

248) 위의 §8.5c를 보라. 동일한 논리가 '너희를 위해 주는' 몸과 평행을 이루는 누가의 '너희를 위해 붓는'에 적용된다(눅 22.19).

249) 그러나 슈틀마허는 이러한 것들을 대안으로 제기하는 어떤 정당한 사유가 있는지 강하게 의문을 제기한다(*Biblische Theologie* 1.136-42); 또한 아래 각주 253을 보라.

250) '언약의 피'(출 24.8; 슥 9.11 참조)는 '내 언약의 피'(마 26.28/막 14.24)에서 되풀이된다. 그렇지만 바울/누가 버전이 '마가의 공식문구보다 출 24.3-8의 언약적 희생제사에 대한 암시가 덜 한 것도 아니다'(Fitzmyer, *Luke* 1391).

거나[251] 예레미야 31.31-34에 약속된 새 언약을 확립할 목적으로 말했을 가능성과 긴밀하게 맞물린다.[252] 예수는 보다 기꺼이 자신의 죽음으로 나갔을 것이다. 왜냐하면 그가 이를 오래 약속된 그 언약을 실현하는 희생제사로 보았기 때문이다.[253]

만일 이 제안이 옳은 방향에 있으면, 우리는 예수가 자신에게 생길 일을 이해하기 위해 끌어들인 것으로 기억되는 또 다른 강력한 모티프를 확보하게 된다. 고난받는 의인/(순교자), 죽음에 무너지기 쉬운 인자, 그 잔을 비우고 세례자가 예고한 불같은 세례를 받도록 운명지어진 자, 그리고 이제 또한 언약적 희생제사. 우리가 다른 이미지와 관련하여 표현된 어떤 확신을 가지고 말할 수 없는 것은 이사야 53장의 고난받는 종이 예수가 의존한 것으로 회고된 강력한 이미지들 중 하나였다는 점이다.[254] 더구나 주석가들 쪽에서 예수 나름의 자기 이해를 밝히기 위해 대리적인 고난이란 그 감동적인 초상에 의존하려는 관심은 다른 이미지들의 주의를 산만하게 흩뜨린 듯하다. 심지어 그와 관련하여 더 나은 주장이 제기될 수 있는 데도 그 이미지들을 모호하게 하였다.

예수 전통 내에 그 결론을 바꿀 만한 다른 언급은 없다.[255] 요약건대, 예

---

251) 눅 22.20의 '너희를 위해'는 (종말론적) 이스라엘의 대표자들로 특히 그 열두 제자를 염두에 두었을 것이다(Vögtle, 'Todesankündigungen' 94-96).

252) 그 점은 '새로운'이라는 말이 나온다고 거기에 매이지 않는다('새로운 언약'은 오직 바울/누가 버전에만 나온다). 물론 초기 전통 담지자들이 그것을 끌어들였다면, 그들은 분명 암시적인 것을 단순히 명시하고 있다고 주장했을 것이다. 또한 Tan, *Zion Traditions* 204-16.

253) 우리는 언약의 희생제사와 대속의 희생제사를 서로 배치되는 것으로 취급해서는 안 된다. 탈굼 문헌에 분명히 드러나듯이 그 두 개의 요소가 함께 결합되는 경향이 있었기 때문이다(Pesch, *Markusevangelium* 2.359). 또한 유월절 어린 양을 희생물로 묘사하는 대목에서도 마찬가지다(고전 5.7).

254) '사 40-55장 전체가 예수의 하나님 나라 선언과 연관된 주제였다'고 제안하는 라이트와 대조해 보라.

255) Jeremias, *Proclamation* 286-87에서 제안된 다른 참고 자료들과 Hooker, *Jesus and the Servant* 62-102의 개관. 사 53.6, 12의 칠십인역(LXX)에 사용된 *paradidonai* ('넘겨주다')는 수난 예고(막 9.31 평행구; 10.33 평행구)와 수난 서사(막 14.10-11, 18, 21, 41-42, 44; 15.1, 10, 15)에 그 용어가 두드러진 점에 비추어 자연스럽게 주목을 끌었다. 요단 강에서 하늘로부터 내려온 말씀 가운데 사 42.1에 대해 그럴 법하게 암시한 점을 전제하면서(막 1.11 평행구) 쿨만은 예수가 '자신의 세례 순간 **야웨의 종**(ebed Yahweh)이란 역할을 스스로 걸머져야 함을 의식하게 되었다'고 담대하게 주장한다 (*Christology* 66-67). 그렇지만 그 말씀은 예수의 어록으로 기억되지 않을뿐더러 예수의 자기 이해에 관련된 직접적인 암시로 취할 수 없다(위의 §11.5b). 다른 한편으로, 예수는 자기 선교의 우선권을 표현하기 위해 사 61.1-2에 의존했던 것 같다(§15.6c). 그렇지만 사 61장의 종말론적 예언자가 사 53장의 종과 동일시되었다는 암시는 없다.

수가 자신을 고난받는 종으로 보았다는 설득력 있는 논거가 제기될 수 없다는 것이다. 이는 그가 종 관련 구절들을 성찰의 대상으로 삼았을 가능성을 부인하려는 것이 아니다. 분명히 그는 다른 성서 구절들에 대해 그렇게 했다. 과연 이사야 53장이 고난받는 의인이라는 보다 광범위한 모티프의 일부로 더 많이 드러날수록, 종 관련 구절이 자신의 역할 이해에 기여할 만한 점에 대해 예수가 숙고했을 가능성은 더 크다. 하지만 요점은 예수 전통이 그것을 확고한 결론으로 끌어내는 것을 용인하지 않는다는 것이다. 그것은 단순히 우리의 비평적 도구가 부적절하다는 점을 상기시켜주는 기제일 수 있다. 그러나 예수 전통 자체는 우리에게 결정적인 기준이 되어야 하는데, 여기서는 그 핵심 구절들에 대한 소박한 전통사적 분석만으로도 상당한 의문이 제기된다.

그래서 예수는 자신의 선교가 그 절정을 향해 진척됨에 따라 점증하는 확신(그리고 고뇌)을 가지고 명백하게 예상한 그 죽음에 어떤 의미를 부여했던가? 전통은 여러 긍정적인 답변을 시사한다. (1) 그는 자기보다 앞선 다른 신실하고 의로운 자들이 그랬듯이 하나님의 뜻의 일부로 고난을 겪었을 것이다. 혹여 그는 마카베오 시대의 순교자들처럼 자신의 죽음이 이스라엘의 고난에 종지부를 찍으리라는 희망을 간직했을지 모른다. (2) 점증하는 종말론적 위기 속에서 이스라엘을 돌이키도록 부르고 이스라엘을 어떻게든 재구성하기 위해 택함받은 '한 사람'으로서 그는 마카베오 시대 지극히 높으신 이의 성도들이 고난받았듯이 자신도 고난받으리라 예상했던 것 같다. 다니엘의 '인자 같은 이'와 대조하여 그는 혹 자신의 운명이 섬김을 받기보다 섬기는 차원에서 특징적이라는 점을 알았을 것이다. (3) 조만간 그는 자신이 세례자 요한이 예고한 그 종말론적 시련(고난의 잔, 불같은 세례)을 아마도 그의 제자들/갱신된 이스라엘을 대신하여 견뎌내야 한다는 결론에 다다랐을 것이다.[256] (4) 하나님이 정녕 그의 백성들과 참신한 언약

---

256) 그러나 우리는 예수 또한 제자들이 큰 고난을 경험하리라 예상했음을 상기해야 한다(종말론적 시련, §14.3e). 이러한 예상들을 서로 연관시키는 데 생기는 어려움은 예수가 둘 다 견지할 수 있었음

을 맺고자 했다면, 언약적 희생제사가 또한 요청되었을 것이다. 예수의 죽음이 바로 그 희생물로 바쳐질 터였다.[257]

이러한 주장의 많은 부분은 사변적이다. 우리가 역사적 인물의 머릿속으로 들어가는 불가능한 시도를 할 때 어떻게 그것이 그렇게 막연해지지 않을 수 있을까? 그러나 그 사변적 추론은 예수 전통 자체의 자료, 즉 예수가 그의 선교 최초로 형성된 회고들 가운데 기억된 방식에 뿌리내려 있고 또 거기서 직접 자라난다. 나아가 그것을 통해 우리는 예수가 자신의 마지막 나날에 추구한, 달리 보면 분명 무모해 보이는 방책까지 이해하게 된다.

그러나 좀더 언급해야 할 것과 한 가지 더 물어보아야 할 질문이 있다.

17.6 예수는 죽음 이후 신원을 희망했는가?

나는 이미 이 마지막 질문에 긍정적인 답변을 할 수 있다는 내 결론을 암시한 바 있다. 그 답변은 확실히 예수 전통의 성격과 부활 사건 이후 나타난 성찰의 징후들에 따라 조정되어야 한다. 다른 어느 곳보다 여기서 그 전통은 처음부터 첫 제자들이 부활의 아침에 일어나리라 믿었던 것에 비추어 어느 정도 조성된 것 같았다. 하지만 설사 그렇더라도 부활의 아침에 선행하여 맨 처음 조성된 희망을 분별할 수 있는 가능성은 크다.[258]

a. 신원의 희망

우리는 의인이 자신의 의가 허사가 되는 것에 낙망하지 말아야 한다는 강한 확신이 이미 제2성전기 유대교 내에 자리 잡은 점을 주목한 바 있다.

을 의심할 이유가 되지 못한다(위의 §12.6e를 보라).

257) 피그틀레(Vögtle)에 의하면 예수가 자신의 죽음이 하나님의 심판의 고난(Gerichtstod)일 뿐 아니라 다른 자들의 구원을 위한 필연이라고 생각하게 된 것은 오로지 마지막 만찬에서였다고 제안한다('Todesanküdigungen' 111-12).

258) Keck, *Who Is Jesus?* 110과는 다르게.

의인에게 고난과 죽음의 기대를 품게 하는 그와 같은 모티프는 죽음을 초월하여 그 너머의 신원을 바라본다.

(1) 가장 명확한 예는 지혜서 3.1-9과 5.1-5이다.

[3.1] 의인들의 영혼은 하나님의 손에 있어서 아무런 고통도 받지 않을 것이다. [2] 미련한 자들의 눈에는 그들이 죽은 것처럼 보이고 그들이 이 세상을 떠나는 것이 재앙으로 생각될 것이며 [3] 우리 곁을 떠나는 것이 아주 없어져버리는 것으로 생각되겠지만, 의인들은 평화를 누리고 있다. [4] 사람들 눈에 의인들이 벌을 받은 것처럼 보일지라도 그들은 불멸의 희망으로 가득 차 있다. [5] 그들이 받는 고통은 후에 받을 큰 축복에 비하면 아무것도 아니다. 하나님께서 그들을 시험하시고 그들이 당신 뜻에 맞는 사람들임을 인정하신 것이다. [6] 도가니 속에서 금을 시험하듯이 하나님께서 그들을 시험하시고 그들을 번제물로 받아들이셨다. [7] 하나님께서 그들을 찾아오실 때 그들은 빛을 내고 짚단이 탈 때 튀기는 불꽃처럼 퍼질 것이다. [8] 그들은 민족들을 다스리고 백성들을 통치할 것이며 주님이 무궁토록 그들의 왕으로 군림하실 것이다. [9] 주님을 의지하는 사람들은 그분과 함께 사랑 안에서 살 것이다. 은총과 자비가 그 거룩한 자들에게 있고 주님은 그 택함 받은 사람들을 굽어 살피신다.

[5.1] 그때에 의인은 자신있게 일어서서 그를 핍박한 자들과 그가 고통을 받을 때에 멸시한 자들과 맞설 것이다. [2] 그러면 그들은 그를 보고 무서워 떨며 그가 뜻밖에 구원받은 것을 보고 놀랄 것이다. [3] 그들은 마음이 아파서 후회하고 신음하며 서로 이렇게 말할 것이다. [4] "저 사람은 전에 우리가 비웃고 조롱하던 사람이다. 우리는 얼마나 바보였느냐? 우리는 그의 사는 꼴을 보고 미쳤다고 하였고 그의 죽음도 영예롭지 못한 것으로 보았다. [5] 그런데 어떻게 저 사람이 하나님의 자녀 가운데 끼게 되었으며 성도들 가운데 끼게 되었는가?"(이상 일부 개작한 공동번역 참조)

또한 우리는 초기 그리스도인들의 성찰이 시편 16.8-11(행 2.25-28; 13.35)을 포착했다는 점에 놀라지 말아야 한다. 거기에 표현된 하나님에 대한 확신이 죽음을 넘어 계속되는 생명과 '영원무궁한 즐거움'으로까지 확대되는 듯 보이기 때문이다.[259]

> [16.1] 하나님이여 나를 지켜 주소서 내가 주께 피하나이다. [2] 내가 여호와께 아뢰되 주는 나의 주님이시오니 주밖에는 나의 복이 없다 하였나이다.… [9] 이러므로 나의 마음이 기쁘고 나의 영도 즐거워하며 내 육체도 안전히 살리니 [10] 이는 주께서 내 영혼을 스올에 버리지 아니하시며 주의 거룩한 자를 멸망시키지 않으실 것임이니이다. [11] 주께서 생명의 길을 내게 보이시리니 주의 앞에는 충만한 기쁨이 있고 주의 오른쪽에는 영원한 즐거움이 있나이다.

(2) 예수가 정말로 다니엘의 '인자 같은 이' 환상에 의존했다면, 우리는 단지 고난에 이어 신원의 희망을 독려하는 그 환상의 역량을 회고하는 것만으로 족하다.[260] 그 사람 같은 형상이 끔찍한 고난에 이어진 그들의 신원 가운데 지극히 높으신 이의 성도들을 표상했듯이, 그는 그렇게 고난-신원의 희망에 추가적 표현을 부여했다. 예수가 이 환상의 영향을 받았으리라는 점은 그것이 그 인자(단 7.14), 곧 지극히 높으신 이의 성도들(7.18, 22, 27)에게 주어지는 왕국을 이야기한다는 사실에 의해 추가로 암시된다. 그리하여 그 가능성은 도래할 그 나라에 대한 예수의 기대와 미래적 신원 가운데 놓인 그의 운명 사이에 연결 고리로 제공된다. 그러한 전망을 예수가 넌지시 비칠 수 있었을 것이라는 점은 또한 열두 제자들 중 일부가 그 나라에 함께하리라는 기대(막 10.36 평행구)와 누가복음 22.29-30에 의해 확인된다.[261]

---

259) Lindars, *New Testament Apologetic* 38-45; 그러나 또한 B. Janowski, 'Die Toten loben JHWH nicht, Psalm 88 und das alttestamenttliche Todesverständnis', in Avemarie and Lichtenberger, *Auferstehung—Resurrection* 3-45 (여기서는 41-44)을 보라.
260) 위의 §§ 16.3b, 4c와 17.4c를 보라.
261) 위의 제12장 각주 205와 §14.3c를 보라.

양쪽 구절은 왕적 통치에서 그러한 몫이 함께 나눈 고난의 결과로 생기리라는 점을 각기 다른 방식으로 나타내며,[262] 우리를 다시 고난당하고 신원받는 인자와 같은 사상의 범위로 돌아가게 한다.

(3) 마가복음 14.24이 자신의 죽음을 언약적 희생제사로 본 예수의 이야기를 상기시킨다면(§17.5d[3]), 우리는 14.24이 14.25, 곧 하나님 나라의 축제를 기대하는 '금욕의 서원'에 첨부된다는 점도 상기해야 한다(눅 22.18, 20 참조).[263] 예수는 자신의 죽음을 그 언약을 갱신하거나 새로운 언약을 실행하는 희생제사로 보았을지 모른다. 그러나 만일 그렇다면 그는 짐작건대 사후 존재로 그 혜택을 함께 나누길 기대했을 것이다.

(4) 이사야 53장이 또한 예수에게 영향을 끼친 것이 맞다면(물론 예수 전통은 그 점에 대해 긍정적인 단언을 내릴 수 없게 하지만) 이사야 53장 역시 그 고난 받은 종을 위해 사후 신원의 전망을 제공한다고 간단히 상기할 필요가 있다. 이와 관련해서는 위에서 인용된 53.10-11을 언급하는 것만으로 충분하다(§17.5d). 사도행전이 기록한 그리스도교의 최초 설교에 의하면 그리스도교 진영에서 이사야 53장을 처음 변증적으로 사용한 내력이 고난-칭송이란 주제를 설명하려는 데 있었음을 여기서도 상기해야 한다.[264]

(5) 마지막으로 예수가 자신의 예상된 죽음을 곧 도래할 하나님 나라에 대한 자신의 복음 선포와 어떤 방식으로든 연동시켰으리라는 보다 폭넓은 고찰이 있다. 예수가 자신의 죽음을 하나님의 예정된 목적의 실패로 보았다고 하기 어렵다. 훨씬 더 가능성 있는 선택은 자신의 죽음이 그 목적을 실행으로 옮겼거나 그 목적 안에 포용되었다고 보았으리라는 것이다. 그 앞의 전망이 아무리 겁날지라도 예수는 확실히 자신의 죽음을 실패나 재앙으로 보지 않았다. 그렇게 보았다면 그가 예루살렘으로 가기 위해 그

---

262) 막 10.38-39; 눅 22.28. 누가가 22.28-30을 그 제자들의 과도한 야망에 대한 그 나름의 질책에 부기했다는 사실(눅 22.24-27/막 10.41-45)은 그가 같은 범주의 사상을 인식하고 있었음을 암시한다.
263) 위의 §12.4f를 보라; 유사하게 Gnilka, 'Wie urteilte Jesus?' 33-35; 또한 *Jesus* 282-83; Schürmann, *Gottes Reich* 210-13, 219-20; Becker, *Jesus* 341-42; Müller, *Entstehung* 42-46. 12.25은 '예수가 자신의 죽음을 그로써 그 나라가 임하게 하는 과정의 본질적인 부분으로 보았음을 암시한다'(Beasley-Murray, *Jesus and the Kingdom* 269).
264) 추가로 Juel, *Messianic Exegesis* 119-33과 위의 각주 228을 보라.

렇게 단호하게 자신의 얼굴을 돌렸을까? 예수가 자신의 예상된 죽음을 하나님의 목적의 극점에 이르는 서막으로 보았다는 것이 훨씬 더 그럴듯하다. 나아가 그것은 그 당사자인 예수에게 다가올 세대의 산통이자 어쩌면 그 나라가 임하는 바로 그 수단이었으리라는 것이다. 만일 그렇다면 예수는 사후에 신원을 받고 그 나라의 지속되는 기쁨에 동참하기를 기대했을 터이다.

에두아르트 슈바이처(Eduard Schweitzer)는 비록 인자에 관한 자기 논지의 관점에서 제시했지만 그 점을 잘 표현했다:

> 예수가 고난 그리고 자신과 제자들에 대한 거부를 예견했다면 물론 그는 이를 파국이 아니라 임하는 그 나라의 영광에 이르는 통로로 보았을 것이다. 그가 자신을 인자로 부르고 그 칭호(!)를 도래할 영광뿐 아니라 자신의 비천한 이 땅의 상태와 연계시켰다면 그는 하나님의 영광으로 자신이 높임 받는 것과 같은 무엇인가를 기대했음에 틀림없다.[265]

b. 부활의 희망?

예수가 부활의 견지에서 자기 신원의 희망을 표현할 수 있었을까? 수난 예고들은 분명 그렇게 시사한다. '삼 일 후에/사흘째 되는 날에 그는 다시 일어날 것이다/일으킴을 받을 것이다.' 그러나 우리는 이미 그러한 현재의 양식들이 분명한 확장의 흔적을 드러냄을 보았다. 보다 모호한 '삼 일 후에'는 '사흘째 되는 날에'가 되었다. 덜 명시적인 '죽였다'는 '십자가에 못 박았다'가 되었다(§17.4c). 더구나 훗날의 깨우침 가운데 명시화된 그 어록들의 배후에서 우리는 보다 간단한 *mašal*을 식별해낼 수 있다. '그 사람은 사람들에

---

265) Schweitzer, *Lordship and Discipleship* 36 (추가로 *Erniedrigung* 26-28, 31-33, 46-52); 유사하게 Barrett, *Jesus* 76; Schillebeeckx, *Jesus* 284-91, 311 ('예수의 삶 전체는 그의 죽음의 해석이다'); Beasley-Murray, *Jesus and the Kingdom* 245-46, 269-70.

게 넘겨져야 할 것이다.' 이러한 양식 속에 신원의 희망으로서 부활의 표현
은 없다. 그렇다면 부활의 기대는 부활 사건 이후 그 *mašal*을 확장한 결과로
보아야 하는가?

이 점에서 주저하는 유일한 이유는 부활이 제2성전기의 유대교 후대
에 두드러진 신원 희망의 한 형식이었다는 사실 때문이다. 그것은 통상 이
사야에 덧붙여진 후대(주전 4세기 또는 3세기)의 첨가물(사 24-27장)로 간주되는
구절과 다니엘 12.1-3에서 가장 명확하게 나타난다.[266]

사 26.19 주의 죽은 자들은 살아나고 그들의 시체들은 일어나리이다. 티
끌에 누운 자들아, 너희는 깨어 노래하라! 주의 이슬은 빛난 이슬이니 땅
이 죽은 자들을 내놓으리로다.

단 12.1-3 그 때에 네 민족을 호위하는 큰 군주 미가엘이 일어날 것이요
또 환난이 있으리니 이는 개국 이래로 그 때까지 없던 환난일 것이며 그
때에 네 백성 중 책에 기록된 모든 자가 구원을 받을 것이라. ² 땅의 티끌
가운데에서 자는 자 중에서 많은 사람이 깨어나 영생을 받는 자도 있겠고
수치를 당하여서 영원히 부끄러움을 당할 자도 있을 것이며 ³ 지혜 있는
자는 궁창의 빛과 같이 빛날 것이요 많은 사람을 옳은 데로 돌아오게 한
자는 별과 같이 영원토록 빛나리라.

순교 신학에 대한 최초의 표현들이 벌써 부활이란 견지에서 신원의 희망
을 드러낸다(마카베오하 7.9, 14). 비록 거기에는 그리스도교의 편집 정도가 불
분명하긴 하지만 '12족장 유언서'에도 일관된 부활의 희망이 표현되어 있
다.[267] 에녹1서도 마찬가지일 것이다.[268] 예수 자신이 진정 그랬듯이,[269] 우

---

266) 보다 풍성한 검토와 논의를 위해 H. C. C. Cavallin, *Life after Death: Paul's Argument for the
Resurrection of the Dead in 1 Cor. 15. Part I: An Enquiry into the Jewish Background* (Lund: Gleerup,
1974); Collins, *Daniel* 394-98; A. Chester, 'Resurrection and Transformation', in Avemarie and
Lichtenberger, *Aufstehung* 47-77 (여기서는 48-70)과 같은 책에서 Hengel, 'Begräbnis' 150-72을
보라.

리는 또한 바리새인들이[270] 부활의 믿음을 견실히 포용한 것으로 알고 있다. 따라서 예수가 부활의 견지에서 신원의 희망을 품었다고 해도 놀라운 일은 아닐 터다.

하지만 이러한 희망이 가리키는 바는 거의 확실히 일반적이고 최종적인 부활로 묘사되는 것이 최선인데, 이는 곧 최후 심판에 선행하는 부활(단 12.2에 암시된 대로)이요 영원한 운명의 향배이다('어떤 자들은 영원한 생명으로, 어떤 자들은 수치와 영원한 멸시로'). **만일 예수가 부활을 희망했다면 그것은 짐작건대 일반적이고 최종적인 죽은 자의 부활에 함께하려는 것이었을 터이다.**

'되살아난'(redivivus) 예언자 개념을 뒷받침하여 사용되는 '부활' 언어에 대한 몇 가지 증거가 있다. '죽은 자 가운데서 살아난' 세례자 요한으로서의 예수(막 6.14 평행구), '예레미야'(마 16.14), '옛적의 예언자들 중 한 사람이 살아났다'(눅 9.8).[271] 그러나 이러한 것들은 불안한 현상을 이해하고자 하는 곤혹스럽거나 당황스런 마음의 표현으로 제시된다. 가령, 예수가 옛 예언자들 가운데 한 사람처럼, 또는 세례자처럼 불온하게 행동하는 경우 말이다. 에녹과 엘리야의 재림에 대한 희망은 그 누구도 죽었다고 생각되지 않았기 때문에 부분적으로만 비슷하다(§15.6a). 그러나 필론 위경문헌은 엘리야를 비느하스와 동일시하였는데(민 25장), 그가 엘리야로 돌아올 때까지 하나님이 은밀히('다나벤[Danaben]에') 보존했다는 것이다(*LAB* 48.1).[272] 그가 죽은 뒤

---

267) 시므온 유언서 6.7; 유다 유언서 25.1, 4; 스불론 유언서 10.2; 베냐민 유언서 10.6-8; 레위 유언서 18.13-14 참조; 단 유언서 5.12; 사 26.19의 분명한 흔적과 함께; 추가로 Hollander and de Jonge, *Testaments* 61-63, 125를 보라.

268) 에녹1서 22.13; 90.33; 92.3; 91.10, (17b); 46.6; 51.1; 61.5; 62.15; 92.3; 104.2 참조. M. Black, *The Book of Enoch or 1 Enoch* (Leiden: Brill, 1985)의 해당 지면을 보라. 쿰란 공동체가 미래 부활의 믿음을 공유했는지에 대해서는(오직 1QH 14[=6].32-34와 19[=11].12만이 진지한 고찰을 요한다) H. Lichtenberger, 'Auferstehung in den Qumranfunden', in Avemarie and Lichtenberg, *Auferstehung* 79-91을 보라.

269) 명시적으로는 막 12.24-27 평행구. 그러나 짐작건대 마 8.11-12/눅 13.28-29에도 암시됨; 또한 눅 16.19-31을 주목하라. 추가로 위의 제12장 각주 234를 보라.

270) 행 23.6-8과 막 12.18 평행구의 증언은 헬레니즘에 경도된 요세푸스의 뻐딱한 묘사(*War* 2.163, 165; *Ant.* 18.14, 16)와 일치한다; *m. Sanh.* 10.1에서 부활은 랍비를 위한 신앙의 조항이 되었다.

271) K. Berger, *Die Auferstehung des Propheten und die Erhöhung des Menschensohnes* (Göttingen: Vandehhoeck und Ruprecht, 1976)는 '예언자들의 개별적, 비종말론적 부활'의 한 사례로 이 본문을 주목한다(15-22).

272) R. Hayward, 'Phinehas - the Same Is Elijah: The Origin of a Rabbinic Tradition', *JJS* 29 (1978) 22-38.

유포된 되돌아온(*redux*) 네로, 또는 되살아난(*redivivus*) 네로의 소문은[273] 유명하거나 물의를 일으킨 어떤 인물이 무대에서 사라진 뒤 그에 관해 품었을 법한 두려움이나 희망을 잘 예증해준다.[274] 하지만 그러한 혼란스런 추리는 최종적 부활에 관한 제2성전기 유대교 내에 이미 널리 알려진 그러한 계통의 일관된 신학에 이르지 못한다.[275] 여기서 변별적인 특징은 부활의 희망이 죽음에 앞서 누군가에게 돌려질 뿐, 보다 이른 어떤 예기치 않은 자의 죽음 또는 빈약하게 증언되는 어떤 다른 자의 죽음에 관한 추리로서 간주되지는 않는다는 것이다.[276]

그렇다면 한 가지 이상의 사례에서 예수는 인자가 사람들에게 넘겨진다고 예고하는 보다 간소한 *mašal*을 명시적으로 부활의 견지에서 신원의 희망을 덧보탬으로써 확장시킬 수 있었을까?[277] 예수에게 돌려진 가장 오랜 전통의 버전들은 '삼 일 후에' 그가 되살아난 것을 보여준다.[278] 누가복음 13.32-33과 마가복음 14.58에 그려 보인 대등한 시간 터울의 경우처럼 그 문구는 거의 확실히 '곧', '바로'(짧은 시간 내로)를 의미한다.[279] 이는 확실히 임박한 파국에 대한 예수의 기대(§12.4g-h), 그리고 그 나라의 잔치에 참여하기 이전의 금욕 기간에 대해 떠오른 그의 기대(막 14.25 평행구)와 결부된다.[280] 오직 은유와 상징으로 표현될 수 있는 희망의 모호성 가운데(§12.6c), 새로

---

273) 상세한 것은 D. E. Aune, *Revelation* (WBC 52, 2vols.; Dallas: Word, 1998) 2.737-40을 보라.

274) 헤롯이 그의 처형에 책임이 있었다 할지라도 세례자와 관련하여 막 6.14를 참조하라! 히 11.35에서 '부활'은 유형론적으로 사용되고 있는 듯하다: 마치 옛 언약의 다양한 요소들이 새 언약의 '더 나은 소망'에 복선을 깔듯이, 죽은 자녀들의 생명을 회복시키는 것(왕상 17.17-24; 왕하 4.18-37)은 '더 나은 부활'(즉 최종적 부활)을 미리 암시한다(히 7.19, 22; 8.6; 9.23; 10.34; 11.16, 35, 40; 12.24). 달리 보면 그 사상은 순교한 일곱 형제를 둔 어머니가(마카베오하 7장) '비유적으로'(*en parabolē*) 희생될 예정인 이삭을 돌려받은 아브라함이 보여준 것과 같은 정신으로 부활의 확실한 희망 가운데 그들을 돌려받는 것에 해당된다(히 11.17-19; 9.9 참조).

275) '죽은 자를 살아나게 하는'(*Shemoneh 'Esreh* 2) 분으로서 하나님의 복이 염두에 두고 있는 것이 부활인지 아니면 단순히 죽을 목숨으로의 회복인지도 마찬가지로 불분명하다(시 71.20; 토빗 13.2; 지혜서 16.13; Jos. As. 20.7; 갓 유언서 4.6 참조).

276) (아마도 주후 1세기의) 작품인 듯한 *The Lives of the Prophets*가 마지막 부활이란 견지에서만 생각하는 점 또한 주목해야 한다(2.15; 3.12).

277) 가령, 케이시가 주장하듯이(위의 각주 192).

278) 샤버그는 '삼 일 후에'가 다니엘의 '한 때와 두 때와 반 때'(단 7.25; 계 11.2-12 참조)의 해석이자 그 단축형일 수 있다고 주장한다('Daniel 7,12' 210-11; 위의 각주 211을 보라).

279) 추가로 Jeremias, *Proclamation* 285; Meyer, *Aims of Jesus* 182; Davies and Allison, *Matthew* 2.661; Bayer, *Jesus Predictions* 205-208을 보라; Lindars, *Jesus* 71-73; Beasley-Murray, *Jesus and the Kingdom* 246-47 참조.

280) 특히, Bayer, *Jesus' Predictions* 224-29, 249-53 참조.

운 날로 일어나고 죽음으로 끝나는 생명과 질적으로 다른 존재의 최종 형태로 다른 자들과 함께 소생케 된다는 이미지는 대부분의 다른 이미지들이 수행한 것보다 그 희망을 더 선명하게 표현했다. 예수가 그러한 용어들로 신원에 대한 제 나름의 희망을 표명했다는 것은 전적으로 가능한 이야기다.

하지만 예수가 스스로 품었던 어떤 부활의 희망도 그 최종적 부활에 함께하리라는 희망이었을 가능성은 여전하다.[281] 우리가 그 가능성을 또한 이미 논의된 그 나라와 시련이란 범주 속에 묶어버린다면, 예수가 그의 선교의 절정을 하나님의 종말론적 의도의 절정으로 보았을 가능성은 아주 크다. 예수(그리고 제자들)는 그 시련을 통렬히 겪을 터였고 이를 통해 하나님의 제왕적 의도는 그 목표를 달성할 터였다. 그렇게 그 나라는 임할 것이었다. 그의 죽음은 그 마지막 절정의 기간을 끌어들여 곧장 일반적 부활, 새 언약의 이행, 그리고 그 나라의 도래로 ('삼 일 후에'?) 이어져야 할 터였다. 그것은 제12장의 끝에서 우리가 부대낀 이질적인 은유와 다양한 이미지라는 마찬가지의 모호성을 우리에게 남겨준다. 그러나 그만큼이라도 말할 수 있는 것은 역사적 탐구자들이 보통 허용해왔던 것 이상의 수준이다.

---

281) 또한 Evans, 'Did Jesus Predict?' 91-96.

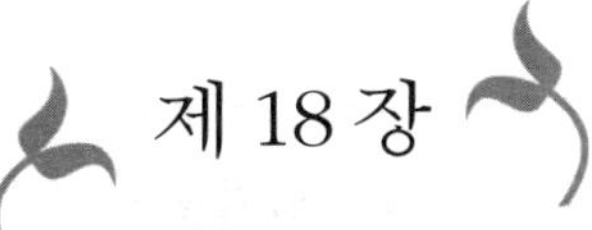

제 18 장

다시 살아나사

18.1 왜 여기서 멈추지 않는가?

바하의 B단조 미사곡에서 장중하고 느리게 흐르는 '십자가에 달리시고'(Crucifixus) 합창 부분이 지나면 즉각 유쾌한 알레그로풍의 '다시 살아나사'(Et Resurrexit)가 이어진다. 이는 그리스도교 예배에서 예상할 만한 것이다. 그러나 예수에 대한 역사적 연구에서도 이 선례를 따라야 하는 것일까? 역사에 대한 아무리 훌륭한 정의에 의거해도 최소한 '역사적 방법으로 관찰될 수 있는 것'이란 의미에서 '부활'은 결국 역사의 영역을 넘어선다.[1] 죽음은 대체로 정의하건대, 어떤 역사적 방법이 작동할 수 있는 유일한 영역인 시간-공간의 연속체를 떠나는 것이다. 그렇다면 역사적 예수의 탐구를 왜 그의 죽음에서 끝내지 않는가? '역사로부터의 탈주'(제5장)가 어디에

---

1) '역사적 사건'으로서 부활에 대하여 말하는 문제와 역사적 방법의 한계는 그 방면 주제의 학도들에게 친숙하다. A. J. M. Wedderburn, *Beyond Resurrection* (London: SCM, 1999)이라는 최신 연구는 이 방면의 주도면밀한 신중함의 한 본보기이다.

선가 정당화될 수 있다면, 여기서 확실히 정당화될 수 있다.[2] 많은 탐구자들은 설사 예수의 부활에 대한 그리스도인의 믿음을 추가로 언급한다 할지라도 후기 정도로 처리할 뿐 그 역사의 논리를 수용하고 그에 따라 글을 쓴다.[3]

하지만 여기서 나는 그 논리를 따르지 않고 이 책을 예수의 부활에 대해 한 장 할애하면서 마칠 것이다. 몇 가지 이유로 그렇게 한다. 첫째, 이 책이 『생성기의 그리스도교』(*Christianity in the Making*)라는 세 권의 연구서로 기획된 터라 예수에 대한 그 첫 권을 그리스도인들이 (처음부터) 예수에 대해 가장 주목할 만한 것이라 항상 믿어온 것—죽은 자 가운데서 부활하심—을 다루면서 마무리짓는 편이 더 이치에 맞다. 그 믿음은 우리가 소급할 수 있는 한 그리스도교의 근본이었을 뿐 아니라 전제요 토대였던 것 같다.[4] 예수의 부활을 기념하지 않은 예수 운동이나 그리스도교의 형태에서 꼬인 것을 풀려는 어떤 시도도 불가피하게 그것이 증명하려고 하는 것(*petitio principii*)을 상정해야 한다. 유효한 모든 자료들(Q를 포함하여)이 예수의 부활을 기념한 교회에 의해 보존되었기 때문이다.[5] 역사적 진술로서 우리는 아주 확고하게 말할 수 있다. 예수의 부활이 없이 그리스도교는 없다. 예수가 그리스도교의 단일한 큰 '전제'이듯이, 예수의 부활 또한 그렇다. 부활을 가로막는 것은 그리스도교의 본질을 가로막는 것과 다름없었을 것이다.

---

2) 이 주제에 대한 바르트와 불트만의 입장에 대한 검토와 비판은 Carnley, *Structure* ch. 3, 특히 127-30을 보라.

3) 가령, 샌더스는 *Jesus* 320에서 이 부분을 감질나게 하는 반 페이지로 한정하지만 *Historical Figure* 276-80에서는 다섯 페이지의 에필로그를 포함시킨다; Gnilka—'Easter Epilogue'(*Jesus* 319-20); 베커는 부활절 신앙이 어떻게 예수 자료의 수용에 영향을 끼쳤는지에 대한 간략한 고찰만을 첨가한다(*Jesus* 361-64).

4) '하나님이 그를 죽은 자 가운데서 살리셨다'는 문구야말로 아마도 독특하게 그리스도교적인 최초의 단언이자 고백일 것이다. 이는 최초 그리스도교 문헌들 가운데 거듭 전제된다(롬 4.24-25; 7.4; 8.11; 고전 6.14; 15.4, 12, 20; 고후 4.14; 갈 1.1; 골 2.12; 살전 1.10; 엡 1.20; 딤후 2.8; 히 13.20; 벧전 1.21; 행 3.15; 4.10; 5.30; 10.40; 13.30, 37). 그것이 바로 예수의 죽은 지 2-3년 내로 바울이 전향한 신앙이었다(고전 15.3-8).

5) Q에 대해서는 위의 §7.4를 보라. 클로펜보그(J. S. Kloppenborg)는 '부활절 신앙'이 Q에 끼친 영향을 논박하지 않는다("Easter Faith" and the Sayings Gospel Q', in R. Cameron, ed., *The Apocryphal Jesus and Christian Origins, Semeia* 49 [1990] 71-99 [여기서는 83]; Q에서 '예수는 자신의 말 가운데 부활했다'[92]). 그러나 그는 부활절이 Q 공동체(들)에 의미심장한 '사건'이었다면 Q의 '서사 세계' 내에 포함되었을 것이라고 여전히 충분한 근거 없이 가정한다. 그러나 우리는 제2권에 가서 그 전체 질문으로 다시 돌아와야 할 것이다.

둘째, 복음서 자체가 분명히 예수의 부활을 기억된 예수에 대한 이야기의 절정으로 간주했다는 점이다. 예수의 이야기는 그의 부활 이야기를 포함하지 않으면 미완성일 터이다.[6] 예수의 나타남을 기록하지 않은 마가조차 확실히 그 부활을 수긍하며 그러한 나타남을 전망한다(막 16.6-7).[7] 우리는 그 관점을 존중하고 그 확신이 기초한 바를 탐구할 준비가 되어 있어야 한다.[8] 물론 복음서 저자들이 예수의 부활을 예수의 선교에 대한 그들 이야기의 일부로 포함한 것은 그들이 예수의 삶 전체를 그 절정에 비추어 조명했음을 우리에게 상기시켜주는 기제이다. 그러나 우리는 심지어 예수의 죽음 이전에도 예수가 끼친 강한 영향의 충분한 암시적 증거를 보아왔기에 여기서도 그렇게 기억되던 것이 무엇이었는지 묻지 않을 수 없다.

셋째, 처음부터 나는 역사적으로 말해 '객관적' 예수로 되돌아갈(마치 그에 대한 반응들의 '주관적인' 요소들을 어떤 식으로든 벗겨버리는 것이 가능하기라도 한 양) 현실적인 희망이 있을 수 없음을 강조해왔다. 우리가 확보하고 있는 것은 예수에게 반응한 자들에게 예수가 남긴 충격, 곧 기억된 예수라는 전통 가운데 결정체로 남은 바로 그 충격이다. 그 정도만큼 복음서의 마지막 장들은 이전의 장들과 아무런 차이가 없다. 그것들 역시 예수가 끼친 영향을 구체화한다. '부활'은 그 영향의 결정체이다. 이전 장들의 경우와 마찬가지로 우리는 그 충격이 남긴 인상에서 그 충격적인 실체의 개요를 분별하려는 시도가 필요하다. 이는 또한 '역사적 예수'의 경우와 마찬가지로 일반적으

---

6) 나는 '그의 부활 이야기'라는 마지막 문구를 헐렁하게 사용한다. 그 이야기는 빈 무덤과 예수의 죽음 이후 그를 본 것에 해당된다; '부활' 자체에 대한 묘사로 우리에게 가장 근접한 것은 상상적인 내용임이 분명한 베드로복음서 10.39-42이다. 따라서 거기 사용된 언어로 탐구자가 그 자료를 특정한 방향으로 읽지 않도록 주의해야 한다. 우리는 §18.5에서 이 쟁점으로 되돌아오게 될 것이다.

7) 마가복음이 16.8에서 끝났다는 것은 매우 광범위한 동의를 얻고 있다(본문상의 자료와 Metzger, *Textual Commentary* 122-26의 평가); 마가의 보다 긴 결말부(16.9-20)는 눅 8.2; 눅 24.10/요 20.11-18; 눅 24.13-39과 사도행전의 에피소드들에 대한 사전 지식을 보여준다; 그것은 아마 2세기에 그 복음서를 보다 만족스럽게 마무리짓기 위해 막 16장에 첨가되었을 것이다. 이 책이 접속사 *gar* ('for')와 함께 끝날 가능성에 대해서는 P. van der Horst, 'Can a Book End with *gar*? A Note on Mark xvi. 8', *JTS* 23 (1972) 121-24을 보라.

8) 같은 논리로 우리는 예수의 '승천'에 대한 논의를 포함할 수 있을 것이다(눅 24.51). 그러나 그 '승천'의 개념이 '부활'의 개념과 어떻게 연계되는지 불분명하다(눅 24.26; 요 20.17 참조!); 공통된 가정과는 반대로, 마태는 '승천'과 더불어 끝나지 않는다(마 28.16-20). 오로지 누가만이 그의 두 번째 책에서 그 둘을 확실히 구별한다(행 1.9-11). 그 주제는 제2권에서 좀더 다루게 될 것이다.

로 그 충격을 남긴 것에 대해 파악할 수 없는 불가피한 측면이 있다. 우리가 우리 손으로 '역사적 예수'를 파악할 수 없다면, 사실상 이 예수의 '부활'은 더욱 파악할 길이 없다. 그러나 그 전통 과정의 발단을 분별하고 분석하는 차원에서 생기는 도전은 본질적으로 다르지 않다.[9]

이전과 같이 여기서도 우리는 그 전통 자체를 탐사함으로써 진도를 나갈 수 있다. 거듭 되풀이하여 우리는 지금까지 살펴본 그 다양한 전통들의 핵심이 예수가 자신의 가르침과 행동을 통해 끼친 영향으로 다소간 형성되었으리라고 결론내릴 상당한 이유를 발견해왔다. 그 전통 자체는 그렇게 남겨진 인상의 일부였다. 즉 예수의 추종자들 사이에 바로 그 경험을 나누는 것은 이러한 생성적인 감흥에 최종 형태를 부여해주었다. 전통들은 그 내부에서 회상한 때로부터 얼마간 떨어져서만이 아니라 즉각 조성되기 시작했으며, 처음부터 다양한 강조점과 세목들을 가지고 구연되었다. 그와 같은 논리가 우리가 편리하게 '부활 전통'이라고 간단히 부를 수 있는 항목에도 해당될까? 그 전통은 뚜렷하게 두 집단으로 수렴된다. 예수의 무덤에 관한 전통과 '부활 현현'의 전통.

18.2 빈 무덤 전통

설사 서둘렀을지라도 예수의 몸이 제대로 매장되었을 개연성을 우리는 앞서 주목한 바 있다.[10] 이 무덤이 '그 주의 첫째 날' 빈 것으로 발견되었다

---

9) 불트만의 유명한 언명은 여전히 사실이다: '만일 부활절 날의 사건이 어떤 의미로든 십자가의 사건에 추가하여 역사적 사건이라고 한다면, 그것은 부활한 주 안에서 발생한 신앙의 부활에 다름 아니다.…역사비평이 확정할 수 있는 모든 것은 첫 제자들이 부활을 믿게 되었다는 사실이다'('New Testament and Mythology' 42). 보른캄도 비슷하게 주장한다: '거기[역사학계]에 유용한 마지막 역사적 사실은 첫 제자들의 부활절 신앙이다'(*Jesus* 180). 하지만 내 탐구의 요지는 약간 다른 방향으로 뻗어 있다: 그것은 우리가 부활절 **신앙**의 발생을 어떻게 설명할 수 있느냐가 아니라 부활 **전통**의 생성을 어떻게 설명할 수 있는가이다. 이는 웨더번이 그 문제를 조형함으로써 제기한 난국을 어느 정도 피해간다: '"예수가 살아났다"는 말은 역사적인 진술도 아니고 역사가의 탐구에 열려 있거나 접근할 수 있는 경우도 아니다'(*Beyond Resurrection* 9). 그 주장은 오해하기 쉽다: '예수가 부활했다'라는 하나의 진술은 역사적이고 역사적 탐구에 다가설 수 있다; 문제는 그 진술이 긍정하는 것에 있다.

10) 위의 §17.1g를 보라.

는 전통은 이미 살펴본 전통들과 매우 흡사하다. 요한복음은 그 나름의 독특한 이야기를 담고 있는 데 비해 공관복음서는 평행 버전을 가지고 있다.

마 28.1-8	막 16.1-8	눅 24.1-12
1 안식일이 다 지나고 안식 후 첫날이 되려는 새벽에 막달라 마리아와 다른 마리아가 무덤을 보려고 갔더니 2 큰 지진이 나며 주의 천사가 하늘로부터 내려와 돌을 굴려 내고 그 위에 앉았는데 3 그 형상이 번개 같고 그 옷은 눈 같이 희거늘 4 지키던 자들이 그를 무서워하여 떨며 죽은 사람과 같이 되었더라. 5 천사가 여자들에게 말하여 이르되 너희는 무서워하지 말라 십자가에 못 박히신 예수를 너희가 찾는 줄을 내가 아노라. 6 그가 여기 계시지 않고 그가 말씀 하시던 대로 살아나셨느니라. 와서 그가 누우셨던 곳을 보라. 7 또 빨리 가서 그의 제자들에게 이르되 그가 죽은 자 가운데서 살아나셨고 너희보다 먼저 갈릴리로 가시나니 거기서 너희가 뵈오리라 하라. 보라 내가 너희에게 일렀느니라 하거늘	1 안식일이 지나매 막달라 마리아와 야고보의 어머니 마리아와 또 살로메가 가서 예수께 바르기 위하여 향품을 사다 두었다가 2 안식 후 첫날 매우 일찍이 해 돋을 때에 그 무덤으로 가며 3 서로 말하되 누가 우리를 위하여 무덤 문에서 돌을 굴려 주리요 하더니 4 눈을 들어본즉 벌써 돌이 굴려져 있는데 그 돌이 심히 크더라. 5 무덤에 들어가서 흰 옷을 입은 한 청년이 우편에 앉은 것을 보고 놀라매 6 청년이 이르되 놀라지 말라 너희가 십자가에 못 박히신 나사렛 예수를 찾는구나. 그가 살아나셨고 여기 계시지 아니하니라. 보라 그를 두었던 곳이니라. 7 가서 그의 제자들과 베드로에게 이르기를 예수께서 너희보다 먼저 갈릴리로 가시나니 전에 너희에게 말씀하신 대로 너희가 거기서 뵈오리라 하라 하는지라.	1 안식 후 첫날 새벽에 이 여자들이 그 준비한 향품을 가지고 무덤에 가서 2 돌이 무덤에서 굴려 옮겨진 것을 보고 3 들어가니 주 예수의 시체가 보이지 아니하더라. 4 이로 인하여 근심할 때에 문득 찬란한 옷을 입은 두 사람이 곁에 섰는지라. 5 여자들이 두려워 얼굴을 땅에 대니 두 사람이 이르되 어찌하여 살아 있는 자를 죽은 자 가운데서 찾느냐? 6 여기 계시지 않고 살아나셨느니라. 갈릴리에 계실 때에 너희에게 어떻게 말씀하셨는지를 기억하라. 7 이르시기를 인자가 죄인의 손에 넘겨져 십자가에 못 박히고 제삼일에 다시 살아나야 하리라 하셨느니라 한대 8 그들이 예수의 말씀을 기억하고 9 무덤에서 돌아가 이 모든 것을 열한 사도와 다른 모든 이에게 알리니

8 그 여자들이 무서움과 큰 기쁨으로 빨리 무덤을 떠나 제자들에게 알리려고 달음질할새	8 여자들이 몹시 놀라 떨며 나와 무덤에서 도망하고 무서워하여 아무에게 아무 말도 하지 못하더라.	10 이 여자들은 <u>막달라 마리아</u>와 요안나와 <u>야고보의 모친 마리아</u>라. 또 그들과 함께 한 다른 여자들도 이것을 사도들에게 알리니라. 11 사도들은 그들의 말이 허탄한 듯이 들려 믿지 아니하나

막 16.2; 눅 24.12	요 20.1-10
막 16.2 <u>안식 후 첫날</u> 매우 일찍이 해 돋을 때에 <u>그 무덤으로</u> 가며	1 <u>안식 후 첫날</u> 일찍이 아직 어두울 때에 막달라 마리아가 무덤에 와서 돌이 무덤에서 옮겨진 것을 보고 2 시몬 베드로와 예수께서 사랑하시던 그 다른 제자에게 달려가서 말하되 사람들이 주님을 무덤에서 가져다가 어디 두었는지 우리가 알지 못하겠다 하니 3 <u>베드로</u>와 그 다른 제자가 나가서 무덤으로 갈새 4 둘이 같이 달음질하더니 그 다른 제자가 베드로보다 더 빨리 달려가서 먼저 무덤에 이르러 5 구부려 세마포 놓인 것을 보았으나 들어가지는 아니하였더니
눅 24.12 베드로는 일어나 무덤에 달려가서 구부려 들여다보니 <u>세마포만 보이는지라</u>. 그 된 일을 놀랍게 여기며 집으로 <u>돌아가니라</u>.	6 시몬 베드로는 따라와서 무덤에 들어가 <u>보니 세마포가 놓였고</u> 7 또 머리를 쌌던 수건은 세마포와 함께 놓이지 않고 딴 곳에 쌌던 대로 놓여 있더라. 8 그 때에야 무덤에 먼저 갔던 그 다른 제자도 들어가 보고 믿더라 9 그들은 성경에 그가 죽은 자 가운데서 다시 살아나야 하리라 하신 말씀을 아직 알지 못하더라.

<table>
<tr><td></td><td>10 이에 두 제자가 자기들의 집으로 돌아 가니라.</td></tr>
</table>

여기서 우리는 전통화 과정의 아주 좋은 사례를 보게 된다. 베드로복음서 12.50-57에서도 그러하듯이, 안정된 핵심은 명확하다. 막달라 마리아와 다른 이들(?)이[11] 안식 후 첫날 일찍 무덤에 갔다. 그들은 그 돌이 굴려 옮겨진 것을 발견했다. 공관복음 버전에 의하면 그들은 '그가 여기 계시지 않다. 그가 살아나셨느니라'고[12] 알려준 천사(들)를 보았다.[13] 어떤 시점에 그들(요한복음에서는 애당초 베드로와 다른 제자들)은 무덤에 들어가 직접 보았다. 상대적으로 안정된 이 핵심을 선회하면서 이 이야기는 현저한 다양성을 보이며 거듭 구연된다. 그 변용물 중 일부는 의심의 여지없이 복음서 저자들의 관심이 투사된 결과이다. 마가는 그 여인들이 아무에게 아무것도 말할 것이 없게 만든 상태로 자신의 청중을 지속적인 긴장감 속에 방치하였다(막 16.8).[14] 마태는 (다소 어색하게) 경비병의 이야기를 삽입 처리하였고[15]

---

11) 요한은 '침묵하는 동반자들'이라는 장치를 사용하는 것일까?(행 3-4장, 16-18장에서 베드로와 함께한 요한 그리고 바울과 함께한 실라의 경우 참조) 이는 20.2의 '우리' 관련 구절에 의해 잘 드러나는 듯하다.

12) 그 핵심 가운데 16.7을 포함해야 할까? 그러한 기록을 누가와 요한 모두 생략한 것은 그들이 계속 예루살렘에서의 나타남을 이야기하기 때문에 이해할 만하다. 그러나 설사 그 절이 마가적 삽입으로 간주되어야 한다고 해도(가령 Bultmann, *History* 285; C. F. Evans, *Resurrection and the New Testament* [London: SCM, 1970] 78-79; R. H. Fuller, *The Formation of the Resurrection Narrative* [London: SPCK, 1972] 53, 60-61) 그것은 분명히 고전 15.5-7과 갈릴리 현현으로 증언되는 매우 이른 전통에 의존하고 있다(아래의 §18.3[8]; Pesch, *Markusevangelium* 2.538-39).

13) 마가는 거의 확실히 그 '청년'(*neaniskos*)이 천사로 이해되도록 의도하였다(막 16.5). 천사의 나타남은 아주 전형적으로 *neaniskos, neanias*로 묘사된다(토빗 5.5, 7 [LXX S]; 마카베오하 3.26, 33; Josephus, *Ant.* 5.213; Hermas, *Vis.* 2.4.1; 3.1.6; 3.2.5; 3.4.1; 3.10.1, 7; Lucian, *Philops.* 25). 천상의 존재를 흰옷을 입은 것으로 묘사하는 것도 전형적이다(단 7.9—하나님도 마찬가지; 마카베오하 11.8; 레위 유언서 8.2; 행 1.10; 계 4.4; 7.9, 13-14; 19.14; 그 밖에 에녹1서 87.2; 90.21; 막 9.3 참조). 다른 복음서 저자들은 그 전통이 천사들을 가리킴을 확신한다(마 28.3-5; 눅 24.4, 23; 요 20.12). 가령, Taylor, *Mark* 606-607 참조.

14) 그 여인들의 침묵은 마가의 비밀 모티프와 한통속이며(1.44; 5.43; 7.36; 8.30) 심지어 마지막까지 9.9의 교훈을 강화한다: 그 나타남 자체(16.7에 예시) 이후에야 비로소 그 이야기를 제대로 전할 수 있다(Räisänen, *Messianic Secret* 207-11 참조). 그 효과는 또한 여인들의 역할을 상대화하고 부활의 주된 증인으로서 제자들의 역할을 강화하는 것이다(Pesch, *Markusevangelium* 2.536; D. R. Catchpole, *Resurrection People: Studies in the Resurrection Narrative of the Gospels* [London: Darton, Longman and Todd, 2000] 20-8); 추가로 아래의 각주 26을 보라. 그 모티프는 눅 24.11에 의해 수정되지만(여인들의 보고에 부정적으로 응답하는 사람은 그 제자들이다; 유사하게 막 16.11) 베드로를 주요 증인으로 만들려는 유사한 취지를 수반한다(24.12, 34). J. D. Hester, 'Dramatic Inconclusion: Irony and the Narrative Rhetoric of the Ending of Mark', *JSNT* 57 (1995) 61-86은 마가의 '수사학적 아이러니'가 독자들에게 그 이야기의 실패를 구제하는 해석을 찾아내도록 강요한다고 주장한다.

15) 마 27.62-66; 28.4, 11-15. 수비대의 이야기는 대개 변증적 목적의 첨가물로 간주된다: 다른 복음서 저자들의 침묵을 다른 식으로는 설명하기 어렵다; 그들이 함께 있었다는 사실을 무덤에 오는 여

또 다른 지진을 포함시키는 것이 적절하다고 보았다(28.2).[16] 누가는 갈릴리에서 출현하리라는 약속(16.7)을 갈릴리에서 말한 무엇인가에 대한 회상으로 바꾸어버렸다(눅 24.6-7).[17] 요한은 마리아에게 나타나는 것을 예비하여 막달라 마리아에 초점을 맞추며(요 20.11-18) 그 무덤이 비었다는 베드로와 다른 제자의 목격 증언을 포함시키는 것을 중시한다(20.3-10).[18] 베드로복음서는 반유대적 모티프를 고조시키며 그 구연을 여인들 사이에 오간 좀더 풍성한 대화로 장식한다(베드로복음서 12.52-54).

예수 전통의 다른 사례들과 마찬가지로 그 차이들을 마태와 누가가 마가의 버전만을 알았다는 가설로 설명하는 것은 너무 말이 안 된다.[19] 물론 그들은 마가의 이야기를 각색했을 수 있다. 그러나 그 전통화 과정을 문헌적 편집이란 관점에서 개념화하는 것은, 가령 그날의 시간에 대한 다양한 묘사를 설명하기 어렵다(막 16.2 평행구). 그보다는 전반적으로 보면 당시 유통되던 다양한 버전의 빈 무덤 이야기가 있었으며, 구어 전통화 과정에서 우리가 예상할 만한 세목의 변용과 강조점의 윤색과 함께 그 핵심 전통

인들의 이전 기록과 통합시키는 일의 난점은 28.2-5의 연쇄물에서 명백하게 드러난다(그 수비대는 28.5-10의 정황이 지속되는 동안 무엇을 하고 있었는가?); 그 수비대를 설정하기 위해 부여한 이유(예수의 부활 예고에 대한 정보와 제자들의 부활 선포에 대한 기대: 27.63-64)는 후대의 변증적인 관심사를 더 많이 언급한다. 이는 혹 이미 유통되면서 마태의 당시에 여전히 영향을 끼치고 있던 대안적 설명(제자들이 시신을 훔쳐냈다)을 반박하기 위한 것일지 모른다(28.15). 가령, Davies and Allison, *Matthew* 3.652-53을 보라.

16) 다시 다른 복음서 저자들의 침묵은 27.51-54에서 보듯 마태적 스토리텔링이 왕성히 작동함을 암시하는 것 같다. 이는 그 사건의 종말론적 의의를 나타내는 방식이다(마 24.7 평행구; 슥 14.4-5 참조). 그 당대의 독자들은 하늘이나 땅에서 발생하는 그러한 혼란을 언급함으로써 신기원의 사건을 예표하는 장치(또한 성서에도 사용된)에 친숙해졌을 것이다(가령, Brown, *Death* 1113-16, 1121-23을 보라).

17) 눅 24.6('그가 갈릴리에 계실 때에 너희에게 어떻게 말씀하셨는지를 기억하라')이 막 16.7('그가 너희보다 앞서 갈릴리로 가리라')을 수정했다는 결론을 피해가기는 어려울 것이다. 특히 누가가 막 14.28('그러나 내가 살아난 후에 너희보다 먼저 갈릴리로 가리라')을 생략했고 16.7이 분명 그것을 되짚어 언급하고 있음을 상기할 때 그렇다. 그 이유 역시 분명하다: 누가는 갈릴리에서의 부활 현현 기사나 그것에 대한 어떤 언급도 생략하는 쪽을 선택했다(특히 눅 24.49; 행 1.4을 주목하라); 추가로 제2권을 보라.

18) 풀러가 주장하듯이(*Formation* 136), 20.8의 '그는 믿었다'란 문구가 '부활절 신앙이 그리스도 현현에서 빈 무덤으로 전이되었음'을 나타내는 것이 그렇게 확연한가? 그 어조는 확실히 사랑받는 제자의 믿음에 담긴 우선권을 강조한다. 그러나 요한은 '그들은 성경에 그가 죽은 자 가운데서 다시 살아나야 하리라 하신 말씀을 아직 알지 못하더라'(20.9)는 구절을 즉각 덧보태며 계속하여 마리아(20.15-16)와 도마(20.25-28)의 부활 신앙으로 두 전환 장면을 기술하는데, 여기서 (예수를) 보는 모티프가 강조된다(20.29)

19) 크로산은 모든 빈 무덤 이야기의 버전들(요 20장을 포함하여)이 마가의 기사에서 유래했다고 가정한다(*Birth* 556); 유사하게 Bultmann, *History* 287; L. Geering, *Resurrection—a Symbol of Hope* (London: Hodder, 1971) 51; Funk, *Honest* 221; *Acts of Jesus* 23-24, 465-66. 세 문헌들(마가복음, 요한복음, 베드로복음서) 모두 '서로 독립적으로 보다 오래된 수난 서사를 사용했다'는 쾨스터의 결론과 대조해보라(*Ancient Christian Gospels* 240).

을 거듭 구연하였다고 추정하는 것이 훨씬 더 잘 납득된다. 마태와 누가는 마가의 버전을 접한 상태였지만 그들의 교회에서 빈 무덤의 이야기는 분명 공통된 그들 전통의 일부였다. 물론 그들의 교회가 존재했다는 전제에서 가능한 이야기다.[20] 물론 복음서 저자들의 출신 진영 내에 그 빈 무덤의 이야기를 모르는 상태에서 특유의 극적인 강렬함을 동반하여 그것을 거듭 구연하지 않았던 교회가 있었는지 물어볼 수 있다.[21] 빈 무덤의 이야기가 그 무덤의 현장에서 초기 예루살렘 공동체의 예전적 기념의 일부로 처음 등장했다는 추가적 대안은[22] 훨씬 그 신빙성이 떨어진다. 가설에 따르면 그러한 예전적 전통은 형식과 내용에서 안정되었을 것이다. 어떤 확립된 예전이 그러한 다양한 반복적 구연들을 생겨나게 했으리라 보기 어렵다.

그렇다면 어디서 그 전통이 등장했을까? 무엇이 다양한 반복적 구연들 내에 확연한 그 정도의 안정성을 부여했을까?[23] 이전에 검토된 다른 전통들의 경우처럼 가장 명백한 해답은 다음과 같다. 그 에피소드에 연루된 자들, 그 사건의 충격을 경험한 자들, 그들이 그렇게 보고 들은 것을 말함에 있어 그 전통에 확정적이고 지속적인 형태를 부여한 자들,[24] 바로 그들이 그 매개체이다. 전해진 대로의 그 이야기에 대입해보면 이는 확실히 무

---

20) 마가 이전의 수난 서사는 16.1-8을 포함했거나 그것과 함께 끝났을 가능성이 있다. 특히 Pesch, *Markusevangelium* 2.519-20; U. Wilckens, *Resurrection* (Edinburgh: St. Andrew, 1977) 29, 39-44; P. Perkins, *Resurrection: New Testament Witness and Contemporary Reflection* (London: Chapman, 1989) 115-24; Becker, *Jesus* 344을 보라.

21) H. von Campenhausen, 'The Events of Easter and the Empty Tomb', *Tradition and Life in the Church* (London: Collins, 1968) 42-89은 아리마대 요셉에 의한 매장과 관련한 그 전통의 신빙성에 특별한 비중을 부여한다(76; 위의 §17.1g를 보라).

22) 주목할 만한 것은 L. Schenke, *Auferstehungsverkündigung und leere Grab. Eine traditionsgeschichtliche Untersuchung von Mk 16.1-8* (SBS 33; Stuttgart: KBW, 1969²)과 Schillebeeckx, *Jesus* 331-37. 페쉬는 '그가 여기에 있지 않다'라는 그 중심 모티프가 (셴케가) 자명한 것으로 가정한 빈 무덤에 대한 관심을 거슬려 말한다고 본다(*Markusevangelium* 2.537).

23) 열한 제자에게 나타난 사건에 대한 그들의 평가와 대조적으로 타이센과 메르츠는 빈 무덤 전통에 대한 그들의 평가에서 그 전통의 이러한 특징을 무시한다(*Historical Jesus* 499-503).

24) Evans, *Resurrection* 75-79은 '빈 무덤 이야기의 역사적 핵심'이 확정될 수 있는지 여부를 묻는다 (76); 그러나 전통의 알맹이/핵심은 같은 것이 아니다. 페쉬의 논의(*Markusevangelium* 2.537-38)에 비추어 그가 '뺄셈 과정'(Subtraktionsverfahrens)이라고 묘사한 것과 내 전통사적 분석의 형식 가운데 차이점을 나는 또한 강조해야 할 것이다. 그렇게 하여 이 '역사적 핵심'은 모든 전설적인 윤색을 벗겨냄으로써 노출시킬 수 있다고 생각된다. (그의 관심과 같이) 내 관심은 언제나 그 전통이 어떻게 그 현재 모습에 이르게 되었는지 설명하는 것이다. (그의 경우와 구별되게) 내 가설은 한 전통 내의 안정된 요소들이 그 전통에 그 정체성을 부여하고 다양한 반복적 구연을 통해 그 전통의 정체성을 유지하여 그로 말미암아 처음부터 그 전통을 구성한 그 양식과 핵심(역사적 핵심이 아니라)을 드러낸다는 것이다.

덤을 방문한 여인들이나 또한 그 빈 무덤을 본 자들, 혹은 그 이야기를 처음으로 들었던 자들이나 그 가운데 그 이야기가 처음 기념된 최초 집단을 뜻한다. 물론 그 이야기가 자력으로 전해질 리 없었을 것이다. 그것은 예수의 부활을 기념하는 의식의 일부였다. 그러나 우리는 정말 그것이 처음부터 그 기념 의식의 일부였다고 결론지을 수 있을까? 여기에는 긍정적인 답변의 증거가 되는 다양한 징후들이 있다.[25]

a. 막달라 마리아와 다른 여인들에게 부여된 현저한 역할

이것이야말로 모든 변용물 가운데 가장 견고한 그 전통의 특징이다. 처음으로 그 빈 무덤을 이야기하는 사람은 바로 그녀들이다.[26] 마리아는 빈 무덤을 다른 제자들, 곧 사도들 중 사도들에게[27] 보고하는 영예를 갖는다. 그러나 잘 알려진 대로 당시의 중동 사회에서 여성들은 신뢰할 만한 증인으로 간주되지 않았다. 한 여인의 법정 증언은 심하게 무시되었다.[28] 더구나 마리아가 이전에 마귀에 들렸었다는 보도(눅 8.2)는 특히 그녀에게 돌

---

25) 특히 E. L. Bode, *The First Easter Morning: The Gospel Accounts of the Women's Visit to the Tomb of Jesus* (AB 45; Rome: Biblical Institute, 1970) 151-75 참조. W. L. Craig, *Assessing the New Testament Evidence for the Historicity of the Resurrection of Jesus* (Lewiston: Mellen, 1989)는 그 주장들을 정리하면서 그 논거를 가장 강하게 역설한다(352-73). 또한 J. M. Barclay, 'The Resurrection in Contemporary New Testament Scholarship', in G. D'Costa, ed., *Resurrection Reconsidered* (Oxford: Oneworld, 1996) 13-30 (여기서는 18-23)의 공정한 개관을 참조하라.

26) 마 28.8/눅 24.9; 눅 24.22-23. 여인들의 침묵(막 16.8)에 대해서는 위의 각주 14를 보라. 물론 마가는 그 이야기가 여인들과 함께 죽어 사라졌다고 암시하려 의도한 게 아니었다. 어느 쪽으로든, 그것은 틀림이 나버렸다; 마가는 그것을 알고 있다! 그가 자신의 이야기를 개방적으로 종결한 것, 즉 그 것을 읽을 때 듣는 회중이 그 뒤로 무슨 일이 있었는지 아는 것과 개인적인 경험으로 아는 내용이 여전히 생겨나고 있다는 것에 근거하여 그 이야기의 구연을 계속 수행해나가도록 그렇게 개방해 둔 것은 마가의 천재성이다. 페쉬(*Markusevangelium* 2.535-36)와 웨더번(*Beyond Resurrection* 281 각주 320)이 우리에게 상기시켜주듯이, '두려움'이라는 마지막의 어조가 반드시 부정적인 특징으로 간주되어서는 안 된다.

27) Schüssler Fiorenza, *In Memory of Her* 332.

28) 요세푸스는 아마도 그 당시의 전형적인 편견이었던 것을 지적한다: '여인들로부터 아무 증거도 용납하지 말도록 하라. 그들의 성(性)이 경박하고 무모하기 때문이다'(*Ant.* 4.219). 누가는 그와 같은 회의주의를 공유한다!(눅 24.11) 이후에 미쉬나에서는 '증언의 맹세'에 대한 법(레 5.1)이 여성은 제외하고 남성에게만 적용되는 쪽으로 구체화되었다(*m. Shebu.* 4.1); 증인으로서 여인들의 무자격은 무자격으로 간주되어야 할 것의 척도였다(*m. Rosh Hash.* 1.8). 오늘날에도 이슬람 국가에서 여성의 증언은 남성의 증언 절반의 가치에 불과한 것으로 간주된다. 또한 M. Hengel, 'Maria Magdalena und die Frauen als Zeugen', in O. Betz et al., eds., *Abraham unser Vater*, O. Michel FS (Leiden: Brill, 1963) 243-56을 보라.

려진 어떤 이야기에도 신빙성을 보태기 어려웠을 것이다.[29] 그렇다면 왜 그러한 증언을 여인들에게 돌린 것일까? 그것이 사실로 기억된 것이 아니었다면 말이다.[30] 이와 대조적으로 그러한 이야기, 곧 공적인 불신과 편견 앞에 버텨야 했을 이야기가 1세기 팔레스타인의 도시와 마을 공동체에서 만들어졌으리라고 진지하게 주장할 수 있을까? 이러한 고려 사항만으로도 왜 바울이 인용한 전통이 증인들의 목록(고전 15.4-8) 가운데 여인들의 증언을 포함하지 않는지 충분한 설명이 될 수 있다.[31]

마가와 마태가 빈 무덤에 대한 어떤 다른 증인들에 대해 아무것도 말하지 않는 것은 다소 놀랍다. 우리가 그 전통 내에 다른 증언을 가지고 있기 때문이다. 스스로 가서 보는 베드로와 다른 제자에 대한 요한의 이야기(요 20.3-10)는 마리아의 증언을 대체할 의도로 보기 어렵다.[32] 요한이 좀더 나아가 즉시 첫 번째 부활 현현의 영예를 마찬가지로 마리아에게 부여하기 때문이다(20.11-18). 여기서 그 보고 내용은 적어도 요한복음에서 어떤 이들에게 그 정보의 출처였을 '예수가 사랑한 자'의 독립적인 증언에 의존하는 듯하다(20.2).[33] 그것에 좀더 비중을 부여하는 것은 누가복음 24장의 확신 어린 증언이다. 단지 위에서 인용한 24.12뿐 아니라[34] 또한 그 뒤에 나오는 24.24의 언급 말이다. '또 우리와 함께 한 자 중에 두어 사람이 무덤에 가 과연 여자들이 말한 바와 같음을 보았으나 예수는 보지 못하였느니라.'[35]

---

29) 켈수스(Celsus)는 이를 '반 미친 여자'의 증언으로 경멸적으로 언급한다(Origen, *c. Cels.* 2.59).

30) 맨 처음 전해진 그대로 그 이야기가 천사들을 본 것을 포함했다는 사실은 빈 무덤에 관한 증언에서 무엇을 더하거나 빼지 않는다; 천사의 환상은 계시적 경험의 '기계적 역학' 일부였다(자료는 가령, C. A. Newsom, 'Angels', *ABD* 1.252에서). 그 사실이 '보는' 과정을, '구술하는' 과정만큼 조건 지었는지 여부는 미결의 쟁점이다.

31) 또한 Wedderburn, *Beyond Resurrection* 59-61을 보라: '여인들, 특히 막달라 마리아의 뛰어난 역할이 훗날에 억압되었다고 보는 것이 그러한 전통이 후대의 첨가물이었다고 보는 것보다 훨씬 더 그럴듯하다'(60); Catchpole, *Resurrection People* 199-201.

32) 하지만 그라스(H. Grass)는 요 20.2-10이 요 20.1, 11-18에 덧붙인 부차적인 첨가물이라고 주장한다(*Ostergeschehen und Osterberichte* [Göttingen: Vandenhoeck und Ruprecht, 1961²] 54-57).

33) 여기서 '사랑받는 제자'의 중요성에 대해서는 Brown, *John* 1004-7을 보되 특히 19.35과 21.24을 주목하라(Brown 936-37, 1127-29). 우리는 제3권에서 사랑받는 제자의 정체 문제로 다시 돌아와야 할 것이다. 당분간 특히 Brown, xcii-xcviii을 보라.

34) §18.2의 시작 부분에서 다룬 본문의 두 번째 단락에 나옴. 눅 24.12의 본문이 증언되는 강점을 전제하면, 그것이 RSV에서 누락되고 UBS³에서 그렇게 미미한 등급을 받은 것은 놀랍다(Metzger, *Textual Commentary* 184, 191-93을 보라; Fitzmyer, *Luke* 131, 1547; Lüdemann, *Resurrection* 138-39을 보라).

35) 눅 24.12이 '베드로에게 처음 나타난 그 부활 현현의 전통을 손질하면서 막 16.1-8의 무덤 전통을 발전시킨 것'이라는 뤼데만의 주장(*Resurrection* 139)은 왜 24.12과 24장이 둘 다 베드로에게 나타난

그 무덤의 빈 상태에 대해 추가 증언이 있었다면 마가와 마태가 그 여인들의 이야기만으로 확실히 만족했다는 사실은 짐작건대 그 여인들의 증언에 돌려진 비중이 처음부터 얼마나 컸는지 시사한다.[36]

b. 고고학적 증거

특히 예루살렘에서 나온 고고학적 증거는 몇 가지 흥미로운 정황상의 증거를 제공한다. 그 증거는 헤롯의 치세 기간에 이차적 매장의 관습이 발전했음을 암시한다. 전형적으로 바위를 깎아 만든 방에다 처리한 맨 처음의 매장은 그 육체가 부패되어 뼈만 남도록 했다. 아마도 처음의 매장 이후 1년이 지난 다음 뼈를 수거해 유골함에 담고 그것을 무덤의 방[=현실, 효室] 안쪽에 보존했을 것이다.[37] 특히 흥미로운 것은 이러한 관습이 독특하고도 유일하게 유대적이었던 것으로 보인다는 사실이다.[38] 또한 그러한 현실형 무덤들(kokim)이 예수 무덤의 전통적인 유적지 안마당에서 발견되었다는 사실은 그 무덤 터가 본래 그러한 매장 관행을 수월하게 한 채석장이었다는 점을 확인해준다.[39]

왜 헤롯 시대의 유대인들은 이러한 독특한 매장 관습을 발전시켰을까? 그 대답은 죽은 자들의 미래 전망에 대한 그들의 믿음 가운데 찾아보아야 할 것이다. 그렇다면 죽은 자들의 미래 부활에 대한 믿음이 헤롯 시대 이전 수십 년간, 특히 마카베오 시대의 순교자들에 대한 회고 가운데 발전

일에 대한 어떤 언급도 배제하는지 설명하지 못한다. 만일 24.34이 베드로에게 나타난 일의 우선권을 보호하기에 충분하다면 24.12은 불필요하다.

36) 칸리(Carnley)는 제자들이 갈릴리로 도주했기 때문에 그 여인들이 빈 무덤의 증인으로 간주될 수 있던 유일한 자들이었다고 제안한다(*Structure* 59-60). 그러나 이는 누가와 요한이 증언할 가능성과 동시에 모든 제자들이, 심지어 열한 제자들 모두가 갈릴리로 돌아가지는 않았을 가능성을 무시한다(눅 24.13-32; 요 21.2; 열한 제자 가운데 일곱 명만).

37) 타이센과 메르츠는 무덤보다는 유골함이 그러한 '유물 제의'의 초점이 되었을 가능성을 제안하면서 이 점을 간과한다(*Historical Jesus* 500). 펑크는 그 관습을 알고 있지 못하는 것 같다(*Honest* 235).

38) 자세한 내용과 도형, 전문적인 참고 자료는 R. Hachlili, 'Burials' *ABD* 1.789-94 (여기서는 789-91); Reed, *Archaeology* 47-48 (위의 제9장 각주 177에서 인용됨); 또한 Meyers and Strange, *Archaeology* 94-100을 보라. 그 관례는 가령 *m. B. Bat.* 6.8; *m. Mo'ed Qat.* 1.5-6에 언급된다.

39) 자세한 내용과 사진은 Murphy-O'Connor, *The Holy Land* 54-55.

해나간 것은 우연이 아닐 점이다.[40] 또한 그 믿음이 상당 부분 죽어버린 몸의 육체적 회복이란 견지에서 형성되었다는 점도 마찬가지다.[41] 그렇다면 분명히 추리할 수 있는 것은 그 이차적 매장의 관습이 희망 어린 부활을 내다보며 발전했으리라는 점이다.[42] 부활이 육체적인 몸의 회복을 의미하였기에 그 뼈들은 흩어지고 망실되어서는 안 되었을 터이다. 하나님이 그것으로 그 몸을 재구성할 틀로 삼도록 외려 그것은 함께 보존되어야 했다. 그 과정은 이미 에스겔의 큰 환상 가운데 예표되었다. 뼈와 뼈들이 서로 상합하여 힘줄과 살로 뒤덮이고 회복된 생명의 숨결(ruah/pneuma)을 고대한다(겔 37.7-10).[43] 죽은 자의 몸을 재구성하는 가운데 필요한 전부는 썩지 않은 하나의 작은 뼈(luz, 미저골의 끝부분)라는 이후의 랍비 의견은[44] 모든 뼈들이 요구되리라는 이전의 가정과 많은 뼈들이 거의 소실되거나 불완전하게 매장되었기 때문에 생겨난 질문을 전제로 깔고 있다.

c. 방해받지 않은 무덤에 관한 암시의 전적인 부재

고고학적 증거의 연관성은 명백하다. 예루살렘에서 (그 밖의 이스라엘 땅의 다른 곳에서) 한 몸이 살아났다는 어떤 주장도 죽은 몸의 회복 내지 재건이란 견지에서 가장 그럴듯하게 이해되었을 법하다. 그 당위적 추론은 (예전

---

40) 위의 §17.6b를 보라.
41) 마카베오하 7장에 의하면, 육체적 회복의 희망을 자극한 것은 바로 일곱 형제의 육체적 고문과 신체 절단이다: '생명의 영원한 소생'(7.9), 고문 중 잘려나간 몸을 되돌려 받으리라는 셋째 아들의 확신(7.11), 태어날 때 받은 생명과 숨결(pneuma)을 창조주에 의해 되돌려 받으리라는 것(7.22-23), 그 아들들을 '돌려받을 것'이라는 그 어머니의 확신(7.29). 유사하게 피투성이의 자살을 마무리하면서 라지스(Razis)는 '자신의 내장을 뜯어내 두 손으로 취한 뒤 그것을 군중에게 던지면서 그것을 그에게 다시 돌려달라고 생명과 영의 주께 청했다'(14.46). 바룩2서 50.2은 부활한 자의 형상이 그들이 죽었을 때와 같을 것이라는 확신을 준다; *Sib. Or.* 4.181-82: '하나님은 스스로 인간들의 뼈와 재를 다시 변화시켜 썩을 수밖에 없는 인간들을 전과 같이 다시 살릴 것이다.'
42) S. Fine, 'A Note on Ossuary Burial and the Resurrection of the Dead in First-Century Jerusalem', *JJS* 51 (2000) 69-76에는 실례지만. 크로산과 리드도 가야바의 유골함이 부활을 믿지 않았을 사두개인의 유골함임을 지적하면서 그 점에 대해 이의를 제기한다(*Excavating Jesus* 237-41, 244). 하지만 돌이킬 수 없는 죽음의 속성에 직면하여 어떤 이들은 이전에 견고하게 주장된 신념을 누그러뜨릴지 모른다.
43) 겔 37장에 나오는 '죽은 뼈들의 경이로움'은 집회서 49.10; 4Q385 단편 2=4Q386 단편 1=4Q388 단편 8; *Liv. Pro.* 3.12; *Sib. Or.* 2.221-24에서 다가오는 세대를 위한 희망을 제공한다.
44) Moore, *Judaism* 2.385.

의) 몸이 사라졌으리라는 것이었을 터이다. 육체적 부활은 반드시 빈 무덤을 암시했다.[45]

그렇다면 우리가 접근 가능한 자료의 그 어느 대목에도 방해받지 않은 매장 위치에 대한 언급으로 예수의 부활과 관련된 초기 그리스도인의 주장에 어떤 질문이 제기되고 있다는 아무런 단서도 보이지 않는 점은 주목할 만하다.[46] 그리스도인의 주장에 반하는 이후 랍비의 쟁론은 그 점을 다루거나, 가령 제자들이 예수의 무덤이 어디 있는지 잊어버렸다고 제안하지 않았다. 마태는 그의 당대에 제자들이 시신을 훔쳤다는 이야기가 여전히 유통되고 있었음을 이야기한다(마 28.15).[47] 그것이 정말 맞다면, 그리스도교적 사건 해석의 반대자들은 표면상 그 무덤이 비었다는 것은 부인하지 않았다는 것이다. 그들은 같은 논리를 따랐다. 빈 무덤은 그것이 빈 이유에 대해 달리 설명하지 못했다면 부활을 암시할 수 있었다.[48]

빈 무덤의 이야기가 그 사건 직후 예루살렘에 전파되었을 터이기 때문에 이 침묵은 더욱더 인상적이다. 추후 살펴보겠지만, 예수 운동이 예수의 사후 짧은 시간 내에 예루살렘에서 '출발했다는' 증거는 강력하다.[49] 그 정확한 세부 사항과 연대가 어떠하든지, **예수의 이전 메시지의 단순한 반복만이 아니라 또한 예수의 부활**이 처음부터 태동기 그리스도교의 독특한 메시지의 심장부였던 것 같다.[50] 사도행전은 그러한 설교가 예수를 '넘

---

45) 마가가 빈 무덤의 이야기를 만들어냈다는 논지에 반대하여(J. D. Crossan, 'Empty Tomb and Absent Lord [Mark 16:1-8]', in Kelber, ed., *Passion in Mark* 135-52; 또한 *Birth* 556-59; A. Yarbro Collins, 'Empty Tomb and Resurrection According to Mark', *Beginnings of the Gospel* 119-48), 부활에 대한 믿음을 뒷받침하여 빈 무덤 전통이 팔레스타인 바깥의 어디에서든 나타났을지 여부를 물어보아야 한다.

46) 예수의 몸이 임의로 폐기되었다고 알려졌거나 가정되었다고 해도 같은 논리가 적용될 것이다; 그러나 어느 쪽으로도 이에 대한 암시는 없다(§17.1g). 매장/처리의 장소가 알려지지 않았을 가능성과 관련하여(여전히 Carnley, *Structure* 55-57과 Wedderburn, *Beyond Resurrection* 65에서 재활용되고 있지만) 초기 반그리스도교의 논쟁 가운데 극히 사소한 암시조차 없다.

47) G. Stanton, 'Early Objections to the Resurrection of Jesus', in S. Barton and G. Stanton, eds., *Resurrection*, L. Houlden FS (London: SPCK, 1994) 79-94은 같은 설명이 Justin, *Dialogue with Trypho* 108 (84-86) 당시에도 유포되어 있었음을 주목한다.

48) '유대인 사이에서 논쟁이 발생한 것은 상당히 중요한데, 유대인의 마음에 "부활"이 자연스레 **무덤에서의** 부활을 암시했음을 보여주기 때문이다'(Fuller, *Formation* 73).

49) 제2권을 보라.

50) 누가가 사도행전의 설교에서 원시적 자료를 사용한 것은 여기서 주목할 만하다; 특히 2.22-32; 3.13-15, 19-21; 10.36-41(또한 위의 각주 4와 추가로 이후의 제2권을 보라).

겨주는' 데 책임이 있던 자들, 즉 예루살렘의 성전 권세자들로부터 불같이 호된 적대적 시련을 초래했음을 시사하는데(행 4-5장), 이를 의심할 이유는 없다.[51] 명백한 요지인즉, 그 몸이 적절히 매장된 이후 방해받지 않았든, 알 수 없는 차원에서 부패되었든, 아니면 다른 방식으로 처리되었든, 예수의 몸에 어떤 일이 생겼는지에 관한 반대 증언보다 베드로와 다른 자들이 제기한 주장을 어떤 것도 더 허물지 못하리라는 것이다. 물론 제사장 계열의 사두개인은 부활을 믿지 않았다. 그들이 예수의 몸에 생긴 일에 대안적 설명을 제공하려고 한 더 중요한 이유는 효과적으로 그 교리 자체를 분쇄하려는 것이었다. 빈 무덤은 사두개인의 대적인 바리새인과 그리스도인들에게 그들의 부활 신념을 위한 너무도 큰 여지를 제공했다(행 23.6-9).

d. 무덤 숭배의 전적인 부재

고려해야 할 가장 두드러진 요인들 중 하나는 그리스도교의 초기 수십 년 내에 어떤 무덤도 예수가 안치되었던 장소로 숭배된 기록이 없다는 점이다. 반대편의 이론에도 불구하고,[52] 예수의 부활한 몸에 대해 매우 육체적인 이해를 공유한 누가는(눅 24.39) 예루살렘에서 그리스도교가 시작된 이야기를 하면서 예수의 매장 현장에서 예배나 기도를 드렸다는 그 어떤 낌새도 전혀 비치지 않는다(행 2-5장). 바울도 자신이 예루살렘을 방문한 이유 중 하나가 예수의 마지막 안식처 현장을 참배하는 데 함께하는 것이었다는 암시를 전혀 보이지 않는다. 이는 정말로 인상적인데, 다른 종교들과 마찬가지로 동시대 유대교 내에서도 적절한 무덤을 조성하고 (암묵적으로나마) 그 현장을 참배함으로써 죽었을망정 존경하는 이를 추모하여 경의를 표하려는 욕구가 곧잘 탐지되기 때문이다.[53] 오늘날까지 이스라엘에서는

---

51) '핍박자'('우리를 핍박하는 그 사람')(갈 1.23; 또한 13)로서 바울의 역할은 분명히 그의 회심보다 시기적으로 적어도 몇 개월 앞섰는데(어쩌면 예수의 십자가 처형 이후 18개월 이내일 수 있다), 이는 예수의 죽음 이후 수개월 내에(1-2년 내에) '박해'가 있었다는 사실을 확인해준다. 다시 제2권을 보라.
52) 다시 쉥케(Schenke)를 보라(위의 각주 22).
53) 마카베오상 13.27-30; Josephus, *War* 4.531-32; 5.506; *Ant.* 7.392; 13.249 (그 무덤은 수세기 동안 방

유명한 옛 예언자와 랍비들의 그러한 터가 적시될 수 있다. 설사 특정한 전통들이 기원상 훨씬 후대의 것일지라도,[54] 그 전통 자체는 뿌리가 족히 예수 시대 이전의 희미한 과거로 스며드는 특징적인 본능과 기본 성격을 입증해준다. 마태와 누가 모두 예수가 예언자들(여기서 마태는 의로운 자들을 덧보탠다)의 무덤을 존숭하는 이 본능을 언급하는 것으로 회고하는데(마 23.39/눅 11.47), 이와 관련하여 우리는 타당한 사회학적 고찰이라고 서술할 만한 이러한 현상을 의심할 이유가 없다.

왜 첫 그리스도인들은 이 경건한 본능과 전통을 행동으로 옮기지 않았을까? 지금까지 검토한 증거에 비추어 유일하게 명확한 답변인즉, 그들이 그 어떤 무덤도 예수의 시신을 담고 있다고 믿지 않았다는 것이다. 그들은 숭배할 어떤 유해가 있다고 생각하지 않았기 때문에 예수의 유해를 숭배할 수 없었다.[55] 빈 무덤에 대한 가장 오래된 대안적 설명에 반대해서도 같은 논점이 제기되어야 한다. 제자들이 그 시신을 훔쳐냈다는 설명 말이다(마 28.13-15).[56] 제자들이 정말로 그 시신을 옮겼다면, 그들이 그것을 어떤 다

해받지 않은 채 남아 있었다); 16.179-83 (그 논평을 주목하라); 18.108; 20.95; 행 2.29; '하나님의 신실한 자들은 바로 이 날까지 그 장소[예레미야의 무덤]에서 기도한다'(*Liv. Pro.* 2.4); 추가로 J. Jeremias, *Heilgengräber in Jesu Umwelt* (Göttingen: Vandenhoeck, 1958)를 보라.
54) 가령, Murphy-O'Connor, *The Holy Land* 116-18, 124, 126-27, 137-39, 370, 397, 456을 보라.
55) 나는 처음 이 주장을 *Jesus and the Spirit* 120에서 제출했다. 이에 대한 비판에서 웨더번(*Beyond Resurrection* 63-65)의 보다 개연적인 설명은 그들이 공동 무덤에서 그 시신을 확인하는 데 어려움이 있었거나(그럼에도 그는 뼈를 수거하여 유골함에 안치하는 관습이 그러한 경우에서 그 유해를 확인하는 어떤 방식을 전제한다고 인정한다—Brown, *Death* 1210을 인용하면서) 또는 그들이 몇몇의 몸이 임의로 처리된 현장을 높이 기리고 싶어하지 않았으리라는 것이다—크로산의 '석회칠을 한 구덩이'(위의 제7장 각주 94); 유사하게 B. R. McCane, '"Where No One Had Yet Been Laid": The Shame of Jesus' Burial', Chilton and Evans, ed., *Authenticating the Activities of Jesus* 431-52. 그러나 그것이 계속 이어지는가? 그리스도인들은 곧 모든 것들 가운데 십자가를 숭배하였다. 그렇게 견고한 핵심을 가진 전통(그 무덤이 비었다는 것)은 근원이 되는 기억을 더욱 구체화하는 것 같다. 웨더번 또한 칸리가 '우리 시대에 추정되는 거룩한 무덤 터에 대한 경건한 관심'에 비추어 그 주장을 무시한 관점을 언급한다(*Structure* 58; Barclay, 'Resurrection' 23 참조); 그러나 칸리는 콘스탄티누스가 확립한 체제 이후의 시기에 그러한 '경건한 관심'이 고조된 명시적인 현상을 무시한다. 그리스도교의 시작 이래 수십 년 내에 무덤(비었든, 방해받지 않았든)에 대한 그러한 관심의 증거가 전적으로 결여되어 있었다는 사실은 변함없다. 어떤 증거가 있다면 막 16.1-8의 당혹스런 결말은 빈 무덤의 최초 기사들에 내포된 초기의 문제적인 성격을 입증해준다. 반면 순교자의 칭송에 대한 확신은 꾸준히 그의 무덤에 대한 존숭과 결부되어갔다(Stuhlmacher, *Biblische Theologie* 1.177-78). 뤼데만은 아리마대 요셉이 예수의 장례를 돌본 점과 그것이 불명예스런 매장으로 알려졌다는 점과 함께, 만일 예수의 무덤이 알려졌다면 초기 그리스도인들이 그것을 높이 기렸으리라고 다소 모순된 방향의 주장을 편다(*Resurrection* 45).
56) 이는 또한 Reimarus, *Fragments* 161-64, 212과 다소 놀랍게도 Jeremias, *Proclamation* 304-305의 해법이었다.

른 적합한 위치에 정성껏 안치하지 않았으리라고 생각하지 않을 수 없기 때문이다. 그 경우에 그 내막을 잘 아는 자들에 의해 은밀한 숭배의 관행이 유지되지 않았고 또한 그것에 대한 어떤 암시가 보다 넓은 범위의 제자들에게 미치지 않았으리라 거의 생각기 어렵다. 고려하여야 할 그 사항은 얼마나 많은 자들 혹은 적은 자들이 그 속임수에 연루되었든 간에 여전히 타당하다. 복음서 전통에 간직된 그 이야기는 더욱 강력한 대안으로 머물러 있다. 첫 그리스도인들은 예수의 몸이 어디 누워 있는지 알았지만(그 기억은 콘스탄티누스의 시대까지 내내 지속되었던 것 같다),[57] 그들은 거기에 거의 주목하지 않았다. 왜냐하면 그들이 관련되는 한 그의 무덤은 비어 있었기 때문이다. 예수는 그 무덤에 머물러 있지 않았다.

e. 바울의 증언은 어떠한가?

이 모든 것에서 중요한 대립적 경향은 바울이 빈 무덤의 전통을 알았는지의 질문으로 드러난다. 복음서 밖의 가장 명확한 부활 전통의 이야기(고전 15.3-8)는 부활 현현만을 증언할 뿐 어떤 빈 무덤의 이야기도 포함하지 않는 점이 주목할 만하기 때문이다. 더욱더 주목할 만한 것은 바울이 지금까지 가정된 신체적인 회복이란 개념화와 별도로 부활한 몸(예수의 부활체를 포함하여—15.13-16, 20-23)에 대한 상이한 개념화를 제시한다는 사실이다. 그 부활체는 죽음으로 땅에 들어간 몸과 다른 몸(15.37-38), 곧 지상적 존재의 '혼적인 몸'(soulish body)이 아니라 '영적인 몸'이다(15.44-50).[58] 그렇다면 그것은 바울이 예수의 부활에 대한 육체적 회복이란 이해를 부인했으며, 그리하여 바울이 빈 무덤의 전통을 아무것도 알지 못했고 그것을 배제했으며 심지어 그 전통을 논박했을 가능성을 의미하는가?

여기에 긍정적인 답변이 나올 것 같지 않다. 바울이 자신의 회심에서

---

57) 위의 제17장 각주 105를 보라.
58) 추가로 아래의 §18.5b와 제2권을 보라.

받은 전통은 예수의 죽음뿐 아니라 매장도 언급했다. '내가 [이미 확립된 전통으로] 받은 것은 이것이니 그리스도께서 우리 죄를 위해 성경대로 죽으시고 장사 지낸 바 되었다가 나타났다…'(15.3-4). 왜 그 두 번째 절('그가 장사 지낸 바 되었다는 것')이 나오는가? 왜 다른 이야기들의 경우처럼 직접 죽음에서 부활로 즉각 이동하지 않는가?[59] 가장 명확한 답변은 그 몸의 장례 처리가 최초의 고백적 진술들 가운데 중요한 점이었다는 것이다.[60] 이는 부활절의 최초 전통 속에서 무덤의 장소 이야기—장사 지낸바 되었지만 또한 빈 무덤—를 반영하는 듯하다.[61] 이 점에서 그 주장은 거꾸로 제기될 수 있을 것이다. 설령 바울의 개념화에서 부활체가 부활에 대한 예루살렘 교회 쪽의 개념화와 관련하여 우리가 상정한 대로 죽은 몸과 아주 단단히 연계되지 않았을지라도(혹은 그렇지 않았을 가능성이 있을지라도) 바울 딴에 예수의 몸에 생긴 일에 대한 언급을 확보하고 있다는 흥미로운 사실이 등장하기 때문이다.[62]

다채롭게 분기하는 개념화와 관련하여 그럴듯하게 설명한다면, 바울은 훨씬 더 특징적인 헬레니즘의 환경 가운데 활동하고 있었으며, 이에 따라 몸에 대한 유대인의 개념을 넘어 육체와 영의 더 큰 불연속성을 당연시했다는 것이다. 나는 추후에 이 점을 다시 추적할 것이다.[63] 일단 그 상관성

---

59) 가령, 행 3.15; 10.39-40.
60) 위의 제17장 각주 96을 보라. 고전 15.4의 요점이 죽음의 현실을 확인시켜주는 것일지라도 (Wedderburn, *Beyond Resurrection* 87), 그 확인은 엄밀하게 보면 그 몸을 (무덤 속에) 매장함으로써 가능해졌다. 바울 자신이 예수 무덤의 빈 상태(또는 어떤 다른 상태)에 무관심했다고 해서(Grass, *Ostergeschehen* 173; Lüdemann, *Resurrection* 46), 그가 받은 전통이 이와 비슷하게 무관심했다는 의미는 전혀 아니다(K. Lehmann, *Auferweckt am dritten Tag nach der Schrift* [QD 38; Freiburg: Herder, 1968] 78-86). 다른 한편으로 크레이그의 확신은 그 증거를 넘어선다: '바울은 확실히 그 무덤이 비어 있었다고 믿었다'(*Assessing* 113).
61) 피츠마이어는 행 13.28-31의 유사한 공식적 표현에 주목한다—십자가에 달리고 무덤에 누워 있다가 다시 살아나 나타남(Luke 1534); 행 2.29의 경우처럼, '묻혔다'는 것은 '무덤/묘지'를 암시하는 것 같다. 다시 누가의 두 기사가 암시하듯이(눅 23.52-24.7과 행 13.28-31), 매장에 대한 언급은 이제 텅 빈 매장의 위치를 암시했을 것이다. 빈 무덤 **단언**이 그 발견에 대한 어떤 **서사적** 기록에 앞선 것이었다는 제안은 그러한 단언이 처음부터 거의 확실히 서사 형식을 띠었다는 점을 인정하지 못한다.
62) 그러나 마가의 빈 무덤 이야기가 '육체적 부활을 믿은 바울계 교회의 정확한 필요'(64-65)를 채우기 위해 만들어졌다는 M. Goulder, 'Did Jesus of Nazareth Rise from the Dead?', in Barton and Stanton, eds., *Resurrection* 58-68의 주장은 기이하다: **바울계** 교회가 **육체적** 부활을 믿었다는 증거가 어디 있는가?
63) 아래의 §18.5b를 보라.

은 두 가지 계통이다. 첫째, 바울의 이해는 그리스도교의 복음이 팔레스타인을 넘어 더 넓은 헬레니즘 세계로 확산됨에 따라 야기된 2단계의 개념화로 보인다. 그 함의인즉, 그것이 어느 정도 더 오래된 개념화(바울이 전수받은 고백 중 장례 관련 구절에 여전히 요약적으로 회고된)에 대한 반작용 또는 그 진척이었다는 것이다.[64] 둘째, 어느 정도 전통의 그 두 흐름(빈 무덤, 부활 현현)은 서로 독립적이었다.[65] 바울은 사실상 전자를 무시할 수 있었다. 나아가 최초의 빈 무덤 이야기는 그 무덤 자체에 무엇이 나타났다고 언급하지 않는다. 이 신중함으로 인해 전통의 한 흐름이 다른 흐름을 불러일으켰다고 주장하기 어렵게 된다.[66] 반대로 그 전통 자체는 비록 예수의 부활에 대한 최초의 개념화란 견지에서 상호 의존적이었을지라도 독립적인 기억에서 발생하여 그것을 계속 그렇게 독립적으로 활성화시켰던 것 같다.

다음으로 여기서 우리는 또 한 가지의 전통을 발견한다(막 16.1-8 평행구). 이전에 살펴본 대부분의 다른 내용들과 마찬가지로, 그 전통은 그 잠정적 의미로 인해 존중되고 곧장 첫 제자들 진영에서 하나님이 예수를 무덤에서 살리셨다는 그들의 확신을 구성하는 기본적인 요소로 거듭 구연되면서 목격자의 증언으로 표현되기 시작한 것으로 보인다.

---

64) 여기서 주목할 점은 최초의 전통이 오직 나타남에 대한 것뿐이었고 빈 무덤의 전통은 예수의 부활에 대한 이미 현존하던 믿음에 증거를 제공하기 위한 후대의 전설적인 윤색으로 당시 증대되던 부활의 물질주의적 개념을 시사하는 것이라는 공통된 주장을 내가 뒤집고 있다는 것이다(특히, Grass, *Ostergeschehen* 88-90, 173-86). 바울이 그 주제를 다루는 논법은 팔레스타인 내에서 예수의 '부활'에 대한 이전의 개념화를 대변하는 사례로 볼 수 없다. 추가로 아래의 §18.5b를 보라.

65) 폰 캄펜하우젠(von Campenhausen)이 주장한 주된 요점을 참조하라: 그의 분석에서 부각되는 두 개의 '본질적이고 의존할 만한 단편 자료'는 '갈릴리에 연원을 둔 의심할 여지없는 일련의 그리스도 현현과 예루살렘을 배경으로 한 빈 무덤의 발견이다'('Events of Easter' 77). 유사하게 U. Wilckens, 'The Tradition-History of the Resurrection of Jesus', in C. F. D. Moule, ed., *The Significance of the Message of the Resurrection for Faith in Jesus Christ* (London: SCM, 1968) 51-76 (여기서는 71-76); J. E. Alsup, *The Post-Resurrection Appearance Stories of the Gospel-Tradition* (Stuttgart: Calwer, 1975) 85-116. 이와 같은 고찰은 'Jesus' Resurrection as a Historical Problem'(*Jesus* 88-89)에 대한 판넨베르크의 논의의 출발점이다. 또한 I. U. Dalferth, 'Volles Grab, leerer Glaube? Zum Streit um die Auferweckung des Gekreuzigten', *ZTK* 95 (1998) 379-409.

66) Lüdemann, *Resurrection* 171-72 참조; 그러나 또한 고전 15.3-5을 언급하면서 '그 이야기[막 16.1-8]는 그 "교리"에서 처음 유추된 것'이라고 한 그의 이전 결론과 대조해보라.

18.3 나타남의 전통

　　전통의 두 번째 순서는 훨씬 더 광범위하지만 또한 훨씬 더 다양하다. 예수 전통 가운데 사실상 이와 아주 같은 것은 아무것도 없으며 효과적인 공관적 분석은 거의 불가능하다. 아래의 도표에서 나는 허용되는 추정상의 연대기적 순서에 최대한 근접하게 그 자료를 제출한다. 물론 이 단계에서는 그 연대기적 관련성에 어떤 비중도 부여하지 않은 상태이다.

누구에게	어디서	언제	마	막	눅	요	고전
1. 마리아	무덤에서	일요일 오전		(16.9)		20.11-18	
2. 여인들	무덤 근처	일요일 오전	28.8-10				
3. 베드로	?	일요일			24.34		15.5
4. 글로바	엠마오	일요일 오후		(16.12-13)	24.13-35		
5. 11명	다락방	일요일 저녁			24.36-49	20.19-23	15.5
6. 11명	다락방	+7일				20.26-29	
7. 120명?	예루살렘	40일			행1.3-11		
8. 11명	갈릴리	?	28.16-20	16.7		21.1-23	
9. 500명+	?	?					15.6
10. 야고보	?	?					15.7
11. 사도들	?	?					15.7
12. 바울	다메섹	+2년 후?			행 9장 외		15.8

　　(1)과 (2) 여인들에게 나타남. 마태복음 28.8-10; 요한복음 20.11-18.

마 28.8-10	요 20.11-18
8 그 여자들이 무서움과 큰 기쁨으로 빨리 무덤을 떠나 제자들에게 알리려고 달음질할 새	11 마리아는 무덤 밖에 서서 울고 있더니 울면서 구부려 무덤 안을 들여다보니 12 흰 옷 입은 두 천사가 예수의 시체 뉘었던 곳에 하나는 머리 편에, 하나는 발 편에 앉았더라. 13 천사들이 이르되 여자여 어찌하여 우느냐 이르되 사람들이 내 주님을 옮겨다가 어디 두었는지 내가 알지 못함이니이다.

<table>
<tr><td>

9 예수께서 그들을 만나 이르시되 평안하냐 하시거늘 여자들이 나아가 그 발을 붙잡고 경배하니
10 이에 예수께서 이르시되 무서워하지 말라. 가서 내 형제들에게 갈릴리로 가라 하라. 거기서 나를 보리라 하시니라.

</td><td>

14 이 말을 하고 뒤로 돌이켜 예수께서 서 계신 것을 보았으나 예수이신 줄은 알지 못하더라.
15 예수께서 이르시되 여자여 어찌하여 울며 누구를 찾느냐 하시니 마리아는 그가 동산지기인 줄 알고 이르되 주여 당신이 옮겼거든 어디 두었는지 내게 이르소서. 그리하면 내가 가져가리이다.
16 예수께서 마리아야 하시거늘 마리아가 돌이켜 히브리 말로 랍오니 하니 (이는 선생님이라는 말이라)
17 예수께서 이르시되 나를 붙들지 말라. 내가 아직 아버지께로 올라가지 아니하였노라. 너는 내 형제들에게 가서 이르되 내가 내 아버지 곧 너희 아버지, 내 하나님 곧 너희 하나님께로 올라간다 하라. 하시니
18 막달라 마리아가 가서 제자들에게 내가 주를 보았다 하고 또 주께서 자기에게 이렇게 말씀하셨다 이르니라.

</td></tr>
</table>

이것들은 동일한 전통의 변이본인가? 표면상으로 보면 분명한 대답은 '아니요'다. 그것들은 관여자들, 현장, 내용의 면에서 서로 다르다. 그것들은 공통된 핵심을 결여하고 있다. 그뿐 아니라 마태의 모호하고 다소 불만족스러운 이야기와 요한복음을 결론지으면서 미학적으로 (예술적으로와 정서적으로) 호소하는 만남들(마리아, 도마, 베드로) 사이에 현란한 대조가 있다.[67] 더구나 요한의 이야기는 예수가 자신의 아버지와 자신의 승천을 말하는 특징적인 요한의 모티프를 담고 있다.[68] 승천의 경우는 예수의 첫 번째 나타남과 이후 나타남들 사이의 흥미로운 위치에 자리 잡은 것으로 보인다.[69] 다른 한편으로 거기에는 몇 개의 연결점들이 있다. 첫 번째 나타남, 막달라 마리아의 연관, 빈 무덤과의 긴밀한 연관, 예수를 붙잡고(*ktratein*―마태복음) 만지는(*haptesthai*―요한복음) 모티프, 그리고 다른 제자들에게 전하라는 명령('내 형제들').[70] 그 변용은 사실상 요한이 우리가 공관복음에서 발견

---

67) 요한의 이야기가 왜 마태의 이야기보다 훨씬 더 많은 예술가를 자극해왔는지 쉽게 이해가 된다.

68) 특히 요 1.51과 3.13을 주목하라. 아울러 예수가 '들림 받고'(3.14; 8.28; 12.32, 34) 영화롭게 된다(7.39; 12.16, 23; 13.31; 17.1, 5)는 모티프를 요한이 사용한 경우를 참조하라.

69) 특히 Brown, *John* 992-93, 1011-17의 논의를 보라.

70) Davies and Allison, *Matthew* 3.668-69. 마 28.9-10이 막 16.1-8에서 구성되었다고 주장하는 사람들에게는 실례지만; 가령, Grass, *Ostergeschehen* 111이 그렇다('천사 현현의 단순한 중복 표기'); Fuller, *Formation* 78 (다시 137)은 천사 현현의 이전 전통이 그리스도 현현으로 전환된 것이라고 결론짓는

하는 것과 유사한 버전을 끌어들일 수 있었던 것 따위의 다른 사례들과 비교하여 별로 대수로울 게 없다.[71] 그렇다면 이는 단지 그 구연물 가운데 꽤 다양하게 퍼진 동일한 사건(또는 주장)에 관한 전통의 한 사례일 뿐인가?

그 두 이야기의 배후에 있는 전통사가 무엇이었든, 우리에게 핵심 질문은 이전에 빈 무덤 전통과 관련하여 제기된 바로 그것이다. 왜 이 복음서 저자들은 첫 증인들의 역할을 여인들에게 부여했는가? 이미 살펴본 대로 그것은 미래 청중들 가운데 하나님이 예수를 살리셨다는 주장에 대한 확신을 불어넣기 위해 꾸민 전술이었을 리 없다(§18.2a). 마태는 왜 그 이야기를 포함시키려고 애썼던가? 그 주요 목적이 제자들이 살아난 예수를 갈릴리에서 보리라고 천사들이 이미 던져준 메시지를 강화하는 것으로 보였기 때문일까? 28.9-10은 갈릴리 현현 장면(28.16-20)으로의 전환을 보다 반듯하게 처리하면서 손해 보지 않고 마태가 쉽사리 생략할 수 있었을 것이다.[72] 유일하게 확실한 대답은 최초 교회들의 공동 기억 내에는 첫 증인이 여인들이었다는 지속적인 보도, 곧 자신의 이야기가 얼마나 만족스럽지 못했든 이와 상관없이 마태가 무시할 수 없던 공식 보고가 있었다는 것이다.

마찬가지로 요한은 이야기 마지막 단계에서 왜 막달라 마리아에게 그러한 탁월한 위상을 부여했는가? 요한의 현현 이야기들에 현저하게 부각된 다른 등장인물들과 달리,[73] 그녀는 요한이 그의 서사에서 이전에 발언하는 역할을 부여한 일련의 등장인물들 가운데 한 사람이 아니었다. 요한은 그녀를 간음하다가 잡힌 여인(8.2-11—만일 그것이 요한의 본래 이야기의 일부

다(그러나 마태는 천사 현현 자료를 **보존했다**!); Alsup, *Post-Resurrection Appearance Stories* 111-14.
71) 주목할 만한 예로 요 4.46-54 평행구; 마 8.5-13/눅 7.1-10(위의 §8.4b); 요 6.1-14 평행구; 막 6.32-44 평행구(위의 §15.7f). 이러한 사례들에서 보듯, 요한이 그의 기록을 그와 같은 공관복음 평행구에서 끌어왔을 가능성은 떨어진다(Crossan, *Birth* 560-61과는 다르게); '또 다른 저자에게서 발견되는 한 저자의 편집적 독특성'에 대한 크로산의 검증(565)은, 요한이 마태의 편집 문구 '내 형제들'을 알고 있다(561)는 이 경우에 있어서, 마 28.9-10이 편집적으로 막 16.1-8에서 유래되었다는 견해에 의존하는데(560), 이는 받아들이기 어렵다. 왜냐하면 그것은 복음서 전통의 모든 다양성을 문헌적 의존이란 관점에서 설명해야 한다고 가정하기 때문이다. 쾨스터의 다음 진술과 대조해보라: '현존하는 복음서와 그 부차적 결말부의 저자들 각자는 이러한 현현 이야기를 공통된 자료가 아니라 그들 나름의 특정한 전통에서 끌어왔다'(*Ancient Christian Gospels* 220).
72) 어떤 식으로 28.9-10이 '무덤에 대한 이야기와 그 결론 격인 그리스도 현현 사이에 더 나은 전환점'을 제공하는지 불분명하다(Lüdemann, *Resurrection* 131).
73) 도마는 11.16; 14.5; 시몬 베드로는 가령 1.42; 6.68; 13.6-11, 36-38; 18.15-18, 25-27.

였다면), 또는 예수의 발에 기름을 부은 여인(12.1-8)과 동일시하려 하지 않는다.[74] 막달라 마리아는 20.1-18의 드라마에서 단독으로 중심 무대에 서기 전 십자가 처형의 증인으로 처음 등장한다(19.25). 여기서 다시 이와 관련된 가장 명확한 설명은 요한(요한 전통)이 막달라 마리아가 정말로 예수를 처음으로 본 자였다는 초기 기억(사랑받는 제자?)과 연계되어 있었다는 것이다.[75]

(3) 베드로에게 나타남. 누가복음 24.34; 고린도전서 15.5.

눅 24.34	고전 15.5
주께서 과연 살아나시고 시몬에게 보이셨다(ōphthē)	게바에게 보이시고(ōphthē)

양쪽의 단언에는 공식문구다운 울림이 있다. 이는 개인적인 증언을 넘어서는 교회의 고백 언어이다. 여기서 그 효과는 베드로에게 나타난 사건에[76] 으뜸으로 우선 순위의 중요성을 부여하는 것이다. 바울의 증인 목록 가운데 베드로가 첫째이다(고전 15.5). 누가의 이야기에서는 글로바와 그 동료에게 나타난 일의 드라마가 온전히 펼쳐지는 것이 용인되지만(눅 14.13-32) 글로바와 그의 동료가 예루살렘에 돌아와서 이야기를 전하기에 앞서(24.35) 열한 제자의 고백이 자랑거리가 된다(24.34). 누가나 바울 모두 여성 제자들에게 나타남을 언급하는 터라 그들이 그러한 보고를 알았지만 무시하거나

---

74) 마리아가 창녀였다는 이후 세기의 대중적 전통은 그녀를 (정당한 변명의 사유 없이) 요 8.2-11에 나오는 여인, 그리고(또는) 요 8.2-11에 평행구가 되는 누가의 기름 부음 이야기(눅 7.36-38)의 '죄인'과 동일시하는 것에 기반을 두고 있다(눅 7.38/요 12.3에는 현저한 중복이 있다); 가령 R. F. Collins, 'Mary', ABD 4.580, 581-82을 보라.

75) Theissen and Merz, *Historical Jesus* 496-99; Funk, *Acts of Jesus* 478-79 ('마리아는 예수 부활의 초기 증인들 가운데 있었다'). 뤼데만의 논의는 다소 혼란스럽다(*Resurrection* 157-60). 뷔르스콕은 정당하게 여인들, 특히 마리아의 증언에 관하여 묻는다, '초기 공동체에서 그들의 영향을 통하지 않고 어떤 다른 방식으로 그들이 거기 있었다는 이야기가 그 전승과 편집 과정에서 남성 중심의 영향력을 버텨낼 수 있었겠는가?'(*Story as History* 78-82[여기서는 81]). '그 전통은 너무 탄력성이 있어 말살될 수 없다'(J. Lieu, 'The Women's Resurrection Testimony', in Barton and Stanton, eds., *Resurrection* 34-44 [여기서는 42]). 추가로 C. Setzer, 'Excellent Women: Female Witness to the Resurrection', *JBL* 116 (1997) 259-72을 보라.

76) 바울의 편지에서 베드로는 대개 게바로 언급된다(*Kēphas*, 고전 1.12; 3.22; 9.5; 15.5; 갈 1.18; 2.9, 11, 14). 이는 전통에 의하면 예수가 베드로에게 부여한 이름이다(요 1.42; 마 16.18); 추가로 J. A. Fitzmyer, 'Aramaic *Kepha*' and Peter's Name in the New Testament', *To Advance the Gospel: New Testament Studies* (Grand Rapids: Eerdmans, 1981, 19982) 112-24.

심지어 금하기로 했는지 묻지 않을 수 없다. 확실히 이는 매우 있음직한 현실로 판단된다. 그들이 그러한 보도를 몰랐다는 대안적 선택은 마태와 요한에 감명을 준 그 전통을 전제한다면 개연성이 떨어진다. 다시 한 번 말하거니와, 그 동기 부여는 기댈 만한 증인으로서 여성들에 대한 낮은 존중감을 전제하면 이해할 만하다.

동시에 누가가 베드로에게 나타난 일의 우선권과 관련하여, 가령 그것을 무덤에 설정함으로써(요 20.11-18이 기초한 보도를 대체하기 위해) 그 행렬의 맨 앞에 강제하지 않은 것 또한 주목할 만하다. 반대로 누가는 무덤에 간 남성 제자들이 거기서 예수를 보지 못했다는 점을 매우 분명히 부각시킨다(24.24). 베드로에게 나타난 일의 우선권은 북과 나팔로 예표되지 않는다. 이 대목에는 그 주제에 대한 베드로 특유의 잠잠한 성향을 반영하는 듯한 과묵함이 있다.[77]

이 대목에서 우리는 요한복음 21.15-24을 포함시켜야 할까?

[15] 그들이 조반 먹은 후에 예수께서 시몬 베드로에게 이르시되 요한의 아들 시몬아 네가 이 사람들보다 나를 더 사랑하느냐 하시니 이르되 주님 그러하나이다. 내가 주님을 사랑하는 줄 주님께서 아시나이다. 이르시되 내 어린 양을 먹이라 하시고 [16] 또 두 번째 이르시되 요한의 아들 시몬아 네가 나를 사랑하느냐 하시니 이르되 주님 그러하나이다. 내가 주님을 사랑하는 줄 주님께서 아시나이다. 이르시되 내 양을 치라 하시고 [17] 세 번째 이르시되 요한의 아들 시몬아 네가 나를 사랑하느냐 하시니 주께서 세

---

77) 이러한 고찰은 모든 다른 제자들의 부활 신앙이 베드로의 것에서 파생되었다는 W. Marxsen, *The Resurrection of Jesus of Nazareth* (London: SCM, 1970) 89-96의 주장을 훼손한다('오로지 베드로에게 나타난 사건만이 본질적인 구성 요소였다', 93); 베드로의 신앙이 지닌 우선권을 증명하기 위해 그는 요 20.8에 베드로도 믿었고 그 사랑받는 제자가 '두 번째로 믿었다'는 점이 분명히 암시되어 있다고 주장해야 한다!(58-59) 뤼데만의 주장도 유사하다: '다른 모든 부활 경험들은 그리스도교의 최초 신조에 의존한다'—곧 '예수는 살아났고 시몬에게 나타났다는 것이다'; '베드로에게 처음 나타난 그 환상은 공식적으로 "감염성"으로 판명되었다'(*Resurrection* 143, 174). 그 주제에 대한 이전의 확신은 바이스(Weiss)가 바이제커(Weizsäcker)로부터 인용한 다음 진술로 잘 예시된다: '베드로가 부활한 주를 본 첫 번째 사람이었다는 사실은 이 불분명한 전체 역사 속에서 가장 확실한 역사적 사실이다'(*Earliest Christianity* 24).

번째 네가 나를 사랑하느냐 하시므로 베드로가 근심하여 이르되 주님 모든 것을 아시오매 내가 주님을 사랑하는 줄을 주님께서 아시나이다. 예수께서 이르시되 내 양을 먹이라. [18] 내가 진실로 진실로 네게 이르노니 네가 젊어서는 스스로 띠 띠고 원하는 곳으로 다녔거니와 늙어서는 네 팔을 벌리리니 남이 네게 띠 띠우고 원하지 아니하는 곳으로 데려가리라. [19] 이 말씀을 하심은 베드로가 어떠한 죽음으로 하나님께 영광을 돌릴 것을 가리키심이러라. 이 말씀을 하시고 베드로에게 이르시되 나를 따르라 하시니 [20] 베드로가 돌이켜 예수께서 사랑하시는 그 제자가 따르는 것을 보니 그는 만찬석에서 예수의 품에 의지하여 주님 주님을 파는 자가 누구오니이까 묻던 자더라. [21] 이에 베드로가 그를 보고 예수께 여짜오되 주님 이 사람은 어떻게 되겠사옵나이까? [22] 예수께서 이르시되 내가 올 때까지 그를 머물게 하고자 할지라도 네게 무슨 상관이냐? 너는 나를 따르라 하시더라. [23] 이 말씀이 형제들에게 나가서 그 제자는 죽지 아니하겠다 하였으나 예수의 말씀은 그가 죽지 않겠다 하신 것이 아니라 내가 올 때까지 그를 머물게 하고자 할지라도 네게 무슨 상관이냐 하신 것이러라. [24] 이 일들을 증언하고 이 일들을 기록한 제자가 이 사람이라 우리는 그의 증언이 참된 줄 아노라.

비록 일곱 제자들에게 나타난 맥락에 설정된 것이긴 하지만 요한의 이야기는[78] 매우 개인적이고 심지어 친밀한 성격을 담고 있다. 세 번 반복된 '네가 나를 사랑하느냐?'라는 질문은 분명 베드로가 예수를 세 번 부인한 일을 반향하도록 틀이 짜여 있다(18.17-18, 25-27). 사랑받는 제자에 대한 기록(21.20)은 이전의 마지막 만찬 이야기(13.23-25) 안으로 소급된다. 그리고 그 관점은 분명히 후대 이야기꾼의 관점이다(21.19a, 23). 그러나 21.18의 '아멘, 아멘'과 별도로 주요한 대화의 언어(21.15-19)는 특별히 요한의 색깔을

---

78) 아니면 보다 정확하게 말해 마지막 편집자의 기사라 할 수 있다. 요 21장은 대개 20.30-31로 마무리된 복음서에 덧붙인 첨가물로 간주된다(가령 Brown, *John* xxxii-xxix, 1077-82).

나타내지 않는다.[79] 또다시 우리는 그때 그 전통의 출처로서 확인되는 사랑받는 제자와 연계된 증언에 직면한다. 거기에는 최종 편집자들이[80] 억누를 필요가 있다고 생각한 소문의 계기가 된, 부활한 그리스도의 한 어록이 포함된다(21.23-24).

이것을 어떻게 이해해야 할까? 이는 베드로에게 나타난 사건이 실종된 사례인가? 그 배경이 갈릴리라는 사실은 그 나타남이 첫 번째 일요일 예루살렘에서 있었다는 누가의 분명한 주장(눅 24.34)과 엇갈린다. 다른 한 편으로 우리는 이미 누가가 예루살렘에서 부활 후에 나타난 사건들을 겉보기에 제한하기로 결정한 점을 주목한 바 있다.[81] 아울러 요한복음 21.1-8과 베드로의 부름에 대한 누가의 유일한 기록(눅 5.1-11) 사이의 평행구는 어떤 이들에게는 예수가 갈릴리 호수에서 베드로에게 부활 이후 나타난 것에 대한 누가의 사전 지식을 암시한다.[82] 좀더 핵심을 찔러 말하자면 마가복음 16.7의 보도('그는 너희들에 앞서 갈릴리로 가시리라; 거기서 너희들이 그를 보리라')는 예루살렘에서의 나타남을 사전에 배제하는 것 같다! 그렇다면 많은 학자들이 결론짓는 대로 그 공동체의 기억은 **갈릴리에서**의 최초 현현에 대한 것이었으며, 예루살렘과 그 주변에서의 최초의 나타남과 관련된 전체 전통은 예루살렘 교회의 공적 소비를 위해 발전되었다고 할 수 있을까? 그 줄거리는 두터워진다. 혹 이 점에 대해서는 이제 해결 불가능한 혼란이 있을 뿐인가?

우리에게 핵심 질문은 요한 공동체의 주장을 진지하게 받아들일 수 있는지 여부이다. 이를테면 결과적으로 사랑받는 제자가 새로운 운동의 초

---

79) 그 점은 적어도 요 21장의 저자가 그 복음서 저자와 동일인인지 여부의 쟁점과 관련하여 논란이 될 것이다(Brown, *John* 1080에 상세하게 나온다).
80) 아니면, '마지막 최후의 편집자들'이라고 말해야 할까?(다시 Brown, *John* 1124-25을 보라)
81) 눅 24.49; 행 1.4.
82) 요 21장은 제자들이(또는 그중 일부가) 어부였음을 당연시하는데, 이는 이전에 복음서에서 언급되지 않은 사실이다; 또한 Grass, *Ostergeschehen* 79-81; Lüdemann, *Resurrection* 86-87; Funk, *Acts of Jesus* 278-80을 보라. 평행구의 요점은 범위상 Q 7.1-10/요 4.46-54과 마 28.9-10/요 20.11-18을 서로 연계시켜주는 것과 유사하다; 관련 논의는 Brown, *John* 1089-92을 보라. 크로산은 예수가 행한 모든 기적의 '본질'이 '죽음에 대한 [예수의] 부활 승리'를 그 배경으로 삼고 있다고 암시한다(*Historical Jesus* 396-410). 바커(Barker)는 예수의 원초적 '일으킴/부활'이 그의 세례에서 있었다고 주장함으로써 그러한 논리의 우월성을 드러낸다.

장부터 그가 아니었다면 개발되지 않았을 증언의 원천 자료를 보존했는지 여부이다. 그렇다면 그렇게 다채롭게 분기된 버전의 문제를 해결할 수 있는 한 가지 가능한 지침은 베드로의 삶을 통틀어 베드로에게 나타난 그 사건이 개인적인 증언으로 확보되었을망정 그 자체로 교회 전통이 되도록 결코 용인되지 않았다는 것이다. 그 경우에 그 증언이 다시 전파될 수 있었던 것은 오로지 베드로의 죽음 이후였다. 요한의 (사랑받는 제자) 관점에서 보면 오직 그때가 되어서야 베드로와 예루살렘 우선권의 쟁점은 더 이상 중요한 요인이 아니었던 것 같다.[83]

(4) 엠마오 도상에서 나타남. 누가복음 24.13-35.

[13] 그 날에 그들 중 둘이 예루살렘에서 이십오 리 되는 엠마오라 하는 마을로 가면서 [14] 이 모든 된 일을 서로 이야기하더라. [15] 그들이 서로 이야기하며 문의할 때에 예수께서 가까이 이르러 그들과 동행하시나 [16] 그들의 눈이 가리어져서 그인 줄 알아보지 못하거늘 [17] 예수께서 이르시되 너희가 길 가면서 서로 주고받고 하는 이야기가 무엇이냐 하시니 두 사람이 슬픈 빛을 띠고 머물러서더라. [18] 그 한 사람인 글로바라 하는 자가 대답하여 이르되 당신이 예루살렘에 체류하면서도 요즘 거기서 된 일을 혼자만 알지 못하느냐? [19] 이르시되 무슨 일이냐? 이르되 나사렛 예수의 일이니 그는 하나님과 모든 백성 앞에서 말과 일에 능하신 선지자이거늘 [20] 우리 대제사장들과 관리들이 사형 판결에 넘겨주어 십자가에 못 박았느니라. [21] 우리는 이 사람이 이스라엘을 속량할 자라고 바랐노라 이뿐 아니라 이 일이 일어난 지가 사흘째요 [22] 또한 우리 중에 어떤 여자들이 우리로 놀라게 하였으니 이는 그들이 새벽에 무덤에 갔다가 [23] 그의 시체는 보지 못하고 와서 그가 살아나셨다 하는 천사들의 나타남을 보았다 함이라. [24] 또 우리와 함께 한 자 중에 두어 사람이 무덤에 가 과연 여자들이 말한 바와 같음을

---

83) '세 번째'로 분명히 순서가 매겨진 그 나타남에 베드로와의 만남을 부기함으로써(21.14), 결국 그 편집자는 이것이 첫 번째 나타남이었다는 어떤 주장도 무시해버린(또는 굴복해버린) 셈이다.

보았으나 예수는 보지 못하였느니라 하거늘 [25] 이르시되 미련하고 선지자
들이 말한 모든 것을 마음에 더디 믿는 자들이여 [26] 그리스도가 이런 고난
을 받고 자기의 영광에 들어가야 할 것이 아니냐 하시고 [27] 이에 모세와 모
든 선지자의 글로 시작하여 모든 성경에 쓴 바 자기에 관한 것을 자세히
설명하시니라. [28] 그들이 가는 마을에 가까이 가매 예수는 더 가려 하는 것
같이 하시니 [29] 그들이 강권하여 이르되 우리와 함께 유하사이다. 때가 저
물어가고 날이 이미 기울었나이다 하니 이에 그들과 함께 유하러 들어가
시니라. [30] 그들과 함께 음식 잡수실 때에 떡을 가지사 축사하시고 떼어 그
들에게 주시니 [31] 그들의 눈이 밝아져 그인 줄 알아보더니 예수는 그들에
게 보이지 아니하시는지라. [32] 그들이 서로 말하되 길에서 우리에게 말씀
하시고 우리에게 성경을 풀어 주실 때에 우리 속에서 마음이 뜨겁지 아니
하더냐 하고 [33] 곧 그 때로 일어나 예루살렘에 돌아가 보니 열한 제자 및
그들과 함께 한 자들이 모여 있어 [34] 말하기를 주께서 과연 살아나시고 시
몬에게 보이셨다 하는지라. [35] 두 사람도 길에서 된 일과 예수께서 떡을 떼
심으로 자기들에게 알려지신 것을 말하더라.

여기에 지지받지 못하는 또 다른 이야기가 있다. 그것은 분명히 누가
의 버전이다. 누가 스타일의 표지들과[84] 이야기꾼으로서의 그의 솜씨는 뚜
렷하다.[85] 특히 예언자 예수라는 주제는 누가의 특징이다(24.19).[86] 예수의
십자가 처형을 직접 유대인 지도자들 탓으로 돌리는 것(24.20) 역시 마찬가
지다.[87] 메시아가 고난을 받아야 할 필연성을 증명하는 성서의 모티프도

---

84) 그 스타일상의 특징은 Fitzmyer, *Luke* 1555-56에 열거되어 있다.
85) 추가로 Fitzmyer, *Luke* 1557-60; 토빗과 라파엘 이야기의 평행구에 주목하는 Catchpole,
Resurrection People ch. 4 (94-98)을 보라. 눅 24장은 J. I. H. McDonald, *The Resurrection: Narrative
and Belief* (London: SPCK, 1989) 여기서는 103-109 (Wedderburn, *Beyond Resurrection* 33의 비판)의 것
과 같은 접근방식을 긍적적으로 초청하는 매우 훌륭한 이야기이다. 그러나 누가가 그렇게 훌륭하
게 다시 이야기한 전통에 대해 질문하는 것은 여전히 필요하고도 타당하다.
86) 특히 눅 4.24; 7.16, 39; 9.8, 19; 13.33-34; 행 3.22-23; 7.37을 주목하라; 추가로 R. J. Dillon, *From Eye-
Witness to Ministers of the Word: Tradition and Composition in Luke 24* (Rome: Biblical Institute, 1978)
114-27을 보라; D. P. Moessner, *Lord of the Banquet* (Minneapolis: Fortress, 1989).
87) 행 2.23, 36; 3.14-15, 17; 4.10; 5.30; 10.39; 13.28.

누가–행전의 중요한 주제이다(24.26).[88] 무엇보다 그 나타남이 떡을 떼는 데서 계시의 절정에 다다르는 방식(24.30-31, 35)은 예수 선교의 특징인 식탁 교제와 최초 교회의 특징인 떡을 떼는 것 사이에 누가가 원한 연결 고리를 그에게 제공한다(행 2.42, 46).[89]

동시에 누가가 다시 전한 더 오래된 전통의 표지들도 분명하다. 관여된 사람 한 명의 정체를 밝힘(글로바),[90] 그들의 목적지(엠마오),[91] 틀림없이 예수의 선교가 유발했을 모종의 기대(24.19, 21),[92] 나머지 공관복음 전통이 그 점에 대해 침묵함에도 불구하고(24.24) 일부 남성 제자도 그 빈 무덤을 보았다는 기록.[93] 게다가 예수가 성서를 설명해주는 이야기(24.27)는 부활 후 첫 제자 집단 내에서 오로지 부활에 비추어서만 그들이 그때까지 눈멀어 있었던 성서의 예언을 볼 수 있게 되었다는 초기의 깨달음을 반영하는 것 같다.[94] 또한 그 에피소드는 첫 제자들이 예수의 지속적인 현존을 인지하게 된 것이 바로 떡을 떼는 행위에서였음을 반영하는 듯하다. 단지 예수의 이전 식탁 교제의 회상으로서만이 아니라, 새로운 방식으로 예수가 그들과 함께한다는 것을 기념하는 가운데 그 깨달음이 가능했을 터이다.[95] 그것은 누가뿐 아니라[96] 요한도 강조하는(요 21.12-13) 부활 현현의 특징이다.

그렇다면 누가가 목격자 증인을 탐색하면서 엠마오 이야기를 뜻밖에

---

88) 눅 24.26-27, 45-46; 행 26.23.
89) 위의 §18.4a를 보라.
90) 그 이름이 나중에 첨가되었다면(스토리텔링의 한 경향), 그 두 제자 모두에게 이름이 붙여졌을 것 같다. 다른 제자는 그의 아내였을까? 요 19.25 참조—글로바의 아내(글레오바가 아니라)(BDAG, *Kleopas*; Fitzmyer, *Luke* 1563 참조). 헤게시푸스(Hegesippus)에 의하면, 요셉의 형제로 곧 예수의 아저씨뻘 되는 글로바라는 사람이 있었다(Eusebius, *HE* III.11). Lüdemann, *Jesus* 412은 여기서 혼란스럽다: 그 사람은 시므온, 곧 예수의 '사촌'(*anepsios*)이었던 글로바의 아들이었다(*HE* IV. 22 .4). 추가로 A. M. Schwemer, 'Der Auferstandene und die Emmausjünger', in Avemarie and Lichtenberger, *Auferstehung* 95-117 (여기서는 105-106)을 보라.
91) 엠마오의 위치에 대한 혼란과 관련하여 J. F. Strange, 'Emmaus', *ABD* 2.497-98을 보라.
92) 위의 §15.3e-h를 보라.
93) 피츠마이어 또한 막 16.12-13이 누가 기사의 후대 요약이라기보다 자신의 극적인 이야기 속에 구축한 누가 이전 전통의 단편이라고 생각한다(*Luke* 1554-55).
94) 우리가 추적할 수 있는 최대한 이른 시점부터 시 16편과 110편, 사 53장 같은 성서 구절들은 예수의 고난과 부활을 예언한 것으로 보였다. 첫 그리스도인들 중 어떤 자들이 누가가 그 해석을 부활한 그리스도의 것으로 간주한 데 이의를 제시했을 터인가? 슈베머(Schwemer)는 사 6.9-10의 모티프(위의 §13.1)와 고후 3.13-16에 언급된 경험과의 연결 고리를 주목한다('Auferstandene' 113-15).
95) 바울은 주의 만찬이 그리스도를 주인으로 모시고 거행되었다는 점에 있어 널리 알려진 것으로 전제한다(고전 10.21; 내 책 *Theology of Paul* 620-21을 보라).
96) 눅 24.41-43; 행 1.4; 10.41. 행 1.4에 대해서는 추가로 아래 (7)을 보라.

만나게 되었다는 것이 해답일까?(눅 1.2)[97] 그렇지 않다면 누가는 풍성하게 구술된 부활한 예수의 현현 이야기를 왜 달리 알려지지 않은 두 명의 다른 자와 그 한 사람의 이름만 알려진(글로바) 상대적으로 모호한 제자에게 돌리고 싶었던 것일까? 그 이야기는 다른 곳에서 예수가 베드로(24.34에도 불구하고)와 열두 제자에게 나타난 사건에 부여된 우선권과 엇갈린다. 따라서 누가는 그 기본적인 전통이 전체 도식에 얼마만큼 어색하게 결합되든 단순히 그것이 존재한다는 이유로 그 전통을 옹호한 것 같다.

(5) 예루살렘에서 열한 명에게 나타남. 누가복음 24.36-49; 요한복음 20.19-23; 고린도전서 15.5.

눅 24.36-49	요 20.19-23
36 이 말을 할 때에 <u>예수께서</u> 친히 <u>그들 가운데 서서 이르시되 너희에게 평강이 있을지어다</u> 하시니	19 이 날 곧 안식 후 첫날 저녁 때에 제자들이 유대인들을 두려워하여 모인 곳의 문들을 닫았더니 <u>예수께서 오사 가운데 서서 이르시되 너희에게 평강이 있을지어다.</u>
37 그들이 놀라고 무서워하여 그 보는 것을 영으로 생각하는지라.	
38 예수께서 이르시되 어찌하여 두려워하며 어찌하여 마음에 의심이 일어나느냐?	
39 내 손과 발을 보고 나인 줄 알라 또 나를 만져 보라 영은 살과 뼈가 없으되 너희 보는 바와 같이 나는 있느니라.	20 <u>이 말씀을 하시고 손과 옆구리를 보이시니</u> 제자들이 주를 보고 <u>기뻐하더라.</u>
40 <u>이 말씀을 하시고 손과 발을 보이시나</u>	
41 그들이 너무 기쁘므로 아직도 믿지 못하고 놀랍게 여길 때에 이르시되 여기 무슨 먹을 것이 있느냐 하시니	21 예수께서 또 이르시되 너희에게 평강이 있을지어다. 아버지께서 나를 보내신 것 같이 나도 너희를 보내노라.
42 이에 구운 생선 한 토막을 드리니	
43 받으사 그 앞에서 잡수시더라.	
44 또 이르시되 내가 너희와 함께 있을 때에 너희에게 말한 바 곧 모세의 율법과 선지자의 글과 시편에 나를 가리켜 기록된 모든 것이 이루어져야 하리라 한 말이 이것이라 하시고	22 이 말씀을 하시고 그들을 향하사 숨을 내쉬며 이르시되 성령을 받
45 이에 그들의 마음을 열어 성경을 깨닫게 하시고	
46 또 이르시되 이같이 그리스도가 고난을 받고 제삼일에 죽은 자 가운데서 살아날 것과	

---

97) Byrskog, *Story as History*는 놀랍게도 이러한 가능성을 무시해버린다.

47 또 그의 이름으로 죄 사함을 받게 하는 회개가 예루살렘에서 시작하여 모든 족속에게 전파될 것이 기록되었으니 48 너희는 이 모든 일의 증인이라. 49 볼지어다. 내가 내 아버지께서 약속하신 것을 너희에게 보내리니 너희는 위로부터 능력으로 입혀질 때까지 이 성에 머물라 하시니라.

으라. 23 너희가 누구의 죄든지 사하면 사하여질 것이요 누구의 죄든지 그대로 두면 그대로 있으리라 하시니라.

이는 부활 현현 전통 가운데 이전 장들에서 아주 익숙한 전통화 패턴과 가장 유사한 사례이다. 여기에는 공통된 핵심이 있는 것 같다. 그것은 '예수께서 그들 가운데 서서 "너희에게 평강이 있을지어다"라고 말한 것과 이를 말하고 그가 그들에게 자신의 손과 발/옆구리를 보여준 것'인데,[98] 이는 제자들의 기쁨에 대한 짧은 기록으로 이어진다. 그 핵심이 보다 전형적인 공관복음의 평행구보다 누가–요한 평행구에 뚜렷하다는 사실 또한 의미심장하다. 공관복음과 요한복음의 전통이 그렇게 근접하는 경우가 매우 드물기 때문이다.

그 핵심은 각 복음서 저자에 의해 그들 각자의 전형적 방식으로 확장되었다. 누가는 예수의 부활한 몸의 물질성을 강조한다(24.39, 43).[99] 그는 성취된 예언의 모티프를 지속시킨다(24.44-46).[100] 그는 '예루살렘에서 시작하는' 증언이란 주제에 미리 복선을 깔아준다(24.47-48).[101] 나아가 그는 자신과 관련되는 한, 제자들이 예루살렘에서 결코 이동하지 않았다는 분명한 첫

---

98) 눅 24.36b, 40은 '서방 교회 계열의 비삽입문구'로 알려진 현상에 해당된다. 즉 그것은 서방 교회 계열의 본문 전통에 **부재하는** 증언으로 좀더 공통되는 전통적인 본문에 **첨가되어** 있다. 이는 여기의 언급이 아마도 요한복음의 평행문구로부터 누가복음 속에 삽입되었을 가능성을 제기한다. 하지만 서방교회 계열의 비삽입문구 이론은 의문시되는 구절을 포함하는 $\mathfrak{P}^{75}$(3세기 초)의 출간(1961)으로 훼손되었고 현재의 다수 의견은 그것이 모두 누가의 본문 일부였다는 결론으로 모아진다. 다시 Metzger, *Texual Commentary* 186-87을 보라(여기서 한 삽입문구는 '그의 발'보다는 '그의 옆구리'로 읽혔을 것으로 보인다), 191-93; Aland and Aland, *Text of the New Testament* 33, 37.
99) 누가는 일상 세계 내에서 신적인 행동이 드러내는 가시적인 구체성을 중시한다: 요단 강에서 '육체적인 형상으로' 등장하는 비둘기(눅 3.22), 꿈이 아닌 변모의 증언(9.32), 부활에 대한 '많은 설득력 있는 증거들'(행 1.3), 환상이 아니라 사실적으로 베드로를 감옥에서 풀어주는 천사(12.9), 볼 수 있고 들을 수 있는 현상으로 증명되는 성령의 강림(2.4, 6, 33; 4.31; 8.17-18; 10.45-46; 19.6) 및 기타 등등(추가로 내 책 *Unity and Diversity* 180-84을 보라).
100) 위의 각주 88을 보라.
101) 위의 §8.1c를 보라.

번째 암시를 던진다(24.49).[102] 요한은 '유대인들'에 대한 부정적인 묘사를 계속한다(20.19).[103] 그는 '평강' 모티프를 강화한다(20.19, 21).[104] 그리고 그는 그 주요 제자들에게 첫 번째로 나타난 사건 속에 오순절 파송(20.21-22)과[105] 교회적 인준(20.23)에 대한 그 나름의 상응문구를 요약해둔다.[106]

그렇다면 여기서 우리는 초기 그리스도교 공동체에서 거듭 되풀이하여 이야기된 전통을 언급할 수 있다. 우리는 그것을 오직 두 개의 잘 발전된 버전들과 한 개의 신조 문구(고전 15.5)에 확보하고 있다. 그것으로 회고된 바가 개인의 경험보다 집단 경험이었다는 사실이 중요할 터이다. 그 참여자들이 그들 사이에 그 경험을 이야기하는 가운데 여전히 선명한 그 중추적 골격을 제공한 것은 처음부터 교회 전통이었을 것이다.[107] 그러한 전통이 처음 조성된 것은 바로 공유된 경험의 표현으로서였다.[108]

(6) 도마에게 나타남. 요한복음 20.24-29.

[24] 열두 제자 중의 하나로서 디두모라 불리는 도마는 예수께서 오셨을 때에 함께 있지 아니한지라. [25] 다른 제자들이 그에게 이르되 우리가 주를 보았노라 하니 도마가 이르되 내가 그의 손의 못 자국을 보며 내 손가락

---

102) 이스라엘 역사와 그리스도교의 선교적 원천 사이의 연속성을 나타내는 지점으로서 예루살렘의 중추적 위상과 관련하여 이후의 제2권을 보라.

103) '유대인들'에게 돌려진 그 부정적인 역할은 요한복음의 특징이다; 가령 R. Bieringer, et al., eds., *Anti-Judaism and the Fourth Gospel: Papers of the Leuven Colloquium, 2000* (Assen: Van Gorcum, 2001)과 추가로 이후의 제3권을 보라.

104) 부활 서사에서 '너희에게 평화가 있을지어다'라는 세 차례의 인사(20.19, 21, 26)는 분명히 14.27(또한 16.33)의 평화를 주는 작별 인사를 상기시킬 의도를 지니고 있다.

105) 요 20.22은 전통적으로 '요한식의 오순절'이라 불리는데, 실제로 오순절 전통(행 2장)을 예수의 죽음과 부활/승천이란 단일한 복합체로 요한이 신학적 요약을 한 것으로 간주할 수 있다(19.30 참조). 또한 창 2.7(LXX)의 명백한 반향으로 *emphysaō*('숨쉬다')가 면밀하게 사용된 경우를 주목하라(이미 겔 37.9와 지혜서 15.11에서 반향됨); 이는 새로 고안해낸 사례이다. 추가로 내 책 *Baptism* 173-82을 보라.

106) 요 20.23은 눅 24.47보다 마 16.19과 18.18에 더 가깝다(추가로 Brown, *John* 1039-45을 보라).

107) 나는 최초 전통이 부활 현현의 **고백**이라는 사실에 근거하여 너무 입담 좋게 주장하는 자들에 반하여 그 점을 역설하며(고전 15.5-8) 맨 처음에는 부활 현현의 **서사**가 없었다고 결론짓는다(가령, Wilckens, 'Tradition-History' 73-75). 한 가지 형식(케리그마적 고백)은 다른 형식(서사)을 배제하지 않는다. 거기 참여한 자들 가운데 집단 경험에 대한 **맨 처음**의 이야기가 서사의 형식을 띠었다는 점은 훨씬 더 설득력이 있다.

108) 타이센과 메르츠의 다음 진술 참조: '그 기사의 배후에서 진짜 사건을 추론하는 것이 우리에게 가능할 만큼 일치하는 부분들은 충분히 명확하다.…우리가 보기에 그것이 정말로 일어났다는 점에는 의심의 여지가 없다'(*Historical Jesus* 496). '그것'은 무엇을 말하는가?

을 그 못 자국에 넣으며 내 손을 그 옆구리에 넣어 보지 않고는 믿지 아니하겠노라 하니라. 26 여드레를 지나서 제자들이 다시 집 안에 있을 때에 도마도 함께 있고 문들이 닫혔는데 예수께서 오사 가운데 서서 이르시되 너희에게 평강이 있을지어다 하시고 27 도마에게 이르시되 네 손가락을 이리 내밀어 내 손을 보고 네 손을 내밀어 내 옆구리에 넣어 보라 그리하여 믿음 없는 자가 되지 말고 믿는 자가 되라. 28 도마가 대답하여 이르되 나의 주님이시요 나의 하나님이시니이다. 29 예수께서 이르시되 너는 나를 본 고로 믿느냐 보지 못하고 믿는 자들은 복되도다 하시니라.

이는 아마도 열한 제자에게 나타난 기본 전통에 대한 추가 변용으로 간주되어야 할 것이다. 여기에는 동일한 핵심 특징들이 있다. 예수가 (다시) 그들 가운데 서서 '너희에게 평강이 있을지어다'(20.26)라고 말했고, 이를 말한 뒤에 예수는 (다시) 그들(도마)에게 자신의 손과 옆구리를 보여주었다(20.27). 요한복음에서 그 단락의 기능은 짐작건대 예수의 부활에 대한 증언을 의심한 (열둘 중의 하나인 도마 같은!) 자들에게 답변을 제공하는 것이다.[109] 중요한 것은 요한이 실제로 도마를 예수의 상처에 손가락이나 손을 넣는 것으로 묘사하지 않는다는 사실이다. 그 단계에서 첫 제자들을 위해 증언된 어떤 것과도 무관하게 도마는 보는 것만으로 고백을 하기에 충분하다(20.27-28).[110] 그리고 그 마지막 축복은 (신체적으로 점검하는 것은 고사하고) 심지어 스스로 보지도 않은 채 사도적 증언의 토대 위에서 단순히 믿는 자들을 위한 것이다(20.29).

(7) 예루살렘에서의 나타남. 사도행전 1.3-11. 사도행전 이야기의 개시 부분은 사도행전의 줄거리로 대단히 편중되어 있어서 제2권에서 보다 적절히 고려될 것이다(누가복음의 결말도 마찬가지다—눅 24.50-52). 하지만 여기서

---

109) 특히 Brown, *John* 1031-33을 보라. "'의심하는 도마'의 이야기는 부활절 증언을 오직 요한복음의 형태로만 알고 있던 제2세대 그리스도인의 문제를 다룬다'(Theissen and Merz, *Historical Jesus* 495).
110) '나의 주요, 나의 하나님'이라는 고백은 요한의 고등 그리스도론뿐 아니라(특히 1.1, 18; 5.18과 10.33) 예수가 실제 누구였는지에 대한 제2세대 그리스도인의 증대된 인식의 절정이다(내 책 *Partings of the Way* ch. 11을 보라).

우리는 누가가 예수의 부활에 이어 '사도들'과 연관되는 정황을 서술하는
방식을 주목해야 한다.

> ³ 그가 고난받으신 후에 또한 그들에게 확실한 많은 증거(*tekmēriois*)
> 로 친히 살아 계심(*zōnta*)을 나타내사(*optanomenos*) 사십 일 동안 그들에
> 게 보이시며 하나님 나라의 일을 말씀하시니라. ⁴ 사도와 함께 모이사
> (*synalizomenos*) 그들에게 분부하여 이르시되 예루살렘을 떠나지 말고 내
> 게서 들은 바 아버지께서 약속하신 것을 기다리라.

여기서는 세 가지 특징을 논평할 만하다. (1) 누가는 예수를 '일어났
다/부활했다'기보다 단순히 '살아 계시다'고 묘사한다. 이는 분명 '일으키
셨다'라는 공식문구(눅 24.7, 46)의 변용이지만 누가의 독특한 강조점이고(눅
24.5, 23) 모든 반응들 중에서 최초의 사례를 반영하는 것 같다. 즉 (죽었던) 예
수가 (다시) 살아 있다는 것이다! (2) *tekmēria*를 언급함으로써[111] 누가는 부
활 현현의 명백성에 대한 자신의 믿음을 역설하고 있다(눅 24.39).[112] 그렇지
만 그 용어는 아마 예수의 부활과 관련하여 그리스도교의 주장에 의문을
품은 자들에 대한 자신의 반응을 나타내는 듯하다(행 17.32 참조). (3) 가장 흥
미로운 것은 1.4에서 *synalizō*를 사용한 것이다. 그것은 문자적으로 '함께
소금(*hals*)을 먹다', 따라서 '함께 같은 식탁에서 먹다, 함께 식탁 교제를 나
누다'라는 뜻이다.[113] 누가는 여기서 어쩌면 다시 '설득력 있는 증거들'의 일
부로 자신의 식탁 교제 모티프를 확대시킨다(다시 눅 24.39).[114] 맥락상 그 함
의는 거의 그 지속적인 기간과 연계된다. 40일 동안이나 긴 부활 현현![115]
누가는 이를 부인하였을까? 누가복음 24.31에 비추어 아마 그랬을 것이다.

---

111) *tekmērion*: '무엇인가를 설득력 있고 결정적인 방식으로 알려지도록 야기하는 것'(BDAG,
　　　tekmērion); '어떤 결론으로 이끄는…**필연적인** 증거들'(Barrett, *Acts* 1.70).
112) 위의 각주 99를 보라.
113) BDAG, *synalizō* 1: 그 본문은 충분히 뜻이 통한다. 따라서 변이적 철자로 NRSV의 경우처럼
　　　synaulizō ('함께 머물다')를 가설로 내세울 필요가 없다(Barrett, *Acts* 1.71-72).
114) 다시 위의 §14.8a를 보라.
115) Grass, *Ostergeschehen* 48-49.

그러나 그는 그런 인상을 주는 것을 피하기 위한 아무런 노력도 하지 않았다. 여기에는 광범위한 주장과 부정확한 공식문구의 조성이 혼란스럽게 뒤섞여 있다. 마태의 두 부활 현현의 사례도 마찬가지인데(마 28.9-10, 16-17), 이는 저자들의 사려 깊은 선택보다는 전통적인 기억의 모호함을 반영하는 듯하다.

(8) 갈릴리에서의 나타남. 마가복음 16.7; 마태복음 28.16-20; 요한복음 21.1-23.

마 28.16-20	요 21.1-14
16 열한 제자가 갈릴리에 가서 예수께서 지시하신 산에 이르러	1 그 후에 예수께서 디베랴 호수에서 또 제자들에게 자기를 나타내셨으니 나타내신 일은 이러하니라.
17 예수를 뵈옵고 경배하나 아직도 의심하는 사람들이 있더라.	2 시몬 베드로와 디두모라 하는 도마와 갈릴리 가나 사람 나다나엘과 세베대의 아들들과 또 다른 제자 둘이 함께 있더니
18 예수께서 나아와 말씀하여 이르시되 하늘과 땅의 모든 권세를 내게 주셨으니	3 시몬 베드로가 나는 물고기 잡으러 가노라 하니 그들이 우리도 함께 가겠다 하고 나가서 배에 올랐으나 그 날 밤에 아무 것도 잡지 못하였더니
19 그러므로 너희는 가서 모든 민족을 제자로 삼아 아버지와 아들과 성령의 이름으로	4 날이 새어갈 때에 예수께서 바닷가에 서셨으나 제자들이 예수이신 줄 알지 못하는지라.
20 내가 너희에게 분부한 모든	5 예수께서 이르시되 얘들아 너희에게 고기가 있느냐 대답하되 없나이다.
	6 이르시되 그물을 배 오른편에 던지라 그리하면 잡으리라 하시니 이에 던졌더니 물고기가 많아 그물을 들 수 없더라.
	7 예수께서 사랑하시는 그 제자가 베드로에게 이르되 주님이시라 하니 시몬 베드로가 벗고 있다가 주님이라 하는 말을 듣고 겉옷을 두른 후에 바다로 뛰어 내리더라.
	8 다른 제자들은 육지에서 거리가 불과 한 오십 칸쯤 되므로 작은 배를 타고 물고기 든 그물을 끌고 와서
	9 육지에 올라보니 숯불이 있는데 그 위에 생선이 놓였고 떡도 있더라.
	11 시몬 베드로가 올라가서 그물을 육지에 끌어 올리니 가득히 찬 큰 물고기가 백쉰세 마리라 이같이 많으나 그물이 찢어지지 아니하였더라.

것을 가르쳐 지 키게 하라. 볼지 어다. 내가 세상 끝날까지 너희와 항상 함께 있으 리라 하시니라.	12 예수께서 이르시되 와서 조반을 먹으라 하시니 제자들이 주님 이신 줄 아는 고로 당신이 누구냐 감히 묻는 자가 없더라.13 예수께 서 가셔서 떡을 가져다가 그들에게 주시고 생선도 그와 같이 하시니 라. 14 이것은 예수께서 죽은 자 가운데서 살아나신 후에 세 번째로 제 자들에게 나타나신 것이라.

예루살렘에서 열한 제자에게 나타난 이야기와 대조적으로 갈릴리의 현현 기사들은 어떤 종류의 접점도 없다. 심지어 공통된 그 현장조차 제대로 일치하지 않는다. 마태복음에서 그들이 예수를 산에서 만나는 데 비해[116] 요한복음에서는 그 만남이 호숫가에서 이루어지기 때문이다.

마태가 자신의 복음서를 예수의 신적인 권위에 대한 단언, 위대한 위임 명령, 그리고 '우리와 함께하시는 하나님'이란 주제의 결론과 함께 절정에 이르게 하기 위해[117] 어떤 것이든 자신에게 입수된 전통을 사용했던 게 틀림없다.[118] 이는 그 자체로 나타남에 보다 '천상적' 성격을 부여하면서 그것을 보다 '현세적인' 다른 나타남의 사례와 구별한다.[119] 또 다른 재미있는 특징은 28.17의 결말 부분이다. '그들은 그에게 경배했지만(*prosekynēsan*) 어떤 이들은 의심했다(*edistasan*).'[120] 그 첫 번째 동사는 마태가 아주 선호하는 것이다.[121] 그러나 신약성서 중 오직 마태만이 그 두 번째 동사를 사용한다

---

116) 마태는 분명 그 '산'이 하나님의 계시가 임하는 장소로 이해되도록 의도하였다(마 5.1; 15.29; 17.1; 24.3; 28.16); 특히 T. L. Donaldson, *Jesus on the Mountain: A Study in Matthean Theology* (JSNTS 8; Sheffield; JSOT, 1985)를 보라.

117) O. Michel, 'The Conclusion of Matthew's Gospel'(1950), ET in G. N. Stanton, ed., *The Interpretation of Matthew* (London: SPCK, 1983) 30-41 이후로 28.18-20을 마태복음의 핵심이 아니라면 절정으로 간주하는 것이 보편적이었다. '우리와 함께하시는 하나님'의 모티프(마 1.23; 18.20; 28.20)에 대해 위의 제11장 각주 20을 보라. 주목할 만한 것은 승천 기사의 부재이다.

118) B. J. Hubbard, *The Matthean Redaction of a Primitive Apostolic Commissioning* (SBLDS 19: Missoula: Scholars, 1974)은 열한 제자에게 나타난 몇 번의 사례 배후의 원초적 파송 이야기를 재구성한다: '예수는 열한 명에게 나타났다. 그들이 그를 보았을 때 일부는 믿지 않았지만 그들은 기뻤다. 그 때 그가 말했다: (복음을) 모든 족속들에게 전파하라, 내 이름으로 죄의 용서를 위한 (세례를 베풀라). (그리고 보라), 내가 너희에게 성령을 보낼 것이다'(131).

119) 내 책 *Jesus and the Spirit* 124과 J. Lindblom, *Gesicht und Offenbarungen* (Lund: Gleerup, 1968) 104-105, 108-109에서 제안한 지상의 나타남(그가 'christepiphanies'라 부르는 것)과 하늘로부터의 나타남('christophanies') 사이의 구분을 보라.

120) 맥락상 그 '어떤 이'는 오직 '열한 제자 중의 어떤 이'를 의미할 수 있을 따름이다(Davies and Allison, *Matthew* 3.681-62).

121) 마 2.2, 8, 11; 4.9-10(=눅 4.7-8); 8.2; 9.18; 14.33; 15.25; 18.26; 20.20; 28.9, 17(눅 24.52 참조).

(14.31; 28.17). 심지어 그 끝에는 '믿음이 적은 자들'(oligopistos)에게 예수가 나타나고(14.31), 나아가 그들의 의심에도 불구하고 그들을 파송하기까지 한다! 어떻게 의심이 해소되었는지 보여주는 누가와 요한과 달리,[122] 마태는 의심의 기록을 해소되지 않은 채 남겨둔다(14.31의 경우처럼).[123] 이것은 마태의 미묘한 목회적 전술인가? 혹은 우리가 '부활 현현'이라고 부르는 그 공유된 경험 가운데 그들이 보고 경험한 것에 모두가 그렇게 설득되지 않았다는 회고인가?

다소 놀랍게도, 그 사랑받는 제자가 거기 연관된 일곱 명 중 한 사람과 동일시되는 것을 별도로 치면(21.7), 요한이 전통을 재생하는 그 독특한 특징들은 요한복음 21.1-14에 결여되어 있다. 요한은 어쩌면 그 에피소드를 단순히 베드로와의 대화 장면을 설정하는 것으로 보았을 터이다(21.15-23). 하지만 사실상 주목을 끄는 것은 후대의 관점으로 대부분 복잡하게 꼬이지 않은 초기 회상의 징후들이다. 그 이야기의 중심부에는 일곱 제자와 명시적으로 연계된 기억이 있는데, 그들 중 두 명의 정체는 더 이상 그 기억이 뚜렷하지 않다(21.2).[124] 어떤 방향 감각이나 동기 부여의 감각을 잃은 것은 제자들의 기억이다(21.3). 그 장면 자체는 지상의 가정적인 모습을 담고 있다. 고단하고 좌절한 어부들(21.3-5), 그 작업을 위해 발가벗은 채 있던 베드로(21.7), 호숫가에서 떨어진 거리와 물고기 숫자의 자세한 내용(21.8, 11),[125] 그리고 호숫가에서 나누었을 물고기와 빵의 식사(21.9, 12-13). 이는 요한이 사랑받는 제자에게 돌리는 또 다른 기억일까? 여기서 그 기사에 예수의 **세 번째** 나타남으로 순서를 매길 수 있을까?(21.14)

(9)-(12) 추가적 나타남들. 고린도전서 15.6-8.

---

122) 눅 24.41-43; 요 20.24-29. 그 모티프는 (2세기의?) *Epistula Apostolorum* 10-12에서 확대된다.
123) 추가로 내 책 *Jesus and the Spirit* 123-25을 보라.
124) 베드로복음서는 보다 긴 목록이었던 것 한가운데서 끊어진다: '주께서…. 한 베드로, 안드레, 레위, 알패오의 아들'(베드로복음서 14.60); 요한은 왜 안드레를 언급하지 않았을까? 그 열둘 중에서 덜 유명한 구성원들의 정체에 관해 예수 전통의 혼란을 회고하는 것이 부적절하지는 않다(위의 §13.3b[2]).
125) 153마리를 상징으로 설명하려는 어떤 시도도 많은 지지를 얻으면서 성공하지 못했다(가령, Brown, *John* 1074-76).

⁶ 그 후에 오백여 형제에게 일시에 보이셨나니 그 중에 지금까지 대다수
는 살아 있고 어떤 사람은 잠들었으며 ⁷ 그 후에 야고보에게 보이셨으며
그 후에 모든 사도에게와 ⁸ 맨 나중에 만삭되지 못하여 난 자 같은 내게도
보이셨느니라.

바울이 받은 전통의 범위에 대한 불확실성에도 불구하고,[126] 이 정보가
바울의 서론적 교리문답의 일부로 그에게 소통되었음을 의심할 이유는 없
다(15.3).[127] 그는 자신에게 생긴 일을 이해하기 위해 선례들에 대한 정보를
필요로 했을 것이다. '내가 또한 받은 것(*parelabon*)을 제일 중요한 것으로(*en
prōtois*) 너희에게 전하였다(*paredōka*)'라고 바울이 말할 때(15.3), 그는 그 전통
이 얼마간 지난 훗날에서야 그에게 중요하게 되었다고 암시하는 것이 분
명 아니다. 보다 그럴듯하게 그는 처음부터 자신에게 그 전통이 중요했음
을 드러낸다. 바로 그런 까닭에 그는 고린도 교인들이 처음 믿었을 때 그들
에게 그 전통을 확실히 전했던 것이다(15.1-2).[128] 이 전통은 **예수의 죽음 이
후 수개월 내에 전통으로 조성되었다**고 전적으로 확신할 수 있다.[129]

그런데 바울이 연대기적 순서로 세 번째, 네 번째, 다섯 번째로 열거한
추가 나타남의 기록이 없다는 점이 실망스럽다.[130] 그것들이 제기하는 흥

---

126) 가령, 내 책 *Jesus and the Spirit* 98, 385 각주 6-7에서 언급된 논쟁과 참고 문헌, 그리고 Craig,
Assessing 1-49; Schrage, *1 Korinther* 4.19-24에 나오는 보다 최근의 논의를 보라. 그 공식문구가
아람어에서 기원되었는지의 문제에 대해서는 Lehmann, *Auferweckt* 87-115의 개관된 논의를 보
라; 만일 그리스어로 구성되었다면 그 공식문구의 신조는 사도행전이 언급하는 바(행 6.1; 8.1-3;
9.1-2; 11.19) 그리스어를 말하는 헬라주의자들에게로 소급시켜야 한다. 어쨌든 그 전통이 부활 현
현, 적어도 베드로와 열둘에게 나타난 사건을 포함했다는 점에는 의문의 여지가 없다: 바울은 아
람어 *Kēphas*를 사용하고 '열둘'(*hoi dōdeka*)은 바울의 서신에 단 한 번 나온다; 5절을 시작하면서
나오는 *hoti*는 받은 그 전통 내에 적어도 이러한 나타남의 사건들을 포함한다; 나아가 이와 함께
바울이 부활에 대한 자신의 논의를 끌어들이는 것은 바로 이 나타남의 전통과 관련된다.
127) 전통 전승의 언어(*paradidōmi, paralambanō*)는 오해의 여지가 없다(BDAG, *paradidōmi*).
128) 여기서 또한 바울의 서신에 빈번하게 되풀이되는 부활 고백의 공식문구가 나왔다(위의 각주 4);
바울이 예수의 부활이 그리스도교 신앙 전반에 걸쳐 결정적이라고 생각한 점은 고전 15.12-19에
서 보아도 명백하다. 또한 고전 15.3-8에 대한 논의의 개관은 Theissen and Merz, *Historical Jesus*
487-90을 보라.
129) '우리는 그 전통 속의 모든 요소들[15.3b-5, 6a, 7]이 예수의 십자가 처형 이후 첫 두 해로 그 연대
를 정해야 한다고 가정할 수 있다'(Lüdemann, *Resurrection* 38). '그 목록과 보고들이 그 사실 이후
오래 지나 편찬되었다'는 펑크의 '의심'과 대조해보라(*Honest* 267).
130) 두 번째에서 다섯 번째의 나타남을 연결시키는 '그 후에…그 후에…그 후에(*epeita/eita*)'의 순서
는 단지 잘 정돈된 기사를 나타내는 것일 수 있다. 그러나 다른 곳에서의 용례는 연대기적으로 설
정된 목록을 암시한다(BDAG, *eita, epeita*). 나아가 바울이 마지막 항목(자신에게 나타남)을 '맨 나중

미로운 질문은 이러한 나타남의 현상들이 뻗어나간 기간이 얼마나 길었는가 하는 것이다. 바울이 주장한 나타남은 예수의 죽음 이후 대략 18개월보다 앞설 수 없었을 것이다.[131) 부활 이후 몇 주 지나 나타남이 없었다면—누가는 40일을 말한다(행 1.3)—사울/바울이 제기한 주장은 상당한 의혹을 지닌 것으로 틀림없이 간주되었을 것이다. 바울이 그 주장을 그렇게 강조적으로 역설할 수 있었다는 것과[132) 그것이 예루살렘의 리더십에 의해 용납되었다는 것은[133) 그 나타남의 기간이 바울의 회심 시점에 보다 근접했음을 시사하는 듯하다.[134) 이 연역적 추론은 언급된 숫자와 인사들과 일치한다. '500명 이상'에게 나타난 사건은 회심자와 지지자를 얻기 위해 새로운 운동이 시작되었던 시기로 대략 연대가 추산되기 때문이다.[135) 나아가 '모든 사도들'은 그 운동이 보다 선교적 성향이 되어가던 시점을 나타내는 것 같다.[136) 누가와 바울이 일치하는 곳은 부활 현현의 시기가 끝난 것을 예표한다는 점에서다. 누가는 40일 이후라고 말한다. 바울은 '모든 자들 중 마지막으로 내게'라고 말한다.[137)

에'(*eschaton de pantōn*)로 소개한다는 사실은 그가 일정 기간 확대된 진행 과정을 생각하고 있음을 확인해준다(Dunn, *Jesus and the Spirit* 101과 385-86 각주 13-15에서 인용된 자료들; Schrage, *1 Korinther* 4.51-52). 그러나 이어지는 문단의 주장은 엄격한 연대기적 순서를 따른 그 목록의 여섯 차례 나타남에 의존하지 않는다.

131) 바울의 회심 연대에 대해서는 다시 이후의 제2권을 보라.

132) 같은 공식문구('그가 나타났다'—*ōphthē*)로 자신에게 나타난 일을 포함시킴으로써 바울은 자신에게 나타난 그 사건이 그 목록에 나오는 이전의 경우들과 같은 계통에 해당되는 것이었음을 암시한다; 고전 9.1에서 던진 질문('내가 예수 우리 주를 보지 못하였느냐?')은 책임 있는 사람이라면 부정적으로 답하지 못할 것이라는 점을 전제한다.

133) 비록 자기 방어적이지만 갈 1.1-2.10에서 도출할 수 있는 그 밖에 다른 결론은 없다.

134) 크레이그는 누가의 시간표를 고수하고 싶어 한다(오순절 이후 아무런 나타남도 없었음). 그러나 그는 그 경우 훨씬 이후의 나타남에 대한 주장이 수용되었는지 여부와 수용되었다면 왜 그리 되었는지의 의문에는 답하지 않는다(*Assessing* 72-73 각주 31).

135) Grass, *Ostergeschehen* 101, 109-10; Fuller, *Formation* 36 참조. 크로산은 '그 강조점을 천천히 그러나 꾸준히 **공동체**에서 **집단**으로, 또 **지도자**로 옮겨가는 계시적 환영의 궤적'에 대한 제안을 밀어붙임으로써 고전 15.5-8의 명백한 함의를 무시한다'(*Historical Jesus* 397-98). Lüdemann, *Resurrection* 100-108은 500명 이상에게 나타났다는 것이 오순절의 변이된 전통이라는 진부한 노선을 따른다(행 2.1-13)(유사하게 Funk, *Acts of Jesus* 455); 그러나 지금 곧 내 책 *Jesus and the Spirit* 142-46을 보라.

136) 다시 Fuller, *Formation* 40-42과 내 책 *Jesus and the Spirit* 98을 참조하라. 여기서 '사도들'이란 말이 적어도 바울에게는 단순히 열둘에 대한 또 다른 이름이 아니었고 안드로니고와 유니아(롬 16.7), 바나바(갈 2.9; 고전 9.5-6) 같은 사람들을 포함했다는 점이 지적된다. 추가로 제2권을 보라. 아마 여기서는 무관하겠지만 그럼에도 불구하고 주목할 만한 것은 누가가 글로바와 그의 무명 동료를 사도들로 간주하는 것 같다는 점이다(눅 24.10, 13).

137) 바울이 '낙태아'로 자신을 묘사한 대목의 영향력은 종종 간과된다. '낙태'는 제대로 말하자면 조산이다. 그 함의인즉, 사도로 인증하는 부활 현현의 외연 범위가 닫히기 전에 바울이 그 안에 포

열거된 부활 현현들 내에서 바울에게 나타난 것을 포함하면서 생겨난 다른 현저한 긴장은 사도행전 기사에 의하면 다른 모든 현현 사건이 땅에 나타남으로 기록되는 반면 그 나타남은 하늘로부터 발생했다는 것이다.[138] 이는 우리가 추후 되돌아가야 할(아래 §18.5c) 기사들이 제기한 질문에 추가적 국면을 더해준다. 그 보상인즉, 그것이 적절한 표현이라면 바울에게 나타난 사건과 더불어 부활 현현에 대한 개인의 직접적인 증언에 가장 근접한 사례를 담아내고 있다는 것이다. 사도행전 기사를 의문 없이 바울 자신에게 돌릴 수 있다는 것이 아니다. 오히려 바울은 고린도전서 15.8뿐 아니라 다른 경우들에서도 다메섹 도상에 나타난 것을 언급하거나 암시하는 것 같다. 고린도전서 9.1에서 그는 '내가 우리 주 예수를 보지 않았더냐?'라고 묻는다. 그가 '그리스도의 영광에 대한 복음의 빛을 보는 것'과 '예수 그리스도 앞에서 하나님의 영광을 아는 지식의 빛'(고후 4.4, 6)에 관해 말하는 것은 아마도 다메섹 도상에서 그가 큰 빛을 본 경험을 암시하는 듯하다(각주 138).[139] 아울러 갈라디아서 1.16에서 그는 분명히 자신의 회심과 사도로서의 위임을 생각하는 맥락에서 하나님이 '자기 아들을 내 안에 나타내는 것'을 기뻐하셨다고 자신의 확신과 감사를 표현한다.[140]

18.4 전통들 내부의 전통

a. 전통의 다양성

우리는 이 다양한 전통을 간파하여 그 기원에 이를 수 있을까? 예수의

함되도록 정해진 시간보다 앞서 그의 회심이 강제되어야 했다는 것이다(내 책 *Jesus and the Spirit* 101-102; *Theology of Paul* 331 각주 87; 추가로 이 연작의 제2권을 보라).

138) '하늘에서 비친 빛'(행 9.3; 22.6; 빛과 음성은 아마 같은 출처에서 나온 듯; 26.13, 19: '하늘의 환상').
139) 가령, M. E. Thrall, *2 Corinthians* (ICC; Edinburgh: Clark, 1994, 2000) 1.316-20 (참고 문헌은 각주 878)을 보라.
140) 가령, 내 책 *Theology of Paul* 177-79를 보라.

선교에 대한 공관복음 전통과 비교하여 그 전망은 밝지 않다.[141] 그 자료에 관련된 특이 성향의 당혹스럽고 기묘한 특징들이 너무 많다.[142]

(1) 아주 많은 나타남의 사건들은 단 한 건의 증거로 수렴된다. 게바와 정체가 확인되지 않은 그의 동료, 500명 이상의 제자들, 야고보, 그리고 '모든 사도들.' 위에서 열거한 열두 사례의 나타남 가운데 네 개만 봐도 그렇다. 게다가 베드로에게 나타난 경우는 두 번이지만 요한복음 21.15-19을 포함하지 않는다면 매번 실속 없는 언급에 불과하다.

(2) 중첩되는 곳에서도 그것은 거의 접점을 이탈한다. 특히 무덤이나 그 근처에서 마리아/여인들에게 나타난 경우와 갈릴리에서 열한 제자에게 나타난 경우가 그렇다. 유일하게 실질적으로 중첩되는 전통은 예루살렘에서 나머지 열두 제자에게 나타난 다채로운 기사들이다. 거기서 핵심은 분명하다. 이 부분은 과연 핵심으로서 어떤 다른 공유된 공관복음/요한복음의 단락보다 그 내용이 더 풍성하다.

(3) 다른 한편으로 '어디서?'의 질문을 가장 날카롭게 제기하는 것은 바로 그 열한 제자에게 나타난 사건이다. 예루살렘인가? 아니면 갈릴리인가? 위치상 약간의 일탈은 구연의 다양성 가운데 예상할 수 있는 것이다. 그러나 전반적으로 그 다양성은 우리가 지금까지 마주친 어떤 것도 넘어서는 수준이다. 유다의 죽음 기사 두 개만을 예외로 하는데(마 27.3-10/행 1.16-19), 여기서 일치점이 결여되는 것은 초기 그리스도교 공동체에게 상대적으로 중요성이 결여되었음을 예시한다! 반면 나는 같은 문헌(사도행전) 내에 모두 나오는 바울 관련 현현 기사 몇 개가 예수 전통을 위한 전형적인 전통화 과정으로 검증된 좋은 사례를 제공한다고 지적하면서 논의를 시작했다(§8.4). 그러나 그것은 엄격히 말해 예수 전통의 일부가 아니다. 이에 비해 열둘/열한 제자에게 나타난 사례들은 정경 복음서의 만장일치 목소리에

---

141) '거의 매 시간마다의 기억이 예수의 죽음과 매장과 관련하여 압도적이었지만 추측건대 훨씬 더 중요한 것, 곧 그 무덤을 지나 예수가 살아 돌아온 그 비범한 귀환과 관련하여서 거의 전적인 불일치가 만연했다는 점은 매우 주목할 만하다…'(Crossan, *Historical Jesus* 395).

142) 위에서 지적한 대로(제4장 각주 23), 라이마루스의 논법은 여전히 부활 서사 내의 모순점을 열거하는 고전적 방식으로 구성된다; 그 내용의 요약은 Wedderburn, *Beyond Resurrection* 24-25을 보라.

상응하는 예수 전통의 결론이다. 그렇다면 그것들 역시 예수 제자들의 초기 공동체에 중요하지 않았다고 결론지어야 할까?!

(4) 마찬가지로 당혹스러운 것은 지상에서의 나타남과 하늘로부터의 나타남 사이에 가로놓인 긴장이다. 하늘로부터의 현현으로 분명히 인지된 것이 예외적이었다면, 바울에게 나타난 그 사건이 어떻게 예루살렘 지도층에게 그렇게 수용 가능한 것으로 증명될 수 있었을까? 혹 마태복음 28.16-20의 애매모호함이 그 점에 대해 다소간 혼란스러운 인식을 드러내는 것일까?[143] 아울러 우리는 다른 현현 사건(500명 넘는 제자들과 '모든 사도들'에게 나타난 경우)이 어떤 '범주'로 귀결되었는지 알지 못한다. 그러므로 초기의 모든 나타남은 실제로 '하늘로부터'였다는, 가령 피터 칸리(Peter Carnley)의 주장을 위한 논의의 여지가 있는 걸까?[144]

그렇다면 이 점에서 전통의 다양성에 대한 의문은 없다. 하지만 더 중요한 질문은 그 차이들이 구연의 변이성을 당연시한 전통화 과정의 특성에서 비롯되는가 하는 점이다.[145] 이는 나아가 현재 형태의 그 전통들이 조화를 이룰 수 없다는 명백한 결론이 그 전통과 전통화 과정의 특성을 충분히 주목했는가 하는 추가 질문을 제기한다.[146]

b. 핵심 전통?

하지만 사실상 상당한 정도의 다양성이 발견되는 나타남의 전통들 가운데는 쉽사리 분별할 수 있는 공통된 요소들이 많다.

(1) 핵심 요소는 그들이 예수를 '보았다'는 것이다. 마리아는 예수를 보

---

143) 위의 각주 120을 보라.
144) Carnley, *Structure* 236-41: '그 증거의 전체적인 취지는 무엇이 "보였든지" "하늘에서" 나타났다는 견해를 지향한다'(242-43).
145) 에반스가 '말하는 이를 동일한 주라고 보기 어렵다. 마태복음에서 말하는 이는 분명히 마태적인 주이고, 누가복음과 요한복음에서 말하는 이는 누가적이고 요한적인 주이다'(*Resurrection* 67)라고 진술할 때, 그는 단순히 구연적 변용의 두드러진 특징을 살펴보는 것 이상을 시도하고 있는가?
146) 크레이그가 '살아 있는 목격 증인들의 압도적인 생존이 전설의 의미심장한 자연 증식을 지체시켰을 것'이라고 단순하게 주장하는 것도 마찬가지로 만족스럽지 못하다(*Assessing* 387). 여기서 요구되고 또 내가 제공하려 하는 것은 전통화 과정 자체의 설득력 있는 기록이다.

았다(요 20.14). 예수는 베드로에게 나타났고(*ōphthē*)(눅 24.34/고전 15.5) 고린도전서 5.5-8에 열거된 다른 이들에게도 나타났다.[147] 글로바는 예수를 막판에 알아봤다(눅 24.31). 예수는 자신의 상처를 보여주었다(눅 24.40/요 20.20). 그들은 도마에게 '우리가 주를 보았다'(요 20.25)고 이야기하고 도마는 자신이 보았기 때문에 믿는다(20.29). 열한 제자는 예수를 갈릴리에서 보고(마 28.17) 예수는 자신을 제자들에게 보여준다(요 21.1). 바울은 다메섹 도상에서 예수를 '보았다.'[148] 이 '봄'의 행위는 누가(행 1.22)와 바울(고전 9.1)이 모두 증언하듯이 제일 중요한 것으로 간주되었다. 주를 보지 않은 그 누구도 '사도'로 인정받을 수 없었다.

(2) 다소 역설적으로 거의 동등하게 입증되는 모티프는 **예수를 알아보지 못하는 것**이다. 이 실패는 가장 많이 확장된 현현 기사들 중 몇 개에서 예표된다. 마리아에게(요 20.14-15), 글로바에게(눅 24.16), 그리고 호수에서 일곱 제자들에게(요 21.4) 그러했다. 그것은 의심과 불신의 어조와 조화를 이룬다. 주목할 만한 예로 예루살렘에서 열한 제자에게 나타난 것(눅 24.41), 도마에게 나타난 것(요 20.24-29), 갈릴리에서 열한 제자에게 나타난 것(마 28.17). 알아보지 못하는 것은 그 기사 내에서 교정되고 도마의 의심은 주의 깊게 대응되는 데 비해, 마태는 열한 제자의 의심이 제거되었음을 나타내기 위해 아무런 시도도 하지 않는다.[149]

(3) 또 다른 공통 모티프는 **위임**의 모티프다. 여인들(마리아)은 그 형제들에게 이야기를 전해야 하고(마 28.10/요 20.17), 베드로는 양을 먹여야 한다(요 21.15-19). 전해야 할 임무는 글로바가 이미 저녁 시간이었을 때 예루살렘으로 급히 돌아가는 데서도 암시되고 있다(눅 24.31-35). 열한 제자는 예루살렘과[150] 갈릴리에 명시적으로 파송되며(마 28.19-20), 바울에게 나타나기에

---

147) 칸리가 우리에게 상기시켜주듯(*Structure* 139-43), 고전 15.5-7에 기록된 자료가 증거로 제시되는 점을 주시하는 것이 중요하다.
148) 행 9.17, 27; 22.14-15; 26.16.
149) 예레미아스의 다음 진술을 참조: '전통의 최초 층에 담긴 두드러진 특징은 그것이 여전히 그 사건들의 압도적이고 당혹스러우며 신비스런 속성…그와 같은 신비스러운 명암의 회억을 보존하고 있다는 점이다…'(*Proclamation* 303).
150) 눅 24.47/요 20.21; 행 1.8.

앞서 '모든 사도들'에게 나타난 것은 추측건대 그들을 사도로 만든 것이다 (고전 15.7).[151] '주를 본' 자가 사도로 인정받아야 했다면 그 '봄'의 행위와 마찬가지로 이 요소도 분명 결정적이었을 것이다.[152]

(4) 공통점이 적기는 하지만 몇 군데 기사들 중에서 언급할 만한 모티프는 누가복음,[153] 요한복음 21.12-13, 마가복음의 긴 결말부(막 16.14), 그리고 이그나티우스, *Smyrn.* 3.3의 경우 식사를 포함하는, 또는 식사의 상황에서 발생한 현현이다.[154]

(5) 명시적이든, 암시적이든, §18.3에 열거된 처음 다섯 번의 나타남에서 적잖이 관련되는 것은 예수가 십자가 처형과 매장에 이어 '안식 후 첫날'(일요일) 처음 나타났다는 전통이다. 여기서 우리는 '안식 후 첫날'이 분명 무덤이 비었다는 발견과 연관된 핵심 전통의 일부였음을 첨가해야 한다(§18.2). 더구나 그것은 바울이 자신의 회심 이후 받은 고백적 공식문구에 이미 견고하게 첨부된 '셋째 날/제삼일'이란 전통과 확실히 일치한다. '그는 성경대로 사흘 만에 다시 살아났다'(고전 15.4). 또한 우리가 추적할 수 있는 만큼 이른 시점에 일요일이 그리스도인들에게 특별히 의미심장한 날,[155] 곧 '주의 날'[156]이 되었다는 두드러진, 그러나 종종 간과되는 사실을 잊지 말아야 한다. 그날은 바로 그들이 주의 부활을 기념한 날이었기 때문이다.

---

151) 500명 이상에게 나타난 것과 '모든 사도들'에게 나타난 것 사이에 함축된 구분이 시사하듯, 보는 것만으로는 사도직의 구성 요소가 되지 못했다; 설사 그렇더라도 전자의 경우는 증인으로 언급되는데 그 대부분은 여전히 살아 있었고(고전 15.6) 따라서 (또한 암시되는 바로는) 증인으로 자문받기 위해 활용할 수 있었다.

152) 행 1.22; 고전 9.1-2; 15.8-11. 이는 이러한 구절들을 '합법화 공식문구'로 분류하는 윌켄스(U. Wilckens)의 범주화가 지닌 강점이다('Tradition-History' 59-60; *Resurrection* 12-13, 114). 그럼에도 그는 그 점을 지나치게 과장하기도 한다('Tradition-History' 66). 추가로 내 책 *Jesus and the Spirit* 110-14, 128-32; Perkins, *Resurrection* 195-214을 보라.

153) 눅 24.30-31, 35, 41-43; 행 1.4; 10.41.

154) 크로산은 이전의 급식 기적(막 6장과 요 6장)에 보태어 다음과 같이 넌지시 말한다: '빵과 물고기 성만찬과 그것의 제도화 관련 이야기들은 누군가 예수의 전기적 서사를 쓰면서 거기에서 그의 죽음 "이전"과 "이후"에 무엇이 있었는지 결정해야 할 생각을 하기 전으로 소급되었다'(*Historical Jesus* 399). 반면 롤로프(Roloff)는 그 식사 전통과 부활 케리그마의 취지 사이에 놓인 긴장을 주시한다(*Kerygma* 263).

155) 행 20.7; 고전 16.2.

156) 계 1.10; 디다케 14.1; Ignatius, *Magn.* 9.1; 베드로복음서 9.35; 12.50. 본격적인 논의는 W. Rordorf, *Sunday: The History of the Day of Rest and Worship in the Earlier Centuries of the Christian Church* (London: SCM, 1968)를 보라.

이 전통의 등장은 예언이나[157] 심지어 예수가 말한 어떤 것의 기억을 통한 증명을 탐색한 결실 중 하나로 설명될 수 있다. 그 첫 번째 경우 유일한 문제는, 가능한 성서의 후보 구절이 호세아 6.2이지만[158] 어떤 신약성서 저자도 그것을 그러한 증빙구로 인용하지 않는다는 점이다. 이는 예수의 죽음과 부활을 다루는 신약성서에서 성서를 광범위하게 사용하는 것이 일관되게 명확하다는 점을 전제할 때 주목할 만한 사실이다.[159] 그리고 두 번째로 예수가 말했을 법한 것의 최초 기억은[160] '사흘 만에'('삼일 후에')만큼 정확하지 않고, 수난 예고 가운데 '사흘 만에'로 고쳐졌다. 아마 이는 이미 일어났다고 기억된 것이 '셋째 날에' 일어나고 있다고 기억되었기 때문일 것이다.[161]

우리가 그 전통 가운데 '핵심' 요소를 찾고 있다면 방금 열거된 것들 중 그 첫째, 셋째, 다섯째는 그런 계통으로 웬만큼 간주할 수 있다. 아울러 온전한 예수 전통의 핵심 요소의 경우처럼 우리는 이러한 것들이 처음부터 그 전통의 일부였음을 확신할 수 있다. 이를테면 그 전통은 그 핵심 가운데 간직된 경험으로 받은 충격의 표현으로 처음 등장했던 셈이다.[162] 그 자료를 연구한 누구도 이 주제에 대한 그리스도교적 증언이 예수가 죽은 뒤 다

---

157) Grass, *Ostergeschehen* 127-38; Evans, *Resurrection* 47-50, 75-76: '연대기적인 것이 아니라 신학적 진술로 의도됨'(48); Fuller, *Formation* 23-27; Lüdemann, *Resurrection* 47.

158) 호 6.1-2: '오라 우리가 여호와께로 돌아가자 여호와께서 우리를 찢으셨으나 도로 낫게 하실 것이요 우리를 치셨으나 싸매어 주실 것임이라. 여호와께서 이틀 후에 우리를 살리시며 셋째 날에 우리를 일으키시리니 우리가 그의 앞에서 살리라.' 가장 최근에 Evans, 'Did Jesus Predict?' 94-96. 이전의 시도로는 Lehmann, *Auferweckt* 262-90과 H. K. McArthur, 'On the Third Day', *NTS* 18 (1971-72) 81-86이 있다. 이러한 (그리고 다른) '셋째 날' 관련 구절들에 대한 랍비식의 해석에서 그 참조 문구를 설명하는 것은 초기 그리스도교의 그러한 신조 문구에 큰 비중을 수반하지 않는다; 그러나 Schrage, *1 Korinther* 4.39-43 참조.

159) 예레미아스는 Tertullian, *Adv. Judaeos* 13이 부활과 연계시켜 호 6.2을 언급하는 최초의 사례라고 본다(*Proclamation* 304). 물론 '성경대로'라는 문구는 특별히 '셋째 날에/사흘 만에'보다 '그가 살아났으니…'를 언급한다고 할 수 있다. 추가로 Wedderburn, *Beyond Resurrection* 48-53을 보라.

160) 막 8.31; 9.31; 10.34; 14.58.

161) 위의 §17.4c(2)를 보라.

162) *Post-Resurrection Appearance Stories* ch. 3에서 앨섭(Alsup)의 분석을 참조하라. 여기서 그는 이와 같이 요약한다: '비록 복음서 전통의 나타남 이야기들이 거의 전례 없는 유동성과 편집적 자유 및 변용의 성향을 보여줌에도 불구하고, 모티프와 주제상의 불변 요소를 지닌 편집 이전의 형태를 그 유동성 배후에서 식별해낼 수 있다. 이는 곧 신약성서 장르[라고 부르기에] 충분한 고정된 형태이다.' '우리가 소급하여 다다를 수 있는 전통의 기원과 관련된 가장 먼 상한점은 부활한 주가 자신의 사람들과 만나 교제를 다시 수립하였으며 자신의 사역 가운데 그들을 파송했다고 선언한 장르 그 자체이다'(213, 274).

시 살아난 것을 본 것으로 이해한 수많은 경험에서 시작되었음을 의심할 수 없다.[163] 예수에 관한 어떤 확신은 이후 부활 경험담의 형식으로 투사된 것이 아니었다. 그 이야기들은 시각적이거나 환상적인 경험으로 기억되었는데 그게 바로 그것들이 경험된 방식이기 때문이다. 그것이 핵심 전통 가운데 결정체로 남은 그 충격이었다. 그들은 그들이 주를 보았다고 **믿었을** 뿐 아니라 주가 죽은 자들 가운데서 살아난 것을 보는 **경험**을 했다.

게다가 그 생성적 경험은 또한 명백하게 개인적인 만남과 소통의 경험이었다. 그것은 그들에게 개인적인 위임의 경험으로 다가왔다. 그것은 분명 바울이 자신에게 나타난 사건을 경험한 방식이었다.[164] 나아가 죄인 중에 괴수가 정말로 회심했고 그뿐 아니라 부활의 선포자로서 그들의 행렬에 합류하도록 파송받았다고 그 첫 제자들을 설득한 것은 연관된 바울의 경험과 이전의 현현 경험 사이의 일치 정도였을 것이다. 우리가 어떻게 이러한 경험을 해석하느냐 하는 것은 또 다른 질문이다.[165] **우리가 타당한 의심의 여지가 없는 것으로 인정해야 할 점은 첫 신자들이 '부활 현현'을 경험했으며, 그 경험은 이전에 예수의 가르침과 행동이 끼친 영향과 마찬가지로 우리에게 전수된 전통들 가운데 간직되었다는 것이다.**

'셋째 날' 전통은 좀더 문제적이다. 그것이 원래 부활 현현과 관련하여 조성되었다면,[166] 이는 갈릴리에서 처음 나타난 경우(마가복음) 또는 적어도 남성 제자들에게 처음 나타난 강한 부활 전통(마태복음)과 매우 상반되기 때문이다. 예루살렘에서 갈릴리에 도착하려면 사흘보다 훨씬 더 걸렸다. 그렇다면 이는 혹 첫 번째 일요일 저녁 예루살렘이나 그 주변에서 겪은 나타남의 기억에서 생겨났을지 모른다(누가복음, 요한복음). 아니면 예루살렘의 나타남 전통이 단순히 빈 무덤 이야기에서 화제를 삼는 점에 비추어 그 핵

---

163) 가령, 판넨베르크는 라이폴트(J. Leipoldt)의 다음 진술을 인용한다: '우리는 제자들이 부활한 주를 보았다고 확신한 것을 의심할 수 없다. 그렇지 않으면 예루살렘 공동체의 기원과 함께 그 교회의 기원은 수수께끼가 되어버린다'(*Jesus* 91).
164) 바울의 회심이 위임으로 대등하게 묘사될 수 있는 것은 바로 이러한 이유에서다; 다시 내 책 *Theology of Paul* 177-79을 보라.
165) 추가로 아래의 §18.6을 보라.

심 가운데 '안식 후 첫날'이라는 시간적 기록을 일관되게 포함하는 것이 빈 무덤 전통이라는 사실에 우리가 좀더 비중을 두어야 할까? 그렇지 않으면 그 동일한 날(의 저녁)을 언급해야 할까?[167] 빈 무덤 전통 또한 예수의 부활에 대한 선포를 포함하는데, 따라서 '사흘 만에 다시 살아나사'라는 결론을 일 찌감치 끌어내어 처음부터 그 첫 고백적 단언의 일부로 삼을 수 있었을 것 이다.

요컨대, 부활 현현 전통의 지속적인 양식들이 비록 우리가 지금 알고 있는 이후의 구연 가운데 확장된 핵심 골격에 대해 최소한의 증거를 제공 할지라도, 그럼에도 불구하고 우리는 이 전통의 다양성 내에서, 또 그 다양 성을 통해 명백한 핵심 전통을 언급할 수 있다.

c. 전통의 침묵

그러나 우리는 여러 방면으로 가장 인상적이고 놀라운 특징이 되는 대 목에 주의를 기울여야 한다. 즉 베드로와 야고보(예수의 동생)에게 나타난 기 사의 부재. 어떤 예측으로도 이러한 것은 최초 제자들의 무리에게 가장 의 미심장한 나타남으로 간주되었을 것임에 틀림없다. 분명히 베드로는 곧장 예루살렘 교회의 최초 지도자로서 역할을 담당하기 시작했고(행 3-5장), 베 드로가 더 넓은 영역의 활동으로 들어가기 시작할 때[168] 이는 야고보(예수의 동생)에 의해 계승되었다.[169] 베드로에게 나타난 경우는 바울이 받은 전통 가운데 높은 위상이 부여되는데(고전 15.5) 그 우선권은 누가복음 24.34에서 되풀이된다. 만일 거기에 한 기사가 예상될 법한 어떤 나타남이 있었다면

---

166) Hahn, *Hoheitstitel* 205-206 (*Titles* 180). 그러나 이 공통의 추론은 대개 예수가 죽은 자 가운데서 살 아났다는 확신을 불러일으킨 것이 그 나타남 한 가지뿐이었다는 선행하는 가정에 입각한 것이다 (가령, Bultmann, *Theology* 1.45; Grass, *Ostergeschehen* 184).

167) 보드(Bode)는 빈 무덤 전통 가운데 보다 명시적인 '셋째 날' 모티프가 나오지 않는 점에 근거하여 그 모티프가 영향력을 얻기 이전에 그 전통이 일찌감치 조성되었다고 추론한다(*First Easter Morning* 124-26, 161-62); 유사하게 Wilckens, *Resurrection* 10-11; Hengel, 'Begräbnis' 132-33 각주 51.

168) 특히 갈 2.7-9을 보라. 행 12.1-17은 베드로 역시 자신의 안전을 위해 예루살렘을 떠나야 했음을 암시한다. 그 주제는 우리가 제2권에서 되돌아와야 할 또 다른 부분이다.

169) 아무도 고전 15.7의 야고보가 갈 1.19과 2.9, 12의 야고보라는 것을 의심하지 않는다.

그것은 바로 이 한 가지다. 하지만 그러한 기사는 완전히 결여되어 있다(요 21.15-23과 별도로/또는 그것에 선행하여).[170] 왜 그런가? 야고보에게 나타난 경우와 관련해서도 같은 질문이 제기될 수 있다.[171]

그러한 이야기들이 첫 신자들에게 중요하지 않았으리라고 확실히 추론할 수 없다. 고린도전서 15.5의 고백은 베드로에게 나타난 경우만큼 열두 제자들에게 나타난 경우에도 상당한 두드러짐을 부여하는데, 우리는 열두 제자에게 나타난 이야기가 풍부하다는 점을 보았다. 그렇다면 첫 번째로 베드로에게 나타났다는 주장을 서사 형식 속에서 상세히 설명하는 이야기는 왜 없는가? (추측건대) 야고보를 그 운동으로 불러들인 게 나타남이었던가?[172]

이 책에서 발전시킨 가설은 다른 대답을 시사한다. 그 가설에 의하면 예수 전통은 공동체 전통이 된 덕분에, 즉 처음에 거듭해서 이야기로 구연된 그 전통과 예수를 믿는 신자들의 공동체를 확산시킨 덕분에 공관복음서 가운데 분명한 형태를 갖추게 되었다. 그러므로 그 현현 전통의 성격에서 끌어낼 가장 개연성 높은 결론은 그 현현 전통이 초기 교회에서 그런 방식으로 작용하지 **않았다**는 것이다. 그것은 교회 전통이 아니었다. 오히려 그것들은 보다 개인적인 증언으로 간주되었고 그런 방식으로 기능하였다. 그 나타남의 사건은 교회와 그 교사들이 고백할 수 있었다. 그러나 그것은 장로와 교사들이 이야기로 확장시키지 않았다(확장시킬 수 없었다). 왜냐하면 그것은 이야기로서 처음부터, 가장 먼저 그 나타남을 증언한 자(들)에게 속

---

170) 모든 복음서 중에서 베드로에게 나타난 그러한 이야기의 부재는 마태에서 가장 놀라운데, 마태가 베드로에게 보인 유별난 관심을 전제하면 더욱 그렇다(특히 마 14.28-32; 16.16-19).

171) 히브리인의 복음서 7은 (고전 15.7에 기반을 둔 듯한) 야고보에게 나타난 기사를 내포한다. 그 기사는 다음과 같이 첨가한다: '그가 빵을 취하여 축하한 뒤 그것을 떼어 의로운 야고보에게 나누어주면서 말했다, "내 형제여, 그대의 빵을 먹으라. 인자는 잠자는 자들 가운데서 일어났노라"'(Elliott, *Apocryphal New Testament* 9-10은 단편에 4라는 번호를 매겨둔다).

172) 예레미아스는 '팔레스타인 유대인 그리스도교 안의 급진적인 집단들이… 베드로의 보편주의에 성을 냈고(갈 2.12b; 행 11.2) 이에 따라 그를 부활한 주의 나타남을 경험한 첫째가 되는 역할에서 배제해 버렸다'고 제안한다(*Proclamation* 307); 그러나 설사 그렇더라도, 우리에게 전승된 전통의 침묵은 설명되지 않은 상태로 여전히 남아 있게 된다. 마찬가지로 받아들이기 어려운 것은 베드로에게 나타난 것이 감추어졌다는 더 오래된 하르낙의 견해이다(Lüdemann, *Resurrection* 85에서 개략적으로 제시되고 옳다고 승인됨); 막센은 이 점에서 더 설득력이 있다(위의 각주 77을 보라).

했기 때문이다.

이러한 제안은 그토록 많은 현현 이야기의 매우 개인적인 성격으로 뒷받침되는 것 같다. 예수는 마리아에게, 글로바에게, 도마에게, 베드로에게(요 21장), 그리고 바울에게 나타났다. 청중들이 스스로 물어볼 수 있을 것이라는 암시적인 제안과 함께 500명 넘는 자들의 대부분이 살아 있다고 바울이 기록할 때(고전 15.6)만큼 그 정도로 넌지시 비치는 것 같다. 그들의 이야기는 증인들 개인만이 전할 수 있었다. 반면 여인들과 갈릴리에서 열한 제자에게 나타난 이야기들(마태복음)은 모호하고 개인적 성격이 결여되어 있다.[173] 오직 그와 같이, 개인적 증언의 효력을 결여하면서 그것들은 전통으로 분별될 수 있었다. 이것이 베드로와 야고보에게 나타난 이야기가 최초 기사에서 전해지지 않은 까닭일까? 베드로와 야고보가 그 이야기를 하지 않았기 때문에. 즉 그것들은 너무 사적이고 개인적이었을까? 그 가능성은 흥미를 자아내지만 이 단계에서는 그 정도의 추론을 넘어서지 못한다.

d. 요약

요약하자면, 우리가 가지고 있는 것은 두 개의 상이한 전통(빈 무덤과 나타남)이다. 부활의 원리라는 견지에서 그 둘의 상관 관계는 명백하지만 그 전통사의 상관 관계는 명확성이 떨어진다. 전통사적 견지에서 빈 무덤의 전통은 '안식 후 첫날' 그 사건의 발견을 포함하여 여인들이 제기한 주장으로 소급될 개연성이 크다. 이 정보가 사용되었는지, 어떻게 사용되었는지에 대한 다소간 불확실성에도 불구하고, 요한이 베드로와 사랑받는 제자로 확인해준(요 20.3-10) 일부 제자들의 확신에 찬 보고에 의해 예시된 대로

---

173) C. H. Dodd, 'The Appearances of the Risen Christ: An Essay in Form-Criticism of the Gospels', in D. E. Nineham, ed., *Studies in the Gospels: Essays in Memory of R. H. Lightfoot* (Oxford: Blackwell, 1955) 9-35 참조. 도드는 '간결한' 서사(마 28.8-10, 16-20; 요 20.19-21)를 다른 '정황에 따른' 서사와 구별하는데, 여기에는 전자가 '교회의 집단적인 기억에 의해 전승된 구어 전통에서 직접 끌어온' 것이라는 함의가 수반된다(10). 그러나 그는 또한 요 20.11-17이 '그것에 대한 정의할 수 없는 일차적인 무엇인가를 담고 있다'고 논평한다; '복음서에는 아무것도 그와 온전히 같은 것이 없다. 모든 고대 문헌에는 그것과 온전히 같은 어떤 것이 있는가?'(20)

(눅 24.24) 그것은 결국 수용되었다. 물론 바울 전통에서는 무시되었다(고전 15.3-5). 이 전통사적 결론은 그 무덤의 빈 상태에 관한 역사적 개연성에 의해 강화된다(§18.2).

부활 현현 전통의 경우는 전통 그 자체에서 조금씩 수집할 수 있는 자료에 거의 배타적으로 의존해야 한다. 여기서는 바울의 개인적 증언이 결정적이다. 바울은 그 사건이 있고 나서 한두 해 내에 자신의 회심 당시 이미 확립된 그 전통을 증언한다(고전 15.3-5/6/7).[174] 그뿐 아니라 그는 또한 '부활 현현'을 확인해주는 결정적인 흔적으로 간주된 것을 우리에게 전해준다. 예수를 본 것과 예수에 의한 위임이 그것이다. 부활 현현과 사도에 대한 바울의 주장이 모종의 염려와 함께 예루살렘 교회의 지도층에 수용되었던 까닭은 이미 확실히 '규범'으로 간주된 것과 일치한 예수의 '부활 현현' 때문이었다.[175]

게다가 그 전통의 기원은 훨씬 더 식별하기 어려워진다. 특별히 문제되는 것은 현장에 대한 의문이다. 무덤이나 그 근처에서 여인들에게 나타났다는 것은 그 무덤이 비어 있었다는 발견 기사와 유사한 전통사적 가능성을 담고 있다. 그러나 부활의 날 열한 제자에게 나타난 사례는 그들이 예수를 갈릴리에서 (처음) 볼 것이라는 지적(막 16.7)과 상반된다. 후자의 강조점은 마태에 의해 확인되고, 신학적 동기 부여는 누가가 예루살렘으로 그 나타남을 한정하는 데서 탐지될 수 있으며, 요한복음은 양쪽 전통을 두루 증언하면서 그 다양성을 합리화하려는 모종의 시도를 제출한다(요 21장의 '세 번째' 나타남―21.14). 이 점에 대해 유감스럽게도 바울은 우리에게 아무런 도움을 주지 못한다.

모종의 역사적 연쇄 작용과 일관성을 상정해볼 수 있다. 예컨대 여인들의 전통(빈 무덤, 나타남)은 예루살렘 지역에 머물던 남성 제자들이 주장한 나타남 가운데 얼마간 확증되면서 예루살렘에 등장했다. 그것은 (의기소침

---

174) '기껏해야 2-3년' 내에(Funk, *Acts of Jesus* 466, 그럼에도 위의 각주 129를 보라).
175) 갈 1.18-2.10; 고전 9.1-2; 15.8-11. 추가로 제2권을 보라.

한 상태로) 갈릴리에 돌아온 다른 제자들(열한 명의 주요 집단)에게 나타났다는 보고로 추가 확증을 얻었다.[176] 이러한 전통은 예루살렘 교회에서 결합되어 보다 통합적이고 일관된 형태를 부여받았으며(물론 완벽하지는 않았지만) 이는 오늘날에 이르기까지 그대로 존속되고 있다.

이 안에 무엇이 있다면 몇 가지의 중요한 특징이 집중 조명되어야 한다. (1) 분기된 전통의 융합은 어떤 범위에서만 수행되었다. 현현의 위치와 순서에 관한 혼란은 마태복음, 요한복음, 또는 마가복음의 긴 결말부에서 해소되지 않는다. 오로지 누가만이 갈릴리 현현에 대한 모든 언급을 배제함으로써 그의 자료에 한 패턴을 부여할 만큼 충분히 대담했다. (2) 빈 무덤, 셋째 날, 보는 것, 위임 등과 같은 핵심 항목은 모든 다양성에도 불구하고 끝내 일관되게 남아 있다. 여기서도 분명히 다양한 구연을 통해 그 핵심 논점이 제기되는 한, 그 다양성의 정도는 심각한 것으로 간주되지 않았다. (3) 해법이 되는 이러한 요소들(핵심)은 그 전통화 과정의 (몇 가지) 기원으로 소급되는 듯하다. 예수 전통의 경우와 마찬가지로 일관되게, 이는 예수의 매장 장소가 비어 있었다는 발견과 예수를 각기 다르게 보고 들은 경험으로 남겨진 영향이었다. 그것은 처음의 구연부터 그 전통 가운데 구체화되었고 그 전통에 그 본질적 형태를 부여하였다.[177] (4) 그 나타남 중에 몇 가지는 성격상 매우 개인적이었고 그 전통에 개인적 증언의 특성을 부여하였다. 이것들 중 일부(특히 베드로와 야고보에게 나타난 것)는 후대까지 교회 전통이 되지 못했다. 이러한 경우에 목격자의 증언은 공동체의 전통이 되는 방식으로 공식화되지 않았다.

---

176) 예수가 체포되었을 때 제자들 (모두) 갈릴리로 도주했다는 통상적인 추정(Gnilka, *Jesus* 293; Funk, *Honest* 223의 경우처럼)은 역사적인 판별력이 결여되어 있다. 웨더번이 지적하듯, 그 두 개의 전통(예루살렘, 갈릴리) 어느 한쪽도 비평적으로 없애버리면 곤란하기는 마찬가지다(*Beyond Resurrection* 55-57, 59-60). 갈릴리에서 예수를 본 자들이 그때 예루살렘으로 돌아왔을 가능성에는 몇 가지의 이유가 있다—가령, 예상된 예수의 이른 재림을 기다리기 위해(Sanders, *Historical Figure* 276: '그들은 그 나라가 임하리라는 그의 생각을 포기하지 않았다'). 그러나 보다 충분한 논의는 제2권을 위해 남겨두는 것이 최선이다.
177) '우리는 예수의 나타남이 그것이 발생한 **직후** 이야기되었다고 판단할 수 있다'(Lüdemann, *Resurrection* 38, 강조는 그의 것).

18.5 왜 '부활'인가?

그 전통의 역사에 대한 분석만이 지금까지 우리를 전통으로 공식화된 첫 번째 보고로 이끌어준다. 그것은 사용된 용어들, 즉 그 전통을 '부활 현현'이라고 정의한 용어들을 설명하지 않는다. 우리는 거기에 **시각적이고 청각적인** 요소가 있었다고 확신할 수 있다. 그 보는 것과 듣는 것이 예수를 보고 듣는 것이었다는 사실은 그 경험을 공유한 일부에게 의심의 문제였지만, 그 의심의 기억은 그러한 의심이 남아 있지 않은 전통 가운데 보존되었다. 십자가 처형과 매장에도 불구하고 예수가 **살아 있다**는 것은 그 경험에서 얻은 이해할 만한 결론이었다. 그러나 왜 '**부활**'인가? 왜 하나님이 예수를 죽은 자 가운데서 살리셨다는 추가 결론이 도출되었는가? 그것은 왜 핵심적 해석이 되었는가?

그 질문은 두 가지 이유로 생겨난다. 첫째, 제자들에게 매력적으로 다가왔으리라 예상되는 다른 범주가 있었기 때문이다. 둘째, '부활'은 최후의 심판에 앞서 시간의 끝에 발생하리라 예상된 것에 제한적으로 연관되어 있었기 때문이다.[178] 그 두 측면 모두 해명이 필요하다.

a. 첫 증인들은 왜 하나님이 예수를 죽은 자 가운데서 살리셨다고 결론 지었는가?

그들이 단지 예수에 대한 신원이나 그의 메시지에 대한 신원을 확인하길 원했다면,[179] 그들은 다른 방식으로 그렇게 할 수 있었을 것이다. 제15장에서처럼 여기서도 우리는 그들에게 개방된 선택의 자유를 주목할 필요가 있다.

(1) **승천 또는 들림 받음.** 이 범주에 가장 현저한 예는 에녹(창 5.24)과

---

178) 위의 §17.6b를 보라.
179) 특히 Marxsen, *Resurrection*이 그렇다(아래의 §18.5d를 보라).

엘리야(왕하 2.11-12)이다. 그들은 하늘로 승천하거나 들림 받았고, 다시 지상에 돌아올 가능성과 함께 거기 머물렀다. 이미 지적한 대로 예수 당시에는 그들의 현재 상태와 미래 역할에 관하여 상당한 추리가 유포되고 있었다. '의의 서기관'으로서의 에녹[180] 그리고 엘리야의 귀환.[181] 요세푸스도 모세에 관하여 그가 죽었는지, 하나님에 의해 하나님에게로 '승천'되었는지(metastēnai)(Ant. 3.96-97), 혹은 신에게로 돌아갔는지(pros to theion anachōrēsai)(4.326) 그 추리를 보도한다. 예수의 죽음 수십 년 내에 우리는 에스라와 바룩 둘 다 '그 시대가 끝나기까지'(에스라4서 14.9) '시대의 끝까지 보존된 상태로'(바룩2서 13.3)[182] 하늘에 살기 위해 '들림을 받은' 것으로 언급되고 있음을 안다.

물론 결정적인 차이는 승천이 죽음을 배제했다는 것이다. 에녹이나 엘리야 누구도 죽지 않았고, 모세, 에스라, 바룩에 관한 추리는 승천을 죽음에 대한 대안으로 보았다.[183] 그러나 예수의 죽음은 예수 전통에 중추적인 부분이다. 따라서 여기에 유사성이 있었는지 여부는 분명하지 않았을 것이다. 그러한 형태의 승천은 그렇게 대단한 선택 사항이 아니었다. 다만 잠시 멈추어 살펴보고자 하는 점은 그것이 마가의 빈 무덤 기사의 경우 선택 사항으로 제시되었고(부활 현현의 어떤 기사도 결여된 상태로)[184] 이후에 그리스도가 사실상 십자가에 달리지 않았다는 가현설의 주장에 의해 (결국) 도입되었다는 것이다.[185]

(2) **신원/높임**. 훨씬 더 개연적인 범주는 죽은 자의 신원 내지 높임의 범주이다.[186] 우리는 지혜서 3.1-9와 5.1-5에서 고전적으로 표현된 대로 의

---

180) 희년서 4.17-19, 21-24; 에녹1서 12.4; 15.1.
181) 위의 §15.6a를 보라.
182) 에스라4서 6.26; 14.9, 50; 바룩2서 13.3; 43.2; 46.7; 48.30; 76.2; Stone, *Fourth Ezra* 172을 보라.
183) 에스라4서 6.26; 바룩2서 76.2.
184) 가령 E. Bickermann, 'Das leere Grab'(1924), in P. Hoffmann, ed., *Zur neutestamentlichen Überlieferung von der Auferstehung Jesu* (Darmstadt: Wissenschaftliche Buchgesellschaft, 1988) 271-84; Fuller, *Formation* 57; 다른 자료는 내 책 *Jesus and the Spirit* 391 각주 113을 보라. 스킬라베익스는 그 모티프를 특히 누가가 마가의 서사를 다시 사용한 데서 본다(*Jesus* 340-44). 또한 Strecker, *Theology* 272-73을 보라.
185) 이미 요일 5.6-8에서 혹 암시되었을지 모르며 아마도 베드로복음서 5.19에서 암시된 듯함.
186) 들림 받음과 높임 받음의 개념화에 있어 그 차이는 대단하지 않다.

인을 위해, 또 의인에 의해 간직된 희망을 이미 언급한 바 있다(§17.6a). 그는 하나님의 아들들 사이에 계수된 것으로 보일 것이다(5.5). 유사하게 다니엘 7장의 사람 같은 형상은 야웨의 보좌 앞에 (최후의) 신원을 위해 모인 '성도들'의 희망을 표상했다. 마카베오하 15.13-34에서 예레미야는 '신뢰할 만한 꿈'(15.11) 속에서[187] 유다 마카베오에게 하늘의 위엄을 지닌 인물로 나타난다. 욥 유언서 40.3에서 욥은 자신의 죽은 자녀들이 '천상적 존재의 광채로 관 씌워져' 있는 것을 본다.[188] 아브라함 유언서 11장에서 아담(A 전승) 또는 아벨(B 전승)은 최후 심판의 자리에 앉아 있는 것으로 보인다. 예수는 분명히 아브라함, 이삭, 야곱이 (더 이상?) 죽어 있지 않고 '살아 있다'고 생각했다(막 12.26-27 평행구).

이 후자의 경우는 '죽은 자 가운데서 살아난' 예수를 본 자들이 그들이 본 것을 또렷하게 표현하거나 이해하고자 했을 때(그것은 결국 같은 것이 된다) 사용할 만한 가장 명백한 범주였을 것이다. 그 선례들이 있었다. 나아가 우리는 하나님이 예수를 신원하거나 죽음에서 직접 높이셨다는 취지의 그리스도교적 믿음에 대한 다양한 표현을 발견한다.[189] 그러나 보다 전형적으로 그 높임 사상은 부활이라는 현저한 범주와 (그 대안으로 이해되기보다) 결합된다.[190] 부활이란 견지에서 '인자'의 신원을 예고하는 예수 자신에 대한 기억(§17.6b)이 부활한 인자로서 신원받은 예수에 대한 환상을 본 제자들에게 충분한 자극이 될 수 있었으리라는 주장이 물론 가능하다.[191] 그러나 그 논지는 부활 현현의 기사 가운데 예수를 인자로 언급하는 어떤 사례도 부재하는 터라 곧 난처해진다.[192]

---

187) 어떤 본문의 증언들은 '일종의 깨어 있는 환상'(*hypar ti*)을 덧보탠다.
188) 또한 Müller, *Entstehung* 62-63을 보라.
189) 행 5.30-31; 빌 2.8-9; 요한복음에서 '들림 받음'은 말하자면 십자가를 통해 하늘 위로 단번에 쓸려 가는 것 같다(요 12.32, 34); 히브리서에서 (대)제사장으로서 예수의 죽음은 희생제물의 피(자신의 피)를 하늘의 성소로 가져가는 그를 상징한다.
190) 가령, 요 20.17-18; 행 2.29-33; 롬 10.9(부활이 예수를 '주'로 만들었다); 고전 15.20-28(부활에 대한 가르침의 맥락에 설정된 시편 110.1[고전 15.25]에 대한 암시); 히 13.20; 벧전 3.21-22을 보라.
191) R. Pesch, 'Zur Entstehung des Glaubens an die Auferstehung Jesu. Ein neuer Versuch'(1983), in Hoffmann, ed., *Überlieferung* 228-55 (여기서는 243-44).
192) 페쉬('Entstehung' 247-50)는 단지 스데반(행 7.55-56)과 선견자 요한(계 1.13-16; 14.14)의 환상을 지적할 정도는 되지만, 대개 그 어느 쪽도 '부활 현현'으로 간주되지 않는다. 나아가 야고보에게 나

(3) **부활**. 나는 이미 예수 당시 유대교의 부활 희망에 담긴 성격을 지적한 바 있다.[193] 또한 그 희망의 현저한 표현이 최후 심판에 선행하는 일반적 또는 최종적 부활의 관점에서 이루어졌다는 점도 지적했다. 이는 그 범주를 예수에게 무슨 일이 생겼는지 이해하는 데 무관한 것으로 배제하는 듯하다.[194] 하지만 반대로 부활 신앙에 대한 최초의 뚜렷한 표현을 제공한 것은 그 '최종적' 함의를 지닌 바로 이 범주였던 것 같다.[195] 다음의 지적을 두루 숙고해보라.

(i) 바울이 공명하는 초기의 고백적 공식문구 하나는 로마서 1.3-4이다. 그 복음(단지 바울의 복음이 아니라)은 하나님의 아들과 관련된 것인데, 그는 '죽은 자의 부활로써…권능 가운데 하나님의 아들로 임명되었다.' 마지막 문구가 인상적이다. 우리는 '죽은 자로부터의 부활'(*anastasis ek nekrōn*)을 예상할 수 있을 것이다.[196] 그 대신 여기에는 '죽은 자의 부활'(*anastasis nekrōn*)이라고 쓰여 있는데, 이는 고려하는 대상이 최종적 부활일 때 사용되는 문구이다.[197] 그 점은 다른 곳에서 바울이 예수 부활과 관련된 그리스도교의 주장을 (최종적) 부활에 대한 바리새파의 믿음을 지지하는 시범 사례로 다루는 것으로 회고된다는 사실에 의해 확인된다.[198] 요지인즉, 바울과 그 공식문구를 또렷이 표현하고 사용한 자들은 예수의 부활을 최종적 부활과 한통속으로 간주했다는 것이다.[199]

타났다는 앞서 인용된 히브리인의 복음서 7의 기사를 보라(각주 171).

193) 위의 §§17.6b와 18.2b를 보라.

194) 웨더번이 관찰하듯, 개인적인 부활 사상은 뒤늦은 깨달음으로 그렇게 말하는 것으로 보였을 뿐인 산재된 본문보다는 예수에게 발생했다고 믿은 데서부터 등장했다(*Beyond Resurrection* 41). 밀러는 마카베오하 7장이 즉각적인 부활을 기대했다고 생각한다(*Entstehung* 30-35; 이는 웨더번이 41-42에서 적절히 의문을 제기함). 그러나 그는 그 다음에 이것이 첫 제자들에게 그들의 환상 경험을 개념화하는 방식을 제공하지는 않았을 것이라고 주장한다; 그 결정적인 '충동'은 하나님의 제왕적 통치에 대한 예수의 설교(24-35)와 종말론적 부활을 겨냥한 개인적인 기대(눅 12.49-50; 13.31-32; 막 14.25)(36-46)에 더욱 기인하였음에 틀림없다.

195) '이러한 나타남 가운데 경험된 온전히 낯선 현실이 죽은 자 가운데서 살아난 자와의 만남으로 이해될 수 있었다는 것은 죽은 자의 부활에 대한 특정 형태의 묵시적 기대라는 전제로부터 설명할 수 있다'; '오직 종말의 시작으로서만…예수의 부활은 권위에 대한 부활절 이전 그의 주장을 확증하는 것으로 이해될 수 있었다'(Pannenberg, *Jesus* 93, 106). Crossan and Reed, *Excavation Jesus* 258-62 참조.

196) 눅 20.35의 경우처럼; 행 4.2; 벧전 1.3.

197) 마 22.31; 고전 15.12-13, 42; 히 6.2. 히 11.35에 대해서는 위의 제17장 각주 274를 보라.

198) 행 23.6; 24.21. 유사하게 행 17.31; 17.32에 나오는 일부 불신은 심판을 예비하는 그 부활(17.31)이 이미 발생했다는 암시로 야기되었을까?

(ii) 바울은 또한 그리스도 부활의 의의를 묘사하기 위해 '첫 열매'(aparchē)의 이미지를 사용한다(고전 15.20, 23). 그 이미지는 죽은 자의 추수로서의 부활에 해당된다. 바울은 15.37-38, 42-44에서 농경적 은유로 돌아간다. 땅 속에서 '죽은' 씨앗이 새로운(다른) 생명으로 나타나는 것으로서의 부활(15.36). 그러나 그 aparchē는 실제로 수확의 일부, 곧 추수해서 하나님께 드릴 것으로 구별해놓아야 할 한 묶음의 첫 곡식이다. 첫 묶음과 나머지 수확 사이에는 시간의 격차가 없다. aparchē는 전체 수확의 시작이다.[200] 그러한 은유는 예수의 부활이 마지막 부활의 시작으로 간주되어야만 만들어낼 수 있는 것이었다. 그럴 경우 이 은유를 바울 자신이 만들어냈다거나 그 사건이 발생한 뒤 약 20년 후에 만들어졌다고 보기가 똑같이 어렵다. 그 기원은 확실히 가장 이른 시점으로 소급되는 것이 분명하다. 그것은 예수의 부활을 (모든) 인간의 (일반적) 부활의 시작으로 실제로 간주한 자들만이 만들어낼 수 있었을 것이다(고전 15.21).

(iii) 이러한 방향의 생각은 예수의 부활이 (예루살렘 바깥에 묻혀 있던) 많은 성도들의 부활과 동시에 발생했다는 다른 방향의 완전히 당혹스러운 마태복음 27.52-53의 보고를 조명해주는 것 같다. 더 정확하게 말하자면, 예수의 죽음 당시 지진이 죽은 자들의 무덤을 열었고 많은 자들이 살아났으며 예수의 부활 이후 '그들은 무덤에서 나왔고 거룩한 성으로 들어가 많은 자들에게 나타났다.'[201] 그 전설은 매우 오래된 것으로 보이는데 그것에 대해 무엇이라고 주장하든지 이는 예수의 부활을 마지막 부활의 출발로 본 매우 이른 시점의 동일한 인식을 반영하는 듯하다.[202]

따라서 우리의 질문은 가중된 기세로 되돌아온다. 왜 부활절 이후의 신앙은 바로 이러한 용어들—'부활', 죽은 자의 부활의 시작—로 처음 또렷

---

199) 가령 Allison, *End of the Ages* 67-68; Dunn, *Romans* 15-16을 보라.
200) 추가로 자세한 내용은 내 책 *Romans* 473-74.
201) 일어나는 것과 나오는 것 사이에 왜 시간의 격차가 생기는가? 우리는 아마 예수의 죽음과 부활이 단일한 사건으로 구성되었다는 직감적인 이해의 반영을 보아야 할 것이다.
202) Jeremias, *Proclamation* 309-10; Allison, *End of the Age* 40-46. 다른 것으로는 R. L. Troxel, 'Matt. 27.51-4 Reconsidered: Its Role in the Passion Narrative, Meaning and Origin', *NTS* 48 (2002) 18-29.

이 표현되었는가? 그러나 그 질문 자체는 여전히 추가로 해명이 필요하다.

b. 부활체의 개념화가 어떤 해명을 제시해주는가?

이전의 논의에서 나는 예수 부활의 초기 그리스도교적 개념화에 나타 난 다소 복잡한 발전 과정을 식별할 수 있다고 시사하였다. 그 기본 분석의 방향은 여전히 올바른 것 같다.[203]

(1) '부활'에 대한 맨 처음의 개념화는 아주 육체적인 견지에서 이루어 졌을 개연성이 가장 크다. 단지 (나중에 죽음으로 끝나는 생명으로의) 소생이라기 보다 현재의 (즉 육체적인) 생명과 같은 생명으로의 부활(회복)이지만 이제 죽 음의 한도를 넘어서는 것이었다. 이는 헤롯 치세의 팔레스타인에 유포된 부활의 희망과 관련하여 우리가 아는 것에서 예상할 만한 내용이다. 또한 그것은 '무덤에서 나오는 것'이란 관점에서 표출된 개념화로 암시되기도 한다.[204] 빈 무덤은 이러한 견지에서 부활 사상을 자극할 수 있었겠지만 그 용어 속에 구축된 전제를 확인해준 것에 불과했을 터이다.

(2) 부활체에 대한 바울의 개념화는 분명 (그의 용어로) 보다 '영적인' 것 이다. 이미 지적한 대로 그는 현재 지상의 존재를 표상하는 '혼적인 몸' (*psychikon sōma*)에 명시적으로 빗대고 있는 '영적인 몸'(*pneumatikon sōma*)으로 의 부활을 그려 보인다(고전 15.44-50).[205] 게다가 만일 바울이 다메섹 도상에

---

203) *Jesus and the Spirit* 116-17, 120-22; 가령 칸리가 주장한 일방적인 발전이라는 보다 전형적인 견 해와 대조적으로: 맨 처음의 믿음은 '덜 물질적인 방식' = '영적인 몸'으로서의 부활에 대한 것이 었다(*Structure* 58), 그리고 웨더번의 주장: '비실체적인 것에서 실체적인 것으로, 그리하여 논증할 수 있는 것으로의 움직임이 보다 개연적이다'(*Beyond Resurrection* 70-75). 물론 그 어느 쪽도 §18.2 에서 논의된 모든 핵심 요인들을 충분히 설명하지 못한다. 내가 이전에 간단히 설명한 것에 대한 크레이그의 비판(*Assessing* 326-27 각주 17)은 누가가 영적인 경험을 매우 실체적인 견지에서 개념 화한 암시적 증거들을 가볍게 다룬다.
204) 마 27.52-53; 요 5.28-29; 시 16.10을 행 2.26-27, 31과 13.35-37에서 사용한 것 참조(Dunn, *Jesus and the Spirit* 118-20).
205) 바울이 예수의 부활을 신자들의 부활을 위한 모형으로 본다는 점이 상기되어야 한다(고전 15.20, 23, 44-49); 즉 그의 부활체 개념은 예수의 그것을 포함한다. 여기서 바울의 몸 개념과 그것의 대 립 개념에 대해서는 추가 참고 문헌과 함께 내 책 *Theology of Paul* 60-61을 보라. 그라스(Grass) 와 다르게, 바울이 자신의 재구성된 견해를 '반드시 지상과 천상의 몸 사이의 연속성이 아니더라 도, 지상적 자아와 종말론적 자아 사이의 개인적 정체성'이란 견지에서 받아들였을 것 같지 않다 (*Ostergeschehen* 185); 바울에게 '정체성'은 결코 몸의 정체성 이외의 다른 어떤 것이 아니었다.

서 예수의 부활한 몸을 보았다고 믿었다면 그가 본 것은 '가벼운 몸'과 같은 것, 곧 덜 실체적이고 보다 세련된 사후 존재와 같은 종류로서 헬레니즘 개념에 좀더 근접하는 어떤 것이었을 터이다.[206] 그것은 고린도 같은 헬레니즘의 환경에서 '팔아먹기에' 더 수월한 개념화였을 것이다. 하지만 여기서 흥미로운 점은, 바울이 지속적인/재창조된 신체적 존재의 관념이든 '부활'이라는 언어든, 이를 포기하지 않았다는 것이다. 그 이유인즉, 부분적으로 그 나름의 사상이 그리스적이기보다는 좀더 히브리적으로 구성되어 있었을뿐더러,[207] 또한 적어도 부분적으로 그가 처음 가르침 받은 그리스도 신앙이 이미 '부활'이라는 범주를 그 신앙 위에 단단하고도 지울 수 없도록 각인시켜놓았기 때문이라고 추론할 수 있다. 바울은 헬레니즘화된 탐문자들에게 근거를 제시하지만(영적인 몸), 그의 유대교적 유산은 순전히 고수하고 있다(영적인 몸).[208] 여기서 다시 우리는 처음부터 부활절 이후의 신앙에 필수적이었던 개념화로 기울게 되는데, 그 자체가 바로 부활절 이후의 신앙이었다.

(3) 우리는 누가가 예수의 부활한 몸의 육체성을 강하게 강조한 대목에서(눅 24.39) 바울이 부활 신앙을 희석시켰다고 간주할 만한 흐름에 대한 반응을 당연히 탐지해야 할 것이다. 그 반응은 이그나티우스, *Smyrn.* 3.1에서 한층 더 강한데,[209] 여기서 바울이 '몸'과 '육체'를 미묘하게 구분한 것은

---

206) D. B. Martin, *The Corinthian Body* (New Haven: Yale University, 1995)는 바울의 구분이 물질적인 것과 비물질적인 것 사이의 구분으로 이해되지 않았을 것이라고 올바르게 지적한다(123-29); 설사 그렇더라도 크레이그(*Assessing* 여기저기)와는 다르게, 매우 정련된 실체('물질')는 불가피하게 부패하고 죽을 수밖에 없는 '육체적' 몸과 동일하지 않다(고전 15.48; 고후 5.1).

207) 나는 여기서 히브리 사상과 그리스 사상 사이의 오래된 구식의 반제를 환기시키려는 것이 아니다. 다만 단순히 히브리적 인간론과 그리스적 인간론이 혼/마음/영과 몸/육체의 관계에 대해 서로 달랐다는 것뿐이다. 추가로 내 책 *Theology of Paul* ch. 3을 보라. 여기서 나는 바울이 *sōma*와 *sarx* 사이의 중요한 구분을 도입하고 있다고 주장한다(70-73): 바울은 부활을 영적인(영화된, *spritualized*) 육체가 아니라(반대로 영과 육체 사이의 반제는 그의 신학에 근본적이다: 65-66, 477-82, 496-97), 다만 영적인 몸으로 언급할 뿐이다.

208) 우리가 '몸'에 대해 보다 명확한 개념을 얻을 수 있게 된 것은 바울 덕분이다. 즉 인간과 구분되는 어떤 것, 진짜 인간이 그 안에 존재하는 어떤 것으로서가 아니라, 3차원적 맥락에서든(육체적 몸) 또는 영적인 맥락에서든(영적인 몸) 구체화된 인간으로서의 몸에 대한 개념 말이다. 추가로 내 책 *Theology of Paul* ch. 3을 보라.

209) '계속 눅 24.39과 행 10.41(3.2-3)을 인용하자면 나는 그가 부활 후에도 육체 가운데 있었다고 알고 있으며 또 그렇게 믿는다'(*Smyr.* 3.1). 또한 Wedderburn, *Beyond Resurrection* 117-21을 보라.

이미 시야에서 사라진 상태이다. 상상해보자면 요한이 신체적인 접촉에 의존하는 것을 만류한 점(요 20.17, 28-29)은 모종의 타협을 위한 시도였을 터이다(6.62 참조). 어쨌든, 누가와 요한은 부활절 이후의 신앙이 부활 신앙, 곧 예수가 신체적으로 무덤에서 다시 살아났다는 믿음 이외에 다른 것일 수 없었다는 이전의 그리스도교적 확신을 단순히 강화한다.

만일 그 믿음의 '핵심'에 대한 이야기가 적절하다면, 첫 그리스도인들의 그 핵심 믿음은 예수의 **신체적** 부활에 해당되는 것이었다. 부활체에 대한 상이한 개념화들은 믿음의 수정이 아니었다. 그 믿음은 동시에 견고하게 주장된 예수의 신원이나 높임에 대한 믿음을 동반하거나 그것으로 보충되었다. 그러나 부활, 인간 예수의 구체적인 부활은 부활절 신앙의 중심이었으며 내내 그렇게 살아남았다.

c. 어떤 종류의 '봄'인가?

'부활'과 '부활체'가 개념화와 관련하여 문제가 있다면, 부활한 예수를 '본다는 것'의 성격도 그에 못지않다.[210]

(1) 예수의 현존에 담긴 육체성이 상정되거나 강조되는 시각적 행위(sighting)의 경우 그 함의는 사람이 길에서나 같은 방에서 한 친구를 보는 것과 같은 정상적인 봄에 해당된다. 하지만 동시에 우리는 예수를 처음에 알아보지 못했고 '일부는 의심했다'는 지속적인 주제를 주목한 바 있다(위의 §18.4b). 또한 잠긴 방에 나타났다가('물질화'되었다고 말해야 할까?) 홀연히 사라진('탈물질화된'?)(눅 24.31) 예수의 현상이 보고되기도 한다(요 20.19, 26). 이것들은 단지 이야기의 변용과 윤색일까? 그 또한 가능하다. 그것들은 핵심 전통에 속하지 않는 것 같다. 그러나 (또한) 그것들은 예수의 현존이 단순히 정상적인 육체적 존재 상태가 아니었다는 인식/추정/직감을 예시한다.

---

210) 내 이전의 논의는 대체로 이 질문에 초점을 맞춘다—*Jesus and the Spirit* 104-109, 123-28.

(2) '그가 나타났다/보였다'(ōphthē)라는 매우 초기의 문안은 그 수동태 형식으로 보인 무엇인가가 있었다는 추정/인상을 시사한다.[211] 그들은 사실상 그들이 보는 그 행위로써 그들이 본 것을 만들어내지 않았다. 그들이 본 것은 그들에게 보도록 주어져 있었다.[212] 이는 한스 그라스(Hans Grass)가 종종 인용한 바 '주관적인 환상'에서 '객관적인 환상'을 구별하려 한 시도의 기반이다.[213]

(3) 바울에게 나타난 사건은 바로 이러한 쟁점들을 날카롭게 한다. 그의 봄은 지상에서 친구를 보는 것과 다른 차원으로 하늘에 나타난 '가벼운 몸'(위의 각주 138)에 대한 것이기 때문이다. 사도행전에서 그 구연적 변용물은 다메섹 도상에서 바울과 함께 있었던 자들이 보거나 들은 것(그런 것이 있었다면)이 무엇인지 불분명한 상태로 방치한다(행 9.7; 22.9). 누가는 주저함 없이 바울 자신이 그것을 '하늘의 환상'으로 묘사하도록 한다(행 26.19). 아울러 바울은 자기 딴에 그것을 하나님이 자기 아들을 '내 안에'(en emoi) 나타낸 계시로 묘사한다(갈 1.16).[214] 하지만 동시에 바울이 천상 여행을 포함하여

---

211) 그 수동태는 '보이다, 나타나다'의 능동적 의미로 사용된다(BDAG, horaō 1d). ōphthē가 '계시' '비환상적인 실재'의 '인지'를 나타냈다고 주장하려는 W. Michaelis, 'horaō', TDNT 5.355-61에 의한 유명한 시도와는 다르게, 다시 내 책 Jesus and the Spirit 104-109; Carnley, Structure 208-11, 223-30을 보라. 만일 앨섭이 '현현 이야기 양식'을 말함에 있어 정당화된다면, 그 선례들(창 18장, 출 3장, 삿 6, 13장, 삼상 3장, 토빗 5, 12장, 아브라함 유언서)이 정신적인 인식이 아니라 가시적인 보기를 포함한다는 점을 주목하는 것이 중요하다(Post-Resurrection Appearance Stories 239-63); 유사하게 Schrage, 1 Korinther 4.43-48. 뤼데만은 그 언어가 단지 합법화 공식으로 취할 수 없다고 올바르게 반대한다(위의 각주 152의 U. Wilckens와는 다르게); 아울러 바울이 '봄'의 경험을 염두에 두었다는 것은 불가피한 결론이다(Resurrection 50-53).
212) 나는 Wilckens, 'Tradition-History' 67의 공식문구('그 나타남을 맞이하는 사람은 수동적이고 그는 그 나타남을 경험한다. 이러한 의미에서 그러한 경험은 그 선견자가 보도록 주어지는 어떤 것을 의미한다')를 되풀이한다; 그러나 주의 깊은 독자는 또한 의미에 대한 포스트모던 논쟁의 메아리를 인식할 것이다(위의 §§5.6과 6.4). 추가로 A. C. Thiselton, 1 Corinthians (NIGTC; Grand Rapids: Eerdmans, 2000) 1197-1203을 보라.
213) Grass, Ostergeschehen 189, 233-49, 특히 247-49; 그는 '주관적 환상 가설과 구분하여 그것[객관적 환상 가설]이 신학적인 가설이지 역사적인 가설이 아니다'라는 점을 중요하게 지적한다(248). '순수하게 주관적인' 환상 가운데 예수의 부활에 대한 믿음을 뿌리내리게 한 그 주장은 고전적으로 Strauss, Life of Jesus 728-44, 특히 742-44에 의해 표명되었다. '주관적인 환상'의 영향과 관련해서는 P. Hoffmann, 'Die historisch-critisch Osterdiskussion von H. S. Reimarus bis zu Beginn des 20. Jahrhunderts', in Hoffmann, ed., Überlieferung 15-67을 보라; 간략한 개관은 Lüdemann, Resurrection 54-59를 보라; '주관적인 환상' 가설을 따르는 다른 학자들은 Carnley, Structure 69 각주 81, 152-53 참조. 판넨베르크는 '환상'이란 말을 사용함에 있어 그 용어가 '이 형식 가운데 경험된 사건의 실재에 대한 어떤 것이 아니라 다만 주관적인 경험의 방식에 대한 어떤 것을 표현할 수 있을 뿐'이라고 조심스레 지적한다(Jesus 95); 유사하게 Carnley, Structure 245-46.
214) 하지만 막센은 바울의 '환상'을 (오로지) '계시'로서만 해석하기 위해 고전 9.1에 암시된 봄의 요소를 가볍게 다룬다(Resurrection 98-111).

환상적 경험에 낯선 자가 아니었음을 주목해야 한다(고후 12.1-7). 그럼에도 바울은 자신에게 부활 현현이 그러한 경험과는 다른 상태에 해당된다는 점을 아주 분명히 했다. 그것은 이전의 부활 현현을 특징지었던 것과 같은 '봄'이었다(ōphthē). 그리고 그것은 '마지막으로' 이후의 어떤 '환상과 계시'와 혼동되어서는 안 되었다.[215] 따라서 바울은 자신이 본 것이 순전히 '주관적인 환상'이었다고 받아들였을 것 같지 않다.

'예수를 봄'에 대한 핵심 강조점을 전제한다면, 우리는 이것이 그들이 '보았던' 것이라는 점 이외에 다른 결론을 내릴 수 없다. 보다 세련된 심리적 분석은 살펴본 자료상으로 사실적인 기반이 전혀 없고 단지 논의의 축을 다른 주제 원리와 전제가 작동하는 (또한 논란을 일으키는) 전혀 다른 맥락으로 전환시킬 뿐이다.[216] 여기서 말할 수 있는 전부는 '봄'의 묘사가 무분별하지 않았고 비평적 분별의 요소를 포함했다는 것이다.

d. 다시, 왜 부활인가?

그리하여 다시 한 번 묻건대 왜 '부활'인가? 그것은 큰 확신을 지니고서 답변할 수 없는 질문으로 남아 있다. 그러나 짐작건대 첫 증인들이 보았던 것 가운데 그들이 오로지 이 '부활'이란 용어만을 가지고 표현할 수 있었던 무엇인가가 있었을 것이다. '하나님이 예수를 죽은 자 가운데서 다시 살리셨다!'는 단언에는 단호하고도 결정적인 방식으로 충격을 가한 이러한 부

---

215) Grass, *Ostergeschehen* 226-32; Pannenberg, *Jesus* 93-95; D. Kendall and G. O'Collins, 'The Uniqueness of the Easter Appearance', *CBQ* 54 (1992) 287-307; Schrage, *1 Korinther* 4.49 참조. 바울이 이러한 말들을 대략 20년 이후에 쓰고 있었음을 상기해야 한다; 그 사이에 어떤 다른 나타남도 분명 발생하지 않았다. 예수에 대한 경험과 영에 대한 경험 사이의 혼동 가능성에 대해서는(특히 Carnley, *Structure* 참조) 추가로 내 책 *Jesus and the Spirit* 100-103; Wedderburn, *Beyond Resurrection* 77-85을 보라.

216) 복음서에 묘사된 대로 예수의 십자가 죽음에 이어지는 제자들의 두려움과 절망에 기초한 주장들은 다양하고 서로 다른 심리학적 이론을 옹호하여 사용될 수 있다. 바울이 본 것의 심리적인 설명과 다메섹 도상의 환상에 선행하는 바울의 정신 상태를 재구성한 것에 대해서는(Lüdemann, *Resurrection* 82-84, 97-100; Goulder, 'Did Jesus of Nazareth Rise from the Dead?' 58-63을 포함하여) Wedderburn, *Beyond Resurrection* 75-77, 269 각주 205와 앞으로 나올 제2권을 보라. 다음의 판넨베르크 주장과 대조해보라: '부활절의 나타남은 제자들의 부활절 신앙에서 설명되어서는 안 된다; 오히려 반대로 제자들의 부활절 신앙이 그 나타남에서 설명되어야 한다'(*Jesus* 96).

활절 경험들에 대한 무엇인가 있었던 것 같다.

(1) 가장 명확한 대안은 바라던 생각의 투사, 또는 좌절한 희망의 반작용, 곧 환각의 견지에서 보는 것이다.[217] 그러나 그것이 왜 '부활'인가에 대한 만족스런 답을 제공하는가?[218] 죽었다가 이제 하늘로 높임 받아 승천한 자로 보이는 영웅에 대한 환상의 선례들이 있었다. 높임 받은 순교자들과 관련하여 당시 유통된 관념의 산물이었던 환상이 예수를 천상의 위엄 속에 덧씌웠을 개연성이 더 크다. 요한계시록 1.12-16에서 그러한 환상을 볼 수 있다. 그러나 초기의 모든(대부분) 부활 현현 가운데 예수는 여전히 지상에 매여 있는 것 같다. 자기 투사적 환상은 가장 긴밀한 이미지로 덧입혀졌을 것이다. 이는 현저하게 다니엘 7.13-14, 특히 예수 자신이 이 구절을 환기시켰다면 그 이미지를 포함했을 것이다.[219] 그렇다면 우리는 눈부신 흰 옷을 입은 채 하늘의 구름을 타고 달리는 묵시문학적 외양 속의 예수 환상을 예견할 수 있다.[220]

그러나 이는 우리가 발견하는 것이 아니다. 반대로 과거의 높임 받은 성도들과 순교당한 영웅들과 관련하여 당시 그려 보이던 것과 비교할 때 매우 놀라운 점은 그 부활 현현에 가해진 **예기치 않은** 해석이다. 그 증인들에게 **부활** 현현으로서 충격을 가한 예수의 나타남은 기존에 알려졌거나 당시 유통되던 어떤 범례와도 일치하지 않았다.[221] 대신 그것은 저 나름의 고유한 것을 만들어냈다.

(2) '부활'이 진정 처음부터 핵심적 믿음이라는 점 또한 주시되어야 한다. '예수의 부활'은 그 자체로 높임 받은 예수에 대한 믿음의 **시작**이지 단순히 어떤 다른 단언이나 선행하는 믿음의 확장이 아니다. 내 나름의 초점

---

217) 위의 각주 213을 보라. J. J. Pilch, 'Appearance of the Risen Jesus in Cultural Context: Experiences of Alternate Reality', *BTB* 28 (1998) 52-60은 성서의 기사들을 해석하는 적절한 수단으로서 변화된 의식 상태 또는 대리적 현실의 경험에 대한 추가 사례를 제시한다(또한 위의 제11장 각주 171과 제15장 각주 243, 338을 보라).
218) Catchpole, *Resurrection People* 208-10.
219) 위의 §§16.4c와 17.4c를 보라.
220) P. Hoffmann, 'Auferstehung Jesu Christi', *TRE* 4.478-513 (여기서는 496-97).
221) 내 책 *Jesus and the Spirit* 132; Craig, *Assessing* 410-18; Barclay, 'Resurrection', 25-26을 참조.

은 제자들에게 철저하게 가해진 충격적인 영향을 고수하면서 그 믿음을
에둘러 객관적으로 상정된 어떤 사건에 다다르고자 하는 시도를 삼가는
것이다. 그러나 '예수의 부활', 곧 이러한 용어들로 구성된 문구가 또렷이
표현되었다는 것이 충격적이라는 점은 변함없는 정황이다. 그들이 단지
조금 떨어진 거리에서 자신들의 경험을 개념화하지 않고 예수에게 생긴
일을 '파악한' 것은 바로 이러한 언어를 통해서였다. 이것이 바로 그들의 경
험을 그들이 다시 개념적으로 경험한 방식이었다고 말하는 것이 더 낫겠
다.[222]

　　'예수의 부활'을 어떤 다른 충격의 부차적인 표현으로, 즉 첫 그리스도
인들에게 영향을 끼친 것에 종말론적 의의를 부여하는 방식으로 다루려는
유혹에도 불구하고 이 점은 언급되어야 한다. 최근 몇 십 년 동안 이러한 방
향을 따라 진행된 가장 명확한 주해는 막센(Willi Marxsen)의 것이었다. 그는
'예수의 부활'이 단지 예수의 가르침이나 선교의 의의가 결코 소멸될 수 없
다는 점을 표현하는 방식이었다고 주장한다. '예수의 목적은 지속되고…예
수의 케리그마는 계속 전파되어야 한다.'[223] '예수의 명분은 성 금요일을 넘
어 계속 존속된다.'[224] 여기서 기본적인 문제는 그리스도교의 첫 설교가 단
순히 예수의 **메시지**를 반복하여 설교하는 것이 아니었다는 점이다. 그것은

---

222)　복음서의 나타남 이야기에 그 표현의 양식을 제공한 것이 '구약성서의 신인동형적 신현 이야기'
　　　였다는 앨섭의 결론을 참조하라(*Post-Resurrection Appearance Stories* 265).
223)　W. Marxsen, 'The Resurrection of Jesus as a Historical and Theological Problem', in C. F. D.
　　　Moule, ed., *The Significance of the Message of the Resurrection for Faith in Jesus Christ* (London:
　　　SCM, 1968) 15-50 (여기서는 38). 로울랜드(Rowland)는 자신이 '예수가 제자들에게 살아 나타난 것'
　　　과 심사숙고를 거쳐 '죽은 자의 부활이 예수의 경우에 틀림없이 발생했다'는 나중에 도달한 결론
　　　을 구별할 때 이러한 노선의 주장에 담보를 제공한다(*Christian Origins* 190).
224)　Marxsen, *Resurrection* 78; '부활절 이후의 신앙(부활한 예수에 대한 신앙)은 본질상 부활절 이
　　　전에 예수가 이미 사람들에게 요청한 신앙과 다를 바 없었다'(125-26); 유사하게 Lüdemann,
　　　Resurrection 182-83 (헤르만의 인용문에 의지하면서); 그러한 주장에 대한 이전의 비판에도 불구
　　　하고(*Beyond Resurrection* 92-95), 웨더번 나름의 '해법'은 궁극적으로 같은 방향을 따르고 있다
　　　(153-69); 그의 견해는 기어링(Geering)의 경우와 유사하다(*Resurrection* 213-33). **과거의** 예수에 대
　　　한 믿음으로 특징지어질 수 있는 그 견해는 불트만의 **현재적** 그리스도에 대한 믿음과 구별되어
　　　야 한다: '케리그마 속의 현재 그리스도를 믿는다는 것은 부활절 신앙의 의미이다'('The Primitive
　　　Christian Kerygma and the Historical Jesus', in C. E. Braaten and R. A. Harrisville, eds., *The Historical
　　　Jesus and the Kerygmatic Christ* [Nashville: Abingdon, 1964] 15-42 [여기서는 42]). 스킬라베익스는 회심
　　　이라는 '부활절 경험', '용서로서의 은총'이라는 부활절 경험이 지닌 변별성을 발견하는데, 이는
　　　나타남과 빈 무덤 전통에 선행하고 그것과 독립적인 것이었다(*Jesus* 379-97). 칸리(Carnley)는 양쪽
　　　모두를 포용하려 한다: 부활 신앙은 '과거의 예수에 대한 기억'뿐 아니라 '현재 그리스도–영의 지
　　　식'에도 기반을 두고 있다(*Structure* 298); 또한 스킬라베익스에 대한 그의 비판을 보라(199-222).

예수의 **부활**에 대한 선포였다. 예수의 복음에서 예수에 대한 복음으로, 선포자 예수에서 선포의 대상 예수로 방향 전환이 있었다는 점은[225] 부활절 이전의 예수 전통과 부활절 이후의 케리그마 사이의 차이점에 대한 근본적 인식으로 남아 있다.[226]

막센에게 이와 같이 응답함에 있어 나는 우리의 유일한 실행 가능한 역사적 탐구의 주제가 전통 속에 각인된 그대로 예수가 끼친 충격적 영향이라는 내 방법론적 원리를 잠시도 철회하지 않는다. 이미 내가 쓴 것에서 그 충격적 영향을 끼친 것(사람)에 대해 아무것도 말할 수 없음을 내가 의미했다고 오해하지 않기를 바란다. 따라서 여기서 오직 '부활'로서만 감지/개념화될 수 있는 어떤 것이 '그 셋째 날'에 발생했다고 결론짓도록 우리에게 요구하는 것은 '부활'이란 단어로 요약되는 그 충격이다. 그 전통 자체가 그들의 가설이 요구하는 종류의 성찰(막센)이나 기만(라이마루스)의 여지와 시간을 남기지 않는다. 전통의 다양성이 너무 명징하게 증명하는 그 비일관성과 긴장에도 불구하고, 우리로 하여금 그것이 **예수**에게 발생한 것으로 인지된 어떤 것(빈 무덤과 부활 현현 가운데 입증된 부활)이라고 결론짓도록 밀어붙이는 것은 종국적으로 전통 그 자체이다. 반대로 그 전통 자체의 기원과 핵심 내용을 위해 보다 그럴듯한 설명을 제공하는 것은 **제자들**에게 발생한 어떤 것(부활절 신앙)이 아니었다.

18.6 마지막 은유

결론적으로 두 가지의 해명이 요청된다.

---

225) 물론 나는 그 탐구, 곧 그 자유주의의 탐구(§4.3)와 불트만(§5.4)으로 소급되는 그 고전적인 구호 둘에 공감한다.
226) '부활한 예수는 마치 그의 죽음/부활이 그저 방해에 불과했던 것처럼 다시 시작한 예수가 아니다'(Keck, *Who Is Jesus?* 110).

a. 해석으로서의 '부활'

이 장의 출발점으로 되돌아가보자. 어떤 의미에서 우리는 예수의 부활을 역사적이라고 말할 수 있을까? 이전에 제시한 사건, 자료, 사실 사이의 구분(§6.3b)에 비추어보면 부활은 확실히 우리에게 전수된 자료 가운데 계수될 수 없다. 또한 빈 무덤과 부활 현현을 자료로 언급할 수 없다. 자료는 빈 무덤과 예수를 본 것/환상에 대한 보고이다. 역사적인 사실이 그 자료의 해석이라면 온전히 말해 이 경우에 그 역사적 해석은 기껏해야 빈 무덤의 사실과 제자들이 예수를 보았다는 사실에 불과하다. '예수가 죽은 자 가운데서 다시 살아났다'는 그 결론은 추가적 해석, 곧 해석된 자료에 대한 해석, 사실에 대한 해석이다. 다시 말해 예수의 부활은 잘 봐주어도 일순위의 '사실'이 아니라 이순위의 '사실', 곧 해석에 대한 해석이다.[227]

같은 논점을 다소 다른 방식으로 표현해보자. 그 자료의 일부는 '하나님이 예수를 죽은 자 가운데서 살리셨다'는 첫 제자들의 해석이다. 그 자료는 제자들이 시도한 해석을 포함한다. 21세기 탐구자에게 '하나님이 예수를 죽은 자 가운데서 살리셨다'는 결론은 탐구의 결론으로서 추가 해석의 행위이다. 다시 1세기 해석에 대한 해석(평가)인 것이다. 우리가 이 맨 처음의 통찰을 보탠다면—즉 어떤 더 나아간 존재 상태로 들어가는 것을 도저히 역사적 사건으로 묘사할 수는 없겠지만 이 생명을 떠나는 것(죽음)이 역사적 사건으로 묘사될 수 있다는 통찰을 보탠다면—예수의 부활을 역사적인 것으로 말하는 것이 얼마나 문제적인지 알 수 있다.[228]

---

227) 'Resurrection of Jesus'에서 '예수의 부활'이 해석이라는 막센의 반복적인 강조점을 참조하라. 위에서 정리한 고찰들이(§18.2) 암시하는 것으로 보이듯이(내 책 *Jesus and the Spirit* 119-20 참조), 나는 '부활'이라는 그 해석이 예수의 무덤이 비어 있었다는 것을 발견하지 않고서 등장할 수 있었는지 여부의 쟁점을 해결하지 않은 채 그냥 둔다. 그러나 맨 처음의 '봄들'이 같은 해석을 불러일으킬 정도로 충분히 세속적인 (만져서 알 수 있는?) 유형(§18.5c)에 해당되었을 가능성은 배제할 수 없다. 하지만 크레이그(Craig)는 '부활의 역사성이나 역사적 사실 또는 사건'을 이야기함에 있어 거기 연루된 그 해석적 비약에 충분한 비중을 두지 않는다(*Assessing* 여기저기)

228) 어떤 의미에서 예수의 부활이 '역사적 사건'으로 명시될 수 있는지 진술하는 판넨베르크의 복잡하게 뒤엉킨 시도를 참조하라: '바울에 의해 부활한 예수의 나타남으로 소급되는…원시 그리스도교의 등장이…오로지…죽은 자 가운데서의 부활과 관련된 종말론적 희망에 비추어서만이 이해될 수 있다'는 점에서 그것은 그렇게 명시될 수 있다(*Jesus* 98).

　한 가지 더 지적하자면, 우리가 §6.3c에서 살펴본 대로, 역사적 방법은 불가피하게 어떤 유비의 원리를 적용함으로써 작동한다는 것이다. 하지만 맨 처음에 '이해된' 예수의 부활은 그 용어 자체에 부여된 유비들을 섭렵해 나갔다. 잠에서 깨어남이나 일어남의 유비, 소생, 즉 죽음의 역전이라는 유비. 이미 최종 부활과 관련하여 사용되었을 때조차 예수가 죽은 자 가운데서 살아났다는 주장은 무언가 다른 것에 대한 주장이 되었다. 다시 말해 예수의 부활은 당시 또는 그 이전의 유비들에 비추어 설명될 수 있는 것이 아니었다. 반대로 하나님이 예수를 죽은 자 가운데서 살리셨다는 해석은 그 자체로 범주적인 것이었으니, 이는 곧 정의되는 대상이 아니라 정의하는 기준이었던 셈이다. 그들이 '예수의 부활'로 본 것을 해석함에 있어 첫 제자들은 예수에게 발생한 일이 현실 자체를 보는 방식과 관련하여 현실을 통찰하는 결정적인 안목을 제공해주었다고 확신하고 있었다. 해석으로서 예수의 부활은 현실이 상정되는 방식을 결정한, 현실에 대한 원근법적 관점이 되었다. 미약한 유사 사례로 나는 $e=mc^2$ 또는 미국의 독립선언문을 언급할 수 있다. 그 각각의 경우는 물리적 현실 자체와 사회 자체가 인식되는 창이다. 가장 명확하고 강력한 유사 사례는 창조이다. 우주가 창조된다는 믿음이 우주와 그 안의 인간 종족의 장소를 인식하는 방식을 결정하듯이, 예수의 부활에 대한 믿음은 예수의 의미와 생사의 기능을 인식하는 방식을 결정한다.

　요컨대, 예수의 부활은 역사적 사실이라기보다 토대적 사실 또는 메타적 사실이며,[229] 모든 다른 사실들의 상대적 중요성과 하찮음을 분별할 수 있게 하는 현실에 대한 해석적 통찰이다.

---

229)　Fuller, *Formation* 22-24 참조.

b. 은유로서의 '부활'

판넨베르크 또한 인정했듯이, '부활' 개념을 특징짓기 위해 우리는 '은유'의 범주에 의존하는 것을 피할 수 없다.[230] 위에서 주목한 대로(§12.3c), 은유의 힘은 '직접적인 서술로는 미칠 수 없는 현실을 재서술하는' 힘이다(리쾨르). 이는 곧 '직접적으로 묘사하는 척하지 않고서 표현하는 실재'(마틴 소스키스)를 가리킨다. 이 점은 '예수의 부활'을 무언가 다른 것을 말하는 방식으로 보고 싶어하는 자들에게 간과되어왔다. 이를테면 '하나님이 예수를 죽은 자 가운데서 살리셨다'는 것보다 더 편하고 지적인 당혹감이 덜하게 말할 수 있는 방식 말이다. '예수의 부활'이 은유라고 말하는 것은 그 문구가 **다른 식으로는 말할 수 없는** 무엇인가를 말하고 있다는 점을 인식하는 것이기 때문이다. '부활'을 보다 문자적인 어떤 것으로 번역하는 것은 그것을 번역하기보다 포기하는 것이다. 첫 부활절 신앙을 예수의 의미나 메시지가 그의 삶보다 더 오래 지속되었다는 주장으로 해석하는 것(막센)은 그 은유를 해석하기보다 비워버리는 것이다. 그것을 언어의 우발성이나[231] 심층적 인간 경험의 신비적인 표현으로[232] 환원시키는 것은 은유적 언급으로 보존된 '우리 밖으로부터의 잉여'(extra nos)를 망실하는 것이다. '부활' 개념에서 어떤 개인적 생존의 발상을 제거하는 것은[233] 그 은유를 더 의미심장하게 만드는 게 아니라 그것을 파괴하는 것이다. 은유 가운데 은유로서 파악된 실재는 설사 그것이 다른 용어로 표현될 수 없다손 치더라도 실재 못지않은 것이다.

그리스도인들은 나 자신이 그렇듯 그것이 무슨 뜻인지 알기 때문에 예

---

230) *Jesus* 74; Theissen and Merz, *Historical Jesus* 508 참조. 체스터(Chester)는 '구약성서에서 초기 단계부터 부활 전문 용어의 용례가 성향에 있어 강하게 **은유적**이며, 특히 **민족적** 부활의 상징으로 작용한다고 본다'('Resurrection and Transformation' 77).

231) 기어링(Geering)은 그 부적절한 대안적 '관용어'(여기서는 *Resurrection*을 암시하면서)를 선호한다.

232) N. Perrin, *The Resurrection Narrative: A New Approach* (London: SCM, 1977)는 마태와 누가가 마가의 부활 서사에 담긴 '원시적 신화'를 그리스도교의 기원을 담은 '토대 신화'로 다르게 해석했다고 제안한다—여기서 '신화'는 '인간 경험의 가장 심층적인 현실에 대한 서사적 표현'으로 이해된다 (12).

233) Wedderburn, *Beyond Resurrection* 147-52

수의 부활을 계속 확언한 것이 아니었다. 오히려 그들은, 예수가 하나님의 아들이라는 단언과 같이, '예수의 부활'이 다양한 선택 사항들 중에 가장 만족스럽고 지속적이라는 게 검증되었기 때문에 그렇게 하는 것이다. 그 모든 것들은 정도의 차이는 있지만 예수가 남긴 충격적 영향과 그의 중요성에 대한 그리스도교의 인식을 요약하기 위한 인간의 언설로서 부적절하다. 그들은 또한 은유로서의 '부활'이 다른 식으로는 표현할 수 없는 것을 언급하는 것으로 인식되기 때문에 그렇게 확언한다. 예수의 생명을 포함하여 이 땅의 생명이 그 자체로 완성된 이야기이기 때문이 아니다. 하나님이 주역으로 나오고 예수가 아직 어떤 식으로든 연루되는 더 큰 이야기의 일부로서만 파악될 수 있는 원초적 통찰을 나타내는 것으로 그 부활 은유가 인식되기 때문에 그런 것이다. 요컨대, '예수의 부활'은 신앙의 기준이라기보다 희망을 위한 범주이다.

제 19 장

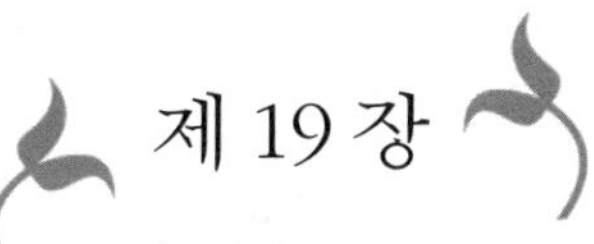

기억된 예수

19.1 예수 전통에 대한 새로운 관점

이 책의 시작하는 장들에서 나는 '역사적 예수 탐구'를 '신앙'과 '역사' 사이의 지속적인 대화로 검토하였다. 나는 이 탐구의 뿌리와 동시대의 대화가 사실상 개방적으로 교환되는 것이 르네상스 시대에 출현한 '역사 의식'으로 소급될 수 있다고 지적하였다. 그때부터 **역사문헌학**과 **본문비평**의 발전과 결실은 신약성서와 예수의 생애 연구에 대한 모든 학문적인 작업에 여전히 근본이 되는 자원과 기초를 준비하기 시작했다. 과학적 탐구의 모델이 부상하면서 역사 연구에 엄밀한 방법론을 적용하고 역사적 '사실'에 관한 많은 희망을 제기했건만, 이는 뒤늦은 각성과 함께 망상적이라고까지는 말 못하더라도 그 진의를 파악하기 어렵다는 것이 판명되었다. 그러나 예전의 역사주의적 과잉 확신에 대한 포스트모던적 과잉 반응에도 마찬가지의 위험이 있다. **'비판적 실재론'**의 노선을 따르는 역사 연구의 한 모델은 과거의 인간과 사건과 관련하여 알 수 있는 것에 대한 탐구의 대화적 성격을 인정하는 것인데, 이는 가장 유망한 앞길을 제공하는 것 같다.

해석학적 문제로서 과거에 대한 연구는 또한 많은 의미심장한 성과를 집중 조명하였다. 역사적 본문을 역사적 본문으로 인정하는 것의 중요성, 본문이 최소한 그 나름의 언어와 개성적 표현 방식으로 말하는 것을 듣도록 노력하는 정도로 '**평이한 의미**'라는 실효성 있는 개념을 확보하는 것의 중요성, 제기된 질문이 본문으로부터 또는 본문을 통해 다른 정보를 얻고자 할 때조차 **본문의 의도**(본문에 내재화된)를 존중하는 것의 중요성, 본문과 청자/독자 사이에 해석학적 **대화** 과정의 특성을 인정하고 허용하는 것의 중요성.

게다가 나는 19세기 후반기에 나온 복음서 연구의 자료비평적 성과들(요한복음이 공관복음보다 직접적인 역사적 자료가 훨씬 적다는 점, 공관복음의 두 자료설)이, 어느 정도 나도 원하듯이 그것이 얼마나 많이 수정되어야 하든 간에, 여전히 예수 전통의 시발적 분석을 위한 가장 나은 작업가설을 제공한다고 주장하였다. 다른 한편으로 최근에 제출된 보다 새로운 자료와 가설상의 Q 문서를 층위화하려는 시도들은 그 정도가 매우 지나치고 그 자료가 정당화하는 것 이상으로 더 확고하고 광범위한 결론을 도출한다. 마찬가지로 나는 예수에 대한 어떤 역사적 연구도 그 시대 유대교의 성격과 고고학이 조명하는 대로 예수가 자신의 선교 사명을 담당한 사회 정치적 환경을 진지하게 숙고해야 한다는 점에 분명히 동의한다. 하지만 사회학적 이론과 일반화는 언제나 인공 유물과 본문의 실물 증거로 조율되어야 한다.

하지만 이 모든 것들은 사실상 이 책에 담긴 주요 골자의 서설일 뿐이다. 그 요지는 아래서 추가로 확장하기에 앞서 액면 그대로의 여러 명제들로 요약될 수 있다. (1) 어떤 '역사적 예수 탐구'도 그 유일한 현실적인 목적은 **기억된** 예수이다. (2) 복음서의 예수 전통은 최초의 그리스도교 내에서 예수를 기억하려는 관심이 있었음을 확인해준다. (3) 예수 전통은 예수가 **어떻게** 기억되었는지 보여준다. 그 성격이 거듭 강하게 암시하는 바는 한 전통이 구어적 방식으로 일정하게 반복적으로 활용되면서 그 본질적인 형태가 갖추어졌다는 것이다. (4) 이는 나아가 **예수가 남긴** 원초적이고 직접적인 **영향**으로 그 본질적인 형태가 부여되었음을 암시하는데, 그것은 예수가 말하고 행한 것을 목격한 증인으로서 관련된 자들 가운데 또 그들에 의해 처음으로 말로 표현되었을 때였다. 바로 그 핵심적 의미에서 예수 전통은 기억된 예수이다.

이 논지를 예수 전통과 그 논지가 구현하는 그 전통의 최초 전승에 대한 두 가지의 새로운 관점에 비추어 다시 진술해보자. (a) 첫째, 예수 전통에 그 성격을 부여한 **일차적 생성력**에 관하여 (b) 둘째, 최초 제자 집단과 교회에서 구어 전통과 그 **전통화 과정**이 지닌 성격. 이는 연구 성과를 그 전통의 개별적인 항목에 지나치게 의존하게 만들기보다 (c) 예수 전통의 **특징적인 모티프와 강조점**에 초점을 맞추면서 폭넓은 정황을 살피는 방법론적 전략과 결합되었다.

a. **예수 전통을 형성함에 있어 그 일차적 생성력은 예수가 자신의 선교 기간중 첫 제자들에게 남긴 강렬한 영향**으로, 이는 곧 그들을 제자직으로 끌어들인 충격이었다. (1) 맨 처음의 그 생성적 영향은 부활절 신앙이 아니었다. 전통을 조성하려는 충동은 부활 이후의 시기에 처음으로 효력을 발휘하지 않았다는 것이다. 우리에게 남아 있는 전통, 특히 공관복음의 전통은 분명히 부활절 신앙에 비추어 구조화되었고 꾸준히 되풀이하여 이야기되었다. 그러나 거듭 말하거니와 그 개별 전통의 특징적인 모티프와 강조점은 부활절의 어떤 영향도 없이, 따라서 아마도 그것에 선행하여 자리 잡아갔음을 스스로 보여준다. **맨 처음의 촉발적인 영향은 부활절 이전 단계에 있었던 신앙으로의 부름이란 영향**이었다. (2) 우리는 물론 그 영향의 배후에서 **그 영향을 끼친 이**를 볼 수 있으리라는 희망을 품을 수 있다. 그러나 우리는 그 영향을 끼친 예수와 다른 예수, 또는 그 이상의 예수('역사적 예수')를 발견하리라고 현실적으로 기대할 수 없다. 어떤 다른 '역사적 예수'는 불가피하게 '역사적 예수'를 구성하려는 작업 속으로 다른 요인들과 이데올로기적 관심을 삽입하는 결과가 될 터이다. (3) 대부분의 경우 그 영향

자체는 **전통의 양식을 취했다.** 예수에게서 아주 결정적인 영향을 받고 그의 도전이 문자 그대로 삶을 변화시키는 것을 발견한 대부분의 사람들은 하나님의 왕권을 새로이 인정하고 그것이 지금 여기서 그들의 생활에 남긴 결과를 공유한 다른 자들에게 그 충격적 영향을 말하지 않을 수 없었기 때문이다. **구술적인 형식으로 표현된 그 영향**은 그 자체로 고유한 예수 전통의 시작이었다. 태동기의 제의와 관련하여, 예수 선교의 매우 특징적인 부분이었던 공동 식사의 맥락에서 분명히 정기적으로 제자 집단이 그 전통을 나누기 위해 함께 만났을 때 그 영향이 구술 형식으로 표현되었던 것이다.

b. 구어 전통으로서 예수 전통에 대한 새로운 관점은 그 전통을 결정하는 맨 처음의 생성적 영향력에 대한 새로운 관점과 꼭 들어맞는다. 이는 예수 전통의 초기 전승이 어떻게 신약성서학계에 일반적으로 생각되었는지 조건지어온 문헌적이고 인쇄물 지배적인 사고 방식이라는 수세기 동안의 문화적 형세를 파탈하려는 면밀한 시도의 일부이다. 그것은 그렇다고 공관복음 사이의 문헌적 독립을 부인하지 않는다. 그러나 그것은 공관복음이 활용한 전통들 사이의 상호 관계가 문헌 일변도와 간텍스트적 관점에서 적절히 개념화되고 있는지 의문을 제기한다. 그것은 사실상 두 개 또는 네 개의 문헌적 경로의 범위로 제한된 예수 전통의 개념화를 논박하는 셈이다. 이는 어떤 그러한 경로가 사실상 다른 것과 독립적이었으며 하나 또는 그 이상의 교회에 배타적이었다는 어떤 제안도 한층 더 맹렬하게 논박한다. **그것은 역사적 견지에서, 애당초 고도로 구술적인 사회에서 활동하는 집단/교회와 관련하여, 이러한 집단/교회 모두 매우 광범위한 예수 전통의 구술 목록을 보유하고 있되 다른 집단/교회의 것과 중첩되면서 이 집단/교회 가운데 활약한 자들**(사도, 예언자, 교사)**이 꾸준히 그것을 함께 공유해왔다고 생각하는 것이 보다 더 사실적이지 않은지 묻고 있다.** 나아가 이는 새로운 회심자와 다른 집단/교회를 향한 예수 전통의 전승을 포함하여 문어적 편집보다는 **구술적 행위**(구연)의 관점에서 예수 전통을 활용하

는 재개념화를 요구하는 것이다.

이러한 새로운 통찰의 강점은 **두 요인의 접속**에 있다. 그 한 가지는 **구어 전통의 성격**이다. 이는 곧 연속적인 구연 가운데 다양한 세목들을 통해 또는 그 안에서, 주제 그리고(또는) 구조와 핵심 내용에 대한 정체성을 유지하면서 이야기와 가르침의 자료를 결합시키고 그렇게 안정성과 유연성을 결합한 것으로서 (개인적인 회상과 전혀 다른) 공동체 전통에 대한 반복적 연구가 조명해온 결과에 따른 것이다. 다른 한 가지는 동일한 유형의 전통화 과정을 증언하는 **예수 전통/공관복음 전통의 성격**이다. 공관복음 전통에서 특징적으로 우리는 그것을 되풀이해서 말한 공동체의 정체성에 어느 정도이든 두루 중요한 전통을 본다. 영속적인 형태로 여전히 확인되는 그 전통의 **안정성과 다양성** 가운데(본문의 변용을 따로 보든, 포함시키든!) 우리는 그 전통의 구연/개작 속에 드러나는 **연속성과 변용성**을 추적할 수 있다. **그 안정성 속에서 우리는 그 전통의 정체성을 보고 그 다양성 속에서 그것의 생명력을 본다.** 문서화된 복음서는 동결된 (그리고 확대된) 구연의 결과로서 그러한 승인, 곧 처음 교회들 사이에서 그렇게 확대하는 작업의 승인을 명하였던 터라 이제 그것이 전통의 규범적 형태로 간주된다. 그러나 애당초 복음서는 그것에 선행한 무수한 구연과 성격상 거의 다를 바 없었다.

그 두 가지의 관점은 **전통의 지속적인 정체성이 그 전통의 첫 형성 가운데 부여되었으며 그것은 그렇게 회고된 그 말과 사건이 끼친 영향의 증거로 보아야 한다**는 가설 속에 합류한다.

c. 나는 위에서 따른 방법이 이러한 관점의 가치를 확증해주었다고 믿는다. 우선적으로 기억된 예수를 묘사하는 요소들이 일관되게 예수 전통 속의 일정한 강조점과 모티프에서 유래되었다는 것이다. **개성적이고 비교적 특이한 예수 전통의 특징은 예수 자신이 남긴 일관되고 독특한 영향의 성격으로 소급된다고 보는 게 최상의 판단**이라는 것이 가장 중요한 작업 규정이었다. 반면 귀에 거슬리고 널리 유포된 특징은 그것이 귀에 거슬렸고 그리하여 그 전통을 소중히 간직한 공동체 가운데 폭넓게 수용될 것으

로 보이지 않았기 때문에 후대에 그 전통으로 유입되었을 것 같지 않다.

두 번째로 예수 전통을 공관적으로 일정하게 제시함으로써 나는 구어 전통화 과정이란 모델의 강점을 드러내 보였다고 믿는다. 몇 번이고 되풀이해보아도 어떤 부분은 긴밀히 평행을 이루지만 다른 부분은 사용된 어휘가 아주 동떨어져 있을 정도로 평행 본문들 사이에 일관성 있는 상호 의존의 관계가 없는 것이 명확해졌기 때문이다. 동시에 주제와 구조와 종종 일부 핵심 요소(대개 예수가 말한 어떤 것)에 안정성이 있음이 거듭 명확해졌다. 반면 그것을 뒷받침하는 세목과 특정한 응용 부분들은 상당한 다양성을 드러내 보여준다. 일정하게 반복적으로 등장하는 그러한 현상은 **문헌상의** 의존과 편집이란 단일한 개념으로는 최선의 설명을 이끌어내지 못한다. 내 견해로 그것은 **전통의 구어적 성격** 그리고(또는) (심지어 읽히고/들려진 문서 텍스트까지도) **전통의 구어적 방식**이란 견지에서 최선의 설명이 가능하다. 여기서는 주제와 핵심이 주요 관심사였으며 보조적 세목들은 구연적 변용의 자유에 종속되는 것으로 취급되었다.

19.2 예수의 목표(들)에 대하여 무엇을 말할 수 있는가?

위의 방법론적 고찰이 적절하다면 이 탐구에서 어떤 예수의 모습이 떠오르는가가 물론 결정적인 질문이 된다. 기억된 예수가는 어떤 모습으로 나타나는가? 예수 전통 가운데 여전히 충분히 알 수 있는 예수가 선교 기간에 남긴 영향의 비교적 분명한 개요에서 우리는 그 영향을 끼친 당사자에 대해 무엇을 말할 수 있는가?

우리는 **유대인 예수**와 함께 시작했다. 예수는 자기 선조들의 종교를 실천하도록 가르쳤고 제2성전기 유대교의 다양성 내에서 그리고 그 일부로서 자신의 선교 사명을 감당했다. **예수 전통에 대한 위의 연구에서 부각된 그 무엇도 그 애당초의 가정을 실질적으로 또는 심각하게 수정할 것**

을 요구하지 않는다. 반대로 이스라엘 예언자들의 전통적인 우선권과 관심사, 이스라엘의 성서에서 비롯된 영향의 반복적 징후, 그리고 우리가 그 시기의 유대교 분파주의 가운데 유달랐다고 알고 있는 일부 쟁점에 관한 빈번한 토론에 예수가 두루 관여한 것은 모두 **성격상 철저히 유대적인 선교**를 입증한다. 일반화된 지중해 연안의 소작농이나 방랑하는 견유철학자 모델을 포함하여 예수의 선교에 공명하는 주요 맥락으로 설정된 제안들은 1세기 팔레스타인 유대교 내에서, 또 그것과 독특한 공명을 이루는 요소들의 수와 특이성에 관한 한 그 깊이와 정도에 있어 전혀 조화를 이루지 못한다. 1세기 유대교(들)의 범위를 전제해도 이후 발생한 그리스도교와 유대교 사이의 결별을 주목하지 못하면 '변두리 유대인'과 같은 묘사가 선교 기간 중 예수에게 적절하다고 볼 수 없다.

예수의 **출생** 환경과 양육과 관련된 특이 사항은 역사적 접근의 범주를 넘어선다. 그러나 예수가 대략 27년경 **세례자 요한의 진영**에서 부각되었던 것만은 분명하다. 예수가 요한에게 세례를 받았다는 것은 논박하기 어렵다. 아울러 초기부터 요한과의 만남은 예수가 선교를 위해 하나님께 기름 부음을 받은 시점을 표시하는 것으로 제자들에게 기억되었다. 예수가 세례자의 제자로 응당 기술되어야 하는지, 그리고 얼마나 오랫동안 요한과 (동반 관계 또는 경쟁 관계 속에서) 함께 일했는지는 모호한 상태이다. 예수의 제자들이 관련되는 한, 예수 나름의 독특한 선교는 요한이 무대에서 사라진 이후 시작되었다.

또한 공관복음 전통의 대부분이 그 배경으로 **갈릴리**를 설정한 것으로 회고되고 있는 점도 아주 분명하다. 이는 갈릴리의 많은 마을을 순회하는 여러 차례의 여행을 포함한 것이지만, 그럼에도 예수를 (측근) 제자들과 함께 상시적으로 길 위에서 떠돈 자(카리스마적 유랑)처럼 묘사하는 것은 너무 심한 과장이다. 공관복음 전통이 보유하는 그러한 지리적인 특정 공간은 호수의 북쪽 부분 일대에 군집해 있는데 가버나움의 (주요) 근거지에서 하루나 이틀간 여행으로 쉽사리 감당할 만한 범위였다. 요한복음에 적시된 훨

씬 더 폭넓은 예루살렘 선교가 어느 정도 (순례자의 축제를 위한) 주기적인 예
루살렘 방문이나 또는 그의 마지막 주에 거기서 발생한 사건의 기억에 뿌
리내려 있는지, 또는 그것이 위치에 대해 특정하지 않은 전통 가운데 확장
된 것인지 여부는 마찬가지로 확고한 답변을 하기는 쉽지 않은 질문이다.

예수에게 동기를 부여한 것이 무엇인지 그 목표를 확인하기 위해 예수
의 선교에 대한 기억을 거슬러 올라감에 있어 우리가 단연 **하나님의 나라/
왕권**이라는 예수의 메시지에 일차적으로 주목할 수밖에 없는 게 사실이
다. 예수는 확실히 왕적 통치의 '**도래**', 곧 **신속한** 도래를 희망했던 것 같다.
유대인의 기대라는 맥락에 비추어볼 때 그것은 하나님이 자신의 권세를
보다 충만하고 최종적인 방식으로 눈에 보이게 드러낸다는 차원에서 청종
되었음에 틀림없다. 그 도래의 긴박성은 예수의 청중에게 **위기**를 자아냈
다. 하나님의 통치라는 것이 오만한 자가 비루해지고 가난한 자가 높아지
며 작은 자가 크게 되고 나중 된 자가 첫째 자리를 받는 식의 종말론적 역전
으로 특징지어질 터였기 때문이다. 나아가 그 나라의 도래는 큰 고난을 수
반하고 심판으로 이어질 뿐 아니라 참회한 신실한 자에게는 (축제의 잔치로
상징된) 풍성한 보상이 있게 될 터였다.

이 대목에서 기억된 예수에 관하여 보다 구체적인 추론을 하는 것은
불가능한 것으로 판명되었다. 예수가 언급한 위기는 사회적 또는 정치적
위기로 환원될 수 없다. 그러나 그의 비유에 부각된 비전은 분명한 사회적
정치적 효과와 결과를 담고 있었다. 이 점은 부인하기 어렵다. 그렇다고 예
수가 인간 사회의 전체적인 새 질서(시대의 종말, 부활, 새 창조)를 그려 보였는
지, 또는 지상에 재구성된 사회의 희망을 표현하기 위해 그러한 언어를 사
용했는지가 보다 분명한 것도 아니다. 그것이 하나님께 둔 희망이었다는
점, 그리고 그 희망은 하나님께 속한 미래를 향한 것이었다는 점은 분명하
다. 그러나 그 희망이 무엇이었는지 그 '내용'은 **은유적으로 암시된 언어**로
남아 있다. 이는 여전히 비전을 새로이 자극하고 갱신된 희망을 환기시키
는 작용을 하지만 그 내용과 힘을 약화시키는 손실을 보지 않고서는 서술

적인 산문으로 충분히 또는 적절하게 번역될 수 없다.

예수의 그 나라 메시지에 담긴 희망과 환기적인 의도가 특별히 **이스라엘**을 겨냥했다는 것 또한 분명하다. 예수가 열둘을 택한 것이 어떤 징후라면 그 희망과 의도는 어떤 의미에서 회복된 이스라엘을 위한 것이었을 테다. 그러니까 그것은 어쩌면 흩어진 양 떼가 다시 그들의 진정한 목자 아래 모여들거나 이스라엘이 예배를 위한 새로운 초점(성전)을 가지고 야웨의 회중으로 새로이 재구성되는 것을 목표로 했을 테다. 그렇지만 그것이 억압적인 (로마?) 체제에서 이스라엘이 해방되거나(눅 24.21의 질문에 공명하여) 그 왕국이 이스라엘에게 회복되리라는(행 1.6의 질문에 공명하여) 희망이었을까? 그것은 이스라엘의 흩어진 자들(이스라엘 경계를 넘어 뿔뿔이 흩어진 이스라엘의 3분의 2)이 그 땅으로 복귀하고(포로기의 끝) 온유한 자들이 그 땅을 (새로이) 상속받는다는 희망이었을까? 아니면 그 소명은 일차적으로 이스라엘의 신실하지 못한 자들이 그들의 하나님께 돌아오고 그의 이름을 존중하며 그의 우선권에 따라 살면 모든 것이 그 새로운(갱신된) 언약으로 가능해진다는 예수에 앞선 예언자들의 소명을 반복한 것이었을까? 어떤 한 가지 긍정적인 답변을 최종적으로 강조하거나 어떤 다른 긍정적인 답변을 배제할 수 없기에 드는 좌절감이 크다. 그러나 양자택일을 고집하거나 예수의 그 나라 메시지가 오로지 한쪽으로만 들리고 또는 한 차원에서만 작동할 수 있다고 하기에 앞서 다시 한 번 우리는 오래, 힘들게 망설여야 할 것이다.

예수의 희망을 가장 명확하게 내실화하고 이 점에서 그의 목표를 가장 명확하게 나타낸 것은 그 나름의 우선권과 관련하여 그가 제공한 것으로 회고되는 예표들이 보여준다. **가난한 자에게 좋은 소식을 가져오고 죄인을 부르는 그의 선교.** 여기서 재구성된 이스라엘은 언제나 이스라엘의 본연적 우선권이었던 것을 재차 수긍한다. 그 나라의 관점에서 가난한 자가 돌봄을 받지 못하는 사회는 하나님께 용납될 수 없다. 하나님을 신뢰하는 가난한 자가 훨씬 더 안전한 미래를 가지고 있는 반면, 방종적인 부자와 강자는 자신의 부를 신뢰하는 부단한 위험에 처한다. 마찬가지로 하나님께 용납 가능한 것과 불가능한 것을 정의하는 데 너무 까다로운 종교적 공동체도 그렇게 함으로써 죄인으로 정죄하는 자들보다 하나님의 은총이란 영역을 벗어나기 십상이다. 그러한 강조점은 재편성된 소작농이나 촌락 사회를 위한 비전으로 단순히 정치화되어서는 안 된다. 이는 오히려 하나님의 주권적 통치가 작동하고 그의 뜻이 이루어지는, 하나님 아래 있는 사회의 비전이다. 그 정치적인 효과는 불가피하지만 부차적이다. 또한 예수의 비전이 후대의 관심사(이방인 선교)나 현대의 관심사(해방신학과 여성주의 신학)에 산뜻하게 답했다고 쉽게 수긍할 수 있는 것도 아니다. 물론 그 전통은 예수가 여성 제자들을 높이 평가했고 선교 과정에서 그가 만난 이방인들을 향해 동정적으로 반응했다는 분명한 징후들을 수반한다. 다만 여기서 말할 수 있는 것은 예수가 그 성원들 사이에 불필요하고 상처를 주는 경계를 제거하기 위해 노력하는 사회를 장려하고 정립한 것으로 회고되었다는 점이다.

예수의 그 나라 설교에서 하나님의 (마지막) 통치가 벌써 확연하게 보인다는 다른 강조점을 좀더 직접 주목할 때, 그 모습은 한층 더 명료해진다. 예수가 **많은 장기적인 예언적 희망의 실현**을 자주 선언하는 것으로 기억되기 때문이다. 가득 찬 때, 이미 경험되고 있는 도래할 세대의 축복. 임박한 속죄의 심판에 대한 세례자의 일방적인 강조를 예수는 육체적·사회적·종교적으로 무능한 자들에게 임하는 하나님의 은총, 대체로 같은 예언자(이사야)에게서 끌어온 그 은총에 대한 보충적 강조점으로 (완전히 대체하지 않고) 보완했다. 귀신 들린 자들에게 자신의 축귀 사역이 가져온다고 본 **해방**에서, 그리고 병든 자들에게 (작용한 그 신뢰를 통해) 자신의 사역이 가져온다고 본 **치유**(와 용서)에서, 예수는 하나님이 지금 여기서 하나님의 통치를 이미 행사하고 있다는 것을 알았다. 예수에게 하나님 나라의 보다 온전한 (마지막) 도래를 향한 그의 희망이 오래 지연될 수 없으리라고 확인해준 것은 아마 그러한 반복된 경험이었을 것이다.

예수의 그 나라 비전이 특정한 시간의 척도에 의존하지 않았다는 것은

그 스스로 **도래하는 그 나라에 비추어** 자신의 선교를 감당했으며 제자들
에게 그렇게 하도록 격려했던 것으로 보인다는 사실을 통해 강하게 암시
된다. 하나님 나라 관련 우선권은 단지 하나님의 목적이 분명히 그 충만함
가운데 온전히 실현될 미래를 위한 것만이 아니었다. 그것은 지금 여기를
위한 것이기도 했다. 이는 매일의 생활에 척도를 제공했다. 왕국의 **주체로**
살아야 하는 삶, 모든 다른 충성을 대체한 충성. 그들은 예수의 **생도로서**,
성공과 위대함의 단 하나 진정한 징표인 섬김 가운데 그의 우선권을 본받
아 아버지 되신 하나님의 선함에 의존하는 자녀로서 삶을 살아야 했다. 율
법의 문자가 아니라 율법을 주신 분의 영에 따라, 그 규정이 너무 단순하게
적용되는 위험에 처한 곳에서 하나님의 뜻을 분별하기 위해 그 특별한 규
정을 통해 읽을 준비가 늘 되어 있는 상태로 **옳은 것을 섬기는** 삶을 살아야
했다. **하나님 사랑**을 첫 번째 우선순위로, **이웃 사랑**을 두 번째로 삼아 이
두 가지를 살아내는 자리에 그 밖에 어떤 추가적 으뜸 규정도 필요치 않은
삶을 살아야 했다. 심지어 특별한 경우 그 이웃이 원수를 포함할 수 있음을
인정할 정도로. 용서의 삶을 살아야 했다. 오류와 실수를 겸허하게 시인하
고 용서와 용납을 기꺼이 제공하며 기쁘게 받아들이는 삶, 용서하고 용서
받는 경험의 상호 필요를 인정함으로써 결속되는 사회, 용서의 은총과 용
서받는 감사로써 활기를 얻고 권능을 부여받는 사회. 예수는 또한 특히 본
래 가족이 박탈된 자들이 **새로운 가족**으로 섬길 수 있는 그러한 공동체를
바라보았다. 그러나 예수가 사용한 보다 지배적인 이미지는 **개방된 식탁**
의 이미지였다. 이는 종교적인 자와 비종교적인 자 사이의 경계를 허물어
버리는 유형을 표상하고, 도래하는 그 나라의 큰 잔치에 대한 희망을 조형
하면서 동시에 어느 정도 이미 실현하는 이미지였다.

그러한 삶의 스타일을 살아내는 것은 예수 진영의 제자들을 당시의 다
른 집단과 구별해주었는데, 이는 반대하는 논평을 야기하지 않을 수 없었
던 차이점이다. 그 현저한 차이는 **쿰란**의 에세네파 사람들과 비교할 때 가
장 두드러진다. 그러나 폐쇄적이고 정결에 관심을 쏟은 쿰란 공동체를 예

수가 비판했다는 암시는 조금밖에 없다. 보다 긴밀할뿐더러 가장 커다란 반감은 예수의 제자직 패턴에 대한 **바리새인**의 비판과 관련하여 기억되었다. 특히 예수가 죄인들과 지속적으로 분리하지 않고 안식일과 당시 유통되던 정결 예법에 대한 할라카를 준수하지 못한 것과 관련하여 그러했다. 그 반감은 어떤 경우에는 직설적인 적대감으로 쏟아졌지만, 누가는 바리새인을 또한 우호적으로 회고하면서 예수를 체포하고 세속의 권력에 넘겨주는 데 바리새인이 관여한 대목을 분명히 증언하지 않는다.

하지만 현재의 사회적 관행에 비판적인 방식으로 하나님 나라를 빈번히 언급한 자라면 그 당시의 현행 체제를 통제하고 거기서 혜택을 입은 자들에 대한 의혹을 제기하지 않을 수 없었을 것이다. 우리는 예수가 그의 갈릴리 선교 기간에 **헤롯 안티파스**가 가할 수 있던 선제적 타격에 방심치 않았다는 몇 가지 기미를 주목했다. 그러나 예수의 그 나라 설교와 삶의 스타일에 가장 불편해했던 자들은 자신의 권력 기반을 예루살렘에 두고 있던 **대제사장 일당**이었던 것 같다. 이는 예수가 유대의 수도에서 보낸 마지막 주의 기사에서만 뚜렷하게 드러나지만 성전에 초점을 맞춘 제의와 정결 체제의 특권과 관련하여 이를 무시한 예수의 태도가 그를 문제아로 낙인찍었으리라는 점은 상상하기 어렵지 않다. 예수가 자신의 마지막 방문에 앞서 예루살렘을 피했든지 아니면 그곳에 보다 빈번하게 방문했든지(요한복음이 지적하듯이) 간에, 예수에 대한 반대는 그 마지막 주까지 치명적인 정도는 아니었다. 그 마지막 파국에서 예수를 체포하고 즉결 처형을 받도록 빌라도에게 넘겨준 결정적인 이유나 그 변명의 사유로 드러난 것은 분명히 성전, 그 제의, 그리고(또는) 그것을 권력 기반으로 삼았던 자들에게 예수가 모종의 위협을 가했다는 인식이었다.

이 모든 것에서 예수는 자기 고유의 역할을 어떻게 보았는가? 그는 종종 **교사**로 불렸고 그 역할에 대해 긍정적으로 응답했다. 예수의 비유와 경구는 당대 체제의 종교적 사회적 가치에 대한 비판을 내포했고 확실히 예수 전통 가운데 여전히 남아 있는 지속적인 인상을 남겼다. 그러나 그것은 그 자체로 예수에 대한 헤롯당과 대제사장 일당의 적대적 행동을 유발할 만큼 충분하지 않았을 것이다. **예언자**는 예수에게 잘 어울렸던 범주로 그는 이 호칭이 자기 선교의 상당 부분을 특징지을 만큼 적합하다는 것을 알았던 것 같다. 그는 분명히 거부당하는 예언자의 전통적인 운명에 충분히 민감했던 것으로 기억되며, 대적들도 동시에 그 전통을 알고 있었던 게 분명하다! 예수는 당대에 유명한 **축귀사**요 **치유자**였으며 많은 사람들이 그가 함께한 자리에서 기적적인 사건을 경험했다. 그러나 그는 분명히 유랑하는 이적 행위자의 역할을 떠맡기를 거부했으며, 그를 '마법사'라고 부르는 것은 그때 그랬던 것처럼 지금도 경멸적이고 명예 훼손적이다. 또한 주술사라는 정죄가 그를 적대하여 막판에 제기된 고발에서 어떤 몫을 했는지 의심스럽다.

예수와 관련하여 사용된 보다 비중 있는 용어들 중에서 그가 다윗의 보좌를 요구한 자('유대인의 왕')로 처형되었다는 점은 거의 의심하기 어렵다. 예수가 기대된 **왕적 메시아**였는지의 의문이 제자들 가운데서도 그의 처형 얼마 전 결정적인 쟁점이 되었다는 점도 마찬가지로 명백하다. 하지만 메시아/그리스도 예수에 대한 후대 그리스도교의 믿음과 관련하여 다소 다루기 어렵겠지만 예수는 로마의 통치에서 그 민족을 해방시킬 다윗계 왕자에 대한 팽배한 희망 가운데 자신의 역할 모델을 발견한 것 같지 않다. 그는 그러한 용어로 자신의 역할에 대해 이야기하는 것을 금하고, 그 질문이 말미에 공식적으로 그에게 던져졌을 때 그와 같이 자신을 묘사하기를 꺼려한 것으로 기억된다. 자신이 누구였는지에 대한 예수의 분별력, 그의 고유한 목표는 분명 이스라엘의 왕, 유대인의 왕이라는 지배적인 이미지에 잘 맞지 않았다. '메시아'라는 타이틀이 이후 최초 그리스도교의 예수 평가에 필수불가결한 것으로 판명되었다면, 그것은 그의 선교가 유대인 기대의 다른 부분을 끌어들이고 그 타이틀에 새로운 내용을 부여했기 때문이지 그가 그 당시의 희망과 기대에 맞아떨어졌기 때문이 아니다.

아들 됨이란 주제는 우리를 예수의 선교 중심부로 훨씬 더 가깝게 인도한다. 그렇다고 그의 선교 기간에 하나님의 아들로서 왕적 메시아 사상과 현저하게 어떤 접속이 있었던 것은 물론 아니다. 예수가 가르침 가운데 돌보는 아버지로서의 하나님을 강조한 것은 친밀한 아들 신분에 대한 자기 나름의 의식을 꽤 명료하게 드러냄으로써 보완된다. 그가 제자들에게 아버지로서 하나님 앞에 신뢰 어린 순종의 삶을 살도록 권하면서, 하나님을 **아바**로 부르며 기도하는 자신의 습관을 모방하도록 제자들에게 권했다. 이는 예수의 목표에 대하여 많은 것을 이야기해주지는 않지만 그 목표를 지탱한 내면적 힘의 원천을 분명히 암시한다.

예수의 가장 개성적이고 독특한 문구 중 하나인 '**인자**'와 함께 우리는 또한 예수가 자기 선교의 결과가 무엇인지에 대해 스스로 이해한 것과 관련하여 자기 이해와 가능한 함의의 반향을 듣게 된다. 한편으로 그 관용적 문구는 인간의 나약한 실존 조건에 매일 수밖에 없는 처지를 의식하지만 자신에게 특별히 관심을 보이길 원치 않는 자를 나타낸다('어떤 사람', '나와 같은 사람'). 그러나 다른 한편으로 예수가 다니엘 7장의 환상 가운데 그 문구를 특별한 방식으로 사용한 경우에 의존했다면 그때 바로 그 암시적 언급은 옛적의 이스라엘이 그 박해자들에게 고난을 받은 대로 고난받기를 기대하고 그 고난에 이어 신원 받기를 예상했음을 시사한다. 예수 전통은 확실히 예수를 그러한 기대와 희망을 표현하는 것으로 회고한다. 나아가 비록 그러한 전통이 그 사건 가운데 발생했다고 초기 그리스도인들이 믿은 바에 대한 해석을 반영함에도 불구하고 이 점에서 그 전통은 종종 인정받는 것보다 훨씬 더 실체적이다. 예수가 자신이 은밀한 수단을 통해서든 공식적인 처형으로든, 제거되리라는 것을 예상했다는 점은, 매우 개연적이다. 아울러 하나님의 왕적 통치에 대한 그의 메시지가 궁극적으로 하나님이 즉각적이든 (임박한) 최후 부활에서든, 그를 신원하리라는 확고한 희망을 동시에 부여했다는 점도 그 못지않게 개연적이다.

그렇다면 예수는 자신의 소명을 단순히 그 나라의 도래를 선포하고 그 나라의 삶을 고취시키는 것 이상으로 보았는가? 그는 또한 어떤 식으로든 그 나라를 '끌어들이기로' 작정하였는가? 그는 이스라엘의 지도자들에게 도전하기 위해 마지막(또는 첫 번째!) 방문차 예루살렘에 갔던 것일까? 과연 이스라엘을 하나님께 돌이키게 하기 위해 마지막으로 결사적인 시도로 그랬던 것일까? 그는 심판과 축복을 베풀기 위해 왕의 권세로 하나님을 임하게 할 최후의 위기 가운데 자신을 선두 주자로 보았을까? 그는 자신의 예상된 고난과 죽음으로써 어떤 식으로든 참회하는 신실한 자들이 그들의 마지막 시련을 통해 안전하게 그 왕국으로 들어오는 것을 보장하는 데 도움이 되고자 했을까? 이러한 질문들 중 그 어느 것에도 우리는 확고한 긍정의 답을 내놓을 수 없다. 그러나 그렇다고 그 어느 질문에 확고한 부정의 답을 줄 수 있는 것도 아니다. 아울러 거부당함(예언자적 전통), 고난당하는 인자, 마셔야 할 잔과 견뎌야 할 세례 등의 이야기가 정도의 차이는 있지만 자신의 운명을 성찰하는 예수 자신과 함께 시작되었을 가능성이 그 반대의 가능성보다 더 크다.

예수 전통 가운데 여전히 명확하게 회고되는 암시들 중에 전통적으로나 가장 최근의 논의에서나 가장 큰 주목을 끈 두 가지가 있다. 성전 파괴와 (또 다른 형태의?) 재건에 대한 이야기, 그리고 새로운(갱신된) 언약과 그 나라에서 새로 마셔야 할 포도주에 대한 마지막 만찬의 이야기. 그것을 벗어나면 확고한 자료는 어느 정도 그치고, 우리는 복음서 저자들이 제공하는 대로 그러한 추가 성찰의 기반 위에서 다만 추론할 뿐이다. 우리가 말할 수 있는 것은, 이러한 발언들 가운데 표현된 그 희망이나 목표의 개방된 결말이나 애매모호함이 종결되었다는 점이다. 아울러 첫 그리스도인들이 시도한 최초의 자기 이해 속에서, 이러한 발언들 가운데 그들이 계속 경험하고 이해하고 실천한 것을 뿌리내린 방식으로 명확함을 얻어냈다는 점을 말할 수 있다.

19.3 계속되는 예수 선교의 영향

계속되는 예수 선교의 영향은 두 가지 방향에서 가장 선명하다. **그리스도교와 복음서**. 예수의 선교와 가르침과 의도에 대해 말할 수 있다고 우리가 얼마나 많이 또는 적게 결론짓든 간에, 그리스도교로 알려지게 된 그 운동이 그의 사역이 남긴 가장 직접적이고 지속적인 결과였음을 논박하는 것은 합리적으로 불가능하다. 하지만 위의 연구는 예수의 선교와 그 이후에 이어진 것 사이에 매우 실질적인 **연속성**이 있었음을 보다 분명히 해준다. 예수의 선교는 실패로 끝나지 않았다. 이후 이어진 것은 단순히 실의를 반박하고 인지적 부조화를 제거하려는 시도가 아니었다. 물론 이러한 단언은 추가로 탐구되어야 하고 제2권에 가서 제대로 검증받을 필요가 있다. 그러나 이미 우리는 예수의 이야기가 끝나는 방식으로, 즉 **예수의 부활**에서 그 **미래**를 보기 시작한다.

여기서 다시 말하거니와, 우리가 그 사실(해석된 자료)을 어떻게 보든지 간에 예수의 선교 속편이 예수가 살아난 것을 본, 그러니까 그를 '죽은 자 가운데서 살아났다'고 본 그의 제자 집단(들) 내에 상이한 구성원들과 함께 시작되었음을 합리적으로 의심하는 것은 거의 불가능하다. 그들이 그것('부활')을 처음으로 또렷하게 표현함으로써 구체화된 이러한 경험과 신념은 예수에 대한 하나님의 확증을 뜻했던 게 틀림없다. 말하자면 예수 자신이 신원되었듯이, 그가 자신의 미래와 관련하여 암시한 것으로 기억되었다는 **희망** 또한 정당성을 입증받았다는 것이다. 인자는 과연 구름 타고 옛적부터 계신 이에게 왔고 그의 왕국을 받았다. 말하자면 이는 또한 적어도 그 정도로 하나님의 나라와 관련하여 예수의 희망과 의도가 실현되었다는 것이다. 마찬가지로 제자 무리가 '하나님의 교회'로 변형되어 곧바로 바리새인인 사울의 분노를 자극했다는 점(갈 1.13)은 새로워진 성전('기둥' 사도들로 지탱된—갈 2.9)을 위한 예수의 희망이 곧 알아볼 만큼 실현된 것이라고 계속 주장할 수 있다. 마치 주의 만찬이 처음부터 식탁 교제에 대한 예수의

연속적 실천이자 그의 죽음 가운데 개막된 새로운 언약의 상징으로 기능
했듯이 말이다. 아울러, 불과 40년 후에 발생한 예루살렘과 성전의 파괴는
우리가 요청할 수 있는 예수의 다른 불길한 예감을 정확하게 실현한 것으
로 드러났다고 지적할 수 있다. 따라서 예수의 목표와 희망과 결과적으로
발생한 일 사이에는 **성취의 연속성**이 있었다.

　　물론 전체에 걸쳐 예수가 예상하고 기대했다고 기억된 것 모두가 완전
히 실현되었다고 보기 어렵다. 예수의 부활은 죽은 자의 부활을 수확하는
시작이 아니었다. 머잖아 이방인에게 착수될 선교는 이방인 개종자들이
시온을 찾는 종말론적 순례에 관하여 예수가 품었을 어떤 기대와도 썩 긴
밀한 조화를 보이지 않았다. 실제 발생한 종말론적 역전은 분명 예수의 말
이 불러일으켰을 그런 유의 희망에는 턱없이 못 미쳤다. 그러나 그것은 인
간적 경험의 이미지로 표현된 예언과 늘 그렇게 함께 있었다. 나아가 그것
이 표현한 성취와 연속성의 척도는, 하나님이 예수 선교의 정당성을 입증
하였고 자신들을 통해 새롭고 다른 형태로 그와 같은 선교를 계속하고 있
다는 첫 그리스도인들의 주장을 지탱하기 위해 필요한 전부였다.

　　그 점은 계속되는 예수 선교의 영향, 곧 **예수 전통 그 자체**에 대한 추
가 지적에 의해 한층 더 강해진다. 내가 옳다면 예수 전통은 그 자체로 예
수가 처음 제자직으로 부른 자들에게 남긴 영향을 소통할 만한 것으로 만
든 바로 그 방식이었다. 또한 이는 그들의 집단적 정체성의 핵심과 그 형성
단계에서 '그리스도의 사람들'(Christ-ians)로서 그것을 공유한 자들을 결속
시킨 고리였다. 이는 나아가 그들의 모임 가운데 기념 의식을 위한 계기였
고, 예수의 선교와 가르침을 나타내는 축약어였으며, 다른 자들과의 상호
작용 가운데 훈계와 변증과 전도를 실천하는 수단이었다. 예수 전통의 어
떤 부분이 부활에 대한 계시 또는 십자가에 대한 복음의 초점(바울의 경우처
럼)과 함께 도래한 예수의 의의를 보다 온전히 인정하는 노력과의 긴장 가
운데 경험되었다는 어떤 종류의 암시도 없다. 복음서 자체는 죽음과 부활
에서 절정에 달하는 가르침과 치유의 이야기를 통해 그와 같은 어떤 긴장

의 징표도 보이지 않는다. 나아가 전통적인 자료의 다양한 군집(Q¹, 도마복음 배후의 전통)이 오로지 십자가와 부활의 견지에서만 표현된 복음과의 긴장 가운데 인식되었으리라는 제안은 실제로 칭찬할 만한 점이 거의 없으며 이를 뒷받침할 증거를 찾기 위해 과도할 정도로 편향된 논지들에 의존한다. 그 지속적인 형태 가운데 예수 전통의 근본적인 사실은 그것이 예수의 죽음과 부활을 **정확하게 복음**으로 전파한 자들에 의해 정확하게 보존되었다는 점이다.

이 점에서 인정해야 할 적잖이 중요한 것은 예수 자신에 관해 남겨진 인상의 연속성이다. 예수가 하나님의 대변인으로서, 적어도 일부 사람들에게는 하나님의 종말론적 대표자로서 하나님에 근거를 두고 말하는 것으로 청종되었음이 전통 가운데 뚜렷하기 때문이다. 이 확신은 부활절 이후의 뒤늦은 각성과 함께 비로소 생겨났던 것 같지 않다. 그것이 아직 그리스도교적인 용어가 아니라 예수 전통 가운데 간직된 채로 부활 신앙이 물리친 용어로 표현되기 때문이다. 예수의 메시아 지위에 대한 쟁점과 마찬가지로, 부활절 이전 예수의 영향이 **이미 신적인 권세와 권능의 견지에서 가능되지** 않았더라면 부활절 신앙이 어떻게 그러한 비중 있는 그리스도론적 단언을 처음부터 만들어낼 수 있었는지 그 방식을 알기가 어렵다. 전통이 암시하는 바에 의하면 예수의 권위와 역할은 제자들에게 당혹감과 혼란을 야기했다. 그러나 이 지점에서 예수 전통의 기능은 부활 이전의 이러한 인상을 다시 이야기하는 것이다. 그 인상은 예수 이야기의 절정과 함께 제자직과 신앙 공동체 내에서 그 반복적 구연이 발생한 부활 신앙의 맥락에 의해 이제 명료하게 밝혀진 상태이다. 요컨대, 예수 전통 가운데 새겨진 것은 예수의 말과 행동에 대한 인상뿐 아니라 예수가 누구였는지에 대한 인상도 포함된다. 예수 '부활'의 예기치 못한 측면은 결과적으로 예수가 자신의 부활절 이전 선교 가운데 일찌감치 남긴 영향을 심화시켰을 뿐이다.

예수 전통이 예수의 가르침과 생활 및 사회적 교제 방식을 회고한 것은 분명히 공동체 내에 속한 일부나 전체의 책임 있는 생활을 위한 한 본보기로서, 또한 사회의 일부로서 초기 그리스도교의 군집화에 계속 기여했음을 단순히 부연해야 할 것이다. 예수가 도래하는 그 나라에 비추어 살았듯이, **예수 전통도 계속적으로 돌보고 관심을 갖는 모든 생활을 위한 자원과 영감의 출처로 이바지했다.** 그러한 삶을 위한 청사진이나 완벽한 사회 윤리 또는 정치적으로 성숙한 사회를 위한 훈계 지침으로서가 아니다. 그 대신 깊은 인격적인 관계와 우선순위의 성격, 가치, 동기 부여 등—그것이 없으면 어떤 사회 구조나 정치적 성명서도 그 최선의 야망을 실현하지 못할—의 특성을 가리키는 것으로서 그렇다는 것이다. 신뢰할 만하게 들려진 예수 전통은 돌보는 공동체의 기준으로서, 자신의 특권을 주장함에 있어 오만하고 타자의 필요에 부주의한 방종적 사회에 질책과 도전으로서 기능할 수 있었고 지금도 여전히 기능할 수 있다. 그러나 예수가 오로지 이러한 견지에서 말하는 것으로 듣는 것은 예수 자신이 지지했던 것을 감퇴시키는 것이고 그 나라의 비전을 실현하는 열쇠를 잃어버리는 격임을 이 전통은 보여준다. 우리는 예수가 과연 그답게 이웃 사랑을 하나님 사랑에 독특하게 연계시키면서 전자가 상당 부분 후자에 의존한다고 여긴 것으로 상기되는 점을 다시 한 번 역설할 필요가 있다. 우리는 예수 자신이 자신의 예상된 죽음과 소망한 부활을 자신의 하나님 나라 설교 및 생활에 연동된 한통속으로 보았다는 점을 역설할 필요가 있다. 게다가 우리는 예수 전통이 오로지 복음서의 형식적 틀 안에서 보존된 것과 그것을 그렇게 보존한 지혜를 거듭 강조할 필요가 있다. 예수 전통 내에서 계속되는 예수의 영향은 파편화되지 말아야 하며 그 전체 가운데 새로이 인식되어야 한다.

요컨대, **제자가 되고자 하는 자는 예수 전통을 통하여 여전히 예수를 청종하고 만난다.** 예수는 그 속에서 말하고 토론하고 식탁 교제를 나누며 치유한다. 예수 전통이 강대상이나 무대, 거룩한 공간이나 이웃이 앉아 있는 방에서 읽히는 것을 듣는 가운데 우리는 최초의 제자 및 교회 집단들과 더불어 앉는다. 그들이 예수에 대한 기억을 나누었을 때, 예수의 제자로서 자신의 정체성을 키워갔을 때, 증언과 논쟁을 위해 스스로 준비했을 때, 그 예전을 거행하고 그 가운데서 삶과 예배를 위한 참신한 교훈을 배웠을 때, 바로 그 시절의 그들과 우리는 함께 앉는 것이다. 그 전통을 통해 누구든지 그리스도교가 발원한 예수, 기억된 예수를 만나는 것이 여전히 가능하다.

◆ 이 참고 문헌에 주석과 사전 항목들은 포함되지 않았다.

Abel, E. L. 'The Psychology of Memory and Rumour Transmission and Their Bearing on Theories of Oral Transmission in Early Christianity'. *JR* 51 (1971): 270-81.

Achtemeier, P. J. '"And He Followed Him": Miracles and Discipleship in Mark 10.46-52'. In *Early Christian Miracle Stories*, *Semeia* 11, edited by R. W. Funk, 115-45. Missoula: Scholars, 1978.

________. '*Omne verbum sonat*: The New Testament and the Oral Environment of Late Western Antiquity'. *JBL* 109 (1990): 3-27.

Ådna, J. 'The Encounter with the Gerasene Demoniac'. In *Authenticating the Activities of Jesus*, edited by B. Chilton and C. A. Evans, 279-301. Leiden: Brill, 1999.

________. *Jerusalemer Tempel und Tempelmarkt im 1. Jahrhundert n. Chr.* Wiesbaden: Harrassowitz, 1999.

________. *Jesu Stellung zum Tempel. Die Tempelaktion und das Tempelwort als Ausdruck seiner messianischen Sendung.* WUNT 2.119. Tübingen: Mohr Siebeck, 2000.

Aichele, G., et al. *The Postmodern Bible.* New Haven: Yale University, 1995.

Alexander, L. C. A. 'The Living Voice: Scepticism Towards the Written Word in Early Christianity and in Graeco-Roman Texts'. In *The Bible in Three Dimensions: Essays in Celebration of Forty Years of Biblical Studies in the University of Sheffield*, edited by D. J. A. Clines, S. E. Fowl, and J. R. Porter, 221-47. Sheffield: Sheffield Academic, 1986.

Alexander, P. S. 'Jesus and the Golden Rule'. In *Hillel and Jesus*, edited by J. H. Charlesworth and L. L. Johns, 363-88. Minneapolis: Fortress, 1997.

________. 'Orality in Pharisaic Judaism at the Turn of the Eras'. In *Jesus and the Oral Gospel Tradition*, edited by H. Wansbrough, 159-84. Sheffield: Sheffield Academic, 1991.

________. 'Rabbinic Judaism and the New Testament'. *ZNW* 74 (1983): 237-46.

Allison, D. C. 'Behind the Temptations of Jesus: Q 4:1-13 and Mark 1.12-13'. In *Authenticating the Activities of Jesus*, edited by B. Chilton and C. A. Evans, 195-213. Leiden: Brill, 1999.

________. *The End of the Ages Has Come: An Early Interpretation of the Passion and Resurrection of Jesus*. Philadelphia: Fortress, 1985.

________. *Jesus of Nazareth: Millenarian Prophet*. Minneapolis: Fortress, 1998.

________. *The Jesus Tradition in Q*. Harrisburg: Trinity, 1997.

________. 'The Pauline Epistles and the Synoptic Gospels: The Pattern of the Parallels'. *NTS* 28 (1982): 1-32.

________. 'Q 12:51-53 and Mark 9.11-13 and the Messianic Woes'. In *Authenticating the Words of Jesus*, edited by B. Chilton and C. A. Evans, 289-310. Leiden: Brill, 1999.

________. 'Q's New Exodus and the Historical Jesus'. In *The Sayings Source Q and the Historical Jesus*, edited by A. Lindemann, 395-428. Leuven: Leuven University, 2001.

Alsup, J. E. *The Post-Resurrection Appearance Stories of the Gospel-Tradition*. Stuttgart: Calwer, 1975.

Amir, Y. 'The Term *Ioudaismos*: A Study in Jewish-Hellenistic Self-Identification'. *Immanuel* 14 (1982): 34-41.

Anderson, Ø. 'Oral Tradition'. In *Jesus and the Oral Gospel Tradition*, edited by H. Wansbrough, 17-58. Sheffield: Sheffield Academic, 1991.

Antwi, D. J. 'Did Jesus Consider His Death to Be an Atoning Sacrifice?' *Interpretation* 45 (1991): 17-28.

Appleby, J., L. Hunt, and M. Jacob. *Telling the Truth about History*. New York: Norton, 1994.

Arens, E. *The ELTHON-Sayings in the Synoptic Tradition: A Historico-Critical Investigation*. Göttingen: Vandenhoeck und Ruprecht, 1976.

Arnal, W. E. *Jesus and the Village Scribes*. Minneapolis: Fortress, 2001.

________. 'Major Episodes in the Biography of Jesus: An Assessment of the Historicity of the Narrative Tradition'. *TJT* 13 (1997): 201-26.

Arnal, W. E., and M. Desjardins. *Whose Historical Jesus?* SCJ 7. Waterloo: Wilfrid Laurier University, 1997.

Atkinson, K. 'On Further Defining the First-Century CE Synagogue: Fact or Fiction?'

NTS 43 (1997): 491-502.

Attridge, H. W. 'Reflections on Research into Q'. *Semeia* 55 (1995): 223-34.

Aune, D. E. 'Jesus and Cynics in First-Century Palestine: Some Critical Considerations'. In *Hillel and Jesus*, edited by J. H. Charlesworth and L. L. Johns, 176-92. Minneapolis: Fortress, 1997.

________. 'Magic in Early Christianity'. In *ANRW* II.23.1, 1507-57, 1980.

________. *The New Testament in Its Literary Environment*. Philadelphia: Westminster, 1987.

________. 'Prolegomena to the Study of Oral Tradition in the Hellenistic World'. In *Jesus and the Oral Gospel Tradition*, edited by H. Wansbrough, 59-106. Sheffield: Sheffield Academic, 1991.

________. *Prophecy in Early Christianity and the Mediterranean World*. Grand Rapids: Eerdmans, 1983.

Avemarie, F. *Torah und Leben: Untersuchungen zur Heilsbedeutung der Tora in der frühen rabbinischer Literatur*. Tübingen: Mohr Siebeck, 1996.

Avemarie, F., and H. Lichtenberger. *Auferstehung — Resurrection*. WUNT 135. Tübingen: Mohr Siebeck, 2001.

Avery-Peck, A. J., and J. Neusner. *Judaism in Late Antiquity*. Part 4: *Death, Life-After-Death, Resurrection and the World-to-Come in the Judaisms of Antiquity*. Leiden: Brill, 2000.

Bailey, K. E. 'Informal Controlled Oral Tradition and the Synoptic Gospels'. *Asia Journal of Theology* 5 (1991): 34-54.

________. 'Middle Eastern Oral Tradition and the Synoptic Gospels'. *ExpT* 106 (1995): 563-67.

________. *Poet and Peasant: A Literary-Cultural Approach to the Parables in Luke*. Grand Rapids: Eerdmans, 1976. (『시인과 농부』, 여수룬 역간)

________. *Through Peasant Eyes*. Grand Rapids: Eerdmans, 1980.

Baird, W. *History of New Testament Research*. Vol. 1: *From Deism to Tübingen*. Minneapolis: Fortress, 1992.

Baldensperger, W. *Das Selbstbewusstsein Jesu im Lichte der messianischen Hoffnungen seiner Zeit*. Strassburg: Heitz, 1888.

Balla, P. 'What Did Jesus Think about His Approaching Death?' In *Jesus, Mark and Q: The Teaching of Jesus and Its Earliest Records*, edited by M. Labahn and A. Schmidt,

239-58. Sheffield: Sheffield Academic, 2001.

Bammel, E. 'The Revolution Theory from Reimarus to Brandon'. In *Jesus and the Politics of His Day*, edited by E. Bammel and C. F. D. Moule, 11-68. Cambridge: Cambridge University, 1984.

Bammel, E., and C. F. D. Moule. *Jesus and the Politics of His Day*. Cambridge: Cambridge University, 1984.

Banks, R. *Jesus and the Law in the Synoptic Tradition*. SNTSMS 28. Cambridge: Cambridge University, 1975.

Barbour, I. G. *Issues in Science and Religion*. London: SCM, 1966.

Barbour, R. S. *Traditio-Historical Criticism of the Gospels*. London: SPCK, 1972.

Barclay, J. M. G. 'The Resurrection in Contemporary New Testament Scholarship'. In *Resurrection Reconsidered*, edited by G. D'Costa, 13-30. Oxford: Oneworld, 1996.

Bar-Ilan, M. 'Illiteracy in the Land of Israel in the First Centuries CE'. In *Essays in the Social Scientific Study of Judaism and Jewish Society*, edited by S. Fishbane and S. Schoenfeld, 46-61. Hoboken: Ktav, 1992.

Barker, M. *The Risen Lord: The Jesus of History as the Christ of Faith*. Edinburgh: Clark, 1996.

________. 'The Time Is Fulfilled: Jesus and Jubilee'. *SJT* 53 (2000): 22-32.

Barnett, P. *Jesus and the Logic of History*. Grand Rapids: Eerdmans, 1997.

________. *Jesus and the Rise of Early Christianity: A History of New Testament Times*. Downers Grove: InterVarsity, 1999.

________. 'The Jewish Sign Prophets — ad 40-70 — Their Intentions and Origin'. *NTS* 27 (1981): 679-97.

Barr, J. 'Abba Isn't Daddy!'. *JTS* 39 (1988): 28-47.

________. *Biblical Words for Time*. London: SCM, 1969, 2nd ed.

Barrett, C. K. 'The Background of Mark 10.45'. In *New Testament Essays: Studies in Memory of T. W. Manson*, edited by A. J. B. Higgins, 1-18. Manchester: Manchester University, 1959.

________. *Jesus and the Gospel Tradition*. London: SPCK, 1967.

Barth, K. *From Rousseau to Ritschl*. London: SCM, 1959.

Barton, S. C. 'Can We Identify the Gospel Audiences?' In *The Gospels for All Christians*, edited by R. Bauckham, 173-94. Grand Rapids: Eerdmans, 1998.

________. *Discipleship and Family Ties in Mark and Matthew*. SNTSMS 80. Cambridge:

Cambridge University, 1994.

Barton, S. C., and G. N. Stanton. *Resurrection*, L. Houlden FS. London: SPCK, 1994.

Batey, R. A. *Jesus and the Forgotten City: New Light on Sepphoris and the Urban World of Jesus*. Grand Rapids: Baker, 1991.

Bauckham, R. 'Did Jesus Wash His Disciples' Feet?' In *Authenticating the Activities of Jesus*, edited by B. Chilton and C. A. Evans, 411-29. Leiden: Brill, 1999.

________. 'For Whom Were the Gospels Written?' In *The Gospels for All Christians*, edited by R. Bauckham, 13-22. Grand Rapids: Eerdmans, 1998.

________. 'Jesus' Demonstration in the Temple'. In *Law and Religion: Essays on the Place of the Law in Israel and Early Christianity*, edited by B. Lindars, 72-89. Cambridge: Clarke, 1988.

________. 'The Scrupulous Priest and the Good Samaritan: Jesus' Parabolic Interpretation of the Law of Moses'. *NTS* 44 (1998): 475-89.

________. 'The Son of Man: 'A Man in My Position' or 'Someone'?' *JSNT* 23 (1985): 23-33.

Bauckham, R., ed. *The Gospels for All Christians: Rethinking the Gospel Audiences*. Grand Rapids: Eerdmans, 1998.

Bauernfeind, O. *Die Worte der Dämonen im Markusevangelium*. Stuttgart: Kohlhammer, 1927.

Baumgarten, A. I. 'The Name of the Pharisees'. *JBL* 102 (1983): 411-28.

Baur, F. C. *Kritische Untersuchungen über die kanonische Evangelien*. Tübingen, 1847.

Bayer, H. F. *Jesus' Predictions of Vindication and Resurrection*. WUNT 2.20. Tübingen: Mohr Siebeck, 1986.

Beasley-Murray, G. R. *Baptism in the New Testament*. London: Macmillan, 1963. (『성서적 침례론』, 검과흙손 역간)

________. *Jesus and the Kingdom of God*. Grand Rapids: Eerdmans, 1986. (『예수와 하나님 나라』, 크리스챤다이제스트 역간)

________. *Jesus and the Last Days: The Interpretation of the Olivet Discourse*. Peabody: Hendrickson, 1993.

Becker, J. *Jesus of Nazareth*. Berlin: de Gruyter, 1998.

Bellinger, W. H., and W. R. Farmer, eds. *Jesus and the Suffering Servant: Isaiah 53 and Christian Origins*. Harrisburg: Trinity, 1998.

Ben-Chorin, S. *Brüder Jesus: Der Nazarener in jüdischer Sicht*. München: List, 1967.

Bergemann, T. *Q auf dem Prüfstand: Die Zuordnung des Mat/Lk-Stoffes zu Q am Beispiel der Bergpredigt*. FRLANT 158. Göttingen: Vandenhoeck und Ruprecht, 1993.

Berger, K. *Die Auferstehung des Propheten und die Erhöhung des Menschensohnes*. Göttingen: Vandenhoeck und Ruprecht, 1976.

________. *Die Gesetzauslegung Jesu I*. WMANT 40. Neukirchen-Vluyn: Neukirchener, 1972.

________. 'Die königlichen Messiastraditionen des Neuen Testaments'. *NTS* 20 (1973-74): 1-44.

________. 'Jesus als Nasoräer/Nasiräer'. *NovT* 38 (1996): 323-35.

________. 'Jesus als Pharisäer und frühe Christen als Pharisäer'. *NovT* 30 (1988) 231-62.

Betz, H. D. 'Jesus and the Cynics: Survey and Analysis of a Hypothesis'. *JR* 74 (1994): 453-75.

________. 'Jesus and the Purity of the Temple (Mark 11.15-18): A Comparative Religion Approach'. *JBL* 116 (1997): 455-72.

________. 'Magic in Greco-Roman Antiquity'. *ER* 9 (1995): 93-97.

________. *Nachfolge und Nachahmung Jesu Christi im Neuen Testament*. Tübingen: Mohr Siebeck, 1967.

________. *The Sermon on the Mount*. Hermeneia. Minneapolis: Fortress, 1995.

Betz, O. 'Die Frage nach dem messianischen Bewusstsein Jesu'. *NovT* 6 (1963): 24-37.

________. 'Probleme des Prozesses Jesu'. *ANRW* II.25.1 (1982): 565-647.

________. *What Do We Know about Jesus?* London: SCM, 1968.

Bietenhard, H. '"Der Menschensohn" — *ho huios tou anthropou*. Sprachliche und religionsgeschichtliche Untersuchungen zu einem Begriff der synoptischen Evangelien. I. Sprachlicher und religionsgeschichtlicher Teil'. *ANRW* II.25.1 (1982): 265-350.

Black, M. *An Aramaic Approach to the Gospels and Acts*. Oxford: Clarendon, 1967, 3rd ed.

Blackburn, B. L. 'The Miracles of Jesus'. In *Studying the Historical Jesus*, edited by B. Chilton and C. A. Evans, 353-94. Leiden: Brill, 1994.

Blinzler, J. *Der Prozess Jesu*. Regensburg: Pustet, 1969, 4th ed.

________. '*Eisin eunouchoi*: Zur Auslegung von Mt 19,12'. *ZNW* 48 (1957): 254-70.

Blomberg, C. L. 'The Parables of Jesus: Current Trends and Needs in Research'. In *John the Baptist and His Relationship to Jesus*, edited by B. Chilton and C. A. Evans, 231-54. Leiden: Brill, 1994.

________. '"Your Faith Has Made You Whole": The Evangelical Liberation Theology of Jesus'. In *Jesus of Nazareth: Lord and Christ*, I. H. Marshall FS, edited by J. B. Green and M. Turner, 75-93. Grand Rapids: Eerdmans, 1994.

Boccaccini, G. *Middle Judaism: Jewish Thought, 300 BCE to 200 CE*. Minneapolis: Fortress, 1991.

Bock, D. L. *Blasphemy and Exaltation in Judaism and the Final Examination of Jesus*. WUNT 2.106. Tübingen: Mohr Siebeck, 1998.

Bockmuehl, M. *Jewish Law in Gentile Churches: Halakhah and the Beginning of Christian Public Ethics*. Edinburgh: Clark, 2000.

Bockmuehl, M., ed. *The Cambridge Companion to Jesus*. Cambridge: Cambridge University, 2001.

Bode, E. L. *The First Easter Morning: The Gospel Accounts of the Women's Visit to the Tomb of Jesus*. AB 45. Rome: Biblical Institute, 1970.

Boff, L. *Jesus Christ Liberator: A Critical Christology for our Time*. Maryknoll, NY: Orbis, 1978. (『해방자 예수 그리스도』, 분도출판사 역간)

Bolyki, J. *Jesu Tischgemeinschaften*. WUNT 2.96. Tübingen: Mohr Siebeck, 1998.

Bond, H. K. *Pontius Pilate in History and Interpretation*. SNTSMS 100. Cambridge: Cambridge University, 1998.

Booth, R. P. *Jesus and the Laws of Purity: Tradition History and Legal History in Mark 7*. JSNTS 13. Sheffield: JSOT, 1986.

Borg, M. J. *Conflict, Holiness and Politics in the Teachings of Jesus*. Harrisburg: Trinity, 1984, 1998, new ed.

________. *Jesus: A New Vision*. San Francisco: Harper and Row, 1987. (『예수 새로 보기』, 한국신학연구소 역간)

________. *Jesus in Contemporary Scholarship*. Valley Forge: Trinity, 1994.

________. 'An Orthodoxy Reconsidered: The "End-of-the-World Jesus"'. In *The Glory of Christ in the New Testament*, G. B. Caird FS, edited by L. D. Hurst and N. T. Wright, 207-17. Oxford: Clarendon, 1987.

Borg, M. J., ed. *Jesus at 2000*. Boulder, Colorado: Westview, 1997. (『예수, 2000년』, 대한기독교서회 역간)

Boring, M. E. *Sayings of the Risen Jesus: Christian Prophecy in the Synoptic Tradition*. SNTSMS 46. Cambridge: Cambridge University, 1982.

Bornkamm, G. *Jesus of Nazareth*. ET London: Hodder and Stoughton, 1960 (1956). (『나사렛 예수』, 대한기독교서회 역간)

Boslooper, T. *The Virgin Birth*. Philadelphia: Westminster, 1962.

Bousset, W. *Jesus*. London: Williams and Norgate, 1906.

________. *Jesus im Gegensatz zum Judentum: ein religionsgeschichtlicher Vergleich*. Göttingen: Vandenhoeck und Ruprecht, 1892.

________. *Kyrios Christos*. ET Nashville: Abingdon, 1970 (1913).

Bousset, W., and H. Gressmann. *Die Religion des Judentums im späthellenistischen Zeitalter*. HNT 21. Tübingen: Mohr Siebeck, 1925, 1966, 4th ed.

Bowden, J. *Jesus: The Unanswered Questions*. London: SCM, 1988.

Bowker, J. 'The Son of Man'. *JTS* 28 (1977): 19-48.

Braaten, C. E., and R. A. Harrisville. *The Historical Jesus and the Kerygmatic Christ*. Nashville: Abingdon, 1964.

Brandon, S. G. F. *The Fall of Jerusalem and the Christian Church*. London: SPCK, 1957, 2nd ed.

________. *Jesus and the Zealots: A Study of the Political Factor in Primitive Christianity*. Manchester: Manchester University, 1967.

________. *The Trial of Jesus of Nazareth*. London: Batsford, 1968.

Breech, J. *The Silence of Jesus: The Authentic Voice of the Historical Man*. Philadelphia: Fortress, 1983.

Brettler, M. Z. 'Judaism in the Hebrew Bible? The Transition from Ancient Israelite Religion to Judaism'. *CBQ* 61 (1999): 429-47.

Brooke, G. J. '4Q500 1 and the Use of Scripture in the Parable of the Vineyard'. *DSD* 2 (1995): 268-94.

Brooke, G. J., ed. *The Birth of Jesus: Biblical and Theological Reflections*. Edinburgh: Clark, 2000.

Brown, C. *Jesus in European Protestant Thought, 1778-1860*. Durham, NC: Labyrinth, 1985.

________. 'The Parable of the Rebellious Son(s)'. *SJT* 51 (1998): 391-405.

Brown, R. E. *The Birth of the Messiah: A Commentary on the Infancy Narratives in the Gospels of Matthew and Luke*. New York: Doubleday, 1977, 1993, 2nd ed.

________. *The Death of the Messiah: From Gethsemane to the Grave. A Commentary on the Passion Narratives in the Four Gospels*, 2 vols. New York: Doubleday, 1994.

________. 'The Gospel of Peter and Canonical Gospel Priority'. *NTS* 33 (1987): 321-43.

________. *An Introduction to the New Testament*. New York: Doubleday, 1997. (『신약개론』, 기독교문서선교회 역간)

________. 'The Relation of 'The Secret Gospel of Mark' to the Fourth Gospel'. *CBQ* 36 (1974): 466-85.

________. *The Semitic Background of the Term 'Mystery' in the New Testament*. FBBS 21. Philadelphia: Fortress, 1968.

Bruce, F. F. 'Render to Caesar'. In *Jesus and the Politics of His Day*, edited by E. Bammel and C. F. D. Moule, 249-63. Cambridge: Cambridge University, 1984.

________. *The 'Secret' Gospel of Mark*. London: Athlone, 1974.

Buchanan, G. W. *Hermann Samuel Reimarus: The Goal of Jesus and His Disciples*. Leiden: Brill, 1970.

________. *Jesus: The King and His Kingdom*. Macon, GA: Mercer University, 1984.

Bühner, J. H. *Der Gesandte und sein Weg im 4. Evangelium*. Tübingen: Mohr Siebeck, 1977.

Bultmann, R. *The History of the Synoptic Tradition*. ET Oxford: Blackwell, 1963 (1921). (『공관복음 전승사』, 대한기독교서회 역간)

________. 'Is Exegesis Without Presuppositions Possible?' In *Existence and Faith*, 342-51. ET London: Collins, 1964 (1961).

________. *Jesus and the Word*. ET New York: Scribners, 1935 (1926).

________. 'The New Approach to the Synoptic Problem' (1926). In *Existence and Faith*, 39-62. London: Collins: Fontana, 1964.

________. 'New Testament and Mythology'. In *Kerygma and Myth*, edited by H. W. Bartsch, 1-44. ET London: SPCK, 1957 (1941).

________. 'The Primitive Christian Kerygma and the Historical Jesus'. In *The Historical Jesus and the Kerygmatic Christ*, edited by C. E. Braaten and R. A. Harrisville, 15-42. Nashville: Abingdon, 1964.

________. *Primitive Christianity in Its Contemporary Setting*. London: Thames and Hudson, 1956. (『기독교 초대교회 형성사』, 이화여대출판부 역간)

________. 'The Study of the Synoptic Gospels' (1934). In *Form Criticism*, 11-76. New York: Harper Torchbook, 1962.

________. *Theology of the New Testament*, Vol. 1. ET London: SCM, 1952 (1948). (『신약성서신학』, 성광문화사 역간)

Burger, C. *Jesus als Davidssohn*. 1970.

Burkett, D. 'The Nontitular Son of Man: A History and Critique'. *NTS* 40 (1994): 504-21.

________. *The Son of Man Debate: A History and Evaluation*. SNTSMS 107. Cambridge:

Cambridge University, 1999.

Burkitt, F. C. *The Earliest Sources for the Life of Jesus*. London: Constable, 1922.

________. *The Gospel History and Its Transmission*. Edinburgh: Clark, 1906.

Burney, C. F. *The Poetry of Our Lord*. Oxford: Clarendon, 1925.

Burridge, R. A. *What Are the Gospels? A Comparison with Graeco-Roman Biography*. SNTSMS 70. Cambridge: Cambridge University, 1992.

Byrskog, S. *Story as History — History as Story: The Gospel Tradition in the Context of Ancient Oral History*. WUNT 123. Tübingen: Mohr Siebeck, 2000.

Cadbury, H. J. *The Peril of Modernizing Jesus*. London: Macmillan, 1937.

Cadoux, C. J. *The Historic Mission of Jesus*. London: Lutterworth, 1941.

Caird, G. B. *The Language and Imagery of the Bible*. London: Duckworth, 1980.

________. *New Testament Theology*. Oxford: Clarendon, 1994.

Cameron, R. *The Other Gospels: Non-canonical Gospel Texts*. Guildford: Lutterworth, 1983.

________. *Sayings Traditions in the Apocryphon of James*. Philadelphia: Fortress, 1984.

Camponovo, O. *Königtum, Königsherrschaft und Reich Gottes in den frühjüdischen Schriften*. OBO 58. Göttingen: Vandenhoeck und Ruprecht, 1984.

Caragounis, C. C. *The Son of Man*. WUNT 38. Tübingen: Mohr Siebeck, 1986.

Carnley, P. *The Structure of Resurrection Belief*. Oxford: Clarendon, 1987.

Carroll, J. T., and J. B. Green. *The Death of Jesus in Early Christianity*. Peabody: Hendrickson, 1995.

Carroll, R. P. *When Prophecy Failed: Reactions and Responses to Failure in the Old Testament Prophetic Traditions*. London: SCM, 1979.

Case, S. J. *Jesus: A New Biography*. Chicago: University of Chicago, 1927.

Casey, M. 'An Aramaic Approach to the Synoptic Gospels'. *ExpT* 110 (1999): 275-8.

________. *Aramaic Sources of Mark's Gospel*. SNTSMS 102. Cambridge: Cambridge University, 1998.

________. *From Jewish Prophet to Gentile God*. Cambridge: Clarke, 1991.

________. 'General, Generic and Indefinite: The Use of the Term "Son of Man" in Aramaic Sources and in the Teaching of Jesus'. *JSNT* 29 (1987): 21-56.

________. 'Idiom and Translation: Some Aspects of the Son of Man Problem'. *NTS* 41 (1995): 164-82.

________. 'The Jackals and the Son of Man (Matt. 8.20/Luke 9.58)'. *JSNT* 23 (1985): 3-22.

________. 'The Original Aramaic Form of Jesus' Interpretation of the Cup'. *JTS* 41 (1990): 1-12.

________. *Son of Man: The Interpretation and Influence of Daniel 7*. London: SPCK, 1979.

________. 'The Use of the Term *br* (')*nsh*(') in the Aramaic Translations of the Hebrew Bible'. *JSNT* 54 (1994): 87-118.

________. 'Where Wright is Wrong: A Critical Review of N. T. Wright's *Jesus and the Victory of God*'. *JSNT* 69 (1998): 95-103.

Casey, P. M. 'Culture and Historicity: The Cleansing of the Temple'. *CBQ* 59 (1997): 306-32.

Catchpole, D. R. *The Quest for Q*. Edinburgh: Clark, 1993.

________. 'The Question of Q'. *Sewanee Theological Review* 36 (1992): 3-44.

________. *Resurrection People: Studies in the Resurrection Narratives of the Gospels*. London: Darton, Longman and Todd, 2000.

________. *The Trial of Jesus*. Leiden: Brill, 1971.

________. 'The "Triumphal" Entry'. In *Jesus and the Politics of His Day*, edited by E. Bammel and C. F. D. Moule, 319-34. Cambridge: Cambridge University, 1984.

Cavallin, H. C. C. *Life after Death: Paul's Argument for the Resurrection of the Dead in 1 Cor 15. Part I: An Enquiry into the Jewish Background*. Lund: Gleerup, 1974.

Chadwick, H. *Lessing's Theological Writings*. London: Black, 1956.

Charlesworth, J. H. 'From Messianology to Christology: Problems and Prospects'. In *The Messiah*, edited by J. H. Charlesworth, 3-35. Minneapolis: Fortress, 1992.

________. 'Hillel and Jesus: Why Comparisons Are Important'. In *Hillel and Jesus*, edited by J. H. Charlesworth and L. L. Johns, 3-30. Minneapolis: Fortress, 1997.

________. *Jesus within Judaism: New Light from Exciting Archaeological Discoveries*. New York: Doubleday, 1988.

________. *The Old Testament Pseudepigrapha and the New Testament*. SNTSMS 54. Cambridge: Cambridge University, 1985.

________. 'The Righteous Teacher and the Historical Jesus'. In *Earthing Christologies: From Jesus' Parables to Jesus the Parable*, edited by W. P. Weaver and J. H. Charlesworth, 46-61. Valley Forge: Trinity, 1995.

Charlesworth, J. H., ed. *Jesus and the Dead Sea Scrolls*. New York: Doubleday, 1992.

________. *Jesus' Jewishness: Exploring the Place of Jesus in Early Judaism*. New York: Crossroad, 1991.

________. *The Messiah: Developments in Earliest Judaism and Christianity*. Minneapolis:

Fortress, 1992.

Charlesworth, J. H., and C. A. Evans. 'Jesus in the Agrapha and Apocryphal Gospels'.
In *Studying the Historical Jesus*, edited by B. Chilton and C. A. Evans, 479-533.
Leiden: Brill, 1994.

Charlesworth, J. H., and L. L. Johns. *Hillel and Jesus: Comparative Studies of Two Major
Religious Leaders*. Minneapolis: Fortress, 1997.

Charlesworth, J. H., H. Lichtenberger, and G. S. Oegema. *Qumran-Messianism: Studies on
the Messianic Expectations in the Dead Sea Scrolls*. Tübingen: Mohr Siebeck, 1998.

Chiat, M. J. 'First-Century Synagogue Architecture: Methodological Problems'. In
Ancient Synagogues: The State of Research, edited by J. Gutmann, 49-60. Chico,
CA: Scholars, 1981.

Childs, H. *The Myth of the Historical Jesus and the Evolution of Consciousness*, SBLDS.
Atlanta: SBL, 2000.

Chilton, B. *A Galilean Rabbi and His Bible: Jesus' Own Interpretation of Isaiah*. London:
SPCK, 1984.

________. *God in Strength: Jesus' Announcement of the Kingdom*. SNTU B1. Freistadt: F.
Plochl, 1979.

________. 'The Kingdom of God in Recent Discussion'. In *Studying the Historical Jesus*,
edited by B. Chilton and C. A. Evans, 255-80. Leiden: Brill, 1994.

________. *Profiles of a Rabbi: Synoptic Opportunities in Reading about Jesus, BJS*. Atlanta:
Scholars, 1989.

________. *Pure Kingdom: Jesus' Vision of God*. Grand Rapids: Eerdmans, 1996.

________. *Rabbi Jesus: An Intimate Biography*. New York: Doubleday, 2000.

________. '(The) Son of (the) Man, and Jesus'. In *Authenticating the Words of Jesus*, edited
by B. Chilton and C. A. Evans, 259-87. Leiden: Brill, 1999.

________. *The Temple of Jesus: His Sacrificial Program within a Cultural History of Sacrifice*.
University Park: Pennsylvania State University, 1992.

Chilton, B., ed. *The Kingdom of God*. London: SPCK, 1984.

Chilton, B., and C. A. Evans. *Authenticating the Activities of Jesus*. NTTS 28.2. Leiden:
Brill, 1999.

________. *Jesus in Context: Temple, Purity and Restoration*. AGAJU 39. Leiden: Brill, 1997.

________. *Authenticating the Words of Jesus*. NTTS 28.1. Leiden: Brill, 1999.

________. *Studying the Historical Jesus: Evaluations of the State of Current Research*.

Leiden: Brill, 1994.

Christ, F. *Jesus Sophia. Die Sophia-Christologie bei den Synoptikern*. Zürich: Zwingli, 1970.

Cohen, S. J. D. *The Beginnings of Jewishness: Boundaries, Varieties, Uncertainties*. Berkeley: University of California, 1999.

________. *From the Maccabees to the Mishnah*. Philadelphia: Westminster, 1987.

________. 'The Place of the Rabbi in Jewish Society of the Second Century'. In *The Galilee in Late Antiquity*, edited by L. I. Levine, 157-73. New York: Jewish Theological Seminary of America, 1992.

________. 'The Rabbinic Conversion Ceremony'. In *The Beginnings of Jewishness*, 198-238. Berkeley: University of California, 1999.

________. 'Were Pharisees and Rabbis the Leaders of Communal Prayer and Torah Study in Antiquity?' In *Evolution of the Synagogue*, edited by H. C. Kee and L. H. Cohick, 89-105. Harrisburg: Trinity, 1992.

Collingwood, R. G. *The Idea of History*. Oxford: Oxford University, 1946, 1961. (『역사학의 이상』, 박문각 역간)

Collins, A. Y. 'The Empty Tomb and Resurrection According to Mark'. In *The Beginnings of the Gospel: Problems of Mark in Context*, 119-48. Minneapolis: Fortress, 1992.

________. 'From Noble Death to Crucified Messiah'. *NTS* 40 (1994): 481-503.

________. 'The Influence of Daniel on the New Testament'. In *Daniel*, edited by J. J. Collins, 90-112. Minneapolis: Fortress, 1993.

Collins, J. J. *The Apocalyptic Imagination: An Introduction to Jewish Apocalyptic Literature*. Grand Rapids: Eerdmans, 1984, 1998, 2nd ed. (『묵시문학적 상상력』, 가톨릭출판사 역간)

________. *The Scepter and the Star: The Messiahs of the Dead Sea Scrolls and Other Ancient Literature*. New York: Doubleday, 1995.

________. 'The Son of Man in First-Century Judaism'. *NTS* 38 (1992): 448-66.

Conzelmann, H. *Jesus*. Philadelphia: Fortress, 1973.

________. *An Outline of the Theology of the New Testament*. London: SCM, 1969. (『신약성서 신학』, 한국신학연구소 역간)

Cook, M. J. 'Jewish Reflections on Jesus: Some Abiding Trends'. In *The Historical Jesus Through Catholic and Jewish Eyes*, edited by B. F. Le Beau, L. Greenspoon, and D. Hamm, 95-111. Harrisburg: Trinity, 2000.

Corley, K. E. 'Women and the Crucifixion and Burial of Jesus. "He was Buried: On the Third Day He Was Raised"'. *Forum* 1 (1998): 181-225.

Cotter, W. *Miracles in Greco-Roman Antiquity*. London: Routledge, 1999.

Craig,W. L. *Assessing the New Testament Evidence for the Historicity of the Resurrection of Jesus*. Lewiston: Mellen, 1989.

Cross, F. M. *The Ancient Library of Qumran*. Sheffield: Sheffield Academic, 1995, 3rd ed.

Crossan, J. D. *The Birth of Christianity*. San Francisco: Harper, 1998.

________. *The Cross That Spoke: The Origins of the Passion Narrative*. San Francisco: Harper and Row, 1988.

________. 'Empty Tomb and Absent Lord (Mark 16:1-8)'. In *The Passion in Mark*, edited by W. H. Kelber, 135-52. Philadelphia: Fortress, 1976.

________. *Four Other Gospels*. Minneapolis: Winston, 1985.

________. *Fragments: The Aphorisms of Jesus*. San Francisco: Harper and Row, 1983.

________. *The Historical Jesus: The Life of a Mediterranean Jewish Peasant*. San Francisco: Harper, 1991. (『역사적 예수』, 한국기독교연구소 역간)

________. *In Parables: The Challenge of the Historical Jesus*. New York: Harper and Row, 1973, 1985.

________. 'Itinerants and Householders in the Earliest Jesus Movement'. In *Whose Historical Jesus?*, edited by W. E. Arnal and M. Desjardins, 7-24. Waterloo, Ontario: Wilfrid Laurier University, 1997.

________. *Jesus: A Revolutionary Biography*. San Francisco: Harper, 1994. (『예수』, 한국기독교연구소 역간)

________. *Sayings Parallels: A Workbook for the Jesus Tradition*. Philadelphia: Fortress, 1986.

________. *Who Killed Jesus? Exposing the Roots of Anti-Semitism in the Gospel Story of the Death of Jesus*. San Francisco: Harper, 1995 (paper 1996).

Crossan, J. D., and J. L. Reed. *Excavating Jesus: Beneath the Stones, behind the Text*. San Francisco: Harper, 2001.

Cullmann, O. *Baptism in the New Testament*. London: SCM, 1950.

________. *The Christology of the New Testament*. ET London: SCM, 1959 (1957). (『신약의 기독론』, 나단 역간)

________. *Jesus and the Revolutionaries*. New York: Harper and Row, 1970.

________. *Peter: Disciple, Apostle, Martyr*. London: SCM, 1962.

________. 'The Tradition'. In *The Early Church: Historical and Theological Studies*, 59-75. London: SCM, 1956.

Culpepper, R. A. *Anatomy of the Fourth Gospel: A Study in Literary Design*. Philadelphia: Fortress, 1983.

Dahl, N. A. 'The Crucified Messiah' (1960). In *Jesus the Christ: The Historical Origins of Christological Doctrine*, edited by D. H. Juel, 27-47. Minneapolis: Fortress, 1991.

__________. 'The Problem of the Historical Jesus' (1962). In *Jesus the Christ: The Historical Origins of Christological Doctrine*, 81-111. Minneapolis: Fortress, 1991.

Dalferth, I. U. 'Volles Grab, leerer Glaube? Zum Streit um die Auferweckung des Gekreuzigten'. *ZTK* 95 (1998): 379-409.

Dalman, G. *The Words of Jesus Considered in the Light of Post-Biblical Jewish Writings and the Aramaic Language*. Edinburgh: Clark, 1902.

D'Angelo, M. R. ''Abba' and 'Father': Imperial Theology and the Jesus Tradition'. *JBL* 111 (1992): 611-30.

Danker, F. W. 'Luke 16.16 — An Opposition Logion'. *JBL* 77 (1958): 231-43.

Daube, D. *The New Testament and Rabbinic Judaism*. London: Athlone, 1956.

Davies, S. L. *Jesus the Healer: Possession, Trance, and the Origins of Christianity*. New York: Continuum, 1995.

Davies, W. D. '"Knowledge" in the Dead Sea Scrolls and Matt. 11.25-30'. In *Christian Origins and Judaism*, 119-44. London: DLT, 1953, 1962.

Davies, W. D., and E. P. Sanders. 'Jesus: from the Jewish Point of View'. In *The Cambridge History of Judaism*. Vol. 3: *The Early Roman Period*, edited by W. Horbury, W. D. Davies, and J. Sturdy, 618-77. Cambridge: Cambridge University, 1999.

Davis, S. T., D. Kendall, and G. O'Collins. *The Resurrection: An Interdisciplinary Symposium on the Resurrection of Jesus*. Oxford: Oxford University, 1997.

Dawes, G. W. *The Historical Jesus Question: The Challenge of History to Religious Authority*. Louisville: Westminster John Knox, 2001.

Dawes, G. W., ed. *The Historical Jesus Quest: Landmarks in the Search for the Jesus of History*. Leiderdorp: Deo, 1999.

D'Costa, G., ed., *Resurrection Reconsidered*. Oxford: Oneworld, 1996.

Deines, R. *Die Pharisäer: Ihr Verständnis im Spiegel der christlichen und jüdischen Forschung seit Wellhausen und Graetz*, WUNT 101. Tübingen: Mohr Siebeck, 1997.

de Jonge, M. *Early Christology and Jesus' Own View of His Mission*. Grand Rapids: Eerdmans, 1998.

__________. *Jesus, The Servant-Messiah*. New Haven: Yale University, 1991.

Delobel, J. *Logia: Les Paroles de Jesus — The Sayings of Jesus*. BETL 59. Leuven: Leuven University, 1982.

DeMaris, R. E. 'Possession, Good and Bad — Ritual, Effects and Side-Effects: The Baptism of Jesus and Mark 1.9-11 from a Cross-cultural Perspective'. *JSNT* 80 (2000): 3-30.

de Moor, J. C. 'The Targumic Background of Mark 12.1-12: The Parable of the Wicked Tenants'. *JSJ* 29 (1998): 63-80.

den Heyer, C. J. *Jesus Matters: 150 Years of Research*. London: SCM, 1997.

Derrett, J. D. M. *Law in the New Testament*. London: Darton, Longman and Todd, 1970.

Dewey, J. 'The Gospel of Mark as an Oral-Aural Event: Implications for Interpretation'. In *The New Literary Criticism and the New Testament*, edited by E. S. Malbon and E. V. McKnight, 145-63. Sheffield: Sheffield Academic, 1994.

________. 'Oral Methods of Structuring Narrative in Mark'. *Interpretation* 43 (1989): 32-44.

Dexinger, F. 'Limits of Tolerance in Judaism: The Samaritan Example'. In *Jewish and Christian Self-Definition*. Vol. 2: *Aspects of Judaism in the Graeco-Roman Period*, edited by E. P. Sanders, et al., 88-114. London: SCM, 1981.

Dibelius, M. *From Tradition to Gospel*. ET London: Nicholson and Watson, 1934 (1919).

Dihle, A. *Die goldene Regel: Eine Einführung in die Geschichte der antiken und frühchristlichen Vulgarethik*. Göttingen: Vandenhoeck und Ruprecht, 1962.

________. 'The Gospels and Greek Biography'. In *Das Evangelium und die Evangelien, ET The Gospel and the Gospels*, edited by P. Stuhlmacher, 361-86. Grand Rapids: Eerdmans, 1991 (1983).

Dillon, R. J. *From Eye-Witnesses to Ministers of the Word: Tradition and Composition in Luke 24*. Rome: Biblical Institute, 1978.

Dodd, C. H. 'The Appearances of the Risen Christ: An Essay in Form-Criticism of the Gospels'. In *Studies in the Gospels: Essays in Memory of R. H. Lightfoot*, edited by D. E. Nineham, 9-35. Oxford: Blackwell, 1955.

________. *The Founder of Christianity*. London: Collins, 1971.

________. *Historical Tradition in the Fourth Gospel*. Cambridge: Cambridge University, 1963.

________. 'Jesus as Teacher and Prophet'. In *Mysterium Christi*, edited by G. K. A. Bell and A. Deissmann, 53-66. London: Longmans, 1930.

________. *The Parables of the Kingdom*. London: Religious Book Club, 1935, 1936, 3rd ed.

Donahue, J. R. *Are You the Christ? The Trial Narrative in the Gospel of Mark*, SBLDS. Missoula: SBL, 1973.

________. 'Tax Collectors and Sinners: An Attempt at Identification'. *CBQ* 33 (1971): 39-61.

Donaldson, T. L. *Jesus on the Mountain: A Study in Matthean Theology*. JSNTS 8. Sheffield: JSOT, 1985.

________. 'Proselytes or "Righteous Gentiles"? The Status of Gentiles in Eschatological Pilgrimage Patterns of Thought'. *JSP* 7 (1990): 3-27.

Downing, F. G. *Christ and the Cynics*. Sheffield: Sheffield Academic, 1988.

________. *Cynics and Christian Origins*. Edinburgh: Clark, 1992.

________. *Doing Things with Words in the First Christian Century*. JSNTS 200. Sheffield: Sheffield Academic, 2000.

________. 'Exile in Formative Judaism'. In *Making Sense in (and of) the First Christian Century*, 148-68. Sheffield: Sheffield Academic, 2000.

________. 'The Jewish Cynic Jesus'. In *Jesus, Mark and Q: The Teaching of Jesus and Its Earliest Records*, edited by M. Labahn and A. Schmidt, 184-214. Sheffield: Sheffield Academic, 2001.

Dschulnigg, P. *Sprache, Redaktion und Intention des Markus-Evangeliums*. SBB 11. Stuttgart: Katholisches Bibelwerk, 1986.

Duling, D. C. 'Solomon, Exorcism, and the Son of David'. *HTR* 68 (1975): 235-52.

Dungan, D. L. *A History of the Synoptic Problem*. New York: Doubleday, 1999.

Dunn, J. D. G. '"Are You the Messiah?" Is the Crux of Mark 14.61-62 Resolvable?' In *Christology, Controversy and Community*, D. R. Catchpole FS, edited by D. G. Horrell and C. M. Tuckett, 1-22. Leiden: Brill, 2000.

________. *Baptism in the Holy Spirit*. London: SCM, 1970.

________. 'The Birth of a Metaphor — Baptized in Spirit' (1977-78). In *The Christ and the Spirit*. Vol. 2: *Pneumatology*, 103-17. Grand Rapids: Eerdmans, 1998.

________. 'Can the Third Quest Hope to Succeed?' In *Authenticating the Activities of Jesus*, edited by B. Chilton and C. A. Evans, 31-48. Leiden: Brill, 1999.

________. *The Christ and the Spirit*. Vol. 1: *Christology*. Vol. 2: *Pneumatology*. Grand Rapids: Eerdmans, 1998.

________. *Christology in the Making*. London: SCM, 1980, 1989, 2nd ed.

________. 'The Danielic Son of Man in the New Testament'. In *The Book of Daniel: Composition and Reception*, 2 vols., edited by J. J. Collins and P. W. Flint, 528-49.

Leiden: Brill, 2001.

________. 'Demythologizing — The Problem of Myth in the New Testament'. In *New Testament Interpretation: Essays on Principles and Methods*, edited by I. H. Marshall, 285-307. Exeter: Paternoster, 1977.

________. *The Evidence for Jesus*. London: SCM, 1985.

________. 'Jesus and Factionalism in Early Judaism'. In *Hillel and Jesus*, edited by J. H. Charlesworth and L. L. Johns, 156-75. Minneapolis: Fortress, 1997.

________. 'Jesus and Purity: An Ongoing Debate', *NTS* 48 (2002) 449-67.

________. 'Jesus and Ritual Purity: A Study of the Tradition-History of Mark 7.15' (1985). In *Jesus, Paul and the Law*, 37-60. London: SPCK, 1990.

________. *Jesus and the Spirit: A Study of the Religious and Charismatic Experience of Jesus and the First Christians as Reflected in the New Testament*. London: SCM, 1975.

________. *Jesus' Call to Discipleship*. Cambridge: Cambridge University, 1992.

________. *Jesus, Paul and the Law: Studies in Mark and Galatians*. London: SPCK, 1990.

________. 'Jesus, Table-Fellowship, and Qumran'. In *Jesus and the Dead Sea Scrolls*, edited by J. H. Charlesworth, 254-72. New York: Doubleday, 1992.

________. 'Jesus Tradition in Paul'. In *Studying the Historical Jesus*, edited by B. Chilton and C. A. Evans, 155-78. Leiden: Brill, 1994.

________. 'John and the Oral Gospel Tradition'. In *Jesus and the Oral Gospel Tradition*, edited by H. Wansbrough, 351-79. Sheffield: JSOT, 1991.

________. 'John the Baptist's Use of Scripture'. In *The Gospels and the Scriptures of Israel*, edited by C. A. Evans and W. R. Stegner, 118-29. Sheffield: Sheffield Academic, 1994.

________. 'Judaism in the Land of Israel in the First Century'. In *Judaism in Late Antiquity*. Part 2: *Historical Syntheses*, edited by J. Neusner, 229-61. Leiden: Brill, 1995.

________. *The Living Word*. London: SCM, 1987.

________. 'Mark 2.1–3.6: A Bridge between Jesus and Paul on the Question of the Law' (1984). In *Jesus, Paul and the Law*. London: SPCK, 1990.

________. 'Matthew 12.28/Luke 11.20 — A Word of Jesus?' (1988). In *The Christ and the Spirit*. Vol. 2: Pneumatology, 187-204. Grand Rapids: Eerdmans, 1998.

________. 'Matthew's Awareness of Markan Redaction'. In *The Four Gospels 1992*, F. Neirynck FS, edited by F. van Segbroeck, et al., 1349-59. Leuven: Leuven

University, 1992.

________. 'Messianic Ideas and Their Influence on the Jesus of History'. In *The Messiah: Developments in Earliest Judaism and Christianity*, edited by J. H. Charlesworth, 365-81. Minneapolis: Fortress, 1992.

________. 'The Messianic Secret in Mark'. *TynB* 21 (1970): 92-117.

________. *The Partings of the Ways between Christianity and Judaism*. London: SCM, 1991.

________. 'Pharisees, Sinners and Jesus'. In *Jesus, Paul and the Law*, 61-88. London: SPCK, 1988, 1990.

________. 'Prophetic "I"-Sayings and the Jesus Tradition: The Importance of Testing Prophetic Utterances within Early Christianity'. *NTS* 24 (1977-78): 175-98.

________. 'The Question of Antisemitism in the New Testament Writings'. In *Jews and Christians: The Parting of the Ways AD 70 to 135*, edited by J. D. G. Dunn, 177-211. Tübingen: Mohr Siebeck, 1992.

________. '"Son of God" as "Son of Man" in the Dead Sea Scrolls? A Response to John Collins on 4Q246'. In *The Scrolls and the Scriptures: Qumran Fifty Years After*, edited by S. E. Porter and C. A. Evans, 198-210. Sheffield: Sheffield Academic, 1997.

________. 'Spirit-and-Fire Baptism'. *NovT* 14 (1972): 81-92.

________. 'Spirit and Kingdom'. In *The Christ and the Spirit*. Vol. 2: *Pneumatology*, 133-41. Grand Rapids: Eerdmans, 1970-71, 1998.

________. *The Theology of Paul the Apostle*. Grand Rapids: Eerdmans/Edinburgh: Clark, 1998. (『바울 신학』, 크리스챤다이제스트 역간)

________. *Unity and Diversity in the New Testament*. London: SCM, 1977, 1990, 2nd ed. (『신약성서의 통일성과 다양성』, 솔로몬 역간)

Dunn, J. D. G., and G. H. Twelftree. 'Demon-Possession and Exorcism in the New Testament (1980)'. In J. D. G. Dunn, *The Christ and the Spirit*. Vol. 2: *Pneumatology*, 170-86. Grand Rapids: Eerdmans, 1998.

Du Toit, D. S. 'Redefining Jesus: Current Trends in Jesus Research'. In *Jesus, Mark and Q: The Teaching of Jesus and Its Earliest Records*, edited by M. Labahn and A. Schmidt, 82-124. Sheffield: Sheffield Academic, 2001.

Ebner, M. *Jesus — ein Weisheitslehrer? Synoptische Weisheitslogien im Traditionsprozess*. Freiburg: Herder, 1998.

Eckstein, H.-J. 'Markus 10,46-52 als Schlüsseltext des Markusevangeliums'. *ZNW* 87

(1996): 33-50.

Eddy, P. R. 'Jesus as Diogenes? Reflections on the Cynic Jesus Thesis'. *JBL* 115 (1996): 449-69.

Edwards, D. *The Sign of Jonah*. London: SCM, 1971.

________. 'The Socio-Economic and Cultural Ethos of the Lower Galilee in the First Century: Implications for the Nascent Jesus Movement'. In *The Galilee in Late Antiquity*, edited by L. I. Levine, 53-73. New York: Jewish Theological Seminary of America, 1992.

Edwards, D. R., and C. T. McCollough. *Archaeology and the Galilee: Texts and Contexts in the Graeco-Roman and Byzantine Periods*. Atlanta: Scholars, 1997.

Egger, P. *"Crucifixus sub Pontio Pilato". Das "Crimen" Jesu von Nazareth im Spannungsfeld römischer und jüdischer Verwaltungs- und Rechtsstrukturen*. Neutestamentliche Abhandlungen NF 32. Münster: Aschendorff, 1997.

Ehrman, B. D. *Jesus: Apocalyptic Prophet of the New Millennium*. Oxford: Oxford University, 1999.

Eitrem, S. *Some Notes on the Demonology in the New Testament*. Uppsala: Almquist and Wiksells, 1966, 2nd ed.

Elliott, J. H. 'Social-Scientific Criticism of the New Testament and Its Social World'. *Semeia* 35 (1986): 1-33.

Ellis, E. E. 'The Historical Jesus and the Gospels'. In *Evangelium — Schriftauslegung — Kirche*, P. Stuhlmacher FS, edited by J. Ådna, 94-106. Tübingen: Mohr Siebeck, 1997.

________. *The Making of the New Testament Documents*. Leiden: Brill, 1999.

Eppstein, V. 'The Historicity of the Gospel Account of the Cleansing of the Temple'. *ZNW* 55 (1964): 42-57.

Ernst, J. 'Johannes der Täufer und Jesus von Nazareth in historischer Sicht'. *NTS* 43 (1997): 161-83.

________. *Johannes der Täufer: Interpretation — Geschichte — Wirkungsgeschichte*. BZNW 53. Berlin: de Gruyter, 1989.

Evans, C. A. 'Authenticating the Activities of Jesus'. In *Authenticating the Activities of Jesus*, edited by B. Chilton and C. A. Evans, 3-29. Leiden: Brill, 1999.

________. 'Did Jesus Predict His Death and Resurrection?' In *Resurrection*, edited by S. E. Porter, M. A. Hayes, and D. Tombs, 82-97. Sheffield: Sheffield Academic, 1999.

________. 'In What Sense "Blasphemy"? Jesus before Caiaphas in Mark 14.61-64'. In *Jesus and His Contemporaries: Comparative Studies*, 407-34. Leiden: Brill, 1995.

________. 'Jesus' Action in the Temple: Cleansing or Portent of Destruction?' *CBQ* 51 (1989): 237-70.

________. *Jesus and His Contemporaries: Comparative Studies*. Leiden: Brill, 1995.

________. 'Jesus and Predictions of the Destruction of the Herodian Temple'. In *Jesus and His Contemporaries: Comparative Studies*, 367-80. Leiden: Brill, 1995.

________. 'Jesus and the Messianic Texts from Qumran'. In *Jesus and His Contemporaries*, 83-154. Leiden: Brill, 1995.

________. 'Jesus and Zechariah's Messianic Hope'. In *Authenticating the Activities of Jesus*, edited by B. Chilton and C. A. Evans, 373-88. Leiden: Brill, 1999.

________. 'Jesus in Non-Christian Sources'. In *Studying the Historical Jesus*, edited by B. Chilton and C. A. Evans, 443-78. Leiden: Brill, 1994.

________. 'Jesus' Parable of the Tenant Farmers in Light of Lease Agreements in Antiquity'. *JSP* 14 (1996): 65-83.

________. 'The New Quest for Jesus and the New Research on the Dead Sea Scrolls'. In *Jesus, Mark and Q: The Teaching of Jesus and Its Earliest Records*, edited by M. Labahn and A. Schmidt, 163-83. Sheffield: Sheffield Academic, 2001.

________. 'Reconstructing Jesus' Teaching: Problems and Possibilities'. In *Hillel and Jesus*, edited by J. H. Charlesworth and L. L. Johns, 397-426. Minneapolis: Fortress, 1997.

________. *To See and Not Perceive: Isaiah 6.9-10 in Early Jewish and Christian Interpretation*. JSOTS 64. Sheffield: Sheffield Academic, 1989.

Evans, C. F. *Resurrection and the New Testament*. London: SCM, 1970.

Falk, H. *Jesus the Pharisee: A New Look at the Jewishness of Jesus*. New York: Paulist, 1979.

Farmer, W. R. *The Synoptic Problem*. New York: Macmillan, 1964, 1976, 2nd ed.

Fiensy, D. A. 'Jesus' Socioeconomic Background'. In *Hillel and Jesus*, edited by J. H. Charlesworth and L. L. Johns, 225-55. Minneapolis: Fortress, 1997.

Fine, S. 'A Note on Ossuary Burial and the Resurrection of the Dead in First-Century Jerusalem'. *JJS* 51 (2000): 69-76.

Fine, S., ed. *Jews, Christians, and Polytheists in the Ancient Synagogue: Cultural Interaction during the Greco-Roman Period*. London: Routledge, 1999.

Finnegan, R. *Oral Poetry: Its Nature, Significance and Social Context*. Cambridge:

Cambridge University, 1977.

Fish, S. *Is There a Text in This Class? The Authority of Interpretive Communities.* Cambridge: Harvard University, 1980.

Fitzmyer, J. A. 'Abba and Jesus' Relation to God'. In *À Cause de L'Évangile*, J. Dupont FS, 15-38. Paris: Cerf, 1985.

________. 'Another View of the "Son of Man" Debate'. *JSNT* 4 (1979): 58-68.

________. 'Aramaic *Kepha*' and Peter's Name in the New Testament'. In *To Advance the Gospel: New Testament Studies*, 112-24. Grand Rapids: Eerdmans, 1981, 1998, 2nd ed.

________. 'The Languages of Palestine in the First Century a.d.'. In *A Wandering Aramean: Collected Aramaic Essays*, 29-56. Missoula: Scholars, 1979.

________. 'The New Testament Title 'Son of Man' Philologically Considered'. In *A Wandering Aramean: Collected Aramaic Essays*. Missoula: Scholars, 1974, 1979.

________. 'The Priority of Mark and the 'Q' Source in Luke'. In *Jesus and Man's Hope*, edited by D. G. Miller. Pittsburgh: Pittsburgh Theological Seminary, 1970.

________. 'The Qumran Community: Essene or Sadducean?' In *The Dead Sea Scrolls and Christian Origins*, 249-60. Grand Rapids: Eerdmans, 2000.

________. 'The Study of the Aramaic Background of the New Testament'. In *A Wandering Aramean: Collected Aramaic Essays*, 1-27. Missoula: Scholars, 1979.

Fleddermann, H. 'The Demands of Discipleship Matt 8,19-22 par. Luke 9,57-60'. In *The Four Gospels 1992*, F. Neirynck FS, edited by F. Van Segbroeck, et al., 541-61. Leuven: Leuven University, 1992.

Flusser, D. 'Hillel and Jesus: Two Ways of Self-Awareness'. In *Hillel and Jesus,* edited by J. H. Charlesworth and L. L. Johns, 71-107. Minneapolis: Fortress, 1997.

________. *Jesus.* Jerusalem: Magnes, 1969, revised 1998.

________. *Judaism and the Origins of Christianity.* Jerusalem: Magnes, 1988.

Foley, J. M. *Immanent Art: From Structure to Meaning in Traditional Oral Epic.* Bloomington: Indiana University, 1991.

________. *The Singer of Tales in Performance.* Bloomington: Indiana University, 1995.

Fortna, R. T. *The Fourth Gospel and Its Predecessor.* Philadelphia: Fortress, 1988.

Fowl, S. E. 'Reconstructing and Deconstructing the Quest for the Historical Jesus'. *SJT* 42 (1989): 319-33.

France, R. T. *Jesus and the Old Testament.* London: Tyndale, 1972.

________. 'Jesus the Baptist?' In *Jesus of Nazareth: Lord and Christ*, I. H. Marshall FS, edited by J. B. Green and M. Turner, 94-111. Grand Rapids: Eerdmans, 1994.

Francis, J. 'Children and Childhood in the New Testament'. In *The Family in Theological Perspective*, edited by S. C. Barton, 65-85. Edinburgh: Clark, 1996.

Fredriksen, P. *From Jesus to Christ: The Origins of the New Testament Images of Jesus*. New Haven: Yale University, 1988.

________. *Jesus of Nazareth, King of the Jews: A Jewish Life and the Emergence of Christianity*. New York: Knopf, 1999.

Freed, E. D. *The Stories of Jesus' Birth: A Critical Introduction*. Sheffield: Sheffield Academic, 2001.

Frei, H. W. *The Eclipse of the Biblical Narrative: A Study in Eighteenth and Nineteenth Century Hermeneutics*. New Haven: Yale University, 1974. (『성경의 서사성 상실』, 한국장로교출판사 역간)

Freyne, S. 'Archaeology and the Historical Jesus'. In *Galilee and Gospel*, 160-82. Tübingen: Mohr Siebeck, 2000.

________. *Galilee and Gospel*. WUNT 125. Tübingen: Mohr Siebeck, 2000.

________. *Galilee from Alexander the Great to Hadrian, 323 BCE to 135 CE: A Study of Second Temple Judaism*. Wilmington: Michael Glazier, 1980.

________. *Galilee, Jesus and the Gospels: Literary Approaches and Historical Investigations*. Dublin: Gill and Macmillan, 1988.

________. 'The Geography, Politics, and Economics of Galilee and the Quest for the Historical Jesus'. In *Studying the Historical Jesus*, edited by B. Chilton and C. A. Evans, 75-121. Leiden: Brill, 1994.

________. 'Jesus and the Urban Culture of Galilee'. In *Galilee and Gospel*, 183-207. Tübingen: Mohr Siebeck, 2000.

Frickenschmidt, D. *Evangelium als Biographie. Die vier Evangelien im Rahmen antiker Erzählkunst*. Tübingen: Francke, 1997.

Fuchs, E. 'Jesus and Faith'. In *Studies of the Historical Jesus*, 48-64. London: SCM, 1964.

________. 'The Quest of the Historical Jesus'. In *Studies of the Historical Jesus*, 11-31. London: SCM, 1964.

Fuller, R. H. *The Formation of the Resurrection Narratives*. London: SPCK, 1972.

________. *The Foundations of New Testament Chrisotology*. New York: Scribner, 1965.

________. *The Mission and Achievement of Jesus*. London: SCM, 1954.

Funk, R. W. *The Acts of Jesus: The Search for the Authentic Deeds of Jesus*. San Francisco: Harper, 1998.

________. *Honest to Jesus*. San Francisco: Harper, 1996. (『예수에게 솔직히』, 한국기독교연구소 역간)

Funk, R. W., and R. W. Hoover, ed. *The Five Gospels: The Search for the Authentic Words of Jesus*. New York: Macmillan, 1993.

Furnish, V. P. *The Love Command in the New Testament*. Nashville: Abingdon, 1972.

Gadamer, H.-G. *Truth and Method*. New York: Crossroad, 1989. (『진리와 방법 1』, 문학동네 역간)

Gärtner, B. *The Temple and the Community in Qumran and the New Testament*. SNTSMS 1. Cambridge: Cambridge University, 1965.

Gager, J. G. *Kingdom and Community: The Social World of Early Christianity*. Englewood Cliffs: Prentice-Hall, 1975.

Geering, L. *Resurrection — a Symbol of Hope*. London: Hodder, 1971.

Georgi, D. 'The Interest in Life of Jesus Theology as a Paradigm for the Social History of Biblical Criticism'. *HTR* 85 (1992): 51-83.

Gerhardsson, B. *The Gospel Tradition*. Lund: Gleerup, 1986.

________. 'Illuminating the Kingdom: Narrative Meshalim in the Synoptic Gospels'. In *Jesus and the Oral Gospel Tradition*, edited by H. Wansbrough, 266-309. Sheffield: Sheffield Academic, 1991.

________. *Memory and Manuscript: Oral Tradition and Written Transmission in Rabbinic Judaism and Early Christianity*. Lund: Gleerup, 1961, 1998.

________. *The Origins of the Gospel Traditions*. Philadelphia: Fortress, 1979.

________. *The Reliability of the Gospel Tradition*. Peabody: Hendrickson, 2001.

________. *The Testing of God's Son* (Matt. 4.1-11 & Par.). ConBNT 2/1. Lund: Gleerup, 1966.

________. *Tradition and Transmission in Early Christianity*. Lund: Gleerup, 1964.

Glasson, T. F. 'The Reply to Caiaphas (Mark xiv.62)'. *NTS* 7 (1960-61): 88-93.

________. 'Schweitzer's Influence — Blessing or Bane?' *JTS* 28 (1977): 289-302.

________. *The Second Advent: The Origin of the New Testament Doctrine*. London: Epworth, 1945, 1963, 3rd ed.

________. 'What Is Apocalyptic?'. *NTS* 27 (1980-81): 98-105.

Gnilka, J. *Die Verstockung Israels. Isaias 6,9-10 in der Theologie der Synoptiker*. SANT 3. München: Kosel, 1961.

________. *Jesus of Nazareth: Message and History*. ET Peabody: Hendrickson, 1997 (1993).

________. 'Wie urteilte Jesus über deinen Tod?' In *Der Tod Jesu: Deutungen im Neuen*

Testament, edited by K. Kertelge, 13-50. Freiburg: Herder, 1976.

Goguel, M. *Jesus the Nazarene — Myth or History?* London: Unwin, 1926.

__________. *The Life of Jesus*. London: George Allen and Unwin, 1933.

Goodman, M. *The Ruling Class of Judaea: The Origins of the Jewish Revolt against Rome, AD 66-70*. Cambridge: Cambridge University, 1987.

Goppelt, L. *Theology of the New Testament*. Vol. 1: *The Ministry of Jesus in Its Theological Significance*. ET Grand Rapids: Eerdmans, 1981 (1975). (『신약신학』, 크리스챤다이제스트 역간)

Goshen-Gottstein, A. 'Hillel and Jesus: Are Comparisons Possible?' In *Hillel and Jesus*, edited by J. H. Charlesworth and L. L. Johns, 31-55. Minneapolis: Fortress, 1997.

Goulder, M. 'Did Jesus of Nazareth Rise from the Dead?' In *Resurrection*, edited by S. C. Barton and G. N. Stanton, 58-68. London: SPCK, 1994.

Gourges, M. 'The Priest, the Levite, and the Samaritan Revisited: A Critical Note on Luke 10:31-35'. *JBL* 117 (1998): 709-13.

Grabbe, L. L. *Judaism from Cyrus to Hadrian*, 2 vols. Minneapolis: Fortress, 1992.

Grässer, E. 'On Understanding the Kingdom of God'. In *The Kingdom of God*, edited by B. Chilton, 52-71. ET London: SPCK, 1984 (1974).

Graf, F. *Magic in the Ancient World*. Cambridge: Harvard University, 1997.

Grant, M. *Jesus*. London: Weidenfeld and Nicolson, 1977.

Grass, H. *Ostergeschehen und Osterberichte*. Göttingen: Vandenhoeck und Ruprecht, 1961, 2nd ed.

Gray, R. *Prophetic Figures in Late Second Temple Jewish Palestine: The Evidence from Josephus*. Oxford: Oxford University, 1993.

Green, J. B. *The Death of Jesus: Tradition and Interpretation in the Passion Narrative*. WUNT 2.23. Tübingen: Mohr Siebeck, 1988.

Greene-McCreight, K. E. *Ad Litteram: How Augustine, Calvin, and Barth read the 'Plain Sense' of Genesis 1-3*. New York: Lang, 1999.

Grelot, P. *Jesus de Nazareth, Christ et Seigneur. Une lecture de l'Evangile*. Lectio Divina 167. Paris: Cerf, 1997.

Grimm, W. *Die Verkündigung Jesu und Deuterojesaja*. Frankfurt: n. p, 1981, 2nd ed.

Gruenwald, I. *Apocalyptic and Merkavah Mysticism*. Leiden: Brill, 1980.

Grundmann, W. *Jesus der Galiläer und das Judentum*. Leipzig: Wigand, 1941.

Guelich, R. A. *The Sermon on the Mount*. Waco: Word, 1982. (『산상설교 I, II』, 솔로몬 역간)

Gutmann, J. *Ancient Synagogues: The State of Research*. BJS 22. Chico: Scholars, 1981.

Hachlili, R. 'The Origin of the Synagogue: A Re-Assessment'. *JSJ* 28 (1997): 34-47.

Hagner, D. A. 'An Analysis of Recent "Historical Jesus" Studies'. In *Religious Diversity in the Graeco-Roman World: A Survey of Recent Scholarship,* edited by D. Cohn-Sherbok and J. M. Court, 81-106. Sheffield: Sheffield Academic, 2001.

________. *The Jewish Reclamation of Jesus: An Analysis and Critique of the Modern Jewish Study of Jesus*. Grand Rapids: Zondervan, 1984.

Hahn, F. *The Titles of Jesus in Christology*. ET London: Lutterworth, 1969 (1963, 1995, 5th ed.).

Hamerton-Kelly, R. *God the Father: Theology and Patriarchy in the Teaching of Jesus*. Philadelphia: Fortress, 1979.

Hamilton, W. *A Quest for the Post-Historical Jesus*. London: SCM, 1993.

Hampel, V. *Menschensohn und historischer Jesus. Ein Rätselwort als Schlüssel zum messianischen Selbstverständnis Jesu*. Neukirchen-Vluyn: Neukirchener, 1990.

Hanson, K. C., and D. E. Oakman. *Palestine in the Time of Jesus*. Minneapolis: Fortress, 1998.

Hare, D. R. A. *The Son of Man Tradition*. Minneapolis: Fortress, 1990.

Harnack, A. *The Sayings of Jesus*. London: Williams and Norgate, 1908.

________. *What Is Christianity?* ET London: Williams and Norgate, 1901, 1904, 3rd edn. (1900). (『기독교의 본질』, 한들 역간)

Harrington, D. J. 'The Jewishness of Jesus: Facing Some Problems'. *CBQ* 49 (1987): 1-13.

Harris, H. *David Friedrich Strauss and His Theology*. Cambridge: Cambridge University, 1973.

Harris, W. V. *Ancient Literacy*. Cambridge: Harvard University, 1989.

Hartman, L. *Prophecy Interpreted: The Formation of Some Jewish Apocalyptic Texts and of the Eschatological Discourse Mark 13 par*. ConBNT 1. Lund: Gleerup, 1966.

Harvey, A. E. *Jesus and the Constraints of History*. London: Duckworth, 1982.

________. *Strenuous Commands: The Ethic of Jesus*. London: SCM, 1990.

Harvey, G. *The True Israel: Uses of the Names Jew, Hebrew and Israel in Ancient Jewish and Early Christian Literature*. Leiden: Brill, 1996.

Harvey, V. A. *The Historian and the Believer*. London: SCM, 1966.

Havener, I. *Q: The Sayings of Jesus*. Collegeville: Liturgical, 1987.

Haverly, T. P. *Oral Traditional Literature and the Composition of Mark's Gospel*. Edinburgh PhD, 1983.

Hawkins, J. C. *Horae Synopticae: Contributions to the Study of the Synoptic Problem.* Oxford: Clarendon, 1898, 1909, 2nd edn.

Hay, D. M. *Glory at the Right Hand: Psalm 110 in Early Christianity.* SBLMS 18. Nashville: Abingdon, 1973.

Hedrick, C. W. *When History and Faith Collide: Studying Jesus.* Peabody: Hendrickson, 1999.

Hedrick, C. W., ed. *The Historical Jesus and the Rejected Gospels. Semeia* 44. Atlanta: Scholars, 1988.

Heil, J. P. *The Transfiguration of Jesus: Narrative Meaning and Function of Mark 9:2-8, Matt 17:1-8 and Luke 9:28-36.* Rome: Pontifical Biblical Institute, 2000.

Henaut, B. W. 'Is the "Historical Jesus" a Christological Construct?' In *Whose Historical Jesus?* edited byW. E. Arnal and M. Desjardins, 241-68.Waterloo:Wilfrid Laurier University, 1997.

________. *Oral Tradition and the Gospels: The Problem of Mark 4.* JSNTS 82. Sheffield: Sheffield Academic, 1993.

Henderson, I. 'Didache and Orality in Synoptic Comparison'. *JBL* 111 (1992): 283-306.

Hengel, M. *The Atonement: The Origins of the Doctrine in the New Testament.* London: SCM, 1981. (『신약성서의 속죄론』, 대한기독교서회 역간)

________. *The Charismatic Leader and His Followers.* ET Edinburgh: Clark, 1981 (1968).

________. *Crucifixion.* London: SCM, 1977. (『십자가 처형』, 대한기독교서회 역간)

________. 'Das Gleichnis von denWeingartnern. Mc 12:1-12 im Licht der Zenonpapyri und der rabbinischen Gleichnisse'. *ZNW* 59 (1968): 1-39.

________. *The Four Gospels and the One Gospel of Jesus Christ.* London: SCM, 2000.

________. *The 'Hellenization' of Judaea in the First Century after Christ.* London: SCM, 1989.

________. 'Jesus as Messianic Teacher of Wisdom and the Beginnings of Christology'. In *Studies in Early Christology,* 73-117. Edinburgh: Clark, 1995.

________. 'Jesus, the Messiah of Israel'. In *Studies in Early Christology,* 1-72. Edinburgh: Clark, 1995.

________. *Judaism and Hellenism,* 2 vols. London: SCM, 1974.

________. 'Maria Magdalena und die Frauen als Zeugen'. In *Abraham unser Vater,* O. Michel FS, edited by O. Betz, 243-56. Leiden: Brill, 1963.

________. *Property and Riches in the Early Church.* London: SCM, 1974. (『초대교회의 사회경제

사상』, 대한기독교서회 역간)

________. 'Proseuche und Synagoge. Jüdische Gemeinde, Gotteshaus und Gottesdienst in '. In *Judaica et Hellenistica: Kleine Schriften I*, 171-95. Tübingen: Mohr Siebeck, 1971, 2000.

________. '"Sit at My Right Hand!" The Enthronement of Christ at the Right Hand of God and Psalm 110:1'. In *Studies in Early Christology*, 119-225. Edinburgh: Clark, 1995.

________. *The Son of God: The Origin of Christology and the History of Jewish-Hellenistic Religion*. London: SCM, 1976. (『하나님의 아들』, 대한기독교서회 역간)

________. *Studies in the Gospel of Mark*. London: SCM, 1985.

________. *Was Jesus a Revolutionist?* Philadelphia: Fortress, 1971.

________. *The Zealots*. ET Edinburgh: Clark, 1989 (1961, 1976, 2nd ed.).

Hengel, M., and R. Deines. 'E. P. Sanders' "Common Judaism", Jesus, and the Pharisees'. *JTS* 46 (1995): 1-70.

Hengel, M., and A. M. Schwemer, eds. *Königsherrschaft Gottes und himmlischer Kult im Judentum, Urchristentum und in der hellenistichen Welt*. WUNT 55. Tübingen: Mohr Siebeck, 1991.

Herrenbruck, F. *Jesus und die Zöllner*. WUNT 2.41. Tübingen: Mohr Siebeck, 1990.

________. 'Wer waren die "Zöllner"?' *ZNW* 72 (1981): 178-94.

Herrmann, W. *The Communion of the Christian with God*. ET Philadelphia: Fortress, 1906, 1971 (1892).

Herzog, W. R. *Jesus, Justice and the Reign of God: A Ministry of Liberation*. Louisville: Westminster John Knox, 2000.

________. *Parables as Subversive Speech*. Louisville: Westminster John Knox, 1994.

Heschel, S. *Abraham Geiger and the Jewish Jesus*. Chicago: University of Chicago, 1998.

Hiers, R. H. *The Historical Jesus and the Kingdom of God*. Gainesville: University of Florida, 1973.

Higgins, A. J. B. *Jesus and the Son of Man*. London: Lutterworth, 1964.

________. *The Son of Man in the Teaching of Jesus*. SNTSMS 39. Cambridge: Cambridge University, 1980.

Hill, D. *New Testament Prophecy*. London: Marshall, Morgan and Scott, 1979.

________. 'On the Evidence for the Creative Role of Christian Prophets'. *NTS* 20 (1973-74): 262-74.

Hoffmann, P. 'Der Menschensohn in Lukas 12.8'. *NTS* 44 (1998): 357-79.

________. 'Jesus versus Menschensohn'. In *Salz der Erde — Licht der Welt*, edited by L. Oberlinner and P. Fiedler, 165-202. Stuttgart: KBW, 1991.

________. 'Mutmassungen über Q: zum Problem der literarischen Genese von Q'. In *The Sayings Source Q and the Historical Jesus*, edited by A. Lindemann, 255-88. Leuven: Leuven University, 2001.

________. 'The Redaction of Q and the Son of Man'. In *The Gospel behind the Gospels: Current Studies on Q*, edited by R. A. Piper. Leiden: Brill, 1995.

________. *Studien zur Theologie der Logienquelle*. Münster: Aschendorff, 1972.

________. *Zur neutestamentlichen Überlieferung von der Auferstehung Jesu*. Darmstadt: Wissenschaftliche Buchgesellschaft, 1988.

Hofius, O. 'The Lord's Supper and the Lord's Supper Tradition: Reflections on 1 Corinthians 11.23b-25'. In *One Loaf, One Cup: Ecumenical Studies of 1 Cor. 11 and Other Eucharistic Texts*, edited by B. F. Meyer, 75-115. Macon: Mercer University, 1993.

________. 'Ist Jesus der Messias? Thesen'. *JBTh* 8, *Der Messias* (1993): 103-29.

Holladay, C. H. *Theios Anēr in Hellenistic Judaism: A Critique of the Use of This Category in New Testament Christology*. SBLDS 40. Missoula: Scholars, 1977.

Hollander, H. W. 'The Words of Jesus: From Oral Tradition to Written Record in Paul and Q'. *NovT* 42 (2000): 340-57.

Hollenbach, P. 'The Conversion of Jesus: From Jesus the Baptizer to Jesus the Healer'. In *ANRW* II.25.1, 196-219, 1982.

________. 'The Historical Jesus Question in North America Today'. *BTB* 19 (1989): 11-22.

________. 'Social Aspects of John the Baptizer's Preaching Mission in the Context of Palestinian Judaism'. In *ANRW* II.19.1, 850-75, 1979.

Holman, C. L. *Till Jesus Comes: Origins of Christian Apocalyptic Expectation*. Peabody: Hendrickson, 1996.

Holmén, T. 'The Alternatives of the Kingdom: Encountering the Semantic Restrictions of Luke 17,20-21 *(entos humōn)*'. *ZNW* 87 (1996): 204-29.

________. 'Doubts about Double Dissimilarity: Restructuring the Main Criterion of Jesus of-History Research'. In *Authenticating the Words of Jesus*, edited by B. Chilton and C. A. Evans, 47-80. Leiden: Brill, 1999.

________. *Jesus and Jewish Covenant Thinking*. Leiden: Brill, 2001.

________. 'The Jewishness of Jesus in the "Third Quest"'. In *Jesus, Mark and Q: The Teaching of Jesus and Its Earliest Records*, edited by M. Labahn and A. Schmidt, 143-62. Sheffield: Sheffield Academic, 2001.

Holtzmann, H. J. *Die synoptischen Evangelien. Ihr Ursprung und ihr geschichtlicher Charakter*. Leipzig: Engelmann, 1863.

________. *Lehrbuch der historisch-kritischen Einleitung in das Neue Testament*. Freiburg: Mohr Siebeck, 1886.

Hooker, M. D. 'Christology and Methodology'. *NTS* 17 (1970-71): 480-87.

________. 'On Using the Wrong Tool'. *Theology* 75 (1972): 570-81.

________. *The Servant of God*. London: SPCK, 1959.

________. *The Signs of a Prophet: The Prophetic Actions of Jesus*. London: SCM, 1997.

________. *The Son of Man in Mark*. London: SPCK, 1967.

Horbury, W. *Jewish Messianism and the Cult of Christ*. London: SCM, 1998.

________. 'The Messianic Association of "The Son of Man"'. *JTS* 36 (1985): 34-55.

________. 'The Temple Tax'. In *Jesus and the Politics of His Day*, edited by E. Bammel and F. D. Moule. Cambridge: Cambridge University, 1984.

Horn, F. W. 'Die synoptischen Einlasssprüche'. *ZNW* 87 (1996): 187-203.

Horne, E. H. 'The Parable of the Tenants as Indictment'. *JSNT* 71 (1998): 111-16.

Horsley, R. A. *Archaeology, History and Society in Galilee: The Social Context of Jesus and the Rabbis*. Valley Forge: Trinity, 1996.

________. 'The Death of Jesus'. In *Studying the Historical Jesus*, edited by B. Chilton and C. A. Evans, 395-422. Leiden: Brill, 1994.

________. *Galilee: History, Politics, People*. Valley Forge: Trinity, 1995. (『갈릴리』, 이화여대출판부 역간)

________. *Jesus and the Spiral of Violence: Popular Jewish Resistance in Roman Palestine*. San Francisco: Harper and Row, 1987.

________. 'Q and Jesus: Assumptions, Appoaches and Analyses'. In *Early Christianity, Q and Jesus, Semeia* 55, edited by J. S. Kloppenborg and L. E. Vaage, 175-209, 1992.

________. *Sociology and the Jesus Movement*. New York: Continuum, 1989. (『예수운동 : 사회학적 접근』, 한국신학연구소 역간)

________. 'Synagogues in Galilee and the Gospels'. In *Evolution of the Synagogue*, edited by H. C. Kee and L. H. Cohick, 46-69. Harrisburg: Trinity, 1991.

________. 'The Zealots: Their Origin, Relationship and Importance in the Jewish Revolt'.

NovT 28 (1986): 159-92.

Horsley, R. A., and J. A. Draper. *Whoever Hears You Hears Me: Prophets, Performance, and Tradition in Q*. Harrisburg: Trinity, 1999.

Horsley, R. A., and J. S. Hanson. *Bandits, Prophets, and Messiahs: Popular Movements in the Time of Jesus*. Minneapolis: Seabury, 1985.

Howard, V. 'Did Jesus Speak about His Own Death?' *CBQ* 39 (1977): 515-27.

Hubbard, B. J. *The Matthean Redaction of a Primitive Apostolic Commissioning*. SBLDS 19. Missoula: Scholars, 1974.

Hübner, H. *Das Gesetz in der synoptischen Tradition*. Witten: Luther, 1973.

Hughes, J. H. 'John the Baptist: The Forerunner of God Himself'. *NovT* 14 (1972): 191-218.

Hultgren, A. J. *The Parables of Jesus*. Grand Rapids: Eerdmans, 2000.

Humphrey, E. M. 'Will the Reader Understand? Apocalypse as Veil or Vision in Recent Historical-Jesus Research'. In *Whose Historical Jesus?* edited by W. E. Arnal and M. Desjardins, 215-37. Waterloo: Wilfrid Laurier University, 1997.

Hurtado, L. W. 'A Taxonomy of Recent Historical-Jesus Work'. In *Whose Historical Jesus?* edited by W. E. Arnal and M. Desjardins, 272-95. Waterloo: Wilfrid Laurier University, 1997.

Iggers, G. G. *Historiography in the Twentieth Century: From Scientific Objectivity to the Postmodern Challenge*. Hanover: Wesleyan University, 1997.

Jacobson, A. D. *The First Gospel: An Introduction to Q*. Sonoma: Polebridge, 1992.

________. 'Jesus against the Family: The Dissolution of Family Ties in the Gospel Tradition'. In *From Quest to Q*, J. M. Robinson FS, edited by J. M. Asgeirsson, et al., 189-218. Leuven: Leuven University, 2000.

________. 'The Literary Unity of Q'. *JBL* 101 (1982): 365-89.

Jenkins, K., ed. *The Postmodern History Reader*. London: Routledge, 1997.

Jenkins, P. *Hidden Gospels: How the Search for Jesus Lost Its Way*. New York: Oxford University, 2001.

Jeremias, G. *Der Lehrer der Gerechtigkeit*. SUNT 2. Göttingen: Vandenhoeck und Ruprecht, 1963.

Jeremias, J. *The Eucharistic Words of Jesus*. ET London: SCM, 1966 (1960, 3rd ed.).

________. *Heiligengräber in Jesu Umwelt*. Göttingen: Vandenhoeck und Ruprecht, 1958.

________. *Jerusalem in the Time of Jesus*. London: SCM, 1969. (『예수 시대의 예루살렘』, 한국신학 연구소 역간)

________. *Jesus' Promise to the Nations*. London: SCM, 1958.

________. *New Testament Theology*. Vol. *One: The Proclamation of Jesus*. London: SCM, 1971. (『예수의 선포』, 분도출판사 역간; 『신약신학』, 크리스챤다이제스트 역간)

________. 'Paarweise Sendung im Neuen Testament'. In *Abba. Studien zur neutestamentlichen Theologie und Zeitgeschichte*, 132-39. Göttingen: Vandenhoeck und Ruprecht, 1966.

________. *The Parables of Jesus*. ET London: SCM, 1963 (1947, 1962, 6th ed.). (『예수의 비유』, 분도출판사 역간)

________. *The Prayers of Jesus*. ET London: SCM, 1967 (1966).

________. *The Problem of the Historical Jesus*. ET Philadelphia: Fortress, 1964 (1960).

Jeremias, J., and W. Zimmerli. *The Servant of God*. London: SCM, 1957, revised 1965.

Johnson, L. T. *The Literary Function of Possessions in Luke-Acts*. SBLDS 39. Missoula: Scholars, 1977.

________. *The Real Jesus*. San Francisco: Harper, 1996. (『누가 예수를 부인하는가?』, 기독교문서선교회 역간)

Juel, D. H. *Messianic Exegesis: Christological Interpretation of the Old Testament in Early Christianity*. Philadelphia: Fortress, 1988.

Kähler, M. *The So-Called Historical Jesus and the Historic Biblical Christ*. ET Philadelphia: Fortress, 1964 (1892).

Käsemann, E. 'The Beginnings of Christian Theology'. In *New Testament Questions of Today*, 82-107. London: SCM, 1960, 1969.

________. 'Is the Gospel Objective?' In *Essays on New Testament Themes*, 48-62. London: SCM, 1964.

________. 'The Problem of the Historical Jesus'. In *Essays on New Testament Themes*, 15-47. ET London: SCM, 1964 (1954).

________. 'Sentences of Holy Law in the New Testament'. In *New Testament Questions of Today*, 66-81. London: SCM, 1969.

Karrer, M. *Jesus Christus im Neuen Testament*. Göttingen: Vandenhoeck und Ruprecht, 1998.

Kautsky, K. *Foundations of Christianity*. ET London: George Allen and Unwin, 1925 (1908).

Kaylor, R. D. *Jesus the Prophet: His Vision of the Kingdom on Earth*. Louisville: Westminster/John Knox, 1994.

Kazen, T. *Jesus and Purity Halakhah: Was Jesus Indifferent to Impurity?* ConBNT 38.

Stockholm: Almqvist and Wiksell, 2002.

Keck, L. E. *A Future for the Historical Jesus*. Nashville: Abingdon, 1971.

________. 'Oral Traditional Literature and the Gospels'. In *The Relationships among the Gospels*, edited by W. O. Walker, 103-22. San Antonio: Trinity University, 1978.

________. '"The Poor among the Saints" in Jewish Christianity and Qumran'. *ZNW* 57 (1966): 54-78.

________. *Who Is Jesus? History in the Perfect Tense*. Columbia: University of South Carolina, 2000.

Kee, H. C. 'Defining the First-Century Synagogue'. In *Evolution of the Synagogue*, edited by H. C. Kee and L. H. Cohick, 7-26. Harrisburg: Trinity, 1999.

________. 'Jesus: A Glutton and a Drunkard'. *NTS* 42 (1996): 374-93.

________. *Medicine, Miracle and Magic in New Testament Times*. SNTSMS 55. Cambridge: Cambridge University, 1986.

________. *Miracle in the Early Christian World*. New Haven: Yale University, 1983.

________. 'The Transformation of the Synagogue after 70 CE'. *NTS* 36 (1990): 1-24.

Kee, H. C., and L. H. Cohick, eds. *Evolution of the Synagogue: Problems and Progress*. Harrisburg: Trinity, 1999.

Kelber, W. H. 'Jesus and Tradition: Words in Time, Words in Space'. In *Orality and Textuality in Early Christian Literature, Semeia* 65, edited by J. Dewey, 139-67, 1994.

________. *The Oral and the Written Gospel*. Philadelphia: Fortress, 1983.

Kelber, W. H., ed. *The Passion in Mark*. Philadelphia: Fortress, 1976.

Keller, E, and M. Keller. *Miracles in Dispute: A Continuing Debate*. London: SCM, 1969.

Kelly, J. N. D. *Early Christian Creeds*. 2nd ed. London: Longmans, 1960.

Kendall, D., and G. O'Collins. 'The Uniqueness of the Easter Appearances'. *CBQ* 54 (1992): 287-307.

Kim, S. *'The Son of Man' as the Son of God*. WUNT 30. Tübingen: Mohr Siebeck, 1983. (『그 사람의 아들 – 하나님의 아들』, 엠마오 역간)

Kirk, A. *The Composition of the Sayings Source: Genre, Synchrony and Wisdom Redaction in Q*. NovTSup 91. Leiden: Brill, 1998.

________. 'Examining Priorities: Another Look at the *Gospel of Peter*'s Relationship to the New Testament Gospels'. *NTS* 40 (1994): 572-95.

________. 'Upbraiding Wisdom: John's Speech and the Beginning of Q (Q 3:7-9, 16-17)'.

NovT 40 (1998): 1-16.

Klassen, W. 'The Authenticity of Judas; Participation in the Arrest of Jesus'. In *Authenticating the Activities of Jesus*, edited by B. Chilton and C. A. Evans, 389-410. Leiden: Brill, 1999.

________. 'The Authenticity of the Command: "Love Your Enemies"'. In *Authenticating the Words of Jesus*, edited by B. Chilton and C. A. Evans, 385-407. Leiden: Brill, 1999.

________. *Judas: Betrayer or Friend of Jesus?* Minneapolis: Augsburg, 1996.

________. '"Love Your Enemies": Some Reflections on the Current Status of Research'. In *The Love of Enemy and Nonretaliation in the New Testament*, edited by W. M. Swartley, 1-31. Louisville: Westminster, 1992.

Klauck, H.-J. *The Religious Context of Early Christianity*. Edinburgh: Clark, 2000.

Klausner, J. *Jesus of Nazareth: His Life, Times and Teaching*. London: George Allen and Unwin, 1925.

Klawans, J. *Impurity and Sin in Ancient Judaism*. Oxford: Oxford University, 2000.

Klein, C. *Anti-Judaism in Christian Theology*. ET London: SPCK, 1978 (1975).

Kleinknecht, K. T. *Der leidende Gerechtfertigte. Die alttestamentlich-jüdische Tradition vom 'leidenden Gerechten' und ihre Rezeption bei Paulus*. WUNT 2.13. Tübingen: Mohr Siebeck, 1984.

Klinzing, G. *Die Umdeutung des Kultus in der Qumrangemeinde and im NT*. Vandenhoeck und Ruprecht, 1971.

Kloppenborg, J. S. '"Easter Faith" and the Sayings Gospel Q'. In *The Apocryphal Jesus and Christian Origins, Semeia* 49, edited by R. Cameron, 71-99, 1990.

________. *The Formation of Q*. Philadelphia: Fortress, 1987.

________. 'Literary Convention, Self-Evidence and the Social History of the Q People'. *Semeia* 55 (1992): 77-102.

________. *Q Parallels: Synopsis, Critical Notes and Concordance*. Sonoma: Polebridge, 1988.

________. 'The Sayings Gospel Q and the Quest of the Historical Jesus'. *HTR* 89 (1996): 307-44.

________. 'Tradition and Redaction in the Synoptic Sayings Source'. *CBQ* 46 (1984): 34-62.

Kloppenborg, J. S., ed. *The Shape of Q*. Minneapolis: Fortress, 1994.

Kloppenborg Verbin, J. S. 'Dating Theodotus (*CIJ* II 1404)'. *JJS* 51 (2000): 243-80.

________. 'Discursive Practices in the Sayings Gospel Q and the Quest of the Historical Jesus'. In *The Sayings Source Q and the Historical Jesus*, edited by A. Lindemann, 149-90. Leuven: Leuven University, 2001.

________. *Excavating Q: The History and Setting of the Sayings Gospel*. Minneapolis: Fortress, 2000.

Knohl, I. *The Messiah before Jesus. The Suffering Servant of the Dead Sea Scrolls*. Berkeley: University of California, 2000.

Koch, K. 'Messias und Menschensohn. Die zweistufige Messianologie der jüngeren Apokalyptik'. *JBTh* 8, *Der Messias* (1993) 73-102.

________. *The Rediscovery of Apocalyptic*. London: SCM, 1972.

Koester, H. *Ancient Christian Gospels: Their History and Development*. London: SCM, 1990.

________. 'GNOMAI DIAPHOROI: The Origin and Nature of Diversification in the History of Early Christianity'. In *Trajectories through Early Christianity*, by J. M. Robinson and H. Koester, 114-59. Philadelphia: Fortress, (1965) 1971.

________. 'The Historical Jesus and the Historical Situation of the Quest: An Epilogue'. In *Studying the Historical Jesus*, edited by B. Chilton and C. A. Evans, 535-45. Leiden: Brill, 1994.

________. *Introduction to the New Testament*. 2 vols. Philadelphia: Fortress, 1982.

________. 'Jesus the Victim'. *JBL* 111 (1992): 3-15.

________. 'One Jesus and Four Primitive Gospels'. In *Trajectories through Early Christianity*, by J. M. Robinson and H. Koester, 158-204. Philadelphia: Fortress, (1968) 1971.

________. 'The Sayings of Q and Their Image of Jesus'. In *Sayings of Jesus: Canonical and Non-Canonical*, T. Baarda FS, edited by W. L. Petersen, et al., 137-54. Leiden: Brill, 1997.

________. 'The Structure and Criteria of Early Christian Beliefs'. In *Trajectories through Early Christianity*, by J. M. Robinson and H. Koester, 205-31. Philadelphia: Fortress, 1971.

________. *Synoptische Überlieferung bei den apostolischen Vätern*. Berlin: Akadamie-Verlag, 1957.

________. 'Written Gospels or Oral Tradition?' *JBL* 113 (1994): 293-97.

Kollmann, B. *Jesus und die Christen als Wundertäter. Studien zu Magie, Medizin und Schamanismus in Antike und Christentum*. FRLANT 170. Göttingen: Vandenhoeck und Ruprecht, 1996.

Kraemer, R. S. 'On the Meaning of the Term "Jew" in Greco-Roman Inscriptions'. *HTR* 82 (1989): 35-53.

Kraft, R. A., and G. W. E. Nickelsburg. *Early Judaism and Its Modern Interpreters*. Atlanta: Scholars, 1986.

Kümmel, W. G. 'Eschatological Expectation in the Proclamation of Jesus'. In *The Future of Our Religious Past*, R. Bultmann FS, edited by J. M. Robinson, 29-48. ET London: SCM, 1971 (1964).

________. *Introduction to the New Testament*. ET Nashville: Abingdon, 1975 (1973). (『신약정경개론』, 대한기독교서회 역간)

________. *The New Testament: The History of the Investigation of Its Problems*. Nashville: Abingdon, 1972.

________. *Promise and Fulfilment: The Eschatological Message of Jesus*. ET London: SCM, 1961, 2nd ed. (1956, 3rd ed.).

________. *The Theology of the New Testament*. Nashville: Abingdon, 1973.

________. *Vierzig Jahre Jesusforschung (1950-1990)*. BBB 91.Weinheim: Beltz Athenaum, 1994.

Kuhn, H. W. *Ältere Sammlungen im Markusevangelium*. Göttingen: Vandenhoeck und Ruprecht, 1971.

Kvalbein, H. 'The Wonders of the End-Time: Metaphoric Language in 4Q521 and the Interpretation of Matthew 11.5 par'. *JSP* 18 (1998): 87-110.

Labahn, M., and A. Schmidt. *Jesus, Mark and Q: The Teaching of Jesus and Its Earliest Records*. JSNTS 214. Sheffield: Sheffield Academic, 2001.

Ladd, G. E. *Jesus and the Kingdom: The Eschatology of Biblical Realism*. London: SPCK, 1966. (『예수와 하나님의 나라』, 엠마오 역간)

Lampe, G. W. H. 'The Two Swords (Luke 22:35-38)'. In *Jesus and the Politics of His Day*, edited by E. Bammel and C. F. D. Moule, 335-51. Cambridge: Cambridge University, 1984.

Légasse, S. *The Trial of Jesus*. ET London: SCM, 1997 (1994).

Lehmann, K. *Auferweckt am dritten Tag nach der Schrift*. QD 38. Freiburg: Herder, 1968.

Leivestad, R. 'Exit the Apocalyptic Son of Man'. *NTS* 18 (1971-72): 243-67.

________. *Jesus in His Own Perspective*. Minneapolis: Augsburg, 1987.

Lemcio, E. E. *The Past of Jesus in the Gospels*. SNTSMS 68. Cambridge: Cambridge University, 1991.

Leroy, H. *Jesus. Überlieferung und Deutung*. Darmstadt: Wissenschaftliche Buchgesellschaft, 1978, 1999, 3rd ed.

Levine, A.-J. 'Jesus, Divorce and Sexuality: A Jewish Critique'. In *The Historical Jesus through Catholic and Jewish Eyes*, edited by B. F. LeBeau, L. Greenspoon, and D. Hamm, 116-29. Harrisburg: Trinity, 2000.

Levine, L. I. *The Ancient Synagogue: The First Thousand Years*. New Haven: Yale University, 2000.

________. 'The Sages and the Synagogue in Late Antiquity: The Evidence of the Galilee'. In *The Galilee in Late Antiquity*, edited by L. I. Levine, 201-22. New York: Jewish Theological Seminary of America, 1992.

________. 'The Second Temple Synagogue: The Formative Years'. In *The Synagogue in Late Antiquity*, edited by L. I. Levine, 7-31. Philadelphia: Fortress, 1987.

Levine, L. I., ed. *The Galilee in Late Antiquity*. New York: Jewish Theological Seminary of America, 1992.

Lichtenberger, H. 'Jesus and the Dead Sea Scrolls'. In *Hillel and Jesus*, edited by J. H. Charlesworth and L. L. Johns, 389-96. Minneapolis: Fortress, 1997.

Liebenberg, J. *The Language of the Kingdom and Jesus*. BZNW 102. Berlin: de Gruyter, 2001.

Lieu, J. 'The Women's Resurrection Testimony'. In *Resurrection*, edited by S. C. Barton and G. N. Stanton, 34-44. London: SPCK, 1994.

Lindars, B. 'All Foods Clean: Thoughts on Jesus and the Law'. In *Law and Religion: Essays on the Place of the Law in Israel and Early Christianity*, edited by B. Lindars, 61-71. Cambridge: Clarke, 1988.

________. *Jesus Son of Man: A Fresh Examination of the Son of Man Sayings in the Gospels*. London: SPCK, 1983.

________. *New Testament Apologetic*. London: SCM, 1961.

Lindblom, J. *Gesichte und Offenbarungen*. Lund: Gleerup, 1968.

Lindemann, A. 'Die Logienquelle Q: Fragen an eine gut begründete Hypothese'. In *The Sayings Source Q and the Historical Jesus*, 3-26. Leuven: Leuven University, 2001.

________. *The Sayings Source Q and the Historical Jesus*. BETL 158. Leuven: Leuven University, 2001.

Lindeskog, G. *Die Jesusfrage im neuzeitlichen Judentum. Ein Beitrag zur Geschichte der Leben-Jesu-Forschung.* Leipzig, 1938; reprinted Darmstadt: Wissenschaftliche Buchgesellschaft, 1973.

Loader, W. R. G. 'Challenged at the Boundaries: A Conservative Jesus in Mark's Tradition'. *JSNT* 63 (1996): 45-61.

______. *Jesus' Attitude to the Law.* WUNT 2.97. Tübingen: Mohr Siebeck, 1997.

Loffreda, S. 'The Late Chronology of the Synagogue of Capernaum'. In *Ancient Synagogues Revealed*, edited by L. I. Levine, 52-56. Jerusalem: Israel Exploration Society, 1981.

Lohfink, G. *Jesus and Community.* Philadelphia: Fortress, 1985. (『예수는 어떤 공동체를 원했나?』, 분도출판사 역간)

Lohr, C. H. 'Oral Techniques in the Gospel of Matthew'. *CBQ* 23 (1961): 403-35.

Lohse, E. 'Die Frage nach dem historischen Jesus in der gegenwärtigen neutestamentlichen Forschung'. In *Die Einheit des Neuen Testaments*, 29-48. Göttingen: Vandenhoeck und Ruprecht, 1962, 1973.

______. *Märtyrer und Gottesknecht. Untersuchungen zur urchristlichen Verkündigung vom Sühntod Jesu Christi.* Göttingen: Vandenhoeck und Ruprecht, 1955, 1963, 2nd ed.

Loisy, A. *The Birth of the Christian Religion* (1933), and *The Origins of the New Testament* (1936). ET New York: University Books, 1962.

Lonergan, B. *Collection: Papers by Bernard Lonergan.* Toronto: University of Toronto, 1988.

______. *Method in Theology.* London: Darton, Longman and Todd, 1972.

Lord, A. B. 'The Gospels as Oral Traditional Literature'. In *The Relationships among the Gospels*, edited by W. O. Walker, 33-91. San Antonio: Trinity University, 1978.

______. *The Singer of Tales.* Cambridge: Harvard University, 1978.

______. *The Singer Resumes the Tale.* Ithaca: Cornell University, 1995.

Lüdemann, G. *The Great Deception and What Jesus Really Said and Did.* London: SCM, 1998.

______. *Jesus after Two Thousand Years: What He Really Said and Did.* London: SCM, 2000.

______. *The Resurrection of Jesus: History, Experience, Theology.* London: SCM, 1994.

______. *Virgin Birth? The Real Story of Mary and Her Son Jesus.* London: SCM, 1998.

Lührmann, D. 'Die Logienquelle und die Leben-Jesu-Forschung'. In *The Sayings Source Q and the Historical Jesus*, edited by A. Lindemann, 191-206. Leuven: Leuven University, 2001.

________. *Die Redaktion der Logienquelle*. WMANT 33. Neukirchen-Vluyn: Neukirchener, 1969.

________. 'The Gospel of Mark and the Sayings Collection'. *JBL* 108 (1989): 51-71.

Lundström, G. *The Kingdom of God in the Teaching of Jesus*. Edinburgh: Oliver and Boyd, 1963.

Maccoby, H. *Judas Iscariot and the Myth of Jewish Evil*. London: Halban, 1992.

________. 'Paul and the Eucharist'. *NTS* 37 (1991): 247-67.

________. 'The Washing of Cups'. *JSNT* 14 (1982): 3-15.

Machen, J. G. *The Virgin Birth of Christ*. London: Clarke, 1930.

Mack, B. L. *The Christian Myth: Origins, Logic and Legacy*. New York: Continuum, 2001.

________. *The Lost Gospel: The Book of Q and Christian Origins*. San Francisco: HarperCollins, 1993. (『잃어버린 복음서』, 한국기독교연구소 역간)

________. *A Myth of Innocence: Mark and Christian Origins*. Philadelphia: Fortress, 1988.

________. 'Q and a Cynic-Like Jesus'. In *Whose Historical Jesus?* edited by W. E. Arnal and M. Desjardins, 25-36. Waterloo: Wilfrid Laurier University, 1997.

Mackintosh, H. R. *Types of Modern Theology: Schleiermacher to Barth*. Edinburgh: Clark, 1937. (『현대신학의 선구자들』, 대한기독교서회 역간)

Madden, P. J. *Jesus' Walking on the Sea: An Investigation of the Origin of the Narrative Account*. BZNW 81. Berlin: de Gruyter, 1997.

Maier, J. *Jesus von Nazareth in der talmudischen Überlieferung*. Darmstadt: Wissenschaftliche Buchgesellschaft, 1978.

Malina, B. J. 'Assessing the Historicity of Jesus' Walking on the Sea: Insights from Crosscultural Psychology'. In *Authenticating the Activities of Jesus*, edited by B. Chilton and C. A. Evans, 351-71. Leiden: Brill, 1999.

________. *The Social Gospel of Jesus: The Kingdom of God in Mediterranean Perspective*. Minneapolis: Fortress, 2001.

________. *The Social World of Jesus and the Gospels*. London: Routledge, 1996.

Manson, T. W. *The Sayings of Jesus*. London: SCM, 1949.

________. *The Teaching of Jesus*. Cambridge: Cambridge University, 1931.

Manson, W. *Jesus the Messiah*. London: Hodder and Stoughton, 1943.

Marcus, J. 'Mark 14:61: "Are You the Messiah-Son-of-God?"' *NovT* 31 (1989): 125-41.

__________. 'The Beelzebul Controversy and the Eschatologies of Jesus'. In *Authenticating the Activities of Jesus*, edited by B. Chilton and C. A. Evans, 247-77. Leiden: Brill, 1999.

__________. 'Entering into the Kingly Power of God'. *JBL* 107 (1988): 663-75.

__________. 'The Old Testament and the Death of Jesus: The Role of Scripture in the Gospel Passion Narratives'. In *The Death of Jesus in Early Christianity*, edited by J. T. Carroll and J. B. Green, 205-33. Peabody: Hendrickson, 1995.

Marguerat, D., E. Norelli, and J.-M. Poffet. *Jesus de Nazareth. Nouvelles approches d'une énigme*. Geneva: Labor et Fides, 1998.

Marsh, C. 'Quests of the Historical Jesus in New Historicist Perspective'. *Biblical Interpretation* 5 (1997): 403-37.

Marsh, C., and S. Moyise. *Jesus and the Gospels*. London: Cassell, 1999.

Marshall, I. H. 'The Divine Sonship of Jesus'. In *Jesus the Saviour: Studies in New Testament Theology*, 134-49. London: SPCK, 1967, 1990.

__________. *Jesus the Saviour: Studies in New Testament Theology*. London: SPCK, 1990.

__________. *Last Supper and Lord's Supper*. Exeter: Paternoster, 1980. (『마지막 만찬과 주의 만찬』, 솔로몬 역간)

__________. *The Origins of New Testament Christology*. Leicester: IVP, 1976. (『신약 기독론의 기원』, 기독교문서선교회 역간)

__________. 'The Synoptic Son of Man Sayings in Recent Discussion'. In *Jesus the Saviour: Studies in New Testament Theology*, 73-99. London: SPCK, 1963, 1990.

Martin, D. B. *The Corinthian Body*. New Haven: Yale University, 1995.

Martin, R. *The Elusive Messiah: A Philosophical Overview of the Quest for the Historical Jesus*. Boulder: Westview, 1999.

Marxsen, W. 'The Resurrection of Jesus as a Historical and Theological Problem'. In *The Significance of the Message of the Resurrection for Faith in Jesus Christ*, edited by C. F. D. Moule, 15-50. London: SCM, 1968.

__________. *The Resurrection of Jesus of Nazareth*. London: SCM, 1970.

Mason, S. 'Revisiting Josephus's Pharisees'. In *Judaism in Late Antiquity 3.2: Where We Stand: Issues and Debates in Ancient Judaism*, edited by J. Neusner and A. J. Avery-Peck, 23-56. Leiden: Brill, 1999.

Matthews, S. *Jesus on Social Institutions*. New York: Macmillan, 1928.

McArthur, H. K. 'On the Third Day'. *NTS* 18 (1971-72): 81-86.

McCane, B. R. '"Where No One Had Yet Been Laid": The Shame of Jesus' Burial'. In *Authenticating the Activities of Jesus*, edited by B. Chilton and C. A. Evans, 431-52. Leiden: Brill, 1999.

McCready, W. O. 'The Historical Jesus and the Dead Sea Scrolls'. In *Whose Historical Jesus?* edited by W. E. Arnal and M. Desjardins, 190-211. Waterloo: Wilfrid Laurier University, 1997.

McDonald, J. I. H. *The Resurrection: Narrative and Belief.* London: SPCK, 1989.

McDonnell, K., and G. T. Montague. *Christian Initiation and Baptism and the Holy Spirit.* Collegeville: Liturgical, 1991.

McKnight, E. V. *Jesus Christ in History and Scripture: A Poetic and Sectarian Perspective.* Macon: Mercer University, 1999.

McKnight, S. *A New Vision for Israel: The Teachings of Jesus in National Context.* Grand Rapids: Eerdmans, 1999.

________. 'Public Declaration or Final Judgment? Matthew 10:26-27 = Luke 12.2-3 as a Case of Creative Redaction'. In *Authenticating the Words of Jesus*, edited by B. Chilton and C. A. Evans, 363-83. Leiden: Brill, 1999.

Meadors, E. P. *Jesus the Messianic Herald of Salvation.* Tübingen: Mohr Siebeck, 1995.

________. 'The 'Messianic' Implications of the Q Material'. *JBL* 118 (1999): 253-77.

Meier, J. P. 'The Circle of the Twelve: Did It Exist during Jesus' Public Ministry?'. *JBL* 116 (1997): 635-72.

________. 'The Debate on the Resurrection of the Dead: An Incident from the Ministry of the Historical Jesus?'. *JSNT* 77 (2000): 3-24.

________. 'From Elijah-like Prophet to the Royal Davidic Messiah'. In *Jesus: A Colloquium in the Holy Land*, edited by D. Donnelly, 45-83. New York: Continuum, 2001.

________. 'The Historical Jesus and the Historical Herodians'. *JBL* 119 (2000): 740-46.

________. *A Marginal Jew*, Vol. 1: *The Roots of the Problem and the Person.* Vol. 2: *Mentor, Message, and Miracles.* Vol. 3: *Companions and Competitors.* New York: Doubleday, 1991, 1994, 2001.

________. *A Marginal Jew*, New York: Doubleday, 1994.

________. 'The Present State of the "Third Quest" for the Historical Jesus: Loss and Gain'. *Biblica* 80 (1999): 459-87.

________. 'Reflections on Jesus-of-History Research Today'. In *Jesus' Jewishness*, edited by J. H. Charlesworth, 84-107. New York: Crossroad, 1991.

Mendels, D. *The Rise and Fall of Jewish Nationalism*. New York: Doubleday, 1992.

Merkel, H. 'Die Gottesherrschaft in der Verkündigung Jesu'. In *Königsherrschaft Gottes und himmlischer Kult im Judentum, Urchristentum und in der hellenistichen Welt*, edited by M. Hengel and A. M. Schwemer, 119-61. Tübingen: Mohr Siebeck, 1991.

________. 'The Opposition between Jesus and Judaism'. In *Jesus and the Politics of His Day*, edited by E. Bammel and C. F. D. Moule, 129-44. Cambridge: Cambridge University, 1984.

Merklein, H. 'Die Umkehrpredigt bei Johannes dem Täufer und Jesus von Nazaret'. In *Studien zu Jesus und Paulus*, 109-26. Tübingen: Mohr Siebeck, 1987.

________. *Jesu Botschaft von der Gottesherrscahft*. SBS 111. Stuttgart: KBW, 1989, 3rd ed.

________. 'Wie hat Jesus seinen Tod verstanden?' In *Studien zu Jesus und Paulus II*, 174-89. Tübingen: Mohr Siebeck, 1998.

Meye, R. P. *Jesus and the Twelve*. Grand Rapids: Eerdmans, 1968.

Meyer, B. F. *The Aims of Jesus*. London: SCM, 1979.

________. 'Appointed Deed, Appointed Doer: Jesus and the Scriptures'. In *Authenticating the Activities of Jesus*, edited by B. Chilton and C. A. Evans, 155-76. Leiden: Brill, 1999.

________. *Critical Realism and the New Testament*. Princeton Theological Monographs 17. Allison Park: Pickwick, 1989.

________. *Reality and Illusion in New Testament Scholarship: A Primer in Critical Realist Hermeneutics*. Collegeville: Liturgical, 1994.

Meyer, E. *Ursprung und Anfänge des Christentums*. Stuttgart: Cotta, 1921-23.

Meyer, M., and C. Hughes. *Jesus Then and Now: Images of Jesus in History and Christology*. Harrisburg: Trinity, 2001.

Meyer, R. *Der Prophet aus Galiläa. Studie zum Jesusbild der drei ersten Evangelien*. Darmstadt: Wissenschaftliche Buchgesellschaft, 1940, 1970.

Meyers, E. M. 'Roman Sepphoris in Light of New Archaeological Evidence and Recent Research'. In *The Galilee in Late Antiquity*, edited by L. I. Levine, 321-38. New York: Jewish Theological Seminary of America, 1992.

Meyers, E. M., and J. F. Strange. *Archaeology, the Rabbis and Early Christianity*. Nashville: Abingdon, 1981.

Michaels, J. R. 'The Itinerant Jesus and His Home Town'. In *Authenticating the Activities of Jesus*, edited by B. Chilton and C. A. Evans, 177-93. Leiden: Brill, 1999.

Michel, O. 'The Conclusion of Matthew's Gospel'. ET in *The Interpretation of Matthew*, edited by G. N. Stanton, 30-41. London: SPCK, 1983 (1950).

Milik, J. T. *Ten Years of Discovery in the Wilderness of Judaea*. London: SCM, 1959.

Millard, A. *Reading and Writing in the Time of Jesus*. BS 69. Sheffield: Sheffield Academic, 2000.

Miller, J. W. *Jesus at Thirty*. Minneapolis: Fortress, 1997.

Miller, R. J., ed. *The Complete Gospels*. San Francisco: Harper, 1994.

Moloney, F. J. 'The Fourth Gospel and the Jesus of History'. *NTS* 46 (2000): 42-58.

________. 'Matthew 19,3-12 and Celibacy'. *JSNT* 2 (1979): 42-60.

Momigliano, A. 'Religion in Athens, Rome and Jerusalem in the First Century bc'. In *Approaches to Ancient Judaism*. Vol. 5: *Studies in Judaism and Its Greco-Roman Context*, edited by W. S. Green, 1-18. Atlanta: Scholars, 1985.

Montefiore, C. G. *The Synoptic Gospels*. London: Macmillan, 1909, 1927, 2nd ed.

Montefiore, H. W. 'God as Father in the Synoptic Gospels'. *NTS* 3 (1956-57): 31-46.

Moo, D. J. 'Jesus and the Authority of the Mosaic Law'. *JSNT* 20 (1984): 3-49.

________. *The Old Testament in the Gospel Passion Narratives*. Sheffield: Almond, 1983.

Moore, G. F. *Judaism in the First Three Centuries of the Christian Era: The Age of the Tannaim*, 3 vols. Cambridge: Harvard University, 1927-30.

Moore, S. D. *Literary Criticism and the Gospels*. New Haven: Yale University, 1989.

Morgan, R. 'The Historical Jesus and the Theology of the New Testament'. In *The Glory of Christ in the New Testament*, G. B. Caird FS, edited by L. D. Hurst and N. T. Wright, 187-206. Oxford: Clarendon, 1987.

________. *The Nature of New Testament Theology*. London: SCM, 1973.

Morgan, R., and J. Barton. *Biblical Interpretation*. Oxford: Oxford University, 1988.

Morgan, R., and M. Pye. *Ernst Troeltsch: Writings on Religion and Theology*. Louisville: Westminster John Knox, 1990.

Morrice, W. G. *Hidden Sayings of Jesus: Words Attributed to Jesus outside the Four Gospels*. London: SPCK, 1997.

Moule, C. F. D. *The Birth of the New Testament*. London: Black, 1962, 1981, 3rd ed.

________. 'Fulfilment-Words in the New Testament: Use and Abuse'. In *Essays in New Testament Interpretation*, 3-36. Cambridge: Cambridge University, 1967-68,

1982.

________. 'The Gravamen Against Jesus'. In *Jesus, the Gospels and the Church*, W. R. Farmer FS, edited by E. P. Sanders, 177-95. Macon: Mercer University, 1987.

________. 'Neglected Features in the Problem of "the Son of Man"'. In *Neues Testament und Kirche*, R. Schnackenburg FS, edited by J. Gnilka, 413-28. Freiburg: Herder, 1974.

________. *The Origin of Christology*. Cambridge: Cambridge University, 1977.

________. *The Phenomenon of the New Testament*. London: SCM, 1967.

________. *The Significance of the Message of the Resurrection for Faith in Jesus Christ*. London: SCM, 1968.

________. '"The Son of Man": Some of the Facts'. *NTS* 41 (1995): 277-79.

Moxnes, H. 'The Historical Jesus: From Master Narrative to Cultural Context'. *BTB* 28 (1998): 135-49.

________. 'Jesus the Jew: Dilemmas of Interpretation'. In *Fair Play: Diversity and Conflicts in Early Christianity*, Leiden: Brill, 2002.

Mueller-Vollmer, K. *The Hermeneutics Reader*. New York: Continuum, 1994.

Mulder, M. J. *Mikra*. CRINT 2.1. Assen: Van Gorcum, 1988.

Müller, M. *Der Ausdruck 'Menschensohn' in den Evangelien. Voraussetzungen und Bedeutung*. Leiden: Brill, 1984.

Müller, U. B. *Die Entstehung des Glaubens an die Auferstehung Jesu. Historische Aspekte und Bedingungen*. SBS 172. Stuttgart: KBW, 1998.

________. *Messias und Menschensohn in jüdischen Apokalypsen und in der Offenbarung des Johannes*. Gütersloh: Mohn, 1972.

Murphy, J. *The Religious World of Jesus: An Introduction to Second Temple Judaism*. Hoboken: Ktav, 1991.

Murphy-O'Connor, J. *The Holy Land, Oxford Archaeological Guides*. Oxford: Oxford University, 1998, 4th ed.

________. 'Jesus and the Money Changers (Mark 11:15-17; John 2:13-17)'. *RB* 107 (2000): 42-55.

Mussner, F. *Jesus von Nazareth im Umfeld Israels und der Urkirche. Gesammelte Aufsätze* WUNT 111. Tübingen: Mohr Siebeck, 1999.

Myllykoski, M. *Die letzten Tage Jesu. Markus, Johannes. ihre Traditionen und die historische Frage*. Helsinki: Suomalainen Tiedeakatemia, 1994.

________. 'What Happened to the Body of Jesus?'. In *Fair Play: Diversity and Conflicts in

Early Christianity, H. Räisänen FS, edited by I. Dunderberg, C. M. Tuckett, and K. Syreeni, 43-82. Leiden: Brill, 2002.

Neale, D. A. *None but the Sinners: Religious Categories in the Gospel of Luke*. JSNTS 58. Sheffield: Sheffield Academic, 1991.

Neill, S., and N. T. Wright. *The Interpretation of the New Testament*, 1861-1986. Oxford: Oxford University, 1964, 1988, 2nd ed.

Neirynck, F. 'The Apocryphal Gospels and the Gospel of Mark'. BETL 86 (1989): 123-75.

_______. *Evangelica II*. Leuven: Leuven University, 1991.

Neugebauer, F. 'Geistsprüche und Jesuslogien'. *ZNW* 53 (1962): 218-28.

Neusner, J. "'First Cleanse the Inside'". *NTS* 22 (1976): 486-95.

_______. *From Politics to Piety: The Emergence of Rabbinic Judaism*. Englewood Cliffs: Prentice Hall, 1973.

_______. *Judaism: The Evidence of the Mishnah*. Chicago: University of Chicago, 1981.

_______. 'Mr Maccoby's Red Cow, Mr Sanders's Pharisees — and Mine'. *JSS* 23 (1991): 81-98.

_______. *The Rabbinic Traditions about the Pharisees*. Leiden: Brill, 1971.

_______. *Studying Classical Judaism: A Primer*. Louisville: Westminster, 1991.

Neusner, J., W. S. Green, and E. Frerichs. *Judaisms and Their Messiahs at the Turn of the Christian Era*. Cambridge: Cambridge University, 1987.

Neville, D. J. *Arguments from Order in Synoptic Source Criticism: A History and Critique*. Macon: Mercer University, 1994.

Newman, C. C., ed. *Jesus and the Restoration of Israel: A Critical Assessment of N. T. Wright's* Jesus and the Victory of God. Downers Grove: InterVarsity, 1999.

Newton, M. *The Concept of Purity at Qumran and in the Letters of Paul*. SNTSMS 53. Cambridge: Cambridge University, 1985.

Nickelsburg, G. W. E. *Resurrection, Immortality and Eternal Life in Intertestamental Judaism*. Cambridge: Harvard University, 1972.

Nielsen, H. K. *Heiligung und Verkündigung. Das Verständnis der Heiligung und ihres Verhältnisses zur Verkündigung bei Jesus and in der ältesten Kirche*. Leiden: Brill, 1987.

Nissen, A. *Gott und der Nächste im antiken Judentum. Untersuchungen zum Doppelgebot der Liebe*. WUNT 15. Tübingen: Mohr Siebeck, 1974.

Nolland, J. L. 'The Gospel Prohibition of Divorce: Tradition History and Meaning'. *JSNT*

58 (1995): 19-35.

Oakman, D. E. *Jesus and the Economic Questions of His Day*. Lewiston: Mellen, 1986.

________. 'The Lord's Prayer in Social Perspective'. In *Authenticating the Words of Jesus*, edited by B. Chilton and C. A. Evans, 137-86. Leiden: Brill, 1999.

Oberlinner, L. *Todeserwartung und Todesgewissheit Jesu. Zum Problem einer historischen Begründung*. SBB 10. Stuttgart: KBW, 1980.

O'Collins, G. *Christology: A Biblical, Historical and Systematic Study of Jesus*. Oxford: Oxford University, 1995.

________. 'The Resurrection: The State of the Questions'. In *The Resurrection: An Interdisciplinary Symposium on the Resurrection of Jesus*, edited by S. T. Davis, D. Kendall, and G. O'Collins, 5-28. Oxford: Oxford University, 1997.

Oegema, G. S. *The Anointed and His People: Messianic Expectations from the Maccabees to Bar Kochba*. JSPSupp 27. Sheffield: Sheffield Academic, 1998.

O'Neill, J. C. *The Bible's Authority: A Portrait Gallery of Thinkers from Lessing to Bultmann*. Edinburgh: Clark, 1991.

________. *Who Did Jesus Think He Was?* Leiden: Brill, 1995.

Ong, W. J. *Orality and Literacy: The Technologizing of the Word*. London: Routledge, 1982, 1988. (『구술문화와 문자문화』, 문예출판사 역간)

________. *The Presence of the Word: Some Prolegomena for Cultural and Religious History*. Minneapolis: University of Minnesota, 1967, 1981.

Osiek, C., and D. L. Balch. *Families in the New Testament World: Households and House Churches*. Louisville: Westminster John Knox, 1997.

Oster, R. E. 'Supposed Anachronism in Luke-Acts' Use of *synagōgē*: A Rejoinder to H. C. Kee'. *NTS* 39 (1993): 178-208.

Owen, P., and D. Shepherd. 'Speaking Up for Qumran, Dalman and the Son of Man: Was *Bar Enasha* a Common Term for "Man" in the Time of Jesus?' *JSNT* 81 (2001): 81-121.

Padgett, A. G. 'Advice for Religious Historians: On the Myth of a Purely Historical Jesus'. In *The Resurrection: An Interdisciplinary Symposium on the Resurrection of Jesus*, edited by S. T. Davis, D. Kendall, and G. O'Collins, 287-307. Oxford: Oxford University, 1997.

Paesler, K. *Das Tempelwort Jesu. Die Traditionen von Tempelzerstörung und Tempelerneuerung im Neuen Testament*, FRLANT. Göttingen: Vandenhoeck und

Ruprecht, 1999.

Painter, J. 'When Is a House Not Home? Disciples and Family in Mark 3.13-35'. *NTS* 45 (1999): 498-513.

Pannenberg, W. *Jesus, God and Man*. London: SCM, 1968.

Paschen, W. *Rein und Unrein*. München: Kosel, 1970.

Patterson, S. J. *The God of Jesus: The Historical Jesus and the Search for Meaning*. Harrisburg: Trinity, 1998.

________. *The Gospel of Thomas and Jesus*. Sonoma: Polebridge, 1993.

Pawlikowski, J. T. *Christ in the Light of the Christian-Jewish Dialogue*. New York: Paulist, 1982.

Pelikan, J. *Jesus through the Centuries: His Place in the History of Culture*. New Haven: Yale University, 1985. (『예수의 역사 2000년』, 동연 역간)

Perkins, P. *Resurrection: New Testament Witness and Contemporary Reflection*. London: Chapman, 1984.

Perrin, N. *Jesus and the Language of the Kingdom: Symbol and Metaphor in New Testament Interpretation*. Philadelphia: Fortress, 1976.

________. *The Kingdom of God in the Teaching of Jesus*. London: SCM, 1963. (『예수의 가르침 속에 나타난 하나님의 나라』, 솔로몬 역간)

________. 'Mark 14.62: The End Product of a Christian Pesher Tradition'. In *A Modern Pilgrimage in New Testament Christology*, 1-22. Philadelphia: Fortress, 1965-66, 1974.

________. *A Modern Pilgrimage in New Testament Christology*. Philadelphia: Fortress, 1974.

________. *Rediscovering the Teaching of Jesus*. London: SCM, 1967.

________. *The Resurrection Narratives: A New Approach*. London: SCM, 1977.

Person, R. F. 'The Ancient Israelite Scribe as Performer'. *JBL* 117 (1998): 601-609.

Pesch, R. 'Zur Entstehung des Glaubens an die Auferstehung Jesu. Ein neuer Versuch'. In *Zur neutestamentlichen Überlieferung von der Auferstehung Jesu*, edited by P. Hoffmann, 228-55. Darmstadt:Wissenschaftliche Buchgesellschaft, 1983, 1988.

Petersen, W. L., et al., eds. *Sayings of Jesus: Canonical and Non-canonical*, T. Baarda FS. NovTSup 89. Leiden: Brill, 1997.

Petuchowski, J. J., and M. Brocke, eds. *The Lord's Prayer and Jewish Liturgy*. London: Burns and Oates, 1978.

Pilch, J. J. 'Appearances of the Risen Jesus in Cultural Context: Experiences of Alternate Reality'. *BTB* 28 (1998): 52-60.

______. 'The Transfiguration of Jesus: An Experiment of Alternate Reality'. In *Modelling Early Christianity: Social Scientific Studies of the New Testament in Its Context*, edited by P. F. Esler, 47-64. London: Routledge, 1995.

Piper, J. *'Love Your Enemies': Jesus' Love Command in the Synoptic Gospels and the Early Christian Paraenesis*. SNTSMS 38. Cambridge: Cambridge University, 1979.

Piper, R. A. *Wisdom in the Q-Tradition: The Aphoristic Teaching of Jesus*. SNTSMS 61. Cambridge: Cambridge University, 1989.

Piper, R. A., ed. *The Gospel behind the Gospels: Current Studies on Q*. NovTSup 75. Leiden: Brill, 1995.

Pixner, B. 'Jesus and His Community: Between Essenes and Pharisees'. In *Hillel and Jesus*, edited by J. H. Charlesworth and L. L. Johns, 193-224. Minneapolis: Fortress, 1997.

Poirier, J. C. 'Why Did the Pharisees Wash Their Hands?' *JJS* 47 (1996): 217-33.

Polag, A. *Fragmenta Q. Textheft zur Logienquelle*. Neukirchen-Vluyn: Neukirchener, 1979.

Porter, J. R. *Jesus Christ: The Jesus of History, the Christ of Faith*. Oxford: Oxford University, 1999.

Porter, S. E. *The Criteria for Authenticity in Historical-Jesus Research: Previous Discussion and New Proposals*. JSNTS 191. Sheffield: Sheffield Academic, 2000.

______. 'Jesus and the Use of Greek in Galilee'. In *Studying the Historical Jesus*, edited by B. Chilton and C. A. Evans, 123-54. Leiden: Brill, 1994.

Powell, M. A. *Jesus as a Figure in History: How Modern Historians View the Man from Galilee*. Louisville: Westminster, 1998.

______. *What Is Narrative Criticism?* Minneapolis: Fortress, 1990.

Pryke, E. J. *Redactional Style in the Marcan Gospel*. SNTSMS 33. Cambridge: Cambridge University, 1978.

Puig I Tàrrech, A. 'La recherche du Jesus historique'. *Biblica* 81 (2000): 179-201.

Räisänen, H. *The 'Messianic Secret' in Mark's Gospel*. Edinburgh: Clark, 1990.

______. 'Zur Herkunft von Markus 7.15'. In *Logia: Les paroles de Jesus*, edited by J. Delobel, 477-84. Leuven: Leuven University, 1982.

Rappaport, U. 'How Anti-Roman Was the Galilee?' In *The Galilee in Late Antiquity*, edited by L. I. Levine, 95-102. New York: Jewish Theological Seminary of America, 1992.

Rau, E. 'Jesu Auseinandersetzung mit Pharisäern über seine Zuwendung zu Sünderinnen und Sündern. Lk 15,11-32 und Lk 18,10-14a als Worte des historischen Jesus'. *ZNW* 89 (1998): 5-29.

________. *Jesus — Freund von Zollnern und Sundern. Eine methodenkritische Untersuchung*. Stuttgart: Kohlhammer, 2000.

Reed, J. L. *Archaeology and the Galilean Jesus*. Harrisburg: Trinity, 2000.

________. 'The Sign of Jonah: Q 11:29-32 in Its Galilean Setting'. In *Archaeology and the Galilean Jesus*, 197-211. Harrisburg: Trinity, 2000.

Reicke, B. *The Roots of the Synoptic Gospels*. Philadelphia: Fortress, 1986.

Reimarus, H. *Concerning the Intention of Jesus and His Teaching* — see Talbert.

Reinbold, W. *Der älteste Bericht über den Tod Jesu. Literarische Analyse und historische Kritik der Passionsdarstellungen der Evangelien*. BZNW 69. Berlin: de Gruyter, 1994.

Reiser, M. 'Eschatology in the Proclamation of Jesus'. In *Jesus, Mark and Q: The Teaching of Jesus and Its Earliest Records*, edited by M. Labahn and A. Schmidt, 216-38. Sheffield: Sheffield Academic, 2001.

________. *Jesus and Judgment*. Minneapolis: Fortress, 1997.

________. 'Love of Enemies in the Context of Antiquity'. *NTS* 47 (2001): 411-27.

Rénan, E. *The Life of Jesus*. ET London: Truebner, 1864 (1863). (『예수의 생애』, 창 역간)

Rhoads, D. M. *Israel in Revolution, 6-74 CE*. Philadelphia: Fortress, 1976.

Riches, J. *A Century of New Testament Study*. Valley Forge: Trinity, 1993.

________. *Jesus and the Transformation of Judaism*. London: Darton, Longman and Todd, 1980.

Ricoeur, P. *Essays on Biblical Interpretation*. Philadelphia: Fortress, 1980. (『해석 이론』, 서광사 역간)

________. 'The Hermeneutical Function of Distanciation'. In *From Text to Action: Essays in Hermeneutics II*, 75-88. Evanston: Northwestern University, 1991. (『텍스트에서 행동으로』, 아카넷 역간)

________. 'Preface to Bultmann'. In *Essays on Biblical Interpretation*, 49-72. Philadelphia: Fortress, 1980.

________. 'The Task of Hermeneutics'. In *From Text to Action*, 58-63. Evanston:

Northwestern University, 1991.

________. *Time and Narrative* Vol. 1. Chicago: University of Chicago, 1984. (『시간과 이야기 1』, 문학과지성사 역간)

Riesenfeld, H. 'The Gospel Tradition and Its Beginning'. In *The Gospel Tradition*, 1-29. Philadelphia: Fortress, 1957, 1970.

Riesner, R. *Jesus als Lehrer*. WUNT 2.7. Tübingen: Mohr Siebeck, 1981.

________. 'Jesus as Preacher and Teacher'. In *Jesus and the Oral Gospel Tradition*, edited by H. Wansbrough, 185-210. Sheffield: Sheffield Academic, 1991.

________. 'Synagogues in Jerusalem'. In *The Book of Acts in Its Palestinian Setting*, edited by R. Bauckham, 179-210. Grand Rapids: Eerdmans, 1995.

Riley, G. J. 'Words and Deeds: Jesus as Teacher and Jesus as Pattern of Life'. *HTR* 90 (1997): 427-36.

Ringe, S. H. *Jesus, Liberation, and the Biblical Jubilee*. Philadelphia: Fortress, 1985.

Ristow, H., and K. Matthiae. *Der historische Jesus und der kerygmatische Christus*. Berlin: Evangelische, 1961.

Rivkin, E. *What Crucified Jesus?* Nashville: Abingdon, 1984.

Roberts, J. J. M. 'The Old Testament's Contribution to Messianic Expectations'. In *The Messiah*, edited by J. H. Charlesworth, 39-51. Minneapolis: Fortress, 1992.

Robinson, J. A. T. 'Elijah, John and Jesus'. In *Twelve New Testament Studies*, 28-52. London: SCM, 1962.

________. *The Human Face of God*. London: SCM, 1973.

________. *Jesus and His Coming: The Emergence of a Doctrine*. London: SCM, 1957.

Robinson, J. M. 'The Critical Edition of Q and the Study of Jesus'. In *The Sayings Source Q and the Historical Jesus*, edited by A. Lindemann, 27-52. Leuven: Leuven University, 2001.

________. 'Early Collections of Jesus' Sayings'. In *Logia. Les Paroles de Jesus — The Sayings of Jesus*, edited by J. Delobel, 389-94. Leuven: Peeters, 1982.

________. 'Galilean Upstarts: A Sot's Cynical Disciples?' In *Sayings of Jesus: Canonical and Non-Canonical*, T. Baarda FS, edited by W. L. Petersen, et al., 223-49. Leiden: Brill, 1997.

________. 'The History-of-Religions Taxonomy of Q: The Cynic Hypothesis'. In *Gnosisforschung und Religionsgeschichte*, K. Rudolph FS, edited by H Preissler and H. Seiwert, 247-65. Marburg: Elwert, 1994.

________. 'The Jesus of Q as Liberation Theologian'. In *The Gospel behind the Gospels*, edited by R. A. Piper, 259-74. Leiden: Brill, 1995.

________. 'LOGOI SOPHON: On the Gattung of Q'. In *Trajectories through Early Christianity*, by J. M. Robinson and H. Koester, 71-113. Philadelphia: Fortress, (1964) 1971.

________. *A New Quest of the Historical Jesus*. London: SCM, 1959. (『역사적 예수에 대한 새로운 탐구』, 살림 역간)

________. 'The Q Trajectory: Between John and Matthew via Jesus'. In *The Future of Early Christianity*, H. Koester FS, edited by B. A. Pearson, 173-94. Minneapolis: Fortress, 1991.

Robinson, J. M., P. Hoffmann, and J. S. Kloppenborg. *The Critical Edition of Q: Synopsis*. Leuven: Peeters, 2000.

Robinson, J. M., and H. Koester. *Trajectories through Early Christianity*. Philadelphia: Fortress, 1971.

Roloff, J. 'Anfänge der soteriologischen Deutung des Todes Jesu (Mk. x.45 und Lk. xxii.27)'. *NTS* 19 (1972-73): 38-64.

________. *Das Kerygma und der irdische Jesus*. Göttingen: Vandenhoeck und Ruprecht, 1970.

Rordorf, W. 'Does the Didache Contain Jesus Tradition Independently of the Synoptic Gospels?' In *Jesus and the Oral Gospel Tradition*, edited by H. Wansbrough, 394-423. Sheffield: Sheffield Academic, 1991.

Rowland, C. *Christian Origins*. London: SPCK, 1985.

________. *The Open Heaven: A Study of Apocalyptic in Judaism and Early Christianity*. London: SPCK, 1982.

Ruppert, L. *Jesus als der leidende Gerechte*. SBS 59. Stuttgart: KBW, 1972.

Russell, D. S. *The Method and Message of Jewish Apocalyptic*. London: SCM, 1964.

Safrai, S., ed. *The Literature of the Sages*. CRINT II.3.1. Assen: van Gorcum, 1987.

Safrai, S, and M. Stern. *The Jewish People in the First Century*, 2 vols. CRINT 1. Assen: van Gorcum, 1974, 1976.

Safrai, Z. *The Economy of Roman Palestine*. London: Routledge, 1994.

Saldarini, A. J. *Pharisees, Scribes and Sadducees in Palestinian Society*. Edinburgh: Clark, 1988.

Sanday, W., ed. *Studies in the Synoptic Problem*. Oxford: Clarendon, 1911.

Sanders, E. P. 'Common Judaism and the Synagogue in the First Century'. In *Jews, Christians, and Polytheists in the Ancient Synagogue*, edited by S. Fine, 1-17. London: Routledge, 1999.

________. *The Historical Figure of Jesus*. London: Penguin, 1993.

________. *Jesus and Judaism*. London: SCM, 1985. (『예수운동과 하나님나라』, 한국신학연구소 역간; 『예수와 유대교』, 크리스찬다이제스트 역간)

________. 'Jesus and the Kingdom: The Restoration of Israel and the New People of God'. In *Jesus, the Gospels and the Church*, W. R. Farmer FS, edited by E. P. Sanders, 225-39. Macon: Mercer University, 1987.

________. 'Jesus' Galilee'. In *Fair Play: Diversity and Conflicts in Early Christianity*, H. Räisänen FS, edited by I. Dunderberg et al., 3-41. Leiden: Brill, 2002.

________. *Jewish Law from Jesus to the Mishnah: Five Studies*. London: SCM, 1990.

________. *Judaism: Practice and Belief, 63 BCE-66 CE*. London: SCM, 1992.

________. *Paul and Palestinian Judaism*. London: SCM, 1977.

________. *The Tendencies of the Synoptic Tradition*. SNTSMS 9. Cambridge: Cambridge University, 1969.

Sanders, J. T. 'The Criterion of Coherence and the Randomness of Charisma: Poring through Some Aporias in the Jesus Tradition'. *NTS* 44 (1998): 1-25.

Sandmel, S. *The First Christian Century in Judaism and Christianity*. New York: Oxford University, 1969.

Sato, M. *Q und Prophetie. Studien zur Gattungs- und Traditionsgeschichte der Quelle Q*. WUNT 2.29. Tübingen: Mohr Siebeck, 1988.

Sawacki, M. *Crossing Galilee: Architectures of Contact in the Occupied Land of Jesus*. Harrisburg: Trinity, 2000.

Schaberg, J. *The Illegitimacy of Jesus: A Feminist Theological Interpretation of the Infancy Narratives*. San Francisco: Harper and Row, 1987.

________. 'Mark 14:62: Early Christian Merkabah Imagery?' In *Apocalyptic and the New Testament*, edited by J. Marcus and M. L. Soards, 69-94. Sheffield: JSOT, 1989.

Schams, C. *Jewish Scribes in the Second-Temple Period*. JSOTS 291. Sheffield: Sheffield Academic, 1998.

Schenke, L. *Auferstehungsverkündigung und leeres Grab. Eine traditionsgeschichtliche Untersuchung von Mk 16,1-8*. SBS 33. Stuttgart: KBW, 1969, 2nd ed.

Schiffman, L. H. 'Messianic Figures and Ideas in the Qumran Scrolls'. In *The Messiah,* edited by J. H. Charlesworth, 116-29. Minneapolis: Fortress, 1992.

__________. *Who Was a Jew? Rabbinic and Halakhic Perspectives on the Jewish-Christian Schism*. Hoboken: Ktav, 1985.

Schillebeeckx, E. *Jesus: An Experiment in Christology*. ET London: Collins, 1979 (1974).

Schippers, R. 'The Son of Man in Matt. 12.32 = Luke 12.10 Compared with Mark 3.28'. In *Studia Evangelica*, 231-35, 1968.

Schleiermacher, F. D. E. *The Christian Faith*. ET Edinburgh: Clark, 1928 (1821-22). (『기독교 신앙』, 한길사 역간)

__________. *The Life of Jesus*. ET Philadelphia: Fortress, 1975 (1864).

__________. *On Religion: Speeches to Its Cultured Despisers*. ET London: Routledge and Kegan Paul, 1893 (1799). (『종교론』, 대한기독교서회 역간)

Schlosser, J. *Jésus de Nazareth*. Paris: Noesis, 1999.

__________. *Le Régne de Dieu dans les dits de Jesus*, 2 vols. Paris: Gabalda, 1980.

__________. 'Q et la christologie implicite'. In *The Sayings Source Q and the Historical Jesus*, edited by A. Lindemann, 289-316. Leuven: Leuven University, 2001.

Schmidt, K. L. *Der Rahmen der Geschichte Jesus: Literarkritische Untersuchungen zur berlieferung*. Berlin: Trowitzsch und Sohn, 1919.

Schmidt, T. E. *Hostility to Wealth in the Synoptic Gospels*, JSNTS. Sheffield: JSOT, 1987.

Schmithals, W. 'Vom Ursprung der synoptischen Tradition'. *ZTK* 94 (1997): 288-316.

Schnabel, E. J. 'Jesus and the Beginnings of the Mission to the Gentiles'. In *Jesus of Nazareth: Lord and Christ*, I. H. Marshall FS, edited by J. B. Green and M. Turner, 37-58. Grand Rapids: Eerdmans, 1994.

Schnackenburg, R. *Die sittliche Botschaft des Neuen Testaments*. HTKNT Supplement 1. Freiburg: Herder, 1986.

__________. *God's Rule and Kingdom*. Freiburg: Herder, 1963. (『하느님의 다스림과 하느님 나라』, 가톨릭출판사 역간)

Schnelle, U. *The History and Theology of the New Testament Writings*. ET London: SCM, 1998 (1994).

Schottroff, L. *Lydia's Impatient Sisters: A Feminist Social History of Early Christianity*. Louisville: Westminster John Knox, 1995.

Schottroff, L., and W. Stegemann. *Jesus and the Hope of the Poor*. Maryknoll: Orbis, 1986.

Schrage, W. *The Ethics of the New Testament*. Philadelphia: Fortress, 1988.

Schreiber, S. *Gesalbter und König. Titel und Konzeptionen der königlichen*

Gesalbtenerwartung in frühjüdischen und urchristlichen Schriften. BZNW 105. Berlin: de Gruyter, 2000.

Schröter, J. 'Die Frage nach dem historischen Jesus und der Charakter historischer Erkenntnis'. In *The Sayings Source Q and the Historical Jesus*, edited by A. Lindemann, 207-54. Leuven: Leuven University, 2001.

________. *Erinnerung an Jesu Worte. Studien zur Rezeption der Logienüberlieferung in Markus, Q und Thomas.* WMANT 76. Neukirchen-Vluyn: Neukirchener, 1997.

________. *Jesus und die Anfänge der Christologie.* Neukirchen: Neukirchener, 2001.

________. 'Markus, Q und der historische Jesus. Methodische und exegetische Erwägungen zu den Anfängen der Rezeption der Verkündigung Jesu'. *ZNW* 89 (1998): 173-200.

Schulz, S. *Q: Spruchquelle der Evangelisten.* Zurich: Theologischer, 1972.

Schürer, E. *The History of the Jewish People in the Age of Jesus Christ*, revised and edited by G. Vermes and F. Millar, 4 vols. Edinburgh: Clark, 1973-87.

Schürmann, H. 'Die vorösterlichen Anfänge der Logientradition. Versuch eines formgeschichtlichen Zugangs zum Leben Jesu'. In *Der historische Jesus und der kerygmatische Christus*, edited by H. Ristow and K. Matthiae, 342-70. Berlin: Evangelische, 1962.

________. *Gottes Reich — Jesu Geschick. Jesu ureigener Tod im Licht seiner Basileia-Verkündigung.* Freiburg: Herder, 1983.

________. *Jesus. Gestalt und Geheimnis.* Paderborn: Bonifatius, 1994.

Schüssler Fiorenza, E. In *Memory of Her: A Feminist Theological Reconstruction of Christian Origins.* New York: Crossroad, 1983. (『크리스찬 기원의 여성 신학적 재건』, 태초 역간)

________. 'Jesus and the Politics of Interpretation'. *HTR* 90 (1997): 343-58.

________. *Jesus and the Politics of Interpretation.* New York: Continuum, 2000.

________. *Jesus: Miriam's Child, Sophia's Prophet.* New York: Continuum, 1995.

Schwartz, D. R. *Studies in the Jewish Background of Christianity.* WUNT 60. Tübingen: Mohr Siebeck, 1992.

Schwarz, G. *'Und Jesus sprach'. Untersuchungen zur aramäischen Urgestalt der Worte Jesu.* BWANT 118. Stuttgart: Kohlhammer, 1987, 2nd ed.

Schweitzer, A. *The Mystery of the Kingdom of God: The Secret of Jesus' Messiahship and Passion.* ET New York: Macmillan, 1914 (1901).

_______. *The Quest of the Historical Jesus.* London: SCM, 1906, 2000, 2nd ed. (『예수의 생애 연구사』, 대한기독교출판사 역간)

Schweizer, E. 'Der Menschensohn. Zur eschatologischen Erwartung Jesu'. In *Neotestamentica*, 56-84. Zurich: Zwingli, 1959, 1963.

_______. *Erniedrigung und Erhöhung bei Jesus und seinen Nachfolgern.* Zurich: Zwingli, 1962, 2nd ed. (ET 1960).

_______. *Jesus.* London: SCM, 1971.

_______. *The Lord's Supper according to the New Testament.* ET Philadelphia: Fortress, 1967 (1956).

Schwemer, A. M. 'Der Auferstandene und die Emmausjünger'. In *Auferstehung — Resurrection*, edited by F. Avemarie and H. Lichtenberger, 95-117. Tübingen: Mohr Siebeck, 2001.

Scobie, C. H. *John the Baptist.* London: SCM, 1964.

Scott, B. B. *Hear Then the Parable: A Commentary on the Parables of Jesus.* Minneapolis: Fortress, 1989.

_______. *Jesus, Symbol-Maker for the Kingdom.* Philadelphia: Fortress, 1983.

_______. 'New Options in an Old Quest'. In *The Historical Jesus through Catholic and Jewish Eyes*, edited by B. F. Le Beau, L. Greenspoon, and D. Hamm, 1-49. Harrisburg: Trinity, 2000.

Scott, J. M., ed. *Exile: Old Testament, Jewish, and Christian Conceptions.* Brill: Leiden, 1997.

Segal, A. F. *The Other Judaisms of Late Antiquity.* Atlanta: Scholars, 1987.

Segundo, J. L. *The Historical Jesus of the Synoptics.* ET Maryknoll: Orbis, 1985 (1982).

Sellew, P. H. *Dominical Discourses: Oral Clusters in the Jesus Sayings Tradition.* Philadelphia: Fortress, 1989.

Setzer, C. 'Excellent Women: Female Witness to the Resurrection'. *JBL* 116 (1997): 259-72.

Sievers, J. 'Who Were the Pharisees?' In *Hillel and Jesus*, edited by J. H. Charlesworth and L. L. Johns, 137-55. Minneapolis: Fortress, 1997.

Slater, T. B. 'One like a Son of Man in First-Century ce Judaism'. *NTS* 41 (1995): 183-98.

Sloyan, G. S. *The Crucifixion of Jesus.* Minneapolis: Fortress, 1995.

Smith, D. M. *John among the Gospels: The Relationship in Twentieth-Century Research.* Minneapolis: Fortress, 1992.

Smith, M. *Jesus the Magician.* San Francisco: Harper and Row, 1978.

Snodgrass, K. *The Parable of the Wicked Tenants*. WUNT 27. Tübingen: Mohr Siebeck, 1983.

Sobrino, J. *Jesus the Liberator: A Historical-Theological Reading of Jesus of Nazareth*. Maryknoll: Orbis, 1993.

Soskice, J. M. *Metaphor and Religious Language*. Oxford: Clarendon, 1985.

Squires, J. T. *The Plan of God in Luke-Acts*. SNTSMS 76. Cambridge: Cambridge University, 1993.

Stanton, G. N. 'Early Objections to the Resurrection of Jesus'. In *Resurrection*, edited by S. C. Barton and G. N. Stanton, 79-94. London: SPCK, 1994.

________. 'Form Criticism Revisited'. In *What about the New Testament?* C. F. Evans FS, edited by M. D. Hooker and C. Hickling, 13-27. London: SCM, 1975.

________. 'Jesus of Nazareth: A Magician and a False Prophet Who Deceived God's People?' In *Jesus of Nazareth: Lord and Christ*, edited by J. B. Green and M. Turner, 164-80. Grand Rapids: Eerdmans, 1994.

Stauffer, E. 'Jesus, Geschichte und Verkündigung'. *ANRW* II.25.1 (1982): 3-130.

Steck, O. H. *Israel und das gewaltsame Geschick der Propheten*. WMANT 23. Neukirchen-Vluyn: Neukirchener, 1967.

Stegemann, E. W., and W. Stegemann. *The Jesus Movement: A Social History of Its First Century*. Minneapolis: Fortress, 1999.

Stegemann, H. *The Library of Qumran*. ET Grand Rapids: Eerdmans, 1998 (1993).

Stein, R. H. 'The Proper Methodology for Ascertaining a Markan Redaction History'. *NovT* 13 (1971): 181-98.

________. *The Synoptic Problem: An Introduction*. Grand Rapids: Baker, 1987. (『공관복음서 문제』, 솔로몬 역간)

Stemberger, G. *Jewish Contemporaries of Jesus: Pharisees, Sadducees, Essenes*. ET Minneapolis: Fortress, 1995 (1991).

Stone, M. E., ed. *Jewish Writings of the Second Temple Period*. CRINT 2.II. Assen: van Gorcum, 1984.

Strange, J. F. 'Ancient Texts, Archaeology as Text, and the Problem of the First-Century Synagogue'. In *Evolution of the Synagogue*, edited by H. C. Kee and L. H. Cohick, 27-45. Harrisburg: Trinity, 1999.

Strauss, D. F. *The Christ of Faith and the Jesus of History*. ET Philadelphia: Fortress, 1977 (1865).

________. *The Life of Jesus Critically Examined*. ET Philadelphia: Fortress, 1846, 1972 (1835-36, 1840, 4th ed.).

________. *A New Life of Jesus*. ET London: Williams and Norgate, 1879, 2nd ed. (1864).

Strecker, G. 'Schriftlichkeit oder Mündlichkeit der synoptischen Tradition?' In *The Four Gospels 1992*, F. Neirynck FS, edited by F. van Segbroeck, et al., 159-72. Leuven: Leuven University.

________. *Theology of the New Testament*. ET Berlin: De Gruyter, 2000 (1996).

________. 'The Theory of the Messianic Secret in Mark's Gospel'. In *The Messianic Secret*, edited by C. M. Tuckett, 49-64. ET London: SPCK, 1983 (1964).

Streeter, B. H. *The Four Gospels: A Study of Origins*. London: Macmillan, 1924.

Strobel, A. *Die Stunde der Wahrheit*. WUNT 21. Tübingen: Mohr Siebeck, 1980.

________. *Untersuchungen zum eschatologischen Verzögerungsproblem auf Grund der spätjüdisch-urchristlichen Geschichte von Habakuk 2,2ff*. NovTSup. Leiden: Brill, 1961.

Stroker, W. D. *Extracanonical Sayings of Jesus*. Atlanta: Scholars, 1989.

Stuckenbruck, L. T. *Angel Veneration and Christology: A Study in Early Judaism and in the Christology of the Apocalypse of John*. WUNT 2.70. Tübingen: Mohr Siebeck, 1995.

Stuhlmacher, P. *Biblische Theologie des Neuen Testaments. Band 1: Grundlegung von Jesus zu Paulus*. Göttingen: Vandenhoeck und Ruprecht, 1992.

________. 'Der messianische Gottesknecht'. *JBTh* 8, *Der Messias* (1993) 131-54.

________. 'Vicariously Giving His Life for Many, Mark 10:45'. In *Reconciliation, Law and Righteousness: Essays in Biblical Theology*, 16-29. Philadelphia: Fortress, 1986.

Suggs, M. J. *Wisdom, Christology and Law in Matthew's Gospel*. Cambridge: Harvard University, 1970.

Sweet, J. P. M. 'The Zealots and Jesus'. In *Jesus and the Politics of His Day*, edited by E. Bammel and C. F. D. Moule, 1-9. Cambridge: Cambridge University, 1984.

Talbert, C. H. *Reimarus Fragments*. Philadelphia: Fortress, 1970.

Talmon, S. 'The Concept of Masiah and Messianism in Early Judaism'. In *The Messiah*, edited by J. H. Charlesworth, 79-115. Minneapolis: Fortress, 1992.

Tan, K. H. *The Zion Traditions and the Aims of Jesus*. SNTSMS 91. Cambridge: Cambridge University, 1997.

Tatum, W. B. *In Quest of Jesus*. Nashville: Abingdon, revised 1999.

Taylor, J. E. *The Immerser: John the Baptist within Second Temple Judaism.* Grand Rapids: Eerdmans, 1997.

Taylor, V. *The Formation of the Gospel Tradition.* London: Macmillan, 1933.

________. *Jesus and His Sacrifice.* London: Macmillan, 1937.

Telford, W. R. 'Major Trends and Interpretive Issues in the Study of Jesus'. In *Studying the Historical Jesus: Evaluations of the State of Current Research,* edited by B. Chilton and C. A. Evans, 33-74. Leiden: Brill, 1994.

Theisohn, J. *Der auserwählte Richter. Untersuchungen zum traditionsgeschichtlichen Ort der Menschensohngestalt der Bilderreden des äthiopischen Henoch.* Göttingen: Vandenhoeck, 1969.

Theissen, G. 'The Beginnings of the Sayings Tradition in Palestine'. In *The Gospels in Context,* 25-59. Minneapolis: Fortress, 1991.

________. *The First Followers of Jesus: A Sociological Analysis of Earliest Christianity.* ET London: SCM, 1978 (1977). (『원시 그리스도교에 대한 사회학적 연구』, 대한기독교서회 역간)

________. *The Gospels in Context: Social and Political History in the Synoptic Tradition.* Minneapolis: Fortress, 1991.

________. 'Historical Scepticism and the Criteria of Jesus Research or My Attempt to Leap Across Lessing's Yawning Gulf'. *SJT* 49 (1996): 147-76.

________. 'Jesus im Judentum. Drei Versuche einer Ortsbestimmung'. *Kirche und Israel* 14 (1999): 93-109.

________. 'Jesus' Temple Prophecy'. In *Social Reality and the Early Christians,* 94-114. Minneapolis: Augsburg Fortress, 1992.

________. 'Jesus und die symbolpolitischen Konflikte seiner Zeit. Sozialgeschichtliche Aspekte der Jesusforschung'. *EvT* 57 (1997): 378-400.

________. 'The Legend of the Baptizer's Death'. In *The Gospel in Context,* 81-97. Minneapolis: Fortress, 1991.

________. *Lokalkolorit und Zeitgeschichte in den Evangelien: Ein Beitrag zur Geschichte der synoptischen Tradition.* NTOA 8. Freiburg: Universitätsverlag, 1989.

________. *Miracle Stories of the Early Christian Tradition.* ET Edinburgh: Clark, 1983 (1974).

________. 'Nonviolence and Love of Our Enemies (Matthew 5:38-44; Luke 6:27-38)'. In *Social Reality and the Early Christians,* 115-56. Minneapolis: Augsburg Fortress, 1992.

________. *The Shadow of the Galilean: The Quest of the Historical Jesus in Narrative Form.* London: SCM, 1987. (『갈릴래아 사람의 그림자』, 한국신학연구소 역간)

________. *Social Reality and the Early Christians*. Minneapolis: Augsburg Fortress, 1992.

________. 'TheWandering Radicals: Light Shed by the Sociology of Literature on the Early Transmission of Jesus Sayings'. In *Social Reality and the Early Christians*, 33-59. Minneapolis: Augsburg Fortress, 1992.

________. '"We Have Left Everything . . ." (Mark 10:28): Discipleship and Social Uprooting in the Jewish-Palestinian Society of the First Century'. In *Social Reality and the Early Christians*, 60-93. Minneapolis: Augsburg Fortress, 1992.

Theissen, G., and A. Merz. *The Historical Jesus: A Comprehensive Guide*. ET London: SCM, 1998 (1996). (『역사적 예수』, 다산글방 역간)

Theissen, G., and D. Winter. *Die Kriterienfrage in der Jesusforschung: Vom Differenzkriterium zum Plausibilitätskriterium*. Freiburg: Universitätsverlag, 1997.

Thiselton, A. C. *New Horizons in Hermeneutics*. London: Marshall Pickering, 1992.

________. *The Two Horizons*. Exeter: Paternoster, 1980. (『두 지평』, 총신대출판부 역간)

Thomas, J. *Le mouvement baptiste en Palestine et Syrie* (150 av. J.-C.–300 ap. J.-C.). Gembloux: Duculot, 1935.

Thomas, R. *Literacy and Orality in Ancient Greece*. Cambridge: Cambridge University, 1992.

Thompson, M. B. 'The Holy Internet: Communication between Churches in the First Christian Generation'. In *The Gospels for All Christians*, edited by R. Bauckham, 49-70. Grand Rapids: Eerdmans, 1998.

Thompson, M. M. *The Promise of the Father: Jesus and God in the New Testament*. Louisville: Westminster John Knox, 2000.

Thyen, H. '*Baptisma metanoias eis aphesin hamartiōn*'. In *The Future of Our Religious Past*, R. Bultmann FS, edited by J. M. Robinson, 131-68. ET London: SCM, 1971 (1964).

Tilly, M. *Johannes der Täufer und die Biographie der Propheten. Die synoptische Täuferüberlieferung und das jüdische Prophetenbild zur Zeit des Täufers*. BZANT 137. Stuttgart: Kohlhammer, 1994.

Tödt, H. E. *The Son of Man in the Synoptic Tradition*. ET London: SCM, 1965 (1963).

Tomson, P. 'The Names Israel and Jew in Ancient Judaism and in the New Testament'. *Bijdragen* 47 (1986): 120-40, 266-89.

Trautmann, M. *Zeichenhafte Handlungen Jesu. Ein Beitrag zur Frage nach dem geschichtlichen Jesu*. Würzburg: Echter, 1980.

Trocmé, E. 'Historical and Dogmatic Method in Theology'. ET in *Historical Jesus Quest*, edited by G. W. Dawes, 29-53. Leiderdorp: Deo, 1999 (1913).

______. 'Historiography'. In *ERE*, 716-23.

______. *Jesus and His Contemporaries*. London: SCM, 1973.

______. *The Social Teaching of the Christian Churches*. ET London: George Allen and Unwin, 1931 (1912).

Tuckett, C. M. 'Arguments from Order: Definition and Evaluation'. In *Synoptic Studies: The Ampleforth Conferences of 1982 and 1983*, edited by C. M. Tuckett, 197-219. Sheffield: JSOT, 1984.

______. 'A Cynic Q?' *Biblica* 70 (1989): 349-76.

______. 'The Historical Jesus, Crossan and Methodology'. In *Text und Geschichte*, D. Lührmann FS, edited by S. Schlarb and E. Maser, 257-79. Marburg: Elwert, 1999.

______. *Nag Hammadi and the Gospel Tradition*. Edinburgh: Clark, 1986.

______. 'On the Stratification of Q: A Response'. *Semeia* 55 (1992): 213-22.

______. 'Q 22:28-30'. In *Christology, Controversy and Community*, D. R. Catchpole FS, edited by D. G. Horrell and C. M. Tuckett, 99-116. Brill: Leiden, 2000.

______. *Q and the History of Early Christianity*. Edinburgh: Clark, 1996.

______. *The Revival of the Griesbach Hypothesis: An Analysis and Appraisal*. SNTSMS 44. Cambridge: Cambridge University, 1983.

______. 'The Son of Man and Daniel 7: Q and Jesus'. In *The Sayings Source Q and the Historical Jesus*, edited by A. Lindemann, 371-94. Leuven: Leuven University, 2001.

______. 'Thomas and the Synoptics'. *NovT* 30 (1988): 132-57.

Tuckett, C., ed. *The Messianic Secret*. London: SPCK, 1983.

Twelftree, G. H. *Jesus the Exorcist*. WUNT 2.54. Tübingen: Mohr Siebeck, 1993.

______. *Jesus the Miracle Worker*. Downers Grove: InterVarsity, 1999.

Urbach, E. E. *The Sages: Their Concepts and Beliefs*, 2 vols. Jerusalem: Magnes, 1979.

Uro, R. 'Thomas and Oral Gospel Tradition'. In *Thomas at the Crossroads*, edited by R. Uro, 8-32. Edinburgh: Clark, 1998.

Uro, R., ed. *Thomas at the Crossroads: Essays on the Gospel of Thomas*. Edinburgh: Clark, 1998.

Vaage, L. E. *Galilean Upstarts: Jesus' Followers According to Q*. Valley Forge: Trinity, 1994.

______. 'Jewish Scripture, Q and the Historical Jesus: A Cynic Way with the Word'. In

The Sayings Source Q and the Historical Jesus, edited by A. Lindemann, 479-95. Leuven: Leuven University, 2001.

________. 'Q and Cynicism: On Comparison and Social Identity'. In *The Gospel behind the Gospels*, edited by R. A. Piper, 199-229. Leiden: Brill, 1995.

van der Horst, P. W. 'Can a Book End with *gar*? A Note on Mark xvi.8'. *JTS* 23 (1972): 121-24.

________. 'Was the Synagogue a Place of Sabbath Worship before 70 CE?' In *Jews, Christians, and Polytheists in the Ancient Synagogue*, edited by S. Fine, 18-43. London: Routledge, 1999.

Vanderkam, J. C. *The Dead Sea Scrolls Today*. Grand Rapids: Eerdmans, 1994.

________. 'Righteous One, Messiah, Chosen One, and the Son of Man in 1 Enoch 37–71'. In *The Messiah*, edited by J. H. Charlesworth, 169-91. Minneapolis: Fortress, 1992.

van der Loos, H. *The Miracles of Jesus*. NovTSup 9. Leiden: Brill, 1965.

van Henten, J. W. 'The First Testing of Jesus: A Rereading of Mark 1.12-13'. *NTS* 45 (1999): 349-66.

Vansina, J. *Oral Tradition as History*. Madison, Wisconsin: University of Wisconsin, 1985.

________. *Oral Tradition: A Study in Historical Methodology*. London: Routledge and Kegan Paul, 1965.

Van Voorst, R. E. *Jesus outside the New Testament*. Grand Rapids: Eerdmans, 2001.

Vermes, G. *Jesus the Jew*. London: Collins, 1973.

________. *The Religion of Jesus the Jew*. London: SCM, 1993. (『유대인 예수의 종교』, 은성출판사 역간)

________. '"The Son of Man" Debate'. *JSNT* 1 (1978): 19-32.

________. 'The Use of *bar nash/bar nasha* in Jewish Aramaic'. In *An Aramaic Approach to the Gospels and Acts*, edited by M. Black, 310-28. Oxford: Clarendon, 1967.

Via, D. O. *The Parables*. Philadelphia: Fortress, 1967.

Vielhauer, P. 'Gottesreich und Menschensohn in der Verkündigung Jesu'. In *Aufsätze zum Neuen Testament*, 51-79. München: Kaiser, 1957, 1965.

Vieweger, D., and A. Böckler. '"Ich gebe Ägypten als Lösegeld für dich". Mk 10,45 und die jüdische Tradition zu Jes 43,3b, 4'. *ZAW* 108 (1996): 594-607.

Viviano, B. T. 'Hillel and Jesus on Prayer'. In *Hillel and Jesus*, edited by J. H. Charlesworth and L. L. Johns, 427-57. Minneapolis: Fortress, 1997.

________. 'The Historical Jesus in the Doubly Attested Sayings: An Experiment'. *RB* 103 (1996): 367-410.

Vögtle, A. *Die 'Gretchenfrage' des Menschensohnproblems*. QD 152. Freiburg: Herder, 1994.

________. 'Todesankündigungen und Todesverständnis Jesu'. In *Der Tod Jesu: Deutungen im Neuen Testament*, edited by K. Kertelge, 80-88. Freiburg: Herder, 1976.

von Campenhausen, H. 'The Events of Easter and the Empty Tomb'. In *Tradition and Life in the Church*, 42-89. ET London: Collins, 1968 (1960).

Vouga, F. *Jesus et la Loi selon la tradition synoptique*. Geneva: Labor et Fides, 1988.

________. 'Mündliche Tradition, soziale Kontrolle und Literatur als theologischer Protest'. In *Logos und Buchstabe. Mündlichkeit und Schriftlichkeit im Judentum und Christentum der Antike*, edited by G. Sellin and F. Vouga, 195-206. Tübingen: Francke, 1997.

Wachob, W. H., and L. T. Johnson. 'The Sayings of Jesus in the Letter of James'. In *Authenticating the Words of Jesus*, edited by B. Chilton and C. A. Evans, 431-50. Leiden: Brill, 1999.

Walker, W. O., ed. *The Relationships among the Gospels*. San Antonio: Trinity University, 1978.

Wansbrough, H., ed. *Jesus and the Oral Gospel Tradition*. JSNTS 64. Sheffield: Sheffield Academic, 1991.

Watson, F. *Text and Truth: Redefining Biblical Theology*. Edinburgh: Clark, 1997.

Waubke, H.-G. *Die Pharisäer in der protestantischen Bibelwissenschaft des 19. Jahrhunderts*. Tübingen: Mohr Siebeck, 1998.

Weaver, W. *The Historical Jesus in the Twentieth Century*, 1900-1950. Harrisburg: Trinity, 1999.

Webb, R. L. 'John the Baptist and His Relationship to Jesus'. In *Studying the Historical Jesus*, edited by B. Chilton and C. A. Evans, 178-229. Leiden: Brill, 1994.

________. *John the Baptizer and Prophet: A Socio-Historical Study*. JSNTS 62. Sheffield: Sheffield Academic, 1991.

Wedderburn, A. J. M. *Beyond Resurrection*. London: SCM, 1999.

Weinfeld, M. 'Hillel and the Misunderstanding of Judaism in Modern Scholarship'. In *Hillel and Jesus*, edited by J. H. Charlesworth and L. L. Johns, 56-70. Minneapolis: Fortress, 1997.

Weiss, J. *Earliest Christianity: A History of the Period AD 30-150*. ET 1937; New York: Harper Torchbook, 1959 (1914).

________. *Jesus' Proclamation of the Kingdom of God*. ET Philadelphia: Fortress, 1971 (1892).

Wellhausen, J. *Einleitung in die drei ersten Evangelien*. Berlin: Georg Reimer, 1905.

Wells, G. A. *The Jesus Myth*. Chicago: Open Court, 1999.

Wenham, D. *The Rediscovery of Jesus' Eschatological Discourse*. Gospel Perspectives 4. Sheffield: JSOT, 1984.

Wenham, D., and C. L. Blomberg. *Gospel Perspectives*. Vol. 6: *The Miracles of Jesus*. Sheffield: JSOT, 1986.

Weren, W. J. C. 'The Use of Isaiah 5,1-7 in the Parable of the Tenants (Mark 12,1-12; Matthew 21,33-46)'. *Biblica* 79 (1998): 1-26.

Westerholm, S. *Jesus and Scribal Authority*. CBNTS 10. Lund: Gleerup, 1978.

Wilckens, U. *Resurrection*. Edinburgh: St Andrew, 1977.

________. 'The Tradition-History of the Resurrection of Jesus'. In *The Significance of the Message of the Resurrection for Faith in Jesus Christ*, edited by C. F. D. Moule, 51-76. London: SCM, 1968.

Wilcox, M. 'Jesus in the Light of His Jewish Environment'. *ANRW* II.25.1 (1982): 131-95.

Willis, W., ed. *The Kingdom of God in 20th-Century Interpretation*. Peabody: Hendrickson, 1987.

Winger, M. 'Word and Deed'. *CBQ* 62 (2000): 679-92.

Wink, W. *John the Baptist in the Gospel Tradition*. SNTSMS 7. Cambridge: Cambridge University, 1968.

Wischmeyer, O. 'Herrschen als Dienen — Mark 10,41-45'. *ZNW* 90 (1999): 28-44.

Witherington, B. *The Christology of Jesus*. Minneapolis: Fortress, 1990.

________. *The Jesus Quest: The Third Search for the Jew of Nazareth*. Downers Grove: InterVarsity, 1995, 1997, 2nd ed.

________. *Jesus the Sage: The Pilgrimage of Wisdom*. Minneapolis: Augsburg Fortress, 1994.

________. *Jesus the Seer: The Progress of Prophecy*. Peabody: Hendrickson, 1999.

________. *Women in the Ministry of Jesus*. SNTSMS 51. Cambridge: Cambridge University, 1984.

Wolff, H. W. *Jesaja 53 im Urchristentum*. Berlin: Evangelische, 1950, 2nd edn.

Wood, H. G. *Did Christ Really Live?* London: SCM, 1938.

Wrede, W. *The Messianic Secret*. ET Cambridge: Clarke, 1971 (1901).

Wright, N. T. 'Five Gospels but No Gospel: Jesus and the Seminar'. In *Authenticating *the Activities of Jesus*, edited by B. Chilton and C. A. Evans, 83-120. Leiden: Brill, 1999.

______. *Jesus and the Victory of God*. London: SPCK, 1996. (『예수와 하나님의 승리』, 크리스챤다이제스트 역간)

______. *The New Testament and the People of God*. London: SPCK, 1992. (『신약성서와 하나님의 백성』, 크리스챤다이제스트 역간)

Wright, S. *The Voice of Jesus: Studies in the Interpretation of Six Gospel Parables*. Carlisle: Paternoster, 2000.

Young, B. *Jesus the Jewish Theologian*. Peabody: Hendrickson, 1995.

______. *The Parables: Jewish Tradition and Christian Interpretation*. Peabody: Hendrickson, 1998.

Zahrnt, H. *The Historical Jesus*. London: Collins, 1963.

Zeitlin, I. M. *Jesus and the Judaism of His Time*. Cambridge: Polity, 1988.

Zeitlin, S. *The Jews: Race, Nation, or Religion?* Philadelphia: Dropsie, 1936.

Zeller, D. 'Bedeutung und religionsgeschichtlicher Hintergrund der Verwandlung Jesu (Markus 9:2-8)'. In *Authenticating the Activities of Jesus*, edited by B. Chilton and A. Evans, 303-21. Leiden: Brill, 1991.

______. *Die weisheitlichen Mahnsprüche bei den Synoptikern*. Forschung zur Bibel 17. Würzburg: Echter, 1977.

Zias, J., and E. Sekeles. 'The Crucified Man from Giv'at ha-Mivtar: A Reappraisal'. *IEJ* 35 (1985): 22-27.

Zimmermann, J. *Messianische Texte aus Qumran. Königliche, priesterliche und prophetische Messiasvorstellungen in den Schriftfunden von Qumran*. WUNT 2.104. Tübingen: Mohr Siebeck, 1998.

156nn.231,234, 157n.236, 158nn.243,244,
159n.251

Basil of Caesarea, 321n.230

Batey, R. A., 413n.192, *129n.128*

Bauckham, R. A., 341n.281, 351-352, 505n.160,
208n.119, 267n.324, 323n.89, 381n.38

Baudelaire, C., 78

Bauer, W., 38, 42, 59, 430n.274

Bauernfeind, O., *257n.285*

Baumgarten, A. I., 376n.67, *126n.122*

Baur, F. C., 34, 36-38, 85, 86nn.70,71, 143n.108,
242, 243, 262n.44, 369n.42

Bayer, H. F., 575n.241, *238n.211, 305n.42,*
316n.70, 416n.187, 417n.191, 418n.196,
420nn.198,200, 447nn.279,280

Beardsley, M., 151n.139

Beasley-Murray, G. R., 480n.62,
488nn.85,86,87, 492n.106, 553n.133,
555n.141, 556n.143, 559n.157, 561n.173,
564n.185, 568n.210, 569n.211, 570n.218,
574n.237, 579n.246, 581n.251, 582n.256,
583n.260, 585n.266, 589n.280, 590n.281,
591n.285, 594nn.288, 289, 595n.294,
596nn.297,298,300, 597n.302, 604n.315,
608n.338, 614n.355, 616n.367, 617n.371,
622n.386, *34n.30, 53n.111, 238n.211,*
349n.172, 352n.181, 356n.196, 357n.201,
417n.192, 418n.195, 421n.203, 427n.214,
443n.263, 444n.265, 447n.279

Beck, L. J., 66n.2

Becker, J., 139, 140, 143n.110, 323n.238,
479n.59, 499n.130, 502n.145, 504n.153,
521n.2, 530n.40, 555n.142, 561n.173,
562n.177, 565n.192, 566n.201, 568n.209,
569nn.211,212,214, 571n.221, 573n.235,
575n.243, 581n.254, 590n.282, 595n.294,
607n.333, 610n.349, 614n.355, 615n.361,
617n.373, 621n.381, 638nn.446,448, *38n.39,*
39n.47, 52n.102, 53n.108, 54n.116, 63n.150,
72n.176, 81n.216, 95n.18, 100n.39, 103n.45,
104n.49, 119n.98, 131n.135, 137n.156,
139n.168, 140n.174, 141n.177, 144n.183,
147n.198, 148n.200, 150n.208, 153n.217,
162n.262, 164n.276, 166n.285, 183n.11,
196n.69, 197n.74, 199n.88, 200nn.93,95,
201n.97, 204n.107, 208n.114, 246n.244,
278n.368, 305n.37, 322n.88, 332n.123,
334n.131, 335n.134, 341n.153, 357n.200,
359n.206, 398n.118, 404n.145, 406n.157,
411n.176, 426n.213, 443n.263, 450n.3,
457n.20

Becker, M., 603n.312

Beckwith, R. T., 404n.158

Behm, J., *38n.41, 101n.41*

ben Zakkai, J., 421, *354n.193*

Ben-Chorin, B., 144n.114

Bengel, J. A., 78n.40

Bentley, J. H., 61n.15

Bergemann, T., 223n.37, 327n.248

Berger, K., 429n.272, *56n.120, 143n.182,*
164n.277, 248n.251, 446n.271

Berkhofer, R., 169n.36

Best, E., 617n.371

Betz, H. D., 229n.71, 321n.229, 555n.138,
556nn.143,147, 559nn.157,158,159, 563n.183,
65nn.158,159, 108n.58, 138n.162, 147n.194,

475nn.43,46,47,49, 482n.69, 505n.159, *33n.24,*
50n.93, 198n.82, 199n.89, 201nn.96,99,100,
235n.196, 306n.43, 351n.180, 353nn.188,189,
374n.2, 375nn.9,12, 376nn.13,15,17,18,
379nn.29,30,31, 381n.36, 382nn.41,42,44,
384nn.52,53,54,55,57, 385n.67, 386nn.68,69,
387n.73, 388n.75, 389n.83, 391n.87,
392nn.89,91,92, 394, 398n.117, 417n.190,
456n.16, 459n.33, 464n.55, 469n.69, 473n.78,
474nn.79,80,82, 480n.106, 481n.109, 485n.125
Bruce, F. F., 247n.151, *225n.167*
Buchanan, G. W., 71n.15, 425n.251, 430n.275,
438n.328, 615n.361, 617n.368, *45n.72,*
78n.198, 189n.35, 190n.40
Büchsel, F., 587n.273
Bühner, J. A., *242n.229*
Bultmann, R., 97, 100, 123, 125-132, 133-134,
136, 137, 157, 160, 174n.51, 184, 190, 205,
230n.77, 239n.111, 265-266, 268, 269n.78,
270, 271, 275, 277-278, 280, 281, 286, 292, 295,
300n.193, 339n.276, 347, 479n.58, 491n.103,
560n.166, 569n.213, 570n.219, 590n.282,
605n.322, 600, 615n.360, 616n.363, 617n.373,
625n.391, 639, 644n.472, *73n.179, 98, 99n.33,*
104n.48, 117, 118, 131n.135, 137n.156,
145n.192, 147nn.195,197, 148n.203, 151n.212,
152n.216, 193n.58, 194n.59, 196n.69,
217n.147, 235n.198, 237n.208, 239n.213,
241n.224, 257n.285, 260n.299, 266n.319, 282,
286, 332n.121, 338n.142, 344n.159, 359n.206,
388n.74, 392n.88, 417n.189, 426n.213,
434n.235, 450n.2, 452n.9, 455n.12, 456n.19,
495n.166, 511n.224, 512n.225

Burger, C., *204n.108, 248n.251*
Burke, P., 56nn.4,5,6, 58n.9
Burkett, D., *320nn.78,79, 324n.94,*
327nn.106,109, 330n.116, 344n.159, 360n.210,
429n.219
Burkitt, F. C., 90n.92
Burney, C. F., 318, *311n.55, 421n.203*
Burridge, R. A., 266nn.61,62,63,64, 267
Butler, Bishop, 78n.41, 165n.20
Byrskog, S., 258n.29, 283n.138, 285n.148,
341n.281, 342n.284, 467n.4, *83n.227, 471n.75,*
478n.97

Cadbury, H. J., 95n.109
Caird, G. B., 112, 169n.35, 526n.26, 532n.55,
546n.121, 639n.452, 641n.458, 644n.473,
646n.480, 649n.485, 650n.486, *210n.128,*
309n.50, 429n.219
Calvin, J., 61, 178
Cameron, R., 237n.104, 245n.139,
246nn.144,146, 248, 259-260
Campbell, J. G., 634n.425
Camponovo, O., 524n.13
Caragounis, C. C., 596n.300, 616n.367,
625n.390, *322nn.85,88, 323n.89,*
326nn.102,104, 333n.126, 335n.134, 338n.144,
339n.146, 344n.161, 418n.196
Carnley, P., 198n.111, 450n.2, 460n.36, 462n.46,
464n.55, 490, 491n.147, 505n.203, 508n.211,
509n.215, 511n.224
Carroll, J. T., *375n.12, 385n.66*
Carroll, R. P., 634n.424, 641
Carruth, S., 320n.228

Case, S. J., 102n.128

Casey, M., 137n.72, 242n.129, 318n.221,
324n.239, 497n.123, 552n.130, 575n.241,
615n.358, 634n.424, *49n.89, 50n.92, 63n.151,*
112n.77, 322, 323nn.89,90, 324, 328n.110,
331n.118, 339n.145, 340n.151, 344n.159,
345n.163, 349n.171, 352n.185, 356n.198,
361n.213, 382nn.39,40, 410n.173, 417n.192,
418n.196, 420n.198, 422n.207, 424n.209,
434n.230, 447n.277

Casey, P. M., *208n.119*

Catchpole, D., 221n.28, 222n.32, 234, 235,
303n.197, 333n.256, 499n.130, 508n.165,
550n.122, 559n.155, *106n.54, 147n.199,*
196n.69, 209n.123, 210n.128, 212n.134,
222n.160, 354n.192, 455n.14, 459n.31,
476n.85, 510n.218

Cavallin, H. C. C., *445n.266*

Cazalles, H., 471n.28

Celsus, 269, *251*

Chadwick, H., 85n.65, 118n.2, 119nn.4,5,6

Chancey, M., 415n.200

Chapman, M. D., 96n.110

Charles, R. H., 358n.5

Charlesworth, J. H., 51n.9, 146n.125,
147n.129, 198n.111, 214n.3, 238n.109,
247nn.151,154, 249n.162, 250n.165, 269n.77,
359n.11, 415n.198, 434n.302, *51n.101,*
70n.174, 146n.194, 153n.217, 166n.284,
183n.11, 187n.28, 192n.46, 197n.75, 208n.117,
222n.160, 282n.386, 300n.16, 316n.69,
317n.72, 327n.106, 395n.105

Chester, A., *445n.266, 515n.230*

Chiat, M. J., 419n.220

Childs, H., 170n.39, 197n.109

Chilton, B., 145n.118, 147n.129, 347n.302,
426n.255, 429n.270, 431n.286, 435n.311,
471n.28, 475n.46, 480n.62, 481n.66, 489n.90,
490n.95, 503n.151, 510n.171, 527n.31,
539n.89, 552n.130, 556n.143, 562n.178,
572n.227, 582n.257, 589n.279, 615n.362,
619n.373, *32n.20, 34n.29, 64n.151, 133n.145,*
147n.199, 164n.277, 181, 208n.119, 209n.123,
213n.136, 279n.371, 354n.194, 397n.111, 411,
423

Christ, F., *312n.61*

Chrysostom, J., 62n.19, 321n.230, 497n.122

Chubb, Thomas, 70, 72n.21

Cicero, 281n.131, 587n.273, *393n.93*

Clement of Alexandria, 246, 582n.256

Cohen, S. J. D., 367n.28, 368n.31, 369n.41,
371n.44, 374n.57, 391n.122, 400n.145, 411,
423nn.242,244, 488n.86

Colet, J., 61

Collier, A., 171n.42

Collingwood, R. G., 162n.3, 170n.38, 174n.50

Collins, J. J., 381n.93, 382n.96, 530n.40,
532n.52, 543n.110, 603n.312, 642n.464,
185, 186nn.21,22, 187, 204n.109, 230n.180,
233n.192, 283n.390, 299n.15, 326nn.97,98,
327nn.103,105,109, 328n.111, 424n.209,
429n.218, 432n.221, 445n.266

Collins, R. F., *471n.74*

Colpe, C., *339n.148, 342n.155, 344n.160,*
345n.163

Conzelmann, H., 279n.119, 609n.342,

625n.391, *36n.33, 334n.131*

Cook, M. J., *124n.114*

Corbo, V. C., 434n.306

Corley, K. E., 402n.150, *394n.104*

Cotter, W., *249n.253, 256n.279, 277n.357*

Coué, E., 80

Craig, W. L., *458n.25, 466n.60, 486n.126,
487n.134, 490n.146, 505n.203, 506n.206,
510n.221*

Cranfield, C. E. B., *119n.98*

Cross, F. M., 378n.78

Crossan, D., 104n.138, 109-110, 112, 114, 116,
138, 148n.33, 157, 170n.39, 191n.95, 211n.1,
222n.32, 229n.70, 232n.83, 234n.96, 236n.102,
238n.110, 240n.119, 241, 244, 246, 247, 248,
264n.52, 304n.199, 321n.229, 322n.237,
325n.242, 334n.262, 338n.271, 342n.286,
345n.295, 347n.302, 363n.20, 375, 376n.71,
399n.141, 402n.150, 414nn.193,195,198,
415nn.200,203, 420n.228, 426n.256, 430n.273,
431n.286, 434n.303, 435nn.307,309, 453,
454n.13, 474n.37, 514n.182, 515n.183, 529,
550n.123, 551n.125, 552n.132, 560n.166,
561n.171, 579n.246, 586n.272, 587n.274,
595n.294, 607n.335, 611n.350, 615n.359,
622n.385, 625n.392, 626, 628n.401, 630-
631, 632, 633, 639, 644n.472, *29n.11, 34n.32,
51n.101, 62n.145, 63n.147, 75n.188, 77n.191,
86n.234, 101n.43, 108n.62, 111nn.70,72,
115n.87, 154nn.221,223,225, 155n.238,
162n.265, 172n.297, 181, 197n.78, 200n.93,
209nn.121,124, 210n.128, 225n.167, 246n.245,
256n.279, 260n.300, 274nn.341,344,345,*

*278n.363, 280n.374, 331, 340n.151, 350n.175,
356n.198, 376n.16, 386n.67, 389n.83, 393n.94,
394nn.101,103, 396n.108, 410n.172, 456n.19,
461n.42, 462n.45, 464n.55, 470n.71, 474n.82,
487n.135, 489n.141, 492n.154, 503n.195*

Cserhati, M., 631n.411

Cullmann, O., 64n.24, 325n.241, 473n.34,
493n.109, 511n.172, *55n.118, 183n.11,*
190n.40, 222n.159, 225n.167, 227n.172,
233n.192, 234n.193, 243n.235, 333n.126,
429n.219, 438n.255

Culpepper, R. A., 152n.143

Dahl, N. A., 147, 160n.2, 198nn.111,112,
259n.36, 454n.13, 457n.22, *194n.63, 196n.69,
389n.77*

Dalferth, I. U., *467n.65*

Dalman, G., 318n.225, 525n.22, 527, 552n.130,
557n.154, 596n.300, 607n.336, *51n.98,
288n.409, 310n.51, 312n.60, 322n.88*

D'Angelo, M. R., *309n.48*

Daniel, C., 385n.106

Danker, F. W., 59n.12, 608n.337

Dante, *380n.32*

Darwin, C., 80

Daube, D., *204n.109*

Davies, S. L., 510n.171

Davies, W. D., 235n.98, 307n.204, 322n.235,
325n.242, 326n.247, 467nn.6,7,9,
471nn.26,27, 474n.40, 475nn.44,48,
488n.87, 497nn.117,122, 503n.150,
509nn.167,168, 510n.170, 518n.193,
554n.137, 556nn.143,145,146, 557nn.150,153,

Francis, J., *159n.249*

Fredriksen, P., 147n.129, 162n.5, 377n.74,
432n.290, 489n.90, 490n.95, *123n.109,*
131n.137, 197n.79, 201n.97, 202n.100,
208n.119, 221n.157, 224n.163, 403n.140

Freed, E. D., 472n.30, 474n.40, 475n.49

Frei, H. W., 152n.142

Frenschkowski, M., 234n.95

Freyne, S., 408, 409nn.174,175, 410nn.179,180,
414nn.197,198, 416n.207, 417nn.211,212,215,
422nn.235,238, 423n.241, 426n.254, 427n.262,
437n.318, 438n.332, 440nn.340,343, 559n.159,
631n.411

Frickenschmidt, D., 266n.61

Fryde, E. B., 56n.1, 58n.9

Frye, N., 190

Fuchs, E., 135-136

Fuhs, H. F., *94n.13, 95n.14*

Fuller, R. H., *247n.246, 299n.15, 313n.66,*
320n.78, 332n.122, 333n.127, 430n.220,
455n.12, 456n.18, 462n.48, 469n.70,
487nn.135,136, 493n.157, 501n.184, 514n.229

Funk, R., 108, 109nn.159,161,164, 110n.168,
111, 112, 139n.87, 142n.100, 158, 191n.95,
262n.44, 278n.116, 280n.127, 285n.149,
302n.195, 303n.196, 304n.198, 319n.226,
322n.236, 326n.244, 333n.259, 336n.265,
337n.269, 338n.272, 344n.291, 413n.191,
453, 454n.13, 455n.17, 510n.171, 551n.125,
560nn.163,164,166, 561n.173, 562n.177,
564n.185, 567n.206, 568nn.207,210,
569nn.212,215,216, 570n.220, 572n.230,
579n.246, 582n.255, 592n.286, 594n.288,

595n.293, 596n.296, 601n.304, 604n.320,
610n.348, 614n.355, 618n.375, 621n.380,
626n.394, *30n.17, 34n.32, 39n.47, 44n.70,*
45nn.73,75, 51n.100, 53n.108, 64n.155,
65nn.158,159,161, 68n.168, 73n.180, 74n.184,
83nn.220,224, 88n.244, 93n.8, 94n.12,
100n.39, 103nn.45,47, 106nn.53,54, 110n.69,
123n.108, 131n.135, 133n.143, 135n.148,
144n.186, 147n.195, 148n.203, 150nn.207,208,
152n.216, 153n.217, 157n.238, 158nn.240,242,
159n.250, 160n.253, 197n.77, 202n.100,
204n.105, 206n.111, 215n.139, 217n.144,
235n.198, 237n.206, 245n.242, 259n.298,
264n.307, 265nn.314,317, 266n.323, 283n.387,
286n.402, 302n.27, 303n.31, 304n.35, 307n.44,
311n.57, 316nn.67,69, 317n.74, 331n.120,
341n.153, 344n.160, 349n.170, 356n.199,
376n.14, 392n.88, 394n.101, 407n.158,
417n.189, 456n.19, 460n.37, 471n.74,
486n.129, 487n.135, 498n.174, 499n.176

Furnish, V. P., *144n.188, 145n.191, 146n.194,*
147n.196

Gabba, E., 399n.142

Gadamer, H.-G., 121n.13, 153, 158, 164n.14,
166, 169, 176n.57, 177n.59, 183n.68, 185n.82,
187, 189, 190n.94, 195

Gafni, I. M., 362n.17, 372n.48

Gager, J., 104

Galloway, A. D., 165n.19

Gardiner, P. L., 67n.3

Garsky, A., 320n.228

Gärtner, B., *56n.124*

Gutmann, J., 420n.224, 423n.241

Haag, E., 541n.101

Haag, H., *300n.20*

Hachlili, R., 418n.219, 419n.220, 420n.228,
    460n.38

Haenchen, E., 305n.203, *394n.103*

Hagner, D. A., 51n.9, 144n.114, *119n.99,*
    246n.244

Hahn, F., 143n.110, 452n.4, 473n.34, *186n.27,*
    218n.149, 247n.246, 300n.21, 307n.44,
    313n.66, 332n.121, 344n.161, 410n.172,
    417n.192, 430n.220, 434n.235, 495n.166

Haider, J., 163n.8

Haight, G., 71n.16

Halpern, B., 634n.424

Halpern-Amaru, B., 634n.429

Hamerton-Kelly, K., *98n.30, 155nn.226,229,*
    157n.238

Hampel, V., *52n.105, 53n.111, 201n.100,*
    244n.237, 325n.96, 327n.106, 333n.127,
    338n.144, 339n.146, 340n.151, 346n.165,
    349n.170, 353n.186, 357n.200, 359n.205,
    418n.196, 434nn.230,233, 435nn.236,238

Hanina ben Dosa, 512n.178, 710

Hanson, J. S., 630n.408, *187n.31*

Hanson, K. C., 377n.75, 427nn.265,266

Hare, D. R. A., *321n.81, 323n.89, 331n.118,*
    335n.136, 339n.146, 342n.155, 344n.160,
    345n.163, 356n.197, 357n.200, 360n.210

Harnack, A., 37n.16, 82, 90n.89, 93n.99,
    95n.108, 101, 109n.164, 116, 125, 126, 132,
    144, 300n.194, 596n.300, *98*

Harrington, D. J., 228n.65, 363n.20

Harrington, H. K., 374n.58

Harris, H., 71n.17

Harris, W. V., 430n.277, 431n.281

Hart, H. St. John, *225n.166*

Hartley, L. P., 70n.11

Hartman, L., 564n.190

Harvey, A. E., 137n.74, 145.118, 466n.3,
    508n.166, 643, *131n.137, 175n.305,*
    196nn.67,69, 198n.87, 213n.135, 253n.276,
    368n.227

Harvey, G., 367n.29, 368n.32

Harvey, V. A., 119n.7

Hauck, F., 559n.159, *60n.135*

Havelock, E. A., 284n.144

Havener, I., 221n.28

Haverly, T. P., 287n.158

Hawkins, J. C., 87n.76, 88n.78, 219n.20,
    376n.13

Hay, D. M., *204n.106*

Hays, R., *41n.60*

Hayward, C. T. R., 399n.143, 633n.422

Hayward, R., *446n.272*

Hecataeus, 368

Hedrick, C. W., 241n.126, 297n.189

Hegel, G. W., 143n.108

Heil, C., *103n.45, 158n.242*

Heil, J. P., *245n.242*

Heinemann, J., 559n.139

Heisenberg, W., 168n.30

Henaut, B. W., 336n.264

Henderson, I., 264n.52

Hengel, M., 146n.122, 220n.22, 222n.30,

282n.135, 294n.185, 345n.297, 371n.44,
374nn.56,58,60, 375nn.61,62,63,64,
376nn.70,71, 377n.75, 379n.85, 387n.110,
389n.119, 390n.121, 400n.144, 421n.230,
423n.241, 432n.288, 529n.38, 565n.193,
621n.381, *43n.68, 44n.70, 46n.78, 65n.161,
76n.189, 108, 109n.64, 110n.66, 118,
139nn.167,169, 154n.221, 158n.241, 163n.270,
164n.272, 182n.9, 190nn.38,40, 191n.45, 193,
196n.69, 197n.74, 204nn.103,109, 205n.110,
222n.160, 243n.235, 292n.428, 299nn.10,11,
305n.37, 316n.69, 327n.106, 332n.123,
385n.64, 393nn.93,96,98, 424n.209, 432n.221,
445n.266, 458n.28, 495n.167*

Herder, J. G., 82n.60, 276, 277

Herodotus, 56, 360

Herrenbruck, F., 80n.213, 81n.214

Herrmann, W., 80, 123, 131, 132, *511n.224*

Herzog, W. R., 562n.176, *172n.296*

Heschel, S., 142, 143nn.106,107,111, 144n.114,
205n.125, 372n.49

Hesse, F., *183n.12, 230n.177*

Hester, J. D., *455n.14*

Hezser, C., 430n.277

Hiers, R. H., 94n.102, 615n.361, 625n.390

Higgins, A. J. B., *320n.78, 333n.127, 343n.155,
359n.207*

Hill, D., 270n.84

Hillel, 376, *119n.99, 135n.150, 144n.186,
148n.202, 208n.118*

Himmelfarb, G., 169n.36

Himmelfarb, M., 489n.94

Hodgson, P. C., 71nn.16,17

Hoehner, H. W., 424n.247

Hoffmann, P., 104n.141, 221n.28, 223n.38,
224n.43, 231n.80, 232n.82, 234, 329n.253,
332n.256, 334n.261, 487n.82, 508n.165,
612n.352, *46n.76, 59n.133, 65n.157, 94n.11,
334n.131, 356n.198, 422n.205, 508n.213,
510n.220*

Hofius, O., 250n.165, 258n.33, *303n.29,
332n.123, 354n.192*

Hogg, Dr., 293

Holladay, C. H., *260n.299*

Holland, D. L., 94n.102

Hollander, H. W., 336n.264, 534n.57, *230n.179,
446n.267*

Hollenbach, P. W., 109, 480n.62, 491n.101,
611n.350

Holman, C. L., 642nn.462,464

Holmén, T., 253n.5, 363n.20, 374n.56,
399n.143, 594nn.288,289, 596n.300, *74n.184,
79n.206, 119n.101, 124n.115, 132n.138,
133n.147, 135n.149, 137n.159, 138nn.163,166,
147n.195, 200nn.90,94, 209n.119, 410n.173*

Holtzmann, H. J., 87, 88, 89n.88, 91n.93, 217,
218n.15

Honi, 512n.178, *300, 309n.49*

Hooker, M. D., 138, *208n.114, 210n.126,
237n.208, 238n.211, 242n.231, 243n.232,
333n.126, 339n.146, 340n.152, 349n.172,
352n.183, 354n.194, 425n.212, 429nn.219,220,
432n.222, 434n.230, 437n.247, 438n.255*

Horbury, W., *52n.104, 185nn.17,18, 206n.112,
321n.80, 327nn.108,109, 328n.111, 348n.169*

Horn, F. W., 525n.24, *56n.120*

Horsley, R. A., 103n.137, 104n.139, 105-
107, 108.157, 112n.177, 113n.183, 116,
141n.100, 144n.113, 228nn.64,67, 229n.68,
231n.80, 252n.85, 241n.124, 285n.148, 289-
291, 335n.263, 338n.272, 343n.289, 375n.65,
379n.88, 408, 409, 410nn.179,180, 411n.182,
414n.299, 416n.300, 418n.219, 419nn.220,222,
422nn.238,240, 423nn.241,244, 425, 426n.254,
427nn.258,261,264, 430n.277, 431n.279,
439n.335, 529, 562n.178, 630, *52n.103,*
56n.123, 64n.151, 81n.216, 147n.199,
172n.296, 173n.300, 187, 188n.31, 196n.70,
197n.79, 201n.98, 209nn.123,124, 225n.168,
256n.279, 396n.107, 398n.118
Horton, F. L., *266n.320*
Houlden, J. L., *131n.135*
Howard, V., *412n.178*
Hubbard, B. J., *484n.118*
Hübner, H., *131n.136, 132n.141*
Hughes, J. H., 504n.152
Hultgren, A. J., 560n.166, 562n.176, 568n.210,
569nn.211,212,213,216, 570nn.218,219,220,
573n.235, 574n.236, 579n.246, 581n.251,
595nn.293,295, 609n.346, 619n.378,
621n.384, *30nn.16,17, 39n.47, 46n.77,*
52n.108, 88n.244, 106n.54, 285n.396, 316n.67
Hume, D., 163, 167n.34
Hunt, A., 61n.15
Hunt, L., 67n.7, 69n.8, 150n.138, 172
Husserl, E., 169

Ibn al-Salibi, *139n.169*
Iggers, G. G., 69n.8, 150nn.137,138, 179n.61

Ignatius, 508n.166
Ilan, T., *84n.231*
Ingarden, R., 179n.62
Irving, D., 163n.8, 174n.52
Iser, W., 152, 153, 157, 290, 343
Isser, S., 387n.112

Jacobs, M., 67n.5, 68n.7, 69n.8, 150n.138, 172
Jacobson, A. D., 222n.35, 230n.77, 231n.79,
431n.279, *154n.221, 157nn.236,238*
Janowski, B., 530n.41, *186n.25, 442n.259*
Jason of Cyrene, 365
Jauss, H. R., 290
Jenkins, K., 150n.137
Jenkins, P., 110n.165, *82n.218*
Jepsen, A., *42n.62*
Jeremias, G., 255n.15
Jeremias, J., 95n.107, 136, 137, 145n.118,
248n.160, 318, 319, 321, 322nn.233,235,
384n.100, 393n.128, 399n.142, 433n.299,
434n.302, 489n.92, 510n.171, 518n.191,
519n.197, 524n.12, 525, 530n.41, 532n.55,
535n.71, 536n.85, 553n.134, 554n.137,
556nn.144,148, 557n.150, 560n.166, 562n.176,
564n.189, 565n.194, 575, 579n.246, 580n.248,
581n.251, 585n.268, 591n.285, 595n.293,
596n.298, 602n.307, 608n.337, 617n.371, 640,
27n.3, 37, 40n.52, 44, 45, 53n.112, 55n.118,
57n.129, 63n.151, 64n.152, 75, 76, 85n.233,
98, 99n.35, 100nn.36,40, 101n.43, 104n.50,
107n.56, 118, 126n.119, 138n.160, 140n.174,
160n.253, 162n.266, 232n.184, 278nn.366,368,
288n.409, 289nn.413,415, 291n.424, 298n.8,

Lüdemann, G., 109, 238n.110, 323n.238,

474n.41, 551n.125, 555n.140, 560n.166,

561n.173, 562nn.176,177, 564n.185,

567nn.205,206, 568nn.207,210,

569nn.211,214,215,216, 571n.221, 573n.235,

574n.236, 575n.243, 579n.246, 581n.251,

583n.258, 584n.264, 592nn.285,286, 594n.288,

595n.293, 596n.296, 601n.304, 614n.355,

618n.375, 621n.380, 629n.403, *30n.17,*

34n.32, 39n.47, 44n.70, 45n.73, 52n.108,

64n.155, 65nn.158,159,161, 73n.180, 74n.184,

88n.244, 93n.8, 94n.12, 100n.39, 103nn.45,47,

106nn.53,54, 110n.69, 123n.108, 131n.135,

144n.186, 147n.195, 148n.203, 150nn.207,208,

153n.217, 156n.234, 158nn.240,242, 196n.69,

201nn.97,100, 204n.105, 206n.111, 209n.124,

235n.198, 237n.206, 259n.298, 264nn.307,311,

265nn.314,315, 266n.323, 278n.368, 286n.402,

302n.27, 312n.57, 316n.67, 317n.74, 341n.153,

344n.160, 349n.170, 356n.199, 384n.55,

385n.67, 392n.88, 394n.103, 407n.158,

417n.189, 459n.34, 464n.55, 466n.60, 467n.66,

470n.72, 471n.75, 472n.77, 474n.82, 477n.90,

486n.129, 487n.135, 493n.157, 496n.172,

499n.177, 508nn.211,213, 509n.216, 511n.224

Lüdertz, G., 420n.230

Lührmann, D., 87n.73, 89n.87, 229n.73,

230n.77, 231n.80, 300n.194, 351n.308,

518n.192

Luther, M., 61, 64, 76n.36, 184

Luz, U., 234n.96, 321n.229, 467n.5,

508nn.164,166, 519n.196, 559n.157, 569n.215,

646n.479, *137n.156*

McArthur, H. K., *290n.420, 493n.158*

McCane, B. R., *464n.55*

Maccoby, H., 325n.241, *133n.143, 380n.32*

McCready, W. O., *166n.284*

McDonald, J. I. H., *476n.85*

McDonnell, K., 493n.109, 508n.166

McGiffert, A. C., 34

Machen, J. G., 468n.12

Mack, B. L., 112n.180, 113n.185, 144n.113,

191n.95, 224n.47, 225n.51, 229n.70,

338n.272, 413n.190, 414n.194, 416n.207

McKay, H. A., 418n.219, 420n.224

Mackintosh, H. R., 80n.52

McKnight, S., 147n.129, 148n.130, 459n.23,

514n.182, 528n.35, 552n.131, 564n.185,

566n.201, 581n.254, 597n.302, 637n.443,

645n.475, *34n.32, 38n.39, 47n.83, 52n.103,*

79n.202, 87n.242, 92n.2, 97n.27, 115n.87,

146n.193, 151n.211, 158n.241, 164n.277,

190n.41, 242nn.230,231, 296n.3, 309n.50,

412n.178

Madden, P. J., *271n.331*

Maier, J., 215n.5

Malina, B. J., 184n.72, 511n.171, 587n.274,

643n.470, *78n.198, 273n.338*

Manson, T. W., 92n.96, 136n.65, 222n.34,

318n.223, 562n.177, 592n.285, 625n.391,

32n.20, 34n.29, 92nn.1,2, 100n.40, 103n.45,

155n.226, 238n.211, 311n.55, 430n.220

Marcus, J., 527n.30, 614n.356, 617n.373,

34n.29, 129n.128, 155n.228, 264n.310,

265n.316, 266n.318, 271n.329, 277, 342n.155,

353n.188, 387n.73, 389n.81

Mulder, M. J., 404n.158

Müller, U. B., *328n.110, 422n.204, 443n.263,*
502n.188, 503n.194

Munck, J., 265n.56

Murfin, R. C., 152

Murphy, J., 360n.14

Murphy-O'Connor, J., 387n.109, 434n.302,
435n.311, 438n.329, 481n.65, *197n.75,*
207n.113, 272n.333, 395n.105, 460n.39,
464n.54

Myllykoski, M., *394n.101*

Neale, D. A., 395n.134

Neander, A., 86n.68

Neill, S., 141n.100

Neirynck, F., 87n.73, 247nn.154,156, 248n.157,
249n.162, 305n.202

Neugebauer, F., 270n.83

Neusner, J., 146n.123, 282n.134, 359n.12,
360n.14, 361n.16, 372, 374n.58, 400n.145,
422n.235, *133n.143, 163*

Neville, D. J., 218n.14

Newman, J. H., 164, 165n.18

Newsom, C., 524n.13, 530n.44, *459n.30*

Newton, M., 379n.84, *56n.124*

Nickelsburg, G. W. E., 360n.14, 361n.16,
374n.56, 381nn.92,96, *413n.180*

Niehr, H., *436n.244*

Nielsen, H. K., *282n.384*

Nineham, D. E., 50n.6, 119n.7

Nissen, A., *143n.182*

Nolland, J. L., *136n.153, 432n.226*

Oakman, D. E., 320n.228, 377n.75,
427nn.265,266, 430n.274, 587n.274, 622n.385,
63n.149

Oberlinner, L., *412n.177*

O'Collins, G., *180n.3, 509n.215*

Oden, R. A., 648n.484

Oegema, G. S., *184n.15*

Oepke, A., *278n.366*

Okpewho, I., 292n.176

O'Neill, J. C., 71n.17, 118n.2, 119n.6, *218n.152*

Ong, W. J., 283n.140, 284

Origen, 250, 269

Osiek, C., *154n.221, 156n.232, 157n.238,*
158n.244

Oster, R. E., 419n.222, 420n.230, 433n.298

O'Toole, R. F., 325n.240, *383n.45*

Otto, R., *273n.338*

Overman, J. A., 631n.411

Owen, P., *322n.88, 323n.92, 329n.93*

Padgett, A. G., 170n.39

Paesler, K., *200n.94*

Pagels, E. H., 245n.139

Paget, J. C., 142n.100

Painter, J., *158n.244*

Pannenberg, W., 135n.57, 143n.111, 170n.38,
118n.98, 467n.65, 494n.163, 503n.195,
508n.213, 509nn.215,216, 513n.228, 515

Papias, 90, 220, 259, 280n.123, *50n.91*

Parker, D. C., 349n.306

Parker, T. H. L., 62n.19

Pascal, 78

Paschen, W., *132n.141*

Patrick, D., 530n.40

Patterson, S. J., 138, 139n.87, 196n.107,
234n.96, 237n.105, 238n.108, 242n.127,
454n.13, *111n.72*

Pawlikowski, J. T., 144n.111

Peabody, B., 284n.142

Peacocke, A., 475n.49

Pelikan, J., 48n.2, 63n.22

Pellauer, D., 647n.483

Perkins, P., 523n.8, *457n.20, 492n.152*

Perrin, N., 83n.63, 100n.122, 134n.52, 137,
528, 543, 546, 555n.138, 561n.173, 581n.254,
594n.288, 596n.297, 597n.302, 607n.333,
615n.360, 616n.363, 618n.377, 622n.385, 649,
30n.17, 45n.75, 100n.39, 131n.135, 147n.199,
150n.207, 153n.217, 161n.260, 192n.46,
235n.198, 237n.208, 278n.366, 307n.44,
327n.109, 331n.117, 334n.131, 349nn.171,172,
353n.186, 359n.206, 399n.122, 417n.189,
435n.240, 515n.232

Person, R. F., 355n.314

Pesch, R., 504n.153, 518n.191, 553n.133,
564n.185, 573n.234, 583nn.258,260, 594n.288,
33n.28, 41n.55, 49n.89, 50n.96, 66n.163,
73n.179, 115nn.86,87, 123n.108, 128n.124,
131n.135, 157n.236, 199n.89, 212n.130,
222n.159, 237n.206, 254n.278, 256n.281,
259n.298, 264nn.307,311, 265nn.314,315,317,
266n.323, 271nn.328,330, 272n.332, 273n.340,
286, 340n.151, 374n.2, 376n.18, 382n.39,
383nn.46,54, 386n.67, 392n.89, 413n.180,
414n.183, 417n.189, 434n.233, 436nn.235,245,
438n.253, 455nn.12,14, 457nn.20,22,24,

458n.26, 502nn.191,192

Petrarch, 55, 57

Petrement, S., 239n.112

Pfleiderer, O., 121n.14

Philo, 271, 358, 419n.226, 421n.232, 501, 545,
587n.273, 632, *156n.233, 385n.63, 387*

Pilch, J. J., *245n.243, 510n.217*

Piper, J., *146n.193*

Piper, R. A., 232n.83, 437n.324

Pixner, B., 378n.79

Plutarch, 254n.13

Poirier, J. C., *128n.127*

Polag, A., 221n.28, 330n.254, 508n.165

Polycarp, 259, 260n.38

Popkes, W., 518n.193

Porter, S. E., 51n.9, 138, 139, 432nn.288,289

Porton, G. G., 376n.68, 377nn.73,77

Powell, M. A., 51n.9, 151n.141

Preuss, H. D., 541n.101

Procksch, O., *95n.19*

Pryke, E. J., 230n.75

Purvis, J. D., 388n.117

Quell, G., *99n.31*

Quintilian, 545n.116

Räisänen, H., *33n.28, 131n.137, 192nn.47,49,*
193, 212n.134, 217n.144, 222n.160, 394n.101,
455n.14

Rappaport, U., 426n.254

Ratzinger, J., 204n.124

Rau, E., *39n.47*

Reardon, B., 81n.56

Reed, J. L., 147n.125, 191n.95, 234n.95, 376n.71,
399n.141, 402n.150, 409, 410nn.177,178,
414n.198, 415nn.199,200,201,202, 416,
417n.212, 418n.301, 420n.228, 426n.256,
427n.265, 430n.273, 434, 435, 436, 437n.321,
438nn.329,334, 439n.336, 440n.340, 587n.274,
644n.472, *75n.188, 172n.297, 209n.121,
210n.128, 225n.167, 237nn.208,209, 238n.211,
244n.239, 386n.67, 396n.108, 460n.38,
461n.42, 503n.195*

Reich, R., 402n.150

Reid, B. E., *245n.243*

Reimarus, H., 70-73, 77, 91n.94, 105n.144, 116,
118, 122, 132, 142, 157, 163, 252, 262n.44,
572n.231, *26, 188, 464n.56, 489n.142, 512*

Reinbold, W., *374n.2*

Reiser, M., 108n.156, 193n.100, 454n.16,
496n.116, 497nn.117,118, 499nn.130,131,
503n.151, 504n,153, 536n.80, 550n.123,
562n.177, 566nn.201,203,204,206, 568n.209,
569nn.211,212, 570n.217, 571nn.221,224,
143n.182

Renan, E., 34, 81, 143, *98, 111, 117*

Rengstorf, K. H., *64n.152*

Reventlow, H. G., *431n.221*

Rhoads, D. M., 151, 380n.91, 426n.254

Richardson, P., 342n.285

Riches, J., 51n.9, 77n.38, 121n.14, 145n.118,
504n.153, 528n.31, 624n.389, *131n.135,
332n.122*

Ricoeur, P., 151n.140, 166n.23, 168, 176n.57,
188n.90, 190, 196n.105, 286n.151, 546, 647,
648n.484, 649, *515*

Riesenfeld, H., 281, 282

Riesner, R., 257n.25, 282n.133, 318nn.222,224,
419n.220, 420n.228, 429n.269, 430nn.278,280,
466n.4

Ringe, S. H., *151n.211*

Ritschl, A., 80, 91, 92, 143, *117*

Rivkin, E., *398n.118*

Roberts, J. J. M., *184n.14*

Robinson, J. A. T., 49n.3, 244n.137, 504n.156,
352n.183, 361n.214, 363n.224

Robinson, J. M., 39, 112n.179, 114nn.192,194,
125.27, 126n.28, 129n.41, 132n.46, 133n.47,
134nn.51,56, 135n.60, 136n.61, 157, 191n.96,
221n.28, 228n.38, 229nn.71,72,73, 230n.77,
232n.83, 329n.253, 333n.256, 334n.261,
351n.308, 487n.82, 508n.165, 607n.333,
612n.352, *46n.76, 59n.133, 65n.157, 94n.11,
103n.45, 181, 422n.205*

Roloff, J., 135n.57, 453n.9, *41nn.55,60,
219n.154, 396n.109, 492n.154*

Rordorf, W., 264n.52, *492n.156*

Rorty, R., 179n.62

Rosenbaum, R., 167n.28

Roth, C., *210n.128*

Rowland, C., 35n.11, 381n.94, 543n.111,
*52n.103, 119n.99, 220n.155, 225n.167,
333n.127, 354n.192, 403n.139, 511n.223*

Rowley, H. H., 385n.106

Rudolph, K., 239n.115, 487n.83

Rumscheidt, H. M., 125n.27

Runesson, A., 420n.225

Rupp, E. G., 59n.10

Ruppert, L., *413n.180*

Sellew, P. H., 232n.83

Semler, J. S., 118n.3

Setzer, C., *471n.75*

Seybold, K., 527n.27, 530n.40, 531n.45, *93n.6,*
129n.128

Shammai, 199, *126, 135n.150, 163*

Shepherd, D., *322n.88, 324n.93*

Short, H. L., 64n.25

Sievers, J., 373n.53

Sim, D. C., 352n.312

Simeon ben Menasya, R., *124n.113*

Simeon ben Shetah, *309n.49*

Simon, E., 87n.73

Simon, R., 118n.1

Skehan, P. W., 633n.422

Slater, T. B., *325n.96, 327n.109*

Sloyan, G. S., *393n.93*

Smalley, B., 56n.2

Smallwood, E. M., 425n.250

Smith, D. M., 243n.135, 534n.64

Smith, M., *274, 275n.348, 277n.356, 278n.363,*
279n.373, 309n.48

Smith, R., *274n.343*

Smith, W. R., *162n.267*

Snodgrass, K., *316n.67*

Soards, M. L., *354n.192, 376n.13*

Sobrino, J., 102n.130

Soskice, J. M., 546, 649, *515*

Spencer, J. R., 63n.23

Spiegel, G., 175n.53

Spinoza, B., 70, 118n.1

Squires, J. T., *404n.142*

Stählin, G., *425n.210*

Stanton, G. N., 235n.99, 287n.159, *200n.95,*
251n.269, 275n.348, 462n.47

Stauffer, E., 474n.36, 504n.152, *90n.253,*
118n.98

Steck, O. H., 497n.124, 564n.184, *407n.158*

Stegemann, E. W., *63n.146*

Stegemann, H., 359n.10, 429n.272, 478n.52,
488n.88, 514n.182, *41n.59*

Stegemann, W., 234n.96, 438n.330, 569n.213,
63nn.146,148, 66n.163, 70n.173, 80n.213,
81n.214, 104n.51

Stein, R. H., 217n.12, 219nn.19,20, 230n.75

Steiner, G., 190

Stemberger, G., 372n.48, 374nn.58,60,
376n.70, 377n.77, 400n.145

Stenger, W., 608n.337

Stern, M., 384n.100

Stinger, C. L., 56n.5

Stone, M. E., 536n.80, 541nn.98,99, *328n.110,*
501n.182

Storch, R., *68n.169*

Stowasser, M., *349n.171*

Strack, H. L., 358n.4, 376n.70

Strange, J. F., 387n.109, 414n.193, 418n.219,
434nn.305,306, 439nn.336,337, 460n.38,
477n.91

Strasburger, H., *454n.16*

Strauss, D. F., 71-73, 74-77, 81n.57, 85, 89,
91n.94, 116, 122, 129, 136, 157, 205, 242, 252,
510, 630, *245, 508*

Strecker, G., 137, 140n.92, 277n.113, 287n.158,
338n.273, 491n.103, 492n.106, 514n.182,
119n.100, 193n.58, 332n.123, 426n.213,

5,000명을 먹임(Feeding 5000) *218-221*

Q 86-90, 110-111, 114-115, 203, 213, 221-235,
  326-335, 345-346, 448-449, 626-629, *417n.189*
  공동체(community of) 223-227, 233, 351
  공동체당 한 문서의 오류(one document per
    community fallacy) 224-225, 232, 351, 383,
    627
  문서(document) 221-223, 231, 334, 353-356
  아람어(Aramaic) 234n.94
  에서의 토라(Torah in) *136n.155*
  예수에게 다가가는 통로(access to Jesus) 453,
    626-627
  의 견유적 성격(Cynic character of) 229, 413-416
  의 편집(redaction of) 227-233, 485, 571, 626

가나(Cana) 439
가난(Poor) 468n.16, 559n.159, *59-72, 89, 94, 120,*
  171-172, 242
  부자/가난한 자(rich/poor) *64-70, 172*
가롯 유다(Judas Iscariot) *49, 51, 198, 377-378*
가버나움(Capernaum) 434-436, 439, *63, 112, 154*
가신(retainer) 375, 384, 422n.240
가야바(Caiaphas) *198-202, 208nn.117,118, 223,*
  226-227
가이사랴 빌립보(Caesarea Philippi) 440-443

가이사에게 바치는 공물(Tribute to Caesar)
  205-206, 225
가족(Family) *139, 152-160, 173-174*
갈릴리(Galilee) 406-428, 429-440
  와 로마 통치(and Roman rule) 424-428
갈릴리의 봄철(Galilean springtime) 90
개연성(Probability) 162-165
객관성(Objectivity) 167-170
거대 서사(Grand narrative) 68-69, 150, 375, 537-
  539, 544, 549, 629-638
거룩(Holiness) 400, 403, *95-97, 166*
계몽주의(Enlightenment) 65-70, 78, 84, 120, 122,
  149, 205
고고학적 자료(Archaeological data) 375, 402,
  409-410, 411, 415, 417, 419, 452, 630, *460-461*
고난(Suffering) *115-116, 221-222, 436-438*
  제자들의(of disciples) 563-566
고난받는 종(Suffering Servant) *429-440, 443*
고라신(Chorazin) 434n.305
고르반(Qorban) *125-126*
고자(Eunuchs) *159n.251*
과학적 비평(Scientific criticism) 70-74
과학적 탐구(Scientific inquiry) 66-70, 149-150
교회(Church) *55-56, 174*
그 땅의 사람들(People of the land) 385, *75*
근대성(Modernity) 67-70, 537-538, 629-630

◆ 복음서 부분에 굵게 표시된 쪽수는 석의나 주해가 어느 정도 들어 있는 곳을 가리킨다.

27.15-26	*288*	3–4	*544*	13.7	*156*
28.37	*32*	4.7(8)	*497*	13.13	*542*
29.18	*395*	6	*544*	14.52	*300*
29.27-28	*634*	6.22-25	*474*	16.4	*384*
30	*395, 633*	8.35	*55*	16.13	*183*
30.1-10	*533*	19.15	*471*	16.14-16	*247*
30.2	*38, 58*			16.23	*247*
30.2-5	*47*	**사사기**		18.17	*300*
30.5	*534*	6	*508*	18.19	*588*
30.8	*28*	8.16	*384*	19.24	*271*
30.9	*534*	12.8	*471*	24.6	*183*
30.10	*38, 47*	12.10	*471*	24.10	*183*
30.11-14	*28*	13	*508*	25.17	*300*
31.29	*541*	13.4	*127*	26.9	*183*
31.30	*55*	18.2	*300*	26.11	*183*
32	*42*	19.22	*300*	26.16	*183*
32.1	*420*	21.10	*300*	26.23	*183*
32.5	*562*	21.16	*384*		
32.6	*98, 299*			**사무엘하**	
32.8	*299, 321*	**룻기**		2.4	*183*
32.8-9	*402*	3.6-13	*474*	2.7	*300*
32.11	*407*	4.2	*384*	5.3	*183*
32.18	*299*			5.17	*183*
32.20	*562, 42, 47*	**사무엘상**		7.12-13	*184*
32.33	*496*	2.7-8	*69*	7.12-14	*299*
33.2	*271*	2.8	*62*	7.13	*542, 603, 186*
33.8	*518*	2.10	*184*	7.14	*98, 185, 258, 299, 300*
33.8-11	*233*	2.12	*300*	7.16	*184, 186*
34.1-4	*518*	2.30-31	*542*	11.2-27	*474*
34.10	*313*	3	*508*	12.1-6	*61*
		8.10-18	*93*	15.23	*379*
여호수아		10.12	*271, 32*	15.30	*379*
2.1-21	*474*	10.27	*300*	17.23	*379*

72.12-13	*62*	89.20	*183*	106.31	*542*
72.19	*288*	89.26-27	*98, 299*	106.48	*288*
73.15	*98*	89.29	*542*	107.8	*321*
74.1	*52*	89.34-37	*542*	107.15	*321*
74.9	*236*	89.36-37	*542*	107.21	*321*
74.12	*531*	89.38	*183*	107.23-30	*270*
74.19	*62*	89.38-45	*542*	107.28-29	*271*
74.21	*62*	89.47	*322*	107.31	*321*
75.7-8	*420*	89.48(47)	*321*	109	*634*
77.19	*271*	89.49-51	*184*	109.16	*62*
77.20	*52*	89.51	*183*	109.22	*62*
78.2	*32*	89.52	*288*	110	*477*
78.22	*42*	90.3	*38*	110.1	*204, 330, 331, 351, 352,*
78.34	*38*	91	*248*		*353, 363, 366, 502*
78.52	*52*	92.7	*395*	112.9	*60*
79.9	*399*	93.1-2	*530*	113.7	*62*
79.13	*542, 52*	94.5-6	*62*	115.16	*321*
80.1	*52*	95.3	*530*	118.22-23	*316*
80.17	*323*	95.9	*518*	118.25	*212*
80.18(17)	*321*	96.10	*530*	118.26	*212, 407*
82.4	*76*	97.1	*530*	119.53	*76*
84.1	*300*	99.1	*530*	119.90	*542*
84.3	*531*	100.3	*52*	119.105	*36*
85.8	*38*	100.5	*542*	119.130	*303*
86.1	*62*	102.12	*542*	119.155	*76*
86.9	*535*	102.13	*588, 589*	124.4-5	*499*
86.15	*399*	102.17	*62*	130.4	*399*
87.1	*300*	102.25-26	*536*	132.10	*183*
88.1	*300*	103.13	*99*	132.10-18	*184*
88.7	*499*	103.19	*524, 530*	132.15	*62*
89	*641, 186, 204, 389*	104	*104*	135.6	*530*
89.4	*542*	104(103 LXX).12	*560*	135.13	*542*
89.6	*299*	105.15	*183*	140–41	*634*

25.6	534	33.22	531	43.15	531
25.7-8	534	34.4	536	43.16	*271*
25.9-10	534	34.8	496	44.3	499, 534
26.17-18	502	34.10	542	44.3-4	534
26.19	536, 602, 603,	34.17	542	44.6	531
	445, 446	35.1-2	534, *128*	44.9-20	401
26.21	604	35.4	604	44.22	*38, 47*
28.7	271, *156*	35.5	602	45.11	*98*
28.9-10	430	35.5-6	534	45.14	535
28.15-19	56	35.6	602	45.20-23	535
28.16	*42*	40–55	*438*	47.14	499
28.23-26	637	40.1-2	*151*	48.11	*97*
29.6	499	40.3	490, 606	49.5-6	534
29.11-12	430	40.3-5	534	49.6	300, 403, 468
29.13	*128, 129*	40.6-7	*104*	49.9-10	*52*
29.13 LXX	*127*	40.9-10	534	49.13	*62*
29.14	*303*	40.11	*52*	49.18	594
29.18	534, 602	41.15-16	497	49.22-26	534
29.19	*62*	41.17	*62*	49.24-25	612
29.20	604	41.21	531	49.25	617
29.22-23	*96*	42.1	509, *438*	50.6	*389*
30.1-5	*406*	42.1-4	*87*	51.1-2	497
30.8	430	42.6	300, 468	51.3	534
30.27-28	500, 504	42.7	534, 602	51.5	641
30.29	*418*	42.16	300	51.6	536
31.1-3	*406*	42.18	534, 602	51.8	542
31.5	407	43.1–44.8	545	51.12	*321, 322*
31.6	*38*	43.1-3	*271*	51.17	*420*
32.7	*62*	43.2	499	51.22	*420*
32.14-20	534	43.3-4	*434*	52.5	*97*
32.15	499, *218*	43.6	*98, 299*	52.7	531, *233*
32.17	542	43.10	*42*	52.7-8	534
33.3	*156*	43.10-11	*271*	52.11	*128*

13.21	502	31.20	98, 299	**예레미야애가**	
15.7	497	31.27	637	2.1-9	542
16.1-4	158	31.31-34	534, 54, 438	3.33	321, 322
17.4	542	31.34	284, 400		
17.25	542	31.40	542	**에스겔**	
18.16	542	32	254	1	510, 352, 354
19	243	32.19	321	1.4	352
19.14–20.6	254	32.36-41	642	2.1	321
20.11	542	32.41	636	2.3	242
20.13	62	33.7-8	151	2.9-3.3	243
21.12	499	33.10-22	642	3.5-6	242
22.23	502	33.15	184	4.4-6	243
23.5	184	34.16	96	7.1-13	641
24.5-7	47	34.19	385	7.7	588, 589
24.6	636	36–42	254	7.12	588, 589
24.7	38	36.4-10	108	7.19	496
25.9	542	36.32	108	12.21-25	641
25.12	542	37.2	385	16.49	62
25.12-13	642	44.21	385	18.12	62
25.15-17	420	46.21	588	18.17	62
25.27-29	420	46.27	634	18.30	38, 47
27.7	588	48.47	541	20.9	97
28	254	49.18	321	20.14	97
28.6	288	49.33	542, 321	20.16	124
28.9	271	49.39	541	20.22	97
29.10-14	642	50.6	53	20.33	531
30.3	642	50.27	589	20.33-38	634
30.8-11	642	50.31	589	20.35	634
30.10	634	50.40	321	20.39	96
31.1	642	51.33	497	20.41	96
31.5-14	642	51.43	321	21.25	588
31.9	98, 299	52.31-34	162	21.29	588
31.10	534			21.30(21.25)	540

요나

1.4	270
1.5	270
1.6	270
1.9-10	270
1.15	270
1.16	270
2.1	416
2.5	499
3.5	592, 42, 47
4.2	399

미가

1.16	300
2.2	62
2.5	55
2.12	52
4.1	541
4.1-3	535
4.1-7	531
4.7	542
4.9	502
4.12-13	497
5.2	472
5.4	52
6.8	138
7.6	158
7.14	52
7.18	399

나훔

1.3	399
1.6	499

하박국

2.2	642
2.2-3	430
2.3	540, 588, 641, 642
2.16	420
3.3	271
3.15	271

스바냐

1.7	641
1.14-18	641
1.15	496, 535
1.18	496, 536
2.2	497
2.2-3	496
2.9	542
2.9-11	535
3.8	499, 536
3.9-10	535
3.15	531
3.20	534

학개

1.12	242
2.6	535
2.7-9	535
2.11-14	128
2.15	200
2.21	535
2.23	185

스가랴

1.3	38, 47
1.12	642
2.6(LXX 10)	637
2.10-12	534
2.11-12	535
3.8	185
4	230
6.12	185
6.12-13	202
7.9-10	62
8.3	534
8.7-8	534
8.20-23	535
8.23	433
9–14	387
9.9	212, 213, 223, 224
9.9-10	223
9.11	437
10.2	53
10.2-3	52
11.7	52
11.12-13	380
11.13	389
11.15-17	52
12.2	420
12.10	350
12.10-14	350
12.12	350
12.14	350
13.2-3	236
13.7	53, 213, 389, 429
14.4	534
14.4-5	456
14.9	531

14.16-17	531	1.19	79	3.13-17	507
14.16-19	535	1.20	469, 475, *298*	3.14-15	314, 480, 481,
14.16-21	534	1.22-23	467		512, 602
14.20-21	*213*	1.23	469, 484	3.16	507
14.21	*210, 224*	2.1-6	471	3.16-17	511
		2.1-12	466	3.17	509
말라기		2.2	467, 92, 484	4.1	516, 517
1.4	542	2.5-6	472	4.1-11	469, 508
1.12	*96*	2.7-10	467	4.3	*221*
1.14	530	2.8	*484*	4.4	*70*
2.10	*98*	2.9	471	4.8-10	518
3.1	483, 503, 504, 534, 606	2.11	467, 484	4.9-10	*484*
3.1-4	*210*	2.13-18	471	4.12	481
3.2-3	501, 505	2.15	467, 469	4.13	434
3.2-5	505	2.16	426, 428, 467	4.14-16	467, 590
3.7	*38, 47*	2.17-18	467	4.15	413
3.16	536	2.22	406	4.17	482, 551, **590**, *37*
4.1	499, 536	2.23	467	4.18-22	218, *50*
4.5	468, 483, 504, 505, *232*	3.1	486	4.19	*43*
4.5-6	*232*	3.2	326, 482, 523, 590	4.20	*43*
4.6	483	3.4	483	4.22	*43*
		3.5	478	4.23	418, 421, 439, 522
		3.5-6	489	4.25	442, *43*
	신 약	3.6	488	5-7	*285*
		3.7	497	5.1	*484*
마태복음		3.7-9	223	5.3	263, 344, ***60, 70***
1-2	236, 470, 471	3.7-10	88, 221	5.3-6	**558**, 572, ***59***
1.1-17	469	3.7-12	482, 494	5.3-12	344, 557
1.3	474	3.9	*87*	5.4	263, 344, ***59***
1.5	474	3.10-12	499, 572	5.5	525, ***64***
1.6	474	3.11	488, 492, ***422***	5.6	344, 573, ***70, 120***
1.16-19	483	3.11-12	493	5.7	*151*
1.18	475	3.12	221, *187*	5.7-10	558

7.11	99
7.12	326, 404, **148**
7.13-14	**328**, 437, 609, **45**
7.14	573
7.15-23	272
7.19	572
7.21	523, 525, 646, 141
7.22	111
7.24	28
7.24-25	90
7.24-27	196, **329, 569, 609**, 109, 290
7.26	28
7.28	300
7.28-29	286
8	304
8.1	43
8.1-4	314
8.2	484
8.5	434
8.5-13	89, **300, 301**, 426, 432, 87, 158, 250, 260, 470
8.8-9	106
8.8-10	302
8.9	436, **286**
8.10	303, **40, 42, 43**, 90, 278, 290
8.11	527, 573, 87, 289
8.11-12	303, **561, 562**, 566, 568, 637, 446
8.12	523, 300
8.13	226, 303, 602, 40, 278
8.14-15	314

8.15	276
8.17	467, 432
8.18-22	565, **43**
8.19	256, 307
8.19-22	221, 330, 344, 43, 44, 153, **344**
8.20	44, 338, 344
8.21-22	**44**, 46, 136, **139**, **154, 158**
8.22	307, 43
8.23	307, **43**
8.23-27	305, 306, 43
8.26	307, 41
8.28-34	218, 256
9.1	434
9.6	339
9.6-8	338
9.8	339
9.9	50
9.11	256
9.12-13	73
9.13	109
9.14-15	592
9.14-17	218, 345
9.16-17	593
9.18	276, 484
9.18-26	218
9.20	433
9.22	40
9.27	469, 248
9.28	40, **42**, 278
9.29	40
9.32-33	250

9.33	226
9.35	418, 421, 439, 522
9.36	53, **58**
9.37-38	345, 621
9.37-10.1	345
10.1	48
10.2	48
10.2-4	314, 49
10.3	80
10.4	51, 198
10.5	222, 236, 316, 388, 48, 86
10.5-6	**584, 585, 53, 57, 86**
10.6	53, 57
10.7	224, 522, 551, 565, 584, 621, 110
10.7-16	345
10.8	112
10.10	245
10.10-13	153
10.11	437
10.12-13	112, 190
10.13	149
10.14-15	437
10.15	112, 290
10.16	565, 115
10.16-39	564
10.17	418, 421
10.17-22	584
10.18	87
10.20	99
10.22	565
10.23	236, 452, 565, 581,

15.28	*40, 278*	17.16-17	*311*	18.21-22	***331, 333, 150***
15.29	*484*	17.17	*42*	18.23	*523*
15.32-39	*218, 270*	17.20	*263, 307, 40,*	18.23-35	*263, 427,* ***569,***
16.1	*518*		*41, 278, 290*		***92, 93, 94, 150***
16.1-2	*236*	17.22	*198*	18.26	*484*
16.4	*236*	17.22-23	*415*	19.2	*43*
16.8	*307, 41*	17.24	*256, 427, 434*	19.3-9	*134*
16.13	*440,* ***345, 346***	17.24-27	*106, 90*	19.4	*431*
16.13-20	*218, 215*	17.27	*605, 267*	19.9	***136, 289***
16.14	*486, 233, 446*	18.1	*527, 560*	19.10-12	*159*
16.16-19	*56, 217, 271, 496*	18.1-5	*305, 312*	19.12	*523,* ***159***
16.17	*221, 356*	18.2	*100*	19.13	*276*
16.17-19	*314, 271*	18.3	*523,* ***560, 39, 90,***	19.13-15	*218*
16.18	*64,* ***55,*** *289, 471*		***100, 101,*** *290*	19.14	*100*
16.19	*523, 170, 480*	18.3-4	*313*	19.15	*276*
16.21	*404, 414, 416*	18.4	*523, 527, 560*	19.16	*256*
16.21-28	*218*	18.5	*100*	19.16-17	*219, 314*
16.23	*217*	18.6	*605, 607, 40, 41*	19.21	*70*
16.24	*333*	18.8-9	***565,*** *572, 573, 605*	19.22	***29***
16.24-26	*115*	18.10	*607, 289*	19.23	*522, 290*
16.24-27	*345*	18.11	*72*	19.24	*522, 289*
16.26	*435*	18.12	***52***	19.27-38	*573*
16.27	***355, 356***	18.13	*290*	19.28	*562,* ***567, 587,*** *43,*
16.27-28	*350*	18.14	*607, 99*		*48,* ***52,*** *229, 290, 329,*
16.28	*582, 290, 329, 336, 350*	18.15	***331, 333, 150***		*350, 359,* ***362, 380***
17.1	*484*	18.15-20	***150***	19.29	*522, 525, 157*
17.10-11	*232*	18.15-22	*106*	19.30	*561*
17.10-12	*483*	18.15-35	*333*	20.1	*522, 523*
17.12	*289*	18.17	***55, 81***	20.1-7	*427*
17.13	*486*	18.18	*170, 290, 480*	20.1-15	***562,*** *573*
17.14-18	*305, 309*	18.19	*106, 290*	20.1-16	*610*
17.14-21	*218, 254*	18.20	*269, 111,* ***242,*** *484*	20.3	*437*
17.15	*254*	18.21	*90*	20.8	*572*

20.16	561	21.27	289	22.35	518
20.17	48, 217	21.28-30	609	22.35-40	142
20.17-19	218	21.29	37	22.36	256
20.18	399	21.31	522, 523, 525, 557,	22.40	404, 144
20.18-19	415		560, 78, 141, 290	22.41-45	203
20.19	198, 416	21.31-32	74, 80, 84	23	394, 397
20.20	484	21.32	37, 42, 78	23.3	397
20.20-28	314, 566, 112	21.33	28	23.6	422, 423
20.21	527, 560, 113	21.33-41	314	23.7	437
20.22	420	21.33-42	559	23.8-9	106
20.22-23	419	21.33-46	314	23.8-12	170
20.23	305, 420	21.38	525	23.9	99, 159
20.24-28	113	21.42	431	23.11	561
20.28	346, 433, 434	21.43	522, 523, 559,	23.12	263, 561
20.29	43		561, 87, 289	23.13	523, 525, 557, 397
20.29-34	314, 213	21.46	234	23.15	422, 572, 397
20.30-31	469	22.1-10	428	23.16-22	96
20.31-32	248	22.1-14	331, 333, 92, 375	23.23	422, 427, 433,
21.4-5	467	22.2	523		40, 136, 138, 144, 397
21.5	92	22.2-10	561, 567, 573	23.25	422, 132, 133,
21.5-7	212	22.3	561		136, 397, 403
21.8	235	22.7	333	23.25-26	433
21.9	469	22.10-11	437	23.27	397
21.9-11	211	22.11-13	574	23.29	79, 397, 464
21.11	406, 429, 472, 234	22.11-14	333	23.29-31	564
21.12-13	207	22.14	581	23.29-36	240
21.13	88	22.15-46	314	23.33	496, 572
21.15	469	22.16	256, 385, 386	23.34-35	564
21.16	431, 561, 303	22.17	225	23.34-36	291
21.21	40, 290	22.18	518	23.35	79
21.21-22	41, 278	22.24	256	23.36	583, 627, 290
21.22	40	22.30	572	23.37	564, 413
21.23-27	218, 286	22.31	503	23.37-39	330, 441, 240,

	375, **406**	24.42	*263, 576, 578*	26.3	*397*
23.38	*200*	24.43	*263, 578*	26.6-12	*66*
23.39	*289, 464*	24.43-44	*575, 576*	26.7	*437*
24.2	*200, 290*	24.44	*329, 350,* **362**	26.9	*70*
24.3	*557, 362, 484*	24.45-47	*572*	26.11	*70*
24.3-36	*218*	24.45-51	*221, 330, 575,*	26.13	*290*
24.7	*456*		*577, 93, 375*	26.14	*48*
24.8	*565*	24.46	*390*	26.15	*380*
24.9	*87*	24.47	*288, 290*	26.15-16	*198*
24.10	*605*	25.1	*523*	26.18	*256, 588*
24.13	*565*	25.1-12	*428*	26.20	*437, 48*
24.14	*522, 523,* **585,** *87, 88*	25.1-13	*574, 575, 577,*	26.21	*198, 290*
24.17-18	*564*		*579, 609*	26.23	*198*
24.21-22	*565*	25.12	*290*	26.24	*380*
24.23	**357**	25.13	*263, 578*	26.24-25	*198*
24.23-39	*357*	25.14-29	*333*	26.25	*51, 108*
24.23-44	*362*	25.14-30	*427,* **568,**	26.26-29	*323, 423*
24.27	*357,* **361,** *362*		*93, 375,* **408**	26.28	*326, 436, 437*
24.27-28	*564*	25.19	*409*	26.29	*574, 289, 290*
24.29	*565*	25.20-23	*527*	26.31	*605, 53, 389, 429*
24.29-31	*348*	25.27	*437*	26.33	*605*
24.30	*336, 350,* **362**	25.29	*345, 568*	26.34	*290*
24.30-31	*362*	25.31	*329, 350, 356,*	26.37	*261, 305*
24.32	*109*		**359, 360, 362**	26.39	*302, 304, 305*
24.34	*290*	25.31-46	**570**	26.41	*519, 305*
24.36	*596, 317*	25.32	*87*	26.42	*302, 304, 306*
24.37	*362*	25.34	*523, 524, 92*	26.45	*198, 417*
24.37-39	*357*	25.40	*92, 290*	26.46	*552, 198*
24.37-41	*564,* **569**	25.41	*572*	26.47	*48, 383, 397*
24.37-42	*375*	25.45	*290*	26.48	*198*
24.39	*362*	25.46	*573, 79*	26.52-54	*383*
24.40-41	*569*	26–28	*398*	26.54	*404*
24.42–25.13	*345,* **578**	26.2	*198, 336*	26.56	*384*

26.57	397	27.42	92	28.18-20	484
26.59-60	200·	27.43	388	28.19	467, 87, 169
26.61	199, 201	27.46	388	28.19-20	491
26.63-64	226	27.48	388	28.20	557, 484
26.63-66	350	27.51	392		
26.64	289, 350	27.51-54	456	**마가복음**	
26.68	389	27.52-53	392, **504, 505**	1.1	200, 258, 482, 522
26.69	406	27.55	406, 43	1.2	434, 483, 503
26.71	429	27.56	159	1.2-3	606
27.1	397	27.62	397	1.2-8	482
27.2	198	27.62-66	455	1.3	490
27.3	51, 397	27.63	200	1.4	326, 486, 489,
27.3-4	198	27.63-64	456		37, 326, 400
27.3-10	316, 381, 489	28.1-8	453	1.5	478, 488, 489
27.4	381	28.2	456	1.6	483, 609
27.9	380	28.2-5	456	1.7	503, 504
27.9-10	467, 389	28.3-5	455	1.7-8	503
27.11	227	28.4	455	1.8	488, 489, 493, 495, 499
27.12	397	28.5-10	456	1.9	406, 429, 472, 479, 489
27.15	385	28.8	458	1.9-11	507
27.17	385	28.8-10	83, 468, 497	1.10	507
27.18	198	28.9	484	1.10-11	511
27.19	386	28.9-10	**469, 470,** 474, 483	1.11	192, 298, 316, **438**
27.20	386, 397	28.10	491	1.12	516, 517
27.24	386	28.11-15	455	1.13	617
27.25	386	28.13-15	464	1.14	406, 481, 522
27.26	198, 416	28.15	456, **462, 464**	1.14-15	521
27.29	92	28.16	49, 484	1.15	522, 523, 525, **551**, 559,
27.34	388	28.16-17	483		**588**, 589, 590, **596**, 37
27.35	387	28.16-20	451, 468, 483,	1.16	406
27.39	388		490, 497	1.16-20	218, 50
27.39-40	200	28.17	164, 484, 491	1.17	43, 110
27.41	397	28.18	312, 350	1.18	43, 153

12.6	*311, 315, 316*	12.38	*437*	13.26	269, 553, *329, 336,*
12.6-7	*244*	12.38-39	422, 423		***348, 350,*** *361,* ***362***
12.10	404, 431	12.39	418, 427, 438	13.26-27	564, *349, 363*
12.10-12	*316*	12.41-44	305, **313,** *66,* 140	13.27	581, 637
12.13	385, 386, 397	12.42-43	*60*	13.28	585, *109*
12.13-15	248	12.43	*288, 290*	13.28-29	**553, 583**
12.13-17	432, 438, **189,**	12.43-44	*243*	13.30	581, **583,** *585,* 290
	205, 206	13	249, 564, 583, 638,	13.32	596, 99, 311, 317, **318**
12.13-37	346		*375, 377*	13.33	588
12.14	256, 81, *225*	13.1	256	13.33-37	576
12.14-17	427	13.1-32	346	13.34	578, *93,* 409
12.15	518, *243*	13.1-37	**564**	13.34-36	575
12.16	*225*	13.2	***200, 201,*** *243*	13.35	263, 578
12.17	106, 263	13.3	261, *89*	13.37	263, 578, 289
12.18	*446*	13.3-32	218	14–15	*374, 398*
12.18-27	*159,* **174**	13.5	564	14.1	*336, 397*
12.19	256	13.6	564, *111*	14.1-2	*381*
12.24	404	13.7	*644*	14.1-15.47	346
12.24-27	**573,** 604, 446	13.8	502, 564	14.3	437, *161*
12.25	572, *159*	13.9	418	14.3-9	***66,*** *84, 160, 167*
12.26	431, 432, 140	13.9-13	564, **584, 586**	14.8	*243,* **414**
12.26-27	*502*	13.10	522, 585, **586,** 88	14.8-9	68
12.28-31	401, **142, 171**	13.12-13	*158*	14.9	522, *290*
12.28-34	604	13.13	565	14.10	*48, 51*
12.29	**93,** *144*	13.14	564	14.10-11	*198, 377, 438*
12.29-30	28, 433	13.14-18	583	14.11	*380*
12.29-31	*140*	13.18-29	553	14.12-16	442
12.30	*97,* 144	13.19-20	565	14.12-17	*381*
12.31	263, 144	13.19-27	583	14.12-25	*170*
12.32	256	13.20	581	14.14	256
12.34	523, 552	13.22	564, 581	14.17	*48*
12.35-37	604, **203**	13.24-25	565, 639	14.17-25	*160*
12.36	404	13.24-27	*348*	14.18	437, 527, *198,*

6.42	129	7.23	605, 244, **281, 310**	7.47	151, 289
6.47	28	7.24	515	7.48-49	400
6.47-49	196, **329, 569, 609,**	7.24-25	438, 601, 605	7.49	437
	109, 290	7.24-26	478, 601, 235	7.50	40
6.49	28	7.24-27	598, 599	8.1	439, 522, 590, 48
7	304, 85	7.24-28	330, **605**	8.1-3	337
7.1	300, 434	7.25	515	8.2	83, 250, 451, 458
7.1-10	89, **300, 301,** 426, 87,	7.26	605, 289	8.2-3	439, 468
	250, 260, 470	7.27	483, 503, 606	8.3	83
7.1-35	227	7.28	**561,** 598, 599, 606,	8.4-8	619
7.4-5	303		40, 289, 290	8.4-18	29
7.5	420, 435	7.29-30	483	8.9-10	30
7.6	303	7.29-35	598	8.16	35, 111
7.6-9	302	7.30	404	8.16-17	34
7.7	303	7.31	627	8.16-18	345, 29
7.8	436, **286**	7.31-32	609	8.17	34, 35
7.9	**40, 42, 43,** 278, 289, 290	7.31-35	221, 330, 483,	8.18	29
7.10	226, 602		600, **609**	8.19-21	314, 155
7.11	439	7.32	437	8.21	28
7.11-17	468, 84, 253	7.33	481, 487, 609	8.22-25	305, 306
7.16	234, 476	7.33-34	429, 241, 338, 345	8.25	40
7.17	442	7.34	428, 605, 609, 610,	8.26-39	218, 256
7.18	478		73, 80, **81, 85, 160, 161, 244**	8.27-28	182
7.18-19	221	7.35	78, 291	8.40-56	218
7.18-23	598, **601**	7.36	90, 161	8.44	433
7.18-28	483	7.36-38	471	8.45	90
7.19	495, 505, 601	7.36-50	468, 68, **84,** 151, 160	8.48	40
7.20	487	7.37	437, **74,** 78	8.49	256
7.20-21	483	7.38	471	8.50	40
7.21	250	7.39	**74,** 78, 85, 234, 243, 476	8.51	261
7.22	522, 603, 604, **59, 60,**	7.39-50	170	9.1	48
	241, **251, 253, 280, 378**	7.40	256	9.1-6	345
7.22-28	221	7.42-43	150	9.2	551

9.6	439, 522	9.54	505	10.14	87
9.8	*233, **446**, 476*	9.55	72	10.15	434, 572
9.10	261, 434, 48	9.57-60	221, 330	10.16	***110, 241**, 291*
9.10-17	*314, 267, 269*	9.57-62	*344, 565, 43, 44,*	10.17	*111, 250*
9.11	551		*153, **344***	10.17-18	**617**
9.12	*48*	9.58	*44, 338, 344*	10.18	510, 617
9.16	*161*	9.59	*43*	10.19	286
9.18	*114, 217*	9.59-60	***44, 46,** 136, **139, 158***	10.20	572
9.18-21	*215*	9.59-62	*154*	10.21	***33, 35, 100, 302,** 307*
9.19	*487, 233, 476*	9.60	523, 551, 565	10.21-22	221, 269, 330, *291,*
9.22	*404, 414*	9.61-62	***45***		*311, 313, **317***
9.22-27	218	9.62	523, 565, *45*	10.22	*33, 99, 302, 303,*
9.23	*333, 40*	10	184		***311, 312***
9.23-25	*115*	10.1	468	10.23-24	***591,** 244*
9.23-26	345	10.1-12	314, 345, 440, ***110***	10.24	*28, 289, 290*
9.26	263, *109, 355*	10.1-16	565	10.25	256, 518, 525
9.27	582, *288, 290*	10.2	345, 621	10.25-28	573, *142*
9.28-29	*114*	10.3	565, *115*	10.26	431
9.32	*479*	10.3-16	269, 271	10.27-28	***144***
9.37-43	218, 305, 309, *254*	10.4	***45***	10.29	*145*
9.38	256	10.5-6	*112*	10.29-37	*144*
9.41	*42*	10.6	*149, 190, 300*	10.30-37	236, 388, ***88***
9.43-44	*415*	10.7	572, ***162***	10.36	*145*
9.44	*198*	10.8-9	345	10.37	*144*
9.46-48	305, 312	10.8-12	437	10.38	*161*
9.47	*276*	10.9	224, 522, 551, 565,	10.38-41	442, *160*
9.47-48	*100*		584, 621, *110*	10.38-42	468, ***84***
9.48	313, 607, *100, 241, 291*	10.10	437	10.39	*84*
9.49	*111*	10.11	523, 525, 551	10.42	*84*
9.49-50	*90, 170*	10.12	*112, 289*	11.1	245, 478, *114*
9.51–18.14	*375*	10.12-15	221, 567	11.1-2	322, ***310***
9.51	*441, 404*	10.13	434, *37*	11.1-4	319
9.52-54	388, *88*	10.13-15	561, 637, *281*	11.2	525, ***554, 100, 114***

15.10	*37, **74, 78**, 79, 289*	16.28	*569*	18.6-8	*581*
15.11-24	**636, 101**	16.30	*37*	18.7	*585*
15.11-32	*236, 573, 609,*	17.2	*605, 607*	18.8	*581, 40, 289, 329, **362***
	610, 58	17.3-4	***331, 333**, 37, **150***	18.9	*78*
15.13	*58*	17.4	*38*	18.9-14	*573, 609, 138*
15.17	*38*	17.5	*261, 48*	18.10-13	*39*
15.17-19	*38*	17.6	*40, 41, 278*	18.10-14	*610, **39, 80***
15.17-24	*159*	17.7-9	***573***	18.11	*81*
15.18-20	*39*	17.7-10	*573, 93*	18.11-12	*79*
15.24	*574*	17.11	*412*	18.12	*427*
15.30	*79*	17.11-19	*250*	18.13	*38, **74**, 78, 79*
15.31	*79*	17.14	*139*	18.13-14	*90*
15.32	*79*	17.19	*40, 278*	18.14	*561, 78, 289*
16.1-8	**569**, 595	17.20	*523, 525*	18.15	*276*
16.1-9	*427*	17.20-21	*245, **596***	18.15-17	*218*
16.1-13	*409*	17.20-37	*222, 564*	18.16	*100*
16.6-7	*431*	17.21	*523*	18.17	***39**, 100, 290*
16.7	*456*	17.22-30	***357***	18.18	*256*
16.8	*569, 166, 300*	17.24	*359, **361**, 362*	18.18-19	*285*
16.9	*289*	17.24-37	*564*	18.22	*468*
16.13	*221, 326, 437, **64, 65,***	17.25	*627, 404*	18.23	***29***
	71, 93	17.26	*359, 362*	18.29	*522, 523, 290*
16.14	*29, 70*	17.26-35	***569**, 375*	18.29-30	*157*
16.15	*78*	17.30	*359, 362*	18.30	*557*
16.16	*404, 483, 522, 525, 598,*	17.33	*345, **565, 567, 572**, 153*	18.31	*48*
	*600, **607, 609**, 119, **141***	17.34	*289*	18.31-33	*415*
16.17	*269, 274, 140*	17.34-35	*569, 84*	18.31-34	*218*
16.18	*135, 136, 137*	18.1	*581*	18.32	*198*
16.19-31	*437, 468, 562, **569,***	18.1-8	*468*	18.34	*35*
	***69, 94**, 446*	18.2-5	*84*	18.35–19.10	*412*
16.20	*60*	18.2-8	***581**, 106*	18.35-43	*314, 213*
16.22	*566, 60*	18.5	*581*	18.35-54	*412*
16.23	*563, 572*	18.6	*28*	18.37	*429*

22.66	*397*	24.9	*49, 458*	24.41	*491*
22.67-68	*226*	24.10	*261, 48, 83, 451, 487*	24.41-43	*477, 485, 492*
22.67-71	*350*	24.11	*455, 458*	24.43	*479*
23.2	*427, 92,* ***189****, 200, 225*	24.12	*454, 455,* ***459***	24.44	*404, 404*
23.3	*227*	24.13	*487*	24.44-46	*229, 479*
23.5	*406, 412*	24.13-32	*460,* ***471***	24.45-46	*477*
23.6	*406*	24.13-35	*468, 475*	24.46	*482*
23.6-12	*197, 386*	24.13-39	*451*	24.47	*491, 37, 480, 491*
23.10	*397*	24.16	*491*	24.47-48	*479*
23.12	*197*	24.19	*429, 472, 234, 476, 477*	24.49	*456, 474, 480*
23.14-15	*386*	24.19-27	***234***	24.50-52	*481*
23.17	*385*	24.20	*198, 476*	24.51	*451*
23.20	*386*	24.21	*434, 477, 525*	24.52	*484*
23.22	*386*	24.22-23	*83, 458*		
23.25	*198*	24.23	*83, 455, 482*	**요한복음**	
23.27-31	*468, 84*	24.24	*459, 472, 477, 497*	1.1	*481*
23.34	*302, 390, 391*	24.25-27	*229*	1.1-18	*482*
23.37	*92*	24.26	*404, 451, 476*	1.6-8	*482*
23.43	*290, 390*	24.26-27	*477*	1.6-9	*479, 484*
23.46	*302, 388, 392*	24.27	*477*	1.7-8	*257, 484*
23.47	*79, 392*	24.30-31	*161, 476, 492*	1.14	*258, 298*
23.49	*406*	24.31	*482, 491, 507*	1.15	*257, 484*
23.50	*79*	24.31-35	*491*	1.18	*49, 298, 311, 481*
23.52–24.7	*466*	24.32	*217*	1.19	*257, 484*
23.55	*406*	24.33	*49*	1.19-20	*196*
24	*459*	24.34	*455, 468,* ***471****,*	1.19-23	*479*
24.1-12	*453*		*474, 491, 495*	1.19-34	*482*
24.4	*455*	24.35	*161, 471, 476, 492*	1.19-36	*484*
24.5	*482*	24.36	*479*	1.20	*478, 484*
24.6	*259, 456*	24.36-49	*160, 167, 468,* ***478***	1.21	*232, 235*
24.6-7	*456*	24.37	*273*	1.26	*488, 493*
24.7	*198, 404, 482*	24.39	*463, 479, 482,* ***506***	1.29	*505, 382*
24.8	*259*	24.40	*479, 491*	1.30-34	*479*

18.7	*429, 472*	19.31-37	*393*	20.24-28	*51*
18.10	*383*	19.35	*257, 393, 459*	20.24-29	***480, 485, 491***
18.11	*421*	19.36	*382*	20.25	*491*
18.15-18	*470*	19.36-37	*393*	20.25-28	*456*
18.17-18	*473*	19.39	*442, 394*	20.26	*481, 507*
18.25-27	*470, 473*	20	*456*	20.26-29	*468*
18.28	*243, 382*	20.1	*459*	20.27	*481*
18.30	*198, 275*	20.1-10	***454, 455***	20.27-28	*481*
18.33	*92*	20.1-18	***471***	20.28-29	*507*
18.35	*198*	20.2	*459*	20.29	*246, 456, 481, 491*
18.36	*523*	20.2-10	*459*	20.30-31	*473*
18.37	*92*	20.3-10	*456, 45, 497*	21	*473, 474, 497, 498*
18.38	*386*	20.8	*456, 472*	21.1	*491*
18.39	*243, 92*	20.9	*456*	21.1-8	*474*
19.1	*416*	20.11-17	*497*	21.1-14	*267, 483, 485*
19.3	*92*	20.11-18	*83, 451, 456, 459,*	21.1-23	*468, 483*
19.4	*386*		*468, 472, 474*	21.2	*439, 51, 460, 485*
19.5	*389*	20.12	*455*	21.3	*90, 485*
19.6	*386*	20.14	*491*	21.3-5	*485*
19.12	*92, 386*	20.14-15	*491*	21.4	*491*
19.14	*243, 92, 382*	20.15-16	*456*	21.5	*100*
19.15	*92*	20.16	*215*	21.7	*485*
19.19	*429, 472, 92*	20.17	*99, 451, 491, 507*	21.8	*485*
19.21	*92*	20.17-18	*502*	21.9	*485*
19.24	*387*	20.19	*480, 507*	21.11	*485*
19.25	*471, 477*	20.19-21	*497*	21.12-13	*477, 485, 492*
19.25-27	*83*	20.19-23	*468, **478***	21.14	*475, 485, 498*
19.26	*390*	20.20	*491*	21.15-19	*473, 489, 491*
19.26-27	*157, 384*	20.21	*242, 480, 491*	21.15-23	*485, 496*
19.27	*390*	20.21-22	*480*	21.15-24	*472, **473***
19.28	*390*	20.22	*480*	21.18	*290, 473*
19.29	*382, 388*	20.23	*151, 400, 480*	21.19	*473*
19.30	*390*	20.24	*48*	21.20	*473*

6.4	*30*	9.20	*335*	12.1-17	*495*
6.9	*387*	9.27	*491*	12.2	*261, 89, 90, 420*
6.14	*429, 472, 199, 200,*	9.29	*387*	12.9	*273, 479*
	201, 410	9.32-43	*341*	12.12	*420*
7.35	*434*	9.36-43	*253*	13.1	*104, 255, 270*
7.37	*233, 476*	9.41	*276*	13.2	*269, 270*
7.48	*199*	10	*200*	13.2-3	*594*
7.55-56	*502*	10.1-11.18	*468*	13.4-12	*277*
7.56	*334, 352*	10.10-16	*402*	13.6	*277*
7.60	*391*	10.14	*127, 131*	13.8	*277*
8	*387*	10.28	*402*	13.9	*468*
8.1-3	*486*	10.34-43	*483*	13.22	*513*
8.4	*30*	10.36	*30*	13.24	*491, 497*
8.9	*277*	10.36-41	*462*	13.25	*503*
8.12	*524*	10.37	*200, 406, 412, 483*	13.28	*197, 476*
8.12-13	*168*	10.37-38	*508, 509*	13.28-30	*433*
8.14	*261*	10.37-39	*257*	13.28-31	*466*
8.16	*168*	10.38	*429, 472, 509, 250*	13.29	*394*
8.17-18	*479*	10.39	*476*	13.30	*450*
8.18-24	*277*	10.39-40	*433, 466*	13.31	*257*
8.32-33	*432, 433*	10.40	*450*	13.33	*513, 191, 298*
8.36	*168*	10.41	*257, 477, 492, 506*	13.35	*442*
9	*298, 468*	10.42	*404*	13.35-37	*505*
9.1-2	*423, 468*	10.45-46	*479*	13.36	*404*
9.1-22	*297*	11.2	*496*	13.37	*450*
9.3	*488*	11.8	*127, 131*	13.46-48	*468*
9.3-6	*299*	11.16	*259, 496, 503*	14.3	*276*
9.4	*298*	11.18	*37*	14.22	*524, 525*
9.7	*298, 508*	11.19	*30, 486*	14.23	*594*
9.12	*276*	11.19-26	*468*	14.25	*30*
9.15	*468*	11.20	*387*	15.3	*341*
9.15-17	*298*	11.26	*254, 388*	15.5	*388*
9.17	*468, 276, 491*	11.27-28	*270*	15.7	*30*

15.20	*149*	20.25	524
15.29	*149*	20.27	*404*
16–18	*455*	20.35	250, 259, 264
16.6	*30*	21.4	269
16.16	277	21.9-14	270
16.16-18	277	21.11	269, 270
16.17	*258*	21.26	*411*
16.18	*250, 279*	21.30-35	*209*
16.23	164	21.34	164
17.11	*30*	21.38	*235*
17.31	*404, 503*	21.39	368
17.32	*482, 503*	22	298
18.6	468	22.1-21	297
18.7	420	22.3	300, 368, 376
18.9-10	270	22.6	*488*
19.1-7	*202, 478*	22.6-10	299
19.3	489	22.8	*429, 472*
19.6	*479*	22.9	*508*
19.8	524	22.12	300
19.11	276	22.14-15	*491*
19.12	277	22.15	257
19.13	*249, 251*	22.16-18	298
19.13-14	*258*	22.17	300
19.13-19	249	22.17-21	300
19.13-20	277	22.18	257
19.15	257	22.30	164
19.19	277	23.6	*503*
19.20	*30*	23.6-8	446
20.7	*30, 161, 492*	23.6-9	*463*
20.9-10	*253*	23.11	257, 270
20.11	*270, 161*	24.5	146, 253, 388, 429, 472
20.21	*37*	24.14	146, 388
20.23	269	24.21	*503*

24.24-26	*200*
25.26	164
26	298
26.5	376, 388
26.9	429, 472
26.9-23	297
26.12-16	299
26.13	*488*
26.14	298
26.16	257, 491
26.16-18	298
26.18	300
26.19	*488, 508*
26.20	*492, 37*
26.23	300, 477
28.8	*276*
28.22	146, 388
28.23	524
28.25-27	*200*
28.26-27	*31*
28.31	524

로마서

1.3	473
1.3-4	259, 503
1.4	513, 192
1.16	263
2.1	263
2.5	496
2.9-10	368
2.13	*28*
2.24	*97*
3.9	368

13.20	523	13.1	524	3.1-19	*441, 501*
13.24	227, 232	13.2	447	3.5	518
13.29	523	13.3-18	633	3.7	536
13.34-35	226, 269, *196*	13.5	534	3.8	536
14.26	*154*	13.5-7	634	3.18	536
14.26-27	227, 232	13.11	535	4.10	*312*
14.27	226	14.5	534	4.13-15	*312*
14.34-35	227, 232	14.5-6	534	4.18-19	536
16.16	523	14.6-7	535	4.19	*380*
16.17	227, 269			5.1-5	*566, 413, 441, 501*
16.18	*136, 154*	**유딧**		5.5	*99, 300, 502*
17.23-24	234	8.10	384	5.17-23	536
17.23-37	227	8.25	518	6.4	*524, 530*
17.33	227, 232	8.26	518	7.20	*247*
22.28-30	269, 562, 567	10.6	384	8.8	*596*
22.29-30	*196*	11.19	*53*	9.7	*299*
		12.2	382, *163*	10.10	*524*
		12.6-9	382	10.21	*303*
		12.7	501	11-15	401
외경		12.19	382, *163*	11.9	518
		13.12	384	11.10	*300*
토빗		14.10	*42*	12.2	*42*
1.10-12	*163*			14.3	*99, 271, 300*
1.10-13	382			15.11	*480*
2.10	*264*	**지혜서**		16.13	*447*
3.17	617	1.2	*42*	16.26	*42*
4.15	*148, 149*	2.10-20	*312*	18.6	*42*
5	508	2.13	*99, 300*	18.13	*299*
5.5 (LXX S)	455	2.16	*99, 300*		
5.7 (LXX S)	455	2.17	518		
6-8	249	2.17-18	*312*	**집회서**	
8.3	617, *275*	2.18	*99, 300*	1.6	*312*
12	508	3.1	569	1.8	*312*
12.14	518	3.1-10	*413*	1.25	*32*

2.1	518
2.6	42
2.8	42
2.10	42
3.19	303
3.29	32
4.1	61
4.4	61
4.8	61
4.10	99, 300, 301
4.17	518
5.25-26	388
7.32	61
10.10	264
11.18-19	570
11.21	42
13.19	62
13.21	62
13.23	62
13.26	32
14.15	570
18.13	52
20.20	32
20.27	32
21.5	62
21.16	32
23.1	99, 300
23.4	99, 300
24.5-6	271
24.23	382, 404
28.2	152
29.9	61
31.1-11	570

31.15	148
32.16	36
33.1	518
34.25	501
36.1-9	535
36.1-22	634
36.11	36
36.11-15	534
36.13	633
36.16	633
38.15	264
38.24-39.11	385
38.33	32
39.2	32
39.3	32
41.5-8	76
44.20	518
44.21	535
45-50	230
45.6-22	230
47.2-11	230
47.15	32
47.17	32
47.22	186
48.1	505
48.9	232
48.9-10	232
48.10	483, 534, 232
49.8	354
49.10	461
49.11-12	230
50	633
50.25-26	388

| 51.10 | 99, 300 |

바룩서

2.11-15	633
3.6-8	634
3.7-14	633
3.15-4.4	312
3.36-4.4	404
4.1	382
4.25	535
4.31-35	535
4.37	534
5.5	534

마카베오상

1-2	386
1.34	77
1.43	124
1.47	127
1.56-57	431
1.60-63	366
1.62	127
1.62-63	382, 405
2.24	366
2.26	366
2.27	366
2.41	124
2.44	77
2.48	77
2.50	366, 424
2.52	518
2.54	366
2.57	186

22.14	535	5.2	62	17.21-43	505
22.16	402	5.3	617	17.22	505
22.23-30	396	5.9-10	104	17.23	394, 77
23.18	536	5.11	62	17.24	535
23.22-31	393	5.18	524	17.27	98, 299
23.26-29	534	5.19	531	17.30	505, 210
23.29	536	7.2	393, 77, 210	17.30-31	535
30.7-23	393	8.11-13	210	17.31	534
30.19-23	536	8.12	405	17.32	185
32.19	535, 536	8.12-13	393, 77	17.40	52
36.9-10	395	8.14	420	17.44	534, 592
36.10	536	8.22	405, 210	17.44-45	396
39.6	536	9.5	77	18.2	62
48.15	615	10.3	77	18.4	300
50	393	10.6	62, 77	18.5	396, 505, 358
50.6-13	405	11.1-9	534	18.5-7	505, 185
50.8-12	123	13.6-12	393, 77	18.6	592
		13.9	99, 300		

솔로몬의 송시

42.6	269	14.2	393		
		14.6	536		
		14.9	536		

솔로몬시편

1.8	393, 77, 210	14.10	525		
2.3	393, 77, 210	15.1	62		
2.29-32	530	15.4	499		
2.34	395	15.4-13	393		
3.3-7	77	15.6-7	77		
3.3-12	393	15.10	536		
3.11-12	395	15.12	536		
4.1	393, 77	17	532, 187		
4.1-8	393	17.1	531		
4.8	393	17.3	524, 530		
4.9	77	17.5-8	77		
		17.21-24	185		

모든 번역은 그 최선의 끝자락에서 결국 번역자의 해석이다. 상이한 언어로써 소통한다는 것은 저자의 세계관에 번역자의 세계관이 접속되는 방식을 반영하고, 나아가 그 특정한 관점이 텍스트의 문법적 구조에 합치되게 드러나는 방식을 정당화한다. 저자의 관점과 번역자의 관점이 조화롭게 상응할 때 번역의 과정은 매끄럽게 순항하지만, 그것이 서로 불편하게 부대낄 때 그 항로는 순탄하지 못하다. 거기서 문자적 의미 그대로 그 텍스트의 본래 의미를 드러내려는 '직역'과 그것의 감추어진 속뜻을 파헤치며 언외의 의미를 발굴하려는 '의역' 사이에 변용과 굴절의 곡예가 발생한다.

나로서 처음 시도한 이 번역의 노동은 그 대상이 매우 두꺼운 책이었기에 대단한 각오와 모험의 열정을 요구하였다. 더구나 이 책의 저자 제임스 던이 구사한 만연체의 영국식 영어에 내장된 꼬장꼬장한 텍스트 구조는 나를 자주 시달리게 만들었다. 그 의미를 부드러운 한글의 문장으로 드러내기 만만치 않았기 때문이고, 또한 저자의 사고에 내포된 심연을 향한 내 분석적 촉수가 그리 확연하지 않았기 때문이었을 것이다. 그러나 나는 10개월 남짓한 이 고단한 여정을 치밀한 하루하루의 계획에 따라 엄정하게 감당했고, 그 결과 2009년 12월 31일 새벽 3시쯤 그 마지막 문장의 방점을 찍을 수 있었다. 물론 이 번역서의 최종적 성공 여부는 아직 미지수이고, 그 평가는 이 책이 출간되고 그 행간을 읽어갈 독자의 몫으로 남게 될 것이다.

저자는 이 책에서 이른바 '역사적 예수'를 멀리 우회하여 다룬다. 연구사적 개관과 비평적 성찰의 분량만 해도 대단할 정도로 저자는 이 책의 앞부분에서 이 신약성서 담론의 기원과 전개 과정을 철저하게 해부하고 그 빛과 그림자를 엄정하게 평가한다. 거기서 저자가 발견한 핵심 논점은 역사적 예수의 탐구가 '도그마로부터의 탈주'에서 비롯되었고, 이후 역사비평의 왕성한 도전을 통해 밝혀낸 예수의 초상에 대한 다채로운 결과는 다시 '역사로부터의 탈주'를 초래하였다는 것이다. 그리하여 역사에 대해 회의주의와 해체주의의 흐름이 범람하는 이즈음 저자는 복음서의 역사 앞에 겸손하게 '기억된 예수'를 말한다. 아무리 최상의 비평적 방법으로 재구성한다고 할지라도 그렇게 해서 산출한 예수의 역사적 초상은 결국 그 복음서 자료를 통해 기억된 예수를 보여줄 뿐이라는 것이다. 그러나 저자는 놀랍게도 그 '기억된 예수'의 역사적 사실성과 진정성에 매우 긍정적인 입장을 표한다.

그 방법론적 해법으로 저자가 일관되게 추구하는 것은 이를테면 철저한 구어 전승이다. 이른바 '구전적 전통화 과정'이 복음서의 현존하는 내용을 만들어냈으며, 그 가운데 변개 불가한 핵심적 요소와 함께 변용 가능한 서사적 구연의 요소들이 함께 섞여들게 되었다는 것이다. 이러한 관점에서 볼 때 복음서 형성사에서 흔히 거론해온 구어 전승 → 문서 자료 → 복음서 저작이란 기존의 도식적 구조는 너무 기계적이고 단선적이다. 그에 의하면 구어 전승과 문서화 과정은 상호 영향관계 하에 쌍방향의 흐름을 거쳤다고 보는 것이 더 합리적이다. 가령, 이미 문서화된 자료조차 또 다시 이어지는 이야기 구연의 과정을 통해 전승되면서 중층적 전통화의 경로를 거쳤으리라는 것이다. 저자는 이러한 대안적 관점에 의거하여 복음서의 여러 양식들을 복합적인 구어 전통화 과정의 결과물로 추론한다. 이 가운데 변개할 수 없는 전승의 상수로서 특정한 요소가 일관되게 고수되었다고 전제할 때 예수에 대한 신앙 고백의 전승은 부활 사건 이후에 만들어진 것이 아니라 예수의 살아생전으로 소급된다. 이에 따라 저자는 역사적 예수라는 명제 아래 '전통'과 '편집'을 날카롭게 양분하고 '전통'의 요소에서 '역사'와 '해석'을 거의 자의적으로 분리시키던 학계의 관행에 거센 도전의 메시지를 던지고 있는 셈이다.

저자는 역사적 예수의 사상적 태반과 관련하여 일군의 연구자들이 강조하는 '유대교'의 배경을 매우 강조한다. 따라서 탈종말론적이고 도덕적 현자 이미지 위주로 예수를 조명하는 헬레니즘 사조에 기대어 예수를 연구해온 또 다른 흐름에 비추어 그의 관점은 편중된 것으로 보일 수 있다. 더구나 헬레니즘 계통의 유대교를 포함하여 유대교의 다양한 전통을 논의의 대상으로 포괄하기보다 주로 구약성서 전통에 대한 주해적 시각에 집중하는 저자의 자료 섭렵을 보기에 따라 편협한 것으로 치부할 수도 있다. 그러나 그는 구약성서를 매개로 한 예수와 유대교의 관계를 철저하게 강조하는 방식으로 오늘날 재구성된 예수의 모습에 묻은 이 시대의 우리와 흡사한 불순물을 제거하는 동시에 생경하지만 외려 그래서 더욱 그럴 법한 고대인 예수의 역사적 세계를 보여준다. 특히, 구약성서를 자세히 읽고 열심히 묵상함으로써 이로부터 영감의 원천과 행동의 기준을 확보한 예수의 이미지는 우리에게 얼마나 낯설고도 친숙한가? 물론 이 또한 '기억된 예수'의 한계선상에서 작동할 따름이다. 이러한 한계는 그러나 역설적 미덕으로 작용하여 저자로 하여금 역사적 예수 연구자들이 아예 거들떠보지도 않은 예수의 부활 문제를 다루는 데까지 나아가게 한다.

진지한 독자들은 이 책에서 서구 학계가 만들어온 역사적 예수 담론에서 무엇이 과장되고 무엇이 소홀히 여겨져왔는지 비평적 성찰의 계기를 얻을 수 있을 것이다. 아울러 19세기 이래 도도한 물결로 엄습하여 오늘날까지 그 낭만적 신화의 허울을 벗고 있지 못한 역사주의의 마법이 인간의 지성을 어떻게 마비시키고 외곬으로 이념화시키는지 뒤돌아볼 만한 단서를 찾을 수 있을지도 모른다. 아울러, '도그마'의 위력에 의탁해온 지난 세월의 향수가 아무리 진하다 할지라도 합리적 계몽의 세례를 받은 우리의 지성이 예수에 대한 신실함을 앞세워 무모하게 강변되는 맹목의 교설에 아멘으로 화답할 수 없으리라는 엄연한 현실도 어느 정도 체감할 수 있을 것이다. 그러나 저자가 꾸려놓은 '기억된 예수'의 오밀조밀한 미로를 벗어난 독자들은 그 옛 기억에 대한 각자의 기억을 다르게 말하기 시작하면서 결국 지금 여기서 어떤 예수를 어떻게 기억하는가 하는 또 다른 과제에 봉착할 것이다. 아울러, 예수가 보여준 삶의 행적을 그 기억의 연금술을 통해 오늘날 어떻게 자신의 삶 가운데 구현할 수 있는가 하는 한 조각의 암시적 교훈이라도 챙길 수 있다면 이 책의 독서에 대한 성실한 보답이 될 터이다.

　직접 책을 쓰는 일과 달리 책을 번역하는 부담은 한결 덜할 것 같다는 게 이 책의 번역에 임하면서 든 막연한 느낌이었다. 그러나 작업을 일단락한 뒤 얼마나 저자의 의미와 의도를 우리말로 잘 전달했는가 하는 의문과 자책과 함께 또 다른 부담이 찾아든다. 내가 딱 한 번 대면한 적이 있는 제임스 던은 그의 문장과 문체에 담긴 성격만큼 꼬장꼬장한 인상과 말투를 가지고 있었다. 그가 방언 통역의 은사를 받아 내 번역 문장에 토를 달고 이의를 제기한다면 뭐라 대꾸하며 어떻게 방어해야 할지 짐짓 난감해진다. 그러나 저자로서 그의 몫이 있듯이 번역자로서 내 나름의 고유한 사명이 있다고 믿어본다. 이 책의 번역을 통해 새로운 담론의 영역과 전혀 다른 글쓰기의 방식을 탐험할 수 있도록 주선해준 새물결플러스의 식구들께 감사드린다. 내가 하루 10-20페이지를 목표로 이 책에 매달리며 번역 작업에 몰두하는 동안 2009년 내내 그 지루한 시간을 묵묵히 감내해준 가족들에게도 미안함과 함께 고마운 마음을 전한다.

2010년 5월 6일
차정식

예수와 기독교의 기원(하권)

— 역사적 예수, 복음서의 예수 그리고 하나님 나라

Copyright ⓒ 새물결플러스 2012

1쇄 발행 2012년 1월 12일
4쇄 발행 2019년 10월 7일

지은이 제임스 D. G. 던
옮긴이 차정식
펴낸이 김요한
펴낸곳 새물결플러스

편 집 왕희광 정인철 박규준 노재현 한바울 정혜인
　　　　이형일 서종원 나유영 노동래
디자인 윤민주 황진주 박인미
마케팅 박성민 이원혁
총 무 김명화 이성순
영 상 최정호 조용석 곽상원
아카데미 차상희

홈페이지 www.holywaveplus.com
이메일 hwpbooks@hwpbooks.com
출판등록 2008년 8월 21일 제2008-24호
주 소 (우) 04118 서울특별시 마포구 마포대로19길 33
전 화 02) 2652-3161
팩 스 02) 2652-3191

ISBN 978-89-963761-4-9 (하권)
ISBN 978-89-963761-3-2 (상권)
ISBN 978-89-963761-2-5 (세트)

책값은 뒤표지에 있습니다.